U0366327

近代洋匠录

——近代在华外国建筑师、建筑事务所、建筑工程组织机构名录

DIRECTORY OF FOREIGN ARCHITECTS IN MODERN CHINESE ARCHITECTURE

郑红彬◎编著

中国建筑工业出版社

本书的研究与出版受到以下基金支持：
1. 广东省哲学社会科学规划 2021 年度一般项目（项目号：GD21CYS12）
2. 汕头大学科研启动基金项目（项目号：STF21014）
3. 国家自然科学基金青年项目（项目号：51708367）
4. 教育部人文社科基金青年项目（项目号：15YJCZH238）

序

中国近代史的开始，在世界范围内迟了200年。开始于1840年的中国近代建筑的历史走的是一条畸形发展的曲折道路，其间出现了许多同中国古代建筑的历史全然相异的情况。

在中国几千年的封建社会里，虽然政治上有二十余朝皇帝的更替，文化上有多次的对外交流，但是，中国文化基本上是连续的一元文化。"中国的建筑，在中国整个环境影响之下，虽每个时代有各自时代的特征，其基本的方法及原则，却始终一贯。数千年的匠师们，在他们自己的潮流内顺流而下，如同欧洲中世纪的匠师们一样，对于他们自己及他们的作品都没有一种自觉。在社会的地位上，建筑只是匠人之术，建筑者只是个'劳力'的仆役，其道其人都为士大夫所不齿。"（参见：梁思成文集（二）[M]. 中国建筑工业出版社，1984.）加之几千年来重大的工程建设基本上都控制在官家的手里，因此建筑只能在一定形制中发展，以"正统"的观念为理论上的依据。这同中国社会的封建制度体系是一致的。

进入中国近代建筑历史时期，建筑营造的基本方法及原则发生了变化，建筑不再只是中国"匠人之术"，许多建筑的营造有各国来华的传教士、商人、建筑师等参与其中，许多重大的工程建设也都脱离了官家的控制。因此，相对于中国古代建筑史研究对建筑的"法式""则例"的重视，中国近代建筑史研究则把关注点移向建筑的"设计者"，不可避免地涉及当时外国来华的各种人物和团体的背景和活动。

本人自1983年开始关注北京近代建筑。在研究北京近代建筑史的过程中，发现此前的研究尚无专文涉及早期外国建筑师的在京活动。因此根据当时自己之所知，依时间的先后，对清末民初在京活动的13个外国建筑师（事务所）及其作品进行了初步的探讨。

1993年7月，在北京召开的中国建筑学会建筑史学分会第一次年会上，我发表了题为《清末在京活动的外国建筑师及其作品》的论文，提出20世纪初在京活动的外国建筑师多半未在京设立事务所正式开业，而是临时地来自国外或外地，分属日、德、英、美等国。直接来自国外的，或是受本国政府委派，或是受清政府聘请，主要是日本建筑师；跨地来京执业的，基本是在天津、上海、青岛开业的建筑师（事务所）。在当时，他们能够在京活动，本身已具备了一定的专业水平，属于早期来华的外国建筑师之中的佼佼者；他们留在北京的作品，在中国近代建筑史上也都占有一定的地位。（参见：张复合 .20世纪初在京活动的外国建筑师及其作品 [M]// 张复合主编 . 建筑史论文集 第12辑 . 北京：清华大学出版社，2000.）

1996年9月，在江西庐山召开的第5次中国近代建筑史学术年会上，天津城市建设学院建筑学系学生黄遐发表了题为《晚清寓华西洋建筑师述录》的论文，从发掘史料入手，记述了晚清50年间在华开业的94位西洋建筑师和64家设计机构。（参见：黄遐 . 晚清寓华西洋建筑师述录 [M]// 第五次中国近代建筑史研究讨论会论文集 . 北京：中国建筑工业出版社，1997.）

黄遐的父亲黄光域是中国科学院近代史研究所研究员，主要从事近代外国在华机构和人物基础资料的发掘、考订和研究，编纂有《近代来华外国人名辞典》（1981年）、《近代来华新教差会综录》（1992年）、《近世百大洋行志》（1992年）、《外国在华工商企业辞典》（1995年）、《基督教传行中国纪年1807—1949》（2017年）等。她在其父的鼓励和指导下，查阅自己所能见到的、当时刊行的工商行名簿，收集相关资料，参阅《商埠志》和其他论著，写成了这篇论文。

可以说，黄遐的这篇论文，是当时中国近代建筑史研究中，国内第一篇较为系统地研究在华外国建筑师的论文。

在其后的二十多年时间里，直至2020年2月第17次中国近代建筑史学术年会论文结集，有近十篇关于近代在华外国建筑师研究的论文在《中国近代建筑史研究与保护》学术丛书陆续发表（参见:《中国近代建筑史研究与保护》第6辑～10辑，清华大学出版社，2008—2016年），但对近代在华外国建筑师进行系统介绍和研究的论文和著述尚付诸阙如。

红彬自2010年9月至2014年7月在清华大学建筑学院攻读博士学位，我是他的导师。在此期间，红彬到英国剑桥大学建筑系进行了为期半年的联合培养。英国是中国近代建筑历史进程中对外交流最为频繁的西方国家之一，英国建筑师在近代中国的建筑活动开始早、数量大、分布广，对中国近代建筑发展的各个方面都曾产生过重要的影响。但是，对这方面的相关研究在国内外都相当薄弱，几近空白。通过在英期间的学习、交流和考察，红彬选择具有一定挑战性的"近代在华英国建筑师研究"作为其博士论文选题，表现出敏锐的学术洞察力和勇于探索的科学精神。

他在英期间收集了大量相关资料，回国后在整理、研究、分析的基础上，结合近代在华的其他国家建筑师的状况作进一步的探讨，使近代在华英国建筑师的活动有了更为实在的基础和更为广阔的背景。在此基础上，他对近代在华英国建筑师的活动进行初步归纳，使其系统化；并在关注其整个群体的同时，根据情况选取典型个体作更为深入的研究，经过近一年的努力，完成了近28万字的博士学位论文《近代在华英国建筑师研究（1840—1949）》。该论文立论明确、思路清晰、表述得当、逻辑性强、行文流畅，有创新性和很高的写作水平，填补了中国近代建筑史相关研究的不足，获2014年清华大学优秀博士论文二等奖。

获博士学位后，红彬能够在其博士学位论文的基础上继续拓展与深化研究，对近代在华外国建筑师状况进行追踪，在学界现有研究成果基础上，通过文献阅读、数据库及网络检索、档案查询以及通过邮件访谈近代在华外国建筑师后代等方式，首次对近代在华外国建筑师的生平活动做系统调研，汇集了大量珍贵的文字及图片资料。经十余年的不懈努力，他关于近代在华活动的外国建筑师的研究工作，取得了令人可喜的成果，得以把一部资料详实、内容涉猎广泛的"近代在华外国建筑师、建筑事务所、建筑工程组织机构名录"呈现在我们面前。

红彬的《近代洋匠录》作为一部具有重要史料价值的学术研究工具书，将把中国近代建筑史"近代在华外国建筑师"这一领域的研究进一步向前推进，并为这一领域的研究进一步拓展与深化奠定基础。

正如红彬在此书"导言"中所说，"对近代在华外籍建筑师进行整体调查和系统研究是新时期全球视角下中国近代建筑史研究拓展与深入的必须，也为以近代中国视角重新审视世界建筑史提供一种可能"。

在中国近代建筑的历史进程中，有较多的国际行为。各国来华的传教士、商人、建筑师等参与其中，中国的留学生赴各国学习建筑，使中国近代建筑的历史成为世界建筑文化移植、交流、融合的历史。研究中国近代建筑史，不可避免地涉及当时外国来华的各种人物、团体、商号等方方面面的背景和活动，涉及当时中国的留学生所去各国的建筑状况。开展这方面的研究，仅靠中国近代建筑史研究者的努力是远远不够的；没有各国学者的相关研究、相互交流，许多问题是无法搞清的。

具体来说，业主、设计人或营造者为外国人的许多重要建筑，其历史资料的查找十分困难。或是由于近代中国政治局势动荡，房屋使用人变化频繁，造成原有建筑资料的散失而无从查找；或是有关建筑资料当时由外国人自行保存、而后又带往海外，下落不明。面对这种情况，我们一方面如同红彬之所为，充分利用当今互联网的强大优势；另一方面应广泛开展国际交流，加强同境外相关研究者的合作，通过他们去追寻有关线索，实地查找、当面访谈，顺藤摸瓜、取得成果，以境外相关研究者之所长，补我们之所短。

《德国建筑艺术在中国——建筑文化移植》（*GERMAN ARCHITECTUR IN CHINA — Architectural Transfer*，1994，Ernst & Sohn）的作者华纳（Torsten Warner，1966— ），为追寻德国建筑师罗克格（Curt Rothkegel）于 1910 年 12 月完成的清“资政院暨上下议院分图”，以至亲赴南非共和国。前德意志联邦共和国驻华大使斐培谊博士（Professor Dr. Per Fischer）在为此书所写的序言中说，“托尔斯顿·华纳以近乎于侦探的缜密查明了德国建筑师在中国于 19 世纪末 20 世纪初设计的众所周知及鲜为人知的建筑”。（参见：中国近代建筑史研究与国际交流——写在《德国建筑艺术在中国》一书在中国发行之际，《建筑师》64 期，1995 年 6 月号，102–104 页）

“以近乎于侦探的缜密”一语，生动地刻画出了华纳为近代建筑历史研究孜孜以求的工作态度，所付出的不倦的追求。确实，中国近代建筑历史所具有的特殊性，注定了它的研究者要有勇于献身的精神，“以近乎于侦探的缜密”进行长期的默默付出；对于有志于探讨中国近代建筑史“近代在华外国建筑师”这一领域的研究者来说，尤其要有做加倍努力的准备！

我相信，红彬的《近代洋匠录》的出版，一定会引来更多的有志之士投入到中国近代建筑史“近代在华外国建筑师”这一研究领域，一定会推动中国近代建筑史研究中的国际交流，一定会推动新时期全球视角下中国近代建筑史研究的拓展与深入！

清华大学建筑学院　张复合教授
于北京学清苑
2023 年 9 月 1 日

编者说明

本名录是一部有关近代在华外籍建筑师（外籍华人建筑师也包括在内）生平概况的工具书，是笔者持续十余年所做的近代在华外籍建筑师调查的阶段性成果。

本名录内容分为主体和附录两部分。主体部分分为五编：第一编“近代在华重要外籍建筑师名录”收录了近代在华外籍建筑师中较为重要者，计 522 位，进行重点介绍，具体包括姓名、肖像、生卒年月、出生地、国籍、在华城市、资历、教育和训练背景、主要经历、相关作品、相关著述、参考文献及相关材料等；第二编“近代在华重要外资建筑事务所名录”主要收录了较为重要且在第一编中并未完整介绍的规模较大的外资（含中外合资）建筑事务所，计 90 个，进行重点介绍，具体包括名称、地址、执业时间、负责人（合伙人）、从业人员、简史、作品及相关材料等；第三编“近代在华外资建筑工程相关商业机构名录”主要收录近代重要外资公司中下设的建筑工程机构以及部分专注于施工的外资洋行，计 13 个，介绍其名称、地址、存续时间、合伙人、从业人员、简史、作品和参考文献及相关材料等；第四编“近代在华外国建筑工程相关官僚机构名录”收录了较为重要的外国在华殖民地、租界和租借地的建设部门，伪政权建设部门，外国相关官署在华分支机构，以及被国外势力把控的中国官署建设部门，计 10 个，介绍其名称、地址、存续时间、负责人、建筑（工程）师成员、简史、作品和参考文献及相关材料等；第五编“近代在华外国建筑工程相关专业组织名录”收录了近代外籍建筑师在华成立的较为重要的建筑相关行业组织，计 5 个，介绍其名称、地址、存续时间、负责人、成员（仅部分有）、简史、主要活动和参考文献及相关材料等。附录一“近代在华其他西洋（欧美）建筑师列表”收录了 413 位目前掌握信息较少或重要程度相对较低的外籍建筑师并进行列表介绍；附录二“近代在华其他日本建筑师列表”收录了 2028 位目前掌握信息较少或重要程度相对较低的日本建筑师并进行列表介绍；附录三“香港授权建筑师名录（1903—1941）”收录了香港历次公布的授权建筑师名录。本名录共计收录建筑师 2963 人，建筑事务所、建筑工程组织机构 118 个。

本名录可作为从事中国近代建筑史研究的工具书，同时可供其他历史学者、建筑界专业人士、文保界人士和对中国近代建筑感兴趣的读者参考阅读。通过本名录，读者可以窥探近代在华外籍建筑师职业群体之概貌，亦可了解外籍建筑师参与中国近代建筑事业之广泛。

需要说明的是，对近代在华外籍建筑师的基础调研是一项复杂且艰巨的工作，前辈学者在这方面已经取得了很多成果，本书的编写离不开对各位学者成果的参考借鉴。此外，限于编者的能力与精力，本书的内容仅是一个阶段性成果，其中依旧有很多资料与信息有待进一步补充与完善。编者诚挚欢迎读者提供更多有关近代在华外籍建筑师、建筑事务所和建筑工程组织机构的信息，以期在今后的工作中进行补充及扩容；同时也欢迎任何批评与意见建议，以便再版时修正。

电子邮件：317041602@qq.com

凡　例

1. 编纂原则

1.1　本书的研究对象为近代在华外籍建筑师，具体是指中国近代时期（1840—1949年）曾经在中国活动过（任职、执业）的非中国国籍（包含拥有外国国籍的华人华侨，如李锦沛、叶肇昌等）建筑师，同时包含部分建筑工程师。

1.2　本书中的“建筑师”则主要涵盖以下几类：(1) 在近代出版的人名录、报纸、杂志等资料文献中以“architect”(建筑师)、“assistant architect”(助理建筑师)、“architectural ass.”(建筑师助理) 称呼出现的人员；(2) 通过各国建筑师专业学会认证的人员，如英国皇家建筑师学会会员（ARIBA，FRIBA，LRIBA)、英国建筑师学会会员（MSA)、美国建筑师学会会员（AIA）等；(3) 通过官方认证的“建筑师”，如港英政府从1903年开始认证的授权建筑师（Authorized Architect，简称AAHK)、民国期间上海市政府从1933年开始登记的土木建筑技师和技副等；(4) 在建筑事务所或商业公司中任职，且以“建筑师”“助理建筑师”或“建筑师助理”等称呼出现的；(5) 获得过建筑学相关学位的人员，如“建筑学学士学位（B. Arch)”“建筑学硕士学位（M. Arch)”“建筑学学位（Dip. Arch)”“法国国授建筑师文凭（DPLG)”等；(6) 具有工程学背景（如获得过工程学相关学位或具有相关国家工程学会会员资格），如“科学学士学位（BSc)”“工程学学位（Dipl. Eng.)”“工程硕士学位（M. Eng)”“土木工程师（Civil Engineer，CE)”“结构工程师（Structural Engineer)”“咨询工程师（Consulting Engineer)”“测绘师（Surveyor)”“英国土木工程师学会会员（AMICE，MICE)”“英国测绘师学会会员（FSI)”“英国混凝土学会会员（AMCI，MCE)”“英国结构工程师学会会员（AMISE，FMISE)”“美国土木工程师学会会员（AMAmSCE，MAmSCE)”等，且曾从事建筑设计相关工作的人员；(7) 在华殖民地、租界、租借地和伪政府等政府机构中以测绘师、建筑师或工程师等称呼出现且曾参与建筑设计的职员；(8) 有文献记载曾参与过建筑设计的其他测绘师、工程师、工程监督等；(9) 曾参与过建筑设计的军队建筑师，如英国皇家工兵及随军建筑师等；(10) 近代在华教会中以设计教会相关建筑为专长的教会建筑师（包括有建筑学背景的传教士、专业教会建筑师以及业余教会建筑师；近代在华专、兼职从事建筑相关教育的外籍人士)。

1.3　本书第一编以建筑师为主线，按照建筑师的英文名字姓氏（Family Name / Last Name）的英文字母顺序排列，同一姓氏者则按照人名的第一个字（First Name，全名未查明者则为首字母）的英文字母顺序排列，依此类推。对于无英文姓名者则将其译为英文名并按照其英文译名字母顺序排列。本书第二至五编及附录一也均按照英文名称字母顺序排列，附录二则根据日文姓名对应中文译名的汉语拼音拼写按照字母顺序排序，附录三则按照公布年份排序。

1.4　为了避免不同翻译可能造成的混乱，书中所涉外籍人名、机构名称、建筑物和街道名称尽量在中文译名后的括号内保留外文原名，个别常见外国学校名称则以中国大陆当代的标准音译为准，个别不常见的学校名称之后用括号加注原外文名称。

1.5　对于书中所涉建筑师、建筑事务所及建筑工程相关组织机构的名称，编者尽量采用其历史名称，对于事务所及组织机构有变迁者则用括号加注其不同外文和中文名称。对于有矛盾的信息，除编者可以根据常识可以判断正误者之外，书中采取兼收的方式，并以“?”表示存疑。

1.6　书中相关条目下的内容不详，则标注“不详”。

1.7　书中相关数据存疑或情况待查，则加注“?”。

1.8　为了节省篇幅，每个条目只在“参考文献及相关材料”下注明与该人（机构）相关的特别材料，如主要资料来源、相关研究成果和照片来源（如未查得照片，则无此条标注）等，而其他参考文献等则于名录最后的参考文献中统一注明。

1.9　每个条目在“注”下注明与该条目相关但又不便列于正文各项条目者，如无需注明则不标注。

2. 关于建筑师姓名和性别的标注

2.1　在每位建筑师英文名后加注“( )”，标注其中文名；如在通商名录等历史材料中可以查得其中文名则用该名，如果能查得多个中文名则一并列出；如果未能查得原有中文名则以其姓氏的中国大陆当代标准音译为准，并辅以名前缀字母缩写，以示全名；如遇多人姓氏及前缀字母一致，则标注全名的中译名。

2.2　如果查得其非中、英文名字，或查得其中、英文姓名的别称等，也列于“注”。

2.3　个别建筑师虽未能查得中文名，但如其开办之事务所有中文名，也用其事务所中文名代替。

2.4　如建筑师性别为女，则在其中文名后加注“女”；如性别为男，则不另行标注。

3. 关于建筑师生卒年月的标注

3.1　确知建筑师生卒年月日的，注明生卒年月日。
例：1888.04.15—1975.08.03

3.2　具体日期不全者则仅标注年月或年。
例：1881.10—1974

3.3　出生或去世年月不详者，则代以“?”。

例：?—1919

3.4 出生或去世年月均不详者，则标注“不详”。

3.5 收集的建筑师生卒年的数据不一致的，则以括号注明于其后，并加注“?”。
例：1867（1868?）—1924

4. 关于建筑师出生地的标注

4.1 确知建筑师出生地为中国（含港澳台），则标注中国及中文城市名。
例：中国香港

4.2 确知建筑师出生地为国外的，则标注出生地中文译名，个别不常见的地区之后用括号加注原外文名称。
例：美国南达科他州（South Dakota，USA）

5. 关于建筑师国籍的标注

5.1 确知建筑师仅有单一国籍的，注明国籍。
例：英国

5.2 确知建筑师曾有多个国籍的（如移民后获得新国籍），按照其获得相应国籍的先后顺序注明多个国籍。
例：奥地利，美国

5.3 如建筑师国籍系根据姓名拼写等资料推测而来，则以括号注明于其后，并加注“?”。
例：葡萄牙（?）

6. 关于建筑师教育和训练背景的标注

6.1 教育和训练背景一项包含可能对建筑师专业能力产生影响的家庭教育（建筑世家）、学校教育（中、高等教育）、非全日制教育（夜校、培训、函授）、游学、私人教育（学徒）等。

7. 关于建筑师资历的标注

7.1 建筑师资历是指该建筑师在国内外获得的建筑相关专业团体的会员资格或者所获得政府部门颁发的专业许可，多以英文缩写表示（具体含义见本书“主要英文缩写对照表”），如已经查得所获得年份则标注于后。
例：AMICE，1872
（表示该建筑师在1872年获得了英国土木工程学会副会员资格）

8. 关于建筑师在华城市的标注

8.1 建筑师在华城市是指该建筑师曾经在中国哪些城市或地区任职或执业，如有多个城市或地区则分别列出。

例：香港，上海

9. 关于建筑师经历的标注

9.1 建筑师经历主要是标注该建筑师在中国执业期间的专业活动经历，考虑其来中国前后专业活动之关联性，也会适当兼顾其来中国前后的专业活动经历，以时间先后顺序排列。

10. 关于建筑师作品的标注

10.1 建筑师作品主要标注与其相关的在中国的建筑工程项目（含建筑设计、结构咨询、监造、承建等）、竞赛作品及相关设计作品等，适当兼顾其在中国以外的作品。

10.2 作品的标注通常涵盖作品名、地址、设计或建成年代等信息。其中作品名能查到原中文名称者直接采用，并随后在括号内标注英文名，部分同时还标注现中文名；作品名未查得原中文则自行翻译，并随后在括号内标注英文名；部分仅标注现中文名。作品地址，如能查到具体地址则标注具体地址，因限于精力未能将地址统一，因此文中采用地址历史名称和当今名称两种方式并存标注，且部分原地址保留了英文名称，如未能查得具体地址则仅标注城市名或标注地址不详。设计或建成年代均查得则先后标注，并用"—"相连，如仅知其一则仅标注一个，如未能查得则不标注。除以上信息外，如查得该建筑师在此建筑中的具体职责（建筑设计、监造、承包建造、结构设计、基础设计等）则予以注明，如有合作者也予以注明，部分建筑的状态（未建成、存在或拆毁）也予以注明，如该建筑属于改建或扩建等也予以注明。

例：

——帕克公寓（Park Apts，今花园公寓），上海复兴中路455号，1927（改建）。

——三一教堂，原方案由斯考特（G. G. Scott）爵士设计经W. 凯德纳（Wm. Kidner）修改并监督建造，上海九江路219号，1866—1869。

10.3 部分建筑师作品来自《上海公共租界工部局公报》（*The Municipal Gazette*）上刊载的新建筑计划审批公告，仅有建筑数量、建筑类型、地籍编号及街道、报建者（设计者）、审批年份。

例：Ambrose，James

——4座本地住宅（Native houses），册地293号，上海河南路，1911；

10.4　部分建筑师的部分作品如更适合在第二编或第三编罗列，则第一编建筑师名录下作品注明参见第二编 ×× 事务所或第三编 ×× 机构。

例：Dowdell

——部分作品参见第二编道达洋行作品。

11. 关于建筑师著述的标注

11.1　建筑师著述主要标注其参与撰写的图书、论文及报刊文章等，以及其申请的专利等；限于篇幅仅选择与其在华经历或建筑相关的列举。

例：

——1941 年获得美国发明专利 US2247186（可为飞机提供无柱大空间的拱形钢梁结构体系）

——HANS BERENTS. About Godown Construction Past and Present. An Informative Description of Basic Principles to Which Owners and Designers had to Adhere as Shanghai Developed[N]. The Shanghai Sunday Times, 1933-12-10（013）.

12. 关于建筑事务所、机构和组织的标注

12.1　建筑事务所、机构和组织的标题英文名称仅选取其运行期间较为常见和通用的一个名字，以保持标题简洁并便于排序，对应中文名称放入“( )”内，如有多个对应中文名则以“/”分隔。

例：

[25] Davies, Brooke & Gran Architects, Surveyors and Civil Engineers（新瑞和洋行 / 建兴建筑师事务所）

12.2　建筑事务所、机构和组织的“名称”则将其运行期间所有中英文名称都罗列在内，并以中文名在前，对应英文名在后，放入“( )”内，如有多个中文名则以“；”分隔，如一个中文名对应多个英文名则在“( )”内以“；”分隔。

例：

名称：

新瑞和洋行（Davies, Gilbert & Co.; Davies & Thomas Civil Engineers & Architects; Davies & Brooke Civil Engineers and Architects, Land and Estate Agents; Davies, Brooke & Gran Civil Engineers and Architects, Land and Estate Agents）；建兴建筑师事务所（Davies, Brooke & Gran Civil Engineers and Architects, Land and Estate Agents）

12.3　建筑事务所、机构和组织第二项“地址”列出其所在城市，如查得具体地址及相应时间则在城市后括号内分别列出。

12.4　建筑事务所、机构和组织第三项“执业时间 / 存续时间”列出其起止时间。

12.5　建筑事务所、机构和组织第四项“合伙人 / 负责人”列出其不同时期事务所的合伙人、机构和组织的负责人等，一般以英文原名为主。

12.6　建筑事务所、机构和组织第五项“从业人员 / 建筑（工程）师成员 / 成员”列出事务所所有的从业人员、机构的建筑（工程）师成员、部分组织的成员，一般以英文原名为主，从业人员在不同城市分所任职的按照城市分列，如查得相关人员的具体职位、部门或任职年限等则在人名后括号内标注，部分人员也在括号内标注其资历（如专业会员身份缩写等）。

12.7　建筑事务所、机构和组织第六项“简史”对其发展历史进行简要描述。

12.8　建筑事务所、机构和组织第七项“作品 / 主要活动”列出事务所和机构的设计作品以及组织的主要活动，其中设计作品按照所在城市分别列举。

12.9　部分建筑事务所、机构和组织也会列出“相关影像”并标明“照片来源”。

主要英文缩写对照表

缩写	英文全称	中文译名
AA（AA dipl）	Architectural Association School of Architecture，London，UK	英国伦敦英国建筑联盟学院（学位）
AAHK	Authorized Architects of Hong Kong	香港授权建筑师
AIA	American Institute of Architects	美国建筑师学会会员
AIAA	Associate Member of the Incorporated Association of Architects and Surveyors，London	伦敦建筑师和测绘师联合会副会员
AMACAE	Associate Member of Association of Chinese and American Engineers, Peking	中美工程师协会会员（北京）
AMAmSCE	Associate Member of American Society of Civil Engineers	美国土木工程师学会副会员
AMCI	American Concrete Institute	美国混凝土学会
AMEIC	Associate Member of Engineers' Institute of Canada	加拿大工程师学会副会员
AMICE	Associate Member of Institute of Civil Engineers，UK	英国土木工程师学会副会员
AMIEA	Associate Member of Institution of Engineers，Australia	澳大利亚工程师学会副会员
AMISE	Associate Member of Institute of Structural Engineers，UK	英国结构工程师学会副会员
AmREA	American Railway Engineering Association	美国铁路工程师协会
AMSES	Association of Municipal and Sanitary Engineers and Surveyors，UK	英国市政、卫生工程师测绘师联合会
AmSME	American Society of Municipal Engineers	美国市政工程师协会
ARAIA	Associate Member of Royal Australian Institute of Architects	皇家澳大利亚建筑师学会副会员
ARIBA	Associate Member of the Royal Institute of British Architects，UK	英国皇家建筑师学会副会员
ARTPI	Associate Member of Royal Town Planning Institute，UK	英国城市规划学会副会员
ASEE	Architect Society of Exploitation and Establishments，France	开发与建设建筑师协会（法国）
AusIA	Australian Institute of Architects	澳大利亚建筑师学会
BA	Bachelor of Art	文学学士学位
BFA	Bachelor of Fine Arts	美术学士学位
BSA	Boston Society of Architects	波士顿建筑师学会会员
BSc	Bachelor of Science	理学学士学位
CA	Chartered Architect，UK	英国特许建筑师
CAGE	Chinese Association of German Engineer，Shanghai	上海在华德国工程师联合会
CCE	Chartered Civil Engineer，London，UK	英国特许土木工程师
CE	Civil Engineers	土木工程师
CME	Chartered Mechanical Engineer，UK	英国特许机械工程师
CMSCEF	Corresponding Member of the Society of Civil Engineers of France	法国土木工程师学会通讯会员
ConCE	Consulting Civil Engineer	咨询土木工程师
CS	Chartered Surveyor，UK	英国特许测绘师
CSCE	Canadian Society of Civil Engineers	加拿大土木工程师协会
CSE	Chartered Structural Engineer，London，UK	英国特许结构工程师
DPLG	Architecte diplômé par le gouvernement，France	法国国授建筑师（政府建筑师文凭）

续表

缩写	英文全称	中文译名
DSCE / MDICE	Danish Society of Civil Engineers / Member of Danish Institute of Civil Engineer	丹麦土木工程师协会会员
ESC	Shanghai Society of Engineers and Architects（1901—1912），Engineering Society of Shanghai（1912），Engineering Society of China（1913—1941）	上海工程师建筑师学会、上海工程协会、中华国际工程学会
FCIA	Fellow of Chinese Institute of Architects	中国建筑师学会会员
FIAA	Fellow of the Incorporated Association of Architects and Surveyors，London	伦敦建筑师和测绘师联合会会员
FIAS / FRIAS	Fellow of the Incorporated Association of Surveyors of London / Fellow of the Royal Incorporated Association of Surveyors of London	伦敦（皇家）测绘师联合会会员
FICE	French Institute of Civil Engineers	法国土木工程师学会
FRAIC	Fellow of the Royal Architectural Institute of Canada	加拿大皇家建筑师学会会员
FRGS	Fellowship of the Royal Geographical Society，UK	英国皇家地理学会成员
FRIBA	Fellow of the Royal Institute of British Architects，UK	英国皇家建筑师学会正会员
FRMS	Fellow of Royal Microscopical Society，UK	英国皇家气象学会会员
FRSA	Fellow of the Royal Society of Arts，UK	英国皇家艺术学会会员
FRTPI	Member of Royal Town Planning Institute，UK	英国皇家城市规划学会正会员
FSA	Fellow of the Society of Antiquaries of London	伦敦古文物研究学会会员
FSAS	Fellow of the Society of Antiquaries of Scotland	苏格兰文物学会正会员
FSanI / MRSanI	Fellows of Sanitary Institute / Member of Royal Sanitary Institute，UK	英国皇家卫生学会会员
FSCE	French Society of Colonial Engineers	法国殖民工程师会员
FSI	Fellows of Institution of Surveyors，UK	英国测绘师学正会员
HKIA	Hong Kong Institute of Architects	香港建筑师学会
IAC	Insititute of Architects in China，Shanghai	在华建筑师学会（上海）
IEEE	Institute of Electrical and Electronics Engineers，UK	英国电子电气工程师学会成员
ISVA	Incorporated Society of Valuers and Auctioneers，UK	英国估价师和拍卖师联合会
ITE	American Institute of Traffic Engineers	美国交通工程师学会
KIVI	Koninkliyk Instituut Van Ingenieurs，Holland（Royal Netherlands Society of Engineers）	荷兰皇家工程师学会
LAI	Lisensed Architect of Illinois	伊利诺伊州执业建筑师
LRIBA	Licentiate of the Royal Institute of British Architects	有英国皇家建筑师学会开业证书的建筑师
MAA	Member of Akademisk Architectforening，Danmark	丹麦建筑师学会会员
MAAES	Member of Austria Architect and Engineer Society	奥地利工程师和建筑师协会通讯会员
MAAL	Member of Architectural Association of London	伦敦建筑师联合会会员
MACAE	Member of Association of Chinese and American Engineers，Peking	中美工程师协会会员（北京）
MAmIME	Member of American Institute of Mechenical Engineers	美国机械工程师学会会员
MAmIWE	Member of American Institute of Water Engineers	美国给排水工程师学会会员
MAmSCE	Member of American Society of Civil Engineers	美国土木工程师学会正会员
MCAAA	Member of Central Association of Austrian Architect	奥地利建筑师中央协会会员

续表

缩写	英文全称	中文译名
MCI	Member of Concrete Institute，UK	英国混凝土学会（英国结构工程师学会前身）会员
ME	Mechenical Engineer，UK	机械工程师（英国）
MIAN	Member of the Institute of Architects of New South Wales	新南威尔士建筑师学会会员
MICE	Member of Institute of Civil Engineers，UK	英国土木工程师学会会员
MIEE	Member of Institute of Electrical Engineers，UK	英国电力工程师学会会员
MIHVE	Member of Institute of Heating and Ventilation Engineers，UK	英国暖通工程师学会会员
MIME	Members of Institution of Mechanical Engineers，UK	英国机械工程师学会成员
MIMunE	Member of Institution of Municipal Engineers，UK	英国市政工程师学会成员
MISCE and Arch	Member of Italian Society of Civil Engineers and Architects	意大利土木工程师及建筑师学会会员
MIWE	Member of Institute of Water Engineers，UK	英国给排水工程师学会会员
MJIA	Member of Japanese Institute of Architects	日本建筑师学会会员
MNCE	Member of Norwegian Society of Civil Engineers	挪威土木工程师学会会员
MNZIA	Member of New Zealand Institute of Architects	新西兰建筑师学会会员
MNZIE	Member of the New Zealand Institute of Engineers	新西兰工程师学会会员
MOAA	Member of Ontario Association of Architects，Canada	加拿大安大略建筑师协会会员
MRIAI	Member of Royal Institute of Architects，Irish	爱尔兰皇家建筑师学会会员
MRSI	Member of Royal Surveyors' Institute，UK	英国皇家测绘师学会会员
MSA	Member of Society of Architects，UK	英国建筑师协会会员
MSArts	Member of Society of Arts，UK	英国艺术家学会会员
MSc	Master of Science	理学硕士
MUST	Member L'Union Suisse des Techniciens	瑞士技术人员联盟成员
OBE	Order of the British Empire	英国不列颠帝国勋章
PASI	Professional Associates of Institution of Surveyors，UK	英国测绘师学会副会员
QA	Qualified Architect，Germany	德国领照建筑师
RCAA	Royal Canadian Academy of Arts	皇家加拿大艺术学会
RE	Royal Engineer，UK	皇家工兵（英国）
REA	Railway Engineers' Association，UK	英国铁路工程师协会
RIBA	Royal Institute of British Architects	英国皇家建筑师学会
RICS	Royal Institution of Chartered Surveyors，UK	英国皇家特许测绘师学会
RIHA	Royal Institute of Hungarian Architect	匈牙利皇家建筑师学会会员
RVIA	Royal Victorian Institute of Architects	维多利亚州皇家建筑师协会准会员
RNE	Royal Netherland Engineers（？）	皇家荷兰工程师协会（？）
SADG	Société des Architectes Diplômés par le Gouvernement	（法国）政府毕业建筑师协会
SEAT	Society of Engineers and Architects Turin	都灵工程师和建筑师协会
SIA	Swiss Society Engineering and Architects	瑞士工程师和建筑师学会海外会员
SMC	Shanghai Municipal Council	上海公共租界工部局
VDE	Verband Deutscher Elektrotechnikere	德国电气工程师协会
VDI	Verein Deutscher Ingenieure	德国工程师协会
VvDI	Vereeniging van Delftsche Ingenieurs	代尔夫特工程师协会

目录

导言　近代在华外籍建筑师群体初探[①]

① 本文最初发表于《世界建筑》，参见：郑红彬．近代在华外籍建筑师群体初探 [J]. 世界建筑，2020（11）：52-58. 今在后续研究成果基础上进行了部分更新并作为导言收入本名录，以便读者对近代在华外籍建筑师群体形成整体认知。

与中国古代建筑史相较，中国近代建筑史的特殊性之一在于其是一部“有建筑师”的历史①，具体包括外籍建筑师的输入与中国建筑师的成长。中国近代建筑史的本质是在外来影响下突破传统营造方式进而在建筑生产的各方面走向近代化的过程，而作为该过程中“外来影响”最主要的施加主体之一的外籍建筑师②，是中国近代建筑史研究的重要内容与线索。对近代在华外籍建筑师进行整体调查和系统研究是新时期全球视角下中国近代建筑史研究拓展与深入的必须，也为以近代中国视角重新审视世界建筑史提供一种可能。

1 近代在华外籍建筑师研究现状

自1958年中国建筑“三史”编写以来，学界一直将近代在华外籍建筑师作为研究重点，并取得了相当丰富的研究成果。汪坦等主编的“中国近代建筑总览”丛书[1]对近代16个主要城市和地区的外籍建筑师的活动和作品进行了初步调查；黄光域[2]收录并简要介绍了部分近代在华外资建筑洋行；黄遐[3]对清末来华的96位西洋建筑师进行了初步调查；网络资料《中国近代租界西洋建筑师事务所（洋行）及其作品选录》[4]收录了30个西洋建筑事务所，梳理了其简史、人员及作品；刘亦师[5]概述了近代在华主要外籍建筑事务所之活动；张复合[6]、张林[7]、伍江[8]、娄成浩和薛顺生[9]、林中伟[10]、李治镇[11]、彭长歆[12]、汪晓茜[13]、王苗[14]、陈雳[15]、韩雅慧和徐飞鹏[16]、刘思铎[17]、郑红彬[18]、刘伦希[19]、钱毅[20]等分别调查了北京、上海、天津、香港、武汉、广州、南京、青岛、沈阳、哈尔滨和鼓浪屿等地的近代外籍建筑师；堀勇良[21]和西泽泰彦[22]等对近代在华的日本建筑师进行了系统的调查和研究；贾文亮[23]、高笑赢[24]、矢羽田朋子[25]等调查了近代在东北的日本建筑师；黄俊铭[26]调查了明治时期台湾总督府中任职的日本建筑技师；“满铁建筑会”[27]编纂了曾在“满铁”任职的建筑技术人名录并对部分建筑师在华活动进行了追忆；泉田英雄[28]的研究对近代在华部分英国建筑师有所涉及；Warner[29]对近代在华部分德国建筑师进行了调查；村松伸[30]分析了商埠志所录13位上海“租界第二代西洋建筑师”群体的特征；Natalie[31]对近代初期在华外籍建筑师群体中工程师的地位进行了分析；郑红彬对近代在华英国建筑师群体进行了全面调查和系统研究[32]，并对近代上海外籍建筑师群体进行了初步探索[33]；蔡龙保[34]分析了日据时期台湾总督府土木局营缮课建筑技术群体的来源及其建树；Julie Willis[35]对近代时期殖民建筑师在不同殖民地之间的流动及其影响进行分析；小林美智子[36]、郑红彬[37]、吴昱莹[38]、陈建仲[39]等对近代

---

① 中国古代虽然也有“样式雷”等，但是其服务对象仅为帝王，并非现代意义上的“建筑师”。

② “建筑师”在本文涵盖：(1) 在近代出版的人名录、报纸、杂志等文献中以“建筑师”“助理建筑师”“建筑师助理”等称呼出现的人员；(2) 通过各国建筑师专业学会认证的人员；(3) 通过政府认证的“建筑师”，如港英政府从1903年开始认证的“Authorized Architect”；(4) 在建筑事务所或商业公司中任职，且以“建筑师”“助理建筑师”或“建筑师助理”等称呼出现；(5) 获得过建筑学相关学位的人员且从事相关职业人员；(6) 具有工程学背景（工程相关学位或工程学会会员资格）且从事建筑设计相关工作的人员；(7) 各政府机构中以测绘师、建筑师、工程师、建筑助役、建筑手长、建筑手等职位出现且参与建筑设计的职员；(8) 有文献记载曾参与过建筑设计的其他测绘师、工程师、工程监督等；(9) 曾参与过建筑设计的军队建筑师，如英国皇家工兵及随军建筑师等；(10) 近代在华教会中以设计教会相关建筑为专长的教会建筑师；(11) 专、兼职从事建筑相关教育者。

外籍建筑师在华成立的建筑行业组织进行了研究；蔡侑桦[40]、黄士娟[41]、徐新尧[42]、黄信颖[43]等对近代在华外籍建筑师主导的部分建筑职能部门进行了研究；五卷本《中国近代建筑史》[44]对部分近代在华重要外籍建筑师有所涉及，并在附录二中对日、英、法、德等国相关研究进行了介绍。此外，在个案研究方面也有一定积累，限于篇幅不在此展开。

简而言之，现有成果在基础调查方面积累了一定的资料，在群体研究方面也作了一些尝试，但是由于缺乏系统的基础调查，导致已关注的外籍建筑师数量相对较少、尚无整体把控近代在华外籍建筑师群体全貌之成果。鉴于此，笔者开展的各项调查与研究尝试初步回答以下问题：到底有多少外籍建筑师曾经参与中国建筑的近代化进程？他们都来自哪些国家？他们在华期间都服务于哪些机构并从事何种类型的建筑活动？他们对中国建筑的近代化进程产生了何种影响，又存在着哪些局限？

2　近代在华外籍建筑师调查的技术路径

近代在华外籍建筑师群体研究之关键在于系统性基础调查。基础调查的主要内容是利用多重史源对近代在华外籍建筑师进行文献学意义上的系统调查，填补学界之空白，尽力阐清史实，为后续研究奠定基础。具体调查内容包括三部分：外籍建筑师、外籍建筑事务所和外籍建筑师参与的相关建筑工程组织机构。①针对外籍建筑师主要调查：姓名、肖像、生卒年月、出生地、国籍、在华城市、资历、教育和训练背景、主要经历、相关作品、相关著述、参考文献及相关材料；针对外籍建筑事务所主要调查：事务所名、执业时间、合伙人（创始人）、从业人员、简史、地址、作品、参考文献及相关材料；针对建筑工程组织机构主要调查：机构名称、地址、存续时间、负责人、建筑师成员、简史、作品或活动、参考文献及相关材料。

基于多重史源最大范围的搜集数据是基础调查的首要工作，具体通过四个途径实现。一是文献阅读：主要资料源为现有研究以及近代出版的各种通商名录②、

① 相关机构在本书中又具体划分为近代外资建筑工程相关商业机构、近代在华外国建筑工程相关官僚机构和近代在华外国建筑工程相关组织三类。

② 笔者检索查阅的通商名录主要有：《字林报行名录》（*The North China Desk Hong List*，1872.1—1941.7）；《孖剌报行名簿》（*Chronicle and directory for China*，*Japan*，*& the Philippines*，1872—1874/1876/1877/1879/1882/1884/1888/1889/1890/1892/1894—1897/1899/1901；*Directory and chronicle for China*，*Japan*，*Corea*，*Indo-China*，*etc.*，1902/1904—1910/1912—1915/1917—1920/1922/1925/1930—1932/1934/1936—1940）；《德臣报行名簿》（The China Directory，1861/1862/1867）；《香港年鉴和名录》（*The Hongkong Almanack and Directory*，1846/1848/1850）；《英华行名录》（*Anglo-Chinese Calendar*，1845/1847/1848/1856）；《香港名录：含在华外国人名录》（The Hongkong directory，1859）；《华北行名录》（*North China Hong-List*，1919）；《通商行名簿》（*Rosenstock's directory of China and Manila*，1909）；《莫里斯行名簿》（*Morris's directory for China*，*Japan and the Phillipines*，*etc.* 1870）；《印度及殖民地商行簿》（*Street's Indian and Colonial Mercantile Directory for* 1869，1870）；《中国商务名录》（*The Comacrib Directory of China*，1925/1926）。

名人录①、商埠志②、建筑书刊③以及后期出版资料④。二是数据库及网络检索：当前，“包含海量近代文献的数据库层出不穷，为中国近现代建筑史的研究提供了巨大便利”[45]，近现代人物数据库⑤、近代报刊数据库⑥和家谱网⑦等数据库和网络资料是近代在华外籍建筑师系统调查得以进行的保障。三是档案查询：主要资料源为档案文本、图像及部分档案出版物，如上海公共租界和法租界董事会会议记录、大英工部总署及中国海关档案⑧等。四是访谈：通过访谈近代在华外籍建筑师后代等，也可获取部分资料。

基于系统的调查框架与多重史源的数据收集，本研究逐步构建了“近代在华外籍建筑师数据库”（图1、图2）。

3　近代在华外籍建筑师的规模与构成

笔者基于前述技术路径进行调查的初步成果显示，近代在华外籍建筑师群体总数不少于2963位，至少来自26个国家（表1）。群体中日本建筑师的数量占71.14%（含旅日朝鲜籍建筑师1位），西洋建筑师的数量⑨约占28.86%（含旅美巴格达籍建筑师1位）。而西洋建筑师中又以英国建筑师数量最多。

---

① 名人录主要有：《远东名人录》（*Who's Who in the Far East*，1906—1907/1907—1908）；《中国名人录》（*The China Who's Who*，1922）；《上海及华北名人录》（*Men of Shanghai and North China*，1933/1935）；《在华外国人名录》（*The China Who's Who Foreign*，1924—1927）；《中国工业、商业、思想领袖名录》（*Leaders of Commerce Industry and Thought in China*，1924）；《工程名人录》（*Who's Who in Engineering*，1922）；*Who's who in architecture*，1923；*Who's who in China*，1918—1950；等等。

② 商埠志主要有：Arnold Wright. Twentieth Century Impressions of Hongkong，Shanghai，and Other Treaty Ports of China：Their History，People，Commerce，Industries，and Resources[M]. London：Lloyds Greater Britain Publishing Company；1908；W. H. Morton-Cameron，Walter Feldwick. Present Day Impressions of the Far East and Prominent & Progressive Chinese at Home and Abroad[M]. London：Globe Encyclopedia Company，1917.

③ 专业期刊有：*The China Architects and Builders Compendium*，1925/1928/1937；*The China Builder*，1930；*The Far Eastern Review*；《建筑月刊》；《中国建筑》；*Minutes of Proceedings of the Institution of Civil Engineers*；*Journal of the Royal Institute of British Architects*；*The R.I.B.A. Kalendar*；等等。

④ 后续出版资料主要有：《外国在华工商企业辞典》；《老上海行名词典》；《英国建筑师名录（1834—1914）》[A. Felstead，J. Franklin. Directory of British Architects，1834—1914：Vol.1（A–K）[M]. London：Continuum International Publishing Group，2001；Jonathan Franklin，Leslie Pinfield，Jane Oldfield. Directory of British Architects 1834—1914，Vol.2（L–Z）[M]. London：Continuum，2001.]；《英国和爱尔兰土木工程师名录（1830—1890，1890—1920）》（P. S. M. Cross-Rudkin，M. M. Chrimes，M. R. Bailey. Biographical Dictionary of Civil Engineers in Great Britain and Ireland，volume 2：1830—1890[M]. London：ICE Publishing，2008；Robert Mcwilliam，Mike Chrimes. Biographical Dictionary of Civil Engineers in Great Britain and Ireland Volume 3：1890—1920[M]. London：ICE Publishing，2014.）；等等。

⑤ 主要是中国台湾地区“中央研究院”近代史研究所的近现代人物资讯整合系统。

⑥ 主要是“ProQuest Historical Newspapers：Chinese Newspapers Collection（1832—1953）”“全国报刊索引数据库”“申报”等数据库所收录的各种中、英文报刊。

⑦ 如：http：//www.genealogy.com/，www.myheritage.cn/，www.ancestry.com/，等等。

⑧ “中国海关项目”网站，http：//www.bristol.ac.uk/history/customs/resources/servicelists/，访问时间：2017年8月8日。

⑨ 表1中，国籍为巴格达者在美国接受建筑教育，因此归入西洋建筑师；国籍为朝鲜者在日本接受建筑教育，因此归入日本建筑师；国籍不详者，根据其姓名拼写可推测均为西洋人士，因此也归入西洋建筑师；另部分建筑师国籍曾有变化，仅以其在华期间国籍为准。

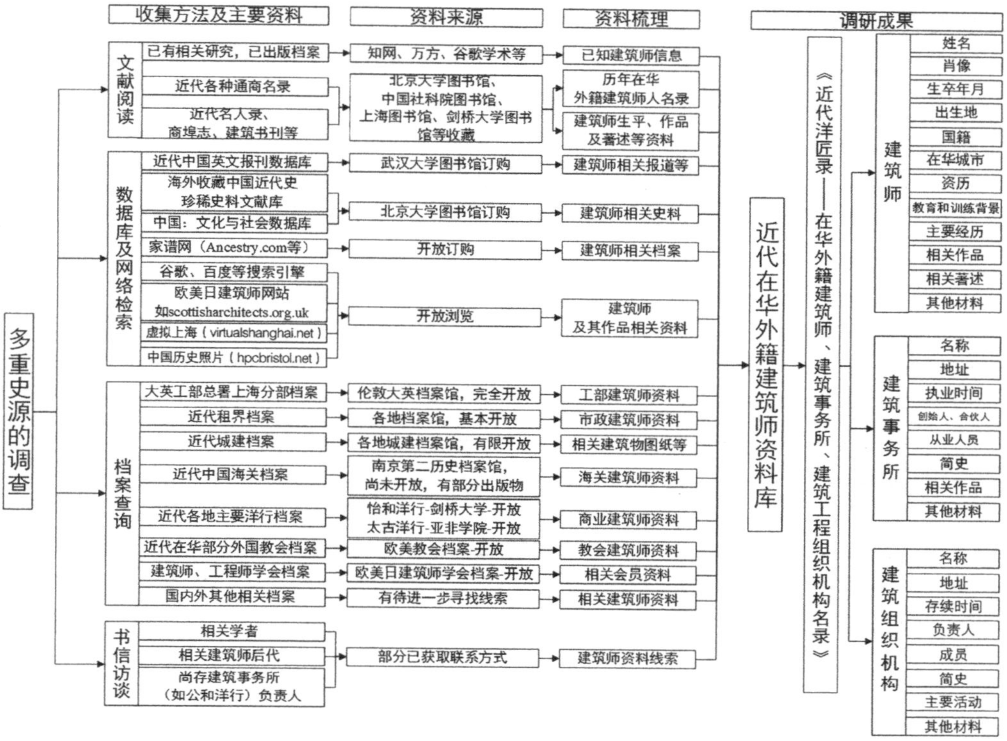

图 1　近代在华外籍建筑师基础调查技术路线

来源：笔者自绘

图 2　部分近代在华外籍建筑师肖像（左图 49 位为西洋建筑师，右图 42 位为日本建筑师）

来源：笔者根据相关历史文献绘制

据赖德霖等人此前的调查，中国近代建筑师群体中的中国建筑师和事务所的总数不下 2000 位 / 所[46]，由此可见，近代在华外籍建筑师群体规模应该大于中国建筑师的规模。而近代在华外籍建筑师群体之庞大与近代时期西方列强和日本在华的殖民活动（包括军事殖民、经济殖民和传教活动）密切相关。群体中各国建筑师数量之多寡与其母国在华殖民势力之大小、在华殖民活动持续时间长短大致成正比；其各国群体之地域分布也与其在华主要势力范围基本对应。如日本建筑师数量之所以数量庞大，与近代时期日本在中国东北和台湾地区长时间、大范围的侵略与经营有密切关联。而在西洋各国中，英国较早在香港进行殖民经营，在内地主要通商口岸先后开辟多个租界，长期控制中国海关等重要部门，并广泛开展各种经济殖民，因此英国建筑师的数量多、分布广。

近代在华外籍建筑师国籍及人数初步统计[①] **表1**

国籍	日本	英国*	俄罗斯	德国	美国	法国	比利时	丹麦	葡萄牙	荷兰
人数	2107	336	117	91	67	48	20	17	15	8
国籍	意大利	奥地利	加拿大	匈牙利	瑞士	澳大利亚	挪威	西班牙	瑞典	希腊
人数	10	9	9	9	8	6	5	4	4	2
国籍	捷克	波兰	巴格达	保加利亚	罗马尼亚	新西兰	朝鲜	不详	总计	
人数	3	2	1	1	1	1	1	61	2963	

* 含英格兰、威尔士、苏格兰和爱尔兰地区。
来源：笔者根据相关历史文献统计

4 近代在华外籍建筑师的类型与分布

近代在华外籍建筑师因其在华期间所任职单位的性质不同，在具体工作中提供专业服务的内容和方式以及所取得的专业成果也存在差异，因此，据其在华期间工作单位的性质，可以大致划分为六类（图 3）[②]。

近代在华外籍建筑师中军事建筑师的数量相对较少，其大致构成如图 4 所示。军事建筑师主要负责防御作战工事、军营、码头、船坞等军事设施及为驻军服务的

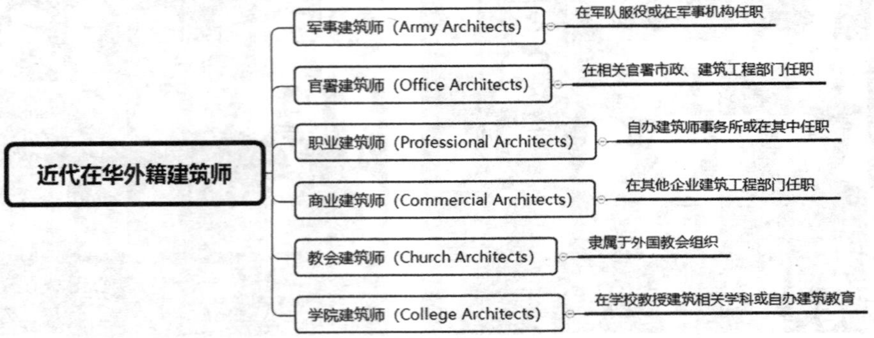

图 3　近代在华外籍建筑师类型划分
来源：笔者根据相关历史文献绘制

① 表中数据均为笔者根据文中所述技术路线自行构建的“近代在华外籍建筑师数据库”统计而得，文中其余表中数据来源均同此。

② 当然这一分类方法并不绝对，在近代初期有些官署建筑师会被同意同时开办事务所、承揽职业建筑师业务，也有事务所的职业建筑师同时兼任地产公司商业建筑师，也有官署建筑师、职业建筑师、教会建筑师兼职从事建筑教育者。此外，有不少外籍建筑师因受聘单位的变动，会使其在上述六种类型之间游走。

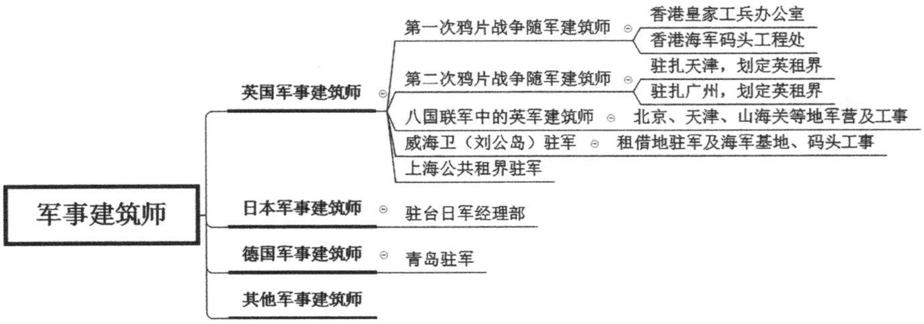

图 4　近代在华外籍军事建筑师概况

来源：笔者根据相关历史文献绘制

附属设施的设计营造工作。他们在侵占属地初期往往也扮演着官署建筑师的角色，负责侵占地或租界等的市政建设，如最初入驻香港的英国军队成立的皇家工兵办公室，曾担当初期“市政设计建设机构”角色。

近代在华外籍官署建筑师主要是为外国在华的侵占地、租界和租借地的建设部门服务，也有部分服务于伪政权建设部门、其母国相关官署的在华分支，还有部分服务于被国外势力把控的中国官署等（图 5）。具体到在单个部门任职的各国建筑师数量的多寡存在明显差异：如 1940 年在“满铁”中任职的日本建筑技术人员数量高达 1774 位[①]，分布在其所属建筑相关组织机构之中，如铁道（港口、矿务）工务课、工事事务所、铁道建设事务所和华北交通株式会社，其中绝大多数都在五大铁道局

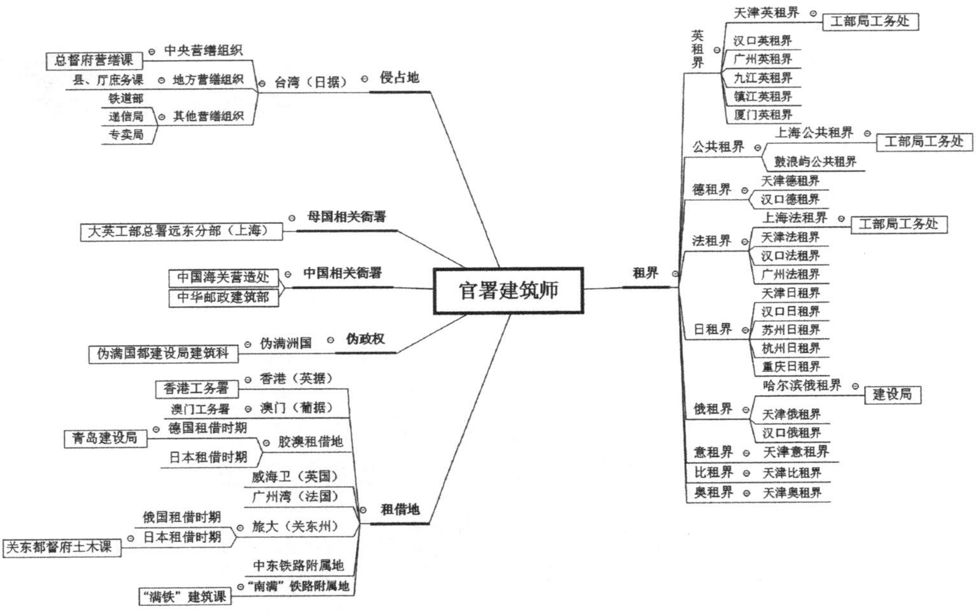

图 5　近代在华外籍官署建筑师分布概况

来源：笔者根据相关历史文献绘制

① 该数据来自：[日] 田岛勝雄 . 满铁的建筑与技术人 [M]. 东京：“满铁建筑会”，1976：301–319. 该人名集共收录 1870 位曾在“满铁”任职的日本建筑技术人员（含部分建筑电气及机械工程师），刨除其中重复者，共计收录 1774 位，其中部分技术人员在日本和朝鲜任职。该数据包含大量负责具体建筑细部设计与深化的“建筑手”，因此其数量庞大。

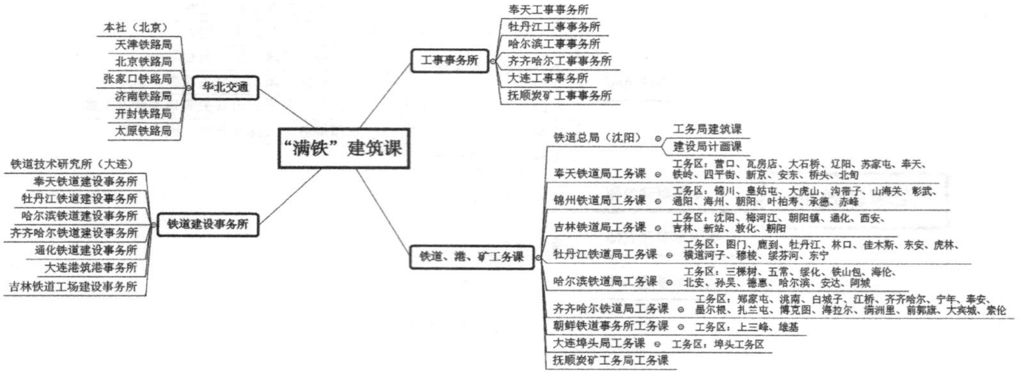

图 6　1940 年"满铁"所属建筑相关组织机构图

来源：据 [日] 田岛勝雄 . 满铁的建筑与技术人 [M]. 东京："满铁建筑会"，1976. 绘制

工务课及其各局所辖工务区中任职（图 6）；而在中华邮政任职的英国建筑师 H. J. Fairburn 则几乎是独当一面，在 19 年间（1927—1935）负责全国邮政建筑设计建造[47]（图 7）。

图 7　英国建筑师 H. J. Fairburn 肖像

来源：Retirement of C. P. O. Artchitect[N]. The North-China Daily News, 1937-11-14（5）.

职业建筑师是建筑设计服务商业化的产物，其群体的规模和业务水平是一个地区建筑业兴盛与否的重要表征。根据目前掌握的资料，近代在华外籍职业建筑师的总数仅次于官署建筑师；如果单就西洋建筑师而言，则职业建筑师的数量最多。其大致分布情况如表 2 所示。从中可以看出各城市外籍建筑事务所的数量与其在近代时期的开放程度与建筑市场的大小基本成正比。而作为在中国境内经营的外籍建筑事务所，其独特之处就在于不可避免地要和中国人交往，具体包括：雇佣中国助手作为绘图员、描图员（图 8）；

图 8　1910 年左右帕内伯劫洋行有 4 位外籍建筑师和 9 位中国员工

来源：Purnell 拍摄

聘请中国买办承揽中国业主生意；和中国工匠、包工头、营造厂沟通具体建造事宜；和中国建材供应商接洽建材事宜；甚至与中国人合伙经营事务所，等等。正是这种交流与互动，在一定程度上促进了中国建筑生产体系向现代转型。

近代在华外籍建筑事务所主要地域分布概况①　　**表2**

城市	上海	香港	天津	武汉	青岛	广州	沈阳	北京	大连	哈尔滨
数量	143	52	31	26	21	11	11	9	8	7

来源：笔者根据相关历史文献统计

商业建筑师主要负责商业公司的建筑设计营造和不动产维护等业务，“按月领取工资并享受一份佣金，因此其职位是商业性质的而非职业性质的”②。近代在华的外国洋行规模较大者或因其经营业务特殊者往往会雇佣自己的建筑师或成立专门的建筑工程部（图9）。其中，地产公司通常会设置专门的建筑师职位或成立建筑部门；航运公司因为业务需要在设置分支机构的口岸城市建造码头、堆栈、办公场所等，因此也常设建筑师职位；石油公司因业务需要在各地建造储油工厂，因此也多设置建筑部门。如美孚石油公司 S. J. Powell 在 1908—1914 年任职期间设计建造了其在华北的所有工厂以及上海总部大楼。工程公司也会聘用建筑（工程）师负责相关工程技术工作：如美商茂生洋行（American Trading Co.）设有专门的建筑部门，并雇有驻场建筑工程师 I. Oesterblom、F. V. Budell、J. E. Hayes 等负责上海、汉口、北京等地的钢筋混凝土建筑设计、建造，是美国“康式钢筋混凝土”（Kahn System of

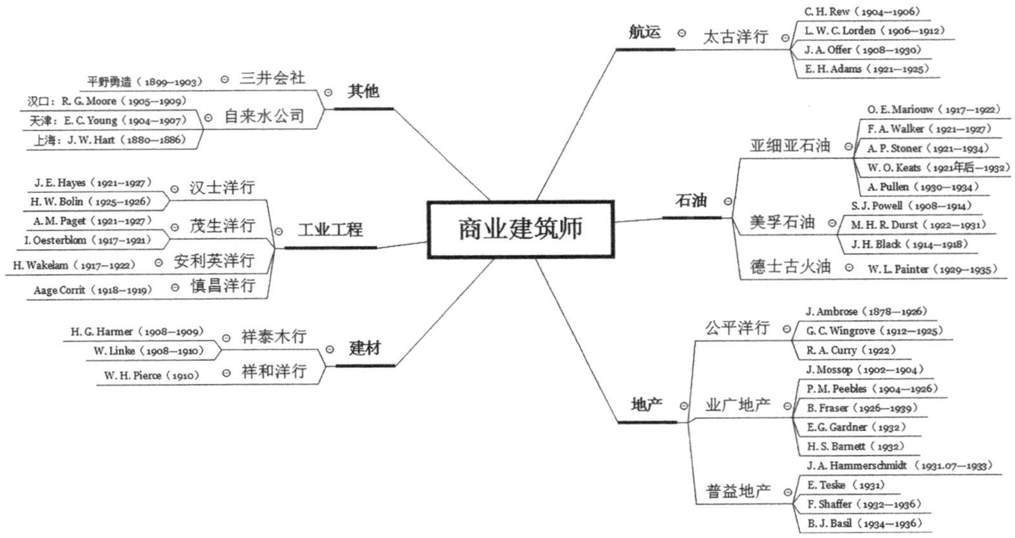

图9　部分近代在华商业建筑师概况③

来源：笔者根据相关历史文献绘制

① 因近代在华经营的外资（合资）建筑事务所在经营过程中名称会随着合伙人变动发生变化，在具体数目的认定时会有小的偏差，所以表中数据并非十分精确。

② 语出祥泰木行建筑师 H. G. Harmer。参见：H. M. SUPREME COURT. I. [N]. The North China Herald and Supreme Court & Consular Gazette，1909-07-24：239.

③ 图中人名后的括号内时间为其任职时间，图 11、图 12 同。

Reinforced Concrete）的中国技术负责方；安利英行（Arnhold Brothers & Co.）成立了专门的工程部和钢筋混凝土建造部；慎昌洋行（Anderson Meyer & Co, Ltd.）建筑工程部曾在华设计多栋工业建筑[48]。

近代来华传教的外国教会对建筑师的需求一般通过五种途径得到解决（图 10）。教会建筑师涵盖“传教士业余建筑师”“传教士建筑师”和“专业教会建筑师”三类，目前已知总数不少于42位（图 11）。从图中可以看出，随着传教事业的发展以及相应教会建造需求的增大，专属某一教会的专门性建筑事务所开始出现：如1916年在福州成立的协和建筑部（Fukien Construction Bureau / Union Architectural

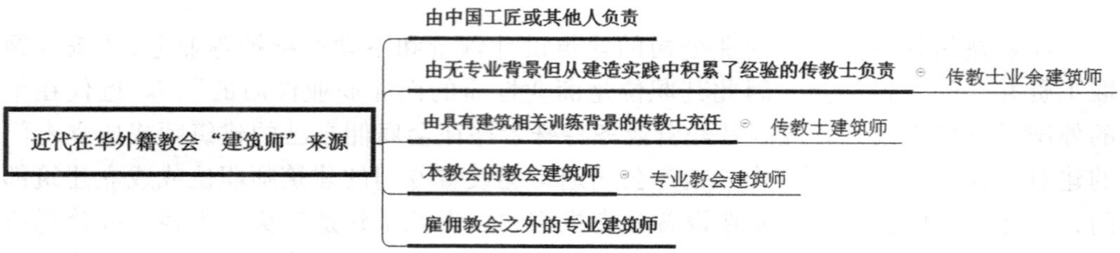

图 10　近代在华外籍教会“建筑师”来源

来源：笔者根据相关历史文献绘制

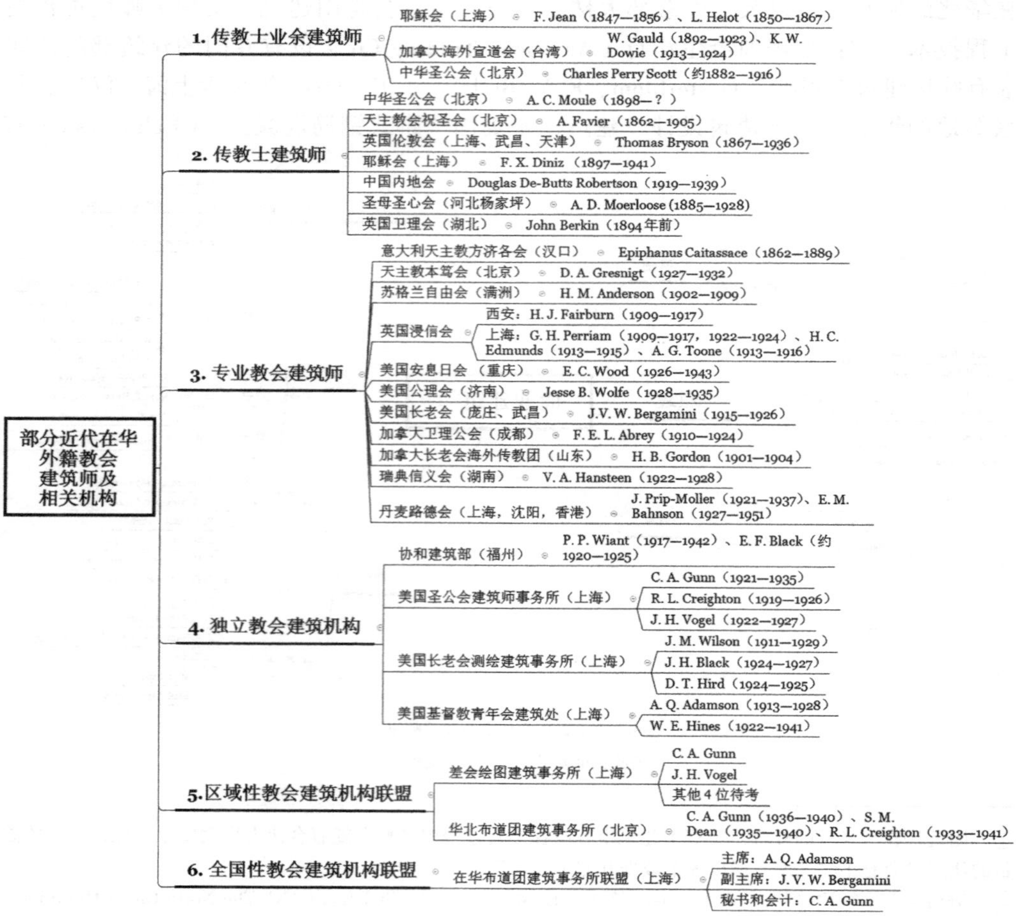

图 11　部分近代在华外籍教会建筑师及相关机构概况

来源：笔者根据相关历史文献绘制

Service）负责美以美会所有在华教会工事的宣传、设计和监造，并在时间允许的情况下为其他教会提供相应服务[49]；类似的还有美国监理会中国使团建筑部（China Mission Architectural Bureau，M. E. C. S. Architect ural Designs，Survey etc.）、美国长老会测绘建筑事务所（Architects Bureau of the Presbyterian Church）和中华基督教青年会全国协会建筑办事处（YMCA Building Bureau）等。到了 1921 年，由来自 3 个教会组织的 6 位建筑师和工程师组建的会差建筑绘图事务所①（Mission Architects Bureau）在上海成立[50]。与其同时计划成立的还有一个中央采购部以及一个监工培训学校，以期统筹教会建筑的设计、建造和采购，以节约资金和时间[51]。1922 年 2 月在华布道团建筑事务所联盟（The Federated Building Bureaus of China）在上海成立并召开会议，来自全国教会组织的 20 余位代表参加了会议，以讨论在华教会建筑建造相关的共性问题并交换数据[52]。该组织此后每年召开一次年会，讨论至少 10 个教会建筑相关议题，一直持续到 1935 年后。

近代在华外籍学院建筑师是指在学校中教授建筑相关学科或自办建筑培训学校的建筑师，其总数量也较少，目前已知有 51 位（图 12）。其中有相当一部分是由官署建筑师或职业建筑师兼任。而这些建筑师所教授的学科也并不专注于建筑学，而是根据学校的具体需求涵盖数学、土木工程、海洋工程、建筑制图等。从人数、从

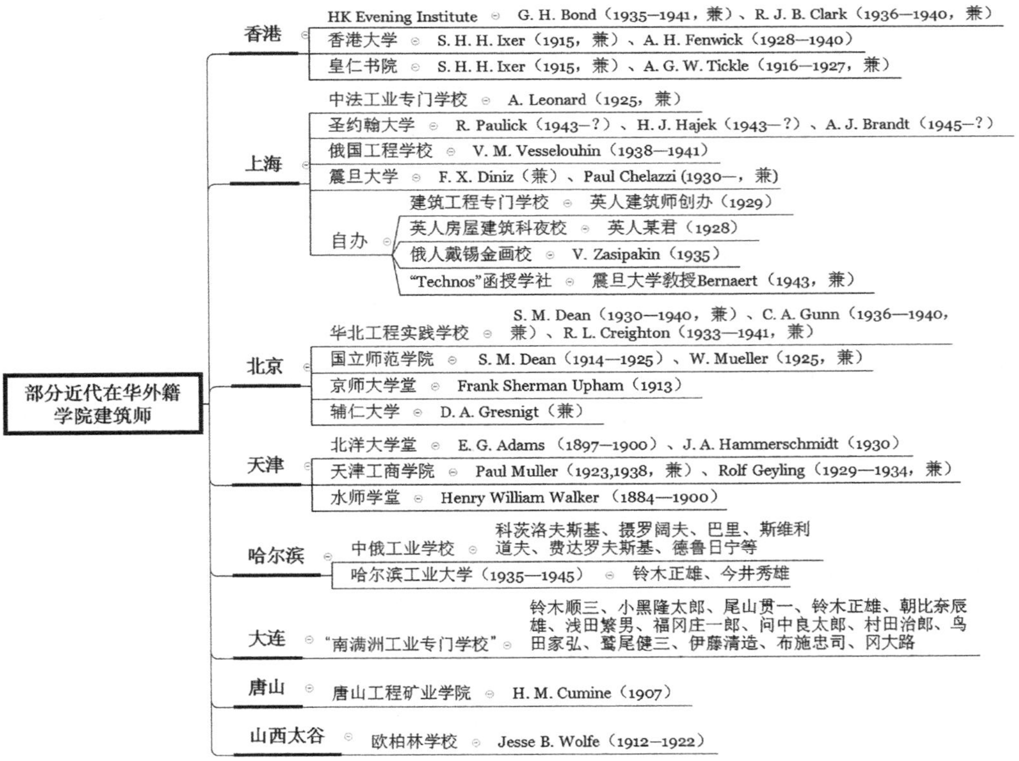

图 12　部分近代在华外籍学院建筑师概况
来源：笔者根据相关历史文献绘制

① 中文译名来自《字林西报行名录》，中文译名又做"差会绘图建筑事务所"，参见：Commercial & Credit Information Bureau. The Comacrib Directory of China 1925[M]. Shanghai：Kelly & Walsh，Ltd.，1925：278. 3 个教会组织分别是美国基督教青年会、美以美会和长老会。

教时间和任期长短等各方面来看，近代在华外籍建筑师中有志从教、培养建筑人才者甚少。

5 结语

总体而言，近代在华外籍建筑师群体数量大、国家多，但主要分布在各国在华管理机构、职业和商业领域，而较少受到中国政府雇佣、投身建筑教育。他们在华期间的专业实践更多的是为外国在华势力和人群服务。虽然现有研究已经显示其在实践过程中也带来了建筑风格、建筑技术和建筑制度的转移，但是其在培养中国建筑师方面贡献十分有限[①]。在中国近代建筑史上，虽然出现了雇佣上千位建筑师的建筑管理机构"满铁"建筑课，"引领中国古典建筑复兴潮流"的职业建筑师墨菲（H. K. Murphy），专于中国工业建筑设计的四大商行（汉士洋行、茂生洋行、安利英行、慎昌洋行），但是并未出现如被称为"日本近代建筑之父"的康德（Josiah Conder）[②]这样在日本建筑的近代化历程中扮演着重要角色之外籍学院建筑师。究其原因，一方面晚清和民国政府对建筑学科的发展重视度不足，另一方面在华外籍建筑师多投身于建设事业与建筑市场，对助力中国建筑学科发展缺少兴趣，对本土建筑力量的崛起心存戒备。

尽管如此，研究近代在华外籍建筑师依旧对理解中国近代建筑史乃至世界建筑史十分重要。其专业背景、职业资历和工作经历等均对他们带到中国的专业知识起到决定性作用。新时期中国近代建筑史学者应有的学术使命与担当，是思考如何将中国近代建筑史置身于世界建筑史舞台当中，让这一区域性知识具有全球性的意义，并以全球的视野、比较的维度来发现和阐释中国近代建筑史的独特性。而对近代在华外籍建筑师的调查与研究为践行这一使命与担当提供了一种可能。

近代在华外籍建筑师或为随军而至，或为逐利而来，或为承担着侵占地开发的工作而来，抑或为建造上帝的居所以使中华归主而来。在为各自的主顾从事不同目的之专业活动的同时，他们在中国建筑的近代化进程中还扮演了"自觉或不自觉的工具"的角色。他们可能主观上属于列强对华侵略的一个组成部分，是殖民主义和帝国主义"帮凶"，但客观上又促进了中国建筑近代化意识的觉醒，刺激了建筑师行业在中国的产生与发展，是中国建筑由传统向近代转化的"助产士"。

通过本名录，我们可以看到在中国近代建筑"西风东渐"的背后是由一个个移民建筑师组成的丰富多变、复杂多样的国际建筑群体。这一个个外籍建筑师跨境实践所带来的专业知识与经验的迁移，将中国与外籍建筑师来华之前其专业知识与经验的获取国家以及他们离华之后进行专业实践的国家均联系在一起，恰如一条条线将近代中国"编织"进全球化建筑网络，"牵扯"进世界建筑的全球化进程，"拉近"

---

① 沙永杰曾对近代时期中日两国外籍建筑师的存在方式、业主差异进行对比，认为日本转型期的西方建筑师数量虽少，但是多是由日本政府招聘并雇佣，其社会地位更高，更利于培养日本建筑师，因此其历史影响也越大。参见：沙永杰．"西化"的历程——中日建筑近代化过程比较研究 [M]. 上海：上海科学技术出版社，2001：190-191.

② 毕业于伦敦大学的英国建筑师康德（1852—1920）于 1877 年受聘于日本政府，任工部大学造家学科教授，其教过的 21 名学生后来都成为日本建筑界的领军人物，因此被称为"日本近代建筑之父"。参见：Watanabe，Toshio. Japanese Imperial Architecture[M]// Ellen P，Conant. Challenging Past And Present：The Metamorphosis of Nineteenth-Century Japanese Art. Honolulu：University of Hawaii Press，2006.

中国建筑与世界接轨的国际化历程。对近代在华外籍建筑师进行整体调查和系统研究是新时期全球视角下中国近代建筑史研究拓展与深入的必须，也为以近代中国视角重新审视世界建筑史提供一种可能。希望本名录的编写能为这一“必须”和“可能”奠定一定的基础。

参考文献：

[1] 汪坦，藤森照信 . 中国近代建筑总览・天津篇 [M]. 东京：中国近代建筑史研究会，日本亚细亚近代建筑史研究会，1989；汪坦，藤森照信 . 中国近代建筑总览・武汉篇等 15 篇 [M]. 北京：中国建筑工业出版社，1992—1996.

[2] 黄光域 . 外国在华工商企业辞典 [M]. 成都：四川人民出版社，1995.

[3] 黄遐 . 晚清寓华西洋建筑师述录 [C]// 汪坦，张复合．第五次中国近代建筑史研究讨论会论文集 . 北京：中国建筑工业出版社，1998：164–179.

[4] 整理者不详 . 中国近代租界外国建筑师事务所（洋行）及其作品选录 [EB/OL]. 网友“通宵”中国记忆论坛，2007. http://bbs.memoryofchina.org/forum.php?mod=viewthread&tid=4705.（据称整理者为发布者的朋友，尚未联系到作者。）

[5] 刘亦师 . 近现代时期外籍建筑师在华活动述略 [J]. 城市环境设计，2015（Z2）：320–329.

[6] 张复合 .20 世纪初在京活动的外国建筑师及其作品 [J]. 建筑史论文集，2000，12：91–109.

[7] 张林 . 近代外籍建筑师在北京的执业成果研究 [D]. 北京：北京建筑大学，2017.

[8] 伍江 . 旧上海外籍建筑师 [J]. 时代建筑，1995（4）：44–49.

[9] 娄承浩，薛顺生 . 老上海营造业及建筑师 [M]. 上海：同济大学出版社，2004.

[10] Tony Lam Chung Wai. The 100 Years Architects in Hong Kong 1841—1941[J].HKIA Journal，2006，45（1）：44–55.

[11] 李治镇 . 武汉近代建筑与建筑设计行业 [J]. 华中建筑，1988（3）：36–39.

[12] 彭长歆 . 岭南近代著名建筑师 [M]. 广州：广东人民出版社，2004.

[13] 汪晓茜 . 大匠筑迹 – 民国时代的南京职业建筑师 [M]. 南京：东南大学出版社，2014.

[14] 王苗，曹磊 . 天津近代建筑师事务所发展研究 [J]. 天津大学学报（社会科学版），2013，15（4）：324–327.

[15] 陈雳 . 德租时期青岛建筑研究 [D]. 天津：天津大学，2007.

[16] 韩雅慧，徐飞鹏 . 近代德国工程师在青岛的活动述略（1898—1949）[J]. 建筑史，2019，44：139–147.

[17] 刘思铎 . 沈阳近代建筑师与建筑设计机构 [D]. 沈阳：沈阳建筑大学，2007.

[18] 郑红彬，张波 . 晚清上海外籍职业建筑师群体略论（1843—1911）[J]. 南方建筑，2017（4）：79–85；郑红彬 . 近代武汉外籍建筑师述录（1861—1940 年）[J]. 建筑史，2015（1）：174–189；郑红彬 . 近代天津外籍建筑师述录（1860—1940）[J]. 建筑史，2016（1）：175–194.

[19] 刘伦希 . 十九世纪末至二十世纪中叶哈尔滨俄籍建筑师研究 [D]. 哈尔滨：哈尔滨工业大学，2010：75–91（附录）.

[20] 钱毅，闫峥 . 工匠、技师、建筑师：鼓浪屿近代的建筑设计师群体 [J]. 鼓浪屿研究，2018（1）：1–16.

[21] 堀勇良 . 日本近代建筑人名总览（增补版）[M]. 东京：中央公论新社，2022.

[22] [日] 西泽泰彦 . 20 世紀前半の中国東北地方における日本人の建築活動に関する研究 [D]. 东京：东京大学，1993.

[23] 贾文亮 . 伪满时期日本建筑师在中国的建筑活动研究 [D]. 长春：吉林建筑大学，2013.

[24] 高笑赢 . 近代沈阳日本建筑师作品的设计倾向研究 [D]. 沈阳：沈阳建筑大学，2016.

[25] [日] 矢羽田朋子 . 中国東北地域における戦前の都市計画及び戦後の都市在建の研究—

長春市を中心に [D]. 福冈：西南学院大学，2017.
[26] 黄俊铭 . 明治时期台湾总督府建筑技师年谱（1895—1912）[C]// 日本建筑学会 1993 年度大会学术讲演，1993.
[27] [日] 田岛勝雄 . 满铁的建筑与技术人 [M]. 东京 :“满铁建筑会”，1976.
[28] Hideo Izumida. RIBA Architects Having Worked in Asia 1870—1930：A Study of Activities of British Architects in Asia [J]. 东海支部研究报告集，2002（40）：853–856；Hideo Izumida. A Study on British Architects in East and Southeast Asia：1830–1940[J]. Journal of Asian Architecture and Building Engineering，2003，2（2）：131–136；Hideo Izumida. Scottish Architects in the far East：1840—1870[J]. Architectural Heritage，1991（2）：93–98.
[29] Torsten Warner. German Architecture in China：Architectural Transfer（中、英、德文）[M]. Berlin：Ernst & Sohn，1994.
[30] [日] 村松伸 .19 世纪末 20 世纪初在上海的西洋建筑师及其特征 [C] // 汪坦，张复合 . 第四次中国近代建筑史研究讨论会论文集 . 北京：中国建筑工业出版社，1993：179–182.
[31] [法] Natalie Delande. 工程师站在建筑队伍的前列 [C]// 汪坦，张复合 . 第五次中国近代建筑史研究讨论会论文集专辑 . 北京：中国建筑工业出版社，1998：96–106.
[32] 郑红彬 . 近代在华英国建筑师研究（1840—1949）[D]. 北京：清华大学，2014.
[33] 郑红彬 . 国际建筑社区——近代上海外籍建筑师群体初探（1843—1941）[J]. 建筑师，2017（5）：111–120.
[34] 蔡龙保 . 日治时期台湾总督府土木局营缮课建筑人才的来源及其建树 [J]. 台湾史研究（台北），2015，22（3）：51–96.
[35] Julie Willis. Architectural Movements Journeys of an Intercolonial Profession[J]. The Journal of the Society of Architectural Historians，Australia and New Zealand，2016，26（2）：158–179.
[36] Michiko KOBAYASHI. Analysis of Occupation and Working Place of the Members of "The Engineering Society of China"[J]. Journal of Architecture and Planning，2015，80（718）：2935–2942；Michiko KOBAYASHI，Hideo IZUMIDA. BULLETINS OF ARCHITECTS AND ENGINEERS ASSOCIATION IN MODERN CHINA[J]. Journal of Architecture and Planning（Transactions of AIJ），2011，76（669）：2247–2253.
[37] 郑红彬，刘寅辉 .“中华国际工程协会”的活动及影响（1901—1941）[J]. 工程研究，2017，9（3）：270–281.
[38] 吴昱莹 . 日治时期台湾建筑会之研究（1929—1945）[D]. 台北：台北艺术大学，2005.
[39] 陈建仲 . 日本帝国主义时期满洲建筑协会的形成、发展与影响 [D]. 台南：成功大学，2017.
[40] 蔡侑桦，徐明福 . 再论日治时期台湾官方营缮组织 [J]. 建筑学报（台北），2009，69（9）：169–190.
[41] 黄士娟 . 建筑技术官僚与殖民地经营 1895—1922[M]. 台北：远流出版社，2012.
[42] 徐新尧 . 日治时期台湾官方请负制度之研究：以总督府专卖局营缮单位为主 [D]. 台北：台北艺术大学，2006.
[43] Jayson Hsin-Yin Huang .Going Native：British diplomatic，judicial and consular architecture in China（1867—1949）[D]. Sheffield：The University of Sheffield，2010.
[44] 赖德霖，伍江，徐苏斌 . 中国近代建筑史（五卷）[M]. 北京：中国建筑工业出版社，2016.
[45] 刘亦师 . 中国近现代建筑史史料类型及其运用概说 [J]. 建筑学报，2018（11）：58–65.
[46] 赖德霖 . 近代哲匠录：中国近代重要建筑师、建筑事务所名录 [M]. 北京：中国水利水电出版社，知识产权出版社，2006：后记 .
[47] Architect of Post Office Retires：Mr. H. J. Fairburn and Family Leaving[N]. The North-China Herald and Supreme Court & Consular Gazette，1938-03-09：375.

[48] 彭长歆．中国近代工业设计的先驱——慎昌洋行的建筑实践[J]. 建筑师，2017（5）：59-66.

[49] Methodist Church（U.S.）. Division of World Missions. Methodist Overseas Missions：Gazetteer and Statistics [M]. New York：Published by the Division of World Missions and the Woman's Division of Christian Service of the Methodist Church，1956：149.

[50] A. L. Warnshuis. The Missionary Significance of the Last Ten Years：a Survey I. in China[J]. International Review of Missions，1922，11（41）：28.

[51] Elsie McCormick. Where China is Leading the World[J]. The Homiletic Review，1920，80（4）：270.

[52] [N]. The Weekly Review，1923-02-24，23（13）：516.

第一编
近代在华重要外籍建筑师名录

[1] Abrey，Frederick Elmer Leighton（叶）

生卒：1888.04.15—1975.08.03

出生地：加拿大多伦多

国籍：加拿大

在华城市：重庆、成都

资历：MOAA

教育和训练背景：1903—1908 年在多伦多伯克和霍伍德（Burke & Horwood）建筑事务所任学徒，期间曾在维多利亚学院（Victoria College）就读

经历：

——1908 年学徒完成后到芝加哥霍拉伯特和罗赫（Holabird & Roche）事务所工作；

——1910 年受加拿大卫理公会委员会派遣，到成都为华西加拿大卫理公会（Methodist church mission）设计教会建筑至 1924 年，期间，和在重庆的莫里森（Morrison）合作 7 年，为英美教会等设计多座建筑；

——1928 年回到多伦多在达林和皮尔逊（Darling & Pearson）事务所任职，后到莱尔（John M. Lyle）事务所任总绘图员和驻场监造；

——1931 年再次来到中国，居住在成都；

——1938 年因日本侵华战争爆发被迫离开中国，回到加拿大；

——在加拿大执业至 1962 年 12 月退休；

——1975 年在渥太华皮尔县（Peel County）去世。

作品：

——至 1920 年已经在成都等地设计 3 座教堂、16 座住宅、1 栋学院宿舍、1 栋商业仓库、2 栋青年公会、1 栋大学建筑、1 栋教会子女学校、3 栋医院、3 栋医务室和许多其他建筑；

——中国邮局，成都；

——盐税大楼（the Salt Gabelle Building），成都；

——英国领事馆改建，成都；

——华西协合大学，成都，参与建造。

著述：

——Fred Abrey. Army Service Corps，Erection of the Plant[R]//Reports of Work for the Year 1916. N. l：Canadian Methodist Mission，West China，n.d.

参考文献及相关材料：

——http：//dictionaryofarchitectsincanada.org/node/9.

——The Young People's Forward Movement. Our West China Mission[M]. Toronto：The Missionary Society of the Methodist Church，1920.

——http：//library.vicu.utoronto.ca/exhibitions/vic_in_china/sections/missionaries_and_mission_stations/1910s_fred_elsie_abrey_and_family.html.

——照片来源：同上。

注：名字简称为“Fred Abrey”。

[2] Adams Jr，Edwin Griggs（E. G. 亚当斯）

生卒：1870.08.23—1959

出生地：美国纽约兰辛堡（Lansingburgh，N. Y.）

国籍：美国

在华城市：天津

资历：AMAmSCE，1896；MAmSCE，1905

教育和训练背景：纽约特洛伊学院［Troy Academy，即后来的伦斯勒理工学院 /（Rensselaer Polytechnic Institute）］土木工程专业

经历：

——1891—1897 年在宾夕法尼亚宾州钢铁公司（Pennsylvania Steel Co.）和联合桥梁公司（Union Bridge Co.）从事桥梁工程工作；

——1897—1900 年任北洋大学堂（University Imperial Tientsin）土木工程学教授（Prof. of Civil Engineering）、系主任（Chair of Civil Engineering）

——1900 年与英国土木工程师乐士（G. S. Knowles）合伙开办建筑师事务所永固工程司，公司外文名为 Adams &Knowles；稍后德基（W. R. T. Tuckey）成为合伙人，公司外文名改为 Adams，Knowles & Tuckey；至 1907 年左右德基退出，公司复名 Adam & Knowles；

——1907—1909 年任大英新拓租界工部局委员；

——1909 年兼任利津铁厂（Tientsin Iron Works）经理；

——1911 年后亚当斯退出永固工程司；

——1918 年仍在天津，后无闻。

作品：

——东交民巷怡和洋行（Jardine，Matheson & Co. Ltd.）新屋方案，北京，1909；

——基督教青年会，北京；

——参见第二编永固工程司。

著述：

——不详。

参考文献及相关材料：

——Delta Phi. Delta Phi Catalogue，1827—1907[M]. Mason-Henry Press，1907：401.

——[N]. Engineering News Supplement，1898-08-04，40（5）：39.

——[J]. Nature，1898-11-17，59（1516）：70.

——American Society of Civil Engineers. Constitution and List of Members[Z]. 1907-02-10：34.

——Plan of Jardine Matheson offices. A plan of proposed new offices for Jardine，Matheson & Co. Ltd on Legation Street，Peking，by Adams & Knowles，architects and engineers，Tientsin，11 October 1909. 1 plan[A]. 剑桥大学图书馆收藏怡和洋行档案（Jardine Matheson Archive），档案号：MS JM/L7/1/4.

——Adams E. G. to Rowlatt，R. H. Tientsin，1923[A]. 伦敦英国档案馆（The National Archives；Kew，London，England），档案号：FO 678/2105.

——The Times Record from Troy[J/OL]. 1959-03-04：13. http：//www.newspapers.com/newspage/56669482/.

——E. G. Adams，Noted RPI Alumnus，Dies[N]. The Troy Record，1959-03-05（8）.

注：他是北洋大学聘请的第二位教授。

[3] Adams，Ernist Harry（E. H. 亚当斯）

生卒：1895.02.20—1969.07

出生地：英国汉德利（Handley）

国籍：英国

在华城市：上海

资历：ARIBA，1921

教育和训练背景：不详

经历：

——1921 年在上海太古洋行建筑师处任建筑师；

——1927 年 3 月在上海结婚；

——1930 年 1 月已经加入爱尔德洋行，任建筑师；

——1933 年在上海市工务局登记为建筑技师；

——1938 年任上海地产估价师和测绘师协会理事；

——1939 年曾回国居住；

——1941 年 7 月开始任爱尔德洋行负责人；

——1946 年曾在德国参与联合国善后救济总署（UNRRA）主持的建造工作。

作品：

——参见第二编爱尔德洋行和第三编太古洋行建筑师处。

著述：

——不详。

参考文献及相关材料：

——伦敦英国档案馆 [A]. 档案号：RG 101/6968G.

——照片来源：Portraits of the Week[N]. The North-China Herald and Supreme Court & Consular Gazette，1938-09-14：439.

[4] Adams，Francis Robert John（F. R. J. 亚当斯）

生卒：?—1931

出生地：不详

国籍：英国

在华城市：香港、广州

资历：AMIME，1905；AAHK，1911—1927

教育和训练背景：不详

经历：

——1911 年前到香港；

——1912 年成为汤玛士洋行（Thomas，C. B.，Architect and Engineer）合伙人，公司外文名改为 Thomas & Adams，在香港和广州两地经营；

——1916 年和 E. M. 伍德（E. M. Wood）一起加入李杜露则师（Little Colbourne，Architect and Civil Engineer）并成为合伙人，公司改外文名为 Little，Adams & Wood，在香港和广州两地经营至 1927 年，后无闻。

作品：

——塞文路 20 号住宅（The mansion at No. 20 Severn Road），香港，1922—1923。

著述：

——不详。

参考文献及相关材料：

——[J]. The Far Eastern Review，1916，12：370.

——[J]. The Far Eastern Review，1920，16：79-80.

A

[5] Adamson，Arthur Quintin（鄢盾生 / 爱腾生）

生卒：1881.10.05—1974.12

出生地：美国艾奥瓦州安肯尼（Ankeny，Iowa）

国籍：美国

在华城市：福州、上海

资历：AMAmSCE

教育和训练背景：阿克沃思学院（Ackworth Academy）；1907 年毕业于艾奥瓦州立大学（Iowa State College）工程学院；1921 年参加哥伦比亚大学（Columbia University）夏季建筑课程

经历：

——1907—1909 年任盐湖城美国基督教青年会（YMCA）干事；

——1909 年 12 月到华，任福州中华基督教青年会干事至 1912 年；

——自 1912 年（？）起任青年会建筑办事处（The Y. M. C. A. Building Bureau）主任；

——1915 年 5 月离开福州到上海，继续任青年会建筑办事处主任至 1928 年；

——1921—1924 年任联合建造局主席（President Federated Building Bureaus）；

——1928 年 9 月离开中国，时任中华青年会全国协会建筑办事处主任（Head of the Architectural Bureaus of the National Committee of the Y. M. C. A. in China），其在华期间曾主持建造了 20 座青年会建筑，以及 30 座其他建筑，并长期担任上海所有美国建筑委员会委员；

——1940 年 6 月被任命为海军基督教青年会（Navy YMCA）汉口执行干事；

——1941 年 10 月调任海军基督教青年会上海执行干事；

——1958 年获马斯顿奖章（Marston Medal，为在工程领域成就突出的艾奥瓦州立大学校友颁发）。

作品：

——福州青年会会所，闽江边，1910；

——参见第二编中华基督教青年会全国协会建筑办事处。

著述：

——不详。

参考文献及相关材料：

——Carroll Lunt. The China Who's Who（Foreign）[M]. Shanghai：Kelley & Walsh，1922：23.

——Carroll Lunt. The China Who's Who（Foreign）[M]. Shanghai：Kelley & Walsh，1924：13.

——Carroll Lunt. The China Who's Who（Foreign）[M]. Shanghai：Kelley & Walsh，1925：1.

——Carroll Lunt. The China Who's Who（Foreign）[M]. Shanghai：Kelley & Walsh，1927：1.

——美国明尼苏达大学图书馆 [A/OL]. http：//archives.lib.umn.edu/repositories/7/archival_objects/223764.

——https：//familysearch.org/ark：/61903/1：1：V1S4-H8T.

——[J]. Proceedings of the American Society of Civil Engineers，1929，55：221.

——[J]. Oberlin Alumni Magazine，1916，12（7）：219.

——https：//www.ancestry.com/genealogy/records/arthur-quinton-adamson_10373670.

——Farewell Dinner Held at Y. M. C. A. to A. Q. Adamson[N]. The China Press，1928-09-21（7）.

——彭长歆 . 介入都市——基督教青年会在近代中国的建造 [J]. 新建筑，2017（6）：11-18.

——Edward Denison. Architecture and the Landscape of Modernity in China before 1949[M]. London：Routledge，2017：110.

——照片来源：United States Passport Applications，1795—1925，MyHeritage.com[DB/OL]. MyHeritage Ltd.，https：//www.myheritage.cn/research/collection-10720/united-states-passport-applications-1795-1925.

注：中文名又译作安铎生，感谢武志华对此条内容的修改建议。

[6] Aeschbach, Arnold（安士伯）

生卒：1897.04.22—1942.09.26

出生地：瑞士斯塔夫巴赫（Staffelbach）

国籍：瑞士

在华城市：上海、青岛

资历：ConCE

教育和训练背景：1916年8月毕业于布格多夫技术学院（Technical College of Burgdorf, Berne）

经历：

——1916—1920年任瑞士凯勒·默兹（Keller-Merz）公司水利结构工程师，期间于一战末加入瑞士军队；

——1920年3月20日抵达上海，受聘于罗德洋行（Luthy, C.），任结构和监造工程师；

——1924年曾被罗德洋行派遣至青岛负责相关工程；

——1926年回到上海升为罗德洋行合伙人并任经理直至1941年7月；

——1933年在上海市工务局注册为土木技副。

作品：

——曾负责上海大量重要工程，作为咨询土木工程师参与的重要项目有：上海工部局发电厂（Shanghai Municipal Power Station），中国中央邮局（Chinese Central Post Office），闸北自来水厂新过滤工厂，义泰兴（Nee Tai Shing）码头，上海跑马场会员、贵宾及公共看台，英国烟草公司和南洋烟草公司的工厂、栈房和发电厂等；

——参见第二编罗德洋行。

著述：

——不详。

参考文献及相关材料：

——George F. Nellist. Men of Shanghai and North China[M]. Shanghai: The University Press, 1935: 2–5.

——George F. Nellist. Men of Shanghai and North China[M]. Shanghai: The Oriental Press, 1933: 2–3.

——照片来源：同上。

[7] Algar, Albert Edmund（爱尔德）

生卒：1874.01.09—1926.02.25

出生地：加拿大魁北克

国籍：英国

在华城市：上海

资历：ESC; IAC; MSA; LRIBA

教育和训练背景：1888年开始学徒于上海有恒洋行（Kingsmill, T. W.）

经历：

——在有恒洋行工作至1896年；

——1896年受聘于清政府，负责杭州租界的规划，并监造拱宸桥至三郎庙之铁路；

——1897年被任命为海关总署工程师，到杭州监督工程建造，同年到通和洋行短暂任职；

——1897年在上海自办建筑设计及土木工程事务所，公司中文名为爱尔德，外文名为Algar, A. E.；

——1902年毕士来（Percy Montagu Beesley）加入并成为合伙人，公司外文名改为Algar & Beesley；

——1906 年毕士来退出后独立开业；
——1906—1913 年曾任工部局工务处公园委员会（Parks Committee）委员；
——1912—1915 年任上海杨子地产银业公司（Yangtsze Land and Finance Co., Ltd.）经理；
——1913—1914 年任上海东方地产有限公司（The Oriental Land Co., Ltd.）经理；
——1915 年公司改组为爱尔德有限公司（Algar & Co., Ltd.），任总经理；
——1926 年在上海去世，其公司由合伙人继续经营到 1941 年以后。

作品：

——杭州租界规划，1896；
——杭州政府西式建筑，1897；
——参见第二编爱尔德洋行。

著述：

——不详。

参考文献及相关材料：

——The China Who's Who（Foreign）[M]. 1922：25.
——The China Who's Who（Foreign）[M]. 1924：15.
——[N]. The North-China Herald and Supreme Court & Consular Gazette，1906-07-22：702.
——Obituary Mr. A. E. Algar[N]. The North-China Herald and Supreme Court & Consular Gazette，1926-02-27：384.
——Mr. A. E. Algar is Overtaken by Death Here[N]. The China Press，1926-02-26（1）.
——照片来源：Arnold Wright. Twentieth Century Impressions of Hongkong，Shanghai，and Other Treaty Ports of China[M]. London：Lloyds Greater Britain Publishing Company，1908：622.

注：曾任伦敦建筑师协会（Society of Architects）上海荣誉秘书。

[8] Alvares，Alfred Victor Jorge（A. V. J. 瓦雷斯）

生卒：1910.09.14—?
出生地：中国澳门
国籍：葡萄牙
在华城市：香港
资历：AAHK，1938—1941；HKIA，1956
教育和训练背景：美国国际函授学校（International Corresponding School）建筑学专业毕业

经历：

——1941 年在香港义品洋行（Credit Foncier d'Extreme Orient）任助理建筑师；
——后在香港创办事务所，外文名为 Alfred V. Alvares & Assoc.；
——1968 年任香港建筑师学会会长。

作品：

——屈臣氏灌装厂（Watsons Bottling Plant Kin），香港；
——道格拉斯公寓（Douglas Apts），香港；
——地利根德大厦（Tregunter Mansion），香港；
——浅水湾大厦（Repulse Bay Mansion），香港；
——罗兹林公寓（Rozlyn Apts），香港；
——文化纺织（Mandarin Textiles），香港；
——卡尔顿酒店（Carlton Hotel），香港；
——埃斯托里尔酒店（Estoril Hotel），澳门；
——嘉诺撒医院（Canossa Hospital），香港；
——圣德肋撒医院（法国医院 / St. Teresa's Hospital）扩建，香港；

——休斯住宅（The Car y –Hughes House），香港；
——唐宅（The Duncan Tong House），香港；
——穆加尼住宅（The Murjani House），香港；
——西洋办公大楼（Lusitano Office Building），香港。

著述：

——不详。

参考文献及相关材料：

——Kevin Sinclair. Who's who in Hong Kong：a bibliographical dictionary of Hong Kong[M]. Hong Kong：South China Morning Post，1984：435.
——https：//prabook.com/web/alfred_victor_jorge.alvares/377445.
——[J]. Hongkong Album，1966：10.

[9] Ambrose，James（J. 安布罗斯）

生卒：1851—1932.09.09
出生地：英国巴斯（Bath）
国籍：英国
在华城市：上海
资历：不详
教育和训练背景：不详

经历：

——1878 年到上海加入公平洋行（初为 Evison & Co.，后改为 Ward Probst & Co. Piece Goods Dealers，Insurance Agents，Silk Merchants，Land，House & Estate Agents and Architects）地产部，主要业务与汉璧礼（Thomas Hanbury）的地产相关；
——1922 年自公平洋行退休；
——1932 年在日本箱根（Miyanoshita）去世。

作品：

——4 座本地住宅（Native houses），册地 293 号，上海河南路，1911；
——30 座本地住宅，册地 211 号，上海北京路和山西路，1911；
——9 座中式住宅（Chinese Houses），册地 692 号，上海云南路和北海路，1913；
——放映室（Show Room），册地 80 号，上海宁波路，1913；
——96 座住宅与 2 座门房，册地 609 号，上海天潼路和崇明路（Tiendong & Tsungming Road），1913；
——4 座住宅，册地 372 号，上海天津路，1913；
——1 座洋式住宅（Foreign House），册地 80 号，上海宁波路，1913；
——洋式住宅改扩建，册地 154 号，上海南京路，1913；
——5 座洋式住宅、36 座中式住宅、2 座门房，册地 959 号，武进路，1914；
——34 座中式住宅，册地 453 号，上海福建路、北京路和苏州路，1914；
——1 座洋式住宅，册地 79 号，上海北京路，1915；
——12 座中式住宅与 1 座门房，册地 587 号，上海河南北路，1915；
——44 座中式住宅，册地 453 号，上海福建路和苏州路，1915；
——21 座中式住宅，册地 1042 号，上海密勒路、汉璧礼路和南浔路，1915；
——3 座中式住宅，册地 513 号，上海湖北路，1916；
——改扩建，册地 12 号，上海静安寺路，1917；
——加建，册地 227 号，上海天津路，1918；
——加建，册地 10 号，上海白克路，1918；
——15 座中式住宅，册地 664 号，上海广西路和汕头路，1918；
——加建，册地 90 号，上海汉口路，1920；
——变电室（变压器室），册地 2435 号，上海杨树浦路，1920；
——21 座中式住宅和 2 座门房，册地 372 号，上海天津路，1920；

——改建，册地 372 号，上海天津路外，1920；
——加建，册地 2191 号，上海静安寺路，1921；
——车库，册地 2446 号，上海近胜路，1921；
——仓库，册地 22 号，上海帕克路，1923；
——另参见第二编公平洋行。

著述：

——不详。

参考文献及相关材料：

——The Late Mr. J. Ambrose[N]. The North-China Herald and Supreme Court & Consular Gazette，1932-09-21：457.
——所列作品源自相应年份《上海公共租界工部局公报》（*The Municipal Gazette*）J. 安布罗斯报建项目。
——照片来源：The Late Mr. J. Ambrose[N]. The North-China Herald and Supreme Court & Consular Gazette，1932-10-05（25）.

[10] Anderson，Henry McClure（安德森）

生卒：1877—1942
出生地：英国爱丁堡
国籍：英国
在华城市：中国东北、天津
资历：FRIBA，1925
教育和训练背景：不详

经历：

——1902 年在爱丁堡取得建筑师资格后来到中国，负责中国东北地区的苏格兰传教团体和爱尔兰传教团体的建筑工作；
——1906 年时任东北地区苏格兰独立联合长老会（The United Free Church of Scotland，Manchuria）临时建筑师；
——1909 年任天津先农公司建筑师；
——1912 年为天津俄国参事会辅佐；
——1912 年前开办安德森工程司行（Anderson，H. McClure）；
——1913 年与库克（Samuel Edwin Cook）合伙接办永固工程司（Adams & Knowles），并改公司英文名为 Cook & Anderson，中文名依旧；
——1913 年和 1916—1918 年两次任天津英租界工部局代理工程师；
——1917 年与库克一起被列入天津十一位杰出的专业人士；
——1918 年完成安德森规划，1917 和 1922 年两度负责制订英租界建筑法规，1918—1922 年期间主导发起、成立天津建筑师协会；
——其事务所经营至 1937 年后库克退出，由其独立经营 Anderson，H. McClure 至 1940 年后；
——1942 年在天津去世。

作品：

——在东北地区为苏格兰和爱尔兰教会设计监造了学校、医院、教堂和住宅等一众建筑；
——盛京女施医院，沈阳，1904；
——盛京男施医院，沈阳，1907；
——怀利纪念教堂（Wylie Memorial Church，Liaoyang），辽阳，1908；
——英文学堂主楼，天津，1926；
——参见第二编永固工程司。

著述：

——不详。

参考文献及相关材料：

——盛京女施医院作品信息来自：The Missionary Record of The United Presbyterian Church of Scotland, 1904（11）：514–515. 盛京男施医院作品信息来自：James Webster. The Opening Days New Hospital at Moukden[J]. The Chinese Record，1907（05）：291. 两条均由武志华提供。

——http：//www.scottisharchitects.org.uk/architect_full.php?id=207644.

——Anderson，H. McClure to Tientsin Land Investment Co. Tientsin，1922[A]. 英国档案馆，档案号：FO 678/2356.

——家谱网站 http：//www.users.zetnet.co.uk/dms/lsfamily/lesliesmith/223.htm.

——Anderson，H. McClure，Tientsin，1945[A]. 英国档案馆，档案号：FO 678/1724.

——陈国栋 . 近代天津的英国建筑师安德森与天津五大道的规划建设 [J]. 中国建筑教育，2015（9）：118–135.

——陈国栋，青木信夫，徐苏斌 . 殖民主义与现代化：天津英租界（1860—1943 年）规划建设与建筑控制比较研究 [J]. 建筑师，2017（3）：12–26.

——陈国栋 . 天津五大道的规划思想——天津英租界 1918 年安德森规划译释 [J]. 新建筑，2018（6）：146–151.

——Allister Macmillan. Seaports of the Far East：Historical and Descriptive，Commercial and Industrial，Facts，Figures，& Resources[M]. 2nd edition. London：W. H. & L. Collingridge，1925：149.

——照片来源：W. H. Morton Cameron，W. Feldwick. Present Day Impressions of the Far East and Prominent and Progressive Chinese at Home and Abroad[M]. London：The Globe Encyclopedia Co.，1917：259.

[11] Anner，Carl J.（安诺）

生卒：不详

出生地：不详

国籍：德国、美国

在华城市：北京

资历：MACAE

教育和训练背景：不详

经历：

——1923 年受聘于美国洛克菲勒基金会并来华；

——1925 年任北京罗氏驻华医社（China Medical Board）助理建筑师（建筑师为 Conrad Wilhelm Anner）；

——1927 年 8 月获北平图书馆竞赛第四奖，并于同年 9 月担任北平图书馆施工监督工程师。

作品：

——中国社会政治学会（Chinese Social and Political Science Association），北京，1924；

——社会研究所（Social Research Institute），北京，1931—1932；

——北平静生生物调查所（Fan Memorial Biological Institute），北京，1931—1932。

著述：

——Carl J. Anner. Report on Construction Progress of the New Buildings[J]. The Chinese Social and Political Science Review，1924，9（1）：172–173.

参考文献及相关材料：

——北京图书馆 . 北京图书馆第一年度报告 [M]. 北平：北京图书馆，1927：41.

[12] Anner，Conrad Wilhelm（安那）

生卒：1889.12.20—1960

出生地：德国柏林

国籍：美国（德裔）

在华城市：北京

资历：BSA；AIA，1923；MACAE

教育和训练背景：毕业于德国萨克森州开姆尼茨贸易学院建筑系（Division of Architecture of the Gewerbe Akademie，Chemnitz，Saxony）

经历：

——1909 年自德国移居美国；

——1910—1917 年在波士顿谢普利、鲁坦和柯立芝事务所（Shepley，Rutan & Coolidge）任绘图员；

——1917—1919 年在波士顿詹姆斯事务所（Thomas M. James）任职；

——1919 年 6 月受聘于洛克菲勒基金会（罗氏驻华医社，China Medical Board）到北京任北京协和医学院制图员及监工，至 1929 年；

——1926 年被聘为北平图书馆设计竞赛专家顾问，负责组织竞赛；

——1930 年到日本负责圣路加国际医院建设；

——1931 年回到美国，后曾在佩里、肖和赫本事务所（Perry，Shaw & Hepburn）工作，在威廉斯堡（Williamsburg）任建造监工等；

——1960 年去世。

作品：

——北京协和医学院第二期工程绘图及监工并设计协和 O 楼、P 楼，1925；

——圣路加国际医院（St. Luke's International Hospital），日本东京；

——国家物理研究所（National Institute for Physical Research），上海；

——国家气候研究所（National Meteorological Institute），南京。

著述：

——不详。

参考文献及相关材料：

——Alex Ramsay. The Peking's Who's Who[M]. Peking：Tientsin Press，Ltd.，1922：2.

——The China Who's Who（Foreign）[M]. 1925：4.

——The China Who's Who（Foreign）[M]. 1927：6.

——Regine Thiriez. Barbarian Lens：Western Photographers of the Qianlong Emperor's European Palaces[M]. London：Routledge，1998：108-109.

——洛克菲勒档案中心所藏其相关档案目录，http：//dimes.rockarch.org/FA045/biohist.

——纽约洛克菲勒大学藏有其相关档案，详见：Xiaoxin Wu. Christianity in China：A Scholars's Guide to Resources in the Libraries and Archives of the United States[M]. London：Routledge，2014：289.

——United States. Department of State. The Biographic Register[Z]. U.S. Government Printing Office，1951：13.

——格伦 . 百年协和老建筑 1921—2021（上）[M]. 北京：中国建筑工业出版社，2023：382.

[13] Aoyama Kuniichi（青山邦一）

生卒：1896.06—?

出生地：日本名古屋市

国籍：日本

在华城市：沈阳、吉林、图们、长春等

资历：MJA

教育和训练背景：1919 年毕业于名古屋高工建筑科

经历：

——1919 年 6 月加入“南满铁路”，至 7 月中在总务部工务局建筑课任勤务；

——1919 年 7 月—1922 年 1 月在技术部建筑课任勤务，期间曾于 1920 年 8 月—12 月兼任大连建筑事务所勤务；

——1922 年 1 月—1923 年 4 月在社长室建筑课任勤务，期间曾于 1922 年 7 月—1923 年 4 月兼任大连建筑事务所勤务；

——1923 年 4 月—1924 年 10 月在地方部建筑课任勤务；

——1924 年 10 月—1930 年 12 月先后在奉天（沈阳）地方事务所、奉天地方区、奉天地方事务所、奉天工事区事务所、奉天工事事务所任勤务；

——1930 年 12 月—1932 年 4 月在长春工事事务所、长春地方事务所任勤务；

——1932 年 4 月—1933 年 3 月被派遣到吉长、吉敦铁路管理局；

——1933 年 3 月—6 月在铁道建设局吉林（图们）建设事务所任勤务；

——1933 年 6 月—1934 年 12 月在铁道建设局图们（宁北）建设事务所任建筑长；

——1934 年 12 月—1936 年 9 月在铁道建设局铁道部工务课任建筑系主任；

——1936 年 10 月—1937 年 12 月在铁道总局工务局建筑课任勤务；

——1937 年 12 月—1940 年 1 月在铁道总局建设局计画课任勤务；

——1940 年 1 月—1941 年 4 月在铁道总局建设局任调查役；

——1941 年 4 月—1944 年 10 月任奉天（沈阳）工事事务所长。

作品：

——大连“满铁”住宅，监造；

——寺儿沟“满铁”住宅，监造。

著述：

——不详。

参考文献及相关材料：

——堀勇良 . 日本近代建筑人名总览（增补版）[M]. 东京：中央公论新社，2022：13.

——中西利八 . 满洲绅士录 [M]. 3 版 . 东京：满蒙资料协会，1940：357.

——照片来源：同上。

[14] Arnott，Charles Dudley（C. D. 阿诺特）

生卒：1885.09.05—1919.01.17

出生地：英国戈尔斯顿（Gorleston-on-Sea）

国籍：英国

在华城市：上海

资历：ARIBA，1911；AMICE，1911

教育和训练背景：1902—1910 年学徒于大雅茅斯（Great Yarmouth）建筑师阿诺特（Henry Dudley Arnott）

经历：

——1905 年通过英国皇家建筑师学会学徒资格考试；

——来华前曾在伦敦著名咨询工程师道格拉斯（W. T. Douglass）的事务所任职；

——1911 年 1 月 5 日受聘中国海关营造处，职位为建筑工程帮办，协助营造处总工程师狄克（Davide C. Dick）一起负责海关建筑设计建造事宜；

——1919 年 1 月 17 日在加拿大蒙特利尔去世，时任中国海关营造处建筑师。

作品：

——粤海关大楼，广州，与狄克合作，1913；

——广东邮务管理局大楼，广州，1914；

——另参见第三编中国海关营造处。

著述：

——不详。

参考文献及相关材料：

——广东邮务管理局大楼设计图纸 [A]. 广东省档案馆 .
——伦敦英国档案馆 [A]. 档案号：FO 917/2052.
——彭长歆 . 现代性 · 地方性——岭南城市与建筑的近代转型 [M]. 上海：同济大学出版社，2012：126-127.
——彭长歆 . 岭南近代著名建筑师 [M]. 广州：广东人民出版社，2005：29-30.

注：1919 年获民国政府五等勋章（order of the excellent crop）。

[15] Asahina Tatsuo（朝比奈辰雄）

生卒：不详
出生地：日本山形县
国籍：日本
在华城市：大连
资历：MJA，1923
教育和训练背景：1917 年东京高等工业学校附设工业教员养成所建筑科毕业

经历：

——1917—1918 年任清水组本店勤务；
——1918—1919 年在朝鲜兵器制造所任勤务；
——1919 年 7 月—1925 年 4 月在“南满工专”任教师；
——1920 年 3 月—1923 年 7 月兼任“南满工专”附设补习夜学部讲师；
——1922 年 4 月—1923 年 7 月兼任“南满工专”讲师；
——1923 年 7 月—1925 年 4 月兼任“南满工专”助教授；
——1925 年 4 月—1927 年 4 月任“南满工专”助教授；
——1927 年 4 月—1927 年 11 月任“满铁”技术研究所勤务；
——1927 年 10 月—1927 年 11 月兼任“南满工专”讲师；
——1927 年 11 月—1928 年 3 月任“满铁”铁道部勤务；
——1928 年 4 月—1929 年 4 月任“南满工专”讲师；
——1928—1935 年在大连自营朝比奈建筑事务所；
——1935—1936 年在伪满洲榊谷组任职。

作品：

——大连商工学校，监造，1922；
——大连岁久屋百货店，与大森茂合作，1933。

著述：

——不详。

参考文献及相关材料：

——堀勇良 . 日本近代建筑人名总览（增补版）[M]. 东京：中央公论新社，2022：30.

[16] Asai Shinichi（浅井新一）

生卒：1893—1979.10.24
出生地：日本爱知县
国籍：日本
在华城市：台北、长春

资历：不详

教育和训练背景：1916 年毕业于名古屋高等工业学校建筑科

经历：

——1925 年 4 月—1933 年 4 月任日本陆军技师，在日军驻台湾部队经理部服役；

——1935—1936 年 12 月在日本关东军经理部服役；

——1939—1941 年在侵华日军驻北京的多田部队服役。

作品：

——台北飞行第八联队军官公寓、队长宿舍、兵舍等，1929；

——基隆要塞司令部厅舍，1929；

——驻台日军司令部官邸，1930；

——台北浅井新一官舍，1930；

——台中卫戍病院，1932。

著述：

——在《台湾建筑会志》上发表多篇文章。

参考文献及相关材料：

——堀勇良．日本近代建筑人名总览（增补版）[M]. 东京：中央公论新社，2022：22-23.

[17] Ashley，George Frederick（G. F. 阿什利）

生卒：1886.10.08—1962.09.24

出生地：美国加利福尼亚

国籍：美国

在华城市：上海

资历：AIA

教育和训练背景：1908 年获得加利福尼亚伯克利大学建筑学学士；1908—1909 年到巴黎学习设计

经历：

——1917 年任上海中国营业公司（China Realty Co.）助理，后升任建筑师，工作至 1920 年；

——1919 年初与苏州医院的监工斯内尔（Dr. J. A. Snell）一起考察中韩两国的医院建筑设计，以期能设计出尽可能好的医院；

——1921 年回到美国，与前北京洛克菲勒基金会的建筑师埃文斯（Albert John Evans）合伙在美国旧金山成立事务所（Ashley and Evers，Architects），专注于医院建筑设计。

作品：

——申报大楼及报纸厂，上海，1918；

——苏州医院（Soochow Hospital），苏州，1919；

——上海公共租界西区洋式住宅：钟文耀（Chung Mun-yew）宅、唐元湛（Y. C.Tong）宅、张平夫（Binfoo Chang）宅、W. F. Wong（中文名不详）宅、Samson Z. Young（中文名不详）宅和 Lo Sun（中文名不详）宅，1919；

——上海公共租界东区和北区洋式住宅：Wong Kok-shan（中文名不详）宅、T. H. Lee（中文名不详）宅、穆湘玥（H. Y. Moh）宅、K. S. Lee（中文名不详）宅和邝富灼（Dr. Fong Foo Sec）宅，1919；

——梅庐（现为上海美术电影制片厂），即胡寄梅（Woo Kee-may on）及其 4 个儿子的住宅（共 5 栋洋房），上海极司非尔路（现万航渡路 618 号），1919。

著述：

——不详。

参考文献及相关材料：

——http：//pcad.lib.washington.edu/person/977/.

——Personals[J]. American Architect and Architectural Review，1923-11-07，224：2432，12.

——Current News Section University of California Architectural Club[N]. American Architect and Building News，1908-07-15，94：1699，15.

——Carla Breeze. American Art Deco Architecture and Regionalism[M]. New York：W. W. Norton，2003：226.

——Ashley and Evers Prepare Plans for the Mandarin Cafe，San Francisco[J]. Architect & Engineer，1926-1：73-78.

——照片来源：United States Passport Applications，1795—1925，MyHeritage.com[DB/OL]. Lehi，UT，USA：MyHeritage（USA）Inc.，https：//www.myheritage.cn/research/collection-10720/united-states-passport-applications-1795-1925.

[18] Ashmead，Herbert（H. 阿什米德）

生卒：不详

出生地：英国布里斯托

国籍：英国

在华城市：上海

资历：AMSES，1886

教育和训练背景：不详

经历：

——1886 年在克利夫顿（Clifton），同年在伦敦通过考试获得市政、卫生工程师和测绘师学会（Association of Municipal and Sanitary Engineers and Surveyors）准会员身份；

——后在大英工部总署任助理测绘师；

——1899 年被英国南非公司（Bitish South Africa Company）任命为公共工程监督（Inspector of Public Works）；

——1905 年由香港到上海，在大英工部总署任职；

——1909 年 5 月在辛普森（C. J. W. Simpson）离开上海回国期间，任大英工部总署远东分部（上海）代理主管建筑师和测绘师；

——1909—1910 年曾到日本横滨、大阪以及中国天津、芜湖等地工作；

——1911 年 1 月—1912 年 1 月任首席助理建筑师；

——1912 年 7 月—1914 年 1 月任主管建筑师，1914 年 7 月已经离开上海；

——1915 年在大英工部总署伦敦总部任职。

作品：

——英国领事馆，大连，1911；

——另参见第三编大英工部总署远东分部。

著述：

——不详。

参考文献及相关材料：

——Memorandum by H. Ashmead，Shanghai，1909-07-03[A]. 伦敦英国档案馆，档案号：Works 10/371.

——The Surveyor & Municipal & County Engineer[J].1899（16）：726.

[19] Ashworth，Edward（阿什沃斯）

生卒：1814—1896

出生地：英国艾克赛特（Exeter）

国籍：英国
在华城市：香港、广州
资历：不详
教育和训练背景：
先后在艾克赛特教会建筑师罗伯特·科尼什（Robert Cornish）和伦敦著名建筑师查尔斯·福勒（Charles Fowler）名下学徒

经历：

——1842年10月经澳大利亚抵达新西兰；
——1842—1844年在奥克兰执业；
——1844年到达澳大利亚悉尼；
——1844年5月由澳大利亚到中国香港；
——1844—1846年在香港和广州两地建造多座商业建筑；
——1846年回到艾克赛特继续执业。

作品：

——德忌笠街（D'Aguilar Street）某住宅，香港，1845；
——几座栈房，广州，1844—1845。

著述：

——Edward Ashworth. How Chinese workmen built an English House[J]. The Builder，1851，4（456）：686–688.
——Edward Ashworth. Chinese architecture. Detached essays and illustrations issued during the years 1848—1852[M]. London：Architectural Publication Society，1853.

参考文献及相关材料：

——潘一婷. 隐藏在西式立面背后的建造史：基于1851年英式建筑施工纪实的案例研究[J]. 建筑师，2014（4）：117-126.
——http：//nzetc.victoria.ac.nz/tm/scholarly/tei-PlaNine-t1-body-d1-d48.html.
——A. Felstead，J. Franklin. Directory of British Architects，1834—1914，Vol.1（A-K）[M]. London：Continuum International Publishing Group，2001：67.
——Jonathan Mane. New Zealand's First European Architects[J]. Historic Places，1990：37–41.
——Una Platts. Nineteenth Century New Zealand Artists：A Guide & Handbook[M]. Christchurch：Avon Fine Prints，1980：26.
——Wattis Fine Art[OL]. http：//www.wattis.com.hk.
——http：//www.daao.org.au/bio/edward-ashworth/.
——Mitchell and Dixson Libraries Manuscripts Collection，State Library of New South Wales：Edward Ashworth - Records（1842—1844）Microfilm of journal，notebooks and sketchbooks of travels in Australia，New Zealand and China 1842—1844 [1 reel，FM 4/3403].
——http：//hongkongsfirst.blogspot.com/2011_12_01_archive.html.
——Chris Cowell. Edward Ashworth，Artist & Architect Fourteen Original Watercolour Studies of Hong Kong & Macau，1844—1846[M]. Sydney：Hordern House Rare Books Pty. Ltd.，2014.

注：新西兰国家图书馆和澳大利亚国家图书馆各藏有多幅阿什沃斯绘制的奥克兰和悉尼等地的建筑与风景画。

[20] Atkinson，John Brenan（J. B. 阿特金森）

生卒：1865.04.18—1907
出生地：不详
国籍：英国
在华城市：上海

资历：ESC

教育和训练背景：学徒于有恒洋行（Kingsmill, T. W.）

经历：

——1880年随父亲阿特金森（John Atkinson）来到上海；

——1884—1893年在上海有恒洋行学徒、任职；

——1894年1月已于上海自办通和洋行，洋行外文名为Atkinson, Brenan., Architect，承接建筑设计业务；

——1896年曾参与沪南自来水厂水管铺设；

——1898年英国人达拉斯（Arthur Dallas）加入通和洋行并成为合伙人，洋行外文名因之变更为Atkinson & Dallas, Architects and Civil Enignеers，增加土木工程业务；同年3月在汉口开办支行；

——1901年任上海工程师建筑师学会副主席；

——1907年在上海去世，此时的通和洋行已经成为上海最杰出的土木工程和建筑设计公司之一。

作品：

——参见第二编通和洋行。

著述：

——不详。

参考文献及相关材料：

——[A]. 伦敦英国档案馆 . 档案号：FO 917/1238.

——照片来源：Arnold Wright. Twentieth Century Impressions of Hongkong, Shanghai, and Other Treaty Ports of China[M]. London: Lloyds Greater Britain Publishing Company, 1908: 622.

注：中文名又写作"阿金生"(《申报》)。

[21] Atkinson, George Burgeland（G. B. 阿特金森）

生卒：1866.02.25—1947.08.05

出生地：英国西德比（West Derby）

国籍：英国

在华城市：上海

资历：不详

教育和训练背景：不详

经历：

——1880年随父亲阿特金森（John Atkinson）来到上海，16岁回到英国学徒于枪支制造商阿姆斯特朗公司（Sir William Armstrong & Co., Ltd. / Armstrong Ordnance Works），学成归来后曾在招商局（China Merchants Co.）和东方（老）船坞（Oriental & Old Docks）任职；

——1892年4月在中国海关上海分关任代理工程监督（Acting Clerk of Works）；

——1896年1月加入其兄J. B. 阿特金森创办的通和洋行；

——1898年3月主持开办通和洋行汉口支行；

——1905年1月再次出现在通和洋行人员名单中；

——1909年1月升任合伙人，至1910年7月已经离开通和洋行；

——一战期间回到英国负责伍尔维奇（Woolwich）军火厂监督事宜；

——1914年7月—1915年1月任上海大英理船会社（British Corporation for the Survey & Registration of Shipping）代理测绘师；

——1916年1月—1917年1月任天津利津铁厂厂长；

——1923年1月回到通和洋行，任汉口支行负责人；

——1927年从通和洋行退休；

——二战期间被关在上海林肯路集中营（Lincoin Avenue Camp）；

——1947 年在上海去世。

作品：

——参见第二编通和洋行。

著述：

——不详。

参考文献及相关材料：

——Obituary. G. B. Atkinson[N]. The North–China Daily News，1947–08–07（3）.

——Celebrates 70th Birthday[N]. The North–China Daily News，1937–02–25（10）.

——照片来源：同上。

注：其与 J. B. 阿特金森（John Brenan Atkinson）和 W. L. 阿特金森（W. L. Atkinson）为兄弟，其在华期间还曾在天津和广州等重要公司任工程师职位。

[22] Austin，Anthony Roy（A. R. 奥斯汀）

生卒：不详

出生地：不详

国籍：英国

在华城市：香港

资历：AAHK，1907—1922

教育和训练背景：不详

经历：

——1907—1922 年在香港太古洋行任建筑师；

——1923 年退休。

作品：

——不详。

著述：

——不详。

[23] Bahnson，Elise Mary（巴恩森，女）

生卒：1886.09.20—1969.08.05

出生地：丹麦哥本哈根

国籍：丹麦

在华城市：沈阳、岫岩

资历：MAA

教育和训练背景：1916 年毕业于丹麦美术学院（Danish Academy of Fine Arts）

经历：

——1921 年和几位丹麦建筑师（Adam Møller，Carl Schiøtz，Jørgen V. Jepsen 及 Johannes Frederiksen 等）组成一个小组，筹集供建筑师艾术华（Johannes Prip–Møller）及其夫人赴华的资金，以期协助传教士提高教会建筑的质量；

——1925 年到华，在沈阳丹商华久建筑公司（Prip Moller，J. Consulting Architect）任建筑师至 1927 年；

——1927 年成为一名传教士，先在 Takushan（大孤山？）教授语言，后到奉天盲校（Mukden Blind

School）工作至 1929 年；
——1929 年在 Hwanjen（中文名称不详）和凤城（Fenghwangcheng）教授语言；
——1929—1939 年在辽宁鞍山岫岩（Siuyen）女子教会传教，并从事教会建筑设计和监造工作，期间于 1932—1933 年回国；
——1939—1946 年再度回国；
——1947—1949 年在岫岩教会医院工作；
——1949—1950 年在沈阳盲校工作；
——1951 年回国。

作品：

——教堂（the church in Fenghwangcheng），凤城；
——蛤蟆塘（今元宝区金山镇）劈材沟牧师和福音学校（the priest and evangelist school in Pitsaikou，今三育中学？），丹东；
——劈材沟教堂，丹东；
——岫岩教堂重建（the rebuilding of the church in Siuyen），1938；
——安东教堂重建；
——皮口教堂；
——大连教堂；
——旅顺教堂。

著述：

——Elise Bahnson. En Berigtigelse og en Tilføjelse（更正与补充）[J]. Dansk Missionsblad，1941-01-10，108，2：22-23.

参考文献及相关材料：

——Mission in Manchuria – Stories from the life of Anna Bøg Madsen（1888—1973），missionary to Manchuria（1919—1946），and founder of the Danish Missionary Society's Women's Mission Station in Siuyen[Z]. 2009-07-10.
——A Woman Builder for the Women's Station：Elise Bahnson，Denmark's First Woman Architect[OL]. http：//mission-in-manchuria.blogspot.com/2009/07/anna-bg-madsen-woman-builder-for-womens.html.
——http：//mission-in-manchuria.blogspot.com/2010/06/elise-bahnson-comes-home-two-women.html.
——http：//mission-in-manchuria.blogspot.com/2010/04/architectural-surprises-elise-bahnson.html.
——Madsen，Hans Helge. Prip-Møllers Kina：Arkitekt，Missionaer og Fotograf i 1920rne og 30rne（Prip-Møller's China：Architect，Missionary，and Photographer in the 1920s and 30s）[M]. Copenhagen：Arkitektens Forlag，2003.
——Anne Hviid Jensen. I lys og mørke. Dansk mission i Kina（In Light and Shadow. Danish Mission in China）[M]. København：Unitas Forlag，2005.
——Simon Rom Gjerø. Kaldet til Kina：Danske Missionærers liv og Oplevelser i Manchuriet，1893—1960（Called China：The Lives and Experiences of Danish Missionaries in China 1893—1960）[M]. Højbjerg：Forlaget Univers，2008.
——照片来源：Danmission Photo Archive[OL]. https：//danmission.dk/photoarchive/bio/bahnson-elise-marie/.

注：她是丹麦第一位女建筑师。

[24] Baker，Henry E.（贝克尔）

生卒：?—1939
出生地：不详
国籍：美国
在华城市：北京、汉口、九江、南昌
资历：AmSME；AMAmSCE
教育和训练背景：不详

经历：

——1907 年任美国纽约沃特敦（Watertown）工务委员会城市工程师；
——1909 年 2 月左右辞职到汉口设计监造 1 座官办造纸厂（Chinese Government Paper Mill）；
——1911 年曾到杭州为之江大学测绘校园并指导建造工作；
——1912 年在汉口短暂停留后即赴九江庐山牯岭开业；
——1916 年 4 月 4 日回到美国，暂居西雅图；
——1917 年 10 月左右在牯岭，为西谷扩展区测绘地形，并规划道路、划分建筑场地；
——1918 年曾负责南京金陵大学地块测绘；
——1925 年时在九江牯岭自办贝克尔洋行（Baker，Henry E.，AMAmSCE，Civil Engineer）；
——1939 年在牯岭去世。

作品：

——清朝度支部印刷局，北京，1908；
——官办造纸厂，汉口；
——之江大学校园测绘和建筑监造，杭州；
——美以美会（Methodist Episcopal Mission）2 座学校，南昌。

著述：

——不详。

参考文献及相关材料：

——[J]. The China Christian Advocate，1917，4-5：257.
——Personals[J]. Municipal Journal and Engineer，1909-02-24，26：305.
——[J]. Paper，1916-04-05，18：34.
——Clarence Burton Day. Hangchow University：A Brief History[M]. Shanghai：United Board for Christian Colleges in China，1956：36.
——[N]. 密勒氏评论报（Mi-le Shih P□ing Lun Pao），1917-10-27，2：243.
——[N]. The Paper Mill and Wood Pulp News，1939，62（9）：5.

[25] Bakich，Michael Andreevich（巴吉赤）

生卒：1909.01.29—2002.11.15
出生地：俄罗斯符拉迪沃斯托克（海参崴）
国籍：俄罗斯
在华城市：哈尔滨、长春
资历：不详
教育和训练背景：1926—1933 年在哈尔滨中俄工业学校（现哈尔滨工业大学）建筑专业学习，并于 1933 年毕业

经历：

——1923 年随母亲逃亡到哈尔滨；
——1934—1936 年在哈尔滨谦泰洋行（A. G. Chibunovsky，又名立昌洋行）任设计师；
——自 1938 年居住在长春；
——二战后居住在哈尔滨；
——1951 年出任哈尔滨市建筑工程设计院工程师；
——1958 年底离开哈尔滨赴澳大利亚；
——2002 年在澳大利亚去世。

作品：

——新哈尔滨旅馆（现哈尔滨国际饭店）门厅设计，哈尔滨，1936；
——马迭尔宾馆的装修改造，哈尔滨，1937；
——秋林俱乐部，哈尔滨，1940；
——苏联红军纪念塔，哈尔滨、长春、沈阳，1945；

——防洪纪念塔，哈尔滨，1932，1958；
——东北农学院，哈尔滨，1951—1955；
——东北林业大学教学楼，哈尔滨，1955—1958；
——青年宫，哈尔滨，1955—1958；
——东北抗日暨爱国自卫战争烈士纪念塔，哈尔滨市道外区长青公园内，1947；
——世界反法西斯胜利纪念塔，哈尔滨；
——工业博览会展馆，哈尔滨。

著述：

——不详。

参考文献及相关材料：

——Russian Churches in Harbin，China[OL].http：//digicoll.manoa.hawaii.edu/treasures/Pages/viewtext.php?tid=12&route=browseby.php&start=170&by=year&s=browse.
——碑塔之王——建筑师巴吉赤与哈尔滨 [EB/OL]. http：//blog.hit.edu.cn/xuejun/post/449.html.
——刘伦希．十九世纪末至二十世纪中叶哈尔滨俄籍建筑师研究 [D]. 哈尔滨：哈尔滨工业大学，2010.
——董云平．城市印记一位俄侨建筑师与哈尔滨往事 [N]. 黑龙江日报，2017-06-28（11）.
——[加] 巴莉雅．哈尔滨建筑师巴吉赤 [M]. 哈尔滨：北方文艺出版社，2021.
——http：//www.artrz.ru/menu/1804656749/1804818969.html.
——照片来源：同上。

注：俄文名为 Михаил Андреевич Бакич，又译作巴基奇；黑龙江省博物馆藏有其画作等相关遗物。

[26] Bari，Vladimir Andreevich（巴里）

生卒：1876—?
出生地：俄罗斯莫斯科
国籍：俄罗斯
在华城市：哈尔滨
资历：不详
教育和训练背景：毕业于交通学院

经历：

——1906 年起在圣彼得堡创建自己的公司，以钢筋混凝土结构设计为专长；
——1918 年被鄂木斯克州政府任命为交通部四级工程师；
——1921 年 2 月来到哈尔滨，在中东铁路进行煤矿勘测工作，并负责在矿源地敷设铁路专线；
——1922 年 1 月起在哈尔滨中东铁路管理局技术处任工程师的同时任教于哈尔滨工业大学；
——1923 年 10 月 6 日—1935 年 10 月 1 日，在哈尔滨工业大学担任教授期间，负责钢筋混凝土和钢筋混凝土结构课程的教学，并参与组织毕业设计和答辩；
——1945 年后继续在校从事专业教学，1946 年被任命为教授，是 20 世纪 50 年代初期许多毕业设计的指导及评审教师。

作品：

——霓虹桥方案设计 [结构设计为斯维里多夫（Peter Sergeevich Sviridov）]，哈尔滨，1926。

著述：

——不详。

参考文献及相关材料：

——[俄] 克拉金．哈尔滨——俄罗斯人心中的理想城市 [M]. 张琦，路立新，译．哈尔滨：哈尔滨出版社，2007：179-182.
——照片来源：同上：179.

注：俄文名为 В·А·барии。

[27] Barnes，H. F.（巴恩斯）

生卒：不详

出生地：加拿大纽布伦斯威克（New Brunswick）

国籍：加拿大

在华城市：上海、天津

资历：AMEIC

教育和训练背景：毕业于纽布伦斯威克大学（University of New Brunswick）土木工程学

经历：

——自 1920 年 6 月起被上海公共租界工部局工务处聘为工程助理；

——1924 年辞去上海公共租界工部局工务处沟渠工程师（Seweage Engineer）职位，受聘为天津英租界工部局市政工程师，一直到 1939 年。

作品：

——天津盛茂道桥梁（Seymour Road Bridge），1926；

——英国工部局警察署、消防署，钢混工程设计（J. W. Williamson 负责建筑设计），天津，1931；

——天津公学（Tientsin Kung Hsueh），钢混楼板等工程设计（J. W. Williamson 负责建筑设计），1931。

著述：

——H. F. Barnes，C. N. Joyner. Tientsin's Asphaltic Concrete Roads[J]. The Far Eastern Review，1938，34：321-323.

参考文献及相关材料：

——Personals[J]. The Engineering Journal，1924-05：250.

——C. N. Joyner. Bridges Over Weitze Creek in British Concession at Tientsin[J]. The Oriental Engineer，1926，7（10）：19-23.

——New Police and Fire Station at Tientsin[J]. The Far Eastern Review，1931-2：104-106.

[28] Basel，Friedrich Wilhelm（柏瑞尔）

生卒：不详

出生地：不详

国籍：德国

在华城市：北京

资历：不详

教育和训练背景：不详

经历：

——1923 年前在北京大方家胡同甲 63 号成立龙虎公司，英文名为 Basel & Co.，F. W. Architects，Engineers and Building Contractors；

——1926 年傅赖义（Walter Frey）成为合伙人，公司更外文名为 Basel & Frey；

——1932 年曾向北平市政府申请承揽工程执照；

——1932 年傅赖义离开龙虎公司，柏瑞尔继续独立经营公司，公司外文名保持不变；

——1934 年钟森（1901—1983）担任北平龙虎公司华人经理，公司更外文名为 Basel & Chung；

——中华人民共和国成立后，龙虎公司由钟森等接手。

作品：

——参见第二编龙虎公司。

著述：

——不详。

[29] Basil，Jack Bruno（白锡尔）

生卒：1904—1989
出生地：不详
国籍：美国
在华城市：上海
资历：不详
教育和训练背景：美术学士（Bachelor of Fine Arts）

经历：

——来华前在纽约卡斯·吉尔伯特（Cass Gilbert）建筑公司任职；
——1932 年 10 月抵达上海；
——1933—1936 年在普益地产公司（Asia Reality Co.）任建筑师；
——1933 年在上海市工务局注册为建筑技师；
——1947 年在纽约开设事务所。

作品：

——参见第二编普益地产公司。

著述：

——不详。

参考文献及相关材料：

——Ancestry.com. Florida Death Index，1877—1998[DB/OL]. Provo，UT，USA：Ancestry.com Operations Inc，2004.
——照片来源：[N]. The Shanghai Evening Post and Mercury，1933-01-18（11）.

[30] Basto，Antonio Hermenegildo（巴士度）

生卒：1894.04.17—1979.05.28
出生地：中国澳门
国籍：葡萄牙
在华城市：香港
资历：MSA；MISE；MCI；MRSanI；AAHK，1922—1941；HKIA，1956
教育和训练背景：不详

经历：

——1925 前至 1934 年与厘份（A. R. F. Raven）在香港合办事务所，公司外文名为 Raven & Basto；
——自 1935 年开始自营巴士度画则师行（建筑师行），公司外文名为 Basto，A. H.；
——1945 年曾参加加拿大多伦多市政厅设计竞赛；
——1979 年在香港去世。

作品：

——参见第二编巴士度画则师行。

著述：

——不详。

参考文献及相关材料：

——http：//www.docomomo.hk/zh/project/st-anthonys-church-2/.

——Michael Wolf（吴尔夫）. Hong Kong Corner Houses（街头街尾）[M].Hong Kong：Hong Kong University Press，2010.

注：全名为 António Hermenegildo de Senna Fernandes de Castro。

[31] Beck，Aloysius（葛承亮）

生卒：1854.04.02—1931

出生地：德国巴伐利亚王国里根斯堡特里夫特冯（Trifing）

国籍：德国

在华城市：上海

资历：不详

教育和训练背景：不祥

经历：

——1877 年加入耶稣会；

——1892 年 12 月被派到中国；

——1894 年担任土山湾木工部主任，设计制作比利时莱肯宫中式小楼和小亭，负责制作土山湾中国牌楼、中国宝塔等大型木雕作品，在世博会上获甲等大奖章。

作品：

——佘山山腰六角阁亭（路德圣母亭），绘图及建设，1897；

——浦东唐墓桥哥特式大圣堂，1894—1897；

——崇明岛露德圣母圣堂；

——布鲁塞尔中国馆和音乐亭，葛承亮修士设计，上海制造，1903—1904；

——佘山新教堂设计方案，1918，未实施。

著述：

——不详。

参考文献及相关材料：

——[比]高曼士（Thomas Coomans）. 佘山教堂寻踪：朝圣建筑和历史图景 [M]. 田炜帅，任轶，译 . 上海：同济大学出版社，2023.

——土山湾博物馆 [OL].https：//www.xuhui.gov.cn/tsw//index.php?m=index&c=index&a=inform&cid=1&ccid=23.

——照片来源：同上。

[32] Becker，Heinrich（倍高）

生卒：1868.08.26—1922.10.31

出生地：德国什未林（Schwerin）

国籍：德国

在华城市：上海

资历：不详

教育和训练背景：慕尼黑工业大学

经历：

——到上海前曾在开罗工作 5 年；

——1898 年到达上海经营倍高洋行（Becker，H.，Architect）；

——1905 年德国建筑师卡尔·贝德克（Carl Baedeker，其在慕尼黑工业大学的校友）加入；
——1907 年贝德克成为合伙人，公司更西名为 Becker，H. & Baedeker Architects；
——1911 年倍高回到德国什未林继续从事建筑实践，洋行由贝德克继续经营，改为倍高洋行，外文名为 Karl Baedeker，经营至 1914 年停业。

作品：

——参见第二编倍高洋行。

著述：

——不详。

参考文献及相关材料：

——https：//peoplepill.com/people/heinrich-becker/.
——https：//de.wikipedia.org/wiki/Heinrich_Becker_（Architekt）.
——Torten Warner. Deutsche Architektur in China：Architekturtransfer（德国建筑艺术在中国：建筑文化移植）[M]. Berlin：Ernst & Sohn，1994.

注：全名为 Heinrich Louis Friedrich Becker。

[33] Beermann，Joseph（比尔曼）

生卒：1870—1961
出生地：德国汉诺威
国籍：德国
在华城市：青岛、上海
资历：不详
教育和训练背景：不详

经历：

——1901 年在青岛大鲍岛（Tapautau）经营建造业务；
——1903 年前自办大丰洋行（Beermann，J.，Builder & House Furnisher，Machinery），经营建造、装修及机械业务，并经营建筑设计，至 1914 年；
——1914 年青岛保卫战后逃往上海，后于 1916 年前往美国旧金山；
——1961 年在美国去世。

作品：

——不详。

著述：

——不详。

[34] Beesley，Percy Montagu（毕士来）

生卒：1875—1927.01.26
出生地：英国兰开夏（Lancashire）
国籍：英国
在华城市：上海
资历：MSA；LRIBA，1926
教育和训练背景：不详

经历：

——1898 年在英国厄尔斯敦（Earlestown）从事建筑师职业；

——1899 年 7 月移居加拿大穆思乔（Moose Jaw），在蒙特利尔加拿大太平洋铁路公司（Canadian Pacific Railway Co.）任建筑师；

——1900 年移居温哥华；

——1901 年到香港加入理及柯伦治（Leigh & Orange），同年到上海加入通和洋行（Atkinson & Dallas）；

——1904 年加入爱尔德洋行并成为合伙人，洋行外文名改为 Algar & Beesley；

——1906 年已经退出独立开业，1907 年 1 月和布雷（A. G. Bray）合办事务所（Beesley & Bray），并在上海总会设计竞赛中获得第三名；

——1909 年布雷退出，自 1909 年 9 月 4 日起毕士来独立经营，至 1911 年 4 月 13 日申请破产；

——1918—1922 年 1 月在公和洋行（Palmer & Turner）任职；

——1924 年自营事务所（Beesley，P. M.）；

——1927 年 1 月在上海去世。

作品：

——教会公寓（Union Church Apts.，今修身堂，Sau San Tang），上海南苏州路 79 号，1899；

——天津总会，天津，1903；

——另参见第二编爱尔德洋行和毕士来洋行。

著述：

——不详。

参考文献及相关材料：

——http://discovery.nationalarchives.gov.uk/details/r/C1950023.

——https://familysearch.org/ark:/61903/1:1:XLGQ-W8S.

——http://dictionaryofarchitectsincanada.org/node/1083.

——[J]. Moose Jaw Times，1899-08-04：4，8.

——In the Matter of P. M. Beesley，Bankrupt[N]. The North-China Daily News，1911-04-29（8）.

——Obituary[N]. South China Morning Post，1927-02-04（11）.

——郑时龄 . 上海近代建筑风格 [M]. 上海：同济大学出版社，2020：481.

——照片来源：Arnold Wright. Twentieth Century Impressions of Hongkong，Shanghai，and Other Treaty Ports of China[M]. London：Lloyds Greater Britain Publishing Company，1908：622.

[35] Behrendt，Karl（K. 贝伦德）

生卒：?—1950.09.05

出生地：德国法兰克福

国籍：德国

在华城市：青岛、上海、天津

资历：不详

教育和训练背景：不详

经历：

——1901—1902 年在青岛开办贝伦德洋行（Behrendt，K.），经营建筑师业务；

——1902—1903 年同时在青岛技术局（das Technische Bureau）任职；

——1907 年在青岛利来公司（Lieb & Leu）任建筑师；

——1908—1910 年在上海开办贝伦德工程司行（Behrendt，Karl，Engineer and Architect）；

——1914 年前曾在济南任山东铁路公司技术人员；

——一战爆发后参军，参加青岛保卫战，1919 年被遣散；

——1920—1923 年与盖苓（Rolf Geyling）、魏提希（E. Wittig）共同创办经营润富建筑公司；

——自 1926 年开始在天津开办建筑师、工程师事务所（Behrendt，K.，Engineer and Architect），至 1940 年代；

——1950 年在北戴河去世。

作品：

——庄乐峰宅，天津，1926。

著述：

——不详。

参考文献及相关材料：

——http：//www.tsingtau.info/index.html?namen/b.html.
——吴延龙 . 天津历史风貌建筑 · 居住建筑卷 1[M]. 天津：天津大学出版社，2010：258.
——韩雅慧，徐飞鹏 . 近代德国工程师在青岛的活动述略（1898—1949）[J]. 建筑史，2019（2）：139-147.

注：又名 Karl Behrend。

[36] Bellingham，Augustus William Harvey（柏龄庚）

生卒：1855.05.11—1909.11.27
出生地：加拿大纽布伦斯威克（New Brunswick）
国籍：英国
在华城市：天津
资历：AMICE，1880；MICE，1902，MIMunE
教育和训练背景：1872—1873 年曾学习机械工程

经历：

——来华前曾先后在英国、南澳大利亚、巴西、法国等地从事港口、铁路、水利、矿山等工程，任绘图员、技工和工程师等职位；
——1887—1889 年受聘于金达（Claude William Kinder，1852—1936）来华从事铁路建造，在大清铁路 [China（Tientsin）Railway Company] 任交通股（Traffic Department）天津驻地工程师，参与芦台—北塘—大沽铁路延长线的勘察、修建工作；
——1890 年到天津怡和洋行（Jardine，Matheson & Co.）任职；
——1890 年 2 月起到天津英租界工部局和大英新拓租界工部局任职长达 19 年，曾先后任测量师（Surveyor，1890—1896）、工程师（Engineer，1897，1899—1909）、工部局秘书兼工程师（Secretary and Engineer，1898—1899）等职，主要负责英租界（包括两局四界：老租界工部局和扩展租界工部局，老租界、扩充界、南扩充界和推广界）规划、建设和管理等工作，特别是扩充界的规划建设（1890—1909）和推广界的道路规划草案（1902—1908），同时还独立开办建筑师事务所；
——1909 年 7 月被任命为唐胥铁路总工程师，同年 11 月突然去世。

作品：

——设计建造天津英租界公共办公楼、巡捕宿舍楼（包括外国巡捕、印度巡捕和中国巡捕）、沿河码头设施、仓库等，规划设计整个英租界 1100 英亩的道路系统和排水系统，1890—1902；
——英格兰教会临时教堂和牧师住宅 [All Saints'（Temporary）Church and Parsonage House]，天津，1894；
——维多利亚医院（Queen Victoria Diamond Jubilee Memorial Hospital and Nursing Home），天津，1896；
——利顺德饭店（The New Astor House），天津，1891；
——共济会堂，天津，1898；
——赛马总会（Race Club），天津，1901；
——平和洋行（Liddell Bros. & Co.）5 层仓库，天津；
——高林洋行（Collins & Co.）液压压毛设备基础，天津；
——天津羊毛厂（Tientsin Woollen Mill Co.），天津；
——中国通商银行（Imperial Bank of China）北京分行办公楼，北京；
——驻津日本总领事馆，天津，1896；
——怡和洋行和太古洋行的仓库与办公楼，天津；

——天津海关部分建筑，天津；
——戈登堂后期建设工程，天津，1890；
——戈登堂内部戏台（李鸿章七十大寿捐建），天津，1892。

著述：

——不详。

参考文献及相关材料：

——http://www.findagrave.com/cgi-bin/fg.cgi?page=gr&GRid=116296078.
——[N]. Peking and Tientsin Times，1894-03-17.
——http://www.exploringtianjin.com/2012-05/02/content_16292129_2.htm.
——[N]. The North-China Herald and Supreme Court & Consular Gazette，1905-06-28：999.
——Frederick M. Gratton. The History of Freemasonry in Shanghai and Northern China[M]. Tientsin：The North China Printing and Publishing Co.，Ltd.，1913：123.
——[N]. The North-China Herald and Supreme Court & Consular Gazette，1901-11-13：935.
——Obituary. Augustus William Harvey Bellingham，1854—1909[J]. Minutes of the Proceedings of Institute of Civil Engineers，1910，179：365.
——Institution of Civil Engineers. Charter，Supplemental Charter，By-Laws，and List of Members of the Institution of Civil Engineers[Z]. London：Published by the Institution，1891：100.
——UK，Civil Engineer Records，1820—1930 for Agustas William Harvey Bellingham[A]. ICE Library，London（伦敦英国土木工程师学会图书馆）.
——陈国栋，青木信夫，徐苏斌．殖民主义与现代化：天津英租界（1860—1943年）规划建设与建筑控制比较研究[J]. 建筑师，2017（3）：12-26.

注：其父裴令汉（William Bellingham，1828—1895）于1894年在英租界工部局的支持下创办《京津泰晤士报》（*Peking and Tientsin Times*）。

[37] Berents，Hans（柏韵士/培伦）

生卒：1880.11.25—1957.04.06
出生地：挪威卑尔根（Bergen）
国籍：挪威
在华城市：上海
资历：MNCE，1910；CE（Norway）；MAmSCE，1919；AmREA
教育和训练背景：德累斯顿技术高中（Technical High School Dresden）；萨克森大学（Saxony University，位于挪威卑尔根）理学学士

经历：

——1904年4月到华加入芜湖皖路公司（Anhui Railway Company），参与铁路建造；
——1904—1912年负责铁路建造、行驶路边测试（drive roadside testing）、渠道改良（improvement of channels），在1912年升任总工程师，任职到1914年；
——1913—1916年在南京1座英国村任总工程师；
——1916年8月到上海开办柏韵士工程司行（Berents，Hans），经营建造工程咨询业务，经营至1946年；
——康益（A. Corrit）曾于1920年入伙，公司改名为柏考工程司行（Berents & Corrit），公司至1921年1月已经散伙；
——1922年1月—1927年1月同时经营天生洋行（East Asia Produce & Estate Co.）；
——1926—1943年任上海公共租界工部局土地委员（Land-Commissioner）；
——1928—1929年任中华国际工程学会（Engineering Society of China）副会长，1929—1931年连任两届会长；
——1933年在上海市工务局登记为土木技师；

——1936 年 7 月—1937 年 7 月任上海扶伦会（Rotary Club of Shanghai）会长；
——1938 年 1 月—1939 年 1 月任丹麦中国会（The Norwegian Association in China / Det Norske Samfund I Kina）会长；
——1939 年 7 月—1941 年 7 月任上海救济难民慈善奖券会（Refugee Relief Lottery / Loterie de Bienfaisance pour les Refugies，S. A.）副会长；
——1947 年仍在上海经营柏韵士工程司行，同年 10 月已经回到挪威；
——1957 年在挪威奥斯陆去世。

作品：

——安徽铁路桥，1910；
——办公楼加建，册地 17 号，上海四川路和苏州路，1923；
——住宅加建，册地 2460 号，上海静安寺路，1923；
——帕克公寓（Park Apts，今花园公寓）改建，上海复兴中路 455 号，1927；
——吕班公寓（Dubail Apts，今重庆公寓），上海重庆南路 185 号，1929—1931；
——俄国学校（Russian Commercial School），上海贝当路 737 号，1933；
——德士古大楼（Wheelock Building），上海延安东路 110 号，1943；
——卑尔根之屋（柏韵士住宅），挪威。

著述：

——Hans Berents. Bridge Engineering：A Notable Work[N]. The North-China Daily News，1916-10-4（4）.
——Hans Berents. Sound and Temperature Insulation as Applied to Building Construction [C]// Engineering Society of China. Proceedings of the Society and Report of the Council，1927—1928. Shanghai：North-China Daily and Herald Ltd.，1928.
——Hans Berents. About Godown Construction Past and Present：An Informative Description of Basic Principles to Which Owners and Designers had to Adhere as Shanghai Developed[N]. The Shanghai Sunday Times，1933-12-10（13）.

参考文献及相关材料：

——The China Who's Who（Foreign）[M].1924：32.
——The China Who's Who（Foreign）[M].1925：23.
——The China Who's Who（Foreign）[M].1927：22.
——https：//forum.arkivverket.no/topic/173770-hans-berentz-i-kina/.
——郑时龄 . 上海近代建筑风格 [M]. 上海：同济大学出版社，2020：211，496.
——照片来源：The Engineering Society of China. Proceedings of the Society and Report of the Council，1924—1925[C]. Shanghai：Kelly and Walsh，Ltd.，1926：扉页 .

注：曾用名 Olsen，Hans Berentsen，又写作 Berents；曾获 1909 年银质奖章（Silver Medal for Life Draft）；因 1910—1912 年积极参与灾荒救济（Famina Relief，安徽灾荒）而于 1912 年获得国民政府金奖章；因一战期间表现优秀，获当地政府军事勋章（military decorations）；1935 年因在北戴河协助拦截 6 名（一说 9 名）逃匿海盗而获南京国民政府内政部政务次长甘乃光题赠“见义勇为”锦旗。

[38] Bergamini，John Van. Wie（柏嘉敏）

生卒：1888.08.12—1975.01.15
出生地：美国阿森斯（Athens）
国籍：美国
在华城市：山东、上海、汉口
资历：AIA，1929
教育和训练背景：在库柏联盟学院（Cooper Union）就读 4 年夜校课程，1908—1911 年间在哥伦比亚大学建筑学院学习，后到欧洲游学并在巴黎美院学习，1934 年获耶鲁大学美术学学位

经历：

——1904—1906 年在恩内斯特·格林（Ernest Greene）事务所任职；

——1906—1908 年在希尔与斯托特（Hill & Stout）事务所任职；

——1911 年受公理会（Congregational Church）委托在山西设计建造 1 座 2 层教会医院建筑；

——1912—1914 年在科恩（Robt. D. Kohn）事务所任职；

——1915 年被任命为美国长老会（American Episcopal Church Mission）华北教会建筑师，聘期 5 年，驻山东庞庄（Pangchwang）；

——后任美国长老会建筑师、汉口教区主管（Diocese of Hankow），于 1920 年 4 月到达武昌，住在文华大学（Boone University）；

——1926 年曾到上海监造某教会建筑；

——日本关东大地震后，于 1926 年被派往日本负责教会建筑的修缮；

——1937 年再度回到汉口，并曾为圣希尔达女子中学（St. Hilda's School for Girls）监造防空掩体（air raid shelters）。

作品：

——教会机构，上海，监造，1926；

——圣安德鲁教堂（St. Andrew's Church），武昌；

——三一教堂（Trinity Church），武昌；

——圣救世主教堂（St. Saviour's Church），武昌；

——圣希尔达学校礼拜堂（St. Hilda's School Chapel），武昌；

——文华大学翟雅阁健身所（James Jackson Memorial Gymnasium），武昌，1921；

——圣洛伊斯学校礼拜堂（St. Lois School Chapel，Hankow），汉口，1939；

——华中神学院（The Christian Schools of Central China），汉口，1932；

——圣路加医院（St. Luke's Hospital），日本东京；

——铭义中学（Ming–I Hawley Administration Building），山西汾阳。

著述：

——J. Van Wie Bergamini. Architectural Meditations[J]. The Chinese Recorder，1924（10）：650–658.

——J. Van Wie Bergamini. Chinese Art and Modernism，the Rambling Meditations of an Architect[J]. The Chinese Recorder and Educational Review，1939–07–01：363–365.

参考文献及相关材料：

——https：//wikivisually.com/wiki/John_Van_Wie_Bergamini.

——http：//www2.oberlin.edu/archive/resources/architecture/group15.html.

——http：//modern–building.jp/John_Van_Wie_Bergamini.html.

——[J]. The Chinese Recorder and Educational Review，1939–11–01：688.

——[N]. Millard's Review of the Far East，1920–04–24：382.

——[J]. The Chinese Recorder，1932–10–01：611.

——丁援 . 翟雅各布健身所保护修缮与利用思考 [OL]. 武汉文化遗产网 .

——王轶伦，赵立志 . 山西汾阳原铭义中学近代建筑考察 [C]// 张夏合，刘亦师 . 第 16 届中国近代建筑史学术年会会刊（未正式出版），西安，2018：68–77.

——Obituary[N]. The New York Times，1975–01–17：36.

——[J]. The Missionary Herald，1915（8）：332.

——照片来源：同上。

注：他在中国、日本、菲律宾、利比里亚、墨西哥和美国参与的教会建筑项目总数超过 200 项。

[39] Berkin，John（甘约翰）

生卒：约 1870—1940.02.05

出生地：不详

国籍：英国

在华城市：汉口、庐山牯岭

资历：不详

教育和训练背景：曾接受过测绘、土木工程等训练

经历：

——以英国福音会（Joyful News Mission）传教士的身份来华，曾在湖北随州传教；

——稍后加入英国卫理公会（English Methodist Mission），并在汉口等华中地区几个传教站服务，兼任教会测绘工程师、土木工程师；

——1894 年受李德立（E. S. Little）邀请一起开辟庐山牯岭，是庐山早期规划“波赫尔规划（1895—1905 年）”的主要参与者，牯岭公司托事部的重要成员；

——其后创办牯岭房地产公司，经营测绘师、工程师和房产中介等业务（Kuling Surveyor，Engineer，and Real Estate Agent）；

——1940 年在牯岭去世。

作品：

——牯岭租借地规划图，牯岭，1905；

——监造牯岭华中教会疗养院（The sanatorium on Kuling for the Central China Mission），1905；

——还曾在庐山上设计多栋建筑。

著述：

——不详。

参考文献及相关材料：

——The Late Mr. Berkin of Kuling[N]. The North-China Herald and Supreme Court & Consular Gazette，1940-02-21：286.

——Obituary John Berkin[N]. The North-China Daily News，1940-02-10（10）.

——李南 . 中国近代避暑地的形成与发展及其建筑活动研究 [D]. 杭州：浙江大学，2011：209-210.

注：曾任牯岭英国代理领事。

[40] Berkley，Ernest James（伯克利）

生卒：1882—1917

出生地：澳大利亚维多利亚本迪戈（Bendigo）

国籍：澳大利亚

在华城市：广州、汉口、天津

资历：RIBA；RVIA，1915

教育和训练背景：1897—1900 年在圣安德鲁学院（St. Andrew's College）学习，1901—1903 年在本迪戈矿业学校（Bendigo School of Mines）建筑专业学习

经历：

——1906 年在墨尔本短暂从事绘图员工作；

——1907 年受聘于广州帕内伯捷洋行（Puenell & Pagett）；

——1908 年到香港丹备洋行（Danby，Wm）广州支行任职；
——1909 年被老东家帕内伯捷洋行告上法庭，被判“三年之内不允许在广州从事建筑师相关工作”；
——1912 年到武汉与海明斯（R. E. Hemmings）合伙，共同创建景明洋行（Hemmings & Berkley）；
——1915 年在墨尔本结婚；
——1917 年 10 月在汉口去世。

作品：

——参见第二编景明洋行条目。

著述：

——不详。

参考文献及相关材料：

——[N]. The New Zealand Herald，1936-11-17（12）.
——http：//awtc.ancestry.com/cgi-bin/igm.cgi?op=AHN&db=：39532&id=I2894331&ti=5544.
——谭刚毅，余泽阳 . 从近代建筑师的身世之考到近代城市建筑的“风貌”之变——以景明洋行创始人海明斯和伯克利为例 [J]. 建筑师，2017（5）：133-137.
——余泽阳 . 外籍建筑师在近代武汉的实践及其对城市建筑近代化的影响研究（1861—1949 年）[D]. 武汉：华中科技大学，2021.

[41] Bernatz，Peter（贝尔纳茨）

生卒：不详
出生地：不详
国籍：德国
在华城市：青岛
资历：不详
教育和训练背景：不详

经历：

——1900—1907 年在青岛德租界建筑局任职；
——1907 年在青岛自营事务所（Bernatz. P. Architekt u. Reg. Baumeister），后无闻。

作品：

——安治泰主教公寓（Bishop Anzer's Palace），青岛，1899；
——斯泰尔修会圣言会会馆（Catholic Steyler Mission），青岛浙江路 24 号，1901—1902；
——The Bernatzbau（中文名不详），青岛济南路，1907；
——圣心修道院（Holy Ghost，Franz Bartels 任驻场建筑师），青岛浙江路 28 号，1901—1902；
——叶世克总督纪念碑（Gouverneur Jaeschke Denkmal），青岛，1903；
——皇家督署学校 / 总督府童子学堂（Kaiserliche Gouvernements-Schule），青岛，1901。

著述：

——不详。

参考文献及相关材料：

——袁宾久 . 青岛德式建筑 [M]. 北京：中国建筑工业出版社，2009：186.
——Torten Warner. Deutsche Architektur in China：Architekturtransfer（德国建筑艺术在中国：建筑文化移植）[M]. Berlin：Ernst & Sohn，1994：238，250.
——Shan Jin（金山）. Anlehnung und Exploration-Die Stadtentwicklung Qingdaos unter der Verwaltung der Republik China（1922—1937）（参考与探索——民国时期青岛的发展，1922—1937）[D]. Stuttgart：Universität Stuttgart，2015：198.

注：王栋曾撰写贝尔纳茨专题论文（未正式发表）：Wang Dong（王栋）. Bernatz. Der Architekt der Bauverwaltung aus München（贝尔纳茨：来自慕尼黑的政府建筑师）. 2011.

[42] Berndt，Francis（裴纳脱）

生卒：1875—1942

出生地：美国芝加哥

国籍：美国

在华城市：上海

资历：LAI，1898

教育和训练背景：芝加哥大学建筑学学士学位

经历：

——1919 年在旧金山经营建筑工程业务；

——1920—1921 年在上海茂旦洋行任职；

——1923 年 7 月在上海创办裴纳脱建筑工程师行（Berndt，Francis，Architect and Engineer）至 1926 年 7 月，后无闻；

——1929 年 1 月裴纳脱建筑工程师行再度出现，至 1930 年 7 月；

——1931 年 7 月—1933 年 7 月在赖安工程师任职；

——1934 年在上海创办意和地产（National Lands Co. Architect and Civil Engineer，Land and Estate Agents）；

——1938 年 1 月公司更名为意和建筑工程司（National Architects & Engineers Co.），裴纳脱任总建筑师；

——1940 年 7 月公司再度更名为意和洋行（National Lands Co.），裴纳脱继续任总建筑师至 1941 年 7 月；

——1942 年在上海去世。

作品：

——改建，册地 2610 号南，上海静安寺路，1921；

——新奥林匹克剧院（New Olympic Theater），上海静安寺路，1926；

——新美国大使馆剧院（New American Embassy Theater），1927；

——极司菲尔电影院（Jessfield Film Palace），上海，1927；

——中央饭店（Central Hotel），上海广东路，1929；

——巨福公寓（Dufour Apartments，今安康公寓），上海乌鲁木齐南路 176 号（原 176 Route Dufour），意和洋行 W. A. 法特洛夫（W. A. Fedoroff）设计，1934；

——和鸣新邨时代花园洋房，上海慕尔鸣路近福照路口，意和洋行设计，1943。

著述：

——不详。

参考文献及相关材料：

——http://www.fsberndt.com/.

——American Architect Who Built Embassy Plans Jessfield Film Palace[N]. The China Press，1927-01-16(24).

注：名字又写作 Francis Brendt。

[43] Bialucha，Arthur（毕娄哈）

生卒：1880.06.26—1947

出生地：德国上西里西亚（Upper Silesia）

国籍：德国

在华城市：青岛

资历：不详

教育和训练背景：1897—1899 年在卡托维兹（Katowice）技术学校就读

经历：

——1907—1914 年在青岛从事砌砖匠职业并从事木材贸易，曾在海因里希 · 阿伦斯（Heinrich Ahrens）的建造公司任职；

——1913—1914 年在大鲍岛开办木材商店；

——1914 年参与青岛保卫战，后被日军俘虏并囚禁在福冈至 1920 年；

——1920 年被遣送回德国；

——1926 年再度回到青岛，从事建造大匠职业，曾建造多座住宅和圣言会（Steyler Missionare）的新建和重建项目；

——自 1932 年开始自营华东建筑工程事务所（HuaTung Building Co.，Arthur Bialucha Architects & General Contractors）；

——1947 年在青岛去世。

作品：

——青岛方济各会修士假期别墅（Tsingtau holiday home St. Bonaventura for the Franciscan Fathers），济南，1929；

——圣言会（Steyler Mission SVD）印刷厂，青岛，1930；

——晓阳村教堂，阴岛（Yindao，又名红岛），1930；

——青岛台东镇（Taidongzhen）教堂，1930；

——私立圣功女子中学（The St. Josephs Middle School for Girl），青岛，1931；

——圣弥爱尔大教堂（the New Cathedral of St. Michael，圣言会教父 Alfred Fräbel 设计），在首任监造克莱曼（Theophorus Kleemann）于 1931 年 9 月去世后接手监造，青岛，1931—1934；

——圣言会教堂（the Steyler church），青岛台西镇，1939；

——毕娄哈旧宅，青岛。

著述：

——不详。

参考文献及相关材料：

——http：//www.tsingtau.org/bialucha-arthur-1880-1947-architekt/.

——韩雅慧，徐飞鹏 . 近代德国工程师在青岛的活动述略（1898—1949）[J]. 建筑史，2019（2）：139-147.

[44] Binet，Jean Alfred Marcel（J. A. M. 比内）

生卒：1892.01.15—1924?

出生地：瑞士日内瓦

国籍：瑞士

在华城市：上海、天津、香港

资历：不详

教育和训练背景：日内瓦美术学院（Ecole des Beaux Arts of Geneva）

经历：

——1915 年 6 月 22 日加入上海义品洋行任建筑师；

——1920 年 1 月任建筑部主管；

——1923 年 1 月—1925 年在义品洋行天津分行任建筑部主管。

作品：

——北疆博物馆北楼，天津，1922；

——另参见第二编义品洋行。

著述：

——J. A. M. Binet. Pagode（宝塔）[J]. La Chine，1923（33-38）：154.

参考文献及相关材料：

——Files 930-931，C.F.E.O.，Brussels，引自：Leung-kwok Prudence Lau（刘亮国）. Adaptive Modern and Speculative Urbanism: The Architecture of the Credit Foncierd'Extreme-Orient（C.F.E.O.）in Hong Kong and China's Treaty Ports，1907—1959[D]. Hong Kong: The Chinese University of Hong Kong，2013：231.

——照片来源：同上。

[45] Bird，Herbert William（H. W. 博德）

生卒：1872.03.23—1945.06.01

出生地：英国埃塞克斯郡北克兰利（Norther Cranleigh）

国籍：英国

在华城市：香港

资历：ARIBA，1897；AAHK，1903—1927

教育和训练背景：1890 年 7 月—1893 年 7 月在皇家艺术学院学习

经历：

——1893 年在香港巴马丹拿洋行（Palmer & Turner）任助理；

——1901—1927 年任香港巴马丹拿洋行（Palmer & Turner）合伙人；

——1927 年 4 月离开香港；

——1946 年在悉尼去世。

作品：

——参见第二编巴马丹拿洋行 / 公和洋行。

著述：

——不详。

参考文献及相关材料：

——https://wikivisually.com/wiki/Herbert_William_Bird.

——https://en.wikipedia.org/wiki/Herbert_William_Bird.

——https://www.royalacademy.org.uk/art-artists/name/herbert-william-bird.

——[N]. The Sydney Morning Herald，1946-09-30：11.

——照片来源：Tony Lam Chung Wai（林中伟）. From British Colonization to Japanese Invasion: The 100 Years Architects in Hong Kong 1841—1941[J]. HKIA Journal，2006，45（1）：44-55.

注：他是索斯比（S. G. Bird）的侄子，L. G. 博德（L. G. Bird）的兄长。

[46] Bird，Sotheby Godfrey（索斯比）

生卒：1845.08.26—1935

出生地：英国埃塞克斯郡大威格堡（Great Wigborough）

国籍：英国

在华城市：香港

资历：不详

教育和训练背景：1862 年毕业于莫尔伯勒学院（Marlborough College）

经历：

——1865 年 8 月被任命为香港九龙驻地殖民工程师；

——1867 年离开量地署后任职于茶贸易公司（Dodd & Co.）；

——1878 年加入威尔逊和萨尔韦事务所（Wilson & Salway，即 Palmer & Turner 前身），1879 年萨尔韦离开后成为合伙人，公司更外文名为 Wilson & Bird；

——1881 年威尔逊退休，次年帕马（Clement Palmer）加入，公司改外文名为 Bird & Palmer；

——1890 年索斯比退休后丹拿（Arthur Turner）成为合伙人，公司改外文名为 Palmer & Turner，并一直沿用至今。

作品：

——负责测绘香港太平山顶（Peak）和九龙。

著述：

——不详。

参考文献及相关材料：

——Marlborough College. Marlborough College Register: From 1843 to 1879 Inclusive[Z]. Marlborough: R. Clay，1890: 80.

——The Colonial Office List[Z]. 1867: 198.

注：索斯比和希尔曼（Sherman Godfrey Bird）为兄弟。

[47] Bird，Lennox Godfrey（L. G. 博德）

生卒：1878—1956

出生地：不详

国籍：英国

在华城市：香港

资历：RIBA

教育和训练背景：1895 年获得英国皇家建筑师学会试读生资格；1897 年获得学生资格；后加入查塔姆皇家海军陆战队（Royal Marine Barracks，Chatham）

经历：

——1903—1935 年在香港巴马丹拿洋行（Palmer & Turner）任职；

——1917 年一战期间回国参军并获英国军队“杰出服务勋章”（The Distinguished Service Order，DSO）；

——任香港义勇军司令（Administrative Commandant of the new Volunteer Crops）。

作品：

——香港山顶卢吉道 27 号，1914；

——香港山顶卢吉道 28 号，1924；

——香港石澳道平房设计。

著述：

——不详。

参考文献及相关材料：

——[J]. Journal of the Royal Institute of British Architects，5. Third Series，1897.11—1898.10: 61.

——[J]. The Kalendar of the Royal Institute of British Architects，1907—1908: 199.

——[N]. The Straits Times，1920-02-17（6）.

——https: //en.wikipedia.org/wiki/Lennox_Godfrey_Bird.

——照片来源：Tony Lam Chung Wai（林中伟）. From British Colonization to Japanese Invasion: The 100 Years Architects in Hong Kong 1841—1941[J]. HKIA Journal，2006，45（1）: 44-55.

[48] Bird，Shearman Godfrey（希尔曼）

生卒：1837.11.29—1873.01.27

出生地：英国埃塞克斯郡大威格堡（Great Wigborough）

国籍：英国

在华城市：香港

资历：不详

教育和训练背景：1856 年加入伍尔维奇皇家工兵团受训

经历：

——1859 年随军到华参加了第二次鸦片战争，并曾随英军一起入侵北京；

——1861 年与中国籍女子劳拉（Laura Amoi）结婚并移居香港，任职于量地官署；

——1865 年 11 月被任命为助理量地官；

——1867 年因身体原因回到英国；

——1869 移居加拿大巴里（Barrie）从事建筑师和测绘师职业，至 1873 年去世。

作品：

——不详。

著述：

——不详。

参考文献及相关材料：

——The Colonial Office List[Z].1867：198.

——http：//dictionaryofarchitectsincanada.org/node/1122.

——http：//www.hkhistory.net/2016/04/29/lives-lived-choices-made/.

——Obituary in the Northern Advance [Barrie] 1873-01-30，2；biography and port. in Ontario Land Surveyors Annual Reports，1929，110-111；OA，Wills for Simcoe Co.，No. 763.

——照片来源：Tony Lam Chung Wai（林中伟）. From British Colonization to Japanese Invasion：The 100 Years Architects in Hong Kong 1841—1941[J]. HKIA Journal，2006，45（1）：44-55.

注：希尔曼和索斯比（Sotheby Godfrey Bird）为兄弟。

[49] Black，Joel Hoffman（J. H. 布莱克）

生卒：1888.06.01—1957.09.28

出生地：美国亨廷登（Huntingdon）

国籍：美国

在华城市：上海（居住 16 年）

资历：CE；AMAmSCE

教育和训练背景：不详

经历：

——1914—1920 年任上海美孚石油公司（Standard Oil Co. of New York）助理；

——1919 年 9 月当选美国土木工程师协会副会员；

——1922 年和 1925 年分别任上海海军基督教青年会主席；

——1923—1925 年任美国监理会中国使团建筑部（China Mission Architectural Bureau Architects & Surveyors，Methodist Episcopal Church，South）负责人；

——1925 年任会差建筑绘图事务所（Mission Architects Bureau）主持建筑师；
——1926 年在上海新成立的社区教会男子俱乐部（Community Church Men's Club）任秘书及会计；
——自 1923 年同时在上海自营咨询工程师、建筑师和测绘师业务，公司外文名为 Black，J. H.，Consulting Engineer Architect & Surveyor，1925 年 1 月美国建筑师威尔逊（J. M. Wilson）入伙，公司更外文名为 Black，Wilson & Co.，中文名为博惠公司，经营至 1927 年 7 月；
——1927 年 8 月已与其弟在美国哈里斯堡（Harrisburg）合伙经营事务所，公司外文名为 Black & Black，1933 年仍见记载。

作品：

——1 座洋式住宅，册地 908 号，上海昆山路外，1921；
——4 座车库，册地 908 号，上海天津路外，1924；
——新聚会堂（New Assembly Hall），莫干山，Wilson（杭州）& Black（上海），1923；
——新湖州福音医院（New Huchow Union Hospital），湖州，1924；
——另参见第二编博惠公司。

著述：

——不详。

参考文献及相关材料：

——Ken Frew. Building Harrisburg：The Architects & Builders，1719—1941[M]. Harrisburg：Historical Society of Dauphin County，2009：247.
——[J]. The Chinese Recorder，1923，55：670.
——[N]. The Shanghai Times，1927-08-26（2）.
——照片来源：United States Passport Applications，1795—1925，MyHeritage.com[DB/OL]. MyHeritage Ltd.. https：//www.myheritage.cn/research/collection-10720/united-states-passport-applications-1795-1925.

[50] Black，Edward F.（E. F. 布莱克）

生卒：不详
出生地：不详
国籍：美国
在华城市：福州
资历：不详
教育和训练背景：伦斯勒理工学院（Rensselaer Polytechnic Institute）

经历：

——1908 年到华，作为美以美会（Board of Foreign Missions of the Methodist Episcopal Church）传教士在福州传教；
——在英华书院（Anglo-Chinese College）任教同时负责教会建造工作；
——1913 年回到美国参加哥伦比亚大学建筑特殊课程（special courses in architecture at Columbia University），同时受聘于纽约桑德森和波特咨询工程师（Sanderson & Porter）；
——1914 年回到福州继续从事教会建造事业；
——1916 年成立福建协和建筑部；
——1925 年回到美国，负责美以美会纽约办公室工作。

作品：

——参见第三编福建协和建筑部（Fukien Construction Bureau）。

著述：

——不详。

参考文献及相关材料：

——Bi Lin. The Buildings and Practices of Fukien Construction Bureau 1916—1949：A Study of Western Missionary Architecture in China and the Preservation of Its Contemporary Legacy[D]. New York：Columbia

University，2020：33-34.
——[N]. The Epworth Herald，1909-11-06：581.
——照片来源：同上。

[51] Blackmore，Ernest Wilfred（E. W. 布莱克默 / 碧力摩）

生卒：1892—1982
出生地：不详
国籍：英国
在华城市：香港、天津、上海
资历：MSc；AAHK，1922—1941
教育和训练背景：不详

经历：

——1921 年法商永和营造公司（Brossard Mopin C. E.，Contractors，Architects）在上海开办分公司，专营混凝土船建造等，聘布莱克默为经理，任职至 1929 年，后转赴香港；
——1930—1933 年在香港自营事务所碧力摩工程行（Blackmore，E. W.）；
——1934—1935 年碧力宾（L. J. Blackburn）成为合伙人，公司更名为碧力摩碧力宾有限公司（Blackmore & Blackburn Ltd.）；
——1936—1939 年巴斯托（C. H. Basto）和尚克（C. L. Shank）成为合伙人，公司更外文名为 Blackmore，Basto & Shank，Ltd.；
——1940 年恢复独立执业（Blackmore，Ltd.）。

作品：

——参见第二编法商永和营造公司。

著述：

——不详。

参考文献及相关材料：

——Ancestry.com. Global，Find A Grave Index for Burials at Sea and other Select Burial Locations，1300s-Current[DB/OL]. Provo，UT，USA：Ancestry.com Operations，Inc.，2012.

注：又名 Blackmond。

[52] Boerschmann，Ernst（鲍希曼）

生卒：1873.02.18—1949.04.30
出生地：德国东普鲁士梅美尔（Memel，今属立陶宛）
国籍：德国
在华城市：北京
资历：中国营造学社通讯社员，1931
教育和训练背景：1891—1896 年在柏林工业大学（Technical University Charlottenburg）学习建筑和建造

经历：

——1901 年通过考试成为普鲁士建筑部门的一位政府建筑师；
——1902 年以施工检查员的身份随德国军队首次到华，在北京居住两年期间曾测绘北京西山碧云寺；

——回国后说服德国国会资助其进行一个为期三年的游学，来记录研究中国传统建筑；后于1906—1909年穿越了中国12个省，行程数万里，拍摄数千张反映各地皇家、宗教建筑和民俗风情的珍贵照片；

——1909任北京大德国府建筑师；

——回国后德国外交部继续支持其研究至1914年，期间曾于1912年在柏林举办关于中国建筑的展览；

——1914—1921年间受政治因素影响研究中断，期间于1918—1921年任哥尼斯堡（Königsberg）军事建造部门的负责人；

——至1920年代初其相关研究再次受到德国外交部支持；

——1924—1944年在夏洛腾堡工学院（Technische Hochschule Charlottenburg，今柏林工业大学）教授中国建筑；

——1931年受朱启钤邀请成为中国营造学社的通讯会员；

——1933年又开启了一次为期两年的中国学术考察，由夏昌世陪同；

——战后在汉堡大学教授汉学至1949年去世。

作品：

——不详。

著述：

——[德]鲍希曼.如画的景观：鲍希曼中国建筑论著选[M].赵娟，译.上海：三联书店，2022.

——[德]鲍希曼.鲍希曼与承德地区的寺庙建筑[M].赵娟，译.北京：社会科学文献出版社，2019.

——[德]鲍希曼.赵娟，译.异族统治下北方中国的宝塔[J].美术向导，2014（5）：64-81.

参考文献及相关材料：

——Eduard Kögel. The Grand Documentation：Ernst Boerschmann and Chinese Religious Architecture（1906—1931）[M]. Berlin / Boston：De Gruyter，2015.

——侯斌超，董一平.恩斯特·鲍希曼中国传统建筑调研及其影响初探——以其二十世纪初对于宁波及普陀山地区佛教建筑研究为例[C]// 浙江省文物考古研究所，宁波市保国寺古建筑博物馆.宁波保国寺大殿建成1000周年学术研讨会暨中国建筑史学分会2013年会论文集，2013：343-350.

——赵娟.温故启新：鲍希曼中国建筑考察研究及其意义[J].文艺研究，2014（12）：116-124.

——王贵祥.非历史的与历史的：鲍希曼的被冷落与梁思成的早期学术思想[J].建筑师，2011（2）：76-86.

——赖德霖.鲍希曼对中国近代建筑之影响试论[J].建筑学报，2011（5）：94-99.

——颜复礼，赵娟.中国建筑艺术研究之先驱——鲍希曼（1873—1949）[J].艺术设计研究，2013（3）：91-94.

——何国涛.记德国汉学家鲍希曼教授对中国古建筑的考察与研究[J].古建园林技术，2005（3）：34-35.

——赵娟.文化迁徙语境下的中国传统建筑研究——析《盛大的记录：鲍希曼与中国宗教建筑（1906—1931年）》[J].艺术设计研究，2017（2）：117-123.

——赵娟.图像的景观：鲍希曼的建筑写作与魏玛共和国的“黄金二十年代”[J].美术研究，2019（6）：99-103.

——荷雅丽.恩斯特·鲍希曼之《中国建筑》与中国建筑营造之标准化思想——一场因时运捉弄而输掉的比赛[J].中国建筑史论汇刊，2018（1）：281-310.

——Eduard Kogel. Networking for Monument Preservation in China：Ernst Boerschmann and the National Government in 1934[J].中国建筑史论汇刊，2013（2）：439-472.

——P. D. Kreichgauer. Baukunst und Landschaft in China. Eine Reise durch zwöf Provinzen by Ernst Boerschmann[J]. Anthropos，1923（4-6）：1101-1102.

——Jäger F. Ernst Boerschmann（1873—1949）[J]. Zeitschrift Der Deutschen Morgenländischen Gesellschaft，1950，99（n.F. 24）(2)：150-156.

——Eduard Kogel. Die chinesische Stadt im Spiegel von Ernst Boerschmanns Forschung（1902—1935）. Von der religions-geografischen Verortung zur funktionalen Gliederung[J]. Forum Stadt，2011（4）：357-370.

——Eduard Kögel，Researching Ernst Boerschmann[OL]. http：//www.chinaheritagequarterly.org/features.php?searchterm=024_research.inc&issue=024.

——https：//de.wikipedia.org/wiki/Ernst_Boerschmann.

——照片来源：[J]. China Heritage Quarterly，2010，24：12.

[53] Boissezon, Henry F. de.（白士琛）

生卒：1885.06.21—?

出生地：法国马赛

国籍：法国

在华城市：上海

资历：不详

教育和训练背景：在马赛科学院（Faculté des Sciences, Marseilles）获得学位

经历：

——1909年9月到华，开始在上海法租界公董局工务处任副工程师；

——一战期间曾回国参军5年（1914—1919）；

——1919年回到上海任副总工程师；

——1920年任总工程师（Service Des Travaux Et Du Controle-Bureau de l'Ingenieur），负责管理法租界工程事宜，以开辟法新租界；

——1920年2月曾与特纳（R. C. Turner）、海尔斯（S. J. Halse）一起拟定上海一战志愿者纪念碑设计竞赛规则，并任评委；

——1929年1月离开上海赴法国马赛。

作品：

——中法学校（Franco-Chinese School），与望处（M. Wantz）合作设计监造，上海法租界，1913；

——宰牲厂（Municipal Slaughter House），上海法租界；

——法国运动场（Cercle Sportif Francais），上海法租界；

——广慈医院（Maternity Home of St. Mary's Hospital），上海法租界；

——还曾负责几个私人委托项目；

——另参见第三编上海法租界公董局工务处。

著述：

——不详。

参考文献及相关材料：

——[J]. China Monthly Review，1920-02-28：643.

——S. Ezekiel. Leaders of Commerce Industry and Thought in China[M]. Shanghai：George T. Lloyd，1924：61.

——照片来源：同上。

[54] Boisson, Louis（布瓦松）

生卒：1896.08.22—?

出生地：法国巴黎

国籍：法国

在华城市：天津

资历：SADG，1924

教育和训练背景：1924年毕业于巴黎美院

经历：

——1925年前后加入义品洋行天津分行；

——1928年2月5日任义品洋行天津分行建筑部主管；

——1929年1月20日与义品洋行合同到期后回到法国。

作品：

——参见第二编义品洋行。

著述：

——不详。

参考文献及相关材料：

——巴黎法国国家档案馆，https：//agorha.inha.fr/ark：/54721/7be121dc-5307-4057-9948-438da01cbbf6.

——Files 933-34，C.F.E.O.，Brussels，引自：Leung-kwok Prudence Lau（刘亮国）. Adaptive Modern and Speculative Urbanism：The Architecture of the Credit Foncierd'Extreme-Orient（C.F.E.O.）in Hong Kong and China's Treaty Ports，1907—1959[D]. Hong Kong：The Chinese University of Hong Kong，2013：233.

——照片来源：同上。

[55] Bonetti，Paul（包内悌 / 鲍乃弟）

生卒：不详

出生地：不详

国籍：意大利

在华城市：天津

资历：CER（?）

教育和训练背景：不详

经历：

——1924—1926 年在拍（柏）工程司（Borgnino，R. L.，C. E. R.，architect）任建筑师；

——1926 年自办包内悌建造工程师行（Bonetti，P.，Civil Enginee and Architect），承包建筑设计及土木工程事务，1940 年代仍见于记载。

作品：

——意租界工部局改建，天津，1925；

——疙瘩楼，天津，1937。

著述：

——不详。

参考文献及相关材料：

——Maurizio Marinelli. Making concessions in Tianjin：Heterotopia and Italian colonialism in mainland China[J]. Urban History，2009，36（3）：399-425.

注：又名 Paolo Bontti，中文名又作邦乃提、包内佛。

[56] Borgnino，Rinaldo Luigi（柏乐尼欧）

生卒：不详

出生地：不详

国籍：意大利

在华城市：天津

资历：MISCE and Arch

教育和训练背景：不详

经历：

——1915 年 2 月到天津，稍后在意大利租界开办柏乐尼欧工程行（Borgnino，Rinaldo L.，又名柏工程司），承办建筑设计及土木工程事务，1929 年尚见于记载。

作品：

——天津意租界医院（Daniele Ruffinoni 设计），监造，Daniele Ruffinoni 设计，1922；

——天津意租界市政大楼（Palazzo del Municipio），1919—1923。

著述：

——Rinaldo Luigi Borgnino. La "Concessione" Italiana in Cina[J]. Augustea，1936：363-366.

——R. L. Borgnino. Progetto per il Palazzo della Municipalit à italiana[J]. Prospettive，Rome：ASDMAE，Personale II T. 17，b.291.

参考文献及相关材料：

——Maurizio Marinelli. Projecting Italianità on the Chinese Space：The Construction of the "Aristocratic" Concession in Tianjin（1901—1947）[C]// Maurizio Marinelli，Giovanni Andornino. Italy's Encounters with Modern China，New York：Palgrave Macmillan，2014：1-26（19）.

——Maurizio Marinelli. An Italian 'neighbourhood' in Tianjin：Little Italy or colonial space? [C]// Bryna Goodman，David Goodman. Twentieth-century Colonialism and China：Localities，the Everyday and the World. London：Routledge，2012：92-107（102-103）.

[57] Bothwell，Edwin Forbes（E. F. 博斯维尔）

生卒：1886—1961

出生地：英国伯蒙德赛（Bermondsey）

国籍：英国

在华城市：香港、上海

资历：ARIBA，1915；FRIBA，1923；AMISE，1924

教育和训练背景：不详

经历：

——1915 年 1 月前到上海加入公和洋行（Palmer & Turner），后升为合伙人；

——1929 年 6 月离开上海，经由美国返英；

——1932 年 1 月回到上海；

——1933 年 2 月在上海与巴罗（J. W. Barrow）合办事务所，公司外文名为 Bothwell & Barrow；

——1933 年 7 月成为上海德和洋行（Lester，Johnson & Morriss）合伙人；

——1941 年 6 月重新回到上海加入德和洋行，直至 1941 年 7 月；

——1951 年自英国皇家建筑师学会退休；

——1961 年去世。

作品：

——扬子保险大楼（Yangtsze Insurance Building），上海外滩 26 号，1920；

——汇丰银行大楼，上海外滩，1921；

——第三代上海海关大楼，上海外滩，1925；

——沙逊大厦，上海外滩，1929；

——格林邮船大楼（又名蓝烟囱轮船公司大楼、怡泰大楼，Glen Line Building），今上海北京东路 2 号，1922；

——阿哈龙犹太会堂（Synagogue），上海，1927；

——永安百货（Wing on Department Store），上海南京东路 635 号，1918；

——雷士德工学院，上海，1936；

——邮局（Nanking Post Office），南京；

——教会学校（the Cathedral School），南京；

——亚细亚石油公司办公楼（Asiatic Petroleum Offices），香港；
——另参见第二编公和洋行和德和洋行。

著述：

——E. Forbes Bothwell. Artesian Well Drilling by Chinese and Foreign Methods[N].The Shanghai Sunday Times，1925-12-13（57）.

参考文献及相关材料：

——Noted Shanghai Architect E. Forbes Bothwell Leaving for U. S. is Given Farewell[N]. The China Press，1929-06-02（2）.
——照片来源：[N]. The China Press，1929-05-26（5）.

[58] Boyce，Robert Henry（R. H. 博伊斯）

生卒：1834—1909.02
出生地：爱尔兰卡洛（Carlow）
国籍：英国
在华城市：上海
资历：CE
教育和训练背景：不详

经历：

——抵华前曾在皇家工兵部任工程监督（a clerk of works in the Royal Engineer Department）；
——1867年初，博伊斯被派往上海，以工程监督的身份协助克罗斯曼（William Crossman）的工作；
——至迟在1870年底，博伊斯已经取代克罗斯曼升任工程指挥（Principal Surveyor of H M Diplomatic and Consular Buildings in China）；
——1872年初期，大英工部总署开始在上海下设远东分支，初始外文名为H. B. M. Works Department，博伊斯为第一任主管（Civil Engineer，Surveyor in chief），任职到1877年回国；
——1909年在英国去世。

作品：

——英国高等法院（The Supreme Court，克罗斯曼指导），上海，1871；
——另参见第三编大英工部总署远东分部。

著述：

——不详。

[59] Bradley，Julius（J. 布兰德利）

生卒：1878.10.09—?
出生地：英国奇德尔（Cheadle）
国籍：英国
在华城市：上海
资历：不详
教育和训练背景：接受私人教育（学徒）

经历：

——1912年到中国上海大英工部总署远东分部任职；
——1915年升任大英工部总署远东分部负责人；

——1928 年自上海退休回国。

作品：

——济南英国领事馆，1918；
——广州英国领事馆；
——汉口英国领事馆；
——厦门英国领事馆，1916；
——南京英国领事馆警察局和监狱，1921；
——宜昌英国领事馆，1921；
——另参见第三编大英工部总署远东分部。

著述：

——不详。

参考文献及相关材料：

——The China Who's Who（Foreign）[M].1922：51.
——The China Who's Who（Foreign）[M].1924：39.
——The China Who's Who（Foreign）[M].1925：30.
——The China Who's Who（Foreign）[M].1927：31.
——伦敦英国档案馆 [A]. 档案号：WORK 40/134.

[60] Brameld，Thomas（T. 布拉梅尔德）

生卒：1882—?
出生地：英国约克郡赫尔（Hull）
国籍：英国
在华城市：香港、广州
资历：LRIBA；AAHK，1923—1936
教育和训练背景：曾读于赫尔艺术学院（Hull School of Art，现并入英国林肯大学），在执业建筑师多索（John Malcolm Dossor）门下学习

经历：

——1904 年，他毕业后前往伦敦，受雇担任杨（Arthur Young）的助手；
——1906 年，他抵达新加坡，先后受雇于克拉克（Max Clarke）、梅斯顿（Arthur Richard Mayston）、斯旺和麦克拉伦（Swan & Maclaren）等诸多建筑师；
——1907 年，布拉梅尔德前往曼谷工作，并于 1910 年返回新加坡；
——1912 年，他在克雷克（D. M. Craik）、欧曼（W. C. Oman）以及斯泰德曼（V. Steadman）的推荐下，获得英国皇家建筑师学会执业会员称号（LRIBA）；
——1917 年在香港李杜露则师（Little，Adams & Wood）广州沙面分行任职；
——1919 年 8 月，他被任命为沙面英租界工部局顾问建筑师；
——1920—1925 年期间，伍德离开李杜露则师行，布拉梅尔德全面负责沙面分行事务；
——1923 年，他获得香港授权建筑师资格（Authorized Architect）；
——1934 年 11 月离开广州，回到英国。

作品：

——广州汇丰银行新大楼（Hongkong and Shanghai Bank New Building），1920。
——另参见第二编李杜露则师。

著述：

——不详。

参考文献及相关材料：

——The China Year Book[Z]. 1934，16：657.
——胡李燕，彭长歆 . 广州近代沙面汇丰银行的营建考略 [J]. 世界建筑，2024（9）：16-21.

[61] Brandt，William（W. 白兰）

生卒：1880—1967
出生地：中国香港
国籍：英国
在华城市：上海
资历：MAAL
教育和训练背景：上海圣芳济学堂

经历：

——1900 年创办泰白来洋行（Brandt，Wm.），经营地产经纪；
——1904 年曾和克明（H. M. Cumine）合伙经营镜明洋行（Cumine & Brandt），经营土地和房产经纪等业务，同年散伙后，白兰自营房产中介业务；
——1906 年与美国律师罗杰士（W. L. Rodgers）合伙开设泰利洋行（Brandt & Rodgers，Architects，Land & Estate Agents）；
——1909 年 7 月，罗杰士回国，公司由白兰单独经营；
——1923 年 2 月，公司登记为有限公司，经营房地产业务有代客经租、道契挂号、建筑设计，承做放款抵押贷款、代客估价，兼业经理堆栈和代理保险等；
——1924 年 1 月其弟弟 A. L. 白兰（Alfred Lois Brandt）加入；
——1939 年 7 月 F. W. 白兰（Frederick W. Brandt）加入任助理；
——1949 年上海解放前夕，白兰离沪到了香港，其侄子雅诺·白兰（Arnulf John. Brandt）继任董事长；
——1954 年 5 月，公司获准以资抵债。

作品：

——自宅，上海法租界，1917；
——上海某商场，南京路；
——上海某公寓建筑（Apartment Building on Rue du Consulat），公馆马路，1938；
——另参见第二编泰利洋行。

著述：

——不详。

参考文献及相关材料：

——Men of Shanghai and North China[M].1933：31，37.
——上海通志 [DB/OL].
http：//www.shtong.gov.cn/node2/node2247/node4586/node79546/node79550/userobject1ai103998.htm.
——Brandt Find Shanghai Good After Dark Europe[N].The China Press，1932-01-21（A1）.
——S. Ezekiel. Leaders of Commerce Industry and Thought in China[M]. Shanghai: George T. Lloyd，1924：67.
——照片来源：同上。

注：其哥哥 C. O. 白兰（C. O. Brandt）出生于上海，是一位土木工程师，雅诺·白兰是 C. O. 白兰的儿子。

[62] Bray，Arthur George（A. G. 布雷）

生卒：1882—1970
出生地：不详
国籍：英国
在华城市：上海
资历：ARIBA
教育和训练背景：不详

经历：

——1905 年到上海；

——1907 年 1 月—1909 年 7 月与毕士来（Beesley）合伙创办事务所（Beesley & Bray），兼任轮船招商局（China Merchants'steam Navigation Co.）土木工程师，负责其公司上海及外埠业务；

——1909—1911 年在致和洋行（Tarrant & Morriss，Civil Engineers & Architects）任合伙人；

——1912 年离开上海任厚华洋行（Howarth，Erskine，Ltd. Civil Engineers and Contractors）驻槟城代理；

——1934 年在缅甸工作。

作品：

——仰光新市政厅（New Municipal Offices in Rangoon），缅甸；

——其余作品参见第二编毕士来洋行。

著述：

——不详。

参考文献及相关材料：

——照片来源：Arnold Wright.Twentieth Century Impressions of Hongkong，Shanghai，and Other Treaty Ports of China[M]. London：Lloyds Greater Britain Publishing Company，1908：622.

[63] Brooke，John Tallents Wynyard（J. T. W. 布鲁克）

生卒：1879.01.23—1958.04.03

出生地：英国曼彻斯特

国籍：英国

在华城市：上海、香港

资历：ARIBA，1906；FRIBA，1935；AAHK，1933—1941

教育和训练背景：黑利伯瑞学院（Haileybury College），在曼彻斯特其父亲布鲁克（J. Brooke）门下学徒

经历：

——1901 年通过英国皇家建筑师学会学生会员（RIBA Student）考试；

——1904 年获得英国皇家建筑师学会准会员资格；

——1907 年到上海加入新瑞和洋行（Davis & Thomas）；

——1913 年托马斯（Thomas）退出后升任合伙人，新瑞和洋行更外文名为 Davis & Brooke；

——1921 年 12 月辞任上海义勇军工程师队队长；

——自 1924 年开始和戴维斯（R. W. Davis）共同编辑出版《中国建筑师和建造者概要》（*The China Architects and Builders Compendium*），持续至 1937 年，共 12 本（编辑部至 1941 年 7 月仍见于行名录）；

——1930—1931 年任上海公共租界地产委员会委员；

——1931 年上海英商恒业地产公司（Metropolitan Land and Building Company）入股新瑞和洋行；

——1932 年新瑞和洋行开设香港分部；

——1932—1934 年任上海地产估价师和测绘师协会主席；

——1933 年戴维斯去世，同年布鲁克和葛兰（Gran）收购回恒业地产公司持有的新瑞和洋行建筑设计业务股份，以 Davies，Brooke & Gran 的名义继续独立经营，洋行中文名改为建兴公司；

——1936 年特巴特（Henry Jemson Tebbutt）成为其公司香港分支的合伙人；

——1939 年上海公司停办，布鲁克离开上海赴香港；

——其香港公司经营至 1941 年后；

——1939 年 7 月—1941 年 7 月后，任西区协会（Western（Extra-Settlement）Association）主席。

作品：

——参见第二编新瑞和洋行。

著述：

——不详。

参考文献及相关材料：

——Obituaries[J]. RIBA Journal，1957，65：357.

——照片来源：Portraits of the Week[N]. The North–China Herald and Supreme Court & Consular Gazette，1938–09–14：439.

注：中译名又作“蒲六克”（参见：胡道静．“兰心”六十年[A]// 上海通社编辑．上海研究资料[M]．上海：中华书局，1936.）

[64] Brunner，Johann（柏）

生卒：1866—1917

出生地：不详

国籍：奥地利

在华城市：北京、天津

资历：不详

教育和训练背景：不详

经历：

——与维普林格（Rudolf Wipplinger）共同负责天津奥界建造公司的建造业务；

——与维普林格还曾负责义和团事件后由建筑师和工程师李德和科尔瓦斯基（Ritter v. Kowarski）设计的北京奥匈公使馆（1903）和天津奥匈领事馆（1904）的建造工程；

——1908 年入维也纳舰队协会（Flottenvereins in Wien），同年位列天津奥租界工部局 4 位奥籍成员之一；

——1909 年左右在天津奥匈租界经营柏工程司（Joh. Brunner，Tientsin–Peking，Architect & Building Contractor），同时在天津和北京经营建筑师和建筑工程承包业务：北京公司外文名为 Brunner，Joh.—Furniture Manufacturer，Architect，& General Contractor，业务涵盖家具制造、建筑设计和总承包，地址在哈德门大街，成员除柏外，还有维普林格；天津公司外文名为 Brunner，Joh.—General Contractor，Furniture Manufacturer & Importers，业务涵盖总承包、家具制造和进口，地址在奥匈租界河东（Hotung），成员除柏、维普林格外，还有舒尔茨（Rudolf Scholz）。

作品：

——北京奥匈公使馆（李德和科尔瓦斯基设计），施工，1903；

——天津奥匈领事馆（李德和科尔瓦斯基设计），施工，1904。

著述：

——不详。

参考文献及相关材料：

——Michael Falser. Habsburgs going global the Austro–Hungarian Concession in Tientsin / Tianjin in China（1901—1917）[M]. Vienna：Austrian Academy of Sciences Press，2022：109，118.

——Das Osterreich–Ungarische Settlement in Tientsin（奥匈帝国在天津的租界）[J]. Das Handels–museum，1907–01–10，22（1）：14.

——[J]. Die Flagge：Mitteilungen des Flottenvereins in Wien，1908，3（8）：9.

——Rosenstock's Directory of China and Manila. 14[Z]. Manila：The Rosenstock Publishing Co. Ltd，1909. Rosenstock's Tientsin Directory，1909：20；Rosenstock's Peking Directory，1909：14.

注：1914 年奥匈帝国领事馆报告中将其称为“木匠”（Kunsttischlerei）。

B

[65] Bryer，Alfred（A. 拜尔）

生卒：1873—1932
出生地：英国德比郡（Derbyshire）
国籍：英国
在华城市：香港
资历：AAHK，1903—1928
教育和训练背景：不详

经历：

——1893 年为英国皇家建筑师学会见习生（Probationer）；
——1898—1900 年在英国任埃利奥特建筑师助理（Architect's Assistant，Elliot Bungalow）；
——1901—1914 年在香港理及柯伦治机器司绘图（Leigh & Orange）任职。

作品：

——香港山顶缆车附近考恩登（Quarndon near the Peak Tram），1902；
——香港大学主楼（Main Building of the University of Hong Kong）；
——圣安德鲁教堂（St. Andrew's Church），香港；
——香港希尔登山顶建筑（Buildings on the Peak Hilden），1912；
——The Bracket（对应中文不详），香港，1914—1915。

著述：

——不详。

参考文献及相关材料：

——https：//gwulo.com/node/9139.

[66] Bryson，Thomas（贝里循 / 贝赉臣）

生卒：1843—1936.10.09
出生地：英国爱丁堡
国籍：英国
在华城市：上海、武昌、天津
资历：不详
教育和训练背景：1860 年在爱丁堡佩迪与金尼尔事务所（Peddie & Kinnear，Architects）学徒

经历：

——1860 年曾获苏格兰建筑师学会最佳几何绘图竞赛二等奖；
——后在贝德福德（Bedford）和海格特（Highgate）接受牧师训练；
——1866 年加入伦敦会（福音堂，London Missionary Society），被派往中国传教；
——1866 年 8 月乘船赴中国，1867 年 1 月抵达上海，之后转赴武昌，成为当时伦敦会在华传教士中唯一一位曾受过建筑师专业训练的传教士；
——1885 年贝里循转移到天津；
——1920 年退休回国；
——1930 年回到天津直至 1936 年去世。

作品：

——新学书院（Anglo-Chinese College），天津，1903。

著述：

——不详。

参考文献及相关材料：

——[N]. The Builder，1860-04-07：216.

——L.G.G.T.. Sixty-Three Years in China[N]. The North-China Herald and Supreme Court & Consular Gazette，1929-10-03（27）.

——The Rev. Thomas Bryson，late of the London Mission[N]. The North-China Daily News，1936-10-15（6）.

——In Remembrance：Rev. Thomas Bryson[J]. The Chinese Recorder，1936-12-01：778.

——照片来源：Death of China Missionary，the Rev. Thomas Bryson[N].The North-China Daily News，1936-10-18（6）.

注：他是武昌第一位居住传教士，也曾一度是那里居住的唯一的外国人。

[67] Burnett，Beni Carr Glyn（B. C. G. 伯内特）

生卒：1889.06.16—1955

出生地：中国内蒙古自治区鄂尔多斯

国籍：英国

在华城市：上海、天津

资历：LRIBA

教育和训练背景：1904—1908 年学徒于上海美昌洋行（Smedley & Denham）

经历：

——1909—1910 年在美昌洋行工作；

——1911 年在新瑞和洋行工作；

——1915 年前到上海中国营业公司（China Realty Company，Financial Agents，Insurance Agents，Land and Estate Agents，Architects and Builders）任建筑师；

——1916 年到上海通和洋行（Atkinson & Dallas）任职，后被派到天津负责分公司业务；

——1929 年通和洋行天津分行解散后，伯内特继承通和洋行并自办事务所（Burnett，B. C. G. LRIBA），公司中文名依旧通和洋行，并于 1930—1934 年名列《字林西报行名录》；

——1930 年移居新加坡，加入斯旺和麦克拉伦事务所（Messrs. Swan & Maclaren，Architects and Civil Engineers），到马来西亚怡保（Ipoh）开业；

——1937 年移居澳大利亚达尔文市，并在 1937—1941 年间为联邦工务处（Commonwealth Department of Works）设计了许多住宅。

作品：

——开滦矿务局大楼（Kailan Mining Administration Offices），天津，1922 [被《京津泰晤士报》（*Peking and Tientsin Times*）评为中国北方最好的西式建筑实例]；

——怡和洋行办公楼，天津；

——英租界一战纪念碑（Tientsin War Memorial），天津；

——共济会堂（Tientsin Masoinc Temple），天津；

——万国储蓄会（International Savings Society），天津；

——汇丰银行（Hongkong & Shanghai Banking Corporation），天津；

——利顺德饭店扩建（Astor House Hotel new Wing），天津；

——横滨正金银行（Yokohama Specie Bank），天津；

——铃木大楼（Suzuki & Co.'s Offices），青岛；

——青岛股票交易所（The Tsingtau Stock Exchange），青岛；

——大型公寓（？）（Sundry Large Apartment Holdings），天津；

——还在天津设计有大量住宅和工业建筑；

——另参见第二编通和洋行。

著述：

——不详。

参考文献及相关材料：

——http：//www.abc.net.au/nt/stories/s1646115.htm.

——David Bridgmen. B.C.G. Burnett，architect[D]. Melbourne：Royal Melbourne Institute of Technology，1994.

——The Singapore Free Press and Mercantile Advertiser[N]. 1930-05-21：321.

——http：//www.abc.net.au/radionational/programs/bydesign/searching-for-beni/3384182.

——Discussion of Matter of Public Importance[Z]. 1983-10-12：1185-1194. http：//www.territorystories.nt.gov.au/bitstream/handle/10070/221064/D_1983_10_12.pdf?sequence=1.

——http：//www.abc.net.au/nt/stories/s1646115.htm.

——The China Who's Who（Foreign）[M].1927：36.

——https：//en.wikipedia.org/wiki/Beni_Burnett.

——照片来源：http：//www.abc.net.au/radionational/programs/bydesign/beni-burnett-c1925/3384206.

[68] Busch，Emile（朴士 / 宝氏）

生卒：1877—1948.06.28

出生地：不详

国籍：德国

在华城市：青岛、汉口、上海

资历：QA

教育和训练背景：不详

经历：

——1901—1902 年在青岛西米特公司（F. H. Schmidt）任技术员；

——1906 年到汉口加入其在西米特公司的同事 L. 马克思（Lothar Marcks）开办的保利洋行；

——1907 年成为合伙人，公司外文名改为 Lothar Marcks & Busch Architects，Contractors，and Civil Engineers；曾开设锯木厂和砖瓦厂；

——1913 年左右 L. 马克思回到德国后，朴士独立经营宝利洋行；

——1915 年和西蒙（Arth Simon）合伙，公司更外文名为 Aktien Gesellschaft，中文名为宝利有限公司；

——1917 年中国对德奥宣战后，朴士即无闻；

——1923 年 1 月在上海设立总行，公司名为法商宝昌洋行（Busch，E.），经营测绘打样及承包建筑、行栈、房屋、桥梁、码头、水门汀钢骨（钢筋混凝土）等一切工程，并经理租税、道契挂号，买卖地产兼做抵押贷款等；

——1924 年 7 月—1926 年 7 月任上海集邮协会（Shanghai Philatelic Society）主席；

——1925 年曾任南京中山陵建筑设计竞赛评委；

——1928 年 7 月—1929 年 7 月前后他一度与旅沪匈牙利建筑师鸿达（C. H. Gonda）合伙开办鸿宝建筑公司（Gonda & Busch）；

——1929 年两人散伙，朴士继续经营宝昌洋行到 1941 年 7 月后；

——1934 年 7 月任上海桥牌俱乐部（Shanghai Bridge Club）荣誉秘书，1938 年 7 月任副主席和荣誉秘书；

——1940 年 7 月同时和罗比切克（A. Robitchek）合伙经营纺织技术顾问公司（Textile Advisers Co.）；

——1941 年在上海自办公司（Hello Novelties Co.），任建筑师；

——1943 年尚见于记载；

——1948 年 6 月在法国去世。

作品：

——兵工厂，河南巩县；

——武汉银行栈房码头；

——德商美最时洋行，上海，1921 年前；

——1 座洋式住宅和 1 座洋式商店，册地 2101 号西，上海静安寺路外，1921；

——住宅、锯木厂、办公室和厕所，册地 4309 号，上海麦根路外，1923；

——5 座洋式住宅，册地 6141 号，上海康脑脱路，1923；

——洋行和住宅，册地 4309 号，上海麦根路外，1923；
——办公楼改建，册地 92 号，上海汉口路和江西路，1924；
——德侨活动中心和威廉学堂（Deutsche Gemeindhaus und Kiser-Withelm-Schule），原上海大西路 1 号，1928，已拆除；
——逸村，上海淮海中路 1610 弄，1932—1934；
——祁齐路宋宅（Residence of Song Tse Wong），上海岳阳路 145 号，1929—1931；
——另参见第二编鸿达洋行相应年份作品。

著述：

——E. Busch. Land Registration：Theory and Practice[N].The North-China Daily News，1939-11-13（2）.

参考文献及相关材料：

——In Memory of the Late Emile Busch[N]. The North-China Daily News，1948-08-05（3）.
——郑时龄 . 上海近代建筑风格 [M]. 上海：同济大学出版社，2020：496.

[69] Butt，Charles Frederick Sutton（C. F. S. 毕）

生卒：约 1888—?
出生地：英国伦敦
国籍：英国
在华城市：上海
资历：ARIBA，1913；FRIBA，1929
教育和训练背景：曾在伦敦国王学院（King's College）就读，1905 年左右在伦敦建筑师库珀（C. J. Harold Cooper）门下学徒，1905—1908 年到皇家美术学院（Royal Academy School）和伦敦英国建筑联盟学院深造

经历：

——1905 年通过考试获得英国皇家建筑师学会实习生（Probationer）资格；
——1907 年在格林建筑事务所（Thomas Frank Green）任助理；
——1908—1910 年在法默和布尔德利事务所（Farmer & Brindley）任职；
——1911—1912 年在多尔（Charles Fitzroy Doll）事务所任职；
——1913 年在伯内特（John James Burnet）伦敦事务所任职一年；
——自 1914 年在伯明翰执业，还曾任鲁琴斯（Sir Edwin Lutyens，R.A.）和贝克（Herbert Baker，Esq.，A.R.A.）的助理；
——1921 年 8 月到上海马海洋行（Messrs. Moorhead，Halse and Robinson，Architects and Civil Engineers）任职；
——1924—1928 年在上海马海洋行任合伙人；
——1928 年马海洋行更外文名为 Spence，Robinson & Partners，C. F. S.，毕继续任合伙人至 1938 年。

作品：

——参见第二编马海洋行。

著述：

——不详。

参考文献及相关材料：

——http：//www.scottisharchitects.org.uk/architect_full.php?id=408648.
——Ancestry.com. California，Passenger and Crew Lists，1882—1959[DB/OL]. Provo，UT，USA：Ancestry.com Operations Inc，2008.
——S. Ezekiel. Leaders of Commerce Industry and Thought in China[M]. Shanghai: George T. Lloyd，1924：83.
——照片来源：同上。

注：其曾获多项设计奖项，包括建筑设计金奖（Gold Medallist Architectural Design）、皇家学会银奖（Royal Academy Silver Medallist）、亚瑟·卡特奖（Arthur Cate Prizeman）和建筑联合公司奖（Architectural Union Company's Prizeman）。

[70] Butterfield，William Arthur（W. A. 巴特菲尔德）

生卒：1873—1943.02.07

出生地：不详

国籍：英国

在华城市：香港

资历：AMIME，1910；AAHK，1919—1938

教育和训练背景：在南肯辛顿接受技术教育后到伦敦约翰·柯卡尔迪事务所（Messrs. John Kirkaldy，Ltd.）学徒

经历：

——学徒结束后加入格林事务所（Messrs. R. and H. Green）；

——积累两年经验后于1895年到巴克纳尔轮船公司（Bucknall Steamship Company）任职，随船出海，7年后升任总工程师并获头等证书（First-Class Certificate）；

——1908年加入亚细亚石油公司（Asiatic Petroleum Company），任经理至1911年；

——1911年任香港亚细亚石油公司总工程师，负责中国华南地区和菲律宾储油罐的设计和维护；

——1937年退休回国。

作品：

——不详。

著述：

——不详。

参考文献及相关材料：

——https：//www.gracesguide.co.uk/William_Arthur_Butterfield.

[71] Carter，W. J. B.（W. J. B. 卡特）

生卒：1868—1907.03.16

出生地：不详

国籍：英国

在华城市：上海

资历：MSA；ESC

教育和训练背景：在利物浦格雷森与乌尔德（Greyson & Ould）事务所学徒

经历：

——1896年到上海玛礼孙（马礼逊）洋行（Morrison & Gratton / Morrison，Gratton & Scott）任职；

——1903年成为合伙人，与斯科特（Scott）接手玛礼孙洋行（Scott & Carter）；

——1905—1907年任上海工程师建筑师学会副主席；

——1906年1月—1907年1月任在华兰开夏人协会（Lancastrians' Association in China）主席；

——1907年3月在上海去世，年仅39岁。

作品：

——参见第二编玛礼孙洋行。

著述：

——C. Mayne，W. J. B. Carter. Foundations in Shanghai [C]// Shanghai Society of Engineers and Architects. Proceedings of the Society and Report of the Counicl，1902—1903，1903：85-107.

参考文献及相关材料：

——[N]. The North-China Herald and Supreme Court & Consular Gazette，1907-03-22，82：603.

[72] Chambers，John（湛博士）

生卒：?—1903.02.20

出生地：爱尔兰

国籍：英国

在华城市：天津、上海

资历：AMICE，1859；MICE，1862

教育和训练背景：1859—1862 年学徒于建筑师肯尼迪（J. Pitt Kennedy）

经历：

——1862—1865 年参与修建特克斯伯里和马尔文铁路（Tewkesbury and Malvern Railway）；

——1865—1867 年在圣潘克拉斯（St. Pancras）参与修建米德兰铁路（Midland Railway）；

——1867 年 10 月被任命为印度孟买、巴罗达和印度中部铁路（Bombay，Baroda and Central India Railway）助理工程师；

——1870—1871 年任印度孟买、巴罗达和印度中部铁路卡蒂亚瓦尔扩展段（Kattiawar extension）驻地工程师；

——1871—1872 年受聘于大印度半岛铁路（Great Indian Peninsula Railway）；

——1873—1874 年任沃克承包商（T. and C. Walker Contractors）代理，参与修建东伦敦铁路（East London Railway）；

——1875 年秋—1876 年底在福勒（John Fowler，英国土木工程师学会前主席）事务所任职；

——1879 年 6 月被任命为日本帝国铁路（Imperial Japanese Railways）驻地工程师，是日本铁道部最早的外国职员之一；

——1881 年 6 月任日本帝国铁路东京至横滨段负责人；

——1884 年 12 月加入中国海关，管理望楼浮俸房（Maritime Customs Engineer's Department，后称营造处），其直接领导为总工程师韩得善（David M. Henderson）；

——1888 年，在天津海关任土木工程师；

——1888 年 5 月 1 日起任代理总工程师到 1889 年 10 月 1 日（韩得善休假期间）；

——1890 年 5 月 1 日调任厦门助理工程师，于同年 5 月 31 日辞职；

——1890 年辞职后到上海开办私人建筑师事务所，开展建筑设计和土木工程业务；

——1903 年在上海去世。

作品：

——海关大楼，天津，1887；

——北洋大学（Pei Yang University），天津，1895；

——戈登堂，天津，1890；

——天津技术学院（The Polytechnic School），天津，1887；

——老公茂纺织局（The Laou Kung Mow Cotton Factory），上海，1895—1897；

——海关大楼（江海关，J. M. Cory 协助进行立面设计），上海，1901。

著述：

——不详。

参考文献及相关材料：

——William McLeish. Memories of Tientsin by an Old Hand [M]. Tientsin：Tientsin Press，1914：7.

——Mr. J. Chambers[N]. The Japan Daily Mail，1903-03-07，39：250.

——Death Note[N]. The North-China Daily News，1903-02-21（5）.
——https：//www.gracesguide.co.uk/John_Chambers.
——Customs Gazette[Z]. Shaghai：The Customs Press，1890：168.
——D. Marr Henderson，the Late Mr. Chambers[N]. The North-China Daily News，1903-05-20（5）.

[73] Charignon，Antoine Joseph Henri（沙海昂）

生卒：1872.09.23—1930.08.17
出生地：法国沙托杜布勒（Châteaudouble）
国籍：法国、中国（清朝）
在华城市：上海、北京
资历：不详
教育和训练背景：不详

经历：

——1898 年受聘于法国工程公司来华修筑滇越铁路昆明段，司职测绘师，负责线路图的绘制和解读；
——此后曾以工程师身份参加正太铁路、京汉铁路和陇海铁路厦门至漳州段；
——1906—1908 年在上海开办沙海昂洋行（Charignon，A. J. H.，Civil Engineer，Surveyor and Architect）；
——1908 年 1 月和萨莎尔（F. H. Caissial）合办华法工程公司（Syndicat Sino-Francais d'Ingenieurs.）；
——1908 年到北京任清政府铁路总局工程顾问，并于 1909 年获中国（清朝）国籍；
——1912 年民国成立后，其在通商名录中也一直被称为交通部技术顾问（技正）；
——1914 年一战爆发后任法第四殖民炮兵团预备役中尉（Reserve Lieutenant of the 4th Colonial Artillery Regiment），辞去在华所有职务；
——1920 年回到北京，住在大兴，专门研究中国历史和地理；
——1930 年在北京去世。

作品：

——京汉铁路荣泽县境内渡黄河铁桥，1903。

著述：

——Antoine Joseph Henri Charignon. Les Chemins de Fer Chinois（中国铁路）[M]. Peking：Imprimerie ds Lazaristes du Pei-t'ang，1914.
——Antoine Joseph Henri Charignon. Les chemins de fer chinois：un programme pour leur developpement（中国铁路发展规划）[M]. 1919.
——沙海昂 . 中华民国铁道计划 [N]. 时事新报（上海），1915-05-04 /5/9/10/17/25/27/31（连载）.

参考文献及相关材料：

——http：//fr.wikipedia.org/wiki/Joseph_Charignon.
——照片来源：https：//en.wikipedia.org/wiki/Joseph_Charignon.

注：他还是一位汉学家，曾著有《马可波罗行纪注》（*I Viaggi di Marco Polo veneziano*）。

[74] Charrey，Henri（H. 查理）

生卒：1878—?
出生地：法国阿纳玛斯（Annemasse）
国籍：法国
在华城市：天津、北京、上海
资历：不详

教育和训练背景：先在托农学院（College de Thonon）接受教育，后到日内瓦艺术学院（School of Art in Geneva）修学位课程，于1897年拿到建筑绘图和测量学位

经历：

——1902年在天津与康沃西（Marcel Conversy）合办沙得利工程司行（Charrey & Conversy，Architects and Surveyors）；

——1907年查理和康沃西（Marcel Conversy）与3位法国军官欧艾叶（Jean O'Neill）、吉盟（Charles Gimon）和布尔布隆（Henri Bourboulon）一起筹款购买崇德堂和首善堂在天津所占地皮，后得到比利时东方国际公司（Compagnie Internationale d'Orient）的资金支持，联合组建天津法比兴业银行（Société Franco Belge de Tientsin，义品公司的前身），并于同年8月3日开业；

——1907年9月查理以审图员身份加入法比兴业银行；

——1908年12月，康沃西以建筑师身份加入法比兴业银行；

——1909年沙得利工程司除了保留企业名外，业务等并入天津法比兴业银行旗下，除完成义品洋行工程项目外，还对外承接建筑设计项目；

——1910年天津法比兴业银行正式更名为义品放款银行洋行（法文全称Crédit Foncier d'Extrême-Orient，缩写C.F.E.O.，又称义品房地产公司，简称义品公司）；

——1911年到义品洋行上海分部任职至1919年7月（一说1917年11月离开天津、到了上海）；

——1921年1月回到上海任义品洋行总建筑师（architect inspector），1922年7月曾因身体原因返回欧洲休养；

——1925年后沙得利工程司无闻，义品洋行建筑部继续经营。

作品：

——参见第二编沙得利洋行和义品洋行。

著述：

——不详。

参考文献及相关材料：

——李天，周晶．比商义品公司对天津法租界城市建设影响研究[J]. 建筑学报，2012（S2）：103-106.

——Thomas Coomans. China Papers：The architecture archives of the building company Crédit Foncier d'Extrême-Orient（1907—1959）[J].ABE Journal，2014（5）：1-22.

——杜小辉．天津义品洋行研究[D]. 天津：天津大学，2014.

——宋昆，孙艳晨，杜小辉，汪江华．亨利·查理、迈克尔·康沃西和沙得利工程司[C]//张复合，刘亦师．中国近代建筑研究与保护（十）．北京：清华大学出版社，2016：510-516.

——The French community of Shanghai is to have an addition in the persons of M. and Mme. Charrey[N]. The China Press，1917-11-17（5）.

——Files 956-957，C.F.E.O.，Brussels，引自：Leung-kwok Prudence Lau. Adaptive Modern and Speculative Urbanism：The Architecture of the Credit Foncierd'Extreme-Orient（C.F.E.O.）in Hong Kong and China's Treaty Ports，1907—1959 [D]. Hong Kong：The Chinese University of Hong Kong，2013：234.

——照片来源：W. H. Morton Cameron，W. Feldwick. Present Day Impressions of the Far East and Prominent and Progressive Chinese at Home and Abroad[M]. London：The Globe Encyclopedia Co.，1917：259.

[75] Chatham，William（漆咸）

生卒：1859.07—1940.02.01

出生地：英国爱丁堡

国籍：英国

在华城市：香港

资历：MICE

教育和训练背景：爱丁堡大学

C

经历：

——1885年自爱丁堡大学毕业后到美克父子（Thos. Meik & Sons）土木工程事务所任职，在布里斯托码头工程师办公室任助理工程师；

——1890年到香港工务署任执行工程师（executive engineer）；

——1898年任香港工务署副署长；

——1901年任署长，任期至1921年退休；

——1940年在伦敦去世。

作品：

——维多利亚医院（Hospital for Women and Children，后名Victoria Hospital），香港。

著述：

——不详。

参考文献及相关材料：

——Gavin Ure. Governors，Politics and the Colonial Office：Public Policy in Hong Kong，1918——1958[M]. Hong Kong：Hong Kong University Press，2012：237-238.

——John Venn. Alumni Cantabrigienses：A Biographical List of All Known Students，Graduates and Holders of Office at the University of Cambridge，from the Earliest Times to 1900，Volume 2[M]. Cambridge：Cambridge University Press，2011：550.

——Obituary：William Chatham[N].The North-China Daily News，1940-02-03（8）.

——https：//en.wikipedia.org/wiki/William_Chatham.

——照片来源：同上。

[76] Chauvin，Francois Eugene（F. E. 绍文）

生卒：1875.10.16—?

出生地：不详

国籍：法国

在华城市：天津、上海

资历：不详

教育和训练背景：不详

经历：

——曾任殖民地官员（Colonial officer），并曾参军；

——后到上海执业；

——1910年任上海法租界公董局工程监督（Conducteur des Travaux）；

——1910年7月11日加入上海义品洋行任助理建筑师，协助查理（Charrey，Henri）实施所有工程；

——1912—1949年在义品洋行任职，其中1912—1919年在义品洋行上海分部（沙得利工程司），曾在天津分部任职。

作品：

——参见第二编义品洋行。

著述：

——不详。

参考文献及相关材料：

——Files 958-959，C.F.E.O.，Brussels，引自：Leung-kwok Prudence Lau. Adaptive Modern and Speculative Urbanism：The Architecture of the Credit Foncierd'Extreme-Orient（C.F.E.O.）in Hong Kong and China's Treaty Ports，1907—1959[D]. Hong Kong：The Chinese University of Hong Kong，2013：235.

注：又名E. Chauvice。

[77] Chelazzi，Paul Caesar（盖纳禧）

生卒：1904.06.17—1971?

出生地：意大利佩鲁贾（Perugia）

国籍：意大利

在华城市：上海

资历：CE（Italy）；AMISE；AMAmSCE，1936

教育和训练背景：香港大学土木工程学士

经历：

——1922—1928 年任工程师西斯托（Sisto Mastrodicasa）的助理（合作者）；

——1928 年到罗马任某公司（ENNIA）助理工程师；

——1930 年从罗马到上海，从事私人业务并在震旦大学教授钢筋混凝土（Armored Cement）；

——先在华法公司（Remond & Collet，Engineers and Builders；Specialists in Reinforced Concrete）任职，1931 年到赉安洋行（Leonard & Veysseyre）任监工至 1932 年；

——1931 年被上海意大利总领事授权为土木工程师；

——后到轮奂公司（Mutual Investment Co. Civil Engineers，Architects，and Surveyors）任总工程师，负责设计 1 座能容纳 1000 人的舞厅；

——1933 年开始独立执业，创办开腊齐大兆地产公司（Chelazzi-Dah-Zau Realty Co.）；

——1933 年 11 月获英国结构工程师学会会员资格；

——1934 年在民国工业部登记为工程师和建筑师；

——1936 年 7 月公司更名为盖纳禧打样建筑工程师行（Chelazzi,Paul C.），至 1941 年 7 月仍见于行名录；

——1937 年在上海美孚石油公司任职；

——1938 年到访马尼拉，为马尔斯曼公司（Marsman & Co.）的工程提供咨询；

——1939—1941 年 7 月后同时和科斯坦蒂尼（G. Costantini）合伙经营公司（Sinaw，S. A. I.），主营业务不详；

——1940 年 10 月荣获意大利皇冠勋章（Ordine Della Corona D'italia）；

——1941 年 1 月 10 日抵达旧金山，为自己发明的可为飞机提供无柱大空间的悬臂拱形钢梁结构体系申请美国专利（US 2247186）；

——1942 年回到上海继续为美孚石油公司工作；

——1943—1945 年被侵华日军囚禁于集中营；

——1949 年依旧任美孚石油公司咨询建筑师、工程师，并曾任上海意大利文化艺术委员会主席；

——1950年4月离开中国、移居泰国曼谷，为沃曼公司（D. H. Worman & Co.）和美国大使馆等的工程工作；

——1951 年回到意大利佩鲁贾（Perugia）；

——1952 年到美国纽约。

作品：

——空军学院，上海，1932；

——7 层公寓，上海，1933；

——5 栋住宅，上海，1934；

——1 栋 1000 座剧院，上海，1934；

——意大利新领事馆（未实现），上海，1937；

——1 所学校，上海，1938；

——1 座俱乐部，上海，1938；

——1 栋 27 层公寓，上海，1938；

——1 栋 2500 座剧院，上海，1938；

——社区中心（含医院、学校和教堂），上海某社区，1939；

——联合国上海大厦方案（未实现），上海，1947；

——雁荡路 3 层中式住宅，上海，1933；

——英租界工部局医院（竞赛首奖，未建成），天津，1935；

——意大利总会（Italian Club），天津，1934；

——中意飞机制造厂建筑群，南昌，1934。

著述：

——The Italian Mind[J]. The Haikwang Lectures Haikwang Library of Western Thought，1949（3）.
——联合国上海大厦的设计 [N]. 大公报，1947-03-20：8112.
——Paul C. Chelazzi. Deplorable Conditions in Local Housing Examined. Better Housing Seen as Outstanding Problem in Shanghai Reconstruction[N].The Shanghai Sunday Times，1938-12-11（33）.
——Paul C. Chelazzi. Hospital Planning in Modernistic Architecture [Address delivered at the Annual Meeting of the Hongkong University Society of Shanghai on June 6th，1935]. Library of the Institution of Structural Engineers London. R5718.
——Paul Chelazzi. Structures in Membrane on Co-Acting Ribs[J].Progressive Architecture，1956（7）：81.
——Paul Chelazzi. Structural Elasto-mechanics[J]. Progressive Architecture，1961（2）：165-168.
——Paul Chelazzi. Axially-stressed Wide Span Structures[J]. Progressive Architecture，1957，28（12）：116.
——Paul Chelazzi. Multistory Structures[J]. Progressive Architecture，1959（10）：166-171.
——Paul Chelazzi. Arch and Suspension Systems[J]. Progressive Architecture，1960（2）：174-176.

参考文献及相关材料：

——Il nuovo ospedale di Tientsin（天津新医院）[J]. Rivista Stile Futurista，1935（11-12）.
——The Eugene Guard Eugene[N]. Oregon，1946-11-21：2.
——Fausto Giovannardi. On the trail of Paul Chelazzi and the suspenarch[OL]. 2017，1-3. https：//www.academia.edu/.
——欧阳杰 . 民国时期中意飞机制造厂的规划建设及其建筑遗存研究 [J]. 遗产与保护研究，2018，3（10）：116-121.
——照片来源：[N]. The North-China Sunday News Magazine Supplement，1934-01-14（8）.

注：又名 Paolo Cheluzzi。

[78] Chollot，Joseph Julien（邵禄）

生卒：1861.08.30—1938.11.01
出生地：法国梅茨（Metz）
国籍：法国
在华城市：上海
资历：CMSCEF；FSCE
教育和训练背景：曾在法国巴黎高等工业学院（France Ecole Industrielle）和埃皮纳尔学院（College d'Epinal）学习，获得特种工程学士（Bachelor of Enseigaement Special）

经历：

——1884 年毕业后在越南工务处（道路和桥梁）工作，同时参与越北地区红河改进工程；
——1887 年作为法国工业团（French Industrial Mission）成员到华协助旅顺港及船坞（受聘于俄罗斯政府）的建造；
——1888 年到青岛协助青岛港的建造；
——1891 年回到法国，任格拉斯区（Grasse）戛纳海事部门驻地干事（Resident Commissioner）；
——1893 年回到中国，到上海开始长达 14 年的法租界总工程师任期；
——1901 年因其在中国的卓越工作而受到部长嘉奖（Ministerial Dispatch）；
——1905 年获得法国荣誉军团勋章（Legion of Honour）；
——1907 年自法租界公董局退休后，在上海创办邵禄工程行（Chollot，J. J.），经营建筑、土木工程和测绘业务，至 1916 年 7 月；
——1907 年创办《中法新汇报》（*L'Echo de Chine*）并任经理至 1911 年；
——1908 年任上海工程师和建筑师协会（Shanghai Society of Engineers & Architects）副会长；

——1914 年任密采里饭店（Hotel des Colonies Co.，Ltd.）董事；
——一战期间参军，在巴黎负责战事工程等；
——1920 年 7 月邵禄工程行在上海恢复营业，其子 J. M. X. 邵禄（Chollot，Jean Marie Xawier）加入，公司更中文名为邵禄父子工程行，更外文名为 Chollot，J.J.，et Fils；
——1921 年 1 月在新成立的中法银公司（Credit Franco-Chinois）任经理；
——1923 年 7 月其子 L. A. 邵禄（L. A. Chollot）已经加入邵禄父子工程行；
——1926 年 1 月其子 P. J. 邵禄（P. J. Chollot）已经加入邵禄父子工程行；
——1927 年任上海法商赛跑会会长；
——1928 年成为中国建业地产公司（Foncièreet Immobiliere de Chine）经理，其后由其次子 P. J. 邵禄任工程师和技术主管以及经理等职位并经营至 1937 年 1 月；
——自 1926 年 1 月任法兴印书馆（Oriental Press）主管（Director），次年任经理（Chairman）直至 1930 年 7 月；
——1928 年 J. M. X. 邵禄离开邵禄父子工程行，仅剩邵禄以及儿子 L. A. 邵禄和 P. J. 邵禄；
——1928 年 7 月任上海法商赛跑会会长（Le Champ de Courses Francais）至 1931 年 1 月；
——1938 年 11 月在上海去世。

作品：

——3 座洋房住宅，上海龙江路及恒山路角，1901；
——参见第二编邵禄工程行和第三编上海法租界公董局工务处。

著述：

——J. J. Chollot. The Improvement of the River Huangpu for the purposes of navigation by the removal of the Woosung Bar[C]// Shanghai Society of Engineers and Architects. Proceedings of The Society and Report of the Counicl，1901.
——J. J. Chollot. Intérêts industriels français en Chine（法国在中国的工业利益）[J]. Imprimerie Moderde，A. Chassel Jeune，1905.
——J. J. Chollot. Projet de tramways（有轨电车项目）[J]. Imprimerie de "La Presse Orientale"，1903.
——J. J. Chollot. Regarding the Responsibility of Architects and Contractors[C]// trans. P. de T. Evans，Shanghai Society of Engineers and Architects，Proceedings of The Society and Report of the Counicl，1907—1908：169–180.

参考文献及相关材料：

——The China Who's Who（Foreign）[M]. 1922：63.
——The China Who's Who（Foreign）[M]. 1924：52.
——Men of Shanghai and North China[M]. 1935：99–101.
——[J]. Oriental Affairs：A Monthly Review，1939（11–12）：42.
——Noted French Resident of Shanghai Dies J. J. Chollot，Famous Engineer，Taken by Death at 77[N].The China Press，1938–11–09（1）.
——Mr. Joseph Julien Chollot[N]. The China Press，1938–11–11（9）.
——法国著名建筑工程师 邵禄氏逝世 [N]. 申报，1938–11–10（11）.
——Men of Shanghai and North China[M]. 1933：76–79.
——照片来源：同上：77.

注：曾获清政府总理衙门颁发的五等双龙宝星勋章（Mandarin of the 5th Order）。

[79] Clark，John Caer（奇勒 / 祈勒）

生卒：1878.01.01—1943.06.08
出生地：不详
国籍：英国
在华城市：香港
资历：AAHK，1912—1941
教育和训练背景：不详

C

经历：

——1912 年前到达香港，在香港工务署任职；

——1913 年离开工务署开始独立执业，建立奇勒测绘工程师（Clark，J. Caer，Architects and Civil Engineers）；

——1923 年姚得中（Iu Tak Chung）成为合伙人，公司改名为奇勒及姚得中测绘工程师（Clark & Iu），至 1933 年姚得中退出；

——1935—1936 年姚德林（Iu Tak Lam）加入公司，组成奇勒及姚德林测绘工程师（Clark & Lam）；

——1937—1941 年继续独立执业；

——1943 年死于赤柱拘留营（Stanley Internment Camp）。

作品：

——水坑尾街的 1 座住宅，澳门，1916；

——香港查塔姆道 1 号（No.1 Chatham Path）；

——皇室行重建（reconstruction of Royal Building），香港，1929；

——宜发大厦（Yee Sang Fat Building），香港，1930；

——东华三院建筑（Tung Wah Group of Hospitals），香港，1931；

——保良局（Po Leung Kuk Building），香港，1932；

——金银业贸易场（Gold & Silver Exchange），香港，1935；

——弥敦道欧式住宅（European Flats on Nathan Road），香港，1935；

——进教围中式住宅（Chinese Houses，IL752，Sec A & RP，St. Francis Yard，Wanchai），香港，1938；

——湾仔道 225-227 欧式住宅（European Houses，Wanchai Road），香港，1939；

——民生书院（Munsang College），香港，1939；

——香港浸信会教堂士他令道（Baptist Church，KIL4235，Stirling Road），香港，1940；

——英皇道公寓（Flats on King's Road），香港，1940；

——漆咸道染厂（Dyeing Factory，KIL1409 Sec A，Chatham Road），香港，1941；

——2 栋半独立洋房（Semi-detached Bungalows），嘉林边道新九龙内地段 2602 号（NKIL 2602），1941 年设计批准；

——1 栋欧式住宅，界限街（Boundary Street）九龙内地段 2097 号 B 分段（KIL 2097 B 块），1941 年设计批准；

——1 座染布厂，九龙漆咸道九龙内地段 1409 号 A 分段，1941；

——2 间商店，九龙衙前园道新九龙内地段 574 号，1941 年图样已批准；

——2 座洋楼，九龙嘉林边道新九龙内地段 2602 号，1941 年图样已批准；

——1 座洋楼，九龙界限街九龙内地段 2097 号 B 分段，1941 年图样已批准；

——改建 1 间屋宇（吕先生），香港衙前围道第 40 号，1941；

——改建 1 间屋宇（业主李灿源），香港筲箕湾西大街第 2373 号，1941；

——改建 1 间屋宇（业主卢子典），香港筲箕湾金华街第 3 号，1941。

著述：

——不详。

参考文献及相关材料：

——https：//en.wikipedia.org/wiki/John_Caer_Clark.

——https：//gwulo.com/node/29876.

——[J]. Hong Kong and Far East Builder，1941，6（1）：44.

——[J]. Hong Kong and Far East Builder，1941，6（3）：38.

[80] Clark，Richard John Bond（克拉克）

生卒：1896.06.09—?

出生地：英国彭赞斯（Penzanre）

国籍：英国

在华城市：香港

资历：ARIBA，1923

教育和训练背景：不详

经历：

——1924—1941 年任香港工务署建筑师；

——1936—1937 年和 1940 年曾兼职任教于香港夜校（Hong Kong Evening Institute）；

——1963 年自英国皇家建筑师学会退休。

作品：

——三育学校（supervised the construction of San Yuk School），香港，监造，1939。

著述：

——不详。

参考文献及相关材料：

——http://discovery.nationalarchives.gov.uk/details/r/D6833429

[81] Clark，John（J. 克拉克）

生卒：1831.09.13—1868.10.16

出生地：英国布里斯托

国籍：英国

在华城市：上海（1863—1866）、香港（1866—1868）

资历：MICE，1867；FRIBA，1867

教育和训练背景：学徒于克里夫顿（Clifton）建筑师查尔斯·安德伍德（Charles Underwood）

经历：

——1861—1863 年受雇于英国大北铁路公司（Great Northern Railway Company），任助理总工程师；

——1863 年 6 月，受聘于上海工部局，为其第一位土木工程师，聘期 3 年；

——1863 年 7 月 25 日抵达上海，从 1863 年 8 月 1 日起负责工部局全部工程，职位为测绘师（Surveyor），主管工程师办公室，并设负责绘制公共工程设计图纸等工作的写字间（Drawing Office）；

——1867 年到香港量地官署任助理总量地官，并被允许开展私人业务；

——1868 年 10 月在香港去世。

作品：

——福州路终端对面的码头，上海，1863；

——警察营房加建，上海；

——虹口捕房扩建及中央捕房改建工程，上海，1864；

——共济会堂（Masonic Hall），方案经凯德纳（W. Kidner）修改后实施，上海，1867。

著述：

——不详。

参考文献及相关材料：

——http://www.gracesguide.co.uk/John_Clark_（1831—1868）.

——上海档案馆 . 公共租界工部局董事会会议录（1854—1943）第 1 册 [Z]. 上海：上海古籍出版社，2001：681，687.

——Obituary. John Clark，1831—1868[J]. Minutes of the Proceedings of the Institution of Civil Engineers，1870（30）：431.

[82] Cleverly，Charles Saint. George（基化厘 / 急庇利）

生卒：1819.07.08—1897.08.14

出生地：爱尔兰科克郡基尔沃斯（Kilworth，County Cork）

国籍：英国

在华城市：香港

资历：不详

教育和训练背景：不详

经历：

——1844 年任香港量地官署助理测绘师，并在戈登离港期间任代理总量地官；

——1845 年任香港第二任量地官，任期为 1845—1865 年；

——1865 年 4 月 28 日退休。

作品：

——香港督宪府（Government House），1851.10—1855.10；

——香港早期规划（Original Layout of Hong Kong）；

——上海总会（Shanghai Club）建筑设计，1860。

著述：

——不详。

参考文献及相关材料：

——James Stevens Curl，Susan Wilson. The Oxford Dictionary of Architecture[M]. Oxford：Oxford University Press，2016：177.

——Great Britain，Foreign Office. The Foreign Officer List and Diplomatic and Consular Hand Book[Z]. London：Harrison and Sons，1877-01：75.

——https：//en.wikipedia.org/wiki/Charles_St_George_Cleverly.

——http：//boards.ancestry.co.uk/surnames.cleverly/5.1.1.2.2.1.1.1.1/mb.ashx.

——http：//enacademic.com/dic.nsf/enwiki/8251372.

——照片来源：https：//www.christies.com/en/lot/lot-5848612.

注：今香港上环及庇利街就是以其名字命名。其孙子 C. P. 基化厘（Charles Peter Cleverly，1923—2002）也是一位著名建筑师。

[83] Conversy，Marcel de Hees（M. 康沃西）

生卒：1878.01.27—?

出生地：法国阿纳玛斯（Annemasse）

国籍：法国

在华城市：天津、上海

资历：不详

教育和训练背景：在托农学院（College de Thonon）和日内瓦艺术学院（School of Art in Geneva）接受教育，后到巴黎深造建筑学和测量学

经历：

——1902 年在天津成立沙得利工程司（Charrey & Conversy，Architects）；

——1907 年康沃西和查理（Henri Charrey）与 3 位法国军官欧艾叶（Jean O'Neill）、吉盟（Charles Gimon）和布尔布隆（Henri Bourboulon）一起筹款购买崇德堂和首善堂在天津所占地皮，后得到比利时东方国际公司（Compagnie Internationale d'Orient）的资金支持，联合组建天津法比兴业银行（Société Franco Belge de Tientsin，义品公司的前身），于 1907 年 8 月 3 日开业；

——1908 年 12 月—1909 年 6 月因健康原因休假；

——1909 年沙得利工程司除了保留企业名外，业务并入天津法比兴业银行旗下；

——1910 年天津法比兴业银行正式更名为义品放款银行（法文全称 Crédit Foncier d'Extrême-Orient，缩写 C.F.E.O.，又称义品房地产公司，简称义品公司）；

——1911 年到义品洋行上海分部任职；

——1912 年 1 月离开；

——1916 年 1 月回到上海义品任总建筑师，至 1917 年再度离开；

——1918 年 1 月到义品天津分行任总建筑师，至 1919 年离开；

——1920 年 12 月被任命为义品洋行上海分行总经理；

——1925 年后沙得利工程司无闻，义品洋行建筑部继续经营。

作品：

——参见第二编沙得利工程司行及义品洋行。

著述：

——不详。

参考文献及相关材料：

——File 963，C.F.E.O.，Brussels，引自：Leung-kwok Prudence Lau. Adaptive Modern and Speculative Urbanism: The Architecture of the Credit Foncierd'Extreme-Orient（C.F.E.O.）in Hong Kong and China's Treaty Ports，1907—1959 [D]. Hong Kong：The Chinese University of Hong Kong，2013：236.

——宋昆，孙艳晨，杜小辉，汪江华. 亨利·查理、迈克尔·康沃西和沙得利工程司 [C]// 张复合，刘亦师. 中国近代建筑研究与保护（十）. 北京：清华大学出版社，2016：510-516.

——李天，周晶. 比商义品公司对天津法租界城市建设影响研究 [J]. 建筑学报，2012（S2）：103-106.

——Thomas Coomans. China Papers：The architecture archives of the building company Crédit Foncier d'Extrême-Orient（1907—1959）[J]. ABE Journal，2014（5）：1-22.

——杜小辉. 天津义品洋行研究 [D]. 天津：天津大学，2014.

[84] Cook，Edwin Samuel（库克）

生卒：1872—?

出生地：不详

国籍：英国

在华城市：天津

资历：MSA，1904；FSA，1906；FRIBA；MISE

教育和训练背景：1894 年 1 月—1899 年 1 月在伦敦皇家艺术学院（RA Schools）接受训练

经历：

——1903 年开始在亚洲工作，到天津加入永固工程司（Adams & Knowles），成为骨干；

——1910 年成为合伙人、接手永固工程司，稍后与肖氏合伙，公司改名为 Cook & Shaw；

——1913 年与安德森合伙接手永固工程司，改外文名为 Cook & Anderson；

——经营至 1938 年退伙。

作品：

——参见第二编永固工程司。

著述：

——不详。

参考文献及相关材料：

——[日] 寺原让治 . 天津的近代建筑和建筑师 [M]// 汪坦，藤森照信 . 中国近代建筑总览·天津篇 . 东京：中国近代建筑史研究会，日本亚细亚近代建筑史研究会，1989：35–43.

——https：//www.royalacademy.org.uk/art-artists/name/samuel-edwin-cook.

——Allister Macmillan. Seaports of the Far East：Historical and Descriptive，Commercial and Industrial，Facts，Figures，& Resources[M]. 2nd edition. London：W. H. & L. Collingridge，1925：149.

——照片来源：W. H. Morton Cameron，W. Feldwick. Present Day Impressions of the Far East and Prominent and Progressive Chinese at Home and Abroad[M]. London：The Globe Encyclopedia Co.，1917：259.

C

[85] Corinth，Hermann（克林）

生卒：不详

出生地：不详

国籍：德国

在华城市：青岛、天津

资历：不详

教育和训练背景：不详

经历：

——1906 年来华到青岛德商利来公司（Lieb & Leu）工作至 1909 年；

——1919 年前到天津自办事务所克林工程司（Corinth & Co.）；

——1917 年在天津柏工程司（Brunner, Joh. General Contractor, Furniture Manufacturer and Importer）任职；

——1919 年 12 月霍得而（Paul Seidel）加入克林工程司（Corinth & Co.），后于 1924 年前成为合伙人，更名为克林霍得而工程司（Corinth & Seidel Architect，Interior Decorators，and Building Contractors），经营到 1940 年后；

——1925 年已经开办沈阳分公司，由霍得而负责。

作品：

——不详。

著述：

——不详。

[86] Corrit，Aage（康益 / 康立德）

生卒：1892.04.21—?

出生地：丹麦哥本哈根

国籍：丹麦

在华城市：上海

资历：DSCE

教育和训练背景：哥本哈根皇家技术学院土木工程学士

经历：

——1908—1909 年在哥本哈根做锻造及工程学徒；

——1910 年被哥本哈根皇家技术学院录取；

——1913 年完成土木工程师第一阶段学习，但因缺少资金被迫中断学习，移居阿根廷做铁匠及电机工；

——1914 年回到丹麦继续学业，并于 1917 年 1 月毕业获得土木工程学士学位（当时丹麦最高的学位）；

——毕业后受聘位于哥本哈根的世界著名土木工程师事务所克里斯蒂亚尼与尼尔森（Christiani & Nielsen）；
——1918 年 11 月 29 日受聘于慎昌洋行（Andersen，Meyer & Co.），到华任土木工程师；
——1919 年 10 月 15 日在上海创办康益顾问土木工程师事务所（A. Corrit），经营咨询土木工程师业务；
——1920 年曾和柏韵士短暂合伙组建柏考洋行（Berents & Corrit），同年散伙；
——1920 年在承接兆丰纱厂高烟筒任务取得成功后，开始专营打桩工程，其公司业务遍布上海及华北，参与工程涵盖办公楼、住宅公寓、工厂、堆栈、储油厂、码头等，在大跨悬挑钢结构工程方面也颇具优势；
——1926 年洋行改为工程公司（又名康益洋行）；
——1940—1941 年开办杭州分部（Corrit's Construction Office）；
——1946 年 12 月曾作为专家列席讨论上海都市计划；
——1953 年 5 月 13 日，康益洋行被收购归为国有；
——1956 年离开上海；
——1935 年任美华银行主管（Pacific Banking Corp Director），于 1941 年还曾同时经营丹麦畜产有限公司（Danish Packers. Ltd.）和万金素奶油公司（Viking Vegetable Cream Co.）。

作品：

——参见第二编康益洋行。

著述：

——A. Corrit. Another Opinion on Piling in Shanghai[C]// The Engineering Society of China，Session 1929—1930，Paper No.1. Shanghai：North-China Daily New & Herald，1929：1-25.
——A. Corrit. A Few Essential Points on Soil Mechanics and Foundations in General[N]. The China Press，1930-01-30：A39.

参考文献及相关材料：

——郑时龄 . 上海近代建筑风格 [M]. 上海：同济大学出版社，2020：211.
——http：//www.sfeg.cc/qywh.asp?id=4.
——Men of Shanghai and North China[M].1935：121-123.
——Men of Shanghai and North China[M].1933：84-87.
——照片来源：同上：85.

[87] Cory，John Myrie（J. M. 克里）

生卒：1846.10—1893.02.21
出生地：英国肯宁顿（Kennington）
国籍：英国
在华城市：上海
资历：ARIBA，1880；FRIBA，1886
教育和训练背景：1865 年在剑桥大学彭布罗克学院（Pembroke College，Cambridge）学习

经历：

——1867—1869 年在伦敦斯科特爵士（Sir George Gilbert Scott）事务所任职；
——1873 年在米德尔塞克（Middlesex）；
——1873 年移居上海，加入同和洋行（Kidner，Wm.），任助理；
——1875 年升任合伙人，事务所更外文名为 Kidner & Cory，1877 年事务所业务达到顶峰；
——1878 年初凯德纳退出回国，克里继续执业到 1893 年去世；
——1886 年任上海规矩会（Masonic Hall）执行委员会委员。

作品：

——参见第二编同和洋行。

著述：

——不详。

参考文献及相关材料：

——[N]. The North-China Herald and Supreme Court & Consular Gazette，1885-02-04：127.

——The Funeral of Mr. J. M. Cory[N]. The North-China Daily News，1893-02-24：163.

——[N]. The North-China Daily News，1893-02-23：159.

注：他曾任上海义勇军中尉；三一教堂门廊曾悬挂一块纪念克里的铜牌；其父亲 J. A. 克里（John Augustus Cory）也是一位建筑师。

C

[88] Creasy，Harold Thomas（H. T. 克里西）

生卒：1873—1950.10.31

出生地：斯里兰卡

国籍：英国

在华城市：香港

资历：AAHK，1924—1932；AMICE，1914；MIME

教育和训练背景：水晶宫工程学院（Crystal Palace School of Engineering）

经历：

——1895 年在佩因（Arthur C. Pain）手下工作，参与英国法纳姆（Farnham）水利工程提升工程；

——1898 年加入斯里兰卡工务处任地区工程师；

——1900 年被任命为省域工程师（provincial engineer）；

——1917 年升任副处长，后任处长及斯里兰卡工程协会主席（President of the Engineering Association of Ceylon）；

——一战期间任皇家工兵团队长；

——1923—1932 年任香港工务署署长；

——1932 年退休；

——1950 年去世。

作品：

——深水埗捕房建造（the Constructions of the Sham Shui Po Police Station），香港，1924；

——中央消防局（Central Fire Station），香港，1926。

著述：

——不详。

参考文献及相关材料：

——https：//en.wikipedia.org/wiki/Harold_Thomas_Creasy.

——https：//www.gracesguide.co.uk/Harold_Thomas_Creasy.

[89] Creighton，Roy Lamont（R. L. 克赖顿）

生卒：1889.12.28—1974.03.22

出生地：美国亚利桑那（Arizona）

国籍：美国

在华城市：杭州、汉口、上海、北京

资历：不详

教育和训练背景：1912—1915 年在哈佛大学建筑学院学习

经历：

——1915 年毕业后到杭州任青年会（YMCA）建造监工；

——1916 年 1 月移居汉口；

——1917 年任武昌博文大学（Boone University）监工；

——1919—1926 年任上海美国长老会（Presbyterian Church in the U.S.A. in Shanghai）建筑部建筑师；

——1928 年在回美国休假后到黎巴嫩贝鲁特（Beirut）监造贝鲁特美国大学（American University of Beirut）；

——1931 年到土耳其伊斯坦布尔负责监造罗伯特学院（Robert College）图书馆；

——1933 年回到中国，在北京华文学院（The College of Chinese Studies）工程学院（即华北工程学校，North China School of Engineering Practice）任教，并负责监造长老会建筑至 1941 年 7 月；

——1941 年 12 月被日军囚禁于潍县集中营，1943 年 9 月 15 日被遣送回到美国；

——1944 年在长老会纽约办事处（New York Office of Presbyterian Mission Board）；

——1946 年回到上海修缮教产；

——1948 年自上海到香港；

——1950 年在泰国活动；

——1952 年在纽约长老会办事处任职；

——1959 年退休；

——1974 年去世。

作品：

——文华大学（Boone University），监造，武昌；

——青年会建筑，监造，杭州，1920。

——杭州基督教青年会两座干事住宅：1 号住宅（"顾庐"）与 2 号住宅（"居安"），1923。

著述：

——不详。

参考文献及相关材料：

——Year Book of Prayer for Missions[Z].1949：4.

——Roy and Clara Creighton Papers（RG 177）[A]. Special Collections，Yale Divinity School Library.

——http：//www.weihsien-paintings.org/RonBridge/habitants/FullList.htm.

——https：//www.wikitree.com/wiki/Creighton-839.

——杭州青年会和干事住宅信息由武志华提供。

——照片来源：同上。

注：其父亲 J. M. 克赖顿（James Miller Creighton）也是一位建筑师，曾于 1922 年 6 月到访上海。

[90] Crossman，William（W. 克罗斯曼）

生卒：1830.06.30—1901.04.19

出生地：英国艾尔沃思（Isleworth）

国籍：英国

在华城市：上海（1866—1872）

资历：AMICE

教育和训练背景：1847 年 1 月进入伍尔维奇皇家军事学院（Royal Military Academy，Woolwich）

经历：

——1848 年 12 月 19 日获得少尉军衔；

——1849 年 2 月 1 日加入查塔姆（Chatham）皇家工兵团；

——1851 年参与伦敦水晶宫博览会组织；

——博览会结束后，作为第三皇家工兵和矿工队（Royal Sappers and Miners）军官被遣往西澳大利亚天鹅河殖民地（Swan River Colony），主要负责监督相关公共工程的建造实施；

——1856年2月被召回英国，参加克里米亚战争（Crimean War）；

——回到英国后，其受雇于防御工事督察处（Inspector-General of Fortifications），随后几年致力于朴次茅斯（Portsmouth）、怀特岛（the Isle of Wight）、戈斯波特（Gosport）和普利茅斯（Plymouth）等地防御工事的测绘和设计；

——1861年末被派往守卫加拿大；

——1864年2月受雇于战争部，后升为上尉；

——1866年2月26日受财政部委托，调查中国和日本的英国领事馆状况，并完成一份关于每个领事馆的修缮预算和设计报告，服务时间超过4年；

——1870—1882年间多次被派往海外执行特殊任务；

——1882年回国后曾参政；

——1886年自军队退役；

——1901年4月在伦敦去世。

作品：

——上海高等法院（The Supreme Court），指导博伊斯（Robert H. Boyce）设计，1871。

著述：

——不详。

参考文献及相关材料：

——https: //en.wikipedia.org/wiki/William_Crossman.

——https: //sappers-minerswa.com/officers/crossman-william/sir-william-crossman/.

——照片来源：同上。

[91] Cumine，Eric Byron（甘少明）

生卒：1905—2002

出生地：中国上海

国籍：英国

在华城市：上海

资历：ARIBA；AIAA

教育和训练背景：1922—1926年在伦敦英国建筑联盟学校攻读建筑学专业

经历：

——1922年春离开上海回到英国；

——1926年毕业后在伦敦郡工部局工务处建筑部任职（Architectural Section of the P.W.D. of the London County Council），同时参加测绘师学会考试课程（Surveyors' Institute examination）；

——1927年获得英国皇家建筑师学会泰特奖（RIBA Tite Award）；

——1928年6月回到上海，加入其父亲克明（H. M. Cumine）的公司；

——1933年在上海市工务局登记为建筑技师并开业；

——1945年曾参与《大上海区域计划总图初稿》编制工作；

——1949年转至香港开设事务所（Cumine Architect & Associates），1949—1987年在香港和澳门设计了众多建筑，包括著名的澳门葡京酒店等。

作品：

——参见第二编克明洋行。

著述：

——E. B. Cumine. The Chinese Pagoda[J]. The China Journal，1939，31：160-163.

——E. B. Cumine. Real Estate Mart Here Said Booming[N].The China Press，1941-07-15（5）.

——E. B. Cumine. Housing Abroad Editor[N]. The China Press，1936-08-16（10）.

——E. B. Cumine. 1937 Architectural Prospects Year of Municipal And Governmental Projects: Speculative Building Halted[N]. The North-China Daily News，1937-01-26（15）.

——E. B. Cumine. Shanghai Rents Comparison With London[N]. The North-China Daily News, 1936-08-16(2).

——E. B. Cumine. Real Estate Mart Here Said Booming[N]. The China Press，1941-07-15（5）.

——E. B. Cumine. Local Real Estate Market Reported Very Active[N]. The China Press，1941-08-25（5）.

参考文献及相关材料：

——郑时龄．上海近代建筑风格 [M]. 上海：同济大学出版社，2020：188.

——Cumine Speaks on Chinese Architecture Chinese Building Said Unchanged for Last 30 Centuries[N]. The China Press，1938-11-29（02）.

——Charlie Q. L. Xue. Hong Kong Architecture 1945—2015：From Colonial to Global[M]. Singapore：Springer，2016：77-80.

——照片来源：同上：78.

[92] Cumine，Henry Monsel（克明）

生卒：1882.07.07—1951.07.20

出生地：中国上海

国籍：英国

在华城市：上海

资历：FIAA；MAAL；FIAS，1927

教育和训练背景：1899—1901 年在上海公共租界工部局工务处做测绘学徒

经历：

——1902 年加入大清邮政；

——1903 年 1 月已经成立上海新锦名洋行（Cumine & Co.，H. M.，Rent and Estate Agent and General Contractors）；

——1904 年 1 月洋行已经更名为镜明洋行（Cumine，H. M.，Merchant，Land and Estate Agent and General Broker）；

——1904 年 C. H. 克拉格（Chas H. Kragh）加入成为合伙人，公司更名为克明洋行（Cumine & Kragh，Land and Estate Agents，Builders，Contractors，and General Commission Agents），1906 年 1 月添加建筑师业务（Cumine & Kragh，Architects，Survers，Builders and Estate Agents），经营至 1906 年；

——1905—1907 年克明在唐山工程矿业学院（Engineering and Mining College at Tangshan）任教，后曾到汉口任《汉口邮报》（*Hankow Mail*）编辑；

——1907 年回到上海继续经营克明洋行，从事建筑设计实践，并管理程莫记（Chen Chun Hsieh）的遗产；

——1911 年克明成立锦发产业有限公司（China Land & Buildnig Co.），自任经理及建筑师，经营至 1918 年 7 月；

——1919 年 1 月已经成立同和英行（Harvie & Gibson，Architects，Land and Estate Commission Agents manufacturers，Representatives and Builders'suppliers）；

——1919 年 7 月公司已更名为克明洋行（Cumine，Henry M. Architect，Surveyor，Estate and Commission Agent，and Merchant）；

——1921 年，米伦（Francis E. Milne，LRIBA）成为合伙人，公司改外文名为 Cumine & Milne Architects，Ciril Engineers，Surveyors and Estate Agents；

——1921 年开办宏业（地产）有限公司（West End Estates Ltd. Estate and Propoerty Owners），经营至 1941 年 7 月；

——1924 年米伦退出，公司于 11 月改为有限责任公司，外文名为 Cumine & Co. Ltd.，由克明及其后代甘少明（E. B. Cumine）和 G. G. 克明（G. G. Cumine）一起经营到 1941 年 7 月；

——上海地产估价测绘师学会 1931—1932 年会期内克明发表《上海土地的注册》（*Registration of Land in Shanghai*）；

——其还曾任上海商文印刷有限公司（Mercantile Printing Co., Ltd., 1917—1918）、文汇报有限公司（Shanghai Mercury, Ltd., 1928—1929）、英商鸿懋地产有限公司（Denis Land Investment Co., 1928—1929）、英商文汇有限公司（Wen Wei Co., Ltd., 1938—1940）的主席或经理；

——1948 年到巴西里约热内卢；

——1951 年在英国去世。

作品：

——参见第二编克明洋行。

著述：

——H. M. Cumine. A New Civic Centre Editor[N].The Shanghai Times, 1931-02-27（3）.

——Land Values in Shanghai by H. M. Cumine, F. I. A. A.[N].The Shanghai Times, 1930-05-10（3）.

参考文献及相关材料：

——Men of Shanghai and North China[M]. 1933：94-99.

——Leaders of Commerce Industry and Thought in China[M].1924：116.

——Allister Macmillan. Seaports of the Far East：Historical and Descriptive, Commercial and Industrial, Facts, Figures, & Resources[M]. 2nd edition. London：W. H. & L. Collingridge, 1925：106.

——Men of Shanghai and North China[M]. 1935：129-133.

——照片来源：同上：131.

注：其父辈在上海经营贸易及地产业务；他在上海、天津和汉口都十分知名，曾任上海地产业主协会委员和上海地产估价测绘师学会委员。

[93] Curry, Rowland Ashby（克利）

生卒：1884.04.03—1947.01.06

出生地：美国伍斯特（Wooster）

国籍：美国

在华城市：上海

资历：不详

教育和训练背景：伍斯特学院（University of Wooster），康奈尔大学建筑学学士（1907 年）

经历：

——在俄亥俄州克利夫兰执业 7 年；

——1915 年到上海开办克利洋行，主营股票经纪业务，并加入上海股票交易协会；

——1917 年 7 月已经加入房产经纪业务；

——1918 年初邓恩（William Dunn）加入，公司增加建筑师和测绘业务；

——1918 年与匈牙利建筑师邬达克（Hudec）合伙；

——1925 年 3 月邬达克自办事务所，两人散伙；

——1928 年回到美国从事木材生意。

作品：

——参见第二编克利洋行。

著述：

——不详。

参考文献及相关材料：

——[J]. Progressive Architecture, 1925, 6：95.

——The China Who's Who（Foreign）[M].1924：61.

——The China Who's Who（Foreign）[M].1925：52.

——The China Who's Who（Foreign）[M].1927：55.

——[J]. The China Monthly Review, 1928, 44：295.

——[J]. Arts & Architecture, 1929, 36: 73.
——Mr. R. Ashby Curry[N]. The North-China Daily News, 1947-03-25（3）.
——WikiTree. Under license to MyHeritage.com[DB/OL]. Lehi, UT, USA: MyHeritage（USA）Inc. https://www.myheritage.cn/research/collection-10109/wikitree, Original data: WikiTree, http://www.wikitree.com.
——Leaders of Commerce Industry and Thought in China[M].1924: 118.
——照片来源：同上。

[94] Dainton, George William Bottrill（G. W. B. 丹顿）

生卒：1891.04—1957.10.10
出生地：英国西德比（West Derby）
国籍：英国
在华城市：上海
资历：不详
教育和训练背景：不详

经历：

——1931 年在上海公共租界工部局工务处任工程监督（Clerk of Works）；
——1938 年任资深工程监督；
——1940 年任建筑助理；
——1941 年 1 月退休，2 月离开上海到澳大利亚悉尼，并参观当地监狱建筑。

作品：

——上海提篮桥监狱（Ward Road Prison），监造，1929—1934。

著述：

——不详。

参考文献及相关材料：

——The Sydney Morning Herald[N]. 1941-02-19: 5. http://trove.nla.gov.au/ndp/del/article/17726893.
——G. W. B. Dainton Honoured By Royal Sussex Lodge[N]. The Shanghai Sunday Times, 1941-01-05（4）.
——照片来源：同上。

[95] Dale, Herbert W.（H. W. 戴尔）

生卒：不详
出生地：不详
国籍：英国
在华城市：上海
资历：ARIBA
教育和训练背景：不详

经历：

——1881 年 1 月前加入上海和记洋行（Groom, Francis A., Architect and Land and Estate Agents）；
——1882 年和沃特斯（Thomas. J. Water）合伙接手和记洋行，公司更外文名为 Waters & Dale, Civil

Engineers, Architect, Land and Estate Agents;
——1886 年时公司由戴尔独立经营，名称未变，后无闻。

作品：

——上海国际展览馆（The Shanghai International Exhibition Building），Groom & Dale，1882；
——祺昌洋行（Russell & Co.）缫丝厂，上海，1883 年前；
——新天花病院（The New Small-Pox Wards），Waters & Dale，上海，1884；
——德国领事馆及领事住宅（German Consulate and Counsular Residence），Waters & Dale，上海，1884。

著述：

——不详。

参考文献及相关材料：

——The Proposed International Exhibition[N]. The North-China Daily News，1881-03-29（3）.
——The New Small-Pox Wards[N]. The North-China Daily News，1884-11-15（3）.
——[N]. The North-China Herald and Supreme Court & Consular Gazette，1884-11-19：558.

[96] Dallas，Arthur（A. 达拉斯）

生卒：1860.01.09—1924.08.06
出生地：中国上海
国籍：英国
在华城市：上海
资历：MICE；ESC；FRMS；FRSA
教育和训练背景：不详

经历：

——1877—1898 年在上海公共租界管理公务写字房（Engineer and Surveyor's Office）工作，历任排水工头、干事、助理测绘师、助理工程师和测绘师等职位；
——1898 年加入上海通和洋行并成为合伙人，行外文名改为 Atkinson & Dallas；
——1923 年 7 月后离职，通和洋行由合伙人继续经营至 1941 年；
——1924 年在伦敦去世。

作品：

——参见第二编通和洋行。

著述：

——不详。

参考文献及相关材料：

——The China Who's Who（Foreign）[M].1922：77.
——照片来源：Arnold Wright.Twentieth Century Impressions of Hongkong，Shanghai，and Other Treaty Ports of China[M]. London：Lloyds Greater Britain Publishing Company，1908：622.

注：他是上海在华建筑师学会（Incorporated Institute of Architects in China）的创办者之一，并长期担任副主席职位。

[97] Danby, William（丹备）

生卒：1842.05.05—1908.02.12

出生地：英国利兹

国籍：英国

在华城市：香港、广州

资历：MICE；AAHK，1903—1908

教育和训练背景：毕业于伦敦国王学院，在利兹市政工程师门下做土木工程师学徒

经历：

——学徒完毕后，任利兹助理区工程师；

——1866 年任利兹副区工程师（Deputy Engineer）；

——之后在前英国土木工程师学会主席托马斯·霍克斯利爵士（Sir Thomas Hawksley）手下任驻段工程师（chief resident engineer）；

——1869—1873 年在利兹负责有关工程；

——1873 年 12 月受聘为香港量地官助理；

——1874—1879 年负责所有政府公共工程和测绘；

——1874 年在政府任职同时自办事务所，公司外文名为 Wiliam Danby，C. E. Architect & Surveyor；

——1879 年 2 月辞去公职开始私人执业；

——1879 年 4 月与夏普（Granville Sharp，1825—1899，是一名会计，最初是一名银行家，后拓展业务到房地产）合伙开办事务所，公司外文名为 Sharp & Danby；

——1881 年 2 月，二人散伙，丹备继续以自己名字从事建筑师、测绘师和土木工程师业务，而夏普则以 Sharp & Co. 名义继续从事房地产业务；

——1881 年丹备与理（Robert Kennaway Leigh）组成丹备及理机器司绘图行，公司外文名为 Danby & Leigh；

——1890 年柯伦治（James Orange）加入，公司外文名变更为 Danby，Leigh & Orange；

——1894 年丹备独立开业，经营丹备画则师行（Danby，Wm.）；

——1903 年香港丹备洋行设置广州分行，由土木工程师贝尔纳茨（P. Bernatz）负责；

——1908 年丹备去世后，其事务所股份被 Leigh & Orange 收购；

——他被称为东方工程界的领军人物（the dean of the engineering profession in the Orient）。

作品：

——香港大潭水塘（Tytam Waterworks）的详细测绘和岩屑（borings），1874—1875；

——香港连接水库和宝云道填料床（Bowen Road filler beds）的隧道；

——共济会堂（Amoy Masonic Hall），厦门，1879；

——香港圣若瑟书院（St. Jpseph's College），1881；

——制糖厂和码头（Suger Refineries and Docks），香港；

——奥斯汀酒店（Austin Arms Hotel at the Peak），香港，1891；

——联合教堂（Union Church），香港，1891；

——旧牛奶公司写字楼（Dairy Farm Building），香港，1892；

——高街旧精神病院（Former Mental Hospital at High Street），香港，1892；

——维多利亚酒店（The Victoria Hotel），香港，1893；

——上海公共租界工部局中央捕房建筑竞赛 A 方案（Danby，Leigh & Oriange，三等奖），1891；

——上海某司办公楼；

——九江外滩规划，1879；

——另参见第二编丹备画则师行。

著述：

——不详。

参考文献及相关材料：

——William Danby，M. I. C. E.，HongKong[J]. The Far Eastern Review，1907-12：195.

——Obituary[J]. The Far Eastern Review，1908-03：292.

——http：//www.hkmemory.hk/collections/hong_kong_cemetery/all_items/images/201309/t20130916_68726.html.

——宣旻君 . 19 世纪末 20 世纪初西方建筑师在广州的设计实践研究 [D]. 广州：华南理工大学，2022：139-140.

——照片来源：Tony Lam Chung Wai（林中伟）. From British Colonization to Japanese Invasion：The 100 Years Architects in Hong Kong 1841—1941[J]. HKIA Journal，2006，45（1）：44-55.

D

[98] D'Aquino，José Tomás（德・阿基诺）

生卒：不详

出生地：中国澳门

国籍：葡萄牙

在华城市：澳门

资历：不详

教育和训练背景：曾在里斯本学习数学、设计和商业

经历：

——德・阿基诺是第一位澳门土生葡人建筑师，具体经历不详。

作品：

——葡英剧院，建造，澳门，1839；

——圣老楞佐教堂和主教堂重建，澳门，1844—1846；

——圣母诞辰小教堂重建，澳门，1844；

——将圣多明我修道院改建为军人医院，澳门，1848；

——塞卡尔子爵府（今政府大厦），建造，澳门，1849；

——塞卡尔新男爵宅邸，建造，澳门，1850；

——圣方济各兵营（嘉思栏修道院拆除重建），澳门，1851。

著述：

——不详。

参考文献及相关材料：

——[葡]科斯达（Maria de Lourdes Rodrigues Costa）. 澳门建筑史 [J] 范维信，译 . 文化杂志（澳门），1998（35）：3-44.

[99] David，Lucien Emile Camille（L. E. C. 戴维）

生卒：1909.10.17—?

出生地：法国巴黎

国籍：法国

在华城市：香港、上海

资历：AAHK，1929—1934；DPLG

教育和训练背景：巴黎美院（Ecole Nationale des Beaux Arts in Paris），公共工程学院（Ecole des Travaux Public）工程测量与验算专业（Measurement and Verification of Work）

经历：

——在巴黎美院学习期间曾跟随巴黎建筑师蒙塔纳尔（Mr. de Montarnal）和凡尔赛区域和部门建筑师魏尔什（Mr. Welsh）等多位建筑师学习，参与了许多特殊项目和正式建造；

——曾在巴黎和凡尔赛执业，并在塞纳（Seine）和瓦兹（Oise）参与项目；

——1928 年 7 月 31 日到义品洋行上海分行任建筑师助理，后任建筑师、代理人等直至 1932 年 7 月；

——1929 年 10 月—1930 年 4 月任香港义品洋行建筑师助理；

——1930 年 4 月—9 月任义品洋行上海分行建筑师助理，后任建筑师至 1934 年；

——1935 年 1 月曾在上海中法实业公司任建筑师，后无闻；

——1947 年在纽约开设事务所。

作品：

——参见第二编义品洋行。

著述：

——不详。

参考文献及相关材料：

——Files 972-973，C.F.E.O.，Brussels，引自：Leung-kwok Prudence Lau. Adaptive Modern and Speculative Urbanism：The Architecture of the Credit Foncierd Extreme-Orient（C.F.E.O.）in Hong Kong and China's Treaty Ports，1907—1959[D]. Hong Kong：The Chinese University of Hong Kong，2013：237-238.

——照片来源：同上。

[100] Davies，Charles Gilbert（戴维斯 / 大维士 / 台维司）

生卒：1866—1933.01.22

出生地：英国

国籍：英国

在华城市：上海

资历：MICE；LRIBA；FRIBA，1929；MSA；MCI；MISE；IAC

教育和训练背景：不详

经历：

——1888 年以茶贸易公司泰茂洋行（Oliver，George & Co.）员工身份来到上海，并立刻被派遣到广州；

——不到一年，公司倒闭，回到上海干起建筑师的老本行；

——1890—1892 年与道达尔（Dowdell）合伙；

——1893 年进入上海公共租界管理工务写字房（工务处前身）任职至 1896 年；

——1896 年 11 月以"台维司"之名在《申报》刊登广告代客打样；

——1897 年 6 月 1 日创办新瑞和洋行（Davies，Gilbert.，Architect & Civil Engineer Land and Estate Agent）；

——1900 年托玛斯（Charles W. Thomas）入伙上海新瑞和洋行，洋行更外文名为 Davies & Thomas，Civil Engineers & Architects，经营至 1911 年 7 月托玛斯退休回国；

——1896 年任上海爱乐乐团（Shanghai Philharmonic Society）荣誉秘书；

——1911 年布鲁克（John Tallents Wynyard Brooke）成为合伙人，洋行中文名不变，更外文名为 Davis & Brooke，经营至 1932 年；

——1920—1925 年任在华建筑师学会（Institute of Architects in China）副主席；

——1931 年新瑞和洋行与英商恒业地产公司（Metropolitan Land And Building Company）合并；

——1932 年已经开设香港分部；

——1933 年戴维斯去世。

作品：

——参加上海公共租界工部局中央捕房建筑竞赛，1891；

——1893—1896 年监造中央捕房、维多利亚疗养院、余杭路发电站、静安寺路礼拜堂；

——另参见第二编新瑞和洋行。

著述：

——不详。

参考文献及相关材料：

——Leaders of Commerce Industry and Thought in China[M].1924：122.

——[N]. The North-China Herald and Supreme Court & Consular Gazette，1933-01-25：137.

——Obituary[N]. The North China Daily News，1933-01-23：10.

——Mr. Charles Gilbert Davies Dies，Well-known Architect to Be Buried Tomorrow[N]. The Shanghai Times，1933-01-23（1）.

——Career of The Late Mr. C. Gilbert Davies. Well-known Architect Who was Responsible for Erection of Many Important Buildings；Good Sportsman and Musician[N].The Shanghai Times，1933-01-24（4）.

——Late Mr. C. G. Davies：Career of a Well-Known Architect：Victorious in Many Hunts[N]. The North-China Herald and Supreme Court & Consular Gazette，1933-02-01：175.

——照片来源：同上。

D

[101] Dean，Samuel M.（丁恩）

生卒：不详

出生地：不详

国籍：美国

在华城市：北京

资历：MACAE

教育和训练背景：1912 年获宾夕法尼亚州立学院（Pennsylvania State College）机械工程专业学位

经历：

——1914—1925 年前任北京国立师范学院科学与艺术学院工业职业教育和艺术系系主任（Peking National Teachers College Department of Arts and Sciences，Depart of Industrail Vocational Education and Art），教授机械工程和建筑，并在实践中学教授工程基础；

——1922 年同时任埃尔布鲁克公司（Elbrook，Inc.）主任工程师（Managing Engineer）；

——1930 任北平华北工程实践学校校长（Peiping's North Chia School of Engineering Practice）；

——1935 年任华北布道团建筑师事务所（North China Mission Architects Bureau，又称 Presbyterian Building Bureau of China）建筑师，与 R. L. 克赖顿（R. L. Creighton）和甘恩（C. A. Gunn）合伙；

——1940 年任工程实践研究所主任（Principal，Institute of Engineering Practice）。

作品：

——燕京大学礼拜堂（Yenchi'ng University Chapel），北京，未实施，1935。

著述：

——Samuel M. Dean. The Future Industrial Systerm of China[J]. The Trans-pacific：A Weekly Review of Far Eastern Political，Social and Economic Developments，1920，2.

——Sam Dean. China，the Land Where Builders Get Insomnia[J]. Journal of the Association of Chinese and American Engineers，1926，7（4）：2-8.

——Samuel M. Dean. Results from Junk，Education that Gives Chinese Students Jobs，not Merely "Face" [J]. Journal of the Association of Chinese and American Engineers，1926，7（6）：5-10.

——Samuel M. Dean. China's Rural Industries[J]. The Chinese Recorder，1933-06-01：349-358.

——Samuel M. Dean. Rural Reconstruction Ideals and Methods：I. Fostering Small Chinese Industries[J]. The Chinese Recorder，1932，63：471-473.

——Rip Van Winkle Returns to an American Technical College[J]. Journal of the Association of Chinese & American Engineers，1938：271.

参考文献及相关材料：

——The China Foundation for the Promotion of Education and Culture Sixteenth Report[R].1940.

——[J]. Mechanical Engineering，1947，69：445.

——[J]. Journal Association of Chinese and American Engineers，1935：124.

——[J]. Architecture，1935，72：269.

注：他同时也是美国长老会传教士。

[102] De Jenlis，Louis（尚保衡）

生卒：1875.01.17—1938.10.14

出生地：法国卡塞勒小镇

国籍：法国

在华城市：上海

资历：不详

教育和训练背景：先后就读于巴黎中央理工学院（Ecole Centrale）和高等电力学院（Ecole Superieure d lectricite），1898年获得了两个工程师学位

经历：

——毕业后在两家法国公司的设计事务所担任工程师；

——1903年进入耶稣会；

——在完成哲学和神学修业后，于1910年晋升铎品，并被派遣来上海；

——1911年9月抵达上海后一直是震旦大学土木工程系的教授，在理工学院土木工程系教授数学、工业物理和水力学，创建了震旦大学的工业电力实验室、水力实验室和材料测试实验室；

——因对上海的流质土壤做了非常出色的基础研究工作，加之在材料选择方面的能力，他成为震旦大学历任校长的建筑顾问；

——除教学活动外，尚保衡神父还为1912—1938年间由上海主要建筑师建造的震旦大学的所有建筑设计了基础并做设计图审查。

作品：

——震旦博物院，基础设计及设计图审查，1929—1931；

——震旦大学圣伯多禄小圣堂，基础设计及设计图审查，1932—1933；

——震旦大学图书馆和实验室的大型教学楼，基础设计及设计图审查，1936；

——佘山教堂钢混结构设计与计算。

著述：

——不详。

参考文献及相关材料：

——[比]高曼士（Thomas Coomans）. 佘山教堂寻踪：朝圣建筑和历史图景[M]. 田炜帅，任轶，译. 上海：同济大学出版社，2023：226-227.

——照片来源：同上：226.

[103] Denham，John Edward（J. E. 德纳姆）

生卒：1875.02.07—?

出生地：英国埃克斯茅斯（Exmouth）

国籍：英国

在华城市：上海

资历：ESC；IAC

教育和训练背景：艾克赛特海勒中学（Hele's School，Exeter），在建筑师沃伦（Edward George Warren）名下学徒7年

经历：

——1896年10月来华任上海公共租界工部局工务处建筑师；

——1901年加入美昌洋行，并成为合伙人，公司更外文名为Smedley & Denham；

——1905年罗士（Robert Rose）成为合伙人，公司更外文名为Smedley，Denham & Rose；

——1908年斯梅德利（Smedley）退出，公司外文名改为Denham & Rose，经营至1910年罗士离开，公司中、外文名未更改；

——至1919年7月公司更外文名为Denham，J. E.；

——1918年在北京邮政总局设计奖赛中获首奖，并于1919年关闭上海业务，转赴北京负责邮政总局新楼建设；

——1922年7月回国休假；

——1924年1月曾到上海，后无闻；

——曾任在华建筑师学会理事。

作品：

——参见第二编美昌洋行。

著述：

——不详。

参考文献及相关材料：

——Chinese Materials Center，Incorporated. Who's Who in the Far East，1906—1907 [Z]. Hong Kong：China Mail，1907：76.

——Chinese Materials Center，Incorporated.Who's Who in the Far East，1907—1908 [Z]. Hong Kong：China mail，1908：38.

——The Peking Who's Who[M].1922：10.

——The China Who's Who（Foreign）[M].1922：83.

——The China Who's Who（Foreign）[M].1924：69.

——The China Who's Who（Foreign）[M].1925：58.

——The China Who's Who（Foreign）[M].1927：60.

——照片来源：Arnold Wright. Twentieth Century Impressions of Hongkong，Shanghai，and Other Treaty Ports of China[M]. London：Lloyds Greater Britain Publishing Company，1908：622.

注：其被中国官场所熟知（well known in Chinese official circles）。

[104] Denison, Albert（甸尼臣）

生卒：不详
出生地：不详
国籍：英国
在华城市：香港
资历：AMICE；AAHK，1903—1927
教育和训练背景：不详

经历：

——1886 年之前到香港；
——1886—1887 年在丹备及理事务所（Danby & Leigh）任助理；
——1888 年自办事务所，外文名为 A. Denison，中文名为"甸尼臣"；
——1896 年蓝（Ram）加入成为合伙人，公司外文名改为 Denison & Ram，中文名不变；
——1900 年劫士（Gibbs）成为合伙人，公司更外文名为 Denison，Ram，& Gibbs，中文名改为甸尼臣蓝及劫士，直至 1933 年停业再未改名；
——1923 年时已设计建筑数百栋，大多数是商业建筑和住宅；
——甸尼臣于 1925 年退出。

作品：

——香港公共学校，1893，蓝负责；
——明德医院（Matilda Hospital），香港，1906；
——梅夫人妇女会主楼（Helena May），香港，1916；
——浅水湾酒店（Repulse Bay Hotel），香港，1920；
——九龙水利工程；
——邮政大楼（Post Office Building），香港；
——香港大学 3 座宿舍（The three University Hostels），香港，1913—1915。

著述：

——不详。

[105] Dick, David Crawford（D. C. 狄克）

生卒：1865.08.08—1919.05.08
出生地：英国爱丁堡
国籍：英国
在华城市：上海
资历：AMICE，1895；MICE，1914；ESC
教育和训练背景：爱丁堡丹尼尔·斯图尔特学院（Daniel Stewart's College，Edinburgh）；爱丁堡史蒂文森咨询工程师（Messrs. Stevenson，Consulting Engineers）

经历：

——1900 年 5 月到华，加入中国海关工程处（Engineer's Department）；
——1907 年升任助理工程师；
——1908 年 6 月被任命为中国海关工务处总工程师，至 1919 年去世；
——1912—1914 年任上海工程师和建筑师协会副主席；
——1917 年当选圣安德鲁协会（St. Andrew's Society of Shanghai）主席；
——1919 年 5 月在美国阿尔图纳（Altoona）休假期间去世。

作品：

——参见第三编中国海关营造处。

著述：

——不详。

参考文献及相关材料：

——彭长歆 . 现代性 · 地方性——岭南城市与建筑的近代转型 [M]. 上海：同济大学出版社，2012：126-127.

——Obituary Mr. D. C. Dick[N]. The North-China Herald and Supreme Court & Consular Gazette，1919-05-31（41）.

——照片来源：Arnold Wright.Twentieth Century Impressions of Hongkong，Shanghai，and Other Treaty Ports of China[M]. London：Lloyds Greater Britain Publishing Company，1908：417.

注：1900 年远征中国勋章（China Expedition Medal of 1900），1908 年清政府四等职员（Civil Rank of the Fourth Class），1914 年民国政府三等嘉禾勋章（The Order of the Chia Ho）。

[106] Diniz，Francisco Xavier（叶肇昌）

生卒：1869.07.15—1943.08.06

出生地：中国上海虹口

国籍：葡萄牙（华裔）

在华城市：上海、南京

资历：不详

教育和训练背景：1889—1895 年在上海英国建筑师道达（Dodwall）门下学徒

经历：

——1896 年进耶稣会，通过澳门教区推荐入徐家汇修院学习；

——1903 年创办土山湾军乐队；

——1905 年在上海耶稣会院晋铎，后留在江南代牧区工作，期间除 1906 年去安徽水东出试，一年后回上海，专务教区建筑事业；

——1910 年任徐家汇天主堂（Zi-ka-wei Establishments）驻场建筑师；

——1912—1913 年分别在法国和英国（坎特伯雷）进修神学，并在巴黎美院（École des Beaux-Arts）学习一年建筑学，并在法国一家建筑公司实习；

——1913 年回到上海成为"传教区的传教士建筑师"，为江南教会设计教堂；

——后曾在震旦大学教授建筑学和建筑技术课程；

——1933 年向实业部申请登记为建筑科工业技副，并获批准；

——1937 年 8 月在南京为美国加利福尼亚耶稣会士主持学生宿舍建筑工事，但因日军轰炸而被迫中断工作并返回上海；

——1943 年去世。

作品：

——震旦大学第一栋建筑（今上海交通大学医学院东部老教学楼，the first buildings of Aurore University），1905；

——徐家汇天主堂（圣依纳爵主教堂），负责监造，道达设计，1906—1910；

——耶稣会神学院，1909；

——徐汇中学校舍（Saint-Ignace College，崇思楼），1917—1918；

——交通大学图书馆（现档案馆、校史博物馆），1918—1919；

——佘山山顶大堂（Our Lady Help of Christians in She-Shan），监造并协助钢混结构设计，和羹柏设计，1924—1935；

——南京美国耶稣会学生宿舍，1937，因战争，工事中断；

——江苏几座教堂。

著述：

——[葡]叶肇昌.方言西乐问答[M].上海：土山湾慈母堂，1903.

参考文献及相关材料：

——张晓依.徐汇中学“崇思楼”设计者叶肇昌与土山湾乐队[C]// 李灵，肖清和.历史学堂 基督教与近代中国教育.上海：上海译文出版社，2018.

——陈公博.实业部批：工字第八一六九号[N].实业公报，1933，146-147：59.

——https：//fr.wikipedia.org/wiki/Fran%C3%A7ois-Xavier_Diniz.

——Jeremy Clarke. The Virgin Mary and Catholic Identities in Chinese History[M]. Hong Kong：Hong Kong University，2013：245.

——Obituary[J]. Le Bulletin Catholique de Pekin，1943-09.

——Thomas Coomans. Notre-Dame de Sheshan à Shanghai，basilique des jésuites français en Chine（上海佘山圣母教堂，法国耶稣会在华圣殿）[J]. Bulletin Monumental，2018，176（2）：129-156.

——[比]高曼士.佘山教堂寻踪：朝圣建筑和历史图景[M].田炜帅，任轶，译.上海：同济大学出版社，2023.

——传教士近亡录：上海教区叶司铎：耶稣会士叶肇昌司铎[J].铎声月刊，1943，2（11）：1.

——王成义.上海土山湾艺术[M].上海：上海大学出版社，2014：81-89.

——照片来源：[J].圣体军月刊，1947，13（5）：19.

注：又名P. Fr. X. Diniz S. J.，字“树藩”，被称为“穿着神父黑袍的建筑师”“生平最擅建筑术”；有文献称叶乐山（Joseph Diniz / José Diniz，1904—1989）为其弟弟，也加入了耶稣会，二人经常被混淆，有文献称1937年在南京督造美国耶稣会学生宿舍的建筑师是叶乐山（David Strong. A Call to Mission-A History of the Jesuits in China 1842—1954：Vol. I The French Romance[M]. Cambridge：Cambridge University Press，2019：320.），具体情况待考。

[107] Dorpmuller，Julius（多普末勒）

生卒：1869.07.24—1945.07.05

出生地：德国埃尔伯菲尔德（Elberfeld）

国籍：德国

在华城市：青岛

资历：不详

教育和训练背景：在亚琛科技大学（Technischen Hochschule Aachen）学习铁路和道路建设

经历：

——1893年毕业后在普鲁士国家铁路公司工作；

——1907年加入山东铁路公司，任技术办公室成员；

——1908年任津浦铁路总工程师；

——1917年中国对德宣战后被解除职务；

——1918年回到欧洲。

作品：

——黄河铁路大桥，Gustavsburg Works设计，与桥梁公司（Vereinigte Maschinenfabrik Augsburg und. Maschinenbaugesellschaft Nurnberg，A.-G. Zweiganstalt Gustavsburg）工程师Borkowetz同任工程指导。

著述：

——不详。

参考文献及相关材料：

——Torten Warner. Deutsche Architektur in China：Architekturtransfer（德国建筑艺术在中国：建筑文化移植）[M]. Berlin：Ernst & Sohn，1994：166-167.

——https://de.wikipedia.org/wiki/Julius_Dorpm%C3%BCller.
——照片来源：同上。

[108] Dowdall，William Macdonnell Mitchell（陶威廉 / 道达）

生卒：1843.09.12—1928.05.21
出生地：爱尔兰都柏林
国籍：英国
在华城市：上海
资历：ARIBA，1882；FRIBA，1891；AMICE；IAC
教育和训练背景：埃迪斯（Sir Robert William Edis）学徒

D

经历：

——1865—1870 年在伦敦志愿军（Artists Rifle Volunteer Crops）服役，为皇家海军炮兵志愿军（Royal Naval Artillery Volunteers）的创建贡献颇多；
——1870—1882 年在皇家海军炮兵志愿军服役；
——1882 年到上海开办建筑师事务所陶威廉洋行（Dowdall，W. M.）；
——1883 年加入上海义勇军；
——1886 年被南京两江总督曾国荃任命为防御工事总长（Inspector-General of Fortifications），构筑沿海及长江沿岸防御工事；
——1887 年事务所改中文名为道达洋行；
——1893 年创建上海义勇军工程师连并任指挥至 1897 年；
——1895 年马矿司（R. B. Moorhead）成为合伙人，公司中文名不变，公司外文名改为 Dowdall & Moorhead;
——1900 年获清政府颁发的双龙宝星勋章；
——1903 年左右马矿司单独开业，道达恢复独自经营，公司外文名仍为 Dowdall，W. M；
——1907 年创办在华建筑师学会，并任主席至 1924 年 7 月；
——1909 年任上海法租界公董局（Conseil d'Administration Municipale de La Concession Francaise a Changhai）副主席；
——1913 年 7 月—1916 年 1 月兼任宏业有限公司（International Estate & Finance Co.，Ltd.）秘书及会计；
——1919 年 7 月礼德（Read，W. Stanley）成为合伙人，公司更外文名为 Dowdall & Read；同年 4 月道达退休回英国，其事务所由礼德继续经营至 1924 年 7 月；期间 1922 年 7 月—1923 年 1 月蒂拉纳（A.Tulasne）短暂入伙，公司更外文名为 Dowdall Read & Tulasne；
——1928 年在霍夫（Hove，Sussex）去世。

作品：

——参见第二编道达洋行。

著述：

——W. M. Dowdall. Scientific Fortification in China[C]//The Institution of Civil Engineers. Minutes of Proceedings of The Institution of Civil Engineers. London：Published by the Insitution，1890，99：305-307.
——W. M. Dowdall. The Woosung Bridge[N]. The North-China Daily News，1888-03-23（3）.

参考文献及相关材料：

——Edward Denison，Guang Yu Ren. Building Shanghai：The Story of China's Gateway[M]. London：John Wiley & Sons，2006：52，56，88.
——Who's Who in the Far East，1906—1907[Z].1907：82.
——Who's Who in the Far East，1907—1908[Z].1908：42.
——Mr. W M. Dowdall[N]. The North-China Herald and Supreme Court & Consular Gazette，1928-06-02：376.
——照片来源：Arnold Wright. Twentieth Century Impressions of Hongkong，Shanghai，and Other Treaty Ports of China[M]. London：Lloyds Greater Britain Publishing Company，1908：622.

[109] Dowie，Kenneth William（罗虔益）

生卒：1887.05.09—1965.06.02

出生地：加拿大新苏格兰

国籍：加拿大

在华城市：台北

资历：CSCE 学生会员，1904

教育和训练背景：自 1907 年就读于麦吉尔大学应用科学学院工学系（Applied Science, Faculty of Applied Science, McGill University），专攻土木与结构学程，并取得建筑工程学学位

经历：

——是台湾北部基督长老教会继吴威廉之后的主要建筑设计者，于 1913 年被加拿大总会派来台湾，1924 年才回国；曾在淡江中学任教，擅长几何学与工程学；

——在麦吉尔大学（Science Faculty of McGill University）就读期间便加入了学生基督教青年会（Y.M.C.A.）并担任干事；

——大学毕业后一度于自治领桥梁公司（Dominion Bridge Co.）工作，其后又回麦吉尔大学进修并取得建筑工程学位，并且于该校的长老教会神学院（Presbyterian College of McGill University）进修部分课程；

——后在洛氏与法氏联合建筑师事务所（Ross & Macfarlane Architects）工作时，接受了加拿大长老教会宣道会的召唤，成为海外传教士；

——1913 年 10 月 31 日，他被加拿大总会派来中国台湾淡水担任传教士（但不具备牧师身份），是当时来台湾的传教士之中唯一以“传教行政”（Department Administrative）为身份的教会建筑师，专为协助淡水中学青年教育工作以及规划校园、建设校舍；

——1914 年他赴东京学习日语时，结识了基督教女青年会派遣至日本的美籍传教士古利安（Miss Marion Osgood），之后两人结婚；

——1917 年罗虔益夫妇返回淡水；

——1920 年宣道会派他到洛杉矶学习营建业务半年，期间完成淡江中学八角塔的设计图；

——1921 年返回台湾后便展开了营建工作；

——1921 年 4 月 1 日—1922 年 8 月 31 日，主要代理淡江中学校长；

——1924 年，返回加拿大。

作品：

——淡江中学体育馆（风雨体操场，Gymnasium-Assembly Hall），1923；

——淡江中学八角塔校舍，1920—1925；

——艋舺教堂，1923。

著述：

——不详。

参考文献及相关材料：

——黄兰翔．台湾建筑史之研究：他者与台湾 [M]. 台北：财团法人空间母语文化艺术基金会，2018.

——淡水维基馆：罗虔益词条．

——The Canadian Engineer[J]. 1904，11：379.

——苏文魁．令人怀念的建筑家罗虔益传教士 [J]. 台湾教会公报，1999-08-15（2476）：11.

[110] Druzhinen，Sergei Nikolaevich（S. N. 德鲁日宁）

生卒：1886—1940

出生地：俄罗斯彼尔姆

国籍：俄罗斯

在华城市：哈尔滨、天津

资历：不详

教育和训练背景：德国达姆施塔德工业学校建筑工程专业

D

经历：

——曾在圣彼得堡从事建筑设计，后在托木斯克市又开办私人建筑公司，来哈尔滨后的多年间一直在私人建筑设计工作，是一名钢筋混凝土及民用建筑专家；

——哈尔滨工业大学的创建组织者之一，在哈尔滨工业大学任教期间，担任绘画课程的教学工作；

——1939 年到天津，次年病逝。

作品：

——开原铁路大桥；

——伊热夫斯克工厂，哈尔滨；

——秋林公司对面的商行，哈尔滨；

——铁路局管辖的老房子，哈尔滨。

著述：

——不详。

参考文献及相关材料：

——[俄]克拉金. 哈尔滨——俄罗斯人心中的理想城市[M]. 张琦，路立新，译. 哈尔滨：哈尔滨出版社，2007：213.

——陈颖，刘德明. 哈尔滨工业大学早期建筑教育[M]. 北京：中国建筑工业出版社，2010：62.

——照片来源：同上。

注：俄文名为 с н дружининь。

[111] Dunn，E. C. A.（E. C. A. 邓恩）

生卒：不详

出生地：不详

国籍：不详

在华城市：长春、沈阳

资历：不详

教育和训练背景：B.A; B.E.（建筑师和工程师学士？）

经历：

——1908—1912 年在长春任宽城子和吉林省政府工务处土木工程师（Civil Engineer，Public Work Department; engineer to Kwau Cheng Tze & Kirin Provincial Governments）；

——1909 年在沈阳兼任中国邮政建筑师和测绘师（A. E. C. Dunn）；

——1914 年已经任道清铁路（Chinese Government Railways，Taokou-Chinghua Line，Honan）工程师（engineer of ways and works），至 1930 年后。

作品：

——不详。

著述：

——不详。

[112] Dunn，William Allen（W. A. 邓恩）

生卒：1881.02.23—1971.09

出生地：美国费城（Philadelphia）

国籍：美国

在华城市：上海、北京

资历：CE；AIA，1933；MACAE

教育和训练背景：1904 年从宾夕法尼亚州军事学院（Pennsylvania Military College）获得土木工程学位，1906—1908 年在宾夕法尼亚大学（University of Pennsylvania）学习

经历：

——1908—1916 年在霍勒斯·特伦鲍尔（Horace Trumbauer）事务所任职；

——后到上海，加入沙河公司（Shattuck & Hussey）；

——1918—1919 年在上海克利洋行（R. A. Curry）任职；

——1919 年 2 月赴北京，任洛克菲勒基金会建筑师；

——1923 年和何永元（W. Y. Hall）在上海合办清和洋行（Hall，Dunn & Co. General Importers，Architects & Engineers）；

——1925—1927 年在上海哈沙得洋行任职；

——1927 年回到美国，加入里特尔和谢伊事务所（Ritter & Shay），工作至 1938 年；

——1934 年 1 月—1937 年 1 月在上海公和洋行（Palmer & Turner）任职。

作品：

——6 座住宅，册地 3188 号，上海西摩路外，清和洋行，1923；

——10 座住宅，册地 1334 号，上海周家嘴路外，清和洋行，1923；

——墙，册地 3281 号，上海赫德路外，清和洋行，1924；

——上海汇丰银行大厦，责任建筑师，1935。

著述：

——不详。

参考文献及相关材料：

——The Commercial & Credit Information Bureau. The Comacrib Directory of China[Z]. Shanghai：Kelly & Walsh，Ltd.，1925：238.

——Directory and chronicle for China，Japan，Corea，Indo-China，Straits Settlements，Malay States，Siam，Netherlands India，Borneo，the Philippines，etc.[Z]. Hong Kong：Hong Kong Daily Press Office，1938：A271.

——[J]. The Pennsylvania Gazette，Weekly Magazine of the University of Pennsylvania，1918，16（21）：563.

——https：//aiahistoricaldirectory.atlassian.net/wiki/spaces/AHDAA/pages/36883751/ahd1011944.

——https：//www.philadelphiabuildings.org/pab/app/ar_display.cfm/22468.

[113] Durst，M. H. R.（杜施德）

生卒：不详

出生地：不详

国籍：德国

在华城市：上海

资历：不详

教育和训练背景：柏林工业大学（Technical University at Berlin-Charlottenburg）工程学位

经历：

——他接受到的技术训练包括规划铁路及桥梁，海、河港口发展，市政供水工程、供气工程、发电厂和排水系统等；做钢及钢混建筑设计，建造工厂等；

——曾在德国和瑞士工作多年；

——1914—1916 年一战期间任工程技术团干部，驻法国北部及俄罗斯，参与重建铁路、桥梁、高速公路；

——1917—1918 年在罗马尼亚参与重建油田、铁路、桥和隧道、高速公路，并负责建造一座投资 1000 万美元的木材加工厂；

——1919 年作为德国铁道部代表在拉脱维亚首都里加（Riga）参与组建波罗的海国家铁路交通；

——1920 年来到东方，受聘于荷兰港口工程公司在苏门答腊和爪哇工作两年，主要从事铁路、桥梁及钢混建筑建造，并负责一座投资数百万美元的煤矿的重组；

——1922 年加入纽约美孚石油公司，到华负责其华北区域的建造工程，如哈尔滨、沈阳、大连、天津、青岛、烟台及华北其他港口，负责所有新工程的设计、估价、招标及验收，还曾对抚顺煤矿进行测绘；

——1931 年建造新上海发电厂建筑（new Shanghai Power Co. building），并成立自己的事务所杜施德工程师（Durst，M. H. R.，Architect and Consulting Civil Engineer），经营土木工程师和建筑师业务，承接工业企业、房地产开发、港口工程、铁路建造、栈房、工厂等工程，营业至 1940 年；

——1934 年登记为实业部土木技师。

作品：

——新上海发电厂建筑（new Shanghai Power Co. Building），建造，1931；

——麦伦中学三层科学馆（Medhurst College's New Science Building），上海兆丰路，1937；

——实业部钢铁厂选址测绘，浦口、马鞍山，1933；

——南京医院（Nanking Hospital），南京，1936；

——广丰面粉股份有限公司新麦库及厂房，无锡，1936。

著述：

——不详。

参考文献及相关材料：

——[J]. The China Journal，1936（24）：364.

——Men of Shanghai and North China[M].1933：114.

[114] Edmunds，James R.，Jr.（J. R. 埃德蒙兹）

生卒：1890.04.01—1953.02.04

出生地：美国马里兰州、巴尔的摩（Baltimore）

国籍：美国

在华城市：广州

资历：AIA，1923

教育和训练背景：1912 年毕业于宾夕法尼亚大学建筑系

经历：

——1917 年底受聘为岭南大学（Canton Christian College）驻场建筑师，合同 3 年；

——1918 年初到广州；

——至 1920 年底回到美国巴尔的摩。

作品：

——广州岭南大学十友堂（Ten Alumni Hall），现中山大学南校区西北区 537 号，广州；

——马应彪招待室（Guest House）；

——陈嘉庚堂（Tan Kar Kee Hall），1918；

——岭南大学附中临时膳堂（1918）；

——岭南大学附小第四寄宿舍（Primary School Dormitory），1919；

——广州岭南大学八角亭（Fruit Kiosk），1919；

——十友堂（Ten Alumni Hall），1919；

——马应彪夫人护养院（The Infirmary），1917—1919；

——爪哇堂（Java Hall），1920；

——张弼士堂（Chang Hall）；

——荣光堂（Wing Kwong Hall），与 Philip N. Youtz 合作设计；

——陆达理堂（Straight Hall），1926；

——广州协和神学院。

著述：

——不详。

参考文献及相关材料：

——Minutes of Meetings of Lingnan Administrative Board of Trustees in 1917[G]. RG011-178-3224，The Yale Divinity School Library.

——J. R. Edmunds，Architect，Dies Penn Trustee Planned Projected Physics Unit[N]. Philadelphia Bulletin，1953-02-05.

——J. R. Edmunds Jr.，Noted Architect[N]. New York Times，1953-02-05.

——彭长歆．现代性　地方性——岭南城市与建筑的近代转型 [M]. 上海：同济大学出版社，2012.

——彭长歆．规划化或地方化：中国近代教会建筑的适应性策略——以岭南为中心的考察 [J]. 南方建筑，2011（2）: 43-50.

——彭长歆．岭南近代著名建筑师 [M]. 广州：广东人民出版社，2005.

——宣旻君．19 世纪末 20 世纪初西方建筑师在广州的设计实践研究 [D]. 广州：华南理工大学，2022：160-162.

——照片来源：宾夕法尼亚大学档案馆，转引自文献同上。

[115] Ellis，Somers Howe（S. H. 埃利斯）

生卒：1871.02.25—1954.10.08

出生地：不详

国籍：英国

在华城市：香港、上海

资历：MICE；FRGS；AAHK，1917—1933

教育和训练背景：曾就读于伦敦国王学院，并学徒于米德兰铁路公司（Midland Railway）总工程师门下

经历：

——曾任米德兰和东印度铁路公司（Midland and East Indian Railways）助理工程师，埃及亚历山大克迪维林干船坞（Khedivial Graving Dock）建造工程师，以及伯肯黑德特兰米尔湾（Tranmere Bay，Birkenhead）开发工程驻地工程师；

——在利物浦从事咨询工程师工作，在中国香港、内地，以及海峡居留地（Straits Settlements）、缅甸、爪哇和西非从事港口工程；

——后任香港蓝烟通轮船码头（Alfred Holt & Co.）首席土木工程师，1911 年在上海负责修建浦东下游钢混码头及货栈。

作品：

——浦东下游钢筋混凝土码头及货栈（Reinforced-concrete wharves and warehouse at lower Pootung），1911。

著述：

——S. H. Ellis. Reinforced-Concrete Wharves and Warehouse at Lower Pootung，Shanghai[J]. Minutes of the Proceedings of the Institution of Civil Engineers，1912，188：80-96.

——S. H. Ellis. Corrosion of Steel Wharves at Kowloon[J]. Minutes of the Proceedings of the Institution of Civil Engineers，1915，199：133-140.

参考文献及相关材料：

——http：//www.gracesguide.co.uk/Somers_Howe_Ellis.

——Obituary. Somers Howe Ellis，F.R.G.S. 1871—1954[J]. Proceedings of the Institution of Civil Engineers，1955，4（1）：391-392.

[116] Emanoff，Nikolay Nikolaevich（N. N. 叶美诺夫）

生卒：不详

出生地：不详

国籍：俄罗斯

在华城市：上海

资历：不详

教育和训练背景：不详

经历：

——1922—1923 年在鸿达洋行（Gonda，C. H.）；

——1924 年 7 月—1926 年在上海新瑞和洋行（Davies & Brooke）任职；

——1926 年 7 月在思九生洋行任职；

——1928 年 7 月—1932 年在上海公和洋行（Palmer & Turner）任职；

——1933—1936 年在新瑞和洋行（Messrs. Davies，Brooke & Gran）任职；

——1934 年任俄国工程学会（Russian Engineering Society）秘书；

——1936—1937 年在上海经营单位家装公司（Unit Furniture Co.），任建筑师及经理；

——1938 年在理查德·鲍立克（Richard Paulick）开办的时代公司（Modern Home）任建筑师；

——1940 年 1 月前与在沪俄国建筑师金皮（E. L. Gindper）合伙创办联谊建筑师事务所（Associated Architects），同时任凯绥建筑公司（Cathay Construction Co.）经理，至 1941 年 7 月，职员有建筑师马林诺夫斯基（Constantin Malinovsky）；

——曾任上海俄侨协会外事和移民部秘书（Foreign Affairs and Migration Section of the Russian Emigrants' Association in Shanghai.）；

——1948 年移居巴西。

作品：

——东正教圣尼古拉斯教堂（St. Nicholas' Russian Orthodox Church），上海皋兰路 16 号，参与建造，1934；

——中国通商银行（Commercial Bank of China），上海江西中路 181 号，参与设计，1933—1935；

——住宅，上海武康路 370 号（原 Route Ferguson），联谊建筑师事务所，1941；

——良友公寓（Friendship Apartments），上海复兴西路 91 / 93 号、永福路 68 号，1941；

——西班牙风格别墅（Spanish-style residence），上海南京西路 1917 号（静安寺路），1941。

著述：

——不详。

参考文献及相关材料：

——Sheila Fitzpatrick，Justine Greenwood. Anti-Communism in Australian Immigration Policies 1947—1954：

The Case of Russian / Soviet Displaced Persons from Europe and White Russians from China[J]. Australian Historical Studies，2019，50（1）：141-162.

——Katya Knyazeva[OL]. https：//sites.google.com/view/russianshanghai/architects/n-n-emanoff.

注：俄文名为 Николай Николаевич Еманов。此条部分信息得益于张霞（Katya Knyazeva）。

[117] Endo Arata（远藤新）

生卒：1889.06.01—1951.06.28

出生地：日本福岛县相马郡福田村（今日本新地町）

国籍：日本

在华城市：长春

资历：MJA

教育和训练背景：1911 年进入日本东京帝国大学工科大学建筑学科学习，至 1914 年毕业，期间对赖特的建筑思想和作品产生很大兴趣

经历：

——1914 年 9 月大学毕业后在日本明治神宫造营局做勤务；

——1915 年参加明治神宫宝物殿设计竞赛并获得了三等奖；

——1917 年 1 月 8 日，经人介绍拜赖特为师，并留在其建筑设计事务所工作（赖特于 1916 年受邀到日本东京进行第二代“帝国饭店”的设计），同年 4 月 20 日追随赖特赴塔里埃森学习；

——1918 年 12 月 12 日回到日本并做帝国饭店的监理工作；

——1923 年自办远藤新建筑事务所；

——1925 年与南信合办远藤南（远藤新和南信）建筑事务所；

——1927 年夏，受到在长春工作的野泽组组长的邀请，研究如何利用“炼瓦”（长春当地一种砖类砌筑材料）和轻石建造房屋，当时仅为研究，并没有实际的工程应用；

——1929 年，受托在长春做一座砖房的设计，这时其之前的研究派上了用场；

——1933 年开设远藤南建筑事务所长春支店；

——1935 年，远藤新在长春参加了伪满洲新建筑讨论会（与会论文发表于日本《建筑知识》1935 年 5 月刊）；

——1943—1946 年，他先后担任“南满洲铁道”、伪满洲兴农金库、伪满洲重工业和伪满洲昭和制钢的建筑顾问；

——1946 年 5 月，远藤新心脏病发，在长春住院，同年 11 月他回到日本，住进东大医院继续接受治疗，病愈后则一直在日本进行建筑设计活动；

——1951 年 4 月，远藤新心脏病再次发作，于同年 6 月 28 日逝世。

作品：

——“新京”国际宾馆计划案（未实施），长春，1933；

——伪满洲中央银行总裁官邸，长春，1934；

——伪满洲中央银行副总裁官邸，长春，1934；

——伪满洲中央银行理事官邸，长春，1934；

——伪满洲中央银行单身宿舍，长春，1934；

——伪满洲中央银行集合住宅，长春，1934；

——伪满洲中央银行俱乐部，长春，1935；

——伪满洲中央银行俱乐部扩建工程（演出大厅、事务室等），长春，1943；

——杏花寮（长春高等女子学校宿舍），长春，1940；

——奉天铁西俱乐部设计方案，沈阳，1942；

——奉天大楼宾馆宴会厅改造，沈阳，1943；

——奉天警察厅礼堂改造，沈阳，1943；

——日满女塾（女子私塾），长春，1943；
——北陵宾馆，沈阳，1945；
——兴农金库吉林支行，吉林市，1945；
——兴农金库齐齐哈尔支行，齐齐哈尔，1945。

著述：

——曾在日本杂志《妇人》《知识》《建筑杂志》和《满洲建筑协会杂志》等刊物上发表过众多文章，具体待考。

参考文献及相关材料：

——李之吉．远藤新与长春的“草原式住宅”[C]// 张复合．中国近代建筑研究与保护（四）．北京：清华大学出版社，2004：249-252.
——莫畏，王娜娜．远藤新在长春的建筑作品及创作思想研究 [C]// 中国建筑学会建筑史学分会．《营造》第五辑——第五届中国建筑史学国际研讨会会议论文集（下）．中国建筑学会建筑史学分会，华南理工大学建筑学院，2010：8.
——王娜娜．远藤新在长春市建筑作品研究 [D]. 长春：吉林建筑工程学院，2009.
——远藤陶．帝国ホテルライト馆の幻影：孤高の建筑家远藤新の生涯 [M]. 东京：广済堂出版，1997.
——远藤新生诞百年记念事业委员会．建筑家 远藤新作品集 [M]. 东京：中央公论美术出版，1991.
——堀勇良．日本近代建筑人名总览（增补版）[M]. 东京：中央公论新社，2022：217-218.
——https：//sv.wikipedia.org/wiki/Arata_Endo.
——照片来源：同上。

[118] Engel，Max M.（M. M. 恩格尔）

生卒：1879—?
出生地：捷克布拉格
国籍：捷克
在华城市：沈阳、北京、上海
资历：MECE
教育和训练背景：布拉格技术大学（Politechnic University，Prague）土木工程学位

经历：

——1905 年到华，任上海自来水厂（南市和闸北）设计师和总工程师（Shanghai Chinese Waterworks Systems in Nantao and Chape）；
——自 1909 年开始在上海自办和泰洋行（Engel Max CE Consulting Engineer），经营到 1916 年；
——一战爆发后，回国参军；
——1919 年在上海恢复经营，曾任捷克政府代表；
——1923 年迁至北京经营和泰洋行，并创办北京汽炉工厂（Peking Radiator & Boiler Factory）；
——1923 年美国商人勒威森（William Lewisohn）入伙，公司更外文名为 Engel & Lewisohn（Peking Radiator & Boiler Factory）— Heating & General Engineers；
——1926 年勒威森退伙，恩格尔到沈阳开办和泰及汽炉工厂；
——1929 年沈阳和北京汽炉工厂一起停办，沈阳和泰（Engel，Max M. CE Consulting Engineer and Contractor）继续经营至 1940 年；
——1930 年兼任利满公司（Manchuria Trading Corporation）经理至 1940 年。

作品：

——南市自来水厂，上海，1905；
——闸北自来水厂，上海，1905；
——1 座洋式住宅，册地 2840 号西，上海爱文义路，1913；
——武昌自来水厂，武昌，1913。

著述：

——不详。

参考文献及相关材料：

——The China Who's Who（Foreign）[M].1922：74.

——The China Who's Who（Foreign）[M].1924：81.

——The China Who's Who（Foreign）[M].1925：71.

——The China Who's Who（Foreign）[M].1927：72.

——Wuchang Waterworks[J]. The Far Eastern Review，1913-10：197.

——New Chapei Water Works Opened Today[N]. The China Press，1911-10-29（10）.

[119] Erlemann，Heinrich（恩博仁）

生卒：1852—1917

出生地：不详

国籍：德国

在华城市：山东

资历：木匠

教育和训练背景：不详

经历：

——以木匠身份加入斯泰尔（Steyl）圣米歇尔教会（St. Michael's mission house），后曾任建筑主管（building supervisor），直至1884年成为一名传教士；

——自1886年以德国圣言会传教士身份到华传教，并任山东南部教会建筑主管；

——1917年去世。

作品：

——兖州圣言会大教堂，1898—1904；

——兖州圣言会主教府邸，1901；

——济宁圣言会教堂，1895—1898；

——圣方济各沙勿略修道院，1914；

——圣言会戴家庄传教站教堂，1911—1912；

——圣言会戴家庄传教站祈祷楼，1914。

著述：

——不详。

参考文献及相关材料：

——The Arnoldus Family Story，Divine Word Missionaries，Secretariat Arnold Janssen Steyl[EB/OL]. 2020，14（3）：2. https：//www.svdcuria.org/public/ajsc/newslet/ajsec/arc/2003.pdf.

——Torten Warner. Deutsche Architektur in China：Architekturtransfer（德国建筑艺术在中国：建筑文化移植）[M]. Berlin：Ernst & Sohn，1994：170-177.

[120] Eto Usaburo（卫藤右三郎）

生卒：1904.03.14—1992

出生地：日本熊本市

国籍：日本

在华城市：大连

资历：MJA

教育和训练背景：1922年毕业于“南满工专”建筑科

经历：

——毕业后即加入中村宗像建筑事务所大连支部，负责设计监督，曾获关东厅一级主任技术者，任设计主任3年、技术长6年；

——1937年加入伪满洲生活必需品株式会社，任副参事、经理部营缮科工务系主任2年，任副参事、经理部营缮科长代理兼设计系长3年，任参事、经营部营缮课长4年；

——1946年日本战败后回到日本鹿儿岛，并于次年开办建筑事务所。

作品：

——不详。

著述：

——不详。

参考文献及相关材料：

——http：//www.ens-nac.co.jp/founder/profile/.

——照片来源：同上。

注：其事务所仍在经营。

[121] Faber，Sven Eric（费博士 / 费博）

生卒：1892.01.09—1976

出生地：英国伦敦

国籍：英国

在华城市：上海、香港

资历：AMICE，1919；MISE，1923；AMAmSCE，1930；ESC；AAHK，1936—1941

教育和训练背景：1908—1912年在邓斯特斯学院、城市与行会技术学院、伦敦大学和帝国理工学院（Dunstans College and the City & Guilds Technical Institute，London University，Imperial College）接受教育，获得科学（工程）学士学位、城市与行会学会准会员资格、帝国理工学院学位

经历：

——1912—1915年在中非（刚果）沃尔（B. P. Wall，M.I.C.E.）门下以助理工程师身份参与测绘；

——一战期间在皇家空军服役，获空军十字勋章；

——1919—1922年在伦敦和曼彻斯特德罗洋行（Trollope & Colls）以助理工程师身份从事建筑设计；

——1922年5月到达上海，此后6年间一直在上海工部局电力部任监造工程师；

——1928年在慎昌洋行（Andersen，Meyer & Co）工程部任职；

——1929年在上海自办事务所费博士土木建筑工程师（Faber，S. E.，Consulting Civil Engineer），经营咨询土木工程师业务；

——1931年任飘艇总会（Shanghai Yacht Club）和上海皇家空军协会（The Royal Air Force Association of Shanghai）副主席；

——1932—1934年任上海皇家空军协会（Shanghai Royal Air Force Association）主席；

——1933年在上海市工务局登记为土木技师；

——1936年当选为上海中华国际工程学会主席；

——1936年转移到香港营业，执业至1973年。

作品：

——第一代女王剧院（The First Queen's Theatre），伦敦，1921；

——新杨树浦发电厂（New Yangtszepoo Plant），上海；

——敖尔琪住宅（Residence for T. H. U. Aldridge），上海胶州路 561 号，1925—1926；

——大舞台新屋，上海九江路，德利洋行汪静山设计，费博士任工程顾问，1933。

著述：

——S. E. Faber. Air Conditioning[A]// The Engineering Society of China. Proceedings of the Society and Report of the Council，1931—1932，1932，Volume XXX：67-98.

参考文献及相关材料：

——Men of Shanghai and North China[M].1933：122.

——Men of Shanghai and North China[M].1935：157.

——Rennie Remedios. Hong Kong Who's who：An Almanac of Personalities and Their History，1958—1960[Z]. Hong Kong：Rola Luzzatto，1960：92.

——John Brownlie Pinkerton. Consulting Engineers Who's who and Year Book[Z]. London：Princes Press，1976：91.

——https：//www.geni.com/people/Sven-Erik-Faber/6000000021928770347.

——Strange Fluid Properties in Shanghai's Soil. Mr. S. E. Faber's Instructive Presidential Address to Engineering Society of China；Foundation Problems in Construction[N]. The Shanghai Times，1936-10-06（5）.

——Engineer Tells Inside Story of New Works. Big Obstacles Overcome in Construction of New Yangtszepoo Plant[N]. The China Press，1934-05-17（13）.

——Shanghai Foundations Call for Skilful Engineering[N]. The Shanghai Sunday Times，1931-12-13（55）.

——郑时龄 . 上海近代建筑风格 [M]. 上海：同济大学出版社，2020：488.

——照片来源：[N]. The North-China Sunday News，Magazine Supplement，1932-04-24（6）.

[122] Fairburn，Harold John（H. J. 费尔伯尔尼）

生卒：1878—1965?

出生地：英国高门（Highgate）

国籍：英国

在华城市：西安、北京、上海、南京

资历：不详

教育和训练背景：1901 年在伦敦学徒

经历：

——1909 年来华，受雇于阿辛顿信托基金（Arthington Trust），负责山西、陕西的教会医院、学校和住宅等建造；

——1915—1918 年任英国浸信会建筑师，驻西安；

——1915 年曾负责西安邮局的设计；

——1918 年加入中国邮政总部新成立的建筑部门（北京：1918—1927，上海：1927—1935，南京：1935—1937），负责中国邮政大部分邮政建筑的设计建造；

——1937 年 11 月从中国邮政建筑部退休；

——1938 年 3 月自上海回国。

作品：

——西安广仁医院（Jenkins-Robertson Memorial Hospital / Sianfu Hospital），1913；

——西安邮局，1915；

——1918—1939 年中国邮政所有新邮局。

著述：

——不详。

参考文献及相关材料：

——Architect of Post Office Retires，Mr. H. J. Fairburn and Family Leaving Today[N]. The North-China Daily News，1938-03-04（7）.

——Retirement of C.P.O. Architect：Mr. H. J. Fairburn's Service of 26 Years in China[N]. The North-China Herald and Supreme Court & Consular Gazette，1937-11-17：271.

——照片来源：同上。

注：1935 年任上海合唱团（Shanghai Choral Society）荣誉秘书。

[123] Favier，Pierre-Marie-Alphonse（樊国梁）

生卒：1837.09.22—1905.04.04

出生地：法国马尔萨奈拉科（Marsannay-la-Côte）

国籍：法国

在华城市：北京

资历：不详

教育和训练背景：在加入罗马天主教会之前曾接受过建筑师训练

经历：

——1858 年 10 月 5 日在巴黎加入天主教会祝圣会（Roman Catholic Church's Congregation of Mission）

——1861 年 10 月 19 日成为神父；

——1862 年 7 月 5 日到达北京；

——1870 年 6 月在宣化传教；

——1899 年 4 月 13 日—1905 年 4 月 4 日任北堂主教。

作品：

——北京北堂（西什库天主堂）设计监造，1888。

著述：

——Alph. Favier. Peking，histoire et description[M]. Peking：Imprimerie Des Lazaristes Au Pe-T'ang，1897.

参考文献及相关材料：

——[N]. The Chinese Times，1888-11-17：745.

——[N]. The Chinese Times，1888-06-23：399.

——[N]. The Chinese Times，1888-03-31：196.

——Anthony E. Clark. China Gothic：The Bishop of Beijing and His Cathedral[M]. Seattle：University of Washington Press，2020.

——https：//en.wikipedia.org/wiki/Pierre-Marie-Alphonse_Favier.

——照片来源：同上。

注：又名 Abbe Favier，被称为“北京的维特鲁威和帕拉第奥”。

[124] Fechner，Ed. C.（E. C. 富希纳）

生卒：1872—1913.10.22

出生地：不详

国籍：德国

在华城市：汉口

资历：不详

教育和训练背景：不详

经历：

——原就职于青岛德商西米特公司（F. H. Schmidt），于1901年左右被派往汉口，稍后加入德国人开普勒（Karl Robert Kappler）的公司（Kappler & Co.），合伙创办泰和盘公司（Fechner & Kappler Architects and General Building Contractors），经营建筑设计和工程承包业务；

——开普勒此前已经在汉口开办了一家砖瓦的工厂——德源公司（Kappler & Co., Limited, Brick and Tile Factory），富希纳加入后两人同时经营两家公司：泰和盘公司由富希纳管理，主营建筑设计和包工业务；德源公司由开普勒管理，主要生产砖瓦等建筑材料；

——1907年左右，开普勒退出，由富希纳接手德源公司，将其外文名改为The Hankow Brick and Tile Works；

——曾任汉口德国租界工部局建筑师几年；

——1913年前回到德国，于1913年10月22日去世。

作品：

——汉口俄国领事馆；

——汉口德国领事馆；

——汉口意大利领事馆。

著述：

——不详。

[125] Fedorovsky, Peter Fedorovich（P. F. 费奥多罗夫）

生卒：1864.02.02—1944.10.24

出生地：俄罗斯叶利萨维特哥罗德（Kherson Governorate）

国籍：俄罗斯

在华城市：哈尔滨

资历：不详

教育和训练背景：曾就读于圣彼得堡皇家美术学院美术系，后转入建筑系，于1894年毕业

经历：

——1895年到托木斯克（Tomsk）省建造处任建筑师，期间曾为移民村设计学校和教堂；

——1896年当选为托木斯克政府城市建筑师，曾在任内负责多栋建筑的设计建造，并负责Ushayka River河岸加固和通往火车站的道路修建；

——1903年任托木斯克大学和省学区建筑师；

——1905年移居坦波夫（Tambov），任城市建筑师和女子学院建筑师，隶属于玛雅女王机构办公室（Office of Institutions of Empress Maia），也曾到下诺夫哥罗德（Nizhny Novgorod）工作；

——1912年回到托木斯克，并于1913年1月再度当选城市建筑师；

——1900—1905年和1914—1915年在托木斯克工艺学院（Tomsk Institute of Technology）教授制图、草图及建筑设计；

——自1913年成为托木斯克艺术爱好者协会的委员会成员；

——1916年被派遣到西伯利亚第九工兵团（Siberian Civil Engineering Crops）服役，被派遣到高加索前线（Caucasian Front）；

——1917—1918年在巴尔瑙尔技术学校（Barnaul Technical School）教授制图；

——1918年移居海参崴，曾参与海参崴工业大学的创办，并担任建筑学课程教学；

——1922年被学术委员会评为教授；

——1922年10月到哈尔滨开办事务所，业务遍布哈尔滨、长春、大连、天津等地（一说在长春住了半年之后，又在大连住了差不多两年时间，期间和小儿子在“南满铁路局”做建筑设计）；

——1926—1938年任哈尔滨工业大学建筑系主任；

——1944 年在哈尔滨去世。

作品：

——哈尔滨实科学校教学楼，1930；

——哈尔滨布拉戈维申斯卡娅教堂设计草图，与杜斯塔诺夫斯基合作；

——哈尔滨雅思理儿童福利院建筑方案设计，1941。

著述：

——不详。

参考文献及相关材料：

——https：//ru.wikipedia.org/wiki/Федоровский，_Пётр_Фёдорович.

——[俄]克拉金.哈尔滨——俄罗斯人心中的理想城市[M].张琦，路立新，译.哈尔滨：哈尔滨出版社，2007：191.

——http：//elib.tomsk.ru/page/11912/.

——照片来源：同上。

注：俄文名为 Федоровский，Пётр Фёдорович，英文名又写作 Fiorowski。

F

[126] Feltham，Terence Stanley Crathern（T. S. C. 费尔瑟姆）

生卒：1896—1971

出生地：英国萨福克伊普斯威奇市（Ipswich，Suffolk）

国籍：英国

在华城市：香港

资历：ARIBA，1919

教育和训练背景：伦敦北方理工学院（Northern Polytechnic Institute London）

经历：

——自 1923 年 1 月起在香港工务署任建筑师；

——1956 年和另外 26 位建筑师发起成立香港建筑师学会（HKIA）。

作品：

——港督粉岭别墅（Fanling Lodge），香港，1934；

——上李屋邨（Sheung Li Uk Estate），香港，1952；

——西环邨（Sai Wan Estate），香港，1958。

著述：

——不详。

参考文献及相关材料：

——http：//www.wikiwand.com/en/Stanley_Feltham.

[127] Ferrer，Joannes（范廷佐）

生卒：1817.03.08—1856

出生地：不详

国籍：西班牙

在华城市：上海

资历：不详

教育和训练背景：其父为西班牙埃斯库里阿宫宫廷艺术家、杰出的雕刻家，范廷佐受父亲影响，年轻时曾游历罗马，潜心艺术

经历：

——1842 年在那不勒斯加入耶稣会；

——1847 年到上海传教，后一直主持教会建筑设计事务；

——1851 年在徐家汇教堂内开设画室，次年改为工艺学校，招收中国学徒，后发展为土山湾画馆；

——1856 年在上海去世。

作品：

——董家渡教堂（圣方济各沙勿略天主堂，St. Francisco Xavier Church），上海董家渡路 175 号，1847—1853；

——徐家汇天主堂老堂，1851。

著述：

——不详。

参考文献及相关材料：

——《上海文化艺术志》编纂委员会，《上海美术志》编纂委员会．上海美术志 [M]. 上海：上海书画出版社，2004：379.

——土山湾博物馆 [OL]. https：//www.xuhui.gov.cn/tsw//index.php?m=index&c=index&a=inform&cid=1&ccid=23.

——照片来源：https：//www.xjh.sh.cn.

注：通称 Father Jean Ferrer，字孟臣。

[128] Fischer，Emil Sigmund（斐士）

生卒：1865.11.30—1945.02.21

出生地：奥地利维也纳

国籍：奥地利、美国

在华城市：天津、北京

资历：不详

教育和训练背景：毕业于维也纳一所商业学院

经历：

——1892 年前曾在维也纳、巴黎、布宜诺斯艾利斯、里约热内卢等地从事银行业（受维也纳商会委派，受雇于德国银行）；

——1892 年移居纽约；

——1893 年以奥匈帝国专员身份参加芝加哥世博会；

——1894 年到上海，先在瑞记洋行（Arnhold，Karberg & Co.）政府部工作，后在德华银行任职至 1899 年；

——1899 年因身体原因回到美国纽约居住，于 1899—1903 年任纽约外籍银行和交易经理，1904 年曾代表清政府和奥匈政府参加圣刘易斯博览会并任国际奖项评审团成员；

——1906 年再次来华，居住在天津奥匈租界，自 9 月 6 日起创办顺泰洋行（Fischer & Co. General Importers and Exporters，Manufacturers' Agents and Commercial Representatives），经营进出口贸易等业务；

——1906—1917 年任天津奥匈租界奥界建造公司（Hotung Bau Gessellschaft Real Estate Agents，Hotung Building Co.）理事；

——1909 年承建清华学堂扩建工程；

——1909 年 10 月 9 日—1910 年 1 月 30 日作为载洵出洋考查海军代表团成员，访问英、法、意、奥、德、俄六国；

——1911 年 4 月底—1912 年 5 月底作为英国乔治国王加冕典礼中国皇家使团随从秘书，与周自齐、郑汝成等陪同特使载振从北京乘火车，经过西伯利亚赴伦敦后，乘海圻号访问美国；
——1912 年 8 月被中华民国聘为工商部顾问官；
——1919—1922 年任中国政府托管人和外事办公室主任（Chinese Government Custodian and Foreign Office Director）；
——1921 年获美国国籍；
——1922 年开始在天津前奥租界内从事美国公共会计师、审计师和房产管理人等职业；
——1941 年被侵华日军囚禁于集中营，直至去世。

作品：

——清华学堂承建（二校门、科学馆等），1910—1911。

著述：

——Emil Sigmund Fischer（Fei-shi），Thomas William Kingsmill. Guide to Peking and its environs（京师地志指南）[M]. Tientsin：The Tientsin Press，1909.
——Emil Sigmund Fischer. Travels in China，1894—1940[M]. Tientsin，1940.

参考文献及相关材料：

——Pictures of the Fischer Residence at Tientsin[A]. Francis Harvey Green Library，W. Chester，PA 19383 United States.
——http：//www.findagrave.com/cgi-bin/fg.cgi?page=gr&GRid=115223875.
——David Shavit. The United States in Asia：A Historical Dictionary[M]. California：Greenwood Publishing Group，1990：264-265.
——The China Who's Who（Foreign）[M]. 1924：87.
——张黎源 . 林献炘《载洵、萨镇冰出国考察海军》辩误 [J]. 国家航海，2019（1）：187-197.
——李盛平 . 中国近现代人名大辞典 [M]. 北京：中国国际广播出版社，1989：806.
——周政 . 祖父周自齐创办清华学堂纪事 [N/OL]. 联合日报（文史周刊），2014-03-15，https：//wenku.baidu.com/view/8a08a408f7ec4afe05a1df15.html.
——[N]. New York Times，1945-03-02.
——周政 . 清华学堂创办人和承建人的传奇人生 [EB/OL]. http：//blog.sina.com.cn/s/blog_ec5d43bc0101fypk.html.
——照片来源：同上。

注：在华游历甚广，著述颇丰。

[129] Fischer，Hermann（H. 菲舍尔）

生卒：1884.04.06—1962.07.18
出生地：德国罗斯拉
国籍：德国
在华城市：济南
资历：不详
教育和训练背景：希尔德堡豪森大学

经历：

——1908 年到济南山东铁路公司任职，曾先后参与胶济铁路和津浦铁路的建设；
——1914 年获中国政府颁发的七等嘉禾奖章，同年离开中国前往法国；
——1926 年，移民菲律宾马尼拉；
——1962 年 7 月 18 日在马尼拉去世。

作品：

——津浦铁路济南火车站，济南，1908—1912；
——津浦铁路局济南机器厂道格米里办公大楼；

——自宅，济南，1910。

著述：

——不详。

参考文献及相关材料：

——https：//zh.wikipedia.org/wiki/ 赫尔曼 · 菲舍尔 _（德国建筑师）.

——照片来源：同上。

[130] Fittkau，Hans（费德考）

生卒：1885.04.24—1939.04.03

出生地：德国柏林

国籍：德国

在华城市：青岛、上海

资历：VDI；CAGE

教育和训练背景：在德国接受教育

经历：

——在来华前曾在柏林一家著名的建筑公司任职，广泛参与工程和建筑项目，曾负责几座发电厂、百货商店、旅馆、医院和工厂等的建造；

——1911 年作为汉堡西米特（F. H. Schmidt）事务所（西米特公司，广包公司）的建筑师，到青岛负责大量工程项目至 1914 年；

——一战期间在中国海关营造处任职工程监督，负责南宁和广州的建筑工程；

——1920 年成立上海德商通利洋行（Fittkau & Co., H.）任经理，营造铁路工程、建筑厂栈商埠房屋、代客打样、经理德国名厂各种机器电气材料水火保险、兼办进出口货代理、经租房屋地产等，曾在上海、南京、杭州等地建造大量工厂、住宅和其他建筑；

——1923 年德国建筑师沃萨（A. Woserau）入伙通利洋行（Fittkau & Woserau），1924 年 7 月退出；

——在上海执业至 1936 年；

——1939 年在曼谷去世。

作品：

——大华利酵母厂（Dawalu Yeast Factory），上海；

——中国肥皂有限公司（China Soap Works），上海；

——茧绸厂（Mei Wen Pongee Factory），上海；

——皮革厂（Li Shing Leather Factory），上海；

——永丰工厂（F. Reiber Factory），上海；

——时报馆印刷厂（Eastern Times Printing Works），上海；

——闸北制革厂（The Chapei Tannery），上海，1922；

——胶澳皇家法院，青岛，1912—1914；

——电厂，青岛；

——胶海关，与施特拉塞尔（Karl Strasser）合作，青岛，1913—1914；

——南宁和梧州的海关以及海关干事住宅；

——广州海关，参与设计；

——广州邮局；

——发电厂、工人住宅及医院，杭州；

——青岛、南宁、梧州、广州、上海、南京等地多栋住宅；

——参见第二编通利洋行和第三编中国海关营造处。

著述：

——不详。

参考文献及相关材料：

——Men of Shanghai and North China[M].1933：135–136.
——Men of Shanghai and North China[M].1935：174–177.
——德建筑工程师费德考返沪 [N]. 申报，1929–11–05（16）.
——费德考工程师添聘帮办 [N]. 申报，1929–12–05（16）.
——https：//www.findagrave.com/memorial/18921359/hans–fittkau.
——照片来源：[N]. The China Press，1929–11–24（B4）.

[131] Ford，F. Howard（福德）

生卒：不详
出生地：不详
国籍：英国
在华城市：上海、天津、牛庄、沈阳、哈尔滨
资历：不详
教育和训练背景：不详

经历：

——1904 年被上海爱尔德洋行派驻天津的职员；
——1905 年在天津独立执业，事务所外文名 Ford，F. Howard，Architect；
——1908 年肖氏（K. M. Shaw）成为合伙人，公司外文名改为 Ford & Shaw，同时在牛庄开办分支；天津业务由肖氏负责，牛庄业务由福德负责；
——1909 年在沈阳任中国邮政建筑师和测绘师；
——1910 年散伙，转赴沈阳独立开业，设福德洋行（Ford，F. H.），添营测绘业务；
——1910 年曾任沈阳俄领事馆建筑师和测绘师；
——1919 年在牛庄执业；
——1920—1921 年在怡和洋行哈尔滨分行任职；
——1931—1933 年在哈尔滨执业，经营建筑师和保险代理业务。

作品：

——中国邮局，奉天（沈阳），1909；
——俄国领事馆，奉天（沈阳），1910。

著述：

——不详。

[132] Fraser，Bright（B. 弗雷泽）

生卒：1894.07.25—1974.06.03
出生地：英国利物浦
国籍：英国
在华城市：上海
资历：ARIBA，1922；FRIBA，1930；FRSA，1934
教育和训练背景：学徒于利物浦普雷斯科特和戴维斯（Prescott & Davies）事务所

经历：

——学徒完成后继续在普雷斯科特和戴维斯事务所工作 5 年；

——后到切斯特（Chester）洛克伍德（Philip Lockwood）事务所任助理，并于 1915 年到博尔顿（Bolton）布雷斯托、加斯和霍普（Bradstow，Gass & Hope）事务所任助理；

——1915 年入伍参战（Artist Rifles，28th London Regiment），后于 1917 年在德国被俘；

——1919 年被释放后加入意大利维琴察的帝国战争坟墓委员会（Imperial War Graves Commission），游历意大利；

——1920 年回到伦敦，在贝德福德广场第一建筑工作室（the first Atelier of Architecture，Bedford Square）进修，同时在伦敦勒沃胡姆（Lord Leverhulme）事务所任助理建筑师；

——1920 年获得建筑竞赛金奖并获奖学金；

——1922 年当选为英国皇家建筑师学会准会员，并到托马斯·马森父子（Thomas Mawson & Sons）事务所任职；

——1922 年 9 月到勒沃胡姆事务所任职；

——1923 年到上海加入通和洋行，任职至 1926 年；

——1926—1939 年在上海英商业广地产公司（Shanghai Land Investment Co.）任建筑师；

——1931—1933 年任上海艺术俱乐部展览（Shanghai Art Club Exhibit）主席；

——1937 年移民南非。

作品：

——披亚司公寓 / 浦西公寓（The Pearce Apartments），上海蟠龙街 26 号，1929—1930；

——虹口大楼扩建（Hongkew Hotel Extension），上海四川北路 875-895 号，1928—1929；

——中央信托银行（Central Trust Bank），上海北京东路；

——百老汇大厦（Broadway Mansions），上海北苏州路 2 号，公和洋行为咨询建筑师，1931—1934；

——上海虹口浜地产（Hongkew Creek Estate），1930 年已建成 300 栋住宅；

——上海新华路私宅（Amherst Avenue Private Residence），1932；

——上海坎南住宅（The home of A. M. Cannan Esq. / Villa Cannan，）；

——上海戈默索尔夫妇住宅（The home of Mr. and Mrs. W. C. Gomersall / Villa Gomersall）；

——自宅，上海虹桥路。

著述：

——不详。

参考文献及相关材料：

——http：//www.scottisharchitects.org.uk/architect_full.php?id=203995.

——https：//www.artefacts.co.za/main/Buildings/archframes.php?archid=537.

——Men of Shanghai and North China[M].1935：182–185.

——照片来源：同上：183.

[133] Frey，Walther（傅赖义）

生卒：不详

出生地：不详

国籍：德国

在华城市：天津、北京

资历：不详

教育和训练背景：不详

经历：

——1905 年到华；

——1913 年时，在罗克格公司（Rothkegel & Co.）天津分部工作；

——1914 年参加青岛保卫战被日军俘获，在日本监狱中被关押约四年半；

——1919 年被释放后回到中国（被关押期间依旧出现在通商名录罗克格公司职员中）；
——1923—1925 年在鸿美建造公司（Hunke & Müller，Architects and Civil Engineers）北京分支任职；
——1925 年和安尼（C. Y. Anner and W. Frey）获中山陵设计竞赛名誉奖；
——1926 年 1 月成为博瑞尔（F. W. Basel）在北京创办的龙虎公司（F. W. Basel & Co.）合伙人，公司更外文名为 Basel & Frey，Architects，Consul Engineers and General Contractors；
——1932 年离开龙虎公司，公司外文名保持不变；
——1938 年独立经营事务所，外文名为 Frey，Walther，Architect，当年离开中国。

作品：

——北京前门改造（罗克格设计），参与；
——太原阎锡山军火厂；
——北京国会大厦（未建成），参与；
——北京协和医学院，参与；
——北平高等师范学校（现北京师范大学）；
——哈佛燕京学社，北京；
——另参见第二编龙虎公司。

著述：

——不详。

参考文献及相关材料：

——Yixu Lu（吕一旭），David S. G. Goodman（古德曼）. Writing Home and China：Elisabeth Frey in Tianjin，1913—1914（家信与中国—伊丽莎白·弗雷在天津 1913—1914 年）[J]. Provincial China，2009，1（1）：1-18.
——Bryna Goodman，David Goodman. Twentieth-century Colonialism and China：Localities，the Everyday and the World[M]. London：Routledge，2012：151.
——World magazine（双城记）[J].Shanghai Expo Edition，2010：6-9.
——照片来源：同上：8.

[134] Freyberg，Woldemar Oscar（法伯瑞）

生卒：1879.07.27—?

出生地：俄罗斯格罗德诺（Grodno，今白俄罗斯格罗德诺州首府）

国籍：俄罗斯

在华城市：哈尔滨

资历：不详

教育和训练背景：1904 年毕业于帝国交通工程师研究所（Imperial Institute of Communications Engineers）

经历：

——1904—1919 年在俄国铁路部门任工程师；
——1920 年 3 月 5 日来到中国；
——1920—1930 年在哈尔滨开办事务所，外文名为 Freyberg，W. O.，Architect and Engineer，Contractor，经营工程师、建筑师和承办商业务；
——1923—1925 年兼任民国政府盐务部（吉黑榷运总局，Salt Revenue Administration）设计师和建筑师（工作地点为哈尔滨）；
——1926—1929 年兼任哈尔滨工业大学结构力学教授；
——1930 年到美国密歇根大学工程研究部任助理研究员。

作品：

——哈尔滨吉黑榷运总局（Chinese Government Salt Revenue Administration，Harbin），1924。

著述：

——不详。

参考文献及相关材料：

——The President's Report to the Board of Regents for the Academic Year[R]. University of Michigan，1931：76.

——The China Who's Who（Foreign）[M].1927：86.

注：作品信息来自奠基碑文，由张书铭提供。

[135] Fueki Hideo（笛木英雄）

生卒：1902.08—?

出生地：日本群马县

国籍：日本

在华城市：大连、吉林

资历：MJA

教育和训练背景：1924—1927 年就读于“南满工专”建筑科

经历：

——1927 年任伪满洲大连小野木横井共同建筑事务所勤务；

——1932 年 10 月 1 日任伪满国都建设局技士；

——1936 年 3 月 1 日任伪满营缮需品局营缮处技佐；

——1939 年 5 月任吉林省长官房营缮科长兼建筑局第一工务处技佐、省技正；

——1940 年 11 月 27 日辞职。

作品：

——大连圣德街西村北公寓、西村南公寓，1931。

著述：

——笛木英雄 . 先生の事ども（小野木孝治老师的事）[J]. 满洲建筑协会杂志，1933，13（2）.

——笛木英雄 . 业界の今昔 [J]. 满洲建筑杂志，1942，22（11）.

参考文献及相关材料：

——堀勇良 . 日本近代建筑人名总览（增补版）[M]. 东京：中央公论新社，2022：1145.

——中西利八 . 满洲绅士录 [M]. 3 版 . 东京：满蒙资料协会，1940：532.

——照片来源：同上。

[136] Fukui Fusakazu（福井房一）

生卒：1869.01.31—1937.01.25

出生地：日本福冈县

国籍：日本

在华城市：上海、汉口

资历：不详

教育和训练背景：东京工手学校造家学科毕业

经历：

——1888 年 9 月进入以培养初等技术人员为目的的东京工手学校（现工学院大学）学习，一年半后毕业于造家学科；

——1891 年 10 月赴美留学，后在纽约乔治·波士特设计事务所从事制图、设计工作 10 年；
——归国后在日本帝国海军总部建设部门任建筑师；
——1906 年年底来中国旅游时，从上海沿长江逆流去到汉口，受到两地日本领事的接待，并邀请他来华工作；
——回日本后即辞去军职，随后来到上海，和平野勇造一起开办了一家设计事务所，但是两人的合作关系只维持了 3 个月；
——1908 年年初，离开上海到汉口创业，他是汉口日租界建设初期唯一一位日本建筑师；
——1911 年 9 月离汉回国。

作品：

——日本人俱乐部，上海塘沽路 309 号，1914；
——三菱合资公司上海支店，上海广东路 102 号，1914；
——日本总领事馆本馆和事务馆，上海，1910；
——日本人俱乐部，汉口；
——日本人小学校，汉口；
——湖北省咨议局，武汉，1909；
——汉口一批日资公司的厂房和仓库；
——台湾总督府建筑设计竞赛第七名，1907。

著述：

——福井房一. 对南中国建筑的感想 [J]. 建筑世界（东京），1926：10.

参考文献及相关材料：

——福井房一. 福井房一履历书，1909[A]. 日本外交史料馆藏，档案号：8-4-8-21.
——李江. 汉口的日本租界 [C]// 张复合. 中国近代建筑研究与保护（二）. 北京：清华大学出版社，2001：122-132.
——陈祖恩. 上海的日本文化地图 [M]. 上海：上海文艺出版（集团）有限公司，2010：67，94.
——手冢晃，国立教育会馆. 幕末明治 海外渡航者总览（第 2 卷）[M]. 东京：柏书房，1992：268.
——堀勇良. 日本近代建筑人名总览（增补版）[M]. 东京：中央公论新社，2022：1147.

[137] Gauld，William（吴威廉）

生卒：1861.02.25—1923.06.13
出生地：加拿大安大略伦敦市西敏镇
国籍：加拿大
在华城市：新北（淡水）、台北
资历：不详
教育和训练背景：出生于木匠家庭，先接受训练成为初等学校教师，后入多伦多大学获得文学学士（1889），后入洛士神学院（Knox College）就读神学学位

经历：

——1880 年受马偕（George Leslie Macay）影响，立志成为一名海外传教士；
——毕业后向加拿大海外宣道会申请成为海外传教士，于 1892 年 10 月 22 日抵达淡水；
——1893 年，在马偕再次返乡后，暂时接掌其传教事业，其中包括教会、神学院及医院事务；
——1899 年马偕去世后全面接管传教事业，将北部台湾基督长老教会逐渐转型体制化，并协助创建北部教会议会制度成立“台北长老中会”，将传教中心从淡水迁移到台北“牛埔庄”（今双连附近），在当地兴建马偕纪念医院及台北神学院，所有建筑均为其负责设计建造；
——1923 年在淡水去世。

作品：

——马偕墓，新北淡水，1901；
——淡水英国领事馆官邸第二次增改建监造，1905；

——淡水姑娘楼（女传教士宿舍），1906；
——淡水牧师楼（男传教士宿舍），1909；
——淡水台北长老会妇学堂（Women's school，为成人及已婚妇女教育之用），1910；
——台北马偕医院，1912；
——台北宋雅各医师宿舍（医师楼），1913；
——台北吴威廉牧师宿舍（台北牧师楼），1913；
——差会传教士宿舍（台北牧师楼），1914；
——护士楼，1914；
——在地助手宿舍，1914；
——淡水女学校（私立淡水女学院），1916；
——旧淡水中学 2 栋小教室增建，1916；
——淡水日本教师宿舍，1916；
——台北神学校、台湾基督长老会神学校（联合神学院），1918；
——第二代桃仔园礼拜堂，1904；
——第二代北投礼拜堂，1915—1916；
——宜兰礼拜堂，1916；
——基隆礼拜堂，1920—1921；
——花莲凤林礼拜堂（第一代），1922—1923；
——第三代新竹礼拜堂，1923。

著述：

——不详。

参考文献及相关材料：

——陈颖祯．加拿大宣教师吴威廉在北台湾的建筑生产体系及作品研究 [D]. 台北：台北艺术大学，2008.
——Hugh MacMillan. Builder Abroad：William Gauld，Go Bok-Su，of Formosa Toronto?：English and Canadian Presbyterian Missions in Formosa[M]. 1956.（吴威廉传记）
——https：//zh.wikipedia.org/zh-cn/ 吴威廉．
——http：//www.laijohn.com/archives/pm/Gauld，W/builder/bkh.htm.
——照片来源：https：//catalog.digitalarchives.tw/item/00/08/37/64.html.

[138] Gavin，John（J. 加文）

生卒：不详
出生地：英国爱丁堡
国籍：英国
在华城市：上海、汉口
资历：不详
教育和训练背景：不详

经历：

——1860 年 8 月从亚历山大（Alexandria）到上海；
——1863 年 3 月 9 日在汉口开办事务所（John Gavin，Civil Engineer and Architect），并在上海《北华捷报》进行广告宣传；
——1864 年曾测绘汉口英租界；
——1865 年 4 月，莫里森（Hugh Morrison）成为合伙人，公司改外文名为 Gavin & Morrison；
——其事务所到 1872 年仍见于记载，后无闻。

作品：

——汉口教会医院（Hankow Medical Mission Hospital），汉口；

——汉口英国圣约翰教堂（St. John the Evangelist Church），汉口。

著述：

——不详。

参考文献及相关材料：

——Private and business letter books of John Gavin, an engineer from Edinburgh in Hankow and Shanghai, 1863—1864 [A]. British Library: Asian and African Studies. Reference: Mss Eur C871.

——John Gavin, engineer in Hankow and Shangai: letter books, 1863—1864 [A]. British Library: Asia. Pacific and Africa Collections. Reference: Mss Eur 9899/20.

[139] Geyling, Rolf（盖苓）

生卒：1884.06.07—1952.08.01

出生地：奥地利维也纳

国籍：奥地利

在华城市：天津

资历：MAAES，1923

教育和训练背景：1904—1908 年在维也纳大学学习建筑学和土木工程学（含服兵役 1 年），1909—1910 年在维也纳美术学院进修

G

经历：

——先后于 1906 年和 1910 年通过第一、二次建筑师国家考试；

——1910 年毕业后进入奥托·瓦格纳（Otto Wagner）工作室工作，后于 1911 年开始独立执业；

——1914 年加入奥地利军队参加第一次世界大战，后于 1915 年 6 月被俘；

——1920 年 2 月逃离至中国北戴河，与朱启钤相识并为新民公司（Shing Ming Co.）工作至 9 月，主要负责北戴河海滨浴场开发；

——1920 年 9 月与德国建筑师贝伦德（K. Behrendt）和魏提希（E. Wittig）合办润富建筑公司（Yuen Fu Building and Engineering Co., Ltd.），在北戴河和天津营业，至 1923 年夏解散；

——1924 年与斯卡夫（F. Skoff）在天津创立同义洋行（Geyling & Skoff Architects and Consulting Engineers），至 1931 年散伙、独自经营，公司更外文名为 Geylnig Rolf Architect and Consulting Engineer，至 1933 年公司更中文名为盖苓工程师（又名美术建筑事务所、美术绘图工程司），经营至 1941 年后公司业务停滞；

——1929—1934 年在天津工商学院土木工程系兼职任教；

——1932 年被奥地利授予“国家建筑鉴定议员”（Baurat h.c.）荣誉称号；

——1949 年重新开办事务所，后于 1952 年逝世。

作品：

——莲花石公园、霞飞馆、吴鼎昌别墅、观音寺钟楼，北戴河，1920；

——“高级海滨酒店”竞赛一等奖，与贝伦德合作，1920；

——段祺瑞旧居、曹汝霖旧居、杜持礼旧居，天津；

——金城银行，天津，未实施，1920；

——沈阳东北大学、天津章瑞庭别墅、青岛煤矿扩建，1921—1922；

——德美医院，天津，1925；

——大连火车总站设计竞赛一等奖，与斯卡夫合作，1925；

——贵州路 80-90 号住宅、任凤苞住宅改建、西门子公司办公楼，天津，1927；

——德国教会教堂建筑设计竞赛首奖，上海，1930；

——北仓防洪系统和船闸项目、天津公学（Tientsin Kung Hsueh），天津，1931；

——煤矿新矿井规划输送系统和煤仓的项目，青岛，1932；

——盖苓别墅，北戴河，1932；

——津南里公寓，天津，1933；

——李勉之、吴颂平、杨宁史（Werner Jannings）、吴适云（吴鼎昌之妻）、施温德尔（Schwender）、德约考夫（Theuerkauf）、方先之等人的别墅，天津，1934；
——剑桥大楼及侧翼增建，天津，1935—1936；
——民园大楼、香港大楼，天津，1937；
——6 栋住宅楼及另外 7 栋房屋，以及 1 栋大型酒店的附属建筑和 1 栋小公寓，天津，1938；
——盖苓别墅，天津，1945。

著述：

——不详。

参考文献及相关材料：

——黄盛业 . 奥籍天津近代建筑师罗尔夫・盖苓研究 [D]. 天津：天津大学，2011.
——侨津德工程师得膺首奖 [N]. 大公报（天津），1930-11-21（7）.
——Inge Scheidl. Rolf Geyling（1884—1952）: Der Architekt zwischen Kriegen und Kontinenten [M]. Vienna: Boehlau Verlag，2014.（中文版：英格・谢德尔 . 罗尔夫・盖苓（1884—1952）：辗转于战争与几大洲之间的建筑师 [M]. 刘悦，唐情，译；张畅，校注 . 北京：社会科学文献出版社，2024.）
——http://www.architektenlexikon.at/de/167.htm.
——https://www.elfenbein-verlag.de/9783941184121.htm.
——Eduard Kögel. Austro-Hungarian Architect Networks in Tianjin and Shanghai（1918—1952）[C]// Burcu Dogramaci，Mareike Hetschold，Laura Karp Lugo，Rachel Lee，Helene Roth. Arrival Cities: Migrating Artists and New Metropolitan Topographies in the 20th Century. Leuven: Leuven University Press，2020: 91-108.
——http://de.wikipedia.org/wiki/Rolf_Geyling.
——照片来源：同上。

[140] Gibbs，Lawrence（L. 吉布斯）

生卒：1865—1942.04.26
出生地：英国德比郡（Derbyshire）
国籍：英国
在华城市：香港
资历：MICE；AAHK，1903—1927
教育和训练背景：不详

经历：

——1890 年加入香港工务署任助理工程师，任职至 1900 年；
——1900 年加入香港事务所（Denison，Ram & Gibbs），任职至 1928 年，以水利工程设计为专长。

作品：

——九龙重力自流供水系统（Kowloon waterworks gravitation scheme）；
——大埔瞭望台（The Tai Po Lookout），1902。

著述：

——不详。

参考文献及相关材料：

——Mr. Lawrence Gibbs[J]. Quarterly Journal of the Royal Meteorological Society，1942，68-69: 241.

[141] Gibson, James Smith（劫臣）

生卒：1872.08.06—1945.03.06
出生地：英国利兹
国籍：英国
在华城市：香港
资历：AAHK，1928—1941
教育和训练背景：不详

经历：

——早年曾做过木工；
——1893 年加入英国皇家工兵团，在那里服役近 24 年，成长为一名熟练的绘图员；
——1928—1941 年在香港经营劫臣洋行（Gibson & Co.）；
——日军侵占香港期间被囚禁于赤柱集中营（Stanley Camp），直至 1945 年去世。

作品：

——参见第二编劫臣洋行。

著述：

——不详。

参考文献及相关材料：

——https://gwulo.com/node/11876.

注：原名 James Smith Barnfather，1918 年改现名。

[142] Gleboff, J. P.（葛罗甫 / 格烈甫夫）

生卒：不详
出生地：不详
国籍：俄罗斯
在华城市：汉口、上海
资历：不详
教育和训练背景：不详

经历：

——1923 年任汉口俄工部局建筑师；
——1925 年在汉口开办格烈甫夫建筑师事务所（J. P. Gleboff）；
——1928 年 11 月曾向上海特别市工部局申请办理建筑工程师登记；
——1931 年 1 月在上海康益洋行任职；
——1934 年在上海自办葛罗甫建筑师（Mr. J. P. Gleboff, Architect）事务所，后无闻。

作品：

——大连某旅馆方案（Hotel Sanatorium at Kagahashi, Dairen），1934。

著述：

——葛罗甫 . 大连将建之一旅馆 [J]. 建筑月刊，1934，2（3）：4.

参考文献及相关材料：

——[N]. 申报，1928-11-11，19992（6）.

[143] Glines，Earl Stanley（E. S. 格兰斯）

生卒：1889.10.25—1963.08.30

出生地：美国巴尔迪莫

国籍：美国

在华城市：上海

资历：MACAE，1920

教育和训练背景：毕业于约翰霍普金斯大学工程专业，并于1914—1915年在哈佛商学院学习经济和金融

经历：

——曾任美国著名工程公司斯通和韦伯斯特（Stone and Webster）的主管；

——1919年与麻省理工学院船舶建造专业毕业的中国留学生林允方（Von-Fong Lam，1891—1987，后改名为林志澄，外交家伍廷芳的外甥）在上海创办允元实业公司（Lam，Glines & Co.），在纽约和上海两地经营，最初主营工程承包、建筑设计和贸易业务，范文照回国后曾于1922年在该公司任职；

——1931年林允方退出，公司继续以原名称运营，该公司曾是中国第二大工业和公共用品所有者。

作品：

——工厂和仓库，册地2260号，上海汇山路，1922；

——住宅加建，册地2251号，上海倍开尔路外，1923；

——房屋、宿舍，册地3122号，上海麦特赫司脱路外，1923；

——1座住宅及其门房、围墙和入口大门，册地2323号，上海福煦路外，1923；

——锅炉房、厕所，册地2260号，上海汇山路外，1924；

——住宅及其门房和围墙，册地2323号，上海爱文义路外，1924；

——俭德储蓄会新建会所（Clubhouse of the Thrift and Savings Society）设计竞赛一等奖，上海，1925；

——东南大学孟芳图书馆，南京，1922—1924，Lam，Glines & Co. 与 Pascal Jousseaume 合作。

著述：

——不详。

参考文献及相关材料：

——Winfield Scott Downs. Encyclopedia of American Biography[M]. New York：Published by American Historical Society，1936：352.

——http：//chinacomestomit.org/vf-lam/.

——https：//www.findagrave.com/memorial/69049709.

——国立东南大学孟芳图书馆上海允元实业公司建筑部绘[N]. 申报，1922-01-09，17561（8）.

——照片来源：United States Passport Applications，1795—1925，MyHeritage.com[DB/OL]. MyHeritage Ltd.. https：//www.myheritage.cn/research/collection-10720/united-states-passport-applications-1795-1925.

[144] Godfrey，Charles Henry（C. H. 戈弗雷）

生卒：1873—1938.12.03

出生地：不详

国籍：英国

在华城市：上海

资历：AMICE，1899；ESC

教育和训练背景：在其父亲金斯诺顿（King's Norton）市政工程师和测绘师R. 戈弗雷（Robert Godfrey）门下学徒

经历：

——1890 年任北菲尔德公路委员会（Northfield Highway Board）助理测绘师；
——1893 年任尼斯市委员会（Neath Urban District Council）助理工程师；
——1895 年任曼彻斯特公司（Manchester Corporation）第二工程助理；
——1896—1897 年曾获英国土木工程师学会米勒奖（ICE Miller Prize）；
——1897 年底任上海公共租界工部局代理测绘师；
——1901 年开始任助理测绘师；
——1909 年任上海公共租界工部局总工程师；
——1910—1911 年任上海中华国际工程学会主席；
——1919 年任上海公共租界工部局工务处处长；
——1918—1919 年受托调查加拿大和美国的排水处理方法；
——1920 年受托调查海峡居留地（Straits Settments）、缅甸和印度的排水处理方法；
——1922 年 6 月 10 日退休。

作品：

——不详。

著述：

——C. H. Godfrey. Technical Education in Shanghai[C]// Shanghai Society of Engineers and Architects. Proceedings of the Society and Report of the Council，1903—1904. Shanghai：North-China Daily News and Herald Ltd.，1904：165.
——C. H. Godfrey. Suggestion for Future Research [C]// Shanghai Society of Engineers and Architects. Proceedings of the Society and Report of the Council 1906—1907. Shanghai：North-China Daily News and Herald Ltd.，1907：69-86.
——C. H. Godfrey. Some Notes on Tenure of Land in Shanghai [C]// The Engineering Society of China. Proceedings of the Society and Report of the Council，1912—1913. Shanghai：North-China Daily and Herald Ltd.，1913：43-88.
——C. H. Godfrey. Municipal Shanghai：With Special Reference to the Public Works Department[J]. The Journal of the Institution of Municipal and County Engineers，1921，47（16）：237-245.

参考文献及相关材料：

——John William Leonard. Who's Who in Engineering[M]. Brooklyn，New York：Published by John W. Leonard Corporation，1922：155-156.
——Tenure of Land in Shanghai Settlement，Interesting Lecture Before Engineering Society by Mr. C. H. Godfrey[N].The China Press，1913-02-26（5）.
——New Building Rules of Shanghai Studied，Messrs. C. H. Godfrey and H. Ross Prepare Paper for Engineering Society[N]. The China Press，1917-05-02（4）.
——Death of Mr. C. H. Godfrey[N].The Shanghai Times，1938-12-10（1）.
——照片来源：[J].The Far Eastern Review，1909，6（1）：1.

注：曾任上海义勇军工程连连长，曾获 1900 年英国对华战争奖章（China War Medal）。

[145] Gonda，Charles Henry（鸿达）

生卒：1886.06.22—1969.04.01
出生地：匈牙利珍珠市（Gyongyos）
国籍：奥地利、匈牙利
在华城市：上海
资历：不详
教育和训练背景：先后在维也纳帝国高等学校（Royal and Imperial High School at Vienna）和巴黎美术学院（the Ecole des Beaux Arts at Paris）接受教育，屡次前往意大利学习古典建筑

经历：

——1889 年 6 月 22 日出生在匈牙利珍珠市一个犹太家庭，原名 Karoly Goldstein，1902 年改名 Karoly Gonda，后名 Charles Henry Gonda；父亲去世后，鸿达全家迁至维也纳；

——1908 年进入维也纳帝国高等学校（Technische Hochschule Wien，即 Royal and Imperial High School Vienna，今 Vienna University of Technology 前身）学习建筑学，后前往巴黎美术学院（the Ecole des Beaux Arts at Paris）学习两年，之后到维也纳大学（University of Vienna）攻读 3 年，获得文学学士学位（Bachelor of Arts，BA），期间曾多次到德国和意大利研学建筑学；

——毕业后又到英国伦敦实习建筑 1 年；

——1913 年回到维也纳，负责美术展览会（Adria-Exhibition）建造，工程竣工后在维也纳自营事务所，期间可能在大学兼职教授建筑学；

——一战爆发后应征入伍，1917 年曾获二等勇士银奖，后被俘囚禁在海参崴附近的西伯利亚战俘营；

——在战俘营期间，他被俄罗斯著名建筑师季米特里耶夫（Nikolay Vsevolodovich Dmitriev）的女儿埃夫多基娅（Evdokia / Eudoxie Nikolayevna Dmitriev，1889—1968）聘为家庭教师，后来二人相爱并于 1919 年 1 月 19 日结婚；

——1920 年 9 月 15 日抵达上海，先在英商公平洋行（Probst，Hanbury & Co.）地产部主任、英国建筑师安布罗斯（James Ambrose）手下任职；

——1922 年 4 月在上海新康路四号自办鸿达洋行（鸿达建筑工程师，Gonda，C. H. Architect）；

——1923 年当选厦门大学荣誉建筑师；

——1926 年 7 月—次年 1 月兼任上海文明寿器公司（Shanghai Funeral Directors，Inc.）主管；

——1928 年 7 月—1929 年 7 月德国建筑师宝氏（E. Busch）任合伙人，改名为鸿宝洋行（Gonda & Busch）；

——1949 年 5 月 14 日，抵达美国旧金山；

——1969 年 4 月在新泽西去世。

作品：

——参见第二编鸿达洋行。

著述：

——ADNOG. Modern and Ancient Forms in Local Architecture[N]. The Shanghai Sunday Times，Industrial Section，Supplement to Special Xmas Issue，1929（17）.

参考文献及相关材料：

——Luna Park Project is One of The Largest of Its Kind in Far East，Says Architect：A. Gonda，Designer of Pleasure Park Tells of The Magnitude of The Work on Construction[N]. The China Press，1931-07-23（A1）.

——https：//avezink.livejournal.com/tag/gonda.

——Eszter Baldavari. Gonda，Shanghai's Ultramodern Hungarian Architect（鸿达：上海的匈牙利超现代主义建筑师）[M]. 上海：匈牙利驻上海总领事馆，2019.

——[匈]辛薇莉（Szentmartnoni Livia）. 我们，上海的匈牙利人 [M]. 上海：匈牙利驻上海总领事馆，2022：76-85.

——郑红彬 . 现代主义与装饰艺术——鸿达在近代中国的剧场设计 [C]// 张复合，刘亦师 . 中国近现代建筑研究与保护（十一）. 天津：天津人民出版社，2022：606-613.

——Leaders of Commerce Industry and Thought in China[M].1924：153.

——照片来源：同上。

注：中文名又写作刚大氏（《申报》）。

[146] Gonta Shinkichi（权太亲吉）

生卒：1866.01.24—1931.06.04

出生地：日本甲斐国甲府

国籍：日本

在华城市：北京、天津、铁岭、沈阳

资历：不详

教育和训练背景：1916 年毕业于名古屋高等工业学校建筑科

经历：

——1899—1902 年在北京及天津自营建筑公司；
——1906—1912 年在铁岭自营土木建筑公司并经营建材商店；
——1913 年 4 月—1919 年 5 月任铁岭商品陈列馆监查役；
——1916 年 12 月任奉天（沈阳）满蒙化学工业合资会社有限责任会员；
——1917 年 11 月—1919 年 11 月任奉天化学工业（株）监查役；
——1918 年 11 月任铁岭取引所信托取缔役；
——1919 年 10 月任铁岭商业银行取缔役；
——1923 年 4 月任铁岭商业会议所理事；
——1928—1931 年任铁岭商工会议所会头。

作品：

——北京奥地利公使馆新筑工程；
——北京日本兵营新筑工程；
——“满铁奉天宿舍”新筑工程；
——铁岭商品陈列所新筑工程；
——奉天以北各军队宿舍；
——横滨正金银行奉天及铁岭分行改建新筑工程；
——营口军政署新筑工程；
——“满铁长春事务所”施工，1912。

著述：

——不详。

参考文献及相关材料：

——堀勇良．日本近代建筑人名总览（增补版）[M]. 东京：中央公论新社，2022：553.

注：原姓“星野”。

[147] Gonella，Ugo（干弥那）

生卒：约 1891—1952
出生地：不详
国籍：意大利
在华城市：香港
资历：SEAT，1903；AAHK，1918—1940
教育和训练背景：不详

经历：

——1924 年加入希士伦洋行（E. M. Hazeland），公司更外文名为 Hazeland & Gonella Architects and Civil Engineers，经营至 1941 年。

作品：

——圣玛加利大堂（St Margaret's Church），香港乐活道（Broadwood Road）终点，1925；
——圣安多尼堂（St. Anthony Church），香港，1934。

著述：

——不详。

[148] Goodrich, Ernest Payson（E. P. 古力治）

生卒：1874.05.07—1955.10.07

出生地：美国密歇根

国籍：美国

在华城市：南京、上海

资历：ITE

教育和训练背景：1898 年在密歇根大学获土木工程学士学位，1901 年获土木工程师职业学位，1935 年被密歇根大学授予荣誉工程博士学位

经历：

——最初曾在美国海军任土木工程师 4 年；

——1905 年获美国土木工程师学会科林伍德奖（Collingwood Prize）；

——1910—1916 年任曼哈顿工务处咨询工程师；

——后独立开业，经营咨询工程师业务；

——1928 年 10 月美国建筑师墨菲（H. K. Murphy）受聘为国民政府新首都南京规划建筑顾问（Advisor to the National Government of China），聘请古力治来协助其在南京的工作；

——1929 年 6 月离开上海回美国；

——1930 年参与创办美国交通工程师学会，并于 1930—1932 年任首任主席；

——1951 年任美国咨询工程师学会主席。

作品：

——首都规划，南京，与墨菲等合作，1929；

——深水港规划，广州，1937。

著述：

——E. P. Goodrich. Some Experiences of an Engineer in China[J]. Michigan Engineer，1930，48：15.

——[美] 古力治 . 首都设计余谈（Some Experiences of an Engineer in China，选译）[J]. 工程：中国工程学会会刊，1932，7（3）：333-336.

参考文献及相关材料：

——Ernest Goodrich，Engineer，71，Dies；Ex-Consultant to Manhattan Public Works Designed Harbors in Many Cities[N]. The New York Times，1955-10-09.

——J. W. Powell[J]. The China Monthly Review，1929，48：183.

——http：//caine.emich.edu/archives/findingaids/html/Ernest_P._Goodrich_papers.html.

——J. T. White. The National Cyclopedia of American Biography[M]. 6th Edition. New York：James T. White and Company，1927：264.

——John W. Leonard，Winfield Scott Downs，M. M. Lewis. Who's who in Engineering[M]. 1948，6：751.

——照片来源：http：//www.pinterest.com/pin/853995148060019077/.

[149] Gordon, Henry Bauld（H. B. 戈登）

生卒：1854.01.30—1951.03.04

出生地：加拿大多伦多

国籍：加拿大

在华城市：山东

资历：FRAIC；MOAA；RCAA

教育和训练背景：在亨利·兰利（Henry Langley）门下受训

经历：

——1877 年自办事务所；

——1879 年与建筑师格兰特·赫利威尔（Grant Helliwell，1855—1953）合伙组建事务所，外文名为 Gordon & Helliwell，经营至 1931 年退休，其在多伦多设计有许多建筑，尤以设计教会建筑为专长；

——1901 年到韩国设计教会建筑，后到中国山东任加拿大长老会海外传教团（Presbyterian Mission Board of Canada）建筑师至 1904 年；

——1908 年任渥太华建筑师学会主席；

——1912 年其事务所（Gordon & Helliwell）曾受邀参加成都华西医科大学设计竞赛，获首奖的是英国建筑师荣杜易（Fred Rowntree）。

作品：

——潍县新教堂，1904；

——山东潍县滕州学院（Tengchou College）；

——北京美国大使馆教堂（Union Church and International Young Men's Christian Assocation），1902。

著述：

——不详。

参考文献及相关材料：

——http：//dictionaryofarchitectsincanada.org/node/1592.

——The Canadian Who's who [M]. London：The Times，1910：93.

——[J]. Journal Royal Architectural Institute of Canada，1951，28：118.

[150] Gordon，Charles George（戈登）

生卒：1833—1885

出生地：不详

国籍：英国

在华城市：天津

资历：不详

教育和训练背景：1848 年进入伍尔维奇的皇家陆军军官学院（Royal Military Academy in Woolwich）学习，1852 年以皇家工兵团少尉身份毕业

经历：

——毕业后先被派到吉林汉姆附近的布朗普顿工兵站（Engineers depot at Brompton near Gillingham），之后被派到当时正在由皇家工兵承建的威尔士彭布罗克码头（Pembroke Dock in Wales）；

——1854 年说服战争部派遣他到克里米亚，并完成了为部队建造过冬临时营房的任务；

——1860 年被派遣到中国参与第二次鸦片战争，并在占领天津期间完成天津英租界第一个规划图；

——第二次鸦片战争结束后即参加镇压太平天国，后于 1864 年回到英国。

作品：

——绘制了天津英租界第一次规划图纸。

著述：

——C. G. Gordon. Gordon's Campaign in China[M]. London：Chapman and Hall，Ltd，1900.

参考文献及相关材料：

——Laura C. Holloway. Chinese Gordon，the Uncrowned King[M]. New York：Funk & Wagnalls，1885.

——http：//www.victorianweb.org/history/empire/gordon/bio1.html.

——https：//en.wikipedia.org/wiki/Charles_George_Gordon.

——照片来源：同上。

G

[151] Goussery, Jean-Baptiste（顾培原）

生卒：1828.08.30—1896.11.12

出生地：法国茹瓦尼（Joigny）

国籍：法国

在华城市：上海、南京、芜湖

资历：不详

教育和训练背景：曾在一个路政机构当学徒，学习地形测绘

经历：

——1851 年加入耶稣会，然后被派往巴黎附近的沃吉拉（Vaugirard）耶稣会公学，师从耶稣会法国会省的建筑师马格洛里·图尔纳萨克（Magloire Tournesac）神父；

——1865 年被派来上海，并于 9 月抵达；

——1866—1867 年间建造了董家渡驻院和公墓小圣堂；

——1868 年被派往南京建造驻院和学校；

——1870—1875 年间，协助马历耀修士管理土山湾的工作坊，建造佘山驻院；

——随后被派往江苏镇江 6 年，期间在镇江兴建圣堂、驻院、学校以及很多出租房，并在高邮修建圣堂、驻院和学校；

——1884—1886 年担任土山湾木工部负责人；

——1886 年被派往芜湖，担任安徽省传教账房司账和建筑师，负责建造了大教堂、芜湖驻院、宁国圣堂和水东圣堂等；

——1896 年春因积劳成疾到上海养病，同年 11 月 12 日在上海去世。

作品：

——董家渡驻院和公墓扩建及新建小圣堂，1866—1867；

——南京圣母无染原罪始胎堂，1867—1870；

——南京驻院和学校，1868—1869；

——佘山驻院，绘图及建设，1875；

——镇江圣堂、驻院、学校和出租房；

——高邮圣堂、驻院和学校；

——安徽水东圣母朝圣地圣堂（水东进教之佑圣母堂），1878；

——负责建造大教堂、芜湖驻院、宁国圣堂和水东圣堂，1886—1896。

著述：

——不详。

参考文献及相关材料：

——Le F. Jean-Baptiste Goussery. 1828—1896 [J]. Lettres de Jersey，1897，16（2）：465-468.

——[比]高曼士. 佘山教堂寻踪：朝圣建筑和历史图景[M]. 田炜帅，任轶，译. 上海：同济大学出版社，2023.

——照片来源：Archivum Franciae Societatis Iesu，转引自文献同上：74.

注：名又写作 Gausery。

[152] Graham-Brown, Alexander Wood（桂恩榜 / 嘉咸宝）

生卒：1885.06.01—1944.04.19

出生地：不详

国籍：英国

在华城市：上海（1919—1924）、香港（1924—1928）

资历：FRIBA，1923；FSA；AAHK，1924—1928

教育和训练背景：1903 年学徒于爱丁堡米歇尔和威尔逊（Sydney Mitchell & Wilson）事务所

经历：

——1909 年在爱丁堡科尔卡特和汉普（Collcutt & Hamp）任助理；

——一战爆发后参军；

——1919 年在辛普森（John William Simpson）的建议下移居中国，开始独立执业；

——1920 年在上海思九生洋行（Stewardson & Spence）短暂任职；

——1920 年离开思九生洋行，在上海与文格罗（G. C. Wingrove，ARIBA）合伙开办文格罗白郎洋行（Graham-Brown & Wingrove）；

——1923 年 1 月文格罗退伙，桂恩榜（白朗）独立经营，至 1924 年公司更名为桂恩榜（Gragam-Brown，A. W.）；

——1924 年 5 月自伦敦回到上海，同年移居香港，自办嘉咸宝则师（Graham-Brown，A. W.），至 1928 年止；

——1944 年在爱丁堡去世。

作品：

——哈尔滨汇丰银行，哈尔滨，1923；

——大连汇丰银行，大连，1923；

——卜内门洋行大楼（the Brunner Mond Office Building），竞赛获奖，上海；

——上海总会战争纪念碑（the War Memorial of the Shanghai Club），竞赛获奖，上海；

——参见第二编文格罗白郎洋行。

著述：

——不详。

参考文献及相关材料：

——RIBA Archive[Z]. Victoria & Albert Museum，RIBA Nomination Papers，A，no3651（microfilm reel 27）.

——Find a Grave[OL]. http://www.findagrave.com/cgi-bin/fg.cgi.

注：曾到苏格兰、约克郡、法国北部和比利时等地测绘考察，并对中国的庙宇、住宅和桥梁进行研究。

[153] Gran，Emmanuel Moiseevich Dimitri（葛兰）

生卒：1894.04.05—1969.06.21

出生地：俄罗斯萨马拉（Samara）

国籍：俄罗斯

在华城市：上海

资历：不详

教育和训练背景：在圣彼得堡接受建筑师训练

经历：

——1917 年俄国革命爆发后逃亡上海；

——1921 年在克利洋行（R. A. Curry）任职；

——1922 年 1 月—1932 年 7 月在上海公和洋行（Palmer & Turner）任建筑师；

——1932 年 1 月加入新瑞和洋行（Davis & Brooke）并成为合伙人，洋行更外文名为 Davies，Brooke & Gran，同年与英商恒业地产公司（Metropolitan Land And Building Company）合并；

——1932 年新瑞和洋行开设香港分部；

——1933 年戴维斯去世后，布鲁克和葛兰收购回恒业地产公司持有的新瑞和洋行建筑设计业务股份，公司以 Davies，Brooke & Gran 的外文名继续独立经营，中文名改为兴建公司；

——1934 年任上海俄国工程师协会主席；
——其上海公司止于 1939 年，香港公司经营至 1941 年；
——1948 年移居美国加利福尼亚，并定居纽约，在希尔顿酒店（Hilton hotels）任建筑师。

作品：

——参见第二编新瑞和洋行。

著述：

——不详。

参考文献及相关材料：

——https：//www.zoominfo.com/p/Emmanuel-Gran/237920092.
——Katya Knyazeva[OL]. https：//sites.google.com/view/russianshanghai/architects/e-m-gran.
——照片来源：[N]. The China Press，1930-1-19（C5）.

注：俄文名为 Эммануил Моисеевич Гран，英文名又作 E. M. Gran，华名又译作“克赉”，其在华期间曾收藏大量中国艺术品。本条部分信息来源于张霞。

[154] Gratton，Frederick Montague（F. M. 格拉顿）

生卒：1858.07.17—1917.12.12
出生地：英国德比（Derby）
国籍：英国
在华城市：上海
资历：ARIBA，1881；FRIBA，1893；MSA，1890
教育和训练背景：1872 年在德比其父门下学习工程，1875 年在利兹尼尔森事务所（C. S. Nelson & A. J. Nelson）学徒，曾到南肯辛顿艺术学院（South Kensington School of Art）学习

经历：

——1882 年到上海，加入玛礼孙洋行（Morrison，G. James）；
——1885 年成为玛礼孙洋行合伙人，公司改外文名为 Morrison & Gratton；
——1894 年曾撰写《关于中国之建筑》（*Notes Upon the Architecture of China*）一文，由 W. 凯德纳（W. Kidner）在英国皇家建筑师学会年会上代为宣读；
——1897 年曾任上海维多利亚女王钻石庆典（The Diamond Jubilee）工程委员会主任；
——1901 年斯考特（Scott）入伙，公司更外文名为 Morrison，Gratton & Scott；
——1902 年离开上海回国；
——1912 年当选为桑登区县议员（County Councillor for the Sandon Division）。

作品：

——参见第二编玛礼孙洋行。

著述：

——Frederick M. Gratton. Notes Upon the Architecture of China[J]. Journal of the Royal Institute of British Architects，1895，2（3）：34-64.

参考文献及相关材料：

——Death of Mr. F. M. Gratton[N]. The North-China Daily News，1917-12-19（6）.
——Gratton Obituary[N]. The North-China Herald and Supreme Court & Consular Gazette，1917-12-19（11）.
——https：//www.findagrave.com/memorial/79857372/frederick-montague-gratton.

[155] Gresnigt，Dom Adelbert（葛利斯 / 格士尼）

生卒：1877.11.04—1956.10.29

出生地：荷兰乌得勒支

国籍：荷兰

在华城市：北京

资历：不详

教育和训练背景：在德国贝隆（Beuron）的修道院艺术学校接受绘画和雕塑训练

经历：

——1898 年在比利时马里斯修道院（Belgian abbey of Maredsous）加入天主教本笃会；

——一战前曾经作为教会艺术家在意大利工作，后在里约热内卢和纽约工作；

——1927 年 3 月—1932 年 1 月在中国传教，并负责天主教本笃会的建筑工作，致力于创造一种“中华基督教”（Sino-Christian）建筑风格；

——受世界经济危机的影响，天主教在华建设项目停滞，葛利斯于 1932 年 1 月离开中国，到美国募集建设辅仁大学的资金；

——后回到罗马至 1949 年，曾在传信部（Propaganda Fide）学院教授“教会国家的基督教艺术”（Christian art in the mission countries）课程，并从事绘画和雕塑；

——1949 年回到比利时马里斯修道院，直至 1956 年去世。

作品：

——辅仁大学，北京，1928—1930；

——海门主教座堂（中国式风格），未建成，1928—1930；

——河南总修院（Seminario Regionale Hona），开封，1930—1932；

——华南总修院，香港，1927—1929；

——张家口宣化天主教堂；

——九龙塘太子道的圣德肋撒堂，香港，1932。

著述：

——Adelbert Gresnigt. Chinese Architecture[J]. Bulletin of the Catholic University of Peking, 4, 1928: 33-45. [中译版：格里森 . 董黎，译 . 中国的建筑艺术 [J]. 华中建筑，1997（4）：123-127.]

——Adelbert Gresnigt. Reflections on Chinese Architecture[J]. Bulletin of the Catholic University of Peking, 1931，8：3-26.

参考文献及相关材料：

——Thomas Coomans. La création d'un style architectural sino-chrétien：l'œuvre d'Adelbert Gresnigt，moine-artiste bénédictin en Chine（1927—1932）[J]. Revue Bénédictine，2013，123：126-168.

——Thomas Coomans. Dom Adelbert Gresnigt. Agent van de Roomse inculturatiepolitiek in China（1927—1932）[J]. Bulletin KNOB-Koninklijke Nederlandse Oudheidkundige Bond，2014，113：74-91.

——段媛媛 . 河南总修院建筑历史与修复探研 [D]. 郑州：中原工学院，2017.

——董黎 . 形态构成与意义转换：格里森的建筑作品评析 [J]. 华中建筑，1996（3）：34-37.

——王莞云 . 二十世纪初天主教艺术本土化 [D]. 上海：华东师范大学，2014.

——Thomas Coomans. Sinicising Christian Architecture in Hong Kong：Father Gresnigt，Catholic Indigenisation，and the South China Regional Seminary，1927—1931[J]. Journal of the Royal Asiatic Society Hong Kong Branch，2016，56：133-160.

——照片来源：Maredsous Abbey Archives，转引自文献同上：138.

注：中文名又译作“格里森”。

G

[156] Groves，G. R.（G. R. 格罗夫斯）

生卒：1883—?
出生地：中国香港
国籍：英国
在华城市：香港、上海
资历：不详
教育和训练背景：在香港皇仁学院（Queen's College）接受过教育

经历：

——毕业后在香港执业一段时间；
——后于 1903 年到上海创办泰昌洋行（Messers G. R. Groves & Co. Architects and Surveyors）；
——1918 年加入上海同和英行（Harvie & Gibson architects Land and estate commission agents manufacturers, Representatives and Builders'suppliers），1920 年后无闻。

作品：

——2 座洋式商店和 4 座中式住宅，册地 5110 号东，上海谭阳路（Tanyang Road），1916；
——加建，册地 633 号，上海西藏路，1916；
——1 座洋式住宅、厨房、车库和围墙，册地 2023 号，上海威海卫路，1916；
——9 座住宅，册地 825 号，上海东鸭绿路，1917；
——加建，册地 3241 号，上海爱文义路，1917；
——12 座住宅，册地 58 号西，上海海宁路，1917；
——2 座洋式商店和 12 座中式住宅，册地 509 号，上海南京路，1918；
——改扩建，册地 69 号，上海热河路，1920；
——3 座中式住宅和门房，册地 928 号，上海通州路外，1920；
——楼梯和门房，册地 142 号，上海爱文义路，1920；
——另参见第二编同和英行。

著述：

——不详。

参考文献及相关材料：

——作品信息源自相应年份《上海公共租界工部局公报》（*The Municipal Gazette*）。
——Arnold Wright. Twentieth Century Impressions of Hongkong，Shanghai，and Other Treaty Ports of China：Their History，People，Commerce，Industries，and Resources[M]. London：Lloyds Greater Britain Publishing Company，1908：522.

[157] Gruenbergue，Paul R.（葛兰栢 / 顾安伯）

生卒：不详
出生地：不详
国籍：德国
在华城市：上海、济南
资历：BA；BSc
教育和训练背景：不详

经历：

——1919 年在义品洋行任职；
——1920—1921 年曾在上海茂旦洋行任助理，曾负责济南项目；

——1924年1月—1927年1月在上海自办葛兰栢洋行（Gruenbergue，P. R.，Architect & Estate Agent）；
——1934年1月—1937年1月在上海自办顾安伯爱尔登洋行（Gruenbergue-Elton，P. R.）。

作品：
——参见第二编葛兰栢洋行 / 顾安伯爱尔登洋行。

著述：
——不详。

参考文献及相关材料：
——郑时龄. 上海近代建筑风格[M]. 上海：同济大学出版社，2020：487.

注：外文名又作 Gruenbergue-Elton，P. R.，曾入选《书籍艺术家国际名录》。

G

[158] Guillet，Marchel Charles Julien（M. C. J. 吉利特）

生卒：1894.09.18—1985
出生地：法国雷恩（Rennes）
国籍：法国
在华城市：上海、天津
资历：DPLG；ASEE
教育和训练背景：巴黎美院（Ecole Nationale superieur des Beaux Arts，Paris）

经历：
——曾在巴黎任建筑师；
——后曾在天津永和公司（Brossard & Mopin）任职；
——自1928年9月20日加入上海义品洋行，代替合同到期的迪马伊（Dumail），任总建筑师至1934年。

作品：
——市政饭店（Hotel Municipal），天津，监造；
——义品公寓（The Avenue Potain Apartment / CFEO Aprtment Building），上海靠近汶林路（Route Winling），1931；
——上海中外银行大楼（Chung Wai Bank Tower），与 A. Leonard & P. Veyseyrre 以及 Huang 合作设计，1934；
——参见第二编义品洋行。

著述：
——不详。

参考文献及相关材料：
——Files 1048-1049，C.F.E.O.，Brussels，引自：Leung-kwok Prudence Lau. Adaptive Modern and Speculative Urbanism：The Architecture of the Credit Foncierd'Extreme-Orient（C.F.E.O.）in Hong Kong and China's Treaty Ports，1907—1959 [M]. Hong Kong：The Chinese University of Hong Kong，2013：247.
——照片来源：[N]. The China Press，1929-04-21（11）.

[159] Gunn，Charles Alexander（甘恩）

生卒：1870.11.22—1945.10.03

出生地：美国埃文斯顿（Evanston）

国籍：美国

在华城市：上海

资历：MACAE

教育和训练背景：1892 年毕业于伊利诺伊大学建筑学专业

经历：

——1892—1893 年在芝加哥担任建筑绘图员；

——1893—1896 年在伊利诺伊大学任建筑助理；

——1897—1903 年在纽约工作；

——1903—1907 年在匹兹堡工作；

——1909 年任外行传教运动（Layman's Missionary Movement）执行秘书；

——1916—1921 年在菲律宾任教会建筑师；

——1922 年作为美国长老会的建筑师代表，参与组建上海会差建筑绘图事务所（Mission Architects' Bureau），任主持建筑师，并负责监造上海圆明园路 169 号基督教协进会大楼；

——1925 年上海会差建筑绘图事务所改名称为美国长老会建筑测绘事务所（Architects Bureau of the Presbyterian Church），其继续任主持建筑师至 1929 年；

——1928 年曾在马尼拉参与建筑工程；

——1936 年在北京任华北布道团建筑师事务所（North China Mission Architects Bureau，又称 Presbyterian Building Bureau of China）建筑师，并与丁恩（S. M. Dean）等共同创办工程实践学院（Institute of Engineering Practice），培养教会建筑工程技术人员，至 1940 年；

——1936 年接替施特勒贝（G. G. Stroebe）任中美工程师协会董事会成员；

——1940 年回美国之前曾在埃及开罗美国大学（American University of Cairo Egypt）任教；

——1945 年在美国宾州去世。

作品：

——真光中学（New True Light Middle School in Canton），广州，1917—1918；

——华美中学（Hainan Christian Midde School），海南岛琼山府城镇北官市，1919；

——圆明园路 169 号教会建筑，监造，上海；

——中华基督教总部（General Headquarters of Christian Forces in China），上海圆明园路，1923；

——盲童学校两所，上海，1922；

——湖南圣经学院，长沙，1924；

——夏葛医学院附属柔济医院新楼，广州，1927；

——培英中学（Puiying Middle School，Canton），广州，1934；

——参见第三编会差建筑绘图事务所 / 美国长老会建筑测绘事务所。

著述：

——C. A. Gunn. Mission Policy in Mission Architecture[J]. The Chinese Recorder，1924-10-01：642.

——C. A. Gunn. A Chapel for Yenching University，Peiping，China[J]. Architecture，1935-11：267-270.

参考文献及相关材料：

——https：//en.wikipedia.org/wiki/Charles_A._Gunn.

——Charles A. Gunn[N]. New York Times，1945-10-20（9）.

——http：//explorecu.org/items/show/276?tour=12&index=4.

——University of Illinois. Semi-Centennial Alumni Record of University of Illinois[R]. 1918：66.

——照片来源：United States Passport Applications，1795—1925，MyHeritage.com[DB/OL]. Lehi，UT，USA：MyHeritage（USA）Inc. https：//www.myheritage.cn/research/collection-10720/united-states-passport-applications-1795-1925.

[160] Gysin，Jean（J. 吉森）

生卒：1898.07.14—?
出生地：瑞士日内瓦
国籍：瑞士
在华城市：天津、上海、汉口
资历：不详
教育和训练背景：日内瓦美术学院以及日内瓦艺术和测量学员（Ecole des Beaux Arts and Ecole des Arts and Measurements）

经历：

——在日内瓦法国国授建筑师富尔皮乌斯（F. Fulpius）事务所任学徒；
——曾在日内瓦布兰切特（Mr. E. Blanchet）公司任实习生两年；
——1920年5月23日—1923年2月12日到上海义品洋行任建筑师助理；
——1923年2月13日—1924年5月10日任天津义品洋行建筑助理；
——1925年2月12日—1925年6月18日到上海义品洋行任建筑师助理；
——1925年9月底—1926年5月19日到天津义品洋行任建筑师；
——1926年5月22日—1927年1月4日到上海义品洋行任建筑师助理；
——1927年1月6日—1928年2月7日到汉口义品洋行任代理总建筑师；
——1928年2月10日—1928年2月10日到上海义品洋行任建筑师助理；
——1926年9月13日—1928年12月22日在上海义品洋行任代理总建筑师；
——自1928年12月23日起在上海义品洋行任建筑师助理；
——1931年4月18日离开上海并回国。

作品：

——参见第二编义品洋行。

著述：

——不详。

参考文献及相关材料：

——Leung-kwok Prudence Lau. Adaptive Modern and Speculative Urbanism: The Architecture of the Credit Foncierd'Extreme-Orient（C.F.E.O.）in Hong Kong and China's Treaty Ports，1907—1959[D]. Hong Kong: The Chinese University of Hong Kong，2013: 248.
——照片来源：[N]. The China Press，1929-04-21（11）.

[161] Hachmeister，Paul（P. 哈克梅斯特）

生卒：不详
出生地：德国柏林
国籍：德国
在华城市：青岛、北京、沈阳
资历：不详
教育和训练背景：不详

经历：

——1901年来到青岛从事技术工作；
——1903年任青岛建设局任助理建筑师至1914年；
——1914年参加青岛保卫战被日军俘虏，关押在日本，至1919年末被释放；

——1919 年 12 月回到青岛，加入 A.W. 海因策（A. W. Heintzel）洋行；
——1920 年初与其此前青岛建设局的同事 W. 拉察洛维奇（Werner Lazarowicz）合伙在北京创办了事务所，外文名为 Lazarowicz & Hachmeister，后在沈阳成立分支，由哈克梅斯特负责；
——1926 年 4 月拉察洛维奇在北京去世，沈阳建德营造公司（Lazarowicz & Hachmeister）由哈克梅斯特继续经营到 1928 年。

作品：

——青岛江苏路基督教堂竞赛三等奖，与里克特（Paul Friedrich Richter）合作，1907。

著述：

——不详。

参考文献及相关材料：

——https：//www.tsingtau.org/christuskirche-tsingtau-qingdao/.
——http：//www.tsingtau.info/index.html?namen/h.htm.

[162] Hajek，Hans J.（海吉克 / 海杰克）

生卒：不详
出生地：不详
国籍：奥地利
在华城市：上海
资历：MAAES
教育和训练背景：工程学位

经历：

——曾在威尼斯执业；
——1933 年 1 月—1934 年 1 月在上海和普罗斯克（Ch. F. Proske）合办联合建筑公司（Universal Building & Engineering Co.），经营建筑师和咨询工程师业务；
——1938 年 1 月—1941 年 7 月在上海经营建筑师事务所（Hajek，H. J.，B. A.，Architect）；
——1941 年 1 月—1941 年 7 月兼任中华地产公司（China Land Development Co.，Ltd.）建筑师；
——1942 年曾在圣约翰大学教授西方建筑史；
——1947 年事务所仍继续经营；
——1957 年仍在上海；
——1959 年转赴香港。

作品：

——参见第二编海杰克洋行。

著述：

——不详。

参考文献及相关材料：

——王宜兵，侯丽 . 圣约翰大学的都市计划教学（1943—1949）[C]// 中国城市规划学会 . 新常态：传承与变革——2015 中国城市规划年会论文集，北京：中国建筑工业出版社，2015.
——罗小未，李德华 . 原圣约翰大学的建筑工程系，1942—1952[J]. 时代建筑，2004（6）：26-28.
——Gerd Kaminski. Von Österreichern und anderen Chinesen[M]. Wien：Loecker Erhard Verlag，2011：180.
——档案藏于奥地利国家档案馆（Austrian State Archives）.
——https：//avezink.livejournal.com/178765.html.
——Eduard Kögel. Austrian-Hungarian Architect Networks in Tianjin and Shanghai（1918—1959）[C]//Burcu Dogramaci，Mareike Hetschold，Laura Karp Lugo，Rachel Lee，Helene Roth. Arrival Cities：Migrating Artists and New Metropolitan Topographies in the 20th Century. Leuven：Leuven University Press，2020：91-109.

——[N]. 申报，1937-01-29，22897（17）.
——郑时龄 . 上海近代建筑风格 [M]. 上海：同济大学出版社，2020：498.

注：又名海其渴（来自《建筑月刊》），海傑克（来自《新闻报》）。

[163] Hall，George Albert Victor（冼文炳）

生卒：1897.02.02—1956
出生地：中国香港
国籍：英国（中英混血）
在华城市：香港
资历：ARIBA，1928；AAHK，1927—1941
教育和训练背景：1927 年毕业于利物浦大学建筑学专业

经历：

——1926 和 1927 年在利物浦大学建筑学院连续两次获得荷兰、汉能和库比特事务所奖（Messrs. Holland & Hannen & Cubitts）；
——毕业后回到香港，1928—1933 年与何威廉（William Hall）组建事务所，外文名为 Hall & Hall；
——1933 年何威廉去世后与哈里 · 韦（Harry Way）合伙组成事务所，外文名为 Way & Hall，经营至 1956 年去世。

作品：

——香港皇后大道建筑（Kayamally Building in Queen's Road）；
——参见第二编何道谦则师。

著述：

——不详。

参考文献及相关材料：

——照片来源：Tony Lam Chung Wai（林中伟）. From British Colonization to Japanese Invasion：The 100 Years Architects in Hong Kong 1841—1941[J]. HKIA Journal，2006，45（1）：44-55.

注：香港著名欧亚混血冼德芬家族后裔。

H

[164] Halse，Sidney Joseph（海尔斯 / 贺尔氏）

生卒：1877—1951
出生地：英国富勒姆（Fulham）
国籍：英国
在华城市：上海
资历：ARIBA，1901；FRIBA；PASI；RSA；RICS，1907
教育和训练背景：1896 年在伦敦梅德兰（John Medland）事务所学徒；1898 年 7 月 26 日—1903 年 7 月在伦敦皇家艺术学院和伦敦英国建筑联盟学院就读

经历：

——1896 年通过英国皇家建筑师学会初级考试，注册为试读生，当时在伦敦梅德兰事务所工作；
——1899 年在罗布森（Mr. E. R. Robson）公司任助理工程师；

——1901 年在伦敦任巴里事务所（Mr. Charles Barry）总助理；
——1902 年在坎特伯雷执业；
——1904 年 3 月 30 日，和上海玛礼孙洋行（Scott & Carter）签订雇佣合同，以助理的身份工作 3 年；
——1904 年 5 月 11 日到达上海后，就一直在玛礼孙洋行担任助理，直到 1906 年 8 月 31 日；
——1906 年曾短暂独自经营事务所 Halse，Sidney J.；
——1906 年 9 月成为马海（Moorehead）的合伙人，公司外文名为 Moorehead & Halse，中文名为马海洋行；
——1914 年在上海公共租界工部局建筑规则修订过程中，海尔斯和皮博思（Peebes）与工部局工程师和工务处相关技术人员一道，在借鉴伦敦建筑法规相关内容的基础上，一同拟定了《钢筋混凝土规则》，于 1915 年通过，并于 1916 年正式开始实施；
——1920 年罗宾逊（H. G. F. Robinson，ARIBA）成为马海洋行合伙人，公司外文名改为 Moorhead, Halse & Robinson；
——1923 年 7 月自马海洋行退休；
——1928 年马海去世，海尔斯回国，斯彭斯（H. M. Spence，FRIBA）加入成为合伙人，公司改名为新马海洋行，更外文名为 Spence，Robinson & Partners；
——1931 年 11 月回到上海，1936 年仍见于上海。

作品：

——参见第二编马海洋行。

著述：

——不详。

参考文献及相关材料：

——The China Who's Who（Foreign）[M].1922：126.
——The China Who's Who（Foreign）[M].1924：113.
——https：//www.royalacademy.org.uk/art-artists/name/sidney-joseph-halse.
——[J]. RIBA Journal，1902（9）：76.
——Leaders of Commerce Industry and Thought in China[M].1924：162.
——照片来源：同上。

[165] Hamburger，Rudolfo Alberto（R. A. 汉堡）

生卒：1903.05.03—1980.12
出生地：波兰卡缅纳古拉（Kamienna Góra）
国籍：德国
在华城市：上海
资历：不详
教育和训练背景：在柏林工业大学（Technical University Berlin-Charlottenburg）汉斯·珀尔齐希（Hans Poelzig）门下学习建筑

经历：

——1930 年到上海公共租界工部局工务处任建筑师，推广现代主义建筑；
——1935 年被工部局工务处辞退；
——1937 回到欧洲，短暂居住在波兰和瑞士，后被苏联派遣到伊朗从事间谍工作至 1943 年；
——1943 年在莫斯科被控告为双面间谍而被判发配至劳工营 10 年，至 1952 年释放；
——被释放后在乌克兰居住至 1955 年，后在 R. 鲍立克（Richard Paulick）的帮助下回到民主德国，曾任霍耶斯韦达（Hoyerswerda）建筑部门负责人；

——1980 年在德累斯顿去世。

作品：

——维多利亚疗养院（Victoria Nurse' Home），最初由公和洋行设计，后由工务处汉堡设计，上海延安西路 221 号，1930—1933；

——上海公共租界工部局垃圾焚烧厂（Mllverbrennungsanlage），1933；

——工部局华人女子中学（Mitelschule fur chinesische Midchen），上海小沙渡路，1933—1935；

——上海孤儿院；

——华德路监狱，上海东长治路，1934。

著述：

——Rudolf Hamburger. Zehn Jahre Lager：Als deutscher Kommunist im sowjetischen Gulag（在集中营里的十年：作为苏联古拉格的德国共产党员的一份报告）[M]. Ein Bericht，2013.（个人日记，由其儿子出版）.

——Rudolf Hamburger. Unter den Bauschaffenden der Sowjetunion（在苏联的建设者中）[J]. Deutsche Architektur，1957，6（10）：562.

——Rudolf Hamburger. Architekt w Chinach（中国建筑师）[J]. Architektura i Budowictwo，7 Warszwa Rok-XII-1936：230-234.

——Rudolf Hamburger. L'architecture en Chine（中国建筑）[J]. L'Architecture d'aujourd'hui，1938，9（10）：66-76.

参考文献及相关材料：

——侯丽，王宜兵．鲍立克在上海——近代中国大都市的战后规划与重建 [M]. 上海：同济大学出版社，2016.

——https：//de.wikipedia.org/wiki/Rudolf_Hamburger.

——郑时龄．上海近代建筑风格 [M]. 上海：同济大学出版社，2020：497.

——Eduard Kögel. Zwei Poelzigschüler in der Emigration：Rudolf Hamburger und Richard Paulick zwischen Shanghai und Ost-Berlin（1930—1955）（两名流亡的珀尔齐希学生：R. 汉堡和 R. 鲍立克在上海和东柏林之间）[D]. Weimar：Bauhaus-Universität Weimar，2007.

——照片来源：同上。

注：他和妻子露丝·沃纳（Ruth Werner / Ursula Kuczynski）均为苏联间谍。

[166] Hammerschmidt，Josef Alois
（汉墨德）

生卒：1891.07.03—?

出生地：奥地利维也纳

国籍：奥地利

在华城市：天津、上海

资历：MCAAA；ESC

教育和训练背景：维也纳技术大学；路斯建筑学校

经历：

——1912 年在维也纳开始实践；

——1913 年至一战爆发，在维也纳市政厅工部局任建筑师；

——1914 年参军，任奥匈帝国皇家军队工程和矿产派遣队指挥；

——1914 年 12 月在战争中受伤并被俄军俘获，关押在西伯利亚；

——1918 年俄国革命后获得自由，并被允许作为丹麦大使馆、瑞典红十字会、捷克斯洛伐克政府代表，负责救灾工作（relief），稍后负责西伯利亚奥匈帝国、德国、捷克斯洛伐克囚犯的遣返工作至 1920 年，在西伯利亚期间曾参与俄国银行、商业公司、电厂等多个工程项目；

——1921 年 1 月到达天津，最初在润富建筑公司（Yuen Fu Building and Engineering Co., Ltd.）工作，期间曾设计多栋建筑；
——1924—1930 年在天津独立执业，期间曾设计前总统黎元洪天津住宅、末代皇帝溥仪天津住宅、天津国际贸易展览建筑、天津法国工部局建筑、天津日本租界电厂、沈阳东三省银行以及天津多栋中外住宅；
——1926 年曾短暂任上海鸿达洋行（Gonda）建筑师，驻天津；
——1927 年因其对俄国情况较为了解，被美国亚洲矿业信托公司（Aisa Mines Trust Co.）聘为执行主席，负责东西伯利亚一家大型金矿；
——1930 年离开天津前曾任天津北洋大学高等数学教师；
——1930 年 2 月被聘为上海公共租界工部局助理建筑师；
——1931 年到上海，并于同年 7 月加入普益地产（Asia Realty Co.），创办其建筑部；
——1933 年初在组建完成后开始在上海独立执业，创办汉墨德计划建筑工程司行，经营至 1937 年；
——1938 年在天津，后无闻。

作品：

——潘复住宅，天津，1921—1924；
——Erzendsanzi（中文名不详）疗养院，满洲里，1921—1924；
——东北大学主楼，沈阳，1921—1924；
——中兴煤矿的多栋建筑，山东枣庄，1921—1924；
——前总统黎元洪住宅，天津；
——末代皇帝溥仪住宅，天津；
——国际贸易展览建筑，天津；
——法国工部局建筑，天津；
——日本租界电厂，天津；
——多栋中外住宅，天津；
——东三省银行，沈阳。

著述：

——不详。

参考文献及相关材料：

——Men of Shanghai and North China[M].1935：207-208.
——Men of Shanghai and North China[M].1933：158-163.
——照片来源：同上：159.

注：其对当时欧洲大陆的现代建筑极其感兴趣，在上海设计了大量项目，曾撰写大量有关现代艺术和建筑的文章；曾为法兰克福中国研究所之友协会（Vereinigung der Freunde des China Instituts zu Frankfurt）成员。

[167] Hansell，Alexander Nelson（A. N. 汉塞尔）

生卒：1857.10.06—1940.02.08
出生地：法国卡昂（Caen）
国籍：英国
在华城市：汉口
资历：FRIBA，1891
教育和训练背景：在温切斯特学习建筑

经历：

——1888 年移居日本，在从事建筑师职业前曾在大阪一家神学院教授英语；
至 1918 年在日本神户、兵库等地执业；

——1918 年之前由神户到汉口，加入景明洋行（Hemmings & Berkley）；
——1922 年离开景明洋行，回到伦敦；
——后移居摩纳哥并于 1940 年去世。

作品：

——普尔主教女校（Bishop Poole's School for Girls），大阪，1888—1889；
——普尔主教男校（Bishop Poole's School for Boys），大阪，1890；
——同志社大学哈里斯科学学院（Harris School of Science' for the Doshisha College，能容纳 300 名化学专业学生并带实验室），京都，1889—1890；
——神户总会（Original Kobe Club Clubhouse），神户，1890；
——德拉坎普公司（Delacamp & Co.），神户，1893；
——自宅（Choueke House），神户，1896；
——德国总会（Club Concordia Clubhouse），神户，1896；
——德国领事馆（German Consulate），神户，1901；
——汇丰银行（Hong Kong and Shanghai Bank），神户，1902；
——怡和洋行（Jardine Matheson），神户，1905；
——古根海姆住宅（Guggenheim House），神户，1912；
——渣打银行（Standard Chartered Bank），神户；
——夏普住宅（Sharp House），神户，1903；
——哈萨姆之家（Former Hassam House），神户，1902；
——同志社大学哈里斯科学会堂（Harris Science Hall at Doshisha University），神户，1890；
——圣艾格尼丝学校明治堂（Meiji Hall at St. Agnes'school），神户，1895；
——德赫莱夫森住宅（Dethlefsen House），神户，1895；
——参见第二编景明洋行。

著述：

——不详。

参考文献及相关材料：

——Olive Checkland. Britain's Encounter with Meiji Japan，1868—1912[M]. London：The Macmillan Press，1989：300.
——Frederick Chatterton. Who's who in architecture[M]. London：The Architectural Press，1923：114.
——Peter Ennals. Opening a Window to the West：The Foreign Concession at Kobe，Japan，1868—1899[M]. Toronto：University of Toronto Press，2014：132-133.
——Dallas Finn. Meiji Revisited：The Sites of Victorian Japan[M]. New York and Tokyo：Weatherhill，1995：68-70.
——https：//en.wikipedia.org/wiki/Alexander_Nelson_Hansell.
——Arthur Charles Fox-Davies. Armorial Families：A Directory of Gentlemen of Coat-Armour [M]. London：Hurst & Blackett，Ltd.，1929：870.
——神戸外国人居留地研究会 . 神戸と居留地―多文化共生都市の原像 [M]. 神戸：神戸新闻総合出版センター，2005.
——神木哲男，崎山昌広 . 神戸居留地の 3/4 世紀―ハイカラな街のルーツ [M]. 神戸：神戸新闻総合出版センター，1993.
——谷口利一 . 使徒たちよ眠れ―神戸外国人墓地物語 [M]. 神戸：神戸新闻総合出版センター，1986.
——照片来源：神户市立博物馆 [EB/OL]. http：//www.city.kobe.lg.jp/culture/culture/institution/museum/meihin_new/159.html.

注：其父亲曾在日本传教。

[168] Hansteen, Valdemar Scheel（汉斯廷）

生卒：1897.01.15—1980.06.13
出生地：挪威克里斯蒂安尼亚（Kristiania，今奥斯陆）
国籍：挪威
在华城市：益阳、长沙
资历：不详
教育和训练背景：1917—1921 年在挪威建筑技术学院学习建筑学（The Norwegian Technical College of Architects）

经历：

——在学习建筑之前，曾于 1916—1917 年学习哲学、希腊语和教会史；
——1922 年到德国游学数月；
——1922—1928 年受聘于瑞典信义会（Church of Sweden Mission），负责湖南地区的教会建筑设计建造，期间曾于 1924 年到北京考察中国传统建筑；
——1929 年在挪威卑尔根（Bergen），稍后到斯塔万格（Stavanger）开办事务所至 1960 年。

作品：

——信义大学（Lutheran College），湖南益阳（中国传统建筑风格），1924；
——长沙传教士教堂（Church of Missionaries in Changsha）。

著述：

——不详。

参考文献及相关材料：

——Dedication of the Lutheran College[J]. The Chinese Recorder, 1924, 55: 414-415.
——https: //nkl.snl.no/Valdemar_Scheel_Hansteen.
——https: //no.wikipedia.org/wiki/Valdemar_Scheel_Hansteen.
——照片来源：同上。

注：其父亲是挪威著名建筑师 Waldemar Hansteen（1857—1921）；其子 Hans Jacob Hansteen（1938—?）也是一位建筑师。

[169] Harding, John Reginald（哈尔定）

生卒：1858.05.02—1921
出生地：不详
国籍：英国
在华城市：上海
资历：MSA，1884；AMICE，1887；MICE，1891；ESC；IAC
教育和训练背景：1870—1876 年在马尔伯勒学院（Marlborough College）就读；1876—1879 年学徒于埃尔斯威克（Elswick）阿姆斯特朗公司（Sir W. G. Armstrong and Co.）

经历：

——1880 年 12 月被任命为海关总署营造处助理工程师；
——1881 年在江海关（上海）营造司任职；
——1883 年曾在台湾南岬（South Cape）修建灯塔；

——1889 年，时任海关总署中国口岸灯塔南方部（Marine Department China Coast Light Southern Section）助理工程师的哈尔定驻扎厦门；
——1892 年任副营造司（副总工程师）；
——1895—1896 年任代理总工程师；
——1898 年 5 月受任总工程师，任期到 1908 年 5 月；
——1903 年兼任朝鲜海关咨询工程师；
——1904 年获清朝政府海关三等职员（3rd order civil rank），1905 年获朝鲜政府海关三等职员（3rd order Pal Kwei）；
——1904—1905 年任上海工程师建筑师学会（President of the Shanghai Society of Engineers and Architects）主席；
——1908 年 6 月 6 日退休离开上海回到英国；
——1921 年去世。

作品：

——为中国海关设计超过 40 座灯塔，代表性的有台湾鹅銮鼻灯塔（South Cape of Formosa Lighthouse，1901）；
——教堂和牧师住宅（Church of England），烟台，1893；
——韩国德寿宫（Palace for Corean Emperor），首尔，1898；
——参见第三编中国海关营造处。

著述：

——J. R. Harding. A Brief Description of the Erection of a First Order Lighthouse on the South Cape of Formosa[C]// Shanghai Society of Engineers and Architects. Proceedings of the Society and Report of the Council，1901—1902. Shanghai：North China Herald Office，1902：49–74.

参考文献及相关材料：

——Who's who in the Far East，1906—1907[Z].1907：126.
——[N]. The North–China Daily News，1908–06–08：7.
——Obituary[N]. The North–China Herald and Supreme Court & Consular Gazette，1921–07–09：112.
——Deaths[J]. Architecture（a Magazine of Architecture and the Applied Arts and Crafts），1923，2（13）：41.
——照片来源：Shanghai Society of Engineers and Architects. Proceedings of the Society and Report of the Council [C]. 1905.

注：哈尔定的部分灯塔设计图纸档案收藏于英国伦敦土木工程师学会档案馆。

[170] Harmer，Henry G.（好谋）

生卒：不详
出生地：不详
国籍：英国
在华城市：上海
资历：不详
教育和训练背景：不详

经历：

——1907 年 7 月 3 日在伦敦通过代理人和上海英商通和洋行签订合同，同意进入通和洋行，作为一名助理，从事土木工程师、建筑师、测绘师和房地产代理相关工作，合同期限为 5 年，自好谋到上海之日遵照合同既定条款执行；
——1907 年 8 月到达上海，开始履行合同；
——1908 年 5 月 15 日，好谋因雇主并没有遵守当初的合约给予其总助理或经理的职位，且感觉如果继续以现有职位工作会对其职业生涯造成不良影响，遂写信给雇主称合同无效，6 周后离职，请雇主寻找代替人员；

——1908 年 6 月 30 日自通和洋行离职并任施奈斯拉格公司（Messrs. Snethlage & Co.，祥泰木行前身）建筑师；

——1909 年任祥泰木行（China Import and Export Lumber Company，Ltd.）承造工程司建筑师；

——1910—1914 年在上海自办好谋洋行（Harmer，Henry G.，Architect and Civil Engineer），后无闻。

作品：

——陆军第四中学堂，南京，上海祥泰木行公司承造，工程司好谋监造，1910。

著述：

——不详。

[171] Harpur，Charles（哈普）

生卒：1879.12.04—1964

出生地：英国卡迪夫

国籍：英国

在华城市：上海

资历：ESC；CS；AMAmSCE；ARTPI；FRGS

教育和训练背景：无

经历：

——来华前在英国从事工程师职业；

——1902 年 9 月 3 日到上海开始在公共租界工务处任职，曾先后任工程师助理、助理总工程师、工务处副处长等职务；

——1921—1922 年任中华国际工程学会主席；

——1922—1936 年 6 月任上海公共租界工务处处长，在其任期内，租界的公共建筑建设进入黄金时期；

——1936 年 6 月 14 日退休，离开上海回英国。

作品：

——参见第三编上海公共租界工部局工务处。

著述：

——C. Harpur. Notes on Engineering Standards [C]// Shanghai Society of Engineers and Architects. Proceedings of the Society and Report of the Council，1904—1905：59–76.

参考文献及相关材料：

——The China Who's Who（Foreign）[M].1922：128.

——The China Who's Who（Foreign）[M].1924：115.

——Men of Shanghai and North China[M].1933：161–163.

——Men of Shanghai and North China[M].1935：220–221.

——Engineering Society of China. Mr. C. Harpur's Presidential Address at Yesterday's Meeting[N]. The North–China Daily News，1921–12–07（07）.

——P. W. D. Commissioner Highly Praised. Mr. C. Harpur Retiring; Loudly Applauded by Ratepayers[N]. The Shanghai Times，1936–04–16（08）.

——34 Years' Devotion to Work of Developing. The City，Mr. Charles Harpur，Retiring Commissioner of Public Works，Recalls Experiences During Growth of Settlement; Happy Time Spent[N]. The Shanghai Times，1936–04–22（05）.

——Mr. C. Harpur Leaving S. M. C. after 34 Years'service. Commissioner of Public Works Sails on Sunday：Great Building Projects Realized[N]. The North–China Daily News，1936–06–11（10）.

——Shanghai News：Mr. C. Harpur Leaves S.M.C. Service[N]. The North–China Herald and Supreme Court & Consular Gazette，1936–06–17：491.

——Leaders of Commerce Industry and Thought in China[M].1924：164.

——照片来源：同上。

注：中文名又作侠伯；1929 年获英帝国官佐勋衔（OBE）。

[172] Hayes，Jesse Ernest（J. E. 海因斯）

生卒：1891.03.23—1972.11.20
出生地：美国塞勒姆（Salem）
国籍：美国
在华城市：天津、上海
资历：不详
教育和训练背景：斯坦福大学（Leland Stanford Jr. University）

经历：

——1906—1916 年在美国从事建造与工程；
——1916 年负责海军广播电台大厦；
——1917 年到菲律宾，任马尼拉工务局助理工程师；
——1917 年到华，任茂生洋行（American Trading Company）北京分支总经理至 1919 年；
——1919 年起任汉士洋行（J. E. Hayes Engineering Co.）天津、上海分部总经理；
——1927 年 6 月 10 日退休回国；
——1928 年在旧金山从事结构工程，汉士洋行由戴维森（J. K. Davison）经营至 1941 年后。

作品：

——新英租界市场（new British Market），天津博罗斯道（Bruce）和大沽路转角，J. E. Hayes Engineering Co. 建造，A. Loup & E. C. Young 设计，1933。

著述：

——不详。

参考文献及相关材料：

——The China Who's Who（Foreign）[Z]. 1924：117.
——The China Who's Who（Foreign）[Z]. 1925：112.
——The China Who's Who（Foreign）[Z]. 1927：111.
——[J]. Engineering World：A Journal of Engineering and Construction，1928，32-33：150.
——Leaders of Commerce Industry and Thought in China [Z]. 1924：170.
——照片来源：同上。

[173] Hazeland，Ernest Manning（希士伦）

生卒：1870.04.21—1944.11.24
出生地：中国香港
国籍：英国
在华城市：香港
资历：AAHK，1903—1941
教育和训练背景：香港拔萃书室

经历：

——1888 年进入香港工务署任助理工程师；

——1900 年开始自办事务所，外文名为 Hazeland，E. M.，经营建筑师和土木工程师业务至 1923 年；
——1923 年受聘于香港中华总商会，来协助中国人满足卫生委员会颁布法令之要求；
——自 1924 年起和在香港的意大利建筑师干弥那（Ugo Gonella）组建事务所，外文名为 Hazeland & Gonella，经营至 1941 年；
——1936 年 7 月任香港授权建筑师咨询委员会委员；
——1941 年日本侵略香港后被关押在集中营，并于 1944 年去世。

作品：

——参见第二编希士伦画则师行。

著述：

——不详。

参考文献及相关材料：

——Vaudine England. The Quest of Noel Croucher: Hong Kong's Quiet Philanthropist[M]. Hong Kong: Hong Kong University Press，1998：96.
——Who's who in the Far East，1906—1907[Z]. 1907：137.
——Who's who in the Far East，1907—1908[Z].1908：69.
——https：//oLtd.gwulo.com/node/11500.
——Arnold Wright.Twentieth Century Impressions of Hongkong，Shanghai，and Other Treaty Ports of China: Their History，People，Commerce，Industries，and Resources [M]. London：Lloyds Greater Britain Publishing Company，1908：173.
——周佳荣，钟宝贤，黄文江 . 香港中华总商会百年史 [M]. 香港：香港中华总商会，2002：16.
——Sergio Ticozzi. Historical Documents of the Hong Kong Catholic Church[M]. Hong Kong：Hong Kong Catholic Diocesan Archives，1997：129–130.
——[N]. South China Morning Post，1936–05–20.
——[J]. HK Builder，1938，3（5）：28.
——照片来源：Tony Lam Chung Wai（林中伟）. From British Colonization to Japanese Invasion：The 100 Years Architects in Hong Kong 1841—1941[J]. HKIA Journal，2006，45（1）：44–55.

注：其子小希士伦（Andrew John Manning Hazeland，1908—2014）也是一位建筑师。

[174] Hazzard，Elliot（哈沙得 / 哈沙德）

生卒：1879—1943.04.23
出生地：美国乔治城（Georgetown）
国籍：美国
在华城市：上海
资历：AIA
教育和训练背景：曾在南卡罗来纳州军事学院（South Carolina Military Institute，the Citadel）学习 3 年，1898—1899 年在佐治亚理工学院（Georgia Technological Institute）学习建筑

经历：

——1900 年到纽约普莱斯（Bruce Price）事务所任职；
——1903 年加入怀特（Stanford White）事务所；
——1905 年在纽约第五大道 571 号开办自己的事务所；
——1907 年迁址第五大道 437 号并与沃克（Hobart A. Walker）合伙组建 Walker & Hazzard；
——1910 年布拉登（Wendell P. Blagden）加入；
——1911 年沃克离开，厄斯金（Harold P. Erskine）加入，事务所更外文名为 Hazzard，Erskine and Blagden；

——1914 年布拉登离开，事务所更外文名为 Hazzard & Erskine；
——1916 年哈沙得成为承包商，更外文名为 Hinchman & Hazzard；
——一战期间依旧从事飞机制造相关工作（Air Craft Production Work）；
——1920 年移居亚特兰大成为百斯特工程公司（H. D. Best）的代表；
——1920 年 12 月到华；
——1921 年 1 月 1 日，任茂旦洋行上海分行经理（一说为受标准石油公司派遣到华从事基础设施工程），负责其所有东方业务；
——1923 年在茂旦洋行撤销其事务所上海分部后，自办事务所；
——1930 年 7 月菲利普（Phillips，E. S. J.）成为合伙人，至 1939 年离开，后由哈沙得独自经营至 1941 年；
——1930 年奚福泉曾在哈沙得洋行短暂任职；
——1943 年在闸北集中营病发去世。

作品：

——参见第二编哈沙得洋行。

著述：

——不详。

参考文献及相关材料：

——Ellen Johnston Laing（梁庄爱伦）. Elliott Hazzard（哈沙德）：An American Architect in Republican Shanghai[J]. 艺术史研究，2010（12）：273-323.
——Leaders of Commerce Industry and Thought in China[M]. 1924：171.
——照片来源：同上。

H

[175] Hees，Paul de（保罗·海斯）

生卒：1840（？）—1915.05
出生地：不详
国籍：比利时
在华城市：汉口
资历：不详
教育和训练背景：不详

经历：

——他是比利时著名铁路工程师，来华前曾在土耳其修筑过多条铁路，其倾慕于美国铁路和铁路材料，并曾经到访美国；
——1895 年受李鸿章邀请，到中国受雇于清政府交通部铁路科，并于同年由天津坐船赴武昌，负责修建卢汉铁路和汉粤铁路，任总工程师；
——1901 年 1 月前在汉口开办汉通洋行（Hees，P. de，Civil Engineer and Architect），承接土木工程及建筑设计业务；
——1907 年雷尼·海斯（Rene de Hees）入伙，公司外文名改为 Paul & Rene de Hees，Civil Engineers and Architects，中文名依旧，合伙经营至 1909 年散伙；
——1908 年曾与比尔（C. E. Birr）合伙，洋行遂更外文名为 Hees P. De and C. E. Birr Engineers and Architects；
——1910 年洋行复由海斯独立经营，外文名变更为 Hees，Paul de；
——1915 年 5 月于汉口去世，当时的新加坡《海峡时报》称其是在汉口开业的第一位建筑师，在汉口建造了许多优秀的建筑；
——海斯去世后，其事务所名称仍旧见于行名录至 1919 年 1 月。

作品：

——不详。

著述：

——不详。

参考文献及相关材料：

——Iron and Steel in China and Japan[J]. The Iron Age，1896，58：970-971.

——[N]. San Francisco Chronicle，1895-10-20：20.

——财团法人东洋文库 . Au Ministere des Communications，Departement des Chemins de Fer（sic.）. Pekin. 1895—1913[DB/OL]. http：//61.197.194.9/toyo/Database/.

——[J].American Engineer and Railroad Journal，1896，70（2）：351.

——[N/OL]. The Straits Times，1915-05-17（8）. http：//newspapers.nl.sg/Digitised/Article/straitstimes19150517-1.2.43.aspx.

注：曾获清政府双龙宝星勋章。

[176] Hees，Pierre de（皮埃尔·海斯）

生卒：1880—?

出生地：不详

国籍：比利时

在华城市：汉口、天津

资历：不详

教育和训练背景：不详

经历：

——1908 年来华；

——1910 年在汉口继承新盛洋行（Hees，Rene De，Engineer and Architect），公司后更外文名为 Hees，P. de Architect，至 1918 年 1 月仍见记载；

——1914—1919 年在驻华法国军队服役；

——1922 年前任天津法租界工部局总工程师，至 1927 年后。

作品：

——不详。

著述：

——不详。

[177] Hees，Rene de（雷尼·海斯）

生卒：不详

出生地：不详

国籍：比利时

在华城市：汉口

资历：不详

教育和训练背景：不详

经历：

——1898 年左右来华，从事土木工程师和建筑师职业；

——1901 年任京汉铁路工程师；

——1906 年到汉口，任法租界工部局工程师至 1908 年后，负责法租界道路规划设计建造；

——1907 年雷尼·海斯入伙汉通洋行（Hees，P. de，Civil Engineer and Architect），公司外文名改为 Paul & Rene de Hees，Civil Engineers and Architects，中文名依旧，与保罗合伙经营至 1909 年散伙；

——1909 年在汉口开办新盛洋行（Hees，Rene De，Engineer and Architect）；

——1910 年离开汉口回到法国，新盛洋行由皮埃尔·海斯（Pierre de Hees）继承；

——1910—1911 年在法国博厄恩（Boen-sur-Lignon）任工程师。

作品：

——不详。

著述：

——不详。

参考文献及相关材料：

——Victor Collin. Un reportage belge en Extrême Orient: Guerre internationale de 1900—1901[M]. Cauwer, 1901: 178.

——[J]. L'Electricien; revue internationale de l'électricité et de ses applications, 1911, 41: 24.

[178] Helot，Louis（罗礼思）

生卒：1816.01.30—1867.09.22

出生地：法国苏瓦松（Soissons）

国籍：法国

在华城市：上海

资历：不详

教育和训练背景：在瑞士弗里堡耶稣会学院（Jesuit College of Friborg），后在法国耶稣会接受科学和神学训练

经历：

——1835 年加入耶稣会；

——1848 年 6 月，在来华途中得知教廷禁止法籍教士去中国的禁令，返回马赛；

——1849 年 4 月，教皇撤销禁令后再度来华，并于同年 10 月抵沪；

——在沪传教期间曾负责耶稣会的建造工作，先后担任徐家汇老堂和董家渡大堂的建筑师；

——1867 年在上海去世。

作品：

——圣依纳爵天主教堂（徐家汇老教堂），监造，1851；

——洋泾浜圣若瑟堂，1860。

著述：

——不详。

参考文献及相关材料：

——François Pouillon. Dictionnaire des orientalistes de langue française（法国东方学辞典）[M]. Paris: IISMM-Karthala, 2012: 516.

——http: //gw.geneanet.org/garric?lang=en&pz=antoinette&nz=chanel&ocz=0&p=louis&n=helot.

——上海宗教志 [OL]. http: //www.shtong.gov.cn/.

注：又名 Ludovicus Helot，字文辉。

[179] Hempel，G. L.（韩贝）

生卒：不详

出生地：不详

国籍：德国

在华城市：汉口

资历：不详

教育和训练背景：不详

经历：

——1904—1905 年间曾任汉口德国领事馆场地建筑师（site architect）；

——1908 年前在汉口开设韩贝工程师（Hempel，G. L.），承接建筑设计和土木工程，并与其助理建筑师石格司在汉口合办砖瓦厂；

——1911 年 5 月起接手德商怡昌洋行业务；

——1917 年对德宣战后曾一度湮没无闻；

——1926 年复见，1934 年尚见于记载。

作品：

——汉口德国领事馆，1895；

——参与武汉大学设计。

著述：

——不详。

[180] Hemmings，Robert Edwin（海明斯）

生卒：1878—1936

出生地：新西兰芒阿图罗托（Maungaturoto）

国籍：新西兰

在华城市：香港、汉口、天津

资历：MNZIA；MNZIE；MRSI

教育和训练背景：在悉尼接受建筑训练

经历：

——1903—1907 年在香港理及柯伦治机器司绘图（Leigh & Orange，Civil Engineers，Architects and Surveyors）公司工作；

——1908 年在汉口与 F. M. 维潘（F. M. Vipan）上校之女艾米莉·格特鲁德（Emilly Gertrude）结婚；

——1909 年在汉口独立开业，事务所外文名为 Hemmings，R. E.；

——1912 年澳大利亚建筑师伯克莱（Ernst James Berkley）加入成为合伙人，公司中文为“景明”，外文名改为 Hemmings & Berkley；

——1922 年开办天津分部，由帕克因（Pakin）负责；

——1923 年 6 月退休，以游客身份从汉口乘船经中国上海、美国西雅图前往加拿大的维多利亚，与家人一起逗留了一年多后返回汉口，期间疑似承接了维多利亚基督教青年会办公楼项目；

——1927 年赴天津与帕克因共同主持分行事务；

——后因承接基督教女青年会（YWCA）位于加拿大维多利亚市的建筑项目，又于 1930 年、1932 年和 1934 年间数次往返于维多利亚与天津之间；

——1936 年在天津去世。

作品：

——汉口圣教书局，海明斯免费提供设计，1909；

——参见第二编景明洋行。

著述：

——R. E. Hemmings，C. N. Joyner. The Slump Test[J]. Journal of the Association of Chinese and American Engineers，1925（7-8）：23-25.

参考文献及相关材料：

——谭刚毅，余泽阳．从近代建筑师的身世之考到近代城市建筑的“风貌”之变——以景明洋行创始人海明斯和伯克利为例[J]. 建筑师，2017（5）：133-137.

——余泽阳．外籍建筑师在近代武汉的实践及其对城市建筑近代化的影响研究（1861—1949年）[D]. 武汉：华中科技大学，2021.

——郑红彬，王炎松．景明洋行及其近代作品初探[J]. 华中建筑，2009，27（1）：222-228.

——Allister Macmillan. Seaports of the Far East：Historical and Descriptive，Commercial and Industrial，Facts，Figures，& Resources[M]. 2nd edition. London：W. H. & L. Collingridge，1925：177.

H

[181] Henderson，David Marr（韩得善）

生卒：1840—1923.12.08

出生地：不详

国籍：英国

在华城市：上海

资历：MICE

教育和训练背景：不详

经历：

——1869年1月被任命为海岸灯塔总工程师（总工程师、总营造司）；

——1898年5月离开上海回到英国；

——1923年12月在伦敦去世。

作品：

——任期内约30年时间将中国江海沿岸的灯塔数目从1869年的20座增加到1895年的108座。

著述：

——D. Marr Henderson. The Lighting of The China Coast[N].The North-China Herald and Supreme Court & Consular Gazette，1902-01-08（37）.

——D. Marr Henderson. The Lighting of The China Coast[N]. The North-China Daily News，1902-04-28（04）.

——D. Marr Henderson. The Lighting of The China Coast[N].The North-China Daily News，1902-07-31（05）.

参考文献及相关材料：

——Mr. D. M. Henderson[N]. The North-China Daily News，1923-12-10（20）.

——照片来源：截自其家庭合影，上野（H. Uyeno）拍摄，引自：http：//hpc.vcea.net/.

注：1932年，海关总税务司梅乐和（F. W. Maze）为《中国沿海灯塔志》所作序言中，称“盖以中国沿海灯塔，经韩君擘画建筑者，实居多数，而为任何工程师所不可及”。

[182] Henderson，Richard McNeil（轩德荪）

生卒：1886.01.14—1972

出生地：不详

国籍：英国

在华城市：香港

资历：AMICE，1911；MICE，1925；MIME；MIWE；AAHK，1920—1939

教育和训练背景：格拉斯哥技术学院（Technology College Glasgow）

经历：

——1912 年 9 月 21 日被聘为港英政府助理工程师，同年 10 月 31 日到香港；
——1913 年 4—7 月掌管大潭笃水塘计划第二期工程；
——1917 年 11 月 1 日成为长俸公务员，职位为一级助理工程师；
——1918 年 3 月署任行政工程师，主理水务工程，同年 8—10 月被派往威海卫工作；
——1920 年 1 月升为行政工程师，主理水务工程，同年 8 月再被派往威海卫工作 18 天；
——1923 年 7 月主要负责城门水塘计划工程；
——1925 年获委任为水务工程师；
——1930 年 1 月升助理工务司（副署长），委任为行政和定例局议员、素净局副主席；
——1932 年 12 月升工务司；
——1935 年当选为房屋委员会成员；
——1939 年 4 月退休。

作品：

——香港大潭笃水塘；
——香港仔水塘；
——香港城门水塘；
——南九龙裁判署（South Kowloon Magistracy），1933；
——香港万柴市场（Wan Chai Market），1937；
——香港中环街市（Central Market），1938。

著述：

——不详。

参考文献及相关材料：

——https：//en.wikipedia.org/wiki/Richard_McNeil_Henderson.
——Who was who：1897—2000[Z]. London：A & C Black Publishers Ltd.，2002：380.
——The Dominions Office and Colonial Office List[Z].1939：679.
——马冠尧 . 香港工程考 II ——三十一条以工程师命名的街道 [M]. 香港：三联书店有限公司，2014：295-322.
——照片来源：同上：296.

[183] Hermitte，Achille-Antoine（赫米特）

生卒：1840—1870

出生地：法国巴黎

国籍：法国

在华城市：广州、香港

资历：不详

教育和训练背景：1860 年毕业于巴黎美术学院（École Nationale des Beaux-Arts）

经历：

——约 1865 年到广州参与石室教堂建造；

——1866 年赢得香港市政厅（Hong Kong City Hall）设计竞赛；

——1869 年任越南法国殖民地政府民用建筑部总建筑师；

——1870 年在胡志明市去世。

作品：

——香港市政厅，1866—1869；

——广州石室大教堂，参与，1865—1866；

——广州上川岛圣方济各·沙勿略墓园小礼拜堂（Small Chapel of the Tomb of St Francis Xavier on Shangchuan Island，Southwest of Guangzhou）；

——越南西贡总督府（The Governor General's Palace in Saigon），1869。

著述：

——不详。

参考文献及相关材料：

——Johnathan Andrew Farris. Enclave to Urbanity. Canton，Foreigners，and Architecture from the Late Eighteenth to the Early Twentieth Centuries[M]. Hong Kong：Hong Kong University Press，2016：131-133.

——Roux，Delaire，David De Penanrun. Les architectes élèves de l'Ecole des beaux-arts，1819—1894[M]. New York：Nabu Press，2012：175.

——Stephen Davies. Achille-Antoine Hermitte（1840-1870?）[J]. Journal of the Royal Asiatic Society Hong Kong Branch，2014，54：201-216.

——Stephen Davies（戴伟思）. Achille-Antoine Hermitte's Surviving Building（阿基里·安当·埃尔米特的幸存建筑）[J]. Journal of the Royal Asiatic Society Hong Kong Branch，2016，56：92-110.

——https：//peoplepill.com/people/achille-antoine-hermitte/.

H

[184] Herrmann，Joseph Michael（海曼）

生卒：1889.03.11—1934.4

出生地：美国芝加哥

国籍：美国

在华城市：北京、天津、上海

资历：不详

教育和训练背景：不详

经历：

——1912 年在芝加哥获《砖瓦和黏土纪录》（*Brick and Clay Record*）大奖赛荣誉奖；

——1917 年加入上海何士工程司（Shattuck & Hussey architects）；

——1918—1925 年在北京何士建筑工程师行（Harry Hussey Architect）任职；

——1929—1930 年在天津开办海曼工程师（Herrmann，J. M.）；

——1931 年和基泰工程司合作设计沈阳张学良官邸，并和建造工程师麦克唐纳（R. T. McDonnell）一起负责建造，后工程因“九·一八”事变中断；

——1933 年在上海起诉张学良未支付建造张学良官邸应付款项；

——1934 年加入基泰工程司（Messrs. Kwan，Chu and Yang）上海分部，同年去世。

作品：

——张学良官邸，建造，沈阳，1931。

著述：

——不详。

参考文献及相关材料：

——Last Rites Held For Joseph Herrmann[N]. The China Press，1934-04-29（7）.

——Mr. Joseph M. Herrmann[N]. The Shanghai Sunday Times，1934-04-29（8）.

——Funeral Mr. Joseph Michael Herrmann[N]. The North-China Daily News，1934-04-29（16）.

——Mr. Joseph Michael Herrmann[N]. The North-China Herald and Supreme Court & Consular Gazette，1934-05-02（16）.

——照片来源：United States Passport Applications，1795—1925，MyHeritage.com[DB/OL]. MyHeritage Ltd.. https：//www.myheritage.cn/research/collection-10720/united-states-passport-applications-1795-1925.

注：名又写作 Hermann。

[185] Hewlitt，Arthur George（晓列）

生卒：不详

出生地：英国伦敦

国籍：英国

在华城市：香港

资历：RIBA，1911；AAHK，1912—1936

教育和训练背景：曾学徒于伦敦

经历：

——学徒完成后曾效力于英国海军部，在伦敦、朴次茅斯和马耳他等地共 17 年；

——1909 年到达香港，

——1914 年自办事务所晓列画则师行（Hewlitt，A. G.，Architect and Civil Engineer）

——1925 年萧浩明（Siu Ho Ming，AAHK，1924—1941）成为合伙人，组成 Hewlitt & Siu；

——1935 年萧浩明退出；

——1938 年冯骏（Fung Tsun，ARIBA，AAHK，1935—1941）成为合伙人，组成 Hewlitt & Fung，经营至 1941 年后。

作品：

——香港东华医院东庄（暂存棺柩及骨殖），1918；

——香港西洋会所（The Lusitano Club）；

——香港南阳兄弟烟草公司两个大型烟草厂（Two of the large tabaco factories of the Nanyang Bros. Tabaco Co.）。

著述：

——不详。

参考文献及相关材料：

——香港古迹咨询委员会 . 香港薄扶林大口环道东华义庄文物价值评估报告 [R].

——https：//gwulo.com/node/32200.

注：名又写作 Arthur George Hewlett。

[186] Hewitt，R. N.（候维德 / 候维惠）

生卒：1882—1940
出生地：不详
国籍：英国
在华城市：汉口
资历：不详
教育和训练背景：在伦敦接受建筑师训练

经历：

——来华前曾在最好的建筑事务所有 12 年的工作经验；
——1909 年 2 月从伦敦抵达上海，随即转赴汉口，加入通和洋行（Atkinson & Dallas）汉口分部，任助理至 1915 年；
——1915—1920 年任通和洋行汉口分部负责人；
——1920—1928 年为汉口三义洋行（Nielsen & Malcolm）合伙人，负责公司的建筑设计业务，同时负责监造；
——1930 年左右任外交部汉口第三特别区（前英租界）工部局工程师（Municipal Surveyor）；
——1930 年开始在汉口经营候维德工程师（Hewitt，R. N.，Architect）公司；
——1940 年在汉口去世。

作品：

——参见第二编三义洋行；
——汉口外滩规划，1930。

著述：

——不详。

参考文献及相关材料：

——Allister Macmillan. Seaports of the Far East: Historical and Descriptive，Commercial and Industrial，Facts，Figures，& Resources[M]. 2nd edition. London: W. H. & L. Collingridge，1925: 180.
——剑桥大学图书馆所藏怡和洋行档案中有其于 1930 年 2 月提交的一份汉口新外滩设计，并称其为“工部局工程师”，档案号：MS JM/L7/1/2/11。

[187] Hildebrand，Peter（P. 锡乐巴）

生卒：1864.09.23—1915.08.08
出生地：德国比特堡（Bitburg）
国籍：德国
在华城市：青岛
资历：不详
教育和训练背景：不详

经历：

——1896 年末受其哥哥锡乐巴（Heinrich Hildebrand）邀请到华参与淞沪铁路建造；
——1899 年随哥哥到青岛，被任命为胶济铁路路段工程师；
——自 1904 年夏任青岛山东铁路公司技术部总管；
——1908 年 10 月其哥哥申请退休回国后，接任青岛山东铁路公司技术主管直至 1914 年；
——1914 年一战爆发后应招参军，后于 1915 年因病去世。

作品：

——不详。

著述：

——不详。

参考文献及相关材料：

——A biographical sketch，compiled by Wilhelm Matzat in August 2010[OL]. http：//www.tsingtau.org/heinrich-hildebrand-1855-1925-und-peter-hildebrand-1864-1915-eisenbahningenieure/.

——Peter Neu. Bitburger Persönlichkeiten. Männer und Frauen aus 2000 Jahren Bitburger Geschichte[M]. Bitburg，2006.

——相关书信档案在慕尼黑德意志博物馆（Deutsches Museum in Munich）。

——王斌．德国在华殖民扩张与胶济铁路建设 [J]. 中国科技史杂志，2010（2）：139-152.

——Vera Schmidt. Die deutsche Eisenbahnpolitik in Shantung 1898—1914：ein Beitrag zur Geschichte des deutschen Imperialismus in China [M]. Wiesbaden：O. Harrassowitz，1976.

[188] Hildebrand，Heinrich（锡乐巴）

生卒：1855.03.12—1925

出生地：德国比特堡（Bitburg）

国籍：德国

在华城市：北京、武昌、南京、青岛

资历：不详

教育和训练背景：1874 年毕业于腓特列·威廉中学（Weingut Friedrich Wilhelm Gymnasium）；毕业后在彼得堡地区建筑检查员处学徒一年；自 1875 年开始在柏林工业大学学习建筑和经济

经历：

——1879 年 12 月通过第一次国考后被任命为建造管理，并在柏林轻轨谋得职位；

——1884 年 6 月通过第二次国考后被任命为政府建筑师，此后在完成一年军队服役后到科隆铁路局（Cologne Railway Directorate）任职，至 1888 年负责艾费尔（Eifel）和洪斯吕克山（Hunsrück）之间较小的铁路次级线的建造，1888—1891 年负责科隆中央火车站重建；

——1891 年 4 月 1 日被派遣到北京的德国大使馆，谋求参与清政府铁路建设（官方的职位翻译，是俾斯麦动用国家经费派往中国的两名铁路工程师之一），9 月到北京，要求任期不低于 5 年并学习中文；

——1891—1892 年学习中文期间，曾多次居住在北京西山大觉寺并对其进行测绘考察，于 1897 年出版《北京大觉寺》一书；

——1892 年被派往武昌，为两湖总督张之洞提供修筑铁路相关咨询等；

——在张之洞门下的工作持续到 1898 年，并曾临时居住在南京，期间为京汉铁路、沪宁铁路和汉渝铁路进行技术前期准备工作，期间于 1894 年修筑为汉阳铁厂运送铁矿石而修建的大冶至汉阳的交通线；

——1896—1898 年参与淞沪铁路部分路段的建设，负责从德国招募工程师，将其弟弟 P. 锡乐巴（Peter Hildebrand）招募至淞沪铁路任工程师；

——1898 年 3 月任邮传部大臣盛宣怀的铁路技术专家；

——1898 年夏到青岛和阿尔弗雷德·盖德茨（Alfred Gaedertz）分别考察青岛至济南路段，为胶济铁路选线做准备；

——1899 年 1 月 20 日，由锡乐巴和韦勒（Luis Weiler）签署的工程总计划寄往柏林，同年 6 月 2 日获得许可同意开工；

——1899 年任山东铁路公司青岛总部建设和经营总办，任期至 1908 年；

——1908 年申请退休回国，10 月 27 日离开青岛；

——1911 年受交通部长盛宣怀招募再度来华，后清朝灭亡、盛宣怀职位不再，其也于 1912 年再度回国；

——1913 年被任命为巴西德国圣卡塔琳娜（Santa Catharina，库拉索岛）铁路公司指挥。

作品：

——山东铁路公司管理处办公楼，青岛，工程负责人为韦勒（Luis Weiler），1899；

——德华银行（German-Asian Bank），青岛太平路，1899—1901；

——海军军官俱乐部（Marine Officers' Casino），青岛莱阳路 8 号，1907—1909；

——青岛火车站，泰安路 2 号，与韦勒和阿尔弗雷德·盖德茨共同设计，1900—1901。

著述：

——Heinrich Hildebrand. Vereinigung Berliner Architekten. Der Tempel Ta-chüeh-sybei Peking（Tempel des grossen Erkennens，北京大觉寺）[M]. Berlin：A. Asher & Co.，1897.

参考文献及相关材料：

——A biographical sketch，compiled by Wilhelm Matzat in 2010-08[OL]. http：//www.tsingtau.org/heinrich-hildebrand-1855-1925-und-peter-hildebrand-1864-1915-eisenbahningenieure/.

——Peter Neu. Bitburger Persönlichkeiten. Frauen und Männer aus 2000 Jahren Bitburger Geschichte[M]. Bitburg：Kulturgemeinschaft Bitburg，2006.

——相关书信档案在慕尼黑德意志博物馆（Deutsches Museum in Munich）.

——王斌 . 德国在华殖民扩张与胶济铁路建设 [J]. 中国科技史杂志，2010（2）：139-152.

——Vera Schmidt. Die deutsche Eisenbahnpolitik in Shantung 1898—1914：ein Beitrag zur Geschichte des deutschen Imperialismus in China [M]. Wiesbaden：O. Harrassowitz，1976.

——马交国，宋昆 . 我国近代杰出的外籍铁路工程师、胶济铁路总办锡巴乐研究 [C]// 张复合，刘亦师 . 中国近现代建筑研究与保护（十一）. 天津：天津人民出版社，2022：622-628.

——袁宾久 . 青岛德式建筑 [M]. 北京：中国建筑工业出版社，2009：196.

H

[189] Hines，William Earle（W. E. 海因斯）

生卒：1896.12.28—1977.08.03

出生地：美国北卡罗来纳州（North Carolina）

国籍：美国

在华城市：上海、重庆

资历：AIA，1930

教育和训练背景：不详

经历：

——1921 年 10 月 12 日被美国南方浸礼会（Southside Baptist Church）派遣到中国传教；

——1922—1941 年任职于基督教青年会建筑处（Building Bureau，Young Men's Christian Association）；

——1930 年在上海海外基督教青年会任商务秘书；

——1939—1941 年在上海任海外青年会（Foreign YMCA）月刊“*Y*”*Spokesman* 的秘书和主编；

——1944 年在重庆基督教青年会全国委员会任职；

——1977 年在曼谷去世。

作品：

——不详。

著述：

——不详。

参考文献及相关材料：

——https：//it.billiongraves.com/grave/William-Earle-Hines/6114840.

——[J]. The Octagon，1942，14：34.

——照片来源：United States Passport Applications，1795—1925，MyHeritage.com[DB/OL]. MyHeritage Ltd.. https：//www.myheritage.cn/research/collection-10720/united-states-passport-applications-1795-1925.

[190] Hirano Midori（平野绿）

生卒：1899.02.16—1994.12.23
出生地：日本香川县
国籍：日本
在华城市：大连、沈阳
资历：MJA
教育和训练背景：1924 年毕业于京都大学建筑学科

经历：

——1924 年 4 月入职"满铁"；
——1934 年 2 月任"满铁"东京支社临时建筑系长；
——1936 年 5 月任"满铁大连工事事务所"建筑系长，后任奉天铁道局工务课建筑系长等职位，后曾任参事；
——1938 年 10 月离开"满铁"任东边道开发（株）工务部建筑课长；
——1941 年 9 月退出东边道开发社，再度加入"满铁"；
——1942 年 10 月任"满铁铁道总局"建筑课长；
——1946 年 9 月回到日本。

作品：

——"满铁消费组合奉天青叶町配给所"，与山田俊男合作，沈阳。

著述：

——平野绿．プレーン、ジュ、モンブラン疗养所在バッシ・フート・サボ [J]. 满洲建筑协会杂志，1930，10（1）.
——平野绿．思ひ出 [J]. 满洲建筑杂志，1940，20（12）.

参考文献及相关材料：

——堀勇良．日本近代建筑人名总览（增补版）[M]. 东京：中央公论新社，2022：1134.
——中西利八．满洲绅士录 [M]. 3 版．东京：满蒙资料协会，1940：983.
——照片来源：同上。

[191] Hirano Yajo（平野勇造）

生卒：1864.11.23—1951.02.09
出生地：日本青森县
国籍：日本
在华城市：上海
资历：MJA；AIC
教育和训练背景：自美国加利福尼亚州立大学毕业后，又在科普莱特（Coppellette）门下学徒 4 年

经历：

——1883 年到美国洛杉矶，边工作边在加利福尼亚州立大学攻读建筑学学位；

——1890 年回到日本，在东京开办事务所，任东京爱岩山五重塔主任建筑师；
——1894 年成为平野富二养子，更名为平野勇造（原名堺喜勇造）；
——1899 年进入三井物产工作，并被派到上海任负责人；
——1904 年在上海成立平野建筑师事务所，经营至 1923 年 7 月；
——自 1923 年 1 月开始任三井银行（Mitsui Bank，Ltd.）上海分行代理人；
——自 1924 年 7 月任三井银行经理助理；
——自 1931 年 1 月任三井银行经理，直至 1934 年 1 月；
——晚年在日本任益田农事株式会社董事；
——1951 年在镰仓去世。

作品：

——爱岩山五重塔，东京；
——丸之内大厦，东京；
——三井会社（Mitsui Bussan Kaisha）台北支店；
——大阪商船会社（Osaka Shosen Kaisha），汉口；
——三井洋行，汉口；
——三菱洋行（The Mitsui Bishi Co.），汉口；
——三井会社上海支店，上海四川中路 175–185 号，1903；
——上海棉纺厂（Shanghai Cotton-spinning Mill），1897；
——其余作品参见第二编平野事务所。

著述：

——New Japanese Consulate，Shanghai，China[J]. Architects' and Builders' Magazine，1911，43，(1–15)：524–527.

参考文献及相关材料：

——Arnold Wright.Twentieth Century Impressions of Hongkong，Shanghai，and Other Treaty Ports of China[M]. London：Lloyds Greater Britain Publishing Company，1908：634.
——汤里平，陈静 . 上海国棉十七厂改造考察报告 [C]// 朱文一，刘伯英 . 中国工业建筑遗产调查、研究与保护（二）. 北京：清华大学出版社，2012：339–349.
——山口勝治 . 三井物産技師平野勇造小伝—明治の実業家たちの肖像とともに（三井物产平野勇造小传——明治时代的商人画像）[M]. 东京：西田书店，2011.
——堀勇良 . 日本近代建筑人名总览（增补版）[M]. 东京：中央公论新社，2022：1134.
——照片来源：http：//blog.sina.com.cn/s/blog_548212d30102xekt.html.

[192] Hirotsugu Kensuke（相贺兼介）

生卒：1889.12.14—1945
出生地：日本冈山县
国籍：日本
在华城市：大连、长春、沈阳
资历：MJA
教育和训练背景：1907 年毕业于工手学校；1911 年东京高等工业学校（现东京工业大学）建筑科选修生，1913 年结业

经历：

——1907 年 4 月作为事务系的雇员进入了“满铁”，并被分配到“满铁本社”的建筑部门，对建筑设计产生了兴趣；
——1913 年 4 月回到“满铁技术局”建筑课任勤务，并从事建筑设计监理的工作；
——1920 年 3 月退出“满铁”；
——1920 年 6 月到横井建筑事务所（后改为小野木横井共同建筑事务所）任设计主任；

——1922 年辞去“满铁”职位；
——1925 年再度回到“满铁”任职；
——1930 年任“满铁”地方部工事课社宅系主任；
——1932 年任“满铁”技师；
——1932 年伪满洲国成立以后，任伪满洲国国务院总务厅技正，后担任伪国都建设局技正、技术处建筑科科长；
——1933 年 3 月伪国都建设局技术处建筑科与总务厅需用处营缮科部门统合，改组为新的总务厅需用处营缮科，相贺任科长；
——1935 年 11 月 8 日，原营缮科规模扩大，成为营缮需品局营缮处，下设设计科和监理科，相贺同时兼任两个科的科长；
——此外还曾担任宫廷营造科长、大陆科学院研究官等职位；
——1936 年 8 月—1937 年 4 月为伪满宫殿建设，曾到日本各地和欧洲考察；
——1938 年 7 月三度加入“满铁”，任工务局建筑课勤务；
——1938 年 12 月任“满铁”参事、奉天工事事务所所长；
——1941 年退出“满铁”，加入东亚土木社、第一住宅会社代表；
——1942 年任伪香港总督府特约顾问（非正式职员）；
——1943 年加入大连福高组，任建筑部长；
——1945 年 1 月回到日本，同年去世。

作品：

——“南满洲工业学校”，大连，1929；
——奉天大和旅馆（现辽宁宾馆），沈阳，与太田宗太郎共同设计，1937；
——伪满洲日日新闻社奉天支社（现辽宁日报社），沈阳，1937；
——伪满洲国国务院的总务厅弘报处大楼，长春；
——伪满国都建设局，长春，1932；
——伪满司法部外交部，长春，1932；
——伪满新京特别市公署，长春；
——伪满首都警察厅，长春。

著述：

——不详。

参考文献及相关材料：

——中西利八 . 满洲绅士录 [M]. 3 版 . 东京：“满蒙资料协会”，1940：1315.
——“满铁建筑会”. 满铁の建筑と技术人 [M]. 东京：“满铁建筑会”，1976.
——堀勇良 . 日本近代建筑人名总览（增补版）[M]. 东京：中央公论新社，2022：5.

[193] Hooper，Charles Owen（C. O. 胡珀）

生卒：1889—?
出生地：不详
国籍：英国
在华城市：汉口
资历：ARIBA，1920；FRIBA，1929；MISE
教育和训练背景：不详

经历：

——1920—1941 年任职于景明洋行（Hemmings & Berkley）；
——1925 年曾兼任汉口英租界消防队（British Fire Brigade）队员；
——1946 年离开汉口；
——1964 年自英国皇家建筑师学会退休。

作品：

——汉口协和医院；

——汉口某住宅；

——武汉大学法学院、体育馆，参与。

——参见第二编景明洋行。

著述：

——不详。

参考文献及相关材料：

——佘泽阳．外籍建筑师在近代武汉的实践及其对城市建筑近代化的影响研究（1861—1949 年）[D]. 武汉：华中科技大学，2021.

注：1933 年当选汉口皇家圣乔治协会主席（Royal St. George's Society）。

H

[194] Hooper，Augustus Shelton（A. S. 胡珀）

生卒：1859.02.13—1936.06.13

出生地：英国埃克塞特（Exeter）

国籍：英国

在华城市：香港

资历：AAHK，1903—1919；FRICS，1918

教育和训练背景：德文郡牛顿阿伯特学院（Newton Abbott College，Devon）

经历：

——1877—1885 年在英国土木工程师学会任学徒；

——1886 年 9 月到香港任量地官署测绘师；

——1888 年被任命为市政评估员和市政价格评估师；

——1889 年辞去公职，到香港置地公司（Hong Kong Land Investment & Agent Co.）任秘书；

——1890 年当选太平绅士（Justice of the Peace）；

——1893 年任香港和华南共济会慈善基金代理和受托人；

——1906 年当选香港卫生委员会委员；

——1906 年 5 月 11 日被任命为卫生与建筑法规督查组成员，并于 1908 年通过公共健康和建筑法规；

——在香港工作至 1919 年。

作品：

——不详。

著述：

——不详。

参考文献及相关材料：

——https：//en.wikipedia.org/wiki/A._Shelton_Hooper.

——照片来源：同上。

[195] Hudec，Ladislaus Edward（邬达克）

生卒：1893.01.08—1958.10.26

出生地：捷克斯洛伐克班斯卡－比斯特里察（Banskabytrica）

国籍：匈牙利

在华城市：上海

资历：RIHA，1916

教育和训练背景：1914 年从布达佩斯皇家大学获得建筑学学位

经历：

——1918 年到上海，与美国建筑师克理（R. A. Curry）合伙；

——1925 年 3 月 30 日在上海自办邬达克打样行（Hudec，L. E. Architect），至 1947 年后；

——1933 年在上海市工务局登记为建筑技师；

——1934—1941 年 7 月后任胡伯财产公司（Hubertus Properties Inc.，初名 Masalco）主管、经理和建筑师等职务；

——1934—1940 年任联合公寓（Union Apartments）主管；

——1941 年任匈牙利协会（Magyar Egyesulet / Hungarian Association）主席；

——1948 年离开上海，赴美国加利福尼亚；

——1958 年在美国去世。

作品：

——参见第二编克利洋行和邬达克洋行。

著述：

——不详。

参考文献及相关材料：

——赖德霖，王浩娱，袁雪平，司春娟．近代哲匠录：中国近代重要建筑师、建筑事务所名录 [M]. 北京：中国水利水电出版社，2006：155.

——Men of Shanghai and North China[M].1933：182–187.

——Men of Shanghai and North China[M].1935：207–208.

——Liu Bingkun. Laszlo E. Hudec and Modern Architecture in Shanghai，1918—1937[D]. Hong Kong：The University of Hong Kong，2005.

——卢卡・彭切里尼（Luca Poncellini），尤利娅・切伊迪．邬达克 [M]. 上海：同济大学出版社，2013.

——华霞虹，乔争月．上海邬达克建筑地图 [M]. 上海：同济大学出版社，2013.

——华霞虹．邬达克在上海作品的评析 [D]. 上海：同济大学，2000.

——上海历史博物馆，上海革命历史博物馆．立体音符・城市景观：邬达克与近代上海建筑 [M]. 上海：上海人民美术出版社，2019.

——华霞虹．古典外衣遮蔽的功能主义实践——重读邬达克设计的宏恩医院 [J]. 时代建筑，2012（1）：162–167.

——上海市城市建设档案局．上海邬达克建筑 [M]. 上海：上海科学普及出版社，2008.

——华霞虹．大光明大戏院与其建筑师邬达克 [J]. 同济大学学报（社会科学版），2000（S1）：81–83.

——[匈] 辛薇莉．我们，上海的匈牙利人 [M]. 上海：匈牙利驻上海总领事馆，2022：60–67.

——Nicky Almasy. Hudec[M]. Consulate General of Hungary in Shanghai，2017.

——Laszlo Hudec Architectural Drawings[A/OL]. University of Victoria. http：//titan.library.uvic.ca/hudec/recordlist.php.

——http：//contentdm.library.uvic.ca/cdm/landingpage/collection/collection21.

——左琰，刘春瑶，刘涟．从国际饭店到吴同文住宅——邬达克现代派建筑中的装饰风格研究 [J]. 建筑师，2017（3）：43–50.

——James H. Bollen. Laszlo Hudec five landmarks of Shanghai's modern architect[J]. Journal of the Royal Asiatic Society China，2017，77（1）：230–239.

——http：//www.ladislavhudec.eu/.

——Hudec Heritage Project[OL]. http：//www.hudecproject.com.

——照片来源：http：//www.slovenskezahranicie.sk/sk/osobnost/1/ladislaus-edward-hudec.

注：匈牙利文名为 László Ede Hugyecz。

[196] Hughes，James Willoughby Rochester（J. W. R. 休斯）

生卒：1853—1918.01.11

出生地：英国伦敦

国籍：英国

在华城市：秦皇岛北戴河（Chinwangtao，Peitaiho）、沈阳

资历：AMICE，1878；MICE

教育和训练背景：不详

经历：不详

——1900 年测绘秦皇岛港口，是当时唯一一名驻扎在秦皇岛的外国人；

——1905 年在天津开平矿务局林西煤矿（Linsi Colliery）任秦皇岛驻地工程师；

——1906 年任开平矿务局（Chinese Engineering and Mining Co.）港口工程师，驻秦皇岛，是秦皇岛港及当地几乎所有外国建筑的设计师；

——1906 年秋赴广州；

——1908 年任大清满洲政府总工程师（Engineer-in-Chief to the Manchurian Provincial Government），并受托到南满洲港口考察建设不冻港事宜，最终选定葫芦岛并于 1910 年开工建设；

——1910 年在沈阳俄国领事馆任土木工程师；

——1915 年任辽河疏浚局（The Liao River Conservancy）总工程师，全面负责辽河疏浚工程；

——1918 年去世。

作品：

——秦皇岛港口（Chinwangtao harbor，含附属建筑）规划、设计、建造，1900；

——葫芦岛港口（Chinwangtao harbor，含附属建筑）规划、设计、建造，1910；

——俄国领事馆，沈阳，1910。

著述：

——W. R. Hughes. Report on the Hulutao Harbour Works-The General Project and Present Condition [R]. 1914-04-13. Ilustrated with photographs.（Catalogue of the Asiatic Library of Dr. G. E. Morrison，Now a Part of the Oriental Library，Tokyo，Japan：English books，1924：366.）

——W. R. Hughes. Liao River Conservancy. Memorandum on the Present Condition of Duck Island Bend[R]. Newchwang，1915-04-05；and plan showing cut-off at Tien Chuang tai.（Catalogue of the Asiatic Library of Dr. G. E. Morrison，Now a Part of the Oriental Library，Tokyo，Japan：English books，1924：366.）

参考文献及相关材料：

——[J]. China Journal，1930，12：147.

——John Van Antwerp MacMurray H. Fertig. Treaties and Agreements with and Concerning China，1894—1919：Republican period（1912—1919）[M]. 1973：1129.

——Hulutao as a Chinese Port [J]. The Far Eastern Review，1914-07：64-68.

——Decennial Reports on the Trade Navigation Industries，Etc.，of the Ports Open to Foreign Commerce in China and Corea，and on the Conditions and Development of the Treaty Port Provinces，1902-11[R]. Shanghai：Printed at the Satistical Department of the Inspectorate General of Customs，1913，3（Ⅰ）：148-149.

——Deaths[J]. The Engineer，1918-01-18：55.

[197] Hunke，E.（赫琴）

生卒：不详
出生地：不详
国籍：德国
在华城市：天津
资历：VDE
教育和训练背景：不详

经历：

——1908—1910 年任天津德商逸信洋行（又称日信洋行，Bielfeld & Sun）工程师和代理人（signs per pro）；
——1913 年曾在天津参与电力工程；
——1925 年时为德国电气工程师学会会员；
——1923 年左右和德国建筑师穆勒（William Mueller，又作 W. Muller）创办鸿美建造公司（Hunke & Müller / Hunke & Mueller），同时在北京和天津经营建筑师和工程师业务，天津分部由赫琴负责，北京分部由穆勒负责；
——自 1930 年开始由赫琴独自经营，行名未变，经营到 1938 年；
——自 1932 年开始任天津德兴公司（Tientsin Baugesellschaft，Tientsin Building Co.，Ltd.）秘书，至 1941 年后。

作品：

——不详。

著述：

——Von Ingenieur E. Hunke，Tientsin（China）. Chinesische Gründungsarten[J]. Die Bautechnik，Heft，1929（1）：14-16.

[198] Hussey，William Henry（Harry）（何士）

生卒：1880.01.29—1967
出生地：加拿大安大略省丹佛港
国籍：加拿大
在华城市：北京
资历：BS；AIA
教育和训练背景：芝加哥艺术学院建筑学专业毕业

经历：

——1897 年离开加拿大到美国和墨西哥工作；
——1903 年前到美国密歇根州首府兰辛（Lansing）一家为女装展示制作橱窗和蜡像的商店工作；
——1903—1907 年在兰辛和怀特（Thomas E. White）组建建筑师事务所，公司外文名为 White & Hussy；
——1910 年之前到芝加哥，在芝加哥艺术学院学习建筑学；
——1911 年前和沙特克教授（Walter F. Shattuck）在芝加哥合伙创办事务所，公司外文名为 Shattuck & Hussey；该事务所在连续赢得美国基督教青年会（YMCA）3 次建筑设计竞赛后，开始专门致力于为美国基督教青年会设计建筑；
——1915 年 1 月受美国基督教青年会邀请来上海设立分支，公司中文名为何士工程司，稍后公司重心转移到北京，主要为洛克菲勒基金会设计北京协和医学院；
——1920 年 12 月 31 日散伙；
——在京期间曾任财政部经济咨询专家。

——1950 年前后离开北京；

——1954 年曾与贝聿铭等一同任台湾地区东海大学建筑设计竞赛委员会成员。

作品：

——参见第二编沙河公司。

著述：

——Harry Hussey. My Pleasure and Palaces: An Informal Memoir of Forty Years in Modern China [M]. New York: Doubleday and Company，1968.

参考文献及相关材料：

——[J]. The Chinese Recorder，1915-11-01：661.

——Great Building Scheme of the Rockefeller Foundation[J]. The Far Eastern Review，1917-11：727-740.

——福州老建筑百科：沙塔克－何塞建筑事务所词条 [OL]. http：//www.fzoLtd.com/index.php?doc-view-1315.html.

——彭长歆，彭晓光，田伊．社会改良与空间设计——广州基督教青年会的创建 [J]. 南方建筑，2016（6）：82-87.

——彭长歆．介入都市——基督教青年会在近代中国的建造 [J]. 新建筑，2017（6）：11-18.

——黄凯．北京协和医学院老建筑群研究 [D]. 北京：北京建筑大学，2016.

——刘亦师．美国进步主义思想之滥觞与北京协和医学校校园规划及建设新探 [J]. 建筑学报，2020，（9）：95-103.

——The China Who's Who（Foreign）[M].1924：129.

——The China Who's Who（Foreign）[M].1925：123.

——The China Who's Who（Foreign）[M].1927：124.

——The Peking Who's Who[Z].1922：17.

——http：//www.lostlansing.org/?tag=thomas-e-white-harry-hussey.

——照片来源：[J]. The Far Eastern Review，1917-11：738.

注：名又写作 Harry H. Hussey；其父亲是丹佛港的建筑工人。

[199] Ichida Kikuro（市田菊治郎 / 青木菊治郎）

生卒：1880—1963

出生地：不详

国籍：日本

在华城市：长春

资历：MJA

教育和训练背景：1906 年毕业于东京帝国大学建筑科

经历：

——1906 年 7 月任知恩院京都阿弥陀堂驻场建筑师；

——1907 年 3 月进入“满铁”工作；

——1920 年 3 月退出“满铁”，同年任大连建筑士会会长；

——1923 年与小野木和横井共同开办小野木横井市田共同建筑事务所；

——1925 年 2 月再度加入“满铁”，任本社建筑课长，同年由市田改姓青木；

——1927—1932 年任伪满洲建筑协会副会长；

——1931 年 8 月退出“满铁”；

——1933 年 11 月任伪满总务厅特约顾问（非正式职员）；

——1942 年到香港参与香港总督府官邸改建工程；

——1946 年回到日本。

作品：

——大和旅馆（今春谊宾馆），长春，1908—1909；

——“满铁新京火车站”，长春，1913—1914；
——参见第二编小野木横井市田共同建筑事务所。

著述：

——不详。

参考文献及相关材料：

——西泽泰彦．滿洲国政府の建筑组织の沿革について：20 世纪前半の中国东北地方における日本人の建筑组织に关する研究 その 4 [C]// 日本建筑学会．日本建筑学会计画系论文集，1994，462：185-194.
——堀勇良．日本近代建筑人名总览（增补版）[M]. 东京：中央公论新社，2022：10.

[200] Ichikobayashi Takichi（小林多吉）

生卒：1876—1934.12.19
出生地：日本东京
国籍：日本
在华城市：大连、鞍山
资历：AMJA，1897
教育和训练背景：1896 年毕业于工手学校建筑学和土木科

经历：

——1906 年到中国东北；
——1908—1909 年在大连大林组出张所（即办事处）任勤务；
——1913—1919 年 4 月任关东都督府技手（民政部土木课勤务，1917—1919 年 4 月任大连出张所勤务）；
——1919 年 4 月—1920 年任关东厅技手（民政部土木课勤务）；
——1920 年任圣德会嘱托技师；
——1920—1926 年在大连自办小林工务所；
——1920—1922 年任鞍山中满建材工业取缔役；
——1926—1927 年任大连小林冈本（畅）建筑事务所合伙人；
——1927—1934 年 12 月在大连自营小林建筑事务所。

作品：

——大连圣德会住宅，1921；
——大连岭前庄，1922；
——大连新闻社，1924；
——大连印牧公寓、杉山北公寓和杉山南公寓，1931。

著述：

——不详。

参考文献及相关材料：

——堀勇良．日本近代建筑人名总览（增补版）[M]. 东京：中央公论新社，2022：534.

[201] Igahara Iwakichi（伊贺原岩吉）

生卒：1874.02.17—?
出生地：日本京都府
国籍：日本
在华城市：大连、长春
资历：不详

教育和训练背景：1896—1898年在家业（大工业）修业

经历：

——1898年参与舞鹤要塞工程；
——1905年在满洲泽井组任职；
——1905—1919年在满洲须腾组任职；
——1919年在大连创办伊贺原组；
——1938—1943年在长春伊贺原组代表取缔役。

作品：

——大连第二中学校施工，1924；
——伪满洲银行鞍山支店施工，1934；
——伊贺原组出张所设计施工，1934。

著述：

——不详。

参考文献及相关材料：

——堀勇良．日本近代建筑人名总览（增补版）[M]. 东京：中央公论新社，2022：64.

[202] Igglesden，Sidney Dixon（S. D. 伊格尔斯登）

生卒：1894.05.17—1974.08.13
出生地：澳大利亚墨尔本
国籍：英国
在华城市：香港、上海
资历：ARIBA，1923，AAHK，1929—1934
教育和训练背景：1923年毕业于伦敦北安普敦理工学院建筑系（School of Architecture at the Northampton Polytechnic，London）

经历：

——1906—1910年就读于多佛男子文法学校（Dover Grammar School for Boys）；
——1914—1919年在印度和美索不达亚米（Mesopotamia）参军；
——1920—1923年就读于伦敦北安普敦理工学院建筑学院；
——1923年通过考试成为英国皇家建筑师学会准会员；
——1924年12月—1927年10月任海关营造处（Maritime Customs，Engineers' Department）助理建筑师；
——1925年和德鲁（E. T. Drew）在上海结婚；
——1927年10月11日离开上海；
——1928—1934年在香港理及柯伦治（Leigh & Orange）任职；
——1935—1937年任职于香港夜校（Hong Kong Evening Institute）；
——一说1935年回国任卫生部住房监察（Housing Inspector in the Ministry of Health）；
——1963年从英国皇家建筑师学会退休，当时居住在肯特。

作品：

——不详。

著述：

——不详。

参考文献及相关材料：

——http：//www.dovergrammar.co.uk/archives/pharosians/002-1962-april.html.
——[N]. The Shanghai Times，1927-10-12（02）.

[203] Illashevitch，Georgi Evanenievitch（G. E. 伊拉舍维奇）

生卒：1900.01.16—?

出生地：俄罗斯圣彼得堡

国籍：俄罗斯

在华城市：哈尔滨、沈阳、上海

资历：AMISE

教育和训练背景：1923—1929 年在哈尔滨工业大学（中俄工业学校）学习

经历：

——1922 年到哈尔滨；

——1931 年 1 月自沈阳到上海；

——1931 年 3 月到慎昌洋行（Anderson & Meyer Co. Ltd.）任绘图员，直至 1932 年 6 月 30 日被辞退；

——1932 年 8 月 4 日到中法求新制造厂（Societe Franco-Chinoise de Constructions Metaliques et Mecaniques，又名 Kiousin Shipbuilding & Engineering Works Ltd.）任设计师，至 1933 年 3 月 31 日辞职；

——1933 年 5 月 15 日在苏尔洋行（K. H. Suhr）事务所任职；

——1934 年 5 月 31 日辞职后加入法租界公董局工务处；

——1938 年移居澳大利亚。

作品：

——不详。

著述：

——不详。

[204] Iokisch，C. C.（姚继煦）

生卒：不详

出生地：不详

国籍：俄罗斯

在华城市：哈尔滨

资历：不详

教育和训练背景：不详

经历：

——中东铁路建造时代造路工程局技术科科长、绘图处总管。

作品：

——不详。

著述：

——不详。

参考文献及相关材料：

——Нилус Е. Х. Исторический обзор Китайской Восточной железной дороги，1896—1923 гг（中东铁路史，1896—1923）[M]. Харбин（哈尔滨）：Типографии Кит. Вост. жел. дор. и Т-ва “Озо”（哈尔滨出版社），1923：117.

——照片来源：同上。

注：俄文名为 Константинъ Карловичъ Іокишъ。

[205] Ishii Taro（石井达郎）

生卒：1906.01.09—1979.11.11
出生地：日本神奈川县
国籍：日本
在华城市：长春
资历：MJA
教育和训练背景：1929 年毕业于日本东京帝国大学建筑科

经历：

——毕业后任日本农林省特约顾问（非正式职员）；
——1933 年 9 月在伪满洲国总务厅需用处任属官；
——1934 年 7 月在伪满总务厅需用处任技士；
——1935 年 10 月任总务厅需用处技佐，同年 11 月任营缮需用处技佐；
——1938 年 12 月任营缮需用处技正；
——1940 年 1 月—1943 年 1 月任建筑局技正；
——1943 年 1 月辞职离开伪满政府。

作品：

——伪满国都国务院，长春，1937；
——伪满交通部，长春；
——伪满大同学院，长春。

著述：

——石井达郎 . 满洲建筑概况 [M].“满洲”事情案内所，1940.

参考文献及相关材料：

——中西利八 . 满洲绅士录 [M]. 3 版 . 东京：满蒙资料协会，1940：176.
——杨家安，莫畏 . 伪满时期长春城市规划与建筑研究 [M]. 长春：东北师范大学出版社，2008：150.
——堀勇良 . 日本近代建筑人名总览（增补版）[M]. 东京：中央公论新社，2022：84.

[206] Ishimoto Kikuji（石本喜久治）

生卒：1894.02.15—1965.11.27
出生地：日本神户
国籍：日本
在华城市：长春、上海、北京、青岛
资历：不详
教育和训练背景：1920 年东京帝国大学建筑学毕业

经历：

——1920 年与同期毕业生堀口舍己、山田守等组建分离派建筑会，同年 7 月加入竹中株式会社；
——1922 年到欧洲（包括德国、维也纳、阿姆斯特丹）和美国游历；
——1926 年任京都大学工学部建筑系讲师；
——1927 年退出京都大学，和片冈组建片冈石本建筑事务所；
——1931 年自办石本建筑事务所；
——1935—1939 年在长春合办石本川合（川合真夫）建筑事务所；

——1939 年石本建筑事务所开设上海事务和北京事务所；
——1940 年石本建筑事务所所开办青岛事务所；
——1963 年去世。

作品：

——宝山百货大楼，上海，1941；
——中国航空公司，上海，1941；
——日本第七国民学校，上海平昌街（今政本路），1941；
——上海市居留民团女子学校 / 第二日本高等女学校（今上海外国语大学），上海大连西路 550 号，1942；
——上海居留民团市中心区国民学校（日本中学校）羽毛球馆（现同济大学羽毛球馆）、教学楼（现同济大学测量学院）、一二九大礼堂、一二九教学楼（同济大学博物馆）、旭日楼等，上海四平路 1239 号，1942 年。

著述：

——不详。

参考文献及相关材料：

——http：//www.ishimoto.co.jp/about/ayumi02/.
——https：//ja.wikipedia.org/wiki/ 石本喜久治 .
——朱晓明，田国华 . 特殊时期建造的原上海日本中学校羽毛球馆结构与空间解析 [J]. 住宅科技，2015（1）：13-19.
——Zhu Xiaoming，Tian Guohua. A Timber Gymnasium：Renowned Modernist Architect Kikuji Ishimoto's Early Works in 1940s Shanghai[J]. Architecture Asia，2022：4-15.
——谢振宇 . 价值的挖掘和提升 同济“一·二九”教学楼改建同济大学博物馆的设计体验 [J]. 时代建筑，2014（2）：104-113.
——郑时龄 . 上海近代建筑风格 [M]. 上海：同济大学出版社，2020：508.
——堀勇良 . 日本近代建筑人名总览（增补版）[M]. 东京：中央公论新社，2022：101-102.
——http：//www.takenaka.co.jp/design/architect/09/.
——照片来源：同上。

[207] Ito Chuta（伊东忠太）

生卒：1867—1954.04.07
出生地：日本米泽
国籍：日本
在华城市：上海、北京
资历：不详
教育和训练背景：1892 年东京帝国大学工科大学建筑学毕业，并继续攻读研究生

经历：

——1893 年发表《法隆寺建筑论》，开始对日本建筑史的研究；
——1897 年任东京帝国大学工科大学讲师；
——1899 年任东京帝国大学工科大学助教授；
——1901 年获工学博士；
——1902—1905 年因为研究建筑学，游历中国、印度、土耳其；
——1905 年经由欧美归国，担任东京帝国大学教授；
——1928 年起任早稻田大学教授；
——伪满“新京”（长春）城市规划的主要参与者之一。

作品：

——上海自然科学研究所，与内田祥三合作，1931。

著述：

——[日] 伊东忠太 . 中国建筑装饰（中译本）[M]. 北京：中国建筑工业出版社，2006.

——[日] 伊东忠太 . 中国建筑史（中译本）[M]. 沈阳：沈阳出版社，2021.

参考文献及相关材料：

——冈野敏之 . 建筑巨人 伊东忠太 [M]. 东京：读卖新闻社，1993.

——贺美芳 . 解读近代日本学者对中国建筑的考察与图像记录 [D]. 天津：天津大学，2014.

——曹铁铮，曹铁娃 . 伊东忠太对中国古代陵墓装饰的考察与研究 [J]. 艺术与设计（理论），2014（12）：151–153.

——黄窈逑 . 伊东忠太中国建筑史及梁思成中国建筑史比较 [J]. 山西建筑，2010（6）：21–22.

——朱永春 . 梁思成《中国建筑史》对伊东忠太的超越——兼评《梁思成与他的时代》[J]. 建筑学报，2016（6）：100–107.

——石拓，程建军 . 伊东忠太的广东建筑考察 [J]. 建筑学报，2013（S1）：112–115.

——徐苏斌，青木信夫，贺美芳 . 读解非文字的文化遗产史学——20 世纪初日本的中国建筑调查历史照片之研究 [J]. 南方建筑，2011（2）：4–8.

——堀勇良 . 日本近代建筑人名总览（增补版）[M]. 东京：中央公论新社，2022：127–130.

——伊东忠太 . 维基百科 [OL].

——照片来源：*International Architecture*（《国际建筑》，Kokusai kenchiku），转引自文献同上。

[208] Jackman，Henry Thomas（H. T. 杰克曼）

生卒：1874.06.04—1928.08.04

出生地：英国

国籍：英国

在华城市：香港

资历：AAHK，1914—1928

教育和训练背景：1890—1893 年在伦敦水晶宫工程学校（Crystal Palace Engineering School）学习

经历：

——毕业后在麦克兰斯堡和普雷斯顿（McLandsborough & Preston）事务所从事给排水工程 3 年，先做学徒，后任助理工程师；

——1897 年被任命为谢菲尔德助理区域工程师，负责有轨电车、排水和高速公路工程；

——1903 年 7 月到香港工务署任执行工程师，负责给排水、公路等公共工程；

——1904—1905 年被任命为卫生测绘师（Sanitary Surveyor）；

——1908 年被派遣到中国大陆进行路线测绘工作；

——1916 年负责新九龙和新界的筑路工作；

——自 1919 年开始密切参与九龙城市规划；

——1921 年 6 月 1 日升任工务署副署长，负责监督九龙城市规划的制定和实施；

——1922 年 5 月 15 日—1923 年 8 月 29 日任代理署长；

——1928 年 7 月 3 日因健康问题提前退休，同年 7 月 21 日离港回英国，8 月 4 日死于船上。

作品：

——九龙和新九龙城市规划。

著述：

——不详。

参考文献及相关材料：

——Stephen Selby. Henry Thomas Jackman（1874—1928），Engineer，Public Works Department，Hong Kong[J].Journal of the Hong Kong Branch of the Royal Asiatic Society，1986，26：46–54.

——照片来源：Tony Lam Chung Wai（林中伟）. From British Colonization to Japanese Invasion：The 100 Years Architects in Hong Kong 1841—1941[J]. HKIA Journal，2006，45（1）：44–55.

[209] Jameson Jr，Charles Davis（詹美生）

生卒：1855.07.02—1927.02.13

出生地：美国缅因州班戈（Bangor，Maine）

国籍：美国

在华城市：北京

资历：MAmSCE

教育和训练背景：1876 年毕业于鲍登学院（Bowdoin College）土木工程专业

经历：

——曾在加拿大、美国、墨西哥和巴拿马任工程师；

——1886—1887 年在麻省理工学院任教；

——1887—1895 年在爱荷华州立大学任教；

——1895 年来华，在北京开业，设詹美生洋行（Jameso，C. D.）；

——1908 年前任外务府监理工程司和建筑师（Jameson，Charles Davis，MAmSCE——Engineer & Architect to the Wai-wu-pu Peking）；

——1909 年 12 月辞职回国；

——1912 年作为美国红十字会的总工程师负责淮河疏浚工程；

——1918 年在北京经营詹美生洋行，同年离开北京回到美国；

——1927 年在佛罗里达州去世。

作品：

——外务府迎宾楼东楼，北京，1910；

——颐和园的清外务部公所，北京，1910。

著述：

——Charles Davis Jameson. River System of the Provinces of Anhui and Kiangsu North of the Yangtzekiang[J]. Chinese Recorder，1912，43：69-75.

——Charles Davis Jameson. River，Lake and Land Conservancy in Protions of the Proviences of Anhui and Kiangsu North of the Yangtze River[J]. The Far Eastern Review，1912，9（6）：247.

——Charles Davis Jameson. Portland cement，its manufacture and use[M]. New York：D. Van Nostrand Company，1898.

参考文献及相关材料：

——David Shavit. The United States in Asia：A Historical Dictionary [M]. California：Greenwood Publishing Group，1990：265.

——C. D. Jameson Papers[A]. Brown University Library，Providence，R. I.

——吴琛，秦雷，张龙 . 美籍工程师詹美生在华活动始末（1895—1918）[C]// 张复合，刘亦师 . 中国近现代建筑研究与保护（十一）. 天津：天津人民出版社，2022：614-621.

——照片来源：https：//www.geni.com/people/charles-davis-Jameson/6000000002636246602.

注：部分内容引自天津大学建筑设计研究院、北京市颐和园管理处编《颐和园文物保护规划 2018—2035》，感谢张龙老师提供。

[210] Johnson，George Alfred（G. A. 约翰森）

生卒：约 1880—?

出生地：英国兰开夏（Lancashire）

国籍：英国

在华城市：上海

资历：FRIBA

教育和训练背景：惠奇弗特男校（Whitgift School）

经历：

——1906 年 3 月到华；

——1909 年克里斯蒂（J. Christie）和约翰森成为玛礼孙洋行（Scott，Walter，前身为 Morrison，G. James）合伙人，公司外文名变更为 Scott，Christie & Johnson；

——1910 年前后斯科特（Scott）退出玛礼孙洋行，克里斯蒂和约翰森合伙接办，公司更外文名为 Christie & Johnson；

——1913 年左右散伙，约翰森转投德和洋行，并成为合伙人，公司外文名为 Lester，Johnson & Morriss，至 1931 年退休；

——1923 年任上海地产估价师和测绘师协会首届理事会成员（1929—1930 年再次当选为理事）；

——1926—1928 年任上海地产估价师和测绘师协会主席。

作品：

——参见第二编玛礼孙洋行和德和洋行。

著述：

——不详。

参考文献及相关材料：

——Leaders of Commerce Industry and Thought in China[M].1924：196.

——The China Who's Who（Foreign）[M].1924：135.

——照片来源：[N]. The North-China Sunday News，1931-11-12（2）.

[211] Jokiel，Josef（尧克）

生卒：不详

出生地：不详

国籍：德国

在华城市：青岛、汉口

资历：不详

教育和训练背景：不详

经历：

——1902 年在山东铁路公司（Shangtung Railway Co.）任职；

——1904—1907 年在胶州利来公司（Lieb & Leu）任工程师；

——1909—1914 年在胶州德国山东矿务公司任建筑工头（bauwerkmeister）；

——1925—1929 年 1 月在汉口开办尧克工程师（Jokiel，J.，Architect and Civil Engineer）。

作品：

——不详。

著述：

——不详。

参考文献及相关材料：

——http：//www.tsingtau.info/index.html?namen/j.htm.

[212] Jones，Patrick Nicholas Hill（钟士）

生卒：1864.09.19—?
出生地：不详
国籍：英国
在华城市：香港
资历：AMICE，1890；AAHK，1903—1909
教育和训练背景：伦敦国王学院（King's College，London）；1884—1888 年在伦敦土木工程师爱德华·伊斯顿（Edward Easton）门下学徒

经历：

——1889—1895 年在西印度群岛的巴巴多斯任自来水公司驻场工程师；
——1895—1903 年负责整个特立尼达殖民地供水和排水系统的测绘和重建工作；
——1903 年被聘为香港工务署副署长；
——1904—1905 年担任香港工务署署长，并担任立法委成员；
——1909 年离开香港到西非黄金海岸殖民地工务署任职。

作品：

——不详。

著述：

——不详。

参考文献及相关材料：

——Arnold Wright. Twentieth Century Impressions of Hongkong，Shanghai，and Other Treaty Ports of China：Their History，People，Commerce，Industries，and Resources[M]. London：Lloyds Greater Britain Publishing Company，1908：140.
——Who's Who in the Far East[Z]. 1906：170.
——Who was Who：A Companion to Who's Who[Z]. London：A. & C. Black，1960：726.
——Who's Who in Engineering[Z]. 1922，1：681.

[213] Jousseaume，Pascal（帕斯卡尔）

生卒：不详
出生地：不详
国籍：法国
在华城市：上海
资历：不详
教育和训练背景：不详

经历：

——1919 年到上海，加入法租界公董局，任公园和开放空间处主管（Supt. of Parks，Parks and Open Spaces，Conseil D'administration Municipale De La Concession Francaise / French Municipal Council）；
——1927 年任法租界公董局景观设计师、公园和种植园部主管（Architecte Paysagiste，Chef du Service des Pares et Plantations）；
——1927—1929 年任法租界公董局公园和花园服务处负责人（Municipalite Francaise：Service des Parcs et Jardins，Chef du Service）；
——1930—1931 年任法租界公董局公园、花园和种植园服务处负责人（Municipalite Francaise：Service des Pares，Jardins & Plantations）；

——1932 年被法租界公董局辞退。

作品：

——东南大学孟芳图书馆与允元实业公司（Lam，Glines & Co.）合作，南京，1922—1924。

著述：

——不详。

参考文献及相关材料：

——东大图书馆建筑之规模 [N]. 申报，1922-01-09（8）.（该资料显示为上海允元实业建筑部设计、绘图、监造）

——赖德霖 . 一种公民建筑的产生：晚清和民国早期中国图书馆话语与实践 [J]. 台湾“中央研究院”近代史研究所集刊，2015（88）：95-150.

注：《孟芳图书馆记》碑背面法语铭文记载为景观设计师 Pascal Jousseaume，感谢汪晓茜、李海清老师提供《孟芳图书馆记》碑文照片。

[214] Joyner，Calvin Nicolas（C. N. 乔伊纳）

J

生卒：1899—1979

出生地：墨西哥蒙特雷（Monterrey）

国籍：美国

在华城市：上海、天津

资历：AMAmSCE

教育和训练背景：1921 年毕业于杜兰大学（Tulane University）土木工程学专业

经历：

——1916年9月—1918年8月负责美国卡尔克苏县（Calcasieu Parish）高速公路部门试验室，测试水泥、沙子、铺路砖等，并任混凝土和铺砖监督；

——1918 年 8 月—1919 年 2 月参加美国军队工程部队；

——1921 年 9 月—1923 年 4 月任在华监理会（The Southern Methodist Episcopal Church Mission in China）现场施工负责人（Field Superintendent of Construction）；

——1923 年 4—12 月在上海公共租界工部局工务处任驻场工程师，负责排水沟渠的建造；

——1924 年 4 月—1925 年 8 月在墨西哥蒙特莫雷洛斯（Montemorelos）南方卫理会（Southern Methodist Mission）负责技术指导和新建工程以及小型建筑等设计；

——自 1925 年 10 月起任天津英租界工部局工务处助理市政工程师，负责建筑、道路等维护、维修，沥青混凝土和碎石车间，绘图师以及小型设计，任职到 1942 年；

——1943—1945 年在重庆的美国陆军总部负责民间借贷租赁项目；

——1946—1948 年任韩国军政府商务部部长（head of the department of commerce in the military government of Korea）；

——1949 年回到华盛顿。

作品：

——天津盛茂道桥梁（Seymour Road Bridge），1926。

著述：

——H. F. Barnes，C. N. Joyner. Tientsin's Asphaltic Concrete Roads[J]. The Far Eastern Review，1937，33（8）：321-323.

——C. N. Joyner. Bridges Over Weitze Creek in British Concession at Tientsin[J]. The Oriental Engineer，1926，7（10）：19-23.

——C. N. Joyner. Wood-Block Paving in the British Municipal Area at Tientsin[J]. The Far Eastern Review，1937，33（11）：415.

参考文献及相关材料：

——[J]. Proceedings of the American Society of Civil Engineers，1926，52：205.

——https：//www.washingtonpost.com/archive/local/1979/08/26/calvin-joyner-strategic-target-analyst/90f91aea-0fce-41d2-adf8-dd7db00534ce/.

[215] Junkhandel，G. R.（詹汉德尔）

生卒：1878—?

出生地：不详

国籍：德国（1908 年入俄罗斯籍）

在华城市：哈尔滨、大连

资历：不详

教育和训练背景：不详

经历：

——曾在海参崴工作 24 年；

——1904 年在大连政府建筑部门任建筑师（Local Government Construction Staff architect）；

——20 世纪 20 年代在哈尔滨的新商业街（果戈理大街）自办事务所。

作品：

——海参崴新凯维奇兄弟商贸大楼、孔斯特阿尔伯斯商店、路德圣保罗教堂、博林涅尔私邸等；

——大连宾馆，1902；

——大连市市长住宅；

——大连萨哈洛夫公馆，1903。

著述：

——不详。

注：俄文名为 Юнгхендель .Г . Р，又译作尤恩格亨德利、延恒德尔。

[216] Kagota Sadanori（笼田定宪）

生卒：1890.10—?

出生地：日本青森县

国籍：日本

在华城市：沈阳

资历：MJA

教育和训练背景：1911 年毕业于东京高等工业学校建筑科

经历：

——毕业后即入职“满铁”，曾在社建筑课任职，后任四郑铁路局建筑课长、奉天工务事务所建筑系长；

——后赴欧美考察，回来后于 1923 年任大仓土木组大连支部主任，大阪支部建筑部主任、所主任等；

——后任大仓土木组董事、伪满洲大仓土木组常务代表；

——1943 年任伪满洲大仓土木株式会社（沈阳）常务董事、营业部部长。

作品：

——铁岭日本领事馆，1915；

——“满铁奉天图书馆”，与小林广治合作，沈阳，1921；
——抚顺煤矿中央事务所，1928。

著述：

——笼田定宪 . 小野木课长の思ひ出 [J]. 满洲建筑协会杂志，1933，13（2）.
——笼田定宪 . 茶叶会志时代 [J]. 满洲建筑杂志，1940，20（12）.

参考文献及相关材料：

——中西利八 . 满洲绅士录 [M]. 3 版 . 东京：满蒙资料协会，1940：1181-1182.
——堀勇良 . 日本近代建筑人名总览（增补版）[M]. 东京：中央公论新社，2022：343.

[217] Kales，Francis Henry（开尔斯）

生卒：1882.01.24—1957.02.09
出生地：美国芝加哥
国籍：美国
在华城市：上海、北京、武汉
资历：不详
教育和训练背景：1903 年在威斯康星州立大学就读；1904 年在麻省理工学院（MIT）学习机械工程专业，后来转入建筑学专业，并于 1907 年毕业

K

经历：

——1907 年毕业后，与两位 1906 级的学长一起，前往檀香山（Honolulu）美国政府部门工作，曾参与珍珠岛的防御工事建设，并于 1908 年监造檀香山灯塔；
——1908 年离开檀香山，先后去过菲律宾群岛、中国香港和泰国，这期间他曾回过美国；
——1913 年 6 月前后他再度前往香港，在那里居住了两年，期间曾任香港工务署建筑土木工程师；
——1915 年 10 月 11 日在香港办理美国护照，前往中国内地，10 月 16 日抵达上海，居住在四平路 2 号，并以工程师的身份加入德和洋行（Lester，Johnson & Morriss），1916 年 1 月仍在德和洋行；
——1916 年 5 月，以建筑师的身份为美国长老会（The Presbyterian Board of Foreign Missions）工作，期间曾赴日本长崎；
——1916 年 9 月回到上海，在南京路 21 号独立开业，公司西文名为 Kales，F. H.，此外，大经洋行（Smedley，J. D. Architect and Civil Engineer）也在同一地址经营；
——1918 年到小斯梅德利（Smedley）离开，开尔斯继承大经洋行中文行名，外文名改为 Kales，F. H. Architect and Civil Engineer，到南京路 17 号办公；
——1919 年 7 月左右在茂旦洋行任职；
——1921 年 1 月 13 日，39 岁的开尔斯与 32 岁的 Noto Meifagaki 在长崎结婚，婚后两人一同住在长崎；
——1922 年 7 月 6 日，开尔斯夫妇申请了一份护照，以便来中国；
——1923 年 2 月抵达中国芜湖，以建筑师的身份为美以美会（the Methodist Mission）工作；
——1927 年 7 月—1929 年 7 月在爱尔德洋行任建筑师；
——1928 年 11 月承接武大校园设计，1929 年 10 月任国立武汉大学新校舍总工程师，1929 年 11 月完成建筑详图；此后持续关注武大的校园建设，直到 1937 年抗日战争爆发为止；
——1937 年 11 月 12 日，中国军队撤离上海，上海沦陷，但开尔斯仍留在租界内；
——1941 年 12 月 8 日珍珠港事件爆发，日军侵占上海租界，开尔斯被关在集中营；
——1942 年，60 岁的开尔斯离开上海，8 月 25 日抵达纽约港，回到美国，不久便移居加拿大魁北克（Quebec）；
——1957 年 2 月 9 日，75 岁的开尔斯在魁北克蒙特利尔市去世。

作品：

——中山陵设计竞赛名誉奖第三名，1925；
——武汉大学图书馆，武昌珞珈山武汉大学内，1935；
——武汉大学男生宿舍，与李锦沛合作完成，武昌珞珈山武汉大学内，1931；

——武汉大学工学院，武昌珞珈山武汉大学内，1933—1934；
——武汉大学理学院一期工程，与石格司合作完成，武昌珞珈山武汉大学内，1928—1930；
——武汉大学宋卿体育馆，与景明洋行合作完成，武昌珞珈山武汉大学内，1930—1932；
——华中水工实验所，与景明洋行合作完成，武昌珞珈山武汉大学内，1937—1947；
——武汉大学法学院，与景明洋行合作完成，武昌珞珈山武汉大学内，1936；
——武汉大学文学院，与石格司、李锦沛合作完成，武昌珞珈山武汉大学内，1931；
——武汉大学学生饭厅及礼堂，与石格司、李锦沛合作完成，武昌珞珈山武汉大学内，1930—1931；
——武汉大学煤气厂，1933。

著述：

——不详。

参考文献及相关材料：

——刘珊珊，黄晓．国立武汉大学校园建筑师开尔斯研究 [J]. 建筑史，2014：164-181.
——张振华．凯尔斯在中国近代传统复兴建筑的历史实践对现代的启示 [C]// 张复合．中国近代建筑研究与保护（一）．北京：清华大学出版社，1999：353-357.
——刘文祥．珞珈筑记 [M]. 南宁：广西师范大学出版社，2019.
——Bulletin of the Massachusetts Institute of Technology，Boston-Register of Former Students 1915[Z]. With an Account of the Alumni Associations，1915（05）：275.
——刘文祥．中山陵建筑风格对国立武汉大学珞珈山新校舍的影响——兼论开尔斯、李锦沛在其中之角色 [J]. 新建筑，2019（2）：128-131.
——照片来源：开尔斯护照，由刘文祥提供。

注：本条得益于唐莉、刘珊珊、黄晓、刘文祥等老师提供信息。

[218] Kalugin，N. P.（卡鲁金）

生卒：1902—1985
出生地：俄罗斯哈巴罗夫斯克
国籍：俄罗斯
在华城市：哈尔滨
资历：不详
教育和训练背景：1924 年毕业于哈尔滨中俄工业大学铁路建筑系

经历：

——1925—1935 年任中东铁路工程师；
——1935—1945 年在哈尔滨工业大学任教；
——1945 年在哈尔滨机务段任职；
——1945—1953 年任哈尔滨俄罗斯工程师协会主席；
——1958 年定居美国。

作品：

——东北农学院综合体，哈尔滨。

著述：

——不详。

参考文献及相关材料：

——陈颖，刘德明．哈尔滨工业大学早期建筑教育 [M]. 北京：中国建筑工业出版社，2010：75.
——照片来源：同上。

注：俄文名为 Калугин. Н. П，英文名另作 Krukin。

[219] Kaoru Ide（井手熏）

生卒：1879.02.06—1944.05.11

出生地：日本崎阜县

国籍：日本

在华城市：台北

资历：MJA

教育和训练背景：1906 年 7 月毕业于东京帝国大学建筑科

经历：

——1906 年 11 月进入东京“辰野葛西”联合事务所，在日本近代建筑大师辰野金吾麾下从事设计建筑直到 1909 年 12 月；

——1909 年 12 月任陆军工兵少尉；

——1910 年时由于得到辰野金吾的推荐而前往台湾，辅助森山松之助参与台湾总督府厅舍工程；

——1911 年担任台湾总督府土木营缮课技师；

——1914 年 8 月成为台湾总督府厅舍工程的工事主任；

——1919 年 3 月担任民政部土木局营缮课课长一职；

——1919 年 8 月到欧美考察一年多，回台湾后兼任总督府史料编纂委员、市区计划委员等职务；

——1923 年退任民政部土木局营缮课课长；

——1929 年台湾建筑会成立后任首任会长；

——1929 年任房屋营缮课课长，后于 1940 年 7 月退休；

——1943 年兼任台湾技术协会会长；

——1944 年 5 月在台北病逝。

作品：

——台湾总督府，辅助森山松之助，台北；

——司法大厦，台北；

——近海邮船株式会社基隆出张所（今阳明海洋文化艺术馆）；

——台北高等学校校舍；

——台北幸町教会；

——台北帝国大学校舍；

——建功神社，台北；

——台湾总督府高等法院，台北；

——台北公会堂；

——台湾教育会馆。

著述：

——Ide Kaoru. The Beauty of Taipei City[J]. Taiwan shiho，1929（11）.

参考文献及相关材料：

——台湾人士鉴 [M]. 兴南新闻，1943.

——林进发 . 台湾官绅年鉴 [M]. 台北：民众公论社，1934：167.

——台湾绅士名鉴 [N]. 新高新报社，1937：15.

——太田肥洲 . 新台湾を支配する人物と产业史 [M]. 台北：台湾评论社，1940：17.

——桥本白水 . 台湾の官民：评论（上编 官之部）[M]. 台北：台湾案内社，1924：156.

——https：//zh.wikipedia.org/wiki/ 井手熏 .

——http：//nrch.culture.tw/twpedia.aspx?id=4887.

——李乾朗 .20 世纪台湾建筑 [M]. 台北：玉山社，2001：72.

——黄建钧 . 台湾日据时期建筑家井手熏之研究 [D]. 台南：成功大学，1995.

——温祝羚 . 空间元素的并列到调和——以日治时期井手熏主导之建筑活动为例 [D]. 台北：台湾大学，2012.

——堀勇良 . 日本近代建筑人名总览（增补版）[M]. 东京：中央公论新社，2022：116-117.

K

——台湾人士鉴 [M]. 台湾新民报，1937.
——照片来源：同上。

注：曾提出“台湾建筑地方化的主张”。

[220] Karbeshev，Mikhail Vasilyevich（卡尔贝舍夫）

生卒：不详
出生地：不详
国籍：俄罗斯
在华城市：哈尔滨
资历：不详
教育和训练背景：曾在托木斯克工艺学院学习四年，1924 年毕业于中俄工业学校铁路建筑科

经历：
——曾任中俄工业学校工学院大楼建设工程的施工员；
——1929 年后承建私人项目，在哈尔滨、长春等地参加大型机关办公楼的设计建设；
——1930 年任圣阿列克谢耶夫教堂工程建设第一阶段工程师；
——1935 年任中东铁路道路建设处工程师；
——曾连续多年任俄罗斯工程师协会执行主席；
——1940 年曾任某铁路俄国段段长。

作品：
——哈尔滨圣阿列克谢耶夫教堂工程建设，1930。

著述：
——多部个人专著以俄、日、英多国语言出版，具体待考。

参考文献及相关材料：
——陈颖，刘德明 . 哈尔滨工业大学早期建筑教育 [M]. 北京：中国建筑工业出版社，2010：105.
——[俄] 克拉金 . 哈尔滨——俄罗斯人心中的理想城市 [M]. 张琦，路立新，译 . 哈尔滨：哈尔滨出版社，2007：195-196.
——照片来源：同上：196.

[221] Kariya Tadamaro（狩谷忠麿）

生卒：1888—?
出生地：不详
国籍：日本
在华城市：大连
资历：MJA
教育和训练背景：1914 年毕业于早稻田大学建筑科

经历：
——1914 年加入“满铁”；
——1919 年退出“满铁”，在大连自办狩谷建筑事务所；

——1926 年再度加入“满铁”；
——1933 年 3 月任“满铁铁路局”建筑系主任；
——1939 年加入大连伪满洲不动产社株式会社。

作品：

——“大连满铁瓦斯电气事务所”，1925；
——“奉天满铁铁道总局舍”，沈阳。

著述：

——不详。

参考文献及相关材料：

——堀勇良．日本近代建筑人名总览（增补版）[M]. 东京：中央公论新社，2022：116–117.

[222] Kataoka Asakaro（片冈浅治郎）

生卒：不详
出生地：不详
国籍：日本
在华城市：台北
资历：不详
教育和训练背景：不详

经历：

——曾任临时驻台日军陆军建筑部技手；
——1898 年 11 月任台湾总督府民政部土木课特约顾问（非正式职员）；
——1899 年 6 月任民政部土木课技师；
——1902 年任土木局营缮课技师；
——1903 年 4 月离职。

作品：

——不详。

著述：

——不详。

参考文献及相关材料：

——蔡龙保．日治时期台湾总督府土木局营缮课建筑人才的来源及其建树：以尾辻国吉为例 [J]. 台湾史研究（台北），2015，22（3）：51–96.
——堀勇良．日本近代建筑人名总览（增补版）[M]. 东京：中央公论新社，2022：351.

[223] Kendall，Robert Rogers（阚德乐）

生卒：1871.09.12—?
出生地：不详
国籍：美国
在华城市：北京
资历：BSA；AMACAE
教育和训练背景：曾在美国波士顿一家一等事务所接受 10 年训练

K

经历：

——在波士顿谢普利、鲁坦和古力治（Shepley，Rutan & Coolidge）任职，曾在雅典和君士坦丁堡负责大型工程长达 10 年；
——1918 年 9 月从希腊雅典到达中国，受聘于洛克菲勒基金会，任北京协和医学院监工建筑师；
——1921 年完工后，在北京开始独立实践至 1941 年后。

作品：

——北京协和医学院，监造建筑师。

著述：

——不详。

参考文献及相关材料：

——The China Who's Who（Foreign）[M]. 1922：151.
——The China Who's Who（Foreign）[M]. 1924：140.
——The China Who's Who（Foreign）[M]. 1925：134.
——The China Who's Who（Foreign）[M]. 1927：135.

[224] Kidner，William（W. 凯德纳）

生卒：1841.02.16—1900.03.31
出生地：英国德斯顿（Durston）
国籍：英国
在华城市：上海、汉口（1863—1864）
资历：FRIBA，1876
教育和训练背景：伦敦大学学院

经历：

——1864 年到达上海，后开办同和洋行（Kidner，Wm. Co.）；
——1867 年其弟弟 J. 凯德纳（James Kidner）到上海加入同和洋行，公司更外文名为 Kidner & Kidner；
——1872 年 J. 凯德纳离开上海；
——1873 年获得上海英租界工部局建筑竞赛一等奖（未实施）；
——1875 年 11 月离开上海回到英国；
——1876 年 12 月升为英国皇家建筑师学会正会员；
——1873 年克里（J. M. Cory）加入同和洋行，稍后成为合伙人，至 1876 年 1 月公司英文名已改为 Kidner & Cory；
——1875 年 11 月离开上海，回到英国；
——1876 年 12 月成为英国皇家建筑师学会正会员（FRIBA）；
——1878 年退出同和洋行；
——1878 年 3 月在英国皇家建筑师学会会议上被邀请对康德（Josiah Conder）有关日本建筑的文章发表评论；
——1885 年受邀为英国在亚洲的另外一个殖民地英属北婆罗洲（British North Borneo）设计建筑；
——1886 年受邀为巴夏礼（Sir Harry Parkes）设计纪念纪念碑（未实施）；
——1894 年在英国皇家建筑师学会会议上代为宣读 F. M. 格拉顿（F. M. Gratton）有关中国建筑的文章（Notes Upon the Architecture of China）；
——1900 年 3 月在伦敦去世。

作品：

——参见第二编同和洋行；
——库达特教堂（Kudat Church），英属北婆罗洲，1885；
——政府建筑（Government House），英属北婆罗洲，1885。

著述：

——不详。

参考文献及相关材料：

——http: //www.scottisharchitects.org.uk/architect_full.php?id=201759.

——[N].The North-China Herald and Supreme Court & Consular Gazette，1877-02-15：151.

——[N]. The North-China Herald，1874-01-29：90.

——[N]. The London and China Telegraph，1869-08-03：362.

——http: //simonkidner.co.uk/chetenore/app/83.html.

——Hongbin Zheng, James W. P. Campbell. A Model Church for a Model Settlement: the Construction of the Trinity Church in Shanghai，1863—69[J]. Construction History，2023，38（2）：103-130.

——照片来源：Simon and James Kidner. The letters of William Kidner，ARIBA and James Kidner 1864—1874[Z].

注：在华期间一直担任上海义勇队（SVC）步枪队指导。感谢凯德纳后代S. 凯德纳（Simon Kidner）提供信息。

[225] Kim Kugin（金极寅）

生卒：1906—?

出生地：朝鲜

国籍：朝鲜

在华城市：长春

资历：MJA，1935

教育和训练背景：1934年毕业于早稻田大学建筑科

经历：

——1936—1940年任伪满营缮需品局技士（营缮处勤务）；

——1938—1940年兼任伪满间岛省技士（间岛省长官房勤务）；

——1940—1945年任伪满省技佐（间岛省长官房勤务）；

——1940—1949年兼任伪满建筑局技佐（第一工务处勤务）。

作品：

——不详。

著述：

——不详。

参考文献及相关材料：

——中西利八. 满洲绅士录[M]. 3版. 东京：满蒙资料协会，1940：415.

——堀勇良. 日本近代建筑人名总览（增补版）[M]. 东京：中央公论新社，2022：415.

[226] Kinameri Kan（木滑宽）

生卒：1890.02—?

出生地：日本米泽市

国籍：日本

在华城市：哈尔滨

资历：MJA

教育和训练背景：1915年毕业于早稻田大学建筑科

经历：

——1920 年 1 月加入"满铁"，任奉天地方事务所工事系长、总务部审查役、附工事班主查、同审查员参事、同监察员，哈尔滨营缮所长；

——1937 年 12 月任"满铁"参事、哈尔滨工事事务所所长；

——1941 年离开"满铁"；

——1942—1945 年任伪满洲间组建筑部次长。

作品：

——"东京满铁社长社宅"本馆，1925；

——铁岭医院看护妇宿舍，与佐佐木四郎合作，1931。

著述：

——不详。

参考文献及相关材料：

——堀勇良 . 日本近代建筑人名总览（增补版）[M]. 东京：中央公论新社，2022：440.

——中西利八 . 满洲绅士录 [M]. 3 版 . 东京：满蒙资料协会，1940：1076.

——照片来源：同上。

[227] Kingsmill，Thomas William（金思密 / 金世美）

生卒：1837.1.8—1910.7.29

出生地：爱尔兰都柏林

国籍：英国

在华城市：香港（1858—1862）、广州、上海（1862—1910）

资历：ESC

教育和训练背景：学徒于其父亲金思密（Henry Kingsmill）——一位定居都柏林的英国建筑工匠

经历：

——1858 年到香港，主要从事探险、测绘，尤其是地质学研究；

——1862 年曾在广州沙面基督堂任监造建筑师；

——1862 年 12 月抵达上海；

——1863 年 1 月与 W. 怀特菲尔德（W. Whitfield）合伙组成新的有恒洋行；

——1863 年 6 月 12 日刊登布告，宣布汉口分支成立；

——1864 年有恒洋行与地亚士洋行（H. M. Schultz & Co.）一起中标上海英租界测绘；

——1866 年 11 月怀特菲尔德移居日本横滨，有恒洋行由金思密接管，公司英文名改为 Thos. Kingsmill, Civil Engineer and Architect，中文名仍为有恒洋行，业务集中于上海，汉口支行关闭；

——1874 年，参加拟建上海工部局大楼竞赛；

——1872—1874 年曾参与《土地章程》修订；

——1877 年曾作为特别委员会成员对《华式建筑章程》提出修改意见；

——1878 年应山东巡抚聘请测量大运河北段，其后又负责山东及四川煤矿资源的勘测；

——1886 年任上海规矩堂（Masonic Hall）执行委员会主席；

——1901 年参与组建上海工程师建筑师学会，并任第一届副主席；

——1910 年在上海去世。

作品：

——沙面基督堂（The Shameen Christ Church），设计并监造，广州，1862；

——参见第二编有恒洋行。

著述：

——Thomas Kingsmill. Early Architecture in Shanghai[N]. The North-China Herald and Supreme Court & Consular Gazette，1893-11-24：825-826.

——Thos. W. Kingsmill. The Proposed Bund Extension[N]. The North-China Daily News，1868-07-13（03）.

——Thomas W. Kingsmill.Memorandum on Proposed Amendment of Land Registration in Shanghai[N]. The North-China Daily News，1878-02-26（03）.

——T. W. Kingsmill.Shanghai Water Supply [N].The North-China Daily News，1880-06-18（03）.

参考文献及相关材料：

——Who's who in the Far East，1906—1907[Z].1907：181.

——Who's who in the Far East，1907—1908[Z].1908：90.

——http：//wc.rootsweb.ancestry.com/cgi-bin/igm.cgi?op=GET&db=speering-cor2&id=I208.

——Obituary：Mr. T. W. Kingsmill[N]. The North-China Herald and Supreme Court & Consular Gazette，1910-07-29：249.

——Funeral：Mr. T. W. Kingsmill[N]. The North-China Herald and Supreme Court & Consular Gazette，1910-07-29：267.

——http：//www.dia.ie/architects/view/3040/KINGSMILL-HENRY%2A.

——[N]. The North-China Herald，1872-04-20：306.

——[J]. The Chinese Recorder and Missionary Journal，1894，24（2）：97-98.

——照片来源：Tony Lam Chung Wai. The 100 Years Architects in Hong Kong 1841—1941[J]. HKIA Journal，2006，1（45）：44-55.

注：金思密还是一位著名的汉学家，曾发表过很多相关文章；1877 年曾任亚洲文会华北分会主席。

[228] Kirk，William Alexander（高尔克）

生卒：1901.01.15—1952 年后

出生地：俄罗斯圣彼得堡（Saint Petersburg）

国籍：俄罗斯

在华城市：上海

资历：RNE；ESC

教育和训练背景：1919 年毕业于哈巴罗夫斯克海洋学院（Khabarovsk Marine Academy）

经历：

——毕业后加入西伯利亚军团，随后逃至上海，曾在鸿达洋行任职；

——1926 年 1 月前在上海创办高尔克洋行（Kirk & Co.，William A. General Building Contractors，Electrical Installations，Land and Estate Agents and Coal Contractors），经营各种煤炭、地产、建筑等并承接大公司中之窗饰以及各电影公司中之布景，同时任中华信益广告公司（Chinese Advertising Letters Co.）经理；

——1926年7月公司更外文名为Kirk & Co.，William A. Architects and Civil Engineers，经营至1927年7月，后无闻；

——1930 年 1 月公司再度出现，外文名为 Kirk，W. A.，Architect and Civil Engineer；

——1931 年在执业的同时，任环球贸易公司（Universal Trading Co.）总经理助理至 1932 年 1 月；

——1931 年曾与工程师卓敬三和技师宛开甲三人合营益泰建筑公司，并曾参与封堵江苏省运河堤坝决口；

——1934 年荷兰建筑师尤宾克（G. Th. Ubink）加入组建 Wm. A. Kirk & G. Th. Ubink，合伙经营至 1936 年散伙；

——1936 年 7 月在执业的同时，在高尔林贸易公司（Kirlian Trading Co.）任职；

——高尔克继续经营公司至1941年，后无闻，期间于1937年6月和1939年7月两度因合同纠纷（欺诈）被捕，1941 年后无闻；

——执业的同时，在 1938—1941 年兼任 4 家公司（Photo-Markets，Oriental Exporters，Ltd.，Ameri-Candid，Inc.，of New York，Canadian & Oriental Exporters）在华摄影师；

K

——后回到苏联，并于1951年被捕，判处十年劳改，后无闻。

作品：

——参见第二编高尔克洋行。

著述：

——不详。

参考文献及相关材料：

——Katya Knyazeva[OL]. https：//sites.google.com/view/russianshanghai/architects/wm-a-kirk.

——郑时龄．上海近代建筑风格[M]. 上海：同济大学出版社，2020：498.

注：俄文名为 Всеволод Александрович Киркор，英文名又写作 Vsevolod Alexandrovich Kirkor。此条部分信息源自张霞。

[229] Kishio Sawada（泽田其枝夫）

生卒：不详

出生地：日本大阪

国籍：日本

在华城市：台北、高雄

资历：AMJA，1923?

教育和训练背景：1926年自神户高等工业学校建筑科毕业

经历：

——1926年7月—1939年1月任台湾总督府技手（1926年7月—1929年5月任总督官方会计课勤务，1929年5月—1939年1月任总督官房营缮课勤务）；

——1939年1月任台湾总督府技师（总督官房营缮课勤务）；

——1940—1941年任台湾不动产（株）勤务；

——1942年在高雄自营建筑事务所。

作品：

——本派本愿寺台湾别院本馆御庙所，台北，1933；

——高雄州青果同业组合事务所，高雄，1938。

著述：

——在《台湾建筑会志》上发表多篇文章。

参考文献及相关材料：

——堀勇良．日本近代建筑人名总览（增补版）[M]. 东京：中央公论新社，2022：633.

[230] Knopff，Max（M. 克诺普夫）

生卒：1861.07.30—?

出生地：普鲁士王国波森省施米盖尔（今属波兰）

国籍：德国

在华城市：青岛

资历：不详

教育和训练背景：不详

经历：

——1885 年 4 月成为政府见习建筑师（德语：Regierungsbauführer）；
——1890 年 11 月被任命为政府建筑师（Regierungsbaumeister）；
——1893—1895 年，当时任城市建筑师（Stadtbaumeister）的克诺普夫与文森特·蒂列夫斯基一起完成了柏林最大的无家可归者收容所“棕榈树”的扩建工程；
——1898 年 3 月《胶澳租借条约》签订后，胶澳总督府建设局于同年 4 月成立，克诺普夫为海军部所聘，为第一任地上建筑负责人；
——因租借地亟需城市建设方面的专业人员，克诺普夫原计划于 6 月 16 日与助手技术员 W. 拉察洛维奇（Werner Lazarowicz）等人抵达青岛，但在即将启程时突然病倒，只得让随从技术人员先行，自己在康复后于 8 月 3 日到达青岛，这导致他未能参与制订 1898 年 9 月 2 日公布的青岛城市规划图，此规划可能最终由其他技术人员所完成；
——该规划公布后受到诸多批评，后来经克诺普夫修订，于 1899 年 5 月 4 日公布城市规划第二稿；
——在青岛期间，克诺普夫作为当时唯一具有资质的城市建筑师，还负责部分政府建筑、公共建筑的规划设计；
——1900 年 8 月，在履行完工作合同后便离开青岛、回到德国，此后一直在柏林生活、工作。

作品：

——总督署医院（总督府卫戍医院，Government Hospital）建筑群，青岛，1898；
——总督署小礼拜堂，青岛，1899；
——要塞工程局，青岛；
——青岛欧人监狱，青岛，1900；
——德国海军第三营营长官邸，青岛，1899；
——格尔皮克 - 科尼希别墅，青岛，1899；
——单威廉住宅，青岛。

著述：

——不详。

参考文献及相关材料：

——https：//zh.m.wikipedia.org/zh-hans/ 马克斯·克诺普夫 .
——袁宾久 . 青岛德式建筑 [M]. 北京：中国建筑工业出版社，2009.

K

[231] Knowles，George Stanley（楼氏）

生卒：1877—?
出生地：英国雷丁（Reading）
国籍：英国
在华城市：天津
资历：AMIME，1903
教育和训练背景：1890—1892 年就读于什鲁斯伯里附近的特殊学校（Special school near Shrewsbury），1892—1896 年在纽伯里附近一家绘图工作室学徒，1896—1897 年到伦敦大学学院（University College London）进修

经历：

——1897—1898 年在利兹（Leeds）一位机车工程师（Locomotive Engineer）门下工作；
——1898—1902 年到中国，任山海关内外铁路总局机械工程师；
——1902 年 5 月时已经自己开业并管理运营利津铁厂（Tientsin Iron Works）；
——1903 年与亚当斯（E. G. Adams）合伙创办永固工程司（Adams & Knowles）；
——1911 年从永固工程司退伙；
——1917、1918 年任天津英租界工部局委员。

作品：

——参见第二编永固工程司。

著述：

——不详。

参考文献及相关材料：

——Tientsin：Lot No. 38 Knowles，G. S. 1907 [A]. 英国档案馆，档案号：FO 678/915.

——Dickinson，J. M. and C. R. Morling to G. S. Knowles. Tientsin. 1916[A]. 英国档案馆，档案号：FO 678/2467.

——Pottinger and Co. to Knowles，G. S. Tientsin. 1920[A]. 英国档案馆，档案号：FO 678/2283.

——Credit Foncier to G. S. Knowles. Tientsin 1916[A]. 英国档案馆，档案号：FO 678/2445.

——Tientsin：Lot No. 66 Knowles，G. S. 1927[A]. 英国档案馆，档案号：FO 678/918.

——Union Insurance Society of Canton Ltd. to G. S. Knowles and Chartered Bank. Tientsin. 1931[A]. 英国档案馆，档案号：FO 678/2685.

——Knowles，G. S. to Chartered Bank. Mortgage 208. Tientsin. 1931[A]. 英国档案馆，档案号：FO 678/2561.

——Tientsin：Lot No. 1 Knowles，George Stanley [A]. 英国档案馆，档案号：FO 678/917。

——The Institution of Mechanical Engineers' Nomination paper for George Stanley Knowles，1902–09[OL]. UK，Mechanical Engineer Records，1847—1930. http：//www.ancestry.com.

——照片来源：http：//www.greyhoundderby.com/tientsin_racecourse.htm.

注：英国档案馆收藏其相关档案延续至 1931 年。

[232] Koga Seitoshi（古贺精敏）

生卒：1887.01.30—?

出生地：日本福冈县

国籍：日本

在华城市：大连

资历：MJA，1922

教育和训练背景：1904 年毕业于福冈工业学校建筑科，1906 年毕业于东京高等工科学校建筑高等科

经历：

——1906—1907 年任日本九州铁道技手；

——1907—1909 年任大连长谷川銈五郎事务所建筑部主任；

——1909 年 8 月—1911 年 7 月任"满铁"工务课勤务；

——1911 年 7 月—1912 年 10 月任"满铁"奉天保线系勤务；

——1912 年 10 月—1914 年 5 月任"满铁"工务课勤务；

——1914 年 5 月—1916 年 7 月任"满铁"总务部技术局建筑课勤务；

——1916 年 7 月—1943 年在大连自办古贺建筑事务所（古贺建设工业事务所）。

作品：

——大连消防署明治町派出所，1934；

——大连沙河口神社，1936；

——大连神社结婚殿及社务所，1936；

——伪满洲土木建筑业协会哈尔滨支部，1936；

——大连出云大社教社殿，1938；

——沈阳"满铁"调查局局舍（土建协会会馆），1939。

著述：

——不详。

参考文献及相关材料：

满洲绅士录

——堀勇良 . 日本近代建筑人名总览（增补版）[M]. 东京：中央公论新社，2022：510.

——中西利八 . 满洲绅士录 [M]. 3 版 . 东京：满蒙资料协会，1940：201.

——照片来源：同上。

[233] Koguro Ryutaro（小黑隆太郎）

生卒：1876.02.17—1943.12.28

出生地：日本新潟县

国籍：日本

在华城市：沈阳

资历：MJA

教育和训练背景：1898 年毕业于筑地工手学校造家科

经历：

——曾任职于山形县厅、东京帝国大学文部省建筑课、外务省特约顾问（非正式职员）、东京建物特约顾问（非正式职员）等；

——1908 年 4 月任"南满洲"铁道技手（抚顺煤矿营缮课勤务）；

——1909—1910 年任"南满洲"铁道抚顺煤矿营缮课勤务；

——1910—1918 年任抚顺实业补习学校建筑科讲师；

——1910—1918 年任"南满洲"铁道抚顺煤矿土木课勤务；

——1918—1920 年任"满铁"总务部工务局建筑课勤务、立山派出所、鞍山派出所勤务；

——1920—1921 年任鞍山实业补习学校讲师；

——1922—1924 年任"满铁"社长室建筑课勤务、地方部建筑科勤务等；

——1925—1926 年任"南满洲"工业专门学校讲师；

——1926—1928 年在东京；

——1929 年 1 月—1943 年 12 月任伪满洲土木建筑业协会常务理事；

——1943 年任"关东州土木建筑业协会"常务理事。

著述：

——不详。

参考文献及相关材料：

——堀勇良 . 日本近代建筑人名总览（增补版）[M]. 东京：中央公论新社，2022：314.

——中西利八 . 满洲绅士录 [M]. 3 版 . 东京：满蒙资料协会，1940：1334.

——照片来源：同上。

[234] Kolabrev，I. I.（科拉勃列夫）

生卒：1902—?

出生地：俄罗斯乌发省

国籍：俄罗斯

在华城市：哈尔滨

资历：不详

教育和训练背景：1929 年毕业于中俄工业学校建筑工程系

K

经历：

——1929 年大学毕业后和妹妹科拉勃列娃（Kolabreva）一起开始职业生涯；

——1936 年初，已经成为俄国侨民事务局技术工程科的领导；

——1940 年，该工程科从俄国移民当中总共挑选了大约 40 名专业工程师和 120 多名各专业的工人，纳入这里的正式编制中，技术工程科承接了大量的预定建设项目，在哈尔滨及伪满洲地区的其他城市都有工程设计和建设任务，技术工程科的设计人员还参加了哈尔滨各区的城市基础设施建设。

作品：

——傅家甸交通银行大楼；

——北滩省医院综合楼群（共 7 栋建筑）；

——傅家甸合作银行大楼，科拉勃列夫设计建造（工程师为米卡尔贝舍夫）；

——傅家甸清真寺和 3 层楼商场及一系列工业厂房；

——松花江镇的 2 层楼房；

——大同街上的 2 层民居建筑；

——还有一系列工业厂房。

著述：

——不详。

参考文献及相关材料：

——[俄]克拉金 . 哈尔滨——俄罗斯人心中的理想城市[M]. 张琦，路立新，译 . 哈尔滨：哈尔滨出版社，2007：195.

——照片来源：同上。

注：俄文名为 Кораблев. И. И，又译作科拉勃列夫。

[235] Kolabreva（科拉勃列娃，女）

生卒：1905—?

出生地：俄罗斯乌发省

国籍：俄罗斯

在华城市：哈尔滨

资历：不详

教育和训练背景：1929 年毕业于中俄工业学校建筑工程系

经历：

——1929 年大学毕业后和哥哥科拉勃列夫（I. I. Kolabrv）一起开始职业生涯；

——1936 年初，已经和哥哥成为俄国侨民事务局技术工程科的领导，承接了大量的项目。

作品：

——参见科拉勃列夫条目。

著述：

——不详。

参考文献及相关材料：

——[俄]克拉金 . 哈尔滨——俄罗斯人心中的理想城市[M]. 张琦，路立新，译 . 哈尔滨：哈尔滨出版社，2007：195.

——照片来源：同上。

注：俄文名为 Кораблев.О. И。

[236] Kondo Kota（近藤兵太）

生卒：1889.09.02—1963.02.07

出生地：日本东京

国籍：日本

在华城市：沈阳、牡丹江、哈尔滨、大连

资历：MJA

教育和训练背景：1911 年毕业于名古屋高等工业学校建筑科

经历：

——毕业后曾任铁道院技师、南海铁道特约顾问（非正式职员）、阪神电铁勤务；

——1933 年 12 月进入“满铁总局”；

——1934 年任“满铁总局”工务处工务科临时营缮系主任；

——1936 年 9 月被任命为参事、工务课临时营缮系主任、奉天营缮所长、奉天工事事务所所长；

——后任“满铁”参事、牡丹江工事事务所所长兼庶务主任；

——1940—1943 年任哈尔滨工事事务所长；

——1943—1944 年任监察役；

——1944—1946 年任大连船渠铁工（株）建设事务所长；

——1947 年回到日本。

作品：

——不详。

著述：

——不详。

参考文献及相关材料：

——堀勇良．日本近代建筑人名总览（增补版）[M]. 东京：中央公论新社，2022：556.

——中西利八．满洲绅士录 [M]. 3 版．东京：满蒙资料协会，1940：980.

——照片来源：同上。

K

[237] Kondo Zyuro（近藤十郎）

生卒：1877.04.05—1946.03.13

出生地：日本山口县

国籍：日本

在华城市：台北

资历：MJA

教育和训练背景：1904 年毕业于东京帝国大学建筑科，受教于英籍建筑师康德（Josiah Conder），与日本近代建筑大师辰野金吾、长野宇平治等为前后期同学

经历：

——1904 年 10 月任台湾总督府土木局营缮课建筑事务特约顾问（非正式职员）；

——1906 年 4 月于台湾总督府土木局任营缮课技师，与野村一郎及小野木孝治共事，参加多项公共建筑的设计工作；

——1906 年 10 月到福建省、广东省、香港进行为期一个月的建筑相关考察；

——1909 年 4 月任台湾总督府土木局营缮课代理课长；

——1920 年升任营缮课长；

——1924 年返回日本，在东京开办建筑事务所；
——1917—1924 年间，兼任行政与教育工作，曾担任台北成渊学校的校长及教师，讲授土木工程方面的课程。

作品：

——台北火车站、总督官邸、民政长官官邸、赤（红）十字医院、彩票局、台北医事学校以及台南西市场等，1908；
——台北西门红楼，1908；
——台北第一中学，1910；
——基隆邮局，1911；
——圆山别墅，台北，1914；
——台大医院，台北，1916；
——建成小学校，台北，1920；
——台湾总督府台北医院（同爱纪念病院），1929。

著述：

——不详。

参考文献及相关材料：

——吴昱莹 . 跟着日本时代建筑大师走：一次看懂百年台湾经典建筑 [M] 台中：晨星出版社，2021：40-41.
——堀勇良 . 日本近代建筑人名总览（增补版）[M]. 东京：中央公论新社，2022：554-555.
——https：//kaikyou.exblog.jp/241105726/.
——照片来源：同上。

[238] Kooklin，Alexander Vladimirovich（库克林）

生卒：1903.04.03—1977
出生地：俄罗斯维亚特卡（Sarapoul，Viatsk region）
国籍：俄罗斯
在华城市：上海
资历：不详
教育和训练背景：毕业于中俄工业大学（现哈尔滨工业大学）铁路建筑系

经历：

——1936 年 1 月—1937 年 7 月在通和洋行任土木工程师；
——1938 年在上海成立库克林洋行（A. V. Kooklin & Co.），承揽建筑工程承包业务，经营到 1947 年；
——曾负责监造庐山水库（water reservoirs），在上海设计承建多栋建筑，并任中国古建筑保存委员会总顾问（chief consultant in the Chinese committee the preservation of ancient architecture）；
——自 1935 年开始在俄国工程协会（Russian Engineering Society）委员会任职；
——1936 年曾任俄国东正教堂（Russian Orthodox Cathedral）技术委员会成员并负责建造；

作品：

——参见第二编库克林洋行。

著述：

——不详。

参考文献及相关材料：

——Katya Knyazeva[OL]. https：//sites.google.com/view/russianshanghai/architects/a-v-kooklin.
——照片来源：同上。

注：俄文名 Александр Владимирович КУКЛИН，英文名又作“Kukline，Alexandr V.”。部分信息源自张霞。

[239] Koster，George Edward（G. E. 柯士德）

生卒：1870.10.13—1955.11.05

出生地：美国俄亥俄州

国籍：美国

在华城市：上海

资历：不详

教育和训练背景：不详

经历：

——1934 年曾在上海华美地产（Realty Investment Company）建筑部建筑师墨菲（H. K. Murphy）手下任总绘图员，同年 7 月升任建筑师；

——1935 年在上海四川路 220 号自办建筑事务所柯士德建筑师（Koster，George Edward Architectural）；

——1936 年中国建筑师 Chang，K. C.（中文名不详）入伙，公司更外文名为 Koster & Chang，由 Chang 负责南京分部，经营到 1937 年 1 月；

——1937 年离开上海，到菲律宾马尼拉创办事务所（George Edward Koster Inc.，Manila）。

作品：

——参见第二编柯士德建筑师。

著述：

——不详。

参考文献及相关材料：

——Zoilo M. Galang. Encyclopedia of the Philippines：Builders[M]. Manila：E. Floro，1958：305.

——https：//www.myheritage.cn/names/george_koster.

——Building Beautiful Houses in the Shanghai Area，Architectural Department of Realty Investment Co. Gives Attention to Multitude of Important Questions；Many Delightful Styles[N]. The Shanghai Sunday Times，1934-05-06（05）.

[240] Kowarski，Ferdinand（F. 科瓦尔斯基）

生卒：1844—1906.06.13

出生地：奥地利西里西亚特申（Teschen in Austrian Silesia）

国籍：奥匈帝国（今奥地利）

在华城市：北京、天津

资历：不详

教育和训练背景：维也纳理工学院（Polytechnical Institute in Vienna）

经历：

——参与了从奥地利到高加索和保加利亚的多个铁路建设项目；

——1900 年义和团事件后，接到委托设计被毁的北京奥国公使馆和天津奥国领事馆；

——后计划在俄罗斯驻北京大使馆工作，但于 1906 年 6 月 13 日在马塔潘角（希腊伯罗奔尼撒半岛南端）附近的奥地利劳埃德客轮“帝国号”（Imperatore）上去世，当时他正在埃及参与一座疗养院项目。

作品：

——奥匈帝国公使馆，北京，1902；

——奥匈帝国领事馆，天津，1903。

K

著述：

——不详。

参考文献及相关材料：

——Michael Falser. Habsburgs going global the Austro-Hungarian Concession in Tientsin/Tianjin in China（1901—1917）[M]. Vienna：Austrian Academy of Sciences Press，2022：89.

——照片来源：Zeitschrift Des Osterr[J]. Ingenieur Und Architekten-Vereines，1907（14）：257.

[241] Krivoss，Boris Vladimirovich（葛礼文 / 克立华司）

生卒：1901—1990

出生地：不详

国籍：俄罗斯（南斯拉夫）

在华城市：上海

资历：不详

教育和训练背景：不详

经历：

——1921 年前到上海；

——自 1925 年起在上海经营葛礼文建筑工程师行（Krivoss，B. Building Contractor，又名克立华司建筑工程师行）；

——1932 年 7 月完成环球旅行；

——1935 年公司更名为葛礼文建地产公司（Krivoss Realty Co. Land and Estate Agents，Contractors and Architects.），经营至 1947 年后，曾建造几栋排屋、数十幢私人住宅和公寓楼；

——1937 年 1 月 10 日在《申报》登声明归为中华民国国籍；

——1938—1941 年曾任在华南斯拉夫侨民协会（Association of Yugoslavian Residents in China）秘书；

——1947 年移居智利并定居圣地亚哥。

作品：

——参见第二编葛礼文建筑工程师行。

著述：

——不详。

参考文献及相关材料：

——斯坦福大学胡弗档案中心藏有其相关档案 [A/OL]. http：//www.oac.cdlib.org/findaid/ark：/13030/tf5j49n7jh/entire_text/.

——Katya Knyazeva[OL]. https：//sites.google.com/view/russianshanghai/architects/b-v-krivoss.

——郑时龄 . 上海近代建筑风格 [M]. 上海：同济大学出版社，2020：498.

——照片来源：[N]. The China Press，1932-07-28：A2.

注：俄文名为 Борис Владимирович Кривош，精通中、英、法、德、俄 5 门语言。

[242] Kruze，Arthur E.（A. E. 克鲁泽）

生卒：1900.06.20—1989

出生地：法国鲁贝（Roubaix）

国籍：法国

在华城市：上海

资历：DPLG

教育和训练背景：自 1918 年到巴黎美术学院（Ecole des Beaux Arts / National Beaux Arts School in Paris）学习

经历：

——由于反对宣战，被德国人监禁于鲁贝并被带到比利时，后逃脱并藏在布鲁塞尔的一个山洞里以躲避监禁和强制劳动；

——在停战前不久又成功逃到印度尼西亚，曾任印度尼西亚高等美术学院校长；

——曾在法国军队服役 3 年，后在巴黎美术学院学习；

——曾在缪斯和内诺（Mews & Nenot）事务所任助理；

——1930 年 2 月获得学位；

——1930 年 3 月—1933 年 3 月出任越南美术学院（the Beaux Arts School of French Indo-China / School of Fine Arts of Indochina）建筑学教授和校长；

——1932 年被聘为越南政府建筑部主任；

——1933 年到上海游学，住在赉安（A. Leonard）和沃萨热（P. Veysseyre）家中，被这些同行的作品打动，同时也为上海向充满艺术才华的建筑师提供的广阔天地所吸引，也因其专业文化的多样性和扎实性而为赉安和沃萨热所接受，于是在 1934 年 1 月 1 日加入赉安洋行（Léonard Veysseyre）并成为合伙人，公司更外文名为 Leonard，Veysseyre & Kruze；

——1937 年先后创办赉安洋行河内分行和大叻分行；

——1939 年因战事辞去赉安洋行职务，继续在越南美术学院任教，并独立执业；

——1954 年回到法国继续执业；

——1989 年在巴黎去世。

作品：

——参见第二编赉安洋行。

著述：

——不详。

参考文献及相关材料：

——André Dechifre[OL]. http：//le-mystere-leonard.over-blog.com/2017/02/arthur-kruze.html.

——http：//www.le-mystere-leonard.net/article-13227885.html.

——[J]. Le_Journal_de_Shanghai，1934-07-14：47.

——陈锋 . 赉安洋行在上海的建筑作品研究（1922—1936）[D]. 上海：同济大学，2006.

——Men of Shanghai and North China[M].1935：305-307.

——照片来源：同上：305.

[243] Kuriyama Shunichi（栗山俊一）

生卒：1888.06—1965.01.22

出生地：日本福井县

国籍：日本

在华城市：台北

资历：MJA

教育和训练背景：1909 年毕业于东京帝国大学建筑科

经历：

——1911 年 1 月任名古屋高等工业学校讲师，次年任教授，兼任朝鲜总督府史料调查事务所特约顾问；

——1917 年 10 月任东北大学技师，后任北海道帝国大学技师，并负责此两所学校的营建工作；

K

——1909—1918 年跟随关野贞前往朝鲜展开古迹史料调查；
——1919 年 2 月受聘到台湾，负责台湾总督府厅舍建筑设备工程的设计工作，后担任台湾总督府土木局营缮科技师；
——1924 年被派遣至厦门调查日本领事馆蚁害并负责修缮的工作；
——1925 年任总督府官房会计课营缮系技师三等三级，兼任府交通局递信部工务课技师；
——1926 年赴欧美考察；
——1928 年发起台湾建筑会，并任创立委员会委员长；
——1929 年任台湾建筑会副会长，并任市区计划委员；
——1931 年离任总督府官房营缮科技师，时为三等一级；
——1933 年离开台湾、回到东京。

作品：

——台北无线电信局板桥送信所，与藤田为次郎合作，1927—1928；
——台北放送局板桥放送所，与草间市太郎、角野正瞭、松重武左卫门合作，1929—1930；
——台北放送局淡水受信所，与草间市太郎、角野正瞭合作，1929—1930；
——台北邮便局，1928—1930；
——台北放送局演奏所，与草间市太郎、角野正瞭合作，1930；
——新竹有乐馆，1933。

著述：

——曾在《台湾建筑会志》发表过十余篇文章。

参考文献及相关材料：

——桥本白水 . 台湾の官民：评论（上编 官之部）[M]. 台北：台湾案内社，1924：157.
——许长鼎 . 台湾日治时期建筑家粟山俊一之研究 [D]. 台北：台北艺术大学，2011.
——林思玲，傅朝卿 . 台湾日治时期建筑防制白蚁研究成果探讨——以大岛正满团队与粟山俊一之研究为主 [J]. 建筑学报（台北），2005，53（9）：115-139.
——堀勇良 . 日本近代建筑人名总览（增补版）[M]. 东京：中央公论新社，2022：482-483.

[244] Kusama Ichitaro（草间市太郎）

生卒：1888.08.14—?
出生地：日本茨城县
国籍：日本
在华城市：台北
资历：MJA，1919
教育和训练背景：1912 年毕业于名古屋高等工业学校建筑科

经历：

——1913—1915 年任清水满之助店店员；
——1915—1926 年在清水组本店任技术部勤务；
——1926—1929 年任横山建筑事务所勤务；
——1929—1930 年任台湾总督府交通局递信部嘱托；
——1930—1931 年任台湾总督府总督官房营缮课建筑材料试验室嘱托；
——1932 年任中华民国厦门博爱会嘱托；
——1934—1939 年任台湾银行建筑课勤务；
——1939—1942 年任台湾总督府技师（总督官房营缮课勤务）；
——1942—1943 年任台湾放送协会勤务。

作品：

——台湾放送局演奏所，与粟山俊一合作，1931；
——板桥放送所厅舍，与粟山俊一合作，1931；

——淡水受信所，与栗山俊一合作，1931；
——台北放送局，与栗山俊一合作，1931；
——申川宅邸，1934。

著述：

——不详。

参考文献及相关材料：

——堀勇良．日本近代建筑人名总览（增补版）[M]. 东京：中央公论新社，2022：460.

[245] Kuwahara Eiji（桑原英治）

生卒：1899.01.03—1946.02.10
出生地：日本熊本县
国籍：日本
在华城市：长春
资历：MJA
教育和训练背景：1923 年东京帝国大学建筑科毕业

经历：

——毕业后曾任东京市技师，神奈川县技师、县厅舍建筑事务所所长，名古屋市技师、市厅舍建筑系长；
——1933—1936 年任伪满洲国中央银行建设主任技师、所长；
——1936 年 6 月任伪满洲国营缮需品局技正，营缮处监督科长、工务科长；
——1937 年 10 月任营缮需品局营缮处处长；
——1940 年 1 月任建设局第一工务处长；
——1944 年 1 月任建筑局建筑行政处长；
——1945 年 3 月任交通局土建统制司司长；
——1939—1941 年任伪满洲建筑协会副会长兼"新京"（长春）支部长。

作品：

——不详。

著述：

——不详。

参考文献及相关材料：

——堀勇良．日本近代建筑人名总览（增补版）[M]. 东京：中央公论新社，2022：494.
——中西利八．满洲绅士录 [M]. 3 版．东京：满蒙资料协会，1940：1025.
——照片来源：同上。

[246] Lafuente，Abelardo（赉丰 / 乐福德）

生卒：1871.04.30—1931.12.03
出生地：西班牙马德里
国籍：西班牙
在华城市：上海
资历：不详
教育和训练背景：跟随其父亲（马尼拉市政建筑师）学习建筑

经历：

——1900 年其父去世后开始独立在马尼拉经营建筑业，1904 年已经创办事务所（A. Lafuente Architect & Contractor）；

——1913 年移居上海，开办赉丰洋行（A. Lafuente Garcia-Rojo，Architect & Contractor）；

——1916 年美国建筑师和登（G. O. Wootten）入伙，组成赉和洋行（Lafuente & Wootten），至 1919 年 7 月两人散伙；

——1916 年 1 月—1916 年 7 月任天生洋行（East Asia Produce & Estate Co.）主席，主营进出口贸易、商业和房地产经纪业务；

——1916—1926 年间兼任香港上海大酒店公司（The Hong Kong and Shanghai Hotels Ltd.）建筑师，负责其房产的修缮和翻新；

——1923 年 2 月 7 日俄罗斯建筑师协隆（A. I. Yaron）到上海加入赉丰洋行（A. Lafuente Architect），后成为合伙人，公司更外文名为 Lafuente & Yaron Architects；

——1927 年离开上海、赴美国加利福尼亚，在保持上海事务所运营的同时在美国加州和墨西哥发展业务，曾在洛杉矶和提华纳（Tijuana，墨西哥西北部城市）有设计项目；

——1927—1930 年保持上海事务所运营的同时，在美国加利福尼亚和墨西哥发展业务；

——1928 年 5 月 1 日和协隆散伙；

——1929 年遭受美国大萧条影响，导致破产；

——1931 年回到上海不久去世。

作品：

——参见第二编赉丰洋行。

著述：

——不详。

参考文献及相关材料：

——https：//www.abelardolafuente.com/.

——Alvaro Leonardo Pere. Overnight at the Crossroads：Abelardo Lafuente's Architectural Legacy for "The Hong Kong and Shanghai Hotels Ltd." in Shanghai[J]. Built Heritage，2019（3）：21-33.

——Alvaro Leonardo Pere. Abelardo Lafuente García-Rojo（1871—1931）, Un Arquitecto Español En China [D]. Madrid：Alcalá de Henares University，2019.

——The Stately Homes of Shanghai：A Lawsuit over the Villa Rofenfeld：Architect's Alleged Negligence in Supervision[N]. The North-China Herald and Supreme Court & Consular Gazette，1924-04-26：147.

——Shanghai Recalls Famous Designer Noted Buildings：Lafuente Returns on Shinyo Maru From United States Architect Back[N]. The China Press，1931-10-19（1）.

——http：//polifactory.com/blog/process-a-lafuente-research-project/.

——http：//documents.mx/documents/biography-abelardo-lafuente-garcia-rojo.html.

——http：//www.royalasiaticsociety.org.cn/events/event/urban-landscapes-abelardo-lafuente-architect-alvaro-leonardo/.

——http：//ace.uoc.edu/exhibits/show/galeria-de-personajes/abelardo-lafuente.

——Local Builders Warned to Plan for Future[N]. The China Press，1931-10-22（19）.

——[西]阿尔瓦罗·莱昂纳多.阿贝拉多·来丰（1871—1931），中国第一位西班牙建筑师 [C]// 张西平，魏京翔，[西]易玛.中西撷英——庞迪我逝世四百周年国际学术研讨会论文集.北京：中国社会科学出版社，2021：156-175.

——https：//en.wikipedia.org/wiki/Abelardo_Lafuente_Garc%C3%ADa-Rojo.

——照片来源：同上。

注：全名 Abelardo Lafuente García-Rojo；西班牙建筑师阿尔瓦罗·莱昂纳多·佩雷（Alvaro Leonardo Pere）曾对其开展了相关调查与研究，完成了相关博士论文并绘制了其在上海的作品地图。

[247] Lane，Alfred James（柯法理）

生卒：不详
出生地：不详
国籍：英国
在华城市：香港
资历：AAHK，1923—1941
教育和训练背景：牛津大学

经历：

——1925 年在香港自办柯法理测绘工程师（Lane，Alfred J.，Civil Engineer，Architect and Surveyor）公司；
——公司经营到 1941 年后。

作品：

——6 座洋楼连筑地盆（地基），拟建在黄泥涌蓝塘道内地段 6069 号，1941 年在设计中；
——3 座洋楼连筑地盆，蓝塘道内地段 5653 号，1941 年在建设中；
——1 座地盆为建 4 座洋楼用，蓝塘道内地段 5503 号，1941 年在建设中；
——3 座洋楼，拟建在北角英皇道内地段 5379 号，1941 年图样获批准；
——1 座地盆为建 4 座洋楼用，快活谷云地利士道内地段 5529 号，1941 年在建设中；
——1 座洋楼连筑地盘，大潭郊野地段 434 号，1941 年建成；
——3 座洋楼连筑地盆，拟建在蓝塘道内地段 5592 号，1941 年在投标建设中；
——糖姜制造厂，拟建在长沙湾青山道新九龙内地段 1751 号，1941 年在投标建设中；
——1 座洋楼，九龙亚皆老街九龙内地段 4023 号，1941 年图样已获批准；
——3 座洋楼及 1 座影戏院，北角英皇道内段 5379 号，1941 年图样已呈工务局候核准；
——1 间唐楼（业主张福），鸭脷洲大街海地段 27 号，1941 年在建设中；
——1 间唐楼（业主 H. L. 龙）拆除重建，干诺道西 96 号，1941 年在建设中；
——锌粉厂，铜锣湾（L.L. 3504 S.A），1941 年开工。

著述：

——不详。

参考文献及相关材料：

——[J]. Hong Kong and Far East Builder，1941，6（1）：45.
——[J]. Hong Kong and Far East Builder，1941，6（2）：43.
——[J]. Hong Kong and Far East Builder，1941，6（3）：39–40.
——[J]. Hong Kong and Far East Builder，1941，6（4）：25.

[248] Lane，Charles Elliott（C. E. 莱恩）

生卒：1881.05.06—1963.01.16
出生地：美国弗吉尼亚州
国籍：美国
在华城市：北京、上海
资历：AMAmSCE
教育和训练背景：BSc

经历：

——1915 年 10 月离开美国，11 月抵达北京，任清华大学驻场建筑师；
——1918 年离开北京回国；

——1919 年受聘于美国洛克菲勒基金会（中华医学基金会），任北京协和医学院驻场建筑师；
——1921 年离开北京回国；
——1925—1928 年在上海哈沙得洋行（Hazzard，Elliott Architect）任职。

作品：

——清华大学，监造；
——北京协和医学院，监造。

著述：

——不详。

参考文献及相关材料：

——刘亦师．清华大学大礼堂穹顶结构形式及建造技术考析 [J]. 建筑学报，2013（11）：32-37.
——[J]. The China Connection，1992，25-36：16.
——United States Passport Applications，1795—1925. MyHeritage.com [DB/OL]. MyHeritage Ltd. https：//www.myheritage.cn/research/collection-10720/united-states-passport-applications-1795-1925.
——照片来源：照片来自 Murphy Papers，Yale University，转引自：刘亦师．近现代时期外籍建筑师在华活动述略 [J]. 城市环境设计，2015（Z2）：320-329.

[249] Lazarowicz，Werner（W. 拉查罗维茨）

生卒：1873.05.22—1926.04.28
出生地：德国西普鲁士（West Prussia）
国籍：德国
在华城市：青岛、北京
资历：不详
教育和训练背景：在格但斯克大学（Gdansk University）接受建造技术员训练

经历：

——1898 年 6 月 16 日抵达青岛，到青岛建设局任职，为该部门第一批到达青岛的人之一；
——1901 年 3 月通过考试，成为青岛德国政府建设局技术秘书，至 1914 年，成为建设局仅次于政府建筑师 K. 施特拉塞尔（Karl Strasser）的第二号人物，期间于 1913 年升任委员和建设秘书；
——日德战争爆发后，因其未参加青岛保卫战而得以作为平民离开青岛，并在罗克格的邀请下赴北京加入罗克格洋行（1914—1920 年期间罗克格因参加青岛保卫战被日本俘虏，罗克格洋行由其夫人经营）；
——1920 年初在罗克格回到北京后，离开罗克格洋行，与其此前青岛建设局的同事哈克梅斯特（Paul Hachmeister）合伙在北京创办了事务所建德营造公司（Lazarowicz，Hachmeister & Co. Architects，Engineers and General Contractors），后在沈阳成立分支由哈克梅斯特负责；
——1923—1926 年兼任北京罗克格工程司合伙人，并与其合办京津瓷瓦厂；
——1926 年 4 月在北京去世，沈阳建德营造公司（Lazarowicz & Hachmeister）由哈克梅斯特与雷虎（H. Leu）继续经营到 1928 年。

作品：

——军事医院建造，青岛，1901；
——青岛德国政府总部（总督府）监造，L. F. W. 马哈克（Ludwig F. W. Mahlke）设计，1904—1906；
——总督宅邸（the new residence of the Governor on Signalberg），与 L. F. W. 马哈克和 F. W. 比佰（Friedrich Wilhelm Biber）合作，1905—1907；
——青岛俱乐部设计修改、监造与室内设计（原设计为罗克格，施工承包为李兮德），青岛，1910—1911。

著述：

——不详。

参考文献及相关材料：

——http：//www.tsingtau.org/lazarowicz-werner-1873-1926-architekt/.

——韩雅慧，徐飞鹏．近代德国工程师在青岛的活动述略（1898—1949）[J]. 建筑史，2019（2）：139-147.

——部分档案收藏于弗赖堡军事档案馆（Federal Archive Military Archive in Freiburg）。

注：绰号“Lazarus”。

[250] Ledreux，Felix Ernest Marie（理得力）

生卒：1884.10.14—1972?

出生地：法国圣弗卢尔（Saint-Flour）

国籍：法国

在华城市：上海

资历：不详

教育和训练背景：巴黎公共工程学院（Ecole des Travaux Public）

经历：

——1902 年来华；

——1909 年在越南任土地测量员；

——1912 年返回法国，担任军事部门的工程师；

——一战期间为海军官员，后又调为驻华长江上游炮舰军官；

——1916 年在胡志明市任测量员（Annuaire général de l'Indo-Chine française，General Directory of French Indo-China）；

——1919 年加入上海法商伯利沙马披营造公司（永和公司 / Brossard & Mopin），任工程师；

——1921 年在上海法商营造公司（Bureau D'Etudes Techniques et Industrielles）任工程师建筑师合伙人；

——1922 年瑞士建筑师米奴迪（Rene Minutti）入伙合办法商营造公司，公司更外文名为 Ledreux，Minutti & Cie. Civil Engineers and General Contractors，专门从事结构工程、桥梁、工厂和工业设施设计，经营至 1924 年 7 月更中文名为中法实业公司；

——1931 年 7 月理得力退伙，公司由米奴迪经营至 1941 年 7 月后。

作品：

——泵站，参与，上海法租界；

——法租界自来水厂（French Water Works）350000 立方英尺水箱，参与，上海法租界；

——1 座钢混桥梁，参与，南京；

——另参见第二编法商营造公司。

著述：

——不详。

参考文献及相关材料：

——Construction of Shanghai Velodrome in Local French Concession to Start Soon，Messrs. Ledreux，Minutti et Cie.，Well-known Architects，Designed Edifice at Corner Avenue Haig-Route Lorioz[N]. The China Press，1930-04-27（21）.

——[J]. Journal officiel de la République française，1962，94：1521.

——法国国家档案馆 [A]. 档案号：19800035/1048/20812.

——Leaders of Commerce Industry and Thought in China[M].1924：210.

——照片来源：同上。

L

[251] Lee Gum Poy（李锦沛）

生卒：1900—1968

出生地：美国纽约

国籍：美国（华人）

在华城市：上海

资历：FCIA

教育和训练背景：1920 年毕业于普赖特学院，并于 1923 年获纽约州立大学颁发的注册建筑师（R.A）证书

经历：

——生于美国纽约的一个华人家庭；

——毕业后曾受聘于茂飞（墨菲）建筑公司（Murphy McGill & Hamlin）、杰克逊建筑公司（J. F. Jackson）及罗路建筑公司（Ludlow & Peabody）；

——1923—1927 年在中华基督教青年会全国协会建筑办事处（上海）任绘图员和副建筑师等职位；

——1927 年 4 月开始在上海独立执业；

——1928 年设计南京中山陵的吕彦直患病后应邀成为彦记建筑事务所的主持人，并改事务所名称为彦沛记建筑事务所，继续负责中山陵工程；

——1932 年该工程全部完工后，独立开设李锦沛建筑师事务所（Lee，Poy G.，Architects and Engineers），经营到 1941 年 7 月以后；

——1936 年曾任中国建筑展览会副会长。

作品：

——燕清大学（燕京大学），纽裘赛青年会，派雪开青年会，琼斯念 8 层大厦，纽约及泰晤士之 20 层大厦（1923 年前参与设计的项目）；

——参见第二编中华基督教青年会全国协会建筑办事处（Building Bureau，Young Men's Christian Association）；

——广州中山纪念堂竞赛三等奖，1925；

——上海市工务局征求房屋标准图样出租住房第一名和第三名，与张克斌合作，1928；

——大上海市政府竞赛第一、第三两奖，1928；

——大上海市中心区竞赛第四名，1930；

——广州中央党部竞赛第一名，1933；

——中华基督教青年会八仙桥会所（New Chinese YMCA），西藏南路，上海，1929—1931；

——上海基督教普益社；

——盲童学校，上海虹桥路 290 号，1932；

——康怡大厦，上海；

——华业公寓（Cosmopolitan Apartments），陕西北路（西摩路），上海，1933；

——新亚酒店 10 层大楼，任顾问，上海；

——清心女中（青心女学）校舍、宿舍、餐厅、仆役室，上海，1933；

——中华基督教女青年会全国协会会所，上海，1933；

——广东银行大楼，上海宁波路，1934；

——严公馆（Yan Mansion），上海，1934；

——刘公馆，上海国富门路，1936；

——吴淞海港检疫所，上海，1935；

——验疫船只停泊所，上海，约 1927—1930；

——南市基督教会，上海，约 1927—1930；

——马里女学，上海，约 1927—1930；

——广肇女学，上海，约 1927—1930；

——江湾中央大学商学院，上海，约 1927—1930；

——旅沪广东浸礼会堂，上海，约 1927—1930；

——俭德坊张惠长 3 层洋房，上海愚园路 1303 号，1930；
——蔡增基宅，上海白利南路，1931；
——益寿里石库门楼房，上海川公路 235 弄，1931—1932；
——三安地产公司市住房，上海长春路虬江路，1932；
——宝昌路圣保罗堂校舍，1933；
——广肇中学，与范文照和关颂声合作，1934；
——唐伯奋 3 层住宅，上海安和寺路法华镇，1935；
——张君左宅，上海西爱咸斯路，1935—1936；
——叶守彦宅，上海宝通路宝华坊，1936；
——周纯卿宅，上海静安寺路 806 号，1937；
——积善堂费氏花园住宅，上海居尔典路，1939；
——4 栋陈康健钢筋混凝土西式住宅，上海兴国路 350 弄，939；
——侯宅，上海永福路 1 号 / 五原路 251 号，1939—1940；
——徐佩玲宅，上海麦尼尼路（今康平路）96 号，1940；
——3 层住宅，上海毕勋路，1940；
——珀尼珂（Peniquel）宅，上海居尔典路（今湖南路）10 号，1941；
——卢宝法康贻公寓（Conty Apts.，今康泰公寓），上海愚园路 11 号，1941；
——起士林 3 层平屋顶咖啡馆，上海静安寺路 72 号 / 赫德路 225 号，1941；
——积善堂 2 层花园住宅工程，上海康平路，1942；
——南国酒家（饭店）重建 3 层钢筋混凝土房屋，上海云南路 336 号（南京路路口），1942；
——泰山地产企业公司重建水泥门面工程，上海宁波路 35 号，1944；
——时懋饭店改建内部并新建二、三楼工程（由原圣爱娜合记舞宫改建），上海西藏路 377 号，1944；
——康乐大酒楼加建钢筋混凝土平台工程，上海静安寺路 456 号，1944；
——江湾麻露小姐住宅，上海，1936；
——江湾岭南学校，上海，1936；
——武进医院，常州，1933；
——隔离病院（疗养院），湖州，约 1927—1930；
——岭南学校（Lingnan School），广州，1933；
——中山纪念堂，与吕彦直合作，广州，1928；
——大佛寺大戏院，广州；
——电厂，杭州，约 1927—1930；
——浙江建业银行，杭州，1936；
——海港检疫所，厦门，1935；
——聚兴诚银行，与李扬安合作，南京，1934；
——首都大戏院，南京，约 1927—1930；
——中山陵，与吕彦直合作，南京，1928；
——新都大戏院，南京，1936；
——粤语浸信会堂，南京，1936；
——云南中华基督会青年会会所，昆明；
——武汉大学男生宿舍，与开尔斯合作完成，武昌珞珈山武汉大学内，1931；
——武汉大学工学院，武昌珞珈山武汉大学内，1933—1934；
——武汉大学文学院，与石格司、开尔斯合作完成，武昌珞珈山武汉大学内，1931；
——武汉大学学生饭厅及礼堂，与石格司、开尔斯合作完成，武昌珞珈山武汉大学内，1930—1931。

著述：

——Architectural Plan of New Apartments Described by P. G. Lee，Cosmopolitan Apartments Contain Three Units，Main Center Building and Two Annexes; Entire Construction Involved Expenditure of More Than T500，000 All Designed for Comfort，POY G. LEE Architect[N].The China Press，1934-08-16（13）.
——李锦沛 . 内部装饰的色彩问题 [J]. 家庭年刊，1943，1：115-116.
——李锦沛 . 放置家俱的基本常识 [J]. 家庭良伴，1945，1：122.
——李锦沛 . 中国内部建筑几个特征 [J]. 中国建筑，1933，1（2）：13-15.
——李锦沛 . 浙江建业银行概略：杭州浙江建业银行 [J]. 中国建筑，1936（25）：39-43.

参考文献及相关材料：

——赖德霖，王浩娱，袁雪平，司春娟．近代哲匠录：中国近代重要建筑师、建筑事务所名录 [M]. 北京：中国水利水电出版社，2006：73–74.

——郑时龄．上海近代建筑风格 [M]. 上海：同济大学出版社，2020：441–442.

——William Yinson Lee（李元信）. World Chinese Biographies（环球中国名人传略）[M]. 上海：环球出版社，1944：121.

——许晚成．上海人名录 [Z]. 上海：龙文书店，1941：443.

——许晚成．上海百业人才小史 [M]. 上海：龙文书店编辑部，1945：103.

——Who's Who in China[M]. Fifth Edition. The China Weekly Review，1936：137.

——李锦沛建筑师小传 [N]. 申报，1933.01.01，21459（59）.

——Co–ed. Colllege at Sikingjao Lingnan School and Cosmopolitan Apts. by Poy G. Lee[N]. The Shanghai Sunday Times，1933–12–10（042）.

——黄元照．李锦沛：在"现代主义"基础上的"装饰艺术"[J]. 世界建筑导报，2012，27（4）：32–35.

——刘文祥．中山陵建筑风格对国立武汉大学珞珈山新校舍的影响——兼论开尔斯、李锦沛在其中之角色 [J]. 新建筑，2019（2）：128–131.

——刘文祥．珞珈筑记 [M]. 南宁：广西师范大学出版社，2019.

——Men of Shanghai and North China[M]. The Oriental Press，1935：318–322.

——彭长歆．在族群与国家之间——纽约华裔军人忠烈坊设计回溯 [J]. 新建筑，2017（1）：125–129.

——照片来源：Men of Shanghai and North China[M]. The Oriental Press，1935：319.

注：2015—2016 年凯莉·卡尔亨（Kerri Culhane）曾在美国华人博物馆举办李锦沛相关展览（Chinese Style: Rediscovering the Architecture of Poy Gum Lee, 1900—1968, Museum of Chinese in America, New York City）。部分信息来自武志华。

[252] Lehonos，Jacob Lukich（J. L. 里浩诺斯）

生卒：1891.03.21—1942.08.19

出生地：俄罗斯塔甘罗格（Taganrog）

国籍：俄罗斯

在华城市：哈尔滨，上海

资历：不详

教育和训练背景：1914 年毕业于圣彼得堡俄国皇家艺术奖励会附属学校（Imperial Society for the Encouragement of Arts in St. Petersburg.）

经历：

——1920 年移居哈尔滨，曾于 1920 年、1921 年、1923 年开办个展；

——1923 年移居上海，从事建筑及装饰、雕塑等工作；

——1927 年和汉密尔顿（Hamilton，R. T.）合伙创办事务所（Lehonos Art Co.）；

——1930 年独立经营事务所，公司外文名为 Lehonos Art Studio Artistic. Scene and Mural Painters; Sculptors，House Painters and Decorators；

——1934 年 1 月—1938 年 1 月事务所更外文名为 Lehonos Architectural Studio；

——1932 年曾作为在沪 5 位俄国艺术家之一，参加上海俄国艺术家图片展（Russian Artists' Exhibition of Pictures in Shanghai）；

——1938 年 5 月曾在上海法国总会（French Club）举办画展；

——1942 年在上海去世。

作品：

——狮子雕塑（Lion Relief），上海海军军事部（Naval Military Department），1926；

——格里芬雕塑（Griffins），上海美琪大饭店（Majestic Hotel），1926；

——上海大戏院（Isis Theatre）室内翻新设计，与范文照合作，虹口，1927；

——上海月宫（Moon Palace）舞厅室内设计，1927；
——上海蒂尼酒店（Hotel Tiny）室内设计，1928；
——光陆大戏院（Capitol Theater）装修工程（painting，含壁画和前台雕塑），上海，1928；
——上海华懋饭店（Cathay Hotel）雕塑，1929；
——上海克莱门公寓（Clement's Apartments）壁画（Murals），1929；
——神圣圣母主教堂（Holy Virgin Cathedral），上海；
——新乐路东正教堂（Russian Orthodox Mission Church），上海亨利路（今新乐路）55 号，1936；
——普希金雕像，参与设计，上海，1937；
——上海伯特住宅（Dr. Birt's Residence）壁画（Murals）；
——上海德义大楼（Denis Apartments）立面人像雕塑，1929；
——沃特金斯基跳舞场（？）（Votkinsky Ball），哈尔滨。

著述：

——不详。

参考文献及相关材料：

——The Art and Architecture of the Russian Abroad[OL]. http：//www.artrz.ru/1804785538.html.
——http：//www.abirus.ru/content/564/623/626/11670/11722/11782.html.
——Paintings by Lehonos at C. S. F. Praised，Talented Architect is also Gifted Painter，Exhibition Shows[N]. The China Press，1938-05-08（02）.
——Katya Knyazeva[OL]. https：//sites.google.com/view/russianshanghai/architects/l-z/j-l-lehonos.
——照片来源：[N]. The North-China Sunday News，1931-06-28（08）.

注：俄文名为 ЛИХОНОС Яков Лукич，英译名又作 Likhonos，Ia. L.。其多幅绘画作品收藏于莫斯科东方博物馆（Oriental Museum，Moscow）。

[253] Leigh，Robert Kennaway（理）

生卒：1852—1924
出生地：英国萨默塞特郡沃什福德巴登（Bardon，Washford，Somerset）
国籍：英国
在华城市：香港
资历：AMICE，1879；MICE，1889；AAHK，1903—1904
教育和训练背景：不详

经历：

——1882 年到香港加入夏普丹备洋行（Sharp & Danby），同年夏普退出后，与丹备组成丹备及理机器司绘图行，公司外文名为 Danby & Leigh；
——1890 年柯伦治（James Orange）加入丹备及理，公司更外文名为 Danby，Leigh & Orange；
——1894 年丹备独立开业，公司名变更为理及柯伦治机器司绘图（现名为利安顾问有限公司），外文名为 Leigh & Orange，并沿用至今；
——1894 年当选为香港卫生委员会委员；
——1904 年退休。

作品：

——参见第二编丹备及理机器司绘图行。

著述：

——不详。

参考文献及相关材料：

——利安：一百三十年的历史见证 [J]. 世界建筑，2004（12）：92-95.
——https：//en.wikipedia.org/wiki/Robert_K._Leigh.

[254] Lemm，John Ferdinand（津林）

生卒：1867.03.27—1917.06.07
出生地：澳大利亚悉尼
国籍：英国
在华城市：香港
资历：FIA；MRSI；LRIBA，1912；AAHK，1903—1917
教育和训练背景：1884—1888 年在悉尼学徒于布坎南（Edward Harman Buchanan），游历广泛

经历：

——1888—1889 年任布坎南助理；
——1889 年到从澳大利亚到香港，开办津林画则师行（Lemm，John.，Architect）；
——1910 年代中期曾在澳门开办分所；
——1917 年去世，事务所停业。

作品：

——宝血（Precioso Sangue）女修院"白宫"（澳门 Luiz Gonzaga Nolasco da Silva 府邸，今澳门金融管理局办公大楼），澳门，1917。

著述：

——不详。

参考文献及相关材料：

——Directory of British Architects，1834—1914，2（L–Z）[M]：39.
——[J]. RIBA Journal，1917—1918，25：14，121.

[255] Leonard，Alexander（赖鸿那 / 赉安 / 赖安 / 赖安乐）

生卒：1890—1946.03.13
出生地：不详
国籍：法国
在华城市：上海
资历：DPLG，1919
教育和训练背景：1908 年就读于巴黎美术学院（法国高等美术学院）建筑学专业，因一战爆发，至 1919 年才获得文凭

经历：

——一战期间参加法国空军，在战争中负伤并获五项嘉奖，以及法国荣誉勋章、法国战争十字勋章、军事奖章和比利时战争十字勋章；
——1919 年获得法国国授建筑师资格；
——1920 年逢上海法商营造公司招聘建筑师，在其好友、著名建筑师勒·柯布西耶（Le Corbusier）的推荐下来上海就职（一说为 1921 年到上海 Franco–Chinoise Institute 任教）；
——1922 年和其中法营造公司的同事沃萨热（Paul Veysseyre）在上海法租界成立赉安工程师行（Léonard &Veysseyre / 赉安洋行）；
——1925 年兼任中法国立工专土木工程科教授；
——1933 年在上海市工务局登记为建筑技师；

——1934 年克鲁泽（Kruze）加入赉安洋行成为合伙人，公司更外文名为 Leonard，Veysseyre & Kruze，经营到 1941 年后。

作品：

——参见第二编赉安洋行。

著述：

——不详。

参考文献及相关材料：

——Men of Shanghai and North China[M]. The Oriental Press，1933：218–221.

——[J]. Le–Journal–de–Shanghai，1934–07–14：47.

——Nader[OL]. http：//le–mystere–leonard.over–blog.com/2015/06/leonard.html.

——陈锋．赉安洋行在上海的建筑作品研究（1922—1936）[D]. 上海：同济大学，2006.

——吴飞鹏．来自上海的法国人：建筑大师赉安传奇 [M]. 上海：上海大学出版社，2021.

——吴飞鹏．寻找赉安：一位法国建筑师留给上海的城市印记 [M]. 上海：三联书店，2021.

——Men of Shanghai and North China[M]. The Oriental Press，1935：328–331.

——照片来源：同上：329.

注：法语名为“Alexandre Léonard”。

[256] Lester，Henry（雷士德 / 李施德 / 莱斯德）

生卒：1840—1926.05.24

出生地：英国南安普敦

国籍：英国

在华城市：上海

资历：不详

教育和训练背景：在伦敦接受建筑师和土地测绘师的训练

L

经历：

——1863 或 1864 年来到上海参与租界测绘，先在法国工部局工务处任职并在任期内完成上海第一次测绘；

——1867 年在法国工部局的聘任合同到期后，加入 1864—1865 年间与其合作测绘上海地图的瑞和洋行（F. H. Knevitt，Architect & Surveyor）；

——1869 年继承瑞和洋行，公司改名为德和洋行（Lester，H. Builder and Contractor），起先公司主要经营建筑及营造业务，到 1874 年经营建筑设计及测绘业务，雷士德兼任香港火险公司（Hongkong Fire Insurance Company）测绘师，1877 年公司又增加房地产代理业务；

——1878 年任工部局测绘师克拉克（Clark）助手；

——1878 年 11 月上海美国地产商史密斯（Edwin Maurice Smith）去世，其遗产中有一块地皮是从香港火险公司贷款 60000 两购得，因此该公司将该地皮部分交由雷士德继承，由其经营并偿还贷款及利息；

——1902 年时雷士德主营房地产，公司更外文名为 Shanghai Real Property（Estate）Agency；

——1913 年，马立师（Gordon Morriss）和约翰森（George A. Johnson，ARIBA）成为合伙人，公司外文名改为 Lester，Johnson & Morriss，Architects，Civil Engineers，Land and Estate Agents，中文名仍为德和洋行；

——1915 年退休，但依旧每日到公司；

——1926 年在上海去世，德和洋行由马立师和约翰森继承，但外文名未改。

作品：

——海员教堂（The Seamen's Church），负责建造（由 Elihu Henry Oliver 设计），1867；

——参见第二编德和洋行。

著述：

——不详。

参考文献及相关材料：

——散霞. 著名建筑师及慈善家亨利·雷士德 [OL]. http://www.archives.sh.cn/shjy/hsrw/201203/t20120313_6266.html.

——Will of the Late Mr. Henry Lester[N]. The North-China Herald and Supreme Court & Consular Gazette, 1927-02-05（25）.

——https://en.wikipedia.org/wiki/Henry_Lester.

——Obituary Mr. Henry Lester[N]. The North-China Herald and Supreme Court & Consular Gazette, 1926-05-22: 345.

——照片来源：同上。

注：雷士德去世前立下遗嘱将遗产捐给慈善事业，成立基金会，发展中国工程及医学教育事业等。该基金会目前仍在运营。

[257] Leu, Hugo（雷虎）

生卒：不详

出生地：不详

国籍：德国

在华城市：青岛、北京

资历：不详

教育和训练背景：不详

经历：

——1901年雷虎与利布（Lieb）同为青岛德国政府建设管理人员（Dr. Rudolf Fitzner. Deutsches Kolonial-handbuch[M]. Band Ⅱ. Berlin: Hermann Paetel, 1901: 184.）;

——1903年与利布在青岛开办利来公司，公司外文名为Lieb & Leu Architects, Builders, House Furnishers and Cabinet Maker;

——1909年利来公司由雷虎独立经营;

——1910年利来公司散伙，雷虎转赴北京开办雷虎工程司行（Leu, Hugo Architect, Engineer and Building Contractor, Furniture Factory, Lumber Mill, etc.），承接建筑设计、土木工程和营造包工业务，兼营家具厂、木材厂等，1915—1916年见于行名录，经营至1917年中国对德奥宣战后停业;

——1915年雷虎同时任天津泰成工程公司（Nord-Chinesische Baugesellschaft m. b. H., North China Building Co. Architects and Building Contractors）北京负责人;

——1925年前在北京恢复营业，公司更外文名为Leu & Co., Hugo Architects, Civil Engineers and General Contractors，营业至1926年;

——1926—1928年任沈阳建德营造公司（Lazarowicz, Hachmeister & Co. Architects, Engineers and General Contractors）合伙人。

作品：

——参见第二编雷虎工程师行。

著述：

——不详。

参考文献及相关材料：

——The Far Eastern Review[J]. 1915-02: 372.

——张复合. 北京近代建筑史 [M]. 北京：清华大学出版社，2004: 258.

——陈伯超. 沈阳都市中的历史建筑汇录 [M]. 南京：东南大学出版社，2010: 96.

——http://www.yasni.ch/hugo+leu/person+information.

——http://list.genealogy.net/mm/archiv/ow-preussen-l/2008-02/msg00956.html.

——Barbara Schmitt-Englert. Deutsche in China 1920—1950: Alltagsleben und Veränderungen [M]. Gossenberg: Ostasien Verlag, 2012: 455.
——李彦昌 . 现代医疗空间的自主与北京中央医院的筹建 [J]. 中国科技史杂志, 2019, 40（4）: 443-456.
——邓夏，姜中光 . 中央医院——近代北京第一所国人创建的新式医院 [C]// 张复合 . 中国近代建筑研究与保护（五）. 北京：清华大学出版社，2006: 469-477.

[258] Levenspiel，Abraham（A. 莱文斯比尔）

生卒：1899.02.20—1979.03.08
出生地：波兰华沙附近
国籍：波兰、澳大利亚
在华城市：香港、上海、武汉
资历：BSc; CSE
教育和训练背景：1917 年毕业于东伦敦学院（伦敦大学）电气工程专业

经历：

——1917 年参军，被派驻俄罗斯符拉迪沃斯托克（海参崴）等地，数月后离开，到香港从事建筑工程工作；
——1919 年来到上海，曾在道达洋行任职；
——1927 年 7 月前加入安利洋行工程部（后改为地产部），任建造工程师，至 1935 年 7 月离开；
——1933—1935 年作为华懋地产方的结构设计师代表与绘图员 H. S. Wasng（中文名不详）、L. C. Chen（中文名不详）等共同完成武汉大学图书馆、工学院、法学院建筑的结构设计；
——1935 年自华懋地产辞职，成立志和工程公司（United Engineering Co. Structural Engineers and Contractors），与 H. S. Wasng、T. Y. Hsia（中文名不详）共同完成了武汉大学体育馆、华中水工试验所、理学院二期工程等结构设计；
——1936 年在上海安利洋行（Arnhold & Co. Merchants, Engineers and Contractor）地产部任建造工程师；
——1937 年曾参与成渝铁路设计；
——1941—1945 年被关押在上海集中营、华德路监狱等地；
——1949 年到澳大利亚定居。

作品：

——华懋公寓（Cathay Mansions，现锦江饭店北楼、中楼），茂名南路 59 号，结构设计，1925—1929;
——武汉大学理学院一期工程结构设计；
——武汉大学法学院房屋结构设计，1935;
——武汉大学体育馆房屋结构设计，1935;
——武汉大学工学院房屋结构设计，1934;
——武汉大学图书馆房屋结构设计，1933—1934;
——华中水工试验所房屋结构设计，1936;
——武汉大学理学院二期工程等结构设计，与 H. S. Wasng、T. Y. Hsia 共同完成，1935—1936;
——成渝铁路设计，1937。

著述：

——不详。

参考文献及相关材料：

——Irene Eber. Jewish Refugees in Shanghai 1933—1947: A Selection of Documents[M]. Vandenhoeck & Ruprecht Gmbh & Co. 2018: 226.
——唐莉，童乔慧 . 另一种面向——近代工程师莱文斯比尔的在华探索 [J]. 世界建筑，2023（1）: 40-45.
——照片来源：武汉大学校史馆（唐莉代查）。

L

注：犹太裔，其子 Octave Levenspiel 于 2005 年将武汉大学设计图纸共 177 张，捐赠给武汉大学。Levenspiel 又写作 Lewenspiel。部分信息源自莱文斯皮尔孙女 Bekki Levien，感谢唐莉提供。

[259] Levteyeff, A. C.（列夫捷耶夫）

生卒：1868—1928

出生地：俄罗斯圣彼得堡

国籍：俄罗斯

在华城市：哈尔滨、旅顺

资历：不详

教育和训练背景：1893 年毕业于彼得堡民用工程师学院

经历：

——1894 年在乌苏里斯克铁路工程局技术处任职；

——1897 年 7 月兼任城市建筑师一职；同年 11 月 1 日铁路建设完工，他被列为编外人员；

——1898 年正式任海参崴城市建筑师一职，同年 3 月辞职到中东铁路任职，他作为主持工程项目的独立施工人在总工程师的直接领导下工作；

——1899 年春天，将自己的办公室和活动地点迁到了离新建筑工地较近的马家沟村，同年和助手 B. K. 维尔斯制定最早的哈尔滨（松花江村）规划图；

——1901 年初，辞去了在中东铁路的工作，到旅顺定居，从事设计和建设工作；

——1909 年时在哈巴罗夫斯克军事建设委员会任职；

——1914 年参与了哈尔滨郊区的调整规划工作，他是旅顺口和哈尔滨的首位城市总建筑师，是中国东北俄籍建筑师的领军人物；

——1928 年在哈巴罗夫斯克去世。

作品：

——中东铁路中央病院大楼及医务人员住宅楼，哈尔滨；

——在圣尼古拉教堂附近和海关街设计建造几栋大型建筑，哈尔滨；

——圣尼古拉教堂，哈尔滨，1900，圣彼得堡著名设计师波德列夫斯基设计，列夫捷耶夫和维利斯等工程师负责主持施工；

——沿军官街一带 20 栋左右木结构房屋，哈尔滨；

——新城区 3 口自流井，哈尔滨；

——旅顺自宅。

著述：

——不详。

参考文献及相关材料：

——[俄]克拉金. 哈尔滨——俄罗斯人心中的理想城市[M]. 张琦，路立新，译. 哈尔滨：哈尔滨出版社，2007：163-164.

——照片来源：同上。

注：俄文名为 Левтеев.А. К。

[260] Lieb，Hans Emil（H. E. 利布）

生卒：不详

出生地：不详

国籍：德国

在华城市：青岛、上海

资历：不详

教育和训练背景：不详

经历：

——1901 年为青岛德国政府建设管理人员；

——1904 年与雷虎（Hugo Leu）在青岛开办利来公司（Lieb & Leu）；

——1907 年两人散伙，利布在青岛自办事务所；

——1908 年在上海创办利通洋行（Lieb，Hans E. Architect），经营绘图、测量、包造中外房屋、兼做买卖地皮、代转道契挂号事宜并经售各国名厂军械机器兼收古董古玩；

——利通洋行很注重招揽华人生意，1916 年曾在《申报》刊登广告请上海名人虞燕山、贝润生、邱渭卿、顾棣三、乐俊宝、薛宝润、虞治卿、杨叔英、孙纯甫、陈文鉴等作介绍人；

——利通洋行经营至 1917 年因一战中止；

——1924 年恢复经营，至 1925 年停业。

作品：

——威廉学堂（Kaiser-Wihelm-Schule），上海威海路 30 号，1910—1911（1925—1926 年扩建）；

——啤酒厂、挡土墙、门房和干草房，册地 4755 号，上海戈登路，1911；

——住宅，册地 325 号，上海白克路，1913；

——医院加建，册地 324 号，上海白克路，1913；

——1 座洋式建筑、仓库、实验室、车库等，册地 7220 号，上海华德路，1913；

——2 座住宅，册地 4754 号，上海戈登路，1913；

——1 座住宅，册地 2911 号西，上海戈登路，1914；

——俄国领事馆新馆，上海黄浦路 20 号，1914—1916；

——仓库，册地 4755 号，上海戈登路，1915；

——车库、围墙和大门，册地 1001 号，上海黄浦路和礼查路，1916；

——3 座商店、棚屋、洗衣房和厕所，册地 7220 号南，上海华德路，1916；

——1 座住宅，册地 3647 号，上海康脑脱路，1917；

——1 座棚屋，册地 7300 号，上海西哑路（西湖路），1918；

——水泵房，册地 7220 号，上海华德路，1918；

——4 座中式住宅和厕所，册地 7300 号，上海西哑路（西湖路），1918；

——1 座商店、厨房和仆人宿舍，册地 7293 号，上海西哑路（西湖路），1919；

——6 家商店、织布棚、板房和围墙，册地 7270/7293/7300 号，上海苏尔路和河间路，1917。

著述：

——不详。

参考文献及相关材料：

——Rudolf Fitzner. Deutsches Kolonial-handbuch. Band II[Z]. Berlin：Hermann Paetel，1901：184.

——Gregory Byrne Bracken. A Walking Tour Shanghai：Sketches of the City's Architectural Treasures[M]. Singapore：Marshall Cavendish International Asia Pte Ltd.，2011：106.

——绝大部分作品信息源自相应年份《上海公共租界工部局公报》（*The Municipal Gazette*）。

——郑时龄 . 上海近代建筑风格 [M]. 上海：同济大学出版社，2020：481.

[261] Lima，M. A.（利马）

生卒：1862.09.21—1948.11

出生地：佛得角圣安唐岛的里贝拉格兰德（葡萄牙殖民地）

国籍：葡萄牙

在华城市：澳门

资历：不详

教育和训练背景：1883—1888 年在里斯本理工学院获土木、机械和采矿工程学位，后于 1891 年获巴黎高科桥梁学院研究生学位

经历：

——毕业后曾任葡萄牙公共工程部长（Bernardino Machado）秘书；

——1893 年 12 月被任命为澳门利宵中学法语教师，并于 1894 年 4 月抵达澳门；

——后在任教的同时，于 1904 年开设建筑事务所，公司外文名为 Lima，M. A.，Civil Engineer，Architects，Surveyor，至 1936 年仍见记载。

作品：

——仁慈堂婆仔屋（现艺竹苑），澳门疯堂斜巷 8 号，1915；

——陈赐大宅（现疯堂十号创意园），澳门珊枝街 3 号，1917—1919；

——现中央图书馆，澳门肥利喇亚美打大马路 89A-89B 号，1919；

——现澳门文学馆，澳门肥利喇亚美打大马路 95A-95B 号，1921；

——现饶宗颐学艺馆，澳门肥利喇亚美打大马路 95C-95D 号，1921；

——澳门肥利喇亚美打大马路 95E-95G，1924；

——澳门圣美基街 21-29 号，1924—1925；

——现文化局文化遗产厅，澳门美珊枝街 5 号，1925；

——现澳门葡人之家协会，澳门伯多禄局长街 26-28 号，1928；

——澳门士多乌拜斯大马路 23 号，1928—1929；

——澳门士多乌拜斯大马路 31- 41 号，1928—1929；

——澳门士多乌拜斯大马路 25-29 号，1929。

著述：

——不详。

参考文献及相关材料：

——宋雨霏 . 澳门近代建筑师利马（Mateus António de Lima）生平及建筑风格研究 [C]. 第 18 次中国近现代建筑史年会论文集（待出版）.

——照片来源：同上。

[262] Limby，Shirley Onslow（S. O. 林拜）

生卒：约 1886—?

出生地：中国上海

国籍：英国

在华城市：上海、汉口

资历：AMICE；AMCI

教育和训练背景：1902—1904 年在英国坎伯尔尼爱德华国王矿区矿业学校（Mining School，King Edward Mine，Camborne，England）接受为期两年的教育，在读期间曾获得优异成绩，尤其是专注于采矿和测绘课程及实践，其测绘设计（Survey Plan）曾获最高分，并在多门相关课程中取得一等成绩

经历：

——1904 年学成回到上海，加入通和洋行；
——1907 年为山海关内外铁路公司助理矿产工程师；
——1909 年 1 月成为通和洋行汉口分支负责人；
——1911 年 1 月任通和洋行南京支行负责人至 1914 年 1 月后；
——1914 年加入上海德利洋行（Tilley & Limby）成为合伙人；
——1915 年 4 月任皇家工兵团第 74 连连长，到法国服役；
——1917 年 6 月 30 日从德利洋行退出；
——1918 年 1 月短暂回到上海后又去印度服役，后无闻。

作品：

——上海华洋德律风公司电话交换大楼（Telephone-Exchange Building for Shanghai Mutual Telephone Co.），西区，1914。

著述：

——S. O. Limby. Reinforced-Concrete Telephone-Exchange Building at Shanghai[J]. Minutes of the Proceedings of the Institution of Civil Engineers，1917，204（2）：387-394.

[263] Lindbom，Carl Christian（林朋）

生卒：1889.08.28—?
出生地：丹麦斯坎讷堡（Skanderborg）
国籍：瑞典、美国
在华城市：上海
资历：不详
教育和训练背景：迈阿密大学（Miami University）

经历：

——在丹麦学习，后跟随柯布西耶（Le Corbusier）和格罗皮乌斯（Gropius）；
——后到美国追随赖特（Frank Lloyd Wright）；
——1920 年代在加利福尼亚自办事务所，并设计西班牙地中海风格的私人住宅；
——1927—1932 年在美国拉斯—加斯；
——1933—1938 年在上海范文照建筑事务所任职，鼓吹在住宅中采用国际式和西班牙式风格；
——后在上海自办林朋建筑师事务所。

作品：

——不详。

著述：

——[美]林朋，范文照．西班牙式住宅图案[M]. 1934.
——Architecture of Old Spain Suitable Here：Well-Known Designer Describes Spanish House，Recommends Style for China，Lindbom，Carl Christian[N]. The China Press，1934-02-22（12）.
——The Contemporary Home. Carl Christian Lindbom，Architect，Shanghai[N].The Shanghai Sunday Times，1933-04-30（024）.
——International Style in the Modern Architecture. Carl Christian Lindbom，Architect，Shanghai[N]. The Shanghai Sunday Times，1933-04-09（26）.
——Real Architecture Needs No Frills，C. Lindbom Makes Interesting Speech at Reception[N]. The North-China Daily News，1933-02-10（12）.

参考文献及相关材料：

——Interior Art Must Progress With Times，Says Architect：Shanghai Designer of Buildings Discusses Modern Decorating；Praises City for Response to International Architecture，Designing Lindbom，Carl[N]. The China Press，1933-07-27（12）.

——Exhibition of Shanghai Spanish Homes Planned: Architects Adapt Designs to Meet Local Conditions[N].The China Press, 1934-01-25（12）.
——Real Architecture Needs No Frills: C. Lindbom Makes Interesting Speech at Reception[N]. The North-China Herald and Supreme Court & Consular Gazette, 1933-02-15: 254.
——Mr. Carl Lindbom will explain the new "international" style of architecture at the office of Mr. Robert Fan. Architect[N]. The North-China Daily News, 1933-02-09.
——沈潼."国际式"建筑新法[N].时事新报，1933-02-15，1933-02-22，1933-04-05.（三期连载）
——林朋建筑师谈室内装饰[N].申报，1933-08-15，21674（29）.
——黄影呆.建筑师林鹏谈万国式建筑[N].申报，1933-08-07，21515（28）.
——赖德霖，王浩娱，袁雪平，司春娟.近代哲匠录：中国近代重要建筑师、建筑事务所名录[M].北京：中国水利水电出版社，知识产权出版社，2006：28-30.
——照片来源：Digitization & Special Collections, Los Angeles Public Library[DB/OL]. http://photos.lapl.org/carlweb/jsp/DoSearch?index=z&databaseID=968&terms=0000074931.

注：全名 Carl Peter Christian Lindbom，又写作 Karl Peter Kristian Lindbom。

[264] Linde, Albert DE.（林德）

生卒：1857.09.19—1934.04.23

出生地：丹麦 Skørping（中文译名不详）

国籍：丹麦

在华城市：天津

资历：AMICE，1892；MIEE

教育和训练背景：1884 年获工程学硕士学位（MSc. in engineering）

经历：

——1884 年获得硕士学位后，受雇到泰国曼谷从事桥梁建造等工程；
——1887 年受俄罗斯政府雇佣建造长约 150 公里的电报线；
——1888—1889 年来到天津建造天津天然气厂（Tientsin Gas Co.），并从事土木工程师业务；
——在 1890 年春海河洪水过后，受李鸿章之托测绘海河，为海河清淤防洪工程做准备。
——1891 年受聘为大清铁路驻地工程师，1892 年受聘为大清铁路工务段工程师（district engineer）；
——1894—1895 年中日战争期间回到欧洲；
——1896 年返回天津；
——1897 年林德提出了一个海河改进工程计划，并于 1898 年开始正式实施该计划；
——1898—1900 年任海河工程所资深工程师；
——1900 年夏义和团暴动期间在天津，后受聘于英军，负责恢复义和团破坏的海河疏导工程；
——1900—1902 年任天津八国联军临时军政府"天津都统衙门"公共工程局局长；
——1901—1904 年任海河工程所（Peiho Improvement Scheme）总工程师；
——1904 年离开天津到英国，至 1934 年在伦敦去世。

作品：

——不详。

著述：

——不详。

参考文献及相关材料：

——Papers Relating to the Foreign Relations of the United States, with the Annual Message of the President Transmitted to Congress[Z].1901-12-03: 267-268.
——陈春.八国联军是怎样在天津搞拆迁的[N/OL].南方周末，2007-09-12. http://www.infzm.com/content/7246.

——http://www.denstoredanske.dk/Dansk_Biografisk_Leksikon/Naturvidenskab_og_teknik/Ingeni%C3%B8r/Albert_de_Linde.

[265] Lindskog，Bengt J.（林世浩）

生卒：不详
出生地：瑞典哥德堡（Goteborg）
国籍：丹麦
在华城市：上海
资历：MDICE
教育和训练背景：土木工程学士学位

经历：

——1918 年在丹麦哥本哈根；
——1922 年到上海，后在上海居住长达 25 年；
——1923—1926 年在上海苏生洋行（Suenson & Co.，Ltd.，E.）任职；
——1928 年前自办林世浩建筑工程行（Lindskog，Bengt BSC CE MDICE Architect and Civil Engineer），自 1933 年 1 月起主营咨询工程师业务（Lindskog，B. J.，Consulting Civil Engineer）；
——1934 年 7 月加入康益洋行，任职到 1940 年 1 月，后无闻；
——1941 年创办事务所 Mollers'，Lindskog（Civil Engineers），Ltd.。

作品：

——四行储蓄会大楼（New Joint Savings Society Building），咨询工程师，1932；
——大光明电影院（Grand Theater），建造工程师，1933。

著述：

——Organization of Colour. Immense Riches of Beauty and Pleasure in Store for Us in the Colour-world，B. J. LINDSKOG，B. SC. C. E[N]. The North-China Daily News，1933-10-29（7）.
——Colours in Manufacture are in Disorder. New Era Heralded When Colour Structure is Used by Makers of Dyes and Paints，and Tonal Harmony is Understood，B. J. LINDSKOG，B. SC.，C. E[N]. The Shanghai Sunday Time，1933-12-10（30）.
——Science of Colour，Sun Conducting Million-Colour Orchestra with Rainbow as Tuningfork，B. J. LINDSKOG，B. Sc. C. E[N]. The North-China Daily News，1934-03-25（9）.
——J. S. S. Building in Construction Described by Chief Engineer[N].The China Press，1934-12-01（15）.

参考文献及相关材料：

——[J]. Engineer：magazine published by Danish Engineering Association，1918：59.
——[J]. The Far Eastern Review：Engineering，Finance，Commerce，1932，28：516，519.
——Jason C. Kuo.Visual culture in Shanghai 1850s—1930s[M]. Washington：New Academia Publishing，2007：304.
——Aage Marcus. Den lange vej：Erindringer[M]. Copenhagen：Gyldendal，1969：64.

[266] Lipporte，J. Hans（李博德）

生卒：不详
出生地：不详
国籍：德国
在华城市：九江庐山牯岭
资历：不详

教育和训练背景：不详

经历：

——长期居住在庐山，1923年时在九江牯岭地产（Kuling Estate）任职；

——1927年1月前开始在牯岭经营李博德洋行（Lipporte，J. H.，Land，House and General Agent and Architect; Fire Insurance），至1940年仍见于记载；

——1928年任牯岭仙岩客寓（Fairy Glen Private Hotel）代理经理；

——1939年到上海；

——1940年到日本定居。

作品：

——庐山牯岭河南路23号别墅，1911。

著述：

——不详。

[267] Little，Alexander Colbourne（李杜露）

生卒：1877.10.07—1936.08

出生地：不详

国籍：英国

在华城市：香港、广州

资历：FRIBA，1907；AAHK，1909—1936

教育和训练背景：1894—1897年在勒文·夏普（Lewen Sharp）门下学徒，并参加伦敦建筑联盟学校课程

经历：

——1897—1898年任托马斯爵士（Sir Alfred Brumwell Thomas）助理；

——1898年开始独立执业；

——1904年5月加入香港工务署任助理工程师，任职至1914年；

——1914年独立执业，经营李杜露则师行（Little Colbourne）；

——1916年，亚当斯（Francis Robert John Adams）和伍德（Ernest Marshall Wood）加入成为合伙人，公司改外文名为Little，Adams & Wood，至1936年李杜露去世后，公司由巴士图（C. H. Basto）继承。

作品：

——参见第二编李杜露则师。

著述：

——不详。

参考文献及相关材料：

——[J]. Builder，1936-08-28，149：372.

——Directory of British Architects，1834—1914，2（L-Z）[M]：54.

[268] Livin-Goldenstaedt，Wladimir （戈登士达 / 李维 / 列文）

生卒：1878.04.23—1956年后

出生地：俄罗斯符拉迪沃斯托克（海参崴）

国籍：俄罗斯

在华城市：上海

资历：不详

教育和训练背景：1904年在圣彼得堡土木工程学院（Institute of Civil Engineers）获得建筑学学位

经历：

——1907年为其继父在海参崴设计了中央旅馆（Central Hotel）；

——1910年代在海参崴执业，设计了一定数量的市政和私人建筑；

——一战爆发后，因其名字中的德国姓（Goldenstaedt）可能会影响职业发展，而于1915年申请改为Livin并获得批准；

——1922年俄国内战结束后移居上海开办事务所，公司外文名为W. Livin-Goldenstaedt；

——1925年之前和兹达诺维奇（M. Zdanowitch）合办士达打样建筑公司（M. Zdanowitch & W. Goldenstaedt Architectural and Engineering Co.）；

——1925年士达打样建筑公司参加孙中山陵墓竞赛，提交的三个方案分别获得第五（戈登士达）、第六、第七名（士达打样建筑公司）；

——1926年1月士达打样建筑公司申请破产；

——1927年3月前创办东亚建筑工程公司（Eastern Aisa Architects and Engineers Corp. Ltd.）；

——1928年12月1日将东亚建筑工程公司转售于钱金昌，后在上海独立经营事务所，外文名为W. Livin；

——在上海居住到1939年末；

——1956年已移居纽约。

作品：

——中央旅馆（Central Hotel），海参崴，1907；

——承包中国海关海岸巡防处建造东沙观象台及灯塔工程，1925；

——大华股份有限公司7层新厦，上海南京路市政厅旧址，1927；

——蒂尼酒店（Hotel Tiny，Tiny Mansions），上海愚园路741号，1928；

——亚尔培公寓（King Albent Apartments，今陕南邨），上海陕西南路（Avenue du Roi Albert），1930；

——曼克奈特公寓（Magnate Apartments），上海法租界，1935，未实现；

——利奥波德公寓（Leopold Apartments），上海法租界，1935，未实现；

——阿斯屈来特公寓（Astrid Apartments，今南昌大楼），上海南昌路29-316号（corner of Route Vallon and Route Cardinal Mercier），1933；

——爱丽公寓（Irene Apartments），上海康平路（Route Magniny）182号，1935；

——普希金纪念碑（Pushkin's Monument），上海毕勋路（Route Pichon），1937；

——克莱门公寓（Clements Apartments），上海复兴中路1363号，1928—1929；

——伊丽莎白公寓（Elizabeth Apts，今复中公寓），上海复兴中路1327号，1930；

——大胜胡同（Victory Terrace），上海华山路129-159弄，1930—1936；

——圣心医院圣堂（Sacred Heart Church），上海杭州路349号，1931；

——白赛仲路19号宅，上海复兴西路19号，1932；

——霞飞坊改建，上海淮海中路927弄，1933；

——三德堂及水塔，上海汾阳路83号10号楼，1942。

著述：

——W. Livin. 新式八层公寓 [J]. 建筑月刊，1934，2（1）：7.

L

参考文献及相关材料：

——M. E. Bazilevich，N. P. Kradin. Творческая Деятельность Архитектора Владимира Карловича Гольденштедта（Ливина）Во Владивостоке（建筑师 Vladimir K. Goldensteit 在海参崴市的生活和工作）[J]. Ученые записки КнАГТУ（Науки о природе и технике）（俄罗斯共青城国立技术大学学报·工程和自然科学版），2015，I-1（21）：106–110.

——http：//avezink.livejournal.com/44337.html.

——Francesco Cosentino. Shanghai from Modernism to Modernity[M]. CreateSpace Independent Publishing Platform，2013：160.

——Katya Knyazeva's scrapbook：Shanghai history and architecture[OL]. http：//avezink.livejournal.com/.

——http：//avezink.com/.

——Katya Knyazeva[OL]. https：//sites.google.com/view/russianshanghai/architects/w–f–livin–goldenstaedt.

——[N]. 申报，1928-12-06，20017（3）.

——郑时龄 . 上海近代建筑风格 [M]. 上海：同济大学出版社，2020：497.

——照片来源：[N]. The China Press，1928–07–08（B4）.

注：俄文名为 Владимир Федорович Ливин-Гольденштедт，部分信息来自张霞。

[269] Livitin，Y. U.（列维京 / 利维坦）

生卒：不详

出生地：不详

国籍：俄罗斯

在华城市：哈尔滨、上海、天津（？）

资历：不详

教育和训练背景：不详

经历：

——在哈尔滨市政厅任建筑师多年；

——1920 年向哈尔滨城市管理委员会提交辞职申请，后自办建筑设计事务所；

——1930 年 1 月到上海自办事务所，曾提出适合上海的合作公寓概念（coperative apartment house idea）；

——1941 年见于记载。

作品：

——犹太人避难所，哈尔滨，1920；

——哈尔滨新城区的山街（今一曼街）高等商务学堂的几幢大楼，1930；

——1 座豪宅（A Mansion Residence），哈尔滨；

——老年慈善院（A Charity Home for the Aged），哈尔滨；

——犹太儿童学校（Talmud Toreh，a school for Jewish Children），哈尔滨；

——新哈尔滨图书馆，哈尔滨，1930；

——公寓（Apartment Houses），哈尔滨；

——哈尔滨犹太中学（The Harbin Jewish High School），哈尔滨；

——华盛顿公寓（Washington Apts，今西湖公寓）改建，上海衡山路 303 号，1941；

——林肯公寓（Lincoln Apts）改建（原为 Yaron 于 1930 年设计），上海淮海中路 1554–1568 号，1941。

著述：

——不详。

参考文献及相关材料：

——MR. Y. U. LIVITIN，Formerly an Official Architect with the Municipality at Harbin[N]. The China Press，1930–01–19（27）.

——Cooperative Apartment House Planned Here [N].The China Press，1931–10–29（19）.

——郑时龄.上海近代建筑风格[M].上海：同济大学出版社，2020：499.
——照片来源：[N]. The China Press，1930-01-19（C5）.

注：俄文名为 Левитин. И . Ю，英文名又译作 Levitin. I. YU，又作 J. J. Levitin。

[270] Logan，Malcolm Hunter（M. H. 洛根）

生卒：1876.01.07—1956.07.29
出生地：英国伦敦
国籍：英国
在华城市：香港、上海
资历：AAHK，1910—1936；MC；MICE，1923；FSI
教育和训练背景：拉德利学院（Radley College）和印度皇家工程学院（Royal Indian Engineering College，1897 年毕业）

经历：

——1897 年英国土木工程师学会学生会员；
——1897—1906 年在印度参与孟加拉国阿萨姆铁路（Assam Bengal Railway）山地段、旁遮普南部铁路（Southern-Punjab Railway）卢迪亚纳（Ludhiana）至菲罗兹布尔（Firozpur）段建造；
——曾服役于卢姆登轻骑（Lumsden's Horse），参加南非战争；
——1906 年受巴里事务所（Sir John Wolfe Barry & Partners）派遣到中国香港；
——后受港英政府聘用，参与广九铁路（Kowloon-Canton Railway）英国段笔架山等隧道（Beacon Hill Tunnel）的建造，任隧道监工；
——1911 年加入香港巴马丹拿洋行（Palmer & Turner）；
——1912 年和威尔逊（George Leopold Wilson，1881—1967）一起到上海开办巴马丹拿洋行分部，中文名初为惠罗洋行（1913），后为巴麻丹拿洋行（1914—1916），自 1917 年起称为公和洋行；
——1914 年成为合伙人；
——1914—1919 年在英国皇家工兵团服役，参与一战（期间仍见于公司名录）；
——1919 年被授予中校军衔；
——一战结束后回到上海经营公和洋行；
——1933 年 7 月已经离开上海公和洋行；
——1934—1937 年在香港和安培（Leon Williamson Amps）合办公和水陆建筑兼测绘工程师行（Logan & Amp，Chartered Civil Engineers）；
——1938 年自英国土木工程师学会退休。

作品：

——参见第二编公和洋行；
——汇丰银行，公和水陆建筑兼测绘工程师行监造，香港，1934。

著述：

——于 1914 年 3 月在上海中华国际工程学会宣读《中国铁路隧道》（*Railway Tunnelling in China*）的文章；
——于 1925 年 4 月上海地产估价测绘师学会全体年会上宣读《地役权》（*Easements*）的文章。

参考文献及相关材料：

——The China Who's Who（Foreign）[M].1922：166.
——The China Who's Who（Foreign）[M].1924：158.
——The China Who's Who（Foreign）[M].1925：152.
——The China Who's Who（Foreign）[M].1927：152.
——Railway Tunnelling Advice to Engineers，Mr. M. H. Logan Discusses Work of Great Importance In China's Future[N]. The China Press，1914-03-04（2）.

——At the meeting of the Engineering Society of China to be held this afternoon Mr. M. H. Logan will read a paper on "Railway Construction." [N]. The North-China Daily News，1914-03-17（10）.

——£1，000，000 To Build 22 Miles of Railway. Mr. M. H. Logan Tells of Difficulties Encountered on Canton-Kowloon Line[N]. The China Press，1914-03-18（1）.

——Railway Engineering. Paper By Mr. M. H. Logan[N]. The North-China Daily News，1914-03-18（8）.

——Artesian Wells[N].The North-China Daily News，1928-04-19（4）.

——History of Civil Engineers' Institute Outlined. Col. M. H. Logan Reviews Growth of Chartered Institution at Members' Dinner Last Night：Proud of Work in Far East[N]. The Shanghai Times，1931-05-16（9）.

——Leaders of Commerce Industry and Thought in China[M].1924：228.

——照片来源：Leaders of Commerce Industry and Thought in China[M].1924：228.

注：1917 年获得军功十字勋章（Military Cross）。

[271] Lorden，Leonard William Crandall（L. W. C. 罗登）

生卒：1874—1939.09.08

出生地：英国肯特（Kent）

国籍：英国

在华城市：上海

资历：ARIBA，1906；RICS，1893

教育和训练背景：1891—1895 年学徒于伦敦建筑师布罗姆利（Andrew Bromley）

经历：

——1895 年在怀特和亨内尔（William Henry White &Alexander Robert Hennell）事务所任职；

——1896 年获得英国皇家建筑师学会试读生资格；

——自 1896 年起在伊普斯威奇（Ipswich）的科德（John Shewell Corder）事务所任职 4 年；

——后曾在另外几家事务所任职，并曾在荷兰、比利时和法国游学；

——1906 年加入上海英商太古洋行旗下太古轮船公司（China Navagation Co.），任建筑师至 1912 年；

——1912 年 10 月到中国海关营造处任建筑助理（建筑工程帮办）；

——1926 年 2 月以建筑师身份从中国海关退休，同年 7 月在上海赖安工程师行（Leonard & Veysseyre）任职；

——1931 年离开居住了 25 年的上海，回到英国汤顿（Taunton）。

作品：

——大清邮政局（Chinese Government Post Office），上海；

——海关行政大楼（Cusoms Administration Building），上海；

——参见第三编中国海关营造处。

著述：

——Dr. L. W. C. LORDEN. Gem Stones and Chinese Cameos[N]. The China Press，1920-03-03（10）.

——Chinese Hard Stone Cutting[J]. Studio：international art，1913，58：51-52.

——The Chinese Ide[J]. China Journal of Science and Arts，1925-10，3（10）：560-561.

——The Municipal Buildings[N]. The North-China Daily News，1913-06-05（07）.

——Brick Ovens[N]. The North-China Daily News，1923-06-15（04）.

——Mr. L. W. C. Lorden will speak on "Etchings and Engravings of the Old Masters" this afternoon at the General Club Meeting of the American Women's Club[N]. The China Press，1925-02-03（06）.

——Mr. L. W. C. Lorden will lecture on "The Masters and History of Engravings" at the American Women's Club today at 4.30[N]. The North-China Daily News，1925-02-03（10）.

参考文献及相关材料：

——Expert on Chinese Art And Customs，Death of Mr L. W. C. Lorden at Taunton[N].Western Daily Press

(Bristol), 1939-09-09.
——Directory of British Architects, 1834—1914, 2 (L-Z) [M]: 71.

[272] Loup, Albert (陆浦 / 乐浦)

生卒：?—1955
出生地：中国天津
国籍：瑞士
在华城市：天津
资历：不详
教育和训练背景：不详

经历：

——1888—1892 年任天津法租界工部局司库；
——1900 年开始在天津执业，与奥斯瓦德（R. R. Oswald）合伙组建事务所；
——1902 年沃克（Henry William Walker）退出奥斯瓦德和沃克事务所（Oswald & Walker, Architects, Surveyors and Civil Engineers）后，由陆浦（A. Loup）和李（J. E. Lee）接任合伙人，公司外文名改为 Oswald, Loup & Lee；
——后奥斯瓦德于 1904 年去世，公司改外文名为 Loup & Lee，中文名为乐利工程司；
——1908 年李退伙，公司之后由陆浦自营，外文名改为 Loup A., Architect, Surveyor and Estate Agent，中文名依旧；
——1912 年英国杨嘉礼工程司（E. C. Young）成为陆浦的合伙人，公司更外文名为 Loup & Young Architects and Engineers，中文名依旧，营业至 1941 年；
——其事务所曾兼任中国政府盐务总局咨询工程师，负责建造汉沽、塘沽和南开（Han-ku, Tangku, Nan-kai）的仓库；
——1917 年兼任挪威驻天津副领事；
——1920 年代曾合办陆安地产公司（Loup Freres, S. A. Real Estate）；
——1955 年在天津去世。

作品：

——参见第二编乐利工程司。

著述：

——不详。

参考文献及相关材料：

——[J]. The Far Eastern Review, 1904, 12: 34.
——[J]. The Week in China, 1931: 940.
——Reports on the Reorganization of the Salt Revenue Administration in China[R]. 1913: 262.
——Allister Macmillan. Seaports of the Far East: Historical and Descriptive, Commercial and Industrial, Facts, Figures, & Resources[M]. 2nd edition. London: W. H. & L. Collingridge, 1923: 144.
——L'Aventure Chinoise Une Famille Suisse À La Conquête Du Céleste Empire[OL]. http: //www.fondation-baur.ch/docview/516.
——照片来源：W. H. Morton Cameron, W. Feldwick. Present Day Impressions of the Far East and Prominent and Progressive Chinese at Home and Abroad [M]. London: The Globe Encyclopedia Co., 1917: 259.

注：Loup & Young 的业务遍布天津、北京、沈阳和牛庄，并擅长混凝土建筑。

[273] Luff，Reginald（R. 勒夫）

生卒：不详
出生地：不详
国籍：英国
在华城市：汉口、上海
资历：不详
教育和训练背景：1902 年在伯明翰艺术学校就读

经历：

——1902 年曾以小教堂设计在南肯辛顿艺术学校展览上获奖；
——1904 年从南安普敦抵达上海，加入爱尔德洋行；
——1905 年 1 月—1907 年 1 月在爱尔德洋行任职；
——1908 年 1 月在毕士来洋行（Beesley & Bray）任职；
——1911—1912 年在上海自办事务所，外文名为 Luff，Reginald，Architect and Estate Agents；
——1914 年曾和西班牙建筑师麦礼士（A. Marti）在上海合伙经营麦礼士和勒夫事务所（Marti & Luff）；
——1915 年加入上海通和洋行，工作至 1917 年 1 月；
——1918 年 5 月后无闻。

作品：

——汉口 1 所住宅，1910；
——1 座磨坊、2 座仓库、棚屋及宿舍，册地 7206 号西，上海西哑路（西湖路），1914；
——停车场及 1 座车库，册地 2585 号北，上海静安寺路，1914；
——奥林匹亚剧院（The Olympia Theatre），麦礼士和勒夫，上海；
——剧院加建，册地 1298 号，上海静安寺路，1914。

著述：

——Reginald Luff. Buildings in Shanghai [J]. Social Shanghai，1908，6（7-12）：26.

参考文献及相关材料：

——部分作品信息源自相应年份《上海公共租界工部局公报》（*The Municipal Gazette*）。

[274] Luker，Sidney L.（S. L. 卢克）

生卒：约 1890—1952.07.29
出生地：澳大利亚真奈（Chennai / Madras）
国籍：澳大利亚
在华城市：上海、汉口
资历：AMIEA
教育和训练背景：就读于格洛斯特郡威克利夫学院（Wycliffe College，Gloucestershire）及伯明翰大学（University of Birmingham），1911 年获土木工程学位

经历：

——1913 年参与修筑联邦铁路（Commonwealth Railways）；
——一战爆发后参加皇家工兵；
——1917—1922 年在上海太古洋行任助理建筑师；
——后到汉口景明洋行任建筑师；
——1923 年回到澳大利亚；
——1942 年在墨尔本弗里曼建筑事务所（Yuncken Freeman & Freeman）任助理总工程师；

——1945 年被任命为坎伯兰县议会总规划师（Chief Planner of the Cumberland County Council）。

作品：

——不详。

著述：

——不详。

参考文献及相关材料：

——Death of Mr. S. L. Luker [N]. The Sydney Morning Herald，1952-07-29（2）. https://trove.nla.gov.au/newspaper/article/18275248.

[275] Luthy，Charles（罗德）

生卒：1879.08.09—?

出生地：瑞士苏黎世

国籍：瑞士

在华城市：上海

资历：SIA; ESC

教育和训练背景：温特图尔技术学院（Technical College at Winterthur）和苏黎世联邦理工学院

经历：

——曾在斯特拉斯堡（Strasbourg）、巴黎、利沃夫（Lviv）、华沙、纽约和圣路易斯任设计和监造工程师；

——1906 年 8 月 2 日到上海，为上海第一栋钢筋混凝土建筑华洋德律风大厦进行结构设计，并监督建造；

——工程完工后，受聘于上海公共租界工部局工务处，任结构工程师；

——1918 年独立执业，创办罗德洋行，经营咨询土木工程师业务，经营至 1940 年；

——1916 年 9 月 1 日—1918 年 1 月任上海瑞士慈善协会（Societe Suisse de Bienfaisance）副会长；

——1923 年 1 月任上海中华国际工程学会副会长；

——1922 年 7 月—1926 年 1 月任瑞士总会（Swiss Rifle Club）副会长和代理秘书。

作品：

——参见第二编罗德洋行。

著述：

——C. Luthy. The New Shanghai Telephone Exchange Building[J]. The Engineering Record，1909-08-21，60（8）：200-202.

——C. Luthy. The Foundation of the New Municipal Power Station at Riverside，Shanghai[C]//The Engineering Society of China. Proceedings of the Society and Report of the Council，1913—1914，13. Shanghai：North-China Daily and Herald Ltd.，1914：43-64.

——C. Luthy. Pile Driving in a New Phase[N]. The North-China Daily News，1925-02-05（04）.

参考文献及相关材料：

——The China Who's Who（Foreign）[M].1922：170.

——The China Who's Who（Foreign）[M].1924：161.

——The China Who's Who（Foreign）[M].1925：156.

——Men of Shanghai and North China[M].1933：257，258，261.

——Riverside Electric Station Described，Mr. C. Luthy Explains Details to Members of Engineering Society[N]. The China Press，1913-12-10（12）.

——Waterworks Soon Ready at Pootung，C. Luthy & Co.，S. A. to Build Installation for City Trust[N]. The Shanghai Sunday Times，1935-12-15（57）.

L

——Records Broken by Local Engineering Firm. Wharves and Filter Plants Built by C. Luthy And Co., at Lunghwa and Pootung Side of Whangpoo; Quick Work Done[N]. The Shanghai Sunday Times, 1934-12-09 (53).
——New Coal-Handling Plant for Chapei, When Mud Filling Done Luthy and Co. Will Construct Wharf[N]. The Shanghai Sunday Times, 1935-12-15 (57).
——Central Building. Foundations Engineering Triumph, Piling Operations Cause No Damage to Any Near-by Structures Thanks to Messrs. C. Luthy & Co.'s S. A. Methods[N]. The Shanghai Sunday Times, 1935-12-15 (57).
——Raw Mill Works on While Enlarging, C. Luthy & Co., S. A. Execute a Unique Job for Lungwha Works[N]. The Shanghai Sunday Times, 1935-12-15 (57).
——Concrete[J]. Concrete Publishing Corporation, 1923, 22: 130.
——Men of Shanghai and North China[M].1935: 370-373.
——照片来源：同上：373.

[276] Luthy, Emil（侣德）

生卒：1887—1960
出生地：瑞士苏黎世
国籍：瑞士
在华城市：上海
资历：MUST；ESC
教育和训练背景：曾就读于温特图尔测量学院（Surveyor's College at Winterthur）和伯格多夫技术学院（Technical College at Burgdorf，土木工程学位）

经历：

——在比耶纳（Bienne）土木工程师墨瑟（L. Moser）的事务所开始职业生涯，负责地形及其他测绘、工程设计等；
——后在施密特（Wcesen C. Schmid）的工程事务所工作，在阿尔卑斯地区和低地（lowland）参与土地、地形和工程测绘，设计并监造了大量饮水工程装置、多座水力发电站，以及道路、运河及水管等；
——之后受聘于斯特拉斯堡（Strassburg）的祖布利亚公司（Messrs Ed. Zublia & Co.）总部，负责许多大型钢混工程的计算和设计，尤其是基础、建筑、工厂和桥梁等；
——在任瑞士圣加伦（St.Gallen）市政工程师时，主持公共工程部的工作，负责建造了大量道路、桥梁、给排水工程，此后负责法布里肯·兰夸特（Fabriken Landquart）纤维素和造纸厂的大规模加建及改建项目；
——1913 年春到上海，负责远东第一栋 8 层现代钢混建筑麦边大楼（McBain Building）基础和结构的设计与监造；
——此后受聘于马海洋行（Moorhead & Halse），在上海及外埠设计监造了多个工程项目；
——1921 年加入其哥哥在上海创办的罗德洋行（C. Luthy），从事地形测绘，南京龙潭的中国水泥厂、发电厂、工厂、建筑、码头等设计，以及闸北自来水厂的规划与设计；
——1926 年开办自己的事务所侣德洋行（Luthy, E., B. Sc., C. E. Consulting Civil Engineer），并兼任马海洋行（Moorhead, Halse & Robinson，后改为 Spence, Robinson & Partners）的建造专家，在此期间设计建造了上海第一栋 7 层栈房，并设计了包括福建路电话交换机大楼在内的其他许多大型建筑；
——1931 年因健康问题被迫临时退休；
——其事务所经营到 1941 年后；
——1948 年 9 月仍在上海。

作品：

——上海麦边大楼，基础和结构的设计与监造；

——上海第一栋7层栈房，设计监造；
——上海福建路电话交换机大楼；
——上海其他许多大型建筑；
——参见第二编罗德洋行。

著述：

——E. Luthy. Poor Outlook[N]. The North-China Daily News，1947-12-11（05）.
——E. Luthy. Exploited Landlord[N]. The Shanghai Evening Post and Mercury，1947-12-12（10）.
——E. Luthy. Minya Gongkar[N]. The Shanghai Evening Post and Mercury，1948-3-12（08）.
——E. Luthy. Democracy[N]. The North-China Daily News，1948-9-20（05）.

参考文献及相关材料：

——The China Who's Who（Foreign）[M].1922：170.
——The China Who's Who（Foreign）[M].1924：161.
——The China Who's Who（Foreign）[M].1925：156.
——Men of Shanghai and North China[M]. 1933：495-496.
——Men of Shanghai and North China[M]. 1935：376-377.
——瑞士国家档案馆藏有相关档案，https：//www.swiss-archives.ch/detail.aspx?id=4198.

[277] Luzhnikov，Alexei Alekseyevich（卢日尼科夫）

生卒：1875.01.02—?
出生地：俄罗斯恰克图
国籍：俄罗斯
在华城市：哈尔滨、上海
资历：不详
教育和训练背景：1895年毕业于伊尔库茨克机械技术工业学校，后来进入彼得堡民用工程师学院学习，并于1904年毕业

经历：

——来华前曾从事桥梁建造工程多年；
——1925年来到哈尔滨，进入中东铁路管理局交通处，任编外职员，负责供暖工程；
——后被辞退，在普齐科夫的公司负责供暖系统工作；
——后曾在弗尔德公司负责房屋设计工作；
——1933年移居上海并在奇布诺夫斯基建筑公司就职，专门负责高层建筑水泵供暖的计算问题；
——1935年回到哈尔滨，后在长春巴别尔马尔尼和科尔尼洛夫公司工作到建筑施工季节结束；
——之后又返回上海，后无闻。

作品：

——不详。

著述：

——不详。

参考文献及相关材料：

——[俄]克拉金.哈尔滨——俄罗斯人心中的理想城市[M].张琦，路立新，译.哈尔滨：哈尔滨出版社，2007：201-205.
——照片来源：同上：201.

L

[278] Lyle，D.（莱尔）

生卒：不详

出生地：不详

国籍：英国

在华城市：香港、天津

资历：LRIBA

教育和训练背景：不详

经历：

——1912 年在香港太古洋行（Taikoo Dockyard & Engineering Co.）任助理；

——1914 年在天津经营事务所，公司外文名为 Lyle，D. and Co.，曾与先农地产公司有过抵押合同；

——1918 年前—1922 年，任天津英商地产公司先农公司（Tientsin Land Investment Co.）工程监督（Overseer of Works）、工程师和测量师（Engineer and Surveyor）等职位。

作品：

——先农公司大楼，天津，1923；

——大沽路建有自宅，天津，1924。

著述：

——不详。

参考文献及相关材料：

——李朝 . 英商先农股份有限公司研究 [D]. 天津：天津大学，2014.

[279] Mackay，George Leslie（偕叡理 / 马偕）

生卒：1844.03.21—1901.06.02

出生地：加拿大安大略省

国籍：加拿大

在华城市：淡水

资历：不详

教育和训练背景：不详

经历：

——1871 年与名传教士甘为霖（Dr. William Campbell）从高雄登陆来台湾；

——1872 年抵沪尾（今淡水），并以沪尾为中心进行传教；

——1873 年建五股坑、新港等教堂；

——1880 年在沪尾创建马偕医院，1882 年创立理学堂大书院（即牛津神学院），1884 年又在沪尾创设女学院；

——1893 年离开台湾、返回加拿大述职；

——1895 年又返回台湾，后于 1901 年去世。

作品：

——淡水马偕牧师宿舍（今真理大学“小白宫”），1875；

——淡水华雅各布牧师宿舍，1875；

——沪尾（淡水）偕医馆，1879；

——淡水理学堂大书院，1882；

——淡水女学堂，1884；

——第一代五股坑礼拜堂，台北，1873；

——第一代八里坌礼拜堂，台北，1878；
——第二代八里坌礼拜堂，台北，1886；
——第三代新店礼拜堂，1885；
——第三代艋舺礼拜堂，1885；
——第二代锡口礼拜堂，1885；
——枋隙礼拜堂，1886；
——第二代洲里礼拜堂，1886。

著述：

——不详。

参考文献及相关材料：

——陈颖祯．加拿大宣教师吴威廉在北台湾的建筑生产体系及作品研究[D]. 台北：台北艺术大学，2008.
——佟建寅．台湾历史辞典[M]. 北京：群众出版社，1990：35.
——照片来源：真理大学宗教学系马偕与牛津学堂[OL]. http：//digitalarchives.tw/Exhibition/3664/4.html.

[280] Maeda Matsuzo（前田松韵）

生卒：1880.12—1944
出生地：日本京都
国籍：日本
在华城市：大连
资历：MJA
教育和训练背景：1904年东京帝国大学建筑学科毕业

经历：

——1904年9月以伪满洲军仓库雇员身份渡海至大连，参与军用仓库建设，之后受任大连军政署技师，并历任关东州民政署技师、关东都督府技师之职；
——与土木技师仓冢良夫共同起草《大连市家屋建筑取缔临时规则》，并于1905年5月颁布；
——1907年10月回日本，赴任东京高等工业学校教授之职。

作品：

——关东都督府高等及地方法院，1907；
——大连民政署，1908；
——大连消防屯所；
——大连日本桥（现胜利桥）。

著述：

——前田松韵．大连市に施行せし建筑仮取缔规则の効果[J]. 建筑杂志（东京），1908，45：69-76.
——前田松韵．大连市に施行せし建筑仮取缔规则の効果（二）[J]. 建筑杂志（东京），1908，255：4-12.

参考文献及相关材料：

——https：//ja.wikipedia.org/wiki/前田松韵．
——[日]西泽泰彦．1905年施行的《大连市房屋建造管理暂行规则》的理念及其实态[C]// 张复合．中国近代建筑研究与保护（三）．北京：清华大学出版社，2002：248-256.
——堀勇良．日本近代建筑人名总览（增补版）[M]. 东京：中央公论新社，2022：1234-1235.

注：“满铁”建筑科代表人物之一，是最早在中国东北从事建筑活动的日本建筑师。

[281] Maekawa Kunio（前川国男）

生卒：1905—1986

出生地：日本新潟县

国籍：日本

在华城市：上海

资历：MJIA

教育和训练背景：1925—1928 年在东京帝国大学工学部建筑系学习

经历：

——1928 年毕业后到巴黎勒柯布西耶工作室学习；

——1930 年回到日本，在雷蒙德建筑事务所工作；

——1935 年自办前川国男建筑事务所；

——1939 年事务所开设上海分支，事务所有职员田中诚、寺岛幸太郎、崎谷小三郎、大泽、佐世治正、道明荣次等，经营至 1943 年；

——1942 年事务所开设奉天（沈阳）分支，经营至 1945 年；

——1944 年事务所开设鸟取分支，经营至 1947 年；

——1947 年代表日本参加国际现代建筑协会（CIAM）；

——1975 年事务所改为股份公司；

——1986 年去世。

作品：

——昭和制钢所事务所本馆建筑设计图案募集，鞍山，1937；

——大连市年公会堂建筑设计竞图，大连，1938；

——上海住宅计划，1939；

——森永公司上海卖店，1939；

——上海华兴商业银行职员住宅，四平路 2151 号，1939—1943；

——大上海都心改造计划案，与田中诚、道明荣次和佐式治合作，1942。

著述：

——不详

参考文献及相关材料：

——李梁 . 前川国男与日本的现代主义建筑 [J]. 二十一世纪双月刊，2009（3）：100-106.

——松隈洋 . 建筑の前夜：前川国男论 [M]. 东京：みすず书房，2016.

——http：//www.maekawa-assoc.co.jp/page/founder.htm.

——堀勇良 . 日本近代建筑人名总览（增补版）[M]. 东京：中央公论新社，2022：1225-1226.

——照片来源：https：//www.ohkaksan.com/27- 前川国男の魅力 /.

[282] Mahlke，Ludwig Friedrich Wilhelm（L. F. W. 马哈克）

生卒：1871.03.24—1944.05.13

出生地：德国加尔茨（Gartz）

国籍：德国

在华城市：青岛

资历：不详

教育和训练背景：不详

经历：

——1902 年 12 月 18 日到达青岛，接管政府建筑部；

——1906 年 5 月 4 日离开青岛。

作品：

——青岛德国殖民政府总部（总督官署，由 W. 拉查罗维茨监造），1904—1906；

——总督署官邸，与 K. 施特拉塞尔（Karl Strasser）、W. 拉查罗维茨和 F. W. 比伯（Friedrich Biber）合作，1905—1908。

著述：

——不详。

参考文献及相关材料：

——Wilhelm Matzat. Anne Christin Hennings：Das Deutsche Rathaus von Tsingtau（Qingdao）：Ein Symbol wechselnder Herrschaften [M]. Bonn：Self-publishing，2005.

——Deutsches Reich Reichs-Marine-Amt. Die Vermessung des Deutschen Kiautschou-Gebiets[M]. Berlin：Walter De Gruyter Incorporated，1901.

——韩雅慧，徐飞鹏 . 近代德国工程师在青岛的活动述略（1898—1949）[J]. 建筑史，2019（2）：139-147.

——陈雳 . 楔入与涵化：德租时期青岛城市建筑 [M]. 南京：东南大学出版社，2010：67，78.

——照片来源：https：//www.tsingtau.org/category/biographie/page/5/.

[283] Makino Masami（牧野正己）

生卒：1903.01.11—1983.02.20

出生地：日本东京市

国籍：日本

在华城市：长春

资历：AMJA，1924

教育和训练背景：1927 年毕业于东京帝国大学建筑科

经历：

——1927 年 4 月—1930 年 4 月在大仓土木任职，期间于 1928 年 3 月—1929 年 4 月留学法国并在勒·柯布西耶事务所进修实习过一段时间；

——1930—1932 年在东京自办牧野建筑事务所、合办横山（鹿吉）牧野建筑事务所；

——1932—1933 年任山中节治建筑事务所勤务；

——1934 年 11 月—1938 年 5 月任伪满“司法部”技佐（总务司勤务）；

——1935 年 12 月—1936 年 12 月兼任伪满营缮需品局技佐（营缮处勤务）；

——1938 年 5 月—1940 年 8 月任伪满“首都”警察厅技正（建筑工场科长）兼伪满治安部技佐（警务司勤务）；

——1939 年 1 月—1940 年 8 月兼任伪满“临时国都”建设局技正，兼总务厅技佐（企画处勤务）；

——1940 年 8 月—1942 年 11 月任伪满“新京特别市”技正（工务处建筑科长）；

——1940 年 8 月—1941 年 12 月兼任伪满“临时国都”建设局技正；

——1940 年 11 月—1942 年 11 月兼任建筑局技正（企画处勤务）；

——1942—1945 年任满洲电业（株）建筑课长；

——1946 年回到日本。

作品：

——长春伪满洲国的中央法衙；

——伪满奉天第二监狱，1943；

——满洲电气（株）白梅会馆，1944。

著述：

——牧野正己 . 满洲建筑随想 [M]. 满洲时代社，1944.

参考文献及相关材料：

——吉田 裕彦 . 牧野正巳の建築進化論とその論争について：—牧野正巳の言説に関する研究（その 1）. Journal of Architecture and Planning（Transactions of AIJ）83（750），1517–1524，2018.

——吉田裕彦 . 牧野正巳の“建筑思潮を语る”とその位置 ：牧野正巳の言说に关する研究：その [C]. 日本建筑学会近畿支部研究报告集，计画系（50），877–880，2010–05–25.

——牧野正巳の卒業論文『建築史研究の目的と方法』について ：牧野正巳の言説に関する研究（その 2）. Summaries of technical papers of Annual Meeting Architectural Institute of Japan. F–2，History and theory of architecture 2010，537–538，2010–07–20.

——堀勇良 . 日本近代建筑人名总览（增补版）[M]. 东京：中央公论新社，2022：1239–1240.

——中西利八 . 满洲绅士录 [M]. 3 版 . 东京：满蒙资料协会，1940：414.

——照片来源：同上。

注：他在学生时代就已经开始倡导现代建筑。

[284] Mamizu Hideo（真水英夫）

生卒：1868—1938

出生地：日本江户

国籍：日本

在华城市：北京

资历：MJA

教育和训练背景：1892 年毕业于东京帝国大学工科大学建筑学专业

经历：

——毕业后入三菱公司，后于 1896 年退出；

——1896—1902 年曾在日本文部省任职，在文部技师久留正道手下任上野图书馆的设计监督，期间曾赴美考察；

——1902 年从文部省离职；

——1903—1909 年任北京大日本国钦差公署建筑师，从事北京第二代日本领事馆的工程建设；

——1904 年受聘于东京建物会社天津分公司（1903 年 4 月开设），任顾问技师；

——1912 年回国，设立真水工务所。

作品：

——北京京师大学堂分科大学；

——北京日本领事馆。

著述：

——清国驻屯军司令部 . 天津志 [M]. 东京：博文馆，1909.

参考文献及相关材料：

——https：//www.kodomo.go.jp/about/building/history/architect.html.

——堀勇良 . 日本近代建筑人名总览（增补版）[M]. 东京：中央公论新社，2022：1284–1285.

注：在大学时代和伊东忠太、山下启次郎等同期。

[285] March，John Ewart（J. E. 马尔楚）

生卒：1890.03.06—1984.10?
出生地：不详
国籍：英国
在华城市：上海
资历：ARIBA，1913
教育和训练背景：1907—1909 年就读于布里斯托商人创业者技术学院（Merchants Venturers' Technical College），后曾就读于伦敦大学学院

经历：

——1909—1912 年在高夫事务所（William Venn Gough & Arthur Reutlinger Gough）任助理；
——自 1912 年起在斯多克（Stock，Page & Stock）事务所任助理；
——1915—1919 年参加一战；
——1921 年 7 月 4 日来华加入上海思九生洋行（Stewardson & Spence）；
——1928 年思九生离开后，和士本氏（Spence）等人合组马海洋行（Spence，Robinson & Partners），经营至 1940 年；
——1933 年在上海市工务局登记为建筑技师。

作品：

——参见第二编马海洋行。

著述：

——不详。

参考文献及相关材料：

——The China Who's Who（Foreign）[M].1924：169.
——The China Who's Who（Foreign）[M].1925：163.
——The China Who's Who（Foreign）[M].1927：161.
——Directory of British Architects，1834—1914，2（L-Z）[M]：130.

[286] Marcks，Lothar（马克思）

生卒：1874—1945
出生地：不详
国籍：德国
在华城市：青岛、汉口、沈阳
资历：QA
教育和训练背景：不详

经历：

——1904 年以前在胶州的德国建筑师施密特事务所（F. H. Schmidt）任职；
——1904 年在汉口自办宝利洋行（又译作保利洋行），外文名为 Marcks，Lother，Civil Engineer，Architect and Building Contractor；
——1907 年左右，其在施密特事务所的同事朴士（E. Busch）成为合伙人，公司外文名改为 Lothar Marcks & Busch Architects，Contractors，and Civil Engineers，后陆续开设有锯木厂、铁厂及车间和砖瓦厂等；

——1909 年回到德国，1910 年参军，直到 1914 年再次回到汉口，之后不久在战争中受伤，直到 1919 年才伤愈出院；
——1915 年公司更外文名为 Aktien Gesellschaft，中文名为宝利有限公司，由朴士和西蒙（Simon）经营，主营锯木和木作（Saw-Mill and Woodworking Factory）；
——1917 年公司恢复原名，后无闻；
——1920 年回到中国，于 1925—1941 年后在沈阳再办宝利公司，公司外文名为 Marcks，Lothar Civil Engineer，Architect and Building Contractor，1928 年时员工将近 20 人；
——1932 年在哈尔滨、齐齐哈尔设分号；
——1933 年开设洮南府分行；
——1934 年开设长春分号；
——1945 年在大连去世。

作品：

——俾斯麦兵营（第三海军营房），工程指导，1903—1905；
——参见第二编宝利洋行。

著述：

——不详。

参考文献及相关材料：

——Mr. Lothar Marcks, the wellknown architect of Mukden[N]. The North-China Daily News, 1930-10-24(08).
——http://www.tsingtau.info/index.html?namen/m.htm.

[287] Mariot，Leon（马历耀）

生卒：1830.05.02—1902.12.02
出生地：法国波尔尼克（Pornic）
国籍：法国
在华城市：上海、江苏
资历：不详
教育和训练背景：不详

经历：

——1850 年在昂热（Angers）进入耶稣会，成为辅理修士；
——1853 年 9 月 27 日入修道院；
——1855—1860 年在布雷斯特（Brest）的耶稣会圣堂及驻院的建筑工地上学习建筑绘图、木工及建筑相关技能；
——1860 年 8 月 15 日晋修士品；
——1861—1863 年间与修士建筑工斯尔菲（Reinhard Siefert）一起监督普瓦捷（Poitiers）耶稣会公学的建筑工程；
——1863 年 2 月 12 日被派往直隶东南代牧区，任耶稣会辅理修士；
——因精晓营造学，于 1865 年 11 月由直隶调到江南传教区，居住在上海，负责土山湾育婴堂的修建，经营木、漆、雕花等作场，并负责营造土山湾圣堂，此后直至 1894 年一直任土山湾营造部门主要负责人；
——1902 年 12 月 2 日在上海去世。

作品：

——耶稣圣心堂（已毁），虹口，1874；
——耶稣圣心堂，邱家湾，1874（后于 1887 年重修）；
——佘山天主堂老堂 / 还愿圣堂 / 佘山山顶圣堂（已毁），1873；
——佘山圣堂驻院，与顾培原合作；
——土山湾慈母堂（已毁），1865；

——圣母院老堂 / 圣堂（已毁），1867；
——徐家汇墓地小圣堂，1867；
——徐家汇耶稣会大会院，1867—1868；
——拯亡会圣母院，1868；
——圣衣院（已毁），1873；
——驻院，佘山，1875；
——中山圣堂，佘山，绘图及建设，1894；
——江阴、陆家浜和金家巷建造圣堂，1867—1870；
——安庆耶稣会驻院，1871；
——松江圣堂，建造，1872；
——土山湾加尔默罗修院，建造，1873；
——上海美国租界的耶稣圣心堂，建造，1874；
——洋泾浜修女用房，建造，1877；
——松江附近的马桥圣堂、网尖圣堂，1877；
——徐汇公学，1878；
——徐家汇自然历史博物馆，1879—1881；
——上海美国租界区圣方济各沙勿略学校，1883—1884；
——南京圣堂，建造，1884；
——被哥老会烧毁教堂，重建，无锡，1892；
——洋泾浜医务所，监造，1894—1895。

著述：

——不详。

参考文献及相关材料：

——王成义 . 上海土山湾艺术 [M]. 上海：上海大学出版社，2014：86.
——Julie Chun. Tushanwan Orphanage Craft School in Shanghai：Its history and artistic significance[J]. Journal of the Royal Asiatic Society China，2017-08，77：212-229.
——张伟，张晓依 . 遥望土山湾 追寻消逝的文脉 [M]. 上海：同济大学出版社，2012：100-104.
——[比] 高曼士 . 佘山教堂寻踪：朝圣建筑和历史图景 [M]. 田炜帅，任轶，译 . 上海：同济大学出版社，2023：75-78.
——土山湾博物馆 [OL]. https：//www.xuhui.gov.cn/tsw//index.php?m=index&c=index&a=inform&cid=1&ccid=23.
——照片来源：[J]. 圣体军月刊，1947，13（5）：19.

注：字慈良，上海土山湾博物馆藏有其相关作品。

[288] Marshall，Francis Julian（F. J. 马歇尔）

生卒：1833.10.25—1914.12.16
出生地：英国罗福（Norfolk）
国籍：英国
在华城市：上海
资历：不详
教育和训练背景：不详

经历：

——1875 年到上海；
——1877—1879 年任大英工部总署远东分部代理测绘师；
——1879 年转正，后任职至 1896 年退休回国；
——1914 年去世。

作品：

——镇江英国领事馆，1890；

——北海英国领事馆；

——参见第三编大英工部总署远东分部。

著述：

——不详。

参考文献及相关材料：

——Mr. F. J. Marshall[N].The North-China Herald and Supreme Court & Consular Gazette，1914-12-16：935.

注：其负责的镇江英国领事馆办公楼重建时，为了防火，在外廊部分首次采用钢骨混凝土结构。

[289] Marti，Herrn Modesto（H. M. 马蒂）

生卒：不详

出生地：不详

国籍：西班牙

在华城市：汉口、上海

资历：EE（？）

教育和训练背景：不详

经历：

——1901 年在中华帝国（清政府）铁路公司和中华铁路研究会（Compagnie Imperiale des Chemins de Fer Chinois et Societe D'Etude de Chemins de Fer en Chine）任职，参与京汉铁路建设，驻汉口；

——1905 年在上海创办中国第一家混凝土公司——上海康克利公司（Shanghai Reinforced Concrete Co. Ltd.），同时任墨西哥领事，经营至 1908 年 1 月后将公司拍卖，并回到西班牙。

作品：

——上海德国总会（Club Concordia）钢混部分建造，1904；

——上海汇中饭店（The new Palace Hotel）钢混部分建造，1905；

——上海划船总会（Shanghai Rowing Club）钢混游泳池建造，1905；

——上海张园万国赛珍会（the charity fair held in Shanghai to raise funds for the great famine of Kiangsu provice）西班牙展区，1907；

——上海郭士立信号塔（Gutzlaff Signalling Tower），建造，1907。

著述：

——不详。

参考文献及相关材料：

——A New System of Concrete Floor Construction[J]. Engineering News-record，1907-02-14，57：177.

——Castrillo Ganuencia P. El. Comercio en el Extremo Oriente（远东贸易）[J]. España y Amética，1918，16（2）：96.

——Nosotros los españoles tenemos la gloria de haber sido los primeros que introdujimos en Shanghai—y quien dice en .（1）Nuestro compatriota D. Modesto Marti fue el primero que introdujo en Shanghai las obras de cemento armado（我们西班牙同胞 D.Modesto Marti 有幸成为第一个在上海引进钢筋混凝土的人）[J]. Chine et Belqique：revue économique，1906（2）：82.

——[N]. The North-China Daily News，1905-07-20（5）.

——The New Club Concordia[N]. The North-China Herald and Supreme Court & Consular Gazette，1904-10-28：98.

——Muller E J. Reinforced Concrete[C]// Shanghai Society of Engineers and Architects. Proceedings of the Society and Report of the Council，1904—1905. Shanghai：North-China Herald，1905：121-152.

——http：//ace.uoc.edu/exhibits/show/espanoles-en-china/comunidad-espanola-shanghai.

——Hongbin Zheng，James W. P. Campbell. History of Early Reinforced Concrete in Modern Shanghai，1890—1914[J].Construction History，2021，36（2）：81-121.
——照片来源：Arnold Wright. Twentieth Century Impressions of Hongkong，Shanghai，and Other Treaty Ports of China [M]. London：Lloyds Greater Britain Publishing Company，1908：403.

注：其子为麦礼士（A. Marti）。

[290] Marti，Senor Antonio（麦礼士）

生卒：不详

出生地：不详

国籍：西班牙

在华城市：上海

资历：ESC

教育和训练背景：领有西班牙头等毕业文凭（具体不详）。

经历：

——1905 年在其父亲马蒂（M. Marti）开办的上海康克利公司（Shanghai Reinforced Concrete Co. Ltd.）任工程师；

——1908 年任墨西哥代理领事；

——1909 年 10 月 11 日和多洛雷丝（Dolores Mencarini）在厦门鼓浪屿结婚；

——1908 年 1 月—1913 年 7 月后在上海与邑绅李孟璋合办（美商）麦礼士洋行（Marti，A. Civil Engineer，Architect，RC Specialist），经营建筑设计、代转道契挂号和地产抵押贷款等业务，擅长钢筋混凝土工程；

——1910 年退出上海工程师建筑师学会；

——1914 年曾和勒夫（R. Luff）短暂合伙经营事务所（Marti & Luff），后无闻。

作品：

——7 个马厩和马车房，2 个汽车库，册地 2690 号西，上海玉林路，1911；

——工厂扩建，册地 2688 号，上海玉林路，1912；

——滑冰场改造，册地 919/920 号，上海乍浦路，1913；

——1 个门廊，册地 971 号，上海海宁路，1913；

——奥林匹亚剧院（The Olympia Theatre），麦礼士和勒夫设计，上海；

——1 座剧院，册地 1298 号，上海静安寺路，麦礼士和勒夫设计，上海，1914；

——法租界外洋泾桥之水门汀（混凝土）球塔，麦礼士洋行设计，上海。

著述：

——不详。

参考文献及相关材料：

——美商麦礼士洋行广告 [N]. 申报，1908-5-11，12672（1）.
——市声：中孚营业公司 [N]. 申报，1934-1-12，21820（13）.
——部分作品信息源自相应年份《上海公共租界工部局公报》（*The Municipal Gazette*）。
——照片来源：Antonio Martí y Dolores Mencarini el día de su boda. Archivo China España，1800—1950[OL]. [2017-07-12]. http：//ace.uoc.edu/items/show/325.

注：为 H. M. 马蒂之子。

[291] Matrai，Bela. L.（麦德莱）

生卒：1885—1964

出生地：匈牙利布达佩斯

国籍：匈牙利

在华城市：上海

资历：不详

教育和训练背景：1907—1911 年在维也纳美术学院（Academy of Fine Arts，Vienna）学习建筑学

经历：

——1923—1927 年在克利洋行（Curry，R. A.）任职；

——1928—1940 年在邬达克洋行任职；

——1941 年 1—7 月自办麦德莱建筑师行（Matrai，B. L.，B. A.），经营到 1947 年后；

——1941 年 7 月兼任朱迩典路公寓楼代理人和所有人（Culty Apartment Agent & Proprietor）。

作品：

——朱迩典路公寓楼（Culty Apartment），上海湖南路 280 弄；

——自宅，上海湖南路 278 号；

——玛格丽特公寓楼（Marguerite Apartments），上海湖南路 273 号。

著述：

——不详。

参考文献及相关材料：

——https：//shanghailander.net/2020/10/bela-matrai-hungarian-architect-in-shanghai/.

——[匈]辛薇莉．我们，上海的匈牙利人[M]. 上海：匈牙利驻上海总领事馆，2022：138-145.

——照片来源：同上：139.

注：感谢华霞虹老师提供线索。

M

[292] Matsumuro Shigemitsu（松室重光）

生卒：1873.04.26—1937.01.30

出生地：日本京都

国籍：日本

在华城市：大连、北京

资历：MJA

教育和训练背景：1894—1897 年就读于东京帝国大学造家学科，后升入大学院

经历：

——在大学院就读同时，注册为京都非正式工程师；

——1898 年任京都府技师，至 1904 年离职；

——1905 年到日本九州岛铁道株式会社任技师；

——1908 年任中国东北关东都督府技师；

——1917 年任关东都督府土木科科长；

——1920 年任伪满洲建筑协会首任会长；

——1922 年从关东都督府辞职，当年曾在北京执业；

——1923 年参加大阪电气博览会；

——1927 年加入片冈建筑事务所；
——1930 年自办松室建筑事务所；
——1937 年去世。

作品：

——关东递信局（今大连邮政局）；
——大连市役所（今工商银行大连分行），1917；
——大连邮便局官舍；
——旅顺中学校；
——关东都督官邸厩舍；
——旅顺邮便局；
——旅顺出张所官舍；
——旅顺工科学堂纪念碑；
——白玉山表忠塔附属休息所；
——金州民政署；
——旅顺博物馆主馆（关东都督府博物馆）；
——营口邮便局官舍；
——奉天邮便局官舍；
——苏家屯邮便局官舍；
——苏家屯警察派出所；
——抚顺邮便局官舍；
——开原邮便局；
——长春邮便局官舍；
——安东邮便局官舍。

著述：

——不详。

参考文献及相关材料：

——https：//ja.wikipedia.org/wiki/ 松室重光 .
——石田润一郎，中川理 . 松室重光の事績について [C]// 日本建筑学会 . 建筑历史・建筑意匠 . 学术讲演梗概集 . 计画系，1984-09-10，59：2671-2672.
——西泽泰彦 . 关东都督府の建筑组织とその活动について——20 世纪前半の中国东北地方における日本人の建筑组织に关する研究 -1[C]// 日本建筑学会 . 日本建筑学会计画系论文报告集，1992，442：117-126.
——The Peking Who's Who[M]. 1922：116.
——堀勇良 . 日本近代建筑人名总览（增补版）[M]. 东京：中央公论新社，2022：1274.
——照片来源：https：//blogs.yahoo.co.jp/kay31527/32371541.html.

[293] Matsuyama Matsunosuke（森山松之助）

生卒：1869.07.10—1949.04.02
出生地：日本大阪
国籍：日本
在华城市：台北
资历：MJA
教育和训练背景：1897 年毕业于东京帝国大学造家学科，受教于康德（J. Conder）和辰野金吾；1897—1900 年继续攻读东京帝国大学的大学院（即研究所），主要研究建筑内的换气与暖气方面的设计

M

经历：

——1898 年受聘为日本第一银行建筑系特约顾问（非正式职员）；

——1900 年任东京齿科医学校理化讲师及东京高等工学校讲师；

——1906 年受台湾总督府聘任而前往台湾，出任总督府新厅舍的工事主任一职；

——1910 年正式担任台湾总督府营缮课技师；

——1921 年返回日本，在建筑事务所工作。

作品：

——第四届内国劝业博览会“台湾馆”设计，东京上野公园，1907；

——台湾总督府，1917；

——台湾总督府专卖局；

——台北水源地水道唧筒室，1908；

——台湾总督府土木部长官舍，1924；

——台南邮便局，1909；

——总督官邸改建，1912；

——台南地方法院，1912；

——台南专卖局，1913—1922；

——台中州厅，1913；

——台北州厅，1915；

——台南州厅，1916。

著述：

——不详。

参考文献及相关材料：

——http：//nmtldig.nmtl.gov.tw/literature/a1history/history_01.php.

——http：//bfs.pts.org.tw/~web03/foots/person_1.htm.

——古田智久．台湾における森山松之助の作品について [C]// 日本建筑学会．日本建筑学会学术讲演梗概集．F，都市计画，建筑经济・住宅问题，建筑历史・意匠，1988：791-792.

——堀勇良．日本近代建筑人名总览（增补版）[M]. 东京：中央公论新社，2022：1381-1382.

——https：//zh.wikipedia.org/wiki/ 森山松之助．

——照片来源：同上。

[294] Mauerer，Franz Xaver（毛利 / 毛勒）

生卒：?—1931.06.06

出生地：不详

国籍：德国

在华城市：青岛

资历：不详

教育和训练背景：不详

经历：

——1898 年到达青岛；

——1903 年在青岛开办建筑师事务所茂盛洋行（Mau-chang-yang-hang），员工有建筑师 P. 里希特（Paul Richter）、O. 切拉里乌斯（Otto Cellarius）和 F. 克尼普斯（Friedrich Knips）；

——1904 年成立毛利公司（Franz Xaver Mauerer Construction Company），经营建造业务至 1914 年；

——1914 年日军占领青岛后，毛勒因病未参加青岛保卫战而被允许留在青岛，但于 1917 年因公开抨击日本占领军政府的政策而被驱逐出青岛；

——1922 年 12 月中国接收青岛后，回到青岛；

——1931 年在青岛去世。

作品：

——礼贤书院（魏玛传教会住宅，Weimarer Mission），青岛，1899—1901；
——毛勒（毛利）建筑公司及住宅，青岛，1902；
——“胜利大道”纪念碑，青岛，1907。

著述：

——不详。

参考文献及相关材料：

——王栋. 青岛影像（1898—1928）：明信片中的城市记忆 [M]. 青岛：中国海洋大学出版社，2017：139-144.

[295] Maughan，Joseph Robinson（J. R. 莫恩）

生卒：约 1888—1940.09.28
出生地：英国纽卡斯尔
国籍：英国
在华城市：香港、上海
资历：ARIBA，1912；FRIBA；AAHK，1913—1915
教育和训练背景：1904—1908 年学徒于纽卡斯尔利德尔和布朗（Liddle & Browne）建筑事务所

经历：

——出徒后，继续在利德尔和布朗建筑事务所任助理至 1912 年；
——1912 年到香港加入李杜露则师行（Little Colbourne）；
——1916 年离开香港到上海，并于 7 月前加入德和洋行（Lester，Johnson & Morriss），至 1929 年升任合伙人；
——1940 年 9 月 28 日在上海死于车祸。

作品：

——参见第二编德和洋行。

著述：

——不详。

参考文献及相关材料：

——The China Who's Who（Foreign）[M].1924：173.
——The China Who's Who（Foreign）[M].1925：167.
——The China Who's Who（Foreign）[M].1927：165.
——Directory of British Architects，1834—1914，2（L–Z）[M]：153.
——Mr. J. R. Maughan Dies in Accident，Prominent Businessman Succumbs to Injuries After Collision[N]. The North-China Daily News，1940-09-29（3）.
——Mr. J. R. Maughan Dies in Accident[N]. The North-China Herald and Supreme Court & Consular Gazette，1940-10-02（22）.
——照片来源：[N]. The North-China Herald and Supreme Court & Consular Gazette，1939-4-12（03）.

[296] Mavromati，Athenes L.（A. L. 马夫罗马蒂）

生卒：不详

出生地：不详

国籍：希腊

在华城市：上海

资历：ME

教育和训练背景：建筑学学位

经历：

——1913 年时已经在上海；

——1927 年从美亨洋行（Standard Products Co.，Inc.）退出，任美星洋行（Central Refrigeration Co.）指导、总经理和总工程师，直至 1931 年 7 月；

——1932 年改任汇众洋行（Standard Products & Engineering Co.）主管；

——1933 年在奥罗雷洋行（Aurora Refrigerators & Store Equipment Co.）任职；

——1935 年 7 月在上海自办事务所（Mavromati，A. L. Architect）；

——1936 年 1 月在华东建筑公司（General Engineering & Construction Co.）任总工程师和经理至 1939 年后。

作品：

——不详。

著述：

——不详。

参考文献及相关材料：

——照片来源：Mr. A. Mavromati[N].The Shanghai Sunday Times，1930-04-06（2）.

[297] Mayne，Charles（C. 梅恩）

生卒：不详

出生地：不详

国籍：英国

在华城市：上海

资历：AMICE，1894；MICE，1902；VDI，1897；MAmSCE，1896；MIMunE；ESC

教育和训练背景：不详

经历：

——1889 年 4 月当选为上海公共租界工部局工程师和测绘师，合同自 1889 年 5 月 24 日开始，至 1910 年 6 月 30 日结束；

——1901 年和玛礼孙一同发起创建上海工程师建筑师学会，并曾于 1906 年任副主席；

——1910 年聘期结束回国。

作品：

——河南路捕房（Police Building），上海，1894；

——新市政厅和公共市场（The New Town Hall and Public Market），与格拉顿（F. M. Gratton）合作，上海，1899；

——另参见第三编上海公共租界工部局工务处（Public Works Department，Shanghai Municipal Council）。

著述：

——C. Mayne，W. J. B. Carter. Foundations in Shanghai [C]// Shanghai Society of Engineers and Architects. Proceedings of The Society and Report of the Counicl，1902—1903，1903：85–107.

——C. Mayne. Note on The Chinese Wheelbarrow[J]. Minutes of the Proceedings of the Institution of Civil Engineers，1897，127：312–314.

参考文献及相关材料：

——照片来源：[J]. The Far Eastern Review，1909，6（1）：1.

[298] McGarva，Gilbert L.（G. L. 麦格雷）

生卒：1877—1938.08.10

出生地：英国苏格兰

国籍：英国

在华城市：上海、北京

资历：LRIBA，1911

教育和训练背景：1894 年到苏格兰艾尔（Ayr）建筑师行艾伦（Allan Stevenson）门下学徒，并在格拉斯哥艺术学院（Glasgow School of Art）学习

经历：

——在完成 4 年学徒后，继续作为艾伦的助手工作 18 个月；

——1900 年 7 月加入格拉斯哥 F. 伯内特和波士顿（Frank Burnet & Boston）事务所，在该事务所工作 7 年升任总助理；

——1907 年到上海通和洋行任职；

——1910 年被派往北京，任通和洋行分支负责人至 1926 年；

——1926 年通和洋行北京分行解散后在北京独立开业，创办事务所（McGarva，G. L. RIBA Chartered Architect and Surveyor），1930 年 1 月后无闻；

——1938 年在上海去世。

作品：

——邮政局（Moukden Post Office），沈阳；

——东方汇理银行（Banque de I'Indo–Chine），北京，1917；

——盐业银行（Salt Industrial bank），北京；

——协和礼拜堂（Peking Union Chruch），北京南河沿，1922；

——新世界商场，上海，1917；

——救世军建筑（Peking Salvation Army Buildings，八面槽救世军中央堂），北京，1922；

——皇宫剧院（？）（Peking Palace of Varieties），北京；

——参见第二编通和洋行。

著述：

——不详。

参考文献及相关材料：

——伦敦英国档案馆 [A]. 档案号：FO 917/3785.

——[J]. Journal of the Royal Institute of British Architects，1938（46）：44.

——Directory of British Architects，1834—1914，2（L–Z）[M]：100.

——https：//www.scottisharchitects.org.uk/architect_full.php?id=202153.

——照片来源：The Ta–Li–Yuen（Supreme Court of Justice），Peking[J]. The Architect & Contract Reporter，1913-01-10：49.

[299] McGarvin, Francis Eugene（F. E. 麦加文）

生卒：1879.05.21—1945

出生地：美国加利福尼亚

国籍：美国

在华城市：上海

资历：AIA

教育和训练背景：不详

经历：

——1905 年 5 月 6 日初次抵达上海，此前曾在美国海军服役；

——1920 年前曾在中国和日本从事商业；

——1924 年 1 月开始在美国监理会中国使团建筑部（China Mission Architectural Bureau，M. E. C. S. Architectural Designs, Survey etc.）任监造工程师；

——1925 年 1 月在博惠公司（Black，Wilson & Co.）任工程师，至 1927 年 7 月后；

——1945 年死于上海战俘营。

作品：

——参见第二编博惠公司。

著述：

——不详。

参考文献及相关材料：

——照片来源：United States Passport Applications，1795—1925 MyHeritage.com[DB/OL]. MyHeritage Ltd. https：//www.myheritage.cn/research/collection-10720/united-states-passport-applications-1795-1925.

[300] Mendelssohn，Léo.（L. 孟德尔森）

生卒：1894.08.26—1965

出生地：法国巴黎

在华城市：上海、天津

资历：DPLG

国籍：法国

教育和训练背景：法国巴黎高等美术学院（Ecole des Beaux-Arts de Paris）

经历：

——曾 5 次获得法国国家美术竞赛建筑类一等奖；

——于 1924 年加入上海义品公司；

——1925 年 1 月 15 日—1925 年 10 月 5 日任建筑师，以及上海分行负责人；

——1926 年 10 月到天津义品建筑部任总建筑师至 1933 年；

——1927 年 1 月曾任仪兴洋行（Etablissements de Tongkou，Shipbuilders，Engineers and Founders，Ship and Ferry Boat Lines，Lighters and Tug Boats）经理。

作品：

——百福大楼（Belfram Building），天津，1926；

——泰莱饭店（Talati House），天津，1927；

——法租界公董局新楼（New French Municipal Council，所有 325 份设计图），天津，1931；

——法国总会，天津；
——许多住宅，天津；
——市政酒店（Hotel Municipal），天津；
——另参见第二编义品洋行。

著述：

——不详。

参考文献及相关材料：

——Files 1094-1096，C.F.E.O.，Brussels，引自：Leung-kwok Prudence Lau. Adaptive Modern and Speculative Urbanism: The Architecture of the Credit Foncierd'Extreme-Orient（C.F.E.O.）in Hong Kong and China's Treaty Ports，1907—1959[D]. Hong Kong: The Chinese University of Hong Kong，2013: 250.
——M. MENDELSSOHN'S SUCCESS. Tientsin French Municipal Building[N]. The North-China Daily News，1931-07-22（12）.
——徐苏斌，李天. 巴黎美术学院派在天津法租界的影响——以法国建筑师门德尔松为例[J]. 建筑史，2015，35: 190-198.
——照片来源：Article 1094，Archives de Credit Foncier de l'Extreme Orient，Deport Cuvelier，Dossier Personnel，Leo Mendelssohn，转引自文献同上：191.

[301] Michaux，Eugène Louis（米绍）

生卒：1878.11.21—?
出生地：比利时鲁汶（Louvain）
国籍：比利时
在华城市：天津、济南
资历：不详
教育和训练背景：鲁汶美术学院（Ecole des Beaux Arts de Louvain）

经历：

——来华前曾在比利时国家铁路任职；
——1913—1919 年在陇海铁路任建筑师；
——1919 年 9 月加入义品洋行天津分行，任建筑师，并于 1920 年 1 月签订合同；
——1920 年 2 月—1922 年 5 月在义品洋行济南分行人任建筑师、分行负责人；
——1922 年 5 月—1923 年 1 月休假；
——1923 年 1 月—1926 年 5 月依旧在义品洋行济南分行人任建筑师、分行负责人；
——1926 年 5 月—1927 年 1 月休假；
——1927 年 1 月—1930 年 1 月任义品洋行济南分行负责人。

作品：

——参见第二编义品洋行。

著述：

——不详。

参考文献及相关材料：

——Files 1098-1099，C.F.E.O.，Brussels，引自：Leung-kwok Prudence Lau. Adaptive Modern and Speculative Urbanism: The Architecture of the Credit Foncierd'Extreme-Orient（C.F.E.O.）in Hong Kong and China's Treaty Ports，1907—1959 [D]. Hong Kong: The Chinese University of Hong Kong，2013: 251-252.
——照片来源：同上：251.

[302] Milne，Francis Edward（米伦）

生卒：1868—1943.11.03

出生地：英国苏格兰

国籍：英国

在华城市：汉口、上海

资历：LRIBA

教育和训练背景：不详

经历：

——1886 年离开上海，回到苏格兰接受教育；

——来华前曾在英国和美国有多年执业经验；

——1919 年到汉口，加入景明洋行；

——1921 年 4 月到上海，加入克明洋行并成为合伙人，公司更外文名为 Cumine & Milne，经营至 1924 年 7 月；

——1925 年独立经营米伦洋行（Milne，F. E.，L. R. I. B. A.，Chartered Architect），专营测绘计算建筑工程，并做大小抵押贷款、代领道契，经营至 1940 年 7 月。

作品：

——菲俪蔓女士住宅（House for Mrs. L. E. B. Freeman），克明洋行（Cumine & Milne）设计（未建成），上海善钟路（Route de Say Zoong），1922；

——3 座住宅，册地 6220 号，克明洋行设计上海华德路延长段，1923；

——山东路宁波路 2 座商号，上海山东路吉祥里，1927—1928；

——三星大舞台（The Star Theatre，今中国大戏院）及十余幢 4 层钢骨水泥市房，上海牛庄路 704 号，1929—1930；

——女子商业储蓄银行，上海南京东路；

——另参见第二编克明洋行。

著述：

——不详。

参考文献及相关材料：

——F. E. Milne Testifies in Freeman Building Suit，Member of Defendant Firm of Architects Heard at Sessions of British Supreme Court[N]. The China Press，1922-06-21（3）.

——Ancestry.com. Global，Find a Grave Index for Burials at Sea and other Select Burial Locations，1300s-Current[DB/OL]. Provo，UT，USA：Ancestry.com Operations，Inc.，2012.

——郑时龄 . 上海近代建筑风格 [M]. 上海：同济大学出版社，2020：488.

[303] Minutti，Rene（米奴迪 / 米吕蒂）

生卒：1887.03.08—1971.02.04

出生地：瑞士日内瓦

国籍：瑞士

在华城市：上海

资历：不详

教育和训练背景：1909 年毕业于苏黎世技术学校（今苏黎世联邦理工学院）

经历：

——1909—1910 年在德国一家大公司任工程师，负责设计钢桥；

——1909—1912 年任瑞士伯内卡斯特利和温（BerneKastli & Wyn）公司钢筋混凝土工程师；

——1912—1913 年在巴西里约热内卢 Dirks & Dates 任土木工程师；
——1913—1914 年在阿根廷布宜诺斯艾利斯 Prumieres & Co. 负责钢结构工程；
——1915—1920 年分别在河内及新加坡永和公司（Brossard Mopin & Co.）任职；
——1921 年到上海，入伙理得力（Ledreux）的法商营造公司，公司更外文名为 Ledreux，Minutti & Cie. Civil Engineers and General Contractor，专注于结构工程、桥梁、工厂和工业设施（业务涵盖逸园赛狗场轨道和法租界自来水厂），经营至 1924 年 7 月，改中文名为中法实业公司；
——1931 年 7 月理得力退伙，公司更外文名为 Minutti & Cie Civil Engineers，Specialists for Reinforced Concrete，Surveyors and General Contractors；
——1933 年 1 月增加建筑师业务，由米奴迪经营至 1947 年后；
——1933 年在上海市工务局登记为土木技师；
——1941 年兼任中瑞贸易公司（Sino-Swiss Trading Co.）经理。

作品：

——第二编法商营造公司。

著述：

——不详。

参考文献及相关材料：

——Death note[J]. Malaysia，1971.
——[J]. The China Monthly Review，1940，92-93：379.
——[J]. The China Weekly Review，1933，63（2）：28.
——[J]. The China Journal，1939，30：315.
——Men of Shanghai and North China[M].1935：408，411-413.
——Men of Shanghai and North China[M].1933：288-293.
——照片来源：同上：291.

[304] Mirams，Dennis George（D. G. 麦雷斯）

生卒：1904—1984.07.24
出生地：英国伦敦
国籍：英国
在华城市：上海
资历：ARIBA；ARAIA，1948
教育和训练背景：1922—1927 年在伦敦大学学习，获建筑学学士学位

经历：

——1927 年在贝克（Sir Herbert Baker，1862—1946）事务所工作，当时贝克正在进行英格兰银行的重建设计；
——1928 年来到中国，在上海公共租界工部局工务处任助理建筑师，任职期间对中国传统建筑产生浓厚兴趣，并于 1940 年出版专著；
——1938 年离开上海工部局，到香港怡和洋行任建筑师和不动产经理；
——二战期间被日军关押；
——1945 年获释后继续为怡和洋行工作两年；
——1947 年 9 月离开上海；
——1948 年 2 月移民澳大利亚维多利亚，到新成立的事务所 Mussen，Mackay & Potter 工作，并于 5 月获得澳大利亚皇家建筑师学会准会员资格；
——1951 年成为合伙人，事务所更外文名为 Mussen，Mackay，Mirams & Potter；
——1951 年离开自办事务所至 1974 年；
——1984 年去世。

作品：

——不详。

著述：

——Mirams, Dennis George. A Brief History of Chinese Architecture[M]. Shanghai: Kelly and Walsh, 1940.

参考文献及相关材料：

——http: //www.builtheritage.com.au/dua_mirams.html.

注：在澳大利亚有多个作品，并曾于1979年参加堪培拉国会大厦竞赛。

[305] Missu, Emile Jean Julien（E. J. J. 密歇）

生卒：1899.04.29—1945

出生地：比利时安德莱赫特（Anderlecht）

国籍：比利时

在华城市：天津、上海、香港

资历：AAHK，1934—1940

教育和训练背景：布鲁塞尔皇家美术学院建筑系（Architecture at l'Académie Royale des Beaux Arts in Brussels）

经历：

——1923年在布鲁塞尔执业；

——1928—1952年在义品洋行工作，曾任建筑师助理、建筑师等职位；

——1929年1月—1934年1月任天津分行总建筑师；

——1937年7月前后和1940年7月—1941年7月后，两度任上海义品洋行总建筑师；

——后曾在刚果执业。

作品：

——法国总会（French Club），与孟德尔森（Leo Mendelssohn）合作，天津，1929；

——另参见第二编义品洋行。

著述：

——不详。

参考文献及相关材料：

——File 1100, C.F.E.O., Brussels, 引自：Leung-kwok Prudence Lau. Adaptive Modern and Speculative Urbanism: The Architecture of the Credit Foncierd' Extreme-Orient（C.F.E.O.）in Hong Kong and China's Treaty Ports, 1907—1959[D]. Hong Kong: The Chinese University of Hong Kong, 2013: 253.

——照片来源：同上。

[306] Moerloose, Alphonse De（和羹柏）

生卒：1858.1.12—1932

出生地：比利时根特布鲁日

国籍：比利时

在华城市：河北杨家坪、上海、内蒙古

资历：不详

教育和训练背景：生于建筑世家，并于1876—1881年在圣路加建筑学校学习建筑知识

经历：

——1881 年 8 月 7 日获得圣路加建筑学校五年级设计竞赛第一名；
——1881 年 10 月加入圣母圣心会；
——1885 年发愿作为一位比利时圣母圣心会传教士到中国传教；
——1909 年 12 月离开圣母圣心会，后隶属于北京宗座代牧区，依托于遣使会的主教，长期与隐修士们生活在杨家坪，冬季在杨家坪的工作室设计方案，春夏秋在不同的建筑工地视察；
——1929 年回到比利时。

作品：

——北堂室内装修，北京，1909；
——福州主教座堂；
——杨家坪教堂，河北张家口，1903—1905，1922；
——西湾子主教公署及修院，河北张家口，1899—1902；
——高家营子教堂，河北张家口，1903—1905；
——凉城教堂，内蒙古；
——舍必崖教堂，内蒙古，1904—1905；
——黄土梁子教堂，今内蒙古赤峰，1906；
——乌兰察布玫瑰营子教堂，内蒙古，1904—1906；
——北京主教座堂（北堂）内部修缮；
——泥河湾教堂和住宅，河北阳原，1912；
——大同神学院（regional seminary），1922—1924；
——大同总修院小教堂，1928；
——遣使会宣化教堂（主教堂），河北张家口，1903—1906；
——熙笃会杨家坪修道院（侧翼），河北张家口，1903—1906；
——永平（卢龙）主教堂，河北，1908—1910；
——哈拉沟教堂，内蒙古包头，1916；
——平地泉教堂，内蒙古察哈尔，1916；
——平地泉教堂，内蒙古察哈尔，1916；
——双树子教堂和住宅，河北，1917—1920；
——北京天主教栅栏墓地的耶稣圣心碑，1918；
——正定府主教堂，1924 年前；
——福州主教堂，1924 年前；
——佘山（上海）大教堂（一个未实施的哥特式方案，一个实施的罗马式方案，后设计被叶肇昌修改并建成），上海，1920—1923；
——上海杨树浦和平之后圣母教堂，上海杨树浦，1924—1928。

著述：

——不详。

参考文献及相关材料：

——Thomas Coomans，Luo Wei. Exporting Flemish Gothic Architecture to China：Meaning and Context of the Churches of Shebiya（Inner Mongolia）and Xuanhua（Hebei）built by Missionary-Architect Alphonse De Moerloose in 1903—1906[J]. Heritage Research in Flanders，2012，9：219-262.
——Thomas Coomans. Sint-Lucasneogotiek in Noord-China：Alphonse De Moerloose，missionaris en architect[J]. M&L. Monumenten，landschappen en archeologie，2013，32（5）：6-33.
——高曼士，徐怡涛 . 舶来与本土：1926 年法国传教士所撰中国北方教堂营造手册的翻译和研究 [M]. 北京：知识产权出版社，2016.
——罗薇 . 莼鲈之思——在华圣母圣心会士以比利时教堂为参考的建筑设计 [J]. 建筑与文化，2013（7）：88-90.
——Luo Wei. Churches：The Transmission and Transformation of European Prototypes and Their Re-creation in Northern China，ca. 1900. The Work of Architect Alphonse De Moerloose，Scheutist Missionary（1885—1929）[C]// National University of Singapore，Department of Architecture. Proceedings of East Asian Architectural Culture International Conference，Singapore，2011.
——[比]高曼士 . 佘山教堂寻踪：朝圣建筑和历史图景 [M]. 田炜帅，任轶，译 . 上海：同济大学出版社，2023：170-220.

——罗薇．近代中国塞北地区教堂建筑的发展与衍变 [M]. 北京：中国建筑工业出版社，2021.
——鲁汶大学宗教、文化及社会研究与档案中心藏有圣母圣心会相关档案。
——罗薇．和羹柏的中国建筑生涯 [J]. 新建筑，2016（5）：62–65.
——照片来源：KADOC，C. I. C. M. Archives，individual folder 60. 转引自文献同上：62.

注：和羹柏在 1885—1928 年之间建立了数十所教堂；其中文名又译作“能慕德”。

[307] Moller，Vilhelm Leth（莫律兰）

生卒：1890.12.06—?
出生地：不详
国籍：丹麦
在华城市：北京、天津
资历：丹麦许可建筑师资格，1929
教育和训练背景：1909 年在哥本哈根大学技术专业学习

经历：

——1917 年 4—5 月曾应召入伍；
——1917 年 6 月 1 日—1918 年 5 月 31 日在哥本哈根克里斯蒂亚尼和尼尔森（Christiani & Nielsen）公司任工程师；
——1918 年 6 月 1 日—1920 年 2 月在克里斯蒂亚尼和尼尔森公司伦敦分公司任工程师；
——1920 年 3 月—1921 年 7 月任克里斯蒂亚尼和尼尔森公司阿克拉（加纳首都）黄金海岸办公室负责人；
——1922 年 1 月—1925 年 12 月 31 日在北京伦葛工程公司（Lund，Gernow & Co.，Consulting Engineers）任职，曾负责燕京大学工程；
——自 1925 年 1 月 1 日起自办莫律兰工程司行（V. Leth-Møller & Co.），在北京和天津经营，员工有尼霍姆（E. Nyholm）；
——1927 年参加北平图书馆设计征选，与天津乐利工程司共同提交的方案获首奖，后莫律兰被指定为建筑师并主持工程建造；
——1934 年与魏悌锡合伙在天津法租界成立魏莫建筑公司，后散伙；
——1936 年 7 月—1937 年 1 月莫律兰工程师行（Leth-Moller & Co.，V. Consulting Engineers）上海分部由尼霍姆经营；
——莫律兰工程师行天津分部经营到 1939 年。

作品：

——参见第二编莫律兰工程司行。

著述：

——不详。

参考文献及相关材料：

——Studenterne Mcmix[Z]. Trykt i det Berlingske Bogtrykkeri Aktieselskab，1934：119.
——[J]. Bogens verden，1927，9–10：150.
——[N]. The China Monthly Review，1931，59：98.
——郭平．对国立北平图书馆新建筑从构思到建成全过程探究 [J]. 图书馆理论与实践，2017，（4）：106–112.
——张书美．民国时期国立北平图书馆的建筑革新 [J]. 图书馆界，2010（6）：23–25.
——张林．近代外籍建筑师在北京的执业成果研究 [D]. 北京：北京建筑大学，2017.

注：亦称作 Wilhelm Leth-Moller。

[308] Moller, Warden Appleby（W. A. 莫里）

生卒：1871.07.07—1950.05.29

出生地：香港

国籍：英国

在华城市：杭州、上海

资历：AMICE；MIME；MAmIME

教育和训练背景：在富勒（George Fowler，MICE，ME，Notts & Warwickshire）门下学徒

经历：

——1898 年任上海吴淞商端口工程师；

——1899—1900 年任中东铁路助理机械工程师；

——1901—1903 在中东铁路矿产部（Chinese Eastern Railway Co.，Ltd. Mining Dept.）任机械工程师并驻牛庄，同时经营事务所 Moller，W. Appleby AMICE，MIME，Mining and Civil Engineer；

——1903—1905 年任牛庄中东铁路矿产部总工程师；

——一说 1903—1904 年在美国从事采矿和选矿相关建造；

——1904 年 12 月任威海卫金矿公司（The Weihaiwei Gold Mining Co.）股东；

——1905 年任大清铁路机械工程师，驻天津；

——1905 年到上海，任玛礼孙洋行（Morrison & Gratton）助理；

——1906—1908 年为清政府总督提供测绘服务；

——1906 年在上海经营莫里洋行（Moller，W. A.，AMICE，Civil Engineer and Architect）；

——1907 年在天津北洋铁轨官路总局（Imperial Railways of North China）工程部任职，负责 Kaopantze（对应中文不详）新竹矿（Hsinchiu Mines）；

——1919 年仍见记载。

作品：

——不详。

著述：

——W. Appleby Moller. The Treaty Port of Woosung [N]. The North-China Daily News，1898-09-01（3）.

——W. Appleby Moller. The Russians In Manchuria [N]. The North-China Daily News，1899-07-29（3）.

——W. Appleby Moller. China's Mining Taxes [N]. The North-China Daily News，1914-04-15（7）.

——Floods in Manchuria. Lecture by Mr. W. A. Moller[N]. The North-China Herald and Supreme Court & Consular Gazette，1919-05-17（44）.

参考文献及相关材料：

——Who's who in Mining and Metallurgy[Z]. London：Mining Journal，1922：88.

——UK，Civil Engineer Records，1820—1930[DB/OL]. Provo，UT，USA：Ancestry.com Operations，Inc.，2013.

[309] Moore, Richard St. George（摩尔）

生卒：1858—?

出生地：英国伯肯黑德（Birkenhead）

国籍：英国

在华城市：汉口

资历：AMICE

教育和训练背景：接受私人教育

经历：

——1905 年受湖广总督张之洞邀请，到武汉三镇考察建立自来水公司的可能性，并于同年 8 月完成一篇名为 *The Hankow Water Works* 的文章，发表于《英国土木工程师学会会刊》；

——在 1908 年左右时为新任汉粤铁路湖北段工程师，其设计的汉口水塔于 1909 年建成，是近代武汉最高的建筑之一。

作品：

——汉口既济水电公司厂房；

——汉口水塔，1909；

——汉粤铁路测绘，1908。

著述：

——Richard St. George Moore. The Hankow Water Works[J]. Minutes of the Proceedings of the Institution of Civil Engineers，1910，180：298–306.

参考文献及相关材料：

——Who's Who in Engineering[Z].1922：264.

——http：//www.icevirtuallibrary.com/content/article/10.1680/imotp.1910.17783.

——The Engineering Record，Building Record and Sanitary Engineer[J]. New York：McGraw Publishing Co.，1910，62（7–12）：407.

——Returns of Trade and Trade Reports 1908[R]. Shanghai：Statistical Department of the Inspectorate General of Customs，1909：200.

注：曾获清政府荣誉勋章。

[310] Moorhead，Robert Bradshaw（马海）

生卒：1865—1928.08

出生地：不详

国籍：英国

在华城市：上海

资历：BA；BAI（?）；AMICE；IAC

教育和训练背景：都柏林大学三一学院艺术与工程课程（Arts and Engineering Courses，Trinity College，Dublin University）

经历：

——毕业后曾在巴顿（James Barton，MICE）手下任职，参与轻便铁路以及多尼哥（Donegal）和卡林福德（Carlingford）港湾改造工程；

——1892 年到华加入北洋铁轨官路总局，以土木工程师身份参与京奉铁路的建设，至 1895 年；

——1895 年在上海加入马矿师洋行（Morris，S. J. Civil Engineer and Architect）；

——1897 年接手马矿师洋行，公司更外文名为 Moorhead，R. B.，B. A.，AMICE，Civil Engineer and Architect；

——1899 年成为道达洋行合伙人，公司更外文名为 Dowdall & Moorhead Architects & Civil Engineers，经营至 1903 年；

——1903 年独立开办马矿司洋行（Moorhead，R. B. Civil Engineer & Architect，Agent for S. Pearson and Son Ltd.，Pubilc Works Contractors），经营土木工程师及建筑师业务，兼做伦敦大成建筑公司上海代理；

——1907 年海尔斯（Halse）加入并成为合伙人，公司更名为马海洋行（初名穆哈洋行，Moorhead & Halse）；

——1915 年起任在华建筑师学会理事会成员；

——自 1916 年起曾兼任大成公司（Pearson & Co.，Ltd.，S.）经理至 1923 年 7 月，公司主营公共工程承包；

——1921 年罗宾逊（H. G. F. Robinson）成为合伙人，公司外文名改为 Moorhead，Halse & Robinson，经

营至 1928 年 1 月；

——1923 年任上海地产估价师和测绘师协会理事；

——1923 年退休，在上海停留几月后到访新西兰；

——1924 年秋再度回到上海并做短暂停留，后回到英国；

——1928 年 8 月马海在伦敦附近的弗吉尼亚湖区（Virginia Water）去世，海尔斯离开，斯彭斯（H. M. Spence，FRIBA）加入成为合伙人，公司改名为新马海洋行，更外文名为 Spence，Robinson & Partners。

作品：

——上海新福音教堂和德国子弟学校，道达洋行负责施工，1900；

——参见第二编马海洋行。

著述：

——不详。

参考文献及相关材料：

——Who's Who in Engineering[Z]. 1922：264.

——Obituary[N]. The North-China Herald and Supreme Court & Consular Gazette，1928-09-22：500.

——A Former Resident Dead，Mr. R. B. Moorhead Passes Away in England：His Career in China[N]. The North-China Daily News，1928-09-15：14.

——Municipal Buildings[N]. The North-China Daily News，1913-06-03（7）.

——Municipal Buildings[N]. The North-China Daily News，1913-06-07（7）.

——Municipal Buildings[N]. The North-China Herald and Supreme Court & Consular Gazette，1913-06-07（50）.

——Municipal Buildings[N]. The North-China Herald and Supreme Court & Consular Gazette，1913-06-14（46）.

——照片来源：Arnold Wright. Twentieth Century Impressions of Hongkong，Shanghai，and Other Treaty Ports of China[M]. London：Lloyds Greater Britain Publishing Company，1908：622.

[311] Moraes，John Sousa（摩理臣）

生卒：1892—?

出生地：中国澳门

国籍：葡萄牙

在华城市：香港、澳门

资历：AAHK，1920—1929，1933—1941

教育和训练背景：1917 年在香港大学获得土木工程学位

经历：

——第一位在香港大学获得工程学位的澳门人；

——1917—2020 年在香港何道谦事务所（Abdoolrahim & Co.）任职；

——1921 年在香港创办摩理臣画则师行（Moraes，John B. SC.，Civil Engineer，Architect and Surveyor），经营至 1929 年离开；

——1933 年回到香港继续执业至 1941 年后；

——1957 年仍在香港执业。

作品：

——香港海景法院（Ocean View Court），1957。

著述：

——不详。

参考文献及相关材料：

——Kit-ching Chan Lau，Peter Cunich. An Impossible Dream：Hong Kong University from Foundation to Re-establishment，1910—1950 [M]. Oxford：Oxford University Press，2002：171.

——Eunice Mei Feng Seng. Resistant City：Histories，Maps and The Architecture of Development [M]. Singape：World Scientific Publishing Co.，2020：103.

[312] Moreau，Herman Joseph Ghislain（莫罗）

生卒：1889.02.28—?

出生地：比利时纳木省维津（Vezin Province de Namur）

国籍：比利时

在华城市：济南、开封、南京、天津

资历：不详

教育和训练背景：获几何和土木工程文凭，并获建筑学习证书

经历：

——来华前曾在比利时任工程监督；

——1914—1916 年任陇海铁路工程监督；

——1917 年 2 月 1 日加入义品洋行，任工程监督，曾先后参与中国邮政济南、开封和南京分局的建筑监造；

——1923 年 3 月 31 日合同到期；

——后进入义品洋行上海分行建筑师处任职。

作品：

——中国邮政济南邮局，监造；

——中国邮政开封邮局，监造；

——中国邮政南京别墅群，监造；

——上海耶稣会天文台（Astronomical Observatory of the Jesuites），监造。

著述：

——不详。

参考文献及相关材料：

——File 1104-1105，C.F.E.O.，Brussels，引自：Leung-kwok Prudence Lau. Adaptive Modern and Speculative Urbanism: The Architecture of the Credit Foncierd'Extreme-Orient（C.F.E.O.）in Hong Kong and China's Treaty Ports，1907—1959 [D]. Hong Kong: The Chinese University of Hong Kong，2013: 254-255.

[313] Morris，Gordon（G. 马立司）

生卒：1890—?

出生地：中国上海

国籍：英国

在华城市：上海

资历：不详

教育和训练背景：在伯明翰大教堂接受教育

经历：

——在英国接受教育后，于 1909 年回到上海，加入德和洋行；

——1913 年与雷士德（H. Lester）和约翰森（George A. Johnson）合伙创办德和洋行（Lester，Johnson & Morriss）；1915 年雷士德退休；

——1918 年 6 月志愿加入英国皇家飞行队（Royal Flying Corps），参加一战，1921 年回到上海；

——1926 年雷士德去世后，他与约翰森一起继承，但公司外文名未改；

——1931 年约翰森退出，德和洋行由马立司经营至 1942 年后；

——1948 年底仍在上海。

作品：

——参见第二编德和洋行。

著述：

——不详。

参考文献及相关材料：

——http：//www.scottisharchitects.org.uk/architect_full.php?id=205112.

——Leaders of Commerce Industry and Thought in China[M]. 1924：262.

——照片来源：同上。

注：亦写作 Gordon Morriss，与父亲 H. E. 马立司（Henry E. Morris Sr.）为上海《北华捷报》创始人，曾任该报负责人，后其亲兄弟小马立司（Henry E. Morris Jr.）主要负责该报业公司运营。

[314] Morris，Samul John（马矿师）

生卒：?—1896.02

出生地：爱尔兰都柏林

国籍：英国

在华城市：武汉、上海

资历：不详

教育和训练背景：土木和采矿工程背景

经历：

——曾在印度参加铁路工程建设；

——1863 年来到远东，首先在日本定居，并为当地煤炭业的发展贡献良多；

——后曾到西伯利亚；

——1871 年到上海执业；

——1875—1883 年任职于湖北开采煤铁总局；

——1884—1886 年任职于上海和记洋行（Waters & Dale）；

——1886 年在上海自办马矿师洋行（Morris，S. J. Civil & Minning Engineer），经营至 1895 年；

——1896 年在横滨疗养期间去世。

作品：

——日本轮船公司 3 层大栈房，与玛礼孙合作，上海，1890；

——招商总局两层楼栈房，上海，1891；

——新昌缫丝厂内造 3 层栈房，上海，1895。

著述：

——[日]堀勇良 . 横滨——上海土木建筑设计师考 [C]//《上海和横滨》联合编辑委员会，上海市档案馆 编 . 上海和横滨：近代亚洲两个开放城市 . 上海：华东师范大学出版社，1997：227-228.

参考文献及相关材料：

——[N]. The North-China Daily News，1896-02-11（3）.

[315] Morrison，Gabriel James（玛礼孙）

生卒：1840.11.01—1905.02.11

出生地：英国伦敦

国籍：英国

在华城市：上海

资历：MSA，1900；MIME，1900；AMICE，1870；MICE，1874；ESC；MIEE，1884

教育和训练背景：在格拉斯哥福曼和麦考尔（Messrs. Robson Forman & McCall）土木工程事务所学徒5年，同时曾在格拉斯哥大学学习电子学，协助汤姆森（William Thomson，现代热力学之父）进行实验

经历：

——曾在大西洋电报公司（Atlantic Telegraph Co.）任助理电工，并参与1858年电缆铺设，后在纽芬兰（Newfoundland）为该公司服务至1861年；

——1861年回到格拉斯哥，任格拉斯哥和米尔加维铁路（Glasgow & Milngavie Railway）驻场工程师；

——1863年加入伦敦布伦里斯爵士（Sir James Brunlees）的事务所并任其主要助手，此后11年主要从事土木工程；

——1874年在威斯敏斯特开始独立执业，不久后受怡和洋行聘用，任清朝第一条铁路吴淞铁路的总工程师；

——1876年7月吴淞铁路竣工通车后，开始在上海独立执业土木工程师业务，其事务所外文名为Morrison，G. James，中文名为玛礼孙（又名马礼逊、玛礼逊）；

——1879年曾撰写《筹拟修复运河书》并上书李伯相；

——1885年格拉顿（F. M. Gratton）成为合伙人，公司更外文名为Morrison & Gratton；

——1900年斯科特（W. Scott）成为合伙人，公司更外文名为Morrison，Gratton & Scott；

——1901年发起创办上海工程师建筑师学会，并任首任会长；

——1902年2月玛礼孙退休回国，洋行由卡特（W. J. B. Carter）与斯科特合伙接办，外文名改为Scott & Carter；

——曾参与沪宁铁路初步测量工作，回英国后与巴里兄弟（Sir John Wolfe Barry和Mr. Arthur J. Barry）合伙，任沪宁铁路咨询工程师；

——1905年在肯辛顿去世。

作品：

——参见第二编玛礼孙洋行。

著述：

——玛礼孙 . 筹拟修复运河书 [N]. 申报，1879-09-25（001-002）.

——G. James Morrison. Maps：Their Uses and Construction. A Short Popular Treatise on the Advantages and Defects of Maps on Various Projections，followed by an Outline of the Principles involved in their Construction[M]. London：Edward Stanford，1901.

——G. J. Morrison. The New Garden Bridge[N]. The North-China Daily News，1889-10-12（3）.

——G. J. Morrison. The Tramway Scheme.[N]. The North-China Daily News，1895-05-30（3）.

——G. J. Morrison. The Yellow River[N]. The North-China Daily News，1888-01-26（3）.

——G. J. Morrison. The Industries of Shanghai[N]. The North-China Daily News，1893-11-17（1）.

参考文献及相关材料：

——http：//www.gracesguide.co.uk/Gabriel_James_Morrison.

——Morrison Obituary[J]. Minutes of the Proceedings of The Institution of Civil Engineers，1905，161：354-356.

——The Late Mr. G. J. Morrison[N]. The North-China Daily News，1905-02-15（5）.

——照片来源：Shanghai Society of Engineers and Architects. Proceedings of the Society and Report of the Council [C]. 1905：扉页 .

注：沪宁铁路第一台机车被命名为“Gabriel James Morrison”号，以对其表示纪念。

[316] Morrison，Hugh（H. 莫里森）

生卒：不详
出生地：不详
国籍：英国
在华城市：汉口
资历：不详
教育和训练背景：不详

经历：

——1863 年到汉口；

——1865 年 4 月，成为 J. 加文（John Gavin）的合伙人，公司改外文名为 Gavin & Morrison，经营到 1872 年后无闻。

作品：

——汉口第一代英国领事馆，1865；

——汉口教会医院（Hankow Medical Mission Hospital）工程监督，1865—1866；

——汉口英国圣约翰教堂（St. John the Evangelist Church）工程监督，由在上海的英国建筑师 W. 凯德纳（William Kidner）设计，1868。

著述：

——不详。

参考文献及相关材料：

——The Five Annual Reports of the Hankow Medical Mission Hospital. In connection with the Wesleyan Missionary Society; Under the Charge of F. Porter Smith. From July 1st 1864 to June 30th 1869[R]. Shanghai: Printed at the North-China Herald Office，1869: 21.

——[N]. The London and China Telegraph，1869-08-03: 362.

[317] Morriss，Henry Ernest（H. E. 莫里斯）

生卒：1881—?
出生地：中国上海
国籍：英国
在华城市：上海
资历：不详
教育和训练背景：不详

经历：

——1907 年与塔兰特（Bertram Henry Tarrant）合伙在圆明园路 1 号开办事务所致和洋行（Tarrant & Morriss，Civil Engineers and Architects），专精测量、绘图、监造中西各样房屋、机器、厂房、栈房、学堂、戏园、码头、桥梁工程，兼理中西房租道契、挂号、地产进出并抵押贷款等事；

——1909 年塔兰特去世，致和洋行由莫里斯继续经营至 1911 年。

作品：

——上海总会竞赛首奖并实施，塔兰特设计，莫里斯辅助，1907；

——客利饭店（Kalee Hotel）改建，上海，1908；

——洋式住宅加建，册地 1528 号，上海马霍路，1914；

——霍尔主教纪念教堂（The Bishop Hoare Memorial Chapel），塔兰特设计，莫里斯辅助，宁波，1909。

著述：

——不详。

注：又名 Ned Morriss。

[318] Mossop，John（J. 莫索普）

生卒：1858.09—1904

出生地：不详

国籍：英国

在华城市：香港、上海

资历：ARIBA，1882

教育和训练背景：曾就读于南肯辛顿艺术学校，并在 J. 吉尔斯、A. E. 高夫和 A. 博维尔事务所（John Giles & Albert Edward Gough & Alfred Bovill）受训

经历：

——1881 年在基德明斯特（Kidderminster）赫里福德和伍斯特（Hereford & Worcester）事务所任职；

——后收购贝克（T. D. Baker）的事务所；

——1900 年 5 月 8 日由伦敦到达香港，受聘于香港工务署，负责香港法院新建筑的监造；

——1902 年左右到上海业广地产公司（Kung-sze Land Investment Co.，后更名为 Shanghai Land Investment Co.）任职，到 1904 年去世。

作品：

——香港法院新建筑，监造，1900；

——参见第三编上海业广地产公司。

著述：

——不详。

参考文献及相关材料：

——Directory of British Architects，1834—1914，2（L-Z）[M]：221.

——[J]. The Builder，1904-04-16：471.

[319] Motomu Doi（土肥求）

生卒：1909.07—?

出生地：日本京都

国籍：日本

在华城市：长春、沈阳

资历：MJA

教育和训练背景：1932 年京都帝国大学建筑科毕业

经历：

——1933 年任伪满国都建设局雇员；

——1933 年 7 月 1 日任伪满需用处营缮科属官；

——1937 年 5 月 3 日任伪满营缮需品局营缮处技佐；

——1938 年 5 月任伪满国都建设局建筑科雇员；

——1938 年 7 月任伪满总务厅技士；
——1939 年任伪满营缮需品局营缮处技士；
——1940 年 1 月任总务厅企划处技佐兼建筑局第一工务处技佐；
——自 1941 年 6 月 16 日起任伪奉天市技佐、工务处建筑科长；
——自 1944 年 8 月 10 日起任建筑局技正。

作品：

——不详。

著述：

——不详。

参考文献及相关材料：

——中西利八．满洲绅士录 [M]. 3 版．东京：满蒙资料协会，1940：560.
——堀勇良．日本近代建筑人名总览（增补版）[M]. 东京：中央公论新社，2022：922–923.

[320] Moule，Arthur Christopher（A. C. 莫尔）

生卒：1873—1957
出生地：中国杭州
国籍：英国
在华城市：北京、天津、山东
资历：不详
教育和训练背景：在剑桥大学三一学院接受建筑师训练

经历：

——1898 年左右加入北京中华圣公会，一边学习汉语，一边协助华北区主教史嘉乐（Charles Perry Scott，1847—1927）负责天津和北京 2 栋即将开工建设的教堂；
——1899 年，天津拟建教堂，首先从上海获得了一个设计方案，但是教堂建筑委员会因其造价过高而对该方案不满意；后又邀请 A. C. 莫尔进行设计，方案被采纳后，由他负责监督基础的建造，其辞职后，由 J. C. 汤普森（J. C. Thompson）按其设计继续建造，教堂最终于 1903 年建成，该建筑即为天津圣公会诸圣堂（All Saints' Church，Tientsin）；
——1904 年成为福音传播会（Society for the Propagation of the Gospel）传教士，在山东传教 4 年后回到英国。

作品：

——天津圣公会诸圣堂（All Saints' Church，Tientsin），1903。

著述：

——Arthur Christopher Moule. Christians in China Before the Year 1550[M]. London：Society for Promoting Christian Knowledge，1930.

参考文献及相关材料：

——[J]. North China Mission Quarterly Paper，1898，6（1）4：54.
——[J]. North China Mission Quarterly Paper，1903，11（4）：14–15.
——https：//en.wikipedia.org/wiki/Arthur_Christopher_Moule.

注：他为中华圣公会华中地区主教慕稼谷（George Evans Moule，1828—1912）的儿子。

[321] Mueller，Wilhelm（W. 穆勒）

生卒：?—1959.11.14
出生地：德国汉诺威
国籍：德国
在华城市：天津、青岛
资历：不详
教育和训练背景：不详

经历：

——1905 年 5 月 18 日任德国第二十二步兵团中尉，曾在米斯堡（Misburg）任总工程师，后到天津做建筑师；
——1910 年在青岛德商广包公司（Schmidt，F. H. Architect-engineer）任建筑师；
——1914 年日德青岛战役爆发后，于 8 月任德国海军海战预备队中尉，同年 11 月被囚于日本松山战俘营（Camp Matsuyama）；
——1919 年 12 月被遣散并居留日本，稍后与赫塔·埃斯奇克（Hertha Eschke）结婚；
——1923 年与赫琴（E. Hunke）在天津合办鸿美建造公司（Hunke & Muller Architects and Civil Engineers），1925 年开始任北京分部建筑师，曾任教于北平师范学院艺术与科学系以及工业、职业教育与艺术建筑系（Peking National Teachers College Department of Arts and Sciences，Depart of Industrail Vocational Education and Art，A.B. Architecture）；
——1929 年从鸿美建造公司退伙，公司名未变，由赫琴继续经营至 1938 年；
——1953 在伊森哈根（Isernhagen）任建筑师，并曾参加青岛情谊会议（Meetings of the Tsingtao-camaraderie）。

作品：

——不详。

著述：

——不详。

参考文献及相关材料：

——http：//tsingtau.info/index.html?namen/w.htm.

[322] Muller，Einar Jonsberg（穆拉）

生卒：1874.10.10—1943
出生地：挪威特隆赫姆（Trondheim）
国籍：挪威
在华城市：上海
资历：MAmSCE
教育和训练背景：1896 年 7 月毕业于挪威国立土木工程技术学校（Norwegian Government Technical School of Civil Engineering）

经历：

——毕业后到葡属东非从事铁路（Beira-Fort Salisbury Railway）建造；
——之后到南非开普敦任市政助理工程师，并于 1897 年被任命为市政供水工程师；
——1900 年到匹兹堡美国桥梁公司（American Bridge Co.）任助理工程师两年，后到罗阿诺克弗吉尼亚桥梁与钢铁公司（Virginia Bridge & Iron Co.）任工程师助理；

——1903 年受上海公共租界工部局聘请到上海任工程助理；
——1905 年辞职并独立执业，经营土木工程师咨询业务；
——1906 年曾任芜广铁路总工程师；
——1907 年受聘于安徽铁路公司并任总工程师，负责测绘、桥梁建造等；
——1908 年曾绘制《改正中国铁道全图》；
——1909 年 8 月辞去安徽铁路公司总工程师，与德利（P. Tilley）合伙成立协泰行（Tilley & Muller, Consulting Engineers and Architects），代理美国公司的工程设备等；
——1910 年 7 月前德利退出，穆拉自办协泰洋行（协泰行，Muller，E. J. Consulting Engineer）；
——1910 年代理钢混工程所需竹节钢；
——1923 年 1 月德利和埃克塞特（B. van Exeter）成为其公司合伙人；
——1918 年 7 月—1920 年 1 月同时经营钢筋混凝土造船厂（Steel Concrete Shipbuilding Co.）；
——1924 年获挪威政府颁发的一等圣奥拉夫奖章（1st Class Order of St. Olaf）；
——1931 年 5 月裴葛文（U. F. Beichmann）和裴琪（F. Berge）成为公司合伙人，洋行名未改，经营至 1941 年 7 月后；
——1933 年在上海市工务局登记为土木技师。

作品：

——上海华洋德律风大厦（Shanghai Mutual Telephone Co. Exchange Building）钢混设计方案，（实际建成方案由 C. Luthy 设计），1906；
——安徽铁路钢筋混凝土桥梁，1908；
——参见第二编协泰洋行。

著述：

——1918 年获得一项英国钢筋混凝土船专利，见：The Singapore Free Press and Mercantile Advertiser[N]. 1918-05-23：326.
——E. J. Muller. Reinforced Concrete[C]// Shanghai Society of Engineers and Architects. Proceedings of the Society and Report of the Council，1904—1905. Shanghai：North-China Herald，1905：121-152.
——E. J. Muller. An Opinion on the Safest and Least Expensive Foundation Piling Adapted to Shanghai Conditions[J]. The Far Eastern Review，1929，25（8）：369-372.

参考文献及相关材料：

——Men of Shanghai and North China[M]. 1933：297.
——Men of Shanghai and North China[M]. 1935：418-421.
——郑时龄 . 上海近代建筑风格 [M]. 上海：同济大学出版社，2020：211.
——Hongbin Zheng，James W. P. Campbell. History of Early Reinforced Concrete in Modern Shanghai，1890—1914[J].Construction History，2021，36（2）：81-121.
——照片来源：https：//www.strindahistorielag.no/wiki/index.php/Einar_J%C3%B8nsberg_M%C3%BCller.

注：上海华洋德律风大厦设计图纸藏于上海城建档案馆，感谢苏州大学胡霖华老师提供信息。

[323] Muller，Paul（保禄 · 慕乐 / 米乐）

生卒：1890—?
出生地：不详
国籍：法国
在华城市：天津、上海
资历：DPLG
教育和训练背景：1910 年前后就读于法国巴黎高等美术学院建筑系

经历：

——1915 年来中国，同年加入天津永和建筑公司；
——1923 年进入天津工商大学（Hautes Etudes Industrielles et Commerciales），教授房屋建筑学；
——1932 年 1 月在天津法商永和营造管理公司（Brossard，Mopin Civil Engineers，Contractors，Architects，Reinforced Concrete Specialists，and Bridge Builders）任建筑师；
——1932 年 7 月曾在上海法商营造公司（Minutti & Cie）任建筑师；
——1933 年 1 月—1938 年 1 月在天津法商永和营造管理公司任建筑师；
——1934 年 10 月 3 日在天津市工务局登录为建筑技师；
——1937 年为避免战乱，停业一年；
——1938 年回到天津，并在天津工商学院教授内部装饰学；
——1941 年 1 月在天津自办保禄慕乐工程师行（Muller，Paul，D. P. L. G. Architect），后无闻。

作品：

——参见第二编永和营造管理公司。

著述：

——Albert Ghesquieres，Paul Muller. Comment batirons-nous dispensaires，ecoles，missions catholiques，chapelles，seminaires，communautes religieuses en Chine?（我们如何在中国建造药房、学校、天主教教会、教堂、研讨室和宗教社区）[J]. Collectanea Commisionis synodalis / Digest of the Synodal Commission，1941，14：1-81.

参考文献及相关材料：

——天津市档案馆 . 天津市工务局业务报告 [R]. 1935.
——Thomas Coomans. The 'Sino-Christian Style'：A Major Tool for Architectural Indigenisation[C]// Yangwen Zheng. Sinicising Christianity（Studies in Christian Mission 49），Leiden-Boston：Brill，2017：195-232.
——武求实 . 法籍天津近代建筑师保罗 · 慕乐研究 [D]. 天津：天津大学，2011.
——照片来源：（天津）工商学院 1940 班毕业纪念册。转引自文献同上。

[324] Munakata Masakazu（宗像主一）

生卒：1893.02.15—1965
出生地：日本广岛县
国籍：日本
在华城市：大连
资历：MJA
教育和训练背景：1919 年毕业于东京帝国大学建筑科

经历：

——毕业后即进入首尔中村与资平建筑事务所，任技师，负责设计监督；
——1921 年中村自欧美游历归来后改组事务所，宗像成为合伙人，公司更名为中村宗像建筑事务所，宗像负责大连分部（1917 年创办）业务；
——1922 年在首尔的事务所关闭后，继承中村与资平事务所；
——1922—1924 年任中村宗像建筑事务所协同主宰；
——1924—1945 年任在大连经营宗像建筑事务所；
——1927—1932 年兼任南满洲工业专门学校讲师；
——二战结束后，曾担任苏联军队的技术顾问；
——1947 年回到日本后，曾担任美军技术顾问至 1982 年。

作品：

——救世军大连会馆，1924；
——横滨正金银行长春支店，与久留弘文合作，长春，1924；
——横滨正金银行沈阳支店，1925；

——三越吴服店大连办事处，1927；
——S氏住宅，大连景宾巷街60号，1929；
——K氏住宅，大连市黑石礁，1927—1929；
——“南满洲电气乘用车候车处”，大连；
——周水子小野田水泥公司小学讲堂，1932；
——美国领事馆，大连市，1931；
——大连连锁商店，1928—1929；
——四平街输入出组合（四平街中央大街）出租店铺，长春（？）；
——熊岳城农业实习所牛舍、小仓库，1932；
——大连羽衣高等女子学校，1933；
——大连连锁街B区公寓，1936；
——早苗町富士见寮，大连市，1936；
——“东洋拓殖大连支店”，1936；
——伪满洲烟草长春工场，1937；
——石田邸，大连市高砂町32号，1939；
——丸永商店，大连市敷岛町41号，1939；
——消费组合大连真金町分配所，大连市真金町52号，1939。

著述：

——在《满洲建筑杂志》上发表多篇文章。

参考文献及相关材料：

——中村与资平纪念馆别馆，https：//blogs.yahoo.co.jp/yosihei8jp
——堀勇良．日本近代建筑人名总览（增补版）[M]. 东京：中央公论新社，2022：1335.
——西泽泰彦．東アジアの日本人建築家[M]. 东京：柏书房，2011.
——照片来源：同上。

[325] Murata Jiro（村田治郎）

生卒：1895.09.23—1985.09.22
出生地：日本山口县
国籍：日本
在华城市：大连
资历：MJA
教育和训练背景：1923年毕业于京都帝国大学建筑学专业，后获京都帝国大学博士学位

经历：

——1924年4月加入“满铁”大连本部，被任命为“南满工专”教师，教授建筑史和建筑设计，期间考察“南满铁路”沿线历史建筑，并研究朝鲜族民族等；
——1937年离开“满铁”、回到日本，任京都帝国大学教授。

作品：

——不详。

著述：

——村田治郎．满洲建筑[M]. 东京：东学社，1935；
——村田治郎．满洲の史蹟[M]. 东京：座右宝刊行会，1944；
——村田治郎．中国の帝都[M]. 东京：综芸舍，1981；
——村田治郎．东洋建筑系统史论（其一）[J]. 建筑杂志（东京），1931，45（544）：1-65；
——村田治郎．东洋建筑系统史论（其二）[J]. 建筑杂志（东京），1931，45（545）：67-160；
——村田治郎．东洋建筑系统史论（其三）[J]. 建筑杂志（东京），1931，45（546）：161-192；
——在《满洲建筑协会杂志》发表伪满洲古建筑相关研究文章30余篇，另出版有多本关于中国古建筑的著作。

参考文献及相关材料：

——https：//ja.wikipedia.org/wiki/ 村田治郎 .

——川上贡 . 村田治郎先生を悼む村田治郎博士小伝（含著作目録）[J]. 建筑史学，1986，6（3）：173–184.

——[J/OL]. 日本美术年鉴，1986：25. http：//www.tobunken.go.jp/materials/bukko/9895.html.

——陈建仲 . 日本帝国主义时期满洲建筑协会的形成、发展与影响 [D]. 台南：台湾成功大学，2017：107–118.

——堀勇良 . 日本近代建筑人名总览（增补版）[M]. 东京：中央公论新社，2022：1345–1346.

注：为《满洲建筑协会杂志》首任主编。

[326] Murphy，Henry Killam（墨菲 / 茂飞）

生卒：1877.08.10—1954.10.12

出生地：美国纽黑文

国籍：美国

在华城市：上海

资历：AIA，1919

教育和训练背景：耶鲁大学建筑学学士

经历：

——1900—1904 年在纽约几家事务所受训；

——1905—1906 年在欧洲游学；

——1906 年在纽约自办事务所；

——1908 年和丹纳（Richard Henry Dana，Jr.）组建茂旦洋行（Murphy & Dana）；

——1914 年受美以美会海外教团（Episcopal Board of Missions）和耶鲁海外传教差会（Yale Foreign Missionary Society）委托，设计东京圣保罗学院和长沙耶鲁学校；

——1918—1922 年以及 1926 年，每年都会到华处理项目的相关事宜；

——1920 年丹纳退伙，麦吉尔（Henry J. McGill）和哈姆林（Talbot F. Hamlin）成为合伙人，公司更外文名为 Murphy，McGill & Hamlin；

——1923 年回购麦吉尔和哈姆林的股份，开始以“Henry Killam Murphy”为公司名独立执业；

——1929 年 2 月再度回华，任国民政府新首都南京规划建筑顾问（1928 年 10 月受聘），任期一年；

——1931 年为完成南京国民政府及其他地区的项目，第 8 次来华；

——1933 年夏接受上海美华地产公司（Realty Investment Co.）的邀请，成为建筑合伙人，负责设计；

——其职业生涯的前十年曾设计上百栋住宅，之后十年成为教育建筑设计专家。

作品：

——参见第二编茂旦洋行。

著述：

——H. K. Murphy. Adaptation of Chinese Architecture[J]. Journal of the Association of Chinese and American Engineers，1926，7（3）：2–8.

——Henry Killiam Murphy. An Architectural Renaissance in China：The Utilization in Modern Public Buildings of the Great Styles of the Past[J]. Asia，1928，28：468–475.

参考文献及相关材料：

——徐春宁 . 亨利 · 墨菲传 [M]，南京：凤凰出版社，2019.

——Men of Shanghai and North China[M]. 1935：421–425.

——中国社会科学院近代研究所翻译室 . 近代来华外国人名辞典 [M]. 北京：中国社会科学出版社，1981：347.

——国民政府建筑顾问茂飞建筑师小传 [J]. 建筑月刊，1934（1）：51–52.

——欢饯茂飞建筑师返美志盛：欢饯茂飞建筑师返美留影 [J]. 建筑月刊，1935，3（5）：3.
——茂飞 . 南京阵亡将士纪念公墓 [J]. 建筑月刊，1934，2（2）：3-10.
——Louise B. Wilson. Architect Plans to Unite Ideas of Two Continents[N]. The China Press，1926-03-21：1.
——Naval Hospital to be Built at Kiangnan Dock[N]. The China Weekly Review，1931-08-01：355.
——Murphy Tells of Conception of Memorial：Revolutionists' Group at Purple Mountain Only Cultural Project[N]. The China Press，1934-03-28：9.
——Henry Killam Murphy Will Draw Plans for Rebuilding of Nanking[N]. The China Weekly Review，1928-12-22：159.
——Old Chinese Architecture，Its Adaptability to Modern Uses[N]. The North-China Daily News，1932-12-11（18）.
——The Architecture of China Adapted to Today Interesting Lantern Lecture at Annual Exhibition of Shanghai Art Club Yesterday by Mr. H. K. Murphy，American Expert[N]. The Shanghai Times，1932-11-12（8）.
——Nanking Wall to be Retained，Mr. H. K. Murphy on the Future of the Capital at Nanking[N]. The North-China Daily News，1929-04-30（12）.
——Nanking Wall to be Retained，Mr. H. K. Murphy on the Future of the Capital[N]. The North-China Herald and Supreme Court & Consular Gazette，1929-05-04（14）.
——H. K. Murphy in New Connection，New York Architect to Resume General Practice[N]. The North-China Daily News，1933-06-04（26）.
——Jeffrey W. Cody. Building in China：Henry K. Murphy's "Adaptive Architecture"，1914—1935[M]. Hong Kong：The Chinese University Press；Seattle：University of Washington Press，2001.
——[美] 郭伟杰 . 筑业中国：1914—1935，亨利·茂飞在华二十年 [M]. 卢伟，冷天，译 . 北京：文化发展出版社，2021.
——Hong，Yan. Shanghai College：An Architectural History of the Campus Designed by Henry K. Murphy[J]. Frontiers of Architectural Research，2016，5（4）：466-476.
——Liu Y. Building Guastavino Dome in China：A Historical Survey of the Dome of the Auditorium at Tsinghua University[J]. Frontiers of Architectural Research，2014，3（2）：121-140.
——刘亦师 . 墨菲研究补阙：以雅礼、铭贤二校为例 [J]. 建筑学报，2017（7）：67-74.
——刘亦师 . 茂旦洋行与美国康州卢弥斯学校规划及建筑设计 [J]. 建筑师，2017（3）：33-42.
——刘亦师 . 墨菲档案之清华早期建设史料汇论 [J]. 建筑史，2014（2）：164-186.
——刘亦师 . 从私园到校园——山西铭贤学校校景之形成及其特征（1909—1937）[J]. 中国园林，2015（7）：79-83.
——刘亦师 . 山西太谷县原铭贤学校近代建筑考辨 [J]. 南方建筑，2014（4）：116-123.
——方拥 . 燕园规划和发展刍议二则 [C]// 岳庆平，吕斌 . 首届海峡两岸大学的校园学术研讨会论文集 . 北京：北京大学出版社，2001：66-70.
——方雪，冯铁宏 . 一位美国建筑师在近代中国的设计实践：亨利·墨菲在中国的适应性建筑 1914—1935 评介 [C]// 张复合 . 中国近代建筑研究与保护（七）. 北京：清华大学出版社，2010：564-573，683.
——卢伟 . 画意构宇 墨土相生——美国建筑师墨菲校园规划水墨渲染图中的东方画意 [J]. 华中建筑，2017，35（4）：16-21.
——冯刚，吕博 . 亨利·墨菲的传统复兴风格大学校园设计思想研究 [J]. 建筑学报，2016（7）：74-80.
——刘东华 . 美国建筑师墨菲与南京古城的难解之缘 [J]. 档案与建设，2015（7）：67-69.
——刘亦师 . 清华大学大礼堂穹顶结构形式及建造技术考析 [J]. 建筑学报，2013（11）：32-37.
——唐克扬，张凌 ."他们"，"我们"——从西方建筑师在中国的实践史说起 [J]. 景观设计学，2013，1（5）：71-77.
——卢洁峰 . 金陵女子大学建筑群与中山陵、广州中山纪念堂的联系 [J]. 建筑创作，2012（4）：192-200.
——李倩怡，刘畅 . 墨菲的辅助线：清华大礼堂设计的比例与法式研究 [J]. 建筑史，2012（1）：156-166.
——陆敏，阳建强 . 金陵女子大学的空间形态与设计思想评析 [J]. 城市规划，2007（5）：88-92.
——董黎 . 教会大学建筑与中国传统建筑艺术的复兴 [J]. 南京大学学报（哲学、人文科学、社会科学版），2005（5）：70-81.
——董黎 . 金陵女子大学的创建过程及建筑艺术评析 [J]. 华南理工大学学报（社会科学版），2004（6）：57-61.

——张金红 . 福州地区基督教建筑研究 [D]. 福州：福建师范大学，2003.
——卢伟，关瑞明 . 被遗忘的遗憾——茂飞“学术村”在福建协和大学校园中的移植 [J]. 建筑遗产，2022（2）：57–65.
——Men of Shanghai and North China[M]. 1933：298–301.
——照片来源：同上：299.

[327] Nabias，Albert Louis Adolphe（A. L. A. 那碧思）

生卒：1886.04.15—1966.09.10
出生地：法国科西嘉岛（Corsica）
国籍：法国
在华城市：上海
资历：不详
教育和训练背景：巴黎美术学院美术学（Beaux-Arts Attended the Fine Arts）

经历：
——1914—1918 年参加一战；
——1920 年 1 月到上海与其妹妹（Mathilde）和妹夫会和；
——1922—1932 年任上海法租界公董局工务处建筑师；
——1932 年 3 月 23 日回到法国瓦朗斯（Valence）；
——1966 年在法国尼斯去世。

作品：
——克罗兹 – 埃米塔日葡萄酒（Crozes Hermitage）的瓶子标志；
——参见第三编法租界公董局工务处。

著述：
——不详。

参考文献及相关材料：
——http：//gw.geneanet.org/claudemariec?lang=fr&p=albert+louis+adolphe&n=nabias.
——照片来源：同上。

[328] Nagakura Fujio（长仓不二夫）

生卒：1896.08—?
出生地：日本大阪
国籍：日本
在华城市：大连、沈阳、长春
资历：MJA
教育和训练背景：1921 年毕业于东京大学建筑科

经历：
——1921 年 9 月入职“满铁”，先后任技术部建筑科、社长室建筑课勤务，以及地方部建筑课技术研究所兼任勤务、技术委员会临时委员兼任勤务、奉天地方事务所建筑系长等职务；
——1929 年 2 月赴欧美考察，回来后任工事部建筑课勤务、地方工事课勤务，兼技术局建筑班主审查、地方部工事课住宅系主任，兼计划部审查役、附建筑班主审查、工场建筑系主任；
——1936 年 9 月被任命为参事；
——1937 年 5 月任“满铁”参事、工务局建筑课长、东亚土木企业（株）取缔役、伪满洲不动产（株）监查役、科学审议委员会专门委员；
——1939 年任伪满洲建筑协会副会长兼奉天（沈阳）支部长。
——1942 年 10 月离开“满铁”；
——1942—1945 年任奉天伪满洲土木（株）顾问；
——1945 年离开中国。

作品：

——“满铁俱乐部”，大连，1924；
——“新京理事馆”，长春，1933；
——“满铁奉天社员俱乐部”，与岩崎善次合作，沈阳。

著述：

——不详。

参考文献及相关材料：

——堀勇良 . 日本近代建筑人名总览（增补版）[M]. 东京：中央公论新社，2022：951.
——中西利八 . 满洲绅士录 [M]. 3 版 . 东京：满蒙资料协会，1940：518.
——照片来源：同上。

[329] Nagao Hanpei（长尾半平）

生卒：1865.08.28—1936.06.20
出生地：日本新潟县
国籍：日本
在华城市：台北
资历：不详
教育和训练背景：1891 年毕业于东京帝国大学土木科

经历：

——1898 年到台湾，任台湾总督府民政部土木科技师；
——1899 年任土木课课长；
——1900 年兼任临时台湾基隆筑港局技师，至 1908 年；
——1901—1909 年任土木局局长；
——1907 年任总督府厅舍建筑设计审查委员，与野村一郎共同组织建筑设计竞赛事宜；
——1910 年 9 月离开台湾、回到日本。

作品：

——不详。

著述：

——不详。

参考文献及相关材料：

——黄俊铭 . 长尾半平与日据初期的营缮组织 [J]. 建筑学报（台北），1990（3）：153-160.
——https：//ja.wikipedia.org/wiki/ 长尾半平 .
——照片来源：同上。

[330] Nakamura Yoshihei（中村与资平）

生卒：1880.02.08—1963.12.21

出生地：日本静冈县

国籍：日本

在华城市：大连

资历：MJIA

教育和训练背景：1905 年从东京帝国大学建筑系毕业

经历：

——毕业后进入辰野葛西事务所（辰野金吾与葛西万司共同经营）；

——1907 年 12 月—1911 年 12 月任第一银行总行（后朝鲜银行总行）临时建筑部工务长；

——1912 年在京都京金町开办中村建筑事务所；

——1917 年在大连市设立分公司和建设部，岩崎德松任大连分公司主任，藤井嘉造任建设部主任；

——1919 年 4 月，久留弘文加入大连分公司并任所长；

——1919 年 9 月，宗像主一加入大连分公司；

——1920 年 12 月京都京金町事务所遭遇火灾，迁移到京都太平町；

——1921 年 3 月—1922 年 2 月到欧美视察；

——1922 年在东京开设中村建筑事务所，大连分行的宗像主一入伙，公司更名为中村宗像建筑事务所；

——1924 年岩崎德松去世，京都事务所关闭；

——1934—1943 年，主持东京中村与资平建筑事务所；

——1944 年事务所关闭，撤离到滨松市；

——1963 年在浜松市逝世。

作品：

——朝鲜银行大连支行，1920；

——朝鲜银行长春支行，1920；

——朝鲜银行沈阳支行，1919；

——横滨正金银行长春支行，1922；

——三越吴服店大连店增建，1919；

——奉天公会堂，沈阳，1919；

——开原公会堂，开原，1920；

——京城日报安东县支局，安东县；

——“满铁瓦斯作业所”，施工，大连，1918；

——鞍山制铁所高架水槽，施工，鞍山，1918；

——鞍山制铁所循环装置过滤机室，施工，鞍山，1918；

——鞍山制铁所水淬采集函，施工，鞍山，1918；

——鞍山制铁所瓦斯溜水槽，施工，鞍山，1919；

——安东县发电所烟囱，施工，安东，1919；

——朝鲜银行大连支行宿舍，施工，大连，1920；

——“满铁”沙河口瓦斯水槽，施工，大连沙河口，1920；

——朝鲜银行开原支行宿舍，施工，开原，1921。

著述：

——不详。

参考文献及相关材料：

——https：//www.biz-lixil.com/resource/pic/column/inaxreport/IR187/IR187_p04-16.pdf.

——中村与资平纪念馆别馆 [OL]. https：//blogs.yahoo.co.jp/yosihei8jp.

——西泽泰彦 . 建築家中村與資平の経歴と建築活動について [C]// 日本建筑学会 . 日本建筑学会计画系论报告集，1993，450：151-160.

——堀勇良 . 日本近代建筑人名总览（增补版）[M]. 东京：中央公论新社，2022：996-997.

——https: //ja.wikipedia.org/wiki/ 中村与资平 .
——照片来源：同上。

[331] Nakazawa Rio（中泽洁）

生卒：1897.08—?
出生地：日本滋贺县
国籍：日本
在华城市：大连、鞍山、沈阳、牡丹江
资历：MJA
教育和训练背景：1919年毕业于东京高等工业学校建筑科

经历：

——1919 年毕业后到"满铁"工作，在总务部工务局建筑课任勤务；
——1919 年 7 月—1922 年 1 月任技术部建筑课勤务；
——1922 年 1 月—1923 年 4 月任社长室建筑课勤务；
——1923 年 4 月—1924 年 10 月任地方部建筑课勤务；
——1924 年 4 月—1925 年 1 月任鞍山地方区勤务；
——1925 年 1 月—1926 年 4 月任鞍山地方事务所勤务；
——1926 年 4 月—1928 年 10 月任奉天（沈阳）地方事务所勤务；
——1928 年 10 月—1930 年 6 月任满铁技术委员会勤务；
——1930 年 6 月—1931 年 8 月任总务部勤务；
——1931 年 8 月—1932 年 11 月任技术局勤务；
——1932 年 12 月—1934 年 8 月任计画部勤务；
——1934 年 8 月—1936 年 9 月任计画部建筑班主查；
——1936 年 10 月—1937 年 8 月任技术委员会勤务；
——1937 年 8 月—1942 年 1 月任监查役附监察员；
——1942 年 1 月—1942 年 5 月任监察役附监察员奉天（沈阳）在勤；
——1942 年 6 月—1944 年 10 月任牡丹江工事事务所长；
——1944 年 10 月—1945 年 5 月任奉天（沈阳）工事事务所长；
——1945 年 5 月—1945 年 8 月任奉天（沈阳）地区事务局施设部长。

作品：

——满洲建筑协会会馆，大连，1922—1924。

著述：

——不详。

参考文献及相关材料：

——堀勇良 . 日本近代建筑人名总览（增补版）[M]. 东京：中央公论新社，2022：953.
——中西利八 . 满洲绅士录 [M]. 3 版 . 东京：满蒙资料协会，1940：222.
——照片来源：同上。

[332] Nebuska，Cyrill（C. 内布斯卡）

生卒：1886.07.06—?
出生地：捷克贝尔纳蒂斯（Bernartice）
国籍：捷克
在华城市：上海
资历：DIBA（?）
教育和训练背景：布拉格捷克技术大学（Czech Technical University in Prague）

经历：

——1923 年曾在上海公和洋行任职；
——1925 年以孚开洋行名义参加中山陵设计竞赛，获名誉奖第一名；
——1926 年在思九生洋行任职；
——1928 年曾参加捷克议会大厦建筑设计竞赛；
——1946 年在布拉格执业；
——1947 年再次参加捷克议会大厦建筑设计竞赛。

作品：

——中山陵设计竞赛名誉奖第一名，与雕塑家科勒（B. J. Koel）合作，1925。

著述：

——不详。

参考文献及相关材料：

——孙中山先生墓图案名誉奖第一孚开洋行制 [J]. 寰球中国学生会周刊，1925（213）：1.
——孙中山先生陵墓建筑图案说明：名誉奖第一名孚开洋行乃君 [J]. 良友，1926（2）：14.
——The Mausoleum For Dr. Sun Yat-Sen：Designs Adjudicated Upon：Prize of ＄2，500 Won by Local Man[N]. The North-China Herald and Supreme Court & Consular Gazette，1925-09-26：433.
——Jan Kober. Mezi Místem，Reprezentací a Možnostmi：Hledání Urbanistického Umístění a Architektury Československé Parlamentní Budovy（Between Place，Representation and Possibilities：Searching of Urban Location and Architecture of the Czechoslovak Parliament Building）[D]. Prague：Univerzita Karlova，2015：103-104.

注：其名又作 Nebuška Cyril。

[333] Negami Seitaro（根上清太郎）

生卒：1889.10—?
出生地：日本石川县
国籍：日本
在华城市：上海
资历：MJA，1939
教育和训练背景：1911 年自攻玉社工学校毕业，1912 年自攻玉社工学校研究科毕业

经历：

——1911—1912 年在东京市桥梁课任职；
——后曾任东京帝国大学工科大学助手、三菱会社勤务等；
——1918—1943 年在上海自办根上建筑事务所。

作品：

——2 座住宅，册地 3281 号，上海新闸路，1922；
——上海日本邮船会社门面改造，1927；
——角田公寓（Kakuta Apts/Banzai Kwan Building），上海闵行路 201 号，1933—1934；
——北部第二日本小学校，上海欧阳路 439 号，1937；
——上海日本商业子弟学校，1931；
——汉口国民学校，1943；
——汉口纪元二千六编记念事业柔剑道场等计画，1943。

著述：

——不详。

参考文献及相关材料：

——中西利八．满洲绅士录 [M]. 3 版．东京：满蒙资料协会，1940：1533.
——郑时龄．上海近代建筑风格 [M]. 上海：同济大学出版社，2020：508.
——堀勇良．日本近代建筑人名总览（增补版）[M]. 东京：中央公论新社，2022：1037.

[334] Newman，Bernard Leigh（B. L. 纽孟）

生卒：1880.01—1954.01.07
出生地：英国纽波特（Newport）
国籍：英国
在华城市：上海
资历：LRIBA，1911
教育和训练背景：1897—1900 年学徒于哈伯森、福克纳和格罗夫斯事务所（Habershon, Fawckner & Groves）

N

经历：

——1900—1902 年任科德林（Kettering）帕尔默事务所（F. Palmer）助理；
——1903—1903 年在格拉摩根（Glamorgan）郡工部局建筑师处任职；
——1905—1908 年在上海公共租界工部局工务处（Surveyor's Department）任职；
——自 1908 年 11 月在江西路 8 号创办永和洋行（Kiangsu Land & Construction Co.），并任建筑师和工程师，经营监督工程、绘图打样、测量营造、建筑码头、经理地产、挂号等业务；
——1914 年前在上海自办裕和洋行（Newman & Co.，Ltd.）；
——1916 年回国参军；
——1920 年时在英国纽波特。

作品：

——华通水火保险公司大楼（Wah Tung Insurance Co.，Ltd. Building），江西路（毗邻宁波银行），1909；
——爱普庐活动影戏院（The Apollo Theatre），上海，1911；
——乡村避暑别墅，册地 3647 号，上海康脑脱路，1911，永和洋行；
——电影厅改建，册地 971 号，上海四川北路，1911，永和洋行；
——35 座本地住宅，册地 159 号，上海海宁路，1911，永和洋行；
——4 座住宅加建，册地 1013 号，上海百老汇路，1912；
——2 座住宅，册地 159 号，上海海宁路，1913；
——印刷厂改造和 1 个厕所，册地 1882 号，上海威海卫路，1913；
——1 座洋式住宅，册地 1879 号，上海成都路，1914；
——1 座商店，册地 630 号，上海南京路，1914；
——108 座住宅和 4 个门房，册地 630 号，上海南京路、九江路、广西路和英华街，1914；
——1 座住宅，册地 1879 号，上海成都路，1914；
——大量办公和住宅建筑，上海香港路和江西路。

著述：

——不详。

参考文献及相关材料：

——Who's who in architecture[Z]. 1923：183.

——[J]. RIBA Journal，1954，61：392.

——Directory of British Architects，1834—1914，2（L–Z）[M]：253.

——部分作品信息源自相应年份《上海公共租界工部局公报》（*The Municipal Gazette*）。

——照片来源：[J]. The Far Eastern Review，1909，6（1）：1.

[335] Nielsen，Holgar Lundsgaard Raaschou（H. L. R. 呢琴）

生卒：1878.12.13—?

出生地：丹麦鲁德克丙（Rudkøbing）

国籍：丹麦

在华城市：上海、汉口

资历：MIVDI（?）；MIME，1921；CME，1921

教育和训练背景：不详

经历：

——1906年到华；

——1907年8月10日开始任上海公共租界工部局工务处工程师助理；

——1912年在汉口创办三义洋行（Nielsen & Malcolm）；

——1914年任汉口英租界工部局工务处工程师；

——1915年（一说1917年）曾在香港太古船厂工作的苏格兰工程师马尔科姆（D. A. Malcom）加入成为合伙人，公司外文名改为Nielsen & Malcolm，承办机械工程咨询、验船验货、工程检验公证、建筑设计、火损估算等业务；

——1919年英国工程师伯顿（C. W. Burton）加入三义洋行；

——1920年翰威特（R. N. Hewitt）加入三义洋行并负责其建筑部；

——后曾在上海、宜昌、广州先后设分号，1937年前后上海分号启用Nielsen & Malcolm（Shanghai）新外文名，1947年尚见于记载。

作品：

——参见第二编三义洋行。

著述：

——不详。

参考文献及相关材料：

——The China Who's Who（Foreign）[M]. 1922：201.

——The China Who's Who（Foreign）[M]. 1924：194.

——The China Who's Who（Foreign）[M]. 1925：191.

——The China Who's Who（Foreign）[M]. 1927：189.

[336] Nishimura Yoshitoki（西村好时）

生卒：1886.01.22—1961.04.30

出生地：日本东京

国籍：日本

在华城市：长春、台北

资历：MJA

教育和训练背景：1912年毕业于东京帝国大学建筑科

经历：

——毕业后加入真水工务所；

——1913年到曾祢中条建筑事务所任职，并参与大正博览会设计；

——1914年到清水组设计部任技师，任日本第一银行的建筑课长，负责总行及30余家支行设计；

——1921年到美国考察银行建筑设计；

——1926年到欧美考察；

——1931年自第一银行退休，开设西村建筑事务所；

——因其在银行建筑设计上的经验，被邀请到伪满"新京"设计伪满洲国中央银行总行，与远藤新共同协作；

——后又被委任前往台湾，主创台北台湾银行，并把在伪满洲中央银行总行的设计思路运用台湾银行的设计中；

——1951年任日本建筑师学会会长、中央建筑师审议会委员。

作品：

——伪满洲国中央银行总行，长春；

——台湾银行改建，台北，1936。

著述：

——不详。

参考文献及相关材料：

——https：//ja.wikipedia.org/wiki/西村好时.

——堀勇良.日本近代建筑人名总览（增补版）[M].东京：中央公论新社，2022：1025-1026.

——照片来源：https：//kato-hidehiko.asia/brother-structure/.

[337] Nishino Sakusuke（西野作助）

生卒：1891.03.09—?

出生地：日本秋田市

国籍：日本

在华城市：大连

资历：不详

教育和训练背景：1913年自秋田市立秋田工业学校建筑科毕业

经历：

——1913年4月—1914年5月在"满铁"工务课任勤务；

——1914年5月—1916年6月在"满铁"总务部技术局建筑课任勤务；

——1920—1923年任大连市田（市田菊治郎）建筑事务所所员；

——1923年10月—1936年在大连自办西野建筑事务所；

——1937年任大连伪满洲曹达（株）社员；

——1940—1943 年任奉天伪满洲不动产（株）技师。

作品：

——大连基督教青会馆，1926；

——大连南山麓 H 氏住宅，1930；

——大连菖蒲町 T 氏住宅，1930；

——大连小岛大厦，1933。

著述：

——不详。

参考文献及相关材料：

——堀勇良．日本近代建筑人名总览（增补版）[M]. 东京：中央公论新社，2022：1019–1020.

[338] Nomura Ichiro（野村一郎）

生卒：1868.11.19 — 1942.07.28

出生地：日本山口县

国籍：日本

在华城市：台北

资历：MJA

教育和训练背景：1895 年毕业于东京帝国大学造家学科

经历：

——1895 年 12 月以陆军一年志愿兵身份进入近卫步兵第二连队第四中队；

——1897 年 12 月任陆军步兵一等军曹、临时陆军建筑部技师；

——1898 年被任命为台湾兵营调查委员，负责调查台湾气候及建立建筑规则；

——1899 年抵达台湾，任台湾总督府民政部土木课技师；

——1900 年 9 月任铁道部特约顾问（非正式职员）；

——1902 年任台湾总督府民政部营缮科技师；

——1903 年 12 月任台北基隆市区计划临时委员；

——1904 年任台湾总督府民政部营缮科技师、课长；

——1907 年兼任朝鲜总督府政府大楼建筑设计审查委员；

——1909 年 10 月任台湾总督府土木部技师；

——1911 年兼任台北市市区计画委员；

——1914 年辞职回到日本进入大阪茂庄五郎建筑事务所；

——1926 年开设野村一郎建筑事务所；

——1942 年逝世。

作品：

——台北二二八和平纪念公园内的博物馆；

——第二代台北火车站（台湾车站），1901；

——第一代台湾银行，台北，1904（1936 年被西村好时改建）；

——台湾总督官邸，与福田东吾、宫尾麟共同设计，1900；

——台北铁道旅馆，与福岛克己合作设计，1910；

——台湾总督府博物馆，台北，1915。

著述：

——不详。

参考文献及相关材料：

——蔡龙保．日治时期台湾总督府土木局营缮课建筑人才的来源及其建树：以尾辻国吉为例 [J]. 台湾史研究（台北），2015，22（3）：51–96.

——吴昱莹．跟着日本时代建筑大师走：一次看懂百年台湾经典建筑 [M] 台中：晨星出版社，2021：28.

——https：//ja.wikipedia.org/wiki/ 野村一郎 .

[339] Nyholm，Erik（E. 尼霍姆）

生卒：1903.10.05—1946
出生地：丹麦哥本哈根
国籍：丹麦
在华城市：上海、北京
资历：不详
教育和训练背景：不详

经历：

——曾在上海工作多年；
——自 1925 年加入北京莫律兰洋行（V. Leth-Møller & Co.）在北京和天津两地合伙经营，至 1934 年 1 月后；
——1927 年参加北京图书馆设计征选，获首奖并主持工程设计；
——1934 年 2 月自丹麦探亲回到中国后，由北京迁至上海；
——1934 年 7 月—1935 年 1 月在上海康益洋行任职；
——1936 年 7 月—1937 年 1 月在上海经营莫律兰工程师行（Leth-Moller & Co.，V. Consulting Engineers）上海分部；
——1936 年曾到成都；
——1937 年 3 月仍在上海；
——1941 年 10 月到重庆，任丹麦驻美外交官考夫曼（Minister Kauffmann）的代表。

作品：

——国立北平图书馆（现国图分馆文津楼），参与，北京，1928—1931；
——参见第二编康益洋行。

著述：

——不详

参考文献及相关材料：

——Studenterne Mcmix[M]. Trykkeri：Trykt i det Berlingske Bogtrykkeri Aktieselskab，1934：119.
——[丹]白慕申．和平与友谊：丹麦与中国官方关系，1674—2008[M]. 林桦，译．北京：中国社会科学出版社，2008：96，98，102.
——张林．近代外籍建筑师在北京的执业成果研究 [D]. 北京：北京建筑大学，2017.
——照片来源：[N]. The Shanghai Sunday Times，1935-06-16（36）.

O

[340] Oberlein，Erich（E. 奥伯兰）

生卒：不详
出生地：不详
国籍：德国
在华城市：天津、北京、上海
资历：不详
教育和训练背景：不详

经历：

——1913年在天津泰成工程公司（North China Building Co.，Architects and Building Contractors）任负责人；
——1915 年在天津泰来洋行（Telge & Schroeter）任建筑部负责人；
——1917 年在天津泰来洋行北京分部任助理；

——1919 年在北京，因被选为国际俱乐部监造而免于被驱逐出境（中国对德宣战时期）；
——1921 年任同济大学土木科教授；
——1923 年 7 月左右在上海与德国建筑师苏家翰（K. H. Suhr）合伙组建事务所，公司外文名为 Suhr & Oberlein，后无闻。

作品：

——国际俱乐部（International Club），北京，1919；
——同济工业（医工）大学（同济大学），上海吴淞，1922—1924。

著述：

——不详。

参考文献及相关材料：

——Torten Warner. Deutsche Architektur in China：Architekturtransfer（德国建筑艺术在中国：建筑文化移植）[M]. Berlin：Ernst & Sohn，1994：126-127.
——Rotraut Bieg-Brentzel. Die Tongji-Universität. Zur Geschichte deutscher Kulturarbeit in Shanghai[M]. Frankfurt / Main：Haag & Herchen，1984：24，33.
——[J]. Centralblatt der Bauverwaltung，1923，43：357.
——同济大学欢迎会纪 [N]. 申报，1921-10-02（14）.

[341] Oblomievski，I. I.（沃布罗米耶夫斯基）

生卒：1871—1924
出生地：俄罗斯波尔塔瓦
国籍：俄罗斯
在华城市：哈尔滨
资历：不详
教育和训练背景：圣彼得堡民用工程师学院

经历：

——1897 年 3 月 1 日到中东铁路任职；
——1903 年被任命为哈尔滨城市建筑师一职，是哈尔滨首位城市总建筑师；
——4 年后被调入建筑生产部门，负责城市建设监督，同时也从事一些设计和建设项目，并一直在这个岗位上工作到 1921 年因病离职；
——1924 年在哈尔滨去世。

作品：

——不详。

著述：

——不详。

参考文献及相关材料：

——Нилус Е. Х. Исторический обзор Китайской Восточной железной дороги. 1896—1923 гг（中东铁路史，1896—1923）[M]. Харбин：Типографии Кит. Вост. жел. дор. и Т-ва “Озо”，1923：147.
——照片来源：同上。

注：俄文名 Обломиевский. И.И.。

[342] Oesterblom，Isaac（I. 奥斯特伯姆）

生卒：1877.07.22—1960.07.01

出生地：俄罗斯沃尔姆索（Wormsoe）

国籍：俄罗斯、美国

在华城市：上海

资历：MAmSCE

教育和训练背景：不详

经历：

——1902 年移民美国；

——1916 年 3 月 1 日抵达上海；

——1917 年任茂生洋行（American Trading Co. General and Contruction Engineers，Importers，Exporters，Manufacturers' & Insurance Agents）上海公司建筑部驻场工程师，主要负责康氏混凝土公司（Trussed Concrete Steel Co.）的钢混工程施工指导；

——1921 年 11 月被康氏混凝土公司派遣到印度加尔各答任职。

作品：

——参见第三编茂生洋行。

著述：

——I. Oesterblom. Imagination as an Important Factor in Progressive Engineering [C]// The Engineering Society of China. Proceedings of the Society and Report of the Council，1918—1919. Shanghai：North-China Daily and Herald Ltd.，1919：17-44.

——I. Oesterblom. The Shun Pao - A Chinese Newspaper Plant[J]. Modern Building，1919，7-8：1-5.

——I. Oesterblom. The Modern Chinese Tea House[J]. Modern Building，1919，1-2：1-5.

——I. Oesterblom. Palnning for Structural Economy[J]. Modern Building，1918，2（6）：18.

——I. Oesterblom. Combined and Continuous Footings[J]. Modern Building，1918，3（1）：17.

——I. Oesterblom. Combined and Continuous Footings[J]. Modern Building，1918，3（2）：17.

——I. Oesterblom. Lee Chong's Godown in Shanghai[J]. Modern Building，1917，4（7）：1-5.

——I. Oesterblom. Lee Chong's Godown in Shanghai[J]. The Far Eastern Review，1918，5：196-197.

参考文献及相关材料：

——Talks on Imagination in Engineering Work Mr. Oesterblom Reads Paper Before Society on Psychological Factor in Profession[N]. The China Press，1918-12-04（2）.

——[J]. Transactions American Society of Civil Engineers，1961，126（5）：53.

——https：//www.findagrave.com/memorial/140494778.

——照片来源：United States Passport Applications，1795—1925，MyHeritage.com[DB/OL]. MyHeritage Ltd.. https：//www.myheritage.cn/research/collection-10720/united-states-passport-applications-1795-1925.

注：专利信息 https：//www.google.ch/patents/US963927.

O

[343] Ohlmer，Ernst（阿理文 / 奥尔末）

生卒：1847.03.21—1927.01.01

出生地：德国希尔德斯海姆

国籍：德国

在华城市：上海、天津

资历：不详

教育和训练背景：业余建筑师

经历：

——1868 年 5 月 1 日，入职中国海关；

——1870—1872 年，在上海海关任职；

——1872 年 8 月，被任命为赫德私人秘书并调至北京工作；

——1880 年，回德国度假，后前往广州工作；

——1885 年，回德国并在年底结婚；

——后回到中国，并于 1887 年就任粤海关税务司；

——1887—1898 年，先后在北海、佛山、北京、澳门、宜昌等地海关任职；

——1898 年 8 月 15 日受赫德的指派赴青岛筹办设关；

——1899 年 7 月 1 日胶海关正式对外办公，他任首任税务司；

——1914 年 5 月，退休回到德国。

作品：

——德国钦差公署，北京东交民巷，1875—1879；

——俄国和意大利公使馆，北京东交民巷；

——海关建筑群，北京；

——旧胶海关办公楼、洋员公寓及验货仓库，青岛，1901；

——税务司住宅，青岛，1901；

——阿理文住宅，青岛，1899—1900。

著述：

——不详。

参考文献及相关材料：

——王栋 . 阿理文与胶海关 [N]. 青岛日报，2018-06-17.

——https：//zh.wikipedia.org/wiki/ 阿理文 .

——照片来源：同上。

注：在华工作期间他曾拍摄了众多照片，滕固辑录的《圆明园欧式宫殿残迹》所收录的照片均为其拍摄。

[344] Oizumi Ichi（大泉一）

生卒：1893.06—?

出生地：日本宫城县

国籍：日本

在华城市：公主岭、长春、沈阳、大连、天津、北京

资历：MJA

教育和训练背景：1911 年毕业于秋田工业学校，1916 年毕业于早稻田大学建筑科

经历：

——1917 年入职“满铁”本社技术局建筑课，后任公主岭工事系建筑主任、长春工务事务所建筑系、本社建筑课、总务部社会课等；

——曾到中国北方和北西伯利亚考察，后在沈阳和大连创办寒地家屋试验所；

——1930 年转任计划部；

——1935 年任地方部勤务、住宅系主任，后任大连工事事务所勤务（参事）；

——1938 年自“满铁”离职，任天津日本民团建筑课长；

——1939 年 3 月任工务部长；

——1943 年在北京任华北运输（株）本社经理课勤务。

作品：

——伪满洲化学工业株式会社社宅，大连。

著述：

——永野纹三郎，大泉一．满洲化学工业株式会社社宅工事概要 [J]. 满洲建筑杂志，15（3）.

参考文献及相关材料：

——堀勇良．日本近代建筑人名总览（增补版）[M]. 东京：中央公论新社，2022：225-226.

——中西利八．满洲绅士录 [M]. 3 版．东京：满蒙资料协会，1940：1697.

——照片来源：同上。

[345] Oka Oji（冈大路）

生卒：1889.11—1962

出生地：日本仙台

国籍：日本

在华城市：大连、抚顺

资历：MJA

教育和训练背景：1912 年毕业于东京帝国大学建筑科

经历：

——1912 年 8 月毕业后到“满铁”本社技术局、大连管理局、抚顺煤矿等任职；

——1923 年 4 月任“满铁”本社建筑课长；

——1923—1932 年任伪满洲建筑协会副会长，1933 年该“协会”改为伪满洲建筑学会后，又任会长至 1944 年；

——1925 年 2 月任“南满工专”教授；

——赴欧美考察归来后，任地方部建筑课长、兼建设工学科长；

——1935 年 4 月任“南满工专”校长兼教授、关东州都市计划委员会委员；

——1942 年 10 月—1945 年 8 月任伪满建筑局长；

——1953 年回到日本；

——1945—1953 年被中国政府留用。

作品：

——大连天主教堂，1927；

——长春伪满新京建国庙，1936—1940。

著述：

——冈大路．中国宫苑园林史考 [M]. 常瀛生，译．北京：学苑出版社，2008.

——冈大路．横井謙介君を弔う [J]. 满洲建筑杂志，1942，22（3）：1-5.

参考文献及相关材料：

——堀勇良．日本近代建筑人名总览（增补版）[M]. 东京：中央公论新社，2022：276.

——中西利八．满洲绅士录 [M]. 3 版．东京：满蒙资料协会，1940：540.

——照片来源：同上。

[346] Okada Tokitaro（冈田时太郎）

生卒：1859.09.13—1926.06.05

出生地：日本唐津

国籍：日本

在华城市：大连

资历：MJA

教育和训练背景：1888 年 12 月 2 日—1889 年 6 月 30 日，在伦敦大学学习并毕业

O

经历：

——1880 年 5 月任职于大阪梅田停车场建筑课；
——1884 年 4 月任职于敦贺金崎建筑课；
——1884 年 4 月—1885 年 11 月任职于大阪车站建筑课；
——1885 年任东京大学化学实验工场工事担当；
——1886 年 2 月—8 月 2 日在辰野金吾建筑事务所任职；
——1888 年 8 月 18 日陪同辰野金吾赴欧洲考察银行建筑；
——1889 年 10 月回到日本；
——1890 年 9 月 18 日—1895 年 12 月 30 日任日本银行建筑技师；
——1899 年 2 月—1905 年 10 月在东京开办冈田工务所；
——1904—1905 年兼任河村组建筑部长；
——1905 年 6 月 3 日受清政府委托，任军队仓库特约顾问，负责营口、铁岭等地仓库建筑；
——1905 年 10 月关闭东京冈田工务所；
——1906 年 4 月辞去清政府军队仓库特约顾问职务；
——1906 年 5 月在大连成立冈田工务所；
——1908 年 5 月当选伪满洲建筑业组合（建筑承包商组织）组合长；
——1919 年 8 月任大连土木建筑株式会社社长；
——1920 年参与创办伪满洲建筑协会；
——1922 年 11 月在京都开设冈田工务处支行；
——1925 年 11 月在东京开设支行；
——1926 年在大连去世。

作品：

——驹田商会，大连，1906；
——大连民政署官舍改筑，大连，1906；
——三井物产社宅改造，大连，1906；
——横滨正金银行大连支店宿舍改造，大连，1906；
——三井物产社宅，大连，1907；
——“满铁大连埠头事务所”宿舍，大连，1907；
——三泰油房会社事务室工场仓库等，大连，1907；
——日清油房工厂，大连，1907；
——大连歌舞伎座，大连，1908；
——三泰油房社长宿舍，大连，1910；
——金城旅馆，大连，1910；
——辽东新闻社社屋，大连，1910；
——川崎造船大连出张所附属家，大连，1911；
——川崎造船大连出张所须田邸，大连，1911；
——高楯（福康洋行社主）邸，大连，1911；
——大连实业俱乐部，大连，1911；
——大连税关厅舍、长官住宅、副长官住宅、附属家屋，大连，1911 设计；
——大连肥料会社工场、事务所和舍，大连，1912；
——浪速町共同壳店，大连，1914；
——三构又三邸，大连，1921；
——古贺邦夫邸，大连，1921；
——中屋医院分院及住宅，大连，1921；
——古财治八邸，大连，1921；
——泰东日报社屋，大连，1921；
——渡边商店，大连，1922。

著述：

——不详。

参考文献及相关材料：

——西泽泰彦 . 建築家岡田時太郎の中国東北地方進出について：20 世紀前半の中国東北地方における日本人の建築組織に関する研究 その 2[C]// 日本建筑学会 . 日本建筑学会计画系论文报告集 . 1993，452：187–196.

——https：//ja.wikipedia.org/wiki/ 冈田时太郎 .

——堀勇良 . 日本近代建筑人名总览（增补版）[M]. 东京：中央公论新社，2022：287.

——照片来源：http：//www.yoyokaku.com/sub7–95.htm.

注：曾兼任多家单位的社长、理事等。

[347] Okano Shigehisa（冈野重久）

生卒：1890—1954

出生地：日本水户市

国籍：日本

在华城市：上海、青岛、天津

资历：MJIA

教育和训练背景：1911 年毕业于东京高等工业学校建筑科

经历：

——1911 年毕业后到“满铁”建筑课任职；

——1915 年被派遣到山东铁道部门任职，曾任青岛守备军民政部铁道部勤务；

——1919 年移居上海，在上海新瑞和洋行（Davis & Brooke，Late Davis Thomas）任职到 1921 年；

——1921 年 4 月在上海自办事务所冈野工程师行（S. Okano Architect），经营至 1945 年；

——1933 年在上海市工务局登记为建筑技师；

——1935 年在青岛开设分行，经营到 1943 年；

——1939 年在天津开设分行，经营至 1940 年；

——其公司上海总部直到 1942 年仍见记载，1942 年日本建筑学会上海分会设于冈野工程师行内；

——日军占据上海后，曾协助日军经营军事设施。

作品：

——参见第二编冈野工程师。

著述：

——不详。

参考文献及相关材料：

——中西利八 . 满洲绅士录 [M]. 3 版 . 东京：满蒙资料协会，1940：1651.

——柳肃 . 柳士英的建筑思想和日本近代建筑的关系 [C]// 张复合 . 中国近代建筑研究与保护（二）. 北京：清华大学出版社，2001：70–76.

——田中重光 . 上海租界における日本人建筑家の様式受容とその意义に关する研究——学校建筑を事例に [C]// 日本建筑学会 . 日本建筑学会技术报告集（14），2001：325–330.

——照片来源：陈祖恩 . 上海日侨社会生活史 1868—1945[M]. 上海：上海辞书出版社，2009：368.

注：他是民国政府登录的最早的日籍建筑技师；柳士英回国后曾在其事务所工作。

[348] Okuda Isamu（奥田勇）

生卒：1905.03.16—1980.10.28

出生地：不详

国籍：日本

在华城市：长春

资历：MJA

教育和训练背景：1928 年东京帝国大学建筑科毕业

经历：

——毕业后曾任清水组技师；

——后曾任宫内省内匠寮、帝世博物馆临时营造课特约顾问（非正式职员）等职位；

——1934 年任伪满国都建设局技术处技正、技佐，兼交通部技佐、内务局技佐，兼国都建设局技佐、技术处建筑科长，营缮需品局技正；

——后被任命为营缮处企划科长，兼内务局技正、交通部技正等；

——1937 年 5 月在伪满洲国任营缮需品局技佐；

——1938 年 1 月任营缮需品局技正；

——1940 年 1 月任建筑局技正、第一工务处第二工务科长兼总务厅企划处技正；

——1944 年 1 月卸任；

——1944—1946 年任伪满洲飞行机制造（株）建设部长。

作品：

——不详。

著述：

——不详。

参考文献及相关材料：

——中西利八 . 满洲绅士录 [M]. 3 版 . 东京：满蒙资料协会，1940：74.

——堀勇良 . 日本近代建筑人名总览（增补版）[M]. 东京：中央公论新社，2022：306.

[349] Okumoto Seika（奥本清夏）

生卒：1899.02—?

出生地：日本大分县

国籍：日本

在华城市：大连、长春

资历：不详

教育和训练背景：1916 年在关西商工学校建筑科修业

经历：

——1920—1921 年在关东厅民政部土木课任嘱托；

——1921—1923 年在关东厅内务局土木课任嘱托；

——1924—1933 年在关东厅任技手（内务局土木课勤务）；

——1933—1945 任伪满洲电信电话社员（经理部营缮课工务系长、经理部营缮课建筑系长）。

作品：

——大连邮便局，与臼井健三合作，1930；

——大连公学堂，与石原岩、臼井健三合作，1922；

——旅顺公学堂，与臼井健三合作，1922；

——西田邸，1936；
——长春伪满洲电信电话（株）本社，1936。

著述：

——不详。

参考文献及相关材料：

——堀勇良．日本近代建筑人名总览（增补版）[M]. 东京：中央公论新社，2022：310.

[350] Oliver，Elihu Henry（E. H. 奥利佛）

生卒：1839.11.08—1876.01.16
出生地：英国泰恩河畔纽卡斯尔（Newcastle upon Tyne）
国籍：英国
在华城市：上海
资历：AMICE，1872
教育和训练背景：自 1858 年 6 月起在利德尔（Mattew Liddell）门下做采矿工程师学徒 5 年

经历：

——1864 年 11 月到上海，任建筑师克内维特（F. H. Knevitt）助理；
——1865 年 8 月被任命为英租界工部局工程师克拉克（John Clark）的助手；
——1866 年 2 月升为测绘师，1868 年 11 月为工程师，任职直至 1876 年去世；
——在任工程师期间，独自负责上海公共租界的公共工程。

作品：

——上海海员教堂，1864；
——上海英租界的主排水计划；
——上海英租界的几座木桥和铁桥、浮桥、建筑；
——上海英租界的几条重要道路；
——上海外滩的大部分填筑工程，并将其改为公园；
——制定上海供水计划，并得到英国土木工程师学会前主席的认可；
——上海木结构外白渡桥，1874。

著述：

——不详

参考文献及相关材料：

——Memoirs[J]. Minutes of Proc eedings of the Institution of Civil Engineers，1876，45：256-257.

[351] Onoki Kouji（小野木孝治）

生卒：1874.03.07—1932.12.18
出生地：日本神奈川县
国籍：日本
在华城市：台北、大连
资历：MJA
教育和训练背景：1896—1899 年就读于日本帝国大学造家学科

经历：

——1899 年 8 月 28 日任内阁海军省技师，补广岛吴镇守府经理部建筑科员职，叙高等官七等；

O

——1900 年 2 月 15 日以身心健康状况不佳为由，辞去海军省技师官职；
——1902 年 1 月 23 日出任文部省特约顾问（非正式职员）技师，担任东京帝国大学工科大学教室建筑监督业务；
——1902 年 10 月 29 日担任台湾总督府民政部土木局营缮课特约顾问技师；
——1903 年 5 月 18 日升任总督府民政部土木局营缮课技师，升叙高等官六等；
——1905 年 9 月 30 日升叙高等官五等；
——1906 年 5 月 26 日兼任陆军技师；
——1906 年 10 月 19 日兼任台北厅卫生及土木调查委员会顾问；
——1907 年 2 月 19 日开始兼任“满铁会社”特约顾问建筑技师长；
——1907 年 3 月 16 日依愿免兼陆军技师，并于 3 月 23 日抵达“大连满铁会社”就职；
——1907 年 4 月 23 日出任“满铁会社”总务部土木课建筑系长；
——1909 年 3 月 31 日升叙高等官四等；
——1912 年 3 月 31 日升叙高等官三等，同年由“满铁会社”公派至欧美考察医院建筑半年；
——1913 年 12 月 31 日正式卸任台湾总督府技师官职；
——1914 年 5 月 15 日“满铁会社”组织调整，改任总务部技术局建筑课长；
——1918 年 1 月 15 日“满铁会社”组织调整，改任总务部工务局建筑课长；
——1919 年 7 月 16 日“满铁会社”组织调整，改任技术部建筑课长；
——1920 年 11 月 2 日伪满洲建筑协会在大连成立，担任副会长；
——1922 年 1 月 7 日“满铁会社”组织调整，改任社长室建筑课长；
——1922 年 2 月 1 日当选第四届大连市议会民选议员，任期至 1924 年 10 月 31 日；
——1922 年 4 月“南满工专”改制，兼任建筑工学科长与讲师；
——1922 年 11 月获颁“满铁会社”社员服务 15 年绩优奖章（勤续赏）；
——1923 年 4 月接替松室重光任伪满洲建筑协会第二任会长，一直任至 1932 年去世；
——1923 年 4 月 21 日辞去“满铁”建筑课长职务，结束 16 年的“满铁”资历，时年 50 岁；
——1923 年 7 月受聘为“南满工专”专任讲师；
——1923 年 12 月小野木横井市田共同建筑事务所在大连成立，成为执业建筑师；
——1930 年 12 月因病退职休养，共同建筑事务所同时解散；
——1931 年 4 月受聘担任伪满洲土木建筑协会顾问；
——1932 年 12 月 18 日在大连去世。

作品：

——日本赤十字社台湾支部本馆与病院，台北；
——新竹厅舍；
——宜兰厅舍；
——桃园厅舍；
——苗栗厅舍；
——南投厅舍；
——阿缑厅舍；
——台湾总督府财务局长官舍增建；
——台北市文武町警察官吏派出所；
——新公园变电所；
——儿玉町变电所；
——总督府中央研究所；
——台北帝大附属病院泽田藤一郎内科教室；
——1904 年美国圣路易斯万国博览会“台湾馆”，1904；
——星之浦游园规划设计案，大连；
——鞍山制钢所建案；
——抚顺市千金寨新市街计划案；
——大连俱乐部，共同事务所设计；
——“南满洲电气株式会社长春支店”，共同事务所；
——大连海员会馆，共同事务所；
——“满铁奉天大和旅馆”，共同事务所；
——三菱商事株式会社大连支店，共同事务所；

——“满铁鞍山医院”，共同事务所；
——大连寻常高等小学校；
——“大连满铁医院”病院栋第一期工事；
——参见第二编小野木横井市田共同建筑事务所。

著述：

——不详。

参考文献及相关材料：

——Wang，Shenying，星和彦 . 日本统治时代の台湾建筑と小野木孝治 [J]. 前桥工科大学纪要，2016，19：1–4.
——堀勇良 . 日本近代建筑人名总览（增补版）[M]. 东京：中央公论新社，2022：330.
——陈建仲，傅朝卿 . 台满殖民地日本人建筑家小野木孝治建筑经历与建筑设计之研究（1874—1932）[J]. 建筑学报（台北），2017，102：75–100.
——照片来源：同上：78.

[352] Orange，James（柯伦治）

生卒：1857—1927.09.27
出生地：不详
国籍：英国
在华城市：香港
资历：AMICE，1876；MICE；MIME，MASCE，1890；AAHK，1903—1908
教育和训练背景：不详

O

经历：

——1878 年左右来到香港，在工务署任助理工程师至 1889 年；
——1890 年加入丹备及理（Danby & Leigh）公司，公司更外文名为 Danby，Leigh & Orange；
——1894 年丹备独立开业，公司更外文名为 Leigh & Orange，并沿用至今，中文名为“理及柯伦治机器司绘图”（现名为“利安顾问有限公司”）；
——1908 年离开香港。

作品：

——参见第二编理及柯伦治机器司绘图。

著述：

——The Chater Collection，Pictures Relating to China，Hongkong，Macao，1655—1860[Z]. London：Thornton Butterworth Ltd.，1924.
——J. Orange. Tytam Water-Works，Hong Kong（Including Appendixes and Plate at Back of Volume）[J]. Minutes of the Proceedings of the Institution of Civil Engineers，1890，100：246-276.

参考文献及相关材料：

——https：//en.wikipedia.org/wiki/Leigh_%26_Orange.

[353] Oskirkkov，Mikhail Matviyevich（奥斯克尔科夫）

生卒：1878—?
出生地：俄罗斯乌克兰州首府辛菲罗波尔
国籍：俄罗斯
在华城市：哈尔滨
资历：不详
教育和训练背景：1899年进入尼古拉耶夫斯克工程学院学习，1904年毕业后转入军事工程师学校，毕业后获得上尉军衔

经历：

——在哈巴罗夫斯克和布拉戈维申斯克工作过，在阿穆尔河沿岸地区完成了许多建筑工程；
——1920年来到哈尔滨并于1921—1937年担任哈尔滨市政府城市工程师；
——在哈尔滨时，他积极参加俄国工程师协会的活动，在20世纪40年代他甚至还担任了工程师协会的主席；
——后担任伪满洲国俄国工程师协会主席。

作品：

——列宁大街孤儿院大楼，哈尔滨；
——斜纹大街剧院和马戏场，哈尔滨；
——“捷克坦斯”影剧院的大型舞台改建，哈尔滨；
——圣母慈心院礼拜堂，哈尔滨；
——哈尔滨圣彼得保罗教堂重建，1943；
——哈尔滨圣索菲亚教堂，在B. A. 科西亚克夫的设计方案基础上重新设计，1923。

著述：

——不详。

参考文献及相关材料：

——[俄]克拉金.哈尔滨——俄罗斯人心中的理想城市[M].张琦，路立新，译.哈尔滨：哈尔滨出版社，2007：157.
——照片来源：同上：205.

注：同时是哈尔滨教会建筑师成员，被誉为“东亚地区俄罗斯文化的奠基人”，英文名又写作Oskerkoff。

[354] Oswald，Robert Richardson（R. R. 奥斯瓦德）

生卒：1855.05.11—1904.12.12
出生地：英国格拉斯哥
国籍：英国
在华城市：上海、天津
资历：MICE，1903
教育和训练背景：1871年开始在格里诺克造船工程师斯科特（Messrs. John Scott and Co., engineers and shipbuilders, of Greenock）门下进行为期7年的学徒训练

经历：

——1878—1882 年先后在格里诺克几家公司任职；

——1882 年到上海英商番汉公司（Messrs. S. C. Farnham and Co.）任职，负责设计建造海、陆机械；

——1888 年进入天津军械局（Imperial Arsenal）绘图室，任助理工程监督；

——1890 年为绘图员（Draughtsman）；

——1900 年 4—5 月底八国联军侵华前，代替斯图尔特（Stewart）任天津兵工厂负责人；

——1900 年秋在天津独立开业，经营咨询工程师、测绘师和建筑师业务，是天津第一家外籍建筑师事务所；

——1901 年时其与英国人沃克（Henry William Walker）合伙组成事务所（Oswald & Walker，Architects，Surveyors and Civil Engineers），1902 年沃克退出后，由瑞士人卢浦（Albert Loup）接任合伙人，公司外文名改为 Oswald & Loup；

——1904 年英国人李（John Ernest Lee）入伙，公司改外文名为 Oswald，Loup & Lee；

——1904 年 6 月回到英国，并于同年 12 月去世，被《中国时报》（*China Times*）称为“天津著名的建筑师和工程师”。

作品：

——维多利亚大楼（The Victoria Buildings），天津；

——俄华银行（The Russo-Chinese Bank），天津；

——横滨正金银行（The Yokohama Specie Bank），天津；

——福利公司（Messrs. Hall & Holtz），天津。

著述：

——不详。

参考文献及相关材料：

——http：//www.gracesguide.co.uk/Robert_OswaLtd.

——The Institution of Mechanical Engineers[C]// Proceedings Parts 1-2. London：Published by the Institution of Mechanical Engineers，1905：159.

——Oswald Obituary[N]. China Times，1904-12-17. 引自：The North-China Herald and Supreme Court & Consular Gazette，1904-12-23：1435.

——The Far Eastern Review[J]. 1904-12：34.

[355] Ota Sotaro（太田宗太郎）

生卒：1886.09.26—1959

出生地：日本静冈县

国籍：日本

在华城市：大连、北京、沈阳

资历：MJA

教育和训练背景：1905 年毕业于东京工手学校；1910 年 9 月在哥伦比亚大学预科入学；1915 年 9 月在哥伦比亚大学建筑科入学并于 1917 年 6 月毕业；1921 年 9 月于美国哥伦比亚大学建筑科研究生毕业，成绩优秀，赴欧洲游学一年

经历：

——1905 年任警视厅技手；

——1907 年 3 月加入“满铁”；

——1910 年 8 月退出“满铁”；

——1924 年 1 月进入小野木横井市田共同建筑事务所；

——1929 年 2 月再次加入“满铁”；

——1934 年任“满铁大连工事事务所”所长；

——1937 年 4 月任“满铁”本社工事课长；

——1937 年 12 月任“满铁大连工事事务所”所长；
——1937—1938 年任伪满洲建筑协会副会长；
——1938 年 9 月任“满铁北支事务局”建筑课长；
——1939 年 4 月任华北交通工务局建筑课长、华北建筑协会副会长；
——1941 年 4 月离开华北交通，加入沈阳土木组；
——1945 年 1 月离开土木组；
——1948 年回到日本。

作品：

——新京综合事务所，1935—1936；
——新京西广场给水塔，1935—1936；
——大连火车站，1937。

著述：

——太田宗太郎 . 建筑随想 [J]. 满洲建筑杂志，18（5）：31.

参考文献及相关材料：

——中西利八 . 满洲绅士录 [M]. 3 版 . 东京：满蒙资料协会，1940：1680.
——堀勇良 . 日本近代建筑人名总览（增补版）[M]. 东京：中央公论新社，2022：250.

注：原名吉田宗太郎，一说 1885 年生。

[356] Ota Takeshi（太田毅）

生卒：1876—1911
出生地：不详
国籍：日本
在华城市：大连
资历：MJA
教育和训练背景：1901 年毕业于东京帝国大学建筑科

经历：

——1901 年 7 月毕业后任日本司法省技师；
——1905 年 3 月任日本临时烟草制造准备局技师兼司法省技师；
——1905 年 9 月任日本大藏省技师兼司法省技师；
——1907 年 1 月加入“满铁”；
——1910 年 8 月因病回到日本疗养；
——1911 年 7 月在东京去世。

作品：

——近代町社宅，大连，1908；
——横滨正金银行大连支店（现中国银行大连分行），1910；
——大连大和旅馆（现大连宾馆），与太田宗太郎合作，1914 年竣工；
——奉天车站，与太田宗太郎合作，1910；
——“满铁奉天共同事务所”；
——“满铁奉天贷事务所”。

著述：

——不详。

参考文献及相关材料：

——西泽泰彦 . 日本の植民地建筑 [M]. 东京：河出书房新社，2009：113.
——堀勇良 . 日本近代建筑人名总览（增补版）[M]. 东京：中央公论新社，2022：250-251.

——照片来源：桦岛正义 . 呜呼太田毅君 [J]. 学士会月报，1912，292；数字典藏与数字学习联合目录 [DB/OL]. http：//catalog.digitalarchives.tw/item/00/44/91/91.html.

[357] Otsuji Kunikichi（尾辻国吉）

生卒：1883.01.23—1959.10.24
出生地：日本鹿儿岛
国籍：日本
在华城市：台北
资历：MJA
教育和训练背景：1903 年 7 月毕业于东京工手学校建筑科

经历：

——1903 年 9 月赴台湾，任台湾总督府民政部雇员；
——1904 年 9 月任土木局营缮课雇员；
——1907 年 3 月升任民政部土木局技手；
——1909 年 11 月临时停职去担任伦敦英国博览会大仓组出品物陈列所建筑监督；
——1910 年 8 月回国，10 月复职，任台湾总督府土木部营缮课技手；
——1916 年考察欧美在热带殖民地的建筑和卫生设施；
——1917 年 7 月升任台南厅庶务课土木系主任；
——1921 年 3 月升任台南州土木技师；
——1922 年 7 月转任总督署专卖局技师、营缮系长，负责酒类专卖相关工场及其他建筑、设备；
——1926 年 8 月任总督府专卖官署共济组合评议员；
——1934 年 6 月离职；
——1937 年 7 月担任台湾烟草卖捌人组合台北支部长；
——1943 年 6 月任台湾建筑会热带住宅建筑调查委员会委员。

作品：

——台南糖业试验所；
——打狗医院；
——台北三线道路；
——新营市区计划；
——台南图书馆；
——嘉义郡役所；
——新营郡役所；
——树林酒工场；
——宜兰工场；
——花莲港工场；
——嘉义工场；
——屏东工场；
——台北自宅，1928—1929。

著述：

——尾辻国吉 . 台湾建筑界の回顾 [J]. 台湾建筑会志，1943，15（4）：133-136.

参考文献及相关材料：

——太田肥洲 . 新臺灣を支配する人物と産業史 [M]. 台北：台湾评论社，1940：631.
——蔡龙保 . 日治时期台湾总督府土木局营缮课建筑人才的来源及其建树：以尾辻国吉为例 [J]. 台湾史研究（台北），2015，22（3）：51-96.
——堀勇良 . 日本近代建筑人名总览（增补版）[M]. 东京：中央公论新社，2022：324.
——https：//zh.wikipedia.org/zh-tw/ 尾辻国吉 .
——照片来源：同上。

[358] Paget，Charles Souders（伯捷）

生卒：1874.10.07—1933.07.26

出生地：美国新泽西州布里奇顿

国籍：美国

在华城市：广州

资历：AMAmSCE

教育和训练背景：师从利哈伊大学（Lehigh University）著名顾问工程师梅里蒙（Mansfield Merrimon）

经历：

——曾参与亚特兰大博览会的设计建造；

——1899—1902 年在菲律宾美国驻军中服务；

——1902 年来华，从事粤汉铁路主干线及三水支线的初步勘测；

——1904 年与帕内合伙开办治平洋行（Purnell & Paget，Architects，Engineers and Surveyor）；

——1911 年前后，帕内退出，洋行由伯捷主持并更华名为伯捷洋行，但洋行外文名依旧，且业务有所扩展；

——1914 年任岭南学校驻场建筑师；

——1919 年伯捷洋行英文全名为 Pumell & Paget Architects，Civil & Mining Engineers；

——1921 年广州市政厅成立后，受聘担任广州市政厅设计委员；

——1926—1930 年曾在上海经营伯捷洋行（Paget，Charles S. Consulting Civil Engineer）；

——1933 年去世，葬于澳门。

作品：

——白鹤洞山顶别墅（又称伯捷别墅），广州，1910；

——参见第二编治平洋行。

著述：

——不详。

参考文献及相关材料：

——彭长歆 . 治平洋行与广州建筑近代化 [C]// 李穗梅 . 帕内建筑艺术与近代岭南社会 . 广州：广东人民出版社，2008：52-59.

——彭长歆 . 现代性 · 地方性——岭南城市与建筑的近代转型 [M]. 上海：同济大学出版社，2012：122.

——宣旻君 . 19 世纪末 20 世纪初西方建筑师在广州的设计实践研究 [D]. 广州：华南理工大学，2022：143-145.

——Who's who in Engineering [Z]. London：Compendium Publishing Company，1921.

——https：//en.wikipedia.org/wiki/Charles_Souders_Paget.

——[德] 海娆 . 一个德国家庭的三代广州缘 [N]. 羊城晚报，2021-04-20（A11）.

——照片来源：https：//www.findagrave.com/memorial/125152744#view-photo=96560379.

[359] Painter，Wilfred Lewis（W. L. 佩因特）

生卒：1908.05.26—1949.07.10

出生地：美国德赖厄德（Dryad）

国籍：美国

在华城市：上海

资历：不详

教育和训练背景：1926 年获得华盛顿大学土木工程学位

经历：

——1926—1927年在木材营地工作，从事运输木材铁路的规划建造；

——1928年7月加入海军陆战队后备队（Marine Corps Reserve）；

——1929年8月受聘于上海得克萨斯石油公司（Texas Oil Company），到上海负责其在上海、香港、大连、天津和汉口等地的储油设施和附属设施；

——1932年在上海付龙德有限公司（De Flondor，Ltd. Merchants）任主管（director）；

——1933年在上海开办事务所（Painter & Co. W. L. Consulting Engineers）；

——1935年与来上海开设事务所分部的西雅图著名建筑师格雷厄姆（John Graham）合伙组建事务所（Graham & Painter，Architects and Engineers），在西雅图、纽约和上海营业；

——1937年10月因上海时局，被迫关闭上海业务，将西雅图作为总部；

——1938年7月加入美国海军、参加第二次世界大战，期间曾受命测绘被日军占领的上海海岸线情况；

——战后被派往上海，协助恢复港口设施；

——1940年居住在西雅图；

——在结束6年服役后，曾在太平洋桥梁公司（Pacific Bridge Co.）任职，并于1946年4月当选上海美国商会主席；

——1946年7月离开上海、回到美国，同年11月从太平洋桥梁公司辞职；

——1948年前往希腊；

——1949年在美国死于游艇爆炸。

作品：

——参见第二编世界实业公司。

著述：

——不详。

参考文献及相关材料：

——William Bradford Huie. From Omaha to Okinawa: The Story of the Seabees[M]. Annapolis: Naval Institute Press，2012: 160.

——W. L. Painter is Named Head of American Chamber[N]. The Shanghai Evening Post and Mercury，1946-04-18（1）.

——https: //www.history.navy.mil/content/history/museums/seabee/explore/civil-engineer-corps-history/wilfred-l—painter.html.

——https: //pcad.lib.washington.edu/person/2165/.

——照片来源：https: //www.seabee75.org/painter-family/.

注：名又写作W. L.（“Bill”）Painter，其子小佩因特（Wilfred L. Painter）也是一位建筑师，曾在其事务所工作。

[360] Palmer，Clement（巴马）

生卒：1857—1952

出生地：不详

国籍：英国

在华城市：香港

资历：ARIBA，1882；FRIBA，1891；AAHK，1903—1904

教育和训练背景：1873—1877年在阿克林顿（Accrington）的博特尔和贝恩斯事务所（Bottle & Baines）以及乔治·贝恩斯（George Baines）门下学徒

经历：

——1882年加入香港威尔逊和博德事务所（Wilson & Bird）；

——1884年成为合伙人，公司改外文名为Bird & Palmer；

——1890 年博德退休后，丹拿（Arthur Turner）成为合伙人，公司中文名为巴马丹拿，改外文名为 Palmer & Turner，并一直沿用至今。

作品：

——参加第二编巴马丹拿洋行 / 公和洋行。

著述：

——不详。

参考文献及相关材料：

——照片来源：Tony Lam Chung Wai. The 100 Years Architects in Hong Kong 1841—1941[J]. HKIA Journal, 2006，45（1）：44-55.

[361] Park，Ejnor Køhlert（E. K. 帕克）

生卒：1889.04.11—1975.05.10

出生地：丹麦哥本哈根

国籍：丹麦

在华城市：上海

资历：不详

教育和训练背景：1911—1912 年在哥本哈根大学就读

经历：

——1912 年任哥本哈根有轨电车公司助理工程师；

——1912—1913 年参军；

——1913 年 12 月 24 日到华；

——1913—1915 年任粤汉铁路助理工程师；

——1915—1916 年在上海，任穆拉（E. J. Muller）的咨询工程师助理；

——1917 年任上海慎昌洋行（Andersen，Meyer & Co.）建筑师，以混凝土建造（Concrete Construction）为专长；

——自 1919 年起任慎昌洋行混凝土部负责人；

——1921 年 1 月—1922 年 1 月任慎昌洋行建筑部主管，后离开。

作品：

——参见第三编慎昌洋行。

著述：

——不详。

参考文献及相关材料：

——The China Who's Who（Foreign）[M]. 1922：208.

——The China Who's Who（Foreign）[M]. 1924：201.

——The China Who's Who（Foreign）[M]. 1925：198.

——The China Who's Who（Foreign）[M]. 1927：208.

——https：//www.geni.com/people/Ejnar-Park/6000000083960951280.

[362] Park，Helen Graham（海伦，女）

生卒：不详

出生地：不详

国籍：美国

在华城市：上海

资历：AIA，1950

教育和训练背景：华盛顿大学

经历：

——原名海伦（Helen Graham），为上海美国建筑师格雷厄姆（John Graham，1908—1991）的继女，1922 年左右到东方；

——1931 年 10 月和帕克（Arthur Brock Park，美国国际保险公司马尼拉办事处负责人）结婚，婚后名为 Helen Graham Park；

——后回到美国并成为著名建筑师。

作品：

——仙乐斯舞厅（Ciro's Club），上海，1935；

——上海百老汇大厦 18/19 层斯塔尔先生的顶层公寓（Mr. Starr's penthouse apartment）室内设计，上海；

——美国国际保险公司总部（The American International Underwriters headquarters），马尼拉。

著述：

——不详。

参考文献及相关材料：

——[J]. The Weekly Underwriter，1940，142：626.

——照片来源：https：//illuminations.org/history/.

[363] Parkin，William Gordon（帕克因）

生卒：1889.09.03—1944.08.29

出生地：南非开普敦多德雷赫特（Dordrecht）

国籍：英国

在华城市：汉口、天津

资历：ARIBA，1910；MISE；AMCI，1921

教育和训练背景：不详

经历：

——1910 年在南非约翰内斯堡当选为英国皇家建筑师学会准会员；

——1914—1919 年一战期间在法国参加诺森伯兰明火枪团（Northumberland Fusiliers）；

——1919 年 12 月 5 日到达中国，加入汉口景明洋行；

——1922 年成为合伙人，到天津负责景明洋行天津分行，天津分行英文名为 Hemmings & Parkin，经营至 1941 年后；

——在日军占领天津期间被囚禁于潍县集中营，后于 1944 年在集中营中去世。

作品：

——参见第二编景明洋行。

著述：

——不详。

参考文献及相关材料：

——http：//www.findagrave.com/cgi-bin/fg.cgi?page=gr&GRid=115519735.

——https：//www.geni.com/people/Gordon-Parkin/6000000009613329357#/tab/source.

——照片来源：同上。

[364] Pashkoff，Leonid Nicolaevich（L. N. 帕士阔夫）

生卒：1884.11.20—?

出生地：俄罗斯莫斯科

国籍：俄罗斯

在华城市：上海、青岛

资历：GMPA

教育和训练背景：获莫斯科绘画、雕塑和建筑学院建筑学文凭（dipl Arch from Moscow School of Painting，Sculpture and Architecture）

经历：

——1921 年移居上海；

——1926 年 1 月—1931 年 1 月在上海赖安工程师任助理建筑师；

——1927 年加入俄国东正教堂（Russian Orthodox Cathedral）建造委员会；

——1928 年 12 月与波德古尔斯基（Podgoursky）、皮库列维奇（Pickulevich）和基里奇（Kitchigi）一起参加上海首届俄国艺术展，展出其设计作品；

——1933 年在上海市工务局登记为建筑技师；

——1934—1935 年在法租界高级技术中心（Centre Technique Superiéur）任建筑学讲师；

——1941 年在青岛执业。

作品：

——法国总会（French Club / Cercle Sportif Français，现花园饭店），助理建筑师，1926；

——俄国东正教堂（Russian Orthodox Cathedral），1927 年最初中选方案，后建成方案为里浩诺斯（Lehonos）设计。

著述：

——不详。

参考文献及相关材料：

——https：//artrz.ru/menu/1804656749/1804929467.html.

——https：//sites.google.com/view/russianshanghai/architects/l-z/l-n-pashkoff.

——照片来源：同上。

注：俄文名 Леонид Николаевич ПАШКОВ。部分信息由张霞提供。

[365] Paulick，Richard（理查德·鲍立克）

生卒：1903.11.07—1979

出生地：德国罗斯劳（Rosslau）

国籍：德国

在华城市：上海

资历：不详

教育和训练背景：1923 年进入皇家萨克森理工学院（后更名为德累斯顿工业大学）学习建筑学，高年级时追随德国现代建筑先驱汉斯·珀尔齐格（Hans Poelzig）转入柏林工业大学，1927 年通过建筑学专业学位考试，并选修城市设计与住区规划

经历：

——由于包豪斯学校在魏玛遭受纳粹党的驱逐，被迫迁至德绍，并在那里参与了包豪斯德绍校园的建设，并选修了部分课程；

——期间与许多现代建筑先锋人物结识，建立起了密切的合作关系，并在毕业后正式受雇于格罗皮乌斯的事务所；

——1928 年格罗皮乌斯离开德绍后，成为格氏德绍事务所的代理负责人；

——后因政治立场及经历，遭到纳粹指控并受到人身威胁，而被迫离开德国；

——1933 年受与共产国际远东活动关系紧密的汉堡（Rudolfo Alberto Hamburger）及夫人乌苏拉之邀，辗转来到上海，在锦花公司（The Modern Home，后改名时代公司）工作；

——1934 年 1 月任锦花公司经理；

——1936 年底时代公司解散，与其弟弟鲁道夫·鲍立克（Rudolf Paulick）和 H. 维特（Hans Werther）接手，公司更外文名为 Modern Homes，以提供艺术装饰风格（Art Deco）室内设计和设备、装潢为主，经营至 1949 年；

——1942 年，格罗皮乌斯的学生黄作燊归国后，在圣约翰大学创办建筑工程系，鲍立克成为该系的第二位全职教师（1943 年），教授室内设计与都市计划；

——1943 年与其弟弟鲁道夫·鲍立克同时在上海开办鲍立克建筑工程司行（Paulick & Paulick Architects）；

——1947 年圣约翰大学工程学院主办土木建筑都市计划展览会，曾展出鲍立克教授所设计的各种车站；

——1940 年代末“大上海都市计划”的执笔者之一；

——1949 年 10 月后回到民主德国，成为国家建筑师，主持了诸多东德社会主义新城的规划，如柏林斯大林大道（今卡尔·马克思大街）的城市设计，在国家建筑设计院领衔东德住宅产业化设计研究等，直至 1979 年去世。

作品：

——参见第二编时代公司；

——“大上海都市计划”，参与；

——国立英士大学永久校舍（含理、法、农、工四院，英士纪念堂，运动场，教授宿舍，学生宿舍，以及健身房等数十座），浙江金华，1946（未实现）；

——淮阴路 200 号姚氏宅，虹桥路 1921 号，Paulick & Paulick Architects 设计，1947—1949。

著述：

——Richard Paulick：Interior Decoration in Shanghai[J]. The China Journal，1941（4）：185-187.

——Peter Winslow（Richard Paulick）. Crisis Education[J]. Voice of China，1936-04-01，1（2）：10-12.

——鲍立克 . 都市计划在中国之必要 [J]. 市政评论，1946（8）：24-26.

——鲍立克 . 大上海之改建 [J]. 市政评论，1946，8（4）：5-7.

参考文献及相关材料：

——刘硕甫 . 静的装饰：时代公司设计 [J]. 快乐家庭，1936（1）：1.

——伍江 . 包豪斯及现代建筑思想在上海的影响 [J]. 德国研究，2000（3）：33-37.

——Jens Ebert. Richard Paulick：Architekt und Städtebauer zwischen Bauhausideal und realem Sozialismus：Streitschrift des Zeitzeugen（鲍立克：包豪斯理想与真正社会主义之间的建筑师和城市规划师——当代见证人延斯·埃伯特的论战）[M]. Berlin：Funk-Verlag，2004.

——Wolfgang Thöner，Peter Müller. Bauhaus-Tradition und DDR-Moderne. Der Architekt Richard Paulick：Katalog zur Ausstellung Richard Paulick（包豪斯传统与东德现代性：建筑师理查德·鲍立克）[M]. Berlin：Deutscher Kunstverlag，2006.

——Eduard Kögel. ZweiPoelzigschüler in der Emigration：Rudolf Hamburger und Richard Paulick zwischen Shanghai und Ost-Berlin（1930—1955）（两名流亡的珀尔齐希学生：R. 汉堡和 R. 鲍立克在上海和东柏林之间）[D]. Weimar：Bauhaus-Universität Weimar，2006.

——侯丽，王宜兵 . 鲍立克在上海——近代中国大都市的战后规划与重建 [M]. 上海：同济大学出版社，

2016.
——蒋楚婷 . 鲍立克与影响至今的“大上海都市计划”[N]. 文汇报，2017-06-12：01.
——侯丽 . 鲍立克与大上海都市计划 [N]. 文汇报，2017-05-26：16.
——侯丽 . 如果没有鲍立克影响，上海可能就不是今天的面貌 [N]. 第一财经日报，2017-05-19：12.
——侯丽 . 理查德·鲍立克与现代城市规划在中国的传播 [J]. 城市规划学刊，2014（2）：112-118.
——杨宇振 . 一个无国籍马克思主义者的上海都市实践——读评《鲍立克在上海》[J]. 时代建筑，2017（6）：154-155.
——上海市城市规划设计研究院 . 大上海都市计划 [M]. 上海：同济大学出版社，2014.
——https：//kuenste-im-exil.de/SiteGlobals/Forms/Suche/EN/Volltextsuche/Suchformular.html.
——郑时龄 . 上海近代建筑风格 [M]. 上海：同济大学出版社，2020：500.
——https：//de.wikipedia.org/wiki/Richard_Paulick_（Architekt）.
——照片来源：同上。

[366] Paulick，Rudolf（鲁道夫·鲍立克）

生卒：1908—1963
出生地：德国罗斯劳（Rosslau）
国籍：德国
在华城市：上海
资历：不详
教育和训练背景：1932 年 8 月在密斯主持下的德绍包豪斯设计学院获得建筑学学位

经历：
——1933 年 7 月到上海时代公司（Modern Home）工作，其哥哥理查德·鲍立克（Richard Paulick）时任时代公司经理；
——1936 年底与其哥哥理查德·鲍立克和 H. 维特（Hans Werther）接手时代公司，1940 年公司更外文名为 Modern Homes & Sand's Furnishing，以提供艺术装饰风格（Art Deco）室内设计和设备、装潢为主，经营至 1949 年；
——1943 年与其哥哥理查德·鲍立克同时在上海开办鲍立克兄弟建筑工程司行（Paulick & Paulick Architects）。

作品：
——参见第二编时代公司。

著述：
——不详。

参考文献及相关材料：
——照片来源：[N]. The North-China Sunday News，1933-07-23（10）.

[367] Peebles，Philip（P. 皮博思）

生卒：不详
出生地：不详
国籍：英国
在华城市：上海
资历：FSI
教育和训练背景：不详

经历：

——1904 年任上海业广地产（Shanghai Land Investment Co.）助理经理；

——1905 年 1 月任总经理，直至 1926 年退休；

——在 1914 年上海工部局建筑规则修订过程中，皮博思和海尔斯（Halse）与工部局工程师、工务处相关技术人员一道，在借鉴伦敦建筑法规中相关内容的基础上，一同拟定了《钢筋混凝土规则》，该规则于 1915 年通过并于 1916 年正式开始实施；

——1920 年自工部局公园委员会辞职，任职长达 16 年；

——1923 年任上海地产估价师和测绘师协会主席；

——1926 年 4 月离开上海、回到英国。

作品：

——上海杨树浦路 197-213 号住宅；

——64 座中式住宅和 19 座门房，册地 3470 号西，上海新闸路和麦特赫司脱路，1921；

——另参见第三编上海业广地产公司。

著述：

——Philip Peebles P. P. Children's Playgrounds[N]. The North-China Herald and Supreme Court & Consular Gazette，1914-12-12（39）.

参考文献及相关材料：

——Departure from Shanghai of Mr. P. Peebles[N]. The North-China Herald and Supreme Court & Consular Gazette，1926-04-24：159.

——照片来源：同上。

注：同济大学孔若旸提供部分信息。

[368] Perriam，Gilbert Harold Alfred（G. H. A. 佩里安）

生卒：1882.07.14—1958.04.18

出生地：英国伦敦哈克尼区（Hackney，London）

国籍：英国

在华城市：上海、山东、武昌

资历：不详

教育和训练背景：不详

经历：

——来华前在伦敦从事建筑师和测绘师职业；

——1909 年自英国南安普敦抵达上海，开始担任英国浸信会（English Baptist Mission）建筑师，曾为其山东分会设计多栋建筑，包括山东基督教共和大学（又称广文大学，1917 年更名为齐鲁大学，Shandong Christian University）部分建筑；

——1909—1913 年在山东青州；

——自 1913 年调到济南；

——1918 年 6 月—1922 年 7 月在上海中国海关总署营造处任助理建筑师；

——1922 年放弃海关高薪职位，再度回到英国浸信会工作；

——1935 年时已经回到英国。

作品：

——济南英国浸信会礼拜堂（Jinan Chapel），1910；

——青州浸信会教堂，1911；

——齐鲁医学院（The Tsinanfu Medical College），深化设计，济南，1911；

——周村浸信会教堂（Chou-t'sun Church），山东，1912；

——齐鲁医院共和楼（养病所），济南，1916；

——博文书院沃迪拉夫楼（Wesley College New Waddilove Building），武昌，1924。

著述：

——不详。

参考文献及相关材料：

——Source Information，Ancestry.com. England & Wales，National Probate Calendar（Index of Wills and Administrations），1858—1995 [OL]. Provo，UT，USA：Ancestry.com Operations，Inc.，2010.

——124th Annual Report of the Baptist Missionary Society[Z]. London：Carey Press，1916-03-31：152.

——Lin Geng. Building in turbulent China：The Baptist Missionary Society and building fusion and localization during the early 20th century in China[D]. Cardiff：Cardiff University，2021.

注：名字亦写作“Periam”。

[369] Phillips Jr.，Edward. S. J.（飞力拍斯）

生卒：1899.04.03—1971.04.21

出生地：美国纽约

国籍：美国

在华城市：上海

资历：AIA，1926

教育和训练背景：毕业于美国哥伦比亚大学

经历：

——1920 年到华；

——1921—1922 年在上海茂旦洋行（Murphy & Dana / Murphy，McGill & Hamlin）事务所任职；

——1923 年 1 月升任合伙人，至 1924 年 7 月后；

——1926 年加入美国建筑师学会；

——1927 年回到纽约自办事务所；

——1928 年 12 月从纽约到上海洽谈商务；

——1929 年到上海，加入苏生洋行（Suenson & Co. Ltd.，E.）；

——1930 年接手苏生洋行，公司外文名改为 Phillips，E.S. J.；

——1930 年 7 月前其哥伦比亚大学同学董大酉加入苏生洋行，同年离开；

——1930 年 7 月在自办事务所的同时，成为哈沙得洋行合伙人，直至 1939 年离开；

——1932 年苏生洋行改名为“飞力拍斯（Phillips，E. S. J.，AIA）”，经营到 1939 年；

——1941 年仍在上海。

作品：

——南京首都中央政治区图案竞赛佳作奖，与董大酉合作，1929 年 8 月；

——大上海市政中心建筑设计竞赛三等奖，1930；

——施密德夫妇住宅（House for Mr. and Mrs T. O. Schmid），上海哥伦比亚圈（Columbia Circle），1938；

——上海永安公司，与哈沙得合作，1934；

——参见第二编苏生洋行。

著述：

——不详。

参考文献及相关材料：

——上海南京路永安公司正在添建中之新厦：[画图] 哈沙得 飞力拍斯 [J]. 建筑月刊，1934，2（8）：2.

——[J]. Journal of the American Institute of Architects，1926，14：238.

——赖德霖，王浩娱，袁雪平，司春娟 . 近代哲匠录：中国近代重要建筑师、建筑事务所名录 [M]. 北京：中国水利水电出版社，知识产权出版社，2006：23.

——The Home Economics Department of the American Women's Club is in charge of the programme this afternoon at 4.45 when Mr. E. J. S. Phillips will speak on "Home Architecture Suitable to Shanghai." [N]. The North-China Daily News，1931-11-10（8）.

——照片来源：United States Passport Applications，1795—1925，MyHeritage.com[DB/OL]. Lehi，UT，USA：MyHeritage（USA）Inc. https：//www.myheritage.cn/research/collection-10720/united-states-passport-applications-1795-1925.

[370] Planson，Vladimir Antonovich（普兰松）

生卒：1871—1950

出生地：不详

国籍：俄罗斯

在华城市：哈尔滨

资历：不详

教育和训练背景：1899 年毕业于民用工程师学院

经历：

——毕业后到乌苏里斯克铁路局工作，曾任海参崴港务局局长助理；

——1900 年主持领导了海岸设施工程的建设；

——自 1901 年担任铁路工务处技术科科长；

——约 1922 年来到哈尔滨，曾任住宅建设委员会主任；

——1923 年赴美；

——1950 年在旧金山去世。

作品：

——海参崴火车站；

——海参崴火车站大楼；

——海参崴爆破营军官楼房；

——海参崴要塞工程管理局大楼；

——乌苏里斯克铁路俱乐部大楼；

——海参崴商务学堂设计方案，1909。

著述：

——不详。

参考文献及相关材料：

——[俄]克拉金.哈尔滨——俄罗斯人心中的理想城市[M]. 张琦，路立新，译.哈尔滨：哈尔滨出版社，2007：161.

——照片来源：同上。

注：俄文名为 Плансон. В. А。

P

[371] Powell，Sidney John（鲍威尔 / 保惠尔）

生卒：1872.05.09—1938.06

出生地：英国切斯特（Chester）

国籍：英国

在华城市：广州、上海

资历：AMICE；AAHK，1904—1907；MSArts，1901；FRGS；MCI；ESC

教育和训练背景：英国萨里德威学院（Dulwich College, Surrey, England），伦敦国王学院（King's College, London）

经历：

——1889 年在威斯敏斯特土木工程师和承包商艾尔得（Sir John Aird）的制图室任职；

——至 1899 年前曾参与许多大型公共工程，如伦敦自来水厂、南安普敦码头、东南铁路查理十字至伦敦桥段扩建等；

——1899 年被艾尔得派往埃及负责尼罗河大坝工程，并负责上埃及阿西翁（Assiont）拦河坝东侧的修筑；

——1902 年 1 月到香港，任麦克唐纳（Donald Macdonald）的助理，参与太古洋行新船坞的建造；

——1904 年初加入英国海军工程借贷部（Work Loan department），任助理工程师，并在 1905 年 6 月前参与香港新海军码头的建造；

——1905 年 6 月加入丹备洋行（Danby，Wm.）并负责其位于广州的工程；

——1906 年任沙面德国领事馆助理土木工程师；

——1908 年加入美孚石油公司，任总建造工程师，负责该公司在华北所有工厂的设计和建造工作；

——1914 年任中华国际工程学会（Engineering Society of Shanghai）副主席；

——1914 年回到英国加入皇家工兵团，被派遣到印度西北和克什米尔修筑战略铁路；

——1916 年回到上海独立执业，创办裕和洋行（Powell，Sidney J.，Civil Engineer，Architect and Surveyor, Land, Property and Estate Agent），经营咨询土木工程师业务；曾任国民政府参谋（advisor）；

——1923 年 1 月—1925 年 1 月在北京开设公司分部，由机械工程师恩格尔（M. M. Engel）代理；

——1925—1932 年曾任职于成业地产股份有限公司（Union Land Investment Co.，Ltd. Architects，Surveyors，Civil Engineers，Estate and Commission Agents）；

——1938 年 6 月在上海去世。

作品：

——标准石油大厦，上海，1909；

——另参见第二编裕和洋行和第三编美孚洋行建造部。

著述：

——S. J. Powell. Foundations[C]// The Engineering Society of Shanghai. Proceedings of the Society and Report of the Council，1912—1913. V.XII. Shanghai：North-China Daily and Herald Ltd.，1913：21-39.

——S. J. Powell. A Deep-water Harbour for Shanghai[R]. 1915.

——S. J. Powell. Transportation in China[C]// The Engineering Society of China. Proceedings of the Society and Report of the Council，1915—1916. Shanghai：North-China Daily and Herald Ltd.，1916：33-50.

——S. J. Powell. Man Power[C]// The Engineering Society of China. Proceedings of the Society and Report of the Council，1916—1917. Shanghai：North-China Daily and Herald Ltd.，1917：39-60.

——Sidney J. Powell. That Overhead Railway，Transport Board for Shanghai?[N]. The North-China Daily News，1933-09-13（4）.

——Sidney J. Powell. Elevated Railway Mr. S. J. Powell's Scheme[N]. The North-China Daily News，1934-07-31（2）.

参考文献及相关材料：

——Who's Who in the Far East，1907—1908[Z]. 1908：135.

——The China Who's Who（Foreign）[M]. 1924：212.

——The China Who's Who（Foreign）[M]. 1925：210.

——The China Who's Who（Foreign）[M]. 1927：209.

——Men of Shanghai and North China[M]. 1933：322-325.

——Men of Shanghai and North China[M]. 1935：458-459.

——MR. S. J. Powell，civil engineer of Shanghai suggests as a solution of the Shanghai problem the creation of an international state[N]. The China Press，1925-11-22（14）.

——An Overhead Railway for Shanghai，Mr. Sidney Powell's Scheme for Solving out Traffic Problem with Speed and Economy[N]. The North-China Herald and Supreme Court & Consular Gazette，1921-07-09：132.

——Obituary Mr. S. J. Powell[N]. The North-China Daily News，1938-06-07（7）.

——Mr. S. J. Powell Tells China How Better Transportation will Improve Her Standing[N]. The China Press, 1916-03-29（2）.
——S. J. Powell Advocates Man-Power Standard, More Common-Sense Than Horse-Power, He Says; Intelligence Counts[N]. The China Press, 1917-01-31（4）.
——Old British Civil Engineer Dies, S. J. Powell Came Here at Beginning of the Century for Socony[N]. The Shanghai Times, 1938-06-07（4）.
——Leaders of Commerce Industry and Thought in China[M]. 1924: 295.
——照片来源：同上。

[372] Price, John MacNeile（普赖斯）

生卒：1843—1922.11.11
出生地：英国伦敦
国籍：英国
在华城市：香港
资历：FGS；FRGS
教育和训练背景：不详

经历：
——1873—1889 年任香港量地官署署长。

作品：
——香港天文台（Hong Kong Observatory），1881；
——海旁填海挡土墙（Praya Wall），设计后由 S. Brown 修改并于 1900 年开始建造。

著述：
——不详。

参考文献及相关材料：
——https://en.wikipedia.org/wiki/John_MacNeile_Price.

[373] Prip-Moller, Johannes（艾术华）

生卒：1889.05.27—1943.11.30
出生地：丹麦鲁德克丙（Rudkøbing）
国籍：丹麦
在华城市：上海、沈阳
资历：MAA
教育和训练背景：1907—1911 年在欧登塞（Odense）接受牧师和建筑设计教育，1920 年在哥本哈根美术学院（Academie des Beaux Arts, Copenhagen）获建筑学学位，1921 年获纽约哥伦比亚大学硕士学位

经历：
——1921 年受丹麦传教团邀请，到华负责相关建造工作；
——1921 年 9 月 16 日到华，在为满洲丹麦教会（中华基督教潞德会）服务的同时，在沈阳经营咨询建筑师业务直至 1926 年；
——1925 年 1 月和豪斯泰德（F. V. Haugsted）合伙经营奉天丹商华久土木建筑公司（Moller &

Haugsted，Prip）；

——1928—1929 年在意大利和叙利亚游学；

——1929 年受哥本哈根卡尔伯格基金会（Carlberg Foundation）委托，研究中国佛教建筑和僧侣生活，其考察持续至 1933 年；

——1929 年冬—1930 年任上海丹麦教会牧师，期间于 1929 年当选为中国技术培训研究院委员（Committee of the Chinese Institute of Technical Training in Shanghai），后曾于 1933 年再度访问上海；

——1933 年 1 月结束在云南和四川的考察后回到北京，居住在华文学校（College of Chinese Studies）；

——1934—1937 年在香港负责道风山基督教丛林建造，期间曾任丹麦基督教承诺委员会（Danish Christian Commitment Committee）成员；

——1939 年 4 月再度访问上海，随后受山东美国路德教会（American Lutheran Mission）邀请，转赴青岛处理建筑问题，再到香港处理建筑问题，之后回到丹麦。

作品：

——哈尔滨教堂；

——岫岩教堂（Church in Siuyen），1921；

——奉天童明女学堂和工艺厂（The School for Blind Girls and Industrial Building），沈阳，1922—1924；

——教堂（Church in Fuchiachien），Fuchiachien（对应中文地名不详）；

——基督教青年会，沈阳；

——新浸信会教堂（The New Baptist Church Building），嘉定（Kiating），与洛夫格伦（Lovegren）和 W. R. 泰勒（W. R. Tayler）合作设计；

——道风山基督教丛林（Tao Fong Shan Christian Institute in Shatin），香港；

——中国佛教寺院（China's Buddhist Monasteries），丹麦。

著述：

——Johannes Prip-Moller. Architecture：A Servant of Foreign Missions [J]. International Review of Mission，1939（28）：105-115.

——Prip-Moller，Johannes. Chinese Buddhist Monasteries：Their Plan and its Function as a Setting for Buddhist Monastic Life（中原佛寺图考）[M]. Oxford：Oxford University Press，1937.

——J Prip-Moller. Christian Architecture in New-Christian Communities[J]. The Chinese Recorder and Educational Review，1939-07-01：357.

参考文献及相关材料：

——The China Who's Who（Foreign）[M]. 1927：210.

——Oldest Known Church Building in China[J]. The Chinese Recorder，1935，66（11）：654.

——Tobias Faber. Johannes Prip-Moller. A Danish Architect in China[M]. Hong Kong：Christian Missions to Buddhists，1994.

——刘思铎，陈博 . 丹麦建筑师艾术华在沈阳设计的近代民宅建筑研究 [C]// 中国建筑学会，中国民族建筑研究会 . 第十七届中国民居学术会议，2009：241-245.

——武志华 .“凝固音乐”的变奏——奉天基督教青年会会所的诞生，1910—1926[C]// 张复合，刘亦师 . 中国近现代建筑研究与保护（十一）. 天津：天津人民出版社，2022：309-322.

——武志华 . 奉天基督教青年会旧址 [J]. 建筑史学刊，2021，2（1）：158-160.

——Andreas Hansen.Johannes Prip-Møller[DB/OL]. https：//biografiskleksikon.lex.dk/Johannes_Prip-M%C3%B8ller.

——Hans Helge Madsen. Prip-Møllers Kina：arkitekt，missionær og fotografi 1920 rne og 30rne[M]. Copenhagen：Arkitektens forlag，2003.

——Chak Kwong Lau. Deciphering Chinese Calligraphy as the Architectural Essence of Tao Fong Shan Christian Center in Hong Kong[J]. World Academy of Science，Engineering and Technology International Journal of Humanities and Social Sciences，2019，13（7）：962-970.

——照片来源：[N]. The China Press，1929-10-27（C4）.

[374] Pruniau，Armand Leon（A. L. 普鲁尼奥）

生卒：1882.01.27—?

出生地：布鲁塞尔伊克塞勒（Ixelles）

国籍：布鲁塞尔

在华城市：天津、北京

资历：不详

教育和训练背景：布鲁塞尔皇家美术学院（Académie Royale des Beaux Arts，Brussels）

经历：

——来华前曾在比利时国家铁路任建筑师助理，后曾在布鲁塞尔独立执业；

——后到华任京汉铁路建筑师；

——1916年5月1日加入义品洋行，任建筑师，曾先后在天津和北京分行。

作品：

——天津大教堂（Cathedral of Tientsin）；

——天津圣玛丽夫人住宅（Maison Ste-Marie，r. de France）；

——天津蒙加酒店（Hotel de M. Menga）；

——天津博斯别墅（Ire villa de M. Bos）；

——天津慎昌洋行堆栈（Godowns，bureau，Andersen-Mayer）；

——天津奥利维尔洋行堆栈（idem...firme Olivier）；

——天津中美洋行堆栈（idem...firme The China American）；

——天津法国总会（Club Francais in Tientsin）；

——天津百代电影院（Cinema for the firm Pathé）；

——哈尔滨泰斯马尔旅馆（Hotel at Kharbine for M. Thesmar）；

——天津阿姆里克洋行堆栈和办公室（Godowns and bureaus for firm Améric）；

——北戴河、山海关和天津等地多栋别墅（Diverse villas for Pei-Ta-Ho，Shan-Hai-Kwan，Tientsin...）；

——开封的邮政旅馆、住宅等（Hotel of posts，residences，dependences etc. for Kai-Feng-Fu）；

——济南的邮政旅馆、住宅等；

——北京邮政旅馆设计竞赛（Competition for hotel of posts in Peking）；

——博斯第二别墅（2de villa of M. Bos）；

——天津蒙加酒店路易十六风格的房间装饰（Decoration Louis XVI of rooms Hotel Menga）；

——天津卡拉察斯别墅（Villa of M. Karatzas）；

——天津刘氏别墅（Villa of M. Lieu）；

——天津费伦－丹尼尔洋行办公楼和堆栈（Bureau and godowns...Fearen-Daniel）；

——山海关别墅（Villas in Shan-Hai-Kwan）；

——另参见第二编义品洋行。

著述：

——不详。

参考文献及相关材料：

——File 1127，C.F.E.O.，Brussels，引自：Leung-kwok Prudence Lau. Adaptive Modern and Speculative Urbanism：The Architecture of the Credit Foncierd'Extreme-Orient（C.F.E.O.）in Hong Kong and China's Treaty Ports，1907—1959 [D]. Hong Kong：The Chinese University of Hong Kong，2013：259-260.

[375] Pullen，Albert（A. 普伦）

生卒：约 1893—?
出生地：英国伦敦
国籍：英国
在华城市：上海
资历：LRIBA；AMISE；CA
教育和训练背景：不详

经历：

——1919 年 9 月—1927 年 12 月在上海中国海关工务处（Works Department）任工程监督，后自愿离职；
——1928 年 8 月再次回到上海，任新成立的联合代理公司（Associated Agencies（Far East）Ltd.）总经理，主营建材并代理工程产品；
——1933 年在上海市工务局登记为建筑技师，当时在亚细亚火油公司任职；
——1933 年 10 月加入柏韵士工程师洋行，负责其建筑部，任职到 1936 年 7 月后；
——1937 年 1 月—1941 年 7 月后自办事务所（Pullen，Albert Chartered and Registered Architect and Engineer）；
——后加入上海公和洋行，1947 年时任公和洋行建筑工程部负责人，并重新营业；
——1951 年时任马来西亚建筑师学会荣誉秘书；
——在上海期间，曾长期担任皇家工兵老兵协会（Royal Engineers Old Comrades' Association）和上海外国联合慈善机构（Associated Foreign Charities of Shanghai）荣誉秘书。

作品：

——不详。

著述：

——不详。

参考文献及相关材料：

——Mr. Albert Pullen，late of the Works Dept.，Customs，has returned to Shanghai[N]. The North-China Daily News，1928-08-10（10）.
——Ancestry.com. California，Passenger and Crew Lists，1882—1959[DB/OL]. Provo，UT，USA：Ancestry.com Operations Inc.，2008.
——The Institute[J]. The Quarterly Journal of the Institute of Architects of Malaya，1951，1（2-3）：5.
——[J]. Royal Institute of British Architects.RIBA Journal，1947，54：56.
——照片来源：Oscar，Bann's Studio[N]. The China Press，1934-09-09（38）.

[376] Purnell，Arthur William（帕内）

生卒：1878.01.05—1964.06.29
出生地：澳大利亚基隆（Geelong）
国籍：澳大利亚
在华城市：广州
资历：FRAIA
教育和训练背景：在戈登技术学院（Gordon Technical College）学习建筑，在基隆艺术学院（Geelong School of Arts）学习制图

经历：

——1895 年成为其父亲事务所（Purnell & Sons）的绘图员，稍后到维多利亚政府建筑师海沃德（C.A. Heyward）门下学习；

——1896 年通过维多利亚政府建筑考试；

——1899 年，前往非洲、欧洲、美国、檀香山和新西兰等地，一边旅游一边考察建筑；

——1900 年回到澳大利亚；

——1902 年到香港，在工务署短暂任职后，加入丹备洋行（Danby，Wm. Architect & Engineer）；

——1903 年派驻广州主持丹备洋行沙面分行的事务；

——1904 年与美国土木工程师学会准会员伯捷（Charles Souders Paget）在广州沙面创立治平洋行（Purnell & Paget，Architects & Engineers），承接建筑设计、土木和测绘工程及其他相关咨询业务；

——1910 年回到澳大利亚，在墨尔本执业至 1950 年代中期。

作品：

——参见第二编治平洋行。

著述：

——不详。

参考文献及相关材料：

——彭长歆 . 20 世纪初澳大利亚建筑师帕内在广州 [J]. 新建筑，2009（6）：68-72.

——彭长歆 . 治平洋行与广州建筑近代化 [C]// 李穗梅 . 帕内建筑艺术与近代岭南社会 . 广州：广东人民出版社，2008：52-59.

——Derham Groves. From Canton Club to Melbourne Cricket Club，The Architecture of Arthur William Purnell[D]. Melbourne：The University of Melbourne，2006.

——彭长歆 . 发现中国建筑现代性・地方性：岭南城市与建筑的近代转型 [M]. 上海：同济大学出版社，2012.

——http：//www.cv.vic.gov.au/stories/built-environment/the-architecture-of-arthur-purnell/purnell-in-china/.

——彭长歆 . 岭南近代著名建筑师 [M]. 广州：广东人民出版社，2005：34.

——宣旻君 . 19 世纪末 20 世纪初西方建筑师在广州的设计实践研究 [D]. 广州：华南理工大学，2022：140-142.

——https：//en.wikipedia.org/wiki/Arthur_Purnell.

——Derham Groves. Arthur Purnell's 'Forgotten' Architecture：Canton and Cars[M]. London：Palgrave Pivot，2021.

——照片来源：同上。

[377] Rabinovich，Gabriel（罗平）

生卒：1899.06.08—1961 年后

出生地：俄罗斯维捷布斯克州（Vitebsk Region）

国籍：俄罗斯

在华城市：上海

资历：不详

教育和训练背景：不详

经历：

——1927 年 1 月在上海中法实业公司任助理建筑师；

——1928—1930 年在上海独立执业；

——1930—1932 年曾在哈沙得洋行任职；

——1933—1935 年在五和洋行（Republic Land Investment Co.）任职；

——后独立执业，事务所外文名为 Rabinovich G. Architect；

——1947 年时事务所地址在上海山西路 345 号（Av. Roi Albert）；

——1961 年在以色列。

作品：

——犹太祈祷所（Jewish Prayer House，由华德路 50 号住宅改建而成），上海，1928；
——新犹太教堂（New Ohel Moshe Synagogue，今犹太难民纪念馆），上海长阳路 62 号，1927；
——义科卡天宅（Residence for N. Katem），上海华亭路，1928；
——国富门公寓（Koffman Apartments / Donghu Hotel building），上海武康路 230–232 号，1935；
——上海武康路 232 号，1935 年；
——柯夫曼夫人住宅（Apartment complex for Mrs. V. L. Koffman），上海，1930 年代初；
——桥屋公寓（Bridge House Apartments），上海四川北路 85 号，1934；
——德邻公寓（Derring Apartments），上海崇明路 82 号、四川北路 71 号，1934；
——住宅，上海虹桥路，1934；
——住宅，上海永嘉路（Route de Sieyes），1934；
——住宅，上海茂海路 151 号（今海门路），1940；
——杜美公寓（Doumer Apartments），上海东湖路 56 弄 43 号（Route Doumer），库克林（A. V. Kooklin）建造，1941；
——中国移民犹太教堂（A synagogue of immigrants from China to Tel Aviv），以色列特拉维夫哈格蓝大街（Israel，Tel Aviv，Hagolan Street）。

著述：

——G. Rabinovich. 上海虹桥路一住宅 [J]. 建筑月刊，1934，2（10）：31.

参考文献及相关材料：

——www.shanghaiartdeco.net.
——http：//www.oac.cdlib.org/findaid/ark：/13030/kt0x0nd9cz/entire_text/.
——Gabriel Rabinovich file，1947—2002，Hoover Institution Archives[EB/OL]. http：//www.oac.cdlib.org/findaid/ark：/13030/kt0x0nd9cz/entire_text/.
——郑时龄 . 上海近代建筑风格 [M]. 上海：同济大学出版社，2020：496.
——Katya Knyazeva. Building Russian Shanghai：architect Gabriel Rabinovich[OL]. https：//sites.google.com/view/russianshanghai/architects/g-b-rabinovich.
——照片来源：同上。

注：俄文名字为 Гавриил Борисович РАБИНОВИЧ。部分信息来自张霞。

[378] Ram，Edward Albert（蓝）

生卒：1858.04—1946.01.27
出生地：英国米德尔塞克斯哈默史密斯（Hammersmith，Middlesex）
国籍：英国
在华城市：香港
资历：FRIBA，1897
教育和训练背景：1877—1882 年在伦敦建筑师克拉克（J. S. Clarke，FRIBA）门下学徒，期间于 1880 年 7 月 6 日进入皇家学院（Royal Academy Schools）学习建筑

经历：

——在克拉克事务所工作至 1885 年，期间曾到比利时和荷兰游学；
——后在威斯敏斯特（Westminster）自办事务所，1889 年移居香港；
——1893 年在夏普洋行（Sharp & Co.）任职；
——1896 年与甸尼臣（A. Denison）合伙组建甸尼臣洋行，外文名为 Denison & Ram；
——1900 年吉布斯（Gibbs）成为合伙人，公司改名为 Denison，Ram & Gibbs；
——1927 年离开香港，回到肯辛顿（Kensington），执业至 1928 年退休，其香港公司未曾更名，直至

1933 年停业。

作品：

——德国总会，香港，1899—1902；

——参见第二编甸尼臣洋行。

著述：

——不详。

参考文献及相关材料：

——Who's Who in the Far East，1906—1907[Z].1907：273.

——Who's Who in the Far East，1907—1908[Z].1908：138.

——https：//en.wikipedia.org/wiki/Edward_Ram.

——照片来源：同上。

[379] Rassushin，Vladimir Alexandrovich（拉苏申）

生卒：1858—1934.07.18

出生地：俄罗斯尼布楚

国籍：俄罗斯

在华城市：青岛、哈尔滨

资历：不详

教育和训练背景：伊尔库茨克技术学校，1881—1886 年在民用工程师学院学习

经历：

——1886—1894 年任伊尔库茨克城市建筑师；

——后在中西伯利亚铁路建设中任段长 5 年，工程结束后，到伊尔库茨克军事总督所辖的铁路建设部队工程局做助理建筑师，至 1900 年 3 月离职；

——十月革命后，曾在青岛生活了一段时间；

——1922 年 2 月 1 日，受邀担任哈尔滨城市建筑师这一职务，在这个岗位上工作多年，工作成效显著，为哈尔滨的城市建设作出了卓越贡献；

——1934 年去世。

作品：

——花旗银行大楼，沈阳，1929；

——为哈尔滨新城区未来的影剧院设计了一种新方案，1925；

——哈尔滨中央商城扩建工程，1927；

——哈尔滨市政府大楼和拥有 100 间客房的市立宾馆，1927；

——哈尔滨大型商场楼群的设计方案，1927；

——主持设计建造哈尔滨埠头区的城市公园建设工程，除了公园的平面规划之外，还完成了酒店大楼、公园凉亭、人工湖小桥、公园周边装饰精美的镂空栅栏、大型喷泉和人工水池的设计，1929—1932。

著述：

——不详。

参考文献及相关材料：

——[俄]克拉金.哈尔滨——俄罗斯人心中的理想城市[M].张琦，路立新，译.哈尔滨：哈尔滨出版社，2007：212.

——照片来源：同上。

注：俄文名为 Рассушин. В. А。

R

[380] Raven，Arthur Robert Fenton（厘份）

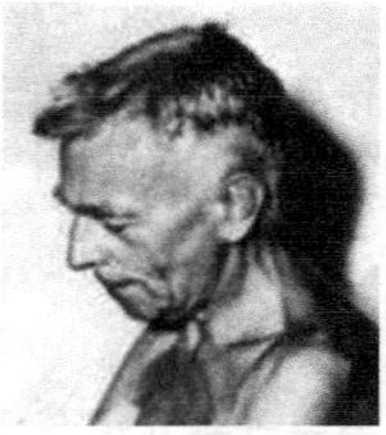

生卒：1878.01.01—1956.02.05
出生地：英国约克
国籍：英国
在华城市：香港、广州
资历：MRSanI；AAHK，1905—1941；HKIA，1956
教育和训练背景：不详

经历：

——1904年在香港皇家工兵团任临时绘图员；
——1905年和威沙（William Lionel Wreford Weaser）合伙创办威沙及厘份丈量画则师行（Weaser & Raven Architects and Surveyors）；
——1916年两人散伙，分别独立开业；
——1921年和O. B. 厘份（Oscar Boultbee Raven）组成事务所，外文名为Raven & Raven；
——1922年和巴士图（Antonio Henrique Basto）合办厘份及巴士图画则兼工程师行（Raven & Basto, Architects and Engineers and Real Estate Agents），至1935年厘份和巴士图散伙，分别独立开业至1941年后；
——二战期间被日军关押在集中营。

作品：

——香港中华基督教青年会（Chinese YMCA），厘份监造，芝加哥Harry Hussey设计，1918；
——湾仔唐楼同德押，1931；
——循道卫理联合教会香港堂（Chinese Methodist Church），厘份监造，伦敦Arthur John May设计，1932；
——香港景贤里，1937；
——另参见第二编厘份画则师行。

著述：

——不详。

参考文献及相关材料：

——https：//gwulo.com/node/18430.
——https：//www.bhchk.org/ar-fenton-rayen.
——照片来源：https：//gwulo.com/atom/26121.

[381] Raven，Frank Jay（礼文）

生卒：1875.06.27—1943.07.11
出生地：美国加利福尼亚
国籍：美国
在华城市：上海
资历：不详
教育和训练背景：在加利福尼亚伯克利大学学习土木和采矿工程，在加利福尼亚矿做了两年工程师学徒

经历：

——在亚利桑那（Arizona）从教一年；

——在西班牙美国战争爆发后从军；
——战争结束后在夏威夷从业 4 年，其中两年任夏威夷政府土木工程师并从事路桥建设，另外两年在毛伊岛（Maui）甘蔗种植园任工程师和测绘师；
——1904 年 1 月到上海，与上海公共租界工部局工务处签订为期 3 年的工作合同，任土木工程师；
——后决定留在上海，并成立一个事务所，从事房地产业务；
——因业务发展迅速，于 1908 年注册成立中国营业公司（China Realty Company，Financial Agents，Insurance Agents，Land and Estate Agents，Architects and Builders），自任董事长和总经理 9 年，被称为是中国第一家房地产公司；
——1914 年卖掉其在中国营业公司的股份，组建普益银公司（Raven Trust Co.，Ltd.），被称为是中国第一家信托公司；
——1916 年 11 月辞去中国营业公司经理职务；
——1917 年组建美丰银行（American-Oriental Bank），总部设在上海，在天津设分行；
——1920 年当选为美国银行家协会中国联合会副主席；
——1923 年成立美东银公司（American Oriental Corporation）；
——1935 年破产；
——1940 年在帕罗奥多市（Palo Alto）。

作品：

——参见第三编中国营业公司。

著述：

——不详。

参考文献及相关材料：

——The Frank Jay Raven Story[EB/OL]. www.smashwords.com/.
——The China Who's Who（Foreign）[M]. 1922：222.
——The China Who's Who（Foreign）[M]. 1924：218.
——The China Who's Who（Foreign）[M]. 1925：216.
——The China Who's Who（Foreign）[M]. 1927：215.
——Men of Shanghai and North China[M]. 1933：326-331.
——[N]. The North-China Sunday News Magazine Supplement，1930-03-16（8）.
——FamilySearch Family Tree. Under license to MyHeritage.com[DB/OL]. Lehi，UT，USA：MyHeritage（USA）Inc. https：//www.myheritage.cn/research/collection-40001/familysearch-family-tree.
——Leaders of Commerce Industry and Thought in China[M]. 1924：304.
——照片来源：同上。

注：其曾为改善上海的居住环境贡献良多。

R

[382] Rawling，Samuel Bartlett（罗凌）

生卒：1830—1870
出生地：不详
国籍：英国
在华城市：香港、广州
资历：不详
教育和训练背景：不详

经历：

——1859—1862 年任皇家工兵工程监督；
——1862—1863 年任量地署助理工程师和水利工程（Water Works）助理工程师；
——1864 年自办事务所罗凌画则师行，外文名为 S. B. Rawling & Co.；

——1867 年建筑师乜连（G. A. Medlen）加入其公司，稍后公司外文名改为 Rawling，Medlen & Co.；
——1870 年在英国普利茅斯去世，公司由乜连继续经营到 1874 年。

作品：

——香港毕打街钟楼（The Pedder Street Clock Tower），1862；
——香港高升戏园。

著述：

——不详。

[383] Read，Walter Stanley（W. S. 礼德）

生卒：约 1885—?
出生地：不详
国籍：英国
在华城市：上海
资历：不详
教育和训练背景：不详

经历：

——1909 年在横滨拉朗德事务所（Lalande，G. DE Studio of Architecture）任职；
——1913 年 7 月到中国海关营造处任绘图员；
——1915 年在天津和凯特（Kate Winifred Jeffery）结婚；
——1919 年 2 月离开海关，时任建筑师；
——1919 年加入道达洋行并成为合伙人，公司改外文名为 Dowdall & Read；
——1919 年道达尔退休回到英国，洋行由礼德等接办，外文名依旧；
——1922 年法国建筑师蒂拉纳（A. Tulasne）成为合伙人，公司更外文名为 Dowdall，Read & Tulasne，至 1923 年 1 月后散伙，公司更外文名为 Dowdall & Read；
——1924 年公司再度更外文名为 Read，W. S. Architect，中文名依旧，经营至 1941 年 7 月后。

作品：

——白利南路（Brenan Road，今长宁路）公寓，1933；
——奥哈拉住宅（W. E. O' Hara's Residence），大西路，1933；
——参见第二编道达洋行。

著述：

——不详。

参考文献及相关材料：

——照片来源：[N]. The North-China Daily News，1926-02-02（12）.

[384] Richter，Paul Friedrich（李兮德 / 李希德）

生卒：1871.02.09—1945.11.09
出生地：德国罗腾堡区穆斯考（Muskau）
国籍：德国
在华城市：济南、青岛、天津
资历：不详
教育和训练背景：在德国完成建筑学习

经历：

——1901 年或 1902 年到达青岛，加入毛利公司（Franz Xaver Mauerer Construction Co.）；
——1904 年自办事务所李兮德洋行（Richter. Paul Friedr，Architektur–Atelier u. Bauunternehmung.）；
——1905 年回到德国汉堡；
——1909 年在济南开设分支（Richter，Paul Friedrich，Architect，Zewigbureau：Tsinanfu）；
——1913 年任青岛汽车俱乐部副主席；
——1914 年 8 月应征入伍；
——1914 年 11 月与家人赴天津；
——1920 年重回青岛，经营建筑事务所；
——1945 年在青岛去世。

作品：

——参见第二编李兮德洋行。

著述：

——不详。

参考文献及相关材料：

——http://www.tsingtau.info/index.html?namen/r.htm.
——袁宾久 . 青岛德式建筑 [M]. 北京：中国建筑工业出版社，2009.

[385] Ricker，Raymond Craver（李克忠 / 李克）

生卒：1878.10.22—?
出生地：美国格林内尔（Grinnell）
国籍：美国
在华城市：成都
资历：不详
教育和训练背景：1900—1904 年在伊利诺伊州立大学（University of Illinois）建筑学就读，1910—1913 年在哥伦比亚大学进修建筑学

经历：

——1904 年以美以美会教士身份来华布道，驻四川成都；
——1907 年任美以美会牧师；
——1908—1909 年任美以美会区域负责人；
——1912 年在华西协合大学建筑设计竞赛中扮演建筑顾问角色，并提交报告，协助遴选获奖方案；
——1914 年前后偕妻再次来华，改隶英美会并驻成都；
——1915 年时任华西协合大学施工负责人（superintendent of construction）；
——1927 年 7 月后离开公和洋行。

作品：

——华西协合大学，监造，成都。

著述：

——不详。

参考文献及相关材料：

——李海清，郭文搏，朱镇宇 . 转译“大屋顶”的可能性及其挑战——华西协合大学校园建筑设计的跨文化形式表达 [J]. 建筑学报，2022（9）：103-107.
——Li Haiqing. Translating the “Chinese roof”：Construction culture hybridization in West China Union University[C]// João Mascarenhas-Mateus，Ana Paula Pires. History of Construction Cultures. Boca Raton：CRC Press，2021：71-76.
——黄光域 . 基督教传行中国纪年（1807—1949）[M]. 南宁：广西师范大学出版社，2017.

R

——[J]. The Alumni Quarterly of the University of Illinois，1910，4（3）：290.
——Franklin W. Scott. The Semi-Centennial Alumni Record of the University of Illinois[Z]. Urbana：University of Illinois，1918：135.
——照片来源：其个人护照。

注：俗称“黄木匠”，感谢李海清老师对此条提供帮助。

[386] Roberts，William John（W. J. 罗伯茨）

生卒：1886.02.22—1949
出生地：英国柏立（Bury）
国籍：英国
在华城市：上海
资历：MA；ARIBA，1910
教育和训练背景：1904 年学徒于博蒙特（James Wlliam Beaumont），1905—1908 年在曼彻斯特大学建筑学

经历：
——1920 年 1 月到上海，任大英工部总署（Office of Works）助理建筑师，任期到 1935 年。

作品：
——参见第三编大英工部总署远东分部。

著述：
——不详。

参考文献及相关材料：
——The China Who's Who（Foreign）[M]. 1922：228-229.
——The China Who's Who（Foreign）[M]. 1924：225.
——The China Who's Who（Foreign）[M]. 1925：222-223.
——The China Who's Who（Foreign）[M]. 1927：221.
——Directory of British Architects，1834—1914，2（L-Z）[M]：483.

[387] Robertson，Douglas De-Butts（D. D. 罗伯森）

生卒：1889—?
出生地：不详
国籍：英国
在华城市：不详
资历：LRIBA，1945
教育和训练背景：1905 年在托马斯·邓肯·赖恩（Thomas Duncan Rhind）门下学徒，1905—1910 年就读于爱丁堡艺术学院（Edinburgh College of Art）

经历：
——1911 年获得一个旅行奖学金；
——一战爆发后，于 1916 年加入英国皇家工兵；
——1919 年 11 月，以中国内地会（China Inland Mission）传教士身份抵达中国，并从事教会建筑工作直至 1939 年；

——1945 年 10 月 16 日成为 LRIBA，其提名文件显示，当时他仍旧受雇于中国内地会，但是所留地址为爱丁堡地址。

作品：

——不详。

著述：

——不详。

参考文献及相关材料：

——http://www.scottisharchitects.org.uk/architect_full.php?id=100515.

[388] Robertson，H. G.（罗弼臣）

生卒：1837—1903

出生地：加拿大温哥华

国籍：加拿大

在华城市：福州

资历：不详

教育和训练背景：不详

经历：

——1850 年代到福州；

——1869 年前创办罗弼臣洋行（Robertson & Co.），在福州经营仓库总管员（General Storekeeper）、拍卖、裁缝等业务，在塔锚地（Pagoda Anchorage）经营船舶用品供应商、修帆工、煤炭销售等业务，同时在福州经营包工和建造业务；

——自 1881 年起，专门经营承包商和建造商业务；

——自 1883 年起，洋行由 H. J. 罗弼臣（H. J. Robertson）继承，经营建筑师和建造商业务，直至 1888 年。

作品：

——不详。

著述：

——不详。

注：H. J. 罗弼臣有可能是其后代。

R

[389] Robinson，Harold Graham Fector（H. G. F. 鲁滨生）

生卒：1889—1966.07.27

出生地：英国汉普斯特德（Hampstead）

国籍：英国

在华城市：上海

资历：RE；ARIBA，1912；FRIBA，1929

教育和训练背景：1905—1909 年在上海玛礼孙洋行（Scott & Carter）学徒

经历：

——1909—1910 年在玛礼孙洋行（Scott，Walter）任助理；

——1910—1911 年回到英国伦敦，任约翰事务所（John Belcher & John James Joass）助理；

——1911 年通过英国皇家建筑师学会资格考试并于次年获得准会员资历；

——1914 年回到上海，加入马海洋行（Moorhead & Halse）；

——1919 年升为合伙人，洋行更外文名为 Moorhead，Halse & Robinson；

——1920 年 8 月 21 日晋升为中尉；

——1928 年和士本氏（H. M. Spence）组建新的马海洋行（Spence，Robinson & Partner）；

——1929 年当选上海公共租界工部局土地委员会成员；

——1933 年在上海市工务局登记为建筑技师；

——1941 年参加二战，曾驻扎在巴基斯坦拉瓦尔品第（Rawalpindi），并于 1941 年 12 月 3 日晋升为少校；

——1950 年马海洋行迁移至香港营业；

——1958 年马海洋行散伙；

——1959 年任香港建筑师学会主席。

作品：

——参见第二编马海洋行。

著述：

——不详。

参考文献及相关材料：

——Malcolm Purvis. Tall Storeys：Palmer & Turner，Architects and Engineers，the First 100 Years[M]. Hong Kong：Palmer and Turner，1985.

——Directory of British Architects，1834—1914，2（L–Z）[M]：489.

——照片来源：[N]. The North-China Sunday News Magazine Supplement，1932-03-20（8）.

[390] Rokoff，Alexei Alekseyevich（摄罗阔夫）

生卒：?—1942

出生地：不详

国籍：俄罗斯

在华城市：哈尔滨、上海

资历：不详

教育和训练背景：不详

经历：

——曾任俄罗斯国立远东理工大学教授，“十月革命”后在俄国铁路系统工作过，移民哈尔滨之后，从事行政和教学管理工作；

——1920 年哈尔滨中俄工业学校建校创始人之一，首任校长（任期为 1920 年 9 月 9 日—1925 年 12 月 4 日），于 1920 年 9 月 16 日—1931 年 11 月 2 日在校担任大地测量、地形测量绘图课程教学，是大地测量教研室成员；

——1932 年受邀在哈尔滨组建北满工业大学；

——1938 年后移居上海；

——1942 年去世，在 20 多年的教学生涯中对哈尔滨高等教育的发展产生了巨大影响。

作品：

——不详。

著述：

——出版过一系列其他的教学参考资料及册子，在俄国和满洲的公开出版物上还发表了多篇学术论文，具体待考。

参考文献及相关材料：

——陈颖，刘德明 . 哈尔滨工业大学早期建筑教育 [M]. 北京：中国建筑工业出版社，2010：34，57.
——[俄] 克拉金 . 哈尔滨——俄罗斯人心中的理想城市 [M]. 张琦，路立新，译 . 哈尔滨：哈尔滨出版社，2007：197.
——照片来源：同上。

注：俄文名为 A·A·щелков，又译作谢尔科夫。

[391] Ross，Leslie Owen（罗斯）

生卒：1882—?
出生地：不详
国籍：英国
在华城市：汉口、香港
资历：FRIBA；AAHK，1916—1919，1929—1936，1939—1941
教育和训练背景：不详

经历：

——1916 年之前到达香港；
——1919 年离开香港；
——1922 年在汉口景明洋行（Hemmings & Berkley）任职；
——1930—1935 年在香港李杜露画则师行（Little，Adams & Wood）任职；
——1936 年自营事务所，公司外文名为 Ross，Leslie.，Chartered Architect and Surveyor；
——1939 年再度任李杜露画则师行主管，直至 1941 年后。

作品：

——香港警察总署，1919。

著述：

——不详。

[392] Rothkegel，Curt（罗克格）

生卒：1876.05.24—1946
出生地：德国大斯托里茨市（Gross Strehlitz，现波兰境内）
国籍：德国
在华城市：青岛、天津、北京、沈阳
资历：不详
教育和训练背景：在德国学习了建筑学专业课程

经历：

——1903 年下半年到中国青岛，供职于德租界政府的建设部门；
——1904 年秋和建筑师 W. 鲍赫曼（W. Borchmann）合作，开办了属于自己的工作室，主要经营范围包括建筑、艺术和工艺品方面的设计；
——1908 年返回德国，并在 1909 年 2 月 20 日与格特鲁德·齐默曼（Gertrud Zimmermann）女士结婚；
——婚后，夫妇二人一起来到中国天津定居，经营“营造式画司罗克格”；
——1912 年迁至北京，在天津、北京两地继续经营“营造式画司罗克格”；

——1914 年一战爆发，罗克格参加了青岛战役，在与日军交战中不幸被俘，被囚日本达 6 年之久，直到 1920 年被解救回中国；
——在此期间，公司业务一直由其夫人格特鲁德负责打理；
——1923 年罗克格夫妇获得许可回国休假；
——1923—1925 年在天津开办京津瓷瓦厂（Tientsin–Peking Tile Factory）；
——1924 年后夫妇二人返回中国并定居沈阳，开办罗克格营造公司；
——1926 年 1 月，公司同时在天津、北京和沈阳营业；
——1927—1929 年仅沈阳公司营业；
——1929 年，罗克格离开了工作近 26 年的中国，回到德国波茨坦。

作品：

——参见第二编罗克格洋行。

著述：

——不详。

参考文献及相关材料：

——陈雳 . 尘封的记忆——写在建筑师罗克格进京执业 110 周年之际 [J]. 建筑师，2022（2）：91–100.
——任云兰 . 文化的移植：德国建筑师罗克格及其在华作品 [J]. 城市，2011（6）：72–76.
——王栋 . 罗克格：在中国卓有成就的德国建筑师（上）[J]. 北京规划建设，2011（4）：171–175.
——王栋 . 罗克格：在中国卓有成就的德国建筑师（下）[J]. 北京规划建设，2011（6）：171–175.
——陈雳，杨昌鸣 . 新罗马风 · 罗克格 · 涵化——近代德国建筑文化输入中国现象述评 [J]. 建筑学报，2012（S2）：107–111.
——http://www.tsingtau.org/rothkegel-curt-1876-1945-architekt/.
——杜鹰 . 近代德国建筑师库尔特 · 罗克格在华作品调查及分析 [D]. 青岛：青岛理工大学，2010.
——照片来源：由德国波恩大学马维立教授撰写的罗克格手稿，转引自文献同上。

[393] Rouse，Edward Henry（鲁康司）

生卒：1870.02.19—1924.06.07
出生地：英国伦敦
国籍：英国
在华城市：汉口
资历：ARIBA，1920；MSA
教育和训练背景：巴黎美术学院建筑学专业

经历：

——1917 年在汉口创办鲁康司洋行（Rouse，E. H.，Architect，Surveyor）；
——1920 年 10 月 13 日加入义品洋行，任建筑师，1922 年 9 月前回欧洲休假；
——1924 年 6 月去世。

作品：

——不详。

著述：

——不详。

参考文献及相关材料：

——File 1131–1132，C.F.E.O.，Brussels，引自：Leung-kwok Prudence Lau. Adaptive Modern and Speculative Urbanism：The Architecture of the Credit Foncierd'Extreme–Orient（C.F.E.O.）in Hong Kong and China's Treaty Ports，1907—1959 [D]. Hong Kong：The Chinese University of Hong Kong，2013：261.

[394] Rowntree，Fred（荣杜易）

生卒：1860.04.19—1927.01.07

出生地：英国斯卡伯勒（Scarborough）

国籍：英国

在华城市：成都

资历：FRIBA

教育和训练背景：1876—1880 年在斯卡伯勒 C. A. 伯里（Charles Augustus Bury）门下学徒

经历：

——出徒后，在伦敦任 E. 伯吉斯（Edward Burgess）助理；

——后被任命为兰开夏郡（Leicestershire）工程监督至 1885 年；

——1885 年成为斯卡伯勒的 C. 埃德森（Charles Edeson）的合伙人，公司更名为 Edeson & Rowntree；

——1890 年移居伦敦，同年到格拉斯哥与 M. 斯塔克（Malcolm Stark）合伙组成 Stark & Rowntree；

——1900 年两人散伙，荣杜易移至伦敦汉默史密斯（Hammersmith）独自经营；

——1912 年将长子 D. W. 荣杜易（Douglas Woodville Rowntree，1905—1906 年在伦敦英国建筑联盟学校学习）和次子科林（Colin）聘为合伙人，名为荣杜易父子事务所（Messrs. Fred Rowntree & Sons）；

——1912 年受邀参加成都华西协合大学设计竞赛，并获得首奖，遂被任命为华西协合大学建筑师；

——1913 年到成都考察华西协合大学建筑现场并和地方长官讨论了设计方案；在华期间，还曾在中国南北游历，考察中国传统建筑，并结合建筑场地情况对总平面布局进行了调整，修改并绘制了一些新的建筑设计方案；

——一战爆发后，与 C. 斯普纳（Charles Spooner）和 A. J. 彭蒂（Arthur Joseph Penty）组建一家企业，雇佣比利时难民，为战后比利时建筑修复与重建服务；

——1927 年去世。

作品：

——华西协合大学 2 层学生宿舍贾会督学舍，1914；

——华西协合大学神学院教室及宿舍亚克门学舍，1914；

——华西协合大学怀德堂（又称作事务所），1919；

——华西协合大学学生宿舍万德门（又称作明德学舍）和 2 层教学楼赫斐院（又称作合德堂），1920；

——华西协合大学教学楼嘉德堂（又称作生物楼）和学生宿舍华楼（又称女生一宿舍），1924；

——华西协合大学教室及宿舍广益学舍（又称作稚德堂），1925；

——华西协合大学图书馆及博物馆（又称作懋德堂），1926；

——华西协合大学钟楼（高 24 米），1926；

——华西协合中学礼拜堂（又称作刘子如纪念堂），1927；

——华西协合大学教育学院，1928；

——华西协合大学校长住宅，华西协合中学教学楼、大门以及教师住宅等。

著述：

——不详。

参考文献及相关材料：

——[N]. The Building News，1913-01-24，104，3029：125.

——董黎．华西协合大学建筑考 [C]// 汪坦，张复合．第五次中国近代建筑史研究讨论会论文集．北京：中国建筑工业出版社，1998：135-143.

——文彦博，李沄璋，曹毅．华西协合大学历史建筑特征初考 [J]. 工业建筑，2016（11）：59-63.

——http：//www.guise.me.uk/articles/rowntrees1900/turn-century.htm.

——http：//www.scottisharchitects.org.uk/architect_full.php?id=200959.

——Peter Robson. Fred Rowntree：Architect：Some Notes on His Life and Buildings[M]. York：Newby Books，2014.

——罗照田．东方的西方：华西大学老建筑 [M]. 成都：四川人民出版社，2018.

——Yinrui Xie，Paul Walker. Chinese and Christian? The architecture of West China Union University[J]. The

R

Journal of Architecture，2021，26（3）：394-424.
——李海清，郭文搏，朱镇宇．转译“大屋顶”的可能性及其挑战——华西协合大学校园建筑设计的跨文化形式表达 [J]. 建筑学报，2022（9）：103-107.
——Li Haiqing. Translating the “Chinese roof”：Construction culture hybridization in West China Union University[C]// João Mascarenhas-Mateus，Ana Paula Pires. History of Construction Cultures. Boca Raton：CRC Press，2021：71-76.
——https：//en.wikipedia.org/wiki/Fred_Rowntree.
——照片来源：同上。

注：他是苏格兰工艺美术运动建筑师。

[395] Ruffinoni，Daniel（罗菲诺尼）

生卒：1882—1966

出生地：不详

国籍：意大利

在华城市：北京、天津

资历：不详

教育和训练背景：不详

经历：

——1913 年受意大利“国家援助传教士协会”委托，到华设计建筑，先在北京停留，随后到天津，为天津意大利租界设计了多栋建筑；

——1915 年回到都灵。

作品：

——天津意大利工部局建筑，1915。

著述：

——不详。

参考文献及相关材料：

——Daniele Ruffinoni. Un Ingegnere E Musicista Italiano In Cina di Gianluigi Arnaud piccolo auditorium paradisi[OL]. http：//www.piccoloauditoriumparadisi.com/.
——照片来源：Gian Luigi Arnaud. Daniele Ruffinoni，un ingegnere italiano in Cina[J]. Mensile dell'Istituto Italiano di Cultura di Pechino，Giugno，2010，1（6）：47.

[396] Sachse，Richard（石格司）

生卒：1884—1966

出生地：德国巴伐利亚

国籍：德国

在华城市：汉口

资历：不详

教育和训练背景：德国格拉工程技术学院（Gera College of Engineering and Technology）

经历：

——1910 年在汉口韩贝工程师行（Hempel，G. L.，Architect and Civil Engineer）任职，与韩贝合办了一个制砖厂，辛亥革命后将该砖厂转售给汉协盛，成为阜成砖瓦厂；

——1918 年在汉口法租界从事建筑师职业；

——1925 年前在汉口自办石格司建筑师事务所（Sachse，R.），该公司在 1941 年通商名录中仍有记载，勒贝尔（W. Roeber）曾在该公司任职；

——1930 年曾任汉口市第一特别区管理局（原德租界）市政建筑师；

——曾任武汉大学驻场建筑师。

作品：

——汉口圣约瑟学校（Saint Joseph School），1925；

——汉口路德宗（Lutheran Chinese Concordia），1932；

——汉口信义公所；

——汉口福来德洋行办公楼；

——汉口福来里；

——武汉大学理学院，与开尔斯（F. H. Kales）合作，1931；

——武汉大学樱园一至四舍，与开尔斯（F. H. Kales）合作，1931。

著述：

——不详。

参考文献及相关材料：

——[J]. The Lutheran Witness，1932，51：439.

——照片来源：由石格司外孙女提供，武汉大学档案馆收藏，刘文祥老师协助获取。

[397] Sakharov，Vladimir Vasilyevich（萨哈罗夫）

生卒：1859.12.03—1904.10.26

出生地：不详

国籍：俄罗斯

在华城市：大连、旅顺

资历：不详

教育和训练背景：1878 年从尼古拉耶夫工程学院毕业，1884—1886 年在尼古拉耶夫工程学院高级班学习

经历：

——1896 年到海参崴负责海岸工程设计建造，从事港口和海湾配套设施建设工程；

——1898 年工程完工后被调往彼得堡市，与 C. H. 凯尔别兹工程师一同制订建设大连湾辽阔的不冻港及海港城市的设计方案工作；

——1899 年任大连市城市及港口建设总工程师；

——1902 年临时担任大连市市长；

——1904 年在旅顺病逝。

作品：

——萨哈罗夫住宅，大连；

——大连港口规划设计，大连；

——大连市规划设计［方案后被斯科里莫夫斯基（Kazimierz Skolimowski）更改后实施］，大连，1899。

著述：

——不详。

参考文献及相关材料：

——蒋耀辉 . 城市寻端——大连开埠建市 [M]. 大连：大连出版社，2020：49-50.

——[俄] 克拉金 . 哈尔滨——俄罗斯人心中的理想城市 [M]. 张琦，路立新，译 . 哈尔滨：哈尔滨出版社，2007：158.

——照片来源：同上。

注：又译作萨哈洛夫；萨哈罗夫在建设大连城市和商业港口时的助手有特列纽辛、诺索夫、B. K. 基姆和吉洛夫等工程师；而制订大连城市总体规划的建筑设计师有斯科利莫夫斯基和什捷姆波尔。

[398] Salway，William（萨尔维）

生卒：1844—1902

出生地：英国伦敦

国籍：英国、澳大利亚

在华城市：香港

资历：ARIBA，1874；FRIBA，1885

教育和训练背景：1860—1864 年学徒于墨尔本建筑师弗 F. 里德和 J. 巴恩斯（Frederick Reed & Joseph Barnes）

经历：

——学徒完成后，在 F. 里德和 J. 巴恩斯事务所任职至 1867 年；

——1867 年在墨尔本独立开业；

——1868 年游历到马尼拉、斯里兰卡、新加坡和中国，最后停留在中国香港；

——1868 年 10 月 3 日在香港开办萨尔维事务所，公司外文名为 W. Salway Architect，Surveyor & c.，为公和洋行之前身；

——1872 年，土木工程师威尔逊（Wilberforce Wilson）成为事务所合伙人，公司遂改外文名为 Wilson & Salway Architects，Surveyors and Civil Engineers；

——1876 年离开香港、回到墨尔本执业，1878 年与威尔逊散伙。

作品：

——德国总会（German Club），香港，1872；

——圣彼得教堂（St Peter's Church），香港，1872；

——参见第二编巴马丹拿洋行。

著述：

——不详。

参考文献及相关材料：

——Directory of British Architects，1834—1914，2（L-Z）[M]：532.

——[J]. RIBA Journal，1902，9：461.

——John J. Taylor. William Salway. July 2014[EB/OL]. https：//www.taylorarchitects.com.au/Biographies/W%20Salway%20for%20AIA%20（WA）.pdf.

[399] Sample，Edmund Frederick Ronald（E. F. R. 桑普尔）

生卒：1888—1951.05.04

出生地：英国约克

国籍：英国

在华城市：香港

资历：ARIBA，1921；FRIBA，1928；MSA；AMISE；AAHK，1922—1903

教育和训练背景：1900—1910年在珀蒂（F. R. Perty）门下学徒

经历：

——1910—1912年任W. H. 布里尔利（Walter Henry Brierley）的助理；

——1912—1914年任沃克事务所（E. R. Walker）首席助理；

——1918年加入英国皇家工兵部队；

——1921年退役，成为法国圣奥梅尔（St Omer）帝国战争坟墓委员会的临时测绘师（Imperial War Graves Commission），曾到过欧洲、新加坡、哥伦布、马尼拉、塞得港、苏丹港、河内、阿尔及利亚和中国广州等地；

——1922年1月到香港甸尼臣（田弥臣）蓝劫士洋行（Denison，Ram & Gibbs）任资深助理；

——1925年4月升为公司合伙人；

——1928年4月任公司负责人；

——1933年退休；

——1951年去世。

作品：

——参见第二编甸尼臣蓝劫士洋行。

著述：

——不详。

参考文献及相关材料：

——Directory of British Architects，1834—1914，2（L–Z）[M]: 533.

[400] Sarthou，Henri（H. 萨尔图）

生卒：1889—?

出生地：不详

国籍：法国

在华城市：上海

资历：不详

教育和训练背景：不详

经历：

——1920年在上海法租界公董局工务处任工程监督；

——1926年在上海法租界公董局工务处任助理建筑师；

——1931年升任法租界公董局建筑师。

作品：

——参见第三编上海法租界公董局工务处。

著述：

——不详。

参考文献及相关材料：

——Sarthou family correspondence（M2139）. Dept. of Special Collections and University Archives[DB/OL]. Stanford University Libraries，Stanford，Calif. http://www.oac.cdlib.org/findaid/ark:/13030/c8154nqb/entire_text/.

注：又名Henri Sarthon。

[401] Sarton，Hubert（H. 萨顿）

生卒：1894.02.27—1924.06.07

出生地：比利时列日（Liege）

国籍：比利时

在华城市：上海、天津、汉口

资历：不详

教育和训练背景：曾在布鲁塞尔皇家美术学院（l'Académie des Beaux Arts，Brussels）学习建筑3年

经历：

——1920年1月任义品洋行上海分行建筑师助理（Architect-Assistant）;

——1920年7月升任建筑师;

——1921年1月任上海分行秘书会计师（Secretary-Accountant）;

——1926年10月26日起任天津分行秘书、会计师;

——1927年4月6日任汉口分行代理行长;

——1927年8月20日任新加坡分行代理行长。

作品：

——参见第二编义品洋行。

著述：

——不详。

参考文献及相关材料：

——Mr. H. Sarton has been empowered to act as Belgian Consul[N]. The Shanghai Times，1931-11-30（12）.

——File 1138，C.F.E.O.，Brussels. 引自：Leung-kwok Prudence Lau. Adaptive Modern and Speculative Urbanism: The Architecture of the Credit Foncierd' Extreme-Orient（C.F.E.O.）in Hong Kong and China's Treaty Ports，1907—1959[D]. Hong Kong: The Chinese University of Hong Kong，2013: 262-263.

——照片来源：同上：262.

[402] Sato Iwato（佐藤岩人）

生卒：不详

出生地：日本大分县

国籍：日本

在华城市：大连

资历：AMJA，1939

教育和训练背景：1919年自“南满工专”建筑科毕业，1926年自“南满工专”建设工学建筑分科毕业

经历：

——1927年4月获大连市主任技术者检定第二级合格;

——1928—1939年任大连市技手（财务课营缮系勤务）;

——1939—1943年为大连高冈组社员。

作品：

——大连市社会馆，现场监督，与井手市吉郎、小岛齐合作，1927;

——大连伪满洲大博览会本馆、别馆及其他建筑物，1933;

——市立大连中学校，1934。

著述：

——不详。

参考文献及相关材料：

——堀勇良 . 日本近代建筑人名总览（增补版）[M]. 东京：中央公论新社，2022：608.

[403] Sato Takeo（佐藤武夫）

生卒：不详

出生地：不详

国籍：日本

在华城市：大连

资历：AMJA，1923（?）

教育和训练背景：1917 年自岩手县立工业学校建筑科毕业

经历：

——1920 年任大阪渡边节建筑事务所勤务；

——1921—1922 年任朝鲜银行营缮课勤务；

——1923 年任大连市共立组勤务；

——1925—1930 年任大连市大正组勤务；

——1928—1936 年在大连市自营佐藤建筑事务所；

——1933 年 2 月任新京合资会社三共建筑事务所无限责任社员。

作品：

——大连浪速大厦，1928；

——大连若菜町公寓，1936；

——大连沙河口金融组合，1936。

著述：

——不详。

参考文献及相关材料：

——堀勇良 . 日本近代建筑人名总览（增补版）[M]. 东京：中央公论新社，2022：619.

[404] Sayer，S. A.（S. A. 赛雅）

生卒：不详

出生地：不详

国籍：英国

在华城市：威海卫、天津、上海

资历：AMICE；ACGI（?）

教育和训练背景：不详

经历：

——曾在威海卫英国政府招工处（Labor Recruiting Agency）任职；

——后到天津直隶河道署（Chihli River Commission）测绘部任总工程师，1919 年辞职；

——1922 年 7 月已经在上海开办赛雅洋行（Sayer，S. A. Civil Engineers，Architects and Surveyors，Land

and Estate Agents)，同时在成业地产股份有限公司（Union Land Investment Co.，Ltd. Civil Engineers，Architects and Surveyors，Estate and Commission Agents）任职至 1923 年 7 月；

——1931—1941 年 7 月后在上海五和洋行（Republic Land Investment Co.）任职，负责建筑工程部。

作品：

——参见第二编五和洋行。

著述：

——不详。

[405] Schmidt，F. H.（西米特 / 徐密德）

生卒：不详

出生地：不详

国籍：法国、德国

在华城市：青岛、汉口

资历：不详

教育和训练背景：不详

经历：

——在德国汉堡开办建筑公司；

——1901 年在青岛开办分部，中文名为“西米特公司”或“广包公司”（Schmidt，F. H. Building Contractors and Purveyors，Iron Construction and Bridge Building Factories，Wood-working Fabric），承建多项工程；

——1905 年在汉口开设分部，由保利洋行代理；

——1914 年后无闻。

作品：

——参见第二编西米特公司。

著述：

——不详。

[406] Schnock，Friedrich（F. 施诺可）

生卒：1871.09.18—1937.12.28

出生地：德国基尔格博伦（Kiel geboren）

国籍：德国

在华城市：青岛、广州、上海

资历：不详

教育和训练背景：毕业于工程学院

经历：

——1899 年受聘于德国维林洋行（Vering，C.，Engineer，Harbour-building Co.）到青岛建造港口，在总工程师约翰·斯提克弗茨（John Stickforth）手下任二等水利工程师（hydraulic engineer）；

——1904 年其职位为建筑师、工程师；

——1905 年工程完工后，居住在港口附近一座新建住宅中；

——1907 年离开青岛、到广州，受聘测绘 1 : 5000 的大尺度地图《广东省城内外全图 河南附》（*Canton with Suburbs and Honam*）；

——1911—1919 年在上海开办事务所，公司外文名为 Schnock，F.，Civil Engineer and Contractor，经营土木工程师和土木工程承包；
——1919 年春被遣返回德国；
——1924 年回到中国，定居青岛，自办土木工程师行（Schnock，F.，Civil Engineer），曾先后任姚新记营造厂（Yao Ling Kee）代表、振兴烟业股份有限公司（Tobacco Development Co.）代理；
——自 1927 年 2 月任青岛港局咨询工程师，并曾为中国政府提供服务，曾参与青岛栈桥的扩建等；
——1935 年回到德国；
——1935 年底回青岛处理资产问题；
——1937 年在青岛去世。

作品：

——青岛港，作为约翰·斯提克弗茨（John Stickforth）的助手负责监造；
——青岛栈桥扩建；
——四海饭店（Edgewater Mansion，现东海饭店），汇泉路 7 号，青岛码头，1933—1934（一说新瑞和洋行设计）；
——5 座棚屋，册地 6044 号，上海杨树浦路，1914。

著述：

——《广东省城内外全图 河南附》（*Canton with Suburbs and Honam*，广东省档案馆藏）。

参考文献及相关材料：

——http：//www.tsingtau.org/friedrich-schnock-ingenieur-1871-1937/.
——照片来源：同上。

[407] Scholz，Rudolf（R. 舒尔茨）

生卒：1876.01.25—1940.05
出生地：德国科隆（Köln）
国籍：德国
在华城市：青岛、天津
资历：不详
教育和训练背景：不详

经历：

——1909 年在天津奥匈租界柏工程司（Brunner，Joh.—General Contractor，Furniture Manufacturer & Importers）任职；
——1912—1914 年在山东铁路公司技术部（青岛）任建筑师；
——1914 年参加青岛战役被俘；
——于 1919 年被释放后没有再回到青岛，在雅加达等地任市政工程师。

作品：

——不详。

著述：

——不详。

参考文献及相关材料：

——https：//www.vanimhoff.info/persondetail.php?person_id=253.

[408] Schubart, Johann Heinrich Friedrich（舒巴特）

生卒：1878.09.19—1955.12.02

出生地：德国汉诺威（Hanover）

国籍：德国

在华城市：青岛、南京

资历：不详

教育和训练背景：自 1898 年开始在汉诺威技术大学（Technical University of Hanover）学习建筑学；1913 年在德国德累斯顿技术大学（Dresden University of Technology）获得博士学位，论文题目为《中国清式建筑》（*The Chinese T'ing Style*）；1918—1921 年在柏林洪堡大学（初名为腓特烈·威廉大学，Friedrich Wilhelm University）学习中文并获翻译学位

经历：

——1902 年 11 月通过了第一次国家考试；

——1902 年 12 月 3 日到汉诺威政府部门任职；

——1906 年 11 月 17 日在通过第二次国家考试后，被任命为政府建筑大师（government master builder）；

——1907 年 3 月 12 日赴青岛，任职于政府建筑部门（上司为 Karl Strasser），同时开展私人业务；

——1910 年 2 月 28 日离开青岛，到普鲁士建筑部门任职（General Prussian Building Administration，Division Ⅲ）；

——1929 年再度来华，受蒋介石邀请，任南京国民政府咨询团成员，为南京首都规划提供咨询，并曾参与中山陵的建造、街区设计，还曾建议保留南京城墙，仅扩大城门以便通行；

——后到杭州协助建筑法规的制定；

——1930 年 9 月到上海，并于 1931 年秋离开中国。

作品：

——军官餐厅（Officer's Diner），青岛奥古斯特维多利亚湾（Auguste Victoria Bay），1909；

——毛奇兵营（Moltke barracks），青岛，1907—1909；

——云雀纪念碑（Lark Monument），青岛，1908；

——狩猎俱乐部（Jagdverein），青岛，1908；

——伊丽莎白·赫尔曼·索尔夫别墅（Villa Hermann Solf，Elisabethweg），青岛，1909；

——胶澳观象台 / 青岛观象台（Imperial Observatory），与 Karl Strassel 合作设计，1910—1912。

著述：

——J. H. F. Schubart. The Chinese T'ing Style（中国清式建筑）[D]. Dresden：Dresden University of Technology，1913.

参考文献及相关材料：

——韩雅慧，徐飞鹏 . 近代德国工程师在青岛的活动述略（1898—1949）[J]. 建筑史，2019（2）：139-147.

——http：//www.tsingtau.org/schubart-j-heinrich-f-1878-1955-dr-ing-architekt-und-ministerialdirigent/.

——照片来源：同上。

[409] Scott，Walter（W. 斯科特）

生卒：1860—1917

出生地：印度加尔各答

国籍：英国

在华城市：上海

资历：ARIBA，1883；FRIBA

教育和训练背景：汤顿卫斯理学院；1877 年在普卢姆比（Rowland Plumbe）事务所做学徒；1883 年毕业于伦敦大学学院

经历：

——1889 年来华，加入玛礼孙洋行（Morrison & Gratton）；

——1901 年成为合伙人，洋行外文名遂改为 Morrison，Gratton & Scott；

——1902 年与卡特（W. J. B.Carter）合伙接办玛礼孙洋行，公司更外文名为 Scott & Carter；

——1907 年卡特去世，斯科特独立主持洋行，公司西文行名改为 Scott，Walter；

——1909 年克里斯蒂（J. Christie）和约翰森（George A. Johnson）成为合伙人，公司外文名变更为 Scott，Christie & Johnson；

——1911 年斯科特退出玛礼孙洋行，克里斯蒂和约翰森合伙接办，公司更外文名为 Christie & Johnson。

作品：

——参见第二编玛礼孙洋行。

著述：

——不详。

参考文献及相关材料：

——照片来源：Arnold Wright. Twentieth Century Impressions of Hongkong，Shanghai，and Other Treaty Ports of China[M]. London：Lloyds Greater Britain Publishing Company，1908：622.

[410] Seel，Ludwig Richard（L. R. 希尔）

生卒：1854.09.29—1922.09.04

出生地：德国爱尔伯菲尔德（Elberfeld）

国籍：德国

在华城市：上海、天津等

资历：不详

教育和训练背景：不详

经历：

——1875—1890 年任职于柏林著名的恩德和博克曼（Ende & Bockmann）建筑师事务所；

——1888 年作为公司代表派往日本东京，负责日本政府建筑项目监造（最终建成的有法院和司法部）；

——1891 年在日本独立开业，曾为美国教会设计教堂和学校，并在东京、仙台和横滨设计多座建筑；

——后被委托设计华俄道胜银行，先后负责该银行在横滨、神户、函馆、上海、旅顺、北京和天津的支行的设计工作；

——1903 年离开日本、返回柏林。

作品：

——日本政府大楼（Japanese Government Building），东京；

——东方饭店（The Oriental Hotel），东京；

——同志社大学克拉克纪念堂（Clarke Memorial Hall / Dôshisha University），京都，1893；

——司法部大楼（Ministry of Justice Building），东京，1895；

——多栋别墅，横滨布拉夫（Bluff）；

——华俄道胜银行（The Russo-Chinese Bank），上海，1902；

——华俄道胜银行，天津，1902；

——华俄道胜银行，北京，1902；

——华俄道胜银行，旅顺，1902；

——华俄道胜银行，日本神户，1902；
——华俄道胜银行，日本横滨，1902；
——华俄道胜银行，日本函馆，1902。

著述：

——L. R. Seel. Earthquake-proof Chimneys[N]. The Japan Weekly Mail，1894-06-30：792-793.

参考文献及相关材料：

——https：//de.wikipedia.org/wiki/Ludwig_Richard_Seel.
——The New Russo-Chinese Bank Building[N]. The North-China Herald and Supreme Court & Consular Gazette，1902-10-29：915-916.
——Opening of the Oriental Palace Hotel[N]. The Japan Daily Mail，1903-10-10，40：393.
——Itohan I. Osayimwese. Colonialism at the Center：German Colonial Architecture and the Design Reform Movement，1828—1914[D]. Ann Arbor：University of Michigan，2008：310.

[411] Seidel，Paul（霍得而）

生卒：?—1956
出生地：中国上海
国籍：奥地利
在华城市：天津、沈阳、青岛
资历：不详
教育和训练背景：不详

经历：

——1908 年曾在青岛德商大丰洋行（Beerman，J.，Builder and House Furnisher）工作；
——1911 年前后在维林洋行（Vering，C.，Engineer and Building Contractor）上海分行任工头；
——1914 年 8 月在胶州（青岛）海军炮兵二旅任高级炮兵，1915 年被囚于大阪战俘营，1917 年 2 月 19 日被转移至广岛战俘营；
——1919 年 12 月被释放后，到天津加入克林工程司（Corinth & Co.），后成为合伙人，公司更名为克林霍得而工程师（Corinth & Seidel Architect，Interior Decorators，and Building Contractors）；
——1925 年负责克林工程司沈阳分公司；
——1926 年加入位于沈阳的罗克格洋行，工作至 1929 年；
——1939 年在青岛任建筑师和工程师；
——1953 年在柏林。

作品：

——不详。

著述：

——不详。

参考文献及相关材料：

——http：//www.tsingtau.info/index.html?namen/s.htm.

[412] Shaffer，Ferry（薛佛）

生卒：1897—1949.01.31
出生地：不详
国籍：匈牙利
在华城市：上海

资历：AMISE

教育和训练背景：匈牙利皇家约瑟夫技术大学（Hungarian Royal Joseph University of Technology）建筑学专业毕业

经历：

——1920 年从俄国战俘营出逃后来华；
——1921 年在克利洋行（R. A. Curry）任职；
——1922 年受聘负责重庆到成都的公路测绘工作；
——1923—1927 年在上海哈沙德洋行（E. Hazzard）任职；
——1927 年 1 月—1931 年 1 月在上海公和洋行任职；
——1934—1936 年在上海普益地产公司建筑部（Aisa Reality Co. USA，Architectural Department）任职；
——自 1940 年开始为中国地下党（Chinese Underground）工作，至 1944 年逃亡重庆；
——1941 年在上海四川路自办薛佛建筑事务所（Shaffer，F.，Architect）；
——1948 年 3 月赴美求医；
——1949 年 1 月 31 日在纽约去世。

作品：

——上海武康路 400 弄，1939；
——卫乐园（Haig Villa）34 幢住宅，上海华山路 799 弄，1934—1935；
——懿园花园洋房，上海建国西路 506 弄，1941。

著述：

——不详。

参考文献及相关材料：

——John S. Service. Golden Inches：The China Memoir of Grace Service[M]. Berkeley：University of California Press，1989：262.
——Shaffer，Former Resident Here，Dies in New York[N]. The China Press，1949-02-02（2）.
——Ferenc "Ferry" Shaffer，52，who for 26 years was an architect in Shanghai[N]. The Shanghai Evening Post and Mercury，1949-02-02（2）.
——Ferenc Shaffer Dies in NY After Illness[N]. The Shanghai Evening Post and Mercury，1949-02-07（2）.
——照片来源：[匈] 辛薇莉 . 我们，上海的匈牙利人 [M]. 上海：匈牙利驻上海总领事馆，2022：186.

注：又名 Ferenc Schaffer。

[413] Shaw，Alexander J. Mackintosh（肖氏）

生卒：?—1915.01.26

出生地：不详

国籍：英国

在华城市：北京、天津

资历：AMIME；MIME

教育和训练背景：毕业于牛津大学圣约翰学院

经历：

——1902 年来华，加入英国福公司（Peking Syndicate），曾在天津、北京、河南焦作和山西工作，任测绘师；
——1907 年在天津道清铁路（Imperial Chinese Railways）任道路和工程代理工程师；
——1910 年离开福公司，并作为一名建筑师与可克合组公司"Cook & Shaw"，继续在北京、天津工作；
——1914 年 11 月回国加入英国皇家军队，到非洲努比亚（Nubia）参战，后于 1915 年 1 月战死。

作品：

——不详。

著述：

——不详。

参考文献及相关材料：

——Roll of Honour[N]. The North-China Herald and Supreme Court & Consular Gazette，1916-08-12：326.

——Alexandra Grandy. The Diaries of Norman Rymer Shaw[M]. A. Grandy，1991：367.

[414] Shaw，K. M.（K. M. 肖氏）

生卒：?—1917.02

出生地：不详

国籍：英国

在华城市：开平、天津

资历：不详

教育和训练背景：不详

经历：

——1901—1905 年在开平矿务局（Chinese Engineering & Mining Co.）任机械工程师、助理工程师；

——1906 年加入 Ford，F. Howard，Architect，并成为合伙人，公司外文名改为 Ford & Shaw，中文名为福德洋行，同时在牛庄开办分支，天津业务由肖氏负责，牛庄业务由福特负责；

——天津分支到 1910 年仍见于记载；

——1910 年后离开天津，到了南美；

——1917 年在英国去世。

作品：

——不详。

著述：

——不详。

参考文献及相关材料：

——Ford and Shaw to J. H. Hinton. Tientsin，1907 [A]. 英国档案馆 . 档案号：FO 678/2493.

[415] Sherven，O.（畬问）

生卒：不详

出生地：不详

国籍：挪威

在华城市：杭州、汉口

资历：不详

教育和训练背景：不详

经历：

——1899 年在杭州租界（Hangchow Settlement）任市政工程师，并开展建筑师和工程师业务，洋行中文名为畬问洋行，外文名为 Sherven，O. Engineer and Architect；

——1901 年前任萍醴铁路（Ping-Li Railway，修筑期为 1899.09—1903.12）助理工程师，后于 1906 年

任浙赣铁路安徽段工程师；

——1903—1905 年同时在汉口自办盛和洋行（Sherven, O. Engineer and Assistant Engineer to Ping-li Railway），此后无闻；

——1920 年时已经回到挪威。

作品：

——不详。

著述：

——不详。

参考文献及相关材料：

——[N]. The North-China Herald and Supreme Court & Consular Gazette, 1906-03-16: 574.

注：全名可能是 Ole Olsen Sherven，曾于 1896 年 5 月—1897 年 5 月在上海和苏州海关任看守人（Watcher）。

[416] Shimada Yoshiro（島田吉郎）

生卒：1884.11—?

出生地：日本岛根县

国籍：日本

在华城市：鞍山、沈阳、大连等

资历：MJA

教育和训练背景：1905 年毕业于东京工手学校建筑科

经历：

——1908 年 4 月入职“满铁”；

——1909—1910 年任“南满洲”铁道奉天保线係勤务；

——1909 年兼任“南满洲”铁道千金寨保线系勤务；

——1910—1914 年任“南满洲”铁道工务勤务；

——1914—1915 年任“南满洲”铁道总务部技术局建筑课勤务；

——1915—1930 年任“南满洲”铁道职员；

——1930 年任“南满洲”铁道技术员；

——1930—1936 年任“南满洲”铁道技师；

——1936—1937 年任“南满洲”铁道参事；

——1937 年兼任大连工事事务所建筑系长勤务；

——1937—1940 任伪满洲不动产取缔役工务课长。

作品：

——不详。

著述：

——不详。

参考文献及相关材料：

——堀勇良．日本近代建筑人名总览（增补版）[M]. 东京：中央公论新社，2022: 658.

——中西利八．满洲绅士录 [M]. 3 版．东京：满蒙资料协会，1940: 896.

——照片来源：同上。

[417] Shimizu Kenyu（清水贤雄）

生卒：不详

出生地：日本长野县

国籍：日本

在华城市：沈阳、大连

资历：MJA

教育和训练背景：1911 年毕业于京都大学土木学科

经历：

——毕业后即入职“满铁”，曾任奉天、大连等铁道事务所所长，铁道部工务课长、铁道部次长、监察役兼技术工务各委员会委员等；

——曾赴欧美考察；

——1937 年 9 月退出“满铁”，任东亚土木企业株式会社社长、伪满洲技术协会理事。

作品：

——不详。

著述：

——不详。

参考文献及相关材料：

——中西利八．满洲绅士录 [M]. 3 版．东京：满蒙资料协会，1940：462.

——照片来源：同上。

[418] Shimoda G. Kikutaro（下田菊太郎 / 茂达）

生卒：1886.06.14—1931.12.26

出生地：日本秋田县（现仙北市）

国籍：日本

在华城市：上海

资历：LAI，1895

教育和训练背景：1885 年进入工部大学校造家学科学习，后退学

经历：

——1889 年到美国，先后在纽约布朗（Page-Brown）和芝加哥伯纳姆（Daniel Burnham）事务所工作，是第一位掌握钢混技术的日本建筑师；

——1895 年获得伊利诺伊州执业建筑师许可后自办事务所；

——1898 年回到日本；

——1909 年到上海执业，经营“美国工程师司茂达”（Shimoda，G. K.，Licensed Architcet of Illinois，U. S. A.）；

——1912 年回到日本；

——1920 年在横滨执业。

作品：

——汇丰银行长崎支行，日本长崎，1904；

——上海总会室内设计（Interior of Shanghai Club Building），上海中山东一路 3 号，1910。

著述：

——下田菊太郎．思想と建築 [M]. 私家版，1928.

参考文献及相关材料：

——池田憲和．建築家・下田菊太郎に関する若干の考察 一その生涯と業績について一（建筑师下田菊太郎的一生与成就）[R]. 秋田県立博物館研究報告館 21 号ページ，1996-03：57-72.
——林青梧．文明開化の光と闇：建築家下田菊太郎伝 [M]. 东京：相模书房，1981.
——https：//ja.wikipedia.org/wiki/ 下田菊太郎．
——照片来源：同上。

[419] Shiokawa Shiroasa（塩川白麻）

生卒：1899.05—1945.02.06
出生地：日本福冈市
国籍：日本
在华城市：抚顺、沈阳
资历：MJA
教育和训练背景：1919 年毕业于县立福冈工业学校

经历：

——毕业后即入职"满铁"；
——1927—1929 年任抚顺煤矿土木课勤务；
——1934—1935 年任"铁道建设局"白城子建设事务所勤务；
——1937—1940 年任"铁道建设局"奉天建设事务所勤务；
——1940—1943 年任"铁道总局"工务局建筑课勤务；
——1943—1945 年任"铁道总局"设施局建筑课勤务。

作品：

——不详。

著述：

——不详。

参考文献及相关材料：

——堀勇良．日本近代建筑人名总览（增补版）[M]. 东京：中央公论新社，2022：638.
——中西利八．满洲绅士录 [M]. 3 版．东京：满蒙资料协会，1940：1393.
——照片来源：同上。

[420] Shirakura Yoshio（白仓好夫）

生卒：1890.08.27—?
出生地：日本长崎县
国籍：日本
在华城市：台北，台中
资历：AMJA，1909
教育和训练背景：1912 年自东京高等工业学校建筑科毕业

经历：

——1912—1913 年任台湾总督府营缮事务嘱托；
——1913—1919 年任台湾总督府技手（民政部土木局营缮课勤务）；
——1920—1921 年任台中州技手（内务部土木课勤务）；

——1921 年任台中州土木技师（内务部土木课勤务）；
——1921—1924 年任台湾总督府州技师（台中州勤务内务部土木课勤务）；
——1922—1927 年任台湾土木技师（台中州土木技师内务部土木课勤务）；
——1924—1927 年任台湾总督府地方技师（台中州内务部土木课勤务）；
——1927 年 7 月—1929 年 5 月任台湾总督府总督官房会计课勤务；
——1929 年 5 月—1940 年 7 月任台湾总督府总督官房营缮课勤务；
——1940—1945 年任台湾“拓殖（株）”技师。

作品：

——自宅，1930；
——台中彰化银行本店，与畠山喜三郎合作设计，1939；
——日本红十字社台湾支部病院，1941。

著述：

——在《台湾建筑会志》和《满洲建筑协会杂志》上发表多篇文章。

参考文献及相关材料：

——堀勇良．日本近代建筑人名总览（增补版）[M]. 东京：中央公论新社，2022：678-679.

[421] Shoemyen，Rudolf O.（R. O. 舒母因）

生卒：1892—1982
出生地：奥地利维也纳
国籍：匈牙利
在华城市：上海
资历：不详
教育和训练背景：布达佩斯工业大学建筑学学位

经历：

——1923 年夏—1933 年 7 月在鸿达洋行任助理建筑师；
——1933 年 10 月—1934 年 10 月在赖安工程师任职；
——1934 年回到匈牙利。

作品：

——在鸿达洋行曾参与国泰大戏院、光陆大楼、新新公司、惠罗洋行、东亚银行、上海犹太中学、中南银行、明园、大都会大戏院等的设计。

著述：

——不详。

参考文献及相关材料：

——[匈]辛薇莉．我们，上海的匈牙利人 [M]. 上海：匈牙利驻上海总领事馆，2022：108-115.
——照片来源：同上。

注：原名 Rudolf Somjen。

[422] Shokichi Ogawa（小川阳吉）

生卒：1881.03.04—?
出生地：日本东京日本桥
国籍：日本
在华城市：大连、台北

资历：MJA，1925

教育和训练背景：1905 年自工手学校建筑科毕业

经历：

——1905—1907 年任清水满之助店员；

——1907 年 4 月在“满铁”总务部土木课任勤务；

——1910—1911 年 10 月任台湾总督府土木部营缮课勤务；

——1911 年 10 月—1912 年 2 月任台湾总督府民政部土木局营缮课勤务；

——1912 年 3 月—1914 年 5 月任台湾总督府民政部土木局勤务；

——1916 年到大阪自营建筑事务所。

作品：

——日本邮船台湾支行；

——大阪商船台湾支行和基隆支行；

——台湾美国领事馆；

——伊藤忠棉丝店青岛分店。

著述：

——不详。

参考文献及相关材料：

——堀勇良 . 日本近代建筑人名总览（增补版）[M]. 东京：中央公论新社，2022：304.

[423] Silcock，Arnold（A. 席尔柯）

生卒：1889.10.13—1953.07.02

出生地：英国巴斯

国籍：英国

在华城市：成都

资历：ARIBA，1914；FRIBA，1927

教育和训练背景：1908—1911 年在巴斯跟随其父亲 T. B. 席尔柯（Thomas Ball Silcock）和建筑师雷伊（Samuel Sebastian Reay）学徒，后在巴斯艺术学院和伦敦建筑联盟学校就读

经历：

——1920—1925 年在成都以教友会传教士（Quaker missionary）和建筑师身份活动，期间曾到北京和西南地区考察中国传统建筑；

——1926 年在伦敦独立执业。

作品：

——华西协合大学广益大学舍（雅德堂，Friend's College），成都，1923—1927。

著述：

——Arnold Silcock. Chinese Pagoda[J]. Journal of the Royal Institute of British Architects，1928，35（11）：359-367.

——Arnold Silcock. A Short History of Chinese Art[M]. London：Oxford University Press，1935.（中文版：席尔柯 . 中国美术史导论 [M]. 王德昭，译 . 台北：正中图书，1972.）

参考文献及相关材料：

——Illustrations Friends' College，Chengtu[J]. The Builder，1927-08-26，133：309-310.

——Illustrations Friends' College，Chengtu University，West China[J]. The Builder，1927-09-02，133：346，348.

——https：//architecture.arthistoryresearch.net/architects/silcock-arnold.

[424] Simpson，Cecil John William（C. J. W. 辛普森）

生卒：1867—?
出生地：不详
国籍：英国
在华城市：上海
资历：LRIBA，1911；FSI
教育和训练背景：1883年开始在伦敦和西北铁路的房地产部（London and North Western Railway's Estate Department）学徒

经历：

——1899年任大英工部总署远东分部助理测绘师；
——1906年10月，接任去世的考恩（W. Cowan）的职位，任建筑师和测绘师（H. M. Architect & Surveyor）；
——1909年5月离开上海，回国15个月，至1912年1月前回到上海；
——1914年卸任大英工部总署远东分部建筑师和测绘师一职；
——1916年在大英工部总署爱丁堡分部任职；
——1921年曾受英国政府委托，到汉口负责英租界地块租赁续期工作；
——1922年任大英工部总署爱丁堡分部总建筑师。

作品：

——参见第三编大英工部总署远东分部。

著述：

——不详。

参考文献及相关材料：

——http：//www.scottisharchitects.org.uk/architect_full.php?id=202820.

[425] Skoff，Felix（什科夫）

生卒：1889—?
出生地：奥地利维也纳
国籍：奥地利
在华城市：天津
资历：不详
教育和训练背景：1909—1914年在维也纳技术大学（Technical University of Vienna）学习土木工程

经历：

——分别于1913年和1922年通过第一、第二次国家考试；
——1922年到达中国，定居天津；
——1924—1931年与盖苓合伙在天津创立同义洋行（Geyling & Skoff Architects and Consulting Engineers，同义绘图建筑工程师事务所）；
——1931年两人散伙后，他仍在天津经营建筑师和工程师业务（Skoff，F.，C. E. Engineer：Specialist in Reinforced Concrete Construction）至1941年后；
——1931年4月曾与盖苓作为竞争对手，同时竞标天津北塘一个水利工程。

作品：

——天津公学（Tientsin Kung Hsueh），什科夫设计，同义洋行承建，1931；

——另参见第一编 Geyling，Rolf（盖苓）条目。

著述：

——不详。

参考文献及相关材料：

——Barbara Schmitt-Englert. Deutsche in China 1920—1950：Alltagsleben und Veränderungen[M]. Gossenberg：Ostasien Verlag，2012：28.

——Eduard Kogel. Austro-Hungarian Architect Networks in Tianjin and Shanghai（1918—1952）[C]// Burcu Dogramaci，Mareike Hetschold，Laura Karp Lugo，Rachel Lee，Helene Roth. Arrival Cities Migrating Artists and New Metropolitan Topographies in the 20th Century. Leuven：Leuven University Press，2020：91-108（94）.

[426] Skolimowski，Kazimierz（斯科里莫夫斯基）

生卒：1862.10.12—1923.12.28

出生地：波兰波罗迪诺（Brodno）

国籍：波兰、俄罗斯

在华城市：大连

资历：不详

教育和训练背景：1882 年 5 月—1883 年 3 月和 1887 年 12 月—1888 年 7 月在德国慕尼黑皇家巴伐利亚纵湖技术学院学习，于 1888 年 8 月获建筑学专业毕业证书；1888—1890 年在圣彼得堡皇家艺术学院学习

S

经历：

——1890 年 6 月 10 日经圣彼得堡皇家艺术学院评定，获Ⅲ级艺术家称号，被授予 14 等官衔，以从事建筑工作；

——1890 年 11 月 16 日获皇家艺术学院毕业证书；

——1894 年 11 月 17 日经皇家艺术学院评定，获Ⅱ级艺术家称号，被授予 12 等官衔，以从事建筑工作；

——之后在圣彼得堡市管辖下以编外技术人员身份工作；

——1899 年 5 月 13 日—1904 年 1 月 13 日供职于内务部，被派往东清铁路公司（中东铁路），担任达里尼（大连）港口和城市建设高级建筑师；

——1902 年 7 月提升为九级文官，1903 年获三级斯塔尼斯拉夫勋章；

——1903 年 12 月 13 日因东清铁路公司（中东铁路）缩编而离职，并被内务部技术委员会辞退（该令于 1904 年 3 月 24 日下达）；

——1907 年被任命为第比利斯州阿巴斯图曼市建筑师；

——1923 年 12 月 28 日死于波兰。

作品：

——大连（达里尼）城市规划和最初几乎所有国有建筑的设计监造（如教堂、铁路员工住宅），1900。

著述：

——Сколимовский，К[азимир] Г.. О проектировании плана города Дальнего（论达里尼市规划图的设计）[J]. Зодчий（建筑师），1904，12：141-144；1904，13：153-155；1904，14：161-166.（三期连载）

——Сколимовский，К[азимир] Г.. Из практики бетонно-каменных построек（混凝土、石砌建筑实践）[J]. Зодчий（建筑师），1906，51：509-511；1906，52：517-520.

参考文献及相关材料：

——Yang Liu，Karine Dupre，Xin Jin，David Weave. Dalian's Unique Planning History and Its Contested Heritage in Urban Regeneration[J]. Planning Perspectives，2020，35（5）：873-894.

——https://pl.wikipedia.org/wiki/Kazimierz_Skolimowski.
——Светлана С. Левошко, Польско-русский архитекторКазимир Сколимовский（1862—1923）на фоне эпохи[J]. Sztuka Europy Wschodniej Искусство Восточной Европы, 2015, 3: 145-157.
——蒋耀辉. 城市寻端——大连开埠建市[M]. 大连：大连出版社，2020：314-316.
——照片来源：同上：318.

注：俄文名字为 Казимир Сколимовский。

[427] Smedley, John Dexter（J. D. 斯梅德利）

生卒：1880—1954.12.05
出生地：日本横滨
国籍：澳大利亚
在华城市：北京、上海
资历：ESC
教育和训练背景：不详

经历：
——1898 年加入其父 J. 斯梅德利（John Smedley）创办的美昌洋行（Smedley J. Architect and Civil Engineer），负责北京项目；
——1903 年 1 月成为美昌洋行合伙人，事务所改外文名为 Smedley & Smedley；
——1903 年 11 月其父去世后继承美昌洋行；
——1904 年德纳姆（J. E. Denham）成为合伙人，公司改外文名为 Smedley & Denham；
——1905 年罗斯（Rose）成为合伙人，事务所改外文名为 Smedley, Denham & Rose；
——1908 年从美昌洋行退出，到加拿大、德国等地执业；
——1916 年 7 月再次出现在上海，创办大经洋行（Smedley, J. D. Architect and Civil Engineer）；
——1917 年 5 月回到英国参军，大经洋行由开尔斯（F. H. Kales）接办；
——1917 年 10 月曾以第 55 连中尉身份在法国服役。

作品：
——2 座洋式商店和堤岸，册地 5960 号西，上海新加坡路，1916；
——参见第二编美昌洋行。

著述：
——J. D. Smedley. Chinese Buildings[C]//Shanghai Society of Engineers and Architects. Proceedings of the Society and Report of the Council, 1905: 155-169.

参考文献及相关材料：
——https://www.ancestry.com/family-tree/person/tree/47890365/person/20041108731/facts.

注：一说他于 1879 年在英国出生。

[428] Smedley, John（J. 斯梅德利）

生卒：1841.03.04—1903.11.17
出生地：澳大利亚悉尼
国籍：澳大利亚
在华城市：香港、汉口、上海
资历：MIAN; ESC

教育和训练背景：在曼斯菲尔德兄弟建筑事务所（Messrs. Mansfield Brothers. Architects）学徒；在德克斯特（Mr. Dexter, R. A.）门下接受艺术训练

经历：

——1866年到香港，并成为斯托里父子建筑事务所（Storey & Son, Architects and Civil Engineers）的合伙人；

——1869年10月8日初次到达上海，短暂停留后赴横滨度假；

——1872—1876年在横滨执业，与哈特（J. W. Hart）组建事务所（Hart & Smedley），期间曾负责日本第一条铁路开通庆典的装饰任务；

——1878年10月—1879年3月在东京技术大学（大学校）教授建筑及绘图；

——1880年日本大地震后，回到悉尼执业，先与索恩利（A. Thornley）合伙，后独立执业，曾获得悉尼贸易大厅（Sydney Trades Hall）竞赛头奖，并在接下来的十年内设计了悉尼及附近很多重要建筑；

——因在澳大利亚金融危机中损失惨重，于1891年再次到横滨；

——1894年到中国汉口，并于1895—1896年负责汉口的英国、德国和俄国租界的测绘及城市排水工程，并自办美昌洋行（Smedley, J. Architect and Civil Engineer）；

——1897年迁至上海，继续开办美昌洋行；

——1898年其子小斯美德利（John Dexter Smedley）加入，并驻北京负责北京工务处委托项目；

——1901—1903年任吴淞地产（Woosung Land Co.）建筑师；

——1903年1月其子成为合伙人，事务所改外文名为Smedley & Smedley；

——1903年11月于上海去世，当时正被清政府聘为顾问，根据西方理念改造北京。

作品：

——参见第二编美昌洋行。

著述：

——J. Smedley. Chinese and Japanese Art and Architecture[C]//Shanghai Society of Engineers and Architects. Proceedings of the Society and Report of the Council, 1901: 75-89.

参考文献及相关材料：

——The late Mr. John Smedley[J]. A.A.A.（All about Australians）, 1904-03-01.

——[N]. The Sydney Mail, 1903-12-30: 1696.

——Arnold Wright. Twentieth Century Impressions of Hongkong, Shanghai, and Other Treaty Ports of China: Their History, People, Commerce, Industries, and Resources[M]. London: Lloyds Greater Britain Publishing Company, 1908: 628.

——The Death of Mr. Smedley[N]. The North-China Daily News, 1903-11-18（5）.

——https://www.ancestry.com/family-tree/person/tree/47890365/person/20041107839/facts.

[429] Smirnov, Yuri Vitalievich（Y. V. 斯米尔诺夫）

S

生卒：1903—1947.02

出生地：俄罗斯符拉迪沃斯托克（海参崴）

国籍：俄罗斯

在华城市：哈尔滨、青岛、香港、澳门

资历：不详

教育和训练背景：1928年毕业于中俄工业学校建筑工程系

经历：

——毕业后在哈尔滨从事建筑设计工作；

——1937年到青岛；

——1939年初到香港；

——1941年在香港Marsman, H. K. China Ltd. 任建筑师；

——1944 年抵达澳门。

作品：

——哈尔滨谢尔科夫商场大楼；

——哈尔滨工业大学中国学生宿舍；

——哈尔滨圣阿列克谢耶夫教堂，参与建设；

——在青岛 B. A. 卡乔姆 · 别克医生墓碑设计竞赛中获得第一名；

——青岛国际帆船（游艇）俱乐部，原汇泉路 20 号，1934—1937；

——在中国香港、澳门等地有建筑设计项目。

著述：

——不详。

参考文献及相关材料：

——[俄] 克拉金 . 哈尔滨——俄罗斯人心中的理想城市 [M]. 张琦，路立新，译 . 哈尔滨：哈尔滨出版社，2007：197.

——曾居住在澳门半岛六屋围的俄罗斯建筑师、画家——乔治 · 史密罗夫（George Vitalievich Smirnoff）[EB/OL]. 知乎 . https://zhuanlan. zhihu. com/p/495303971.

——照片来源：同上。

注：英文名又写作 George Vitalievich Smirnoff，俄文名为 Смирнов.Ю.В。

[430] Sokolovsky，Nicolas C.（N. C. 索科洛夫斯基）

生卒：1897—1958

出生地：不详

国籍：俄罗斯

在华城市：上海

资历：不详

教育和训练背景：美国国际函授学校建筑学专业

经历：

——1925 年前到上海，曾在赉安洋行任建造监督；

——1930 年 1 月—1932 年 1 月在上海爱尔德洋行任助理建筑师；

——1939 年 7 月—1941 年 7 月后在上海自办事务所（Sokolovski，N. C.，Architect）；

——1950 年仍在上海。

作品：

——三层商住混合建筑，上海东熙华德路；

——普罗斯托夫公司（Messrs. Prostoff & Co.）新商店室内设计，上海。

著述：

——N. C. Sokolovsky. The Sun Memorial and Russian Architecture[N]. The China Press，1925-10-07（13）.

——The “Tiny” Ball Room[N]. The North-China Daily News，1929-11-26（4）.

参考文献及相关材料：

——Russ Architect Sues Property Owner for Fees：Work Over，Defendant Refuses to Recognize Plans[N]. The China Press，1929-12-25（8）.

——The Architectural Forum[J]. 1948，89：52.

——Interesting Lectures by Mr. Sokolovsky[N]. The North-China Daily News，1950-01-12（2）.

——The first of a series of interesting lectures on “Perspective” was given by the well-known architect Mr. C. N. Sokolovsky on Thursday afternoon in the lecture room of the art club L'Atelier，75 Kien Kwo Lu（ex-Route Frelupt）[N]. The North-China Daily News，1950-01-15（2）.

注：部分信息来自张霞。

[431] Spence，Herbert Marshall（士本氏）

生卒：1883.09.26—1958

出生地：英国北希尔兹（North Shields）

国籍：英国

在华城市：上海（1911—1950）、香港（1950—1958）

资历：ARIBA，1907

教育和训练背景：1902—1905 学徒于纽卡斯尔利德尔和布朗（Liddle & Browne）；曾就读于纽卡斯尔阿姆斯特朗学院（Armstrong College Newcastle）

经历：

——1895—1898 年在北希尔兹居住；
——1902 年获得英国皇家建筑师学会试读生资格；
——1904 年获得英国皇家建筑师学会学生资格；
——在加入大英工部总署前，曾在几个公司任职；
——1911 年被大英工部总署派遣到上海分部任职；
——1919 年离开大英工部总署，同年 11 月 1 日起与思九生合伙组建事务所（Stewardson & Spence）；
——1924 年沃森（Watson）成为合伙人，洋行更外文名为 Stewardson，Spence & Watson；
——1928 年思九生撤伙后，与罗宾森（H. D. F. Robinson）、C. F. S. 毕（C. F. S. Butt）和马尔楚（J. E. March）重组马海洋行，洋行更外文名为 Spence，Robinson & Partners，经营到 1941 年 7 月后；
——后迁移到香港执业，至 1959 年回到伦敦定居；
——1911—1917 年和 1919—1924 年任上海义勇军皇家工兵。

作品：

——中国及日本许多港口的英国领事馆；
——上海和汉口两地办公楼和住宅；
——参见第二编思九生洋行及马海洋行；
——参见第三编大英工部总署远东分部。

著述：

——不详。

参考文献及相关材料：

——Leaders of Commerce Industry and Thought in China[M]. 1924：350.
——The China Who's Who（Foreign）[M]. 1922：249.
——The China Who's Who（Foreign）[M]. 1924：246.
——The China Who's Who（Foreign）[M]. 1925：245.
——The China Who's Who（Foreign）[M]. 1927：242.
——https：//benbeck.co.uk/fh/collateralssecond%20cousins/4N0803cousins.html.
——照片来源：[N]. The North-China Sunday News，1931-02-15（5）.

[432] Stableford，Charles Henry（C. H. 斯特布尔福特）

生卒：1894.12.29—1989

出生地：英国莱斯特（Leicester）

国籍：英国

在华城市：上海

资历：FRIBA，1932；MISE

教育和训练背景：不详

经历：

——1914—1919 年以皇家工兵身份参加一战；

——1922 年 6 月到上海，加入上海公共租界工部局工务处，任助理建筑师；

——1920 年升任工部局建筑师；

——1936 年 6 月 15 日起升任工务处副处长（Deputy Commissioner of Public Works）；

——在上海工作到 1945 年，后回到英国。

作品：

——上海卡德路捕房（The New Card Road Police Building），1932；

——另参见第三编上海公共租界工部局工务处。

著述：

——不详

参考文献及相关材料：

——The China Who's Who（Foreign）[M]. 1925：246.

——The China Who's Who（Foreign）[M]. 1927：243.

——Card Road Police Building Ready by Summer This Year，Seven-Story Structure is Designed by Stableford[N]. The China Press，1932-03-17（9）.

——Wang Y-W. Pendlebury J. The modern abattoir as a machine for killing: the municipal abattoir of the Shanghai International Settlement, 1933[J]. Architectural Research Quarterly，2016，20（2）：131-144.

[433] Stark，Albin James（A. J. 施达克）

生卒：1885.08.14—1960.08.28

出生地：瑞典北部

国籍：瑞典

在华城市：上海、北京

资历：不详

教育和训练背景：在瑞典北部一所技术夜校学习，自 1905 年在斯德哥尔摩皇家科技大学和皇家艺术学院学习建筑和艺术

经历：

——1893 年在纽约执业；

——1912—1922 年和奥斯特林（Josef Ostlihn）合伙在斯德哥尔摩开办事务所；

——1923 年 1 月到上海执业，开办通义洋行（Stark，J. A.，Architect）；

——1923 年 2 月到北京测绘故宫太和殿并提供改建设计方案，4—6 月继续测绘故宫；

——1924 年回到瑞典，开始独立执业，直至 20 世纪 40 年代末。

作品：

——汶林路 15 号宅（Residence for Le Me Lachlin），上海宛平路 15 号，1923；

——跑马场凉亭，天津，1923；

——太和殿改建众议院方案，未实施，北京，1923；

——中国戏院，斯德哥尔摩，1929；

——喜仁龙别墅改建，斯德哥尔摩，1930 年代。

著述：

——不详。

参考文献及相关材料：

——郑时龄 . 上海近代建筑风格 [M]. 上海：同济大学出版社，2020：487.

——司汗 . 施达克——改建紫禁城的瑞典建筑师 [J]. 建筑史论文集，2002，16：166-173+292.

——照片来源：同上：166.

[434] Stewardson，Robert Ernest（思九生）

生卒：约 1879—1958
出生地：英国特伦特河畔伯顿（Burton upon Trent）
国籍：英国
在华城市：上海
资历：ARIBA，1904；FRIBA，1921
教育和训练背景：1894—1898 年在爱丁堡建筑师卡梅隆（Robert Macfarlane Cameron）门下学徒

经历：

——完成学徒后作为怀特（William Henry White）助手工作一年；
——后曾在伦敦大英工部总署工作一年；
——在伦敦市政厅建筑师处（LCC Architects Department）建筑师莱利（William Edward Riley）手下任职一年；
——在霍恩布洛尔（George Hornblower）手下工作 3 年半；
——1905 年被韦伯（Aston Webb）选中，派遣到南非布隆方丹（Bloemfontein）工务处，负责格雷学院建筑（Grey College Buildings）项目；
——1908 年到上海，先做玛礼孙洋行（Walter Scott）的助手，后成为主要助手；
——1913 年 4 月独立开办思九生洋行（Stewardson，R. E.）；
——1914 年曾和文格罗夫（G. C. Wigrove）合伙组建事务所（Stewardson & Wigrove），次年解散；
——1919 年其前大英工部署同事士本氏（Herbert Marshall Spence）成为合伙人，公司改外文名为 Stewardson & Spence；
——1919 年兼任怡和洋行地产部建筑师（Jardine Matheson & Co.，Property Office）；
——1922 年，在汉口开设分行，由职员沃森（Bryan Watson，ARIBA）负责；
——1925 年前沃森成为合伙人，公司改外文名为 Stewardson，Spence & Watson；
——1928 年赴欧洲旅居，洋行散伙；
——1932 年 5 月回到上海，在广东路 2 号继续执业至 1938 年 1 月后；
——1933 年在上海市工务局登记为建筑技师；
——1950 年移居香港；
——1958 年去世。

作品：

——上海三一教堂一战纪念礼拜堂（Trinity Cathedral War Memorial）改建设计，1919；
——参见第二编思九生洋行。

著述：

——R. E. Stewardson. Municipal Buildings Editor[N]. The China Press，1913-03-19（6）.
——R. E. Stewardson. Municipal Buildings[N]. The North-China Daily News，1913-03-19（8）.
——R. E. Stewardson. Municipal Buildings[N]. The North-China Herald and Supreme Court & Consular Gazette，1913-03-22（43）.

参考文献及相关材料：

——http://www.scottisharchitects.org.uk/architect_full.php?id=207720.
——http://www.artefacts.co.za/main/Buildings/archframes.php?archid=1627.
——Shanghai War Memorial，Stewardson & Spence[N]. The North-China Daily News，1920-05-11（7）.
——The competition for the building of the new Customs House at Hankow has resulted in the design submitted by Messrs. Stewardson and Spence of Shanghai being placed first[N]. The North-China Daily News，1921-02-03（12）.
——Architect Sees Shanghai Changed After Four Years，R. E. Stewardson Resumes Business After Trip to Europe[N]. The China Press，1932-05-12（15）.
——R. I. B. A.'S Thanks Donations from Shanghai，R. E. Stewardson，M. E. Webb，Secretary，A. U. C.[N].

S

The North-China Daily News，1932-08-31（7）.
——Directory of British Architects，1834—1914，2（L-Z）[M]: 702.
——Leaders of Commerce Industry and Thought in China[M]. 1924：352.
——照片来源：同上。

[435] Stoner，Arthur Phillip（A. P. 施东纳）

生卒：1888—1963
出生地：英国布莱顿（Brighton）
国籍：英国
在华城市：上海、香港
资历：ARIBA，1919
教育和训练背景：1905—1908年学徒于W. C. F. 吉兰（W. C. F. Gillan），并进修于布莱顿技术学院（Brighton Technical College）

经历：

——1908—1913年任北安普敦教育委员会（Northampton Education Committee）助理建筑师；
——1913—1914年任德比郡（Derbyshire）教育委员会建筑师维多斯（G. H. Widdows）的助理；
——1914—1919年加入英国皇家工兵部队，参加一战；
——1922年1月—1924年1月在上海新瑞和洋行任职；
——1921—1934年在英商亚细亚火油公司建筑部任职；
——1933年在上海市工务局登记为建筑技师；
——1934年6月离开上海。

作品：

——不详。

著述：

——不详。

参考文献及相关材料：

——Directory of British Architects，1834—1914，2（L-Z）[M]: 715.
——https：//www.ancestry.com/family-tree/person/tree/13631728/person/-5594841/facts.
——Mr. A. P. Stoner，A. R. I. B. A. Who left for England on Monday[N]. The North-China Herald and Supreme Court & Consular Gazette，1934-06-06（16）.
——照片来源：[N]. The North-China Sunday News Magazine Supplement，1931-03-08（4）.

注：又名Horace。

[436] Storey，Charles Henry（C. H. 斯托雷）

生卒：不详
出生地：不详
国籍：英国
在华城市：香港
资历：不详
教育和训练背景：在伦敦建造商赫伯特（Mr. Herbert）的办公室学徒

经历：

——1830 年进入皇家工兵部（Royal Engineers department）伦敦区域，在少将史密斯（Sir Freeric Smith）手下服役 10 年，至 1840 年离开；

——在伦敦最大的建造商和铁路承建商杰克逊（Mr. Thomas Jackson）手下工作 10 年；

——1854 年 10 月到澳大利亚维多利亚，被任命为有关铁路问题的仲裁员，同时以建筑师和测绘师名义执业；

——1855 年 10 月到新南威尔士，受聘于兰德尔（Randle），从事 18 个月铁路相关职业；

——1859 年 11 月到政府铁道部门任工程监督，此间以建筑师和测绘师名义执业；

——1862—1863 年任职于香港量地官署；

——1864 年与其子 C. 斯托雷（C. Storey）组建斯托雷父子事务所（Storey & Son，Architects and Civil Engineers）；

——1866 年悉尼建筑师斯梅德利（John Smedley）到香港加入其事务所，1868 年时成为斯托雷父子事务所的合伙人，公司更名为 Storey，Son & Smedley；

——1868 年时不在香港，后无闻。

作品：

——不详。

著述：

——不详。

参考文献及相关材料：

——New South Wales. Parliament. Legislative Council. Votes & Proceedings，3[Z]. 1858：311-314.

[437] Strasser，Karl（K. 施特拉塞尔）

生卒：1869.06.30—1945.02.11

出生地：德国符腾堡州（Württemberg）

国籍：德国

在华城市：青岛

资历：不详

教育和训练背景：其父亲为一位建筑师，1888—1892 年在斯图加特工业大学（Technical University of Stuttgart）学习建筑学，1892 年 5 月通过考试获得政府建造管理资格

经历：

——1892 年毕业后进入符腾堡州政府军事建筑部门，并于 1892 年 10 月 1 日—1893 年 9 月 30 日参军；

——退役后加入普鲁士州政府，任政府建筑管理和建造管理，在萨尔布吕肯（Saarbrücken）任职 14 个月；

——1894 年 12 月 1 日到巴伐利亚州政府，并于 1896 年 6 月 1 日被任命为政府建筑师；

——1900 年 1 月 1 日被派遣到青岛，任职于政府建筑部门；

——1902 年底提前结束在青岛的任期，回到德国；

——1903 年 6 月 1 日前回到巴伐利亚州政府任职，并被任命为驻军建筑检查员（garrison construction inspector）；

——1905 年 2 月 14 日自巴伐利亚州政府辞职，次日到胶州帝国海军办公室任建筑部门主管，并于当年春天回到青岛，主要负责协调部门的各项工作，实际在 1905—1914 年承担着青岛城市建筑师的责任；

——1911 年 3 月 16 日被任命为物资供应和建筑官（commissary and building officer）；

——1914 年一战爆发后参加青岛战役，后被日本所俘；

——1919 年 12 月被释放后回到德国，加入政府建筑委员会，后到不莱梅海军部任职；

——1925 年加入柏林海军部；

——1934 年退休；

——1945 年去世。

作品：

——青岛屠宰厂办公楼（Office Building of Slaughter House），观城路 65 号，1903—1906；
——青岛基督教堂设计方案，未实施，1904；
——青岛警察大楼和区公署，湖北路 29 号，1904—1905；
——总督署官邸（草图由 Mahlke 绘制），青岛，1905—1907；
——第二所总督学校，与 Blaich 合作，青岛，1906—1907；
——青岛特别高等专门学堂，1909—1913（？）；
——青岛胶澳法院监造，Hans Fittkau 设计，1912；
——胶海关（Hans Fittkau 监造），青岛新疆路 16 号，1913—1914。

著述：

——不详。

参考文献及相关材料：

——https://de.wikipedia.org/wiki/Karl_Strasser.
——韩雅慧，徐飞鹏 . 近代德国工程师在青岛的活动述略（1898—1949）[J]. 建筑史，2019（2）：139-147.
——http://www.tsingtau.org/strasser-karl-1869-1945-architekt-und-hochbaudirektor/.
——照片来源：同上。

注：其名又写作 Stossel。

[438] Strauchan，George（G. 斯特罗恩 / 史来庆）

生卒：1821—1893
出生地：英国爱丁堡
国籍：英国
在华城市：澳门、香港、上海
资历：不详
教育和训练背景：不详

经历：

——1841 年由爱丁堡移居澳门；
——1844 年到达香港，任职于香港量地署（Surveyor General's Department），并承担香港总督署（Government House）建筑的绘图员；
——1846 年在香港自办事务所（Strachan，Ge.，Co.）；
——1848 年在香港量地署任代理工程监督；
——1849 年移居上海开展建筑师业务，被称为“上海第一位职业建筑师”；
——1851 年夏短暂在香港，兼任《中国时报》（*China Mail*）编辑；
——其后再次回到上海；
——1853 年底—1854 年初在新加坡、开罗等地旅行；
——1858 年在英国肯辛顿结婚；
——1859 年回到香港；
——1861 年回到爱丁堡。

作品：

——香港总会（Hong Kong Club），1846；
——香港总督署（Government House），参与绘图，1848；
——香港圣约翰教堂（St John's Cathedral），最初为伦敦建筑师哈德维克（Hardwicke）设计，后被戈登（A. T. Gordon）修改并由 G. 斯特罗恩重绘，1849；

——三一教堂（Trinity Church），异地设计，并未参加其建造，上海，1847；
——悖信洋行（George Barnett & Co.），上海，1849；
——三一教堂修复设计、钟塔加建及监造，上海，1850；
——第二代英国领事馆（British Consulate），上海，1852。

著述：

——不详。

参考文献及相关材料：

——Thomas Kingsmill. Early Architecture in Shanghai[N]. The North-China Herald and Supreme Court & Consular Gazette，1893-11-24：826.
——[N]. The North-China Herald，1872-06-01：426.
——Report of the Repairs of Trinity Church[N]. The North-China Herald，1851-08-23（14-15）.
——http：//www.scottisharchitects.org.uk/architect_full.php?id=206592.
——Izamuda，Hideo. Scottish Architects in the Far East：1840—1870[J]. Scottish Architects Abroad，Architectural Heritage Ⅱ，1991：93-94.
——Jeffrey W. Cody. The Women with the Binoculars：British Architects，Chinese Builders，and Shanghai's Skyline 1900—1937[C]//Louise Campbell. Twentieth-Century Architecture and Its Histories，London：Society of Architectural Historian of Great Britain，2000：233-250.
——Edward Denison，Guang Yu Ren. Building Shanghai：The Story of China's Gateway[M]. Chichester：John Wiley & Sons，Ltd.，2006：56.
——Ernest John Eitel. Europe in China；the history of Hongkong from the beginning to the year 1882[M]. Hong Kong：Kelly & Walsh，Ltd.，1895：248.
——Hongkong Almanack and Directory[Z]. Hong Kong：Printed by Noronha，1848：22.
——Tony Lam Chung Wai（林中伟）. From British Colonization to Japanese Invasion：The 100 Years Architects in Hong Kong 1841—1941[J]. HKIA Journal，2006，45（1）：44-55.
——David Kennedy. Well Met! Friends and Travelling Companions of Rev. Thomas Bowles，Journals of Travels in Egypt，Petra and the Near East，1854[M]. Oxford：Archaeopress Publishing Limited，2023：55-56.
——Patricia Lim. Forgotten Souls，A Social History of the Hong Kong Cemetery[M]. Hong Kong：Hong Kong University Press，2011：35-36.
——Hongbin Zheng，J. W. P. Campbell. Building the First Christian Church for the Shanghai Expatriate Community：Trinity Church，1847-1962[J]. Architectural History，2023，66：185-212.

注：其名又写作 Strachan。

[439] Studd，John（J. 斯塔德）

生卒：1833—1881.09.07
出生地：不详
国籍：英国
在华城市：香港
资历：不详
教育和训练背景：不详

经历：

——1861—1867 年在香港皇家工兵办公室（Royal Engineer's Office）任职；
——1867 年离开香港到日本横滨工作，任皇家工程部工程监督；
——1872—1874 年任职于罗凌洋行（Rawling，Medlen & Co.，Architects，Civil Engineers and Surveyors）；
——1881 年在南海突然去世。

作品：

——于仁船坞公司船坞（Union Dock Co.'s Dock），九龙半岛，1864；

——愉宁堂（Union Chapel），香港，设计并监造，1865。

著述：

——不详。

参考文献及相关材料：

——Patricia Lim. Forgotten Souls：A Social History of the Hong Kong Cemetery[M]. Hong Kong：Hong Kong University Press，2011：393.

——[N]. The Building News and Engineering Journal，1881-09-16，41：379.

——[N]. The London and China Telegraph，1865-06-10：306.

[440] Suenson，Eigin Erik（苏生）

生卒：1887.02.25—1966.02.10

出生地：中国上海

国籍：丹麦

在华城市：上海

资历：不详

教育和训练背景：1906年在哥本哈根技术学院就读；后获哥伦比亚大学工程学位

经历：

——1917年到中国；

——1921年1月已经在上海开办苏生洋行（Eigin Suenson，B. SC. C. E. Consulting Engineer）；

——1923年增加建筑师业务，公司更外文名为Suenson & Co.，Ltd. E. CE Architects Land and Estate Agents，经营代客道契挂号、建筑打样以及办理地产上一切信托业务，经营到1929年离开，后由飞力拍斯（Phillips，E. S. J.）接手。

作品：

——参见第二编苏生洋行。

著述：

——不详。

参考文献及相关材料：

——Entomologiske meddelelser[J]. Entomologisk forening，1965，34：187.

——https：//www.geni.com/people/Erik-Eigin-Suenson/6000000021870247547.

注：其父E.苏生（Edouard Suenson，1843—1922）为上海大北电报公司太平洋（Pacitic）号蒸汽船船长，后在安利洋行（H. E. Arnhold & Bros.E）任职，将电报引入中国。

[441] Suhr，Karsten Hermann（苏家翰 / 苏尔）

生卒：1876.07.15—1950.07.27

出生地：德国梅尔多夫（Meldorf）

国籍：德国

在华城市：上海

资历：VDI；CAGE

教育和训练背景：霍尔茨明登市立工程与建筑学院（Government School of Engineering and Architecture at Holzminden）

经历：

——曾在德国科隆一家著名的建筑师事务所任职 7 年；

——1906 年 8 月来华，加入上海倍高洋行（Becker & Baedeker）；

——1909 年被公司任命为天津、北京代表；

——1910 年回到上海任助理；

——1913 年成为公司合伙人；

——1914 年在汉口开办公司分支机构；

——同年一战爆发后，参加青岛战役，被日军俘获，关押在日本阪东；

——1918 年 3 月在阪东战俘营获得战俘艺术作品展（Exhibition of Works of Art of Prisoners of War）绘图一等奖；

——1920 年 1 月回到上海自办事务所苏尔洋行（Suhr，K. H. Architect）；

——1923 年和奥柏林（E. Oberlein）短暂合伙经营事务所（Suhr & Oberlein）；

——自 1924 年 7 月 1 日起，与沃萨（A. Woserau）合伙经营事务所（Suhr & Woserau），改组合股公司，公司中文名为苏尔洋行，专营地皮买卖及建筑工程师业务等，经营至 1927 年；

——后继续独立经营苏家翰建筑师事务所（Suhr，K. H. Architect，Consulting and Constructing Civil Engineer and Surbeyor，Real Estate）至 1947 年后；

——1933 年在上海市工务局登记为土木技师。

作品：

——大量住宅、堆栈、工厂和德资银行，与倍高洋行合作，天津；

——德中医工学院工程和医学部（engineering and medical department of the Deutsch-Chinesische Medizin and Ingenieur Schule）的教学楼、实验室、宿舍，与贝德克（Baedeker）合作，上海（任工程指导，1908—1916）和汉口（任工程指导，1913—1915）；

——参见第二编苏尔洋行。

著述：

——苏家翰 . 杭州国立浙江大学农学院实验教室之新屋 [J]. 建筑月刊，1935，3（1）：3.

——苏家翰 . 杭州东南日报社办公处及工厂新屋 [J]. 建筑月刊，1936，4（2）：1.

参考文献及相关材料：

——http：//bando.dijtokyo.org/?page=person_detail.php&p_id=119.

——Katya Knyazeva. Architect K. H. Suhr[DB/OL]. https：//avezink.livejournal.com/189101.html.

——Men of Shanghai and North China[M]. 1933：370-375.

——Men of Shanghai and North China[M]. 1935：507-509.

——Chekiang University Adds Agricultural College，K. H. Suhr Responsible for Design of Building in Classic Style；Diversity of Laboratories；Work Accomplished in Record Time[N]. The Shanghai Sunday Times，1935-12-15（62）.

——New laboratory building for the Agricultural College of the University of Chekiang（Hangchow），exhibited by K. H. Suhr at the annual exhibition of Shanghai Art Club[N]. The China Press，1936-11-29（34）.

——Modern Newspaper Offices Opened In Hangchow，Splendid New Building Fittingly Opened In Lakeside City On February 1；Design And Construction Carried Out By Mr. K. H. Suhr[N]. The Shanghai Times，1937-02-17（4）.

——政大新校舍落成 [N]. 申报，1926-06-22，19146（16）.

——冠生园股东园游会 [N]. 申报，1935-11-05，22461（12）.

——郑时龄 . 上海近代建筑风格 [M]. 上海：同济大学出版社，2020：491.

——照片来源：本报新厦设计者德人苏家翰工程师 [N]. 东南日报，1937，新厦落成纪念特刊：9.

注：部分资料得益于张霞，另感谢苏家翰的孙女玛丽恩（Marion Suhr-Maeurich）提供资料。

[442] Suzuki Masao（铃木正雄）

生卒：1889.09—?

出生地：日本山形县

国籍：日本

在华城市：哈尔滨

资历：MJA

教育和训练背景：1911 年毕业于东京高等工业学校建筑科

经历：

——1911—1914 年任“南满洲”铁道工务课勤务；
——1913—1916 年任“南满洲”工业学校讲师嘱托；
——1915—1930 年任“南满洲”工业学校勤务、教谕、附设补习夜学部讲师、附设职业教育部主任等职位；
——1930—1931 年任奉天（沈阳）工事事务所长；
——1932—1935 年任大连工事事务所长；
——1935—1936 年任哈尔滨铁路局工事课副课长；
——1936—1937 年任“南满洲”铁道参事；
——1937—1938 年任伪满高等工业学校长（哈尔滨高等工业学校长）；
——1938—1942 年任伪满哈尔滨工业大学校长；
——1942—1945 年任伪满工业大学长（哈尔滨工业大学校长）；
——曾任伪满洲铁工技术员协会会长和哈尔滨俄国人技术工养成所所长。

作品：

——K 氏住宅，大连，1927；
——卫理公会教堂，大连，1928；
——远藤博士住宅，大连，1934。

著述：

——在《满洲建筑协会杂志》发表论文多篇。

参考文献及相关材料：

——堀勇良．日本近代建筑人名总览（增补版）[M]. 东京：中央公论新社，2022：718.
——中西利八．满洲绅士录 [M]. 3 版．东京：满蒙资料协会，1940：242.
——照片来源：同上。

[443] Suzuoki Ryoichi（铃置良一）

生卒：1893.05.04—?

出生地：日本爱知县

国籍：日本

在华城市：台北

资历：MJA

教育和训练背景：1915 年 3 月毕业于名古屋高等工业学校建筑科

经历：

——1915 年 4 月开始任递信省航路标管理所技手；
——1918 年 9 月开始任职于浅野造船所建筑科；
——1920 年 4 月开始任职于中荣桥建筑事务所；

——1924 年 6 月开始任职于第一土地建物株式会社；
——1925 年 10 月受聘到台湾土地建物株式会社（总部在台北，并在各主要城市都设有分社，主要业务为进口建材、房地产买卖以及营建工程）担任技师；
——1929 年 12 月升任台湾总督府交通局技师，被派到基隆筑港出张所服务；
——1934 年 10 月任职递信省庶务科；
——1936 年 12 月任台湾总督府技师兼交通局技师，房屋营缮科、通信部庶务科勤务；
——1941 年珍珠港事件后，转任到台电工作；
——1945 年二次大战结束后，返回日本。

作品：

——台北市荣町的商业建筑；
——基隆港合同厅舍（今基隆港务局），1930—1934；
——总督府交通局基隆筑港出张所设计监造；
——台北电信局（台湾总督府电话交换局），1936—1937；
——嘉义电信局，1937—1939。

著述：

——不详。

参考文献及相关材料：

——李俊华 . 台湾日据时期建筑家铃置良一之研究 [D]. 桃园：中原大学，2000.
——台湾人士鉴 [Z]. 台湾新民报，1937.
——台湾绅士名鉴 [Z]. 新高新报社，1937：312.
——太田肥洲 . 新臺灣を支配する人物と産業史 [M]. 台北：台湾评论社，1940：18.
——https：//zh.wikipedia.org/zh-cn/ 铃置良一 .

[444] Sviridov，Peter Sergeevich（斯维里多夫）

生卒：1889.09.07—1971.09.02
出生地：俄罗斯彼尔姆省的克拉斯诺乌菲姆斯克（现斯维尔德洛夫斯克州）
国籍：俄罗斯
在华城市：哈尔滨
资历：不详
教育和训练背景：1907—1915 年在圣彼得堡的民用工程师学院（今圣彼得堡国立建筑及建筑工程大学）就读

经历：

——在校期间，他就多次利用暑假和实习的机会，参加彼尔姆省、坦波夫等新铁路路段铺设及圣彼得堡市参议院的建设勘察工作，还参与了皇村俄国军队军事设施的建设工程；
——俄罗斯国内战争时期，他曾在摩尔曼萨克和彼尔姆铁路系统任助理建筑师，在西伯利亚军事工程建筑部门担任施工员，也在铁路工程部队工作过；
——1920—1924 年担任中东铁路管理总局下属机务处哈尔滨区段代理人，后来任技术处建筑师及机务处总建筑师职务，同时在哈尔滨工业大学从事建筑教育工作，组织领导了许多课程设计和毕业设计，在各种杂志及文集上发表了一系列论文和报告；
——1935—1936 年任南满洲铁道职员（哈尔滨铁路局工务处改良科勤务）；
——1936—1937 年任哈尔滨铁路局工务处建筑科勤务；
——1937—1945 年任哈尔滨铁道局工务部营缮科副科长；
——1945—1952 年担任哈尔滨工业大学建筑工程系主任及建筑教研室主任；
——在哈期间，除了身兼教学、工作双职，还开设有私人建筑设计事务所，承接建筑工程项目；

——1954 年去了南美，在那里继续从事专业工作；
——1962 年移居澳大利亚；
——1971 年 9 月 2 日逝世于悉尼。

作品：

——哈尔滨工业大学学生宿舍（现人文学院），1929；
——哈尔滨霓虹桥具体施工，方案由 Vladimir Andreevich Bari 设计，1926；
——双城堡火车站候车室；
——哈尔滨国际饭店，1936；
——反共产国际战斗中蒙难者纪念碑，哈尔滨大直街（现址为苏军解放东北纪念碑），1941；
——哈尔滨建筑工程学院教学主楼（即今哈尔滨工业大学建筑馆），1953；
——1935 年之前已完成了哈尔滨 50 余座建筑的设计任务，其他作品待考。

著述：

——不详。

参考文献及相关材料：

——Крадин Николай Петрович. Зодчий И Педагог Пётр Свиридов：Из Петербурга В Китай. Южную Африку Иавстралию（Kradin Nikolay Petrovich，Architect and Teacher Peter Svirid：From Petersburg to China，South Africa Australia）[EB/OL]. https：//fessl.ru/docs-downloads/bookpdf/DVGNB/KNDV/23/44.pdf.
——堀勇良 . 日本近代建筑人名总览（增补版）[M]. 东京：中央公论新社，2022：686.
——[俄] 克拉金 . 哈尔滨——俄罗斯人心中的理想城市 [M]. 张琦，路立新，译 . 哈尔滨：哈尔滨出版社，2007：79，187-191.
——照片来源：同上：187.

注：俄文名字为 Петра Сергеевича Свиридова。

[445] Takamiya Saburo（高宫元三郎）

生卒：1885.03—?
出生地：日本福冈市
国籍：日本
在华城市：青岛、大连、台北
资历：MJA
教育和训练背景：1913 年毕业于东京帝国大学建筑科

经历：

——1913 年 8 月加入名古屋志水组；
——1916 年 5 月起任职于青岛守备军军政署；
——1917 年 10 月起任职于青岛守备军民政部；
——1919 年任职于青岛守备军铁道技手；
——1920 年 1 月任民政部技师兼铁道技师；
——1920 年 5 月任民政部铁道技师；
——1920 年 12 月任民政部技师；
——1923 年 1 月离职；
——1923 年 3 月加入“满铁”；
——1925 年 6 月任“满铁大连工务事务所”所长；
——1929 年离开“满铁”，回到日本；
——1931 年任台北台湾电力株式会社建筑技师；
——1934 年加入大连长谷川组；

——1940 年加入大连伪满洲车辆社；
——1945 年后离开中国。

作品：

——不详。

著述：

——不详。

参考文献及相关材料：

——林炳炎．台湾经验的开端——台湾电力株式会社发展史 [M]. 台北：台湾电力株式会社资料中心，1997：7.
——https：//ja.wikipedia.org/wiki/ 高宫元三郎．
——堀勇良．日本近代建筑人名总览（增补版）[M]. 东京：中央公论新社，2022：781.

[446] Takanashi Kenichi（高梨勉一）

生卒：1893.03.05—1961.09.29
出生地：日本神奈川县
国籍：日本
在华城市：大连
资历：MJA
教育和训练背景：1913 年毕业于东京帝国大学建筑科

经历：

——1913 年 8 月—1914 年 5 月任“满铁”工务课勤务；
——1914 年 5 月—1915 年 4 月任“满铁”总务部技术局建筑课勤务；
——1915 年 5 月—1916 年 8 月任“满铁”总务部技术局建筑课勤务；
——1916 年 8 月—1918 年 2 月任“满铁”铁岭保线系勤务；
——1916 年 10 月—1918 年 4 月在铁岭实业补习学校任讲师；
——1918 年 2 月—1919 年 7 月在大连管理局保线课任勤务；
——1919 年 7 月—1921 年 5 月任“满铁”技术部建筑课勤务；
——1921—1923 年任大连市合资会社饭冢工程局有限责社员；
——1924—1940 年任大连福井（福井猪和太）高梨组协同经营；
——1940—1945 年任大连市福高组代表取缔役社长。

作品：

——四平街火车站，与植木茂、冈大路共同设计，1921；
——大连市社会馆，1927；
——伪满洲土木建筑业协会会馆施工，1929；
——长春天坛施工，1934；
——大连金城银行施工，1935；
——大连公寓柳町，1936；
——大连市场施工，1938。

著述：

——不详。

参考文献及相关材料：

——堀勇良．日本近代建筑人名总览（增补版）[M]. 东京：中央公论新社，2022：765-766.

[447] Taniguchi Soroku（谷口素绿）

生卒：1897.12—?
出生地：日本石川县
国籍：日本
在华城市：大连
资历：AMJA，1929
教育和训练背景：1918 年毕业于"南满工专"建筑科

经历：

——1918—1922 年 4 月任中村（中村兴资平）建筑事务所大连出张所勤务；
——1922 年 4 月—1925 年任大连中村（中村兴资平）宗像（宗像主一）建筑事务所勤务；
——1925—1930 年任大连宗像（宗像主一）建筑事务所勤务；
——1930—1943 年在大连自办谷口建筑事务所；
——1931 年获大连市主任技术者第一级检定合格。

作品：

——大连早川正雄氏住宅，1931；
——大连柴田病院，1931；
——大连世良氏邸，1935；
——大连 U 氏邸，1935；
——大连满电中央建筑，1935；
——大连公寓平和台，1935；
——大连公寓黑礁屯，1935；
——大连公寓初音町，1935；
——大连公寓柳町，1936；
——大连斯友建筑，1937；
——大连泰平建筑，1937；
——大连照明寺，1938；
——大连滕川大厦，1938；
——大连安东金井综合大厦，1938；
——大连会屯金融组合，1938；
——大连 H 氏邸，1939；
——大连满洲明治牧场，1939；
——大连牛奶厂，1940。

著述：

——不详。

参考文献及相关材料：

——堀勇良 . 日本近代建筑人名总览（增补版）[M]. 东京：中央公论新社，2022：851-852.

注：原名井关素绿。

[448] Tarrant，Bertram Henry（B. H. 塔兰特）

生卒：1870—1909
出生地：不详
国籍：英国
在华城市：上海

资历：不详

教育和训练背景：不详

经历：

——在加入大英工部总署前曾开展私人业务，曾于 1902 年与沃克（J. Walker）一起参加巴特西工匠住宅大赛（Battersea Artisans' Dwellings Competition）并获得第三名；

——1907 年 6 月被派遣到大英工部总署远东分部，任第一助理测绘师；

——1907 年 9 月参加上海总会竞赛，从 17 个方案中胜出，获首奖；

——稍后从大英工部总署辞职，与莫里斯（H. E. Morris）合伙组建致和洋行（Tarrant & Morriss），开展私人业务；

——1909 年 10 月在上海病逝。

作品：

——上海总会（Shanghai Club，今华尔道夫酒店），上海中山东一路 2 号，1907 年竞赛首奖获实施；

——霍尔主教纪念教堂（The Bishop Hoare Memorial Chapel），宁波，塔特林（Tarrant）设计，莫里斯（Morriss）辅助，1909。

著述：

——不详。

参考文献及相关材料：

——Obituary: Mr. B. H. Tarrant[N]. The North-China Herald and Supreme Court & Consular Gazette，1909-10-16: 136.

——[N]. The Singapore Free Press and Mercantile Advertiser，1909-10-26: 4.

[449] Taylor，Charles Frederick（C. F. 泰勒）

生卒：不详

出生地：不详

国籍：美国

在华城市：福州

资历：AMAmSCE，1895；MAmSCE，1905

教育和训练背景：1884 年毕业于锡拉丘兹大学（Syracuse University）；后到伦斯勒理工学院（Rensselaer Polytechnic Institute，Troy）深造

经历：

——1920—1926 年任职于福建协和建筑部（Union Architectural Service，又称 Fukien Construction Bureau），同时任职于闽江疏浚处（Min River Conservancy）。

作品：

——不详。

著述：

——不详。

参考文献及相关材料：

——American Society of Civil Engineers. Members of the American Society of Civil Engineers[Z].1927: 502.

——照片来源：[N]. The Epworth Herald，1922-11-11: 1079.

T

[450] Taylor, Walter Andrews
（W. A. 泰勒）

生卒：1899.02.16—1963.11.25

出生地：美国北坎顿（North Canton）

国籍：美国

在华城市：北京、汉口

资历：不详

教育和训练背景：1921 年在美国俄亥俄州立大学获建筑学学士学位；1929 年获哥伦比亚大学建筑学硕士学位

经历：

——1923 年作为美以美会传教士到华，首先在北京哈佛燕京学校学习中文半年，并研习中国建筑；

——1923—1927 年驻扎在汉口文华大学（Central China University），在柏嘉敏（Bergamini）的领导下主要负责教会建筑设计建造；

——1927 年回到美国。

作品：

——圣保罗中学教室住宅（St. Paul's School Faculty Residence），安庆（Anking）；

——汉口圣约翰教堂加建（St. John's Church Additions）；

——汉口传教会住宅（Missionary Residences Hankow）；

——开封圣刘易斯学校宿舍及主教住宅（St. Lois School Dormitory，Bishop's residence）；

——武昌华中师范学院附属中学教室和宿舍（Central China Teacher's College，Attached Middle School，class and dormitory building）；

——武昌华中大学教室住宅和宿舍（Central China University Faculty Residences and Dormitory）；

——武昌圣安德鲁教堂、教区大厅和住宅（St. Andrew's Church，Parish Hall and Rectory，Wuchang）；

——武昌圣约瑟夫学校礼堂（St. Joseph's School Assembly and Dining Hall，Wuchang）；

——武昌三一教堂教区长住宅（Trinity Church Rectory，Wuchang）；

——武昌教堂综合医院扩建（Church General Hospital Additions，Wuchang）；

——岳州圣保罗教堂和教区大厅（St. Paul's Church and Parish Hall，Yochow）；

——庐山牯岭美国学校（Kuling American School，Kuling）。

著述：

——Walter A. Taylor. Chinese Architecture in Modern Buildings[J]. The Chinese Recorder，1924-10：657-661.

——Walter A. Taylor. An Architectural Pilgrimage in China[J]. The American Architect，1929-06-05，135（2570）：701-710.

参考文献及相关材料：

——https：//prabook.com/web/walter_andrews.taylor/1041629.

——Stephanie Burette. Learning Chinese：Walter A. Taylor. An American Architect in China（1923—1927）[J]. Journal of Anglican Studies，2022，20（1）：40-66.

——照片来源：耶鲁大学神学院图书馆特藏（RG251，box 2，f. 29），转引自文献同上：44.

[451] Tebbutt, Henry Jemson（H. J. 特巴特）

生卒：1893.07.04—1977?

出生地：阿根廷布宜诺斯艾利斯

国籍：英国

在华城市：上海、香港

资历：ARIBA，1920；AAHK，1930—1941

教育和训练背景：就读于拉姆斯盖特圣劳伦斯学院（St. Lawrence College，Ramsgate），后曾参加伦敦建筑联盟学院 3 年日课课程

经历：

——1915 年 10 月—1920 年 5 月服役于英国军队，驻法国及印度；

——1920 年 11 月到中国上海，加入公和洋行（Palmer & Turner）；

——1929 年到公和洋行香港分部任职；

——1936 年加入香港兴建公司（Davies，Brooke & Gran）；

——1940 年 9 月任香港授权建筑师咨询委员会委员（Authorized Architects Consulting Committee）；

——1941 年 12 月 8 日参军，25 日被俘；

——1945 年 9 月被解救。

作品：

——自宅，香港浅水湾路，1941。

著述：

——不详。

参考文献及相关材料：

——Register of St. Lawrence College Ramsgate，1879—1911[Z]. Old Lawrentian Club，1912：98.

——https：//lq-cofepow.org/products/tebbutt-henry-jemson.

——https：//gwulo.com/node/42806.

——The China Who's Who（Foreign）[M]. 1922：259.

——An Architect Builds for Himself，Compact Residence on Repulse Bay Road[J]. Hong Kong and Far East builder，1941，6（3）：31-32.

[452] Terrace，Thomas Speedie Mitchell（T. S. M. 特勒斯）

生卒：1892.04.12—1978.10.04

出生地：英国戴撒（Dysart）

国籍：英国

在华城市：上海、香港

资历：不详

教育和训练背景：不详

经历：

——1931 年到大英工部总署远东分处任职；

——1938 年任大英工部总署远东分处部门建筑师，任期到 1950 年；

——1955 年从香港回到伦敦。

作品：

——参见第三编大英工部总署远东分部。

著述：

——不详。

参考文献及相关材料：

——https：//www.ancestry.com/family-tree/person/tree/45473337/person/24451158143/facts.

——照片来源：[N]. The North-China Sunday News Magazine Supplement，1930-11-09（3）.

[453] Thomas，Charles Wheeler（C. W. 托马斯）

生卒：不详

出生地：不详

国籍：英国

在华城市：上海

资历：不详

教育和训练背景：不详

经历：

——1898 年任上海大英自来火房（煤气厂）助理工程师；

——1899 年入伙上海新瑞和洋行（Davies，Gilbert & Co.），洋行更外文名为 Davies & Thomas，Civil Engineers & Architects；

——1911 年 7 月后退伙。

作品：

——参见第二编新瑞和洋行。

著述：

——不详。

[454] Thomas，Christopher Boswood（汤玛士）

生卒：1875.10.07—1915

出生地：不详

国籍：英国

在华城市：香港、广州

资历：ARIBA，1901；AAHK，1903—1914

教育和训练背景：1897 年在格拉斯顿伯里（Glastonbury）约瑟夫·斯皮尔（Joseph Spire）门下学徒

经历：

——1894 年通过英国皇家建筑师学会初级考试，成为试读生（Probationer）；

——1897 年通过英国皇家建筑师学会中级考试，成为学生；

——1901—1908 年任丹备洋行管理助理，并负责沙面分行业务；

——1908 年丹备去世后，洋行被理及柯伦治（Leigh & Orange）收购，其被纳为合伙人并接手沙面业务；

——1909 年自办汤玛士洋行（Thomas，C. B.，Architect and Engineer），在香港、广州两地经营；

——1913 年左右土木工程师亚当斯（F. R. J. Adams，AMIME）和伍德（E. Marshall Wood）入伙，公司外文名改为 Thomas，Adams & Wood；

——1915 年去世。

作品：

——不详。

著述：

——不详。

参考文献及相关材料：

——Who's who in the Far East，1906—1907 [Z].1907：310.

[455] Thomas，Peter（P. 托马斯）

生卒：1874—1919

出生地：英国曼彻斯特

国籍：英国

在华城市：上海

资历：不详

教育和训练背景：在曼彻斯特接受建筑师训练

经历：

——1903年下半年到上海，加入公平洋行（Ward Probst & Co.）；

——1908年回英国结婚；

——1909年回到上海，继续在公平洋行任职；

——1919年在上海去世。

作品：

——参见第二编公平洋行。

著述：

——不详。

参考文献及相关材料：

——Obituary. Mr. Peter Thomas[N]. The North-China Daily News，1919-04-05（7）.

[456] Thunder，Charles（沈德）

生卒：1880.06.14—?

出生地：不详

国籍：英国

在华城市：天津、营口、北京

资历：MSA

教育和训练背景：1901年在伦敦建筑师斯塔布斯（E. J. Stubbs）门下学徒

经历：

——1901年通过英国皇家建筑师学会初级考试，获得实习生资格（Probationer RIBA）；

——1903年前来华，到天津永固工程司（Adams & Knoules）任职；

——1905年左右辞职，转赴营口独立开业，设沈德成固工程司行（Thunder，Charles）；

——1908年在牛庄；

——1913年前后迁到北京执业，其公司名为沈德工程司，直到20年代末；

——日军侵华并占据天津后，被日军囚禁在潍县集中营。

作品：

——北京麦加利银行（Chartered Bank of India，Australia，and China，又名“渣打银行”），与肖氏（A. J. M. Shaw）合作设计，1915年建成。

——北京香厂仁民医院，包造，1916。

著述：

——不详。

参考文献及相关材料：

——张复合．北京近代建筑史[M]. 北京：清华大学出版社，2004：90-91.

——黄遐．晚清寓华西洋建筑师述录[C]// 汪坦，张复合．第五次中国近代建筑史研究讨论会论文集．北京：中国建筑工业出版社，1998：164-179.

[457] Tickle，Arthur George Warnham（A. G. W. 蒂克尔）

生卒：1887—?

出生地：不详

国籍：英国

在华城市：香港

资历：ARIBA，1911；FSI，1915；FRIBA，1917；AAHK，1920—1939

教育和训练背景：1901—1905年在席默楠（M. J. Simmernann）门下学徒；1902—1907年在伦敦摄政街理工学院（Regent St. Polytec）学习

经历：

——1909年开始独立执业；

——1912年加入英国工部（Ministry of Works）；

——1913年11月到香港工务署任职至1939年，官至代理署长；

——1916—1927年兼职在香港皇仁学院工程学部，教授建筑建造和建筑设计；

——自1928年8月起任香港工务署技术秘书；

——1933年、1936年、1939年任香港立法委员会成员。

作品：

——不详。

著述：

——不详。

参考文献及相关材料：

——Directory of British Architects，1834—1914，2（L-Z）[M]：809-810.

[458] Tilley，Percy（德利/地利）

生卒：1870.06.10—1947.09.26

出生地：英国伦敦

国籍：英国

在华城市：上海

资历：不详

教育和训练背景：在英国洛斯托夫特的圣乍得学院（St. Chad's College，Lowestoft，England）接受教育，并学徒于洛斯托夫特镇工程师（Borough Engineer of Lowestoft）

经历：

——来华前曾有多年的土木工程师职业经历，在伦敦多家建筑师事务所任职，并曾到澳大利亚工作过；

——1902年11月2日到华，加入上海公共租界工部局工务处，合同至1908年11月2日结束，曾任测绘师和部门工程师等职位；

——1909年6月—1911年1月和穆拉（E. J. Muller）合办协泰行（Tilley & Muller），经营咨询工程师和建筑师业务；

——1910年10月前在上海独立执业，创办德利洋行（Tilley，Percy，Civil Engineer，Architect，Land

and Estate Agent and Surveyor），经营土木工程师和建筑师等业务；
——1912 年受邀到汉口，主持汉口大火烧毁区域重建规划；
——1914 年 1 月—1917 年 6 月，林拜（S. O. Limby）成为合伙人，公司外文名改为 Tilley & Limby；
——1917 年 6 月林拜退休，公司由德利独立经营；
——1923 年 1 月与艾克斯特（B. van Exter）和穆拉一起合伙，公司经营至 1924 年 7 月，其德利洋行同时经营；
——1924 年 7 月—1925 年 1 月任英商远东有限公司 [Plans（Far East）Ltd. Consulting and Civil Engineers，Architects，Surveyors Cartographers] 技术经理（Technical Manager）；
——后与美国建筑师格雷厄姆（John Graham）合伙，公司更外文名为 Percy Tilley，Graham & Partner Ltd.；
——1945 年日本占据上海期间，被关押在沪西第四敌国人生活集团所，显示已退休；
——1947 年在上海去世，其公司到 1953 年仍见记载；
——曾任哈同上海所有地产的顾问建筑师（advisory architect for all Hardoon properties in Shanghai）。

作品：

——参见第二编德利洋行。

著述：

——不详。

参考文献及相关材料：

——The China Who's Who（Foreign）[M]. 1922：263.
——The China Who's Who（Foreign）[M]. 1924：262.
——Men of Shanghai and North China[M]. 1933：389-390.
——Obituary Mr. Percy Tilley[N]. The North-China Daily News，1947-10-8（3）.
——Hankow to be Rebuilt as Modern Model City[N]. The China Press，1912-02-09（1）.
——Mr. Tilley's Plans[N]. The China Press，1912-02-11（2）.
——照片来源：[J]. The Far Eastern Review，1909，6（1）：1.

[459] Tomashevsky，Ilarion Pavlovich
（I. P. 托马谢夫斯基）

生卒：1909.04.09—1970
出生地：俄罗斯符拉迪沃斯托克（海参崴）
国籍：俄罗斯
在华城市：上海
资历：不详
教育和训练背景：不详

经历：

——1928 年 7 月在上海公和洋行建筑部任职，至 1941 年 7 月后；
——1948 年仍在上海，后回到苏联；
——1953 年加入苏维埃建筑师联盟（Soviet Architects' Union）；
——后在东西伯利亚直至 1970 年去世。

作品：

——台拉斯脱公寓（今太原公寓，Delastre Apartments），上海太原路（Route Delastre）238 号，1939；
——台拉斯脱住宅（Delastre Tenement），上海太原路 228 号，1941；
——公寓，上海永福路（Route Pere Huc）72 弄，1942；
——别墅，上海福开森路（Route Ferguson），1941；
——双拼别墅（Two-family residence），上海康平路（Rue Magniny）103-105 号，1940；
——3 层商住楼（Three-story commercial and residential building），上海环龙路（Route Vallon），1942；

——麦琪公寓（Georgette Apartments），上海复兴西路（Route Boissezon）32号，1941。

著述：

——不详。

参考文献及相关材料：

——Russian Architect Helps to Alter City's Skyline[N]. The Shanghai Times，1941-12-17（17）.

——https：//sites.google.com/view/russianshanghai/architects/i-p-tomashevsky.

——照片来源：同上。

注：俄文名为 Иларион Павлович Томашевский，为 1929 年在上海自杀的俄国建筑师 P. A. 托马谢夫斯基（P. A. Tomashevsky）的儿子。部分信息源自张霞。

[460] Toone，Aubrey Alford Glifford（A. A. G. 图恩）

生卒：1890.09.24—1971.10.17

出生地：英国威特姆（Witham）

国籍：英国

在华城市：济南、上海

资历：ARIBA；ISVA

教育和训练背景：不详

经历：

——1913 年任英国浸信会驻华建筑师；

——1916 年辞职；

——1918 年在济南独立执业（Toone，Aubrey A. G.，Architect & Surveyor）；

——1920 年 1 月左右在上海茂旦洋行任职；

——1920 年 2 月 9 日加入上海公共租界工部局，任助理建筑测绘师，首聘期至 1926 年 5 月 8 日止；

——1932 年 3 月 22 日离开上海、回国；

——1949 年任英国估价师协会会长（President of The Valuers Institution）。

作品：

——不详。

著述：

——不详。

参考文献及相关材料：

——Henry Raymond Williamson. British Baptists in China，1845—1952[M]. London：Carey Kingsgate Press，1957：368.

[461] Toshimitsu Chokuichi（利光直市）

生卒：1903.02—?

出生地：日本大分县

国籍：日本

在华城市：大连、沈阳、天津

资历：MJA

教育和训练背景：1927 年“南满工专”建筑分科毕业

经历：

——1927年4月加入“满铁”；
——1927—1929年在“满铁”大连铁道事务所任勤务；
——1929—1930年任大连铁道事务所埠头保线区技术方；
——1930年任大连铁道事务所勤务；
——1930—1936年任南满洲铁道（株）技术员（1930年任大连第二工事区事务所勤务；1930年任大连工事事务所勤务；1930—1931年任奉天工事事物所勤务；1931—1933年任埠头事务所工事区技术方；1933—1936年任埠头事务所工事区工事助役；1936年任大连铁道事务所工务课勤务）；
——1930年获大连市主任技术者第一级检定合格；
——1936—1939年任“南满洲”铁道总职员（1936—1937年任大连铁道事务所工务课勤务；1937—1938年任奉天铁道局大连在勤；1938年任天津铁道事务所勤务和天津铁路局勤务；1938—1939年任天津铁路局工务处勤务）；
——1939—1944年任“南满洲”铁道（株）副参事、华北交通（株）副参事（1939年任天津铁路局工务处勤务；1939年任济南铁路局工务处建筑科长；1943年任天津铁路局工务部建筑课长）；
——1944—1945年任“南满洲”铁道（株）参事（非役）、华北交通（株）参事。

作品：

——不详。

著述：

——不详。

参考文献及相关材料：

——中西利八．满洲绅士录[M]. 3版．东京：满蒙资料协会，1940：1631.
——堀勇良．日本近代建筑人名总览（增补版）[M]. 东京：中央公论新社，2022：918.

[462] Trojanowski，Hajl Hebramovich（特罗亚诺夫斯基）

生卒：1869—1938
出生地：俄罗斯叶卡捷琳诺斯拉夫省
国籍：俄罗斯
在华城市：哈尔滨
资历：不详
教育和训练背景：德国达姆施塔特高等技术学校

经历：

——1903年在远东地区斯基德尔斯基家族公司任助理，完成了一批大型的建筑工程，也曾参与一些私人承包的建设项目；与此同时还为乌苏里斯克铁路和中东铁路工程工作，在符拉迪沃斯托克（海参崴）港口工程局任机械总厂副厂长；第一次世界大战期间主持领导了符拉迪沃斯托克（海参崴）难民安置委员会的工作；
——1922年参与了距尼科利斯克—乌苏里斯基（现乌苏里斯克）不远的丹尼洛夫矿的矿山建设工程，同时还担任领导工作；
——1924年从符拉迪沃斯托克（海参崴）来到东北之后，就开始在斯基德尔斯基家族的公司里工作，为他们在奉天（沈阳）修建了飞机库（供停放、维修飞机用），还在这个城市建设了很多私人住房。

作品：

——斯基德尔斯基家族的豪华公馆，哈尔滨，1914；
——在长春（“新京”）从事私人建筑工程时，承揽多项工程；
——哈尔滨附近的阿什河糖厂、水泥厂和哈尔滨啤酒厂；

——斯基德尔斯基家族公司机库（供停放、维修飞机用），沈阳；
——沈阳多座私人住宅。

著述：

——不详。

参考文献及相关材料：

——[俄]克拉金. 哈尔滨——俄罗斯人心中的理想城市[M]. 张琦，路立新，译. 哈尔滨：哈尔滨出版社，2007：172.
——照片来源：同上。

[463] Tuckey，William Robinson Townsend（德记）

生卒：1872.10—1960.06.11

出生地：爱尔兰科克郡（County Cork）

国籍：英国

在华城市：天津

资历：BE；AMICE，1901；MAmIWE

教育和训练背景：1895—1898年在爱尔兰科克女王学院艺术系科学专业（Science，Facuty of Arts，Queen's College）就读，毕业后获得工程学学士学位

经历：

——1901年任职于爱尔兰皇家造船厂；
——1902年到天津，加入英租界工部局，任助理工程师；
——1904年前同时在永固工程司任合伙人，公司外文名为Adams，Knowles & Tuckey；
——1907年左右退出自办的德记工程师行（Tuckey，W. R. T.，B. E.，AMICE，Consulting Civil Engineer and Surveyor）；
——1908年任京奉铁路（Peking-Mukden Railway）工程师，津浦铁路（Tientsin-Pukow Railway）南段总工程师，以及齐齐哈尔轻便铁路（Tsitsihar Light Railway）建造总工程师；
——1910年左右任职于天津中国石油公司（China Oil Co. Ltd.），同年被任命为天津英租界市政工程师（Muncipal Engineer，Tientsin）；
——1912年到加拿大伊曼纽尔学院（Emmanuel College）任职；
——1914年任职于温哥华岛科威山车站（Cowichan Station）；
——后再度回到中国，于1917—1922年任天津自来水公司（Tientsin Water Works Co. Ltd.）经理及工程师；
——后退休到加拿大温哥华定居。

作品：

——兰州黄河大桥。

著述：

——W. R. T. Tuckey. Yellow River Bridge，Lanchon-Fu，Province of Kansula，China[Z]. London：Institution of Civil Engineers，1909.

参考文献及相关材料：

——[N]. Engineering News Supplement 1898-08-04，40（5）：39.
——[J]. Nature，1898-11-17，59（1516）：70.
——[N]. North China Herald，1908-03-20，86：703.
——World Miscellaneous Marriages，1662—1945[OL]. FamilySearch. https：//familysearch.org/ark：/61903/1：1：XLG3-RG4：27 December 2014. William Robinson Townsend Tuckey and Mary Grace Donovan Tuckey，1908-03-10；citing Shanghai，China，reference FO 674/318 p22 n43；FHL microfilm 1，818，441.
——The Report of the President of Queen's College，Cork for the Session 1895—1896[R]. Dublin：Printed for Her Majesty's Stationery Office，by Alex，Thom & Co.，1896：14，328.
——Far Eastern Markets for Railway Materials，Equipment，and Supplies[M]. Washington：Government

Printing Office，1919：219.
——List of Members of Institution of Civil Engineers[Z]. London：The Institution，1910-07-01：190.
——American Water Works Association. Journal of the American Water Works Association[J]. 1919，6：114.
——https：//ancestors.familysearch.org/en/LXQC-ZWC/william-robinson-townsend-tuckey-1872-1960.

注：他是德基（Thomas William Townsend Tuckey）的弟弟。

[464] Tulasne，Andre Edmond Martin Marie（A. E. M. M. 蒂拉纳）

生卒：1882.05.17—1967.12.16
出生地：不详
国籍：法国
在华城市：上海
资历：SADC（?）；DPLG
教育和训练背景：在巴黎美院（Ecole des Beaux-Arts in Paris）兰伯特工作室（Lambert's studio）接受训练

经历：

——1921年6月加入上海道达洋行（Dowdall & Read）；
——1923年成为道达洋行合伙人，洋行更外文名为Dowdall，Read & Tulasne；
——1923年7月自营华洋洋行（Tulasne，A. E.，Architect，D. P. L. G.），直至1924年7月，后无闻。

作品：

——法国总会新厦（The New Building of the Cercle Sportif Francais），上海，1921；
——工厂，册地3220号，上海玉林路，1923。

著述：

——不详。

参考文献及相关材料：

——https：//gw.geneanet.org/maugenest?n=tulasne&oc=&p=andre+edmond+martin+marie.

[465] Turner，Arthur Spencer（丹拿）

生卒：1858—1945
出生地：不详
国籍：英国
在华城市：香港
资历：AAHK，1903—1912，1916
教育和训练背景：在伦敦接受教育

经历：

——1883年6月1日到香港，加入博德和怕马洋行（Bird & Palmer）；
——1894年升任合伙人，公司改名为怕马及丹拿洋行（巴马丹拿洋行，Palmer & Turner），外文名一直沿用至今；
——1912年离开香港，曾于1916年回到香港，后无闻。

作品：

——参加第二编巴马丹拿洋行。

著述：

——不详。

参考文献及相关材料：

——Malcolm Purvis. Tall Storeys：Palmer & Turner，Architects and Engineers，the First 100 Years[M]. Hong Kong：Palmer and Turner，1985.

——照片来源：Tony Lam Chung Wai（林中伟）. From British Colonization to Japanese Invasion：The 100 Years Architects in Hong Kong 1841—1941[J]. HKIA Journal，2006，45（1）：44-55.

[466] Turner，Robert Charles（R. C. 特纳）

生卒：1883—1950.06

出生地：英国约克郡

国籍：英国

在华城市：上海

资历：不详

教育和训练背景：巴纳德城堡学校（N. E. C. School Barnard Castle）

经历：

——1904年4月到上海，加入公共租界工部局工务处，曾任工程师助理、总建筑师助理、建筑师；

——1916年12月在上海和普尔（G. E. Poole）结婚；

——1924年被任命为总建筑师；

——1925年（一说1927年）因身体状况不佳而退休；

——1941年仍在上海；

——1950年6月在英国去世。

作品：

——工部局大楼（SMC Administration Building），上海，1914—1921；

——西童公学男校（Public School for Boys），上海；

——汉璧礼男童公学（Hanbury School for Boys），上海；

——工部局立育才公学（Ellis Kadoorie School for Chinese），上海；

——聂中丞华童公学（Nieh Chih Kuei School for Chinese），上海；

——新闸消防站（Sinza Fire Station），上海，1911；

——工部局警察、消防和卫生部门的大多数市政建筑（The majority of all other Municipal Buildings for the Police，Fire and Health Department），上海，1907—1927；

——宿舍和仓库，册地3999号，上海海丰路外，1923；

——另参见第三编公共租界工部局工务处。

著述：

——C. Harpur，Acting Engineer & Surveyor R. C. Turner Municipal Buildings.[J]. The Municipal Gazette，1913-05-22（3）.

参考文献及相关材料：

——The China Who's Who（Foreign）[M]. 1922：265-266.

——The China Who's Who（Foreign）[M]. 1924：266.

——The China Who's Who（Foreign）[M]. 1925：264-265.

——The China Who's Who（Foreign）[M]. 1927：260.

——Obituary. Mr. R. C. Turner[N]. The North-China Daily News，1950-11-05：2.

——照片来源：[J]. The Far Eastern Review，1909，6（1）：1.

注：被朋友称为“R. C.”或“Bob”。

[467] Tustanovsky，Boris Marianovich（图斯塔诺夫斯基）

生卒：1879—1943 年后

出生地：俄罗斯梯弗里斯（今格鲁吉亚的第比利斯）

国籍：俄罗斯

在华城市：哈尔滨

资历：不详

教育和训练背景：1896 年到民用工程师学院就读

经历：

——毕业后在后贝加尔州公署工程处任助理建筑师职务 5 年；

——1907 年申请去滨海州公署工程处工作，次年 2 月申请得到批准，前往海参崴，顶替已离职的工程师切斯诺科夫；

——在滨海地区任助理工程师到 1912 年夏天，同年 6 月被指派任滨海州代理工程师职务，主要工作是修建道路，同时担任教会建筑师一职；

——1913 年辗转来到哈尔滨，任城市建筑师，后来被录用到内务部；

——后到尼古拉耶夫斯克，任职于尼古拉耶夫斯克要塞区营房及军官宿舍建设委员会，至 1917 年末；

——1918—1921 年在布拉戈维申斯克；

——1921 年再次来到哈尔滨，从事工程承包；

——1927 年到中东铁路任职，负责中东铁路管理局的房屋修缮，至 1931 年被解聘；

——1939 年被吸收进俄国侨民事务局工程技术股，任技术顾问。

作品：

——布拉戈维申斯卡娅教堂，海兰泡；

——阿列克谢耶夫教堂，马家沟，1935；

——老少沟、二家屯（二里屯？）、双城堡火车站；

——哈尔滨市政府大楼；

——哈尔滨铁路俱乐部放映大厅雕刻装饰工程。

著述：

——不详。

参考文献及相关材料：

——[俄]克拉金．哈尔滨——俄罗斯人心中的理想城市[M]. 张琦，路立新，译．哈尔滨：哈尔滨出版社，2007：182.

——照片来源：同上。

注：俄文名为 Тустановский .Б. М，又译作杜斯塔诺夫斯基。

T

[468] Tweedie-Stodart，Lawrence（L. 司徒达）

生卒：1876.09.26—1963.01.25

出生地：英国奥利弗（Oliver）

国籍：英国

在华城市：上海

资历：ESC

教育和训练背景：赫瑞瓦特学院和爱丁堡大学（Heriot-Watt College and Edinburgh University），在爱丁堡史蒂文森（D. & C. Stevenson，MICE）门下学徒

经历：

——在英国海军部贷款部（British Admiralty Works' Loan Department）任助理，负责凯厄姆船坞（Keyham Dockyard）扩建工程、直布罗陀港口和船坞建造工程；

——自1907年5月到上海，任中国海关营造处助理，后升任总工程师（1919.05—1936.09），负责港口灯塔等、通商口岸的工程和建筑事务；

——其任期内，到1929年时，中国沿海沿江的灯塔数目已经从1920年的186座增加到了1928年时最多的275座，分布在南至海南岛、北至哈尔滨、沿江至重庆的广阔区域内；

——到1936年退休时，他使中国港口灯塔的现代化更进一步，采用了更先进的光学设施，并建造了一些新的灯塔。

作品：

——薄蓝田君纪念碑（Plant Memorial），三峡屈原镇，1923；

——奇奥灯塔（Ki Au），广州，1923；

——安东灯塔（An Tung），1925；

——曹妃甸灯塔（Tsaofeitien）；

——另参见第三编中国海关营造处。

著述：

——L. Tweedie Stodart. Some Notes on Fog Signals[C]// The Engineering Society of China. Proceedings of the Society and Report of the Council，1917—1918. Shanghai：North-China Daily and Herald Ltd.，1918：15-36.

参考文献及相关材料：

——Who's who in Engineering[Z]. 1921：381.

——The China Who's Who（Foreign）[M]. 1922：266.

——The China Who's Who（Foreign）[M]. 1924：267.

——The China Who's Who（Foreign）[M]. 1925：265.

——The China Who's Who（Foreign）[M]. 1927：261.

——https：//en.wikipedia.org/wiki/Plant_Memorial.

——Leaders of Commerce Industry and Thought in China[M]. 1924：355.

——照片来源：同上。

[469] Uchida Kiji（内田銈司）

生卒：1893.07.04—1958.03.09

出生地：日本岐阜县

国籍：日本

在华城市：大连、安东

资历：MJA

教育和训练背景：1916年东京高工建筑科毕业

经历：

——毕业后直接进入“满铁”工作，先后任建筑课勤务、“满铁”十年史编纂委员（负责建筑部），以及大连管理局保线系建筑课、安东地方事务所建筑系主任等职位；

——1926年12月辞职后到高冈久留工务所工作，直至1945年，曾任取缔役兼建筑部长等职位；

——“九·一八事变”后，兼任日本资本家伪满洲投资事业契约事务所担当，至1945年后。

作品：

——“满铁大连医院”新筑工事，1924。

著述：

——内田銈司 . 実费计算请负法に依れる满铁大连医院新筑工事 [J]. 满洲建筑协会杂志，4（6/8/9/10/11），5（1/2）.（七期连载）

参考文献及相关材料：

——中西利八 . 满洲绅士录 [M]. 3 版 . 东京：满蒙资料协会，1940：347.

——堀勇良 . 日本近代建筑人名总览（增补版）[M]. 东京：中央公论新社，2022：194.

[470] Uchida Yoshizo（内田祥三）

生卒：1885—1972

出生地：日本东京深川

国籍：日本

资历：MJA

在华城市：上海

教育和训练背景：1904—1907 年就读于东京帝国大学建筑系并毕业；1918 年以建筑构造之论文获得博士学位

经历：

——1907 年毕业后加入三菱地所（三菱财阀的不动产公司），从事办公大楼的建设；

——1910 年进入东京帝国大学大学院，1911 年成为东京帝国大学讲师，1916 年升任助教授；

——1921 年升任工学部教授；

——1923 年兼任东京帝国大学营缮课长，指导关东大地震后本乡校区的重建；

——1943—1945 年升任东京帝国大学第 14 代校长，1972 年获颁文化勋章。

作品：

——日本领事馆宿舍、食堂，与野田俊彦合作，济南，1918；

——日本领事馆，九江，1919；

——上海自然科学研究所，与伊东忠太合作，岳阳路 320 号，1928—1931；

——大同城市规划，与高山英华和内田祥文等合作，1938。

著述：

——内田祥三 . 大同の都市計画案に就て（关于大同城市规划）[J]. 建筑杂志（东京），1939（11/12）.

参考文献及相关材料：

——[日] 越泽明 . 伪满洲国首都规划 [M]. 北京：社会科学文献出版社，2011.

——李百浩 . 日本侵占时期的大同城市规划 [C]// 张复合 . 中国近代建筑研究与保护（一）：1998 中国近代建筑史国际研讨会论文集 . 北京：清华大学出版社，1999：218-224.

——[日] 大田省一 . 济南日本领事馆建筑研究 [M]// 中国近代建筑史研究会 汪坦，日本亚细亚近代建筑史研究会 藤森照信 . 中国近代建筑总览 - 济南篇 . 北京：中国建筑工业出版社，1996.

——堀勇良 . 日本近代建筑人名总览（增补版）[M]. 东京：中央公论新社，2022：196-198.

——https://ja.wikipedia.org/wiki/ 内田祥三 .

——照片来源：同上。

U

[471] Ulasovets，Evgeny Aleksandrovich（E. A. 乌拉索维奇 / 乌拉索维茨）

生卒：1907.01.26—1963.05.03

出生地：中国哈尔滨

国籍：俄罗斯

在华城市：哈尔滨

资历：获土木工程师称号

教育和训练背景：1924—1930年在哈尔滨中俄工业学校（哈尔滨工业大学前身）建筑工程系学习，期间爱好绘画并受到费奥多罗夫（P. F. Fedorovsky）的指导

经历：

——生于中东铁路职工家庭；

——大学毕业后到中东铁路管理处工作，负责建构筑物的设计建造；

——1946年任秋林公司（I. Ya. Churin and Co.）经济和管理部门负责人；

——1953年任哈尔滨政府建造处总建筑师；

——1956年回到俄罗斯；

——1965年去世。

作品：

——哈尔滨伊维尔教堂附属孤儿院，1934；

——哈尔滨伊维尔教堂附属孤儿院正面三角墙马赛克镶嵌画，1943；

——哈尔滨伊比利亚礼拜堂（艾弗礼拜堂 / Iverskaya Chapel）；

——哈尔滨新公墓圣母升天教堂的钟楼（the bell tower of the Assumption Church at the New Cemetery）；

——新哈尔滨宾馆（the New Harbin Hotel，今国际饭店），参与建造，1937；

——哈尔滨道里区雅思理儿童福利院建筑设计，并完成了主入口尖券装饰画的绘制；

——哈尔滨码头区的友谊宫（the Friendship Palace in the Pier area）。

著述：

——不详。

参考文献及相关材料：

——陈颖，刘德明．哈尔滨工业大学早期建筑教育[M]. 北京：中国建筑工业出版社，2010：138，146.

——照片来源：Ulasovetz E. УЛАСОВЕЦ Евгений Александрович[OL]. http：//artrz.ru/.

注：俄文名为 УЛАСОВЕЦ Евгений Александрович，英文名又写作 Evgeny Alexandrovich Urasowitz。

[472] Upham，Frank Sherman（F. S. 阿帕姆）

生卒：1884—1921.05.21

出生地：美国芝加哥

国籍：美国

资历：不详

在华城市：北京、上海

教育和训练背景：1906—1910年就读于密歇根大学建筑学专业，获建筑学学士

经历：

——毕业后在克利夫兰哈贝尔和贝尼斯（Hubbell & Benes）事务所任绘图员；

——1913年时在北京京师大学堂（Imperial University）任土木工程教授；

——1918年由北京到上海，加入克利洋行（R. A. Curry）；

——1919年加入上海公共租界工务处；

——1921年在美国密歇根去世。

作品：

——不详。

著述：

——不详。

参考文献及相关材料：

——Announcement，University of Michigan. College of Engineering[Z]. Ann Arbor：University of Michigan，1913：391.

——The Michigan Alumnus[Z]. 1931，38：15.

——[J]. Journal of the North-China Branch of the Royal Asiatic Society for the Year，1967，50-51：260.

——https：//www.findagrave.com/memorial/124189967/frank-sherman-upham.

[473] Usui Chuzo（臼井忠三）

生卒：1879.12—?

出生地：日本横滨

国籍：日本

在华城市：北京、天津

资历：MJA，1921

教育和训练背景：1897 年毕业于东京工手学校建筑科

经历：

——毕业后曾在大仓土木组、日本银行建筑科任职；

——1902—1903 年在天津监造横滨正金银行天津分行和俄清银行天津分行；

——1905—1907 年任奉天（沈阳）饭冢工程局局员；

——1907—1909 年在铁岭自办臼井事务所；

——1909—1910 年在大连自办臼井事务所；

——1910 年在北京创办华胜公司（Huasheng Co. Architects，Civil Engineers and Contractor），至 1915 年在北京白纸房营业，后开设天津、济南、青岛支行；

——自 1916 年营业地址变更为天津日本租界寿街；

——1923 年，其公司改组为合资公司，他同时担任代表，一直到 1936 年；

——兼任天津交易所、中华火柴董事，中日共益社长，杨家坨煤矿公司代表，中日矿业社长，昭和工务所代表等，后迁居大连，并在奉天、“新京”、吉林、哈尔滨等其他主要地设立办事处；

——1936 年被推荐为天津居留民团长，辞去各公司任职；

——在七七事变爆发后，组织天津日本侨民参加日军侵占天津的战役；

——在天津活动至 1943 年后，曾任多田部队本部特约顾问（非正式职员）、伪天津特别市公署顾问等。

作品：

——不详。

著述：

——臼井忠三 . 天津居留民团三十周年纪念志 [M]. 天津：天津居留民团，1941.

——臼井忠三 . 天津水灾记念写真帖 [M]. 天津：天津居留民团，1940.

参考文献及相关材料：

——中西利八 . 满洲绅士录 [M]. 3 版 . 东京：满蒙资料协会，1940：1701.

——堀勇良 . 日本近代建筑人名总览（增补版）[M]. 东京：中央公论新社，2022：191-192.

注：部分信息由日本名古屋大学西泽泰彦教授提供；大连理工大学李芳星老师协助翻译部分资料。

U

[474] Usui Kenzo（臼井健三）

生卒：1894.02.07—1957.08.18

出生地：日本横须贺市

国籍：日本

在华城市：大连、旅顺

资历：不详

教育和训练背景：1916年自东京高等工业学校建筑学毕业

经历：

——1916—1917年任朝鲜驻军经理部大邱派出所勤务；

——1917—1918年6月任关东都督府民政部土木课勤务；

——1918年6月—1919年4月任关东都督府技手（民政部土木课勤务）；

——1919年4月—1923年10月关东厅技手（1919年4月—1920年任民政部土木课勤务、1920—1921年6月任民政部土木课大连出张所勤务、1921年6月—1923年10月任内务局土木课大连出张所勤务）；

——1923年10月—1934年12月任关东厅技师（内务局土木课勤务、1924年1月任建筑技术者检定委员、1924年5月—1934年12月兼任警务局保安课勤务、1924年7月—1934年12月兼任旅顺民政署勤务、1930年3月任满洲工业标准规格委员会委员、1930年3月任大连都市计画委员会委员、1931年10月获旅顺市主任技术者第一级检定合格）；

——1934—1943年任关东局技师（1934年12月—1937年12月兼任司政部行政课勤务及旅顺民政署、1936年2月—1937年12月兼任关东州厅土木课勤务、1937年12月—1940年4月任司政部学务课勤务、1940年4月15日—5月25日任官房学务课勤务、1940年5月—1943年3月任司政部营缮课长）；

——1937年12月—1940年4月兼任伪满大使馆技师；

——1943—1945年任关东州住宅营团理事（建设部长）。

作品：

——大连公学堂，与石原岩、奥本青茂合作，1922；

——旅顺公学堂，1927；

——大连邮便局，1930；

——奉天警察署厅舍，1930。

著述：

——不详。

参考文献及相关材料：

——堀勇良．日本近代建筑人名总览（增补版）[M]. 东京：中央公论新社，2022：191.

——中西利八．满洲绅士录 [M]. 3版．东京：满蒙资料协会，1940：384.

——照片来源：同上。

注：原姓饭塚。

[475] Van Wylick，Gabriel（尹威力）

生卒：1897.07.06—1964.09.08

出生地：比利时布鲁塞尔

国籍：比利时

在华城市：天津、汉口、香港

资历：AAHK，1927—1941

教育和训练背景：1906—1913年在布鲁塞尔圣若斯－滕－诺德美术学院就读；之后在布鲁

塞尔皇家美术学院（Académie Royale des Beaux-Arts in Brussels）学习建筑 3 年（1 年日课，2 年夜校）；后在圣卢克学院（St Luc.）学习建筑构成 1 年；曾在布鲁塞尔建筑师马杜林（Mardulyn）门下学徒 3 年

经历：

——1919 年 12 月 28 日—1923 年 2 月 9 日在义品洋行天津分行任建筑师；
——1923 年 11 月 27 日—1924 年 1 月 20 日在义品洋行汉口分行任建筑师；
——1924 年 1 月 21 日—1927 年 2 月 2 日在义品洋行汉口分行任代理主管；
——1927 年 10 月 13 日—1930 年 11 月 15 日在义品洋行香港分行任建筑部门主管；
——1931 年 6 月 29 日—1934 年 5 月 30 日在义品洋行香港分行建筑部门任主管，并在代理分行任主管；
——1937 年 7 月 1 日—1946 年 11 月 30 日在义品洋行香港分行任主管。

作品：

——欧洲平房（Bungalow for an European），汉口，1927；
——自住平房（Bungalow for himself），汉口，约 1927；
——半洋式住宅（"Semi-foreign" house of Yih Fong Che），汉口，1927；
——林氏中式住宅（Chinese quarter of Lin Tse Tsin），汉口，1927；
——盐业银行（Yien Yieh Commercial Bank），可能与景明洋行合作，汉口，1927；
——自宅（Avenue Depage），布鲁塞尔，1928；
——D 种和 E 种两种欧式住宅，香港九龙塘，1929；
——爱德华王子道半欧式公寓住宅（Semi-European apartment houses），九龙，1930；
——圣约瑟安老院（St. Joseph's Home for the Aged），香港，1930 年代；
——九龙塘圣德肋撒堂（St. Teresa Church），原设计者为 Adelbert Gresnigt，香港，1932；
——安贫小姊妹会教堂（Church of the Little Sisters of the Poor），香港，1932；
——界限街半独立欧式别墅（"Semi-detached house of European type" at Boundary Street），香港，1934；
——书院道 3 层公寓楼（3-storey apartment house on College Road），九龙，1935；
——爱德华王子道（E / K I L 2959 地块）现代主义住宅，香港，约 1935—1937；
——加列山道（Mount Kellett Road）住宅，香港，约 1940；
——书院道拉萨拉住宅，香港，1941；
——香岛道住宅（Residence on Island Road），香港，1941；
——科发道 3 层公寓，九龙，1941；
——1 座地盆、2 座洋楼、1 座公寓楼，在九龙书院道新九龙内地段 2782 号及 2818 号，1941 年在建筑中；
——屈臣氏 1 座工人宿舍拆卸重建，在北角电气道海地段 1780 号，1941；
——1 座洋楼，在香岛道郊野地段 435 号，1941 年在建筑中；
——1 座洋楼，在柏嘉道郊野地段 107 号，1941 年图样已批准；
——1 座洋楼，在九龙嘉林边道新九龙内地段 1504 号，1941 年在设计中；
——1 栋新住宅，白加道，1941；
——1 座地盆及洋楼，在香岛道郊野地段 433 号，1941 年在建筑中；
——私人住宅，在香岛道郊野地段 442 号，1941 年在建筑中；
——另参见第二编义品洋行。

著述：

——不详。

参考文献及相关材料：

——余泽阳．外籍建筑师在近代武汉的实践及其对城市建筑近代化的影响研究（1861—1949 年）[D]. 武汉：华中科技大学，2021：284.
——[J]. Hong Kong and Far East Builder，1941，6（2）：44.
——[J]. Hong Kong and Far East Builder，1941，6（4）：26.
——Leung-kwok Prudence Lau. Adaptive Modern and Speculative Urbanism：The Architecture of the Credit Foncierd'Extreme-Orient（C.F.E.O.）in Hong Kong and China's Treaty Ports，1907—1959 [D]. Hong Kong：The Chinese University of Hong Kong，2013：266-272.
——照片来源：File 1165-1166，C.F.E.O.，Brussels，转引自文献同上：266.

[476] Vasilyevich，Nikiforov Nikolay（N. N. 瓦西里耶维奇）

生卒：1881.11.23—1944 年后

出生地：俄罗斯雅罗斯拉夫尔

国籍：俄罗斯

在华城市：哈尔滨

资历：不详

教育和训练背景：先后毕业于考古学院（1905）和圣彼得堡的民用工程师学院（1912）

经历：

——1913—1920 年在赤塔居住，期间担任地方政府的工程师并在赤塔工业美术学校执教；

——1920 年随谢苗诺夫长官的军队一起来到了中国东北；

——1921 年开始在哈尔滨创办《建筑生活》（俄文）杂志，到 1922 年停刊为止，共发行了 16 期；

——1921 年按照他的设计，在哈尔滨实施了一批单层和双层的砖混民居建筑；

——1922 年在 2 层甸子（今玉泉）站大型疗养院的建筑设计竞赛中胜出，1923 年开始对其进行具体的施工；

——1930 年开始在光华中学和圣弗拉基米尔学院的神学系教书，同时从事建筑工程活动；

——1936 年在俄罗斯移民事务管理局下辖的建筑技术、建筑工人与房屋管理办公室工作；

——1936—1937 年在俄罗斯移民事务管理局下属的建筑技术办公室工作，后无闻。

作品：

——单层或双层的砖混民居，哈尔滨，1921；

——2 层甸子（玉泉站）疗养院，1923。

著述：

——不详。

参考文献及相关材料：

——https：//artrz.ru/articles/1804870567/index.html.

注：俄文名为 Никифоров Николай Васильевич。

[477] Vels，Valentin Kardovich（B. K. 维利斯）

生卒：1872—1933

出生地：不详

国籍：俄罗斯

在华城市：哈尔滨

资历：不详

教育和训练背景：民用工程师学院

经历：

——哈尔滨的首批建设者之一，是哈尔滨首任城建工程师 A．K．列夫捷耶夫（A. K. Левтеев）的得力助手，主持了哈尔滨最初的建设；

——1928 年任中东铁路管理局工务处新建工程技术科科长。

作品：

——哈尔滨老火车站；

——哈尔滨海关大楼；

——哈尔滨中东铁路印刷厂；

——哈尔滨普育中学，1927；
——哈尔滨中东铁路中心医院外科病房，1928。

著述：

——不详。

参考文献及相关材料：

——[俄]克拉金．哈尔滨——俄罗斯人心中的理想城市[M]. 张琦，路立新，译．哈尔滨：哈尔滨出版社，2007：68–69。
——https：//www.imharbin.com/post/54050.

注：俄文名为 Валентин Кардович Вельс，英文名又写作 V. K.Wale。

[478] Venters，John Mackie（J. M. 文脱司）

生卒：1888.08.23—?
出生地：英国柯科迪（Kirkcaldy）
国籍：英国
在华城市：上海
资历：ARIBA，1920；FRIBA，1931
教育和训练背景：学徒于格里诺克（Greenock）的塔夫与亚历山大事务所（Messrs Stewart, Tough & Alexander），参加格拉斯哥建筑学校和皇家技术学院（Glasgow School of Architecture and the Royal Technical College）夜校

经历：

——1911—1912 年任布莱登与罗伯逊建筑事务所（R. A. Bryden & Robertson）助理；
——1912—1914 年和 1919—1920 年在苏格兰铁路公司（Caledonian Railway Co.）工程师办公室任职；
——1914—1919 年参加一战；
——1920—1921 年在麦克纳尔（Charles James McNair）事务所任助理；
——1921—1923 年在大英工部总署任职；
——1923 年 7 月 7 日到上海加入通和洋行，1934 年 1 月升任合伙人，任职到 1937 年；
——1933 年在上海市工务局登记为建筑技师；
——1938 年离开上海到新加坡海峡居留地政府市政建筑师办公室（Municipal Architect's Office，Straits Settlement，Singapore）任职；
——1960 年移居加拿大多伦多。

作品：

——参见第二编通和洋行。

著述：

——不详。

参考文献及相关材料：

——The China Who's Who（Foreign）[M]. 1927：264.
——Directory of British Architects，1834—1914，2（L–Z）[M]：867.
——http：//www.scottisharchitects.org.uk/architect_full.php?id=203548.
——https：//gsaarchives.net/collections/index.php/venters-john-mackie.

[479] Veysseyre，Paul（P. 沃萨热）

生卒：1900—1989

出生地：法国鲁贝（Roubaix）

国籍：法国

在华城市：天津、上海

资历：不详

教育和训练背景：自 1912 年起曾是切丹（G. Chedanne）的学生，1914 年就读于巴黎美院

经历：

——一战期间参加步兵部队，曾三次主动要求重返前线，身负两处重伤，获得战争十字勋章、两次嘉奖以及五项其他勋章；

——1921 年受雇于永和营造公司，到天津工作，6 个月后到永和洋行上海分部，任建筑部主任建筑师；

——1923 年 1 月同时在法商营造实业公司（Ledreux，Minutti & Co.）任建筑师；

——1924 年离职后，与法国建筑师赉安（Alexander Leonard）合伙组建赉安洋行（Léonard & Veysseyre）；

——1934 年克鲁兹（Kruze）加入赉安洋行并成为合伙人，公司更外文名为 Leonard，Veysseyre & Kruze；

——1937 年先后开办赉安洋行河内分行和大叻分行；

——1937 年 12 月 27 日离开上海，赴河内负责赉安洋行河内分行，至 1941 年 7 月后。

作品：

——参见第二编赉安洋行。

著述：

——不详。

参考文献及相关材料：

——Men of Shanghai and North China[M]. 1933：218-221.

——Men of Shanghai and North China[M]. 1935：565-567.

——Spencer Dodington，Charles Lagrange. Shanghai's Art Deco Master：Paul Veysseyre's Architecture in the French Concession[M]. Hong Kong：Earnshaw Books，2015.

——https：//fr.wikipedia.org/wiki/Paul_Veysseyre_（architecte）.

——陈锋 . 赉安洋行在上海的建筑作品研究（1922—1936）[D]. 上海：同济大学，2006.

——Full Progremma of French Architects Apartments，Labaratory，Hospital By Leonard，Veysseyre & Kruse[N]. The Shanghai Sunday Times，1934-12-09（31）.

——Le_Journal_de_Shanghai[J]. 1934-07-14：47. https：//gallica.bnf.fr/ark：/12148/bpt6k8674970/f49.item.zoom.

——照片来源：同上。

[480] Visan，Sergey Alexandrovich（维萨恩）

生卒：1873.12.31—1937.07.26

出生地：不详

国籍：俄罗斯

在华城市：哈尔滨

资历：不详

教育和训练背景：1899 年毕业于圣彼得堡民用工程师学院

经历：

——毕业后，留校工作至 1904 年；

——后在波尔塔瓦省地方自治机关建筑设计师的职位上工作了几年之后，他被任命为乌克兰拉兹多利诺耶军事建设委员会的技术员；

——1911 年开始到中东铁路任工程师，负责交通局乌苏里斯克分局办事处的技术工作；

——1921 年 8 月因身体原因被解职，1925 年恢复原职，至 1930 年因瘫痪再次被解职；

——1937 年去世。

作品：

——圣母报喜教堂，哈尔滨，1918；

——马迭尔宾馆、酒店和剧场，哈尔滨；

——吉林铁路交涉局大楼，哈尔滨，1919—1921；

——科瓦尔斯基公馆，哈尔滨。

著述：

——不详。

参考文献及相关材料：

——[俄]克拉金. 哈尔滨——俄罗斯人心中的理想城市[M]. 张琦，路立新，译. 哈尔滨：哈尔滨出版社，2007：105，170-171.

——照片来源：同上：170.

注：也作 Vensan，俄文名 Венсан.C.A，他被称为哈尔滨近代设计新艺术运动风格建筑的代表人物。

[481] Volckaert，Gantois Gustave（华立慧）

生卒：1888.09.18—1978

出生地：比利时根特（Ghent）

国籍：比利时

在华城市：天津、北京、香港

资历：不详

教育和训练背景：1910 年毕业于比利时根特美术学院（Ghent Academy of Fine Arts），获建筑师身份

经历：

——来华前曾在布鲁塞尔和巴黎执业；

——1914 年加入义品洋行，后曾在天津、北京分行任职；

——自 1934 年 3 月 15 日起任天津分行总建筑师，至 1946 年 5 月 16 日；

——1947 年 1 月 25 日—8 月 8 日任义品洋行香港分行建筑师；

——1950 年 2 月 28 日—1954 年 5 月 12 日在义品洋行香港分行任总建筑师。

作品：

——陆征祥父母葬礼礼拜堂（Funerary chapel of the parents of Lou Tseng-Tsiang），北京，1920；

——华比银行（Banque Belge pour l'Étranger）和比利时领事馆，天津，1922；

——北疆博物院（Hoangho Paiho Museum of Émile Licent），天津，1922；

——圣尼古拉斯方济会教堂（Franciscan Chapel at Sint-Niklaas），比利时东法兰德斯（East Flanders，Belgium），1927；

——伦敦路 48 号住宅，天津，1930 年代中；

——张叔诚住宅（Residence of Zhang Shu-cheng），天津，1936；

——山顶公寓楼（Martinhoe），香港白加道（Barker Road）62 号，1948；

——沙尔德圣保禄女修会孤儿院（Orphanage for the Sisters of St. Paul de Chartres），香港铜锣湾，1950；

——玛利诺修院学校礼拜堂（Chapel for the Maryknoll Convent School），香港九龙塘，1952；

——九龙草地滚球会所扩建（Extension of the Kowloon Bowling Green Club），香港，1952；
——另参见第二编义品洋行。

著述：

——不详。

参考文献及相关材料：

——Leen Meganck. Bouwen te Gent in het interbellum（1919—1939）[D]. Gent：Universiteit Gent，2002. 转引自：https：//inventaris.onroerenderfgoed.be/dibe/persoon/5895.
——T. Coomans，L. K. P. Lau. Les tribulations d'un architecte belge en Chine：Gustave Volckaert，au service du Crédit Foncier d'Extrême-Orient（一位比利时建筑师在中国的心路历程：华立慧于义品地产公司的建筑事业），1914—1954[J]. Revue Belge d'Archéologie et d'Histoire de l'Art，2012，81：129-153.
——Leung-kwok Prudence Lau. Adaptive Modern and Speculative Urbanism：The Architecture of the Credit Foncierd'Extreme-Orient（C.F.E.O.）in Hong Kong and China's Treaty Ports，1907—1959 [D]. Hong Kong：The Chinese University of Hong Kong，2013：273-275
——照片来源：Files 1174-1175，C.F.E.O.，Brussels，转引自文献同上：273.

[482] Wada Kizo（和田喜蔵）

生卒：1881.11—?
出生地：日本京都
国籍：日本
在华城市：沈阳
资历：MJA
教育和训练背景：1906 年毕业于东京筑地工手学校建筑科

经历：

——毕业后到埼玉县厅土木课任职；
——1907 年 1 月入职“满铁”，曾任本社、各线、各地建筑主任等；
——1932 年 2 月加入吉川组，任大连支店长、总部建筑部长等；
——1940 年 4 月任伪满洲土木株式会社监察役兼审查部长。

作品：

——不详。

著述：

——不详。

参考文献及相关材料：

——中西利八 . 满洲绅士录 [M]. 3 版 . 东京：满蒙资料协会，1940：1161.
——照片来源：同上。

[483] Wahlen，Wilhelm（瓦伦）

生卒：不详
出生地：不详
国籍：德国
在华城市：青岛、大连
资历：不详
教育和训练背景：不详

经历：

——1920年代从青岛移居大连；
——1924—1925年在大连狩谷忠麿建筑事务所任合伙人；
——1925—1941年后在大连自营事务所，公司外文名为Wahlen，Wilhelm，Architect and Contractor。

作品：

——O氏宅邸，大连南山麓，1927年左右；
——圣公会教堂，大连，1928年左右；
——金城银行，大连，1934；
——远藤氏住宅，与“满铁”铃木某合作，大连，1934年左右。

著述：

——不详。

参考文献及相关材料：

——蒋耀辉．大连历史街区与建筑[M]. 大连：大连出版社，2021：142-146.
——堀勇良．日本近代建筑人名总览（增补版）[M]. 东京：中央公论新社，2022：1521.

[484] Wakeham，Philip Oliver George（P. O. G. 威克汉姆）

生卒：1906.04—1982.10
出生地：英国普利茅斯（Plymouth）
国籍：英国
在华城市：上海
资历：ARIBA，1931
教育和训练背景：不详

经历：

——1930年代初加入大英工部总署；
——1932年1月在上海公和洋行任职；
——1937年1月升任合伙人；
——1938年7月负责公和洋行新加坡支行，至1941年7月后；
——1941—1945年参军，在缅甸英国皇家工兵团服役；
——二战结束后，回到公和洋行任职；
——1951年时任马来西亚建筑师学会主席，同年回到英国与安东尼（Anthony Tripe）合伙开办事务所。

作品：

——参见第二编公和洋行。

著述：

——不详。

参考文献及相关材料：

——http：//www.scottisharchitects.org.uk/architect_full.php?id=403370.

[485] Wakelam，Harold（克伦）

生卒：1887.05.29—?
出生地：英国西布罗姆维奇（West Bromwich）
国籍：英国
在华城市：上海
资历：不详

教育和训练背景：伯明翰技术学校（Birmingham Technical School）

经历：

——1914年到华；

——自1915年开始在安利洋行（Arnhold, H. E. / Arnhold Brothers &. Co., Ltd. / Arnhold & Co. , Ltd.）任职，负责建筑工程事宜；

——1918年7月任安利洋行新成立的钢筋混凝土建造部（Reinforced Concrete Construction Division）负责人，该部门1921年改名为建造部（Construction Division），至1926年1月后取消建造部、并入工程部，1928年7月成立地产部（Property Department）；

——1930年1月后离开安利洋行；

——1933年12月1日成立克伦地产公司（Messrs. H. Wakelam & Co.），经营地产经纪、建筑师、咨询工程师和承包商等业务；

——1937年后因战争被迫离开中国，先到马来西亚，后到南非。

作品：

——参见第三编安利洋行。

著述：

——不详。

参考文献及相关材料：

——The China Who's Who（Foreign）[M]. 1922：274.

——The China Who's Who（Foreign）[M]. 1924：275.

——The China Who's Who（Foreign）[M]. 1925：273.

——The China Who's Who（Foreign）[M]. 1927：266.

——照片来源：[N]. The North-China Sunday News Magazine Supplement，1930-01-05（11）.

[486] Walker，Frederick Arthur（F. A. 沃克）

生卒：1881.03.14—1940.10.09

出生地：不详

国籍：英国

在华城市：上海

资历：ARIBA，1921；FRIBA，1926

教育和训练背景：自1897年先后学徒于伦敦教育局委员会（London School Board）的建筑师托马斯·杰拉姆·贝利（Thomas Jerram Bailey），以及史蒂文森与雷德芬事务所（Stevenson & Redfern）

经历：

——先后任马查姆（Frank Matcham）、夏普（Lewen Sharp）、斯考特（William Gillbee Scott）、伍德和肯德里克（Messers Wood & Kendrick of Brmingham）、伦敦市政厅学校处（LCC Schools Division）的助理；

——1913—1915年与赫克托（John Black Hector）合伙开办事务所；

——1915年加入英国皇家工兵团；

——1916年因伤退役，继续执业；

——1921—1927年任上海（华北）亚细亚石油公司（Asiatic Petroleum Company，North China）建筑师；

——1927—1930年任河内亚细亚石油公司建筑师；

——1931—1939年在英国马盖特（Margate）执业；

——1940年去世。

作品：

——某长江口岸住宅设计（1926年该设计的水彩表现图悬挂于皇家学院建筑厅室内）。

著述：

——不详。

参考文献及相关材料：

——Directory of British Architects，1834—1914，2（L–Z）[M]: 892.

——Shanghai Exhibit in Royal Academy，Mr. F. A. Walker Has Design of House in Architecture Room[N]. The Shanghai Sunday Times，1926-07-04（11）.

[487] Walker，Thomas Larkins（T. L. 沃尔克）

生卒：1811.05.20—1860.10.10

出生地：英国法夫郡戴萨特（Dysart，Fifeshire）

国籍：英国

在华城市：香港

资历：FRIBA，1838

教育和训练背景：曾在英国著名哥特复兴建筑师普金（Augustus Charles Pugin）门下学徒

经历：

——1856年因金融投资失败来华，同年6月24日在香港自办建筑师事务所，公司外文名为Walker & Co，T. L.，并自1856年6月28日开始在上海《北华捷报》刊登广告招揽业务，至1858年，公司曾有卡尔·布伦施泰特（Carl Brunstedt）和卡洛斯·达恩伯格（Carlos Danenberg）两位职员；

——1858年任香港量地官署代理量地官；

——1859年其在经营个人事务所的同时，还在担任量地署助理工程师和工程监督；

——1860年在香港去世。

作品：

——上海英国领事馆翻译学生住宅，1857；

——福州英国领事馆，1858。

著述：

——不详。

参考文献及相关材料：

——https：//en.wikisource.org/wiki/Dictionary_of_National_Biography，_1885-1900/Walker，_Thomas_Larkins.

——https：//en.wikipedia.org/wiki/Thomas_Larkins_Walker.

——Tony Lam Chung Wai（林中伟）. From British Colonization to Japanese Invasion：The 100 Years Architects in Hong Kong 1841—1941[J]. HKIA Journal，2006，45（1）：44-55.

——Directory of British Architects，1834—1914，2（L–Z）[M]: 897.

——Obituary[J]. The Gentleman's Magazine，and Historical Chronicle，1861，210：337.

注：他是建筑师普金的遗嘱共同执行人，来华前著述和作品颇多。

[488] Walker，Henry William（H. W. 沃克）

生卒：?—1905.08.06
出生地：不详
国籍：英国
在华城市：天津
资历：不详
教育和训练背景：不详

经历：

——来华前任英国皇家舰队总工程师；
——1884 年受李鸿章邀请，到天津水师学堂（Naval College）任海事工程学教授；
——1890 年，因在海军学院的贡献，被授予双龙宝星三级一等勋章（the Insignia of the First Grade of the Third Division of the Order of the Double Dragon）；
——1900 年天津水师学堂毁于八国联军入侵，沃克与奥斯瓦德（R. R. Oswald，MIME）合伙开办建筑师事务所，公司外文名为 Oswald & Walker，Architects，Surveyors and Civil Engineers；
——后于 1902 年退出公司；
——1905 年 8 月在天津去世。

作品：

——不详。

著述：

——不详。

参考文献及相关材料：

——http：//www.findagrave.com/cgi-bin/fg.cgi?page=gr&GRid=116269408.
——[N]. The North-China Herald and Supreme Court & Consular Gazette，1905-08-11：300.

[489] Wantz，Maximin（望处）

生卒：1872.05—1915.10.03
出生地：法国布洛涅（Boulogne）
国籍：法国
在华城市：上海
资历：ESC
教育和训练背景：不详

经历：

——曾任巴黎工部局区域工程师（district engineer in the Paris Public Works Department）；
——1910 年 9 月被任命为上海法租界市政工程师；
——他在任期内主持了多栋市政建筑的建设；
——他在任内尤其注重道路铺就及养护，尤以在法租界与中国城区之间修筑林荫大道以及将洋泾浜填没筑路而受到极大赞赏，他在任内还不断提升顾家宅公园（Koukaza Public Garden）的环境，使其成为对上海居民最具吸引力的地方；
——曾任中华国际工程学会董事会成员，并曾参加钢筋混凝土特别委员会；
——1915 年 10 月 3 日因感染伤寒在上海去世。

作品：

——中法学校（Franco-Chinese School），与白士琛（Henry F. de. Boissezon）合作设计监造，上海法租

界，1913；

——步枪靶场市政看台（the Municipal Stand of Rifle Range），上海法租界；

——敏体尼荫路法华书塾（the School for Chinese on the Boulevard de Montigny），上海法租界；

——法租界公董局工务处监督员宿舍（the new quarters for the overseers of the Publc Works Department），上海法租界；

——法租界会审公廨（the French Mixed Courtpremises），薛华立路（Route Stanislas Chevalier，今建国中路），上海法租界；

——另参见第三编上海法租界公董局公共工程处。

著述：

——Maximin Wantz. Art, and its Influence on Civilisation[C]// The Engineering Society of China. Proceedings of the Society and Report of the Council，1913—1914. Shanghai：North-China Daily and Herald Ltd.，1914：119-131.

参考文献及相关材料：

——Obituary. Mons. M. Wantz[N]. The North-China Daily News，1915-10-04（8）.

[490] Waters，Thomas James（T. J. 沃特斯）

生卒：1842—1898.02.05

出生地：爱尔兰

国籍：爱尔兰（英国）

在华城市：香港、上海

资历：CE；FRGS

教育和训练背景：不详

经历：

——1864 年受聘于香港皇家造币厂；

——1865 年到日本，曾设计银座砖街、大阪造币寮和造纸厂等；

——1881 年 1 月前戴尔（H. W. Dale）加入上海和记洋行（Groom，Francis A.，Architect and Land and Estate Agents）；

——1882 年沃特斯和戴尔合伙接手和记洋行，洋行外文名更为 Waters & Dale，Civil Engineers，Architect，Land and Estate Agents，二人合伙经营至 1885 年；

——1886 年时沃特斯已经离开洋行，由戴尔独立经营，公司名称未变；

——后曾到新西兰执业，以及到美国科罗拉多从事金银矿开采。

作品：

——香港皇家造币厂，沃特斯监造，A. 凯德纳（Arthur Kinder）设计，1864—1865；

——日本东京银座砖街；

——大阪造币寮、造纸厂；

——旗昌洋行（Russell & Co.）缫丝厂，上海，1883 年前；

——新天花病院（The New Small-Pox Wards），上海，1884；

——德国领事馆及领事住宅，上海，1884。

著述：

——不详。

参考文献及相关材料：

——藤森照信．“特聘建筑师”之谜 [C]// 安藤忠雄等．建筑学的教科书．包慕萍，译．北京：中国建筑工业出版社，2009：161.

——水田丞．T・J・ウォートルス考ーイギリス资本との关わりからみた大阪造币寮における雇用と地位 [J]. 建筑史学（东京），2007，48：24-45.

——Susumu Mizuta. Thomas Waters and the Paper Money Factory Project of Meiji Japan[J]. Journal of Asian Architecture and Building Engineering，2018，17（2）：277-284.

——Susumu Mizuta.Making a Mint: British Mercantile Influence and the Building of the Japanese Imperial Mint[J]. Architectural History, 2019, 62: 89–111.
——水田丞 . 香港造币局と大阪造币寮の鋳造场－両者の建筑史的比较考察 [J]. 建筑史学（东京）, 2008, 251: 45–67.
——Meg Vivers. An Irish Engineer: The Extraordinary Achievements of Thomas J Waters and Family in Early Meiji Japan and Beyond[M]. Brisbane: CopyRight Publishing, 2013.
——P. Kevin MacKeown. The Hong Kong Mint, 1864—1868: The History of An Early Engineering Experiment[J]. Journal of the Hong Kong Branch of the Royal Asiatic Society, 2007, 47: 41–79.
——Motoko Maruyama Nagata. Waters Brothers: Their Mining Business in the United States[C]// Proceedings: Sixth International Mining History Congress, Akabira City, Japan: Office of the Sixth International Mining History Congress, 2003: 26–29.
——Meg Vivers. The Role of British Agents and Engineers in the Early Westernization of Japan with a Focus on the Robinson and Waters Brothers[J]. The International Journal for the History of Engineering & Technology, 2015, 85: 1, 115–139.
——Neil Jackson.Thomas James Waters（1842—1898）: Bibles and Bricks in Bakumatsu and Early-Meiji Japan[C]// Hugh Cortazzi. Britain and Japan: Biographical Portraits, Vol. 7. Folkestone: Global Oriental and the Japan Society, 2010: 469–486.
——https: //en.wikipedia.org/wiki/Thomas_Waters.
——https: //www.dia.ie/architects/view/6875/WATERS-THOMASJAMES.
——Meg Vivers. Thomas James Waters（1842—1898）and the Mint at Osaka[C]// G. Depeyrot. When Orient and Occident Meet. Proceedings of the Round Table of the "Silver Monetary Depreciation and International Relations" program. Wetteren: Moneta, 2014: 327–335.
——照片来源：A Souvenir of the New Mining Exchange Building, Denver, 1891. 转引自文献同上。

注：日本建筑史家藤森照信称他为"日本近代建筑的祖父"。

[491] Watson, John Bruce（J. B. 沃森）

生卒：1901.02.22—?
出生地：不详
国籍：英国
在华城市：上海、唐山
资历：FSC（?）; AMICE; AMISE; MICE
教育和训练背景：伦敦大学土木工程学士

经历：

——1924 年 7 月—1929 年 7 月在上海公和洋行（Palmer & Turner）任职；
——1934 年任上海公共租界工部局工务处助理工程师；
——1934 年任英国土木工程师学会上海分会（Shanghai Association of the Institution of Civil Engineers）委员会成员；
——1940 年任工务处总工程师；
——后曾在开滦煤矿任土木工程师；
——后在山东潍坊集中营去世。

作品：

——参见第三编上海公共租界工部局工务处。

著述：

——N. W. B. Clarke, J. B. Watson. Settlement Records and Loading Data for Various Buildings Erected by the Public Works Department, Municipal Council, Shanghai[C]// International Conference on Soil Mechanics and Foundation Engineering, Harvard University Graduate School of Engineering. Proceedings of the International Conference on Soil Mechanics and Foundation Engineering, Harvard University, 1936, No.

F12，2：174–185.

参考文献及相关材料：

——http：//www.findagrave.com/cgi-bin/fg.cgi.

——Special Research Necessary if Higher Structures are Built，Interesting Lecture Delivered at Foreign Y. M. C. A. by Mr. J. B. Watson[N]. The North–China Daily News，1939–03–12（18）.

[492] Watson，Bryan（B. 沃森）

生卒：约 1884—1927.04.04

出生地：不详

国籍：英国

在华城市：上海、汉口

资历：ARIBA

教育和训练背景：不详

经历：

——1921 年加入上海思九生洋行（Stewardson & Spence）；

——1922 年任上海思九生洋行汉口分行主管；

——1925 年升为合伙人，洋行更外文名为 Stewardson，Spence & Watson；

——1927 年 4 月 4 日在汉口去世。

作品：

——参见第二编思九生洋行。

著述：

——不详。

参考文献及相关材料：

——We regret to learn that Mr. Bryan Watson[N]. The North–China Daily News，1927–04–11（10）.

[493] Watt，John Desborough（J. D. 瓦特）

生卒：1893.02.05—1974

出生地：英国伦敦

国籍：英国

在华城市：上海

资历：ARIBA

教育和训练背景：不详

经历：

——1921—1941 年先后任上海公共租界工部局工务处助理建筑师、资深助理建筑师和建筑师（自 1936 年 6 月 15 日起）等职位；

——1946 年 7 月经德国回到英国。

作品：

——参见第三编上海公共租界工部局工务处。

著述：

——不详。

参考文献及相关材料：

——National Archives and Records Administration（NARA）; Washington，D.C.; Marriage Reports in State Department Decimal Files，1910—1949; Record Group：59，General Records of the Department of State，1763—2002; Series ARC ID：2555709; Series MLR Number：A1，Entry 3001; Series Box Number：492; File Number：133.

——Flora Euphemia Watt. The Watt line：a short history of the Watts of Orkney，Arbroath，and Gamrie，and related families[M]. 1984：60.

——照片来源：[N]. The North-China Sunday News Magazine Supplement，1931-05-10（8）.

[494] Weaser，William Lionel Wreford（威沙）

生卒：?—1925

出生地：不详

国籍：英国

在华城市：香港、广州

资历：AAHK，1905—1924

教育和训练背景：不详

经历：

——1904 年在香港皇家工兵团任临时绘图员；

——1905 年和同事厘份（A. R. F. Raven）合伙创办威沙及厘份丈量画则师行（Weaser & Raven Architects and Surveyors）;

——1916 年两人散伙，分别独立开业；

——独立经营事务所到 1924 年，公司外文名为 Weaser，W. L. Architects and Surveyors。

作品：

——不详。

著述：

——不详。

[495] Weiler，Luis（L. 魏尔勒）

生卒：1863.09.09—1918.01.16

出生地：西班牙阿穆里奥（Amurrio，Spanien）

国籍：德国

在华城市：青岛

资历：不详

教育和训练背景：1882 年开始在汉诺威技术学院和夏洛滕堡技术学院土木工程专业学习

经历：

——来华前曾在泰国参与铁路工程项目；

——1898 年 6 月—1901 年 6 月在山东铁路公司任工程师。

作品：

——青岛火车站，与锡乐巴（Heinrich Hildebrand）和阿尔弗雷德·盖德茨（Alfred Gaedertz）共同设计，青岛，1905;

——德华银行，与锡乐巴（Heinrich Hildebrand）共同设计，青岛，1899—1901。

著述：

——不详。

参考文献及相关材料：

——https: //de.wikipedia.org/wiki/Luis_Weiler.

[496] Wheeler，Arthur Carruthers（A. C. 惠勒）

生卒：1885.07—1959.10.25

出生地：英国伦敦

国籍：英国

在华城市：上海、香港

资历：FIAA；FSI；RIBA；FRSA，1935

教育和训练背景：不详

经历：

——来华前曾参加一战；

——1921 年 6 月—1924 年 2 月在中国海关任助理建筑师；

——1924 年到上海公共租界工部局工务处，任资深助理建筑师，至 1937 年退休；

——1938 年在香港工务署任职，至 1940 年。

作品：

——工部局宰牲场，上海，1933；

——另参见第三编中国海关营造处和上海公共租界工部局工务处。

著述：

——A. C. Wheeler. The Design and Equipment of Abattoirs: with special reference to the Shanghai Muniipal Abattoir[J]. The China Reconstruction & Engineering Review（新中国建设月刊），1936（6，7，8–9）.（连载）

参考文献及相关材料：

——Engineers Hear Lecture Given on Abattoirs，A. C. Wheeler Explains Technical Equipment of S. M. C. Units[N]. The China Press，1936–04–21（8）.

——A. C Wheeler: Designs，specifications，plans and detail drawings of all municipal buildings，supervision of construction，alterations and additions to municipal buildings[A]. 上海档案馆，档案号：U1–14–0569.

——Wheeler is engaged on the abattoir for Chinese. Wheeler is fully engaged on the works in hand and on proposes schemes[A]. 上海档案馆，档案号：U1–14–0731.

——Wang Y–W，Pendlebury J. The Modern Abattoir as a Machine for Killing: The Municipal Abattoir of the International Shanghai Settlement，1933[J]. Architecture Research Quarterly，2016：131–144.

——朱晓明，何巍 . 一份 80 年前的施工报告——上海工部局宰牲场营造档案的样本与解读 [C]// 朱文一，刘伯英 . 中国工业建筑遗产调查、研究与保护 . 北京：清华大学出版社，2012：330–338.

——Xiaoming Zhu，Chongxin Zhao，Wei He，Qian Jin. An Integrated Modern Industrial Machine — Study on the Documentation of the Shanghai Municipal Abattoir and its Renovation[J]. Journal of Asian Architecture and Building Engineering，2016，15（2）：155–160.

——聂波 . 上海近代混凝土工业建筑的保护与再生研究（1880—1940）——以工部局宰牲场（1933 老场坊）的再生为例 [D]. 上海：同济大学，2008.

——何巍，朱晓明 . 上海工部局宰牲场建筑档案研究 [J]. 时代建筑，2012（3）：108–113.

[497] Whitfield，George（G. 怀特菲尔德）

生卒：1814—1910
出生地：不详
国籍：英国
在华城市：上海
资历：不详
教育和训练背景：不详

经历：

——1862 年 3 月 31 日加入格里布在上海成立的有恒洋行，公司更外文名为 Gribble & Whitfield；
——1862 年 10 月创办人格里布去世，自 11 月 1 日起，公司由怀特菲尔德接替；
——1863 年 1 月与金思密（Kingsmill）合伙组成新有恒洋行，公司外文名改为 Whitfield & Kingsmill；
——1863 年 6 月 12 日新有恒洋行刊登布告，宣布汉口分支成立；
——1864 年新有恒洋行与地亚士洋行（H. M. Schultz & Co.）一起中标上海英租界测绘项目；
——1866 年 11 月怀特菲尔德移居日本横滨，与道森（W. A. Dawson）组建事务所（Whitfield & Dowson Civil Engineers and Architects，Surveyors & Land Agents.），经营至 1878 年；
——还曾与 P. S. 道森（P. S. Dawson）等合办横滨钢铁厂（Yokoharma Iron Works）。

作品：

——测绘上海英租界，与地亚士洋行合作，1864；
——英国码头（British wharf），横滨，1868；
——日本赛马俱乐部新看台（New Grand Stand for the Nippon Race Club），横滨，1889；
——另参见第二编有恒洋行。

著述：

——不详。

参考文献及相关材料：

——http：//www.telegraph.co.uk/news/worldnews/1548085/Yokohama-to-rebuild-British-wharf.html.
——[N]. The Japan Weekly Mail，1883-09-15：486.
——上海档案馆 . 1864 年 2 月 24 日工部局董事会会议记录 [M]// 公共租界工部局董事会会议录（1854—1943）第 2 册 . 上海：上海古籍出版社，2001：470.
——[N]. The North-China Herald，1866-12-08：194.

[498] Wiant，Paul Prince（范哲明）

生卒：1887.07.02—1973.10.22
出生地：美国俄亥俄州（Ohio）
国籍：美国
在华城市：福州、上海、台中
资历：MACAE；AIA
教育和训练背景：1905 年到迈阿密大学接受教育，后于 1911 年在俄亥俄卫斯理大学（Ohio Wesleyan University）获得科学学士学位，1914 年在辛辛那提大学获土木工程学位

经历：

——毕业后曾从事工程师工作两年；
——1916 年和妻子作为美国卫理公会（美以美会）的传教士到华传教；

——1917年1月17日从旧金山出发赴福州，并在福建协和建筑部（Fukien Construction Bureau，又称 Union Architectural Service）任职，并于1923年被任命为该部的福州负责人；
——1924年起任英华书院理事会（Anglo-Chinese College Board of Trustees）会长，并曾任福州教会和现场委员会（Field Committee）秘书和财务等职位；
——1942年离开福州、回美国；
——1946年再度返回中国，在上海监理会建筑服务部（Methodist Architectural Service）服务至1950年；
——此后曾在印度、菲律宾、利比里亚、刚果、中国香港和中国台湾等地传教，至1956年退休；
——1953—1957年曾任中国台湾东海大学规划项目的建筑师。

作品：

——福建协和大学（Fukien Christian University），福州；
——范哲明别墅，庐山牯岭，1920年代；
——福建协和大学煤气厂（Gas Plant at Fukien Christian University），福州，1934；
——基督教协和医院，福州，1936—1937；
——东海大学最初规划，台中；
——玛丽约翰斯顿医院重新设计（Redesign the Mary Johnston Hospital），马尼拉，1949。

著述：

——Paul P. Wiant. An Architect Looks at Chinese Churches[J]. The Chinese Recorder，72（4）：189.
——Paul P. Wiant. The Long Way Home[M]. Fuzhou：Bing Ung Press，1930.

参考文献及相关材料：

——http：//www.fzcuo.com/.
——[N]. Middletown Journal Newspaper Archives，1951-01-18：15.
——[J]. The Bent of Tau Beta Pi，1918，13：105.
——梁碧峯 . 东海大学草创期校园规划与建设的故事（上）[J]. 东海大学图书馆馆讯（台中），2015(169)：27-51.
——Guide to the Paul Wiant Family Papers[OL]. http：//catalog.gcah.org/publicdata/gcah4628.htm.
——照片来源：[N]. The North-China Daily News，1949-01-23（6）.

[499] Williamson，John Wallace（J. W. 威廉姆森）

生卒：1892.03.31—1956.12.18
出生地：英国伦敦
国籍：英国
在华城市：天津、上海
资历：ARIBA；MRSI
教育和训练背景：不详

经历：

——1919年曾在天津乐利工程司（Loup & Young，Architects，Engineers，Land，House，and Estate Agents）任职，后回国；
——1927年被任命为天津英租界工部局建筑师，从英国索尔兹伯里到天津赴任，任职到1931年；
——1932年1月—1935年7月在上海公和洋行任职；
——1939年已经在伦敦。

作品：

——英国工部局警察署、消防署和公立学校，天津；
——参见第二编公和洋行。

著述：

——New Police and Fire Station at Tientsin[J]. Journal of the Association of Chinese and American Engineers，1931，12：37.

参考文献及相关材料：

——伦敦英国档案馆 [A]. 档案号：WO 339/48259.

——伦敦英国档案馆 [A]. 档案号：RG 101/616A.

——照片来源：[N]. The North-China Sunday News，1932-01-24（4）.

[500] Wilson，George Leopold（G. L. 威尔逊）

生卒：1880.11.01—1967

出生地：英国伦敦

国籍：英国

在华城市：香港、上海

资历：FRIBA；FSI，1924；CS

教育和训练背景：1898 年在伦敦建筑师帕克（H. W. Peck）门下学徒

经历：

——1904 年、1905 年先后通过测绘师学会专业副会员和会员考试；

——1908 年到香港，加入巴马丹拿洋行（Palmer & Turner），任助理建筑师；

——1912 年和洛根（M. H. Logan）一起到上海开设巴马丹拿洋行上海分部；

——1914 年 4 月升任合伙人，任职至 1941 年 7 月后；

——日军占领上海期间离开上海，后于 1946 年 6 月再度到访上海；

——在上海期间，曾两次当选上海公共租界土地委员会成员，1929—1930 年连任两届上海地产估价师和测绘师协会主席，曾任上海公共租界工部局经济委员会委员；皇家亚洲学会理事会活跃分子并任其建筑分委会主席，主要负责筹措皇家亚洲学会大楼的建设资金。

作品：

——参见第二编公和洋行 / 怕马丹拿洋行。

著述：

——G. L. Wilson. The Twentieth Century's Own Architectural Style：Architecture Produced by Building Rules[J]. The China Journal of Science and Arts，1932，7（5）：238-240.

——G. L. Wilson. Architecture，Interior Decoration，and Building in Shanghai Twenty Years Ago and Today[J]. The China Journal of Science and Arts，1930，7（5）：248-252.

——G. L. Wilson. Registration of Architects[N]. The North-China Daily News，1929-10-30（4）.

——G. L. Wilson. A New Civic Centre[N]. The Shanghai Times，1931-02-26（3）.

——G. L. Wilson.The Majestic's Fate，What is a Civic Centre?[N]. The North-China Daily News，1931-02-26（7）.

参考文献及相关材料：

——The China Who's Who（Foreign）[M]. 1924：287.

——Men of Shanghai and North China[M]. 1933：427，429.

——Men of Shanghai and North China[M]. 1935：605-607.

——照片来源：[N]. The North-China Sunday News Magazine Supplement，1932-03-20（8）.

[501] Wilson，James Morrison（J. M. 威尔逊）

生卒：1885.04.25—1949.08.28
出生地：美国布卢姆菲尔德（Bloomfield）
国籍：美国
在华城市：杭州、莫干山、南京、上海
资历：不详
教育和训练背景：不详

经历：

——1911 年到华承担南方长老会（Southern Presbyterian Mission）的建造任务，曾在中国各地建造医院、学校、住宅和教堂等；
——1912—1919 年以传教士身份在杭州之江大学任物理、工程系教员并负责学校建筑事务；
——1920 年创办之江大学建造部（Hangchow Christian College Construction Bureau），并任负责人至 1926 年建造部解散，期间由杜增党（音译，Dzu Sen-dang）和 13 位绘图员协助工作；
——1921 年被聘为东南大学与南京师范高等学校建筑股主任，负责校园规划设计；
——1925 年 1 月前到上海，加入美国监理会中国使团建筑部（China Mission Architectural Bureau，M. E. C. S. Architectural Designs, Survey etc.）负责人布莱克（J. H. Black）开办的事务所（Black，J. H.，Consulting Engineer Architect & Surveyor），并成为合伙人，公司更外文名为 Black，Wilson & Co.，中文名为博惠公司，经营至 1927 年 7 月，布莱克回到美国；
——1930 年 7 月作为纽约国内外教会（Domestic and Foreign Missionary Society）代表，回到上海，加入博惠公司（Black，J. H.，Consulting Engineer Architect & Surveyor），公司更外文名为 Black，Wilson & Co. Architects；
——1935 年离开中国；
——之后再次回到上海，任宏恩医院（St. Luke's Hospital）经理（business manager）至 1941 年 7 月，1939 年被选为圣职（Holy Orders）候选人；
——1949 年在美国路易斯维尔去世。

作品：

——之江大学都克堂，杭州，1917—1919；
——之江大学白房，杭州，1918；
——之江大学绿房，杭州，1918；
——东南大学及南京高等师范学院规划及科学馆、健身房、附属中小学校舍等其大学学生宿舍，南京，1921；
——新聚会堂（New Assembly Hall），莫干山，威尔逊（杭州）& 布莱克（上海），1923；
——同仁医院（St. Luke's Hospital），监造，上海，1930；
——美国学校男生宿舍，上海，1932；
——参见第二编博惠公司。

著述：

——不详。

参考文献及相关材料：

——东南大学与南高消息 [N]. 申报，1921-05-26，17333（8）.
——东南大学发展消息（四）[N]. 申报，1921-11-12，17503（12）.
——张吉 . 之江大学建筑史初探 [M]. 杭州：浙江大学出版社，2008.
——维基百科 [OL]. https：//en.wikipedia.org/wiki/James_M._Wilson，_Jr.
——United States Passport Applications，1795—1925. MyHeritage.com[DB/OL]. MyHeritage Ltd.. https：//www.myheritage.cn/research/collection-10720/united-states-passport-applications-1795-1925.
——照片来源：同上。

注：其子小威尔逊（James Morrison Wilson，Jr.，1918—2009）出生于莫干山，后来成为一位职业外交官，建立了美国国务院的人权计划，并成为其第一任协调员。

W

[502] Wilson，John Wilfred（J. W. 威尔逊）

生卒：1885.04.02—1954.02.03
出生地：英国伯明翰
国籍：英国
在华城市：上海
资历：MSA；LRIBA；FRIBA，1926；AMTPI
教育和训练背景：1898—1901 年在金斯诺顿与萨顿科尔菲尔德（King's Norton and Sutton Coldfield）建筑部学徒

经历：

——自 1901 年开始在金斯诺顿与萨顿科尔菲尔德建筑部工作，曾任助理工程监督（Assistant Clerk）；
——1908 年后开始独立执业；
——1916 年任奥斯汀汽车公司（Austin Motor Company）建筑师；
——1921 年 7 月—1927 年 1 月在上海爱尔德洋行任建筑师；
——1927 年回到英国独立执业。

作品：

——泰昌洋行环球百货大厦（the Universal Stores building of Tai Chong & Co.），上海；
——李鸿章祠堂（a memorial temple to the Marquis Li Hung Chang），上海；
——还有许多住宅、办公楼和印刷厂等；
——参见第二编爱尔德洋行。

著述：

——不详。

参考文献及相关材料：

——RIBA Nomination Paper.
——https://www.wikitree.com/wiki/Wilson-11120.
——照片来源：同上。

注：又名 Jack。

[503] Wilson，Wilberforce（W. 威尔逊）

生卒：1836—1905
出生地：不详
国籍：英国
在华城市：香港
资历：MICE，1874
教育和训练背景：不详

经历：

——1863 年到达香港；
——1865—1868 年任香港第三任量地官；
——1870 年开始独立执业；
——1870 年与 W. 萨尔维（William Salway）合办事务所，公司外文名为 Wilson & Salway，为公和洋行前身；
——1878 年萨尔维离开香港、赴澳大利亚；

——1880 年 S. G. 博德（Sotheby Godfrey Bird）升为合伙人，公司更外文名为 Wilson & Bird；
——1881 年退休。

作品：

——香港德国总会（German Club），1872；
——香港圣彼得海员教堂（St. Peter's Seamen's Church），1872；
——香港渣打银行（Chartered Bank of India，Australia and China / The Chartered Bank），1878；
——香港柏拱行（Beaconsfield Arcade），1880；
——香港圣若瑟书院（St. Joseph's English College），1881。

著述：

——Wilberforce Wilson. The Cosmopolitan Docks at Hong Kong[A]. Institution of Civil Engineers.（伦敦英国土木工程师学会图书馆收藏档案，档案号：O. C/1499，1876）

参考文献及相关材料：

——Directory of British Architects，1834—1914，2（L–Z）[M]: 1031.
——照片来源：https://www.geni.com/people/Wilberforce-Wilson/6000000005437504353.

[504] Wingrove，George Christopher（文格罗 / 文格罗夫）

生卒：1885.07.12—1931.11
出生地：中国上海
国籍：英国
在华城市：上海
资历：ARIBA
教育和训练背景：曾就读于达勒姆学校（Durham School）和贝德福德学院（Bedford College）

经历：

——1913 年前学成后，返回上海；
——1914 年曾和思九生合伙组建事务所（Stewardson & Wigrove）；
——1914—1915 年自办文格罗洋行（Wingrove，G. C.）；
——1915—1918 年参加第一次世界大战；
——1920—1922 年与白朗（Graham–Brown）合伙开办文格罗白郎洋行（Graham–Brown & Wingrove）；
——1923 年退伙，加入公平洋行地产部（Probst Hanbury & Co. Merchants，Property and Estate Department）；
——1923—1924 年自办新和洋行（Wingrove，G. C. Architect & Surveyor）；
——1927—1928 年左右离开上海、赴美国；
——1931 年在英国去世。

作品：

——上海总会，参与；
——6 座住宅，册地 1640 号东，上海孟纳拉路，1912；
——2 座洋式住宅，册地 1113 号南，上海爱文义路和大同路，1914；
——8 座洋式商店，册地 1016 号，上海百老汇路，思九生和文格罗事务所，1914；
——3 座洋式住宅，册地 2758 号，上海杨树浦路，1919；
——81 座中式住宅，册地 2197 号，上海慕尔鸣路，1923；
——1 座住宅，册地 2189 号，上海慕尔鸣路外，1923；
——35 座住宅，册地 3108/3109 号，上海新闸路，1924；
——震兴里，茂名北路 220 弄，G. C. Wingrove 设计，1927；
——参见第二编文格罗白郎洋行作品。

著述：

——不详。

参考文献及相关材料：

——The China Who's Who（Foreign）[M]. 1922：285.

——The China Who's Who（Foreign）[M]. 1924：288.

——The China Who's Who（Foreign）[M]. 1925：286.

——The China Who's Who（Foreign）[M]. 1927：277.

——OBITUARY Mr. G. C. Wingrove[N]. The North-China Daily News，1931-11-10（18）.

——部分作品信息源自相应年份《上海公共租界工部局公报》（*The Municipal Gazette*）。

——Leaders of Commerce Industry and Thought in China[M]. 1924：387.

——照片来源：同上。

[505] Wittig，Erich（魏提希 / 魏悌锡）

生卒：不详

出生地：不详

国籍：德国

在华城市：天津

资历：不详

教育和训练背景：不详

经历：

——1917 年为交通部直辖津浦铁路管理局工程部助理工程师，驻天津静海县良王庄（Liangwangchwang）；

——曾与德国建筑师贝伦德（K. Behrendt）、奥地利建筑师盖苓（Rolf Geyling）等共同创办润富建筑公司（Yuen Fu Building and Engineering Co., Ltd.）；

——1923 年夏从润富建筑公司脱离，自办魏提希建筑公司（Wittig & Co.，魏德建筑公司）。

作品：

——不详。

著述：

——Erich Wittig，Julius Wilhelm. Der Weg zur Hebung der Chinesisschen Volks- wirtschaft（整理中国国民经济意见书）[M]. 2nd edition. Tientsin：Erich Wittig，1933.（用中文、英语和德语三种语言写作）

参考文献及相关材料：

——Inge Scheidl. Rolf Geyling（1884—1952）Der Architekt Zwischen Kriegenund Kontinenten[D]. Weimar：Böhlau Verlag Wien Köln Weimar，2014：180，191.

[506] Wolfe，Jesse Benjamin（J. B. 乌尔夫）

生卒：1881.02.07—1972.01.02

出生地：美国斯普林菲尔德（Springfield）

国籍：美国

在华城市：北京、天津、保定、济南，以及山西太谷和汾州

资历：机械工程师

教育和训练背景：1899—1905 年、1905—1906 年在欧柏林学院学习

经历：

——1906 年在芝加哥一家大型工厂车间工作，同时在阿芒技术学院（Armour Institute）进修工程学；

——1909—1912 年作为美国美以美会（Methodist Episcopal Church Missionary Society）代表在燕京大学（Peking University）任职；

——1910 年曾在保定任河北省立学校（Provincial College）数学教授；

——1912—1922 年任教于山西太谷欧柏林学校（Oberlin-Shansi Memorial Academy）；

——1922 年到直隶天津，任华北公理会（North China Mission of the American Board）建造工程总管（head of the construction and building work）；

——自 1928 年开始任济南齐鲁大学（Cheeloo University）建筑师，建成后任齐鲁大学医学院和医院业务经理（business manager）；

——1936—1942 年在北京；

——1942 年回到美国。

作品：

——齐鲁大学两种住宅，济南；

——齐鲁大学新发电站（New Power House），济南；

——齐鲁大学医院加建，济南，1937。

著述：

——Jesse B. Wolff. Shansi Schools[J]. Educational Review，1915（6-7）：146-148.

参考文献及相关材料：

——http：//www.ampltd.co.uk/digital_guides/ctwe_parts4_5/detailed_prt4.aspx?h=shaw.

——[J]. Oberlin Alumni Magazine，1906，3：206.

——[J]. Oberlin Alumni Magazine，1922，19（3）：31.

——[J]. United Church Herald，1972，15（7）：34.

——Seventy-fifth Anniversary General Catalogue of Oberlin College，1833—1908[Z]. 1909：1078.

——Charles Hodge Corbett. Shantung Christian University（Cheeloo）[M]. Shanghai：United Board for Christian Colleges in China，1955：204-205.

——https：//archiveswest.orbiscascade.org/ark：80444/xv79797.

——https：//web.library.yale.edu/divinity/china-papers.

——照片来源：[J]. The Missionary Herald，1913-02，109，2：54.

[507] Wootten，Gerald Owen（和登 / 华盛）

生卒：1894.10.02—?

出生地：英国伦敦

国籍：英国

在华城市：上海

资历：不详

教育和训练背景：不详

经历：

——自幼随父移民美国加利福尼亚；

——1916 年在上海与西班牙建筑师赉丰（Lafuente）组建赉和洋行（Lafuente & Wootten），至 1919 年 7 月两人散伙；

——1920 年在公平洋行（Messrs. Probst，Hanbury & Co. Ltd.）任建筑师；

——1924 年在上海自办华盛洋行（Wootten，G. O. Architect），经营打样建筑、抵押贷款、经租、买卖地产等业务；

——1925 年美国建筑师柏士东（L. F. Patstone）入伙，公司中文名不变，更外文名为 Messrs. Wootten & Patstone Architects & Civil Engineers，专营打样及钢骨建筑工程，兼承办一切地产经租、抵押贷款事务，职员曾经有 L. C. Lemos、S. Llado、D. Poslavsky、S. Verhotoorzeff、Ching Yue Chee、Ziar Zung Zeu、陈学坚、陶让卿等；

——1925 年任东方资本公司（Compagnie Oriental de Capitalization）经理，至 1928 年公司倒闭；

——1927 年柏士东去世后，华盛洋行由和登独立经营；

——1927 年华盛洋行两位合伙人任中美制油公司（Chinese-American Oil Products Co.，Inc.）经理；

——1939 年夏抵达旧金山。

作品：

——改建，册地 174 号，上海福州路，1919；

——公平洋行新厦（New Probst & Hanbury Building），上海仁记路，1920；

——改建，册地 85 号，上海四川路，1920；

——加建，册地 71 号，上海香港路，1920；

——街区办公室和商店，册地 239 号，上海南京路，1921；

——1 座洋式商店，册地 2191 号，上海静安寺路外，1921；

——街区办公室，册地 116/117/120 号，上海爱多亚路外，1921；

——上海钱业公会（The Shanghail Native Bankers Guild），上海宁波路 276 号，1921—1922；

——锦隆洋行大班宅（Residence for N. G. Harry），上海湖南路 262 号，1921；

——公平大楼 / 中孚银行（Kungping Building），上海滇池路 103 号，1922；

——大新舞台，上海福州路云南路口，1926；

——长乐坊，上海长乐路 331-333 号，1930（？）；

——住宅，上海陕西南路 202 号，1931（？）。

著述：

——不详。

参考文献及相关材料：

——其子自传：Madeleine Poston. My Upside-down World[M]. London：Benneta Publishing，2002.

——部分作品信息源自相应年份《上海公共租界工部局公报》（*The Municipal Gazette*）。

——郑时龄 . 上海近代建筑风格 [M]. 上海：同济大学出版社，2020：487.

[508] Woserau，Arthur Hermann（A. H. 沃萨）

生卒：1874.10.15—?

出生地：德国柏林

国籍：德国

在华城市：青岛、上海

资历：不详

教育和训练背景：不详

经历：

——1914 年在青岛里克特（Paul Fr. Richter）建筑公司任建筑师；

——1914 年 11 月参加青岛战役，后被俘，先后被关押于大阪和似岛集中营；

——1919 年任日本似岛独逸战俘营技术工艺品展览会主席；

——1919 年 12 月被释放；

——1923—1924 年曾与德国建筑师费德考（Hans Fittkau）共同组建通利洋行（Fittkau & Woserau）；

——1924 年 7 月—1928 年 1 月在上海与苏尔（Karsten Hermann Suhr）合伙经营 Suhr & Woserau；

——1930 年离开上海、抵达旧金山。

作品：

——1 座工厂、仓库、门房，册地 4351 号，上海麦根路，1923；

——上海宝隆医院（Paulun Hospital）邀请竞赛一等奖，与苏尔合作；

——参见第二编通利洋行。

著述：

——不详。

参考文献及相关材料：

——https：//www.ancestry.com/search/?name=Arthur+Hermann_Woserau.

——Men of Shanghai and North China[M]. 1933：375.

——The National Archives at Washington，D.C.；Passenger Lists of Vessels Arriving at San Francisco，California；NAI Number：4498993；Record Group Title：Records of the Immigration and Naturalization Service，1787—2004；Record Group Number：85.

——照片来源：http：//www.tsingtau.info/index.html?lager/abschied1915.htm.

[509] Wright，Arthur Edgar（A. E. 赖特）

生卒：1880—1949

出生地：不详

国籍：英国

在华城市：香港、威海卫

资历：FSI；AAHK，1909—1929

教育和训练背景：蒂芬学校（Tiffin's Endowed School）

经历：

——1903 年加入香港工务司署，任助理工程师；

——1905—1906 年和 1908—1910 年任执行工程师；

——1911 年任技术工程师，1915 年任特补署理物业估价官，1917 年任一级执行工程师；

——1918—1920 年被借调到威海卫工作；

——回香港后，于 1923 年任署理助理工务司，至 1929 年因病提早退休。

作品：

——不详。

著述：

——不详。

参考文献及相关材料：

——The Colonial Office List[Z]. Great Britain：Colonial Office，1925.

——https：//zh.wikipedia.org/zh-cn/ 邬励德 .

注：其子邬励德（Alec Michael John Wright）曾任香港工务署署长。

[510] Wynnes，James Cumming（J. C. 温兹）

生卒：1875.08.29—1944.11.20

出生地：英国艾尔德里（Airdrie）

国籍：英国

在华城市：上海

资历：LRIBA，1919；FRIBA，1914

教育和训练背景：1892—1897 年在伯内特父子和坎贝尔（Burnet Son & Campbell）事务所学徒；后曾到格拉斯哥艺术学校（Glasgow School of Art）和格拉斯哥和西苏格兰技术学院（Glasgow and West of Scotland Technical College）学习，并到法国和比利时游学

W

经历：

——1897 年在他学徒的事务所更名为伯内特父子（John Burnet & Son）后，他仍在事务所任助理，直至 1899 年；
——1899 年到大英工部总署苏格兰分部任助理；
——1904 年同时在爱丁堡独立执业；
——1928 年调入大英工部总署远东分部工作，并于 2 月到日本东京，任驻场建筑师，负责理查德·艾利森爵士的大使官邸、大法官官邸和其他建筑（Sir Richard Allison's Ambassador's Residence, Chancery and other compound buildings）；
——1932—1938 年任大英工部总署远东分部主持建筑师；
——1938 年 2 月退休离开上海。

作品：

——阿尔斯特博物馆（Ulster Museum / Belfast City Art Gallery），贝尔法斯特（Belfast），1913 年竞赛获奖（因一战爆发而推迟建造，至 1929 年建成开放）；
——理查德·阿利森爵士的大使官邸、大法官官邸和其他建筑，日本东京，1928—1932；
——英国总领事官邸（Consul General's House），菲律宾马尼拉，1936；
——参见第三编大英工部总署远东分部。

著述：

——不详。

参考文献及相关材料：

——http://www.scottisharchitects.org.uk/architect_full.php?id=203583.
——Directory of British Architects 1834—1914，Vol.2（L–Z）[M]：1082.
——Obituary[J]. The Builder，1944（167）：426.

[511] Xavier，Michael Anthony（沙威）

生卒：不详
出生地：不详
国籍：比利时
在华城市：香港
资历：BSc；AAHK，1923—1941
教育和训练背景：不详

经历：

——1918—1923 年任香港工务署临时助理工程师（Temporary Assistant Engineer）；
——1925—1941 年经营沙威也则师行（Xavier，M. A.，Architect and Civil Engineer）；
——1959 年仍见于香港。

作品：

——利舞台（Lee Theatre），香港，1925；
——葛量洪夫人村、皇冠大厦以及皇都戏院大厦，与刘新科共同设计，香港，1959。

著述：

——不详。

参考文献及相关材料：

——Blue Book – Hong Kong[Z]. 1923：203.

[512] Yaron，Alexander Ivanovitch（协隆）

生卒：1874.12.10—1935.02.18

出生地：俄罗斯圣彼得堡

国籍：俄罗斯

在华城市：上海

资历：不详

教育和训练背景：1900 年毕业于圣彼得堡尼古拉大帝工程学院（Emperor Nicola's Engineering Academy in St. Petersburg）；在工作 8 年后，到德国卡尔斯鲁厄高级理工学院（High Polytechnic Institute at Karlsrunhe）参加了比林（Billing）教授的全部建筑讲座课程

经历：

——1900—1922 年曾为爱沙尼亚（Estonia）政府及私人工作，设计建造有几座灯塔、发电厂、银行、公寓和住宅、堆栈、工厂和桥梁等，并曾多次获得剧院、会所和其他公共建筑的国际设计竞赛首奖及其他奖励；

——一战期间参加白俄军队，并负责俄军波罗的海港口设计建造；

——战败后，于 1922 年底逃至上海；

——1923 年 2 月 7 日到上海加入赉丰洋行（A. Lafuente Architect），1925 年 1 月成为合伙人，公司更外文名为 Lafuente & Yaron Architects；

——1928 年 5 月 1 日退伙，开始自办协隆洋行（Yaron，A. J. Architect，Surveyor and Civil Engineer）；

——1930 年曾短暂和葛兰（E. M. Gran）合伙组建建筑事务所，公司外文名为 Yaron & Gran；

——1935 年 2 月 18 日在上海去世。

作品：

——波罗的海俄国海军港口，一战期间；

——大华饭店餐厅和舞厅（The New Dining Room and Ball Room of the Majestic Hotel），上海，1923，已毁；

——中国内地几座教堂；

——为科恩设计 20 座排屋住宅（20 house terraces for Albert Cohen），上海霞飞路，1924；

——安东尼奥・雷玛斯住宅（Residence for Antonio Ramos），上海，1924；

——阿拉伯清真寺（Arabic Mosque），上海浙江路 70 号，1925；

——金城银行（Kincheng Bank），上海江西路 22 号（今江西中路 200 号），1925；

——中央公寓（Central Mansions），上海南京西路 931 号，1926；

——公寓住宅，上海静安寺路 151C 号，1926；

——海阿拉球场（Hai-Alai Auditorium），上海亚尔培路（Avenue du Roi Albert），1926，未实现；

——2 座公寓楼，上海；

——为中国官员设计了 2 栋大住宅，上海；

——罗泰洋行（D. G. M. Aronovsky）堆栈，上海东大名路 687 号，1929；

——多明我会天主教堂（Catholic Cathedral for the Dominican Order），福州，1925；

——奥古斯丁・雷科莱托斯教堂（Church for Augustinian Recoletos），河南，1925；

——洛杉矶一座大的海滨旅馆（Beach hotel for San Francisco），1927，未实现；

——另参见第二编协隆洋行。

著述：

——不详。

参考文献及相关材料：

——A. J. Yaron Has Notable Record As Architect: Constructed Baltic Sea Naval Hambor For Russians[N]. The China Press，1928-12-9（D7）.

——Alexander I. Yaron Buried At Hungjao[N]. The China Press，1935-2-21（4）.

——其子 A. A. Yaron 相关信息，http: //www.atelieryaron.com/alexander-yaron-biography.htm.

——其子 A. A. Yaron 相关信息，http: //www.artrz.ru/search/China/1804787802.html.

——朱纪华. 上海的俄罗斯记忆 [M]. 上海：上海书店出版社，2016：57.
——Obituary Mr. A. L. Yaron[N]. The North-China Daily News，1935-02-20（14）.
——郑时龄. 上海近代建筑风格 [M]. 上海：同济大学出版社，2020：496.
——https：//sites.google.com/view/russianshanghai/architects/a-j-yaron.
——照片来源：同上。

注：俄文名为 Александр Александрович ЯРОН，英文名又写作 A. J. Yaron。其儿子 John A. Yaron 也是一位建筑师，自 1927 年 1 月开始在其行内任绘图员、助理建筑师等职位，直至 1935 年；其另一个儿子 A. A. Yaron 是一位艺术家。此条部分内容受益于张霞。

[513] Yasui Takeo（安井武雄）

生卒：1884.02.25—1955.05.23
出生地：日本千叶县
国籍：日本
在华城市：大连
资历：MJA，1919
教育和训练背景：1910 年自东京帝国大学工科大学建筑学科毕业

经历：

——1910 年 8 月—1914 年 5 月任“满铁”工务课勤务；
——1914 年 5 月—1915 年 4 月任“满铁”总务部技术局建筑课勤务；
——1915 年 4 月—1917 年 4 月任“南满洲”工业学校讲师；
——1915—1918 年任“满铁”总务部技术局建筑课勤务；
——1918—1919 年任“满铁”总务部工务局建筑课勤务；
——1919 年任“满铁”技术部建筑课勤务，同年离开“满铁”、回到日本；
——1919—1924 年在片冈（安）建筑事务所任职；
——1924—1945 年在大阪自办安井武雄建筑事务所。

作品：

——“满铁安奉县秋木庄车站”，1913；
——大连中国海关税务司官舍、司令官舍，1915；
——大连西公园音乐堂，1926；
——安东物产陈列场，1926；
——大典纪念京都博览会伪满洲馆，日本京都，1916；
——“大连满铁中央试验所”，1926；
——“大连满铁用度课事务所”，1919；
——鞍山独身宿舍，1919；
——“满铁东京支社”，1934—1936。

著述：

——不详。

参考文献及相关材料：

——堀勇良. 日本近代建筑人名总览（增补版）[M]. 东京：中央公论新社，2022：1391-1392.
——照片来源：https：//www.yasui-archi.co.jp/about/founder/

注：现安井建筑事务所仍在运营。

[514] Yokoi Kensuke（横井谦介）

生卒：1880—1942

出生地：不详

国籍：日本

在华城市：长春、大连

资历：MJA

教育和训练背景：1905 年毕业于东京帝国大学建筑科

经历：

——毕业后，任职于住友临时建筑部；

——1907 年 3 月由于与后藤新平的私交，转任“满铁”技师（总务部土木课）；

——1908 年先后在总务部土木科和工务科工作，并兼任大连工事系主任；

——1909—1914 年在“满铁”工务课任职并兼任大连工事系主任；

——1913—1914 年先后到德国及美国留学；

——1914—1915 年在“满铁”总务部技术局建筑科工作；

——1915—1919 年在总务部技术局建筑课工作；

——1919 年获大连市第一级主任技术者资格；

——1919—1920 年在“满铁”技术部建筑科工作；

——1920 年正式离开“满铁”建筑科，开设了横井建筑事务所；

——1923 年 11 月，小野木孝治和青木菊次郎也陆续从“满铁”退职，与横井兼介一同成立小野木横井市田共同建筑事务所（日本人在中国东北开设的最大的民间建筑事务所）；

——1924—1925 年成为小野木横井青木共同建筑事务所合伙人；

——1925—1930 年成为大连小野木横井共同建筑事务所合伙人；

——1930 年 12 月共同建筑事务所解散；

——1931 年 1 月再次开办横井建筑事务所；

——1942 年 1 月在大连去世。

作品：

——抚顺千金寨建筑群设计（涵盖银行、寺院、剧场和宿舍等建筑工程）；

——“满铁长春地方事务所”，与市田菊治郎、平泽仪平合作，1910；

——“大连南满工业学校”（“南满工专”），1912；

——星之浦大和旅馆及别墅；

——大连电气游乐园各建筑；

——大连埠头事务所；

——“大连满铁图书馆”；

——“大连满铁会馆别馆”；

——大连海关大楼及官舍；

——大连相生由太郎住宅；

——鞍山制铁所小学；

——鞍山制铁所工厂；

——辽阳大日本帝国领事馆；

——抚顺煤矿事务所；

——抚顺大和酒店炭矿俱乐部；

——抚顺课长社宅；

——安东小学；

——奉天共同事务所；

——“奉天南满医学堂”；

——奉天贷事务所；

——奉天幼儿园；

——关原及四平街道共同事务所；
——郑家屯领事馆；
——另参见第二编小野木横井市田共同建筑事务所。

著述：

——不详。

参考文献及相关材料：

——姜金剑．横井谦介建筑风格的形成及其演变研究 [D]. 长春：吉林建筑大学，2018.
——曲艺，段梦莎．横井谦介建筑主入口设计手法研究 [J]. 建筑与文化，2019（1）：54-56.
——庄欣，王玮，中井佑．南满洲工业专门学校校园校舍建设变迁研究 [J]. 建筑学报（台北），2015，92：21-41.
——http：//blog.sina.com.cn/s/blog_4d7a90c50100jcs1.html.
——堀勇良．日本近代建筑人名总览（增补版）[M]. 东京：中央公论新社，2022：1469-1470.
——照片来源：[J]. 满洲建筑协会杂志，1942，22（4）.

[515] Young，Cyril Roe Muston（C. R. M. 杨）

生卒：1881.08.21—1955.06.15
出生地：英国贝利伯勒城堡（Bailieborough Castle）
国籍：英国
在华城市：香港
资历：AAHK，1917—1940
教育和训练背景：不详

经历：

——1917—1946 年在香港太古洋行任建筑师。

作品：

——不详。

著述：

——不详。

[516] Young，Malcolm Henry（杨亨利）

生卒：不详
出生地：不详
国籍：英国
在华城市：天津、北京、青岛
资历：不详
教育和训练背景：不详

经历：

——1917—1920 年在天津英中工程师协会（Anglo-Chinese Engineers' Association）任助理；
——1920 年加入汉口亚细亚火油公司（Asiatic Petroleum Company）；
——1923—1934 年在北京的中国政府盐务稽核总所（Salt Revenue of Chinese Government）任工程监督、区域监察等职位（Construction Engineer，Salt Gabelle）；

——后在北京创办杨亨利建筑工程师行；
——1941 年在青岛经营杨亨利工程师行（Young，Malcolm H. Building Supplies，Construction Engineer General Insurance Agent），后无闻。

作品：

——不详。

著述：

——不详。

参考文献及相关材料：

——News from North China[N]. Millard's Review of the Far East，1920-03-27：174.

[517] Young，R. C.（R. C. 杨）

生卒：不详
出生地：英国布里斯托（Bristol）
国籍：英国
在华城市：上海
资历：LRIBA
教育和训练背景：不详

经历：

——1907 年 11 月到上海，任公共租界工部局助理建筑师；
——1924 年被任命为建筑测绘师；
——1937 年 7 月退休并回到英国。

作品：

——参见第三编公共租界工部局工务处。

著述：

——不详。

参考文献及相关材料：

——Mr. R. C. Young Departing，Cathedral Organist Retiring After 30 Years in Shanghai：Service to Local Music Circles[N]. The North-China Daily News，1937-07-22（10）.
——照片来源：[N]. The North-China Herald and Supreme Court & Consular Gazette，1937-07-28：147.

[518] Young，Ernest Charles（杨嘉礼）

生卒：?—1955.05.20
出生地：不详
国籍：英国
在华城市：天津
资历：MIME；MIWE；FRGS，1906
教育和训练背景：不详

经历：

——1902 年为海河工程总局（Haiho River Conservancy Commission）助理工程师；
——1904—1907 年任天津自来水公司工程师和经理（engineer and manager）；

——后任唐胥铁路（Imperial Railways of North China）工程师，驻扎唐山；
——1908年为天津电气灯公司主管；
——1909年在原英国工部局工程师裴令汉改任唐胥铁路（Imperial Railways of North China）总工程师后，他被任命为新的英租界工部局工程师；
——1914年与陆浦合办乐利工程司（Loup & Young，Architects，Engineers，Land，House，and Estate Agents）；
——1915年回英国参军，参加一战；
——1919年回到天津，继续经营乐利工程司至1941年；
——1920年曾任天津挪威代理副领事。

作品：

——参见第二编乐利工程司；
——天津德租界扩展部分规划；
——天津比利时租借规划。

著述：

——不详。

参考文献及相关材料：

——Allister Macmillan. Seaports of the Far East：Historical and Descriptive，Commercial and Industrial，Facts，Figures，& Resources[M]. 2nd edition. London：W. H. & L. Collingridge，1923：144.
——[N]. Poverty Bay Herald，33（10724），1906-06-22（2）.
——[N]. The Straits Times，1909-07-28（6）.
——[J]. The Week in China，1931：940.
——Reports on the Reorganization of the Salt Revenue Administration in China[R].1913：262.

注：他曾于1905年徒步穿越中国西部。

[519] Yourieff，Wladimir Georg（尤力甫）

生卒：1905—1999.07.14
出生地：俄罗斯莫斯科
国籍：俄罗斯
在华城市：青岛
资历：不详
教育和训练背景：通过远程教育，完成美国2所大学的建筑与土木工程课程学习

经历：

——1924年移居青岛；
——1928—1935年任青岛法国建筑师白纳德（Boehnert）的助理；
——1935—1948年在青岛执业，事务所外文名为Yourieff，R. A.，Wladimir Architect and Engineer；
——1948年前往美国，继续从事建筑工作；
——1999年在美国加利福尼亚州帕劳—阿尔托（Palo Alto）去世。

作品：

——青岛圣保罗教堂，1940；
——山东地产公司房产（The House of Shandong Real Estate Company），1931；
——住宅商业大楼（Wohnund Commercial Building），青岛四方路，1934；
——吴云巢住宅，青岛正阳关路，1937；
——青岛水族馆；
——台东镇圣路德教堂；
——八大关和太平角的许多私人度假别墅；

——青岛馆陶路太古洋行大厦；
——青岛金口一路东正教堂；
——青岛易州东路平康东里，1934；
——青岛嘉峪关路伊瓦罗瓦夫住宅，1934。

著述：

——不详。

参考文献及相关材料：

——王栋．卓越的建筑师——弗拉基米尔·尤力甫 [N]. 青岛晚报，2006-11-26.
——周兆利．弗拉吉米尔·尤力甫与公主楼 [N]. 青岛晚报，2006-11-05.
——照片来源：http: //blog.sina.com.cn/s/blog_53b2637d0100lhoz.html.

[520] Yuge Rikuro（弓削鹿次郎）

生卒：1870—1958
出生地：不详
国籍：日本
在华城市：抚顺、大连
资历：MJA
教育和训练背景：1890 年毕业于东京工手学校建筑科

经历：

——1888 年 6 月加入日本土木社；
——1890 年 9 月任日本银行建筑所技手；
——1896 年 1 月加入大阪土木社；
——1896 年 1 月加入中国铁道社；
——1898 年 12 月加入住友本店，任营缮系勤务；
——1901 年 6 月任日银本店特约顾问（非正式职员）；
——1902 年 6 月任门司俱乐部工事监督；
——1903 年 12 月任三重县特约顾问（非正式职员）；
——1904 年任文部省特约顾问（非正式职员）；
——1908 年 2 月加入"满铁"，任抚顺煤矿营缮课课长；
——1919 年任"满铁大连建筑事务所"所长；
——1923 年 4 月退出"满铁"，回到日本。

作品：

——不详。

著述：

——不详。

参考文献及相关材料：

——西泽泰彦．日本の植民地建筑 [M]. 东京：河出书房新社，2009：113.

注：由写作弓削鹿治郎。

[521] Zasipkin，Vasily Adrianovich（戴锡金）

生卒：1886.12.25—1941.03.24

出生地：俄罗斯乌法（Ufa）

国籍：俄罗斯

在华城市：上海

资历：不详

教育和训练背景：毕业于莫斯科绘画、雕塑与建筑学院（Moscow School of Painting，Sculpture and Architecture）

经历：

——1917年参军，被派遣到海参崴，并曾设计军队剧院和毕巴波（Bi Ba Bo）夜总会；

——随后移居哈尔滨；

——1929年移居上海，开设戴锡金画校（V. A. Zasipkin's Art Studio），教授绘画、制图（打样）、建筑和雕塑；

——1937年10月迁至新加坡，开办阿波罗艺术学院（Apollo School of Art）；

——1941年3月在新加坡去世。

作品：

——圣尼古拉东正教教堂圆顶下的12名使徒雕像（Twelve apostles under the dome of St. Nicholas Orthodox Church），上海高乃依路（Rue Corneille），1934；

——大光明电影院室内设计（Interior design，Grand Theatre），上海静安寺路216号，建筑师为邬达克，1933；

——和平饭店室内设计（Interior design，Park Hotel），上海静安寺路164号，建筑师为邬达克，1934；

——国泰电影院咖啡厅和屋顶花园（Cathay Cinema，Café and Roof Garden），上海汉地路2号（2 Handy Road），新加坡，1939。

著述：

——不详。

参考文献及相关材料：

——https：//sites.google.com/view/russianshanghai/architects/v–a–zasipkin.

——照片来源：同上。

注：俄文名为 Василий Адрианович ЗАСЫПКИН。部分信息源自张霞。

[522] Zhdanov，Yuri Petrovic（日丹诺夫）

生卒：1877.11.21—1940.12.19

出生地：俄罗斯库班省叶卡切林诺达尔

国籍：俄罗斯

在华城市：哈尔滨

资历：不详

教育和训练背景：1903年毕业于圣尼古拉一世土木工程师学院

经历：

——1903—1906年在哈尔滨，服务于中东铁路，被聘入技术部门，随后的6年他直接掌管建筑工程，任工程主持人和建筑工地管理副主任；

——1916年出任中东铁路工务段长；

——1921 年辞职后，担任哈尔滨市城市建设委员会主任 5 年，后改任哈尔滨市政局总工程师 5 年，其间在哈尔滨设计、建造完成了很多极其复杂、多样的委托任务；

——1940 年在哈尔滨去世。

作品：

——谢欧得基公馆，哈尔滨颐园街 3 号；

——日本俱乐部（卢曼街原市图前小楼），哈尔滨；

——日本桃山小学（现兆麟小学），哈尔滨地段街 198 号，1921；

——鞑靼（土耳其）清真寺，哈尔滨通江路 108 号，1922；

——日满文化协会（现市群众艺术馆），哈尔滨一曼街 241 号，1928；

——东省特别区区立图书馆（东省图书馆，现东北烈士纪念馆），哈尔滨一曼街 247 号，1933；

——契斯恰科夫茶庄（现汇丰照相机商行）、契斯佳科夫商场，哈尔滨红军街 124 号，1912；

——前日本驻哈尔滨总领事馆（现为哈尔滨铁路局对外经贸公司），哈尔滨红军街 108 号，1924；

——梅耶洛维奇大楼（荷花艺术学校，现哈尔滨市少年宫），哈尔滨东大直街 366 号，1921；

——前日本驻哈尔滨总领事官邸（现黑龙江省外事办公室），哈尔滨果戈里大街 298 号，1920；

——圣母帡幪教堂（现中华东正教会哈尔滨教堂），哈尔滨东大直街 268 号，1930；

——“南满铁道株式会社哈尔滨事务所”（现哈铁对外经济公司办公楼），哈尔滨；

——荷兰领事馆，哈尔滨。

著述：

——不详。

参考文献及相关材料：

——常怀生 . 俄国建筑师日丹诺夫与哈尔滨 [C]// 杨永生 . 建筑百家杂识录 . 北京：中国建筑工业出版社，2004：196–199.

——百度百科“日丹诺夫”词条 .

——蒋涤非，徐苏宁，王琳 等 . 共生 110，哈尔滨—— 一座城市的前世今生 [J]. 中外建筑，2008(4)：9–23.

——杜嘉豪，王岩 . 古典中的坚守与突破——日丹诺夫建筑作品解析 [C]// 张复合，刘亦师 . 中国近现代建筑研究与保护（十一）. 天津：天津人民出版社，2022：599–605.

——[俄] 克拉金 . 哈尔滨——俄罗斯人心中的理想城市 [M]. 张琦，路立新，译 . 哈尔滨：哈尔滨出版社，2007：173–178.

——照片来源：同上：173.

注：俄文名 Ю́рий Петрович Жданов，曾译作吉达诺夫；他曾于 1915 年获日本天皇四级宝石勋章。

第二编
近代在华重要外资建筑事务所名录①

① 本编包含建筑、工程事务所，有建筑师业务的地产公司，以及少量建造商等；为避免内容与第一编重复，由建筑师个人主理且规模较小（雇员较少）、存续时间较短的建筑事务所在第二编不再单独列出。

[1] Abdoolrahim，A. Architect & Surveyor（何道谦则师行）

名称：

何道谦则师行（Abdoolrahim，A. Architect & Surveyor; Hall & Hall Engineers and Architects）；干元工程师行（Hall & Hall Engineers and Architects，Land and Estate Agents; Way & Hall）

地址：

香港；广州；上海（博物馆路 25 号）

执业时间：

香港（1910—1956 年后）；上海（1926—1941 年后）

合伙人：

A. Abdoolrahim，Mirza Abdoola，George Albert Victor Hall，Wm Hall，Harry Way

从业人员：

香港：Mirza Abdoola，O. M. Sedick，Wm Hall（B Sc，工程主管），Harry Way（主管），Wm. Fox，Salehbhoy Tyebjee Barma，K. P. Wong，J. Fong Yuk，M. Abdullah，Geo. A. V. Hall（B Arc.，ARIBA），K. P. Wong，Fong Yuk，S. H. Lam，H. Sheuug，Li Chiu，Li Chee，Lo Oi Cho（助理）。

上海：W. Y. Hall（建筑师），W. K. Hall（建筑师），Y. T. Tom（工程师），Lamm Pak（买办）

简史：

由何道谦（Abdoolhoosen Abdoolrahim）创办于 1909 年；1915 年公司已经在广州设分行；何道谦于 1925 年离开香港；其职员 William Hall 和 George Albert Victor Hall 接手公司，公司英文名改为 Hall & Hall，中文仍用“何道谦”；1926 年 William Hall 到上海创办清和洋行（Hall，Dunn & Co. General Importers，Architects and Engineers）并任经理；1927 年开始在同一地址同时经营 Hall & Hall Engineers and Architects，中文名为干元工程师，1927 年后清和洋行名称不再使用，经营到 1941 年后；1933 年 William Hall 去世后，香港公司由 G. A. V. Hall 于 1934 年与职员 Harry Way 合伙，组成 Way & Hall，经营至 1956 年后。

作品：

香港：

——大华铅笔厂（The World Pencil Co.）工厂，九龙书院道新九龙内地段 2792 号（青山道），1941。

——工厂，九龙书院道新九龙内地段 2834 号（深水埗元州街），1941 年在建。

——唐楼改扩建，荷李活道 247 号，1941 年在建。

——唐楼改扩建，砵甸乍街 2 号 A，1941 年设计。

——8 座商店及保龄球场 1 座，九龙土瓜湾道九龙内地段 1134 号，1941 年设计。

参考文献及相关材料：

——https: //gwulo.com/node/55535.

——[J]. Hong Kong and Far East Builder，1941，6（2）: 44.

——[J]. Hong Kong and Far East Builder，1941，6（4）: 26.

[2] Algar & Co.，Ltd. Architects and Surveyors，Land，Estate and Insurance Agents（爱尔德洋行）

名称：

爱尔德洋行（Algar & Co.，Architects and Surveyor; Algar，A. E.，Architect and Surveyor; Algar & Beesley，Architects and Surveyors; Algar & Co.，Ltd. Architects and Surveyors，Land，Estate and Insurance Agents）

地址：

上海［圆明园路 23 号，1900；外滩 20 号，1901；圆明园路 18 号巴富尔大楼（Balfour Buildings）1 号，1904—1912；圆明园路 11 号安培洋行大楼（Alexandra Building），1913—1926；香港路 5 号爱尔德大楼（Algar Building），1926—1934；香港路 60 号爱尔德大楼，1934—1938；沙逊大厦（Sassoon House）206 室，1938—1941；沙逊大厦 353 室，1941—?］；天津

执业时间：

1897—1941 年后

合伙人：

Albert Edmund Algar，Percy Montagu Beesley，E. H. Adams

从业人员：

F. H. Ford，T. Van Corback，E Cox，W. Andasar，G. May，R. Luff，A. W. George，C. Conner，A. P. Nazer，H. J. Encarnacao，H. Ross，J. W. Wilson（MSA），N. E. Kent，F. H. Kales，N. C. Sokolovsky，E. H. Adams（ARIBA），R. Hobday（ARIBA），E. Gindper，B. Pel-Gorski，C. Jansen，G. S. O. Mayne，Ting Shu Chang（买办），Ting Pa-ying（买办），Chan Chien-hou（保险买办）

简史：

由爱尔德（Algar）创办于1897年，承接建筑设计及土木工程，中文名为爱尔德洋行，外文名为 Algar, A. E., Architect and Surveyor；毕士来（Percy Montagu Beesley）于1904年加入并成为合伙人，公司外文名改为 Algar & Beesley，Architects and Surveyors，当时其业务已经拓展到天津；毕士来后于1906年退出独立开业；1915年改组为爱尔德有限公司（Algar & Co., Ltd. Architects and Surveyors，Land，Estate and Insurance Agents）；爱尔德于1926年在上海去世后，该公司由合伙人继续经营；1928年由沙逊集团所属华懋地产公司收购，成为沙逊集团附属公司，经营到1941年以后。

作品：

上海：

——中华基督教青年会四川路成人部会所[①]（The Men's Building of the Chinese Young Men's Christian Association of Shanghai，1986年曾加建上部几层，今为同济黄浦设计创意中学和全季酒店使用），黄浦区四川中路595-607号，1905—1907。

——中华基督教青年会两座干事住宅（two secretarial residences），1904。

——圣约翰大学思孟堂（The Mann Hall at St. John's University，今华东政法大学宿舍楼），长宁区万航渡路1575号，1909。

——旧俄罗斯总领事馆（The Old Russian Consulate）。

——10座商店和29座住宅，册地244号，南京路和山东路，1914。

——17座住宅和1座门房，册地436号，梧州路，1915。

——横滨正金银行大班住宅（Residence of the Manager of the Yokohama Specie Bank）。

——极司非而路别墅。

——加拿大太平洋铁路公司组团（The Canadian Pacific Railway Block）。

——李德立宅（Residence of E. S. Little，现虹桥源1号），长宁区虹桥路，1923—1924。

——李鸿章住宅（Residence of Marquis Li Hung Chang），康定东路85号，19世纪末。

——圆明公寓（Yuen Ming Apartments），圆明园路115号，1904。

——业广地产公司公寓，四川北路底，1907年以前。

——仁记路119号大楼，滇池路119号，1906。

——哈同大楼（今慈安里），南京东路114-142号，1906。

——亨利路22-32号住宅，新乐路22-32号，1923。

——所罗门住宅（Residence for R. Solomon），南阳路铜仁路，1924。

——威尔金森住宅（Residence for E. S. Wilkinson，今上海房地产科学研究院3号楼），复兴西路193号，1924。

——太古洋行大班住宅（今兴国宾馆1号楼），兴国路72号，1924—1925。

——谋得利钢琴厂办公楼，江浦路627号，1925。

——三多里，周家嘴路125弄，1925—1929。

——皮裘公寓（Bijou Apartments），铜仁路278号，1928—1929。

——哈同路280号住宅，铜仁路280号，1930。

——太古洋行住宅改建（今兴国宾馆6号楼），兴国路71号，1941。

——李经芳公馆（Residence of Lord Li Ching Fong）。

——麦伦书院几栋住宅（Residences at Medhurst College）。

——慕尔公司大楼（Messrs. Moore & Co.'s Premises）。

——上海盲人之家（Home for the Chinese Blind）。

——四川北路住宅（Main Terrace），虹口区四川北路。

——维多利亚花园（Victoria Gardens）。

——斜桥弄花园（Love Lane Gardens），静安区吴江路。

——元芳洋行大楼（Messrs. Maitland & Co.'s Premises），1914。

——源和啤酒厂（Shanghai Brewery）。
——增裕面粉厂仓库（The China Flour Mill Warehouses）。
——埃德纳别墅（Edna Villas），万航渡路。
——麦根广场和排屋（Markham Place and Terrace）。
——克莱尔别墅（Chante Clare Villas）。
——亚历山大大厦（The Alexandra Building）。
——哈华托洋行（Messrs. Stokes，Platt & Teesdale）。
——办公楼（The Tamwa Building），四川中路 420–440（双号）、滇池路 119 号，1906。
——老虎山公园（Rifle Range Gardens）。
——扬排屋（Yang Terrace）。
——克兰兹住宅（Rev. P. E. Kranz's Residence）。
——希望之门工业家园（The Industrial Home for the Door of Hope）。
——晋隆洋行（Mustard & Co. Building），1925。
——义品洋行在新闸开发的某大型房地产项目。
——上海面粉厂货栈（The Shanghai Mill Warehouses）。
——广学会大楼（The Christian Literature Society's Building）。
——普赖司公司货栈、炼油厂等（Messrs. Price's，Ltd.，warehouses，refineries，etc.）。
——12 座住宅，册地 935/936 号，海宁路，1912。
——28 座住宅，册地 2067 号东，华德路和麦克利克路延长线，1912。
——21 座住宅，册地 227 号东，元芳路和东鸭绿路，1912。
——3 座中式住宅，册地 2067 号，华德路和麦克利克路延长线，1912。
——14 座住宅，册地 563 号，山海关路，1912。
——1 座仓库，册地 54 号，四川路，1912。
——8 座住宅，册地 570 号，元芳路，1913。
——47 座住宅，册地 913 号，昆山路和乍浦路，1913。
——1 座洋式住宅和宿舍，册地 3541/3543 号，麦根路，1913。
——23 座住宅和 1 座门房，册地 1090 号，爱文义路，1913。
——5 座住宅，册地 389 号，七浦路，1913。
——2 座洋式住宅、2 个厕所、通道和围墙，册地 1238 号，邓脱路，1913。
——9 座住宅，册地 1227 号，邓脱路，1913。
——5 座住宅，册地 720 号，元芳路，1914。
——28 座住宅和 2 座门房，册地 336 号，白克路 & 成都路，1913。
——梅特兰洋行新厦（Shanghai Maitland's New Hong），1914。
——1 座炼油厂和锅炉房，册地 4441 号，劳勃生路，1914。
——1 座仓库，册地 4438 号，劳勃生路，1914。
——68 座住宅和 8 座门房，册地 1213/1214 号，兆丰路和塘山路，1914。
——1 座寺庙，册地 835 号，通州路，1914。
——加建项目，册地 930 号，兆丰路，1914。
——10 座洋式商店和 20 座中式商店，册地 244 号，南京路和山东路，1914。
——35 座住宅和 3 座门房，册地 570 号，元芳路和 Yee Ka Zar Road（中文名不详），1913。
——7 座住宅，册地 543 号南，成都路，1913。
——8 座洋式住宅，册地 2306 号，威海卫路，1913。
——5 座中式住宅，册地 236 号，东唐家弄，1913。
——6 座住宅，册地 558 号，山海关路，1914。
——47 座住宅和 6 座门房，册地 1720 号，淡水路，1914。
——洋式住宅加建，册地 3541/3543 号，麦根路，1914。
——1112 座住宅等，册地 808/809/860/861 号，大同路、新闸路和苏州西路，1916。
——商店加建，册地 34 号，四川路，1915。
——2 座洋式住宅，册地 830 号，兆丰路，1915。
——30 座住宅，册地 1837 号南，龙门路，1916。
——9 座洋式商店和 29 座中式住宅，册地 83 号，南京路和江西路，1916。
——6 座住宅，册地 835 号，通州路，1916。
——宾馆改建，册地 32 号，南京路，1916。

——6座住宅，册地335号，东唐家弄，1917。
——加建项目，册地1100号，成都路，1917。
——1座洋式商店，册地1265号，静安寺路，1917。
——加建项目，册地3457号，麦特赫司脱路，1917。
——12座中式住宅和1座商店，册地725号，石桥路和苏州西路，1917。
——2座商店，册地17B号，香港路，1917。
——1座洋式商店，册地1265号，静安寺路，1917。
——3座洋式商店，册地1033/1034号，熙华德路和文监师路，1918。
——1座洋式商店，册地921号西，东鸭绿路，1918。
——工棚，册地439号，沙泾路，1918。
——7座中式住宅，册地439号，梧州路和沙泾路，1918。
——1座洋式商店，册地2306号，威海卫路，1918。
——煤库、看守所和墙，册地34号，四川路，1918。
——2座商行和5座中式住宅，册地882号西，武昌路，1918。
——6座中式住宅，册地1485号，孟德兰路，1918。
——升降塔，册地34号，南京路，1918。
——1座洋式商店、凉亭和仆人宿舍和加建，册地1265号，静安寺路，1918。
——1座洋式商店，册地124号，江西路，1918。
——12座中式住宅，以及1座中式商店，册地725号，苏州西路和石桥路，1918。
——洗衣店，册地3612号，韬朋路，1919—1920。
——6座住宅，册地34号，四川路，1919。
——加建项目，册地1485号，孟德兰路，1919。
——加建项目，册地162号，九江路，1919。
——工厂加建，册地4455号，戈登路，1919。
——加建项目，册地2325号，大西路，1920。
——1座洋式住宅和仆人宿舍，册地2825号，大西路，1920。
——厕所和垃圾箱，册地81B号，江西路，1920。
——1座洋式商店，册地3612号，韬朋路，1920。
——4座中式住宅，册地688号，石桥路，1920。
——桥梁和改建项目，册地4602号，莫干山路外，1920。
——车库和围墙，册地2325号，大西路，1920。
——加建项目，册地124号，江西路，1920。
——1座洋式商店和1座仓库，册地17B号，香港路，1920。
——6座中式住宅，册地1157号，东熙华德路和公平路，1920。
——2座洋式住宅、2座车库和围墙，册地2639号，胶州路，1920。
——改建项目，册地1036号，斐伦路，1921。
——车库和门房，册地2325号，大西路，1921。
——厕所改建和围墙，册地3546号，麦根路外，1921。
——办公室和仓库，册地17B号，香港路，1921。
——办公楼，册地17B号，香港路，1921。
——4座车库，册地2306号，威海卫路外，1921。
——办公楼和加建，册地124号，江西路，1921。
——1座洋式住宅，册地2899号北，西摩路外，1921。
——4座中式住宅，册地7170号南，东鸭绿路，1921。
——44座中式住宅，册地5245号，齐齐哈尔路和盐山路延长线，1921。
——4座仓库，册地6013号，杨树浦路外，1921。
——围墙和门，册地3546号，麦根路外和麦特赫司脱路，1923。
——31座中式住宅、1座商行和3座门房，册地868号，乍浦路和武昌路，1923。
——2栋住宅加建，册地3546号，麦根路外，1923。
——诺森德公寓（Northend Apartments），四川北路延长线和狄思威路，1932。
——华懋公寓（Cathay Mansions），卢湾区茂名南路59号，1925—1929。
——凡尔登花园/白费利花园（Verdun Terrace / Reverly Gardens，今长乐村），卢湾区陕西南路125弄，

1925—1929。

——比弗利花园（华懋地产公司亚尔培路 8 栋住宅，Beverly Gardens / 8 Houses at Avenue du Roi Albert for the Cathay Land Co.），1931。

——福利公司（The Building of Hall and Holtz Co.），黄浦区南京东路 114 号，1934 年前后。

——还设计了许多其他私人住宅、办公室和商店。

天津：

——天津英国总会（The Tientsin Club，今天津市人民代表大会常务委员会），解放北路 201 号，1903。

——仁记洋行（Messrs. Forbes & Co.'s Premises）。

——迪肯森住宅（Mr. Dickenson's Residence）。

——福尔贝斯住宅（Mr. Forbes's Residence）。

——索思科特住宅（Mr. Southcott's Residence）。

北京：

——六国饭店（The Hôtel Wagons-Lits），1902。

南京：

——基督教青年会十庙口干事寓所，1909。

——和众轮船公司办公楼（New China Mutual Office），1921。

其他：

——在不同的外埠设计监造了许多棉纺厂、绢纺厂、学校、教堂和住宅。

参考文献及相关材料：

——黄光域 . 外国在华工商企业辞典 [M]. 成都：四川人民出版社，1995：584.

——Obituary Mr. A. E. Algar[N]. The North-China Herald and Supreme Court & Consular Gazette，1926-02-24：384.

——Mr. A. E. Algar is Overtaken by Death Here[N]. The China Press，1926-02-26（1）.

——Arnold Wright. Twentieth Century Impressions of Hongkong，Shanghai，and Other Treaty Ports of China[M]. London：Lloyds Greater Britain Publishing Company，1908：632，634.

——郑时龄 . 上海近代建筑风格 [M]. 上海：同济大学出版社，2020：476-478.

——部分作品信息源自相应年份《上海公共租界工部局公报》（*The Municipal Gazette*）。

——上海中华基督教青年会四川路会所由 1907 年建成的成人部会所（Men's Building）和 1913 年建成的童子部会所（Boy's Building）两部分组成。上海中华基督教青年会四川路成人部会所具体中英文名称、干事住宅信息及南京基督教青年会信息由武志华提供。

[3] Asia Realty Co. Land and Estate Dealers and Managers（普益地产）

名称：

普益地产（Asia Realty Co. Land and Estate Dealers and Managers）

地址：

上海（南京路 15 号，1922—1929；南京路 50 号，1929—1936；四川路 11 号，1936—1941 年后）

执业时间：

1922—1941

创办人：

F. J. Raven

从业人员（建筑师）：

J. A. Hammerschmidt（1930.07—1932.07），E. Teske（1931.01—1934.07），F. Shaffer（1931.07—1936.07），B. J. Basil（1933.01—1935.01），John Komor（1932.07）

简史：

原属于美国工程师、地产商礼文（F. J. Raven）创办的普益银公司（Raven Trust Co.，Ltd. Financial and Insurance Agents）下设的房地产事业部；1922 年因业务繁多而成为独立的地产公司，经营业务涵盖：买卖房产、经收房租、地产登录、地产抵押、接收存款、建造房屋、装修房舍、地产估价、打样建筑、经理房产等。1931 年与业广地产公司（Shanghai Land Investment Co.）合资成立业广普益地产联合经理处（Land Investment Brokerage & Mortgage Co.）。1932 年开设香港分公司；1935 年因礼文创办的美丰银行倒闭而停产改组，后恢复经营。1940 年代末尚见于记载，其时拥有地产 231 亩，房屋 240 幢、共 80239 平方米。公司曾常年下设建筑工程部，负责建筑设计事务，设计、施工能力均强，除本公司开发计划外，且承揽各种外部工程。1930 年汉墨德（J. A. Hammerschmidt）为公司首任建筑师，1931 年戴克司（E. Teske）和薛佛（F. Shaffer）加入，1932 年成立建筑部（Architectural Section）和建造部（Construction Section），1936 年 7 月建筑部撤销。

作品：

上海：

——商店，册地 30 号，南京路，1923。

——62 座现代商铺和商行，爱文义路（在卡德路和麦特赫司脱路之间），1930。

——辣斐德路（Rue Lafayette）22 栋新住宅，1931。

——普益模范村豪尔达住宅，1933。

——虹桥路盖尔住宅，1933。

——9 层公寓，亚尔培路（Avenue du Roi Albert）和蒲石路（Rue Bourgeat）转角，1932。

——巨福公寓（Dufour Apartments），1932。

——圣母院路 100 多套公寓和 20 套复式公寓（Over 100 flats and 20 duplexes on Route Des Soeurs），1932。

——哥伦比亚圈的 4 栋住宅（Four Residences in Columbia Circle），1932。

——大华公寓（Majestic Apartment），静安寺路 864-888 号，1932—1933。

——哥伦比亚圈斯旺夫妇住宅（Home for Mr. & Mrs. J. E. Swan in Columbia Circles），1934。

——虹桥路 22 栋住宅组团（Hungjao Road Group），1934。

——美国胜利唱机有限公司工厂（Factory for R. C. A. Victor Co.），平凉路，1932。

——沙利文洋行工厂（Factory for the Bakerite Co.），新闸路和渡口路，1932。

——50 栋半洋式建筑（Semi-foreign），胶州路，1932。

——25 栋半洋式建筑（Semi-foreign），辣斐德路，1932。

——美华村（共 18 幢住宅），中山西路 1350 号，1930。

——吕班公寓（Dubail Apts，今重庆公寓），重庆南路 185 号，1931。

——大华公寓（Mgjestic Apts），南京西路 868-882 号，1931—1932。

——古拔新邨（Courbet Passage，今富民新邨），富民路 148、156、164、172 弄，1932。

——卫乐园（Haig Villa）34 栋住宅，华山路 799 弄，1934—1935，F. Shafer 设计。

——懿园，建国西路 506 弄，1941，薛佛设计。

参考文献及相关材料：

——黄光域 . 外国在华工商企业辞典 [M]. 成都：四川人民出版社，1995：671-672.

——普益模范村豪尔达君之新宅 [J]. 上海地产月刊，1933，7（65）：8-9.

——Asia Realty Co. Building New Home for Mr. & Mrs. J. E. Swan[N]. The China Press，1934-08-16（16）.

——Granda Estate to be Ready Soon，Hungjao Road Group is Designed by Asia Realty Co.[N]. The Shanghai Sunday Times，1934-12-09（28）.

——Asia Realty Announces 1932 Projects of More than Tls. 2000000[N]. The China Press，1932-01-14（A1）.

——部分作品信息源自相应年份《上海公共租界工部局公报》（*The Municipal Gazette*）。

——郑时龄 . 上海近代建筑风格 [M]. 上海：同济大学出版社，2020：504-505.

[4] Atkinson & Dallas Architects and Civil Engineers（通和洋行）

名称：

通和洋行（Atkinson，Brenan，Architect；Atkinson & Dallas Architects and Civil Engineers；Atkinson & Dallas，Ld.，Civil Engineers and Architects）

地址：

上海（南京路 16 号，1894；四川路 27A，1895；九江路 1 号，1896—1900；北京路 4 号，1900—1922；北京路 26 号，1923—1933；北京路 100 号，1933—1947 年后）；汉口；北京；天津；南京；长沙

执业时间：

1894—1947 年后

合伙人：

Brenan Atkinson，Arthur Dallars，G. B. Atkinson，B. Fraser，J. M. Venters，R. D. K. Silby，Harold Porter，Fan T. B.，A. J. Bell

从业人员：

F. Dumfries，J. V. C. Davis，F. A. Sampson，F. E. Drew，P. M. Beesley，W. Goodfellow，F. G. Drewett，G. C. Dew，R. C. Brown，H. F. Brichal，W. L. Atkinson，A. W. Talbot，G. B. Atkinson，S. O. Limby，H. T. Manley，R. M. Saker，J. Haimovitch，G. M. Hay，G. McGarva，G. Handelman，T. Griffliths，F. A. Pearson，A. K. Brown，E. Hope，W. C. Chun，George Tso，C. G. Taylor，R. N. Hewitt，W. H. Garwood，R. Luff，H. Veitch，J. C. Remedios，C. G. Fynn，H. G. Jackson，R. U. L. Dallas，B. C. G. Burnett，F. Ryan，F. Warrick，M. J. Collaco，H. L. Wiles，W. A. Dalgarno，W. G. Mooney，W. Ianson，G. Termorelli，B. Baldwin，J. K. Ewing，M. J. Treen，V. Swoboda，J. F. da Silva，E. J. Remedios，S. A. Starling，V. Lech，H. S. Wavell，H. Tozer，H. F. L. Wilson，J. Maurer，W. Janson，B. A. Pfister，A. V. Kooklin，I. S. Pakidoff，V. N. Shtiefelman，H. Rosenberg，Chow Zang Kai，Ying Mow Ling，Ying Sung Ching

简史：

1894年由阿特金森（Brenan Atkinson）于上海开办，公司外文名为Atkinson，Brenan，Architect，承接建筑设计业务；1898年英国人达拉斯（Arthur Dallas）加入并成为合伙人，洋行外文名因之变更为Atkinson & Dallas，Architects and Civil Enigneers，增加土木工程业务；同年3月在汉口开办支行；1907年阿特金森去世，达拉斯改与小阿特金森（G. B. Atkinson）合伙；在1908年时，经过15年发展的通和洋行已经成为上海最杰出的土木工程和建筑设计公司之一；1908年时汉口分部负责人（Signs per pro）为林拜（S. O. Limby）；1910年6月在北京开设支行，负责人为G. 麦格雷（G. McGarva）；同年在南京开设支行，负责人为W. L. 阿特金森（AMICE）；1911年改组为有限责任公司，更外文名为Atkinson & Dallas，Ld.，Civil Engineers and Architects；1913年在天津设分支，负责人为B. C. G. 伯内特；1930年达拉斯去世，洋行由其他合伙人接办，洋行名依旧；经营至1941年后。

作品：

上海：

——某织布厂，1894。

——自来水厂，1897。

——业广公司3层楼房，1899。

——会审公廨（The Mixed Court，1926年被拆除、建新公司），黄浦区南京东路720号，1899。

——圣约翰大学怀施堂（今华东政法大学韬奋楼），长宁区万航渡路1575号，1894。

——天福洋行（Slevogt & Co.），圆明园路24号，1897。

——阜丰面粉厂（The FooFeng Flour Mills），普陀区莫干山路120号，1896—1899。

——麦伦书院（Anglo-Chinese College，又名华英书院），虹口区高阳路690号，1898—1915。

——业广地产公司某3层楼洋房，上海，1899。

——圣约翰大学科学馆（今华东政法大学办公室），长宁区万航渡路1575号，1899。

——盛宣怀住宅（Mr. Sheng Kung Pao's Residence，今建承中学），南京西路成都北路，19世纪末。

——沪宁铁路局大楼（The Shanghai-Nanking Railway Administration Offices），黄浦区四川路126号，1900年前后。

——礼查饭店北楼（Astor House Hotel，今金山大楼），大名路60号、金山路43号，1903。

——理查德饭店，黄浦区黄浦路15号，1905—1906。

——穆罕默德清真寺（The Mahomedan Mosque），黄浦区浙江中路70号，1900（后于1930年扩建）。

——澄衷蒙学堂，虹口区唐山路417-457号，1900—1902。

——大北电报公司（The Great North Telewgraph Co.），黄浦区中山东一路7号，1906—1907（现存为1917年新瑞和洋行翻建设计）。

——大清银行（The TaChing Bank），黄浦区四川中路268-270号（汉口路50号？），1907。

——仁记洋行（The Gibb Livingston & Co.），黄浦区滇池路100-110号，1908。

——业广有限公司大楼（The Shanghai Land Investment Co.），黄浦区滇池路120-124号，1908。

——虹口公园住宅和办公楼（Residences & Company at Hongkew Park），1908年以前。

——利生丝绸行（The Sheng Chin Silk and Piece Goods Guild Hong），1908年以前。

——源裕商行（The Yuen Yue Hong and Shops），大名路，1908年以前。

——红庙（The Chinese Temple），黄浦区南京东路，1908年以前。

——麦边洋行（Messrs.George McBain's Office Building），黄浦区四川中路，1908年以前。

——广肇学堂 / 广东同乡会学校（The Canton Guild School），宁波路 10 号，1905。
——仁记房产（Jinkee Estate），圆明园路 34 号，1905。
——范园（The Fan Yuan），华山路 1220 弄，1916—1918。
——美商卫利韩公司（Hunt & Co.，William），四川北路 135 号，1920。
——龙章造纸厂（The Imperial Government Paper Mills），龙华，1906。
——安培洋行（Ampire & Co.，今上海广告公司），圆明园路 97 号，1907。
——裕颜（？）面粉厂（Yu Yen Flour Mills），1908 年以前。
——伦敦会学校（The London Missionary Society's School），1908 年以前。
——永年人寿保险公司（the China Mutual Life Insurance Company's head office），黄浦区广东路 93 号，1910。
——“愚斋”图书馆，盛宣怀规划，通和洋行承办，1910。
——东方汇理银行，黄浦区中山一路 29 号，1910—1911。
——八仙桥公墓清真寺，1911。
——大华饭店（Majestic Hotel）。
——麦边花园（McBain's Residence），静安区南京西路江宁路，1911 年前后。
——上海总商会议事厅，闸北区北苏州路 470 号，1912 年前后。
——福新面粉厂（Foo Sing Flour Mills），普陀区莫干山路 120 号，1913。
——1 座洋式住宅和马厩，册地 2319 号北，汇山路延长线，1912。
——4 座本地住宅，册地 5610 号，新闸路，1912。
——2 座商店，册地 385 号，南京路，1912。
——31 座住宅，册地 684 号，梅白克路和苏州西路，1912。
——海关总会加建（Addition to Custom Club），册地 893 号，乍浦路，1912。
——103 座住宅和 2 座门房，册地 1495 号，马霍路和孟德兰路，1913。
——12 座住宅和堤岸，册地 1287 号，白克路，1913。
——洋式住宅加建，册地 242 号，静安寺路，1913。
——1 座洋式住宅和仆人房，册地 2840 号，爱文义路，1913。
——1 座洋式住宅、仆人房及马厩，册地 2956/2957 号，爱文义路，1913。
——1 座会议厅，册地 330 号，河南北路，1913。
——12 座住宅和堤岸，册地 1287 号，白克路，1913。
——1 座洋式住宅和棚子，册地 825 号，吴淞路和苏州北路，1913。
——1 座住宅，册地 977 号，武进路，1913。
——9 座中式住宅，册地 64 号南，开封路和热河路，1913。
——3 座中式住宅，册地 343 号，成都路，1913。
——1 座饭店，册地 1015 号，天潼路和礼查路，1913。
——73 座住宅和 3 座门房，册地 1880/1890/1891 号，成都路和威海卫路，1913。
——银行改建，册地 37 号，外滩和九江路，1913。
——汽车车库，册地 825 号，吴淞路，1913。
——36 座住宅和 1 座门房，册地 3175/3180 号，韬朋路和扬州路，1914。
——13 座商店，册地 6 号，静安寺路，1914。
——9 座商店、车库和电影院，册地 1300 号，静安寺路，1914。
——95 座中式住宅和 4 座门房，册地 1085/1086/1088 号，爱文义路，1914。
——145 座商店和 2 座门房，册地 6 号，静安寺路，1914。
——1 座仓库，册地 8 号，圆明园路和苏州路，1914。
——4 座中式住宅，册地 1201 号南，白克路，1914。
——24 座中式住宅和 2 座门房，册地 1991 号，成都路，1914。
——1 座洋式住宅，册地 1970 号，孟德兰路，1914。
——2 座仓库和办公室，册地 4601/4602/4626 号，苏州西路，1914。
——1 座面粉厂，册地 4626 号，苏州西路，1914。
——办公室和宿舍，册地 1019 号，百老汇东路，1914。
——7 座商店、1 座仓库和 1 座门房，册地 1019 号，百老汇路和天潼路，1914。
——6 座住宅、门房和墙，册地 1549 号，重庆路和威海卫路，1914。
——108 座住宅和 4 座门房，册地 1545/1549 号，重庆路，1914。

——42 座住宅和 2 座门房，册地 1970/1973 号，成都路和孟德兰路，1914。
——123 座住宅和 2 座门房，册地 77/77A 号，四川路和江西路，1915。
——7 座商店、123 座住宅和 2 座门房，册地 77/77A 号，江西路和四川路，1915。
——办公室和附属建筑物，册地 77 号，北京路和江西路，1915。
——3 座住宅和棚子，册地 3485 号，新闸路，1915。
——29 座住宅等，册地 419/420 号，海勒路，1915。
——52 座住宅等，册地 7566 号，杨树浦路，1915。
——1 座洋式住宅，册地 2802 号，南阳路，1915。
——1 座洋式住宅，册地 2891 号，戈登路和静安寺路，1916。
——1 座洋式商店，册地 2780 号，静安寺路，1916。
——3 座住宅，册地 7566 号，杨树浦路，1916。
——2 座洋式商店，册地 104 号，四川路，1916。
——29 座中式住宅和 3 条走廊，册地 2780 号，静安寺路，1916。
——1 座洋式住宅和围墙，册地 2891 号，静安寺路和戈登路，1916。
——2 座商店，册地 104 号，四川路，1916。
——25 座中式住宅，册地 943 号，海宁路，1916。
——12 座中式住宅，册地 2317 号 /2318 号东，麦克利克路和倍开尔路，1916。
——11 座住宅，册地 2329 号，倍开尔路，1916。
——仓库、大门和厕所，册地 2780 号，静安寺路和爱文义路，1916。
——新世界游乐场，黄浦区南京西路 1 号，1916。
——温室（暖房），册地 330 号，河南北路，1916。
——2 座住宅，册地 22 号，白克路，1916。
——围墙、门房、马厩和厨房，册地 530 号，苏州北路，1916。
——32 座住宅等，册地 418/420 号，欧嘉路和海勒路，1916。
——35 座住宅等，册地 22 号，白克路，1916。
——58 座住宅，册地 390/392 号，福建路和九江路，1917。
——2 栋楼和厕所，册地 104 号，四川路，1917。
——1 座商店，册地 660/662 号，塘山路，1917。
——1 座商店，册地 161 号，河南路和九江路，1917。
——1 座商店，册地 862 号，苏州西路，1917。
——24 座住宅，册地 1714 号，爱文义路，1917。
——12 座住宅，册地 943 号，海宁路，1917。
——1 座商店，册地 862 号，苏州西路，1917。
——1 座商店，册地 375 号，南京路，1917。
——加建，册地 4640 号，苏州西路，1917。
——改建、廊道和厕所，册地 22 号，圆明园路，1918。
——3 座洋式住宅，册地 120 号，爱多亚路，1918。
——桥梁，册地 7300 号，架设至苏尔路延长线，1918。
——1 座洋式商店，册地 4892 号，苏州西路，1918。
——5 座中式住宅，册地 951 号，通州路，1918。
——临时剧院，册地 1 号，西藏路，1918。
——1 座洋式商店，册地 4590 号，苏州西路，1918。
——1 座洋式商店，册地 29 号，南京路，1918。
——1 座洋式商店，册地 77D 号，北京路和四川路，1918。
——发动机房以及仓库、磨坊和变电室加建，册地 4892 号，苏州西路，1918。
——7 座洋式商店和凉亭，1 座中式商店以及 1 座临时剧院，册地 1 号，静安寺路，1918。
——19 座中式住宅，册地 391/392 号，福建路和九江路，1918。
——2 座洋式商店，以及 1 座中式住宅、街区办公室和公寓，册地 110/111 号，广东路，1918。
——商行，册地 110/111 号，广东路，1918。
——1 座洋式住宅，册地 122A 号，江西路，1918。
——锅炉房、储藏室和厨房，册地 1075-1077 号，邓脱路，1918。
——15 座中式住宅，册地 1949 号，重庆路，1918。

——3 座中式住宅，册地 176 号，河南路，1918。
——1 座洋式商店，册地 330 号，河南路，1918。
——加建项目，册地 E4590/4580/4581 号，苏州西路，1919。
——加建项目，册地 682 号，四川北路和文监师路，1919。
——加建项目，册地 43 号，汉口路，1919。
——1 座商店，册地 4603/4604 号，莫干山路，1919。
——改建项目，册地 25 号，仁记路，1919。
——改建项目，册地 678 号，四川北路和文监师路，1919。
——改扩建项目，册地 54C 号，外滩，1919。
——改建项目，册地 1015 号，礼查路，1919。
——1 座商店，册地 29 号，南京路，1919。
——1 座商店，册地 4848 号，苏州西路，1919。
——升降塔，册地 77A 号，北京路，1919。
——6 座商店，册地 4595/4580 号，苏州西路，1919。
——1 座洋式商店，册地 110/111 号，广东路，1920。
——墙，册地 4603 号，莫干山路，1920。
——1 座洋式商店，册地 5028 号，杨树浦路，1920。
——改建项目，册地 27 号，仁记路，1920。
——2 座办公房，册地 141 号，北京路和江西路，1920。
——加建项目，册地 4608 号，莫干山路，1920。
——面包房和烤箱，册地 682 号，文监师路，1920。
——加建项目，册地 682 号，海宁路，1920。
——加建项目，册地 4892 号，苏州西路，1920。
——仓库，册地 4892 号，宜昌路，1920。
——1 座洋式商店和 2 座仓库，册地 805 号，苏州西路，1920。
——2 座缫丝厂，册地 916 号，兆丰路，1920。
——发电机房及改建项目，册地 1 号，白克路外，1920。
——铁桥，册地 16 号，圆明园路，1920。
——改建项目，册地 27 号，圆明园路，1920。
——工厂、锅炉和变压器室，册地 2715 号，玉林路，1920。
——仓库，册地 20 号，文极司脱路外，1920。
——2 座仓库，册地 4897 号，苏州西路和宜昌路，1920。
——办公室和公寓，册地 77D 号，北京路和四川路，1920。
——改扩建项目，册地 26 号，外滩和仁记路，1920。
——商店改扩建，册地 274 号，福州路和山东路，1920。
——马厩、宿舍和车棚，册地 53A 号，福州路，1920。
——银行，册地 53A 号，福州路，1920。
——2 座街区办公室和 3 座中式住宅，册地 2555 号，宜昌路，1920。
——储藏室、厕所和加建项目，册地 2411 号，西摩路，1920。
——4 座洋式商店和 27 座中式住宅，册地 274 号，福州路和山东路，1920。
——锅炉房、发动机和水塔，册地 916 号，兆丰路外，1920。
——街区办公室，册地 141 号，江西路外，1920。
——加热室，册地 141 号，江西路外和北京路，1920。
——印刷厂，册地 6335 号，沙渡路和武定路延长线，1920。
——加建项目，册地 946 号，海宁路，1920。
——行会建筑和 1 座洋式商店，册地 616 号，西藏路，1920。
——桥梁和改建项目，册地 4602/4626 号，苏州西路，1920。
——改建项目，册地 274 号，福州路外，1920。
——12 座中式住宅和门房，册地 4466/4470 号，戈登路，1920。
——银行，册地 148 号，河南路和天津路，1920。
——车库，册地 138 号，江西路外，1920。
——改建项目，册地 274 号，山东路，1920。

——1 座中式住宅，册地 507 号，浙江路，1921。
——银行，册地 148 号，河南路，1921。
——38 座中式住宅、2 座门房和 2 堵围墙，册地 3471 号，武定路外，1921。
——温室（暖房），册地 386 号东，白克路外，1921。
——员工宿舍，册地 4892 号，宜昌路外，1921。
——门房，册地 2715 号，玉林路外，1921。
——54 座中式住宅和 2 座门房，册地 512 号，南京路和福建路，1921。
——华商纱布交易所，黄浦区延安东路 260 号，1921。
——仓库，册地 740 号，苏州西路和成都路，1921。
——银行，册地 157 号，河南路和天津路，1921。
——改扩建项目，册地 54B 号，外滩，1923。
——住宅加建，册地 1549 号，重庆路，1923。
——132 座住宅，册地 387/388 号，杨树浦路、福建北路和东唐家弄，1923。
——1 座花房，册地 3121 号，新闸路外，1923。
——1 座车库，册地 3446 号，东京路延长线，1923。
——12 座商店和 2 座商行，册地 1020 号，百老汇路、闵行路、熙华德路和武昌路，1923。
——14 座商行、墙、车库和马厩，册地 4466/4470 号，戈登路，1923。
——车库和棚子，册地 25A 号，仁记路，1923。
——8 栋中式住宅改建，册地 4466/4470 号，戈登路，1923。
——墙、车库和厕所，册地 3121 号，新闸路，1924。
——商行、住宅和墙，册地 2050 号东，威海卫路，1924。
——住宅加建，册地 3457 号，茂海路外，1924。
——新世界商场，1917。
——上海总商会商品陈列所，1918。
——宁波旅沪同乡会新会所，英界劳合路西藏路，1919。
——上海招商轮船总局 2 栋栈房，法界金利源码头，1920。
——兴业银行北侧 4 层钢混洋房，北京路江西路转角，1921。
——合众晚市物券交易所，西藏路九江路口安康里旧址，1921。
——中国银行 4 栋 3 层栈房，北苏州路北西藏路转角，1921。
——新式 5 层大洋房，黄浦滩四马路口汇丰银行新屋斜对门，1922。
——沙美大楼（Somekh Building），北京路 190 号，1918—1921。
——轮船招商局大楼改建（The China Merchant Steam Navigation Co. Building），福州路 5 号，1925。
——中央造币厂（Shanghai Central Mint），普陀区光复西路 17 号，1929。
——上海洋行，黄浦区宁波路 50 号，1929。
——湖社补行社所，北京路贵州路口，1933。
——国华银行（China State Bank Building），黄浦区北京东路 342 号，1931—1933，建筑由文脱司（J. M. Venters）设计，其中的钢骨工程由席尔瓦（J. F. da. Silva）设计。
——五洲大药房有限公司大楼（The International Dispensary Co. Ltd.），黄浦区河南中路 220 号（河南路和福州路转角），1936。
——四川路与广东路转角住宅，黄浦区四川路、广东路转角，1997 年被拆除。
——中华福音会布道堂（The Christians' Preaching Hall），虹口区乍浦路 193 号。
——圣安德烈教堂（St. Andrew's Church），虹口区大名路。
——溥宏宽宅（Mr. Pu Hoh Kuan's Residence），虹口区吴淞路。
——曼彻斯特大厦（Manchester Houses），黄浦区汉口路。
——中华书局大楼（Chung Wha Book Company's Building），静安区常德路，安义路。
——住宅（Mr. Chun Fai Tong's Residence），海宁路。
——住宅（Mr. Tong Fun Chee's Residence），海宁路。
——阿斯顿庄园（The Aston Estate Houses），淮海中路（Avenue Paul Brunat）。
——本杰明住宅（S. Benjamin's Residence），南京西路（Bubbling Well Rd.）。
——唐寿江住宅（Mr. S. K. Tong's Residence，"The Hollies"），南京西路。
——麦边夫人住宅（Residence for Mrs Mcbain）。
——温莎庄园住宅（The Windsor Estate Houses），石门二路（麦根路）。

——10 层商场建筑，河南路靠近广东路，1931。
——办公楼与商场建筑（Business Offices and Shops），四川中路北京东路。
——士本氏庄园住宅（The Spencer Estate Houses），泰兴路（Medhurst Rd）。
——塞西尔公寓（Cecile Court）。
——坎贝尔住宅（Mr. R. M. Campbell's Residence），新闸路。
——国王酒店（King's Hotel）。
——海关银行大楼（The Customs Bank）。
——保宏保险公司（New Zealand Insurance Co.）。
——北京西路住宅。
——长老会学校（Presbyterian Mission School）。
——大副总会（The Mercantile Marine Officers'Association Buildings）。
——西摩路住宅（2395 号），1923。
——麦特赫司脱路同上行家房屋 2 栋（3950 号），1923。
——22 幢住宅，西藏路 1 号，1923。
——大西洋国老总会（Club Uniao Portugues），四川北路 31 号，1903。
——法商电车公司办公楼（The Offices of the French Tramway Company）。
——四明银行（The Ningpo Commercial Bank），北京东路 232-240 号，1921。
——莫尚宅（Residence for R. B. Msuchan，今上海话剧艺术中心），安福路 201 号，1921—1922。
——盐业银行（Yienyieh Commercial Bank），北京东路 280 号，1923。
——中一信托大楼（Central Trust Building），北京东路 270 号，1921—1924。
——兰心大楼（Lyceum Building），圆明园路 185 号，1927。
——晋福里，巨鹿路 181 弄，1927。
——克罗坎宅（Residence for W. G. Crokam），建国西路 602 号，1927（改建）。
——上海商业储蓄银行大楼（Shanghai Commercial & Savings Bank Building），宁波路 50 号，1929。
——中国实业银行（National Industrial Bank of China），北京东路 130 号，1929。
——圣约翰大学西门堂（Seaman Hall），万渡航路 1575 号，1929。
——上海电话公司泰兴路分局，泰兴路 230 号，1929。
——上海大陆银行货栈，新垃圾桥西堍，1931。
——四行储蓄会堆栈（Joint Saving Society Godown），光复路 1 号，1931—1935。
——中国实业银行仓库（今上海华侨城置地有限公司），北苏州路 1028 号，1931—1935。
——天堂大戏院（今嘉兴影剧院），东嘉兴路 267 号，1932。
——慎余里，天潼路 847 弄，1932。
——晋福里，巨鹿路 181 弄，1932。
——中央储蓄会大楼（Central Savings Society），天津路 2 号，1935。
——宜德堂（Yang's Residence），昌化路 136 号，1938。
——亨利公寓（Hanray Mansions，今淮中大楼），淮海中路 1154-1170 号，1939。
——荣德生宅（今徐汇区少年宫），高安路 18 弄 20 号，1939。
——邵式军宅，余庆路 80 号，1941。
——英商密丰绒线厂（Patons & Baldwins，Ltd.），鄱阳路 400 号，1948。
——美华书馆（Presbyterian Mission Press）。
——南市自来水厂（The City and Nantao Waterworks）。
——华义银行（The Italian Bank），九江路 186 号，1925。
——意大利总领事馆。
——闸北水电厂。
——刘宅（Residence of Mr. Liu Han Nie）。
——摩登别墅（Modern Villas）。
——圣安德鲁教堂（St. Andrew's Church）。
——东方汇理银行（Banque de l'Indo-Chine），黄浦滩外白渡桥南，1914。
——中国茶楼（Chinese Tea Garden）。
——业广公司住宅开发（The fine block of buildings erected for the Shanghai Land Investment Company，Ltd.），四川路、北京路交叉口。
——10 座商店，河南路、广东路交叉口，1931。

——统原银行（？）（Tong Yue Bank），宁波路，1932。
——中国垦业洋行（Land Bank of China Building），北京路、江西路交口，1931—1933。
——亚东银行，天津路。
——江浙银行，1935。
——苏浙银行，天津路、江西路交叉口，1935。
——拉罗切住宅（P. Laroche House），麦克劳德路（Mcleod Road），1938。

烟台：

——烟台圣公会教堂（Chefoo Church）。

威海：

——维农住宅（Vernon's Residence）。

广州：

——广东自来水厂（The Canton Waterworks），广州，1908 年以前。

苏州：

——苏州景海女学堂（今苏州师范学校），苏州，1902。
——苏州劳拉·海沽纪念学校（The Laura Haygood Memorial School），苏州，1908 年以前。
——苏州缫丝厂，1908 年以前。
——东吴大学（今苏州大学校本部），十梓街 1 号，1908 年以前。

武汉：

——湖北七里河官办造纸厂（Government Paper Mill at Seven Mile Creek，可能是当时中国最大的造纸厂）。
——黄石湖北水泥厂（The Hupeh Cement Works at Wong-shi-kong）。
——武昌造纸厂（The late Viceroy's Paper Mill at Wuchang）。
——汉口裕大洋行（Messrs. Westphal，King & Ramsay's hong）。
——汉口宝顺洋行（Messrs. Evans，Pugh & Co.'s hong）。
——汉口兴立特许银行（The Shing Nieh Chartered Bank）。
——汉口中国银行（The Bank of China）。
——汉口维纳斯保险公司事务所（Venus Insurance Company's office）。
——汉口湖北路剧场（Hupeh Road Theatre）。
——汉口电话局（今武汉市电信局汉口管理所），汉口合作路 51 号，1915。
——汉口大清银行，汉口中山大道 1021 号，1915—1916。
——汉口招商局 2 层公事房、栈房，1919。

北京：

——纪念教堂（Memorial Chapel），北京，1908 年前。
——东方汇理银行（Banque de l'Indo Chine，今北京市公安局大楼），北京东交民巷 34 号，1917。
——清政府大理院（Supreme Court of Justice），1910。
——清邮传部邮政总局（The Administration Offices for the Postmaster-General at the Ministry of Communications）。
——法部尚书住宅（Residence for the Minister to the Court of St. James）。
——3 层剧院（A large three-story theatre）。
——清政府审计院（The Chinese Government new offices for the Board of Audit），1910。
——盐业银行（Salt Industrial Bank）。
——北京协和礼拜堂（Peking Union Chruch），南河沿，1922。
——北京救世军建筑（Peking Salvation Army Buildings，八面槽救世军中央堂），1922。
——北京皇宫剧院（？）（Peking Palace of Varieties），北京。
——其他部院办公楼（other departmental office）。

天津：

——开滦矿业公司大楼（Kallan Mining Administration Building，今中国共产党天津市委员会），泰安道 5 号，1919—1921。
——裕中饭店（Imperial Hotel），天津解放北路 4 号，1922。
——利顺德旅馆 5 层楼洋灰钢骨新旅馆，1923。
——汇丰银行（今天津市档案馆），天津解放北路 86 号，1924。
——横滨正金银行（今中国银行天津分行），天津解放北路 80 号，1926。
——耀华中学。

——新纽安棉工厂。

南京：

——南京劝业会场馆规划与设计（各国式样洋房 11 所），1910。

沈阳：

——邮政局（Moukden Post Office）。

其他：

——美国圣路易斯万国博览会中国馆，1904。

参考文献及相关材料：

——黄光域．外国在华工商企业辞典 [M]. 成都：四川人民出版社，1995：612.

——部分作品信息源自相应年份《上海公共租界工部局公报》（*The Municipal Gazette*）。

——Arnold Wright. Twentieth Century Impressions of Hongkong，Shanghai，and Other Treaty Ports of China[M]. London：Lloyds Greater Britain Publishing Company，1908：628-630.

——郑时龄．上海近代建筑风格 [M]. 上海：同济大学出版社，2020：472-475.

[5] Basel & Frey，Architects，Consul Engineers and General Contractors（龙虎公司）

名称：

龙虎公司（Basel & Co.，F. W. Architects，Engineers and Building Contractors Basel & Frey，Architects，Consul Engineers and General Contractors；Basel & Chung）

地址：

北京：大方家胡同甲 63 号

执业时间：

1923—1941 年后

合伙人：

F. W. Basel，W. Frey

从业人员：

G. F. H. Noll（助理，会计），Wm. Hertzsch（监工），Koehler，H. K.（监工），Granzow，A. Frommann，L. Niemann（监工），A. Kochetoff（Cochetoff），Adolf Ott（监工），W. O. Anner（会计），A. Jung（图书管理员），Sung，Y. F.（买办），Chao L. T.（助理），Chu，S. K.，钟森（曾任华人经理），宝枢（曾任总工程师）

简史：

1923 年前由曾在雷虎公司任职的德国建筑师博瑞尔（F. W. Basel）在北京大方家胡同甲 63 号成立龙虎公司，1923 年公司中文名为雷虎公司，英文名为 Basel & Co.，F. W. Architects，Engineers and Building Contractors；自 1924 年更中文名为龙虎公司；1926 年德国建筑师傅赖义（Walter Frey）成为合伙人，公司更外文名为 Basel & Frey Architects，Consulting Engineers and General Contractors；1932 年傅赖义退伙，公司外文名保持不变，同年向北平市政府申请承揽工程执照；1934 年钟森（1901—1983）担任龙虎公司华人经理，公司更外文名为 Basel & Chung；1941 年仍在北京经营；中华人民共和国成立后龙虎公司由钟森等接手；曾代理 Louis Eilers Steel Buildings and Bridges。

作品：

北京：

——华北协和语言学校（North China Union Language School），1930。

——东交民巷德国兵营。

——北平大学医学院手术室，1931。

——清华大学体育馆扩建工程承造，1931。

——清华大学水力实验室承造，1931。

——国立北京大学校会工程，1942。

参考文献及相关材料：

——张复合．20 世纪初在京活动的外国建筑师及其作品 [J]. 建筑史论文集，2000，12：97.

——北京龙虎公司编订．国立北京大学工学院审定．国立北京大学工学院修建校会工程做法说明书（丙种）[Z]. 北京，1940：4.

[6] Basto，A. H. Chartered Architect，Surveyor and Engineer（巴士度画则师行）

名称：

巴士度画则师行（Basto，A. H. Chartered Architect，Surveyor and Engineer）

地址：

香港

执业时间：

1935—1978

创办人：

A. H. Basto

从业人员：

J. M. Cruz，C. S. Ip，S. C. Tse，C. H. Liu，K. C. Fung，K. S. Chu，C. S. Wong

简史：

1935 年由巴士度（A. H. Basto）自办事务所巴士度画则师行，经营至 1979 年，巴士度在香港去世。

作品：

香港：

——薄扶林圣类斯中学。

——湾仔景贤里。

——铜锣湾圣光堂。

——1 座织造厂，新九龙内地段 2711 号，1941 年设计。

——1 座织造厂，新九龙内地段 2712 号，1941 年设计。

——电池制造厂，土瓜湾下乡道九龙内地段 4278 号，1941 年设计。

——4 间唐楼改建，九龙旺角道 38–44 号，1941 年设计。

——2 间唐楼改建，德辅道中 112–114 号，1941 年设计。

——3 间唐楼改建，坚尼地城海旁 12–14 号，1941 年设计。

——学校增建课堂，北角英皇道 151 号，1941 年设计。

——1 间唐楼改建，炮台街 40 号，1941 年设计。

——3 座洋楼，九龙弥敦道九龙内地段 4242 号，1941 年设计。

——2 座洋楼，九龙太子道九龙内地段 4240 号，1941 年设计。

——4 间唐楼（楼下为工厂，楼上为住宅），九龙青山道新九龙内地段 2759 号，1941 年设计。

——3 间单层唐楼及 1 间 4 层楼，新九龙内地段 2730–2731 号，1941 年设计。

——1 间洋楼，九龙塘金巴伦道 35 号，1941 年设计。

——1 座地盆及筑挡土墙（Site formation and retaining walls），新界大埔墟地段 950 号，1941 年在建。

——1 座避暑别墅，新界青衣岛地段 577–578 号，1941 年设计已批准。

——2 间唐楼，深水埗元州街新九龙内地段 2797 号，1941 年在建设中。

——1 座临时校舍，西湾街，1941 年在建设中。

——2 座半中西式楼，九龙联合道新九龙内地段 2697 号，1941。

——树胶制造厂，深水埗元州街新九龙内地段 2797 号，1941 年在建设中。

——电筒用电池制造厂，九龙北帝街九龙内地段 1833 号，1941。

——防毒面具制造厂增建，九龙贵州街九龙海地段 85 号，1941 年在建设中。

——1 座洋楼，运动场道九龙内地段 4305 号，1941 年在设计中。

——3 层工厂，青山道及营房街转角处新九龙内地段 2850 号，1941 年在设计中。

——1 座冶铁工厂扩建，九龙海地段 52 号，1941 年图样已批准。

——1 座织造厂，九龙贵州街九龙海地段 90 号，1941 年图样已批准。

——1 座唐楼，九龙青山道新九龙内地段 2761 号，1941 年图样已呈工局候核准。
——1 座织带厂，九龙马头围道及土瓜湾道交界处，1941 年即将完竣。
——织造厂及寓所，九龙内地段 1687 号 S A.S.S. 1，1941 年图样已批准。
——2 间唐楼、厕所改建，湾仔庄士顿道 130 号及 132 号，1941 年工程刚完竣。
——2 间唐楼改建，湾仔太湖街 7 号及 9 号，1941 年在设计中。
——岭英学校 34 所厕所，东角内地段 19 号，1941 年在建设中。
——西贡街 11 号改扩建（N K I L 132 S. A. S.S. 11），1941。
——上海街 148 号改扩建（K I L 48 S. A. S. S. 2），1941 年图样已呈工局候核准。
——上海街 78-82 号改扩建（K I L 1499），1941 年图样已呈工局候核准。
——上海街 50-54 号改扩建（K I L 1505），1941 年图样已呈工局候核准。
——上海街 56-58 号改扩建（K I L 1590），1941 年图样已呈工局候核准。
——北河街 14 号商住大楼（角楼，Corner House），香港，1951。
——长发街 14-20 号商住大楼，1952。
——南昌街 19 号商住大楼，1956。
——永隆街 1B-F 号商住大楼，1957。
——发祥街 2-8 号商住大楼，1950。
——谭公道 116 号商住大楼，1956。
——青山道 389 号商住大楼，1956。
——圣安东尼教堂，1953。

参考文献及相关材料：

——[J]. Hong Kong and Far East Builder，1941，6（1）: 44.
——[J]. Hong Kong and Far East Builder，1941，6（2）: 41.
——[J]. Hong Kong and Far East Builder，1941，6（3）: 38.
——[J]. Hong Kong and Far East Builder，1941，6（4）: 23.

[7] Becker，H. & Baedeker Architects（倍高洋行）

名称：

倍高洋行（Becker，H.，Architect; Becker H. & Baedeker Architects）；贝克洋行（Karl Baedeker Architect）

地址：

上海（四川路 57 号，1903—1906；四川路 122 号，1907；江西路 24 号，1908—1914）；北京；天津

执业时间：

1898—1914

合伙人：

Heinrich Becker，Karl Baedeker

从业人员：

H. Fr. Dorffel，Hans Moll，S. Leopold，H. Suhr，C. Arlt，H. Meyer，G. Herbst，A. Gabler-Gumbert，Ah Tong，Kiu Kong，Zee Ling Sze，Sun Shi Sung

简史：

1898 年倍高（H. Becker）在上海成立倍高洋行（Becker, H., Architect）；1905 年倍克（Karl Baedeker）成为合伙人，公司更外文名为 Becker，H. & Baedeker Architects，在北京、天津设分号；1911 年倍高回国，公司中文名改为倍克洋行，外文名改为 Karl Baedeker；1914 年停业。

作品：

上海：

——德国领事馆，虹口区黄浦路 80 号，1937 年被拆除。
——礼和洋行（The Carlowitz & Co.），江西中路 261 号，1899。
——爱礼司洋行，1904。
——席德俊宅，淮海中路 1131 号，1910 年前后。
——湛住宅（Country House for K. K. Johnsen），陕西北路 369 号，1908。

——华俄道胜银行（The St. Petersburg Russo-Asiatic Bank），与 R. Seel 合作，黄浦区中山东一路 15 号，1901—1905（后于 1938 年大修）。
——德华银行（Deutsch-Asiatische Bank），黄浦区中山东一路 14 号，1902，1930 年被拆除后改建交通行。
——德国花园总会（Deutscher Carten Garten Club），卢湾区茂名南路，1903，1920 年代被拆除后改建法国俱乐部。
——德国邮局（Kaiserlich Deutsche Post），黄浦区福州路 70 号，1903。
——德国总会，黄浦区中山东一路 23 号，1904—1907，倍高负责建筑设计，倍克负责室内设计，1934—1935 年被拆除后改建中国银行。
——毕勋路 20 号住宅（今上海音乐学院图书馆），徐汇区汾阳路 20 号，1905—1911。
——谦信洋行（China Export，Import，Banking Company），黄浦区江西中路 138 号，1907—1908。
——德国技术工程学院（Deutsche Ingenienrschle，同济德文医学堂，今上海理工大学复兴中路校区），徐汇区复兴中路 1195 号（陕西南路口），1908—1916。
——新福音教堂和德国子弟学校改建（Deutsche Evangelische Kirshe und Deutsche Schule），虹口区黄浦路金山路，1911 年设计（后于 1932—1934 年被拆除）。
——静安寺路和宝昌路（Avenue Paul Brunat）及附近多栋住宅。

天津：

——花园协会展馆（The Garten Verein Pavilion）。
——德华银行，解放路 108 号，1907—1908。
——礼和洋行大楼（Carlowitz & Co. Building）。

北京：

——德华银行（Deutsche Asiatisshe Bank），东交民巷 7 号，1906—1907（1992 年被拆除）。

汉口：

——华俄道胜银行（The Russo-Chinese Bank），汉口，1908（已被拆除）。

韩国：

——韩国城堡（Schloss at Chemulpo），仁川。

参考文献及相关材料：

——Arnold Wright. Twentieth Century Impressions of Hongkong，Shanghai，and Other Treaty Ports of China[M]. London：Lloyds Greater Britain Publishing Company，1908：604-606.
——郑时龄 . 上海近代建筑风格 [M]. 上海：同济大学出版社，2020：470-471.

[8] Beermann，J.，Builder & House Furnisher，Machinery（大丰洋行）

名称：

大丰洋行（Beermann，J.，Builder & House Furnisher，Machinery）

地址：

青岛

执业时间：

1898—1914

创办人：

J. Beermann

从业人员：

F. Boss（商人，Kaufmann），H. Diekmann（工厂司机，Werkfuhrer），Wilh. Roth（砖工，Ziegelneister），W. Linke（技术员，Techuiker），A. Pabst（木匠，Tischlerineister），A. Mlakaschke（监工，Aufseher），Paul Seidel，Arno Kell

简史：

1901 年由 J. Beermann 在青岛创办，经营建造、装修及机械业务，以及建筑设计业务，至 1914 年青岛战役爆发后停业。

作品：

不详。

参考文献及相关材料：

——黄光域. 外国在华工商企业辞典 [M]. 成都：四川人民出版社，1995：13.

[9] Black，Wilson & Co. Architects & Surveyors（博惠公司）

名称：

博惠公司（Black，Wilson & Co. Architects & Surveyors；Black，J. H. Consulting Engineer，Architect & Surveyor）

地址：

上海（景林庐 7 号 / 7 Young Allen Court，1923—1924；圆明园路 23 号，1925—1927）

执业时间：

1923—1927

合伙人：

J. H. Black，J. M. Wilson

从业人员：

J. V. Latimer（秘书及财务），F. E. McGarvin（工程师）

简史：

1923 年由美国长老会测绘建筑事务所（Architects Bureau of the Presbyterian Church）负责人布莱克（J. H. Black）在上海自办公司，经营咨询工程师、建筑师和测绘师业务，公司初名 Black，J. H.，Consulting Engineer Architect & Surveyor；1925 年 1 月之江大学建造部美国传教士建筑师 J. M. 威尔逊（J. M. Wilson）入伙，公司更外文名为 Black，Wilson & Co. Architects & Surveyors，中文名为博惠公司，经营至 1927 年 7 月后两人散伙。

作品：

上海：

——美国学校。

——西门外妇孺医院（Margaret Williamson Hospital）方案设计和估价，1927，未实施。

宁波：

——新华美医院（The New Hwa Mei Hospital at Ningpo），与 C. A. Gunn 合作，1926—1927。

——宁波浸信会医院（Ningpo Baptist Hospital），F. E. McGarvin 监造，1927。

济南：

——齐鲁大学医学院附属医院（Proposed Hospital for the Medical School of Shantung Christian University），1926。

绍兴：

——初级中学（New Yuih Dzae Junior Middle School），1927。

参考文献及相关材料：

——部分作品信息源自相应年份《上海公共租界工部局公报》（*The Municipal Gazette*）。

——济南条目受益于马交国。

——郑时龄. 上海近代建筑风格 [M]. 上海：同济大学出版社，2020：481.

[10] Beesley & Bray，Architects & Surveyors（毕士来洋行）

名称：

毕士来洋行（Beesley & Bray，Architects & Surveyors；Beesley，P. M. Architect）

地址：

上海（圆明园路 13 号，1907—1909；香港路 9 号，1910—1911；萨坡赛路 12 号，1924—1926；横滨正金银行大楼，1925—1926）

执业时间：

上海（1906—1911，1924—1927）

合伙人：

P. M. Beesley，A. G. Bray

从业人员：

Reginald Luff，A. Robertson（ARIBA），E. O. Lindstrom，Che Sze-tah（买办），F. Collard（London）

简史：

1906 年毕士来（P. M. Beesley）退出爱尔德洋行（Algar & Beesley）独立开业，1907 年 1 月前和 A. G. 布雷（A. G. Bray）组建毕士来洋行，公司外文名为 Beesley & Bray，Architects & Surveyors；自 1909 年 9 月 4 日起由毕士来独立经营，至 1911 年 4 月 13 日申请破产；1924 年再度独立经营毕士来洋行（Beesley，P. M. Architect），至 1927 年 1 月毕士来在上海去世

作品：

上海：

——上海总会设计竞赛中获得第三名（未实施）。
——医院加建，册地 439 号，爱文义路，1911。
——10 座住宅，册地 742 号西，四川北路，1912。
——1 座洋式住宅，册地 1811/1831 号，同孚路，1912。
——改建项目，册地 1 号，苏州路，1920。
——房屋、宿舍、车库，册地 2813 号，哈同路，1924。
——郭乐、郭顺宅，南京西路 1400-1418 号，1924—1926。

首尔：

——基督教青年会建筑，1908。

参考文献及相关材料：

——部分作品信息源自相应年份《上海公共租界工部局公报》（*The Municipal Gazette*）。
——Nate. Building the Seoul YMCA（1900s—1910s）[OL]. 2019-12-16，https://colonialkorea.com/2019/12/16/building-the-seoul-ymca-1900s-1910s/.
——郑时龄 . 上海近代建筑风格 [M]. 上海：同济大学出版社，2020：481.

[11] Brandt & Rodgers，Architects，Land & Estate Agents（泰利洋行）

名称：

泰利洋行（Brandt & Rodgers，Architects，Land & Estate Agents）

地址：

上海（余杭路 4 号，1904；宁波路 4 号，1905—1901；四川路 131 号，1909—1920；四川路 121 号，1921—1923；四川路 123 号，1923—1926；四川路 215 号，1926—1929；江西路 51C 号，1930—1931；江西路 391 号，1931—1947）

执业时间：

1900—1954

合伙人：

Wm. Brandt，W. L. Rodgers，H. T. W. Wade，A. L. Brandt，A. J. Brandt

从业人员：

Tsak Lam Jules，Suie-chin Nee，Lai-sun Wong，Tao Chin-tsa，Lee Hsing-lee，K. C. Lee，D. Ellis，C. H. Lee，Lok Tsung-foo，A. Kronidoff，A. L. Brandt，Dow Shang Ching，C. W. Chang，Z. C.Tsih，W. S. Chang，A. Symons，J. Duff，B. Y. Woo，Y. P. Chen，C. S. Kwok，P. Z. Tung，K. Z. Wang，C. S. Kwok，T. L. Sze，C. L. Chu，Frederick W. Brandt

简史：

1904年由白兰（Wm. Brandt）自办泰利洋行（Brandt，Wm.，Merchant，Land and Etate Agent），经营房产中介业务；1906年白兰与美国律师罗杰士（W. L. Rodgers）合伙开设泰利洋行（Brandt & Rodgers，Architects，Land & Estate Agent）；1909年7月，罗杰士回国，公司由白兰单独经营，行名依旧；1923年2月，登记为股份有限公司，经营业务有代客经租、道契挂号、建筑设计、放款抵押贷款、代客估价，兼营经理堆栈和代理保险等业务；1924年1月白兰的侄子雅诺·白兰（Alfred Lois Brandt）加入；1939年7月F. W. 白兰（Frederick W. Brandt）加入任助理；1949年上海解放前夕，Wm. 白兰离沪去港，雅诺·白兰继任董事长；1954年5月，公司获准以资抵债。

作品：

上海：

——3座住宅，册地3号，开封路，1912。

——72座住宅和1座门房，册地826/831号，余杭东路，1912。

——1座洋式住宅，册地855号，余杭东路，1912。

——7座住宅，册地543号南，成都路，1913。

——1座洋式住宅、1座马厩、温室和厕所，册地1723/1725号，塘山路，1913。

——10座住宅，册地844号，余杭东路，1913。

——1座洋式住宅，册地723号，海宁路，1913。

——1座洋式住宅，册地633/634号，西藏路，1913。

——166座中式住宅、12座商店和6座门房，册地633/634号，南京路、九江路和云南路，1913。

——住宅加建，册地19号，四川路，1913。

——10座住宅和1座门房，册地72号，开封路，1914。

——18座住宅和2座门房，册地3510号，麦根路和东京路（Tokio Road），1914。

——1座洋式住宅、宿舍和马厩，册地2925号，爱文义路，1914。

——1座洋式住宅和12座商店，册地633号，南京路、云南路、西路和九江路，1914。

——23座住宅和门房，册地468号，顾家弄，1915。

——52座住宅和2座门房，册地1097号，吴淞路和玛礼孙路，1915。

——166座中式住宅和12座商店，册地633/634号，南京路、西藏路和云南路，1915。

——2座中式住宅加建，册地1678号西，孟纳拉路，1915。

——13座中式住宅，册地997号，新闸路，1915。

——晒鱼木架，册地1176号，斐伦路，1915。

——52座中式住宅，册地1097号，吴淞路和玛礼孙路，1915。

——寺庙加建，册地880号，麦根路，1915。

——1座住宅，册地1176号，斐伦路和嘉兴路，1916。

——商行，册地2014号，威海卫路，1916。

——1座洋式商店和门房、7座中式住宅，册地62号，狄思威路，1916。

——33座住宅，册地2755号西，静安寺路，1916。

——18座中式住宅，册地698号，武进路，1916。

——1座住宅，册地1094号，吴淞路，1916。

——39座住宅，册地2755号西，愚园路，1916。

——改建项目，册地436号，文监师路，1916。

——5座住宅，册地3021号北，卡德路，1916。

——43座住宅，册地370号北，梧州路，1916。

——1座商店、2座楼房、厕所和5座中式住宅，册地9383号B、C，华德路和齐物浦路，1917。

——1座商店、1座楼房、厕所和17座中式住宅，册地7088号，华德路和临清路，1917。

——12座中式住宅，册地72号东，开封路和甘肃路，1917。

——3座洋式商店，册地361号，南京路，1917。

——2座住宅和1座商店，册地2049/2050号，同孚路和威海卫路，1917。

——门房，册地2049号，威海卫路，1917。

——1座洋式住宅和仆人房，册地3780号，华盛路，1917。

——1座洋式住宅、仆人房和马厩，册地732号，东汉璧礼路和塘山路，1917。

——1座住宅，册地599号，河南北路，1917。

——1座住宅，册地62号，狄思威路，1917。

——3 座住宅，册地 998 号，新闸路，1917。
——1 座洋式住宅，册地 2460 号，静安寺路，1917。
——1 座商店，册地 463 号西，宁波路，1917。
——50 座中式住宅，册地 1176 号，斐伦路和嘉兴路，1917。
——4 座中式住宅，册地 362 号，东唐家弄，1917。
——89 座中式住宅，册地 3158 号，韬朋路，1917。
——3 座洋式商店，册地 361 号，南京路和直隶弄，1917。
——加建项目，册地 7088 号，华德路，1918。
——6 座中式住宅，册地 80 号，甘肃路，1918。
——12 座中式住宅，册地 658 号，西藏路，1918。
——大门，册地 1176 号，斐伦路，1918。
——改扩建项目，册地 714 号，海宁路和福山路，1918。
——加建项目，册地 880 号，麦根路，1918。
——7 座中式住宅，册地 3510 号，武定路，1918。
——2 座洋式住宅和 5 座中式住宅，册地 1485/1490 号，孟德兰路，1918。
——1 座洋式商店和仆人房，册地 1490 号，孟德兰路，1918。
——1 座洋式商店，册地 658 号，西藏路，1918。
——1 座洋式商店，册地 463 号西，宁波路，1918。
——桥梁，册地 569 号，华德路，1918。
——2 座温室，册地 2049/2050 号，威海卫路，1918。
——1 座洋式商店，册地 658 号，西藏路，1918。
——8 座中式住宅和加建项目，册地 72 号东，开封路和甘肃路，1918。
——磨坊，册地 829 号，新记浜路，1918。
——改扩建项目，册地 829 号，余杭东路，1918。
——10 座中式住宅，册地 1116 号，斐伦路，1918。
——6 座商店、1 座办公楼、锅炉房和墙，册地 5200 号北，平凉路和齐齐哈尔路，1919。
——某建筑，册地 3870 号，华盛路，1919。
——3 座住宅，册地 5495 号北，戈登路，1919。
——1 座商店，册地 658 号，西藏路，1919。
——18 座中式住宅，册地 1086 号，爱文义路，1919。
——37 座中式住宅，册地 1077 号，米勒路，1919。
——亭子，册地 2049 号，威海卫路，1919。
——1 座住宅，册地 410 号，七浦路，1919。
——某建筑，册地 2205 号，静安寺路，1919。
——1 座洋式住宅和 5 座中式住宅，册地 2190 号，静安寺路，1920。
——1 座中式住宅，册地 479 号，浙江路，1920。
——门房，册地 18 号，阿拉白斯路，1920。
——2 座洋式商店，册地 149 号，甘肃路，1920。
——2 座中式住宅，册地 80 号，甘肃路，1920。
——3 座仓库，册地 171 号，苏州路，1920。
——改建项目，册地 829 号，东鸭绿路外，1920。
——24 座中式住宅，册地 829 号，余杭路外，1920。
——加建项目，册地 254 号，成都路延长线外，1920。
——3 座平房，以及厕所和加建项目，册地 829 号，余杭东路，1920。
——1 座洋式住宅和加建项目，册地 315 号，狄思威路外，1920。
——1 座洋式住宅，册地 315 号，狄思威路外，1920。
——5 座仓库，册地 307 号 / 307 号南，三泰路，1920。
——38 座中式住宅，册地 303 号 / 301 号东，福建路，1920。
——38 座中式住宅，册地 303 号北 / 301 号东，北福建路外，1920。
——改建项目，册地 88 号，白克路外，1920。
——改扩建项目，册地 823 号，余杭东路外，1920。
——2 座洋式住宅，册地 70 号，冰厂街，1920—1921。

——外廊，册地 2755 号，赫德路外，1920。
——围墙、大门，册地 489 号，海宁路和克能海路，1920。
——暖房和门房，册地 2206 号，静安寺路外，1920。
——77 座中式住宅和 2 座门房，册地 1012 号，百老汇路外，1920。
——13 座平房，册地 1012 号，闵行路、百老汇路和黄浦路外，1920。
——1 座洋式住宅，册地 315 号，狄思威路外，1921。
——改建项目，册地 3780 号，华盛路，1921。
——33 座中式住宅和门房，册地 366 号，东鸭绿路外，1921。
——仓库扩建，册地 62 号，狄思威路外，1921。
——1 座洋式住宅，册地 315 号，狄思威路外，1921。
——26 座中式住宅，册地 843 号，天潼路外，1921。
——24 座中式住宅，册地 829 号，余杭东路外，1921。
——27 座中式住宅和 2 座门房，册地 1130 号，鸭绿路和玛礼孙路，1921。
——2 座洋式商店，册地 245 号，九江路，1921。
——6 座洋式住宅，册地 1571/1572 号，塘山路，1921。
——43 座中式住宅和 3 座门房，册地 1835 号，青海路，1921。
——51 座中式住宅和 2 座门房，册地 375 号东，东鸭绿路和瑞金路，1921。
——60 座中式住宅和 4 座门房，册地 3472 号，新闸路和麦特赫司脱路外，1921。
——32 座中式住宅和门房，册地 360/370 号，东鸭绿路外，1921。
——123 座中式住宅和 4 座门房，册地 1832/1837 号，大沽路和青海路，1921。
——8 座住宅，册地 978 号，海能路外，1922。
——1 座车库，册地 1835/1837 号，大沽路外，1923。
——1 座车库，册地 465 号，福建路外，1923。
——1 座车库，册地 1893/1896 号，华德路，1923。
——1 座住宅、1 座车库、20 座中式住宅和 2 门房，册地 2885 号北，西摩路外，1923。
——3 堵墙，册地 596 号，马克脱路外，1923。
——住宅加建，册地 1893/1896 号，华德路，1923。
——3 座住宅，册地 2183 号，威海卫路，1923。
——3 座商店加建，册地 697A 号，爱多亚路，1923。
——栈房改建，册地 1012 号，黄浦路，1923。
——1 座工棚，册地 2183 号，慕尔鸣路外，1923。
——7 座洋式商店，册地 697 号，爱多亚路，1923。
——12 座商店，册地 697A 号，爱多亚路，1923。
——57 座中式住宅、15 座商行和 7 座门房，册地 697 号，广西路和北海路和云南路，1923。
——商行改扩建，册地 360/361 号，武昌路外，1923。
——1 座商行、围墙和门，册地 1893/1896 号，华德路，1923。
——住宅、围墙和门，册地 2062 号，华德路和麦克利克路，1923。
——4 座住宅，册地 2005 号，华德路外，1923。
——仓库扩建，册地 1012 号，黄浦路外，1923。
——48 座住宅，册地 820 号，余杭东路外，1923。
——门房和浴室，册地 2340 号，慕尔鸣路，1923。
——10 座住宅，册地 2183 号，威海卫路外，1923。
——75 座住宅和 3 座门房，册地 3159/3164 号，平凉路和韬朋路，1923。
——1 座商行、宿舍、围墙和门，册地 1893/1896 号，华德路，1923。
——68 座住宅，册地 697 A 号，广西路和北海路，1923。
——公厕，册地 2636 号，极司非尔路，1924。
——门房、围墙和门，册地 2636 号，爱文义路延长线，1924。
——78 座住宅，册地 1423 号南，余杭东路，1924。
——48 座住宅，册地 820 号，余杭东路外，1924。
——栈房改建，册地 1012 号，黄浦路，1924。
——住宅改建，册地 972 号，四川北路，1924。
——冷库加建，册地 1012 号，黄浦路，1924。

——3层大洋楼，老靶子路59号，1917。
——沪北宜药里，1924。
——新泰仓库，新泰路57号，1920。
——联安坊（今上海国盛集团有限公司），愚园路1352弄5–8号，1926。
——白兰泰宅（Residence for Brandt，今长宁区卫生学校），华山路1164号，1926。
——震兴里，茂名北路220弄，G. C. Wingrove设计，1927。
——邱宅，威海路412号，1920年代。
——高福里，长乐路294弄西弄，1930。
——湖社社所及陈英士纪念堂，北京路贵州路转角，1930。
——大连坊，大连湾路塘山路口，1933。
——康绥公寓（Cory Apts）改建，淮海中路468–494号，1934。
——14幢新屋，白利南路，1934。
——中华书局印刷厂，澳门路417号，1935。
——中央储备银行（一说陶如增宅，今上海歌剧院），常熟路100弄10号，1936。
——景华新村，巨鹿路820弄804–836号，1938。
——愉园，淮海中路1350弄，1941。
——永康里101个单元，光复路。

参考文献及相关材料：

——黄光域．外国在华工商企业辞典[M]．成都：四川人民出版社，1995：564.
——绝大部分作品信息源自相应年份《上海公共租界工部局公报》（*The Municipal Gazette*）。
——郑时龄．上海近代建筑风格[M]．上海：同济大学出版社，2020：479.
——Allister Macmillan. Seaports of the Far East：Historical and Descriptive，Commercial and Industrial，Facts，Figures，& Resources[M]. 2nd edition. London：W. H. & L. Collingridge，1925：99.

[12] Brossard，Mopin CE，Contractors，Architects（永和营造管理公司）

名称：

永和营造管理公司（Brossard Mopin CE，Contractors，Architects；The Société d'exploitation des établissements；Brossard，Mopin Civil Engineers，Contractors，Architects，Reinforced Concrete Specialists，and Bridge Builders）

地址：

天津；上海；香港；沈阳；哈尔滨

执业时间：

上海（1921—1929）

合伙人：

J. Brossard，E. Mopin，P. A. Abry（天津，1932—1938）

从业人员：

Mariquet（天津），Paul Muller（天津，1932—1938），E. W. Blackmond（上海，1921—1929），Marchel Guillet，M. J. Koziersky（天津），Felix Ernest Marie Ledreux（天津，1919），W. J. Szambelan（天津，1929），Paul Veysseyre（天津，上海，1921—1924），P. Kryzanowski（天津，1932—1938）

简史：

法商永和营造公司（Brossard Mopin C. E.，Contractors，Architects）总部设在巴黎，1910年将亚洲总部设在西贡，由布罗萨尔（J. Brossard）和莫平（E. Mopin）负责；1918年前后改组，迁亚洲总部于天津，中文名为永和营造公司，以钢混建造闻名；1920年代末迁回西贡。1918年在天津开办木船建造业务，1921年初在九龙成立一个小的钢混造船厂。1921年在上海开办分公司，专营混凝土船建造等，聘碧力摩（E. W. Blackmond / Ernest Wilfred Blackmore）为经理，任职至1929年；1930年代在金边、新加坡、河内和海防，以及中国上海、天津、沈阳、哈尔滨均有分支。

作品：

上海：

——法国总会新会舍（New Club House of the Cercle Sportif Francais），竞赛首奖。

——圣亚纳公寓（St. Anne's Apts.），金陵东路25–41号，1929。

天津：

——法国领事馆。

——法国兵营，1913。

——天津工商学院部分建筑，1924—1927。

——中法工商银行（Banque Franco–Chinoise），1926—1933年增建。

——法租界劝业场，1928。

——交通饭店，1929。

——法租界公董局新楼（New French Municipal Council），建造，1931。

——金汤桥修缮，1936。

——渤海大楼，1936。

——利华大楼，1938。

——兴隆洋行，1929。

——起士林大楼、麦粉厂及纺织厂。

——法租界捕房。

——法租界市政厅（Town Hall）。

——法租界外滩混凝土工程（concrete work for the French Bund）。

北京：

——北平模范区建筑设计竞赛头奖，1919。

——辅仁大学部分建筑，1930。

——北京饭店中楼（Grand Hotel），1917。

——门头沟永定河桥（三家店公路大桥 / 京门公路桥），1923。

沈阳：

——东北大学校舍，1925。

——某体育场（a stadium）。

——奉天总会（Mukden Club）。

长春：

——伪满外交部，设计及建造，1933—1934。

其他：

——印度商贸银行（Mercantile Bank of India）建造，马来西亚怡宝，1931。

参考文献及相关材料：

——黄光域 . 外国在华工商企业辞典 [M]. 成都：四川人民出版社，1995：227.

——David Tucker. France，Brossard Mopin，and Manchukuo[C]// Laura Victoir，Victor Zatsepine. Harbin to Hanoi the Colonial Built Environment in Asia，1840 to 1940. Hong Kong：Hong Kong University Press，2013：59–82.

——武求实 . 法籍天津建筑师保罗慕乐研究 [D]. 天津：天津大学，2012.

——农林 . 永和营造公司建筑成绩之一 [J]. 中国工商月报，1926，20：27.

——部分作品信息源自：郑时龄 . 上海近代建筑风格 [M]. 上海：同济大学出版社，2020：497.

[13] Building Bureau，YMCA（中华基督教青年会全国协会建筑办事处）

名称：

中华基督教青年会全国协会建筑办事处 [Building Bureau，Young Men's Christian Association（简称 YMCA）]

地址：

上海（昆山公园3号，1915；静安寺38号西侨青年会大楼，1927）

存续时间：

1915—1941

负责人：

A. Q. Adamson（1913—1928）

成员

W. E. Hines（1922—1941），李锦沛（1923—1929）

简史：

1915 年，青年会国际委员会大会决定成立建筑处，专事青年会建筑的设计与建造。作为对应的下属机构，建筑处纳入中华基督教青年会全国协会的组织序列中，鄢盾生（A. Q. Adamson）被委任负责该部门的运作，负责中国大多数青年会建筑的设计和建造。

作品：

上海：

——海军青年会大楼（即青年会海军会所），1922。

——新美国共济会堂（New American Masonic Lodge），1928。

——南京路西侨青年会大楼（Foreign "Y"），咨询建筑师为哈沙德，前后两幢分别于 1928 年和 1932 年设计。

——美国社交会堂（American Community Church）。

——中国青年会总部第二期（北翼）扩建工程，1926。

其他：

——青年会会所，杭州，1921。

——青年会会所，苏州，1921。

——青年会会所，武昌，1922。

——青年会会所，庐山牯岭，1925。

——青年会会所，成都，1925。

——青年会会所，厦门，1925。

——青年会会所，长沙，1926。

——青年会会所，保定，1926。

——青年会会所，济南，1925。

——青年会会所，南京，1926。

——青年会会所，宁波，1925。

——青年会会所，南昌，1926。

参考文献及相关材料：

——彭长歆 . 介入都市——基督教青年会在近代中国的建造 [J]. 新建筑，2017（6）：11-18.

——彭长歆，顾雪萍 . 超越原型：中国近代基督教青年会体育空间的建构与发展 [J]. 建筑师，2020（1）：110-118.

——中文译名、部分简史及作品信息源自专门从事基督教青年会研究的武志华老师。

[14] Calatroni，Hsieh & Co. Architects' Engineers and Real Estate Agents（开得利建筑工程行 / 开宜工程公司）

名称：

开得利建筑工程行 / 开宜工程公司（Calatroni, Edison, B. Sc. Civil Engineer; Calatroni，Hsieh & Co. Architects' Engineers and Real Estate Agents）

地址：

上海（爱多亚路 25 号，1924—1925；广东路 13A 号，1926；仁记路 24 号，1926—1927；九江路 14 号，1928—1932；汉口路 7 号，1933—1934；汉口路 110 号，1934—1942）

执业时间：

1924—1941 年后

合伙人：

Edison Calatroni，薛绳祖（Hsieh E. S.），F. P. Musso，P. J. Barrera

从业人员：

Renato Corte, Hsieh B. C., J. M. Larcina, Tang F. C., Poo H., Hsu W., Woo S. T., Chu P. S., Howe Y. G., Sung P. C., Zien K. T., Sung G., A. F. Souza，Chuang P. C.（工程师），T. Adamovitch（建筑师），A. Becker（建筑师），E. F. Thompson，A. England，Zoa Y. D.，A. Firsoff

简史：

1924 年 7 月由开得利（Edison Calatroni）在上海创办 Calatroni，Edison，B. Sc. Civil Engineer；1925 年公司中文名定为开得利建筑工程行（Calatroni，Edison，B. SC. Civil Engineer），经营至 1927 年 1 月；1927 年 7 月前薛绳祖（Hsieh E. S.，1918 年获伦斯勒理工学院土木工程学士学位，1922 年获伦斯莱理工学院研究院电机工程博士学位）成为合伙人，洋行更名为开宜工程公司（Calatroni，Hsieh & Co. Architects' Engineers and Real Estate Agents），至 1931 年 1 月开得利离开；公司后由薛绳祖经营至 1947 年，中外文名称均未更改；1939 年开得利曾在巴黎执业；1933 年 12 月开宜公司曾被建设委员会聘请担任南京首都电厂新厂扩充工程土木设计顾问。

作品：

上海：

——太阳公寓，威海路 651 号 / 665 弄，1928。

——新康花园（Jubilee Court），1939。

——施宅（Residence for S. T. Sze），北京西路 1394 弄 2 号，1927—1929。

——基安坊，石门一路 315 弄，1930。

——莫尚宅（Residence for R. B. Mauchan），安福路 201 号，1932（1941 年曾改建）。

参考文献及相关材料：

——郑时龄 . 上海近代建筑风格 [M]. 上海：同济大学出版社，2020：495.

[15] Charrey & Conversy，Architects and Surveyors（沙得利工程司 / 沙得利工程师 / 沙德利工程师）

名称：

沙得利工程司 / 沙得利工程师 / 沙德利工程师（Charrey & Conversy，Architects and Surveyors）

地址：

上海（外滩 20 号，1910—1917）；天津；北京

执业时间：

天津（1902—1925）；上海（1910—1917）；北京

合伙人：

Marcel de Hees Conversy，Henri Charrey

从业人员：

F. Chauvin，P. H. Prevost，F. Liegeois，N. Tirasacchi，R. Wielmaeckers，J. M. Binet，S. Bidello，A. Van Wylick

简史：

1902 年由查理（Henri Charrey）和康沃西（Marcel de Hees Conversy）在天津成立。1907 年查理和康沃西与欧艾叶（Jean O'Neill）、吉盟（Charles Gimon）和布尔布隆（Henri Bourboulon）三位法国军官一起筹款购买崇德堂和首善堂在天津所占地皮，后得到比利时东方国际公司（Compagnie Internationale d'Orient）的资金支持，联合组建天津法比兴业银行（Société Franco Belge de Tientsin，义品公司的前身），并于 1907 年 8 月 3 日开业；1909 年沙得利工程司除了保留企业名外，业务等并入天津法比兴业银行旗下；1910 年天津法比兴业银行正式更名为义品放款银行（法文全称 Crédit Foncier d'Extrême-Orient，缩写为 C.F.E.O.，又称义品房地产公司，简称义品公司或义品洋行），沙得利工程司即为义品洋行（公司）建筑部。1910 年沙得利工程司在上海外滩开办分处；后同时在天津和北京营业；1925 年后沙得利工程司即无闻，义品公司建筑部继续经营。

作品：

上海：

——63 座住宅和 1 座门房，册地 1080 号，吴淞路，1913。

——35 座住宅、门房和马厩，册地 3026/3028/3040 号，新闸路，1914。
——住宅加建，册地 3040 号，新闸路，1914。
——3 座洋式住宅，册地 6168/6170 号，康脑脱路，1914。
——12 座洋式住宅、168 座中式住宅和 2 座门房，册地 2340/2356/2358/2359 号，汇山路、杨树浦路和倍开尔路，1914。
——法租界总捕房监牢工程，1910。
——麦地别墅（Villa de Mr. Madier，今中国科学院上海分院），岳阳路 319 号 11 号楼，1911。
——法租界会审公廨（Nouvelle Cours Mixte Franaise，今黄浦区人民检察院），建国西路 20 号，1914—1915。
——法租界警务处（Poste Cenral，今黄浦区人民检察院），建国西路 24 号，1915—1918（1928 年加建 1 层）。
——永丰村，重庆南路 177 号，179 号，1921—1922。

天津：

——西平关百货店（L. Tallieu & Co.）、利喊洋行（Sennet Freres）、华丰洋行（C. Wall）和乌利文洋行（Ullman & Co.）共用大楼，今和平区承德道 15 号，1906（1918 年改建为朝鲜银行）。
——崇德堂（the new Procure of the Jesuit Fathers）。
——德租界遣使会众多建筑（numerous properties for the Mission des Lazaristes in the German Concession）。
——法租界和平区解放北路 34 号住宅，天津。
——东方汇理银行，和平区解放北路 77 号，1908—1912。
——福租界萨工程师路住宅（后改建为任凤苞住宅），今和平区山西路 186 号，1917。
——华俄道胜利银行改建，和平区解放北路 123 号，1917。
——电报总局，和平区花园路 4 号，1923。
——和平区花园路 5 号住宅（1930 年被吉鸿昌购买）。
——法国工部局，和平区解放北路 34 号，1927。
——原法租界某建筑，和平区赤峰道 70 号，1908。
——裕泰饭店，和平区解放北路 74 号，1926。
——法国公议局，和平区承德道 12 号，1939。
——马场道私人住宅，河西马场道 123 号。
——华比银行（Banque Belge Pour L'Etranger），和平区解放北路 104 号，1922。
——1917 年前天津法租界的绝大部分建筑均由该公司设计建造，其他地区也有，尤其是大法国路（Rue de France，现解放北路）所有临街建筑，均为该公司设计建造。

开封：

——邮政大楼，1919。

济南：

——山东邮务管理局大楼，局长及副局长住宅，1919。

参考文献及相关材料：

——黄光域 . 外国在华工商企业辞典 [M]. 成都：四川人民出版社，1995：376-377.
——部分作品信息源自相应年份《上海公共租界工部局公报》(*The Municipal Gazette*)。
——郑时龄 . 上海近代建筑风格 [M]. 上海：同济大学出版社，2020：480.
——Arnold Wright. Twentieth Century Impressions of Hongkong，Shanghai，and Other Treaty Ports of China：Their History，People，Commerce，Industries，and Resources[M]. London：Lloyds Greater Britain Publishing Company，1908：744.
——W. H. Morton Cameron，W. Feldwick. Present Day Impressions of the Far East and Prominent and Progressive Chinese at Home and Abroad[M]. London：The Globe Encyclopedia Co.，1917：264.
——宋昆，孙艳晨，杜小辉，汪江华 . 亨利·查理、迈克尔·康沃西和沙得利工程司 [C]// 张复合，刘亦师 . 中国近代建筑研究与保护（十）. 北京：清华大学出版社，2016：510-516.

[16] China Mission Architectural Bureau，M. E. C. S. Architectural Designs，Survey etc.（美国监理会中国使团建筑部）

名称：

美国监理会中国使团建筑部（China Mission Architectural Bureau Architects & Surveyors，Methodist Episcopal Church，South；China Mission Architectural Bureau，M. E. C. S. Architectural Designs，Survey etc.）

地址：

上海景林庐（Young Allen Court）7 号

存续时间：

1923—1925

成员：

J. H. Black，D. T. Hird，F. E. McGarvin

简史：

美国监理会中国使团专门成立的建筑设计机构，于 1923 年在上海成立，1925 年后无闻。

作品：

——东吴大学葛堂（即科学馆，Cline Hall，The Science Building，Soochow University），苏州，1924。
——新湖州协和医院（New Huchow Union Hospital），湖州，1924。

参考文献及相关材料：

——东吴大学作品信息由苏州大学陈曦老师提供。

[17] China Realty Co.，Ltd. Land and Estate Agents，Architects and Builders，Mortgages Negotiated（中国营业公司）

名称：

中国营业公司（China Realty Co. Real Estate，Rentals and Mortgages / China Realty Co.，Ltd. Land and Estate Agents，Architects and Builders，Mortgages Negotiated / China Realty Co. Ltd. Financial Agents，Insurance Agents，Land and Estate Agents，Architects and Builders / China Realty Co.，Fed. Inc.，U. S. A.）

地址：

上海（江西路 38 号，1908—1909；汉口路江西路交口新电报大楼一层，1909—1910；南京路 39 号，1912—1918；南京路 27 号，1918—1922；江西路 24A，1922—1923；外滩 12 号汇丰银行，1924—1925；四川路 70 号，1926—1933；四川路 290 号，1934—1941）

执业时间：

1904—1941 年后

合伙人：

F. J. Raven（1904—1916），R. H. Parker（1917—?），F. W. Sutterle，F. W. Sutterle Jr.

从业人员：

R. Luff（1913），B. C. G. Burnett（1914.01—1915.01），G. O. Wotten（1914.07—1915.07），H. W. T. Dawe（1915.01—1915.07），G. F. Ashley（1916.07—1921.01），A. J. Evers（1917.07—1918.01），W. Strom（1919.01—1921.07），Lee O. S.（1920.01—1922.01）

简史：

1904 年由原公共租界工部局工程处职员礼文（F. J. Raven）创办，最初外文名为 China Realty Co. Real Estate，Rental and Mortgages，中文名为中国营业公司，主要经营房地产及贷款业务。1909 年按特拉华州法律注册为公众性股份有限责任公司，核定资本银 100 万两，实收 21 万余两，并增加建筑师和建造业务，公司改外文名为 China Realty Co.，Ltd. Land and Estate Agents，Architects and Builders，Mortgages Negotiated，中文名未变，由礼文任常务董事；后又增加金融代理和保险代理业务，并于 1912 年 7 月更外文名为 China Realty

Co. Ltd. Financial Agents，Insurance Agents，Land and Estate Agents，Architects and Builders。自1917年由R. H. Parker任总经理，至1922年1月由萨特尔（F. W. Sutterle）接任；1925年公司按美国在华商务注册章程重新注册为公众性公司，更外文名为China Realty Co.，Fed. Inc.，U. S. A.，资本仍为银100万两，经营土地、房产、放款、抵押及营造、测绘、保险代理诸业务，发行公司债。该公司经营的地产有200余处，房屋、公寓、店铺数以千计，为上海实力最雄厚的地产公司之一，持续经营到1941年7月后。因业务需要，设有打样间（设计部门），并聘有建筑师。

作品：

上海：

——10座住宅，册地1604号，昆明路，1912。
——2座住宅，册地3231号，爱文义路和西摩路，1913。
——1座洋式住宅和1座棚屋，册地3231号，爱文义路和西摩路，1913。
——汽车库和仆人房，册地2019号，斜桥弄，1915。
——洋式住宅改建，册地2847号，南阳路，1915。
——干燥窑，册地6044号，杨树浦路，1916。
——加建项目，册地973号，四川北路，1917。
——加建项目，册地154号，南京路，1917。
——1座洋式住宅，册地576号，海宁路和山西北路，1916。
——1座洋式住宅，册地6001号，杨树浦路，1918。
——1座洋式住宅，册地3312号，赫德路，1918。
——洋式商店和仆人房，册地6185号，赫德路，1918。
——改建项目，册地80号，宁波路，1918。
——1座洋式住宅、1座洋式商店及仆人房，册地2894号，西摩路，1918。
——3座洋式住宅，册地2894号，西摩路，1919。
——1座商店、围墙和大门，册地5555号，兰路，1919—1920。
——1座住宅，册地6169号东，赫德路，1919。
——1座商店，册地3229号，爱文义路，1919。
——工厂和棚屋，册地2300号，倍开尔路和麦克利克路，1920。
——工厂，册地2300号，倍开尔路和麦克利克路，1920。
——改建项目，册地155号，南京路，1920。
——1栋中式住宅改建，册地272号，福州路，1920。
——加建项目，册地155号，南京路外，1921。
——大门、围墙和改建项目，册地2300号，麦克利克路，1920。
——申报馆（Shun Pao Building），汉口路309号，1916—1917，阿什利（G. F. Ashley）设计。
——康福特宅/“爱庐”（Residence Comfo），东平路9号，1916—1928（后于1932年进行改扩建）。
——拉瑟福德宅（Residence C. H. Rutherford，今上海话剧艺术中心），安福路284号，1917。
——赵宅（C. H. Chao），思南路48号，1918。
——古尔宅/荣鸿元宅（Residence for E. C. Gll / M Mordvcovitch，今美国总领事馆），淮海中路1469号，1921。
——莫里哀路（香山路）花园洋房，1930。
——福履理路598号宅，建国西路598号，1929。
——又斯登公寓（Houston Court，今登云公寓），淮海中路2068号，1929。

参考文献及相关材料：

——黄光域．外国在华工商企业辞典[M]．成都：四川人民出版社，1995：123-124.
——部分作品信息源自相应年份《上海公共租界工部局公报》（*The Municipal Gazette*）。
——郑时龄．上海近代建筑风格[M]．上海：同济大学出版社，2020：503.
——上海市档案馆．上海珍档[M]．上海：中西书局，2014：122.

[18] Chollot，J. J. Civil Engineer，Surveyor and Architect（邵禄工程师行 / 邵禄父子工程行）

名称：

邵禄工程师行 / 邵禄父子工程行（Chollot，J. J. Civil Engineer，Surveyor and Architect；Chollot，J. J.，et Fils Civil Engineer，Surveyor and Architect）

地址：

上海 [办公及居住地址：洋泾浜 53 号，1908—1909；白尔路（Rue Eugene Bard）31 号，1912—1913；白尔路 30 号，1914—1916；白尔路（后改为蒲柏路，Rue Auguste Boppe）476、478、480 号，1916—1938；麦赛尔蒂罗路（Rue Marcel Tillot）85 号，1920—1939；外滩 6A、7A 号，1921—1923；爱文义路 31 号，1923—1924]

执业时间：

1908—1939

合伙人：

J. J. Chollot，J. M. X. Chollot，L. A. Chollot，P. J. Chollot

从业人员：

J. M. X. Chollot（1920—1928），L. A. Chollot（1923—1939），P. J. Chollot（1926—1939）

简史：

1907 年邵禄（J. J. Chollot）自法租界公董局退休后在上海创办邵禄工程行（Chollot，J. J. Civil Engineer, Surveyor and Architect），经营建筑、土木工程和测绘业务，至 1916 年 7 月因邵禄参加一战而停业；1920 年 7 月邵禄工程行在上海恢复营业，邵禄之子 J. M. X. 邵禄（J. M. X. Chollot）加入，公司更中文名为邵禄父子工程行，更外文名为 Chollot, J. J., et Fils Civil Engineers, Surveyors and Architects；1925 年行名改回邵禄工程师行；1938 年 11 月邵禄在上海去世，邵禄工程师行停业。

作品：

——麦阳路 158 号中国建业地产公司住宅，上海华亭路 158 号，1939。

参考文献及相关材料：

——郑时龄 . 上海近代建筑风格 [M]. 上海：同济大学出版社，2020：481.

[19] Cook & Anderson, Architects, Surveyors and Valuators Engineers（永固工程司）

名称：

永固工程司（Adams & Knowles, Architects；Adams, Knowles & Tuckey, Architects & Engineers；Adam & Knowles, Architects & Engineers；Cook & Shaw, Architects & Engineers；Cook & Anderson, Architects, Surveyors and Valuators Engineers）；安德森工程师 / 永固工程司（Anderson, H. McClure F. R. I. B. A., M. I. STRUCT. E. Chartered Architect, Surveyor and Valuer）

地点：

天津；北京

执业时间：

1903—1941 年后

合伙人：

E. G. Adams，G. S. Knowles，W. R. T. Tuckey，Edwin Cook，A. J. M. Shaw，H. McClure Anderson

从业人员：

C. Thunder，E. H. Lyall

简史：

E. G. 亚当斯（Adams Jr, Edwin Griggs）于 1903 年与乐士（G. S. Knowles）合伙开办建筑师事务所 Adams & Knowles, Architects，中文名为永固工程司，稍后德基（W. R. T. Tuckey）成为合伙人，公司外文名改为

Adams, Knowles & Tuckey Architects & Engineers；至 1907 年左右 W. R. T. Tuckey 退出，公司复名 Adam & Knowles, Architects & Engineers；1911 年前后亚当斯退出，公司由可克（Edwin Cook）等接办，稍后肖氏（A. J. M. Shaw）成为合伙人之一，更外文名为 Cook & Shaw, Architects & Engineers；1913 年肖氏退出由安德森（H. McClure Anderson）接任合伙人，1913 年公司名改为 Cook & Anderson, Architects, Surveyors and Valuators Engineers，一直经营到 1938 年仍见于记载；自 1927 年开始，安德森工程师（Anderson, H. McClure F. R. I. B. A., M. I. STRUCT. E. Chartered Architect, Surveyor and Valuer）与永固工程司同址经营，至 1938 年库克（Cook）离开后由安德森独立经营永固工程司，仅保留外文名 Anderson, H. McClure F. R. I. B. A., M. I. STRUCT. E. Chartered Architect, Surveyor and Valuer，1941 年仍见于记载。

作品：

天津：

——天津耀华中学大礼堂。
——天津马大夫医院门诊部，1924。
——天津印字馆（Tientsin Press，Ltd.）。
——新泰兴洋行（Messrs Wilson & Co.）。
——维多利亚路惠罗洋行（Whiteaway Laidlaw）。
——永昌泰洋行（Talati Bros.）。
——隆茂洋行（Messrs. Mackenzie & Co.）及其堆栈。
——怡和洋行堆栈。
——安利洋行（Arnhold & Co.）堆栈。
——泰和洋行（Reiss & Co.）堆栈。
——卜内门洋行（Brunner Mond & Co.）。
——为河东兴业有限公司（Hotung Land Co. Ltd.）开发的诸多地产项目提供设计。
——中国政府铁路办公室（The Chinese Government Railway Offices）。
——天津学堂（Tientsin School）。
——中西女学（Keen School）。
——卫理公会女子医院（Isabella Fisher Hospital，South Gate）。
——德租界卡特（E. W. Carter）住宅。
——德租界斯考特（F. R. Scott）住宅。
——俄租界舒顿（W. Sutton）住宅。
——俄租界卜内门洋行住宅。
——英租界桑顿（P. S. Thornton）住宅。
——英国军事当局的一些房屋（a number of houses for the British military authorities）。

北京：

——怡和洋行办公楼。
——北京海关 2 座住宅（two new houses on the Hsiao Lou site for Peking Custom），肖氏设计，1913。
——京奉铁路火车站（The P. M. Railway Station）。
——东交民巷祁罗弗洋行（Kierulff & Co.'s Premises）。
——居尔典会所（Culty Chambers）。
——荷兰领事馆建筑（Dutch Legation Buildings）。
——基督教青年会会所（Y.M.C.A. Premises）。
——邮政局局长住宅（Postal Commissioner's Residence）。
——协和医学院和医院（United Medical College and Hospital）。
——协和医学堂宿舍，1907—1908。

唐山：

——唐山工程学院（Tongshan Engineering College）。

相关材料：

——王苗 . 中西文化碰撞下的天津近代建筑 [M]. 天津：天津大学出版社，2020：147.
——郑红彬 . 近代天津外籍建筑师述录（1860—1940）[J]. 建筑史，2016（1）：175-194.
——W. H. Morton Cameron，W. Feldwick. Present Day Impressions of the Far East and Prominent and Progressive Chinese at Home and Abroad[M]. London：The Globe Encyclopedia Co.，1917：261.
——Allister Macmillan. Seaports of the Far East：Historical and Descriptive，Commercial and Industrial，Facts，Figures，& Resources[M]. 2nd edition. London：W. H. & L. Collingridge，1925：149.

[20] Corrit, A. Civil Engineers and Surveyors（康益洋行）

名称：

康益洋行（Corrit & Co. Civil Engineers and Surveyors; Berents & Corrit Consulting and Constructing Engineers; Corrit, A. Consulting Civil Engineer, Constructing Engineers, Surveyor）

地址：

上海（四川路123号，1919—1923；四川路127号，1924—1925；四川路36号，1926—1927；圣母院路64号，1928—1931；江西路278号，1931—1947年后）；杭州

执业时间：

1919—1953

合伙人：

A. Corrit, H. Berents, A. Winther

从业人员：

Tsao H. K., Chu Y., Ing Z. L., Ying C. L., S. Clement, N. Bergschild, A. M. Sequeira, S. C. C. Vaughan, Jas Sun, Y. Roping, E. S. Okses, F. Berge, N. P. Ivanoff, A. Y. Tamura, J. L. Slaschov, V. F. Lavrov, S. Y. Yue, C. L. Yung, G. S. Kossoff, V. L. Orloff, C. P. Kwang, J. P. Gleboff, C. Tavares, T. Kjaer, F. Mamitza, M. J. Youhpotsky, I. P. Vassilieff, E. Goebel, G. Unterberg, B. J. Lindskog, E. Nyholm, R. Louzier, M. Glooshkoff, V. Tornovsky, G. E. J. Brummer, A. Paldwany, B. Boehnert, S. Sizorm, Sun Pao Tsoo, B. N. Doo, H. Y. Hoe, B. Allara, N. V. Shultz, V. Tonovsky, V. Shonkoff, P. W. Neubourg, S. Zaharoff, 夏鸿寿

简史：

1919年由原慎昌洋行（Andersen, Meyer & Co.）土木工程师、丹麦人康益（A. Corrit）在上海创办，公司名为康益顾问土木工程师事务所（A. Corrit），经营咨询土木工程师业务，承揽铁筋三和（合）土栈房、桥梁、水池、河岸、工厂、码头、烟囱、榖柜等工程；1920年曾和柏韵士（Berents）短暂合伙组建柏考洋行（Berents & Corrit Consulting and Constructing Engineers）1920年在承接兆丰纱厂高烟囱任务取得成功后，开始专营打桩工程，其业务遍布上海及华北，参与工程涵盖办公楼、住宅公寓、工厂、堆栈、储油厂、码头，其在大跨悬挑钢结构工程方面也颇具优势；1926年改为工程公司（又名康益洋行）；1940—1941年开办杭州分部（Corrit's Construction Office）；1953年5月13日，康益洋行被收购归为国有，后几经变迁，现为上海市基础工程集团有限公司。

作品：

上海：

——1座洋式商店，册地25号，阿拉白斯路，1920。
——1座洋式商店和8座平房，册地6308/6309号，渡口路外，1920，Berents & Corrit 设计。
——1座厕所，册地4606号，莫干山路外，1920。
——2座商行，册地3062号，爱文义路外，1921。
——加建项目，册地6043号，腾越路外，1921。
——仓库，册地27号，苏州西路和甘肃路，1921。
——2座仓库，册地4504/4505号，劳勃生路和澳门路，1921。
——华安合众保寿公司（China United Assurance Society Building，今金门大酒店），南京西路104号，1924—1926，哈沙得设计，康益监造（哈沙得设计）。
——中国通商银行新屋打桩工程，1934。
——法租界麦兰捕房（F. M. C. Poste Mallet），爱多亚路，1935。
——闸北水电厂扩建工程（Chapei Electricity and Waterworks Co. Power Plant Extension）。
——跑马厅市场（Race Course Market），白克路，1935。
——上海发电厂（Riverside Station）加建基础工程，1938。
——泰美洋行（China Transport & Storage Co.）6层仓库建筑，白克尔路和杨树浦路转角，施工图设计，1931。
——义泰兴董家渡煤栈码头，1922。
——亚洲文会大楼结构工程师，虎丘路，1931。
——卜内门洋碱公司新栈，熙华德路，1933。
——美安洋行，汇山大堆栈，1933。
——扬子饭店，汉口路，1933。

——永安公司新屋，南京路，1933。
——业广公司百老汇大厦，外白渡桥北侧，1933。
——华懋公司峻岭寄庐打椿（打桩）工程，迈而西爱路。
——亚洲电业公司，河间路新厂，1933。
——改造法商电气电车公司方棚间楼板，1933。
——卜内门洋碱公司新栈汇山大堆栈，1933。
——法商自来水厂，董家渡，1933。
——法租界福履理路 394 号建筑，1934。
——中汇银行钢混工程设计，爱多亚路，1934。
——福州路大新舞台（现天蟾舞台）圆顶钢屋顶安装。

宁波：

——承建宁波老浮桥（Lou Foo Bridge，又称老江桥、灵桥）改建钢混工程，1934—1936。
——承造沪杭甬铁路之曹娥江铁桥，1936。

杭州：

——钱塘江大桥（Zakhan Bridge / Chien Tang River Bridge）主桥 15 座桥墩及 16 主跨（15 RC Main Piers and Erecting 16 Main Spans），1937。

青岛：

——波普住宅（Villa Pope），正阳关路，1935。

南昌：

——飞机场机库和车间（Hangars and Workshop for the Aviation Field）。

南京：

——中央大学大礼堂（全部钢架工程，为当时国内最大圆顶），承建。

其他：

——承建的工程项目主要有津浦铁路黄河大桥等十多项桥梁工程。
——承建了上海大来轮船公司码头、厦门海关太古洋行吊桥码头等十多项码头工程。
——完成了几十项桩基工程，其中有大丰纺织纱厂及上海最高的 186 米烟囱桩基工程，远东最新式的美安公司，汇山堆栈桩基工程，远东最高建筑上海四行储蓄会大厦的桩基工程，以及当时远东最高大楼上海国际饭店的木桩桩基工程，几乎包揽了当时上海 10 层以上所有大厦的桩基工程。

参考文献及相关材料：

——黄光域 . 外国在华工商企业辞典 [M]. 成都：四川人民出版社，1995：635.
——部分作品信息源自相应年份《上海公共租界工部局公报》（*The Municipal Gazette*）。

[21] Crédit Foncier d'Extrême-Orient. Mortage Bank（义品洋行 / 义品放款银行 / 义品地产公司）

名称：

义品洋行 / 义品放款银行 / 义品地产公司（Crédit Foncier d'Extrême-Orient. Mortage Bank）

地址：

上海（外滩 20 号，1911—1925；外滩 7 号顶楼，1925—1928；外滩沙逊大厦，1928—1932；外滩 18 号麦加利银行一楼，1932—1938；四川路 346 号迦陵大楼八楼，1938—1941）；天津；汉口；香港；北京；济南；开封；澳门

执业时间：

1907—1940 年代末

从业人员：

天津：Henri Charrey（1907—?），Marcel Conversy（1908—?），Paul Zurkinden（1912—1914），Raoul Wielmaecker（1913—1939?），Gustave Volckaert（1914—1922，1934—1946），Gabriel Van Wylick（1919—1923），Jean Gysin（1923—1924，1925—1926），Georges Maille（1923），Maurice Grawels（1920s），Leo Mendelssohn（1925—1930s），Émile Missu（1928—?），Marcel Guillet（1925—1928），Louis Boisson（1928—?），Edouard Mostaert（1927—1936，1937—1948）。

上海：Henri Charrey，Marcel Conversy，François Chauvin（1910—?），Marcel Binet（1915—?），Gabriel Dumail

(?—1926), Jean Gysin (1920—1923, 1925, 1926—1927, 1928), Pierre De Rongé (1924—1926), Lucien David (1928—1929), Leo Mendelssohn (1924—1925), Guy Derevoge (1934—1946), Max Ouang (王迈仕, 1930s), H. L. Favacho (1917—1940)。

汉口：Gabriel Dumail (1917—?), Pierre De Rongé (1926—1928), Edward Henry Rouse (1920—1924), Hubert Sarton (1920—1926), Gabriel Van Wylick (1927)。

香港：Lucien David (1929—1930), Edouard Mostaert (1936—1937), Gabriel VanWylick (1927—1946), Alfred Alvares, Renauld Thys (St. Luc), Gustave Volckaert (1947—1954), Jacques De Molling (1949—1950)。

北京：Arnaud Pruniau (1916—1920s), Gustave Volckaert (1920)。

济南：Herman Moreau (1917—1928), Eugène Louis Michaux (1919—1930s), P. R. Gruenbergue (1919)。

开封：Herman Moreau。

澳门：Jose Francisco De Silva (1920)。

简史：

1907 年欧艾叶（Jean O'Neill）、吉盟（Charles Gimon）和布尔布隆（Henri Bourboulon）三位法国军官与天津法商沙得利工程师行查理（Henri Charrey）和康沃西（Marcel Conversy）两位法国建筑师一起筹款购买崇德堂和首善堂在天津所占地皮，后得到比利时东方国际公司（Compagnie Internationale d'Orient）的资金支持，联合组建天津法比兴业银行（Société Franco Belge de Tientsin），并于 1907 年 8 月 3 日开业；1909 年沙得利工程师行除了保留企业名外，业务等并入天津法比兴业银行旗下；1910 年天津法比兴业银行正式更名为义品放款银行（法文全称 Crédit Foncier d'Extrême-Orient，缩写为 C.F.E.O.，又称义品房地产公司，简称义品公司）；后注册为股份有限公司，资本为 1000 万法郎，本部设于布鲁塞尔，天津、上海为分部；布鲁塞尔大东万国公司、华比银行及巴黎东方汇理银行、巴黎联合银行等为股东；经营房产、贷款和建筑设计等业务。1912 年设远东总行于上海黄浦滩，奥尼尔（J. O 'Neill）为首任总经理。中国天津、香港、汉口、北京、济南及新加坡等地先后设分行或代理处。1917 年前在北京分部下设建筑部，负责人为华立慧（Gantois Gustave Volckaert），经营房地产、抵押贷款、建筑、经租及保险代理等业务。除北京分部建筑部，1922 年时已经在汉口、天津、开封、上海和济南分部设建筑部；1929 年核定资本累增至 7000 万法郎。天津义品砖窑、中法义隆房产公司、中法义兴轮船公司、粘板公司及上海义品砖瓦厂均为公司产业。公司华名通称“义品放款银行”，唯香港分行一度别称“义品澄款银行”，也有个别称“仪品”。1945 年后津、沪等地华名均改为义品地产公司。1940 年代末尚见于记载，其时经租之房屋约 4000 幢，业务涵盖地产押款、经租房屋、地产挂号、买卖地产、绘图打样、监工建筑、机制砖瓦、承保火险等。

作品：

上海：

——办公楼加建，册地 31 号，南京路，1915。

——1 座门房，册地 1193 号，兆丰路，1915。

——63 座中式住宅，册地 964/969 号，海宁路，1915。

——改建项目，册地 31 号，南京路，1917。

——3 座洋式住宅，册地 860 号，余杭东路，1917。

——27 座住宅，册地 1080 号，吴淞路，1917。

——13 座住宅，册地 1736/1745 号，爱多亚路，1917。

——1 座洋式商店，册地 2390 号，静安寺路，1918。

——8 座洋式住宅，册地 2634 号 / 2630 号 / 2630 号西，倍开尔路，1918。

——加建项目，册地 64 号，苏州路，1919。

——1 座仆人房，册地 64 号，苏州路，1920。

——3 座中式住宅，册地 2892 号，杨树浦路外，1920。

——住宅改扩建、围墙和入口大门，册地 3286 号，爱文义路和赫德路，1921。

——3 座洋式住宅、围墙和大门，册地 2460 号，杨树浦路，1921。

——车库及厕所，册地 3311 号，赫德路，1921。

——改建项目，册地 638 号，云南路，1921。

——1 座办公楼及公厕，册地 121 号，爱多亚路，1923。

——建筑改建，册地 121 号，爱多亚路，1924。

——法租界警察局（The Central Station of the French Police）。

——含羞草住宅（Mimosa Terrace），吕班路（Avenue Dubail，今重庆南路）。

——义品洋行开发物业（Houses on the property of the Crédit Foncier d'Extrême-Orient），巨籁达路。

——贝当路公寓（CFEO Apartments Building，First Pent-House Apartment in Shanghai），贝当路（Avenue

Petain)，1929—1931，Guillet 设计。
——爱棠路公寓（Flats on Route Edan），1933。
——密丹公寓（Midget Apartments），武康路与湖南路的街角（Corner of Route Ferguson and Route Charles Culty），1931，Guillet 设计。
——公寓楼，霞飞路（New Apartment Building on Avenue Joffre），1931。
——私人公寓（Private Apartment House），汶林路（Route Winling），1935。
——7 层公寓楼，善钟路（今常熟路，Routes De Say Soong）和格罗西路（今延庆路，Routes De Grouchy）交叉口，1929。
——义品村（Yipin Estate），法租界，1921。
——多个中式住宅小区。
——拉辛宅（Properiete de Racine & Co.），桃江路 150、152 号，1920。
——义品村、马斯南路 87/89/93/95/97/99/101/105/107/115/117/119/121/123/125/127/129 号宅（今思南公馆），思南路 53/55/59/61/63/65/67/71/73/81/83/85/87/89/91/93/95 号，1921，奥拉莱斯设计（?）。
——巴塞宅（Residence Basset，今法国总领事官邸），淮海中路 1431 号，1921。
——马斯南路住宅，思南路 50/52/54/56 号，1922，费诺斯设计（?）。
——辣斐德路住宅，复兴中路 533/535/537/539/541 号，1922，费诺斯设计（?）。
——洋房写字间，爱多亚路长发栈原址，1923。
——4 层钢骨水泥洋房写字间，爱多亚路长春全安栈原址，1923。
——尚贤坊，淮海中路 358 号，1924。
——辣斐德路 557 号宅，复兴中路 517 号，1926。
——华盛顿公寓（Washington Apts，今西湖公寓），衡山路 303 号，1930。
——周公馆（?）（M. D. Chow's residence），思南路 58 号，1932，T.C. Li 设计。
——怡诺宅（Residence Ciano，今上海汽车工业总公司），武康路 390 号，1932，M. Guillet 设计。
——马斯南路 88/90/94 号宅，思南路 60/62/66 号，1932。
——卫乐精舍（Willow Court，今卫乐公寓），复兴西路 34 号，1934。
——麦祁路 28 幢 2 层中式住房，乌鲁木齐中路。
——辣斐德路住宅，复兴中路 529 号，1937。
——蒲石路住宅，长乐路 800 号，1930 年代。
——励氏宅改建设计，高安路 63 号，1941。
——圣达里，瑞金路。

天津：

——北疆博物馆北楼，1922，Binet 设计。
——裕泰饭店，1926。
——法莱提大楼（Ferretti Building）。
——法国总会（French Club，含剧院）。
——中国电报局（Chinese Telegraph Office）。
——马厂道私人住宅（Private Residence in Racecourse Road）。
——北洋保商银行（Commercial Bank of Chihli）。
——新罗马天主教堂（The New Roman Catholic Cathedral）。
——东方汇理银行（Indo-China Agency Bank / Banque de l'Indo-Chine），1912，Charrey & Conversy 设计。
——朝鲜银行（Korean Bank），1918，Charrey & Conversy 设计。
——华比银行和比利时领事馆（Banque Sino-Belge and Belgian Consulate Building），1922，Gustave Volckaert 设计。
——百福大楼（Belfran Building，Tianjin），1927，Leo Mendelssohn 设计。
——法租界市政厅（French Concession Municipal Hall），1929—1931，Leo Mendelssohn 设计。
——法国总会（Cercle Francais / French Club），1929，Leo Mendelssohn 设计。
——何宅（Residence for Mr. Ho），英租界，1932。
——沈宅（Property of Shen Shin Chi），丰领事路（Rue Fontanier），1932。
——张宅（Residence of Zhang Shu-cheng），伦敦道，1936，Gustave Volckaert 设计。
——伦敦道 48 号住宅，1936—1937，Gustave Volckaert 设计。

汉口：

——王蓉卿宅（Bungalow for B. I. C. Ouan），1927，Gabriel Van Wylick 设计。

——叶宅（“Semi-foreign” house designed for Yih Fong Che），1927，Gabriel Van Wylick 设计。
——中国商馆（Chinese quarter，Hankou），1927，Gabriel Van Wylick 设计。
——盐业银行（Yien Yieh Commercial Bank），1927，Gabriel Van Wylick and Hemmings & Berkeley 设计。

北京：

——盐税大楼（The New Salt Gabelle Building），建造。
——雷吉内楼（Regine's Buildings），建造。

香港：

——基督国王教堂（Christ the King Chapel），铜锣湾（Causeway Bay），1928，Chan Atong 设计。
——巴黎外方传教会住宅（Residences “Type D” for Missions Etrangeres），窝打老道（Waterloo Road）和太子道（Prince Edward Road）交叉口，1929，Van Wylick 设计，已毁。
——永乐大楼（Wing Lok Building by C.F.E.O.），弥敦道（Nathan Road）和太子道交叉口，1930。
——半欧式住宅（“Semi-European” Houses / Chinese Tenement House Type Apartment Houses），册地 K. I. L. 2372 号，太子道，1930—1932。
——圣若瑟安老院（St. Joseph's Home for the Aged），牛池湾（Ngau Chi Wan），1930 年以前。
——圣德肋撒堂（St. Teresa's Church），九龙塘，1932—1933，葛斯尼 / 格里森（D. Adelbert Gresnigt）设计，Van Wylick 深化。
——穷人小姐妹教堂 / 圣若瑟安老院内圣若瑟礼拜堂（Church of the Little Sisters of the Poor / St. Joseph's Chapel，located within St. Joseph's Home for the Aged），1932，Gabriel Van Wylick 设计。
——欧式半独立式住宅（Semi-detached House of European Type），九龙界限街（Boundary Street），1934。
——书院道公寓（College Road apartment），册地 N K I L 2369/2370 号，1935。
——住宅，册地 E / K I L 2957/2958 号，太子道，1935，已毁。
——现代主义住宅，册地 E / K I L 2959 号，太子道，1935—1937，已毁。
——嘉尔默罗隐修院，赤柱，1936。
——科发道公寓 / 摩登公寓（Forfar Road Flats or “Modern Apartments”），亚皆老街（Argyle Street），1941，已毁。
——香岛路住宅（Island Road Residence），1941，Gabriel Van Wylick 设计。
——加列山道住宅（Residence on Mt. Kellet Road），1940 年代，已毁。
——书院道住宅（College Road Residence），九龙，1941，Gabriel Van Wylick 设计，已毁。
——山顶公寓（Martinhoe，apartment residence on the Peak），白加道 62 号（No. 62 Barker Road），1948，Gustave Volckaert 设计。
——圣保罗姐妹孤儿院（Orphanage for St. Paul Sisters），铜锣湾，1950，Gustave Volckaert 设计，已拆毁重建。
——九龙草地滚球会扩建（Extension of the Kowloon Bowling Green Club），1952，Gustave Volckaert 设计。
——玛利诺修院学校内玛利诺礼拜堂外部和内部视图（External and Interior View of Maryknoll Chapel within Maryknoll Convent School），九龙塘，1952，Gustave Volckaert 设计。

开封：

——邮政大楼，1919。

济南：

——邮政大楼，局长及副局长住宅，1919。

其他：

——1917 年左右负责山海关开发。

参考文献及相关材料：

——黄光域 . 外国在华工商企业辞典 [M]. 成都：四川人民出版社，1995：65-66.
——部分人员和作品信息源自 Leung-kwok Prudence Lau. Adaptive Modern and Speculative Urbanism：The Architecture of the Credit Foncierd'Extreme-Orient（C.F.E.O.）in Hong Kong and China's Treaty Ports，1907—1959[D]. Hong Kong：The Chinese University of Hong Kong，2013.
——部分作品信息源自相应年份《上海公共租界工部局公报》(*The Municipal Gazette*)。
——郑时龄 . 上海近代建筑风格 [M]. 上海：同济大学出版社，2020：503-504.
——W. H. Morton Cameron，W. Feldwick. Present Day Impressions of the Far East and Prominent and Progressive Chinese at Home and Abroad [M]. London：The Globe Encyclopedia Co.，1917：262-263.
——L. LAU. Building a Modern City：Legacies of Residential Development and Architectural Adaptation in Colonial Hong Kong[J]. Journal of the Royal Asiatic Society，2018，28（2）：339-353.

相关影像：

照片来源：

[N]. The China Press，1929-04-21（B4）.

[22] Cumine, H. M. Architect, Surveyor, Estate and Commission Agent and Merchant（克明洋行）

名称：

镜明洋行 / 克明洋行（Cumine，H. M.，Merchant，Land and Estate Agent and General Broker；Cumine & Kragh，Land and Estate Agents，Builders，Contractors，and General Commission Agents）；锦发产业有限公司（China Land & Buildnig Co. Land Owners，Estate Agents，Architects & Builders）；同和英行（Harvie & Gibbon Architects Land and Estate Commission Agents Manufacturers，Representatives and Builders' Suppliers）；克明洋行（Cumine，H. M. Architect，Surveyor，Estate and Commission Agent and Merchant；Cumine & Milne Architects，Civil Engineers，Surveyors and Estate Agents）；锦名洋行（Cumine & Co.，Ld. Architect，Surveyors and Estate Agents）

地址：

上海（烟台路 6/7 号，1903；四川路 13 号，1904；宁波路 6 号，1905；南京路 40 号，1906；四川路 125 号，1912—1918；江西路 38 号，1919—1925；宁波路 7 号，1926—1928；四川路 48 号，1928—1933；四川路 149 号，1934—1938；圆明园路 209 号 602 室，1938；北京路 2 号 301 室，1939—1941 年后）

执业时间：

1903—1906，1908—1941

合伙人：

H. M. Cumine，Chas H. Kragh

从业人员：

Tsin Tsak-lam，S. T. Luke，D. Barton（监工），Wong Ok Zoon（买办），J. P. Wong（助理），Harry Tam Whynne（经理，谭坦？），Alex Y. Lee（秘书），G. V. Rowland（建筑师助理），R. C. Brown，S. S. Shea（绘图员），Y. S. Nien（绘图员），Yen, K. D.（绘图员），Yang, K. S.（描图员），Loh, Y. D.（工程监督），S. C. Chang（买办），W. Wanderleach，P. L. Bojesen（经理），J. Tomlin，D. Wilkens，E. B. Cumine（ARIBA，AIAA），T. O. Wong，T. Veitch，H. Harvey，G. G. Cumine，J. R. Greaves

简史：

1903 年由克明（H. M. Cumine）自办事务所新锦名洋行（Cumine，H. M.，Merchant，Land and Estate Agent and General Broker，又称镜明洋行），经营房地产业务；1904 年拉格（Chas H. Kragh）加入成为合伙人，公司改外文名为 Cumine & Kragh，Land and Estate Agents，Builders，Contractors，and General Commission Agents，中文名为克明洋行；经营至 1906 年更外文名为 Cumine & Kragh，Architects，Survers，Builders and

Estate Agents；1907 年克明在唐山工程矿业学院（Engineering and Mining College at Tongshan）任教，后到汉口任《汉口邮报》（*Hankow Mail*）编辑；1908 年回到上海继续经营克明洋行，继续建筑设计实践；1911 年克明成立锦发产业有限公司（China Land & Buildnig Co. Land Owners，Estate Agents，Architects & Builders），自任经理及建筑师，经营到 1918 年 7 月；1918 年克明与人合资创办同和英行（Harvie & Gibbon，Ld. Architects，Land and Estate Agents，Commission Agents，Manufacturers，Representatives and Builders'suppliers）并兼任经理，后同和英行 1919 年 6 月停业清算；1919—1921 年自营克明洋行（Cumine, H. M. Architect, Surveyor, Estate and Commission Agent and Merchant）；至 1921 年米伦（Francis E. Milne，LRIBA）成为克明洋行合伙人，公司改外文名为 Cumine & Milne Architects, Civil Engineers, Surveyors and Estate Agents；1924 年 3 月米伦退出，公司改为有限责任公司，更中文名为锦名洋行，外文名为 Cumine & Co., Ld. Architect, Surveyors and Estate Agents，由克明及其后代一起经营到 1942 年后；承揽各界地皮挂号、经收房租、买卖地产及保险等事，并测绘各种房屋图样及水门汀工程建筑等。

C

作品：

上海：

——12 座本地住宅，册地 394 号，白克路，1911。
——12 座住宅，册地 617 号，劳合路，1911。
——38 座住宅，册地 520 号，青岛路，1911。
——2 座住宅，册地 159 号，帕克路和温州路，1911。
——工棚，册地 1803 号北，同孚路，1911。
——4 座洋式住宅，册地 3215 号，福特街，1912。
——4 座洋式住宅和 1 座户外厕所（Out House），册地 255 号，威海卫路，1912。
——1 座门房，册地 12 号，西藏北路，1912。
——1 座住宅，册地 1995 号，茂海路，1912。
——5 座住宅，册地 264 号北，浙江北路，1912。
——30 座中式住宅和 1 座门房，册地 936/940 号，卡德路，1912。
——1 座住宅，册地 1740 号东，大西路，1913。
——22 座洋式住宅，册地 2755 号，愚园路、华德路和静安寺路，1913。
——1 座洋式住宅、1 座暖房和马厩，册地 1561 号南，保定路，1914。
——5 座洋式商店，册地 974 号，老靶子路和四川北路，1914。
——1 座暖房，册地 3007 号，卡德路，1914。
——暖房，册地 2755 号，愚园路，1916。
——10 座洋式住宅，册地 2755 号西，愚园路，1916。
——7 座洋式商店，册地 916 号，卡德路，1916。
——5 座洋式住宅，册地 2755 号，愚园路，1916。
——住宅，册地 2460 号，静安寺路，1916。
——3 座中式住宅，册地 2191 号西，静安寺路，1916，锦发产业有限公司设计。
——4 座住宅和 2 座商店，册地 2755 号，愚园路，1917。
——1 座洋式住宅，册地 2431 号，静安寺路，1917。
——1 座洋式住宅，册地 2460 号，静安寺路，1917。
——加建项目，册地 157 号，天津路，1917。
——2 座洋式住宅，册地 2281 号，保定路和倍开尔路，1917。
——改扩建项目，册地 258 号，汉口路和河南路，1917。
——1 座洋式住宅、门房和围墙，册地 3102 号，麦特赫司脱路，1918，锦发产业有限公司设计。
——1 座洋式住宅，册地 3810 号北，韬朋路延长段，1918，锦发产业有限公司设计。
——1 座洋式住宅和仆人房，册地 2755 号西，静安寺路，1918，锦发产业有限公司设计。
——2 座洋式住宅，册地 3810 号北，韬朋路延长段，1918，锦发产业有限公司设计。
——7 座中式住宅和牛棚，册地 6334 号，渡口路，1918，锦发产业有限公司设计。
——10 座中式住宅，册地 6220 号，康脑脱路，1918。
——亭子和加建，册地 3007 号，卡德路，1918。
——43 座住宅，册地 4546 号北，东京路，1919。
——改建项目，册地 258 号，汉口和河南路，1919。
——1 座住宅，册地 2755 号，静安寺路，1919。
——楼梯，册地 4558 号，苏州西路，1920。

——2 座洋式商店、办公楼和 2 座中式住宅，册地 273 号，山东路和福州路，1920。
——60 座中式住宅和门房，册地 1241/1274 号，白克路，1920。
——水塔，册地 4635 号，莫干山路，1920。
——加建项目，册地 6185 号，赫德路，1920。
——1 座洋式住宅、煤棚、墙和厕所，册地 2755 号，寺庙弄，1920。
——1 座洋式住宅，册地 2755 号，寺庙弄，1920。
——9 座中式住宅，册地 240 号，南京路，1920。
——6 座中式住宅，册地 1174 号，嘉兴路，1920。
——1 座中式商店，册地 1179 号，嘉兴路，1920。
——1 座洋式商店，册地 5456 号西，劳勃生路，1920。
——10 座中式住宅和门房，册地 1180 号，嘉兴路外，1920。
——10 座中式住宅，册地 1180 号，嘉兴路外，1920。
——车库，册地 2476 号，愚园路，1920。
——3 座洋式住宅，册地 2755 号，静安寺路外，1920。
——1 座洋式住宅和暖房，册地 2755 号西，静安寺路，1920。
——门房、暖房和墙，册地 2755 号西，静安寺路，1920。
——暖房、车库、宿舍和墙，册地 2755 号西，静安寺路，1920。
——4 座平房，册地 2755 号西，静安寺路，1920。
——2 座廊道和亭子，册地 1979 号，成都路外，1920。
——磨坊和 2 座仓库，册地 4635/4638/4632/4633 号，莫干山路外，1920。
——办公楼、2 座仓库和 2 座中式住宅，册地 273 号，山东路和福州路，1920。
——2 座洋式住宅，册地 2755 号，静安寺路，1920。
——桥梁、堤岸和门房，册地 1241 号，白克路和寺浜路，1920。
——4 座平房和围墙，册地 2755 号西，静安寺路，1920。
——6 座洋式住宅，册地 4542 号 / 4542 号西，东京路外，1920。
——1 座洋式住宅和仆人房和墙，册地 2755 号，寺庙弄，1920。

——80 座中式住宅和 2 座门房，册地西 4638/4640/4635/4638/4640 号，莫干山路和东京路，1920。
——工厂，册地 379 号东，欧嘉路外，1920。
——1 座洋式商店和门房，册地 273 号，山东路，1921。
——车库和围墙，册地 2755 号，静安寺路，1921。
——车库，册地 2148 号南，同孚路，1921。
——改建项目，册地 638 号，云南路和汉口路，1921。
——加建项目，册地 3007 号，卡德路外，1921。
——围墙，册地 4546 号北，东京路，1921。
——1 座洋式住宅，册地 2755 号，静安寺路，1921。
——1 座洋式住宅、仆人房和围墙，册地 5920 号西，新加坡路和海丰路，1921。
——34 座洋式住宅和 13 座车库，册地 2420 号，西摩路和威海卫路延长段，1921。
——36 座洋式住宅和 13 座车库，册地 2420 号，西摩路和威海卫路延长段，1921。
——厕所，册地 2757 号西，静安寺路，1921。
——3 座中式住宅，册地 1871 号西，大沽路，1921。
——1 座洋式住宅，册地 1662 号，昆明路和保定路外，1921。
——1 座洋式住宅，册地 2815 号，韬朋路和昆明路，1921。
——2 座中式住宅，册地 273 号，山东路，1921。
——1 座洋式住宅、仆人房和车库，册地 2668 号，倍开尔路，1921。
——改建及修缮项目，册地 622 号，贵州路，1921。
——改建项目，册地 140 号，北京路，1921。
——2 座洋式住宅，册地 2420 号，西摩路，1921。
——门房，册地 2756 号，静安寺路外，1921。
——2 座门房，册地 2760 号，华德路和静安寺路，1923。
——围墙，册地 18/18E 号，四川路，1923。
——住宅加建，册地 2715 号，愚园路，1923。
——32 座洋式商店和 1 座门房，册地 1026 号，百老汇路、南浔路和文监师路，1923。

——2 座仓库和 2 座厕所，册地 1026 号，百老汇路外，1923。
——33 座商店，册地 1026 号，百老汇路、南浔路和文监师路，1923。
——车库，册地 914A 号，海宁路外，1923。
——单间公寓（Studio），册地 2556 号，安南路外，1923。
——办公楼加建和厕所，册地 18E 号，四川路外，1923。
——3 座住宅，册地 6220 号，华德路延长段，1923。
——加建项目以及 4 座住宅、墙和门，册地 2482/2754 号，寺庙弄，1923。
——商行改建，册地 211 号，山东路，1924。
——5 座住宅、2 座车库、门房、大门和墙，册地 6220 号 / 6220 号北，华德路延长段，1924。
——26 座中式住宅，册地 7530 号 / 7530 号北，胡伦路和民国路，1924。
——建筑加建，册地 64A 号，江西路，1924。
——霞飞路 2 号房产（Premises in the Avenue Joffre 2）。
——赫德路 3 号房产。
——制冰厂（Ice Making Plant），密勒路，1933。
——福新第八面粉厂（No. 8 Foh Sing Mill and Flour Mill），莫干山路。
——华德大楼（the Ward Building），四川路，1926。
——卡特路大型街区（large substantial block in Carter Road）。
——庙弄（Temple Lane）、格罗希路（Route de Grouchy）、西摩路（Seymour Road）住宅。
——黄家花园（Wong-Ka-Shaw Gardens）。
——矩形大宅/程霖生宅（The Ortagonal Residence / The Residence of Chen Lin Son），南京西路、常德路口。
——国民商业储蓄银行（National Commercial & Saving Bank，Ltd.）。
——熙华德路住宅，长治路 119-135 号，1923。
——北京大戏院（Peking Theatre），贵州路 239 号，1926。
——中兴银行（Cheng Foumg Kuny Sze），福州路 89 号，1926—1927。
——德义大楼（Denis Bulding），南京西路 778 号，1928。
——锦名洋行大班寓所，1929。
——霞飞坊（Joffe Terrace，今淮海坊），淮海中路 927 弄，1929。
——爱林登公寓（Edngon House，今常德公寓），常德路 195 号，1933—1936。
——法华路 200 号法商住宅（今汉语大词典出版社），新华路 200 号，1934。
——宏业花园（West End Esate），愚园路 1088 弄，1930 年代。

相关材料：

——黄光域 . 外国在华工商企业辞典 [M]. 成都：四川人民出版社，1995：701.
——绝大部分作品信息源自相应年份《上海公共租界工部局公报》（*The Municipal Gazette*）。
——郑时龄 . 上海近代建筑风格 [M]. 上海：同济大学出版社，2020：480.
——Allister Macmillan. Seaports of the Far East：Historical and Descriptive，Commercial and Industrial，Facts，Figures，& Resources[M]. 2nd edition. London：W. H. & L. Collingridge，1925：106.

[23] Curry，R. A. Architect，Engineer，Surveyor，Land and Estate Agent & Broker（克利洋行 / 克理洋行）

名称：

克利洋行（Curry, R. A., Stock, Share, and General Broker; Curry, R. A. B. of Arch. Architect and Surveyor, Land and Estate Agent, Share and Geberal Broker; Curry, R. A. Architect, Engineer, Surveyor, Land and Estate Agent & Broker; Curry, R. A., B. A. Architect）

地址：

上海（礼查饭店，1916；Bank Chambers Broadway，1917；有利银行大楼首层，1917—1920；南京路 11B 号，1921—1926；爱多亚路 9 号，1927—1928）

执业时间：

1915—1928

合伙人：

R. A. Curry，L. E. Hudec

从业人员：

Wm. A. Dunn，F. S. Upham，Koo，Z. B.，Koo C. S.，L. E. Hudec，S. L. Skorwronski，R. L. Hohl，E. M. Gran，F. Shaffer，Rez. Autonio，Victoer Hoffman，E. M. Graua，E. Koestrisky，B. Matrai，H. G. Siedlecki，T. Sokoloff，P. Unterberger，B. Petrenko，L. A. Chollot，Lai Y. K.，Nien Ping-sun（绘图员），You Kong-lai，Sung T. T.，Liang W. C.，V. M. Suirth，Koeh I. Y.，Woo T. T.，J. E. Fowler

简史：

1915 年克利（R. A. Curry）到上海开办克利洋行（Curry, R. A., Stock, Share, and General Broker），主营股票经纪业务；1917 年 7 月已经加入房产经纪业务；1918 年初邓恩（William Dunn）加入，增加建筑师和测绘业务，公司外文名为 Curry, R. A. B. of Arch. Architect and Surveyor, Land and Estate Agent, Share and Geberal Broker；1918 年与匈牙利建筑师邬达克合伙，公司外文名为 Curry, R. Architect, Engineers, Surveyor, Land and Estate Agent, and Broker；1925 年 3 月邬达克自办事务所，克利洋行更外文名为 Curry, R. A., B. A. Architect，业务涵盖代理"一切中外建筑工程图样及估价，房屋地产租让，管理代收房租，转卜地产道契等"；1928 年克利回到美国从事木材生意，公司停办。

作品：

上海：

——万国储蓄会，法租界，1919。
——麦克蒂尔宿舍（New McTycire Dormitory），1921。
——美国花旗总会（American Club Building），竞赛首奖实施，福州路 209 号，1922。
——法租界巨籁达路 22 栋住宅，1920。
——1 座洋式住宅，册地 6014 号东，新加坡路，1920。
——车库，册地 3290 号，新闸路，1920。
——改扩建项目，册地 34A 号，南京路，1920。
——改建项目，册地 3215 号，新闸路外，1920。
——门房、墙和温室，册地 3240 号，西摩路，1920。
——加建项目，册地 3240 号，爱文义路外，1920。
——楼梯，册地 3240 号，西摩路，1921。
——办公楼改建，册地 40 号，四川路和九江路，1923。
——广东会馆，上海，1920。
——淮海中路 1850 号，1921，邬达克设计。
——巨籁达路住宅（The Residences on Route Ratard），巨鹿路 852 弄 1-10/868-892 号，1919—1920，邬达克设计。
——卡茨宅 / 何东宅（Katz House，今上海辞书出版社），陕西北路 457 号，1919—1920，邬达克监造。
——霍肯多夫宅（Hucckendorff House），淮海中路 1893 号，1919—1921，邬达克设计。
——盘滕宅 / 白公馆（Beudin Residence，今上海越剧院），汾阳路 150 号，1920，邬达克设计。
——恩利和路 7/15/21/25 号宅，桃江路 7/15/21/25 号，1920。
——中华懋业银行（Chinese-American Bank of Commerce）上海分行，南京路 11 号，1920，邬达克设计。
——美丰银行（American Oriental Banking Corporation），河南中路 521-529 号，1920，邬达克设计。
——辣斐德路住宅（Tucker House），复兴中路 1477 号，1921。
——麦地宅（Madier Residence，今工艺美术研究所），汾阳路 79 号，1921—1922，邬达克设计。
——中西女塾蓝华德堂（Lambuth Hall / McTyeire School for Girls），江苏路 155 号，1921—1922，邬达克设计。
——上海银行公会大楼方案（Shanghai Bankers Association），待考，1922。
——安利洋行大楼（Amhold Bros & Co.）改建，四川中路 320 号，九江路 80 号，1923。
——卡尔登大戏院（Carton Theatre），黄河路 21 号，1923（1993 年拆除），邬达克设计。
——达百克宅（今太原别墅），太原路 160 号，1923—1924，邬达克设计。
——诺曼底公寓（Normandie Apts，今武康大楼），淮海中路 1842-1858 号，1923—1924，邬达克设计。
——万国储蓄会大楼（The International Saving Society Building），爱多亚路（Avenue Edward VII），延安东路 9 号，1924—1925（1997 年拆除），邬达克设计。
——朗格宅（Residence of R. Lang），淮海中路 1897 号，1924，邬达克设计。

济南：

——中华懋业银行济南分行建筑改建，1920。

参考文献及相关材料：

——部分作品信息源自相应年份《上海公共租界工部局公报》（*The Municipal Gazette*）。

——郑时龄．上海近代建筑风格 [M]. 上海：同济大学出版社，2020：488-489.

[24] Danby，Wm. Civil Engineering，Architect，and Surveyor（丹备画则师行）

名称：

丹备画则师行（Danby，Wm. Civil Engineering，Architect，and Surveyor）

地址：

香港；广州

执业时间：

1894—1908

创办人：

William Danby

从业人员：

香港：Edward Osborn（ARIBA），A. Abdoolrahim，G. Reemedios，C. T. McGuire，J. Reemedios，G. E. Clay（ARIBA），A. Wright，W. P. Lambert，H. E. Haggard，J. Lambert，C. B. Thomas（ARIBA），J. Haughton，Sidney J. Powell（AMICE），W. Ortel，J. Soreza，Min Chen，E. J. Berkley，L. D. Philpot，Arthur Purnell。

广州：P. Bernatz

简史：

丹备（William Danby）在 1894 年离开“丹备及理机器司绘图”后自办丹备画则师行，其业务分布在香港、广州两地，经营至 1908 年丹备去世后公司解散；其主要成员汤姆士（Christopher Boswood Thomas）于 1901—1908 年间任丹备画则师行管理助理，并负责广州业务，丹备去世后由其接手广州业务，在广州自办事务所；A. Abdoolrahim 则于香港自办事务所。

作品：

香港：

——香港坚尼地城试验性住宅街区规划（计划建设 27 个街区，容纳 9000 人），未实现，1894。

——香港鲗鱼涌炼糖厂（Quarry Bay Sugar Refinery）。

——九龙码头（Kowloon Docks）。

——香港鲗鱼涌测绘与规划，未实施，1900。

广州：

——沙面德国领事馆，1898。

——大清邮政官局办公大楼，1897。

——广州铁桥（Canton River Bridge）。

——广州电厂，1900。

其他：

——还曾承担香港和广州众多重要建筑和工程。

参考文献及相关材料：

——Obituary[J]. The Far Eastern Review，1908-03：292.

——Mark L. Clifford. Let There Be Light：How Electricity Made Modern Hong Kong [M]. New York：Columbia University Press，2023：1900.

——宣旻君．19 世纪末 20 世纪初西方建筑师在广州的设计实践研究 [D]. 广州：华南理工大学，2022：139-140.

[25] Davies，Brooke & Gran Architects，Surveyors and Civil Engineers（新瑞和洋行 / 建兴建筑师事务所）

名称：

新瑞和洋行（Davies, Gilbert & Co. Architect；Davies & Thomas, Architects and Civil Engineers, Land and Estate Agents；Davies & Brooke, Civil Engineers and Architects, Land and Estate Agents；Davies, Brooke & Gran Architects, Surveyors and Civil Engineers）；建兴建筑师事务所（Davies, Brooke & Gran Architects, Surveyors and Civil Engineers）

地址：

上海（二马路第五号门牌屋内，1897；外滩17A号，1899—1903；外滩10号，1904—1920；爱多亚路25号，1921；爱多亚路4号新电报大楼，1922—1931；仁记路21号，后改为81号公平大楼四楼，1931—1938；四川路49号磁石公寓（Magnet House）五层，1938—1947年后）；香港

执业时间：

1895—1947年后

合伙人：

John Tallents Wynyard Brooke，E. M. Gran，Henry Jemson Tebbutt，F. R. Smith，C. V. Starr，H. R. Cleland，E. Sigaut

从业人员：

上海：E. F. Martinez（监工），Yuen Sun-kee，Chas Rively，E. Cox，Ling Yung Chow（助理），Lui Yay Chin（买办），Willis G. Jones，J. W. John（监工），Guy Magee（CE），G. H. Charlton（地产部），T. O'Driscoll（监工），J. H. Davis（监工），A. H. Ross（监工），T. R. Jones，A. St. C. Damon，W. H. Butland，D. H. Benjamin，F. P. C. da Costa，Ed. J. Scorrar，S. Okana，G. Danson，F. P. Sloane，R. Brodie，N. Emanoff，I. Hayden Miller（B Arc ARIBA），T. Knudsen，A. W. George，W. R. Ayres，E. F. Kostritsky，Jorge Gutierrez，S. Okano（MJIA），Arthur P. Stoner（ARIBA），E. Mende，W. C. Fisher，Lee V. C.，A. V. Skvorzov（AMISE），G. G. Diou（Arch ass），S. Fein，C. N. Malinovsky，F. Fuchs，D. Rozenzeveig，A. Zimmerman，J. Mendelker（结构工程师），G. Danilchenko，Liu Zay-chin（买办），G. R. Fawcett，A. A. Lohmann，M. J. Youhototsky，P. P. Fedorovsky，A. M. Ustimovich，J. Gershevich，A. Horenstein，G. Mishin，B. Petroff，A. Read，U. Plaut，Mrs F. M. Dougherty，N. V. Kyashkin，N. M. Nekludoff。

香港：E. H. H. Higham（ARIBA），D. E. Hindmarsh（助理），Lui Wing Sing（助理），Lew Sin（助理）

简史：

由戴维斯（Gilbert Davis）于1896年在广东路建立，外文名为Davies，Gilbert & Co. Architect，中文名为新瑞和洋行，"经营代人绘画图样、包造各等房屋并码头，外埠亦可，及经理房租地产并经手估卖房产价值抵押银钱等事"；1900年与托玛斯（Charles W. Thomas）合伙，公司更外文名为Davies & Thomas，Architects and Civil Engineers, Land and Estate Agents；托玛斯于1911年前退休，布鲁克（John Tallents Wynyard Brooke）成为合伙人，公司改外文名为Davis & Brooke，Civil Engineers and Architects，Land and Estate Agents；1931年Davis & Brooke与英商恒业地产公司（Metropolitan Land And Building Company）合并；1932年Davis & Brooke已经开设香港分部；1933年戴维斯去世，同年布鲁克和葛兰（E. M. Gran）收购回恒业地产公司持有的Davis & Brooke建筑设计业务股份，公司以Davies，Brooke & Gran Architects, Surveyors and Civil Engineers的名义继续独立经营，中文名改为兴建公司；1936年特巴特（Henry Jemson Tebbutt）成为其香港分支合伙人；上海公司止于1941年7月；香港公司经营至1941年。

作品：

上海：

——皮尔斯住宅（Resident of Sir Edward Pearce），1897。

——汇丰银行大班住宅，静安区南京西路西康路，1906。

——太古洋行（Butterfield & Swire），黄浦区中山东二路22号，1906。

——礼查饭店新楼（Astor House Hotel，今浦江饭店），虹口区黄浦路17号，1907—1910。

——华洋德律风有限公司大厦（Shanghai Mutual Telephone Co.）竞赛首奖，黄浦区江西中路232号，1905—1908。

——太古洋行新码头（Ocean Steamship Company's New Wharf），1908年在建设中。

——下浦东钢混码头和仓库（Reinforced-Concrete Wharves and Warehouses at Lower Pootung），1908—1911。

——伍廷芳住宅（Henley House / Woo's Residence），北京西路1094弄2号，1910。

——万国红十字会医院割症剖解房，1911。
——逸村 1 栋住宅，淮海中路 1610 弄，1915—1916。
——礼查饭店竞赛头奖，1913。
——汉瑞大楼（Hanray Mansions，今淮中大楼，一说为通和洋行设计），淮海中路 1154–1170 号，1939。
——电缆公司新厦（Cable Company's New Building）。
——大北电报公司建筑（The Great Northern Telegraph Building，今盘古银行上海分行），中山东一路 7 号，1917（火灾后修复设计）。
——新世界地下通道（The "New World" Tunnel，the only tunel in Shanghai under Nanking Road to join two New World Buildings），1918。
——俾根登洋行堆栈和工厂（Pilkington Bros Godown & Workshop），1932。
——英国海军俱乐部（The Union Jack Club），J. T. W. Brooke 设计。
——礼查饭店和剧院（Theatre，Astor Hotel），册地 1016 号，百老汇路，1911。
——1 座洋式商店和办公室，册地 277 号，河南路，1911。
——1 座洋式住宅和马厩，册地 3183 号，戈登路，1911。
——10 座住宅，册地 615 号，河南北路，1912。
——1 座洋式住宅和 15 座中式住宅，册地 1698 号，孟纳拉路，1912。
——55 座中式住宅和 1 座门房，册地 195 号，新闸路和苏州西路延长线，1912。
——1 座仓库，册地 3 号，苏州北路和西藏北路，1912。
——1 座住宅和马厩，册地 2240 号，威海卫路，1912。
——26 座中式住宅和 1 座厕所，册地 599 号，河南北路和爱而近路，1912。
——1 座洋式住宅，册地 599 号，爱而近路，1912。
——将住宅改造成剧院，册地 610 号，华记路和东熙华德路，1912。
——23 座住宅，册地 1151 号，爱文义路，1913。
——6 座住宅，册地 264 号，浙江北路，1913。
——1 座住宅和马厩，册地 5605 号，戈登路，1913。
——7 座住宅，册地 114 号，平桥路和爱文义路，1913。
——制冰厂改造，册地 311 号，狄思威路，1913。
——2 座洋式住宅，册地 3000 号，爱文义路和卡德路，1913。
——40 座住宅和 1 座门房，册地 1685/1686 号，孟纳拉路，1913。
——28 座住宅，册地 1701/1702 号，孟纳拉路，1913。
——21 座住宅，册地 398 号，文监师路，1913。
——住宅改造和围墙，册地 1603 号东，马霍路，1913。
——住宅改造和门房，册地 195 号，新闸路，1913。
——4 座住宅和 1 座门房，册地 185 号，新闸路，1913。
——81 座住宅和 2 座门房，册地 883 号，武昌路、吴淞路和文监师路，1914。
——洋式住宅加建，册地 277 号，河南路，1914。
——1 座温室、墙和厕所，册地 1603 号北，大沽路，1914。
——6 座中式住宅，册地 1699 号南，孟纳拉路，1914。
——3 座中式住宅、棚和厕所，册地 1774 号北，成都路，1914。
——99 座住宅和 3 座门房，册地 885/890/895 号，麦根路和新闸路，1914。
——28 座住宅和 3 座门房，册地 1000 号南，大同路，1914。
——7 座住宅，册地 295A 号，松江路，1914。
——3 座住宅和 1 座门房，册地 1230 号，成都路，1914。
——15 座住宅和 2 座门房，册地 462/464 号，海宁路和文监师路，1914。
——剧场改建，册地 1549 号，福州路，1914。
——13 座住宅，册地 205 号，白克路，1914。
——40 座住宅和 1 座门房，册地 1685/1686 号，孟纳拉路，1914。
——13 座住宅，册地 400 号，帕克路，1914。
——2 座住宅，册地 205 号，静安寺路，1914。
——63 座住宅和 3 座门房，册地 654 号，云南路，1914。
——21 座住宅，册地 965/966 号，大同路，1914。
——15 座住宅，册地 566 号东，山西北路，1914。

D

——92 座住宅，册地 875 号，麦根路，1915。
——9 座住宅和门房，河南北路，1915。
——50 座住宅，册地 3565 号，康脑脱路，1915。
——洋式商店和办公楼，册地 276 号，福州路和河南路，1915。
——169 座住宅，册地 4080/1100/1107/1110 号，爱文义路，1915。
——12 座中式住宅，册地 8033 号，苏尔路和杨树浦路，1915。
——3 座住宅和 12 座住宅改造等，册地 8033 号，苏尔路和杨树浦路，1916。
——12 座中式住宅，册地 537 号，浙江路，1915。
——8 座洋式住宅，册地 2329 号，倍开尔路，1916。
——60 座住宅，册地 3515 号，麦根路和武定路，1916。
——1 座洋式商店，册地 739 号，四川北路，1916。
——8 座中式住宅，册地 447 号西，海宁路，1916。
——9 座住宅，册地 2104 号，静安寺路，1916。
——24 座住宅、大门和围墙，册地 1989/1992 号，成都路，1916。
——8 座住宅，册地 953 号，海宁路，1916。
——仓库加建，册地 805 号，乍浦路，1916。
——缫丝厂、厕所和围墙，册地 149 号，甘肃路，1916。
——94 座中式住宅，册地 1056 号，百老汇东路，1917。
——3 座中式住宅，册地 349 号，七浦路，1917。
——11 座住宅，册地 2329 号，倍开尔路，1916。
——盥洗室，册地 276 号，福州路和河南路，1916。
——17 座住宅，册地 2612 号，倍开尔路，1917。
——地下通道，册地 1 号和 1300 号，静安寺路，1917。
——改建项目，册地 54B 号，外滩，1917。
——1 座商店，册地 617 号，南京路和西藏路，1917。
——1 座中式住宅，册地 1024 号，南浔路，1918。
——加建项目，册地 60 号，百老汇东路，1918。
——加建项目，册地 678 号，重庆路，1918。
——加建项目，册地 1771 号，成都路，1918。
——加建项目，册地 599 号，爱而近路，1918。
——3 座中式住宅，册地 563 号，北海路和浙江路，1918。
——17 座中式住宅，册地 594 号，新闸路，1918。
——3 座住宅，册地 238 号，南京路，1919。
——1 座住宅和车库，册地 2683 号东，新闸路，1919。
——1 座商店和 20 座住宅，册地 1485 号，孟德兰路，1919。
——18 座住宅，册地 561 号，成都路和山海关路，1919。
——13 座住宅，册地 770 号 / 770 号北，新闸路，1919。
——烟囱、工厂和熔炉室，册地 3860 号，华德路外，1920。
——25 座中式住宅和门房，册地 1991 号 / 1992 号东，华德路，1920。
——1 座洋式住宅、温室、门房和车库，册地 1433 号西，余杭东路，1920。
——改建项目，册地 1457 号，马霍路外，1920。
——9 座中式住宅，册地 562 号，成都路和山海关路，1920。
——4 座中式住宅，册地 1143 号，熙华德东路，1921。
——1 座洋式住宅、温室、门房和车库，册地 1433 号西，余杭东路，1921。
——3 座中式住宅，册地 563 号，浙江路外，1921。
——21 座中式住宅和门房，册地 1771 号，成都路，1921。
——8 座中式商店，册地 4737 号，麦根路和东京路，1921。
——棚屋和连廊，册地 1457 号，马霍路和静安寺路外，1921。
——棚屋，册地 1457 号，马霍路外，1921。
——门房，册地 3166 号，戈登路外，1921。
——加建项目，册地 60 号，外滩外，1921。
——33 座住宅和 2 座厕所，册地 1576 号，塘山路和爱尔考克路，1922。

——3 座住宅，册地 2725 号，杨树浦路外，1922。
——109 座住宅，册地 348-351 号，七浦路，1923。
——33 座住宅和 2 座厕所，册地 1576 号，塘山路和爱尔考克路，1922。
——3 座住宅，册地 2725 号，扬州路外，1922。
——大看台（Grand Stand）改扩建，册地 1457 号，马霍路外，1923。
——办公楼改建，册地 86 号，九江路，1923。
——12 座洋行、8 座商店和 3 座门房，册地 113 号，江西路，1923。
——围墙，册地 1992 号，威海卫路，1923。
——1 座车库，册地 2723 号西，愚园路外，1923。
——1 座俱乐部建筑，册地 235 号，梅白克路，1923。
——平房修复，册地 365 号东，东唐家弄外，1923。
——俱乐部改扩建，册地 60 号，外滩，1923。
——改建项目，册地 10 号，圆明园路，1923。
——办公楼改建，册地 86 号，九江路，1923。
——39 座中式住宅，册地 382 号，东唐家弄外，1923。
——2 座棚、大楼和马厩，册地 1528 号，马霍路，1923。
——改建项目，册地 86 号，九江路，1924。
——30 座中式住宅，册地 2085 号，同孚路，1924。
——门房和墙，册地 3166 号，戈登路，1924。
——乘务员站（Stewards stand），册地 1457 号，马霍路外，1924。
——改建项目，册地 86 号，九江路，1924。
——大北电报公司（The Great Northern Telegraph Corporation），黄浦区延安东路 34 号，1922。
——约瑟夫宅（Residence for R. M. Joseph），淮海中路 1110 号，1920—1921（1925 年加建）。
——东方饭店（Grand Hotel），西藏中路 120 号，1926—1929。
——丽华公司，南京东路河南路转角，1925。
——衍庆里仓库，南苏州路 991-995 号，1928—1929。
——周湘云住宅，青海路 44 号，1934—1937。
——辽阳路工厂，1933—1934。
——辽阳路 33 栋中式住宅，1933—1934。
——爱麦虞限路 14 间公寓，绍兴路，1934。
——住宅，昆山路。
——华侨银行大楼（Oversea Chinese Banking Group），黄浦区沙市一路 24 号，1929—1930。
——新兰心大戏院（New Lyceum Theatre）竞赛头奖实施，卢湾区茂名南路 57 号，1929—1931。
——麦特赫斯脱公寓（Medhurst Apartments，今泰兴公寓），静安区南京西路 934 号，1932—1934。
——懿德公寓（Yue Tuck Apartments），乌鲁木齐北路，1933—1934。
——中国通商银行新厦（Commercial Bank of China），黄浦区江西中路 181 号，1933—1936，通和洋行为顾问。
——青岛路帕克路商店和住宅，黄浦区黄河路，1932。
——青岛路帕克路市房，黄浦区黄河路，1933。
——斜桥总会室内游泳池（Swimming Bath at Country Club），1928。
——赛马场重建工程。
——爱麦虞限路公寓（Apartment Building on Rue Victor Emmanuel），1934。
——霞飞路新公寓（New Apartment House on Avenue Joffre），1937。
——住宅（Residence of Mr. Zong Chuen Dong），1939。
——中国公寓楼（Chinese Apartment House），1932。
——英商通用电器公司新办公楼和展厅（The General Electric Co. of China New Office and Show Room），四川路 49 号，1938。
——蓝烟囱轮船码头（Holt's Wharf），浦东。
——胜利公寓（Victor Court），今绍兴路 56 号（76 Route Victor Emanuel），1934。
——现代主义低层公寓组团（Modernist Low-rise Apartment Complex），迪化路和海格路（Tifeng Road and Avenue Haig），1934。
——商店及住宅，吴江路（斜桥弄），1935。
——日本商行（Hongs for Japanese Occupation），昆山路，1937。

——诗人普希金纪念碑（Monument of the Poet A. S. Pushkin），岳阳路、桃江路（Route Pichon），1937。
——阿什克纳齐犹太会堂（Ashkenazi Synagogue），襄阳南路 102 号（102 Route Tenant de la Tour），1940。
——磁石公寓（Magnet House），四川中路 49 号，1938。
——淮海公寓前建筑（building in front of the Gascogne Apartments），淮海中路（原霞飞路，Avenue Joffre），1938。
——普希金纪念碑修复（Restoration of the Pushkin Monument），岳阳路、桃江路，1947。

北京：

——六国饭店（Grand Hotel des Wagons Lits），1902。

杭州：

——新医学院（New Medical School），1924。

青岛：

——东海饭店（Edgewater Mansions Hotel），汇泉路 7 号，1934。

香港：

——香港中电集团大楼（HK CLP Admin Building），1941。
——赛马场行改建，快活谷山光道，1941 年在进行中。
——丽池娱乐场改建，北角英皇道，1941 年完工。
——中央警署增建 1 座宿舍及办事室，荷李活道，1941 年图样已批准。
——1 座自用洋楼，新界青山，1941 年在建设中。
——养和医院拟扩建，快活谷，1941 年在设计中。
——香港赛马会扩建粉岭场屋，1941 年在建设中。
——1 座雪糕亭，浅水湾海滩道，1941 年在建设中。
——1 座西班牙式洋楼，浅水湾道郊野地段 409 号，1941 年在建设中。

参考文献及相关材料：

——黄光域 . 外国在华工商企业辞典 [M]. 成都：四川人民出版社，1995：465，713–714.
——Davis Obituary[N]. The North–China Herald and Supreme Court & Consular Gazette，1933–01–25：137.
——LATE MR. C. G. DAVIES：Career of a Well–Known Architect[N]. The North–China Herald and Supreme Court & Consular Gazette，1933–02–01：175.
——绝大部分作品信息源自相应年份《上海公共租界工部局公报》（*The Municipal Gazette*）。
——郑时龄 . 上海近代建筑风格 [M]. 上海：同济大学出版社，2020：475–476.
——Arnold Wright. Twentieth Century Impressions of Hongkong，Shanghai，and Other Treaty Ports of China[M]. London：Lloyds Greater Britain Publishing Company，1908：630，632.
——[J]. Hong Kong and Far East Builder，1941，6（4）：23–24.
——[J]. Hong Kong and Far East Builder，1941，6（2）：41–42.
——[J]. Hong Kong and Far East Builder，1941，6（3）：38–39.

[26] Denison & Ram Civil Engineers，Architects and Surveyors（甸尼臣洋行）

名称：

甸尼臣洋行 / 甸尼臣蓝及劫士 / 田弥臣蓝劫士洋行（Denison. A.，Civil Engineer，Architect，and Surveyor；Denison & Ram Civil Engineers，Architects，and Surveyors；Denison，Ram，and Gibbs Civil Engineers，Architects & Surveyors）

地址：

香港柏拱行（Beaconsfield Arcade）

执业时间：

1888—1933

合伙人：

A. Denison，E. A. Ram，L. Gibbs

从业人员：

S. Tseng Laisun，T. Tyrwhitt（ARIBA），A. J. Pugh，W. Thom，E. F. R. Sample（ARIBA），G. H. Bond，T. C. Wong

简史：

由甸尼臣（Albert Denison）于 1888 年自办事务所，公司外文名为 Denison. A.，Civil Engineer，Architect，and Surveyor，中文名为甸尼臣洋行；1896 年蓝（Edward Albert Ram）加入成为合伙人，公司外文名改为 Denison & Ram Civil Engineers，Architects，and Surveyors，中文名依旧；L. 吉布斯（Lawrence Gibbs）于 1900 年成为合伙人，公司更外文名为 Denison，Ram，and Gibbs Civil Engineers，Architects & Surveyors，更中文名为甸尼臣蓝及劫士，又称田弥臣蓝劫士，直至 1933 年停业未再改名；甸尼臣于 1925 年离开公司，其职位由桑普尔（Edmund Frederick Ronald Sample）接替；蓝在 1927 年离开公司回英国肯辛顿（Kensington）执业，直到退休。

作品：

1923 年时已设计建筑数百栋，大多数是商业建筑和住宅，目前可查的有：

香港：

——香港公共学校，1893，Ram 设计。
——园丁小屋（Gardeners' Cottages），1898。
——九龙水利工程。
——香港邮局（Post Office Building），1903。
——香港大学 3 栋宿舍（The three University Hostels，卢嘉堂、仪礼堂及梅堂），1913—1915。
——跑马地会所（The Happy Valley Club House），1896。
——深水湾会所（The Deep Water Bay Club House），1899。
——公共图书馆（Public Library），约 1900。
——香港殖民政府办公楼（New Government Offices of Hongkong Colony），未实施，1905。
——明德医院（Matilda Hospital），1906。
——梅夫人妇女会主楼（The Helena May Main Building），1916。
——浅水湾酒店（Repulse Bay Hotel），1920。
——香港赛马场看台（The Hong Kong Racecourse Grandstand）。
——香港高尔夫俱乐部会所（Fanling Club House / The Clubhouses of the Hong Kong Golf Club），1911—1914。
——副按察司山顶住宅（House at The Peak for Puisne Judge），1920。
——礼顿山两个街区 4 栋住宅（The Leighton Hill House），1920。
——嘉道理爵士中学（The Ellis Kadoorie School），1911。

参考文献及相关材料：

——Edward Denison，Guang Yu Ren. Luke Him Sau，Architect：China's Missing Modern[M]. Chichester：John Wiley & Sons Ltd.，2014：27-28.

[27] Dowdall，W. M. Architect（道达洋行）

名称：

陶威廉洋行 / 道达洋行 / 礼德洋行（Dowdall. W. M. Architect；Dowdall & Moorhead Architects and Civil Engineers；Dowdall & Read Architects，Civil Engineers and Surveyors；Dowdall，Read & Tulasne Architects，Civil Engineers and Surveyors；Read，W. S. Architect）

地址：

上海 [福州路 21 号，1883；四川路对面阿加剌银行（Agra Bank），1886—1888；北京路 6 号威尔金森大院（Wilkinson Compound），1889—1896；北京路 4 & 5 号，1900—1902；北京路 5 号，1903—1923；北京路 31 号，1923—1924；北京路 2 号格林邮船大楼，1925—1928；仁记路 21 号 4 楼，1928—1930；九江路 6 号 5 楼，1931—1934；四川路 320 号 5 楼，1934—1939；汇丰银行大楼 311 室，1939；领事馆路 25 号，1940—1941]

执业时间：

1883—1941 年后

合伙人：

W. M. Dowdall，Robert Brodshaw Moorhead，W. Stanley Read

从业人员：

E. C. Fittock，A. Cox，F. X. Dinez，Woo Li Oong，See Ling，Hae Ling，Wong King Fo，See Ling，Hae Ling，R. B. Moorhead，G. W. Mason，J. Eveleigh，O. Abbass，L. P. de C. Dowdall，A. Levenspiel，Giang Zie-sau（买办），Wallace-Bateman R.（ARIBA），Chen C. C.（绘图员）

简史：

由陶威廉（亦称道达，W. M. Dowdall）于 1883 年创办陶威廉洋行（Dowdall. W. M. Architect），1883—1886 年称为陶威廉洋行，自 1888 年起改中文名为道达洋行；1895 年与马矿司（R. B. Moorhead）合伙，公司更外文名为 Dowdall & Moorhead Architects and Civil Engineers，并增加其他营造业务；1903 年左右马矿司单独执业，陶威廉再度独自经营，公司恢复原外文名 Dowdall，W. M. Architect；1919 年礼德（W. Stanley Read）成为合伙人，公司改外文名为 Dowdall & Read Architects，Civil Engineers and Surveyors；同年陶威廉退休回到英国，洋行由礼德等人接办；1922 年法国建筑师蒂拉纳（A. Tulasne）成为合伙人，公司更外文名为 Dowdall，Read & Tulasne Architects，Civil Engineers，and Surveyors；1923 年蒂拉纳退伙，公司更外文名改为 Dowdall & Read Architects，Civil Engineers and Surveyors；1925 年，礼德继承洋行，中文行名不变，更外文名为 Read，W. S. Architect，经营到 1934 年 7 月更改中文名为礼德洋行，直至 1941 年后。

作品：

上海：

——虹口测绘（Survey of Hongkew），1884。

——冈德里住宅（Residence for Mr. G. Gundry），1905。

——西门妇孺医院（The Margaret Williamson Hospital），1892。

——联合教堂 / 新天安堂（The Union Church），黄浦区南苏州路 79 号，1886，1899 年扩建，1901 年改建。

——新福音教堂和德国子弟学校（The New German Church），设计施工，1901。

——徐家汇天主堂（圣依纳爵主教堂，St. Ignatius Cathedral），徐汇区浦西路 158 号，1904—1910。

——11 座中式住宅，册地 227 号，东鸭绿路，1912。

——14 座中式住宅和 7 座棚屋，册地 227 号东，东鸭绿路，1914。

——6 座中式住宅，册地 215 号，元芳路，1914。

——46 座住宅和 1 座门房，册地 1766 号 / 1766 号北，孟纳拉路和大西路，1914。

——92 座住宅和 2 座门房，册地 258 号，河南路和汉口路，1915。

——6 座住宅，册地 657 号，兆丰路，1915。

——40 座住宅，册地 432 号，梧州路，1916。

——10 座棚屋，册地 378 号北，海勒路，1916。

——10 座住宅，册地 379 号北，海勒路，1916。

——3 座洋式住宅，册地 495 号，天津路，1919。

——3 座中式住宅，册地 592/598 号，新闸路，1919。

——工厂，册地 2049 号东，威海卫路外，1920。

——1 座洋式商店和仓库、锅炉房、厕所和水塔，册地 937 号，通州路，1920。

——5 座中式住宅，册地 937 号，通州路，1920。

——1 座洋式住宅、仆人房和车库，册地 5970 号，新加坡路，1921。

——7 栋商店及卡尔登咖啡（Carlton Caf é）加建雨棚，册地 201 号，静安寺路，1922。

——2 座中式住宅，册地 1070 号南，成都路，1923。

——新卡尔顿咖啡（The New Carlton Café），1921—1924。

——大东电报公司住宅（Semi-detached Houses for the Eastension Telegraph Co.，今青年报社），东湖路 17 号，1920。

——白利南路公寓（Apartment on Brenan Road），1933。

——奥哈拉住宅（W. E. O' Hara's Residence），大西路，1933。

——大华公寓（Majestic Apts），南京西路 868-882 号，1932。

参考文献及相关材料：

——黄光域 . 外国在华工商企业辞典 [M]. 成都：四川人民出版社，1995：676.

——Mr. W. M. Dowdall[N]. The North-China Herald and Supreme Court & Consular Gazette，1928-06-02：376.
——部分作品信息源自相应年份《上海公共租界工部局公报》（*The Municipal Gazette*）。
——郑时龄 . 上海近代建筑风格 [M]. 上海：同济大学出版社，2020：471.

[28] Eastern Asia Architects and Engineers Corp. Ltd.（东亚建筑工程公司）

名称：

东亚建筑工程公司（Eastern Asia Architects and Engineers Corp. Ltd.；Eastern Asia Foundation Co. Ltd. Engineers and Contractors）

地址：

上海（北京路 100 号，1927；江西路 22 号，1928—1929；博物院路 20 号，1932—1934；博物院路 131 号，1935—1938）

执业时间：

1927—1938

合伙人：

Wladimir Livin-Goldenstaedt，钱金昌

从业人员：

Li S. H.（C.E.，经理助理），P. Tomashevsky（建筑师和土木工程师，任助理建筑师），A. Phillips（秘书），Loh K. Y.，G. A. Yourieff，B. Shebalin，T. A. Wact，Chien C. K.（C.E.，总工程师和经理助理），Wan K. K.（C.E.，总工程监督和经理助理），Lee H. T.，Chen Francois，Liu T. C，Nelson Ting（秘书），李鸿儒，宛开甲

简史：

1927 年 3 月前由戈登士达（Wladimir Livin-Goldenstaedt）创办；1928 年 12 月 1 日戈登士达将东亚建筑工程公司转售于钱金昌（Chien,C. K.）；钱金昌经营至 1935 年 7 月将公司改名为东亚工程股份有限公司（Eastern Asia Foundation Co. Ltd. Engineers and Contractors），继续经营到 1938 年。

作品：

上海：

——大华股份有限公司 7 层新厦，南京路市政厅旧址，1927。

苏州：

——东吴大学司马德健身房（Smart Gymnasium）、女生宿舍、男生宿舍、游泳池，1930，钱金昌设计。

参考文献及相关材料：

——东吴大学作品信息源自《东吴年刊》，1930（2）：339. 此条由潘一婷老师提供。

[29] Fittkau，H. Architect & Engineers（通利洋行）

名称：

通利洋行（Fittkau & Co.，H. Engineers，Importers and Exporters；Fittkau，H. Architect & Engineers；Fittkau & Woserau Architect & Engineers）

地址：

上海（四川路 96 号，1923—1925；北京路 32 号，1926；博物馆路 20 号基督教青年会大楼，1926—1934；博物馆路 131 号，1934—1936）

执业时间：

1921—1936

合伙人：

H. Fittkau，A. Woserau

从业人员：

Zung Y. T.（买办），Lee C. M.（买办），Tau L. D.（工程师），Chang C. C.（张莣臣，建筑工程师），Yu T. H.（绘图员），Koo S. D.（买办），Koo C. Z.，Ching M. S.，Hsu M. S.（买办），Waung C. S.（建筑师），F. E. Hoebich（建筑师），E. Keil（建造工程师），邱启华（帮办兼地产部主任），蔡岳庭（工程师）

简史：

通利洋行（Fittkau & Co.，H. Engineers，Importers and Exporters）于 1900 年前后在华开办，专做军械、机器、铁路材料、进出口货、五金杂物及一切路矿工程，后拓展经营保险业（该通利洋行与德国建筑师 Hans E. Lieb 于 1909—1917 年在上海开办的通利洋行 Lieb，Hans E. Architect 无关）。一战期间暂停营业。1921 年德国工程师费德考（Hans Fittkau）加入上海通利洋行并任经理，公司更外文名为 Fittkau，H. Architect & Engineers，增加建筑及出口部，专营保险、打样（设计）、建筑、进出口、经租等业务；1923 年 8 月德国建筑师沃萨（A. Woserau）入伙通利洋行，公司更外文名为 Fittkau & Woserau Architects & Engineers，至 1924 年 7 月已退出；费德考继续经营公司至 1936 年。

作品：

上海：

——住宅加建，册地 4351 号，麦根路，1923，Fittkau & Woserau 设计。

——办公楼改建，册地 262 号，汉口路，1924，Fittkau & Woserau 设计。

——时报馆编辑所印刷所新屋，浙江路，1925。

——怡大汽车行样子间改建（宫殿式），静安寺路慕尔鸣路转角，1926。

——亨达利洋行改建（The alterations to Messrs. Hope Bros. and Co.'s building），南京路、河南路转角，1927。

参考文献及相关材料：

——通利洋行之新计划 [N]. 申报，1922-11-11，17860（17）.

——通利洋行增加新股 [N]. 申报，1923-08-03，18116（17）.

[30] Fonciere et Immobiliere de Chine Land and Estate Agents，Construction of Houses，Supervision，Management of Estates，Mortgages（中国建业地产公司）

名称：

中国建业地产公司（Fonciere et Immobiliere de Chine Land and Estate Agents，Construction of Houses，Supervision，Management of Estates，Mortgages）

地址：

上海（爱多亚路 7 号，1920—1925；爱多亚路 9 号，1926—1941）

执业时间：

1920—1941

合伙人：

H. Madier，J. Gautier，J. J. Chollot 等

从业人员：

J. M. X. Chollot，P. J. Chollot（技术经理），N. Lavrov（监造），S. F. Yang（绘图员），M. Loonef（监工），P. Sokleff（监造），P. Kropf（监造），V. P. Shelton（监造），J. Rumarchuk（土木工程师）

简史：

中国建业地产公司 1920 年由法商信孚洋行（Madier，H.）创办者麦地（H. Madier）等发起开办，为股份有限公司，经营地产、房地产、营造抵押、房地产估价公证及经理诸业务。麦地、邵禄（J. J. Chollot）、夏禄（E. Charlot）、唐耐（J. Donne）及西戈（E. Sigaut）等先后任公司董事长。

作品：

上海：

——麦阳路 9 幢住宅，华亭路 93 弄，1923。

——福履理路住宅（今建国西路幼儿园），建国西路 620/622 号，1924。

——建业里，建国中路 440–496 号，1928—1929。
——麦阳路住宅，华亭路，1927。
——亚尔培路住宅，陕西南路 191–197 号，1929。
——麦阳路李宅（Detached House for Mrs. S. W. Lee），华亭路，1930。
——雷米坊（今永康新村、太原小区），永康路 171/173/175/177 弄，1930。
——助氏宅（今市建委老干部活动中心），高安路 63 号，1930，赖安工程师设计。
——建安公寓（Foncim Apartments），高恩路 342/346/348/280/382/384 号，1938。
——爱棠花园（Edan Gardens），戴劳耐路 32/34/36 号，1941。

参考文献及相关材料：

——黄光域．外国在华工商企业辞典 [M]. 成都：四川人民出版社，1995：65–122.
——郑时龄．上海近代建筑风格 [M]. 上海：同济大学出版社，2020：503–504.

F

[31] Fukien Construction Bureau（福建协和建筑部）①

名称：

福建协和建筑部（Union Architectural Service；Fukien Construction Bureau）

地址：

福州

存续时间：

1916—1949

负责人：

Edward F. Black，Paul P. Wiant

成员：

林缉西（美国西北大学建筑学毕业），Tinghong Ji

简史：

由美以美会（联合卫理公会，United Methodist Church）于 1916 年在中国福州成立，以建立进行传教所需的物质基础设施为目标。在中国南方完成超过 400 个建筑项目。其以商业模式运作，其业务范围涵盖建筑设计和建筑施工监督，包括教堂、学校、房屋、道路、铁路、桥梁和其他基础设施。它还为福州使团提供必要的服务，并与福建地区的其他使团组织合作。

作品：

福州：

——英华书院二号宿舍、半卫生化厕所、高中部建筑群（科学楼、克廉楼、保志楼）（A. C. College Residence No.2，Semi-sanitary Toilets，New High School Plant），1919。
——福建协和大学首批 6 栋建筑（Union University），茂飞设计，协和建筑部负责建造，1919。
——毓英女子初级中学风雨操场（Covered Play Court，Tai Maiu），1919。
——模范日校（Model Day School），1919。
——施埔明道盲童女校（Sie-buo Blind Girls'school），1919。
——福建协和大学科学楼（Science Building at the Union University），茂飞设计，协和建筑部负责建造，1919。
——英华书院力礼堂（Chapel Building at A. C. College），福州，1932。
——文山女子中学（Wenshan Primary School），1937。
——福州禧年教堂（Jubilee Church in Fuzhou，replacement for old church Tieng Ang Dong），1923，未建成。
——尚友堂（The City Institutional Church on the Fuzhou District），1932。
——基督教天安堂（The Tien Ang Church on the Fuzhou District），1932。
——小岭堂（The Sieu Liang Church on the Fuzhou District），1932。
——美以美会妇女海外布道会医院（WFMS / Woman's Foreign Missionary Society Hospital），鼓岭（Kuliang），1919。

① 感谢天津大学王翰涛博士对此条目作品部分建筑名称及地名中文翻译的协助。

——福州基督教协和医院（Fuzhou Christian Union Hospital），1932。
——圣教医院（American Board Hospital），1923。
——吉祥山福建省立医院（Fukien Government Hospital on Gek–siong Sang），吉祥山，1937。
——柴井医院（Chachang Hospital），1940s。
——塔亭医院（Takding Hospital），1948。
——协和建筑部办公楼及住宅翻新（Bureau Office and Residence Remodeling），福州，1919。
——鼓岭范哲明别墅（Paul Wiant's House at Guling），鼓岭，20 世纪 20 年代。
——兰醒球住宅（House in Fuzhou for Dr. Carleton），1923。
——福州私立协和职业学校教会住宅（M E Mission Residence at Union High School），1932。
——尚友堂观众席翻新（New Church Auditorium for Siong–iu–dong），1923。
——尚友堂牧师住宅（Parsonage at Siong Iu Dong），福州，1939。
——福州市自来水厂（New Fuzhou City Water Works），福州，1937。
——协和建筑部办公楼（Bureau Office），福州，1940s。
——福州女子家政学校（Government Home Economics School），福州，1937。
——五里亭国民学校（Gov't School at Wu Li Ting），福州，1937。
——国民党省党部（Kuomingtang Headquaters），福州，1937。

平潭（海坛）:

——平潭开宗学校（Kaitsung School on Haitang），1932。
——平潭医院（Cliff Memorial Hospital / Pingtan Hospital），1932。
——平潭岛某医院（Hospital built on Haitang Island），1932。
——某教堂（A New Church at Bah–sua），1936。
——潭头堂（The Tang Tau Church on Haitang），1932。

闽清:

——天儒学校宿舍（Boys' H.P. School Dorm），1919。
——女童日校（Girls' Day School），1919。
——天儒学校宿舍（Boys' H.P. School Dorm），1919。
——天儒学校天儒楼（Boys' H.P. Main Building），1919。
——闽清毓清小学 B 号宿舍（Dormitory B. Mingchiang Boy School），1923。
——十四都昭仁堂（Mintsing，14th Township Church），1919。
——十都集福堂（A Church in 10th Township），1929。
——城关真源堂（Futsing City Church），1929。
——六都福源堂（Mintsing，6th Township Church），1919。
——六都堂（The Lek–du Church），1932。
——闽清城关堂（Mingchiang Gaing Church），1923。
——闽清城关医院（Mingchiang Gaing Hospital），1923。

福清:

——明义学校（Ming Ngie Boys'school），1919。
——明义学校（Ming–ngie School），1923。
——明义学校第二栋建筑（A second building in connection with the Ming Chie Boy's School），1932。
——明义学校（Min–I School），1932。
——福清某教堂（Choi–die Church），1923。
——李美珠医生医院（Hospital for Dr Li Bi Cu in Hokchiang），1923。
——美以美会妇女海外布道会建筑群（W FMS. Plant，Hokchiang），1919。

南平（延平）:

——闽清堂（Mingtsing Church，Yenping），1919。
——剑津中学主楼（Yenping Middle School，Main Building），1923。
——剑津中学（Jianjin Middle School），1932。
——兴化教堂（Hinghwa City Church），1919。
——延平吐毗哩医院（Yenping Men's Hospital），1919。
——南平医院（Nanping Hospital），1940s。
——延平 3 号住宅（Yenping，Residence No.3），1919。
——延平 5 号住宅（Yenping，Residence No.5），1919。

——延平 7 号住宅（Yenping，Residence No.7），1919。
——延平年会议监督住宅（Yanping，Dist Supt. Residence），1919。
——延平 6 号住宅（Yenping Residence No.6），1919。
——剑津中学建筑群（Yenping School Plant），1919。
——南平音乐会（Nanping Music Club），1925。
——永安苏雅各医生住宅（House in Ing-ang for Dr. Skinner），1923。
——翁岱（？）男童日校（Uong-dai Boys' Day School），1919。

古田：

——古田女圣经学校礼拜堂（Kutien Women's Bible School Chapel），1919。
——古田超古学校建筑群（Kutien Boys Higher Primary Plant），1919。

莆田（兴化）：

——哲理中学（Hinghwa High School），（Xinghua，兴化，今莆田），1923。

永春：

——吾峰小学（Au Bang Primary School），1937。

罗源：

——女童学校（Lo-yuan Girls'school Plant），1919。

其他：

——协和译文书院（Union Vernacular Middle School），1923。
——威尔小姐圣经学校（Miss Well's Bible School），1923。
——某教堂（U-sa Church），1919。
——谢家（？）堂（Sia-ka Church），1919。
——真主堂（Ching-ciu Church），1919。
——伊顿堂（The Eaton church），1929。
——某教堂及牧师住宅等（Ha-maiu Church，Parsonage，etc.），1919。
——某牧师住宅（Nenong-die Parsonage），1919。
——某教堂（Ceng-giang Church），1919。
——某学校新校舍（A new plant for Pa Miner's H. P. School），1923。

参考文献及相关材料：

——http：//www.fzcuo.org/wiki/%E6%9E%97%E7%BC%89%E8%A5%BF.
——Bi Lin. The Buildings and Practices of Fukien Construction Bureau 1916—1949：a Study of Western Missionary Architecture in China and the Preservation of Its Contemporary Legacy[D]. New York：Columbia University，2020.

[32] Gibson & Co.，Architects and Engineers（劫臣洋行）

名称：

劫臣洋行（Gibson & Co.，Architects and Engineers）

地址：

香港

执业时间：

1930—1938

合伙人：

James Smith Gibson

从业人员：

Lo Man Chuen，Lai Shiu Wing，T. Y. Chiu，Lai Chak（首席助理）

简史：

由劫臣（James Smith Gibson）于 1930—1938 年经营。

作品：

香港：

——花园街（Fa Yuen Street）中式住宅（KIL1569），1938。

——洗衣街（Sai Yee Street）欧式住宅（KIL2527），1938。
——山林道（Hillwood Road）欧式住宅（KIL3690），1938。
——山光道（Shan Kwong Road）欧式住宅（KIL3524），1938。
——普乐里（Bullock Lane）1座中式住宅，1941。
——3座洋楼连筑地盆，黄泥涌成和道内地段6055号，1941年设计。
——2座洋楼，九龙窝打老道新九龙内地段2802号（NKIL 2802），1941年图样已批准。
——1座洋楼连筑地盆，大坑道内地段3454号（IL 3454），1941年图样已批准。
——3座货仓，九龙土瓜湾道九龙内地段4148号（KIL4148），1941年图样已批准。
——3间唐楼，黄坭涌载德街内地段5748号（IL5748），1941年图样已批准。
——10层大厦及土库，皇后道中海地段10号A之R分段，1941年图样已呈工务局候核准。
——3座洋楼连筑地盆，成和道及何芳道内地段6055号，1941年在设计中。
——1座洋楼，九龙塘窝打老道新九龙内地段2803号，1941年图样已批准。
——1座洋楼连筑地盆，内地段3454号，1941年图样已呈工务局候核准。
——1座2层货仓，九龙海地段39号，1941年在建设中。
——2间唐楼改建，皇后道中341号及343号，1941年图样已批准。
——机器铜铁器制造厂及工人宿舍，土爪湾下乡道九龙内地段4148号，1941年在建设中。
——3间唐楼改建，旺角新填地街344–348号，1941年在进行中。
——汽车室及待役宿舍扩建，太子道及科化道交界处九龙内地段4011/4135/4168号，1941年在建设中。
——3间唐楼，黄坭涌载德街内地段5748号，1941年图样已批准。
——1间唐楼，湾仔普乐里，1941年图样已批准。
——1座地盆，郊野地段441号，1941年在设计中。
——4座洋楼，黄坭涌成和道内地段5548/5579号，1941年在设计中。
——1间屋宇改建（业主关先生），交加街30号丙地段430之余段G，1941。
——2间室宇改建，吴淞街九龙内地段60/87/89号，1941。
——1座地盆，郊野地段440号，1941年在设计中。
——6座唐楼（业主李先生），西洋菜街九龙内地段4042号，1941年在建设中。
——商店改酒楼（业主梁光），文成街32号海地段16号分段A，1941年图则已呈工务局。
——屋宇改建，德辅道西176/178号，1941。
——星街2–13号钢混改造，1941年设计。
——交加街34号钢混改造，1941年设计。
——打比道1栋欧式住宅（N K L L 2802），1941年开工。
——弥敦道8栋一层商店（K I L 1134），1941年设计。

参考文献及相关材料：

——[J]. Hong Kong and Far East Builder，1941，6（4）: 24.
——[J]. Hong Kong and Far East Builder，1941，6（1）: 43.
——[J]. Hong Kong and Far East Builder，1941，6（3）: 39.

[33] Gonda，C. H. Architect（鸿达建筑工程师）

名称：

鸿达建筑工程师 / 鸿宝洋行（Gonda，C. H. Architect；Gonda & Busch Architects）

地址：

上海（新康路四号，1922—1927；博物院路21号光陆大楼，1928—1934；博物院路142号，1934—1937；四川路410号惠罗洋行，1937—1938；爱多亚路160号时代大厦420室，1938；海格路433号，1938.7—1939.1；时代大厦，1939—1941年后；中正东路160号，1947）

执业时间：

1922—1947

合伙人：

C. H. Gonda，E. Busch

从业人员：

N. N. Emanoff（助理建筑师），C. D. J. O. Nebushka（助理建筑师），R. O. Shoemyen（助理建筑师），Y. Svagr（B.S.C. E. 咨询工程师），V. V. Arnold（助理工程师），S. Kapper（土木工程师），V. Kotelnikoff（土木工程师），V. Leib（建筑监督），Kwok，B. Kee（助理工程师），K. I. Bier（总绘图员），L. V. Leonidoff（建筑监督），A. M. Yankovsky（建筑监督），J. A. Hammerschmidt（助理建筑师，天津代理人），S. Mojis（建筑监督），B. Fedosseyeff（建筑监督），E. Busch（建筑师），W. Walt（助理建筑师），K. I. Benuh（建筑监督），V. V. Baranoff（建筑监督），Van，N. L.（总绘图员），Chu Pu E.（总绘图员），R. Gailer（助理建筑师），B. I. Petroff（绘图员），Woo Lan Fong（绘图员），F. J. Majer（助理建筑师），S. E. Kiriloff（助理建筑师），Tsai K. C.（绘图员），Sih V. J.（绘图员），H. Litvak（助理建筑师），J. Kopetsky（工程师），Ho P. C.（建筑师），Woo S. T.（绘图员），F. Schwarz（助理建筑师），Sung T. N.（绘图员），Cheng Y. Y.（绘图员），Chue S. T.（助理建筑师），Tai. Y. F.（绘图员），Chu S. C.（助理建筑师），Ling T. C.（绘图员），Zao S. K.（绘图员）

简史：

1922 年 4 月由鸿达（C. H. Gonda）在上海新康路四号自办鸿达洋行（鸿达建筑工程师，Gonda，C. H. Architect）；1928 年 7 月—1929 年 7 月德国建筑师朴士（E. Busch）任合伙人，改名为鸿宝洋行（Gonda & Busch Architects）；后由鸿达自营直至 1949 年 5 月 14 日离开上海、抵达美国旧金山。

作品：

上海：

——泰兴洋行改建（Department Store of Messrs. Lane，Crawford & Co.），1922。
——车库加建，册地 2160 号，新闸路，1923。
——办公楼加建，册地 30 号，仁记路，1923。
——商店、旅馆和电影院，册地 626 号，南京路、广西路、天津路和贵州路，1924。
——龙门架（Gantry），册地 626 号，南京路，1924。
——大光明戏院（Capitol and Grand Theatre）改建，黄河路，1928.10—1928.12。
——明园（Luna Park），长阳路，1931。
——明园游泳池，长阳路。
——卡尔登大戏院（New Carlton Theater），1930。
——交通银行（China Bank of Communications Building，今上海市总工会），中山东一路 14 号，1937—1949。
——新新公司（The Department Store and Hotel Building of the Sun Sun Co.），黄浦区南京东路 720 号，1923—1926。
——东亚银行（Bank of East Asia），黄浦区四川中路 299 号，1925—1926。
——葡商奥里化喇（G. M. Oliveira）住宅，1924。
——惠罗洋行（Whiteaway Laidlaw & Co. Ltd.）改建，南京东路 100 号，1930。
——犹太中学（The Shanghai Jewish School，上海夏娃女子学校），陕西南路新闸路，1931。
——21 层公寓建筑方案，静安寺路帕克路与白克路之间，1930，未实现。
——光陆大戏院（Capitol Theater / S. E. Shahraoon & Co. Building），黄浦区虎丘路 146 号，1926—1928.02。
——上海市政府新楼设计竞赛方案（未实施），1929。
——普庆影戏院（Cosmopolitan Theater，今国光剧场），虹口区长治路、新建路口，1930—1931。
——国泰大戏院（Cathay Theater），卢湾区淮海中路 870 号，1930—1931.12。
——喜临门舞厅，1939。
——融光大戏院（Ritz Theater），1930—1932.11。
——大都会大戏院（Cosmopolitan Theater），1934。
——平安大戏院（Uptown Theatre，由平安大楼改建而成），陕西北路 203 号，1938—1939。
——杜美大戏院（Doumer Theater），?—1939.06。
——大华大戏院（Roxy Theater，今新华电影院），南京西路 742 号，华盖建筑事务所设计，鸿达为技术顾问，1939.03—1939.11。
——皇后大戏院（Queen's Theater），1941—1942.02。
——哈同别墅，1941。
——银光大戏院（Royal Theater，1943 年更名为上海大戏院），复兴中路 1186 号，1941—1943.07。
——林邨（108 幢中式楼房及 8 间中式商店等），威海路 910 弄，1941。
——米高梅电影院，静安寺路梅白格路口，1946（是否建成待考）。

G

厦门：

——中南银行（The China and South Sea Bank-Building），1923 年左右。

天津：

——中南银行，1923 年左右，方案之后未被采用。

——维多利亚大戏院（Victoria Theater），1934。

杭州：

——大华饭店，1934—1935。

北京：

——光陆电影院（Capitol Theater），1934—1936。

烟台：

——光陆戏楼（Capitol Theater），1938—1941。

参考文献及相关材料：

——Leaders of Commerce Industry and Thought in China[M]. 1924：153.

——Luna Park Project is One of the Largest of its Kind in Far East, Says Architect: A. Gonda, Designer of Pleasure Park Tells of the Magnitude of the Work on Construction[N]. The China Press，1931-07-23：A1.

——[N]. 申报，1946-09-05，24625（4）.

——https：//avezink.livejournal.com/tag/gonda（张霞）.

——Eszter Baldavari. Gonda，Shanghai's Ultramodern Hungarian Architect（鸿达：上海的匈牙利超现代主义建筑师）[M]. 上海：匈牙利驻上海总领事馆，2019.

——部分作品信息源自相应年份《上海公共租界工部局公报》(*The Municipal Gazette*)。

——郑时龄 . 上海近代建筑风格 [M]. 上海：同济大学出版社，2020：494.

——郑红彬 . 现代主义与装饰艺术——鸿达在近代中国的剧场设计 [C]// 张复合，刘亦师 . 中国近现代建筑研究与保护（十一）. 天津：天津人民出版社，2022：606-613.

[34] Graham & Painter，Ltd. Architects and Engineers（世界实业公司）

名称：

世界实业公司（Painter & Co. W. L. Consulting Engineers；Graham & Painter，Ltd. Architects and Engineers）

地址：

上海（福州路 9 号，1933；九江路 10 号，1934；四川路 668 号，1934—1938；弥尔登大楼 234 室，1938—1939）

执业时间：

1933—1939

合伙人：

W. L. Painter，John Graham，John Grahan Jr.

从业人员：

R. A. Huestis，V. Cossin，G. E. Anderson，G. Evseeff，L. Leonidoff，L. Horenstein，E. Philippenko，H. Rohn，Soong V. C.，Miss N. MacDougal，J. S. Brenneman，A. Horenstein，S. Kovalew，G. Borisoglebsky，Miss B. Tenney

简史：

1933 年由 W. L. 佩因特（W. L. Painter）在上海开办世界实业公司（Painter & Co.W. L. Consulting Engineers）；1935 年他和来上海开设事务所分部的西雅图著名建筑师格雷厄姆（John Graham）合伙组建 Graham & Painter，Ltd. Architects and Engineers，在西雅图、纽约和上海营业；1937 年 10 月因上海时局，被迫关闭上海业务，将西雅图作为总部；上海分部 1939 年 1 月仍出现在通商名录。

作品：

上海：

——江南造船厂 3 号船坞（No. 3 Kiangnan Dock，当时中国最大的干船坞），1935。

——1 座日产 1 万加仑的酿酒厂（Alcohol Distillery），1935。

——1 座大型纸板厂。
——龙华中国航空公司（China National Aviation Company）飞机库和跑道。
——浙江实业银行（Chekiang Industrial Bank），1938。
——迦陵大楼 / 大通国民银行（Liza Hardoon Building / Chase National Bank），南京路、四川路转角，1935。

参考文献及相关材料：

——Big Programme Under Way by Alcohol Distillery Chinese Owned Industry Turns Out 7，000 Gallons Per Day; Messrs. Graham and Painter are the Consulting Engineers for Work[N].The Shanghai Sunday Times，1935-12-15（35）.
——Nanking Road Project Points to Better Days to Come for Shanghai "Liza Hardoon" Building Will House Chase National Bank; W. L. Painter，of Graham and Painter，is Designer; Nanking-Szechuen Road Corner[N].The Shanghai Sunday Times，1935-12-15（41）.
——Largest Ocean Liners May be Accommodated in New Kiangnan Dock Messrs. Graham and Painter are Consultants for No. 3 Kiangnan Dock and Extension; This will be China's Largest Graving Dock[N].The Shanghai Sunday Times，1935-12-15（67）.
——New Bank Plans Released by Shanghai Architects Messrs. Graham and Painter Give Details of Big Chekiang Industrial Bank; $1，000，000 Structure Completed Next Year[N].The Shanghai Times，1937-04-14（4）.

[35] Graham-Brown & Wingrove Architects，Surveyors and Civil Engineers（文格罗白郎洋行 / 桂恩榜）

名称：

文格罗白郎洋行（Graham-Brown & Wingrove Architects，Surveyors and Civil Engineers；Graham-Brown，A. W.，Architect and Surveyor）

地址：

上海（四川路 123A/122 号，1920—1922；四川路 41 号卜内门洋行，1923—1924）

执业时间：

1920—1924

合伙人：

Alexander Wood Graham-Brown，George Christopher Wingrove

从业人员：

K. Crane，E. Gindper

简史：

1920 年由桂恩榜（嘉咸宝，Alexander Wood Graham-Brown）与文格罗（G. C. Wingrove）合伙开办文格罗白郎洋行（Graham-Brown & Wingrove Architects，Surveyors and Civil Engineers）；1923 年 1 月文格罗退伙，桂恩榜独立经营至 1924 年，公司更名为桂恩榜（Gragam-Brown，A. W. Architect and Surveyor）；1924 年桂恩榜移居香港自办事务所嘉咸宝则师行（Graham-Brown，A. W. Architect and Surveyor），至 1928 年止。

作品：

上海：

——怡和洋行办公楼（Jardine & Matheson Office），1920。
——工厂，册地 4440 号，劳勃生路外，1920。
——3 座洋式住宅，册地 2758 号，杨树浦路，1920。
——5 座洋式住宅，册地 3804 号，华德路和韬朋路。
——办公楼，册地 106 号，四川路，1921。
——办公楼改建，册地 166 号，四川路，1923。
——住宅加建，册地 2023 号，威海卫路，1923。
——利德尔宅（House for P. W. O. Liddell），华山路 643 号，1920。
——嘉道理府邸（Elly Kadoorie's House / Stately Homes），延安西路 64 号，1920—1924，与思九生合作。
——荣康里，茂名北路 250 弄，1921。
——王宅（House for Wong Chin Chung），威海卫路 590 弄 77 号，1921。

G

——卜内门洋碱公司（The Brunner，Mond & Co. Building），四川中路 133 号，1921—1922。
——上海总会一战纪念碑（The Shanghai Club War Memorial Tablet），上海总会室内，1922。

参考文献及相关材料：

——部分作品信息源自相应年份《上海公共租界工部局公报》（*The Municipal Gazette*）。
——郑时龄 . 上海近代建筑风格 [M]. 上海：同济大学出版社，2020：486.

[36] Gruenbergue，P. R. Architect and Estate Agent（葛兰栢洋行 / 顾安伯爱尔登洋行）

名称：

葛兰栢洋行 / 顾安伯爱尔登洋行（Gruenbergue，P. R. Architect and Estate Agent；Gruenbergue-Elton，P. R. Architect and Engineer，Decorator，Land and Estate Agent）

地址：

上海（辣斐德路 494 号，1922；霞飞路 251 号，1924—1925；广东路 13A，1926—1927；九江路 170 号弥尔登大楼 132 A 室，1934；南京路 49 号中央商场 10A 室，1934；汉口路 110 号，1935—1937）

执业时间：

1922—1927；1934—1937

合伙人：

P. R. Gruenbergue

从业人员：

Ling C.，Yang C. T.，N. V. Kiashkin，A. J. Petchveff，L. M. Meocheriacov，Miss L. S. Kabalkin，A. T. Kolot（绘图员），Soo Chien hsue，G. C. Pedrickson（助理工程师）

简史：

1922—1927 年 1 月由 P. R. Gruenbergue 在上海自办葛兰栢洋行（Gruenbergue，P. R.，Architect & Estate Agent）；1934 年 1 月—1937 年 1 月他又在上海自办顾安伯爱尔登（Gruenbergue-Elton，P. R. Architect and Engineer，Decorator，Land and Estate Agent）。

作品：

上海：

——太古洋行宅（今兴国宾馆 6 号楼），兴国路 72 号，1922。
——刘宅（Residence for S. I. Lew），永嘉路 389 号，1922。
——林宅，安福路 255 号，1924—1926。
——帕克公寓（Park Apts，今花园公寓），复兴中路 455 号，1935—1936。
——兴国宾馆 2 号楼，兴国路 72 号，1925。
——纽生宅 / 牛臣宅（Residence for C. C. Newson），永嘉路 630 号，1925。

参考文献及相关材料：

——郑时龄 . 上海近代建筑风格 [M]. 上海：同济大学出版社，2020：487.

[37] Hajek，H. J. Architect（海杰克洋行）

名称：

海杰克洋行（Hajek，H. J. Architect）

地址：

上海（圆明园路 169 号，1938—1947）

执业时间：

1938—1957

合伙人：

H. J. Hajek

从业人员：

Chen H. T.，Wong S. R.，Zieh K. T.

简史：

1938 年 1 月—1941 年 7 月由海杰克（H. J. Hajek）在上海经营建筑师事务所海杰克洋行（Hajek，H. J. Architect）；1947 年事务所仍在经营；1959 年 H. J. Hajek 赴香港。

作品：

上海：

——金神父公寓（Pére Robert Apartment）方案设计，1933。

——黄浦路办公楼，1934。

——南京路中央大楼（Central Building）方案，1935。

——跑马厅公寓方案设计（Proposed Design of the Racecourse Apartments），1935 年底。

——西区摩登私宅（Modern Private Residence in the Western District），1935。

——西区公寓方案（Proposed Apartment Building in the Western District），1935。

——哥伦比亚路周边 20 栋住宅（20 houses in the cicinity of Columbia Road），1935。

——法租界中区公寓方案（Apartment Building for Central Part of French Concession），1935。

——外滩事务院方案（Office Building on Whanpu Road），1934。

——法租界住宅新村方案，1934。

——孔氏别墅（Villa on Hongqiao Road），虹桥路 2258-2260 号，1934。

——虹桥路册地 8 号 1 所住宅，1937。

咸阳：

——咸阳县新酒精厂，陕西，1936。

参考文献及相关材料：

——Eduard Kögel. Austrian-Hungarian Architect Networks in Tianjin and Shanghai（1918—1959）[C]// Burcu Dogramaci，Mareike Hetschold，Laura Karp Lugo，Rachel Lee，Helene Roth. Arrival Cities: Migrating Artists and New Metropolitan Topographies in the 20th Century. Leuven: Leuven University Press，2020: 91-109.

——海傑克建筑师警告方裕记营造厂主方裕龙紧要启事 [N]. 新闻报，1937-01-29（50）.

——（圆明园路一六九号海傑克建筑师）招人投标 [N]. 新闻报，1936-05-01（6）.

——郑时龄 . 上海近代建筑风格 [M]. 上海：同济大学出版社，2020: 498.

[38] Harvie & Gibbon，Ld. Architects，Land and Estate Agents Imports & Exporters，Commission Agents，Manufacturers，Representatives and Builders' Suppliers（同和英行）

名称：

同和英行（Harvie & Gibbon，Ld. Architects，Land and Estate Agents Imports & Exporters，Commission Agents，Manufacturers，Representatives and Builders' Suppliers）

地址：

上海（1919 年市中心办事处在广东路 3 号，总部在庙弄 8 号）

执业时间：

1918—1921

合伙人：

H. M. Cumine，Geo. R. Grove，Geo. H. Keeble，A. H. Mancell

从业人员：

H. M. Cumine，Geo. R. Grove，Geo. H. Keeble，Chan. Tse Kon，Chu Yiu Ming，Loh Yao Ting

简史：

1918 由克明（H. M. Cumine）、格雷夫斯（Geo. R. Grove）、基布尔（Geo. H. Keeble）和曼塞尔（A. H. Mancell）合资创办；1919 年 6 月达成协议停业清算；1921 年 2 月仍见于记载。

H

作品：

上海：

——1座洋式商店，册地142/143号，爱文义路，1918。

——23座中式住宅，册地461/462号，成都路，1918。

——厨房，册地330号，白克路，1918。

——楼房（block）和仆人房，册地3051号，麦特赫司脱路，1918。

——6座中式住宅，册地6873号南，杨树浦路，1919。

参考文献及相关材料：

——Harvie and Gibbon Votes to Liquidate[N].The China Press，1919-06-11：8.

——作品信息源自相应年份《上海公共租界工部局公报》（*The Municipal Gazette*）。

[39] Hazeland，E. M. Architect（希士伦画则师行）

名称：

希士伦画则师行（Hazeland，E. M. Architect）；希士伦及干弥那（Hazeland & Gonella Architects & Civil Engineers）

地址：

香港

执业时间：

1900—1941

合伙人：

Ernest Manning Hazeland，Ugo Gonella

从业人员：

F. A. Pearson，J. L. Stuart，M. A. Hyndman，C. B. Collaco，L. A. Rose，小希士伦（Andrew John Manning Hazeland）

简史：

1900年由希士伦（Ernest Manning Hazeland）创办；意大利建筑师干弥那（Ugo Gonella）于1924年加入，并成为合伙人，公司改名为Hazeland & Gonella Architects & Civil Engineers，经营至1939年干弥那退出，希士伦独立开业至1941年后。

作品：

香港：

——圣玛加利大堂（St Margaret's Church），1923。

——圣安多尼堂（St. Anthony Church），1934。

——香港仔儿童工艺学院（Aberdeen Technical School，今香港仔工业学校），1935。

——圣类斯学校（St. Lowis School）东翼，1936。

——圣玛丽中学扩建（St. Mary's School Extension），1936。

——青山道住宅（House at Castle Peak Road），1938。

——马头围道288号中式住宅（Chinese House，288 Ma Tau Wei Road），1938。

——深水埗南昌街中式住宅（NKIL1694，Nan Chang Street，Shamshuipo），1941。

——北帝街和凤凰台路工厂（Factory，Pak Tai Street & Sung Wong Toi Road），1938。

——红磡华人学校（Chinese School House，HHIL255，Hung Hom），1939。

——大角咀百福路栈房（Godown：KIL4134，Bedford Road，Tai Kok Tsui），1939。

——靠背石邕街车间和宿舍（Workshop & Quarters，KIL4140，Ping Street，Kau Pui Shek），1939。

——青山公路针织厂（Knitting Factory，NKIL2702，Castle Peak Road），1940。

——土瓜湾长宁街手电筒电池厂（Flashlight Battery Factory，KIL4170，Cheung Ning Street，To Kwa Wan），1940。

——土瓜湾九龙城路硬件制造厂（Hardware Manufactory，KIL4285，Kowloon City Road，To Kwa Wan），1941。

——九龙邕街花生工厂（Peanut Factory，KIL4146，Ping Street，Kln），1941。

——漂白粉制造厂，九龙北帝街九龙内地段 4013 号，1941。
——钢铁器制造厂，土爪湾九龙城道九龙内地段 4285 号，1941 年设计已批准。
——糖果制造厂，长沙湾永康街新九龙内地段 2831 号之余段，1941 年设计已批准。
——汉文校舍，九龙红磡基利士道红勘内地段 275 号，1941 年设计。
——2 间唐楼，深水埗元州街新九龙内地段 2791 号，1941 年报批。
——1 座货仓，九龙内地段 4013 号，1941 年报批。
——6 间唐楼，深水埗汝州街 283-293 号，1941。
——牛房及工人宿舍，九龙钻石山新九龙牧场地段 24 号，1941 年批准施工。
——1 间唐楼，中环永和街 23 号，1941 年报批。
——1 座制造厂，长沙湾永来街新九龙内地段 2831 号 A 分段，1941 年报批。
——1 座织染厂，九龙城马头园道九龙内地段 4284 号 A 分段，1941。
——盐酸厂扩建，九龙北帝街九龙内地段 4013 号，1941。
——5 间唐楼，深水埗南昌街新九龙内地段 1694 号，1941。
——1 座织染厂，九龙城道九龙内地段 4296 号，1941 年设计。
——1 座制造厂，长沙湾永康街新九龙内地段 2828 号，1941 年图样已批准。
——1 座洋楼地盆，九龙钻石山新九龙内地段 2741 号，1941 年报批。
——木园及办事室宿舍，旺角道及塘美道交界处九龙内地段 4283 号，1941 年在建设中。
——1 座工厂，旺角塘美道及鸦阑街交界处九龙内地段 4254 号，1941 年在建设中。
——电影戏院，深水埗钦州街及元州街交界处新九龙内地段 2791 号，1941 年在建设中。
——电筒厂扩建，深水埗福荣街新九龙内地段 2785 号，1941。
——电筒用电池制造厂扩建，土瓜湾长宁街九龙内地段 4170 号，1941 年在建设中。
——2 间唐楼，九龙城西贡道新九龙内地段 2687 号，1941 年在建设中。
——长途汽车厂，北角内地段 5532 号（近英皇道），1941 年设计已批准。
——漂白粉制造厂，九龙北帝街九龙内地段 4013 号，1941 年在建设中。
——职工寓所，九龙北帝街九龙内地段 4013 号，1941 年图则已呈工务局候批准。
——铜铁器制造厂，土爪湾九龙城道九龙内地段 4285 号，1941 年在建设中。
——1 座果子厂，长沙湾永康街新九龙内地段 2831 号之余段，1941 年在建设中。
——牛房及工人寓所，九龙钻石山新九龙牧场地段 2831 号分段 A，1941 年在建设中。
——1 座工厂，长沙湾永康街新九龙内地段 2831 号分段 A，1941 年在建设中。
——1 座新地盆，九龙钻石山新九龙内地段 2741 号，1941 年在建设中。
——木园（Timber Yard）及办事室宿舍，旺角道及塘美道交界处九龙内地段 4283 号，1941。
——长途汽车厂（Motor Bus Garage），北角内地段 5532 号（近英皇道），1941 年图样已批准。
——花生工厂，九龙炳街九龙内地段 4146 号，1941。
——扩建中华书局工坊，九龙马涌道九龙内地段 1445 号，1941 年。
——1 座工厂，塘尾道九龙内地段 4281 号，1941 年图则在设计中。
——冶铜铁厂，九龙拿治街九龙内地段 4303 号，1941 年图则已呈工务局候批准。
——1 间洋楼，九龙嘉林边道新九龙内地段 2772 号，1941 年图则在设计中。
——2 座唐楼，鸭脷洲惠风街海段 56 号，1941 年在建设中。
——织造及染房，九龙城道新九龙内地段 4296 号，1941 年图已得到工务局候核准。
——1 座工厂，长沙湾永康街新九龙内地段 2828 号，1941 年。
——牛房及工人寓所，钻石山（N K D F L 24），1941。
——3 栋住宅，九龙城土瓜湾浙江街地段 4314 号，1941。
——九龙城土瓜湾上乡道工厂，1941。
——九龙旺角道一木园（Timber Yard，K I L 4181）。
——九龙塘尾道一木园（K I L 4318）。
——五金厂，九龙城土瓜湾下乡地道段 4320 号，1941。
——纺织厂，九龙深水埗元州街地块 2825 号，1941。

相关材料：

——Permalink Submitted by tonylam on Fri[OL]. 2016-01-22. https：//gwulo.com/node/11500.
——[J]. Hong Kong and Far East Builder，1941，6（1）：45.
——[J]. Hong Kong and Far East Builder，1941，6（2）：42.
——[J]. Hong Kong and Far East Builder，1941，6（3）：39.

H

[40] Hazzard，Elliott，Architect（哈沙得洋行 / 哈沙得工程师 / 哈沙德洋行）

名称：

哈沙得洋行 / 哈沙得工程师 / 哈沙德洋行（Hazzard，Elliott，Architect）

地址：

上海（四川路 125 号，1923；爱多亚路 6 号，1924—1931；四川路 6 号，1932—1933；四川路 33 号，1934—1940；海格路 433 号，1941）

执业时间：

1923—1943

合伙人：

Elliott Hazzard

从业人员：

K.Crane，F. Shaffer，E.Gindper，E. Lane，H. H. Keys，W. A. Dunn，A. L. Gindper，S. Kovalew，F. V. Remedios，G. Rabinovich，G. A.Youreiff，W. D. Plathotnochenko，E. S. J. Phillips，F. G. Ede，V. N. Shtiefelman，N. G. Domansky，V. Trambitsky，F. V. Romedios，V. P. Dmitrieff，B. Pel-Gorski，A. Starkowaki，S. Smehoff，I. Pokidorff，A. Kaftka，Sopher Loh，J. G. Silverstroff，P. Abream，B. Zenzinoff

简史：

1923 年由哈沙得（Euiott Hazzard）在上海自办哈沙得洋行（Hazzard，Elliott，Architect）；1930 年 7 月飞力拍斯（Phillips，E.S. J.）成为合伙人，至 1939 年离开，由哈沙得独自经营至 1941 年；1943 年哈沙得在闸北集中营病发去世。

作品：

上海：

——哥伦比亚总会（Columbia County Club，今上海生物制品研究所），延安西路 1262 号，1923—1925。

——华安合众保寿公司（China United Assurance Society Building，今金门大酒店），南京西路 104 号，1924—1926。

——新光戏院（The Strand Theater，今新光电影院），宁波路 586 号，1930。

——上海电力公司（Shanghai Power Co. Building），南京东路 181 号，1929—1931。

——国企业银行/刘鸿记大楼（The National Industrial Bank of China / Lieu Ong Kee Building），四川中路 33 号，1931。

——河边公寓（The River Court），1930—1931。

——海格大楼（The Haig Court Building，今静安宾馆），华山路 370 号，1930—1931。

——枕流公寓（The Brookside Apartments），华山路 731 号，1931。

——毕青住宅（R. Buchan Residence），1930—1932。

——樊克令宅（Comell S. Franklin Mansion，今空军四五五医院），淮海西路 338 号，1931。

——基督教科学派上海总部（The Christian Science Headquarters），1934。

——永安公司新楼（The Tower of the Wing on Department Store，今华联商厦 / 华侨商店），南京东路 620-635 号，与飞力拍斯合作，1933—1937。

——上海美国学校新建筑施工图设计，与飞力拍斯合作，1939（设计方案由 Murphy & Dana 于 1921 年绘制）。

——诸圣堂（All Saints Church），复兴中路 425 号，1925。

——金司林公寓（King's Lynn Apts.，今安亭公寓），安亭路 43 号，1927—1928。

——盘根宅（Residence R Buchan，今水乐电影电视集团公司），水福路 52 号，1930。

——兰心大戏院放映厅（Lyceum Theatre）设计，茂名南路 57 号，1931。

——中国大饭店（Hotel of China，今上海铁道宾馆），宁波路 588 号，1930。

——西侨青年会（The Forign Y. MCA Building，今体育大厦），建筑师为 Arthur Quintor Adamson，哈沙德为咨询建筑师，南京西路 150 号，1928。

——浙江路剧院，1933。

——愚园路海上大楼，华山路 370 号，1933。

汉口：

——美孚洋行大楼（The Standard Oil of New York Office Building），1923。

厦门：

——新美国领事馆（New USA Consulate），1924。

参考文献及相关材料：

——Ellen Johnston Laing（梁庄爱伦），Elliott Hazzard（哈沙德）. An American Architect in Republican Shanghai[J]. 艺术史研究，2010（12）：273-323.

——郑时龄 . 上海近代建筑风格 [M]. 上海：同济大学出版社，2020：493-494.

[41] Hemmings & Berkley Architects and Civil Engineers（景明洋行）

名称：

景明洋行（Hemmings，R. E. Architect；Hemmings & Berkley Architects and Civil Engineers；Hemmings & Parkin Architects and Civil Engineers）

地址：

汉口；天津

执业时间：

汉口（1909—1940 年后）；天津（1922—1940 年后）

合伙人：

R. E. Hemmings，Ernst James Berkley，W. G. Parkin

从业人员：

汉口：J. C. Rice，F. S. Reynolds（FSA），A. N. Hansell（FRIBA），F. E. Milne（ARIBA），W. G. Parkin（ARIBA），F. O. Marchant（ARIBA，合伙人），H. G. Turner（ARIBA），C. O. Hooper（ARIBA），L. Ross（ARIBA），W. Dawbarn，W. O. Barrington（B ENG / 工程学士），W. R. Yates，K. T. Liu，R. Q. Scammell（ARIBA）。

天津：W. G. Parkin（合伙人），S. F. Ting，S. L. Luo

简史：

1909 年由海明斯（R. E. Hemmings）在汉口独立开办景明洋行（Hemmings，R. E. Architect）；后澳大利亚建筑师伯克莱（Ernst James Berkley）于 1914 年左右加入，成为合伙人，公司外文名改为 Hemmings & Berkley Architects and Civil Engineers；后伯克莱于 1917 年 10 月在汉口去世，但洋行外文名依旧；1922 年公司开设天津分部，由合伙人帕克因（W. G. Parkin）负责，天津分部自 1928 年开始称为 Hemmings & Parkin Architects and Civil Engineers，自 1936 年改成 Hemmings & Parkin，Ld. Architects and Civil Engineers，经营至 1941 年后；1923 年 6 月海明斯退休，汉口公司由 F. S. Reynolds 接手，此后行名也一直未变；1924 年 H. G. Turner 和 C. O. Hooper 成为合伙人；汉口公司也一直经营到 1941 年后。景明洋行因将钢混技术引入武汉而声名大噪；公司曾被任命为汉口英租界和俄租界工部局测绘师。

作品：

武汉：

——汉口电灯公司，汉口合作路 22 号，1908。

——景明洋行（Office of Hemmings and Berkley），汉口洞庭街 60 号，1908，现已拆除。

——新泰洋行（The Trading Company）堆栈火灾后重建钢混建筑，1911 年左右。

——顺丰洋行（Litvinoff & Co.，S. W.）堆栈火灾后重建钢混建筑，1910 年左右。

——台湾银行（Bank of Taiwa），汉口江汉路 10 号，1915，汉协盛营造厂承建。

——保安大厦（Union Building），汉口青岛路 8 号，1914，汉协盛营造厂承建。

——南洋兄弟烟草大厦，汉口中山大道 915 号，1918，汉合顺营造厂承建。

——交通银行（Bank of Communication），汉口胜利街 2 号，1919—1921，汉合顺营造厂承建。

——汉口万国宝通银行（International Banking Corporation）。

——汉口横口正金银行，汉口南京路 2 号，1921，汉协盛营造厂承建。

——新泰大楼，汉口沿江大道 108 号，1921，永茂昌营造厂承建。

——景明洋行大楼（The Ching Ming Building），汉口鄱阳街 53 号，1920，汉协盛营造厂承建。

——日清轮船公司轮船仓库，汉口沿江大道 105 号，1924，汉协盛营造厂承建。

——卜内门洋行（英商洋碱有限公司），汉口胜利街 87 号，1921，汉协盛营造厂承建。

——日清邮船公司大楼，汉口沿江大道 87 号，1930，汉协盛营造厂承建。

H

——汉口浙江实业银行，汉口中山大道 912 号，1926，汉协盛营造厂承建。
——汉口亚细亚洋行（The Asiatic Petroleum Co.），汉口天津路 1 号，1924，魏清记营造厂承建。
——安利英洋行，汉口四维路 10 号，1926—1930，李丽记营造厂承建。
——中孚银行汉口分行大楼（The Hankow Branch of the Chung Foo Union Bank），1922。
——大孚银行，汉口南京路 104 号，1936，恒记营造厂承建。
——德林公寓，汉口胜利街 78–88 号，1925。
——汉口八大家住宅，汉口蔡锷路。
——汉口聚兴诚银行，汉口江汉路 104 号，1936，李丽记营造厂承建。
——保安大楼。
——平和货栈。
——辉记洋行新货栈。
——顺丰茶厂。
——日清轮船公司货栈（Nisshin Kisen Kaisha Godowns）。
——汉口药房。
——英亚堆栈（The Angol–Asiatic Godown）。
——第一棉织厂第一堆栈和武昌工厂（Dee Yee Cotton Mill，No. l Godown，and Mill at Wachang）。
——保安保险公司（Union Insurance Society of Canton，Ltd.）。
——和平打包公司（Hankow Presspackng Co，Ltd.）。
——日信洋行（Japan Cotton Trading Company，Ltd. / Menkwa Building）。
——新泰洋行新堆栈（The Trading Company's New Godowns）。
——怡和洋行住宅（“Castlemilk” Residential Estate of Messrs. Jardine，Matheson Co.，Ltd.）。
——汉口大英医院（Hankow Dispensary）。
——伦敦教会医院（Hospitat Compound for London Mission Society）。
——中华总商会（Chinese Chamber of Commerce）。
——平和洋行及其堆栈（Liddell Brother，Liddell's Godown）。
——隆茂洋行（Mackenzie and Co.，Ltd.）。
——顺丰茶砖厂（The Litvinoff Tea Factory）。
——多栋私人住宅。

天津：

——英国工部局市政厅，竞赛首奖，未实施，1921。
——平安电影院（Empie Theatre），和平区浙江路 32 号，1922。
——万国宝通银行（International Banking Corporation），和平区解放北路 96 号，1918。
——英国乡村俱乐部（County Club），河西区马场道 188 号。
——麦加利银行，和平区解放北路 153 号，1923，W. G. Parkin 设计。
——李氏眼科医院，和平区赤峰道 140 号，1926。
——英国烟草公司经理住宅，1911。
——戈登堂改建，1920。
——英国工部局消防署，1920。
——英国工部局警察局，1921。
——英国工部局役员事务所，1922。
——发电所，1923。
——中国邮局，1924。

相关材料：

——余泽阳. 外籍建筑师在近代武汉的实践及其对城市建筑近代化的影响研究（1861—1949 年）[D]. 武汉：华中科技大学，2021.

——Allister Macmillan. Seaports of the Far East：Historical and Descriptive，Commercial and Industrial，Facts，Figures，& Resources[M]. 2nd edition，London：W. H. & L. Collingridge，1925：177.

[42] Hirano，Y.，Architect（平野事务所）

名称：

平野事务所（Hirano，Y.，Architect）

地址：

上海（四川路 20 号 2 层，1906；四川路 46 号 2 层，1907；四川路 39 号，1908—1912；四川北路 182 号，1913—1916；武进路 31 号，1916—1923）

执业时间：

1904—1923

创办人：

Y. Hirano

从业人员：

K. Nishimura，N. Taniai，E. Kumaza，K. Haraguchi，Lu Chin-kai，Y. Nakanishi，T. Ariyoshi，U. K. Hayashi

简史：

1904 年由日本建筑师平野勇造在上海开办平野事务所（Hirano，Y.，Architect），一直经营到 1923 年。

作品：

上海：

——上海日本裕丰纱厂。
——新日本领事馆（New Japanese Consulate），1911。
——仓库和磨坊，册地 5020 号，杨树浦路，1913。
——仓库，册地 6015 号，杨树浦路，1914。
——办公建筑改建，册地 96A 号，四川路，1916。
——货栈，册地 5020 号，杨树浦路，1916。
——4 座商店，册地 2382 号，秦皇岛路，1919。
——16 座住宅，册地 5020 号西，齐物浦路，1913。
——4 座住宅和 1 座厕所，册地 4225 号东，齐物浦路，1913。
——1 座洋式住宅和 1 座厕所，册地 5020 号，杨树浦路，1914。
——6 座洋式住宅，册地 5020 号，杨树浦路，1915。
——纺织厂、变压器室和厕所，册地 6013 号，杨树浦路，1915。
——2 座蓄水池，册地 5021 号，曼谷路，1915。
——仓库，册地 4843 号，苏州西路，1916。
——13 座住宅，册地 6017 号，杨树浦路，1916。
——1 座洋式商店，册地 6015 号，杨树浦路，1916。
——10 座住宅，册地 6017 号，杨树浦路，1917。
——加建项目，册地 6080 号，黎平路，1917。
——加建项目，册地 6013 号，杨树浦路，1917。
——棚和墙，册地 5020 号，齐物浦路，1917。
——车库，册地 96A 号，四川路，1917。
——改建项目，册地 54A 号，福州路，1918。
——改扩建项目，册地 100B 号，福州路和江西路，1918。
——2 座保鲜库，册地 41D 号，九江路，1918。
——24 座中式住宅和浴室，册地 6930 号北，临清路延长线，1918。
——门房和大门，册地 6016 号，广信路，1918。
——1 座洋式商店，册地 4845 号，苏州西路，1918。
——办公楼，册地 4744/4745 号，戈登路，1920。
——2 座车库，册地 4744 号，戈登路和宜昌路，1920。
——改扩建项目，册地 39 号，九江路，1920。
——住友银行（Sumitomo Bank），1919。
——朱顺棉纺厂（Chu Zung Cotton-spining Mills），1907。
——日本北部小学校设计方案（未建），四川北路 1844 号，1907。

H

——三井洋行大班宅（Residence of the President of Mitsui Bussan，今瑞金宾馆 4 号楼），瑞金二路 118 号，1908。
——日本总领事馆，黄浦路 106 号，1911。
——日本内外棉会社工厂，澳门路，1914。
——日本内外棉会社住宅，澳门路 660 号，1920 年代。

杭州：

——日本领事馆（New Japanese Consulate）。
——之江大学（The American Presbyterian College）。
——几座面粉厂（several mills）。

参考文献及相关材料：

——绝大部分作品信息源自相应年份《上海公共租界工部局公报》（*The Municipal Gazette*）。
——郑时龄 . 上海近代建筑风格 [M]. 上海：同济大学出版社，2020：506.
——Arnold Wright. Twentieth Century Impressions of Hongkong，Shanghai，and Other Treaty Ports of China [M]. London：Lloyds Greater Britain Publishing Company，1908：634.

[43] Hong Kong Reality and Trust Co.（香港实业信托公司）

名称：

香港实业信托公司（Hong Kong Reality and Trust Co.）

地址：

香港

执业时间：

1922—1940 年代

合伙人：

A. S. Hooper（任期 1908 年），W. D. B. Goodfellow（任期 1923—1925 年）和 George William Grey（1878—1954，任期 1926—1941 年）

从业人员：

D. B. Goodfellow（建筑师），G. W. Grey（工程师），A. Mylo（绘图员），W. C. Felshow（绘图员），J. B. Hawker（绘图员），E. M. Remedios（绘图员），S. H. Barclay（工程监督），J. T. Cotton（监工），J. de Souza（监工），B. Veliky（监工），Fong Yuk Shan（描图员），Fong King Tien（描图员），Yung Chee（描图员）

简史：

1922 年由前英商香港及上海大酒店公司董事长德青（J. H. Taggart）等发起开办；经营房地产信托业，承办建筑设计、土木工程、测绘检验等营造业务；1940 年代尚见于记载。

作品：

香港：

——半岛酒店（Peninsula Hotel），Goodfellow 设计，1928。

参考文献及相关材料：

——黄光域 . 外国在华工商企业辞典 [M]. 成都：四川人民出版社，1995：492.

[44] Hudec，L. E. Architect（邬达克洋行）

名称：

邬达克打样行（Hudec，L. E. Architect）

地址：

上海（外滩 24 号横滨正金银行 4 楼，1925；横滨正金银行 40 室，1926—1931；圆明园路 27/29 号、209 号 8 层，1932—1947）

执业时间：

1925—1948

合伙人：

L. E. Hudec

从业人员：

J. Sokoloff，S. Kiriloff，B. Fedosseyeff，G. Potapoff，G. Shatochin，F. Lavrov，F. Kovaleff，B. L. Matrai，Y. K. Lai，Konstantin L. Egikoff，D. T. Shen，Jacob L. Slaschov，F. Fonio，G. G. Hudec，W. Engler，W. S. Neyer，F. Toropin，A. G.Marieff，F. Majer，H. Seidel，C. H. Fong，O. Holesch，Yin Ching Hsien，W. Eichberg

简史：

1925 年 3 月 30 日由邬达克（L. E. Hudec）在上海自办邬达克打样行（Hudec，L. E. Architect），经营至 1948 年邬达克离开上海。

作品：

上海：

——巨籁达路 22 栋住宅（The 22 Residences on Route Ratard），1919—1920。

——中华懋业银行上海分行（Chinese-American Bank of Commerce），1919—1920，已拆除。

——美丰银行（American Oriental Banking Corporation），1920。

——何东住宅（Ho Tung's Residence），1919—1920。

——盘滕住宅（Jean Beudin's Residence），1919—1920。

——中西女塾社交堂（Social Hall. McTyeire School for Girls），1921—1922。

——卡尔登剧院（Carlton Theatre），1923。

——美国总会（Amencan Club），1922—1924。

——万西马大楼（Foncim Building），1924—1925。

——诺曼底公寓（Normandre Apartrnents），1923—1926。

——邬达克首座自宅（Hudec's 1st Residence），利西路 17 号，1922—1926。

——宏恩医院（Country Hospital，今华东医院 1 号楼），延安西路 221 号，1923—1926。

——宝隆医院（Paulun Hospital），凤阳路 415 号，1925—1926。

——普益地产公司巨福路 6 幢花园住宅（6 Garden Villas on Route Dufour for Asia Realty Co.），乌鲁木齐路 153/154/155/160/180/182 号，1925—1926。

——爱司公寓（Estrella Apartments，今瑞金大楼），瑞金路 148-150 号，1926—1927。

——帕克路机动车库（New Garage & Service Station of Messrs Honigsberg Co），黄河路、凤阳路口，1927。

——四行储蓄会联合大楼（Union Building of the Joint Savings Society），四川中路 261 号，1926—1928。

——西门外妇孺医院（Margaret Williamson Hospital），方斜路 419 号，1926—1928。

——普益地产公司西爱威斯路花园住宅 7 幢（7 Garden Villas on Route Sieyes for Asia Realty Co）安亭路 41 弄 16/18 号，81 弄 2/4 号，永嘉路 563/615/523 号，1925—1930。

——大西路上公寓，靠近安定盘路（Edinburgh Road），1933。

——西爱威斯路外国人私宅 / 弗拉基米罗夫宅（H.Vladimiroff Residence on Route Sieyes），水嘉路 628 号，1929—1930。

——福开森路外国人私宅 / 德利那齐宅（D. Trinnanz's Residence on Route Ferguson），武康路 129 号，1929—1930。

——闸北水电公司新电厂房屋及底脚（Chapei Power Station），军工路 4000 号，1930。

——浙江电影院（Chekiang Cinema），浙江中路 123 号，1929—1930。

——邬达克自宅（Hudec's Residence，今邬达克纪念馆），番禺路 129 号，1930。

——雷文住宅（Cottage for Frank Raven，今龙柏饭店 3 号楼），虹桥路 2419 号，1930。

——刘吉生住宅（Liu Jisheng's Residence），巨鹿路 675 号，1926—1931。

——孙科住宅（Sun Ke's Residence），延安西路 1262 号，1929—1931。

——息焉堂（Sieh Yih Chapel，今西郊天主堂），可乐路 1 号，1929—1931，和潘世义合作。

——慕尔堂（Moore Memorial Church），西藏中路 316 号，1926—1931。

——浙江大戏院，浙江路 777 号，1930。

——交通大学工程馆（Engineering and Laboratory Building of Chiao Tung University），华山路 1954 号，1931—1932。

——哥伦比亚住宅圈规划（Columbia Circle Development Plan），1929。

——广学大楼（Christian Literature Society Building），虎丘路 128 号，1930—1932。

——中华浸信会大楼 / 真光大楼（China Baptist Publication Society Building / True Light Building），圆明园路

H

209 号，1930—1932。
——德国新福音教堂（New German Lutheran Church / Neue Deutsche Evangelische Kirche），静安区延安中路华山路，1931—1932。
——国际礼拜堂牧师住宅（Manse for Community Church），乌鲁木齐南路 64 号，1932。
——爱文义公寓（Avenue Apartments，今联华公寓），北京西路 1341—1383 号，1931—1932。
——爱文义华人住宅（Residence for Chinese Owner on Avenue Apartments），1935。
——辣斐路花园住宅（Garden Villa on Rue Lafayette），复兴西路 133 号，1931—1932。
——斜桥弄巨厦 / 吴培初宅（P. C. Woo's Residene，今公惠医院），石门一路 315 弄 6 号，1931—1932。
——大光明大戏院（Grand Theatre，今大光明电影院），南京西路 216 号，1932—1933。
——辣斐大戏院（Lafayette Cinema，今长城大戏院），复兴中路 323 号，1932—1933。
——上海啤酒厂（Union Brewery），宜昌路 130 号，1933—1934。
——霞飞路花园住宅（Garden Villa on Avenue Joffre），1933。
——国际饭店（Park Hotel），南京西路 170 号，1931—1934。
——上海圣心女职中（Sacred Heart Vocational College for Girls）加建 2 层，眉州路 272 号，1936。
——哥伦比亚乡村俱乐部（Columbia County Club），1923—1936。
——邬达德公寓 / 达华公寓（Hubertus Court，今达华宾馆），延安西路 914 号，1935—1937。
——吴同文住宅（D. V. Woo's Residence），铜仁路 333 号，1935—1938。
——震旦女子文理学院附属圣心女子小学（Chinese School of the Convent of the Sacred Heart），长乐路 141 号，1938。
——震旦女子文理学院（Aurora College for Women，震旦大学女生部，今向明中学震旦楼），长乐路 141 号，1937—1939。
——意大利总会新大礼堂（New Auditorium for Italian O.N.D Club），南京西路，1941。
——大西路德国学校实验室（German School Laboratory），延安西路 7 号，1941。
——上海皮革厂（Shanghai Leather Factory），长宁路 59 号，1926—1927。
——万国储蓄会霞飞路公寓，淮海路，1918—1924。
——四行念 2 层大楼。
——桥弄住宅，麦家花园（昌升营造厂承建），静安区吴江路 45 号，1912—1936。
——哥伦比亚圈住宅 A，新华路 329 弄 30 号，1925。
——李佳白宅（Residence Gilbert Reid），新华路 211 弄 2 号，1929。
——哥伦比亚圈住宅 B，新华路 329 弄 17 号，1925。
——哥伦比亚圈住宅 C，新华路 235 号，1925。
——上海海关税务司宅，江苏路 162 弄 3 号，1925。
——伯林顿公寓方案（Burlington Apartment），待考，1928。
——办公楼方案（Proposal for Office building），四川中路汉口路，1928。
——四行储蓄会外滩大楼方案（I. S. S. Building on Bund），外滩，1929。
——哥伦比亚圈住宅 D，新华路 211 弄 10 号，1929。
——哥伦比亚圈住宅 E，番禺路 55 弄，1929—1936。
——哥伦比亚圈住宅 F，番禺路 75 弄 1-5 号，1929—1936。
——哥伦比亚圈住宅 G，番禺路 95 弄 1-5 号，1929—1936。
——哥伦比亚圈住宅 H，平武路 2/8/10/14/18 号，1929—1936。
——上海大戏院（New ISIS Theater）改建，四川北路 1408 号（虬江路口），1930。
——哥伦比亚圈住宅 J，新华路 211 弄 12/14/16 号，1930 年以后。
——哥伦比亚圈住宅（瑞典公使官邸），新华路 329 弄 32 号乙，1925—1930。
——哥伦比亚圈住宅（西班牙总领事官邸），新华路 329 弄 36 号，1925—1930。
——大使公寓方案（Ambassador Apartments），靠近襄阳公园，1930—1931
——孔祥熙宅改建，永嘉路 383 号，1932—1933。
——中西女塾景莲堂（McGregor Hall of MeTyeire School for Girls），江苏路 155 号，1935。
——肇泰水火保险公司办公楼方案（Chao Tai Fire and Marine Insuranee Co.），1936。
——日本邮船公司办公楼方案（NYK Building），外滩，1936。
——招商局大厦，未实施。
——沈宅方案（Y. T. Shen's House），1936。
——普益地产公司住宅，新华路 211 弄 1 号，约 1940。

——俄罗斯天主学校男童宿舍（Russian Catholic School Hostel for Boys），长乐路 141 号，1941。
——普益地产公司住宅（今 Villa le Bee 餐厅），新华路 321 号，1946。

参考文献及相关材料：

——华霞虹，乔争月．上海邬达克建筑地图 [M]. 上海：同济大学出版社，2013.
——郑时龄．上海近代建筑风格 [M]. 上海：同济大学出版社，2020：489-491.

[45] Keys & Dowdeswell，Architects（凯司洋行）

名称：

凯司洋行（Keys & Dowdeswell，Architects；Keys & Sons，Architects）

地址：

马来西亚（1921—1931）；上海（江西福州路交口汉密尔顿大厦 326-330 室，1932—1936；江西路 349 号 102 / 107 室，1936—1937；北京路 190 号 9-12 室，1938；九江路 45 号 413 室，1938—1941）

执业时间：

1932—1941

合伙人：

P. H. Keys，F. Dowdeswell

从业人员：

G. S. Borisoglebsky，Yang S. P.（杨宪邦，买办），Mao F. S.（买办）

简史：

1921 年由凯司（P. H. Keys）和道兹韦尔（Dowdeswell）创办于马来西亚，后于 1932 年底转移到上海开业，1937 年道兹韦尔退伙，公司更外文名为 Keys & Sons，Architects，经营至 1941 年 7 月。

作品：

上海：

——台尼斯程大楼（德义大楼？，Denis Chen building，sponsored by Denis Chen and the Shanghai Land Inverstment Co.），1934。
——帕克路和白克路住宅，1934。
——梅白克路、青岛路与帕克路之市房（A three-storeyed hongs at Park and Burkill Roads），1934—1935。
——卡尔登公寓（Carton Apts，今长江公寓），黄河路 65 号，1934—1935。
——承兴里，黄河路 261 弄，1934。
——福利公司新厦（Hall & Holtz Building），1935。
——沿马路 3 层楼市房，1934。
——帕克路白克路转角大厦（前 7 层、后 14 层），1934。

新加坡：

——鲍耶住宅（Bowyer Block）。
——中央医院（New General Hospital），1926。
——新精神病院（New Mental Hospital）。
——有利银行（The Mercantile Bank）。
——华侨银行（China House for Overseas Chinese Bank），1928。
——华裔银行（Chinese Commerical Bank）。
——新邮政总局（New General Post Office），1920 年设计，1928 年建成。
——医学院（Medical College），1922。
——工程师协会大楼（New Building of the Association of Engineers / New Club House），1928。
——首都戏院（Capital Theatre），1929。
——富尔顿酒店（Fullerton Hotel），1928。
——艾伦比路建筑（Building at Allenby Road），1929。
——海员俱乐部（Sailors' Home）。
——爱德华七世国王医学院（King Edward VII College of Medicine），学院路（College Road），1921。
——光陆大楼（Capitol Building），1933。

——怡泰洋行大楼（New Koninklyke Paketvaart Maatschappy / KPM Building），1931。
——威尔顿路店屋（Shophouses at Weld Road），1928。
——佩特森西蒙斯公司大楼（Messrs. Paterson Simons & Co. Ltd. Building），1928。
——合丰洋行牛干冬街新厦（New Promise at Chulia Street for the Ho Hong Co. Ltd.），1929。
——中式建筑（China Building），牛干冬街（Chulia Street），1932。

马来西亚：

——霹雳赛马会（Perak Turf Club）怡保，1929。
——印度商贸银行（Mercantile Bank of India）怡保，1931。
——Lam Looking 大厦（Lam Looking Building）怡保，1933。
——东方大酒店（The E. & O. Hotel），槟城。
——大华酒店（Majestic Hotel），吉隆坡（Kuala Lumpur），1932。

参考文献及相关材料：

——New Architects's Firm[N]. The North-China Herald and Supreme Court & Consular Gazette，1932-12-14：423.
——Suit Against Messrs. Keys and Dowdeswell[N]. The North-China Daily News，1935-12-4（10）.
——贫 . 福利公司新屋概况 [N]. 申报，1935-07-02，22336（23）.
——[N]. 申报，1934-04-24，21916（21）.
——郑时龄 . 上海近代建筑风格 [M]. 上海：同济大学出版社，2020：498.

[46] Kidner & Cory，Architects（同和洋行）

名称：

同和洋行（Kidner，Wm. Co. Architect；Kidner，Wm & Kidner，James，Architects；Kidner，W.M.，Architect；Kidner & Cory Architects；Cory，J. M.，Architect and Surveyor）

地址：

上海（北京路 14 号，1872—1875；北京路 16 号，1876—1877；圆明园路 13 号，1878—1879；九江路 1 号，1881—1893）

执业时间：

1864—1893

合伙人：

William Kidner，James Kidner，John Myrie Cory

从业人员：

F. L. Marshall

简史：

1864 年 W. 凯德纳（William Kidner）到达上海并开设同和洋行（Kidner，Wm. Co. Architect），1867 年前 J. 凯德纳（James Kidner）加入，公司更外文名为 Kidner，Wm. & Kidner，James，Architects；1872 年 J. 凯德纳离开上海、赴新加坡，公司外文名改为 Kidner，W. M.，Architect；克里（John Myrie Cory）于 1873 年移居上海、成为 W. 凯德纳的助手，并于 1875 年成为合伙人，事务所更外文名为 Kidner & Cory Architects；W. 凯德纳于 1878 年初回国并退出，克里继续执业至 1893 年去世，中文行名不变，自 1879 年更外文行名为 Cory，J. M.，Architect and Surveyor。

作品：

上海：

——三一教堂，原方案由斯考特（G. G. Scott）爵士设计，经 W. 凯德纳修改并监督建造，九江路 219 号，1866—1869。
——共济会堂，原设计为 John Clark，1866。
——新抛球场（The New Racquet Court），W. 凯德纳设计，Messrs. Farnham & Co. 施工，1867。
——英国领事馆监狱，1867。
——怡和洋行 2 栋别墅（Two Villas for Jardine，Matheson Co.），静安寺路，1868。
——上海公济医院（Shanghai General Hospital），1875。

——丽如银行（Oriental Bank），外滩6号，W. 凯德纳设计，1869。
——普罗文德住宅（House for A. Provand），1870。
——兰心剧院（The Old Lyceum Theatre），Kidner，上海，1871。
——上海广东会馆（Canton Guild at Shanghai），1872。
——公共租界工部局大楼设计竞赛一等奖（未实施），1873。
——美国领事馆设计方案（未实施），1874。
——新兰心剧院（The New Lyceum Theatre），原方案由伦敦建筑师设计，经W. 凯德纳修改并监督建造，1874。
——中和洋行办公楼（Messrs. Carter & Co. Office），W. 凯德纳设计，1870。
——上海划船总会（Shanghai Rowing Club），Kidner & Cory 设计，1876。
——汇丰银行（Hong Kong and Shanghai Bank），Kidner & Cory 设计，1877。
——有利银行（Mercantile Bank），Kidner & Cory 设计，1877。
——玛格丽特纪念碑（The Margary Memorial），克里设计，1879。
——辅助湛博士（J. Chambers）设计海关新厦立面图，克里设计，1891。
——汉壁礼蒙童养学堂（The Thomas Hanbury School and Children's Home），克里设计，1891。
——三一教堂的塔与尖顶，克里设计，1891—1893。
——虹口黄浦路德国公馆隔壁业广地产2栋洋房，克里设计，1892。

汉口：

——英国圣约翰教堂（St. John the Evangelist Church），1868。

参考文献及相关材料：

——郑红彬. 上海三一教堂——一座英国侨民教堂的设计史（1847—1893年）[J]. 建筑史，2014（1）：151-163.
——Simon Kidner. James Kidner. An Architect in Shanghai，The letters of William Kidner，ARIBA and James Kidner 1864—1874[OL]. http：//www.simonkidner.co.uk/.
——Hongbin Zheng，James W. P. Campbell. A Model Church for a Model Settlement: the Construction of the Trinity Church in Shanghai，1863—1869[J]. Construction History，2023，38（2）：103-130.

[47] Kingsmill，Thos. W.，Civil Engineer and Architect（有恒洋行）

名称：

有恒洋行（Charles W. Gribble Civil Engineer，Architect，Surveyor，and General Building Agent；Gribble & Whitfield Civil Engineers and Architects；Whitfield & Kingsmill Civil Engineers and Architects；Kingsmill，Thos. W.，Civil Engineer & Architect；Kingsmill，Thomas W. Kingsmill，Gerald；Kingsmill，Gerald）

地址：

上海（江西路21号，1872；江西路20号，1874—1877；江西路23号，1878；南京路17号，1879；南京路24号，1881—1886；江西路28号，1888—1890；四川路35号，1891—1893；香港路5号，1894—1895；南京路32号，1896；江西路29号，1901；宁波路6号，1903—1904；汉口路9号，1905—1906；四川路24号，1907—1908；余杭路3号，1909—1913）；汉口

执业时间：

1861—1913

合伙人：

Charles W. Gribble，George Whitfield，Thomas William Kingsmill，Francis Kingsmill，Gerald Kingsmill

从业人员：

William Martin，B. Atkinson，A. E. Algar，R. C. Brown，F. Whitmore，Ching Tah-bay（买办）

简史：

1861年9月由格里布（C. W. Gribble）在上海创设有恒洋行（Charles W. Gribble Civil Engineer，Architect，Surveyor，and General Building Agent），自1862年3月31日起怀特菲尔德（George Whitfield）加入，公司更外文名为Gribble & Whitfield Civil Engineers and Architects；格里布于1862年去世，金思密（T. W. Kingsmill）于1863年1月加入，公司更外文名为Whitfield & Kingsmill Civil Engineers and Architects；1863年6月12日开办

汉口分支；怀特菲尔德于1866年11月移居横滨，事务所由金思密继承，中文名依旧，更西文名为 Kingsmill, Thos. W., Civil Engineer & Architect，业务集中于上海，汉口支行关闭；金思密儿子金福兰（Francis Kingsmill）于1901—1902年主持有恒洋行；自1904年开始由金杰若（Gdrald Kingsmill）主持，1909—1910年公司外文名更为 Kingsmill, Thomas W. Kingsmill, Gerald；1910年金思密去世，遂更外文名为 Kingsmill, Gerald；1913年7月后无闻。

作品：

上海：

——志大洋行，北京东路2号，1862。

——与地亚士洋行（H. M. Schultz & Co.）一起中标测绘上海英租界地图，1864。

——仁记洋行（Gibb Livingston & Co.），1863。

——商业银行大楼（Commercial Bank Building），1864。

——丽如银行（Oriental Bank Corporation）修缮设计，1864。

——洋文书馆（The Shanghai Library），1872。

——亚洲文会华北分会建筑（The Asiatic Society），1872。

——外滩老沙逊洋行（Old Hong of Messrs. David Sassoon Sons & Co.），1873。

——美国领事馆公廨，虹口，1883。

——100余栋楼房，五马路西首之地基，1884。

——上海游泳池和土耳其浴（Shanghai Swimming and Turkish Bath），1885。

——业广地产7所西式房屋，虹口黄浦路德国公馆间空地，1890。

——业广地产19栋中国楼房，铁马路，1890。

——业广地产10座中西式样房屋、5座洋房，虹口乍浦路，1890。

——英商谦和洋行，1892。

——10座中西式样房屋，虹口乍浦路，1890。

——5栋业广地产洋房，虹口乍浦路，1890。

——基督复临安息日浸信会梅恩医院（The A. E. Main's Hopital, Seventh-Day Baptist Mission,），1893，Kingsmill & Dr. Swinney。

——张园茶室（Arcadia Hall），1893。

——中央捕房竞赛首奖，1896，Kingsmill & Atkinson。

——外白渡桥竞赛首奖（未实施），合作设计，1899。

——10座本地住宅，册地292/293号，河南路，1911。

——10座本地住宅，册地926号北，吴淞路，1912。

其他：

——1878年应山东巡抚聘，测量运河北段，其后又负责山东及四川煤矿资源的勘测。

参考文献及相关材料：

——黄光域．外国在华工商企业辞典[M]. 成都：四川人民出版社，1995：257-258.

——Obituary: Mr. T. W. Kingsmill[N]. The North-China Herald and Supreme Court & Consular Gazette, 1910-07-29: 249.

——部分作品信息源自相应年份《上海公共租界工部局公报》(*The Municipal Gazette*)。

——郑时龄．上海近代建筑风格[M]. 上海：同济大学出版社，2020：467-468.

[48] Kirk, Wm. A., Architect and Engineer（高尔克洋行）

名称：

高尔克洋行（Kirk & Co., William A. General Building Contractors, Electrical Installations, Land and Estate Agents and Coal Contractors; Kirk, Wm. A., Architect and Civil Engineer; Wm. A. Kirk & G. Th. Ubink Architects, Engineers and Real Estate）

地址：

上海（外滩24号横滨正金银行，1926—1927；萨坡赛路5号，1930—1931；仁记路25号，1933.01；白赛仲路42号，1933.07；圆明园路19号，1934.01；圆明园路133号，1934—1936；迈尔西爱路445号，1938—1941）；长沙

执业时间：

1926—1927；1930—1941

合伙人：

W. A. Kirk，G. Th. Ubink

从业人员：

E. A. Kirkor（经理助理），E. A. Oksuz（工程师），Fong Y. J.（买办），Yao V. Z.（翻译），Miss N. M. Zimmeman（秘书），Tsewfong J. Chong（Clerk），Tsu S. C.（绘图员），Tsu J. C.（绘图员），Jarnovsky Fedoseeff（工程监督）

简史：

1926 年 1 月高尔克（W. A. Kirk）在上海创办高尔克洋行（Kirk & Co.，William A. General Building Contractors，Electrical Installations，Land and Estate Agents and Coal Contractors）；同年 7 月更外文名为 Kirk & Co.，William A. Architects and Civil Engineers 并在长沙开设分行，经营至 1927 年 7 月后无闻；1930 年 1 月再度出现，外文名为 Kirk，W. A.，Architect and Civil Engineer；1934 年荷兰建筑师尤宾克（G. Th. Ubink）加入组建 Wm. A. Kirk & G. Th. Ubink Architects，Engineers and Real Estate，经营至 1941 年。

作品：

上海：

——俄国精神病医院两个方案（Two plans for a modern building of the Russian Orthodox Confraternity's Hospital，未建成），毕勋路（Route Pichon），1935。

——拟建上海公共租界中区 23 层银行新屋（23-story office tower，未建成），中区（Central District），1934。

——贝尔蒙特公寓 / 小黑石公寓（Belmont Apartment），襄阳南路 240 号（Route Tenant de la Tour），1934。

——马塞内公寓（Masssenet Apartment），1935。

天津：

——北宁路局医院（Peiping-Liaoning Railway Hospital for Tientsin），中山路 3 号，1933。

——中央火车站接待厅（Reception Hall of the Tientsin Central railway station），1934。

其他：

——湖南境内之通长堤岸一处（长 32 华里），1926。

参考文献及相关材料：

——Katya Knyazeva[OL]. https：//sites.google.com/view/russianshanghai/architects/wm-a-kirk.

——郑时龄．上海近代建筑风格 [M]. 上海：同济大学出版社，2020：498.

[49] Koster，George Edward Architectural（柯士德建筑师）

名称：

柯士德建筑师（Koster，George Edward Architectural；Koster & Chang Architects）

地址：

上海（四川路 220 号，1935—1937）；南京（1936—1937）

执业时间：

1935.01—1937.01

合伙人：

George Edward Koster，K. C. Chang

从业人员：

C. D. Boynton，E. C. Nergaard，L. Horenstein，Lee H.，G. Richardson，Chen H. S.，Ning W. U.，Tao C. P.，Sung C. F.，Sing J. S.，Chang T. S.，L. F. Bright，C. L. Euler，E. L. Kostritsky，Chwang C. F.，Zao N. C.，J. Stone，Kong K. C.

简史：

1935 年由柯士德（G. E. Koster）在上海四川路 220 号自办建筑事务所柯士德建筑师（Koster，George Edward Architectural）；1936 年中国建筑师 Chang，K. C.（中文名不详）入伙，公司更名为 Koster & Chang Architects，由 Chang 负责南京分部，经营到 1937 年 1 月后解散。

K

作品：

上海：

——新跑马厅市场（New Race Course Market），白克路，1935。

——国际艺术剧院的新剧院和工作坊（The International Arts Theater's New Theater and Workshop），圆明园路55号，1935。

——城市牙科和医疗大楼（Dental and Medical Building for City，near Racecourse），1936。

——2层英式住宅，虹桥路（Holly Heath），1934。

——格兰路12幢西式住宅，隆昌路222-226号，1934—1935。

参考文献及相关材料：

——Zoilo M. Galang. Encyclopedia of the Philippines：Builders[M]. Manila：E. Floro，1958：305.

——https：//www.myheritage.cn/names/george_koster.

——Building Beautiful Houses in the Shanghai Area，Architectural Department of Realty Investment Co. Gives Attention to Multitude of Important Questions；Many Delightful Styles[N]. The Shanghai Sunday Times，1934-05-06（05）.

[50] Krivoss，B. Architects，Land and Estate Agents and Contractors（葛礼文建筑工程师行 / 葛礼文建筑地产公司）

名称：

葛礼文建筑工程师行 / 葛礼文建筑地产公司（Krivoss & Co.，B. Building Contractors；Krivoss，B. Engineers and Contractors，Land and Estate Agents；Krivoss，B. Architects，Land and Estate Agents and Contractors；Krivoss，B. Land and Estate Agents Contractors and Architects）

地址：

上海（江西路41号，1925—1926.01；亚尔培路127号，1926.07—1927；海格路354号，1928.01；徐家汇路550号，1928.07；福履理路388号，1929.01；霞飞路667号，1929.07—1931.01；四川路233号，1931.07—1933.07；四川路679号，1934.01—1934.07；霞飞路1331/1333号，1935.01—1941）

执业时间：

1925—1947

创办人：

B. Krivoss

从业人员：

A. A. Reyeer（Director），S. Leshneff（建造工程师），B. Roussakoff，M. M. Yudin（土木工程师），Y. A. Yalennpvsky（建筑监督），I. T. Dmitrieff（建筑监督），S. A. Kovalew（建筑师），A. V. Markovnikoff（建筑监督），S. N. Kolesnikoff（绘图员），Ting A.（翻译），V. J. Mishoorin（工程监督），Loh S. C.（绘图员），Tym P. Y.（秘书），A. N. Popoff（工程监督），Kim Joseph. J.（秘书），A. Looshkoff（建筑师），V. I. Dmitrieff（建筑监督），N. Baranoff（建筑监督），S. T. Dmitrieff（建筑监督），A. S. Dmitrieff（建筑监督），Tsiang W. S.（绘图员），Kuang Jee（绘图员），Soo P. E.（绘图员），Cheng K. G.（绘图员），A. Rieneck（建筑部），Zee C.（建筑部），Pei V. Y.（建筑部），N. C. Sokolovsky（总建筑师），J. T. Dmitrieff（工程监督），Zee C. S.（建筑部），Tsu C. T.（建筑部），B. V. Shebalin（建筑师助理），Lau Ting-fai（法律部），Herman P. Fan（地产部），Sih Z. Y.（地产部），Soong Y. C.（地产部），Yao K. S.（地产部），Neih Z. C.（地产部），C. Krivoss（地产部），W. Backer（地产部），Zia Jimmy（地产部）

简史：

自1925年起葛礼文（B. Krivoss）在上海经营葛礼文建筑工程师行（Krivoss & Co.，B. Building Contractors）；1926年公司更外文名为Krivoss & Co.，B. Engineers and Building Contractors；1928年公司更外文名为Krivoss，B. Engineers and Contractors，Land and Estate Agents；1929年公司更外文名为Krivoss，B. Architects，Land and Estate Agents and Contractors；1935年公司更名为葛礼文建筑地产公司（Krivoss Realty Co. Land and Estate Agents，Contractors and Architects.），经营至1947年，曾建造几栋排屋、数十幢私人住宅和公寓楼。

作品：

上海：

——洋房子 2 栋，具体地址不详，1929。

——中式小住宅（Native Style Small House），南洋路，1932。

——祁齐路住宅（Residences on Route Ghisi），1927。

——别墅，海格路（Avenue Haig）354 号，1928（已毁）。

——别墅，徐家汇路（Route de Zikawei）550 号，1928（已毁）。

——住宅，建国西路（Route Frelupt）325 号，1928。

——拉都公寓（原名 Dennis Apartment，La Tour Apartments），襄阳南路（Route Tenant de la Tour）275 号，1928。

——住宅和葛礼文地产公司办公楼（Residence and Krivoss' Real Estate Office），霞飞路（Avenue Joffre）667 号，1929。

——别墅，拉都路（Route Tenant de la Tour），1929。

——3 层大厦（Three-story Mansion），霞飞路 1294 号（已毁）。

——俄国医院（Blue Hospital），乌鲁木齐南路 157 号（185 Route Dufour），1930。

——惠斯乐公寓（Western Apartments，初名 Krivoss Apartments），衡山路 23 号，1931。

——加州风格公寓（California-style apartments），襄阳南路，1932。

——巢居公寓（Nesthouse Apartments），南阳路 30 弄，1932。

——中式排屋（Chinese-style terrace），南阳路，1932。

——葛礼文公寓（Krivoss Apartments），淮海中路 1333 号。

——小公寓（Tiny Apartments），延庆路 54 弄（原 78-88 Route Grouchy），1930。

——霞飞商场（Joffre Arcade，含 27 个商店和 25 个住宅），淮海中路，1934。

参考文献及相关材料：

——Katya Knyazeva. https://sites.google.com/view/russianshanghai/architects/b-v-krivoss.

——郑时龄 . 上海近代建筑风格 [M]. 上海：同济大学出版社，2020：498.

L

[51] Lafuente，A. Architect（赉丰洋行）

名称：

赉丰洋行（A. Lafuente Garcia-Rojo，Architect & Contractor；Lafuente，A. Architects，Land and Estate Agents；Lafuente & Yaron Architects，Surveyors and Civil Engineers）；赉和洋行（Lafuente & Wootten Architects，Land & Estate Agents）

地址：

上海（有利银行大楼，1918—1919；九江路 6 号，1920；新康路 13/3 号，1921—1922；静安寺路 108 号，1923—1926；静安寺路 151C，1926—1927；静安寺路 316 号，1927—1928）

执业时间：

1913—1931

合伙人：

A. Lafuente，G. O. Wootten，A. I. Yaron（NEA）

从业人员：

Zee C. C.，Koo C. S.，Tang T. S.，John A.Yaron，Chen W. C.

简史：

由西班牙建筑师赉丰（A. Lafuente）于 1913 年开办，初名赉丰洋行（A. Lafuente Garcia-Rojo，Architect & Contractor）；1916 年美国建筑师和登（G. O. Wootten）入伙，组成赉和洋行（Lafuente & Wootten Architects，Land & Estate Agents），至 1919 年 7 月 31 日两人散伙；1920—1924 年公司中文名恢复赉丰洋行，外文名为 Lafuente，A. Architects，Land and Estate Agents；1923 年 2 月 7 日俄国建筑师协隆（A. J. Yaron）到上海加入赉丰洋行，1925 年 1 月成为合伙人，公司更外文名为 Lafuente & Yaron Architects，Surveyors and Civil Engineers；1927—1930 年在保持上海事务所运营的同时，赉丰受邀到美国加州拓展业务，上海业务由协隆负责；1928 年 5 月 1 日协隆退伙、自营事务所，上海赉丰洋行停办；1929 年在美国业务遭受大萧条影响后到墨西哥拓展业

务。1931 年赉丰回到上海不久后去世。

作品：

上海：

——礼查饭店舞厅孔雀厅（The Ballroom at the Astor House Hotel），黄浦路 15 号，1917。

——礼查饭店零售店顶部加建 3 层钢混楼（three stories in concrete surmounted on the The Astor House Block of Retail Shops），1917。

——美国领事馆新厦，1917，未实施。

——车库和汽油店，册地 8 号，圆明园路和苏州路，1916。

——夏令配克影戏院（Olympic Theatre）室内设计，南京西路 126/127/742 号，1914。

——剧场加建，册地 1598 号，白克路，1915。

——汽油店，册地 1298 号，静安寺路，1915。

——加建项目，册地 1300 号，静安寺路，1916。

——加建项目，册地 1298 号，静安寺路，1917。

——改建项目，册地 32 号，外滩，1917。

——1 座住宅，东鸭绿路和梧州路，1917。

——加建项目，册地 1016 号，百老汇路，1917。

——改建项目，册地 1016 号，黄浦路，1917。

——汇中饭店（Palace Hotel）首层更新设计，1917。

——犹太总会（Jewish Club），南京西路 702-722 号，1917。

——弗兰契西班牙式住宅（Spanish Residence for Mr. French），长阳路华德路，1918。

——飞星汽修公司（Star Ricsha Co. Building），南京西路 702-722 号，1918。

——雷玛斯电影院 / 虹口大戏院（Ramos Cinema），乍浦路 388 号，1918，1988 年拆除。

——罗成飞宅（Mansion J. Rosenfeld / Villa Rofenfeld），东平路 11 号，1921。

——江西路 24 号，1921。

——金城银行新屋，江西路工部局对面，1922。

——1 座洋式商店和车库，册地 8 号，苏州路和圆明园路，1918。

——改建项目，册地 86 号，九江路，1920。

——改建项目，册地 1016 号，礼查路，1920。

——仓库、工厂、储藏室、厕所和温室，册地 2277 号，大连湾路，1920。

——仓库和厕所，册地 2277 号，大连湾路，1920。

——6 座中式住宅，册地 2277 号，汇山路，1920。

——栈房改建工厂，册地 2277 号，汇山路和大连湾路，1921。

——加建项目，册地 8 号，圆明园路和苏州路，1921。

——加建项目，册地 1139 号，茂海路延长线，1921。

——改扩建项目，册地 92 号，汉口路和江西路，1921。

——住宅和墙加建，册地 2940/2945 号，戈登路和静安寺路，1923。

——1 座遮棚，册地 32 号，外滩，1923。

——礼查饭店（Astor House Hotel）改建（含 Ball-room），册地 1016 号，礼查路外，1923。

——1 个宴会厅、办公楼加建，册地 1016 号，百老汇路外，1923。

——舞厅，册地 2940 号，戈登路外，1923。

——门房，册地 2940 号，戈登路外，1924。

——大门，册地 2940 号，静安寺路外，1924。

——雷玛斯公寓 / 北川公寓 / 拉摩斯公寓（Ramos Apartments），四川北路 2079-2099 号，1923。

——雷玛斯宅（Casa Ramos，Ramos Villa），多伦路 250 号，1924。

——大华饭店（Majestic Hotel），由麦边家族豪宅（MacBain family mansion）改造而成，静安寺路、戈登路口，1924。

——客利饭店（Kalee Hotel）室内更新设计，1925—1926。

——夏令配克影戏院 / 新华电影院（Olympic Theatre / Embassy Theatre），南京西路 126/127/742 号，1927。

——为科恩（Albert Cohen）设计建造两栋半独立式住宅。

——霞飞路上一层半平房（Story and a half Bungalow on Avenue Joffre）。

——东方洋行（Eastern Garage）。

——回力球场（Jai Alai Building），陕西南路。

其他：

——维多利亚饭店（Voctoria Hotel）室内更新设计，广州沙面，1925—1926。

——半岛饭店（Peninsula Hotel）室内更新设计，香港，1925—1926。

——1 座舞厅，美国洛杉矶好莱坞，1926。

——2 栋别墅，洛杉矶贝弗利山（Beverly Hills），1928。

——巴拿马饭店（Panama Hotel），洛杉矶，与之前的合伙人 G. O. Wootten 合作，1928。

参考文献及相关材料：

——参见第一编 Lafuente，Abelardo（赉丰 / 乐福德）条目参考文献。

——部分作品信息源自相应年份《上海公共租界工部局公报》（*The Municipal Gazette*）。

——郑时龄 . 上海近代建筑风格 [M]. 上海：同济大学出版社，2020：485.

[52] Ledreux，Minutti & Cie Civil Engineers and General Contractors（法商营造公司 / 法商营造实业公司 / 中法实业公司）

名称：

法商营造公司（Bureau D' Etudes Techniques et Industrielles；Ledreux，Minutti & Cie. Civil Engineers and General Contractors；Minutti & Cie Civil Engineers，Specialists for Reinforced Concrete，Surveyors and General Contractors）

地址：

上海（爱文义路 113 号，1921；香港路 2 号，1922—1924；朱葆山路 26 号，1924—1932；弥尔登大楼首层，1933；四川路 218 号，1933；四川路 668 号，1934—1937；宛平路 120 号，1937—1941；戴劳耐路 28 号，1941—1947）；香港

执业时间：

1921—1948 年后

合伙人：

Felix Ernest Marie Ledreux，Rene Minutti

从业人员：

Paul Veysseyre（1923），Carlos J. Tavares（1929—1930），Cecilla Ezra（1934—1937），George S. Borisoglebsky（1932）

简史：

1921 年 7 月法商营造（实业）公司（Bureau D' Etudes Techniques et Industrielles）首次出现在上海通商名录中，当时理得力（Ledreux）为工程和建筑合伙人；1921 年米奴迪（Minutti）入伙，公司更外文名为 Ledreux，Minutti & Cie. Civil Engineers and General Contractors，经营至 1924 年 7 月更中文名为中法实业公司；1931 年 7 月理得力退伙，公司更外文名为 Minutti & Cie Civil Engineers，Specialists for Reinforced Concrete，Surveyors and General Contractors；1933 年 1 月增加建筑师业务，由米奴迪经营至 1941 年 7 月；1948 年业务转移到香港。

作品：

上海：

——法商自来水公司新水塔，祁齐路，原为华法公司 Pemond 设计，后经法商营造公司 Minutti 更改设计并承包建造，1923。

——沪南机厂新造船厂，承造，1926。

——6 层公寓，法租界霞飞路，1930。

——震旦大学（Aurora University）某新建筑，1936。

——法国邮船公司（Messageries Maritimes Building），黄浦区中山东二路 9 号，1937—1939。

——毕卡第公寓（Picardie Apartments），徐汇区衡山路 534 号，1934—1935。

——中法实业管理公司（Banque Franco-Chinoise），法租界外滩（Quai De France）与爱多亚路转角，1931。

——逸园赛狗场（Canidrome），建筑师、土木工程师、总承包，1930。

——西爱咸斯路（Route Sieyes）水塔。
——远东第一水塔，1924 年以前。
——华铝钢精厂（Chinese Aluminium Rolling Mills）新工厂（占地十余亩）。
——中国建业地产公司（Fonciere et Immobiliere de Chine）办公楼和栈房，四川路 668 号，1932。
——业广地产 8 层钢混栈房。
——赛华公寓（Savoy Apartment），义品洋行任咨询工程师。
——法租界自来水厂自 1920—1932 年间所有新建工程的咨询工程师和总承包，包括黄浦泵站、沉淀池、快速过滤器、清水池、柴油发电站、杂货店、变压器室和几个水库，以及顾家宅公园（Koukaza Garden）一个在建的占地十亩的蓄水池（储水量 100 万立方米 / 350000 cubic feet）、自来水塔（30 余丈，容水 20 万加仑，1923），理得力参与。
——上海卫乐团自行车竞赛会（Shanghai Velodrome），海格路（Avenue Haig）和劳利育路（Route Lorioz）转角，1930。
——乍浦路桥 / 二白渡桥基础和结构设计（Chapoo Road Bridge Foundation & Structural Design），黄浦区苏州河口，1927。
——某建筑，与中国建筑地产公司合作设计，1930。
——上海回力球场（Auditorrium Hai-Alai），卢湾区陕西南路 139-141 号，1929—1930，负责结构设计（Spence，Robinson & Parter 负责建筑设计）。
——武康路 435 号，中法实业公司设计。
——淮海中路 1834 号，中法实业公司设计。

南京：

——1 座钢筋混凝土桥梁，理得力参与。
——钢筋混凝土桥（Houe Ming Bridge）。

宁波：

——宁波钢筋混凝土桥（Lao Kang Bridge）。

相关材料：

——黄光域 . 外国在华工商企业辞典 [M]. 成都：四川人民出版社，1995：127.
——中国建筑地产公司及法商营造公司打样 [J]. 上海地产月刊，1930，5（29）：4-5.
——郑时龄 . 上海近代建筑风格 [M]. 上海：同济大学出版社，2020：495.

[53] Leigh & Orange Civil Engineers，Architects & Surveyors（理及柯伦治机器司绘图）

名称：

丹备及理机器司绘图（Danby & Leigh Civil Engineers，Architects and Surveyers；Danby，Leigh & Orange Civil Engineers，Architects and Surveyers）；理及柯伦治机器司绘图 / 利安顾问有限公司（Leigh & Orange Civil Engineers，Architects & Surveyors）

地址：

香港德辅道 1 号

执业时间：

1882 年前—现在

合伙人：

Danby，Leigh，Orange，A. E. Griffin，W. L. Leask，G. G. Wood，A. S. MacKichan

从业人员：

A. Bryer（AAHK，1903—1915，AMICE），W. L. Leask（AAHK，1912—1927），R. Hemmings（AAHK，1924—1925），A. Denison（助理），Douglas J. Gillon，F. J. Lewis，Chan A. Fook，Yam Sik-lam，E. F. X. Remedios，R. G. Goritz，Sang Kee（干事），L. Luiz，F. W. Danby，J. E. Lee，A. H. Ough（ARIBA，AMICE），G. G. Wood，A. E. Griffin（AMICE），G. M. Hay，F. Griessell（ARIBA），A. Lambden，A. S. Mackichan（AMICE），H. Fawcett，F. Clemes（ARIBA），M. G. Noll（A M INST M & C E），G. T. Eveleigh，N. K. Littlejohn，A . W. Millar，S. D. Igglesden（ARIBA），E. G. Dale，J. E. Potter（ARIBA），B. Veliki，S. Gidley，R. Lee，R. G. Parker（Dip Arch liverpool)，C. K. Lee，S. Gidley，G. Fish，C. T. Wong（BSC），S. C. Chan（BSC）

简史：

丹备（Danby）在1882年前与理（Robert Kennaway Leigh）组成Danby & Leigh Civil Engineers，Architects and Surveyers，中文名为丹备及理机器司绘图；1889年时，该公司除两位合伙人外，另有三名外国职员和多名中国职员；柯伦治（James Orange）于1890年加入，公司更外文名为Danby，Leigh & Orange Civil Engineers，Architects and Surveyers；1894年丹备独立开业，公司更外文名为Leigh & Orange Civil Engineers，Architects and Surveyers，并沿用至今，中文名为理及柯伦治机器司绘图（现名为利安顾问有限公司）；奥厄（Arthur Henry Ough）于1888年到香港加入公司，任管理助理，1891年回到伦敦开始独立实践Henry Ough and Son，1901年又回到香港加入公司；1904年左右理退出后，奥厄于次年成为合伙人。1904年W. L. Leask成为合伙人；1905年G. G. Wood成为合伙人；1908年A. E. Griffin成为合伙人；1917年A. S. MacKichan成为合伙人；公司还曾担任香港九龙货仓有限公司、山顶缆车有限公司、香港电车公司等咨询工程师。

作品：

香港：

——山顶酒店（Austin Arms Hotel at the Peak），1891。

——佑宁堂（Union Church），1891。

——牛奶公司写字楼（Dairy Farm Building），1892。

——高街旧精神病院（Former Mental Hospital at High Street），1892。

——维多利亚酒店（The Victoria Hotel），1893。

——皇后行（Queen's Building），1899。

——云石堂（Marble Hall），1901—1902。

——犹太教莉亚堂（Ohel Leah Synagogue），1902。

——细菌检验所（Bacteriological Institute），1903。

——太子大厦（Prince Building），1904。

——圣安德烈教堂（St. Andrews Church），九龙，1904。

——旧病理研究所（Former Pathological Institute），1906。

——加尔瓦略山会院，1907。

——香港大学主楼（Main Building，HKU），1912。

——前法国外方传道会大楼（French Mission Building），1917。

——告罗士打行（Gloucester Building），1932。

——罗富国科学楼（Northcote Science Building），1941。

——九龙货仓有限公司码头和大楼（The Great Wharves and Premises of the Hong Kong and Kowloon Wharf and Godown Co.，Ltd.），包括几乎全部厂房，包括建筑物、道路、锯木厂、机械车间、新住宅区、1号码头以及新码头。

——黄埔船坞。

——蓝烟囱轮船公司码头、堆栈和突堤（Messrs Alfred Holt and Co.'s Wharves and Godowns，the Piers）。

——亚细亚石油公司北角码头（Wharves of the Asiatic Petroleum Co.，Ltd.，at North Point）。

——荔枝角标准石油公司（The Standard Oil Co.，at Lai-chi-kok）。

——香港绳索厂（The HK Rope Works）。

——香港水泥厂（The Cement Factory）。

——将军澳面粉厂（Junk Bay Flour Mills）。

——香港大学（HKU）。

——香港电灯集团新发电厂、车间、宿舍和分站（The HK Electric Co.'s New Power Station，Workshops，Quarters and Sub-station）。

——东方电报公司办公楼和新住宅（Eastern Extension Telegraph Co's Offices and New Residence）。

——泰兴造纸厂和仓库（Tai Shing Paper Mills and Reservoir）。

——新半岛酒店（New Peninsula Hotel at Kowloon）。

——P & O轮船公司办公楼（The New P & O. Office Building）。

——山顶酒店扩建（The Peak Hotel Extension）。

——新香港酒店车库（The New HK Hotel Garage）。

——香港皇后像广场钟塔喷泉（Clock Tower Fountain in Statue Square）。

——海旁填海计划（The Praya Reclamation Scheme）。

——保罗·遮打住宅（Paul Chater's Residence）。

L

——利安住宅（The Residence “Leigh Tor”）。
——山顶酒店扩建（Peak Hotel Extension）。
——香港酒店新停车场（The New Hongkong Hotel Garage）。
——大量各类别墅、商业建筑以及无数中式住宅和仓库。
——大量海堤和填海造陆工程。
——货仓数座，鲫鱼涌海地段第 1 号，1941 年在建设中。
——香港电灯公司新蓄水池，海地段 321 号，1941 年在建设中。
——黄浦船坞机器厂扩建，1941 年在建设中。
——2 座洋楼，浅水湾道郊野地段 410 号，1941 年在建设中。
——香港大学 1 座新理科室，1941 年在建设中。
——牛奶冰厂有限公司商店及小食店，皇室行，1941 年在建设中。
——香港电灯公司电力分站，布尔道，1941 年在建设中。
——冷藏室扩建，干诺道 33 号，在建设中。
——香港电灯公司电力分站，明园街，1941 年在建设中。
——香港黄埔船坞公司深海泊位填海，1941 年在建设中。
——5 层栈房和员工宿舍，卑路乍街和加多近街交叉口，1941 年在建设中。
——大量各类别墅、商业建筑以及无数中式住宅和仓库。
——大量海堤和填海造陆工程。

上海：

——上海公共租界工部局中央捕房建筑竞赛 A 方案（三等奖），1891。

汕头：

——汕头自来水厂（Swatow Water Works）。

相关材料：

——Allister Macmillan. Seaports of the Far East：Historical and Descriptive，Commercial and Industrial，Facts，Figures，& Resources[M]. 2nd edition. London：W. H. & L. Collingridge，1925：255-256.
——https：//www.leighorange.com/about/history/.
——[J]. Hong Kong and Far East Builder，1941，6（1）：43.
——[J]. Hong Kong and Far East Builder，1941，6（2）：43.
——[J]. Hong Kong and Far East Builder，1941，6（3）：40.

[54] Leonard & Veysseyre Architects（赖安工程师）

名称：

赖安工程师（Leonard & Veysseyre Architects；Leonard，Veysseyre & Kruze Architects，Surveyors，Decoratora，Land and Estate Agents）

地址：

上海（亚尔培路 292 号，1923；衡山路 409 号，1925；衡山路 667 号，1926—1928；衡山路 540 号，1929—1931；衡山路 263/461 号培恩公寓 8 楼，1932—1941）

执业时间：

1923—1943 年后

合伙人：

Alexander Leonard，Paul Veysseyre，Arthur E. Kruze

从业人员：

M. marulli de Barletta，Leonid Pashkoff（GMPA，1884—?），L. W. C. Lorden（ARIBA），Mrs Nina. N. Pashkoff（Leonid Pashkoff 妻子，任绘图员），Sokolovsky，Fei M.（买办），Tsong T. F.，Wong N. S.，Woo I. C.，A. L. Gindper，M. Multone（建筑学位），A. Adler（工程学位），F. Hoebich（建筑学位），F. Berndt（建筑学位），O. M. Th. Schoenauer，Tcheng F. X. Fang，A. Petchooeff，Loh S. T.，Yue H.，Shan C. H.，P. Chelazzi，H. Litvak（建筑学位），H. Nedler，Sung D. T.，Chien S.，Fan M.，Chen Y. F.，R. Shoemyen（建筑学位），S. Grigoriev，J. Rumarchuk，Yu M.，Chiang C. Y.，M. T. Youhotsky（工程学位），F. Caminet，N. Shoshine，B. Ailara，Yang，Tsiang S. L.，J. Petigura（DPLG），蒋雪龙（1941 年离职），M. N. Ying（助理工程师）

简史：

1923年由同在中法营造公司任职的法国建筑师赖安（A. Leonard）和沃萨热（Paul Veysseyre）在上海法租界成立赖安工程师（Leonard & Veysseyre Architects，又译作赉安洋行），经营建筑及土木各项工程，兼营买卖地产并代经租；1934年克鲁泽（Kruze）加入赖安工程师成为合伙人，公司更外文名为Leonard，Veysseyre & Kruze Architects，Surveyors，Decoratora，Land and Estate Agents；1937年先后创办赖安工程师河内和大叻分行；1939年克鲁泽辞职，公司外文名恢复Leonard &Veysseyre Architects，Surveyors，Decoratora，Land and Estate Agents，经营到1941年后。

作品：

上海：

——阿扎迪安宅（Residence Azadian），康平路192/194/196/198号，天平路99-101/129号，1922—1923。
——葆仁里42幢住宅（现存6幢），淮海中路697弄，1923。
——努沃住宅（Residence Nouveau），襄阳南路525号，1923年建成（后于1965年加建）。
——科德西宅（Residence Codsi，今结核病防治中心），延庆路130号，1923—1924。
——麦阳路中国建业地产公司住宅（F. I. C Residences），延庆路151/153/155/157号，1923。
——海格路游泳池（Piscine，Av. Haig），1924。
——绿野新邨，淮海中路689号，1924。
——国富门路132号住宅，安亭路130/132号，1924。
——福履理路72号住宅，建国西路72号，1924。
——佩涅住宅/佩尼耶宅（Maison Type 2 for Mr. Peigney / Residence Peignier），高安路72/77号，1924。
——东方汇理银行住宅（Residence for Banque Indochine），瑞金二路26号，1924。
——西爱咸斯路555/557号住宅（Type B Villa），永嘉路555/557号，1924。
——福履理路602号住宅（今上海医学科学技术情报研究所），建国西路602号，1924。
——东方汇理银行住宅（Maison Double），南昌路（Route Delaunay）258号（今瑞金二路26号），1924。
——花园洋房，建国西路620/622号，1924。
——花园洋房，乌鲁木齐中路400号、淮海中路1480号，1924。
——白赛仲宅（Residence de Boissezon，今伊朗驻沪总领事馆），复兴西路17号，1924—1925。
——某实验室，地址不详，1924。
——法国球场总会（Cercle Sportif Francaise，今花园饭店），茂名南路（rue du Cardinal Mercier）58号，1924—1926。
——恰卡良宅（Residence Tchakalian），永嘉路479号，1925。
——韦伯宅（Residence Ch A. Weber），永嘉路571号，1925。
——巴黎大戏院（Cinema Paris-Orient，东华大戏院），淮海中路550号，1925。
——高恩路住宅，高安路72号，1925。
——某邮局供应部（Postal Supply Dept），1925。
——花园洋房（西爱咸斯花园），永嘉路527弄1-5号，1925。
——新式里弄（联排住宅），永嘉路231弄1-10号，1925。
——花园洋房，高安路89/91/93弄，建国西路629-631号，1926。
——蓝布德医生诊所（Clinique Dr. Lambert，今上海市第一妇婴保健院），长乐路（Rue Bourgeat）536号，1926。
——克莱蒙宿舍（Clement's Boarding House，今爱棠新村），长乐路336-352号，1926。
——住宅，戴劳耐路（今德昌路）60号，1927。
——韦西埃宅（Villa Veysseyre），永嘉路590号，1927—1928。
——贵安宅（Residence Leonard），永嘉路588号，1928。
——圣母圣心修道院（Couvent des Dames du Sacre-Coeur，今上海社会科学院），长乐路141号、淮海中路622弄7号，1928。
——沿街建筑，淮海中路610号（610 Avenue Joffre），1928。
——格罗希路住宅（Residence at Route De Grouchy），华亭路71弄1-7号、延庆路135-149号，1928。
——泰山公寓（Tai Shan Apts.），淮海中路610号，1928—1930。
——白赛仲9层公寓（Boissezon Apartments / Nine floors Apartments on Route de Boissezon），复兴西路26号，1929—1933。
——培恩公寓（Béarn Apts / L S. s. Bearn），淮海中路449-479号，1929。
——福履理路住宅，1929。

——汽车修理公司（Garage Serv'Auto，原建筑已消失），陕西南路336号（Av. Du Roi Albert），1929。
——花园住宅，襄阳南路317号，1929。
——花园住宅，建国西路323号，1929。
——西高特住宅（Residence Sigaut），高安路63号，1930。
——黑克玛琳公寓，新乐路21号，1930。
——亨利公寓，新乐路142弄1号，1930。
——亨利公寓（Apartments Rue Paul Henry，今新乐公寓），新乐路15/17–19号，1930。
——麦尼尼路公寓，1930。
——霞飞路住宅，淮海中路1276–1298号，1930。
——格莱勋公寓（Gresham Apartments，今光明公寓），淮海中路1222–1238号，1930—1934。
——花园公寓（Garden Apartments），南京西路1173弄，1930—1931。
——方西马公寓（Cadres Apartments / F. I. C. Apartment Houses A、B、C，今首长公寓），高安路50/60/62号，1931—1933。
——方西马公寓/方建公寓（F. I. C. Apartment Houses D、E，今建安公寓），高安路78弄1–3号，建国西路545–641号，1932—1933。
——斯文公寓（Residence Shahmoon，已消失），虹桥路228号，1932。
——邵禄宅（Residence Chollot），德昌路18号（康平路165号内），1933。
——崇真堂公寓（今湖南街道办事处），五原路287号，1933。
——霞飞路欧式住宅3幢，淮海中路，1933—1934。
——麦尼尼路建安地产（Foncim，Route Magniny），1930。
——奥雷沙姆公寓（Oresham Apartments），霞飞路，1930。
——医院，1931。
——花园洋房，安亭路130/132号，1930。
——励家花园（洋房），高安路63号，1931。
——高恩路公寓楼（Apartment House on Route Cohen），1932。
——高恩路建成住宅（Foncim Residence Route Cohen），1931。
——法国总会（Cercle Francais，今科学会堂展示厅），南昌路57号，1932。
——萨坡赛小学（Ecole Primaire Chinoise / Caisse Des Cruvres–Ecole Primaire Chinoise Rue Chapsal），淡水路416号，1932—1934。
——建成公寓（Focim D. E. Apartment Houses），高安路78弄（建国西路641/643/645号），1934。
——建成24栋住宅（Focim 24 Residences），岳阳路200弄1–48号，1934。
——盖司康公寓/万国储蓄会公寓（I. S. S. Gascoigne Apartments，含1栋13层、1栋3层公寓），淮海中路1202/1204–1220号，1934。
——法国太子公寓/道斐南公寓（Dauphine Apartments），建国西路394号（Frelupt road），1934。
——麦职公寓/麦琪公寓（Magy Apartment / Apt Rte Magy），复兴西路24号，1928，1934—1936。
——雷米小学（Ecole Remi，今上海市第二中学），永康路200号，1933。
——圣伯多禄堂（L' Eglise St Pierre），重庆南路270号，1933。
——圣彼得教堂（St. Peter's Church），吕班路223号，1933。
——震旦博物院（Musee Heude，今中国科学院巴斯德研究所），重庆南路227号，1933。
——爱棠花园（Edan Gardens，今爱棠新村），余庆路32/34/36/38/52号，1932—1934。
——喇格纳小学（The Lagrenée Elementary School），崇德路（rue de Lagrenée）43号，1934—1935。
——思南路住宅，1934。
——斯奎尔公寓（Apt Square），霞飞路（Paul Brunat），1934。
——法租界实验室（The Laboratory Municipal，1938年改为巴斯德研究所Institut Pasteur，继而改为Hospital Saint-Marie），瑞金二路207号，1934。
——赵主教路住宅（Residence Route Maresca），1934。
——中汇银行（Chung Wai Bank），河南南路16号（延安东路143号），1934，黄日鲲与赖安、吉爱共同设计。
——麦兰捕房（Poste De Police Mallet，今公安局黄浦分局），金陵东路174号，1934。
——祁齐宅（Residence Ghisi / Foncim 24 Residence RTE Ghisi），岳阳路200号，1934。
——卫乐公寓（Willow Court），复兴西路34号，1934。
——上海第二特区工部局新厦（Municipal Council Building of the Sccond Special District Area），淮海路，

1935，未实施。

——圣母医院 / 圣玛利亚医院（Hopital Sainte-Marie）传染病隔离病房（已毁）、法国海陆军专备病房（已毁），瑞金二路 197-199 号，1929—1933。

——圣母医院 / 圣玛利亚医院贫民病房（Hospital Ste Marie Pavillon des Indigents，今瑞金医院 2、3 号楼），瑞金二路 197 号，1935。

——圣母医院 / 圣玛利亚医院药房（Hopital Sainte-Marie Dispensaire），瑞金二路 197 号，1935。

——圣文森特华人医院（？）(Pavillon St Vincentt for indigent Chinese），瑞金二路 197 号，1935。

——圣母医院 / 圣玛利亚医院急诊楼（Pavillon de secours），瑞金二路 197 号，1935。

——圣母医院 / 圣玛利亚医院（Pavillon des femmcs），瑞金二路 197 号，1935。

——里弄别墅，永嘉路 39 弄 1-2 号 / 3 号甲乙，1935。

——伦顿宅（Residence for Mr. L. Rondon），吴兴路 87 号，1936。

——俄国精神病医院（Russian Ortbodox Confrtermity Hospital，今居民住宅），常熟路 230 号，1936。

——安福路 130/132 号住宅，安福路 130/132 号，1930 年代。

——希勒公寓 / 钟和公寓，茂名南路 106-124 号，1940—1941。

——巴斯德研究所反狂犬病诊所（Anti-Rabic Clinic For French Concession attached to Pasteur Institute），1938。

——赫尔特曼宅（Residence for T. A. Hultman），康平路 1 号，1941。

——阿麦仑公寓（Amyron Apts，今高安公寓），高安路 14 号，1941。

越南：

——花园别墅 17 栋，大叻杜美街 14-23/25/26/29/31/33 号，1934—1939。

——大叻保大行宫，1938。

——西贡堤岸区市政屠宰厂（Municipal Abattair for Saigon-Cholon Regin），西贡（今胡志明市），1938。

——西贡格拉尔医院小楼（今西贡第二医院 6 号楼），1930。

——大叻玛利亚修道院。

参考文献及相关材料：

——Men of Shanghai and North China[M].1933：218-221.

——[法] 居伊・布罗索莱 . 上海的法国人 [M]. 上海：上海辞书出版社，2014.

——黄光域 . 外国在华工商企业辞典 [M]. 成都：四川人民出版社，1995：696.

——陈锋 . 赉安洋行在上海的建筑作品研究（1922—1936）[D]. 上海：同济大学，2006.

——[J]. Le_Journal_de_Shanghai，1934-07-14：48.

——郑时龄 . 上海近代建筑风格 [M]. 上海：同济大学出版社，2020：491-493.

——吴飞鹏 . 来自上海的法国人：建筑大师赉安传奇 [M]. 上海：上海大学出版社，2021.

——吴飞鹏 . 寻找赉安：一位法国建筑师留给上海的城市印记 [M]. 上海：三联书店，2021.

相关影像：

L

照片来源：

[J]. Le_Journal_de_Shanghai，1934-07-14：48.

[55] Lester，Johnson & Morris Architects，Civil Engineers，Land and Estate Agents（德和洋行）

名称：

瑞和洋行（F. H. Knevitt Architect & Surveyor）；德和洋行（Lester，H. Builder and Contractor；Lester，Johnson & Morris Architects，Civil Engineers，Land and Estate Agents）；宝昌地产（Shanghai Real Property Agency / Shanghai Real Estate Agency）

地址：

上海（南京路，1863；泗泾路 2 号，1913—1927；九江路 1 号，1929—1934；九江路 20 号，1934—1941；中山路 17 号 / 17 Chungshan E1，1947）

执业时间：

1863—1953

合伙人：

F. H. Knevitt，Henry Lester，Gordon Morriss，George A. Johnson，E. F. Bothwell，Cheng John T. Y.，Dr. Yen T. H.

从业人员：

H. Sanborn，F. H. Kales，J. R. Maugban（ARIBA），P. J. Barrera，W. A. Ellis，M. Kaneko，A. T. Greenwood，A. Hughes，A. S. Ozorio，G. Hyslop（ARIBA），D. A. Tyndall（ARIBA），R. Hobday（ARIBA），J. Komor，Tam Yung-foo，L. V. Grosse，F. B. Smith，W. A. Dalgarno，B. F. Benjamin，M. J. E. Collaco，J. F. Collaco，G. Waller，Lee Chao Ying，Yuen Choo-wa（买办），Chen Hoo-ching（买办），Lee K. Y.

简史：

1863 年克内维特（F. H. Knevitt）在上海南京路开设瑞和洋行（F. H. Knevitt，Architect & Surveyor）；1867 年雷士德（Henry Lester）加入洋行；后克内维特于 1869 年左右离开上海，洋行由雷士德继承，并改名为德和洋行（Lester，H. Builder and Contractor），起先主要经营建筑及营造业务，后增加建筑设计、测绘及房地产代理业务；到 1902 年雷士德兼营房地产行，公司中文名为宝昌地产，外文名为 Shanghai Real Property Agency 及 Shanghai Real Estate Agency；到了 1913 年，马立师（Gordon Morriss）和约翰森（George A. Johnson，ARIBA）成为合伙人，公司改外文名为 Lester，Johnson & Morriss Architects，Civil Engineers，Land and Estate Agents；1926 年雷士德去世后，德和洋行由马立师和约翰森继承，但外文名未改，到 1935 年约翰森退出，公司由马立师经营至 1942 年；德和洋行到 1953 年仍存在。

作品：

上海：

——法租界公董局（原址为今黄浦区公安局），黄浦区金陵东路 174 号，（F. H. Knevitt 设计，魏荣昌营造厂承建），1865。

——中国医院（The Chinese Hospital），雷士德设计，1873。

——拟建工部局大楼设计竞赛（未实施），1874。

——虹口捕房及附属建筑（Hongkew Police Station including Dwelling Houses for Inspectors of Nuisances and Roads，Bell Tower and Godown），1878。

——外滩怡和河滩的填土工程。

——招商局码头及浮桥的建造，1886 年左右。

——工部局市政厅（Town Hall），黄浦区南京东路，1896。

——戈登路巡捕房，江宁路 511 号，1910。

——先施公司（Sincere Co.，Ltd.），黄浦区南京东路 690 号，1914—1917。

——24 座住宅和 2 座门房，册地 1427/1430 号，大西路，1911。

——23 座本地住宅，册地 305 号，北京路，1911。

——9 座本地住宅，册地 633 号，七浦路，1911。

——47 座中式住宅，册地 633 号，河南北路，1913。

——住宅加建，册地 1924 号，威海卫路，1913。

——38 座住宅，册地 633 号，江西北路，1913。
——银行改建，册地 36 号，外滩，1913。
——1 座商店，册地 508 号，南京路和 Long Zee Yuen Road（对应中文名不详），1913。
——7 座住宅，册地 494 号，福建路，1913。
——24 座住宅和 1 座门房，册地 1161 号，爱文义路，1913。
——6 座洋式住宅，册地 523 号，湖北路，1913。
——80 座住宅和 3 座门房，册地 1950 号，重庆路和孟德兰路，1913。
——57 座住宅，册地 633 号，江西北路，1914。
——152 座住宅、2 座门房和堤岸，册地 1169 号，邓脱路，1914。
——43 座中式住宅和 2 座门房，册地 1983 号南 /1985 号，成都路，1914。
——165 座中式住宅，册地 950/968 号，山海关路和大同路，1914。
——103 座住宅和 3 座门房，册地 1737/1740/1751 号，重庆路，1914。
——45 座住宅，册地 506/633 号，河南北路，1915。
——2 座洋式住宅、5 座本地住宅和门房，册地 1858 号，威海卫路，1915。
——洋式住宅和仆人房，册地 452 号，北京路，1915。
——洋式商店和旅馆，册地 628 号，南京路和广西路，1915。
——18 座中式住宅，册地 619 号，劳合路，1915。
——18 座洋式商店，册地 628 号，广西路和天津路，1916。
——商行，册地 2005 号东，成都路，1916。
——20 座洋式商店，册地 628 号，天津路和浙江路，1916。
——洋式住宅，册地 452 号，北京路，1916。
——69 座住宅，册地 655 号，云南路和汉口路，1917。
——加建项目，册地 628 号，浙江路，1917。
——加建项目，册地 628 号，南京路和浙江路，1917。
——90 座住宅，册地 633 号，河南北路、七浦路和江西北路，1917。
——2 座中式住宅，册地 218 号，福建路，1917。
——加建项目，册地 628 号，浙江路，1918。
——桥梁和改建项目，册地 628 号，浙江路，1918。
——改扩建项目，册地 628 号，南京路、天津路和浙江路，1918。
——加建项目，册地 41B 号，九江路，1918。
——18 座中式住宅，册地 598 号南，麦克脱路，1918。
——楼房、汽车车库和车库，册地 3083 号，爱文义路，1918。
——4 座洋式住宅和 32 座中式住宅，册地 1325 号，西藏路和坟山路，1918。
——改建项目，册地 695 号，新记浜路（Singkeipang Road），1918—1919。
——加建项目、1 座洋式商店，册地 2390 号，杨树浦路，1918。
——40 座中式住宅，册地 1325 号，坟山路和西藏路，1918。
——2 座桥梁，册地 628 号，南京路，1918。
——加建项目，册地 431 号，山东路，1919。
——加建项目，册地 628 号，南京路和广西路，1918。
——加建项目，册地 1215 号，大同路，1918。
——改建项目，册地 628 号，南京路，1918—1920。
——改建项目，册地 28 号，南京路和四川路，1919。
——办公楼，册地 55 号，外滩和广东路，1919。
——4 座住宅，册地 445 号，厦门路和浙江路，1919。
——抽水马桶，册地 1528 号，威海卫路外，1920。
——改建项目，册地 88 号，江西路，1920。
——改建项目，册地 28 号，南京路和四川路，1920。
——加建项目，册地 3169 号，戈登路外，1920。
——18 座车库，册地 3000 号，爱文义路，1920。
——2 座洋式商店和卫生间，册地 55 号，外滩和广东路，1920。
——楼梯，册地 2390 号，秦皇岛路，1920。
——改建项目，册地 37 号，九江路外，1920。

——墙，册地 536 号，福州路，1920。
——改扩建项目，册地 3080 号，爱文义路外，1920。
——加建项目，册地 628 号，广西路外，1921。
——16 座洋式住宅，册地 1164/1167/1214 号，爱文义路和卡德路，1921。
——改建项目和桥梁，册地 628 号，南京路，1921。
——加建和抽水马桶，册地 1585 号，威海卫路，1921。
——21 座洋式住宅，册地 2645/2648 号，胶州路和爱文义路延长线，1921。
——普益地产公司（Asia Realty Co. Building），黄浦区四川中路 106–110 号，1921—1922。
——字林西报大楼（North China Daily News Building），黄浦区中山东一路 17 号，1921—1924。
——日清轮船公司（The Nishin Navigation Company），黄浦区中山东一路 5 号，1921—1925。
——2 座车间、3 座棚屋、仓库和厨房，册地 1848/1849 号，荆州路延长线外，1922—1923。
——34 座住宅，册地 619 号，劳合路，1923。
——1 座学校，册地 1848 号，荆州路外，1923。
——办公楼加建，册地 51 号，福州路外，1923。
——1 座商店，册地 360 号，南京路和福建路，1923。
——花房，册地 1924 号，威海卫路外，1923。
——3 座中式住宅，册地 627 号，广西路，1924。
——公共厕所，册地 1924 号，威海卫路，1924。
——72 座住宅（后改为 75 座）、13 座商行和 2 座门房，册地 566 号，湖北路、北海路和福建路，1923。
——公共厕所，册地 1115 号，爱文义路外，1923。
——住宅改扩建和公共厕所，册地 1924，威海卫路外，1924。
——台湾银行，黄浦区中山东一路 16 号，1924—1926。
——麦家圈医院 / 雷士德医院（Lester Hospital），黄浦区山东中路 145 号，1930—1932。
——雷士德医学研究院（The Henry Lester Institute for Medical Education and Research），静安区北京西路 1320 号。
——新中式公寓住宅（New Chinese Apartment House），跑马厅路，1931。
——重庆路与威海路交叉口公寓，1932。
——雷士德工艺学院（Lester School & Technical Institute），虹口东长治路 505 号，1933—1934。
——三菱银行（Mitsubishi Bank），黄浦区九江路 36 号，1934。
——马立师别墅（Morriss Estate，今瑞金宾馆 1 号楼），1917。
——武康路 109 号，1920。
——瑞金宾馆 3 号楼，瑞金二路 118 号，1920。
——甘邨，嘉善路 131–143 弄、169 弄，1931。
——马立师新村（今重庆新村），武胜路 429 弄、重庆北路 216 弄，1930—1932。
——雷上达路住宅（今兴国宾馆 7 号楼），兴国路 78 号，1930 年代。
——汇丰银行，天津解放北路 84 号，1924。
——还设计了许多洋行建筑，并完成了大量沿河码头及栈房的建造。

参考文献及相关材料：

——黄光域 . 外国在华工商企业辞典 [M]. 成都：四川人民出版社，1995：761.
——Mr. Henry Lester[N]. The North-China Herald and Supreme Court & Consular Gazette，1926-05-22：345.
——部分作品信息源自相应年份《上海公共租界工部局公报》（*The Municipal Gazette*）。
——郑时龄 . 上海近代建筑风格 [M]. 上海：同济大学出版社，2020：469-470.

[56] Leth-Møller & Co.，V. Consulting Engineers and Designers of Reinforced Concrete and Steel Structures（莫律兰工程司行）

名称：

莫律兰工程司行（Leth-Møller & Co. V.，Consulting Engineers and Designers of Reinforced Concrete and Steel Structures）

地址：

北京；天津；上海

执业时间：

1925—1939

合伙人：

V. Leth-Møller，E. Nyholm

从业人员：

北京：V. Leth-Møller，E. Nyholm，C. F. Ricard。

天津：V. Leth-Møller，E. Nyholm。

上海：E. Nyholm，W. Petro-Pavlovsky

简史：

1925年1月1日由莫律兰（V. Leth-Møller）自办莫律兰工程司行（Leth-Møller & Co. V.，Consulting Engineers and Designers of Reinforced Concrete and Steel Structures），在北京和天津经营；1926年E. 尼霍姆（E. Nyholm）成为合伙人；1936年7月—1937年1月莫律兰工程司行上海分部由E. 尼霍姆经营；1934年莫律兰与魏悌锡（Erich Wittig）合伙在天津法租界成立魏莫建筑公司，后散伙；莫律兰工程司行天津分部经营到1939年。

作品：

北京：

——国立北平图书馆（现北京国家图书馆分馆文津楼），和Loup & Young合作，1928—1931。

参考文献及相关材料：

——郭平 . 对国立北平图书馆新建筑从构思到建成全过程探究 [J]. 图书馆理论与实践，2017（4）：106-112.

——张书美 . 民国时期国立北平图书馆的建筑革新 [J]. 图书馆界，2010（6）：23-25.

[57] Leu，Hugo Architect，Engineer and Building Contractor，Furniture Factory，Lumber Mill（雷虎工程司行）

名称：

雷虎工程司行（Leu，Hugo Architect，Engineer and Building Contractor，Furniture Factory，Lumber Mill；Basel & Co.，F. W. Architects，Engineers and General Building Contractors；Leu & Co.，Hugo Architects，Civil Engineers and General Contractors）

地址：

北京

执业时间：

1910—1917；1923—1926

合伙人：

Hugo Leu

从业人员：

F. W. Basel，Alb Mothes（建筑师），Sung Yu-fan，G. F. H. Noll，Adolf Ott，Chu S. K.，P. Rudolph，Chao L. T.

简史：

1910年青岛利来公司（Lieb & Leu Architects，Builders，House Furnishers and Cabinet Maker）散伙后，雷虎（Hugo Leu）转赴北京开办雷虎工程司行（Leu，Hugo Architect，Engineer and Building Contractor，Furniture Factory，Lumber Mill），承接建筑设计、土木工程和营造包工业务，兼营家具厂、木材厂等，经营至1917年中国对德奥宣战后停业；1923年时曾在雷虎公司任职的F. W. Basel在北京经营雷虎公司，公司英文名为Basel & Co.，F. W. Architects，Engineers and General Building Contractors，后自1924年更中文名为龙虎公司；雷虎于1925年前在北京恢复营业，中文名依旧，更外文名为Leu & Co.，Hugo Architects，Civil Engineers and General Contractors，营业至1926年停业，后雷虎转赴沈阳。

作品：

北京：

——财政部大楼（New Treasury Building / Office of the Ministry of Finance，Peking），1914。

——北京中央医院（The Peking Central Hospital）承造（美国芝加哥沙德河建筑事务所负责设计），1915（？）。

——北京地质调查所图书馆（南楼），1921。

沈阳：

——沈阳天主教堂主教府，与罗克格合作，1926。

参考文献及相关材料：

——[J]. The Far Eastern Review，1915-02：372.

——张复合 . 北京近代建筑史 [M]. 北京：清华大学出版社，2004：258.

——陈伯超 . 沈阳都市中的历史建筑汇录 [M]. 南京：东南大学出版社，2010：96.

——www.yasni.ch/hugo+leu/person+information.

[58] Lieb & Leu Architects，Builders，House Furnishers and Cabinet Maker（利来洋行）

名称：

利来洋行（Lieb & Leu Architects，Builders，House Furnishers and Cabinet Maker）

地址：

青岛

执业时间：

1903—1910

合伙人：

Hans E. Lieb，Hugo Leu

从业人员：

W. Borchmann（技术员），Weimer（监督员，Banaufseher），C. Weiss，F. Secker，H. Randt，E. Gabriel（会计），W. Linke（技术员），O. Braune（技术员），J. Jokiel（技术员），Buchenauer，Corinth，Hansen，Behraid

简史：

1903 年雷虎（Hugo Leu）与利布（Hans E. Lieb）合伙在青岛开办利来公司 Lieb & Leu Architects，Builders，House Furnishers and Cabinet Maker（Lieb & Leu Baugeschaft. Kunstgewerbliches Atelier. Baumaterialienhandlung.），经营至 1910 年散伙。

作品：

青岛：

——捷成洋行住房，德县路，施工，1906。

参考文献及相关材料：

——Torten Warner. Deutsche Architektur in China：Architekturtransfer（德国建筑艺术在中国：建筑文化移植）[M]. Berlin：Ernst & Sohn，1994.

——[德] 克里斯托夫·林德 . 青岛开埠初期的建筑 [M]. 夏树忱，译 . 上海：同济大学出版社，2024：222.

[59] Little，Adams & Wood Architects & Civil Engineers（李杜露则师）

名称：

李杜露则师（Little Colbourne Architect and Civil Engineer；Little，Adams & Wood Architects & Civil Engineers）

地址：

香港

执业时间：

1914年前—1941

合伙人：

Alexander Colbourne Little（Colborne）（FRIBA），J. R. Maughan（ARIBA），F. R. J. Adams（CE，AMIME），Ernest Marshall Wood（ARIBA），C. B. Basto

从业人员：

Thomas Brameld（LRIBA），C. H. Basto，C. W. Pau，O. F. Savage（助理，MC），R. W. Bateman（ARIBA），P. W. Greene（ARIBA），G. Rankin（AMICE），C. G. Anderson（AMICE），W. C. Felshow，Miss G. Smith，W. Wang（BSc），K. Chan，Y. H. Lee（BSc），Leislie Ross（ARIBA），S. F. Yui，C. W. Paugh，A. Mylo，I. McInnes，K. W. Leung，W. K. Wong，A. Semenuck

简史：

由李杜露（Alexander Colbourne Little）于1914年前开办，1916年亚当斯（F. R. J. Adams）和伍德（Ernest Marshall Wood）加入成为合伙人，公司改名为Little，Adams & Wood Architects & Civil Engineers，经营至1941年后。

作品：

广州：

——新警察局（Shameen New Police Headquarter），沙面，1919。

——沙面汇丰银行新大楼（Hongkong and Shanghai Bank New Building），1920。

香港：

——东华医院大口环义庄改建设计，1912。

——甘棠第（Kam Tong Hall，孙中山纪念馆），1914。

——启德滨九龙湾首期大规模填海建屋工程设计、承建、测试，1916。

——山顶宅间6栋公寓、5栋独立住宅、1栋半独立住宅，1920。

——旧赞育医院（Old Tsan Yuk Hospital），1922。

——圣保罗男女中学，1927。

——华南总修院，葛斯尼设计，李杜露监造，1931。

——喇沙书院（La Salle College），1932。

——玛利诺修院学校，九龙塘，1937。

——大埔那打素医院（Nethersole Hospital），1937。

参考文献及相关材料：

——黄光域.外国在华工商企业辞典[M].成都：四川人民出版社，1995：868.

[60] Lothar Marcks & Busch Civil Engineers，Architects & Building Contractors. Iron Contruction，Brick & Tile Factory（保利洋行/宝利洋行）

名称：

保利洋行/宝利洋行（Marcks，Lother，Civil Engineer，Architect and Building Contractor; Lothar Marcks & Busch Civil Engineers，Architects & Building Contractors. Iron Contruction，Brick & Tile Factory Aktien Gesellschaft; Marcks，Lothar Civil Engineer，Architect and Building Contractor）

地址：

汉口；沈阳；齐齐哈尔；哈尔滨；长春；洮南

执业时间：

汉口（1904—1917）；沈阳（1925—1941年后）

合伙人：

Lothar Marcks，Emil Busch，Arth Simon

从业人员：

汉口：W. F. Dubber（代理人），H. Shffrath（建筑师），Koenigsbaur（建筑师，后任锯木厂经理），A. Zobel（建

筑师），A. Grou（监工），L. Dietmayer（建筑师），W. Schwoerer（土木工程师），J. H. Ulrichs，A. Benz（建筑师），W. Thoenissen（建筑师）。

沈阳：G. Swedek（建筑师），W. Palecek（V. V. Palecek，工程学位，土木工程师），R. Schenitzki（会计），P. Kornilov（Korniloff，测绘师），A. Bakanoff（测绘师），J. Iljushin（测绘师），A. Levitzky（测绘师），D. Rodin（绘图员 / 测绘师），W. Rodin（测绘师），G. Ephraimoff（绘图员），Yang Gee Njee（买办），G. Grube（测绘师），A. Jenas（工程师），L. Marcks jr.（建筑助理），G. Savchik（测绘师），B. D. Leon（测绘师），S. Schumiloff（测绘师），B. Oseroff（测绘师），A. Makejeff（测绘师），B. Williams（测绘师），A. Selivanoff（测绘师），V. Tischtschenko（绘图员），W. Sretinsky（绘图员），O. Robespier（绘图员），F. Saharoff（测绘师），N. Lawrentieff（测绘师），I. Lykoff（测绘师），M. Rumancieff（测绘师），M. Sopoff（测绘师），N. Petroff（仓库办事员），N. Nikiforoff（土木工程师），M. Gunko，W. Pestoff（绘图员），M. Chara（助理），P. H. Chang（图书管理员），M. H. Sui（收银员），B. A. Ostrogradsky（监督），V. Melihoff（工程学位）。

齐齐哈尔：M. Novikoff（监督），M. Mejewitchin，W. Mertzsch（土木工程师），M. Nosoff（监督）。

哈尔滨：J. Taitouroff（监督），M. Gounko（监督），W. Tayturoff（监督），L. Jijushin（测绘师），N. Novikoff（监督），G. Gounko（监督）。

洮南：H. Stahlmann（土木工程师），M. Nossoff（会计）。

长春：M. Chara（支行负责人），T. Satoh（建筑师），D. Rodin（监督），A. Levitsky（监督）

简史：

1904 年德国建筑师 L. 马克思（Lothar Marcks）在汉口自办宝利洋行（又译作保利洋行），外文名 Marcks, Lother, Civil Engineer, Architect and Building Contractor；1907 年左右，其在施密特事务所（F. H. Schmidt）的同事 E. Busch 成为合伙人，公司外文名改为 Lothar Marcks & Busch Architects, Contractors, and Civil Engineers，后陆续开设有锯木厂、铁厂及车间和砖瓦厂等；马克思于 1909 年回到德国，于 1910 年参军，直到 1914 年再次回到汉口，之后不久在战争中受伤，直到 1919 年才伤愈出院；1915 年公司更外文名为 Aktien Gesellschaft，中文名为宝利有限公司，由朴士和西蒙（Simon）经营，主营锯木和木作（Saw-Mill and Woodworking Factory）；1917 年公司恢复原名，后无闻；马克思于 1920 年回到中国，于 1925—1941 年后在沈阳再办宝利公司，公司外文名为 Marcks, Lothar Civil Engineer, Architect and Building Contractor，1928 年时员工将近 20 人；1932 年在哈尔滨、齐齐哈尔设分号；1933 年开设洮南府分行；1934 年开设长春分号；1945 年马克思在大连去世

作品：

武汉：

——俄国领事馆，汉口。

——德国工部局大楼，与 Schaffrath 合作设计并施工，汉口，1907—1909。

——永兴公司大厦（Oliver & Co.'s Fine Premises），汉口。

——德华银行施工，汉口，1908。

——其承包建造的建筑有英美烟草公司工厂和华俄道胜银行等。

洮南：

——洮南到齐齐哈尔铁路某钢混桥梁，洮南站北侧，200 米长，承建，1933。

参考文献及相关材料：

——Arnold Wright.Twentieth Century Impressions of Hongkong, Shanghai, and Other Treaty Ports of China[M]. London: Lloyds Greater Britain Publishing Company, 1908: 710.

——黄光域 . 外国在华工商企业辞典 [M]. 成都：四川人民出版社，1995：457.

[61] Loup & Young Architects and Engineers（乐利工程司）

名称：

乐利工程司（Oswald & Walker Architects, Surveyors and Civil Engineers; Oswald, Loup & Lee Architects, Surveyors and Civil Engineers; Loup & Lee Architects and Engineers; Loup & Young Architects and Engineers）

地址：

天津

执业时间：

1902—1940 年后

合伙人：

R. R. Oswald，H. W. Walker，Albert. Loup，J. E. Lee，E. C. Young

从业人员：

N. Chr. Jorgensen

简史：

1902年沃克（H. W. Walker）与英国政府验船师（H. M. B. Marine Surveyor）奥斯瓦德（R. R. Oswald）合伙开办建筑师事务所Oswald & Walker Architects，Surveyors and Civil Engineers；1904年名录中，沃克已不在该事务所中；沃克退出后由瑞士建筑师卢浦（Albert Loup）和英国建筑师李（J. E. Lee）接任合伙人，公司名称改为Oswald，Loup & Lee Architects，Surveyors and Civil Engineers；后奥斯瓦德于1904年在家中去世，公司改名为Loup & Lee Architects and Engineers，即乐利工程司；1910年卢浦与英国杨嘉礼工程司（E. C. Young）合伙接办，公司更外文名为Loup & Young Architects and Engineers，中文名依旧，1940年代尚见于记载。

作品：

天津：

——福利公司（Messers Hall & Holtz Tientsin），1904。

——国民大饭店，和平区赤峰道58号，1922。

——李吉甫住宅，和平区花园路12号，1918。

——仁记洋行。

——内森宅邸（Private Residence of Major Nathan）。

——赛马场。

——陆浦住宅（Private Residence of Mr. Loup）。

——俄国工部局（Russian Municipal Buildings），1907年建成。

——黎道卢商会。

——帝国宾馆（Imperial Hotel）。

——维多利亚大楼（Victoria Buildings）。

——英国烟公司工厂（British Cigarette Co.'s Factory）

——平和洋行办公楼和堆栈（Messrs. Liddell Bros.' Godowns and Offices）及其他大量公共建筑。

——中国工商银行（The Commercial and Industrial Bank of China），中美银行（The Sino-American Bank），狄总领事路和大法国路交叉口（Rue Dillon and Rue de France），1920。

——天津盐务总局塘沽仓库，1913。

——天津盐务总局汉沽仓库（Han-ku Deport）。

——天津盐务总局南开仓库（Nan-kai Deport），1915。

——新英租界市场（New British Market），博罗斯道（Bruce）和大沽路转角，天津，A. Loup & E. C. Young设计，J. E. Hayes Engineering Co. 建造，1933。

——天津德租界扩展区域规划（German Extra Concession）。

——天津比利时租界扩展区规划。

——天津法界狄总领事路和大法国路交叉口建筑重建（Reconstruction of the premises on the corner of Rue Dillon and Rue de France），1920。

——天津巴斯德路115号建筑（115 Rue Pasteur Building），1934。

——承揽了大量填海造陆、水利和河岸工程（Land reclamation，water works，and bunding，both in reinforced concrete and timber）。

北京：

——北平图书馆竞赛方案（获一等奖，Loup & Young与Messrs. V. Leth-Moller and Co. 合作）。

其他：

——在北京、沈阳和牛庄也有不少设计项目。

相关材料：

——Obituary Walker[N]. The North-China Herald and Supreme Court & Consular Gazette，1905-08-11：300.

——Obituary Oswal[N]. The China Times，1904-12-17. 转引自：[N].The North-China Herald and Supreme Court & Consular Gazette，1904-12-23：1435.

——Allister Macmillan. Seaports of the Far East：Historical and Descriptive，Commercial and Industrial，Facts，Figures & Resources[M]. 2nd edition. London：W. H. & L. Collingridge，1925：143-144.

——黄光域. 外国在华工商企业辞典[M]. 成都：四川人民出版社，1995：205.

[62] Luthy，Co.，C. Consulting Civil Engineers and Surveyors（罗德洋行）

名称：

罗德洋行（Luthy & Co.，C. Consulting Civil Engineers and Surveyors）

地址：

上海（北京路 4A 号，1918；仁记路 7 号，1919—1921；江西路 62 号，1922—1924；九江路 1C 号，1924—1928；江西路 22 号，1929—1930；江西路 212 号，1931—1935；广东路 17 号，1939—1947）

执业时间：

1918—1947

合伙人：

C. Luthy，A. Aeschbuch

从业人员：

E. Luthy，W. Keller，B. Pfister，J. A. Graf，Chu，E. H.，Cheng H. H.，E. Leuzlinger

简史：

1918 年罗德独立执业创办罗德洋行，经营咨询土木工程师业务，经营至 1941 年后。

作品：

上海：

——1 座洋式商店、门房、厕所和墙，册地 885 号，兆丰路，1918。
——临时存储棚，册地 29C 号，南京路，1920。
——变压器室，册地 2485 号，华盛路，1920。
——工厂，册地 1080/1083/1093 号，百老汇东路，1920。
——改建项目，册地 162 号，南京路，1920。
——桥、筑堤和烟囱，册地 7220 号，华德路，1920。
——纺织厂，册地 2470 号，华盛路，1920。
——变压器室，册地 4631 号，莫干山路，1920。
——1 座洋式住宅，册地 1421 号，公平路，1920。
——工厂，册地 1098 号，百老汇东路，1920。
——某建筑，册地 80 号，南京路和四川路，1922。
——工厂，册地 6250 号北，康脑脱路外，1920。
——学校，册地 3980 号，华盛路外，1920。
——1 座洋式商店，册地 515 号，福建路和九江路，1920。
——4 座洋式住宅，册地 1559 号，保定路和塘山路外，1920。
——仓库，册地 1562 号，塘山路，1920。
——办公楼，册地 41A 号，九江路，1920。
——加建项目，册地 156 号，南京路，1921。
——泵房，册地 6117 号，胶州路外，1921。
——改建项目，册地 42 号，汉口路和四川路，1921。
——改建项目，册地 6250 号北，康脑脱路外，1921。
——册地 80 号，南京路和四川路，1922。
——1 座食堂，册地 650 号，东熙华德路，1922。
——12 座住宅，册地 885 号，兆丰路，1923。
——棚和入口大门，册地 29C 号，南京路外，1921。
——1 座公共厕所，册地 152 号，天津路外，1923。
——办公楼加建和公共厕所，册地 1098 号，百老汇东路，1923。
——6 栋住宅改建，册地 1095 号，熙华德东路和兆丰路，1923。
——改建项目，册地 29C 号，南京路，1923。
——栈房加建，册地 100 号，甘肃路，1923。
——锅炉、变流器和变压器室，册地 2300 号，麦克利克路外，1924。
——工厂，册地 3800/3810/3811 号，韬朋路外，1924。
——水泥厂（Cement Mill），1922。

——上海市政发电厂（Shanghai Municipal Power Station）。
——中央邮政局（Chinese Central Post Office）。
——大通纱厂（Dah Tong Cotton Mill），崇明（Tsung Ming），1920。
——大中纱厂（Great China Cotton Mill），吴淞。
——日华纺织株式会社（Japan China Spinning & Weaving Co.，Ltd.）。
——发电厂（Power Station），浦东。
——闸北水厂新过滤厂（Chapei Waterworks New Filter Plant），闸北。
——中央大楼（Central Building）结构设计和基础工程，Spence，Robinson & Partners 建筑设计，1935。
——闸北煤炭处理厂（New Coal-Handling Plant for Chapei），1935。
——义泰兴南栈浦东董家渡码头（Nee Tai Shing Wharves）。
——跑马总会公共站台（Shanghai Race Club's Public Stand）。
——大英烟草公司工厂、仓库和发电站（Factories，godowns and power station for the British Cigarette Co.，Ltd.）。
——南洋兄弟烟草股份有限公司工厂、仓库和发电站（Factories，godowns and power station for the Nanyang Brothers Tobacco Co.，Ltd.）。
——业广地产公司办公楼（Office Building for the Shanghai Land Investment Co.，Ltd.），1934，咨询工程师。
——怡和洋行（The Ewo Building）结构设计，黄浦区中山东一路 27 号，1920—1922（建筑设计为思九生洋行）。
——恒丰第二纱厂，1920。
——高阳大楼改建，1922。
——大丰罐头茶叶有限公司工厂，康脑脱路、赫德路转角左近，1920。
——广肇路华盛路桥梁规划意见及方案设计，1925—1926。
——浦东中华码头。
——闸北新水厂，军工路剪淞桥，1929。
——浦东义泰兴码头，1934。
——浦东自来水厂，1937。

九江：

——九江久兴纺织公司（Kiu Shing Cotton Mill），官牌夹，1921。

参考文献及相关材料：

——部分作品信息源自相应年份《上海公共租界工部局公报》（*The Municipal Gazette*）。
——黄光域 . 外国在华工商企业辞典 [M]. 成都：四川人民出版社，1995：423.

[63] Mission Architects Bureau（会差建筑绘图事务所 / 布道团建筑师事务所）

名称：

会差建筑绘图事务所 / 布道团建筑师事务所（Mission Architects Bureau）；美国长老会测绘建筑事务所（Architects Bureau of the Presbyterian Church）

地址：

上海（博物院路 21 号，1922—1924；圆明园路 23 号，1925；圆明园路 23 号教会大楼 409 室，1926—1929）

存续时间：

1921—1929

负责人：

C. A. Gunn

成员：

美国长老会的 C. A. Gunn，美国监理会的 Joshua. H. Vogel、Roy L. Creighton、F. H. Kales 和 C. W. Duff，J. M. Wilson，J. H. Black，D. T. Hird（1924—1925）

简史：

1920年时已经计划筹办会差建筑绘图事务所（Mission Architects Bureau），涵盖一个中央采购部以及一个监工培训学校，以期统筹教会建筑的设计、建造和采购，以节约资金和时间；1921年，由来自美国基督教青年会、美以美会和长老会三个教会组织的6位建筑师和工程师组建的会差建筑绘图事务所在上海成立。但据1922年1月《字林西报行名录》记载，最初仅有主席C. A. Gunn，秘书和司库J. H. Vogel，成员R. L. Creighton、F. H. Kales和C. W. Duff，共计5人。1923年7月时，F. H. Kales已经离开。至1925年1月，仅剩C. A. Gunn和R. L. Creighton两位。1925年11月1日起，会差建筑绘图事务所（Mission Architects Bureau）更名为美国长老会测绘建筑事务所（Architects Bureau of the Presbyterian Church），至1929年1月仍出现在行名录中，后无闻。

作品：

上海：

——比必夫人宅（Residence for Mrs. R C Beebe），岳阳路168号，1921。

——协进大楼/全国协会会所（Associated Mision Building），圆明园路169号，1923。

——1座办公楼和公共厕所，册地11号，圆明园路外，1923。

——改建项目，册地11号，圆明园路，1924。

——美以美会3栋住宅（Buildings by Methodist Mission for residence purpose），1923。

——基督教青年会大楼（National Y. M. C. A. Building），1923。

潍县：

——医院。

南昌：

——南昌教会医院（The Nanchang Hospital），1922。

参考文献及相关材料：

——中文译名又做“差会绘图建筑事务所”，参见：Commercial & Credit Information Bureau. The Comacrib Directory of China 1925[Z]. Shanghai：Kelly & Walsh，Ltd.，1925：278.

——又译作布道团建筑师事务所（Mission Architects Bureau），参见：彭长歆．岭南近代著名建筑师[M]. 广州：广东人民出版社，2005：39.

——郑时龄．上海近代建筑风格[M]. 上海：同济大学出版社，2020：487.The Homiletic Review，1920，80：270–271.

——[J]. The China Weekly Review，1923–11–10：428–429.

——[J]. International Review of Missions，1922，11：28.

——The name of the Mission Architects Bureau, located in the Missions Building[N]. The China Press，1925–10–8（3）.

[64] Modern Homes Furnishers，Decorators，and Interior Woodwork（时代公司建业材业有限公司）

名称：

时代公司建业材业有限公司（The Modern Home Interior Decorators，Furnishers，Importers of Wall Papers，Steel Furniure，etc；Modern Homes Furnishers，Decorators，and Interior Woodwork；Modern Homes & Sand's Furnishing Interior Architects and Designers：Furniture，Decorations，Interior Woodwork，Covering Fabrics，Curtains，Lamps）

地址：

上海（福煦路福煦路651号，1933—1934；静安寺路803号，1937—1939；静安寺路871号，1940—1941）

执业时间：

1933—1949

负责人：

Ingolf Hansen，Yang K.，Miss H. Rix，Victor Dsung，F. F. Mousnitzky，H. Z. Eschenhoff（1933），J. E.Gray，C. L.Seitz，J. G. Clay（1934—1936），Richard Paulick（1934，1936—1949），Rudolf Paulick（1936—1949），Hans Werther（1936—1937），Mrs R. Sand（1940—1941），Chun S.，R. Gerstel，E. Kasswan，M. Gerstel，Miss Jacobsohn

从业人员：

F. F. Mousnltzky，N. N. Emanoff，R. Gersti，M. Gersti

简史：

1933年由埃申霍夫（H. Z. Eschenhoff）在上海创办，初名锦花公司（壁聚公司，The Modern Home Interior Decorators，Furnishers，Importers of Wall Papers，Steel Furniure，etc），经营室内设计、装潢、墙纸和不锈钢家具等进口业务；1934年初鲍立克（Richard Paulick）接任经理，公司改中文名为时代公司，于1934年4月16日开业，承造上等住宅、公寓、饭店、旅馆内部各种美化装饰及各式优等家具；1934年7月—1936年底由格雷（J. E. Gray）、塞茨（C. L. Seitz）和克莱（J. G. Clay）任董事；1935年底被祥泰木行（China Import & Export Lumber Co. Ltd.）买断控制股权；因经营不善，于1936年底解散后，又被鲍立克的弟弟鲁道夫·鲍立克（Rudolf Paulick）和维特（Hans Werther）接手，公司更外文名为Modern Homes Furnishers，Decorators，and Interior Woodwork，中文名不变，以提供艺术装饰风格（Art Deco）室内设计和家具设备、装潢为主；1940年桑德（R. Sand）女士成为合伙人，公司更外文名为Modern Homes & Sand's Furnishing Interior Architects and Designers：Furniture，Decorations，Interior Woodwork，Covering Fabrics，Curtains，Lamps，经营至1949年。

作品：

上海：

——双层专用浮码头室内设计，北京路外滩，1935。

——国际饭店（Park Hotel）部分室内设计，南京西路170号，1936。

参考文献及相关材料：

——Eduard Kögel. ZweiPoelzigsch ü ler in der Emigration：Rudolf Hamburger und Richard Paulick zwischen Shanghai und Ost-Berlin（1930—1955）（两名流亡的珀尔齐希学生：R. 汉堡和R. 鲍立克在上海和东柏林之间）[D]. Weimar：Bauhaus-Universität Weimar，2006：149.

[65] Moorhead & Halse Civil Engineers，Architects & Surveyors（马海洋行）

名称：

马矿师洋行/马矿司洋行/马海洋行（Morris，S. J. Civil Engineer and Architect；Moorhead，R. B. Civil Engineer and Architect；Moorhead & Halse Civil Engineers，Architects & Surveyors；Moorhead，Halse & Robinson Architects，Civil Engineers，Land and Estate Agents；Spence，Robinson & Partners Architects，Surveyors，Land and Estate Agents）

地址：

上海（江西路25号，1886—1898；四川路18B，1903；江西路40号，1904；外滩13号，1905—1907；圆明园路13号，1908—1910；圆明园路17号，1910—1928；北京路3号/27号4楼，1928—1938；北京路39号，1938—1947）

执业时间：

1886—1947

合伙人：

S. J. Morris，Robert Bradshaw Moorhead，Sidney Joseph Halse，H. M. Spence

从业人员：

O. Abbass，E. Scorrer，F. Tuchlinski，H. G. F. Robinson（ARIBA），L. Luthy，E. Luthy，W. Burns，E. B. Smith，C. W. Weeks，H. Ross，E. Souter，C. F. Butt（ARIBA），J. Nash，J. E. March（ARIBA），A. R. Houben，M. F. H. Roe，I. S. Pakidoff，C. Middlemiss（ARIBA），Chang C. N.，Loh K. Y.（买办），Koo Hai（买办），Koo Lan-chow（买办），Koo Pewey（买办）

简史：

马矿司洋行前身可追溯到1886年马矿师（S. J. Morris）在上海开办的马矿师洋行（Morris，S. J. Civil Engineer and Architect），经营造屋打样及专工开矿事宜；1895年马矿司（Robert Bradshaw Moorhead）加入马矿师洋行；1896年接手马矿师洋行，并更公司外文名为Moorhead，R. B. Civil Engineer and Architect；1899年Dowdall成为道达洋行合伙人，更公司外文名为Dowdall & Moorhead Architects & Civil Engineers，经营至1903年；1903年马矿司独立经营马矿司洋行，经营土木工程师及建筑师业务并兼做伦敦大成建筑公司上海代理；海斯（Sidney Joseph Halse）于1908年成为合伙人，公司外文名改为Moorhead & Halse Civil Engineers，Architects & Surveyors，中文名初为穆哈洋行，后改为马海洋行；1920年罗宾森（H. G. F. Robinson）成为合伙人，公司外文名改为Moorhead，Halse & Robinson Architects，Civil Engineers，Land and Estate Agents，中文依旧；1928年马矿

司去世，海斯离开，斯彭斯（H. M. Spence，FRIBA）加入成为合伙人，公司中文名依旧为马海洋行，更外文名为 Spence，Robinson & Partners Architects，Surveyors，Land and Estate Agents，到 1941 年 7 月仍见于名录。

作品：

上海：

——上海拍球（板球）总会新看台（The Shanghai Cricket Clubs New Pavilion），马矿司设计，上海，1904。
——36 座住宅，册地 69 号，东熙华德路，1911。
——12 座住宅，册地 849 号，天潼路，1911。
——2 座洋式商店和办公房，册地 84 号，南京路和江西路，1911。
——64 座本地住宅，册地 145 号，狄思威路和熙华德东路，1912。
——15 座中式住宅和 1 座门房，册地 1182 号，邓脱路，1912。
——磨坊扩建，册地 1985/2435/2445 号，杨树浦路，1913。
——洋式办公楼和公寓，册地 61 号，外滩和松江路，1913。
——洋式住宅，册地 2744 号，愚园路，1913。
——1 座锅炉房，册地 2940 号，爱文义路，1913。
——洋式住宅改建，册地 100B 号，福州路和江西路，1914。
——135 座中式住宅、1 座门房和堤岸，册地 4325 号，麦根路，1914。
——1 栋房屋、马厩和住处，册地 2851 号，爱文义路和安南路，1914。
——办公房和仓库，册地 81 号，江西路，1914。
——1 座商店，册地 183 号，江西路，1917。
——磨坊和仓库，册地 4315 号，麦根路，1915。
——茶馆，册地 871 号，四川北路，1915。
——4 座仓库，册地 2377/2382/2385/6013 号，杨树浦路，1915。
——578 座住宅，册地 841/871 号，四川北路、武昌路和天潼路，1915。
——1 座洋式住宅，册地 6115 号，胶州路，1916。
——停尸房和门房，册地 3316 号，倍开尔路，1916。
——加建项目，册地 4315 号，麦根路，1916。
——4 座街区商店、办公室和公寓，册地 84/86 号，南京路、江西路和九江路，1916。
——4 座住宅，册地 871 号，武昌路，1916。
——3 座住宅，册地 7566 号，杨树浦路，1916。
——马房和马车房，册地 4315 号，麦根路，1916。
——商行和 10 座住宅改建，册地 183 号，江西路，1916。
——9 座住宅，册地 4315 号，麦根路，1917。
——1 座商店，册地 118 号，四川路，1917。
——24 座住宅，册地 186 号，爱多亚路，1919。
——洋式住宅加建，册地 14 号，圆明园路，1915。
——公济医院（General Hospital）扩建，册地 801 号，天潼路，1916。
——578 座住宅，册地 626 号，广西路，1916。
——宾馆改扩建，册地 1016 号，黄浦路，1916。
——265 座住宅，册地 668/670/675 号，熙华德东路，1917。
——1 座桥梁，册地 670 号北，塘山路，1917。
——1 座洋式商店，册地 118 号，四川路，1918。
——1 座洋式商店，册地 4315 号，麦根路，1918。
——9 座中式住宅，册地 589 号，爱而近路，1918。
——1 座洋式商店，册地 3195，西摩路，1918。
——5 座洋式商店，册地 66 号，香港路和苏州路，1918。
——暖房，册地 3300 号，赫德路，1918。
——1 洋式商店，册地 24 号，外滩，1918。
——改建项目，册地 2970–2971 号，杨树浦路，1919。
——24 座中式住宅，册地 3462 号，麦特赫司脱路和武定路，1919
——4 座中式住宅、宿舍、工场、健身房等，册地 6200 号，胶州路，1919。
——暖房，册地 6200 号，胶州路，1920。
——改建项目，册地 89 号，九江路，1919。
——加建项目，册地 801 号，天潼路，1919。

——加建项目，册地 5670 号，戈登路，1919。
——2 座仓库，册地 2435 号，杨树浦路和近胜路，1920。
——改建项目，册地 164 号，江西路和九江路，1920。
——加建项目，册地 164 号，江西路外，1920。
——2 座洋式商店，册地 2435 号，杨树浦路，1920。
——改建项目，册地 38 号，江西路，1920。
——加建项目，册地 2350 号，大西路外，1920。
——临时棚屋，册地 1070 号，百老汇东路，1920。
——小屋、锅炉房、仆人房、门和栏杆，册地 3725 号，吉林路，1920。
——改建项目，册地 164A 号，江西路和南京路外，1920。
——改建项目，册地 164A 号，江西路外，1920。
——6 座洋式住宅，册地 2985 号，华盛路外，1920。
——加建项目，册地 66 号，香港路外，1920。
——改建项目，册地 89 号，九江路外，1920。
——改建项目，册地 801 号，苏州北路外，1920。
——100 座中式住宅，册地 2984/2985 号，扬州路，1920。
——19 座中式住宅，册地 110 号，源昌路和麦克脱路，1920。
——门房、车库、5 座平房和墙，册地 4163–4185 号，海防路和西摩路拓展线，1920。
——围墙，册地 38 号，九江路，1921。
——改建项目，册地 164 号，江西路，1921。
——1 座中式住宅，册地 6200 号，康脑脱路外，1921。
——门房，册地 38 号，九江路外，1921。
——车库，册地 801 号，苏州北路外，1921。
——办公房，册地 2435 号，杨树浦路，1921。
——围墙和 2 个厕所，册地 2435/2445 号，杨树浦路，1921。
——花房、门房和厕所，册地 6200 号，胶州路外，1921。
——改扩建项目，册地 89B 号，四川路外，1921。
——棉纺厂扩建，册地 2445/2435 号，杨树浦路外，1921。
——办公房，册地 131 号，江西路，1921。
——水箱，册地 131 号，江西路外，1921。
——5 座洋式住宅和水箱，册地 6520 号，平凉路外，1921。
——6 座中式住宅、2 座门房和 44 座住宅加建，册地 334，梧州路外，1923。
——车库和门房，册地 2805 号，同孚路，1923。
——2 座仓库，册地 300/310 号，狄思威路和泰兴路，1923。
——3 座住宅，册地 344 号西，周家嘴路外，1923。
——改建项目，册地 1024 号，熙华德路，1923。
——4 座商店，册地 927A 号，海宁路，1923。
——犹太教堂，马矿司和海斯设计，1918。
——新康大楼（The Edward Ezra Building），马矿司和海斯设计，1919。
——安德鲁修车厂（Mr. L. R. Andrew's Garage），福开森路（Route Ferguson，今武康路），斯彭斯、罗宾森和合伙人设计，1928。
——新康花园（Jubilee Court，欢乐庭院），徐汇区淮海中路 1273 弄 1–22 号，1934。
——沙发花园（Sopher Garden，今上方花园），徐汇区淮海中路 1285 弄 1287–1305 号，1938—1939。
——业广地产公司大楼方案（Office Building for the Shanghai Land Investment Co.，Ltd.），九江路、江西路，斯彭斯、罗宾森和合伙人设计，1934。
——跑马总会新看台（The Shanghai Race Club's New Stand），黄浦区南京西路 325 号，1933—1934。
——虹桥路住宅（A House at Hung-Jao），长宁区虹桥路。
——新福音教堂和德国子弟学校（Deutsche Evangelische Kirche und Deutsche Schule），黄浦路金山路，1900—1901。
——爱资拉宅（Residence for E. L. Ezra），淮海中路 1209 号，1911—1912。
——怡和纱厂（Ewo Cotton Mill），杨树浦路 670 号，1896。
——麦克培恩大楼 / 麦边大楼 / 亚细亚大楼（The Asiatic Petroleum Company Building / The McBain Building），中山东路 1 号，1913—1916。

——公济医院（General Hospital），北苏州路 190 号，1915。
——道达洋行（Dodwell & Co.），江西中路 320–322 号，1915。
——保家行 / 德华银行（North China Insurance Co. Building / Deutsch–Asiatische Bank），九江路 89 号，1916—1929。
——美伦大楼北楼（Ezm Building Block A），南京东路 161 号，1916—1921。
——中南银行（The China & South Sea Bank），汉口路 110 号，1917—1921。
——拉结会堂（Ohel Rachel Synagogue），陕西北路 500 号，1917—1921。
——鸿元纱业大楼（Hong Yue Cotton Mill Co. Building），江西中路 441–455 号，1921。
——金龙洋行，虎丘路 66 号，1925—1926。
——沙弥大楼（Samekh Apts.，今哈密大楼），圆明园路 149 号，1925—1927。
——沙弥宅（Residence for S. S. Samekh）改扩建，陕西南路 2 号，1925。
——小浦西公寓（Boone Apts.），塘沽路 393 号，1926。
——住宅，龙江路 50–56 号，1929。
——董宅（Resuidence of Seng Sing Doog），华山路 913–919 号，1930。
——新康大楼（Ezma Building），江西中路 260–270 号，1930。
——美伦大楼西楼（Ezma Building），江西中路 278 号，1930。
——英商密丰绒线厂（Patons & Baldwins Mill），鄱阳路 400 号，1930。
——美国学校（Cathedral School for Girls，原利德尔住宅改建），华山路 643 号，1930。
——平治门栈房，虎丘路，1932。
——杨氏公寓（Young Apts，今永业大楼），淮海中路 481 号，1932—1934。
——上海煤气公司杨树浦工厂办公楼及住宅（Offices and Godown，Shanghai Gas Co.），杨树浦路 2524 号，1932—1933。
——布厂（Shi–Hui Cloth Mill）。
——沧州饭店（Burlington Hotel），南京西路。
——跑马总会大厦及大看台（Administration Building & Member Stand，Shanghai Race Couse），南京西路 325 号，1933—1934。

——中央运动场，亚尔倍路霞飞路角，1930。
——乐乡饭店旧址新屋，新康路，1934。
——华德路电话公司，长阳路。
——大世界后面电话公司。
——威海卫路郑公馆，威海卫路。
——小沙渡路周公馆，西康路。
——内地教会，新闸路。
——上海新共济会堂（The Great Hall of the Shanghai Masonic Hall）竞赛头奖，J. E. March 设计，1930。
——亚林配克村，J. E. March 设计，1937。

参考文献及相关材料：

——黄光域 . 外国在华工商企业辞典 [M]. 成都：四川人民出版社，1995：82–83.
——绝大部分作品信息源自相应年份《上海公共租界工部局公报》(*The Municipal Gazette*)。
——郑时龄 . 上海近代建筑风格 [M]. 上海：同济大学出版社，2020：478–479.
——Arnold Wright. Twentieth Century Impressions of Hongkong，Shanghai，and Other Treaty Ports of China[M]. London：Lloyds Greater Britain Publishing Company，1908：634.

[66] Morrison，G. James Civil Engineer（玛礼孙洋行）

名称：

玛礼孙洋行（Morrison ，G. James Civil Engineer; Morrison & Gratton Civil Engineers，Architects，and Estate Agents; Morrison，Gratton & Scott Civil Engineers & Architects; Scott & Carter Civil Engineers & Architects; Scott，Walter; Scott，Christie & Johnson Civil Engineers & Architects）

地址：

上海（Balfour Building 1A，1878—1879；香港路 1 号，1880—1881；九江路 1 号，1882—1883；福州路 1 号，

1886—1888；外滩 17A，1889；外滩 17 号，1890；外滩 16 号，1891—1901；江西路 27 号，1903—1907；北京路 3C 号，1909—1912）

执业时间：

1878—1913

合伙人：

Gabriel James Morrison，Frederick M. Gratton（ARIBA），Walter Scott（ARIBA），W. J. B. Carter（MSA），J. Christie，George A. Johnson（ARIBA）

从业人员：

W. A. Moller，J. H. Smith，R. Rose，S. J. Halse（ARIBA），H. Yeitch，H. F. Robinson，C. Mills，F. Warwick，C. Flink，J. Harris，F. Warwick，R. E. Stewardson（ARIBA），G. C. Wingrove（ARIBA），T. Jones，W. Davies，C. E. Ayre，Geo. J. W. Morgan，W. Ortwin，C. O. Lindstrom

简史：

1877 年由玛礼孙（Gabriel James Morrison，1840—1905，MICE，MIEE）在上海创办，事务所外文名为 Morrison，G. James Civil Engineer；1883 年 1 月前格拉顿（Frederick M. Gratton，ARIBA）加入，后于 1886 年 1 月前成为合伙人，公司更外文名为 Morrison & Gratton Civil Engineers，Architects，and Estate Agents，承接土木工程和建筑设计业务；斯科特（一译司各特，Walter Scott）于 1890 年加入玛礼孙洋行，1900 年成为合伙人，公司外文名遂改为 Morrison，Gratton & Scott Civil Engineers & Architects；1902 年玛礼孙和格拉顿先后放弃上海业务回国，洋行由英国皇家建筑师学会会员卡特（W. J. B. Carter）与斯科特合伙接办，外文名改为 Scott & Carter Civil Engineers & Architects；1907 年斯科特与卡特因散伙问题对簿公堂，但没过多久卡特去世，斯科特遂独立主持洋行，公司外文行名改为 Scott，Walter；1909 年克里斯蒂（J. Christie）和约翰森（George A. Johnson）成为合伙人，公司外文名变更为 Scott，Christie & Johnson Civil Engineers & Architects，中文名依旧；1911 年斯科特退出玛礼孙洋行，克里斯蒂和约翰森合伙接办，公司更外文名为 Christie & Johnson；后于 1912 年散伙，约翰森转投德和洋行。

作品：

上海：

——胜春楼茶肆，法租界老北门外，1882 年以前（后坍塌）。

——业广地产公司太平洋房，九江路江西路交口，1889。

——苏州河北拟建新路（Reproposed New Roads North of Soochow Creek），1887。

——外白渡桥竞赛方案，1889，未实施。

——大英自来火房（煤气厂，The Shanghai Gas Company），1889。

——中国通商银行，黄浦区中山东一路 6 号，1893 年以前。

——泌乐水厂（Aquarius Water Company），熙华德路和百老汇路交叉口，1893。

——旗昌洋行（Messrs. Russell & Co.）重建，外滩，1893。

——新市场和训练场（The New Markets and Drill Hall），格拉顿设计，1899。

——美国领事馆，玛礼孙和格拉顿设计，1899。

——养病院（Shanghai General Hospital）加建，1897。

——仁济医院（The Chinese Hospital），1898。

——轮船招商局大楼（The China Merchant Steam Navigation Co. Building），中山东一路 9 号，1901。

——新客利饭店（The New Kalee Hotel），1902。

——新下头舢板厂（The New Boat House），斯科特和卡特设计，1904。

——赛艇俱乐部游泳池（The Rowing Club Swimming Bath），1905，卡特设计。

——尚贤堂（The International Institute），斯科特和卡特设计，1906。

——惠罗公司（Whiteaway Laidlaw & Co. Ltd.），黄浦区南京东路 98-114 号，1906，斯科特设计。

——怡和洋行办公楼和公寓（Ewo Office and Flats），黄浦区北京东路 3 号，约 1906。

——洋泾浜建筑群（Block of Buildings on Yang-king-pang），1908 年前。

——淞沪铁路，玛礼孙任咨询。

——汇中饭店（Palace Hotel），黄浦区中山东一路 19 号，1906—1908。

——礼和洋行扩建（The Carlowitz & Co.），江西中路 261 号，1906。

——汇丰银行虹口支行，1909。

——盥洗室，册地 164 号，江西路和九江路，1911。

——盥洗室，册地 54a 号，福州路，1911。

——礼查饭店（Astor House Hotel）改建，册地 1016 号，黄浦路，1911。
——工厂加建，册地 4438 号，劳勃生路，1911。
——货栈加建，册地 5547 号，杨树浦路，1911。
——上海高尔夫俱乐部加建，册地 1309 号，静安寺路，1911。
——47 座住宅和商店，册地 425 号，福州路，1911。
——剧场加建，册地 9 号，博物馆路，1912。
——12 座住宅，册地 335 号，直隶路、台湾路和宁波路，1912。
——医院扩建和宿舍，册地 804 号，天潼路，1913。
——工部局市政厅（Town Hall），黄浦区南京东路，与 C. Mayne 合作，建造，1896。
——上海西童公学（Shanghai Public School），1896。
——上海开埠五十周年庆典街道装饰（Street decorations for the Shanghai Jubilee）。

汉口：

——麦加利银行（The Chartered Bank），洞庭街 55 号（？）。
——英租界警察局方案，1891，未实施。

镇江：

——英租界测绘和排水系统重建工程，1895。

北京：

——汇丰银行，1902。

天津：

——汇丰银行，解放北路 84 号，1924。

参考文献及相关材料：

——Morrison Obituary[J]. Minutes of the Proceedings of the Institution of Civil Engineers，1905，161：354–356.
——Gratton Obituary[N]. The North-China Herald and Supreme Court & Consular Gazette，1917-12-19：11.
——部分作品信息源自相应年份《上海公共租界工部局公报》(*The Municipal Gazette*)。
——郑时龄 . 上海近代建筑风格 [M]. 上海：同济大学出版社，2020：470.

[67] Muller，E. J. Consulting Civil Engineer（协泰洋行 / 协泰行）

名称：

协泰洋行 / 协泰行（Tilley & Muller，Consulting Engineers and Architects；Muller，E. J. Consulting Civil Engineer）

地址：

上海（博物院路 17 号，1909—1927；福州路 9 号，1927—1928；北京路 2 号格林邮船大楼 308 室，1928—1941）

执业时间：

1909—1941

合伙人：

E. J. Muller，Percy Tilley，B. van Exeter，U. F. Beichmann，F. Berge

从业人员：

C. E. Fuller，E. Hellmann，Shao P. C.，Dzing S. C.，Koo D. S.，Yao Z. A，G. Frankel，J. N. Sutter，Wong. M. C.，Sheng C. F.，Y. D. Koo，H. S. Woo，Percy Tilley，B. van Exter，U. F. Beichmann，F. Berge，A. Kulstad，S. S. Grigoriev，A. Doudkin，C. Y. Cheng，K. C. Cheng，K. Getz，A. Bachke，P. Wefring，G. F. Anderson，M. S. Wong，C. Y. Lee，M. Y. Chu，M. S. Wong

简史：

1909 年 6 月前穆拉（E. J. Muller）与德利（Tilley）合伙成立协泰行（Tilley & Muller，Consulting Engineers and Architects），承接测量、打样、绘图等各种建造项目，筑造桥梁、驳岸、水塔、机房、屋地脚，各项制造机器厂房，种种铁质洋泥三和土（钢筋混凝土）各工程，经理道契地产、过户注册以及代收房租等事，并代理美国公司的工程设备和建材（竹节钢）等；1910 年 7 月前德利退出，穆拉自办协泰洋行（Muller，

E. J. Consulting Civil Engineer)；1923 年 1 月德利和埃克斯特（B. van Exeter）成为合伙人，中英文行名依旧；1931 年 5 月 17 日起裴葛文（U. F. Beichmann）和裴琪（F. Berge）成为合伙人，行名未改，经营至 1941 年 7 月后。

作品：

上海：

——3 座仓库，册地 2357 号，怡和路，1913。
——2 座仓库，册地 4985 号，宜昌路和渡口路，1913。
——仓库加建，册地 59 号，外滩，1913。
——1 座棉纺厂和厕所，册地 2425 号，杨树浦路，1913。
——1 座磨坊和 7 座厕所，册地 4709 号，澳门路，1913。
——仓库，册地 4715 号 / 4711 号西，苏州西路延长线，1913。
——1 座磨坊，册地 2460 号，杨树浦路，1913。
——3 座磨坊、2 座仓库、发动机房和 2 座门房，册地 2510 号，威妥玛路，1914。
——4 座仓库，册地 2460 号，杨树浦路，1914。
——1 座办公楼，册地 2357 号，杨树浦路，1915。
——1 座棉纺厂和 2 座厕所，册地 2510 号，威妥玛路，1915。
——磨坊加建，册地 2460 号，华盛路，1915。
——1 座水塔、泵房和棚，杨树浦路，1915。
——机械车间，册地 2460 号，杨树浦路，1915。
——仓库，册地 114 号，甘肃路和阿拉白斯路，1916。
——磨坊和织布棚，册地 2460 号，杨树浦路，1916。
——4 座洋式商店，册地 2357 号，杨树浦路，1918。
——2 座仓库，册地 7200/7280 号，西娅路（西湖路），1918。
——1 座洋式住宅、磨坊、2 座仓库、车库和墙，册地 2510–2530 号，杨树浦路和威妥玛路，1920。
——车库，册地 520 号东，兆丰路，1920。
——2 座仓库，册地 1037 号，公平路，1920。
——变压器室、棉纺厂，册地 4610 号，莫干山路外，1920。
——清棉间和仓库，册地 4605/4606/4607/4608 号，莫干山路外，1920。
——1 座洋式商店，册地 2530 号，杨树浦路，1920。
——加建项目，册地 2460 号，杨树浦路，1920。
——变压器室，册地 2460 号，华盛路，1920。
——加建项目，册地 520 号，百老汇东路外，1920。
——集体办公室、公寓、员工宿舍和钢混堤岸，册地 53A 号，福州路，1920。
——磨坊扩建，册地 4606 号，莫干山路外，1921。
——棉纺厂，册地 4606 号，莫干山路外，1921。
——集体办公室、公寓和员工宿舍，册地 1037 号，百老汇东路和公平路，1921。
——2 座棉纺厂，册地 2510 号，威妥玛路外，1921。
——2 座洋式住宅和仓库，册地 2510 号，威妥玛路和杨树浦路，1921。
——磨坊加建，册地 2460 号，近胜路外，1923。
——钢混墙，册地 1038 号，公平路，1923。
——加建项目，册地 4606 号，莫干山路，1923。
——纺织厂加建，册地 2460 号，近胜路外，1923。
——堤岸和棚屋重建，册地 520 号，百老汇东路，1923。
——清棉间（清棉间）加建和除尘塔，册地 4606 号，莫干山路外，1923。
——磨坊加建，册地 2460 号，麦根路，1924。
——上海港口规划（Plan of Shanghai harbor），1929。
——黄浦江口新码头和仓库（New Wharves and Godowns at the Mouth of the Whangpo），1935。
——沪北新闸桥，1912 年前。
——日本北部高等小学校（今虹口区教育学院实验中学），四川北路 1844 号，1917。
——公和祥公司浦东其昌栈东码头 1 座钢铁水泥码头及西码头 1 座水泥栈房，1920。
——约克大楼（York House，今金陵大楼），四川南路 29 号，1921。
——五洲药房钢混厂房，闸北，1921。

——白尔登公寓（Belden Apts.，今陕南大楼），陕西南路 213 号，1924。
——公和祥码头及栈房，浦东，1934。
——中央银行虬江码头工役宿舍，1937。

无锡：

——太湖水泥厂厂房，1922。

宁波：

——宁波老江桥，1923，协泰洋行设计，康益洋行监造。

青岛：

——海军船坞，1934。

参考文献及相关材料：

——绝大部分作品信息源自相应年份《上海公共租界工部局公报》（*The Municipal Gazette*）。
——郑时龄 . 上海近代建筑风格 [M]. 上海：同济大学出版社，2020：481.

[68] Murphy & Dana Architects（茂旦洋行）①

名称：

茂旦洋行（Murphy & Dana Architects；Murphy，McGill & Hamlin Architects；Henry Killam Murphy Architect）

地址：

上海（广东路 1 号外滩 4 号有利银行大楼，1918—1924；华德大楼 / Ward Building，1933；四川路 220 号汇丰银行大楼 901 室，1935）；北京

执业时间：

1918—1935

合伙人：

H. K. Murphy（AIA），J. Duncan Forsyth，H. J. McGill，E. W. Hazzerd

从业人员：

M. Schrock，Chow Y. S.，Stanley Wilson，J. J. Burton，F. Kales，R. A. McKenzie，J. A. Berthet，K. Crane，P. R. Gruenbergue，H. H. Rice，A. A. G. Toone，F. Berndt，S. S. Bent，T. Jenkins，C. M. Corbaley（北京），E. S. J. Jr. Phillips，K. S. Moor，A. P. Evans，Lu Y. C.，E. C. Pinham，O. S. Kingsley，O. S. Kingsley，Sun Jas H.

简史：

墨菲（H. K. Murphy）于 1906 年在纽约自办事务所；1908 年墨菲和丹纳（Richard Henry Dana，Jr.）组建 Murphy & Dana Architects；1914 年受监理会使团委员会（Episcopal Board of Missions）和耶鲁海外传教差会（Yale Foreign Missionary Society）委托，设计东京圣保罗学院建筑群和长沙耶鲁学校；1918 年在上海开设东方总部，中文名为茂旦洋行；1920 年已经在北京和天津设置分行，并已经设计十余所中国大学之新校舍；1920 年丹纳退伙，麦吉尔（Henry J. McGill）和哈姆林（Talbot F. Hamlin）成为合伙人，组成 Murphy，McGill & Hamlin Architects，中文名依旧；1923 年墨菲回购麦吉尔和哈姆林的股份，开始以 Henry Killam Murphy Architect 之名独立执业，至 1935 年 7 月停业。

作品：

北京：

——清华学校整体规划，1914。
——清华大学体育馆，1920。
——清华大学大礼堂，1920。
——清华大学科学馆，1919。
——清华大学图书馆，1919。
——燕京大学总体规划及建筑群（50 余栋）。
——燕京大学办公楼（今北京大学办公楼），1920—1927。
——燕京大学民主楼（今北京大学西方语言文学系），1920—1924。
——燕京大学图书馆（今北京大学综合档案馆），1920—1926。

① 感谢东南大学汪晓茜老师提出的修改意见。

——燕京大学外文楼（今北京大学外文楼），1920—1926。
——燕京大学学生食堂（今北京大学计算机中心），1920—1927。
——花旗银行北京分行。

上海：

——复旦大学总体规划及建筑群，邯郸路 220 号，1918。
——美国学校组群。
——圣玛利亚女校（St. Mary's Hall）。
——多拉尔住宅（The Harold Dollar Residence）。
——虹桥路及附近其他住宅（The English Residence for Dr. John Y. Lee）。
——圣玛丽女学校预科新校舍，1920。
——办公楼和抽水马桶，册地 57 号，广东路，1921。
——大来大楼（Robert Dollar Building），黄浦区广东路 23 号，1921。
——美童公学（Shanghai American School），徐汇区衡山路 10 号，1922。
——复旦大学简公堂（Rectation Hall），杨浦区邯郸路 220 号，1922。
——复旦大学校门，杨浦区邯郸路 220 号，1922。
——中西女垫（MeTyeire School for Girls），1918。
——青年会旅馆（YMCA Hotel），1918。
——沪江大学规划（Shanghai College General Plan），1919。
——复旦大学奕柱堂，邯郸路 220 号，1920。
——花旗银行（International Banking Corporation）上海分行改建设计，九江路 41 号，1920。
——复旦大学登辉堂（今相辉堂，原第一学生宿舍），邯郸路 220 号，1921，1947 年复建。
——复旦大学寒冰馆，邯郸路 220 号，1925。
——复旦大学景莱堂，邯郸路 220 号，1925。
——复旦大学子彬院，邯郸路 220 号，1925—1926。
——江湾码头海军医院（Naval Hospital at Kiannan Dock），1931。

长沙：

——雅礼大学整体规划和建筑设计（10 栋），1914—1916（已毁）。
——长沙湘雅医学院教学楼、病房大楼，长沙市北门外麻国岭，1918。

南京：

——金陵女子大学整体规划及建筑群（12 栋）。
——国民革命军阵亡将士公墓纪念塔、堂（5 栋）。
——金陵女子大学教学主楼，鼓楼区宁海路 212 号，1921—1923。
——金陵女子大学图书馆，鼓楼区宁海路 212 号，1921—1923。
——金陵女子大学礼堂，鼓楼区宁海路 212 号，1921—1923。
——金陵女子大学办公楼，鼓楼区宁海路 212 号，1921—1923。
——国民革命军阵亡将士纪念塔，栖霞区灵谷寺，1929。
——灵谷寺松风阁，栖霞区灵谷寺，1929。
——灵谷寺烈士墓牌坊，栖霞区灵谷寺，1929。

广州：

——岭南大学扩建项目。
——岭南大学史达理堂（Willard Straight Hall），1926—1928。
——岭南大学惺亭（今中山大学惺亭），1928。
——岭南大学陆佑堂（今中山大学地理系），1930。
——岭南大学哲生堂（今中山大学高分子化学实验室）。

厦门：

——厦门大学囊萤楼，思明区厦门大学内，1923。
——厦门大学同安楼，思明区厦门大学内，1922。
——厦门大学群贤楼，思明区厦门大学内，1921。
——厦门大学集美楼，思明区厦门大学内，1922。
——厦门大学映雪楼，思明区厦门大学内，1921。

汉口：

——花旗银行，沿江大道 83 号，1919—1922。

福州：

——福建协和大学整体规划及建筑群（20 栋）。

天津：

——花旗银行天津分行。

太谷：

——铭贤学校。

杭州：

——韦兰学院（Wayland Academy），1919。

韩国：

——韩国首尔延禧专科学校（今韩国延世大学），西大门区新村洞 134 号，1924。

美国：

——霍普金斯文法学校校园规划，纽黑文（Hopkins Grammer School，New Haven）。

——新罗谢尔学院，纽约州新罗谢尔市（College of New Rochelle，New Rochelle，NY）。

——梅斯维尔研究所，北卡罗来纳州（Mayesville Institute，North Carolina）。

——卢密斯学院（Loomis Chaffee，Loomis Institute），康涅狄格州温莎镇。

——温莎儿童学校，康涅狄格州。

——耶鲁大学菲利浦斯（Philips）住宅，康涅狄格州。

菲律宾：

——太平洋大厦与陆海军青年会（Pacific Building and Army and Navy YMCA），马尼拉。

参考文献及相关材料：

——参见第一编墨菲条目参考文献。

——郑时龄 . 上海近代建筑风格 [M]. 上海：同济大学出版社，2020：482.

[69] North China Mission Architects Bureau（华北布道团建筑师事务所）

名称：

华北布道团建筑师事务所（North China Mission Architects Bureau；Presbyterian Building Bureau of China）

地址：

北京

存续时间：

1935—1940

负责人：

S. M. Dean

成员：

C. A. Gunn，S. M. Dean，R. L. Creighton

简史：

1935 年前在北京成立华北布道团建筑师事务所（North China Mission Architects Bureau，又称 Presbyterian Building Bureau of China），同期开办工程实践学院（Institute of Engineering Practice），培养教会建筑工程技术人员，至 1940 年。

作品：

北京：

——燕京大学小礼拜堂（Wheeler Memorial Chapel，未建成；该建筑曾由墨菲于 1927 年设计方案，也未建成），1935。

参考文献及相关材料：

——A Chapel for Yenching University Peiping China[J]. Architecture，1935-11：267-270.

[70] Nielsen & Malcolm，Consulting Engineers，Architects and Surveyor（三义洋行/三义工程所）

名称：

三义洋行/三义工程所（Nielsen & Malcolm，Consulting Engineers，Architects and Surveyor；Nielsen，Malcolm & Butson，Consulting，Engineers，Marine，Cargo and Engineer Surveyors；Nielsen & Malcolm Consulting Engineers，Architects and Surveyors）

地址：

汉口法租界；上海（广东路 3 号，1928；外滩 17 号，1929）

执业时间：

1918—1947

合伙人：

H. R. Nielsen，D. A. Malcom，Arnold Hollis Hine（1933），Begg Tony Alexander Thomson（1933）

从业人员：

C. E. Pinel（MIMARE，MJIE），R. N. Swann（FLAA），S. Trevor-Smith，W. A. Allan

简史：

1918 年前由呢琴（H. R. Nielsen）与马尔科姆（D. A. Malcom）在汉口合伙开办，外文名为 Nielsen & Malcolm，Consulting Engineers，Architects and Surveyors，承办机械工程咨询、验船验货、工程检验公证等业务；1920 年巴森（C. W. Butson，MISE）加入成为合伙人，公司更名为 Nielsen，Malcolm & Butson，Consulting，Engineers，Marine，Cargo and Engineer Surveyors；1921 年建筑工程师翰威特（R. N. Hewitt）加入汉口公司，公司添加建筑设计业务，外文名改为 Nielsen & Malcolm Consulting Engineers，Architects and Surveyors；自 1928 年 2 月 1 日起在上海广东路 3 号开设分支；1929 年 7 月上海支行已无建筑设计业务；汉口及上海支行均营业到 1941 年后。

作品：

武汉：

——立新洋行，汉口洞庭街，1921。

参考文献及相关材料：

——黄光域．外国在华工商企业辞典 [M]. 成都：四川人民出版社，1995：6.

——Allister Macmillan. Seaports of the Far East：Historical and Descriptive，Commercial and Industrial，Facts，Figures，& Resources[M]. 2nd edition. London：W. H. & L. Collingridge，1925：180.

[71] Okano，S. Architects（冈野建筑事务所）

名称：

冈野工程师（Okano，S. Architects）

地址：

上海（狄思威路狄思威路 465 号，1932—1936；狄思威路狄思威路 502 号，1936—1941）；青岛；天津

执业时间：

1932—1941

创办人：

S. Okano（冈野重久）

从业人员：

S. Fujita，K. Yamasaka，H. Koyasu，J. Murayama，T. Kogiso，Y. Kobayashi，Y. Hascgawa，M. Seo，A. Ishihara，K. Dan，R. Okano，K. Nawata，G. Tsukamoto，K. Namekawa，K. Miki，K. Matsumoto，H. Ikeda，M. Shigeta，M. Takeda，T. Usui，Y. Okano，S. Tomlin，T. Ikeda，A. Ikegami，T. Okuyama，T. Toba，S. Osuge，柳士英

简史：

1932 年 1 月之前由冈野重久（S. Okano）在上海开办；1935 年 1 月之前在青岛开设分行，经营至 1941 年 7 月之前；1938 年 7 月之前在天津法租界开办支行，至 1940 年 7 月之前关闭。

作品：

上海：

——印刷厂，册地 948 号，海宁路，1921。
——车库，册地 1029 号，文监师路，1921。
——仓库，册地 1037 号，百老汇路外，1921。
——加建项目，册地 948 号，海宁路和乍浦路，1921。
——3 座仓库，册地 1039 号，百老汇东路，1921。
——办公楼、仓库、发动机室、水库和墙壁，册地 5548 号，济宁路，1923。
——车库、宿舍、门房、墙，册地 6124 号西，康脑脱路和阴平路延长线（Yengping Extension Road），1923。
——1 座棉纺厂、2 座仓库、1 座办公楼、2 座门房、仓库和车库，册地 6020 号，杨树浦路，1923。
——1 座钢混烟囱和 1 座水箱，册地 6020 号，杨树浦路外，1923。
——3 座洋式住宅，册地 6124 号，康脑脱路和阴平路延长线，1923。
——1 座学校、体育馆、宿舍、墙壁和大门，册地 520 号，百老汇东路，1923。
——门房、门，以及 2 座厕所和墙，册地 6980 号，平凉路，1923。
——泵井、16 座洋式住宅和变压器室，册地 6020 号，杨树浦路外，1923。
——1 座车库，册地 1730 号，昆明路，1923。
——1 座大楼、仆人宿舍和停车房，册地 6115 号，康脑脱路外，1923。
——1 个晒鱼木架，册地 1066 号，密勒路外，1923。
——工厂改建和住宅加建，册地 948 号，乍浦路 和海宁路，1923。
——1 间门房、办公建筑改建和厕所，册地 5548 号，济宁路，1923。
——2 座仓库、熔化室、锅炉房、机械车间和烟囱，册地 6002 号，杨树浦路，1923。
——仓库，册地 1813 号，辽阳路外，1923。
——糖厂和烟囱，册地 6002 号，杨树浦路，1924。
——墙和门，册地 6020 号，杨树浦路，1924。
——工厂和办公室，册地 1733 号，昆明路，1924。
——仓库，册地 2259 号，汇山路，1924。
——改建项目，册地 1020 号东，熙华德路和闵行路，1924。
——办公室、宿舍和水箱，册地 6002 号，杨树浦路，1924。
——办公楼，册地 1037 号，百老汇东路外，1924。
——“南满铁路”码头重建，1936。
——东亚同文书院。
——上海日本高等女学校（旧第一高等女学校），1922—1923。
——上海东部日本寻常小学校（第二日本国民学校），1922—1923。
——上海西部日本寻常小学校（第三日本国民学校），1926—1927。
——上海中部日本寻常小学校（第四日本国民学校），1928—1929。
——裕丰纱厂（Toyo Cotton Spinning Co.，今国棉十七厂 / 国际时尚中心），杨树浦路 2866 号，1921—1930。
——裕丰纱厂住宅，杨树浦路 3061 号，1924。
——明华糖厂（Ming Hua Sugar Refinery），杨树浦路 1578 号，1924，部分已被拆除。
——公大纱厂（Kung Dah Cotton Spinning & Weaving Co.），近胜路杨树浦路，1925。
——同兴纱厂（Dong Shing Cotton Spinning & Weaving Co.）工房 45 栋，平凉路 1777 弄，1925。
——日本小学（The Japanese Primary School，今静安区业余大学），胶州路 601 号，1926 年设计，1934 年扩建。
——西本愿寺上海别院（Shanghai Nishi Honganji，West Honganji Temple），乍浦路 471 号，1931。
——住友银行（Sumitomo Bank，今上海对外经济研究中心），胶州路 510 号，1935。
——日本高等女学校（Japanese Girls' High School），欧阳路 221 号，1936。
——上海居留民团立高等学校职员住宅，1943。

南通：

——江北中央病院，1943。

参考文献及相关材料：

——绝大部分作品信息源自相应年份《上海公共租界工部局公报》（*The Municipal Gazette*）。

——郑时龄．上海近代建筑风格 [M]. 上海：同济大学出版社，2020：214，507.

相关影像：

冈野家人及其事务所成员合影

照片来源：

——陈祖恩．上海日侨社会生活史 1868—1945[M]. 上海：上海辞书出版社，2009：368.

[72] Onoki，Yokoi & Ichida，Architects（小野木、横井、市田共同建筑事务所）

名称：

横井建筑事务所（Yokoi Architect）；小野木、横井、市田共同建筑事务所（Onoki，Yokoi & Ichida，Architects）；横井、小野木共同建筑事务所（Yokoi & Onoki, Architects）；横井建筑事务所（Yokoi Architect）

地址：

大连

执业时间：

1920—1939

合伙人：

横井谦介，小野木孝治，市田（青木）菊治郎

从业人员：

相贺兼介，太田宗太郎，小林良治

简史：

1920 年，横井谦介离开“满铁”建筑科，开设了横井建筑事务所；1923 年，小野木孝治和青木菊次郎也陆续由“满铁”退职，与横井兼介一同成立小野木、横井、市田共同建筑事务所（共同建筑事务所）；1928 年时市田已经退出，事务所名为横井、小野木共同建筑事务所；1930 年 12 月小野木退出，事务所名恢复为横井建筑事务所，经营到 1939 年后。

作品：

大连：

——大连埠头事务所，1920—1923。

——弥生町女子高中，1920—1923。
——证券交易所，1920—1923。
——大连实业高等女子学校。
——海务协会集会所，1920—1923。
——共荣住宅组合（135 户），1920—1923。
——山县通福昌大厦，1920—1923。
——北大山通每日新闻社，1920—1923。
——大连剧场，1920—1923。
——百川洋行，1920—1923。
——大连市工业股份有限公司，1920—1923。
——周水子小野田水泥附属小学，1920—1923。
——“满铁共同事务所”，1920—1923。
——神社神宫公司住宅，1920—1923。
——龙口银行公司住宅，1920—1923。
——樱町村田家，1920—1923。
——尔摩町松村家，1920—1923。
——“满日”住宅组合，1920—1923。
——樱町枥内氏住宅，1920—1923。
——楠町田边氏住宅，1920—1923。
——蛋白工厂，1924。
——冈松氏住宅，1924。
——开原证券交易所，1924。
——平高氏星海别墅，1924。
——平高氏住宅，1924。
——铃木商店大连支店修缮工事，1924。
——辻氏住宅，1925。
——冢本氏住宅，1925。
——正隆银行改建工程，1925。
——大连俱乐部，1925。
——卫生研究所第一期工程，1925。
——大连博览会台湾馆，1925。
——池内氏住宅，1925。
——国际运送机动车仓库，1925。
——平田氏住宅，1924。
——“南满电气公司”内部修缮工程，1926。
——大连市市民馆，1926。
——寺儿沟市场，1926。
——大连市公共浴场，1926。
——市营住宅，1926。
——闲院宫殿门房，1926。
——飞机库，1926。
——卫生研究所第二期工程，1926。
——消防纪念塔，1926。
——贝濑氏住宅，1927。
——干冲汉氏星海别墅，1927。
——滨崎商店仓库，1927。
——大连站，1927。
——小日山氏住宅，1928。
——育专门小学，1928。
——育专门讲堂，1928。
——“满铁技术研究实验室”，1928。
——星海贷别墅，1928。

——三菱公司大连支店，1928。
——静海电车候车室，1928。
——樱井氏住宅，1928。
——电铁信号塔，1928。
——同上元山支店，1928。
——星之浦大和旅馆，1928。
——中央公园警官派出所，1928。
——辽东酒店股份有限公司，1928。
——电铁候车室，1929。
——海员俱乐部，1928。
——春日町变电所，1928。
——“满铁本社”扩建工程，1930。
——大连大和旅馆扩建工程，1930。
——辻氏住宅，1930。
——天之川发电所改装工程，1930。
——扇芳大厦，1930。
——北川氏住宅，1930。
——辻大厦，1930。
——伊东氏住宅，1930。
——扇芳大厦，1931。
——辽东酒店屋顶钢筋会馆，1931。
——佐藤氏住宅，1931。
——浪华洋行，1931。
——淡月大厦，1931。
——西海大厦，1931。
——三井物产公司扩建工程，1932。
——石川氏住宅公寓，1932。
——大莲寺，1932。
——振兴俱乐部娱乐场大天地，1932。
——赤松氏住宅，1932。
——松山台田园住宅市街计划，1932。
——扇芳大厦扩建工程，1932。
——正隆银行外部改装工程，1932。
——“满铁代用职工特甲种宿舍”，1933。
——大连天主教堂，1933。
——浪华洋行第二期扩建工程，1933。
——大连市伪满洲国建立纪念博览会，1933。
——“满铁代用职工宿舍二级甲种及乙种责任人宿舍”，1933。
——“满铁技术协会会馆”，1933。
——“满化公司代用单身职工宿舍”，1933。
——伪满洲石油公司包括工厂仓库在内的所有建筑物，1933。
——浪花食堂，1934。
——浪华洋行，1934。
——三井物产扩建，1934。
——三井物产附属混合饲料仓库工厂，1934。
——平井大次郎氏住宅，1934。
——技术协会扩建工程，1934。
——“满铁纪念医院”，1934。
——“满铁石油公司”后留工程，1935。
——住友驻扎人员宿舍，1935。
——同寿医院病号楼扩建工程，1935。
——伪满洲输入组合大连初濑町仓库，1935。

——小野田洋灰昌工厂宿舍，1935。
——伪满洲大豆工业公司工厂扩建，1936。
——卫戍医院娱乐室，1936。
——比企医院，1936。
——安部氏扩建，1936。
——川井氏住宅，1936。
——技术协会扩建，1936。
——星海土地股份公司但马町公寓，1936。
——星海土地股份公司星海宿舍，1936。
——普闲店满人店铺，1936。
——大连羽衣町自动车店，1937。
——真下氏住宅，1937。
——浪华洋行扩建，1937。
——大连永喜大楼，1937。

安东：

——日本帝国领事馆官舍，1920—1923。
——安东商业银行，1920—1923。
——安东龙口银行支店，1920—1923。
——安东酒店，1924。
——安东公学堂，1937。
——藤平大厦，1937。
——安东书夜无书股份公司，1937。
——安东市场转移改建工程，1928。
——“满铁安东仓库”，1928。
——伪满洲银行安东支店，1936。
——伪满洲银行安东兴隆街支店，1934。

沈阳：

——奉天（沈阳）师范专科学校第一期工事，1924。
——奉天（沈阳）大和旅馆，1924。
——奉天（沈阳）师范专科学校第二期工程，1925。
——国际运输股份有限公司京城支店，1925。
——奉天（沈阳）初中宿舍，1926。
——奉天（沈阳）师范专门学校宿舍，1926。
——奉天（沈阳）师范专门学校第三期工程，1926。
——奉天（沈阳）小学，1926。
——奉天（沈阳）大和旅馆扩建工程，1926。
——八千代生命奉天（沈阳）支店，1927。
——奉天（沈阳）朝鲜银行支店，1927。
——奉天（沈阳）神社，1928。
——奉天（沈阳）救世军用房，1928。
——奉天（沈阳）医院住院部，1928。
——日本涂料伪满洲分工厂，沈阳（清水组），1933。
——国际运输股份有限公司奉天（沈阳）宿舍，1935。
——奉天（沈阳）小西支店，1936。
——伪满洲日月新闻奉天（沈阳）支社，1937。

长春：

——长春“南满电气事务所”，1927。
——伪满洲银行长春支店，1928。
——国际运输股份有限公司长春支店，1928。
——长春发电厂扩建工程，1928。
——长春“满铁小学”，1931。
——大信洋行“新京”支店，1933。

——伪满洲日报“新京”支社，1933。
——“新京弘报协会”，1937。
——“满日新闻社新京支店”扩建，1936。

鞍山：

——鞍山医院第一期工程，1924。
——鞍山医院第二期工程，1925。
——鞍山商店组合连锁街（27 户），1932。
——正隆银行鞍山支店，1933。
——伪满洲银行鞍山支店，1933。
——满兴鞍山料亭及其他用房，1934。

抚顺：

——抚顺医院第一期工程，1926。
——抚顺医院改造工程，1928。
——抚顺医院第二期工程，1927。
——“满铁”旅顺机动车车库，1928。

吉林：

——国际运输吉林支店，1934。
——“满铁银行”吉林支店，1935。

四平：

——四平街“满铁”职工宿舍，1926。

开原：

——开原小学，1926。

营口：

——营口医院本馆改扩建，1928。

公主岭：

——公主岭农业试验场，1928。

其他：

——范家屯“满铁”单身宿舍，1928。
——周水子“满铁”职工宿舍，1928。
——浑河开关所船房，1928。
——“满铁”新台子职工宿舍，1928。

参考文献及相关材料：

——姜金剑．横井谦介建筑风格的形成及其演变研究 [D]. 长春：吉林建筑大学，2018.
——曲艺，段梦莎．横井谦介建筑主入口设计手法研究 [J]. 建筑与文化，2019（1）: 54-56.
——堀勇良．日本近代建筑人名总览（增补版）[M]. 东京：中央公论新社，2022: 1469-1470.

P

[73] Palmer & Turner Architects，Surveyors and Civil Engineers（公和洋行 / 巴马丹拿洋行）

名称：

公和洋行 / 巴马丹拿（怕马及丹拿）洋行（W. Salway Architect，Surveyor; Wilson & Salway Architects, Surveyors and Civil Engineers; Wilson & Bird Architects，Surveyors，and Civil Engineers; Bird & Palmer Architects, Surveyors，and Civil Engineers; Palmer & Turner Architects，Surveyors and Civil Engineers）

地址：

香港；上海（江西路 24B 电报大厦，1912—1914；广东路 7A，1914—1916；外滩 4 号有利大楼，1916—1921；广东路 1 号汇丰银行，1921—1934；广东路 17 号，1934—1941 年后）；汉口；孟买；仰光；马来西亚

执业时间：

香港（1868—现在）；上海（1912—1947）

合伙人：

William Salway，Wilberforce Wilson，S. G. Bird，Clement Palmer，Arthur Turner，G. L. Wilson，J. A. Ritchie，P. O. G. Wakeham，G. D. Smart，J. L. Paterson（BSC，AMISE）

从业人员：

上海：E. F. Bothwell（ARIBA），P. M. Beesley，J. W. Barrow（ARIBA），H. G. Tehbutt（ARIBA），E. C. Preston，A. C. Collard，N. K. Low（BE AMICE），A. W. Buck，L. Dyson，J. Gilmore，A. Gilmour，B. Bertucci，P. Finn，L. Zellensby，C. Nebuska，E. A. Spiegler，E. M. Gran，J. Senichenko，M. H. Pon（买办），J. B. Watson（FSC，AMICE，AMISE），G. D. Smart（ARIBA），E. W. Packer，F. Shaffer，A. J. Linge，W. J. Paterson，J. A. Ritchie，N. N. Emanoff，M. Glooshkoff，A. W. F. Stering，J. L. Henry，B. S. Ram，I. E. Jacob，I. P. Thomashevsky，V. N. Dronnikoff，Nyien W. W.，D. Neubourg，J. O' Young，G. V. Bird，Soo P. E.，Hsuing M. F.，J. W. Williamson（FRIBA），D. MacAlister，E. G. Poskitt，W. A. Dunn（AIA），Chen G.，Wong Z. T.，C. L. Tatham（AMICE），H. Williams，H. D. Chang（AMISE），C. H. Wu，C. A. Chang，A. A. Lohmann，S. Fein，A. Ustimovich，S. R. Kermani，M. Glooshkoff，P. Archipoff，H. Litvak，C. H. Zia，Chien W. H.，Liu S.，L. Oppenheim，Yuen S. C.，L. Glasser，E. W. Packer，G. H. Markham，J. W. Young，Hsu M. H.，B. Kahans，Chiens W.，Yih C. Y.，Chang H. D.，S. F. Lissovsky，V. V. Aukudinoff，C. R. Kinton（AMISE），F. K. Shore，B. H. Louison，A. J. Linge，S. F. Lissovsky，T. M. Wassiliew，Chow G. G.，B. L. Mamysh，E. Mende，M. Pierpoint，J. B. Barclay，C. G. G. Haddon，K. Bier，F. B. Lowry，A. C. Nash，A. W. Buck，F. A. Collard，Low V. T.，M. Miklashevsky，G. S. Gundry，B. Bertucci，W. N. Lester，L. Dyson，L. Zellensky，T. V. Jenkins，R. A. Kelly，Lee V. C.，Pan P. S.，唐文悌（MCE，1933上海市工务局登记建筑技师）。

香港：S. Godfrey Bird，Clement Palmer，Arthur Turner，L. Rose，H. W. Bird，A. Denison，J. Millar，Guy Blood，L. G. Bird，A. Mackenzie，P. A. Cordeiro，I. L. Goldenberg，G. L. Wilson，J. Lambert，M. H. Logan，W. A. Cornell，I. M. H. A. Musy，W. Thom，A. G. W. Ogilvie，C. P. Anderson，L. H. Kearne（ARIBA），G. Davidson（ARIBA），H. W. Chaney，V. T. Low（AMISE），R. O. Sutherland，F. D. Lonard，J. S. Houghton，F. Grose，J. A. Ritchie（ARIBA），D. MacAlister，L. A. L. da Silva，H. S. Tam，P. Archipoff，G. V. Bird，P. F. Chan，Y. S. Yuen，S. W. Leung，S. C. Shoa，P. O. G. Wakeham（ARIBA），G. D. Smart（ARIBA），J. L. Paterson（AMISE），S. C. Yuen，Y. S. Chow，C. H. Fan，H. L. Chung，K. Lau，Chan Man Wah。

汉口：G. G. Ripley（ARIBA）

简史：

1868年由萨尔维（William Salway，1844—1902，RIBA，1874）在香港开办（W. Salway Architect，Surveyor）。1870年土木工程师威尔逊（Wilberforce Wilson）加入，并于1872年成为合伙人，公司遂改外文名为Wilson & Salway Architects，Surveyors and Civil Engineers；萨尔维于1878年离开香港、到澳大利亚执业；同年博德（S. G. Bird）加入，并于1881—1890年间任合伙人，公司改名为Wilson & Bird Architects，Surveyors，and Civil Engineers；后威尔逊于1881年退休，帕尔梅（Clement Palmer，1857—1952）于1882年加入，公司改名为Bird & Palmer Architects，Surveyors，and Civil Engineers。1889年，其公司除两位合伙人外，有雇员两名，分别是特纳（Arthur Turner）和罗斯（L. Rose）；特纳于1883年到香港加入公司，1890年博德退休后，特纳成为合伙人，公司改外文名为Palmer & Turner Architects，Surveyors，and Civil Engineers，并一直沿用至今。1912年洛根（M. H. Logan）和威尔逊（George Leopold Wilson）一起到上海开办巴马丹拿洋行分部，中文名初为罗惠（1913），后改为巴麻丹拿（1914—1916），后又改为公和洋行（自1917年起），专营建筑打样工程及地产买卖、道契挂号、经租、抵押贷款、房屋保险；上海公司经营至1941年后停业；1947年7月公和洋行建筑工程部复业，请普伦（A. Pullen）负责，于1949年前后停业。香港公司目前仍在运营，称为巴马丹拿集团（P & T Group），服务范围遍布东南亚地区。

作品：

上海：

——万国体育会（跑马场）及会员看台（Kiangwan Race Club and Stands），杨浦区叶氏路，淞沪铁路支线，近叶家花园，1908。

——有利银行（又称天祥银行，Union Building），黄浦区中山东一路4号，1913—1916。

——烟筒（Chimney Shaft），册地6015号，广信路，1916。

——永安公司（Wing on Co.，Ltd.），黄浦区南京东路620-635号，1916—1918。

——扬子水火保险公司（Yangtsze Insurance Buiding，今中国农业银行上海分行），黄浦区中山东一路26号，1918—1920。

——杨树浦路毛麻仓库，杨树浦路468号，1920。

——汇丰银行（Hong Kong and Shanghai Bank），黄浦区中山东一路 10-12 号，1921—1923。
——汇中饭店（Palace Hotel）改建设计，黄浦区中山东一路 19 号，1926。
——汇丰大楼（Wayfoong House），四川中路 220 号，1928。
——麦加利银行（The Chartered Bank of India，Australia，and China），黄浦区中山东一路 18 号，1922—1923。
——蓝烟囱轮船公司大楼 / 怡泰大楼（Glen Line Buiding，今上海清算所），黄浦区北京东路 2 号，1920—1922。
——1 座洋式办公楼及公寓、1 座仓库和 1 个厕所，册地 56 号，外滩和广东路，1913。
——78 座住宅和 1 座商店，册地 629 号，九江路、浙江路和英华街，1916。
——1 座洋式商店，册地 24A 号，外滩，1916。
——加建项目，册地 2820 号，静安寺路，1916。
——1 座洋式住宅，册地 583 号，海宁路，1917。
——加建项目，册地 629 号，南京路，1917—1918。
——1 座商店，册地 629 号，英华街和南京路，1917。
——1 座洋式商店，册地 6015 号，广信路，1918。
——2 座洋式商店、门房和墙，册地 6015 号，广信路，1918。
——临时厨房，册地 629 号，浙江路，1918。
——改建项目，册地 56 号，广东路，1918。
——2 座洋式商店，册地 2427 号，杨树浦路，1918。
——改扩建项目，册地 1309 号，静安寺路，1918。
——1 座洋式商店，册地 629 号，九江路、浙江路和英华街，1918。
——1 座洋式商店，册地 6015 号，杨树浦路，1918。
——2 座商店，册地 629 号，九江路、浙江路和英华街，1919。
——1 座商店和墙，册地 2731 号，平凉路，1919。
——1 座商店和加建，册地 6015 号，戈登路，1919。
——1 座洋式住宅，册地 464 号西，文监师路，1919。
——空中索道，册地 629 号，九江路，1919。
——1 座办公房，册地 6001 号，杨树浦路，1919。
——1 座洋式住宅和围墙，册地 464 号西，文监师路，1919。
——1 座洋式住宅和围墙，册地 393 号，新唐家弄，1919。
——1 座洋式住宅，册地 2731 号，平凉路，1919。
——改扩建项目，册地 47/48 号，四川路，1920。
——煤炭倾卸场，册地 6020 号，广信路外，1920。
——仓库，册地 2427 号，杨树浦路，1920。
——2 座洋式商店，册地 5020 号，福宁路，1920。
——改建项目，册地 56 号，外滩和广东路，1920。
——1 座洋式商店和办公楼，册地 6 号，外滩和北京路，1920。
——银行建筑，册地 36 号，外滩外，1920。
——纺纱厂和织布厂，册地 4744/4745/4750 号，戈登路和宜昌路，1920。
——报刊亭，册地 629 号，九江路、浙江路和英华街，1920。
——办公楼，册地 65 号，香港路和江西路，1921。
——银行，册地 48/50 号，外滩和福州路，1921。
——加建项目，册地 163 号，九江路，1921。
——厕所，册地 6001 号，杨树浦路外，1921。
——围墙和加建项目，册地 2820 号，渡口路外，1921。
——钢混烟囱和水塔，册地 4750 号，戈登路外，1921。
——加建项目，册地 36 号，外滩外，1921。
——银行建筑，册地 36 号，外滩，1921。
——棉纺厂，册地 6037 号，杨树浦路外，1921。
——办公楼、仓库和工厂，册地 6307 号，腾越路外，1921。
——2 栋洋式商店改扩建，册地 83 号，南京路和江西路，1922。
——办公楼改扩建，册地 9 号，博物馆路外，1923。

——1 座中式厨房和厕所，册地 57 号，广东路，1912。
——棉纺厂，册地 6015 号，但里路，1915。
——加建项目，册地 629 号，英华路和南京路，1917。
——蓄水池，册地 5020 号，杨树浦路，1919。
——5 座中式住宅和门房，册地 393 号，福建北路，1920。
——楼房和厕所，册地 36 号，外滩外，1920。
——改建项目和电梯，册地 162 号，南京路，1920。
——改建项目，册地 162 号，南京路，1921。
——改建项目，册地 2820 号，静安寺路外，1921。
——仓库加建，册地 83 号，江西路，1923。
——仓库加建，册地 155 号，南京路，1923。
——锅炉房，册地 2386 号，静安寺路，Logan 设计，1923。
——办公楼改扩建，册地 83 号，江西路和南京路，1923。
——1 座仓库，册地 629 号，浙江路和南京路，1923。
——办公楼改扩建，册地 154 号，江西路，1923。
——4 座厕所，册地 6105 号，杨树浦路外，1923。
——锅炉、发电厂房和员工宿舍，册地 48 号，外滩外，1923。
——食堂、仓库和办公房，册地 6015 号，杨树浦路外，1923。
——办公楼加建和保险库，册地 162 号，九江路，1923。
——办公楼改建，册地 67 号，四川路和香港路外，1923。
——织布棚加建，册地 6015 号，杨树浦路外，1923。
——办公楼加建，册地 83 号，南京路，1924。
——栈房改建，册地 67 号，苏州路，1924。
——车库，册地 48/50 号，外滩外，1924。
——加建项目，册地 162 号，九江路，1924。
——永安公司洗身池，南京路，1917。
——万国体育会新会员驻歇所，江湾，1923。
——横滨正金银行（Yokohama Specie Bank，今中国工商银行上海分行），黄浦区中山东一路 24 号，1923—1924，Frank Collard 设计。
——江海关（Chinese Maritime Customs House），黄浦区中山东一路 13 号，1925—1927，E. F. Bothwell 设计。
——华懋公寓（Cathay Mansions），茂名南路 59 号，1925—1929。
——英商上海市自来水公司（Shanghai Waterworks Co. Ltd.）3 号引擎车间，杨树浦路 830 号，1920 年代。
——沙逊大厦 / 华懋饭店（Sassoon House / Cathay Hotel），黄浦区中山东一路 20 号，1926—1929。
——万国体育场新会员看台（International Recreation Club Race Stands），江湾，1923。
——店面改造，南京路 376 号，1923。
——新犹太教堂（Beth Ahron Synagogue），黄浦区虎丘路 50 号，1927。
——上海万国新式家庭展览会展馆（Building for Shanghai International Exposition of Modern Homes，分为陈列所和游艺场），静安寺路西摩路转角，1926—1927。
——汉弥尔登大厦（Hamilton House，今福州大厦），黄浦区江西中路 170 号，1931—1933。
——迷你公寓（Miniature Apartment House），静安寺路，1932。
——撒马尔罕公寓（Samarkand Apartments），淮海中路 1986 号。
——利喊汽车新总修理站，迈尔西爱路蒲石路转角，1932。
——修道院公寓（The Cloisters / Apartment House on Route de Boisssezon），复兴西路 62 号，1931。
——河滨大厦（Embankment Building），虹口区北苏州河路 340 号，1931—1935。
——亚洲文会（The North China Branch of the Royal Asiatic Society），黄浦区虎丘路 20 号，1932。
——沙逊别墅（Sassoon's Villa），长宁区虹桥路 2409 号，1930—1932 年建设，1946 年改建辅楼。
——法租界私人住宅，海格路，1932。
——大开文公寓（Cavendish Court），徐汇区衡山路 525 号，1933。
——正广和汽水有限公司（Messrs Calbeck Macgregor & Co.），杨浦区通北路 400 号，1933—1935。
——都城饭店（Metropole Hotel），黄浦区江西中路 180 号，1934。
——三井银行（Mitsui Bank，今中国建设银行上海分行），黄浦区九江路 50 号，1934。
——峻岭寄庐 / 格林文纳公寓（The Grosvernor House），卢湾区茂名南路 87 号，1934—1935。

——哥伦比亚路住宅项目（Columbia Road for Messrs. Lo Heart and Co. 住宅项目），1935。
——中国银行（Bank of China），黄浦区中山东一路 23 号，与陆谦受合作，1936—1937。
——正广和公司（Calbeck Macgreggor's Office），黄浦区福州路 44 号，1937。
——苏州路堆栈（安记营造厂承建），1933。
——贝当路公寓，1934。
——虹桥路 1 间茅庐（T. V. Soong's House），虹桥路 1430 号，1934。
——虹桥路 2 栋住宅（今国际舞蹈中心），虹桥路 1648/1650 号，1934。
——英国学校（Britrsh School）。
——建设大楼（Development Building）。
——怡和酒厂（EWO Brewery），定海路 315 号，1934—1936。
——国际娱乐俱乐部（International Recreational Club），南京西路 722 号，1929。
——安德鲁住宅（House for L. R. Andrews），1934。
——中华码头有限公司新钢混桥（New Concrete Bridge over Za Hwei Kiang for Messrs Chung Hwa Wharf Co.），1927。
——可的牛奶有限公司新饲养室（Culty Dairy Co.，Ltd.，New Feeding Room），1928。
——拱廊大楼（The Arcade Building for the Trustee of E. Ezra），四川路，1928。
——海格公寓（Haig Apts），华山路 823/825/827 号，1931。
——华山路 831 号。
——安福路 322 号。
——福开森路 97 号住宅，武康路 97 号，1930。
——白赛仲路 199 号宅，复兴西路 199 号，1924。
——武康路 119 号，1930。
——圣三一教堂教会学校（Holy Trinity Cathedral School），九江路 219 号，1928—1929。
——教会住宅（今上海市公安机关服务中心），汉口路 210 号，1929。
——国泰公寓（Cathay Flats），淮海中路 816 弄 818-832 号，1928。
——中央商场（Central Arcade），南京东路 179 号，1929—1930。
——美伦大楼东楼（Ezra Building），南京东路 143-151 号，1929—1930。
——沪江别墅，长乐路 613 弄，1930—1931。
——福开森路 123 号张宅（Residence for S. C. Chang），武康路 123 号，1930—1931。
——居尔典路张叔驯宅（Residence for S. C. Chang），湖南路 105 号，1930—1931。
——孙宅（Residence for K. F，Sun），华山路 831 号，1930—1931。
——百老汇大厦（Broadway Mansions），北苏州路 2 号，1930—1934，B. Fraser 设计，公和洋行为顾问。
——巨泼来斯路 322 号宅，安福路 322 号，1938。
——罗别根花园（Robicon Garden），虹桥路 2310 号，1931—1932。
——五原路公寓（Maresca Apts.），五原路 289 弄 1-4 号，1933。
——格林文纳花园（Grosvernor Gardens，今茂名公寓），茂名南路，1935。
——迈尔西爱公寓 / 格林顺公寓，茂名南路，1934。
——密丰绒线厂（Pdoms & Baldwins Mill）加建、俱乐部、职工住宅等，鄱阳路 400 号，1933—1935。
——沙利文公寓（Gcorgia Apts.），衡山路 288 号，1939。
——马勒洋行老阳坞房（Mollers' Wharves Building）改建，东大名路 378 号，1939—1941，Pullen 改建设计。
——上海第五纱厂。
——开普敦公寓（Capetown Apts.），武康路 240/242/246 号，1942。
——还有许多住宅、棉纺厂和其他工业建筑。

香港：

——德国总会（German Club），Wilson & Salway 设计，1872。
——圣彼得海员教堂（St. Peter's Seamen's Church），Wilson & Salway 设计，1872。
——麦加利银行（Chartered Bank of India，Australia and China），Wilson & Salway 设计，1878。
——拱北行（Beaconsfield Arcade），Wilson & Bird 设计，1880。
——圣约瑟英文书院（St. Joseph's English College），Wilson & Bird 设计，1881。
——巴尔马府邸（Parmer's Residence），山顶（Peak），Bird & Palmer 设计，1885。
——汇丰银行，Bird & Palmer 设计，1886。
——雅丽氏纪念医院（Alice Memorial Hosptial），Bird & Palmer 设计，1887。

——P & O Building（对应中文不详），Bird & Palmer 设计，1887。
——香港礼宾府附属建筑（Government House Annexe），Bird & Palmer 设计，1890。
——那打素医院（Nethersole Hospital），Palmer & Turner 设计，1893。
——麦加利银行（Chartered Bank），Palmer & Turner 设计，1894。
——香港会（Hong Kong Club），Palmer & Turner 设计，1897。
——九龙英童学校（Former British School，Kowloon），Palmer & Turner 设计，1902。
——旧总督山顶别墅（Mountain Lodge），Palmer & Turner 设计，1902。
——香港维多利亚医院（Victorial Hospital，今明德医院），山顶（Peak），1903。
——历山大厦（Alexander House），1904。
——九龙玫瑰堂（Rosary Church），1905。
——荷兰印度商业银行（Netherland India Commerical Bank），1906。
——维多利亚剧院（Victoria Theatre），1911。
——鲁顿住宅（Rutton House），1923。
——石澳会所（Shek-O Clubhouse），1924。
——中华基督教会合一堂（Hop Yat Church），1926。
——何东住宅（The Falls，House for Hotung），1928。
——圣士提反书院（St. Stephen's College），1929。
——南华早报大楼（SCMP Building），1932。
——毕打行（Pedder Building），1932。
——高升戏院（Ko Shing Theatre），1932。
——广东银行大楼（Bank of Canton Building），1932。
——战争纪念医院（War Memorial Hospital），1932。
——救恩堂（Kau Yan Church），1932。
——汇丰银行总部（HKSBC Head Office），1935。
——玛利诺修院学校（Maryknoll Convent School），1936。
——希尔魁斯特公寓（Hillcrest Apartments），1937。
——Eu Gardens（对应中文不详），1938。
——海天广场（Marina House），1939。
——荷兰住宅（？）（Holland House），1939。
——香港圣士提反书院马田宿舍（Martin Hostel，St. Stephen's College），东湾头路，1929。
——香港玛利诺修道学校（Maryknoll Convent School），窝打老道（Waterloo Rd.），1936。
——中国银行，德辅道（Des Voeux Rd.），1950。
——圣约翰医院（St. John Ambulance Bridge Headquater），大坑道，1957。
——英皇佐治公园，九龙官涌佐顿道及广东道交界处，1941 年大致完竣。
——1 座洋楼，司徒拔道，1941 年图样已呈工务局核准。
——1 座洋楼改建（业主 Eric 摩刺），浅水湾道，1941 年在建设中。
——1 座洋楼，浅水湾南湾道，1941 年在设计中。

广州：

——德国俱乐部（Canton Club Concordia），Salway 设计，1873。

南京：

——国立中央大学礼堂，四牌楼 2 号，1930—1931。

缅甸：

——新印度储备银行（New Reserve Bank of India），仰光，1936。
——国家保险有限公司（The National Insurance Co. Ltd.），仰光，1938。

印度：

——麦加利银行（Charted Bank of India，Australia and China），孟买。
——内斯·瓦迪亚大宅（Large Residence for Sir Ness Wadia）。
——格瓦廖尔的马哈拉贾·塞纳迪亚的大型住宅（Large Residence for H. H. the Maharaja Seindia of Gwallior）。
——新印度储备银行，孟买，1936。

马来西亚：

——新山政府大楼（Government Offices in Johore Bahru）。

——柔佛苏丹政府医院（Hospital for the Government of H. H. the Sultan of Johore）。

参考文献及相关材料：

——黄光域．外国在华工商企业辞典[M]. 成都：四川人民出版社，1995：149.
——姚蕾蓉．公和洋行及其近代作品研究[D]. 上海：同济大学，2007.
——沙永杰，纪雁，钱宗灏．上海武康路风貌保护道路的历史研究与保护规划探索[M]. 上海：同济大学出版社，2009.
——部分作品信息源自相应年份《上海公共租界工部局公报》（*The Municipal Gazette*）。
——郑时龄．上海近代建筑风格[M]. 上海：同济大学出版社，2020：483-485.
——Allister Macmillan. Seaports of the Far East：Historical and Descriptive，Commercial and Industrial，Facts，Figures，& Resources[M]. 2nd edition. London：W. H. & L. Collingridge，1925：74.
——[J]. Hong Kong and Far East Builder，1941，6（3）：40.

[74] Powell，Sidney J.，Civil Engineer，Architect and Surveyor，Land，Property and Estate Agent（裕和洋行）

名称：

裕和洋行（Powell & Co.，Sidney J. Civil Engineers，Architects & Surveyors，Land，Property & Estate Agents，Mine Administrators；Powell，Sidney J.，Civil Engineers，Architects and Surveyors，Land，Property and Estate Agents，Mine Administrators；Powell，Sidney J.，Civil Engineer，Architect and Surveyor，Land，Property and Estate Agent）

地址：

上海（广东路13A号，1916—1928；四川路74号4楼，1928—1929；四川路74号1楼，1930—1933；九江路10号大陆银行401-402室，1933—1934；四川路410号惠罗洋行大楼 / Laidlaw Building 350-352室，1934—1941年后）

执业时间：

1916—1941年后

合伙人：

Sidney J. Powell

从业人员：

A. F. Olsson，Miss Castilho，Tung K. D.，Wong San Kee，R. dos Remedios（建筑师），Toong Q. D.（绘图员），C. E. Powell，Chow Y. S.，Miss A. Costa，Y. T. Foo（绘图员），M. M. Engel（北京），李密度

简史：

1916年由鲍威尔（Sidney J. Powell）在上海独立创办裕和洋行（Powell & Co.，Sidney J. Civil Engineers，Architects & Surveyors，Land，Property & Estate Agents，Mine Administrators），经营矿务、铁路、船坞、水道、桥梁、码头、石驳、木坝等，兼代贵客道契挂号、测景绘图、监工建筑等；1918年更外文名为Powell，Sidney J.，Civil Engineers，Architects and Surveyors，Land，Property and Estate Agents，Mine Administrators；1919年R. dos Remedios离开后，公司更外文名为Powell，Sidney J.，Civil Engineer，Architect and Surveyor，Land，Property and Estate Agent；1923年1月至1925年1月在北京开设分部，由机械工程师恩格尔（M. M. Engel）代理；1938年6月鲍威尔在上海去世后，洋行继续由下属经营到1941年后。

作品：

上海：

——大来码头（Dollar Wharf）。
——光裕机器油行码头（Vacuum Oil Co. Wharf）。
——设计建造了棉纺厂和其他许多建筑。
——外滩高架铁路计划（未实现）。
——黄浦江大桥计划（未实现）。
——上海深港计划（未实现）。
——改建项目，册地61号，爱多亚路，1916。
——1座商店，册地805号，东鸭绿路，1919。
——4座商店，册地7209号，华德路，1919。

P

——1 座商店和办公楼，册地 161 号，九江路，1919。
——1 座商店，册地 4836/4841 号，苏州西路，1919。
——变压器室，册地 4841 号，宜昌路，1919。
——烘干房，册地 4754 号，戈登路，1919。
——1 座烟囱，册地 7209 号，华德路，1919。
——6 座烘干房，册地 2350 号，杨树浦路，1920。
——1 座烟囱，册地 4835 号，苏州西路，1920。
——2 座洋式商店、铸造棚和 5 座中式住宅，册地 2530 号，杨树浦路，1920。
——变压器室和水塔，册地 5200 号北，平凉路，1920。
——锅炉和水塔基础，册地 5200 号北，平凉路，1920。
——木桥，册地 7209 号，华德路，1920。
——加建项目，册地 7088 号，华德路外，1920。
——加建项目，册地 2082 号，保定路外，1920。
——大门，册地 2082 号，华德路，1920。
——仆人房和大门，册地 3224 号东，玉林路，1920。
——改建项目，册地 384 号，南京路，1920。
——1 座洋式住宅和仆人房，册地 1365 号北，坟山路和大沽路，1920。
——加建项目，册地 295A 号，爱多亚路，1921。
——办公楼以及 2 座工厂、墙和大门，册地 977 号，公平路，1921。
——1 座洋式住宅，册地 946 号北，通州路，1921。
——改建项目，册地 1017 号，熙华德路，1921。
——水箱和棚，册地 108 号东，熙华德东路外，1923。
——食堂以及 3 座仓库、棚和 1 座厕所，册地 977–978 号，公平路外，1923。
——车库扩建，册地 4489 号东，拉皮路延长线外，1923。
——仓库加建，册地 972A 号，四川北路外，1923。
——1 座宾馆，册地 634 号，九江路和西藏路，1923。
——住宅、车库和大门，册地 1586 号 –1590 号南，塘山路，1924。
——门房、围墙和大门，册地 1586–1590 号，塘山路，1924。
——江苏特派交涉公署，沪南肇家浜（即城内新区），1922。
——上海饭店，1923。
——上海万国博览会，启明建筑师事务所设计，裕和洋行与中法实业公司共同监造，杨树浦路广信路口，1936（未建成？）。

参考文献及相关材料：

——黄光域 . 外国在华工商企业辞典 [M]. 成都：四川人民出版社，1995：682–683.
——部分作品信息源自相应年份《上海公共租界工部局公报》（*The Municipal Gazette*）。

[75] Purnell & Paget Architects，Engineers and Surveyors（治平洋行 / 帕内伯捷洋行 / 伯捷洋行）

名称：

治平洋行 / 帕内伯捷洋行 / 伯捷洋行 [Purnell & Paget，Architects，Engineers and Surveyors；Purnell & Paget Architects，Civil & Mining Engineers；Purnell & Paget（of Canton）Architects，Civil Engineers and Surveyors；Paget，Charles S. Consulting Civil Engineer]

地址：

广州；上海

执业时间：

1904—1930

合伙人：

帕内（Arthur William Purnell），伯捷（Charles Souders Paget）

从业人员：

John Stevens Gawler，A. G. Wilson，R. G. C. Ogilby，H. R. Legge，T. W. Swatfiled，Allen Maxwell Paget，另外还有很多中国员工

简史：

1904 年帕内（Arthur William Purnell）与美国土木工程师学会准会员伯捷（Charles Souders Paget）在广州沙面创立治平洋行（Purnell & Paget，Architects，Engineers and Surveyors），承接建筑设计、土木和测绘工程及其他相关咨询业务。1910 年帕内退出、回到澳大利亚，洋行由伯捷主持并更华名为伯捷洋行；1919 年时，伯捷洋行外文名为 Purnell & Paget Architects，Civil & Mining Engineers；1926 年之前伯捷到上海经营伯捷洋行，洋行更外文名为 Purnell & Paget（of Canton）Architects，Civil Engineers and Surveyors；1927 年更外文名为 Paget，Charles S. Consulting Civil Engineer（Purnell & Paget of Canton），经营至 1930 年无闻。

作品：

广州：

——沙面粤海关俱乐部竞赛头奖，1904。
——粤垣电灯公司（The Chinese Light & Power Co. Powerplant），1905。
——粤海关关舍（波楼），1908。
——沙面瑞记洋行，1905。
——礼和洋行（Carlowitz & Co.），1906。
——的近洋行（The Deacon & Co.），1908。
——花旗银行，1908。
——广东士敏厂（Guangdong Cement Factory）。
——东亚洋行（The East Asiatic Trading Co.）改建，1905。
——沙面时昌洋行改建，约 1905。
——沙面 N. Nukha（中文不详）先生住宅改建，1905。
——夏葛医学院及柔济医院帕金产妇堂（The Mary H. Perkin Memorial，又称马利伯坚堂），1905。
——沙面广州俱乐部（The Canton Club）改建，1906。
——万国宝通银行（The International Banking Corp. Building）。
——葛理福孚（The T. E. Griffith & Co. Building）住宅。
——岭南大学马丁堂改造设计。
——岭南大学学生宿舍（Students' Dormitory），1909。
——亨宝轮船公司仓库（Warehouses of Hamburg-American Line）。
——美孚火油公司仓库（The Warehouses of Standard Oil & Co.，后为渣甸洋行货仓）。
——大沙头广九铁路车站。
——中法韬美医院（Hospital Franco Chinoic Paul Doumer）部分建筑。
——伦敦会在荔湾的学校。
——美国南浸信传道会在东山的培道学堂（今第七中学前身）。
——东方汇理银行（Banque de l' Indochine Building），1910 年代。
——台湾银行（Taiwan Bank Building），1910 年代。
——两广盐务署（Salt Gabelle），1910 年代。
——芳村女青年会（YWCA），1910 年代。
——广州男青年会（YMCA），1910 年代。
——协和神学院所有建筑。
——太古洋行（Butterfield and Swire Building）。
——邮政局官员住宅（Postal Commissioner House）。
——岭南大学校园内的第一批建筑。
——广九铁路华段的所有桥梁和铁路职工住宅（Residence in Railway Compound）。
——Bomanjee Building B. C.。
——Plomanjee Building F. C.。
——B. A. T., Later M. B. K. Building。
——广州中央消防总所，1924。
——广州市公安局（捕房）。

相关影像：

事务所合影

照片来源：

帕内拍摄，1910。

相关材料：

——彭长歆．岭南近代著名建筑师[M]. 广州：广东人民出版社，2005：30–36.

——Derham Groves，Arthur Purnell's 'Forgotten' Architecture[M]. London：Palgrave Pivot，2021.

——宣旻君．19世纪末20世纪初西方建筑师在广州的设计实践研究[D]. 广州：华南理工大学，2022：140–145.

[76] Raven，A. R. F. Architect & Surveyor（厘份画则师行）

名称：

威沙及厘份丈量画则师行（Weaser & Raven Architects and Surveyors）；厘份及厘份丈量画则师行（Raven & Raven Architects and Surveyors）；厘份及巴士图画则兼工程师（Raven & Basto Architects and Engineers and Real Estate Agents）；厘份画则师行（Raven，A. R. F. Architect & Surveyor）

地址：

香港；广州

执业时间：

1908—1941年后

合伙人：

W. L. Weaser，A. R. F. Raven（MRSanI），O. B. Raven，A. H. Basto（ARIBA，MSA，MICE，MCI，MRSanI）

从业人员：

Chan Kwan Sheung，Joao Maria Cruz（建筑师），A. Upesjosoop（助理），Barrington（助理，B.ENG），V. Trambitsky（助理），J. McPartland，O. V. Prasalor（监工），I. N. Chau（助理工程师），Chan Kwang Sheung，Mak Sau Fung，Mrs J. Wong（助理），Cheng Chiu Nam（合伙人），Y. C. Mok（BSc）

简史：

由威沙（William Lionel Wreford Weaser）和厘份（Arthur Robert Fenton Raven）创办于1908年，初名威沙及厘份丈量画则师行（Weaser & Raven Architects and Surveyors）；1915年在广州设分行；1916年，威沙独立开业，事务所名为Weaser, W. L., Architect and Surveyor；厘份在1921年左右先和O. B. 厘份（Oscar Boultbee Raven）组成Raven & Raven Architects and Surveyors，到1922年和巴士图（Antonio Henrique Basto）合办厘份及巴士图画则兼工程师（Raven & Basto, Architects and Engineers and Real Estate Agents），至1935年厘份和巴士图散伙，分别独立开业至1941年。

作品：

香港：

——中华基督教青年会（Chinese YMCA），厘份监造，芝加哥 Harry Hussey 设计，1918。
——湾仔唐楼同德押，1931（已拆除）。
——循道卫理联合教会香港堂（Chinese Methodist Church），厘份监造，伦敦 Arthur John May 设计，1932。
——景贤里，1937。
——地盆数座，拟建在北角内地段 2366 号之余段（近英皇道），1941 年在设计中。
——1 座校舍，拟建在九龙青山道新九龙内地段二 2827 号，1941 年在设计中。
——胡先生 1 座 2 层楼，拟建在石澳内地段 13 号，1941 年在设计中。
——3 座洋楼，拟建在黄泥涌蓝塘道内地段 6076 号，1941 年在设计中。
——2 座洋楼，拟建在黄泥涌山峡道内地段 6071 号，1941 年在设计中。
——1 座洋楼，拟建在浅水海郊野地段 426 号，1941 年在设计中。
——何夫人的 2 座洋楼，拟建在赤柱郊野地段 242 号，1941 年设计批准。
——敬南电筒厂，九龙马头围道九龙内地段 4147 号，1941 年在建设中。
——7 间唐楼，拟改建在西营盆第一街 12–14 号，1941 年设计批准。
——46 间单层店铺（业主蔡先生），尖沙咀弥敦道九龙内地段 607 号，1941 年在建设中。
——6 间唐楼改建（业主傅先生），博扶林道 36–46 号，1941 年在建设中。
——工厂及宿舍，拟建在北角英皇道内地段 5746 号，1941 年招标投标。
——漂白粉制造厂，九龙北帝街九龙内地段 4013 号，1941 年在建设中。
——铜铁器制造厂，土爪湾九龙城道九龙内地段 4285 号，1941 年在建设中。
——糖果制造厂，长沙湾永康街新九龙内地段 2831 号之余段，1941 年在建设中。
——2 座唐楼，深水埗中州街新九龙内地段 2791 号，1941 年图样已呈工务局核准。
——1 座货仓，九龙内地段 4013 号，1941 年在建设中。
——牛房及工人宿舍，九龙钻石山新九龙牧场地段 24 号，1941 年在建设中。
——1 座唐楼改建，中环永和街 23 号，1941 年在建设中。
——1 座制造厂，长沙湾永康街新九龙内地段 2831 号 A 分段，1941 年在建设中。
——1 座织染厂，九龙马头围道九龙内地段 4284 号 A 分段，1941 年在建设中。
——5 座唐楼，深水埗南昌街新九龙内地段 1694 号，1941 年将完竣。
——1 座织染厂，九龙城道九龙内地段 4296 号，1941 年图样已呈工务局候核准。
——1 座制造厂，长沙港永康街新九龙内地段 2828 号，1941 年在建设中。
——1 座地盆，九龙钻石山新九龙内地段 2741 号，1941 年在建设中。
——木园及办事室宿舍，旺角道及塘美道交界处九龙内地段 4283 号，1941 年在建设中。
——电影戏院，深水涉钦州街及元州街交界处新九龙内地段 2791 号，1941 年在建设中。
——长途汽车厂，北角内地段 5532 号（近英皇道），图样已批准。
——4 间唐楼拟改建，中环域多利皇后街 5–8 号，1941 年在设计中。
——4 间唐楼拟改建，中环士丹利街 13–19 号，1941 年在设计中。
——1 间唐楼拟拆卸重建，永乐街 104 号，1941 年图样已呈工务局候核准。
——2 间唐楼拟改建，皇后道中 88–90 号，1941 年图样已批准。
——2 间唐楼拟改建，德辅道中 270–272 号，1941 年在设计中。
——2 间唐楼改建，上环摩罗下街 43/45 号，1941 年在建设中。
——6 间唐楼改建，博扶林道 36–46 号，1941 年在建设中。
——1 座寓所，石澳内地段 13 号，1941 年图样已呈工务局候核准。
——1 座游泳更衣室拆卸重建，浅水湾中滩第 48 号，1941 年在建设中。
——1 间唐楼改建，德辅道中 282 号，1941 年在招标投建中。
——4 间唐楼改建，中环士丹利街 33–39 号，1941 年在设计中。
——2 间唐楼改建，皇后道中 88–90 号，1941 年在建设中。
——2 间唐楼改建，德辅道中 270–272 号，1941 年图则已呈工务局候批准。

参考文献及相关材料：

——[J]. Hong Kong and Far East Builder，1941，6（1）: 46.
——[J]. Hong Kong and Far East Builder，1941，6（2）: 43.
——[J]. Hong Kong and Far East Builder，1941，6（3）: 40.
——[J]. Hong Kong and Far East Builder，1941，6（4）: 25.

[77] Realty Investment Co. Real Estate，Mortgages，Investments，Insurance，Architecture and Construction（美华地产公司）

名称：

美华地产公司（Realty Investment Co. Real Estate，Mortgages，Investments，Insurance，Architecture and Construction）

地址：

上海（南京路49号中央商场，1929—1932；四川路56/210号汇丰大楼，1933—1935；外滩12号，1936—1939；四川路290号，1939—1941）

执业时间：

1929—1943

合伙人：

R. M. Vanderburgh，Luther M. Jee，R. T. McDonnell 等

从业人员（建筑师）：

Charles H. Duff（1931.07—1932.01），W. E. Jones，Harding Lee，Miss R. N. Nergaard，K. F. Liu，C. Ting，C. P. Mo，K. K. Chang，T. F. Chwang，H. S. Chen，Wa Sheng Yong; F. E. McGarvin，A. L. Roubin，Peter Pan; Henry Killiam Murphy（1933.07—1934.07），Willis C. Barrett，Harry Tam（M. Arch，谭坦），E. N. Bacon（B. Arch），Lawrence Horenstein（B. Arch），C. Y. Chang，George E. Koster（1934.01—1934.07），T. S. Anthony，C. W. Chang，O. L. Creps，L. Horenstein，H. Lee，J. S. Towngend，Miss C. Krocbman，C. D. Boynton，W. U. Ning，C. P. Tao

简史：

1929年由原天影照相材料公司（Photo Bureau）主人范德堡（R. M. Vanderburgh）及孔省电影公司总经理朱神恩（Luther M. Jee）等发起开办。1934年注册为公众性有限公司，更名为Realty Investment Co. Real Estate，Mortgages，Investments，Insurance，Architecture and Construction；1931年7月已经聘用C. H. 杜夫任建筑师；1932年1月已经成立建造部（Construction Department），由杜夫负责；1932年7月杜夫已经离开，且直至1933年1月建造部未出现在名录中；1933年7月成立建筑与建造部（Architectural and Construction Department），且墨菲（H. K. Murphy）加入；1934年1月时建筑部与建造部分开设置，建筑部由墨菲负责；1934年7月建筑部由柯士德（George. E. Koster）负责；1935年1月时墨菲和柯士德均已离职，且至1941年建筑部再未出现在名录中。

作品：

上海：

——虹口公园住宅开发项目（含联排、半独立和独立式住宅），靠近施高塔路（Scott Road），1931。

——2层英式住宅，虹桥路（Holly Heath），1934，Koster设计。

——格兰路12幢西式住宅，隆昌路222-226号，1934—1935。

——高邮公寓（Cordier Apartments），兴西路与高邮路街角。

参考文献及相关材料：

——黄光域．外国在华工商企业辞典[M]. 成都：四川人民出版社，1995：534-535.

——Building Beautiful Houses in The Shanghai Area，Architectural Department of Realty Investment Co. Gives Attention to Multitude of Important Questions; Many Delightful Styles[N]. The Shanghai Sunday Times，1934-05-06（5）.

——郑时龄．上海近代建筑风格[M]. 上海：同济大学出版社，2020：505.

[78] Republic Land Investment Co.，Architects（五和洋行）

名称：

五和洋行（Republic Land Investment Co.，Architects）

地址：

上海（圆明园路17号，1930—1931；圆明园路21号1、2、5、7、8室，1931—1934；圆明园路149号沙咪大厦，1934—1943；北京路384号通易公司，1943）

执业时间：

1930—1946

合伙人：

G. Vaughan Rowland，陈学坚

从业人员（建筑师）：

G. Vaughan Rowland（1930—1931），S. A. Sayer（1932—1941）、G. Rabinovich，Pugh，K. T. James（1932—1933），J. Silvestroff，Chew Z. U.，Wee V. Y.，Lin K. F.，Yang T. Y.，Chang K. C.，Ying M. N.，H. Morden Wright，Yao S. T.，Zia H. F.，Young K. L.，Sung K. Y.，Yeh K. Z.，C. C. Fedoseeff，Sung K. Y.，Wahang Y. N.，Cheng H. S.，Tong V. C.，浦镜清，山野（日本）

简史：

1930 年由原苏生洋行（Suenson & Co.，Ltd.，E.）职员、建筑师卢纶（G. Vaughan Rowland）和原贸孚祥货木器号经理陈学坚等合办五和洋行（Republic Land Investment Co.，Architects），经营业务涵盖买卖房屋地产、房屋地产押款、房屋桥梁设计绘图、房屋经租和道契挂号；卢纶负责建筑部，陈学坚负责地产部；经营至 1931 年 7 月后卢纶退出，建筑和工程部由赛雅（Sayer）负责；公司经营到 1941 年。

作品：

上海：

——愚园新邨，愚园路中段，1930。

——同丰里，法租界徐家汇路、金神父路东首，1930。

——大兴里，法租界巨籁达路，1931。

——大沽路两开间、三开间住宅各 2 幢，1931。

——上等市房（店屋）数十幢，虹口华德路、远阳路转角，1931。

——敏德坊，北四路、黄陆路转角，1932。

——华盛坊，法华民国路、典当街转角，1932。

——宏豫坊，法租界郑家木桥街，1932。

——2 层市房，美租界大连湾路，1932。

——大方饭店（Daphon Hotel），黄浦区福建南路 33 号，1931，浦镜清设计。

——新亚大酒店新屋（New Asia Hotel），虹口区天潼路 422 号，1932—1934。

——四川北路和崇明路交叉口公寓，1933。

——德邻公寓（Derring Apartments），虹口区崇明路 82 号，1934。

——法租界善钟路、霞飞路转角前沙发花园，原址高级住宅区，1939。

——亦村 / 栖霞村，徐汇区五原路 372 弄 6-9 号，1939。

——上海新村，淮海中路 1487 弄 1-56 号，1940—1941。

——爱棠新邨，法租界爱棠路、台司脱郎路转角，1940。

——中南新邨，法租界霞飞路，1941。

参考文献及相关材料：

——黄光域 . 外国在华工商企业辞典 [M]. 成都：四川人民出版社，1995：101.

——郑时龄 . 上海近代建筑风格 [M]. 上海：同济大学出版社，2020：505.

[79] Richter，Paul Friedrich，Architect（李兮德洋行）

名称：

李兮德洋行（Richter，Paul Friedrich，Architect）

地址：

青岛；济南

执业时间：

1904—1914；1920—1945

合伙人：

Paul Friedrich Richter

从业人员：

Fritz Schmidt（工程学位），R. Faber（Bauf ü hrer，建造指导员），W. Milenz（Bautechniker，建造技术员），K. Schäfer（Maurerpolier，装修工），H. Hirche（Kaufmann，商业），J. Eilts（Bauf ü hrer，建造指导员），Otto Cellarius（Kaufmann，商业），A. Schilligr（Maurerpolier，装修工），A. Woserau（建筑师），Fr. Nöckter（工程师），W. Buchmann（Malermeister，画家），H. Hirche（Kaufmann，商业）

简史：

1904年由李兮德（Paul Friedrich Richter）在青岛自办事务所；1909年在济南开设分支（Richter，Paul Friedrich，Architect，Zewigbureau：Tsinanfu）；1914年8月李兮德应征入伍参加青岛战役；1914年11月李兮德与家人赴天津；1920年李兮德重回青岛经营建筑事务所；公司经营至1945年，李兮德在青岛去世。

作品：

青岛：

——青岛基督教堂竞赛第三名，与哈克梅斯特（Paul Hachmeister）合作，南立面和塔楼实施，1907。

——福柏医院（Faber Hospital），德县路15号，1907。

——青岛俱乐部，罗克格设计，工程指导和内部设计者为Werner Lazarowicz，施工承包者为李兮德，1910—1911。

——马克·齐默尔曼住宅（1926—1945年为德国领事馆），1912。

——侯爵饭店（Furstenhof Hotel），广西路37号，1910。

——胶澳观象台/青岛观象台（Imperial Observatory），1910—1912。

——吉利百货公司（商住楼），1911—1912。

——海因里希亲王饭店旅馆部（Guesthouses of the Prince Heinrich Hotel），施工，青岛太平路31号，1912。

——魏玛传教会图书馆，1914（?）。

——德国中心（The German Center），青岛，1936—1937。

济南：

——德国领事住宅，1906—1908。

相关材料：

——陈雳．楔入与涵化：德租时期青岛城市建筑[M]. 南京：东南大学出版社，2010：65.

——袁宾久．青岛德式建筑[M]. 北京：中国建筑工业出版社，2009.

——韩雅慧，徐飞鹏．近代德国工程师在青岛的活动述略（1898—1949）[J]. 建筑史，2019（2）：139-147.

[80] Rothkegel & Co.，Architect，Surveyor and Estate Agent（罗克格公司/营造式画司罗克格/罗克格营造公司）

名称：

罗克格公司/营造式画司罗克格/罗克格营造公司（Rothkegel & Co.，Architect，Surveyor and Estate Agent；Rothkegel & Co.，Architects，Engineers and Contractors）

地址：

北京；天津

执业时间：

1904—1929

合伙人：

C. Rothkegel，W. Lazarowitz，Hosingkee

从业人员：

北京：Walter Frey（建筑师），A. Benz（建筑师），Arthur Becker（建筑师），M. Prohlich，W. Mertzsch，Steinbruik（建筑师），Fuchs（工程师），Ernst Hoffmann，W. Lazarowitz，Hosingkee，Hashmiester（助理），Sohaujustang（助理），Wang yss Iuse（助理）。

天津：Walter Frey（建筑师），W. Lazarowitz，Hosingkee。

沈阳：P. Seidel

简史：

1904年秋，罗克格自青岛德租界政府的建设部门辞职后，和建筑师W. 鲍赫曼（W. Borchmann）合作开办工作室，主要经营范围包括建筑、艺术和工艺品方面的设计；1908年罗克格返回德国结婚并于1909年到中国天津定居，经营营造式画司罗克格（Rothkegel & Co.，Architect，Surveyor and Estate Agent）；1912年罗克格的业务迁至北京，在天津、北京两地继续经营营造式画司罗克格；1914年一战爆发，罗克格参加了青岛战役，在与日军交战中不幸被俘，被囚日本达6年之久，直到1920年被解救回中国；在此期间，公司更中文名为罗克格公司，公司业务一直由罗克格夫人负责打理；1923—1925年罗克格在天津和北京同时经营Rothkegel & Co., Architects, Engineers and Contractors，北京中文行名为罗克格管造公司，天津中文行名为罗克格营造公司，并在天津开办京津瓷瓦厂（Tientsin-Peking File Factory）；1924年后夫妇二人休假返回中国并定居沈阳，开办罗克格营造公司；1926年1月，罗克格公司同时在天津、北京和沈阳营业；1927—1929年仅沈阳公司在营业；1929年，罗克格离开了工作近26年的中国，回到德国波茨坦。

作品：

青岛：

——亨利王子饭店歌剧音乐厅（Music Hall of Prince Heinrich Hotel），1904。
——拉尔兹药店（Larz Pharmacy）1905（？）。
——路德公寓（Luther's Boarding House），1905—1907。
——9座别墅、住宅及1间大型的工业厂房，1905—1906。
——青岛基督福音堂，1907。
——青岛俱乐部（Qingdao Club），1909。

北京：

——清政府资政院，1910，未完工。
——临时国会大厦，1910。
——载洵西式私邸。
——国际俱乐部。
——海军部大楼，未实施。
——慈禧皇太后寝宫储秀宫改造，1912。
——俄国大使馆改造。
——荷兰大使馆改造。
——汇丰银行改造。
——俄亚银行（华俄道胜银行）改造。
——博物馆（？）改造，1913。
——袁世凯加冕用政事堂，1914。
——前门改造，1914—1915。
——朱启钤住宅整体内部装修，1920—1922。
——香山孤儿院多处建筑，1920—1922。
——交通银行、疆界银行、安全银行项目策划，1920—1922。
——某赛场及钢筋混凝土看台项目策划。

天津：

——康科迪亚（德国）俱乐部，1905。
———一些住宅和企业厂房，1907—1909。
——交通银行行长住宅，1920—1922。

厦门：

——美国海军临时招待所，1908。

沈阳：

——沈阳重炮工厂，1924—1926。
——雷管工厂的2栋建筑，1924—1926。
——枪支厂的1栋建筑，1924—1926。
——德国俱乐部，1926。
——德国领事馆（包括已婚秘书的办公公寓、大使的公寓、已婚副大使的公寓，具体有办公房屋、马厩、车库、花园、网球场），1928。

北戴河：

——一些住宅和企业厂房，1907—1909。

葫芦岛：

——葫芦岛港口和防洪堤设计和修建，1920—1922。

首尔：

——首尔国王宫殿和高级官员住宅，1905，因战争未实施。

其他：

——在德累斯顿的卫生展会上为清政府设计了大清帝国展厅。

相关材料：

——陈雳．楔入与涵化：德租时期青岛城市建筑 [M]. 南京：东南大学出版社，2010.

——陈雳．尘封的记忆——写在建筑师罗克格进京执业 110 周年之际 [J]. 建筑师，2022（2）：91-100.

——杜鹰．近代德国建筑师库尔特·罗克格在华作品调查及分析 [D]. 青岛：青岛理工大学，2010.

——任云兰．文化的移植：德国建筑师罗克格及其在华作品 [J]. 城市，2011（6）：72-76.

——王栋．罗克格：在中国卓有成就的德国建筑师（上）[J]. 北京规划建设，2011（4）：171-175.

——王栋．罗克格：在中国卓有成就的德国建筑师（下）[J]. 北京规划建设，2011（6）：171-175.

——陈雳，杨昌鸣．新罗马风·罗克格·涵化——近代德国建筑文化输入中国现象述评 [J]. 建筑学报，2012（S2）：107-111.

——张复合．中国第一代大会堂建筑——清末资政院大厦和民国国会议场 [J]. 建筑学报，1995（5）：45-48.

——http：//www.tsingtau.org/rothkegel-curt-1876-1945-architekt/.

[81] Shanghai Land Investment Co.（业广地产公司）

名称：

业广地产公司（Shanghai Land Investment Co.）

地址：

上海（仁记路 2 号，1905—1924；仁记路 28 号，1924—1934；仁记路 100 号，1935—1941）

执业时间：

1888—1941

创始人：

E. J. Hogg，J. G. Purdon，W. C. Ward，A. G. Wood

建筑相关从业人员：

John Mossop，P. M. Peebles，N. L. Sparkes，B. Fraser（FRIBA）

简史：

1888 年在上海成立，注册地为香港，是上海最早的地产公司，经营到 1941 年以后。公司下设建筑部，负责建筑设计相关事务。

作品：

上海：

——162 座住宅和 2 座门房，册地 858 号，余杭东路，1913。

——马厩和马车房，册地 86 号，九江路，1913。

——5 座住宅，册地 1517 号，马霍路，1913。

——25 座住宅，册地 2649 号，麦克利克路和杨树浦路，1913。

——17 座住宅，册地 809 号，苏州北路和头坝路（Durpoe Road），1913。

——5 座住宅和 1 座门房，册地 429 号，山东路，1913。

——仓库，册地 809 号，苏州北路，1913。

——23 座住宅和 2 座门房，册地 482 号，哈尔滨路和麦克登路，1914。

——38 座住宅和 1 座门房，册地 1017 号，天潼路，1914。

——7 座住宅，册地 825 号，福州北路，1914。

——7 座住宅，册地 485 号，嘉兴东路和哈尔滨路，1914。

——73 座住宅和 1 座门房，册地 682 号，伯顿路，1914。
——112 座住宅和 3 座门房，册地 670/672 号，伯顿路和文监师路，1914。
——15 座住宅，册地 684 号，河南北路，1915。
——32 座住宅，册地 672 号，武昌路，1915。
——2 座商店，册地 1017 号，百老汇路，1915。
——118 座中式住宅，册地 2610 号，倍开尔路和杨树浦路，1917。
——10 座住宅，册地 243 号，东棚街，1916。
——25 座住宅，册地 684 号，伯顿路，1916。
——加建项目，册地 1017 号，熙华德路，1916。
——加建项目，册地 897B 号，昆山花园路，1918。
——加建项目，册地 1798 号，大西路，1918。
——1 座商店，册地 2649 号，杨树浦路，1919。
——加建项目，册地 809 号，苏州北路，1919。
——19 座住宅，册地 2290 号，慕尔鸣路，1919。
——冲水厕所，册地 27 号，仁记路，1920。
——82 座中式住宅和门房，册地 2230 号，倍开尔路，1921。
——银行，册地 204 号，宁波路，1921。
——改建项目和厕所，册地 678 号，四川路外，1921。
——车库和厕所，册地 25 号，仁记路外，1921。
——112 座中式住宅，册地 1060 号，华德路延长线，1921。
——住宅加建，册地 914B 号，海宁路，1923。
——96 座住宅和 4 座门房，册地 678 号，文监师路和武昌路，1923。
——公共厕所，册地 25 号，圆明园路，1923。
——73 座住宅和 3 座门房，册地 825 号，天潼路和吴淞路，1923。
——148 座中式住宅，册地 682 号，文监师路和海宁路，1924。
——公共厕所，册地 27A 号，北京路，1924。
——公共厕所，册地 27 号，北京路，1924。
——公共厕所，册地 27 号，仁记路，1924。
——5 座中式住宅，册地 485 号，麦克登路，1924。
——公共厕所，册地 914B 号，四川北路，1924。
——107 座中式住宅，册地 3459/3464 号，武定路，1924。
——虹口公园附近“庄虹产”中西住宅数百栋。
——大西路长浜路美国木质住宅。
——同孚路西侨住宅。
——麦克利克路杨树浦路住宅，杨树浦路和临潼路，1913。
——堆栈和办公楼（The Leceum Godown and Office Building），1934。
——2 层建筑，九江路、中央路和新康路，1946。
——披亚司公寓 / 浦西公寓（The Pearce Apartments），蟠龙街 26 号，1929—1930，B. Fraser 设计。
——虹口大楼扩建（Hongkew Hotel Extension），四川北路 875-895 号，1928—1929。
——钟宅（Residence of Tchong），襄阳南路 349-355 号，1928。
——中央信托银行（Central Trust Bank），北京东路，Fraser 设计。
——百老汇大厦（Broadway Mansions），北苏州路 2 号，1931—1935，B. Fraser 和公和洋行设计。
——虹口河地产（Hongkew Creek Estate），1930 年已建成 300 栋住宅，B. Fraser 设计。
——新华路私人住宅（Amherst Avenue Private Residence），1932，B. Fraser 设计。
——坎南住宅（The Home of A. M. Cannan，Esq.），B. Fraser 设计。
——戈麦索尔夫妇住宅（The Home of Mr. and Mrs. W. C. Gomersall），B. Fraser 设计。

参考文献及相关材料：

——黄光域 . 外国在华工商企业辞典 [M]. 成都：四川人民出版社，1995：197-198.
——上海最早的地产公司：业广公司小志 [N]. 益茂周报，1944（5）：1.
——部分作品信息源自相应年份《上海公共租界工部局公报》（*The Municipal Gazette*）。
——郑时龄 . 上海近代建筑风格 [M]. 上海：同济大学出版社，2020：502.

539

S

[82] Shattuck & Hussey Architects（沙河公司 / 何士工程司 / 何士建筑工程师）

名称：

沙河公司 / 何士工程司 / 何士建筑工程师（Shattuck & Hussey Architects；Hussey，Harry Architect）

地址：

上海（外滩有利银行大楼，1915—1918）；北京

执业时间：

上海：1915—1918；北京：1919—1936

合伙人：

Harry H. Hussey，Walter F. Shattuck

从业人员：

Joseph Herrmam，James B. Lund，A. G. Schrock，William A. Dunn，Myron Schrock，E. L. Dales，W. Olsen

简史：

1911 年左右由何士（Harry H. Hussey）和沙特克（Walter F. Shattuck）教授在芝加哥合伙创办 Shattuck & Hussey，该事务所在连续赢得美国基督教青年会（YMCA）3 次建筑设计竞赛后，开始专门致力于为 YMCA 设计建筑，曾在美国和加拿大独立、合作设计多座 YMCA 建筑，并受托在中国设计多座 YMCA 建筑；1915 年受 YMCA 邀请来中国上海设立分支，公司中文名为沙河公司（Shattuck & Hussey Architects）；1918 年上海公司更中文名为何士工程司，外文名不变；1919 年公司经营重心已经迁至北京；1920 年 12 月 31 日何士和沙特克散伙；1921 年何士在北京自营何士建筑工程师（Hussey，Harry Architect），直至 1936 年。

作品：

上海：

——四川路青年会会所扩建（即上海中华基督教青年会四川路童子部会所，The Boy's Building of the Chinese Young Men's Christian Association of Shanghai），1913。

——基督教青年会中国总部大楼（National Headquarters of The YMCA，今虎丘公寓），虎丘路 131 号，1920。

武汉：

——基督教青年会会所，汉口，1917。

——中华圣公会同仁医院（The Church General Hospital），武昌。

福州：

——基督教青年会会所，1914。

广州：

——基督教青年会会所，1916。

杭州：

——基督教青年会会所，1918。

沈阳：

——基督教青年会会所，1924，施工图与监造由艾术华负责。

天津：

——基督教青年会东马路会所，1914。

——美国红十字会水灾救济营（The American Red Cross Flood Relief Camp），1918。

北京：

——北京协和医学院。

香港：

——中华基督教青年会必列者士街会所，1918。

参考文献及相关材料：

——[J]. The Chinese Recorder，1915，11：661.

——武志华 .“凝固音乐”的变奏——奉天基督教青年会会所的诞生，1910—1926[C]// 张复合，刘亦师 . 中国近现代建筑研究与保护（十一）. 天津：天津人民出版社，2022：309-322.

——武志华 . 奉天基督教青年会旧址 [J]. 建筑史学刊，2021，2（1）：158-160.

——董文菁，张婧怡，王昕 . 具有精神特质的城市公共空间营造模式及历史变迁初探——以杭州近代基

督教青年会会所建筑为例 [J]. 建筑与文化，2022，218（5）：96-98.
——Biographical Dictionary of ARCHITECTS IN CANADA 1800—1950[DB/OL]. http://dictionaryofarchitectsincanada.org/node/2559.
——郑时龄 . 上海近代建筑风格 [M]. 上海：同济大学出版社，2020：485.
——四川路青年会会所扩建部分中英文名称得益于武志华。

[83] Smedley，Denham & Rose，Architects and Civil Engineers（美昌洋行）

名称：

美昌洋行（Smedley，J. Architect and Civil Engineer；Smedley & Smedley，Architects and Civil Engineers；Smedley，Denham & Rose，Architects and Civil Engineers；Denham & Rose Architects, Civil Engineers and Estate Agents；Denham，J. E. & Co. Architect, Civil Engineer and Estate Agent）

地址：

上海（江西路 29 号，1901；江西路 41 号，1903；南京路 35 号，1904—1906；四川路 16 号，1907—1914；圆明园路 19 号，1915—1919）；北京

执业时间：

1897—1919

合伙人：

John Smedley，John D. Smedley，John Edward Denham，Robert Rose

从业人员：

F. E. Drew，E. F. Mayhew，C. B. G. Burnett，Muller，Ching Kwong Foo（买办），Mao Peh-dong，Hay C. K.，Hong Way-ching，Yeh Yung Cheong，T. A. Aiers，R. dos Remedios

简史：

1897 年由澳大利亚人斯美德利（John Smedley）在上海创立美昌洋行（Smedley，J. Architect and Civil Engineer），承接建筑设计及土木工程；斯美德利于 1894—1896 年居住在汉口，负责在汉口的英国、德国和俄国租界的测绘及城市排水工程；1898 年斯美德利的儿子小斯美德利（John D. Smedley）加入，负责北京项目，公司更外文名为 Smedley & Smedley，Architects and Civil Engineers；1903 年斯美德利去世，小斯美德利到上海接手美昌洋行，稍后迪纳姆（J. E. Denham）和罗斯（Robert Rose）先后成为合伙人，公司外文名改为 Smedley，Denham & Rose，Architects and Civil Engineers；1908 年小斯美德利离开美昌洋行，公司外文名改为 Denham & Rose Architects, Civil Engineers and Estate Agents；1909 年罗斯离华，美昌洋行由迪纳姆主持；1918 年前后公司更外文名为 Denham，J. E. & Co. Architect, Civil Engineer and Estate Agent；1919 年迪纳姆转赴北京，公司后无闻；小斯美德利后于 1916 年回到上海开办大经洋行（Smedley，J. D. Architects and Civil Engineers），至 1917 年停办，后中文行名由美国建筑师 F. H. Kales 继承。

作品：

上海：

——花旗银行（International Banking Corporation），黄浦区九江路 41-45 号，1902。
——大西路住宅，延安西路。
——法租界住宅。
——浦东炼油厂。
——吴淞租界规划（The Planning of the Settlement at Woosung，包含 Estate of Woosung Land Co.），1898。
——滨北沿滩干路，吴淞，1898。
——杨树浦电车场，含一座 370 英尺长的钢铁车棚、一座带保险库的办公楼和住宅等（the Yangtszepoo Depot for the Shanghai Tramways Company：consisting of a steel and iron car shed 370 ft. long，office building with strong-room，etc.，and residential quarters）。
——亨茂洋行汽车库（A Motor Garage for Messrs. Honigsberg & Co.）。
——上海（尤其是西区）大量独立住宅（detached houses）。
——上海几个大型住宅社区（several larger houses and terrace block）。
——光裕机器油行大型仓库（An extensive depot for the Vacuum Oil Company），浦东。
——花旗银行（International Banking Corporation），黄浦区九江路 41-45 号，1902。
——亨茂洋行（Messrs. H. S. Honigsberg & Co.），1913。

——上海运动总会（Shanghai Recreation Club），1911。
——铁业公会会馆（Iron Merchants' Association Building），1915—1916。
——开平矿务有限公司堆栈（Chinese Engineering and Mining Co. Godown），1901。
——花旗银行新厦（The International Banking Corporation New Premise），1906。
——1 座洋式住宅和 1 座车棚，册地 2645 号，杨树浦路，1911。
——银行加建，册地 41 号，九江路，1911。
——面粉厂加建，册地 20 号，苏州北路，1911。
——1 座洋式住宅，册地 2848 号北，爱文义路和南阳路，1911。
——1 座洋式住宅和仆人房，册地 1814 号，威海卫路，1912。
——20 座中式住宅，册地 1171 号，大同路延长线，1912。
——仓库，册地 885 号，兆丰路，1913。
——仓库和棚，册地 2080 号东，保定路，1913。
——1 座洋式住宅，册地 2082 号，保定路，1913。
——仓库，册地 906 号，吴淞路，1913。
——1 座车库，册地 15 号，静安寺路和帕克路，1914。
——1 座洋式住宅，册地 1778/1780 号，成都路和大西路，1914。
——1 座洋式住宅和车库，册地 2805 号，南阳路，1914。
——9 座住宅，册地 1740 号西，大西路，1914。
——洋式住宅加建，册地 2563 号，大西路，1914。
——马厩和车库，册地 3247 号，新闸路，1914。
——13 座住宅，册地 1773 号北，成都路，1914。
——36 座住宅，册地 81 号，东熙华德路，1915。
——8 座住宅，册地 1773 号北，成都路，1915。
——1 座洋式住宅，册地 69 号，香港路，1915。
——3 座住宅，册地 2062 号南，威海卫路，1915。
——住宅和附属建筑物，册地 5655 号，戈登路，1915。
——2 座住宅，册地 864 号，武昌路，1915。
——13 座住宅，册地 1773 号，成都路，1915。
——车库加建，册地 15 号，帕克路，1915。
——36 座住宅，册地 81 号，熙华德东路，1915。
——车库加建，册地 2849 号，南阳路，1916。
——8 座洋式商店，册地 61 号南，狄思威路和麦克脱路，1916。
——8 座洋式商店，册地 805 号，乍浦路和苏州北路，1916。
——4 座洋式商店，册地 805 号，苏州北路，1916。
——洋式住宅和桥梁，册地 5960 号西，新加坡路，1916，小斯美德利设计。
——1 座洋式商店，册地 3247 号，新闸路，1916。
——住宅加建和改建，册地 808 号，苏州北路，1916。
——仓库加建，册地 2082 号，保定路，1916。
——1 座商店，册地 1592 号，塘山路，1917。
——1 座洋式住宅，册地 805 号，苏州北路，1917。
——1 座商店，册地 17B 号，苏州路，1917，迪纳姆与思九生共同设计。
——棚，册地 2082 号，华德路，1918。
——1 座洋式商店和 1 座中式商店，册地 2563 号，赫德路，1918。
——1 座洋式商店，册地 17B 号，苏州路，1918。
——加建项目，册地 808 号，苏州北路，1918。
——4 座住宅，册地 978 号，岳州路，1919。
——车棚，册地 2620 号，杨树浦路，1919。
——加建项目，册地 6120 号西，杨树浦路，1919。
——卫生房（Sanitary Block），册地 2563 号，大西路，1919。
——上海牵引所（Shanghai Traction House），1918，迪纳姆与思九生共同设计。
——日本邮船公司仓库（Nippon Yusen Kaisha Buildings），黄浦路 120 号，1903。
——四川路堆栈，四川路，1907 年以前。

——上海电车公司（The Shanghai Electric Construction Co.），南苏州路 185 号，1917—1918。

福州：

——圣马可学校和教堂（St. Mark's College and Church）。

北京：

——被清政府聘为顾问，“根据西方理念”改造北京。

——道路规划建设（Laying Out of Roads at Peking）。

——邮政总局大楼设计竞赛首奖，实施方案，1919。

烟台：

——烟台填筑工程。

——东海关大楼建筑。

汉口：

——英租界排水系统。

日本横滨：

——英国领事馆，1881。

参考文献及相关材料：

——The Death of Mr. Smedley[N]. The North-China Herald，1903-11-20：1073-1074.

——The late Mr. John Smedley[J]. A.A.A.（All about Australians），1904-3-1.

——张复合 . 20 世纪初在京活动的外国建筑师及其作品 [J]. 建筑史论文集，2000，12：107.

——部分作品信息源自相应年份《上海公共租界工部局公报》（*The Municipal Gazette*）。

——郑时龄 . 上海近代建筑风格 [M]. 上海：同济大学出版社，2020：472.

——Arnold Wright. Twentieth Century Impressions of Hongkong，Shanghai，and Other Treaty Ports of China[M]. London：Lloyds Greater Britain Publishing Company，1908：628.

[84] Stewardson，R. E. Architect and Surveyor（思九生洋行）

名称：

思九生洋行（Stewardson，R. E. Architect and Surveyor; Stewardson & Wingrove Architects and Surveyors; Stewardson & Spence Architects and Surveyors; Stewardson，Spence & Watson Architects and Surveyors; Stewardson，R. E. Architect，Surveyor，Land and Estate Agent）

地址：

上海（圆明园路 22 号，1914—1926；北京路 3 号，1927—1928；圆明园路 21 号，1933—1934；圆明园路 149 号，1934—1941 年后）；汉口

执业时间：

1912—1928；1932—1950

合伙人：

R. E. Stewardson，H. M. Spence（ARIBA），Bryan Watson

从业人员：

J. Ewart March（ARIBA），Bryan Watson（ARIBA），Feng S.（助理），Suichow T.，Ming C. Y.，Yue C. F.，J. A. Jameson，A. W. Graham-Brown（ARIBA），C. Nebuska（DIBA），H. F. Wilson，A. Gilmour，N. Emanoff，C. J. Cheale，H. Ling，Chow Wenquen，Wong Ming Ho，钟达威（华经理），凌君守（华经理）

简史：

1913 年 4 月由思九生（Robert Ernest Stewardson）独立开办，初名思九生洋行（Stewardson，R. E. Architect and Surveyor）；1914 年曾和文格罗夫（G. C. Wingrove）短暂合伙组建事务所（Stewardson & Wingrove），很快就解散；1920 年前大英工部署同事士本氏（Herbert Marshall Spence）成为合伙人，公司改外文名为 Stewardson & Spence Architects and Surveyors；1922 年在汉口开设分行，由职员沃森（Bryan Watson）负责；1925 年前沃森成为合伙人，公司改外文名为 Stewardson，Spence & Watson Architects and Surveyors，经营范围包括代贵客经租、打样、营造、房屋测量、买卖地皮、转换道契、各种押款并一切建筑等事；1928 年思九生退出并赴欧洲旅居，洋行与马海洋行合并，中文名为马海洋行，外文名为 Spence，Robinson & Partners；1932 年思九生回到上海继续执业，行名依旧为思九生洋行（Stewardson，R. E. Architect，Surveyor，Land and Estate Agent），经营至 1938 年后。

作品：

上海：

——8 座洋式商店，册地 1016 号，百老汇路，1914，Stewardson & Wingrove 设计。
——物资供应站 / 江川大楼 / 德华银行（今上海市医药供应公司），九江路 89 号，1916。
——上海英美电车建设公司（The Shanghai Eletric Construction Co.），南苏州路 185 号，1917。
——龚宅（Houses for Kung Hsu Hsing），胶州路 522 号，1924—1925。
——海军部海道测量局公署新屋，新西区交道署对面，1926。
——正广和洋行大班宅（Macgregor Villa），武康路 99 号，1926—1928。
——跑马总会行政办公楼（Administration Building），黄陂路，1928。
——内地会（China Inland Mission），北京西路 1400 弄 24 号，1930。
——规矩堂（Masonic Hall），北京西路 1623-1647 号，1931。
——犹太学校，陕西北路 500 号，1932。
——居尔典路 276 号宅（House for Lee Tsing Chong），湖南路 276 号，1932。
——住宅改建，东平路 9 号，1932。
——福开森路 4 幢 3 层双开间店房，武康路，1933。
——上海跑马总会建筑设计竞赛首奖，实施方案，1919。
——欧战纪念碑（The War Memorial）设计竞赛首奖，实施方案，延安东路外滩，1920。
——住宅，胶州路 450 号，1922。
——怡和洋行（The EWO Building），黄浦区中山东一路 27 号，1920—1922，结构设计为罗德洋行，桂恩榜制图。
——卜内门洋行（The Brunner, Mond & Co. Building），黄浦区四川中路 133 号，1921—1922。
——元芳职员住宅（Messrs. Maitland & Co.'s Staff Residences），1922。
——嘉道理爵士住宅 / 大理石大厦（Elly Kadoorie's House / Marble House），静安区延安西路 64 号，1924，Alexander Wood Graham-Brown 设计。
——上海邮务管理局新屋 / 上海邮政总局（Post Office Building），虹口区北苏州路 276 号，1924。
——华北保险公司建筑（North China Insurance Co.'s Building），1917。
——7 座商店、电话交换机、车库和仆人宿舍，册地 712A 号，海宁路和福山路，1916。
——办公楼，册地 41 号，九江路和四川路，1916。
——加建项目，册地 9 号，圆明园路，1916。
——仓库，册地 6202 号，胶州路，1916。
——屋顶花园改扩建，册地 1016 号，百老汇路，1916。
——加建项目，册地 162 号，九江路，1918。
——改扩建项目，册地 54D 号，四川路，1918。
——1 座洋式商店，册地 2070 号，静安寺路，1918。
——1 座洋式商店和 56 座中式住宅，册地 791 号，成都路，1918。
——加建项目，册地 1299 号，静安寺路和白克路，1918。
——发动机基础，册地 101 号，苏州北路，1918。
——汽油库，册地 17A 号，苏州路，1918，Denham 和思九生设计。
——大楼、员工宿舍和 1 家中国商店，册地 520 号，百老汇东路，1918。
——11 座住宅，册地 791 号，成都路，1919。
——办公楼，册地 23 号，外滩和北京路，1920。
——6 座中式住宅，册地 6540 号，平凉路，1920。
——加建项目，册地 2985 号，静安寺路外，1920。
——改扩建项目，册地 41C 号，九江路和四川路，1920。
——墙、门、马厩、宿舍和厕所，册地 234 号，静安寺路外，1920。
——加建项目，册地 712 号，福山路，1920。
——工厂，册地 6008 号，杨树浦路外，1920。
——汽车检查坑，册地 2645 号，杨树浦路外，1920。
——员工宿舍，册地 2645 号，杨树浦路，1921。
——1 座洋式住宅、车库和仆人房，册地 2886 号，胶州路外，1921。
——2 座洋式住宅，册地 2435A 号，近胜路外，1921。
——加建项目、避难所以及 2 座厕所和围墙改扩建，册地 2460 号，杨树浦路，1921。

——改建项目，册地 2460 号，杨树浦路，1921。
——改扩建项目，册地 17F 号，苏州路外，1921。
——改建项目，册地 54D 号，四川路外，1921。
——加建项目，册地 23 号，外滩外，1921。
——车库、仆人房和马厩，册地 2686 号，胶州路外，1921。
——邮局，册地 605/607 号，苏州北路、四川北路和天潼路，1922。
——怡和洋行新行车库（Messrs. Jardine Matheson & Co.'s Garages in New Hong Building Compund），1922。
——浦东 2 个仓库（Two Godowns at Pootung）。
——颜得胜宅（Mr. L. Anderson's House in Route Sieyes，1929 年由陈企侃改建为孔祥熙宅，今上海电影译制厂），永嘉路 383 号，1923。
——汽车修理坑扩建，册地 2620 号，杨树浦路外，1923。
——1 座车棚，册地 2645 号，杨树浦路外，1923。
——车棚、商店、洗衣房，册地 3894/3896/3899 号、3894 号北，华盛路、倍开尔路和威妥玛路，1924。
——住宅加建和围墙，册地 2563 号，福煦路，1923。
——虹桥白克住宅（Mr. A. W. Burkill's House at Hungjao），1924。
——谋得利洋行新厂房（S. Moutrie & Co.，Ltd. New Factory），1924。
——怡和洋行现代商店和商行（Messrs Jardin. Matheson & Co.'s Modern Shops and Hongs），四川路、北京路和博物馆路，1925。
——新安康邮政总部大楼（New Anking Head Post Office Building），1926。
——怡和纱厂职工住宅（Messrs. Ewo Mill Staff Quarters），华盛路，1926。
——卜内门洋行（The Brunner Mond Office Building in Shanghai），桂恩榜设计。
——上海高尔夫总会会所，江湾高尔夫球场（The new Club House for the Shanghai Golf Club at Kiangwan Golf Course），1925。
——抛球场新保龄球道（The Shanghai Bowling Club's New Bowling Alley），哈同路，1925。
——上海总部战争纪念碑（The War Memorial of the Shanghai Club），Alexander Wood Graham-Brown 设计。

汉口：

——江海关，沿江大道 86 号，1921。
——怡和堆栈，1919。

哈尔滨：

——汇丰银行，桂恩榜设计。

大连：

——汇丰银行，桂恩榜设计。

参考文献及相关材料：

——黄光域．外国在华工商企业辞典 [M]. 成都：四川人民出版社，1995：485-486.
——部分作品信息源自相应年份《上海公共租界工部局公报》（*The Municipal Gazette*）。
——郑时龄．上海近代建筑风格 [M]. 上海：同济大学出版社，2020：482-483.

[85] Suenson & Co.，E. Civil Engineers，Constructional Designers and Contractors，Phillips，E. S. J. Architect（苏生洋行 / 飞力拍斯）

名称：

苏生洋行 / 飞力拍斯（Eigin Suenson，BSc CE Consulting Engineer；Suenson & Co.，E. Civil Engineers，Constructional Designers and Contractors；Suenson & Co.，E. Ltd. Civil Engineers，Constructional Designers and Building Contractors；Phillips，E. S. J. Architect）

地址：

上海（汉口路 9 号，1921；福州路 30 号，1922—1925；爱多亚路 38 号联华总会大楼 2 楼，1925—1929；九江路 2A 号花旗银行，1930；爱多亚路 6 号，1931；四川路 6 号 708 室，1932—1939）

执业时间：

1921—1939

合伙人：

Eigin Suenson（BSc，CE），E. S. J. Phillips（AIA）

从业人员：

P. H. Duncan，Shen Y. D.，Carl Brix（RDA，Copenhagen），Lindskog，J. Edm Jensen，E. Duncan，S. Kiriloff（RPI，BA），V. N. Shtiefelmann，G. Vaughan Rowland，C. Pratt，Poo H.，Doon Dayu（董大酉），Victor Vee

简史：

1920年由丹麦建筑工程师苏生（Suenson）在上海开办苏生洋行（Eigin Suenson，BSc CE Consulting Engineer）；1922年公司更外文名为Suenson & Co.，E. Civil Engineers，Constructional Designers and Contractors；1923年改组为有限责任公司，更外文名为Suenson & Co.，E. Ltd. Civil Engineers，Constructional Designers and Building Contractors，当时所营业务为代客道契挂号、建筑打样以及办理地产上一切信托等，经营到1929年苏生离开，后由飞力拍斯（Phillips，E. S. J.）接手，公司中文名依旧，更外文名为Phillips，E. S. J. Architect；1932年洋行更中文名为飞力拍斯，一直经营到1939年；飞力拍斯1930—1939年同时在哈沙得洋行任职。

作品：

上海：

——大华产科学校新校舍，卡德路，1929。

——大夏大学2座男生宿舍、教职员住宅、实验室、办公厅、膳堂、厨房、浴室、机器间、校门、园墙、棱路及其他平房，梵皇渡新校址，与费力伯、董大酉合作，1929—1930。

——围墙，册地629号，通州路，1921。

——加建项目，册地1号，静安寺路外，1921。

——电影放映机房，册地614号，西藏路外，1921。

——仓库改建，册地628号，南京路外，1923。

——仓库改扩建，册地628号，浙江路外，1923。

——棚圈，册地4418号，槟榔路，1923。

——仓库改建和加建，册地628号，南京路、浙江路、天津路和广西路，1924。

——办公楼改建，册地113号，爱多亚路，1924。

——宾馆扩建，册地324号，山西路，1924。

参考文献及相关材料：

——部分作品信息源自相应年份《上海公共租界工部局公报》（*The Municipal Gazette*）。

[86] Suhr，K. H. Architect，Engineer，and Real Estate（苏尔洋行 / 苏家翰建筑师）

名称：

苏尔洋行 / 苏家翰建筑师（Suhr，K. H. Architect，Engineer，and Real Estate；Suhr & Oberlein Architects and Engineers；Suhr & Woserau Architects and Engineers，Land and Estate Agents；Suhr，K. H. Architect，Consulting and Constructing Civil Engineer and Surbeyor，Real Estate）

地址：

上海（河南路17号，1920—1928.01；北京路96号，1928.07—1933.01；北京路266号，1933.07—1937.07；康脑脱路2号，1938.01—1947）

执业时间：

1920—1947

合伙人：

K. H. Suhr，E. Oberlein，A. Woserau

从业人员：

N. N. Emanoff（助理建筑师），A. Houben（助理建筑师），A. G. Koltsov-Mosalsky（绘图员 / 工程师），Zau Y. S.（绘图员 / 工程师），Chu K. S.（绘图员），Chu C. C.（出纳），Chu Y. K.（绘图员），Wong Y. S.（绘图员），Chu T. L.（出纳），W. Galow（工程师），G. Illashevitch（工程师），B. D. Fedosseyeff（绘图员），Chu Y. T.（办公室负责人），K. Ehrig（建筑监督），Koo P. C.（绘图员），Chang Z. N.，Chu T. G.（绘图员）

简史:

1920年由曾在上海倍高洋行(Becker & Baedeker)任职的苏尔(K. H. Suhr)在上海创办苏尔洋行(Suhr, K. H. Architect, Engineer, and Real Estate);1923年苏尔和奥柏林(E. Oberlein)短暂合伙经营,公司外文名为Suhr & Oberlein Architects and Engineers;自1924年7月1日起,苏尔与沃萨(A. Woserau)合伙,改组合股公司,公司更外文名为Suhr & Woserau Architects and Engineers, Land and Estate Agents,专营地皮买卖及建筑工程师等,经营至1928年;后继续独立经营苏家翰建筑师(Suhr, K. H. Architect, Consulting and Constructing Civil Engineer and Surbeyor, Real Estate)至1947年。

作品:

上海:

——曹公馆/张宅(今康定花园),康定路2号,1923。
——苏尔洋行办公楼,北京东路266号。
——改建项目,册地143B号,九江路外,1921。
——仓库,册地29C号,南京路,1924。
——3栋西式住宅改建,册地353号,白克路,1924。
——2座洋式住宅、2座商店和31座中式住宅,册地3555号,康脑脱路外,1923。
——威廉学堂扩建,1925—1926。
——政治大学新校舍,吴淞,1926。
——国家自治研究所(National Institute of Self Government,含主楼和U形宿舍),已毁。
——宝隆医院(Paulun Hospital)邀请竞赛一等奖,与沃森(Bryan Watson)合作,1925。
——复旦大学新图书馆(藏书楼),1929。
——同济大学多栋建筑(many buildings for Tung-Chi University),吴淞。
——同济大学宿舍楼,吴淞,1926。
——同济大学物理、化学、生物学院,1933。
——九江路办公楼,1931。
——西区某住宅(A Residence in the Western District),1933。
——贝当路西班牙风格住宅(A Spanish-style Residence on Avenue Petain),1933。
——德国威廉学堂体育馆附属建筑(An Annex with a Gymnasium for Kaiser Wilhelm Schule),1938。
——复旦大学科学堂(Futan University Science Hall),江湾。
——复旦大学中式风格宿舍,江湾,1937年被毁。
——复旦大学图书馆扩建,1929。
——复旦中学(Futan Middle School)。
——冠生园公司大楼,漕河泾,1935。
——赵家3座住宅及门房(Three Houses of the Family Chao with Gate House),康脑脱路2-6号。
——徐廷爵住宅(Residence of Mr. Chu Kinhow),海格路147号(147. Avenue Haig)。
——杰克住宅(Residence of Mr. C. Jecke),海格路350号。
——德国总会酒吧,威海卫路。
——上海许多住宅、公寓、办公楼、工厂和货栈。

杭州:

——浙江大学(University of Chekiang,含宿舍、饭厅、厨房和花房等),1933—1935。
——浙江大学农业学院实验楼(New Laboratory Building for the Agricultural College of the University of Chekiang),1936。
——杭州东南日报报业大楼及工厂,1937。

参考文献及相关材料:

——http://bando.dijtokyo.org/?page=person_detail.php&p_id=119.
——Katya Knyazeva. Architect K. H. Suhr[OL]. https://avezink.livejournal.com/189101.html.
——Men of Shanghai and North China[M]: 370-375.
——Chekiang University Adds Agricultural College, K. H. Suhr Responsible for Design of Building In Classic Style; Diversity of Laboratories; Work Accomplished in Record Time[N].The Shanghai Sunday Times, 1935-12-15(62).
——New laboratory building for the Agricultural College of the University of Chekiang(Hangchow), exhibited by K. H. Suhr at the annual exhibition of Shanghai Art Club[N]. The China Press, 1936-11-29(34).

——Modern Newspaper Offices Opened in Hangchow, Splendid New Building Fittingly Opened in Lakeside City on February 1; Design and Construction Carried out by Mr. K. H. Suhr[N]. The Shanghai Times, 1937-02-17（4）.
——政大新校舍落成 [N]. 申报，1926-06-22，19146（16）.
——冠生园股东园游会 [N]. 申报，1935-11-05，22461（12）.
——郑时龄 . 上海近代建筑风格 [M]. 上海：同济大学出版社，2020：491.

[87] Tientsin Land Investment Co.（先农地产公司）

名称：

先农地产公司（Tientsin Land Investment Co.）

地址：

天津

执业时间：

1901—1954

合伙人：

丁家立，胡佛，李鸿章等

从业人员：

D. Lyle，Redd，杨械

简史：

先农地产公司又称先农工程股份公司，成立于 1901 年，由美籍传教士丁家立、开平煤矿局工程师胡佛、北洋大臣直隶总督李鸿章等 12 位股东一同在天津创办，是天津近代创办时间最早、规模最大、影响最深远的外商房地产公司。1941 年太平洋战争爆发，公司被侵占天津的日军接管，并由此开始走向衰落，直至 1954 年被天津市人民政府接管，被改组为天津市第二房地产公司。公司下设工程部，负责建筑设计、修缮养护和代建房屋等业务，曾有 D. Lyle 和 Redd 两位建筑工程师。

作品：

天津：

——先农大楼，和平区大沽北路 111 号，1924，D. Lyle 设计。
——先农大院，和平区湖南路与洛阳道交口，1925，Redd 设计。

相关材料：

——李朝 . 英商先农股份有限公司研究 [D]. 天津：天津大学，2014.

[88] Tilley, Percy Architect & Surveyor, Land & Estate Agent（德利洋行）

名称：

德利洋行（Tilley，Percy Architect & Surveyor，Land & Estate Agent；Tilley，Percy Civil Engineer，Architect，Land and Estate Agent and Surveyor；Tilley & Limby，Civil Engineers，Architects，Reinforced Concrete experts，Land and Estate Agents，Consultant Mining Engineers；Tilley，Percy，Civil Engineer and Architect）

地址：

上海（江西路 32 号，1910；四川路 112 号一层，1911—1915；四川路 39 号，1915—1921；博物院路 17 号，1921—1926；爱文义路 38 号，1926—1927；九江路 14 号首层，1927—1929；九江路 6 号五层，1930—1934；四川路 320 号五层，1934—1935；四川路 320 号四层，1935—1937；四川中路 346 号迦陵大楼 / Liza Building，1938—1941；江西路 255 号，1947）

执业时间：

1911—1953

合伙人：

Percy Tilley，S. O. Limby

从业人员：

Sun Lee-ching，Tsu Kou-yang，Wong Ching-sun（汪静山，土木工程师）

简史：

1909年7月德利（Percy Tilley）和穆拉（E. J. Muller）合办协泰行（Tilley & Muller Consulting Engineers and Architects），经营咨询工程师和建筑师业务；1910年两人散伙后，德利在上海独立创办德利洋行（Tilley, Percy Civil Engineer，Architect，Land and Estate Agent and Surveyor），专为华洋绅商代置房产、挂号转换道契、绘图打样各种厂宅、包造中西房屋、代收房租、兼营估价及做抵押贷款；1914年1月—1917年6月林拜（S. O. Limby）成为合伙人，公司外文名改为Tilley & Limby，Civil Engineers，Architects，Reinforced Concrete experts，Land and Estate Agents，Consultant Mining Engineers；1917年6月林拜退休，公司由德利独立经营，更外文名为Tilley，Percy Architect & Surveyor，Land & Estate Agent，后外文名曾调整为Tilley，Percy，Civil Engineer and Architect，经营至1941年后。

作品：

上海：

——新中国剧院（New Chinese Theatre），浙江路、湖北路和九江路间三角地，1911。
——中式马厩和厨房，册地917号，卡德路，1911。
——15座中式住宅，册地907号，新闸路，1911。
——14座洋式住宅，册地935号，卡德路，1911。
——中式剧院基础，册地520号，浙江路，1911。
——剧院，册地520号，湖北路、浙江路和九江路，1911。
——7座住宅，册地2119号北，静安寺路和同孚路，1911。
——电影院和2座商店，册地642号，汉口路和浙江路，1911。
——中式剧院改造，册地520号，湖北路，1912。
——1座浴室，册地513号南，九江路，1912。
——1座宾馆，册地343号，山西路和天津路，1912。
——1座外国商店和5座中式住宅，册地510号，南京路，1912。
——1座浴室和1座宾馆，册地403/405号，汉口路，1912。
——1座住宅，册地101号，帕克路，1913。
——8座住宅，册地3340号西，新闸路，1913。
——仓库，册地2080号东，保定路，1913。
——20座住宅，册地2680号，倍开尔路，1913。
——1座洋式住宅、马厩和暖房，册地2839号，爱文义路和西摩路，1913。
——晒鱼木架，册地6860号西，杨树浦路，1913。
——6座住宅和印刷厂，册地1873号北，成都路，1913。
——1座放映室，册地620号，九江路，1913。
——47座住宅和3座门房，册地524号，1914。
——1座洋式住宅，册地2080号，斜桥弄，1914。
——1座暖房，册地3045号，新闸路，1914。
——中式剧院改造，册地521号，九江路，1914。
——宾馆改建，册地82号，四川路，1914。
——3座住宅，册地2874号，南阳路，1915。
——住宅加建，册地1160号，爱文义路，1915。
——47座住宅和3座门房，册地524号，九江路，1915。
——剧院加建，册地520号，九江路，1915。
——门房和围墙，册地2080号，斜桥弄，1915。
——17座住宅，册地436号，山东路，1915。
——1座暖房，册地2874号，南阳路，1915。
——宾馆改建，册地119号，爱多亚路和四川路，1916。
——加建项目，册地841号，四川北路，1916。
——加建项目，册地3241号，爱文义路，1916。
——加建项目，册地2839号，爱文义路，1916。
——1座商店，册地533号，福州路和湖北路，1916。

——1 座洋式商店、厕所和加建项目，册地 3641 号，华德路，1917。
——加建项目，册地 53 号，四川路，1917—1918。
——48 座中式住宅，册地 538 号，福州路和浙江路，1918。
——4 座中式住宅，册地 4260 号北，戈登路，1918。
——3 座中式住宅，册地 1798 号东，成都路，1918。
——廊道和加建项目，册地 1077 号，百老汇东路，1918。
——1 座洋式商店，册地 1075-1077 号，邓脱路，1918。
——1 座商店，册地 629 号，九江路、浙江路和英华街，1919。
——1 座商店，册地 2446 号，杨树浦路，1919。
——7 座住宅，册地 1783 号东，大西路，1919。
——1 座住宅，册地 2838 号，南阳路，1919。
——3 座住宅，塘山路，1919。
——加建项目，册地 77 号，二摆渡路（现江西中路 460 弄），1920。
——车库，册地 71 号，香港路，1920。
——栈房改建，册地 12 号，巴富尔路，1920。
——办公楼，册地 2426 号，杨树浦路，1918。
——1 座洋式商店，册地 249 号，南京路和 Yu Sing Ka Road（中文路名不详），1920。
——加建项目，册地 2893 号，爱文义路，1920。
——57 座中式住宅，册地 4741 号，戈登路，1920。
——1 座洋式住宅，以及门房和围墙，册地 1790 号，大西路，1921。
——马厩、门房和围墙，册地 1790 号，大西路，1921。
——改建项目，册地 14 号，博物馆路外，1921。
——加建项目，册地 650 号，兆丰路外，1921。
——24 座车库，册地 2430 号，静安寺路外，1921。
——改建项目，册地 118 号，四川路，1921。
——加建项目，册地 1161 号，爱文义路，1921。
——车库、宿舍，册地 3800 号，康脑脱路外，1924。
——新凤祥，1913 年前。
——楼外楼，1913 年前。
——新新舞台，1913 年前。
——丁福保住宅，1913。
——绣云天建筑（钢混），1918。
——大舞台新屋（New Opera House），黄浦区九江路 663 号，1933，德利洋行土木工程师汪静山设计，费博士任工程顾问。
——哈同大楼（Hardoon Building），黄浦区南京东路 233-257 号，1934—1935。
——迦陵大楼（The Liza Hardoon Building），黄浦区南京东路 99 号（四川中路 346 号），1937—1938。
——壳牌汽车公司（Camal Cang，今凯思宾馆），香港路 111-117 号，1919。
——瑞镕船厂办公楼（Office Building of New Engineering & Shipbuilding，Co.），杨树浦路 640 号，1919—1920。
——凡尔登花园（Verdun Terrace Gardens），陕西南路 125 弄，1920。
——通和银行，宁波路，1935。
——薛罗紧舞场（Ciro's Ball Room），南京西路 444 号，1936。

汉口：

——汉口重建规划，1912。

参考文献及相关材料：

——黄光域 . 外国在华工商企业辞典 [M]. 成都：四川人民出版社，1995：757.
——张文骏 . 英商泰利洋行及其买办 [M]// 吴汉民 . 20 世纪上海文史资料文库（4）. 上海：上海书店出版社，1999：76-79.
——部分作品信息源自相应年份《上海公共租界工部局公报》（*The Municipal Gazette*）。
——郑时龄 . 上海近代建筑风格 [M]. 上海：同济大学出版社，2020：486.

[89] Ward Probst & Co.（公平洋行）

名称：

公平洋行 [Sykes，Schwabe & Co.; Schwabe & Co.，G. C.; Bower，Hanbury & Co.; Ivesen & Co.; Ward，Probst & Co.; Probst，Hanbury & Co.，Ltd.; Probst，Hanbury（China），Ltd.; Rayden，F.; White &. Co.，Ltd. W. A.]

地址：

上海（南京路 8 号，1872—1879；南京路 13 号，1880—1905；南京路 10 号，1906—1922；仁记路 21 号，1923—1934；仁记路 81 号，1934—1941）

执业时间：

1850 年前—1943

合伙人：

G. C. Schwabe，Frederick Bower，Thomas Hanbury，Egbert Ivesen，W. G. Ward，E. A. Probst，C. W. Rayden，W. A. White

从业人员：

J. Ambrose（1878—1922），Peter Thomas（1903—1918），G. C. Wingrove（1923—1927），C. H. Gonda（1920—1922），G. O. Wootten（1920），R. A. Curry（1922）

简史：

1850 年前创办，外文名为 Sykes，Schwabe & Co.；1853 年由施瓦布（G. C. Schwabe）接办，公司更外文名为 Schwabe &.Co.，G. C.；1858 年由鲍尔（Frederick Bower）及汉壁礼（Thomas Hanbury）合伙接办，更外文名为 Bower，Hanbury & Co.；1873 年由前公共租界工部局董事艾维森（Egbert Ivesen）接办，更外文名为 Iveson & Co.；1901 年 1 月前由前公共租界工部局总董沃德（W. G. Ward）及普罗夫斯特（E. A. Probst）等合伙接办，更外文名为 Ward，Probst & Co.；1911 年更外文名为 Probst，Hanbury & Co.，Ltd.，并改为有限责任公司；1930 年由雷登（C. W. Rayden）、怀特（W. A. White）等接办，按香港公司注册章程注册为私有有限责任公司，启用 Probst，Hanbury（China），Ltd. 新外文名；1936 年雷登和怀特两人散伙，各自经营 Rayden，F. 和 White & Co.，Ltd.，W. A.，中文名均为公平洋行，仅怀特保留地产业务，二者均经营至 1941 年 7 月后。经营业务曾涉及丝、茶、机器、五金杂货、呢绒、疋头（丝纺织品）及纸货贸易，以及地产、房地产、保险代理等；其地产部虽非主要业务部门，但在很长时间内均聘有建筑师负责相关业务。

作品：

上海：

——国际面粉厂（The International Mill），1897。
——新公平洋行大楼（New Probst & Hanbury Building），仁记路，1920。
——钱业公会新屋，1921。
——洋式住宅加建，册地 10 号，圆明园路，1911。
——4 座本地住宅，册地 666 号，广东路和云南路，1911。
——3 座本地住宅，册地 442 号，松江路和福建路，1911。
——104 座住宅，册地 1071 号，汉璧礼路和吴淞路，1912。
——11 座住宅，册地 1019 号，天潼路和熙华德路，1913。
——17 座中式住宅，册地 513 号，南京路，1913。
——14 座住宅，册地 1019 号，熙华德路和武昌路，1913。
——11 座中式住宅，册地 807 号，天潼路，1913。
——修复 33 座住宅，册地 439 号，广东路，1912。
——5 座住宅，册地 149 号，狄思威路，1914。
——83 座住宅和 4 座门房，册地 1079 号，吴淞路，1914。
——10 座住宅和 1 座门房，册地 437 号，广东路和西上麟路，1914。
——44 座住宅和 1 座门房，册地 453 号，福建路和苏州路，1915。
——201 座住宅，册地 515 号，福建路、南京路和湖北路，1916，J. Ambrose 设计。
——14 座住宅，册地 148 号，Yuhkwaylee（中文不详）和广东路，1917，J. Ambrose 设计。
——10 座中式住宅，册地 234 号，山西路和天津路，1917。
——8 座住宅，册地 400 号，汉口路，1917。
——33 座住宅和浴室，册地 434 号，福建路和广东路，1917。

——4 座住宅，册地 592 号，芝罘路，1917。
——2 座中式住宅，册地 270 号，山西路，1918。
——6 座中式住宅，册地 524 号，九江路和湖北路，1918。
——办公楼，册地 30 号，南京路，1919。
——改建项目，册地 30 号，仁记路外，1921。
——办公楼，册地 29B 号，仁记路，1921。
——改扩建项目，册地 33/34B 号，南京路，1921。
——扩建项目，册地 30 号，南京路外，1921。
——办公楼，册地 30A 号，仁记路，1921。
——1 座洋式商店和 2 座仓库，册地 512 号，南京路，1921。
——199 座住宅，6 座门房以及仓库，册地 327 号，苏州北路和山西北路，1923。
——1 座仓库，册地 327 号，苏州北路外，1923。
——1 座仓库，册地 327 号，苏州北路外，1923。
——公共厕所，册地 90 号，汉口路，1923。
——140 座住宅，册地 1065 号，密勒路、武昌路、天潼路和吴淞路，1923。
——1 座商行，册地 327 号，山西北路，1923。
——35 座住宅和围墙，册地 599 号，熙华德东路和华记路，1923。
——3 座围棚和 1 座办公楼，册地 1892 号，华德路，1923。
——5 座商店和 32 座中式住宅，册地 1023 号，百老汇路，1923。
——333 座中式住宅，册地 1070 号，百老汇路、公平东路和邓脱路，1923。
——印刷厂，册地 3670 号，武定路，1924。
——158 座中式住宅，册地 327 号，山西北路，1924。
——4 座仓库，册地 1011 号，黄浦路、南浔路和青浦路，1923。
——48 座中式商店，册地 673/684/689 号，广东路和广西路，1924。

参考文献及相关材料：

——绝大部分作品信息源自相应年份《上海公共租界工部局公报》(*The Municipal Gazette*)。

[90] Yaron，A. J. Architect，Surveyor，and Civil Engineer（协隆洋行）

名称：

协隆洋行（Yaron，A. J. Architect，Surveyor，and Civil Engineer；Yaron & Gran，Architects, Surveyors, and Civil Engineers）

地址：

上海（静安寺路 316 号，1928—1930；静安寺路 1531 号，1931；静安寺路 316 号，1928—1930；杜美路 54 号，1931；蒲石路 770 号，1932—1935）

执业时间：

1928—1935

合伙人：

A. J. Yaron，E. M. Gran

从业人员：

John A.Yaron，Tang T. S.，Zee C. C.，V. V. Arnold，Chen W. C.，Arnold de-Bolly，Yih Z. D.，Zeng Z. K.，G. S. Borisoglobsky，V. V. Koorechkin，B. A. Kutsinsky，W. R. Bartels，P. P. Fedorovsky，Loh Y. L.，B. V. Disterlo，V. A. Prisadsky，Tang T. S.

简史：

1928 年 5 月 1 日协隆（A. J. Yaron）终止与赉丰（Lafuente）合伙后，开始自办协隆洋行（Yaron，A. J. Architect，Surveyor，and Civil Engineer）；1930 年协隆曾短暂和葛兰（E. M. Gran）合伙组建建筑事务所（Yaron & Gran，Architects, Surveyors, and Civil Engineers），同年散伙；1935 年 2 月协隆在上海去世，协隆洋行停办。

作品：

上海：

——圣尼古拉斯教堂（The St. Nicholas Russian Orthodox Church），皋兰依路（今皋兰路）16号，1932—1934。

——东正教圣母大堂（Russian Orthodox Mission Church），徐汇区新乐路55号，1931—1934。

——西园大厦/西园公寓（West Park Mansions），长宁区愚园路1396号，1928。

——王伯群住宅（Residence for Wang Boqun），长宁区愚园路1136弄31号，1934。

——神父住宅（Residence for the Fathers of the Recolectos Order），1932。

——林大坊（Linda Terrace），霞飞路833号（今淮海中路833弄），1924。

——协隆自宅和其他别墅（Yaron's own residence and other villas），蒲石路770–788号（770–788 Rue Bourgeat，今长乐路784/786/788号），1931。

——修德堂（Recoletos Procuration），香山路6号（6 Rue Moliere），1932。

——望德堂（Augustinian Procuration），爱文义路1220号（今北京西路1220弄2号），1932。

——毕晓普公寓（Bishop Apartments），亨利路55A号（Route Paul Henry，今新乐路55A号），1932。

——华盛顿公寓（Washington Apartments，今西湖公寓），衡山路303号，1928—1930。

——贝当公寓（Petain Apartments，今衡山公寓），衡山路700号，1934。

——罗泰洋行仓库和办公楼（A warehouse and office for the firm of D. G. M. Aronovsky）。

南京：

——国民政府交通部（Ministry of Communications in Nanking），中山北路303号，1928—1934，已毁。

——邮政局萨家湾新屋，1932。

参考文献及相关材料：

——A. J. Yaron has Notable Record as Architect: Constructed Baltic Sea Naval Hambor for Russians[N]. The China Press，1928–12–9（D7）.

——Alexander I. Yaron Buried at Hungjao[N].The China Press，1935–2–21（4）.

——РУССКИЕ В ШАНХАЕ[Z]. Альбом. Шанхай，1936.

——朱纪华. 上海的俄罗斯记忆[M]. 上海：上海书店出版社，2016：57.

——https://sites.google.com/view/russianshanghai/architects/a–j–yaron.

——Obituary Mr. A. L. Yaron[N]. The North–China Daily News，1935–2–20（14）.

——郑时龄. 上海近代建筑风格[M]. 上海：同济大学出版社，2020：496.

第三编
近代在华外资建筑工程相关商业机构名录[①]

① 本编包含下设建筑工程相关部门的外资企业（非房地产）。

[1] American Trading Co. General and Contruction Engineers, Importers, Exporters, Manufacturers' & Insurance Agents (茂生洋行)

名称:

茂生洋行（American Trading Co. General and Contruction Engineers, Importers, Exporters, Manufacturers' & Insurance Agents; American Trading Co. of The Far East, Inc.）

地址:

上海（四川路 53 号，1918—1921；广东路 3 号，1921—1923 年后）；天津；营口；旅顺；北京；汉口；哈尔滨

存续时间:

1879—1940

成员:

I. Oesterblom（1918—1921），A. F. Blanchard，L. E. Gale，P. Stefan Gall，F. V. Budell，A. M. Paget（1921），J. E. Hayes，E. C. Holbrook（1922—1923）

简史:

茂生洋行于 1877 年创办，本部设在纽约市，分支机构遍及世界。1879 年设上海分号，后在天津、营口、旅顺、北京、汉口、哈尔滨诸地相继设分号或代理处。经营工厂材料、铁路材料、钢铁产品、机器、五金、染料、化学品、药材、橡胶制品、调带、锡砂及杂货进出口贸易，承办相关工程业务，代理欧美和日本保险、轮船及其他公司厂商数家至数十家。1924 年改组为股份有限公司。在旧金山、哈瓦那、鹿特丹、悉尼、东京设子公司或控股公司，中国子公司一度改组为远东子公司，启用 American Trading Co. of The Far East, Inc. 新外文名。1940 年代末尚见于记载。自 1917 年开设建筑部，由奥斯特伯姆（I. Oesterblom）任负责人；1921 年 7 月奥斯特伯姆离开后，由伯捷（A. M. Paget）短暂接任负责人；自 1922 年 1 月起由霍尔布鲁克（E. C. Holbrook）任负责人，至 1923 年建造部取消，工程部依旧保留。

作品:

上海:

——钢混桥梁，册地 805 号，苏州西路外，1921。

——申报大楼，奥斯特伯姆负责结构设计（建筑师为 G. F. Ashley），1918。

——利昌洋行仓库（Lee Chong's Godown），奥斯特伯姆负责结构设计（茂生洋行中国籍建筑师负责设计），1918。

——上海大世界，奥斯特伯姆负责结构设计（建筑师为 Atkinson & Dallas），1918。

参考文献及相关材料:

——部分作品信息源自相应年份《上海公共租界工部局公报》（*The Municipal Gazette*）。

——黄光域 . 外国在华工商企业辞典 [M]. 成都：四川人民出版社，1995：392.

[2] Andersen Meyer & Co. Ltd. Merchants, Engineers and Contractors (慎昌洋行)

名称:

慎昌洋行（Andersen Meyer & Co. Ltd. Merchants, Engineers and Contractors）

地址:

上海（新康路 2 号，1906—1907；圆明园路，1908—1941）；北京；天津；张家口；奉天；库伦；济南；哈尔滨；汉口；福州；广州；香港等

存续时间:

1906—1948

创始人：

V. Meyer（1878—1935），I. Anderson，A. Petersen

成员（建筑工程师）：

H. H. Arnold, E. H. Parsons（1917）, E. Park（1917—1922）, I. Hindhede（1918）, A. Corrit（1918—1919）, R. L. Larson（1922—1930），J. E. Jensen（1930），J. Edm Rainals（1931—1941），李铿（1933 年上海市工务局登记建筑技师）

简史：

1905 年由原宝隆洋行职员安德森（I. Andersen）、迈耶（V. Meyer）及彼得森（A. Petersen）合伙筹办，翌年初正式开业，为丹麦商号，经营杂货贸易及佣金代理业务。1915 年改组，按纽约州法律注册为美商私有有限公司。在北京、天津、香港、汉口、哈尔滨、沈阳、青岛、济南、烟台、长沙、广州、重庆诸地及伦敦、纽约先后设分号。经营进出口贸易，承办包揽建筑、水电及设备安装、机械修理等工程业务，代理欧美保险及其他公司厂商十几家至一百多家。总号设营业部、进口部、出口部、机力仪器部、药品部、建筑工程部、卫生器材部、货栈及杨树浦机厂等下属单位。1940 年代末尚见于记载。慎昌洋行自 1907 年开始设工程部（Engineering Department），至 1911 年将电力部和工程部合并（Engineering Electrical Department）；1917 年 1 月聘有建造工程师（Construction Engineer）帕森斯（E. H. Parsons）并设本地工程建造部（Engineering Local Construction Department）；1917 年 7 月雇有建筑师、混凝土建造师帕克（E. Park）；1918 年 1 月除帕克外，另有助理建筑师、混凝土建造师辛德赫德（I. Hindhede）；1919 年 1 月在工程部外另成立混凝土部（Concrete Department），由帕克任负责人，至 1921 年 1 月改为建筑工程部（Building Engineering）并由帕克任负责人，1922 年 7 月负责人变为拉森（R. L. Larson），1930 年建筑建造部负责人为约翰逊（J. E. Jensen），1931 年 1 月—1941 年 7 月负责人为雷纳尔斯（J. Edm. Rainals）。

作品：

上海：

——中国电灯公司。
——公共租界工部局电气处发电厂。
——闸北水电公司电厂。
——鸿大纱厂发电厂。
——吴淞永安第二纱厂发电厂。
——永安第一、二、三纱厂。
——厚生纱厂。
——大丰庆记纱厂。
——恒大纱厂。
——宝成纱厂。
——中华第一针织厂厂房。
——永安纺织公司仓库。
——阜丰面粉公司。
——平和洋行仓库。
——英商业广公司仓库。
——正广和汽水公司仓库。
——龙飞汽车公司汽车房。
——大华饭店汽车房。
——中华码头公司仓库。
——大来洋行码头、水塔。
——江海关码头。
——浦东光华煤油公司油池。
——慎昌洋行沪行仓库。
——慎昌油厂及油池。
——华品烟草公司厂房。
——商务印书馆厂房。
——大业印刷公司厂房。
——正广和汽水厂厂房。
——老德记汽水厂厂房。

——大华钢铁厂厂房。
——中央研究院试验所。
——台湾银行，与建筑师合作。
——银行俱乐部，与建筑师合作。
——新卡尔登影戏院，与建筑师合作。
——普庆大戏院，与建筑师合作。
——吕班公寓，与建筑师合作。
——德国学校，与建筑师合作。
——大光明戏院，与建筑师合作。
——大中华饭店，与建筑师合作。
——东方饭店，与建筑师合作。
——花旗银行，与建筑师合作。
——奥地安大戏院，与建筑师合作。
——花园公寓，与建筑师合作。
——比亚施公寓，与建筑师合作。
——沪江大学藏书楼，与建筑师合作。
——犹太学校，与建筑师合作。
——上海电力公司，与建筑师合作。
——上海疗养院，与建筑师合作。
——盛氏公司，与建筑师合作。
——新新公司，与建筑师合作。
——改建项目，册地 22 号，圆明园路，1918。
——桥梁，册地 27 号，圆明园路，1919。
——改扩建项目，册地 27 号，圆明园路，1919。
——钢烟囱和 2 个烟灰室，册地 629 号，英华街，1920。
——加建项目，册地 7293 号，西哑路（西湖路），1920。
——改建项目，册地 27 号，圆明园路外，1921。
——仓库，册地 6024 号，杨树浦路外，1921。
——改建项目，册地 27 号，圆明园路，1921。
——工厂，册地 6024 号，铜梁路，1921。
——厕所和办公室，册地 2024 号，铜梁路外，1923。
——工厂加建，册地 3541 号，韬朋路外，1923。
——冷藏室，册地 2940 号，爱文义路外，1923。
——钟表，册地 10 号，静安寺路外，1923。
——仓库，册地 8004 号，胡伦路外，1924。
——又斯登公寓，1929。
——杨树浦工业区工厂。
——百老汇大厦，北苏州路 2 号，慎昌洋行人员任建造工程师，1931。

天津：

——裕元纱厂发电厂。
——华新纱厂发电厂。
——宝成纱厂。
——慎昌洋行天津分行仓库。
——民丰面粉公司。
——寿星面粉公司。
——恒源纺织公司。

汉口：

——慎昌洋行汉口分行仓库。
——自来水电灯公司。
——丰兴记面粉公司。

青岛：

——内外棉织公司发电厂。

——茂昌公司厂房。

广州：

——广东电灯公司。

——中山纪念堂，与建筑师合作。

——海珠桥。

——东山自来水塔。

南京：

——南京电灯公司。

——浦镇（南京）津浦铁路机器厂。

杭州：

——大有利电灯公司。

——杭州电厂。

沈阳：

——奉天纱厂电力车间。

——奉天电灯公司。

九江：

——久兴纱厂。

——龙开河钢桥。

其他：

——厦门电灯公司。

——安东电灯公司。

——长春电灯公司。

——中国拓殖公司电厂，大连（？）。

——锦县电灯公司。

——镇江大桥电灯公司。

——福州电灯公司。

——湖南官办电灯公司，长沙。

——南昌电灯公司。

——四川煤矿电厂，成都。

——太原电灯公司。

——济南电灯公司。

——通辽电灯公司。

——哈尔滨协平电灯公司。

——吉林永恒电灯公司。

——郑州豫丰纱厂及发电厂。

——汕头海关。

——南通大生纱厂。

——辽宁纱厂。

——中华面粉公司，包头（？）。

——宝兴面粉公司，徐州（？）。

——广西大学试验所，南宁。

——烟台海关仓库。

——浙江缙云悬桥。

——吉海铁路 1500t 桥。

——山东龙口码头。

——吉海铁路机车给水塔。

——平汉铁路机车给水塔等。

参考文献及相关材料：

——Andersen，Meyer & Company. Andersen，Meyer & Company，Limited，of China：Its History：Its Organization Today[M]. Shanghai：Kelly and Walsh，Limited，1931.

——黄光域 . 外国在华工商企业辞典 [M]. 成都：四川人民出版社，1995：715-716.

——彭长歆 . 中国近代工业设计的先驱——慎昌洋行的建筑实践 [J]. 建筑师，2017（5）：59-66.

——部分作品信息源自相应年份《上海公共租界工部局公报》(*The Municipal Gazette*)。
——罗春林．从海珠桥桥梁建设合同看慎昌洋行的在华经营策略 [J]. 文物鉴定与鉴赏，2018（9）：85-87.
——蒲仪军．中国近代建筑设备技术的转移——以慎昌洋行的建筑实践为例 [J]. 时代建筑，2018（2）：142-145.
——郑时龄．上海近代建筑风格 [M]. 上海：同济大学出版社，2020：210.

[3] Arnhold & Co.，Ltd. Merchants，Engineers and Contractors（安利洋行）

名称：

安利洋行（Arnhold，H. E.；Arnhold Brothers & Co.，Ltd.；Arnhold & Co.，Ltd. Merchants，Engineers and Contractors）

地址：

上海（九江路 1B，1915—1916；外滩 4 号有利银行大楼，1916—1919；九江路 6 号安利大楼，1919—1928；南京路 1 号沙逊大厦，1929—1941）

存续时间：

1915—1941

成员：

H.Wakelam（建造工程师），A. Levenspiel（建造工程师），W. Roeber（1933—1935），H. B. Rowsell

简史：

1915 年由在德商瑞记洋行上海分行任职的阿恩霍尔德兄弟（H. E. Arnhold 和 C. E. Arnhold）合伙开办，外文名为 Arnhold，H. E.，中文名为安利英行。在广州、汉口设分号，镇江、沙市设代理处。经营杂货进出口贸易及工程承包业务，充瑞镕机器船厂及东方纺织公司全权经理；并代理几家欧美保险公司。1917 年按香港公司注册章程注册为私有有限公司，更外文名为 Arnhold Brothers & Co.，Ltd.，添香港、镇江、重庆、长沙、常德、宜昌、万县、北京、营口、沈阳各分支号，在伦敦及纽约设办事处；并代理欧美厂商公司数家至数十家。由于“经营不善”，1920 年代初曾濒临破产。1923 年 3 月 17 日改组，变更外文名为 Arnhold & Co.，Ltd.，核定资本银 750 万两。股权渐为新沙逊洋行所控制，成为沙逊集团附属公司。先后添伦敦、纽约、巴黎、曼彻斯特、孟买、加尔各答诸分号。总号下设机器、通信、汽车、保险等部及电气、机械、建筑、电报、纺织、油诸股，各司其职。进口英、美、德工厂设备、机器、纸、棉布、电器玻璃、建材、汽车、飞机等；出口桐油、肠衣、菜油、猪鬃、矿锑、钨砂等。代理欧美厂商公司数家至数十家，先后充任祥泰木行、英商中国公共汽车公司、瑞镕机器造船公司、华懋地产公司等沙逊集团关系企业之全权经理。太平洋战争爆发后，迁总号于曼彻斯特。战后于香港及上海设分号。1940 年代末尚见于记载。

安利洋行成立之初就聘用克伦（H. Wakelam）负责建筑工程事宜，至 1917 年 7 月又增加建筑工程师苏生（E. Suenson，1921 年 7 月离职）；1918 年 7 月成立钢筋混凝土建造部（Reinforced Concrete Construction Division），由克伦任负责人，1921 年该部改名为建造部（Construction Division），至 1926 年 1 月取消建造部、并入工程部；1927 年 7 月文斯皮尔（A. Levenspiel）加入；1928 年 7 月成立地产部（Property Department），有巴拉克劳夫（E. S. Barraclough）、克伦（1930 年 1 月后离开）和文斯皮尔，1935 年地产部取消、并入工程部，文斯皮尔离职，1940 年成立建筑部（Building Section）。

作品：

上海：

——华懋大厦（Cathy Mansions），克伦任结构工程师，1929。

参考文献及相关材料：

——黄光域．外国在华工商企业辞典 [M]. 成都：四川人民出版社，1995：309-310.

[4] Arts & Crafts Furnishing Co. Ltd. Interior Architects, Complete House Furnishers and Decorators, Contractors for all Decorative Woodwork（美艺洋行）

名称：

美艺洋行（The North China House Furnishing Co.; R. A. Rickard & Co.; Arts & Crafts Furnishing Co. Ltd. Interior Architects, Complete House Furnishers and Decorators, Contractors for all Decorative Woodwork; Arts & Crafts, Ltd.）

地址：

上海办公和展示地址：南京路 573 号，1907—1908；南京路 44 号，1909—1916；静安寺路 43 号，1917—1930；静安寺路 190 号，1931—1933；静安寺路 887-889 号，1934—1941。

上海工厂和工作室地址：胶州路 85/343 号

存续时间：

1905—1941 年后

负责人：

R. A. Rickard（1905—1907），Samuel J. Hicks（1907—1911，1912—1940），A. L. Tayler（ASD，1912—1932），Vilhelm Meyer（1911—1912），Mitchell Berry（1932—1941）

成员：

J. Marques，G. T. Squires，E. Brownrigg，B. C. Chang，N. L. King

简史：

最初名为上海英商美术家具陈设公司，初见于 1905 年 1 月，外文名为 The North China House Furnishing Co.。以提供室内装饰、工作间设计及金工和木工技术服务为主，由里卡德（R. A. Rickard）任代理人；1906 年更外文名为 R. A. Rickard & Co.；经营至 1907 年，由希克斯（Samuel J. Hicks）接手并更外文名为 Arts & Crafts Furnishing Co.，Ltd.，定中名为美艺洋行，业务涵盖室内设计、整体装修以及包造细木工等（Interior Architects，Complete House Furnishers and Decorators，Contractors for all Decorative Woodwork）。数年间即建起了工厂及样品陈列所，到 1908 年雇工数已达 150~200 人。所产铅玻璃制品及手锤铜器颇有声名，不仅成为上海著名的房屋陈设装修承包商，而且在汉口、营口、大连及海参崴，以及韩国仁川、首尔诸地也很有影响，部分产品出口行销美国。1909 年按香港公司注册章程注册为私有有限公司，启用 Arts & Crafts，Ltd. 新外文名，并在香港设分号。公司业务发展甚广，经营成套家具、西洋木器制作、装潢设计、石膏装饰等业务，兼营五金加工制造、电镀、地毯进口、房地产及保险代理，并代理多家欧美相关厂商公司。1932 年曾成立专门的设计制图室（Drawing Office）。1940 年代后期尚见于记载。

作品：

上海：

——墙和堤岸等，册地 6202 号，胶州路，1916。

——1 座洋式商店，册地 6202 号，胶州路，1918。

——棚屋，册地 6202 号，胶州路外，1921。

——卡尔登戏院内部装饰，静安寺路帕克路口新卡尔登饭店后面，1923。

参考文献及相关材料：

——黄光域 . 外国在华工商企业辞典 [M]. 成都：四川人民出版社，1995：526.

——部分作品信息源自相应年份《上海公共租界工部局公报》（*The Municipal Gazette*）。

[5] Asiatic Petroleum Co.，Engineering Department（亚细亚石油公司工程处）

名称：

亚细亚石油公司工程处（Asiatic Petroleum Co.，Engineering Department）

地址：

上海（九江路 9A/7 号，1907—1916；外滩 1 号，1916—1941）

存续时间：

1907—1941

建筑师成员：

O. E. Mariouw，F. A. Walker（ARIBA，1921；FRIBA，1926），A. P. Stoner（ARIBA，1933；上海市工务局登记建筑技师），W. O. Keats（FSI；LRIBA），A. Pullen（LRIBA，1933；上海市工务局登记建筑技师），W. J. Priest，陈永箴（土木工程师）

简史：

亚细亚石油公司是英国石油贸易公司。1903 年由荷兰皇家石油公司及英国壳牌运输贸易公司合资创办。1907 年来华开业，先后在上海、天津、营口、汉口、镇江、广州、香港、福州、九江、南京、青岛、芜湖诸埠设分号或营业所，进口经销壳牌火油、汽油、蜡、滑油、洋烛及其他石油产品。1908 年在中国的公司分立为北、南两公司，华北公司（Asiatic Petroleum Co. North China，Ltd.）总部设于上海，先后在九江路及黄浦滩路营业，核定资本 50 万英镑，按香港公司注册章程注册为私有有限公司，在天津、汉口、南京、青岛、重庆、济南、烟台、长沙、镇江、杭州、沈阳、宜昌、九江、营口、沙市、苏州、芜湖、安东、哈尔滨、温州、岳州、龙口诸端口设分号或代理处。总号下设营业、总务、工程、采办、船务等十余部，各司其职。南部公司（Asiatic Petroleum Co. S. C.，Ltd.）资本为 100 万英镑，在英格兰注册，总部设在香港，在广州、汕头、厦门、福州、梧州、江门、北海、海口、山都澳、南宁诸埠及贵州之一部设分号或代理处。进口运销壳牌汽油、煤油、机油、柴油、太阳油、沥育、白蜡及蜡烛等。太平洋战争爆发后，日占区总分号被日本接收，战后恢复，经营至 1940 年代末尚见于记载。华北公司曾长期下设工程部，聘任建筑师和工程师，负责公司华北各部经营的建筑工程项目。

作品：

不详。

参考文献及相关材料：

——黄光域 . 外国在华工商企业辞典 [M]. 成都：四川人民出版社，1995：253-254.

[6] Butterfield & Swire，Architects'Office（太古洋行建筑师处）

名称：

太古洋行建筑师处（Butterfield & Swire，Architects' Office）

地址：

上海（四川路，1872—1880；九江路 5 号，1881—1885；外滩 31 号，1886—1895；法租界外滩 21-23 号，1896—1941）

存续时间：

1867 年至今

负责人：

J. S. Swire，R. S. Butterfield，G.W.Swire

成员：

C. Hamilton Rew（1904—1906），W. Ramsay，A. W. C. Lorden（1907—1912），J. A. Offer（1908—1929），A. R. Austin，C. R. M. Young（1919—1920，1930—1940），S. L. Luker（1919—1922），A. Jennings（1920—1928），E. H. Adams（1922—1929），H. W. Ford（1922），H. F. C. Colman（1936—1941），H. Fawcett（1930—1934）

简史：

1867 年斯怀尔（J. S. Swire）与巴特菲尔德（R. S. Butterfield）在上海合伙创办太古洋行，经营疋头进口及茶叶出口贸易，代理蓝烟囱轮船公司业务。1870 年设香港分号，1872 年以 36 万英镑之资开办太古轮船公司，参与航运竞争，终于成为操纵中国沿海特别是长江及珠江航运的最大企业。此外经营有拖驳公司、船厂、糖房、油漆厂及众多码头、堆栈；代理若干保险、轮船及其他公司。至 1930 年代中，先后在广州、天津、汉口、厦门、福州、营口、宁波、宜昌、九江、重庆、镇江、南京、安东、大连、烟台、长沙、沙市、汕头、青岛、哈尔滨、沈阳、南宁、海口、北海、龙口、岳州及神户、横滨等 20 余埠设分号或代理处。1940 年代末改组，更外文名为 Swire & MacLaine，Ltd.，华名别称太贸股份有限公司。公司至今仍在运营。

太古洋行自 1904 年开始聘任建筑师并常设建筑师职位，曾下设建筑师处，后于 1922 年更为营造处（Work Department），持续设立至 1941 年后。

作品：

不详

参考文献及相关材料：

——黄光域．外国在华工商企业辞典 [M]. 成都：四川人民出版社，1995：108-109.

——相关档案存于英国伦敦大学亚非学院（SOAS）图书馆。

[7] J. E. Hayes Engineering Corporation（汉士洋行）

名称：

汉士洋行（J. E. Hayes Engineering Corporation）

地址：

上海（格林邮船大楼 508 室，1923—1925；香港路 4 号，1926—1927）；天津

存续时间：

天津（1921—1941），上海 1923—1927（？）

合伙人：

J. E. Hayes

从业人员：

H. W. Bolin，I. B. Bush，G. C. Haun，A. M. Levenspiel

简史：

1921 年由原茂生洋行驻北京工程师兼代表汉士（J. E. Hayes）在天津创办。1923 年上海设分号，一度将总行迁至上海，后迁回天津。承包营造工程，营钢结构和钢混结构设计，同时从事建筑师业务，尤以现代耐火建筑为长；进口工程材料及建筑材料，设计装配商用冷藏及制冰设备。代理欧美厂商公司数家至十数家。上海分行在行名录出现止于 1927 年，天津总行延续至 1941 年。

作品：

天津：

——新英租界市场（New British Market），博罗斯道（Bruce）和大沽路转角，J. E. Hayes Engineering Co. 建造，A. Loup & E. C. Young 设计，1933。

参考文献及相关材料：

——黄光域．外国在华工商企业辞典 [M]. 成都：四川人民出版社，1995：208.

[8] Kooklin & Co.，A. V. Civil Engineer；Structural Designs，Surveying and General Contractor（库克林洋行）

名称：

库克林洋行（Kooklin & Co.，A. V. Civil Engineer；Structural Designs，Surveying and General Contractor）

地址：

上海 [环龙路 220（13）号，1938—1939；培恩公寓 51 号，霞飞路 453 号，1940.01；峻岭公寓 498 号，1940.07—1941.01；霞飞路 1708 号，1941.07]

存续时间：

1938—1947

合伙人：

A. V. Kooklin（CE），K. D. Boroff

从业人员：

K. D. Boroff（土木工程师），N. N. Kouleshoff（土木工程师），T. N. Scrill，Chang Ping Yee，I. M. Alekseeff，N. V. Wolk Levanovich，M. F. Padvalny，N. B. Ferritty（土木工程师），N. M. Karpovich，Chow Che-foong

K

简史：

1938 年库克林（A. V. Kooklin）自通和洋行离职后在上海成立库克林洋行（Kooklin & Co., A. V. Civil Engineer; Structural Designs, Surveying and General Contractor），承揽建筑工程承包业务；到 1947 年仍在活跃。

作品：

上海：

——台拉斯脱住宅（Delastre Tenement），太原路（Route Delastre）228 号，承建（I. P. Tomashevsky 设计），1941。

——亨利公寓（Hanray Mansions，今淮中大楼），淮海中路（Avenue Joffre）1154–1170 号，承建（Davies, Brooke & Gran 设计），1939。

——四层公寓楼（Four-story apartment building），永福路（Route Pere Huc）70 号，承建（I. P. Tomashevsky 设计），1941。

——杜美公寓（Doumer Apartments），东湖路（Route Doumer）56 弄 43 号，承建（G. B. Rabinovich 设计），1941。

——希勒公寓（Five-story apartments，今钟和公寓），茂名南路（Route Mercier）112–124 号，承建（Leonard, Veysseyre & Kruze 设计），1941。

——三层公寓，环龙路，承建（I. P. Tomashevsky 设计），1942。

——潘兴公寓（Pershing Apartments, Three-story apartments），淮海中路 1706 弄，承建（义品放款银行建筑部设计），1941。

——环龙公寓（Astrid Apartments），法租界，与 Leonard, Veysseyre & Kruze 合作设计，1933。

——东正教教堂。

庐山：

——水库（water reservoirs），监造。

参考文献及相关材料：

——Katya Knyazeva[OL]. https://sites.google.com/view/russianshanghai/architects/a-v-kooklin.

[9] Standard Oil Co. of New York, Construction Department（美孚洋行建造部）

名称：

美孚洋行建造部（Standard Oil Co. of New York, Construction Department; Socony-Vacuum Corp.; Standard-Vacuum Oil Co.）

地址：

上海（外滩 31 号，1895—1901；外滩 21 号，1903—1910；广东路 11、12 号，1911—1934；广东路 94 号，1935—1941）

存续时间：

建造部（1911—1941 年后）

成员：

W. C. Sprague, S. J. Powell（1908—1914），S. H. Lawrence（1910），C. H. Kragh（1912—1914），M. H. R. Durst（1922—1931），J. H. Black（1914—1918），Paul Caesar Chelazzi（1937, 1942, 1949）

简史：

美孚洋行是美国石油工业公司。1870 年由洛克菲勒（John D. Rockefeller）等创办于美国俄亥俄州克利夫兰。至 1880 年已发展为垄断美国石油市场的最大企业。1894 年其纽约子公司即来华开业，由上海五金商人叶澄衷订约包销所产石油。香港、上海、天津、汉口、芜湖、镇江、烟台、营口、广州、安庆、哈尔滨、大连、台北、重庆、沈阳、长沙、岳州、长春、海口、苏州、杭州、青岛、济南、福州、汕头、厦门、南京、北京、宁波、宜昌、龙口、张家口、北海、沙市、威海卫、温州、梧州、南宁、三水及新乡、保定、石家庄、郑州、德州、太原、云南府诸埠先后设分号、经理行或代理处，外文名 Standard Oil Co. of New York，中文名通称美孚行，别作美孚洋行、美孚油行、美孚煤油公司等，自备船队运输，进口经销所产精炼油、汽油、润滑油、家庭用油、白矿蜡及蜡烛等。先后开办有浦东华栈公司（码头）及油灯厂、洋烛厂、制罐部、玻璃厂等附属企业。1931 年与光裕油行（Vacuum Oil Co.）合并，更外文名为 Socony-Vacuum Corp.。未几年公司再度改组，启用新外文名 Standard-Vacuum Oil Co.，本部仍设于纽约百老汇。太平洋战争爆发后，日方曾对之实行“军管理”。大后方重庆等地的业务远不如前。战后恢复，为中美工商业协进会会员。1940 年代末尚见于记载。

光裕机器油行（Vacuum Oil Co.，Vacuum Oil Co.，Ltd.），美国石油工业公司，本部设在纽约州罗切斯特。1895 年前来华开业，先后在香港、上海、汉口、广州、天津、青岛、大连、哈尔滨、沈阳、北京、南京、福州、汕头诸埠设分号或销售代理行。进口推销所产石油润滑油、滑脂及可视给油润滑器等。1931 年本部与美孚行合并，遂更外文名为 Socony-Vacuum Corp.，在华各分支机构亦随之并入美孚洋行。香港及广州等地别称域甘油公司或域琴油公司。

1908 年之前，上海美孚洋行已经聘请建造工程师负责相关建筑工程事宜，1911 年成立建造部（Construction Department），一直到 1941 年以后。

作品：

——鲍威尔（S. J. Powell）在 1908—1914 年任职期间设计建造了其在华北的所有工厂以及上海总部大楼。

——杜施德（Durst）于 1922—1931 年主持在哈尔滨、沈阳、大连、天津、青岛、烟台及华北其他港口城市公司相关建造的设计和评估新的发展，指定工作并完成合同。

参考文献及相关材料：

——黄光域 . 外国在华工商企业辞典 [M]. 成都：四川人民出版社，1995：271，538-539.

[10] Schmidt，F. H. Building Contractors and Surveyors，Iron Construction and Bridge Building Factories，Wood-working Fabric（西米特公司 / 广包公司）

名称：

西米特公司 / 广包公司（Schmidt，F. H. Building Contractors and Surveyors，Iron Construction and Bridge Building Factories，Wood-working Fabric）

地址：

阿尔托纳（Altona）；汉堡；青岛；汉口；符拉迪沃斯托克（海参崴）

存续时间：

1901—1914

创办人：

F. H. Schmidt

从业人员：

Magens（马根斯），C. Sievertsen（工程师，青岛总监），Kaufmann（工程师，青岛总监），Miss Conr.（工程师，青岛总监），Bruno Moser（技术员），E. Karge（技术员），J. Gut（审计员，Comptoirist），J. Bamman（刷墙工，Mauerpolier），J. Kankowski（刷墙工，Mauerpolier），A. Sassin（铁匠），H. Mahnke（刷房，Zimmerpolier），F. Woiter（操作员，Maschinist），H. Gesenger（安装员，Iastallateur），A. Hansen（刷墙工，Mauerpolier），A. Heinzel（监督，Aufseher），H. Rosen（监督），E. Eilts（刷墙工，Mauerpolier），E. Fuhse（审计员，Comptoirist），N. Hanson（审计员，Comptoirist），P. Bornmann（刷房工，Zimmerpolier），N. Lapacz（Scherestmaister），T. Groning（刷墙工，Mauerpolier），N. Ross（监督员，Aufseher），M. Kleesattel（监督员，Aufseher），C. Peters（监督员，Aufseher），E. Wimmer（监督员，Aufseher），A. Inpacz（Schachtmeister），K. Kroeber（技术员），K. Zimmermann（技术员），W. Junker（技术员），A.Winklor（会计），K. Kroober，C. Ahrens，F. P. Schmidt（Altona），J. Becker（Altona），W. Mueller，A. Schillig，Gintzel，Hans Schaffrath，Hans Fittkau，Hans Evers

简史：

德国建筑公司，在阿尔托纳和汉堡经营。1899 年在青岛开办分支，中文名为西米特公司（Schmidt，F. H. Building Contractors and Surveyors，Iron Construction and Bridge Building Factories，Wood-working Fabric），承建街道建设和私人建房业务；1905 年在汉口开设分部，中文名为广包公司，由保利洋行代理；1914 年时已经成长为青岛最大的建筑企业；同年青岛战役爆发后无闻。

作品：

青岛：

——总督临时私邸，施工，1899。

——安治泰主教府邸，施工，1899。

——总督府野战医院，施工，1899—1905。

——罗兰特·贝恩（Roland Behn）住宅，施工，1900。

——顺和洋行大楼，施工，1900—1901。

——德国胶州邮政局，施工，1900—1901。

——捷成洋行住宅，1904。

——齐默尔曼（Zimmermann）住宅，施工，1910。

——克鲁森博士（Dr. Crusen）别墅，施工，1910。

——胶州法院，费德考设计，施工，1912—1914。

——德国海军第三营营长官邸施工，青岛，1899。

——俾斯麦兵营（德国海军第三营营房），施工，1903—1905（一、二营房），1906—1909（三、四营房）。

——青岛啤酒厂（管理大楼和厂房），施工，克姆尼茨市德国机械厂设计，1904。

——拉尔兹药店（Larz Pharmacy），施工，1905。

——欧洲警察宿舍，施工，1905—1906。

——亨利王子饭店音乐厅，施工（罗克格设计），1905。

——青岛福音堂（总督教堂），施工，罗克格设计，1908—1910。

——青岛总督府，施工（Ludwig F. W. Mahlke 设计），1904—1906。

——德县路 2 号（原督署广场）施工（Hans Fittkau 设计），1912—1914。

——胶海关，负责施工（Karl Strassel 设计，Hans Fittkau 监造），新疆路 16 号，1913—1914。

——开治酒店（Katz Hotel）设计施工，湖南路 16 号，1913。

天津：

——德国总会，承建，罗克格设计，1905—1907。

——德国领事馆，承建，1911。

——德华银行天津分行，承建，1907—1908。

北京：

——德华银行北京分行，承建，1906—1907。

济南：

——德华银行济南分行，承建，1907—1908。

相关材料：

——Torten Warner. Deutsche Architektur in China：Architekturtransfer（德国建筑艺术在中国：建筑文化移植）[M]. Berlin：Ernst & Sohn，1994.

——袁宾久 . 青岛德式建筑 [M]. 北京：中国建筑工业出版社，2009.

——[德] 克里斯托夫·林德 . 青岛开埠初期的建筑 [M]. 夏树忱，译 . 上海：同济大学出版社，2024.

[11] Shimizugumi & Co. Architects & Contractors（清水组公司）

名称：

清水组公司（Shimizugumi & Co. Architects & Contractors；Shimizu-Gumi Co.，Ltd. Architects and Contractors）

地址：

上海（余杭路 3A），另在中国多个城市设有分行

存续时间：

上海（1916—1917）

负责人：

Tokumasu，K

从业人员：

Usui，Y.（1916），Takamiya，I.（1917），Ohira，K.

简史：

1807年（或1804年）由清水家在日本创办。1915年改组为合伙行号，称清水组公司，总部在东京。1916年前来华开业，首设分号于上海有恒路，承办建筑设计及相关包工业务。1930年代中期有资本300万日元，在台湾、大连、长春相继开业。1937年改组为股份有限公司，称株式会社清水组。在日本的名古屋、大厦、京都、札幌、福冈、金泽、神户、广岛、长崎、下关、小仓京嫡，以及中国的台北、北京、上海、大连、长春（新京）、沈阳、鞍山、营口、牡丹江、青岛、石家庄、张家口、大岗、南京、汉口、广州、天津、济南、海南岛等地设支店或营业所，经营建筑工程承包业务，兼及证券、不动产投资事业，社长清水钉吉，副社长清水扬之助。1945年日本战败投降，在华公司关闭，由中国政府接收。目前该公司仍在经营，名为清水建设株式会社。

作品：

香港：

——总督府修缮，施工，1943。

天津：

——朝鲜银行天津支店宿舍，施工，1939。

——天津日本总领事馆警察署巡查官舍，施工，1938。

——天津神社重修及扩建，施工，1941。

——中裕洋行大楼，施工，森丘四郎设计。

——增幸洋行仓库，施工，森丘四郎设计。

——天津军人会馆，施工，森丘四郎设计。

——安宅商会宿舍，施工，施工。

长春：

——日本关东军司令官官邸旧址，施工，1933—1934。

大连：

——大连港码头事务所，施工，1916—1920。

参考文献及相关材料：

——黄光域. 外国在华工商企业辞典[M]. 成都：四川人民出版社，1995：636.

——总督府设装[N]. 南华日报，1943-07-23（3）.

——钰鉴咖. 天津租界往事之·清水组和它的建筑[EB/OL]. http://www.360doc.com/content/18/0104/23/4450299_719148138.shtml.

T

[12] Texas Co., Texas Co.（China）, Ltd. Engineering Division（德士古火油公司工程部）

名称：

德士古火油公司建造部[Texas Co., Texas Co.（China）, Ltd. Engineering Division]

地址：

上海外滩12号汇丰银行大楼227室

存续时间：

1930—1941

成员：

C. S. Atwell（总工程师）, E. C. Stocker（总工程师）, W. D. Bebout, N. Cossin, M. G. Collins, W. L. Painter, L. V. Leonidoff, V. P. Cossin, Lo H. W.（罗孝威？）, B. I. Levkovich, G. U. Watling, L. N. Hauffe, D. V. Cherdintseff, Sung Tse Ziang, N. N. Skaredoff, C. D. Brown, Pan Kai

简史：

德士古火油公司是美国石油工业公司。1902年（或1901年）开办，本部设在纽约市，油田及相关工厂多分布于得克萨斯州境内。1906年来中国开业，在香港、广州、上海、厦门诸埠，以泰和、三井、德记等洋行为代理行，进口推销所产煤油、机器油及其他石油产品。1915年于上海九江路6号设东方代表处，外文名为Texas Co.，道格拉斯（F. S. Douglass）为首任代表。香港、广州、厦门、镇江、烟台、长沙、青岛、济南、芜湖、南京、福州、九江、江门、汕头、北京、天津、梧州、沈阳、哈尔滨、汉口、枯岭等地相继设分支号、油栈或代理处，1929 年设驻华子公司，定外文名为 Texas Co.（China），Ltd.，按特拉华州法律注册为私有有限公司，中文名别称德士古中国有限公司。总公司设于上海，在中国的香港、天津、青岛、汉口、南京、北京、广州、梧州、大连、沈阳、北京、芜湖、济南、江门、九江、福州、哈尔滨、汕头、长沙、烟台、厦门、镇江、重庆、杭州、宁波，以及西贡、河内、海防、首尔、仁川等地设分支号或代理处，销售管理网络遍布全中国。1936 年纽约德士古总公司与加利福尼亚美孚石油公司（Standard Oil Co. of Califomia）联合组建加利福尼亚得克萨斯石油公司（California Texas Oil Co.，Ltd.），德士古中国有限公司遂转为新公司之驻华子公司，中文名不变。太平洋战争爆发后，日方曾对之实行军事管理，战后恢复；母公司为中美工商业协进会会员，添台北分号。1930 年前在公司上海分部成立工程和建造部（Engineering and Construction Department），负责公司在远东运营所需建造事务，阿特韦尔（C. S. Atwell）为负责人；至 1935 年 7 月取消该部，成员并入终端打包操作处（Terminal Package Operations）；1938 年 1 月工程部（Engineering Division / Section）恢复，斯托克（E. C. Stocker）任总工程师，直至 1941 年 7 月后。1933 年该公司罗孝威和史多克两人在上海市工务局登记为土木技师。

作品：

——上海、天津、南京等地油池（储油池），1936 年时在上海有油池 20 多处。

参考文献及相关材料：

——黄光域．外国在华工商企业辞典 [M]. 成都：四川人民出版社，1995：271，751-752.

[13] Vering，C. Co. Engineer and Building Contractor /Harbour，Channels，Railronds，River-Corrections，Dredging Works，etc.（维林洋行）

名称：

维林洋行（Vering，C.Co. Engineer and Building Contractor / Harbour，Channels，Railronds，River-Corrections，Dredging Works，etc.）

地址：

青岛；上海（杨树浦路 12 号）

存续时间：

1898—1912

合伙人：

C. Vering（汉堡），H. Vering（汉堡）

从业人员：

青岛：John Stickforth，Friedrich Schnock，H. Peters，A. Forkel，Th. Peters，H. Sandberg，L. Krüger，H. Schutt，A. Nederlof，H. Nederlof，W. Böge，J. Willems，J. Heimann，K. Klare，A. Doblick，Lee，S. K.；

上海：C. Heisch，Friedrich Schnock（工程师），H. Bohne（工程学位），O. Breitag（工头），L. Euler（工头），H. Schuett（工头），W. Boege（工头），P. Seidel（工头），J. Dlugosch（工头），J. Reimann（工头），C. Peters（工头），G. Froehlich（工头）

简史：

创始人为维林（C. Vering）。维林自 1875 年开始做铁路工程师，之后转向港口工程；1898 年受德国海军部委托建造青岛港；1901 年 3 月正式签订合同，后曾承建上海港口。

作品：

青岛：

——维林别墅，1899—1900。

——青岛港。

——沂水路 5 号施迪克弗特别墅，1904—1905。

上海：

——蓝烟囱轮船码头（Holt's Wharf），建造，新瑞和洋行设计，浦东。

参考文献及相关材料：

——https：//tsingtau.org/vering-co-hamburg-erbauer-des-grossen-hafens/.

第四编
近代在华外国建筑工程相关官僚机构名录①

① 本编包含由外国人把持的具有政府部门性质的建筑工程官僚机构。

[1] Architects' Office，South Manchuria Railway Co.（“满铁”建筑课）

名称：

“满铁”建筑课（Architects' Office，South Manchuria Railway Co.）

地址：

总部在大连，下设分支及机构遍布东北地区

存续时间：

1906—1945

负责人（不同部门）：

小野木孝治（1907—1923），冈大路（1922—1925），市田菊治郎（1925.02—1931），清水贤雄（1931—1932），植木茂（1929—1937.04），太田宗太郎（1937.01—1941.04），弓削鹿治郎（1908—1923），高宫元三郎（1923—1929），汤本三郎（1930.06—1932.12），铃木正雄（1932.12—1936.10），原正五郎（1936.10—1937.01），岛田吉郎（1937.04—1937.11），狩谷忠麿（1933—1939），山县嘉一，奥户大藏，近藤兵太（1933.12—1943），长仓不二夫（1937.05—1942.10），平野绿（1942.10—1943.05），芦沢不二男（1943.05—1943.08）

简史：

1906年，“南满洲铁道株式会社”（简称“满铁”）设立，后藤新平任第一任总裁，制定《本社分课规程》，正式展开“大陆经营”。“南满洲铁道”建筑课（简称“满铁”建筑课）最初是1906年11月在“满铁”总务部土木课内的一个“担当‘满铁’之建筑营缮的单位”（建筑系）。如西泽泰彦所言：“‘满铁’不单只是铁路公司而已，是从大连港以及铁路附属地上市街的建设、经营，到矿山、工厂、旅馆等事业经营的一大综合企业。‘满铁’与关东都督府成为息息相关的两个日本国家性机关（国策公司）。换言之，‘满铁’是当时担任日本侵略中国东北地区的先头部队机关。因此，‘满铁’建筑课的活动，也不单是设计铁路相关设施而已，也设计了港湾设施、各地方事务所、学校、医院、图书馆、旅馆、矿山相关设施、工厂、公司宿舍等各样建筑物。”其还曾负责对“南满铁路”和安奉铁路沿线104座大中小城市进行规划，还参与到伪满洲国“新京”的规划和建设之中。

“满铁”建筑课并非“满铁”下设的一个长期固定机构，而是随着“满铁”在经营过程中的机构调整经历了多次改制和更名。“满铁”建筑组织活动可大致划分为1907—1923年、1923—1937年和1937—1945年三个时期。

1）1907—1923年（“小野木孝治时代”）：1907年3月，“满铁”总部从东京搬到大连正式营业，“满铁”建筑系在大连开始设计活动，同时在抚顺煤矿设营缮课；1914年，建筑系升为建筑课，负责“房屋建筑及修理相关事项”；“满铁”建筑课在初期以小野木孝治、太田毅（1910年去世）、横井谦介和市田菊治郎为中心人物，开展的新建建筑活动较多，因此在中国东北建筑界保持巨大影响力；在1919年8月1日，当时的“满铁”建筑课所属人员达到78人。

2）1923—1937年（小野木孝治等建筑技术人员辞职，建筑职能弱化，“满铁”内部动荡）：1919—1923年，第一次世界大战后经济萧条，“满铁”的经营状况恶化，从1920年开始削减20%的员工，以小野木孝治为首的建筑师相继离职，“满铁”建筑课规模大幅缩小，在中国东北所具有的影响力和组织力也相对下降，“满铁”开始进行公司外委托，同时民间建筑事务所开始出现；1929年3月1日时，“满铁”建筑课所涉及部门主要有地方部建筑课、奉天地方事务所、长春地方事务所、安东地方事务所和抚顺煤矿工事事务所，共有相关人员68名；1933年，铁道总局成立，下设铁道建设局，负责伪满铁路建设；同时，铁道总局工务处工务科建筑系、铁道建设局计画课建筑系设立，是“满铁”中首批专门负责铁路建筑设计监理的组织；1936年，二者被改组为铁道总局工务局建筑课和铁道总局建设局计画课建筑系。至1937年9月铁道附属地撤废之前，“满铁”内设机构中与建筑相关的主要有：铁道总局，下设工务局建筑课、建设局（计画课、工事、筑港课、各建筑事务所及下设工务段）、各铁路局工务处建筑科、各铁道事务所工务课营缮所；在长春设地方课建筑系和土木系；地方部工事课、大连工事事务所、各地方事务所；抚顺煤矿工事事务所等。

3）1937—1945年（伪满政权成立，“满铁”的建筑组织转移到铁路总局建筑课）：1937年伪满洲国成立后，“满铁”管理的铁道附属地划归伪满洲国；“满铁”废除地方部，工事课解散，所属技术人员移籍到铁道总局建筑课、大连工事事务所及“满铁”其他分公司。1940年在“满铁”任职的日本建筑技术人员数量高达1774人（含大量建筑技术工人），分布在其所属建筑相关组织机构，如铁道（港口、矿务）工务课、工事事务所、铁道建设事务所和华北交通株式会社之中，其中绝大多数都在五大铁道局工务课及其各局所辖工务区中任职（表4-1）。1945年随着日本帝国主义投降，“满铁”及“满铁”建筑课也走下了历史舞台。

A

1940年"满铁"所属建筑相关组织机构表　　表4-1

类别	具体部门
铁道局、港口、矿务工务课	铁道总局（沈阳）：下设工务局建筑课和建设局计画课
	奉天铁道局工务课：下设营口、瓦房店、大石桥、辽阳、苏家屯、奉天、铁岭、四平街、"新京"、安东、桥头、北甸共12个工务区
	锦州铁道局工务课：下设锦川、皇姑屯、大虎山、沟带子、山海关、彰武、通阳、海州、朝阳、叶柏寿、承德、赤峰共12个工务区
	吉林铁道局工务课：下设沈阳、梅河江、朝阳镇、通化、西安、吉林、新站、敦化、朝阳9个工务区
	牡丹江铁道局工务课：下设图门、鹿到、牡丹江、林口、佳木斯、东安、虎林、横道河子、穆棱、绥芬河、东宁11个工务区
	哈尔滨铁道局工务课：下设三棵树、五常、绥化、铁山包、海伦、北安、孙吴、德惠、哈尔滨、安达、阿城共11个工务区
	齐齐哈尔铁道局工务课：下设郑家屯、洮南、白城子、江桥、齐齐哈尔、宁年、奉安、墨尔根、扎兰屯、博克图、海拉尔、满洲里、前郭旗、大宾城、索伦共15个工务区
	朝鲜铁道事务所工务课（平壤）
	大连埠头局工务课：下设埠头工务区
	抚顺炭矿工务局工务课
工事事务所	奉天工事事务所
	牡丹江工事事务所
	哈尔滨工事事务所
	齐齐哈尔工事事务所
	大连工事事务所
	抚顺炭矿工事事务所
铁道建设事务所	铁道技术研究所（大连）
	奉天（沈阳）铁道建设事务所
	牡丹江铁道建设事务所
	哈尔滨铁道建设事务所
	齐齐哈尔铁道建设事务所
	大连港筑港事务所
华北交通株式会社	本社（北京）
	天津铁路局
	北京铁路局
	张家口铁路局
	济南铁路局
	开封铁路局
	太原铁路局

作品：

参见第一编和附录二中相关建筑师在"满铁"各部任职期间的建筑作品。

参考文献及相关材料：

——"满铁建筑会".満鉄の建築と技術人[M].东京："满铁建筑会"，1976：301-319.

——西泽泰彦.南满洲铁道株式会社の建筑组织の沿革について：20世纪前半の中国东北地方における日本人の建筑组织に关する研究 その3[C]// 日本建筑学会.日本建筑学会计画系论文集，1994，

457: 215–224.
——西泽泰彦 . 草创期的满铁建筑课 [J]. 华中建筑，1988（3）: 102–104.
——罗文婧，徐鲁强，朱晓明 . 日本建筑师在大连的建设活动及业务转型（1908—1937）[J]. 建筑史学刊，2022，3（4）: 50–62.
——杨家安，莫畏 . 伪满时期长春城市规划与建筑研究 [M]. 长春：东北师范大学出版社，2008.
——张书铭 . 南满铁路建筑技术演化研究 [D]. 哈尔滨：哈尔滨工业大学，2021.

[2] Architecture Bureaus of Manchukuo（伪满洲国政府建筑机构）

名称：

伪满洲国政府建筑机构（Architecture Bureaus of Manchukuo）

地址：

长春（新京）

存续时间：

1932—1945

负责人：

参见下文表 4–2

建筑（工程）师成员：

伪满国都建设局建筑科：太田资爱（技正），河濒寿美雄（技正），笛木英雄（技士）、白石喜平（技士），河濑寿美雄（技正），矢追又三郎（技士），彭东野（技士），村越市太郎（技士），土肥求（雇员），山本多一（雇员），山林竹次（雇员）。

总务厅需用处营缮科：石井达郎，河野三男，森野英雄，矢野保。

“新京”特别市工务处：牧野正己（建筑科科长）。

交通部都邑规划司：秀岛干（技佐）

简史：

1931 年九一八事变爆发后，整个东北地区成为日本的军事占领区。1932 年 3 月 1 日，日本帝国主义扶持的伪政府“满洲国”成立，定“都”长春，改称“新京”。伪满洲国成立之初就在“国务院”总务厅需用处下设立了营缮科，专门负责建筑物的建设和修缮，因没有技术人员负责人，由当时还在“满铁”工作的相贺兼介兼任。为了“新京”的城市建设，伪满洲国政府于 1932 年 3 月 14 日特别成立了直属于国务总理大臣的“国都建设局”，负责“新京”的城市规划及其实施建设，下设总务处和技术处，另外附设伪国都建设咨询委员会。技术处下设土木科、水道科和建筑科，相贺兼介任建筑科科长。1933 年 3 月伪国都建设局技术处建筑科与总务厅需用处营缮科部门统合，改组为新的总务厅需用处营缮科，相贺兼介任科长。1935 年 11 月 8 日，原营缮科规模扩大，成为营缮需品局营缮处，下设设计科和监理科，相贺同时兼任两个科的科长。1937 年 4 月 1 日，根据修正后的营缮需品局营缮处分科规则，废止了设计科和监督科，设立企划科、工务科和宫殿营造科，桑原英治为负责伪满洲国政府建筑物设计监理的工务科科长，相贺兼介则转入宫廷营造科。“国都规划建设”第一期工程（1932 年 3 月—1937 年 12 月）完成后，“新京”的建设工程交给“新京”特别市负责。1937 年 12 月 27 日，“新京”特别市设立“临时国都建设局”，1938 年初“国都建设局”解散。1941 年 2 月，“国都规划建设”第二期工程完工后，“临时国都建设局”也被解散，其人员划归“新京”特别市工务处。在此期间，因“新京”建设的需要，伪满国务院总务厅需用处增设了营缮科。根据 1940 年 1 月 1 日施行的《建筑局官制》，营缮需品局营缮处改组成为建筑局。1942 年 12 月，临时国都建设局被撤销，并入“新京”特别市工务处，下设建筑科、公园科、土木科和管理科。1945 年 3 月 20 日颁布的修正后的《组织办法》，由“交通部”负责建筑事业，原来直属于“国务院”的建筑局成为隶属于“交通部”的一个局，其他所有的建筑事业机构也一并划归到“交通部”的管辖之下。其中道路建设从 1937 年 1 月开始由“交通部”道路司负责，港口建设从伪满洲国成立时便由“交通部”管辖，“新京”以外城市的城市规划在 1937 年 7 月 1 日后由“交通部”都邑计划司负责。1944 年 3 月 1 日，成立了独立于“交通部”的“土木总局”，负责道路、机场建设和治水工程。之后，又根据修正的《组织办法》，在“交通部”下设立了土建统制司来进行建筑管制。因此，建筑机构分为建筑局和“交通部”土建制司两个部门（表 4–2）。1945 年，随着日本帝国主义投降，伪满洲国政府建筑机构退出历史舞台。

伪满政府建筑机构变迁　　**表4-2**

时间	部门	机构设置和职能	主要人员组成
1932.03.09	总务厅需用处营缮科	负责建筑物的建设和修缮	科长：中岛义贞
1932.09.16	伪国都建设局技术处建筑科	“国都”“新京”城市建设	科长：相贺兼介
1933.03	总务厅需用处营缮科		科长：相贺兼介
	伪国都建设局技术处建筑科		科长：太田资爱
1935.11	总务厅营缮需品局营缮处	设计科：设计 监理科：监理	局长：大达茂雄（至1936.02.04），笠原敏郎 营缮处处长：空缺（至1936.03.03），内滕太郎 设计科、监理科科长：相贺兼介
1937.04		计划科：营缮计划立案，调查 工务科：一般工事设计监理 宫廷营造科：宫廷、建国庙、特殊建筑营造	局长：笠原敏郎 营缮处处长：内滕太（1937.09.14去世），桑原英治 计划科科长：空缺（至1937.05.01），滕岛哲三郎（1938.01.13），奥田勇 工务科长：桑原英治（1938.01.01），藤岛哲三郎（至1938.01.13），桑原英治（兼任） 宫廷营造科科长：相贺兼介（至1938.07.23辞职），藤岛哲三郎
1940.01.01	建筑局	总务处：事务、人事 第一工务处：官衙建筑 计划科：计划 第一工务科：官衙建筑监理 第二工务科：官衙以外建筑监理 第二工务科：宫廷特殊建筑 营造科：设计监理 设备科：电器设备	局长：笠原敏郎 总务处长：饭泽重一 第一工务处处长：桑原英治 第二工务处处长：滕岛哲三郎
		总务处：事务、人事、官衙建筑设备管理、官舍建筑管理经营 行政处：住宅建设计划、规格、统制、资产调拨、官舍设计 第一工务处：官衙建筑 第二工务处：官廷特殊建筑	局长：笠原敏郎 （1942.10.10） 总务处处长：饭沢重一（至1941.10.11），鲤沼兵士郎 第一工务处处长：桑原英治（1943.11.16），藤生满 第二工务处处长：滕岛哲三郎（至1943.01.10），冈大路（兼任1943.01.25），藤生满（1943.11.16），庄原信一
		总务处：事务、人事、官衙设备管理、官舍管理经营、建筑行政处 建筑行政处：建筑统制、建筑技术者指导、地方建筑指导、调查、计划 第一工务处：政府建筑营缮、宫廷及特殊建筑设计监理 第二工务处：官舍营缮、管理运营	局长：冈大路 总务处长：盛长次郎（至1944.09.25） 建筑行政处长：桑原英治 第一工务处处长：滕生满 第二工务处处长：庄原信一

续表

时间	部门	机构设置和职能	主要人员组成
1940.01.01	建筑局	官房：事务 第一工务处：政府及特殊建筑营缮 第二工务处：官舍的管理营缮	局长：冈大路 第一工务处长：藤生满 第二工务处处长：庄原信一（至 1945. 05. 01），葛冈正男
1945.03.20	"交通部"土建统制司	统制科：土木建筑业、工事统制；机材科：资产、机械、劳动力统制；建筑科：建筑统制、官舍设计	司长：桑原英治

作品：

长春：

——"新京"特别市公署，1932。

——伪满首都警察厅，1932。

——伪满国都建设局，相贺兼介设计。

——伪满司法部，相贺兼介设计，1936。

——伪满治安部，营缮需品局设计，1938。

——伪满经济部，营缮需品局设计，1938。

——伪满皇宫同德殿，相贺兼介设计，1935—1938。

——伪满洲国国务院，石井达郎，1936。

——伪满建国忠灵庙，1936—1938。

——伪满交通部，营缮需品局设计，1937。

——伪满民生部，总务厅需用处设计，1936 年前。

——伪满大同学院，石井达郎。

——伪满中央法衙，牧野正巳设计，1938。

其他：

——另参见第一编和附录二中相关建筑师在伪满洲国各政府建筑机构任职期间的建筑作品。

参考文献及相关材料：

——西泽泰彦 . 満洲国政府の建筑组织の沿革について：20 世纪前半の中国东北地方における日本人の建筑组织に关する研究 その 4 [C]// 日本建筑学会 . 日本建筑学会计画系论文集，1994，462：185-194.

——杨家安，莫畏 . 伪满时期长春城市规划与建筑研究 [M]. 长春：东北师范大学出版社，2008：163-168.

[3] Building Department，Taiwan Government-General（台湾总督府营缮课）

名称：

台湾总督府营缮课（Building Department，Taiwan Government-General）①

地址：

台北

存续时间：

1895—1945

① 不属于总督府直辖的工程，如铁道部、递信部、专卖局、神社、各地方州厅、陆军经理部，也会设置各自的营缮单位。

负责人：

长尾半平（土木：1899—1910），野村一郎（1904—1914），中荣彻郎（1914—1920?），近藤十郎（1920—1924?），井手薰（1919—1940）

建筑（工程）师成员：

土木技师：高津慎，高桥辰次郎，滨野弥四郎，十川嘉太郎。

建筑技师：福田东吾，田岛穧造，野村一郎，小野木孝治，福田东吾，中荣彻郎，近藤十郎，森山松之助，栗山俊一，坂本登，吉良宗一，白仓好夫，八板志贺助，铃置良一，安田勇吉，神谷犀次郎

简史：

自1895年日本侵占台湾直至1945年台湾光复，50年间，日本统治者建立集立法、行政、司法、军政于一体的台湾总督府。其下直属的营缮系统亦为各级层组织的中央主管机关。日本割占台湾初期，为了镇压反抗军，主要进行军事行动，总督府体制尚未完整。营缮事业主要由“军部建筑部”进行建设，新建项目较少。1896年台湾总督府官制确定，并设立“民政部临时土木部”，由此确立了“中央”营缮组织。而后“中央”营缮组织历经多次更改，于1929年成立总督府官房营缮课，首次将营缮组织独立，一直到日据末期才又因为编制减缩而附属于财务局下。其历史大致可以划分为六个阶段：

1）军部建筑部时期（1895—1896年）：此时以军事管理为主，新建设较少，相关营缮工作由“军部建筑部”主导。

2）土木课时期（1896—1901年）：1896年5月军政期结束，“军部建筑部”取消，设临时土木部于民政局之下；1897年10月—1898年6月短期改制为财务局土木课，隶属财务局下；1898年，废除民政、财务两局；1899年12月再度归属“民政部”土木局土木课，由长尾半平担任课长，统筹土木与建筑事务。

3）土木局营缮课时期（1902—1924年）：1902年土木与营缮事业分开管理，在“民政部”土木局下设有土木课及营缮课。此时期营缮课长主要是由野村一郎担任，中荣彻郎及近藤十郎在日据中期阶段亦分别担任过营缮课长的职务。

4）总督府官房会计课营缮系时期（1925—1928年）：1924年废除递信、土木两局，改将土木局营缮课直接归属于总督府官房。1925年，原先隶属于土木局下的营缮课，被收编纳入官房会计课营缮系，系长由井手薰担任。此时专属营缮事务的技师人数也缩减成3名，至1928年逐渐增加至6名。

5）总督府官房营缮课时期（1929—1941年）：1929年总督府官房成立营缮课，此时营缮组织独立直属于总督府官房之下，不再被视为土木事业下之一支。首任营缮课长由井手薰担任。同年1月台湾建筑会成立，由井手薰担任会长，栗山俊一为副会长与创会委员会委员长，成员包括上述营缮课技师等16人。至1940年井手薰退休，由大仓三郎接任营缮课长。

6）财务局营缮课时期（1942—1945年）：二战期间民用建筑活动萎缩，原本独立的总督府官房营缮课因编制改变归属于财务局之下。此时期营缮课课长由大仓三郎担任。

营缮课主要负责项目则有“相关营缮事业”与“营缮技术有关事项”两项。营缮课内成员编制类型可分为六项，分别为：技师、嘱托、技手、属、雇、工手。“技师”是职等级最高者，也是在营缮课中有工程设计案件的决定权。“技手”则是帮助技师从事设计及工事现场管理等工作。“嘱托”与技师同等级，但非固定职，以各项工程设计而向其他单位借调的方式，为类似顾问性质的职位。“属”则为负责文书方面的职员。“雇”的工作内容与技手雷同，亦为非正式编制内的技术人员，但仍有“雇”后留任成为正式技手的例子。“工手”为技术工人（现场施工图绘制及监造等）。

作品：

台北：

——赤十字社台北支部，1901。

——台湾总督府官邸（台北宾馆），1901。

——台北水源地水道唧筒室（今自来水博物馆），1907。

——台北州厅，1915。

——台湾总督府博物馆（今台湾博物馆），1915。

——台湾总督府，1919。

——总督府专卖局，1922。

——台北高等学校（今师范大学校舍），1927。

——台北帝国大学文政学部（今台湾大学文学院），1928。

——台湾总督府林业试验所，1928。

——台北警察会馆，1930。

——台北放送局演奏所（今二二八纪念馆），1930。

——建功神社（今历史博物馆），1930。

——台湾教育会馆，1930。
——台北邮便局（今台北邮局），1930。
——总督府高等法院台北地方法院，1934。
——台北公会堂（今中山堂），1936。
——台北高等学校讲堂（今师范大学礼堂），1929。
——台北放送局板桥放送所（今中广私人会所），1930。
——台湾“护国神社”，1942。

台南：

——台南地方法院，1912。
——台南州厅，1916。

台中：

——台中医院，1942。

其他：

——另参见第一编和附录二中相关建筑师在台湾总督府营缮科任职期间的建筑作品。

参考文献及相关材料：

——许长鼎．台湾日治时期建筑家栗山俊一之研究 [D]. 台北：台北艺术大学，2011：27-33.
——蔡侑桦，徐明福．再论日治时期台湾官方营缮组织 [J]. 建筑学报（台北），2009，69：169-190.

[4] Public Work Department，Guandong Government-General（关东都督府土木课 / 关东州内务部土木课 / 关东军经理部）

名称：

关东都督府土木课 / 关东州内务部土木课 / 关东军经理部（Public Work Department，Guandong Government-General）

地址：

大连，旅顺，沈阳，长春

存续时间：

1904—1945

负责人：

前田松韵（1904—1907），松室重光（1908—1922）

建筑（工程）师成员：

山路魁太郎，前田松韵，仓冢良夫，池田贤太郎，臼井健三（关东厅土木课），赤川祥之亮（关东军经理部）

简史：

日俄战争期间，日本已经先后于 1904 年 5 月 26 日、1904 年 5 月 31 日、1905 年 1 月 3 日设金州军政署、大连军政署和旅顺军政署；后于 1905 年 5 月 6 日决定在占领地开设民政署；同年 6 月 23 日，关东州民政署在大连成立，接替金州、大连、旅顺军政署。关东州民政署除维持治安外，还负责城市建设和卫生事业等职能。最初，关东州民政署下设庶务部土木系，负责“土木相关事项”“土地测量及地图绘制相关事项”和“营缮相关事项”，即为关东州统治机关中最初设立的建筑组织，也是关东都督府土木课的前身。1905 年 9 月，俄国战败后，根据《朴次茅斯和约》将其此前获得的辽东半岛租借权和中东铁路南支线长春至大连段（“南满铁路”）转让给日本。日本为维护其利益，派兵团进驻关东州及“南满铁路”附属地，并在大连设立关东总督府。1906 年 9 月，总督府改为都督府，由负责行政的民政部和负责军事的陆军部组成，民政部下设土木课，负责“土木及修建”“土地测量及地图制”“市区规划”“水道电气及瓦斯”等相关事项，分设土木系、建筑系、财会系，建筑系由前田松韵任职。1907 年 1 月 15 日，关东都督府搬迁至旅顺。前田松韵任职 1 年后离职，松室重光接任后主张“建筑事业与土木事业分开经营”，呼吁关东都督府土木课进行机构改革。1910 年，关东都督府内设营缮课，与土木课平行并置。1913 年，山路魁太郎辞去土木课课长职务后，营缮课再次并入土木课，松室重光被任命为土木课课长。1919 年，都督府撤销，以其民政部为基础设立关东厅，以其陆军部为基础组建关东军。

关东厅的职权只限于统辖区内的行政事务，并有监督“南满洲铁道株式会社”业务的权利，施政区域含大连、旅顺、金州 3 个区，治所驻旅顺，在关东厅内务部下设土木课。1934 年 12 月 26 日改称关东州厅，设官房及警察、内务 2 个部，土木课仍在内务部。1937 年 11 月后增设经济、土木、财政、人才等部。治所 1937 年 6 月 1 日迁入大连市，1945 年 8 月随日本战败投降而废止。

1931 年九一八事变发生后的第二天，关东军司令部由旅顺迁往沈阳。1932 年伪满洲国成立，当年 10 月关东军司令部迁往长春。关东军司令部是日本驻扎在伪满洲国的最高统治机关，在伪满洲国政治、经济、文化各个方面都扮演着“核心”角色。关东军司令部的内辖机构在它存在的 20 多年间也在不断变化，到 1945 年日本帝国主义投降时，关东军司令部下设参谋、兵器、经理、医务、兽医五个部。其中经理部不仅负责关东军军事设施、民用建筑的建设工作，还控制着伪满洲国的建筑设计与监理等诸多事项，其权力远高于伪满国都建设局等管理机构。

作品：

旅顺：

——关东都督府高等及地方法院。
——旅顺民政署。
——旅顺法院。
——旅顺监狱。
——旅顺工科学堂。
——旅顺中学校。
——旅顺高等女子学校。
——旅顺第一第二小学校。
——旅顺医院。
——旅顺疗病院。
——关东都督府民政长官官邸。

大连：

——大连民政署。
——大连消防署。
——大连海港检疫所。
——大连第一至第四小学校。
——大连公学堂。
——大连水产试验场。
——大连取引所。
——大连屠宰场。
——大连妇人医院。
——大连疗病院。
——大连第一第二市场。

长春：

——长春警务署。
——长春邮便局。
——关东军司令部大楼，关东军经理部设计，1932—1934。
——关东局大楼，关东厅土木课臼井健三设计，1932。

安东：

——安东警务署。
——安东邮便局。

沈阳：

——奉天警务署。
——奉天邮便局。

营口：

——营口警务署。

辽阳：

——辽阳警务署。

铁岭：

——铁岭警务署。

其他：

——另参见第一编和附录二中相关建筑师在关东都督府任职期间相关作品。

参考文献及相关材料：

——西泽泰彦．关东都督府の建筑组织とその活动について——20世纪前半の中国东北地方における日本人の建筑组织に关する研究 -1[C]// 日本建筑学会．日本建筑学会计画系论文报告集，1992，442：117-126.

——罗文婧，徐鲁强，朱晓明．日本建筑师在大连的建设活动及业务转型（1908—1937）[J]. 建筑史学刊，2022，3（4）：50-62.

——张俊峰．东北建筑文化 [M]. 北京：社会科学文献出版社，2018：285-286.

[5] Engineers' Department / Work Depantment，Chinese Maritime Customs（中国海关营造处）

名称：

中国海关营造处（Engineers' office/Engineers' Department / Work Department，Chinese Maritime Customs）

地址：

上海（外滩 13A，1918—1923；外滩 17 号 North-China Building，1926—1927；外滩海关大楼四楼，1928—1941）

存续时间：

1869.01—1949

负责人：

D. M. Henderson（1869.01—1898.05），Gerald E. Wellesley（1879 年代理总工程师），J. R. Harding（1898.05—1908.05），D. C. Dick（1908.05—1919.05），L. Tweedie-Stodart（1919.05—1936.09），久米全九郎（1941）

建筑（工程）师成员：

D. M. Henderson（1869.01—1898.05），G. B. Atkinson（1892.05—1892.10），J. R. Harding（1880.12—1908.05），D. C. Dick（1900.05—1919.05），L. Tweedie-Stodart（1907.05—1936.09），J. Chambers（1884.12—1890.05），C. D. Arnott（1911.01—1919.01），L. W. C. Lorden（1912.10—1926.02），W. R. Davison（1919.09—1941.12），A. M. Duncan（1921.06—1940.04），M. Hendry（1922.10—1941.12），S. D. Igglesden（1924.12—1927.10），W. J. Leahy（1919.09—1926.09），G. H. Perriam（1918.06—1922.07），W. S. Read（1913.07—1919.02），A. C. Wheeler（1921.06—1924.02），W. Forrester（1927.03—1941.12），A. E. Grieg（1933.10—1940.11），J. T. Scarlett（1920.12—1935.06），H. Fittkau（1914.07—1917.08），A. Pullen（1919.09—1927.12），S. N. Verhotoortzeff（1931.05—1931.07），久米全九郎（1941）

简史：

1842 年鸦片战争战败后，清政府被迫签订《南京条约》，规定英商进出口货物缴纳的税款，中国需与英国商定。这标志着中国的关税自主权的丧失。开埠通商后，清政府虽已失去关税自主权，但此前设在五口的海关之行政仍由中国管理。

1853 年 9 月，上海小刀会起义中，租界外滩的江海关被捣毁。借此机会，英领事阿礼国（1809—1897）于 1854 年夏提出一个中外合组海关的方案。时任苏淞太道兼管江海关的吴健彰被迫同意该方案，由英、法、美三国领事组成江海关税务管理委员会，实行外籍税务监管制度，并接管江海关夷税征收权。1858 年清政府与英、美、法签订的《通商章程善后条约：海关税则》，改变了外国人任用规定，使得外籍税务监督制度演变为了外籍税务司制度，从此开始了外国人支配中国近代海关的税务司制度。1859 年江海关英籍税务监督李泰国被委派为第一任总税务司，从此开始了英国人对中国海关长达 90 年的控制。

1861 年总理衙门任命英国人赫德（Robert Hart，1835—1911）为署理总税务司（Inspector General）。当时，各地海关已经开始一些零星的改进努力，赫德肩负起创造一个组织机构来对各地未经协调的努力进行管理、整顿并提供稳定经济基础的重任。赫德耐心地花费了 3 年时间从政府自 1865 年 1 月分配给其的吨位税金中积累了资金，到 1868 年，这些资金使他能够实践他经过研究与深思熟虑而成熟的（总税务司署）计划。当时的海关制度以及灯塔浮漂之建设，都是由赫德亲手创建的。

1868 年 4 月，海关海务处（Marine Department）成立。其主管为海务巡工司（Marine Commissioner），受命于总税务司，主管工作有：灯塔（lighthouses）、号船（lightships）、浮椿（buoys）、信号灯（beacons）的建

立及维护；沉船沉物的打捞；港口航道的改进和保养；锚地船只的安排；以及遴选一位有能力的职员来负责上述所有工作。海务巡工司的直属工作人员包括一名灯塔工程师、一名港口工程师以及一名助理灯塔工程师。1869 年 1 月，第一任灯塔工程师英国土木工程师韩得善（D. M. Henderson）的到任，标志着海关系统内政府建筑工程师的出现。

为了适应不断变化的环境，海关总署的组织架构体系一直处于变化调整之中。从 1869 年 1 月到 1871 年 9 月，灯塔工程师并未设专门机构，设海岸灯光总工程师（Chief Coast Lights Engineer）一职；1871 年 10 月取消海务巡工司（Marine Commissioner）职位，改为海岸巡工司（Coast Inspector），组成 Lighthouse Department，中文名为海关管理望楼浮椿房，其主管被称为总工程师（Engineer-in-Chief）；次年改为 Engineer's Department，中文名依旧。

1875 年底，海关总税务司赫德发布通告，对工程职员和地区税务司的相对职位和职责进行了界定，规定工程职员的总部设在上海，各地分关凡有工程师在进行工作，都被认为设有工程师办公室。无论是在上海还是其他分关，工程职员都受税务司领导。当地区税务司需要工程人员时，需要向总税务司申请，批准后方能派遣总工程师或其下属职员到地区开展相关业务。

1912 年 3 月，考虑到与海关建筑和财产相关事务的重要性与日俱增，赫德决定成立一个新的服务组织——营造处，以使税务处和海务处所有与财产和设备（property and plant）相关的事宜都能以一种系统化的方式、在一位负责的技术权威的领导下进行处理。营造处成立后的海关总署组织及营造处人员架构如图 4-1 所示。

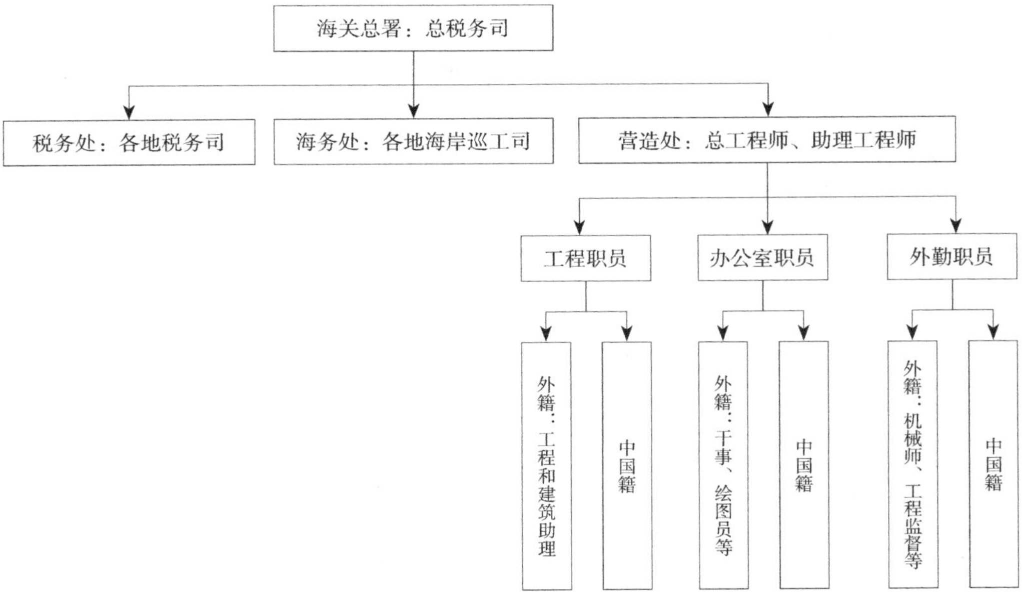

图 4-1　1912 年营造处成立后的海关总署组织架构

（税务处和海务处略去详细；来源：根据赫德第 1887 号令绘制）

1912 年 7 月 1 日，Works Department 正式宣告成立，中文名为营造处。总工程师是营造处的部门领导和技术权威，其对税务处和海务处承担相关的技术责任，包括税务处所有与财产、建筑和家具相关的事务以及海务处与财产、建筑、灯塔设备和仪器的一切事务（对于漂浮财产，除灯光设备是其不可分割部分，光船之外的所有船舶的建造和修缮归海岸巡工司管理）。而营造处的首要职责就是为所有港口的海关土地和建筑编制完整平面图（plans）和技术记录，不论是通过原始测绘或核实现有平面图，并用尽可能多的立面等照片来阐明。与此同时，要逐步开展对所有建筑的检查，着眼于确定它们的状况、建造方式、材料，并收集任何其他对营造处有用的数据。所有建筑都应该以此种方式每隔三年检查一次，每次检查都应该保留系统记录。各港口税务司要在每年 8 月 31 日之前向营造处提交一份完整的年度报表，其中应包含对现有建筑进行必要修缮以及计划之中的工程，以及所有相关预算等内容。预算应该包含所有经总税务司批准的工程。每年的报表应同时抄送给总税务司。营造处在每年 12 月 31 日之前要向总税务司提交一份所有港口年报的摘要，并附带一份基于上述年报而制定的部门计划陈述，其中应涵盖来年须进行之工程及相应预算。该计划即为下一年建造和维护预算。

1927年，梅乐和（Frederick Maze，1871—1959）在一封关于海关服务所需资金和可能的节约的信中，提到的第一条就是“高代价的经验已经证明营造处绝对是多余的，应该完全撤销，包括供应办公家具等的奢侈体系。至于官方房产的维护和修缮，应该以保留经费为基础，在天津（北部港口）、汉口（长江港口）和上海（中部港口）和广州（南部港口）安排雇佣外面的建筑师”。鉴于此，为了使其运营更加有效，总税务司梅乐和于1930年1月正式撤销营造处，重新回到1912年以前采用的海务处工程分支的状态（Engineering branch to Marine Department），改为Engineer's Office；而原营造处的建筑分支则并入总税务司下的财产办公室。

从1930年开始，在税收处和海务处两个海关主要部门内均有英国建筑工程技术人员任职。任职于税收处的是属于内勤（Indoor Staff）的建筑工作人员（Architectural Staff），按职位高低依次分为：建筑师（Architect）、助理建筑师候选人（Candidate Assistant Architect）、绘图员（Draughtman）和描图员（Tracer）。任职于海务处的是总工程师处员工（Engineer-In-Chief's Staff），按职位高低依次分为：总工程师（Engineer-In-Chief）、土木工程师（Civil Engineer）、助理土木工程师（Assistant Civil Engineer）、助理土木工程师候选人（Candidate Assistant Civil Engineer）、无线工程师（Wireless Engineer）、助理无线工程师（Wireless Engineer）、无线检查员（Wireless Supervisor）、助理无线检查员（Wireless Supervisor）、总工程师职员（Engineer-In-Chief's Clerk）、绘图员（Draughtman）和描图员（Tracer）、技工（Mechanic）、无线操作员（Wireless Operator）

活动（作品）：

在海关内任职的建筑师的职责主要是设计、建造和维护为海关办公及其职员服务的建筑，主要包括灯塔及其附属建筑，以及海关办公及其附属建筑等。

1）灯塔及其附属建筑

早在海务科成立之前，各开埠城市领事官就根据1858年签订的中英《天津条约》第三十二款“通商各口分设浮桩、号船、塔表、望楼，由领事官与地方官会同酌视建造”，在烟台崆峒岛、长江口吴淞九段二处、宁波虎蹲山与七里峙、厦门大胆岛等处修建了灯塔。海务科成立后，沿海沿江的灯塔建设开始有计划的系统实施。“根据中国海关的组织章程，新建灯塔的选址由巡工司和总工程师共同商讨决定。灯塔和雾信号等的设计和建造由总工程师负责，总工程师还兼管所有改建或修葺工作以及技术和机械设备设施的维修、更新等工作；总工程师定期到各处灯站对灯的技术状态和燃烧器、光学设施及机械装置是否在有效运行进行检查。灯塔建成以后就交给巡工司来负责分配职员和维护灯塔等。”

从1868年到1936年，海关共有四任总工程师。在这4人主持下，中国大陆沿海、沿江的灯塔的数量和质量都有长足的进步。从成立之初的不足20座，发展到了1928年时最多的275座。

第一任总工程师为韩得善（D. M. Henderson），任期为1869年1月到1898年5月。在其任期内约30年时间内，中国沿海、沿江的灯塔数目从1869年的不足20座增加到1898年的105座。1932年，海关总税务司梅乐和为《中国沿海灯塔志》所作序言中称：“盖以中国沿海灯塔，经韩君擘画建筑者，实居多数，而为任何工程师所不可及。”

第二任总工程师为哈而定（J. R. Harding），任期为1898年5月到1908年5月。在其任期内10年间，中国沿海、沿江的灯塔数目从1898年的105座增加到1909年的128座。目前已知由哈尔定自行设计的超过40座，其中比较有代表性的有台湾南角灯塔（South Cape of Formosa Lighthouse）。

第三任总工程师为狄克（D. C. Dick），任期为1908年5月到1919年5月。在其任期内的11年中，中国沿海沿江沿岸的灯塔数目从1909年的128座增加到1920年的186座。狄克在总工程师职位上最显著的成绩是对已有灯塔积极进行现代化改造，引入蒸发石油燃烧器，修理旧灯塔，为其重新装置最新的光学及其他仪器。此外还新建了一些灯塔，如当时世界上最大的一等灯塔——遮浪灯塔（Chilang Point Lighthouse，1911），以及下三星岛灯塔（Elgar Island Lighthouse，1912）。

第四任总工程师为史克德（L. Tweedie-Stodart），任期为1919年5月到1936年9月。在其任期内，中国沿海沿江的灯塔数目从1920年的186座增加到了1928年的最多的275座，分布在南至海南岛，北至哈尔滨，沿江至重庆的广阔区域内（表4-3）。其任期内的工作使得中国港口灯塔的现代化更进一步，采用了更先进的光学设施，并建造了一些新的灯塔，如广州奇奥灯塔（Ki Au，1923）、安东灯塔（An Tung，1925）、曹妃甸灯塔（Tsaofeitien）等。

2）海关办公及其附属建筑

除灯塔及其附属建筑外，各地开埠城市所设海关所需的办公及其附属建筑也由海关营造处负责。

在第一任总工程师为韩得善任期内（1869.01—1898.05）的海关办公及其附属建筑多是由湛博士（J. Chambers，MICE）设计。湛博士于1884年12月入海关任土木工程师，于1888年5月1日起任代理总工程师到1889年10月1日（韩得善休假期间）；1890年5月1日调任厦门助理工程师，于同年5月31日辞职。辞职后到上海开办私人建筑师事务所。湛博士在任内为海关设计有天津海关大楼（Custom Building，1888年

1928年海关所辖中国大陆灯塔分布表　　　　**表4-3**

地点	琼州	江门	三水	广州	汕头	厦门	福州
数量（座）	4	4	2	23	6	4	6
地点	三都澳	温州	宁波	上海	重庆	芜湖	九江
数量（座）	2	2	6	16	13	13	37
地点	汉口	岳州	长沙	烟台	天津	安东	哈尔滨
数量（座）	20	13	4	9	6	2	83

前）和上海海关大楼及钟塔（Custom House，1891—1893）等重要海关建筑。此外，其在海关任期内还设计有一些非海关建筑，如天津技术学院（The Polytechnic School，1887）和戈登堂（1890）等。

第二任总工程师哈而定任期内（1898.05—1908.05）的海关建筑多由其自行设计。

第三任总工程师为狄克，任期内（1908.05—1919.05）于1911年1月开始雇佣专门的建筑助理阿诺特（Charles Dudley Arnott，?—1919），与他一起负责海关建筑设计建造事宜。在1912年营造处成立不久后又雇佣另一名建筑助理L.W.C. Lorden（1874—1939）；于1913年7月聘用W. S. Read为绘图员，Read后升任建筑师；于1918年6月聘任G. H. A. Perriam为助理建筑师。其中，阿诺特曾辅助狄克设计广州粤海关大楼（1913）并以总工程师身份设计有广东邮务管理局大楼（1914），还曾与狄克一起设计汉口第二代海关大楼（1914）；此外还为广州海关设计了一些职员公寓（1913年左右）。海关建筑师Clatworthy曾对嘉兴海关大楼进行修缮，使大楼停止沉降。另外海关职员McGowan还于1919年设计了烟台新海关俱乐部（New Custom Club，Chefoo）。

第四任总工程师史克德任期内（1919.05—1936.09），除已经在职的L.W.C. Lorden、G. H. A. Perriam和W. S. Read三位建筑师外，又先后招聘莱希（W. J. Leahy，聘期1919.09—1926.09）、戴维森（William Robert Davison，聘期1919.09—1941.12）、邓肯（A. McL. Duncan，ARIBA，聘期1921.06—1940.04）、亨德里（Morrison Hendry，聘期1922.10—1941.12）和S. D. Igglesden（聘期1924.12—1927.10）担任助理建筑师、建筑师职务。

1930年营造处取消时，戴维森、邓肯和亨德里三位建筑师划人税务处。

海关在中国各地设立的分关遍布中国各通商口岸，多达56处。各地分关均需配套建设办公及其附属建筑。设计任务之繁重，监督建造工程量之大，仅靠设在上海的海关营造处的几位建筑师是不能全部应对的。当涉及上海之外的海关建筑设计之时，营造处通常先根据当地分关用信件方式提供的设计要求与设计条件，做出一个大概的方案设计；当地分关税务司往往继而需要营造处派遣专业设计人员到现场商洽具体设计事宜，因为通过信件是难以沟通具体设计细节的。营造处在人手充足时则能够派人前往现场设计，在人员缺少的情况下，往往就会让当地分关就地解决，让他们雇佣当地建筑师负责设计、监督建造等事宜。因此并非所有海关建筑都是由海关营造处的建筑师设计建造。

目前部分已知作品如下：

上海：

——武康路75号，海关营造处设计。

——海关总督察住宅改造，淮海中路1897号，1934，W. R. Davison设计。

广州：

——奇奥灯塔（Ki Au），1923，Lawrence Tweedie-Stodart设计。

——广州海关（助理），H. Fittkau设计。

——广州邮局，H. Fittkau设计。

——广东邮政管理局重建，1914，Charles Dudley Arnott设计。

——广州长堤粤海关大楼，1913，David C. Dick设计。

——广州海关员工公寓，1913，David C. Dick设计。

天津：

——海关大楼，1887，J. Chambers设计。

——海关大楼扩建，1941，吴景祥设计。

其他：

——薄蓝田君纪念碑（Plant Memorial），三峡屈原镇，1923，Lawrence Tweedie-Stodart设计。

——安东灯塔（An Tung），1925，Lawrence Tweedie-Stodart设计。

——曹妃甸灯塔（Tsaofeitien），Lawrence Tweedie-Stodart设计。

——青岛海关，H. Fittkau 设计。

——南宁和梧州的海关以及海关干事住宅，H. Fittkau 设计。

——另参见第一编和附录二中相关建筑师在海关营造处任职期间相关作品。

参考文献及相关材料：

——沙永杰，纪雁，钱宗灏．上海武康路：风貌保护道路的历史研究与保护规划探索 [M]. 上海：同济大学出版社，2009.

——郑时龄．上海近代建筑风格 [M]. 上海：同济大学出版社，2020：505.

——郑红彬．近代在华英国建筑师研究（1840—1949）[D]. 北京：清华大学，2014：165-175.

[6] Her Majesty's Office of Works，Far East Division，Shanghai（大英工部总署远东分部，上海）

名称：

上海大英工部总署远东分部，又称英政府驻沪工部（Her Majesty's Office of Works，Far East Division，Shanghai）

地址：

上海（圆明园路 1 号，1874—1902；圆明园路 10A，1903—1904；圆明园路 12-14 号，1905—1933；外滩 51 号英国领事馆，1934—1941 年后），香港

存续时间：

1872—1950

负责人：

William Crossman（1866—1870），Robert. H. Boyce（1870—1877），F. J. Marshall（1877—1879，1879—1897），William Cowan（1897—1907），C. J. W. Simpson（1908—1913），H. Ashmead（1913—1915），Julius Bradley（1915—1928），W. G. E. Jones（1928—1931），H. R. Lane（1932），J. C. Wynnes（1932—1938），T. S. M. Terrace（1938—1950）

建筑（工程）师成员：

W. Crossman（克罗斯曼，1866—1870），R. H. Boyce（博伊斯，1870—1877），F. J. Marshall（马歇尔，1877—1897），W. Cowan（考恩，1897—1907），C. J. W. Simpson（辛普森，1899—1913），H. Ashmead（1913—1915），J. Bradley（布兰德利，1915—1928），W. G. E. Jones（1928—1931），J. C. Wynnes（1932—1938），T. S. M. Terrace（1938—1941），H. A. Collins（1887—1895），R. C. Groves（1899—1925），W. Harris（1901—1906），B. H. Tarrant（1907—1908），W. W. Sclanders（1908—1925），H. M. Spence（1911—1919），J. W. Davidson（1905—1910），A. Scott（斯考特，1909—1911），W. O. Keats（1909—1920），J. A. Brand（1909），A. Bulloch（1915—1925），C. W. Glass（1917—1925），W. J. Roberts（1922—1925），H. R. Lane（1931—1935），W. D. Harty（1901—1905），J. C. Clavering（1937—1938），W. Mearles（1940），J. A. Douglas（1941），H. Walker，W. W. Sclanders，A. Jex，H. C. Edmunds，O. R. L. Green

简史：

1842 年《南京条约》签订，五口开埠通商，英国开始向五口派驻领事。领事馆及其附属建筑开始在开埠城市建造。最初的设计多由在香港的英国建筑师承担。1872 年初期，大英工部总署（Office of Works）从英国外交部手中接管远东领事馆建筑的建造和维护工作，遂开始在上海下设远东分支，初始外文名为 H. B. M. Works Department，后更名为 H. B. M. Office of Works for the treaty ports of China，Korea，Japan and Siam，中文名为大英工部总署远东分部，亦称大英工部总署。其自 1872 年设立到 1950 年转移至香港，共历经 78 年。上海大英工部总署远东分部的职责，简而言之，就是负责英国政府在远东的不动产的设计、建造和管理维修，并负责相关资金的审批拨付。

作品：

——远东地区（如中国、日本、朝鲜和缅甸等国家）的英国外交、司法和领事建筑，大多为上海大英工部总署远东分部设计建造。以中国为例，外交建筑即为北京英国驻华大使馆及其附属建筑，主要有公使住宅和马厩，秘书等职员住宅和宿舍，护卫队营房和警卫宿舍，以及食堂和教堂等；司法建筑有上海的英国高等法院、英国监狱及其附属建筑，高等法院与英国领事馆建筑群在一起，主要有高等法院及领事办公建筑及职员住宅、大英工部总署测绘师住宅等建筑；另外在厦门路距离领事馆约

一英里处建有英国监狱，有牢房、职员宿舍、工厂、商店等建筑。上海高等法院与英国领事馆均为Boyce设计。领事建筑即为中国各开埠城市的领事馆及其附属建筑，遍布中国多达50个城市和地区；一般主要包括领事馆，领事及助理住宅，以及警卫宿舍等。

目前已知设计作品和设计者如下：
——日本横滨领事馆，克罗斯曼设计，1867。
——海南黄埔领事馆，克罗斯曼设计，1867。
——福州领事住宅，克罗斯曼设计，1867。
——福州领事住宅，克罗斯曼设计，1869。
——福州副领事馆，博伊斯，1871。
——东京领事馆，博伊斯，1873。
——上海领事馆，博伊斯，1873。
——神户领事馆，博伊斯，1876。
——北海领事馆，马歇尔，1887。
——韩国首尔领事馆，马歇尔，1889。
——镇江英国领事馆办公楼重建，马歇尔，1890。
——温州领事馆，马歇尔，1892。
——重庆领事馆，考恩，1900。
——杭州领事馆，考恩，1901。
——长崎领事馆，考恩，19世纪末。
——下关领事馆，考恩，1906。
——长沙领事馆，辛普森，20世纪初。
——函馆领事馆，辛普森，20世纪初。
——南京领事馆，辛普森，1906。
——沈阳领事馆，辛普森，1910。
——济南领事馆，布兰德利，20世纪初。
——广州领事馆，布兰德利，1917。
——神户领事馆，布兰德利，1919。
——宜昌领事馆，布兰德利，1921。
——泰国曼谷英国领事馆，A. 斯考特设计，1922。
——另参见第一编和附录二中相关建筑师在上海大英工部总署远东分部任职期间相关作品。

参考文献及相关材料：

——Jayson Hsin-Yin Huang. Going native：British diplomatic，judicial and consular architecture in China（1867—1949）[D]. Sheffield：The University of Sheffield，2010.
——郑红彬 . 近代在华英国建筑师研究（1840—1949）[D]. 北京：清华大学，2014：162-165.
——王若然，青木信夫，徐苏斌 . 英国工部总署远东分部及其在近代中国条约港城市的建设 [J]. 建筑史学刊，2022，3（4）：63-74.

[7] Public Works Department，British Municipal Council Tientsin（天津英租界工部局工务处）

名称：

天津英租界工部局工务处（Public Works Department，British Municipal Council，Tientsin）

地址：

天津英租界

存续时间：

1888—1945

负责人：

A. J. M. Smith（Secretary and Superintendent of public work，1887—1890），A. W. Harvey Bellingham（S urveyor and Secretary / Municipal Engineer, 1890—1909.7), E. C. Young (Municipal Engineer, 1909.7—1910.2), W. R. T. Tuckey (Municipal Engineer, 1910.2—1912), H. R. Stewart (Acting Engineer, 1912—1916), H. McClure Anderson (Acting Engineer, 1916—1918), W. M. Bergin (Municipal Engineer, 1918—1922), D. H. Holley (Municipal Engineer, 1922—1925), H. F. Barnes (Municipal Engineer, 1925—1939), Lu Yi (Municipal Engineer, 1939—1945)

建筑(工程)师成员:

助理工程师德基(W. R. T. Tuckey, AMICE), 工程监督 D. J. Brady, 工程监理 H. R. Stewart 和 W. McLeish 等

简史:

在 1887 年以前,天津英租界工部局并未设专门的主管租界建筑事宜的职位,仅有道路和治安监督(Superintendent of Roads and Police)一职,负责租界内的道路建设和治安情况。目前已知曾有 R. B. Mostyn(任期:1876—1877 年)和 S. E. Williams(任期:1882—1887 年)任此职。1888 年,天津英租界工部局设置"Secretary and super of public work"职务,负责租界内的公共建筑工程,稍后改称"Surveyor and Secretary",最初任此职的是史密斯(A. J. M. Smith)。史密斯在任期间,曾对 J. Chambers 设计的戈登堂(Gordon Hall)进行调整,该建筑后于 1889 年建成。

1890 年 1 月史密斯去世,裴令汉继任,任期为 1890—1909.07。他同时经营私人建筑师事务所,设计有天津日本领事馆第二代建筑(1896)等。其任期内,工部局工程师办公室曾有职员助理工程师德基(W. R. T. Tuckey, AMICE)、工程监督 D. J. Brady、工程监理 H. R. Stewart 和 W. McLeish。1909 年 7 月裴令汉被任命为唐胥铁路总工程师,工部局工程师一职由杨(E. C. Young)接任。其任期内有职员 W. McLeish、H. R. Stewart。其任职到 1910 年 2 月;此后由 W. R. T. Tuckey 接任到 1912 年前;随后 H. R. Stewart 接任到 1915 年;H. McClure Anderson 在 1916—1918 年担任临时工部局工程师。1918 年,贝金(William Marmaduke Bergin, 1877—1956, AMICE)接任,任期到 1922 年。贝金是爱尔兰人,曾就读于爱尔兰科克文法学校和女王学院(Cork Grammar School and Queen's College),并于 1898 年获得艺术学学士学位,于 1899 年获得工程学学士学位。贝金于 1904 年任山海关内外铁路总局工程部(Imperil Railway of North China, Engineer department)助理工程师,曾随铁路工程驻扎丰台、牛庄等地。在贝金任期内,工部局工程师部有职员工程测绘师 J. Blakeney、代理工程测绘师 A. C. Bulgheroni、助理工程师 D. H. Holley 和助理工程测绘师 S. W. Hurst 等。

1922 年霍利(D. H. Holley, AMICE)任代理工部局工程师至 1925 年。1925 年巴恩斯(H. F. Barnes, BSc, MEIC)接任工部局工程师,一直任职到 1939 年。其任期内的 1930 年,工务处有代理工部局工程师 C. N. Joyner(BE, MAAE, AMAmSOC, CE)、助理工程师 Lu Yi、工程助理 O. J. Barnes 等 4 人,以及工程监督 A. Caldwell 和工部局建筑师威廉姆斯(John Wallace Williamson, ARIBA)。威廉姆斯曾于 1919 年在乐利工程司任职,后回国,"于 1927 年被任命为天津工部局建筑师,从英格兰索尔兹伯里到天津赴任。其曾经设计英国工部局警察署、消防署和公立学校等"。1930 年仍见于记载。

1939 年,中国人 Lu Yi 升任工部局工程师,任职至 1943 年英租界工部局解散。此间其名下职员也多为中国人。承担工程建设、公共建筑维护与公园维护修理工作和建筑设计图纸的审批等职能。

作品:

——戈登堂(Gordon Hall),由 J. Chambers 设计并由史密斯修改,后于 1889 年建成。

——英国工部局警察署、消防署和公立学校等,威廉姆斯设计。

——天津工学新校舍、巡物处新宿舍。

参考文献及相关材料:

——李冬伟.天津近代城市建设管理机构的研究 [D]. 天津:天津大学,2014.

[8] Public Works Department, Hong Kong(香港工务司署)

名称:

香港量地署(Surveyor General's Office, Hong Kong, 1844—1883);香港工务署 / 工务司署(Public Works Department, Hong Kong, 1883—1941 后)

地址:

香港

存续时间:

1843—1941 年后

负责人：

Alexander Thomas Gordon（1843—1845），Charles St. George Cleverly（1845—1865），Wilberforce Wilson（1865—1868），Lewis Henry Moorsom（1868—1873），John Macneile Price（1873—1889），Samuel Brown（1889—1891），Francis Alfred Cooper（1891—1897），Robert Daly Ormsby（1897—1901），William Chatham（1901—1921），Thomas Luff Perkins（1921—1923），Harold Thomas Creasy（1923—1932），Richard McNeil Henderson（1932—1938），Alexander Bruce Purves（1938—1941）

建筑（工程）师成员：

第一任为戈登，任期为1843—1845年。1844年《中国丛报》（*Chinese Repository*）称其为土木工程师。其任职期间与建筑工程相关的主要职员有：基化厘（Charles St. Geo. Cleverly，1819—1897）任助理测绘师（Assistant Surveyor），并在戈登离港期间任代理总量地官（Acting Surveyor General）；约翰·波普（John Pope）任土木工程师及工程监督（Civil Engineer and Clerk of Works）；穆德克·布鲁斯（Murdoch Bruce）任道路监督员（Inspector of Roads），John Prendergast任绘图员。

第二任为基化厘，任期为1845—1865年。其任内与建筑工程相关的职员主要有：1845—1847年间的工程监督John Pope和道路监督员、建筑检查员Murdoch Bruce；1848年的代理工程监督、建筑师George Strachan，道路监督员W. Bowden，以及工程正、副领班J. Crawford和Franklynn Mason；1849—1850年间的工程监督Hon. G. Napier；1859年的助理工程师、工程监督T. L. Walker；1861年的助理工程师S. L. Bird；1862年的助理工程师C. H. Storey；1862—1863年间的助理工程师S. B. Rawling；1863—1865年间的Sotheby Godfrey Bird和Sherman Godfrey Bird兄弟。这些职员中，George Strachan和T. L. Walker在政府任职的同时，也开设有私人事务所；C. H. Storey和S. B. Rawling在离职后开办私人事务所；Sherman Godfrey Bird也在离职后加入私人事务所。

第三任为威尔逊（Wilberforce Wilson，1836—?），任期为1865—1868年。期间与建筑工程相关的主要职员有：助理总量地官John Clark，1867年的工程监督Ward Pressage，九龙驻地工程师（Resident Engineer）Sotheby Godfrey Bird和助理量地官Sherman Godfrey Bird。威尔逊在离职后于1870年加入W. Salway, Architect, Surveyor & c.，并成为合伙人。J. Clark此前曾于1863—1866年任上海工部局工程师，后于1867年被聘为香港助理总量地官（Assistant Surveyor-General），并被允许开展私人业务，但不幸于1868年10月在香港去世。

第四任为Lewis Henry Moorsom，任期为1868—1873年。期间与建筑工程相关的主要职员有：1872年的建筑检查员R. G. Alford，工程监督W. Power和Ward Prestage，工程监督员（Overseer of Works）T. Stoves和R. Mitchell，电力和道路监督员J. G.White，水利工程监督员E. Rose。

第五任为John Macneile Price，任期为1873—1889年。期间与建筑工程相关的主要职员有：1873年的代理量地官皇家工兵A. B. McHardy，建筑检查员R. G. Alford，工程监督W. J. Dukes和Ward Prestage；1874年的建筑检查员S. R. Neate；1879年的代理量地官E. Bowdler，建筑检查员S. R. Neate；工程监督W. Danby和Ward Prestage；1889年的助理量地官E. Bowdler，助理工程师Jas Orange和C. C. Malsch，卫生工程师和建筑检查员F. A. Cooper，土地测绘师（Land Surveyor）J. Sampson。其中S. R. Neate和Jas Orange离职后都加入私人事务所。

第六任为Samuel Brown，任期为1889—1891年。自1891年3月James Robert Mudie任Executive Engineer，Richard F. Druby任助理工程师，H. W. Willis任建筑助理。

第七任为Francis Alfred Cooper，任期为1891—1897年。期间与建筑工程相关的主要职员有：1894年任代理工务署长的W. Chatham，他后于1895年任实施工程师；1894—1895年任实施工程师的H. P. Tooker和J. R. Crook，皇家土地监督人（Supdt of Crown Lands）C. C. Malsch，土地测绘师J. L. Prosser，助理工程师R. F. Drury、Lawrence Gibbs、E. M. Hazeland和J. M. Xavier，卫生工程师E. Bowdler，绘图员Charles Henry Gale和W. Bamsey。

第八任为Robert Daly Ormsby，任期为1897—1901年。期间与建筑工程相关的主要职员有：1901年的副工务署长W. Chatham，实施工程师H. P. Tooker和C. H. Gale，助理工程师A. H. Hollingsworth、J. Mossop、H. C. Fisher、N. S. P. Trimingham、T. G. Hughs和I. M. Xavier，卫生工程师E. Bowdler，土地测绘师T. Jacob，临时土地测绘师B. W. Grey，主绘图员和土地法警G. J. W. King。J. Mossop于1900年5月8日由伦敦到达香港，受聘于香港工务署，负责香港法院新建筑的监造；其后于1902年左右到上海业广地产公司任职。

1901—1941年间与建筑工程相关职员有：Hugh Pollock Tooker，C. H. Gale，A. H. Hollingsworth，Henry George Currall Fisher，I. M. Xavier，T. L. Perkins，James Fettes Bulton（Praya Reclamation Office Executive Engineers），Patrick Nicholas Hil，Henry Thomas Jackman，D. Jaffe，Alexander Colbourne Little，A. E. Wright，Edgar William Carpenter，Alec Fleming Churchill，J. W. White，Leslie Owen Ross，E. Newhouse，R. M. Henderson，S. H. H. Ixer，Henry Capell Lowick，H. S. Rouse，A. G. W. Tickle，A. B. Purves，J. Duncan，William Ewart Douglas，L. O.

Martyn, R. P. Shaw, Robert Albert Walter, C. B. Robertson, Harold Thomas Creasy, S. C. Feltham, R. J. B. Clak, Walter Hargreaves Bourne, D. S. Edwards, S. O. Hill, Arthur Edgar Wright, H. J. Pearce, C. B. Robertson, Ralph Stanley Watson Patersom, J. Bottomley, K. S. Robertson, Henry Edward Goldsmith, A. W. Hodges, W. H. Owen, R. J. Vernall, R. S. W. Patersom, C. E. Moore, C. C. A. Hobbs, W. W. C. Showan, Edward Dean Shank, D. Cuthbertson, J. C. Charter, W. A. Cornell, A. C. Wheeler, C. H. Bingham Powell, H. J. Grose, W. W. Gwan 等。

简史：

香港市政管理机构经历了 1843—1883 年的量地官署和 1883 年以后的工务署两个阶段。

1843 年 6 月，按照《南京条约》规定，香港所有的土地都被英国政府租赁。为了对香港的土地进行有序的地籍测绘、登记、管理，1843 年英国政府派遣第一位量地官（Surveyor General）亚历山大·托马斯·戈登（Alexander Thomas Gordon）到香港。1844 年香港成立量地署（Surveyor General's Office），自此成为常设机关，负责城市规划和基础设施建设事宜。量地官署一般设量地官（Surveyor General）一名，其下设与工程事务直接相关的职位通常有助理量地官或助理测绘师（Assistant Surveyor General or Assistant Surveyor）、工程监督（Clerk of Works）、实施工程师（Executive Engineer）、助理工程师（Assistant Engineer）、建筑监督员（Inspector of Buildings）、道路监督员（Inspector of Roads）、绘图员（Draftsman）等。任这些职位的人员大多都有工程或建筑背景。"量地官通常是一名军官，并负责土地殖民、政府赠地和其他所有工程项目。""从 1840 年代到 1880 年代之间，量地官署负责香港所有土地出售、测绘、土地登记以及全部的工程项目。渐渐地，随着香港地区的发展，量地官的角色发生了变化并分成不同的职业领域，如土地管理、评估、工程等。"

1883 年，香港工务司署成立，取代量地官署，统领土地、交通工程、城市规划及屋宇事宜。量地官的称呼并未改变，直到 1891 年才改为工务署长（Director of Public Works Depatrment）。1930 年在工务司署下设专门的建筑设计处，并开始设置建筑师职位。

作品：

——香港绝大部分公共建筑和工程项目均由香港工务司署负责，具体请查阅历年工务报告（Hong Kong Government Reports Online，1842—1941[DB/OL]. http://sunzi.lib.hku.hk/hkgro/.）。

参考文献及相关材料：

——何佩然 . 地换山移：香港海港及土地发展一百六十年 [M]. 香港：商务印书馆，2004：121.

[9] Public Works Department，Shanghai French Municipal Council（上海法工部局打样房 / 上海法租界公董局公共工程处）

名称：

上海法工部局打样房 / 上海法租界公董局公共工程处（Public Works Department，Shanghai French Municipal Council）

地址：

上海（公馆马路 176 号，1926—1934；霞飞路 1212 号，1934—1936；霞飞路 375 号，1936—1941）

存续时间：

1868—1943

负责人：

A. Dupre（1868），A. Legras（1877—1879），H. Lester（1880），O. de Lagerheim（1881—1886），M. Blondin（1888—1893），J. J. Chollot（1893—1908），Arnould（1908—1910），M. Wantz（1910—1915），G. Grene（1915—1918），P. B. Tissot-Dupont（1918—1919），H. Boissezon（1919—1928），L. Louzier（1929—1939），A. Bougon（1939—1941）

建筑（工程）师成员：

A. Nabias（1922—1930），F. Chauvin（1905—1910），H. Sarthou（1920—1931），Eymard（1920—1932），J. Gaggino（1930—1932）

简史：

1849 年上海法租界建立；1862 年法租界公董局诞生，下设市政管理处、公共工程处和警务处。公共工程处由租界内原有的道路委员会演变而来，专门负责界内道路、码头桥梁、路灯、下水道以及其他各种公共设施的建造和维修。1864 年 10 月，公董局公共工程处第一位领薪总工程师迪普雷（Dupre）正式到任，标志着界内的建设规划活动逐渐走上组织化的管理轨道。此后，法租界内的公共工程均由公共工程处承担，一直到1941年。

作品：

上海：

——八仙桥捕房及牢监，1888。
——法租界菜市场，小东门附近，1896，邵禄设计。
——萧家厂自来水厂，1898，邵禄设计。
——市政厅（Town Hall），邵禄设计。
——各个捕房（The various police stations），邵禄设计。
——水电厂（The Water and Electric Light Work），邵禄设计。
——外滩信号站（The Semaphore Station on the Bund），邵禄设计。
——顾家宅新游乐场（The New Recreation Ground at Koukaza），邵禄设计。
——法国领事馆（Consulate Building and Chancery），金陵东路1号，1894，邵禄设计，已拆除。
——Tonkadour（中文不详）发电厂建造，1896，邵禄设计。
——洋泾浜老发电厂（Old power Station in Yangkingpang），1896，邵禄设计。
——上海法租界供水系统、港池（basins）、过滤池（filters）、蓄水池（reservoirs）、扬水厂（raising plant）等，1898—1900，邵禄设计。
——建造法租界屠宰场，邵禄设计。
——编制法租界地籍图（Cadastral Plans），邵禄设计。
——龙江路及恒山路角洋房3栋住宅，1901，邵禄设计。
——制定了法租界第一个有轨电车规划，1902，邵禄设计。
——法租界霞飞路等道路、电气和自来水等公共工程，邵禄设计。
——曾负责上海很多大型的英法公司的工业建造工程，邵禄设计。
——法国球场总会/法国学堂（Le Cercle Sportif Francais，1926年改为College Municipal Francais，今科学会堂），南昌路47号，1913—1914，1917—1918年改扩建。

首尔：

——法国领事馆，辅助葛林德（M. Collin de Plancy）建造，1898。

参考文献及相关材料：

——江天岳．巴黎城市改造对上海法租界规划的影响——以1849—1914年上海法租界建设规划为例[J].史林，2013（4）：1-8+188.
——郑时龄．上海近代建筑风格[M].上海：同济大学出版社，2020：502.

P

[10] Public Works Department，Shanghai Municipal Council（上海公共租界工部局工务处）

名称：

上海公共租界工部局工务处（Surveyor's Office / Engineers' Office / Engineer and Surveyor's Department / Public Works Department，Shanghai Municipal Council）

地址：

上海（河南路14/16号，1872—1875；江西路23号，1876—1913；外滩7A，1914—1921；汉口路15号工部局大楼，1914，1922—1943）

存续时间：

1846—1943

负责人：

Waters（1860.12—1862），Carlisle（1862—1863），J. Clark（1863.06—1866），E. H. Oliver（1866—1875），C. B. Clarke（1876—1889.04），Chas Mayne（1889.04—1909.11），C. H. Godfrey（1909.11—1923），C. Harpur（1923—1936.06），A. F. Gimson（1936.06—1943）

建筑（工程）师成员：

J. Clark（1863.06—1866），E. H. Oliver（1864—1876），C. B. Clarke（1876—1889.04），C. Mayne（1889.04—1909.11），C. H. Godfrey（1899—1923），C. Harpur（1902—1936.06），A. F. Gimson（1915—1941），H. Lester（1863—1867），A. Dallas（1877—1898），J. E. Denham（1896—1901），F. A. Sampson（1894—1899），C. G. Davies（1893—1896），W. J. Roberts（1899—1910），R. C. Brown（1901），P. Tilley（1904—1908），R. C. Turner（1904—1926），B. L. Newman（1905—1908），R. C. Young（1910—1937），H. Ross（1906—1922），R. L. Wall（1913—1925），J. D. Watt（1921—1941），A. C. Wheeler（1925—1937），A. F. St. J. Kinsey（1922），E. M. Guignard（1922），D. G. Mirams（1921—1940），C. H. Stableford（1921—1941），R. D. Fraser（1934—1940），M. C. Jensen（1939—1940），N. W. B. Clarke（1925—1940），D. A. Fowler（1928—1934），G. W. B. Dainton（1929—1941），A. A. G. Toone（1921—1930），E. J. Muller（1903—1907），F. J. Raven（1904—1907），C. Luthy（1909—1922），J. Senichenko（1912—1936），F. J. Blom（1925），F. S. Upham（1919），B. L. Mamysh（1930），W. S. Cruickshank（1924—1928），R. A. Hamburger（1930—1940），J. A. Sokoloff（1926—1942），J. A. Hammerschmidt（1931），C. H. Duff（1934—1941），W. T. Fulstow

简史：

上海公共（英）租界的市政机构经历了道路码头委员会（1846—1854）和工部局（1854—1943）两个阶段。在道路码头委员会时期，并未雇佣专门的建筑技术人员来负责租界内公共工程。1854 年工部局成立后，立即成立道路、码头及警务小组委员会。1860 年 12 月—1862 年 3 月左右，沃特斯（Water）受任道路检查员（Inspector of Roads），他是工部局第一位专职工务管理人员。工部局第一位土木工程师为克拉克（J. Clark），任期为 1863 年 8 月到 1866 年。J. Clark 是工部局第一位扮演着政府建筑师角色的职员，职位为测绘师（Surveyor），其主管工程师办公室（Engineer's Office 或 Engineer's Department，又名工部管理工务写字房），并设有写字间（Drawing Office），负责绘制公共工程设计图纸等工作。在梅恩（Chas. Mayne，1889—1909）任期内，工部局工务处开始逐渐发展成熟，建制逐渐完善，分工日趋明确，到其任期内的 1908 年，工务处内的组织架构已日趋完善，分工较为明确。1909 年工部局工程处首次出现工程助理、建筑助理和测绘助理职位设置上的划分。到 1912 年，工务处已经有专门的建筑股（Architectural Branch）设立，专门负责建筑设计相关事务。1919 经工务委员会建议，董事会批准任命工程师为"工务处长"，副工程师依此类推。到了 1920 年，工部局工务处首次出现了建筑师的专门职位，特纳（R. C. Turner）则是工部局第一位担任建筑师职位的人。1940 年，工务处已设有总办公室（General Office）、建筑股（Architectural Division）、工程股（Engineering Division）和新建筑股（New Buildings Division）等几个部门，其中建筑股主要负责工部局新建筑的设计等，新建筑股主要负责租界内建筑方案的审核工作。

作品：

上海：

——成功地实施了租界的主排水计划，E. H. Oliver 设计。
——设计建造了几座木桥、铁桥、浮桥、建筑，E. H. Oliver 设计。
——建造了几条重要道路，E. H. Oliver 设计。
——填筑了大部分上海外滩，并将其改为公园，E. H. Oliver 设计。
——制定上海供水计划，并得到 ICE 前主席的认可，E. H. Oliver 设计。
——木结构外白渡桥，1874，E. H. Oliver 设计。
——公共租界工部局大楼（SMC Administration Building），汉口路 193 号，1914—1921，Robert Charles Turner。
——西童公学（S. M. C. Public School for Boys，今复兴初级中学），四川北路 2066 号，1916，Robert Charles Turner 设计。
——汉璧礼男童公学（Hanbury School for Boys），上海。
——工部局立育才公学（Ellis Kadoorie School for Chinese），上海。
——聂中丞华童公学（Nieh Chih Kuei School for Chinese），上海。
——工部局警察、消防和卫生部门的大多数其他市政建筑（The majority of all other Municipal Buildings for the Police，Fire and Health Department），上海，1907—1927。
——虹口捕房，C. B. Clarke 设计，Henry Lester 协助，1878。
——虹口救火会钟楼，C. B. Clarke 设计，1888。
——河南路捕房（Police Building），Mayne 设计，1894。
——新市政厅和公共市场（The New Town Hall and Public Market），Mayne 与 Gratton 合作，1899。
——虹口救火会（Honkew Fire Station），吴淞路 560 号，1914—1915。

——提篮桥监狱（Ward Road Prison），George William Bottrill Dainton 监造，1929—1934。

——工部局宰牲场（Shanghai Municipal Coumcil Abattoir），沙泾路 10 号，1930，Arthur Carruthers Wheeler 设计。

——总巡捕房（The Central Police Station，今上海市公安局），福州路 185 号，1932—1935，Charles Henry Stableford 设计。

——卡德路捕房（The New Carter Road Police Building），1932，Charles Henry Stableford 设计。

参考文献及相关材料：

——郑时龄 . 上海近代建筑风格 [M]. 上海：同济大学出版社，2020：502.

——郑红彬 . 近代在华英国建筑师研究（1840—1949）[D]. 北京：清华大学，2014：150-161.

——朱晓明 . 基于上海工部局年报（1923—1942）统计的工部局局属建筑管理 [C]// 张复合，刘亦师 . 中国近代建筑研究与保护（十）. 北京：清华大学出版社，2016：381-392.

——C. H. Godfrey. Municipal Shanghai：With Special reference to the Public works department[J]. The Journal of the Institution of Municipal and County Engineers，1921，47（16）：237-245.

相关影像：

INDOOR STAFF OF THE SHANGHAI PUBLIC WORKS DEPARTMENT

照片来源：

——[J]. The Far Eastern Review，1909，6（1）：1.

P

——[illegible] Dalton [illegible] 1939—1940。

——[illegible] 10 号，1940 Arthur [illegible]

——[illegible] 1872—1885，Charles [illegible]

——[illegible]

参考文献及相关评论

——[illegible] 2020，2022。

——[illegible] 2014，140-144

——[illegible]

[illegible] 64-70。

——[illegible] Public [illegible] Journal of [illegible] 237-245。

相关图片

图片来源

——[illegible]

第五编
近代在华外国建筑工程相关专业组织名录①

① 本编包含由外国人在中国发起成立或广泛参与的建筑工程相关行业组织。

[1] Architectural Institute of Taiwan [台湾建筑会（日据时期）]

名称：

台湾建筑会（Architectural Institute of Taiwan）

地址：

台北

存续时间：

1929—1945

主要负责人：

会长：井手熏（会长，1929—1944），栗山俊一（副会长，1929—1934），白仓好夫（副会长，1933—1944；会长，1944—1945），大仓三郎（副会长，1942—1945）；

其他干部：坂本登，吉良宗一，金子左久，八坂志贺助，永岛文太郎，住谷茂夫，荫山万藏，荒井善作，尾辻国吉，古川长市，安田勇吉，手岛诚吾，铃置良一，梅泽舍次郎，浅井新一，神谷犀次郎，筱原武男，矶部正雄，竹中久雄，玉井和夫，横滨勉等

简史：

1926年5月5日，井手熏等人举行讨论会，决议创立一个建筑研究组织，会名为“台湾建筑会”，并召开第一次读书会讨论会则。其后又召开第二、第三次读书会，继续订立会则。1928年9月29日，在蓬莱阁举行创立恳谈会；同年10月18日，又举行台湾建筑会发起人会；并于10月20日及12月10日举行两次创立委员会。1929年1月21日，台湾建筑会于铁道饭店召开台湾建筑会常议员会；同年1月26日，台湾建筑会于台北高等商业学校举行“发会式”，正式宣告成立。1936年12月成为社团法人。

成立目的：与建筑相关的一般研究及知识交换；会员相互间的亲睦；促进建筑界健全的发展。研究台湾的建筑环境及日新月异的建筑知识，为台湾岛建筑工作者提供交流、沟通及社交的平台，并将其研究之成果广泛传播给社会，使一般民众皆能有建筑相关知识，因此创办发行《台湾建筑会志》，以供会员发表研究成果、提供会员交流平台并传播建筑知识。目前现存的《台湾建筑会志》，自1929年起至1944年止，共出版16辑，初期每两个月发刊一次，后来自1943年起，决议改成月刊的形式。因有延期刊发以及几期合并刊发的情况存在，因此共有84册。

台湾建筑会的会员类别初期分为正员（具有学识经验的建筑家）、准会员（致力学习建筑技术相关知识的学生或正会员以外从事建筑研究者）、名誉会员（认同台湾建筑会目的、工作而具有名望学识者）、赞助员（认同台湾建筑会目的，可提供一定赞助的赞助者；建筑相关的事业家、技术者及有兴趣的人士，认同台湾建筑会的目的而提供赞助者）四种。参与台湾建筑会的正员或准员资格必须要有现有正员的推荐，填申请书及履历书、向台湾建筑会申请，并经由干部会议同意。名誉员要由干部会议决议，向台湾建筑会推荐名单。台湾建筑会的会员多半还是以官方人士为主。在官方建筑家中，又以总督府官房营缮课的人员参与最多。历年会员数量情况如表5-1所示。

台湾建筑会历年会员情况 **表5-1**

年份	正会员	特别会员	赞助会员	特别赞助会员	准会员	合计
1929	199		134	1	174	508
1930	210		147	1	199	556
1931	220		126	2	237	585
1937	265	4	233	1	415	918
1939	288	4	276	1	418	987
1941	298	4	283	1	452	1036
1942	342	4	294	1	412	1053

台湾建筑会成立委员会进行专门学术研究的委员会包括：台湾家屋规则改正起草委员会（1929—1930）、公制调查委员会（1930）、改良便所调查委员会（1930）、资材调查委员会（1941）、改隶后建筑沿革调查委员会（1941）、台湾土木建筑工事请负制度新体制化调查委员会（1941）和建筑工事战时规格设定委员会（1943）。

主要活动：

建筑相关之调查研究；调查研究报告的发表；建筑相关重要事项之议决；决议事项的实行促进；会志的发刊；建筑相关图书之出版发行；建筑相关的演讲主办；建筑相关的展览会举办；建筑相关的视察活动；理想建筑计划；建筑徒弟的培育；其他建筑相关事项。

参考文献及相关材料：

——吴昱莹 . 日治时期台湾建筑会之研究（1929—1945）[M]. 台北：台北艺术大学，2006.

[2] Institute of Architects in China（在华建筑师学会）

名称：

在华建筑师学会（Institute of Architects in China）

地址：

上海（北京路 4 号，1907—1922；北京路 26 号，1923—1924）

存续时间：

1907—1936

负责人：

第一任主席为陶威廉（W. M. Dowdall）；副主席为斯科特（Walter Scott）和达拉斯（Arthur Dallas）；理事会成员有爱尔德（A. E. Algar）、安布罗斯（J. Ambrose）、戴维斯（Gilbert Davies）和马海（R. B. Moorhead）；代理秘书为萨义克（R. M. Saker）。

第二任主席仍为陶威廉；副主席为达拉斯和戴维斯；理事会成员为爱尔德、安布罗斯、克里斯汀（J. Christie）和迪纳姆（J. E. Denham）。

1910 年主席为陶威廉；副主席为达拉斯和戴维斯；理事会成员为爱尔德、安布罗斯、克里斯汀、迪纳姆和萨义克；代理秘书为萨义克。

1915—1920 年主席为陶威廉；副主席为达拉斯和戴维斯；理事会成员为爱尔德、马海、罗登（L. W. C. Lorden）、迪纳姆和萨义克

成员：

1909 年 4 月时，学会共有会员 27 名，其中正会员 17 名，荣誉会员 2 名，准会员 8 名，包含了所有上海执业建筑师和 RIBA 会员。目前已知的有正会员达拉斯、戴维斯、爱尔德、克里斯汀、邵禄（法）、迪纳姆、平野勇造（日）、约翰森、雷士德、罗登等，荣誉会员金思密，准会员 L. 道达尔、加伍德（W. H. Garwood）和麦加尔（G. McGarva）

简史：

在华建筑师学会的成立与对在公共租界实施建筑师注册问题的关注密不可分。1907 年间，有关建筑师注册的问题受到了租界工部局、公众、业主、建筑师、专业协会组织等社会群体的关注。自 1907 年 8 月起，作为主管部门的工部局，为了探讨公共租界推行建筑师注册制度的可行性，号召在上海执业的建筑师和工程师参与到公开讨论中。除当时已经成立数年的上海工程师和建筑师协会外，还有一个由上海执业建筑师和工程师组成的委员会（Committee of Practicing Architects and Civil Engineers）参与其中，以维护其群体利益。该委员会应该是在华建筑师学会的雏形。

正是因该委员会这一临时团体参与到关于建筑师注册问题的几次讨论过程中，让参与者体验到专业人士团体对于共同讨论职业的相关问题具有优势，所以他们才觉得需要一个正规组织的团体，使得执业建筑师和其他建筑师及其助手和学生能够权威性地发表他们的意见（authoritatively publish their views）。鉴于此，一些成员发起组织成立该学会。而该委员会人选建筑师注册问题特别小组委员会的三位代表斯科特（Walter Scott）、达拉斯（Arthur Dallas）和道达尔（W. M. Dowdall），也是该学会成立的倡导者，并顺理成章地成为学会成立后的第一届领导者。

学会在成立之前的筹备阶段，曾经写信给曼彻斯特建筑师协会（Manchester Society of Architects）索要一份组织章程以供参考。成立于 1865 年的曼彻斯特建筑师协会在 1891 年与 RIBA 联合并成为其一个分支。因此，虽然在华建筑师学会的起草并通过的组织章程未能得见，但是其应该大致是模仿曼彻斯特建筑师协会而来，模仿版本应该是曼彻斯特建筑师协会此前刚于 1907 年 7 月 1 日新修订的组织章程。

在经过一系列初步会议并咨询英国皇家建筑师学会及联合协会的组成后，在华建筑师学会（Institute of Architects in China，IAC）备忘录和组织章程得以起草且于 1907 年 12 月 23 日根据香港法律在香港注册

(incorporated under the Hong Kong Ordinances)。学会临时办公室设在北京路4号。学会受到了工部局的认可，因为其中有三名成员同时也是建筑师注册委员会的成员。

在与RIBA联合失败，几次试图申请实施建筑师注册登记制度失败后，作为一个成立不久的松散的专业学会，在华建筑师学会在缺少官方支持的情况下，难以承担起实施建筑师注册制度的大任。不能实现该主要目的后，该学会也就失去了存在的必要性。从公众视野消失多年后，该学会于1936年11月从在华英国公司注册表中注销。

主要活动：

——试图与RIBA联合，最终失败。

——几次试图申请在上海租界推行建筑师注册登记制度，最终失败。

参考文献及相关材料：

——郑红彬.近代在华英国建筑师研究（1840—1949）[D].北京：清华大学，2014：228-232.

——[N]. The North-China Herald and Supreme Court & Consular Gazette，1936-01-25：307.

[3] Manchu Architectural Institute（伪满洲建筑协会）

名称：

伪满洲建筑协会/伪满洲建筑会（Manchu Architectural Institute）

地址：

大连

存续时间：

1920—1945

负责人（会长）：

第一届（1921—1922）：松室重光（会长），小野木孝治（副会长）。

第二届（1923）：小野木孝治（会长），冈大路、近藤伊三郎（副会长）。

第三届（1924）：小野木孝治（会长），冈大路（副会长）。

第四届（1925—1932）：小野木孝治（会长）、横井谦介（1932年），冈大路、青木菊次郎（副会长）。

第五届（1933—1937）：冈大路（会长），植木茂、高冈又一郎（副会长）。

第六届（1937—1938）：冈大路（会长），太田宗太郎、高冈又一郎（副会长）。

第七届（1939）：冈大路（会长），汤本三郎、长仓不二夫、桑原英治（副会长）。

第八届（1940—1945）：冈大路（会长），汤本三郎、桑原英治、西村源与茂、穴道七郎（副会长）

简史：

"满铁"建筑部门正式运作之后，随着建筑专业人士的增多，于1914年在内部逐渐形成一个非正式的会员俱乐部"满铁建筑会"，又称"茶话会"或"茶叶会"，为"满铁建筑协会"之前身。1920年3月，由"茶叶会"干事相贺兼介、高松丈夫、内田銈司与高梨勉一4人担任伪满洲建筑协会的筹备会委员。10月，经过冈大路、小黑隆太郎、小野武雄与相贺兼介等人的讨论之后，决定借由在东北的日本建筑从业者聚集于大连举办联谊大会时，计划进一步召开成立大会。11月2日，"茶叶会"在大连市主办第一届建筑展览会，日本建筑从业者的联谊大会同期在大连旅馆召开。冈大路按照先前计划在联谊大会上提出成立伪满洲建筑协会的临时动议，获得全体成员一致通过。同时，同意推举关东都督府民政部土木课长松室重光担任第一届会长，"满铁"建筑课长小野木孝治为副会长，协会办公室暂设于原大连市役所三楼。12月5日，在大连市役所会议室召开创立会员大会的第一次会议，确定了伪满洲建筑协会会则共20条，选出14名干事并推举冈大路为干事长；12月9日召开第一次干部会议（役员会）。至此，伪满洲建筑协会正式在大连市成立，成为日本人在海外成立的首个建筑专业团体（日本海外建筑团体另外还包括1922年成立于首尔的朝鲜建筑会、1929年成立于台北的台湾建筑会以及1940年最后一个于北京设立的华北建筑协会）。到了1922年9月5日，该协会更进一步正式立案成为"社团法人伪满洲建筑协会"。

伪满洲建筑协会创立的最主要宗旨是要"成为伪满洲建筑界坚实的发展基础"。协会永久地址设于大连，组织下设总会，即会员大会。协会的社员等级分为正会员、准会员、名誉赞助会员以及赞助会员四种，均由干部会议通过后始得入会。会员是以任职于伪满洲官衙、公署、银行与会社等的建筑技术者为中心，进一步可包含建筑承包商与材料商等，不限于日本人。会员的来源除了伪满洲之外，也接受日本内地、中国大陆及台湾地区的申请者。1921年协会初创时会员为933人，最低时为1926年的534人，最高时为1941年的1741

人（1941—1945 年数据缺失）（表 5-2）。主要成员是“满铁”建筑组织所属的建筑家和建筑技术者等共计 800 多人。

伪满洲建筑协会历年会员数量　　　　表5-2

年份	正会员数	准会员数	赞助会员数	终身正会员数	名誉会员数	总人数
1921	685	209	39			933
1922	616	189	36			841
1923	951	185	36			1172
1924	530	164	33	2	1	730
1925	516	149	26	2	1	694
1926	404	109	18	2	1	534
1927	452	126	27	2	1	608
1928	487	126	31	2	1	647
1929	483	34	82	2	1	602
1930	520	140	26	2	1	689
1931	518	143	24	2	1	688
1932	563	140	20	3	1	727
1933	711	210	18	3	1	943
1934	783	162	16	3	1	965
1935	1116	77	15	5	1	1214
1936	1099	108	13	5	0	1225
1937	1098	151	13	6	0	1268
1938	1209	206	12	5	2	1434
1939	1282	217	41	6	1	1547
1940	1413	220	39	7	2	1681
1941	1483	211	40	6	1	1741

伪满洲建筑协会还适时设立专门调查委员会以推动专门事业。1921 年 3 月 29 日，成立八大类建筑调查研究委员会，分别为“请负法”“建筑法规”“灾害预防”“住宅改良”“构造及材料”“职工教育”“建筑卫生”与“米突法”等专门委员会。1928 年协会更进一步设置“事业计划协议会”，针对当时的五大课题商讨具体对策，包括“‘满洲’建筑教育机关之研究调查”“建筑材料的调查研究”“中国各都市与建筑情况调查”“大连医院新筑号编纂委员会”以及“改正大连市建筑规则实施促进方案”等。

伪满洲建筑协会出版发行《满洲建筑协会杂志》，固定于每月 15 号发行，从 1921 年 3 月 15 日第 1 卷创刊号算起，至 1945 年 1 月 15 日第 25 卷第 1 号为止，共计发行 277 期，期刊文章数量超过 1700 篇。

协会设立之初规定，在必要时可于伪满洲各地成立支部（分会）。至 1945 年为止，协会还设立了安东支部、“新京”支部、哈尔滨支部、奉天支部、大连支部、牡丹江支部以及抚顺支部等 7 个地方分会。

主要活动：

（1）建筑相关事业的调查研究；（2）建筑重要事项的决议与实施；（3）会志与相关刊物的发行；（4）有关建筑演讲会、讲习会与展览会之举办；（5）伪满洲相关建筑业务的介绍与释疑；（6）其他相关事项。

参考文献及相关材料：

——陈建仲．日本帝国主义时期满洲建筑协会的形成、发展与影响 [D]. 台南：成功大学，2017.

——陈建仲，傅朝卿．日本帝国主义时期的满洲建筑协会 [C]// 张复合，刘亦师．中国近代建筑研究与保护（十）. 北京：清华大学出版社，2016：445-454.

——陈颖，李张子薇，姚逸可.《满洲建筑杂志》初考 [C]// 张复合，刘亦师. 中国近代建筑研究与保护（十）. 北京：清华大学出版社，2016：437-444.

[4] Shanghai Land Valuers' & Surveyors' Society（上海地产估价师和测绘师协会）

名称：

上海地产估价师和测绘师协会（Shanghai Land Valuers' & Surveyors'society）

地址：

上海（仁记路 28 号，1926—1933；仁记路 100 号，1934—1941）

存续时间：

1923—1941 年后

负责人：

P. Peebles（1923），G. A. Johnson（1926—1928），G. L. Wilson（1929—1930），H. G. Robinson（1931），J. T. W. Brooke（1932—1933），H. M. Spence（1935—1938），H. Berents（1936），R. D. K. Silby（1939）

理事会成员：

A. E. Algar，G. A. Johnson，R. B. Moorhead，P. Peebles，R. E. Stewardson，G. L. Wilson，N. L. Sparke，J. T. W. Brooke，H. M. Cumine，A. P. Nazer，H. G. Robinson，R. M. Saker，H. M. Spence，B. Fraser，T. C. Britton，J. R. Maughan，Gordon Morriss，Hans Berents，E. H. Adams，J. T. W. Brooke，J. R. Maughan，R. D. K. Silby，A. W. Buck

简史：

近代在华外籍建筑师多扮演着多重角色，既是建筑师，又是土木工程师，还是测绘师和房产估价师，有的同时也是房地产代理人和中介。1920 年代上海房地产市场火热，在房地产交易过程中如何公平正确对地产进行估价受到越来越多的人关注，越来越多的问题出现在地产估价师和测绘师这一行业中。1923 年 5 月，上海地产估价师和测绘师协会（Shanghai Land Valuers' and Surveyors'society）筹划成立。协会的主要目的是推动该职业的总体权益并保障投资房地产的公众的利益。

第一届理事会成员有爱尔德、约翰森（G. A. Johnson）、马矿司、毕士来、思九生、威尔逊（G. L. Wilson）和斯帕克（N. L. Sparke，荣誉秘书）。7 人当中，爱尔德、约翰森、马矿司、毕士来、思九生和威尔逊都是在上海执业的英国建筑师，毕士来和斯帕克为上海英商业广地产公司的负责人。

学会规定申请入会者应该由推荐者和附议者填写表格，表中应填写全名、候选人的资历必须特别标明。协会致力于将会员资格只给完全合格的人。会员缴纳会费每年 10 美元，1929 年开始改为 5 美元。

到 1930 年时，协会已经良好建立，其指定的收费标准被上海所有对房地产感兴趣的人认可，协会建立的目标即推动该职业的总体权益并保障投资于房地产的公众的利益得以实现，过去一年中理事会没有接到关于收费标准的争议。

该协会的组织构架应该参考了英国测绘师学会（Surveyors' Institution），并根据上海的情况进行了调整，由一名主席、若干位理事及一位秘书组成。

主要活动：

召开会议，宣读论文；关注行业问题，如火灾保险问题、（房地产）买卖中介费问题、建造合约谈判的收费问题、建造合约之外谈判的收费问题，以及针对 1937 年日军侵华对上海房地产造成的损失进行评估；规范职业行为；公布了一个有确定比例的职业收费标准。

参考文献及相关材料：

——郑红彬. 近代在华英国建筑师研究（1840—1949）[D]. 北京：清华大学，2014：233-236.

[5] The Engineering Society of China，Shanghai（中华国际工程学会）

名称：

上海工程师和建筑师学会 / 上海工程学会 / 中华国际工程学会（Shanghai Society of Engineers and

Architects，1901—1912；The Engineering Society of Shanghai，1912—1913；The Engineering Society of China，1913—1951）

地址：

上海［圆明园路 1 号，1901—1911；博物院路 5 号皇家亚洲文会华北分会，1911—1920；四川路 66 号（会议室仍在亚洲文会），1920—1922；福州路 17 号（会议室地址不变），1922—1931；华懋饭店，1931—1934；联华总会，1934；雷士德工学院，1935—1937；1937—1939 年因雷士德工学院位于日军所划禁区内而临时关闭，所有会议均在国际大饭店餐厅举行；1940 年开会地点为北京西路雷士德医学院；1945 年以后曾使用的会址有上海电报大楼（福建路 460 号）、亚洲文会（博物馆路 20 号）、中英文化协会（外滩 12 号汇丰银行 408 室）等］

存续时间：

1901.02—1941.12；1945—1951

负责人（会长）：

G. J. Morrison（1901—1902），A. P. Wood（1902—1903），T. Bunt（1903—1904），J. R. Harding（1904—1905），J. Prentice（1905—1906），T. Weir（1906—1907），H. K. Hillier（1907—1908），N. E. Cornish（1908—1910），C. H. Godfrey（1910—1911），T. H. U. Aldridge（1911—1912），E. J. Dunstan（1912—1913），A. C. Clear（1913—1915），H. von. Heidenstam（1915—1916），F. O. Reynolds（1916—1917），J. S. S. Cooper（1917—1918），W. J. Williams（1918—1919），A. P. Wood（1919—1920），H. H. Arnold（1920—1921），C. Harpur（1921—1922），F. B. Pitcairn（1922—1923），A. W. Brankston（1923—1925），E. C. Stocker（1925—1926），C. D. Pearson（1926—1927），H. Chatley（1927—1929），H. Berents（1929—1931），A. F. Gimson（1931—1933），J. A. Ely（1933—1936），S. E. Faber（1936—1937），J. H. Wilson（1937—1939），A. J. Percival（1939—1940），N. W. B. Clarke（1940—1941），W. P. Rial（1941—1942），E. J. Hookham（1945—1946），C. W. Johnson（1946—1948），W. Jourdin（1948—1949），J. T. Rogers（1949—1950），W. C. Gomersall（1950—1951）

简史：

早在 1899 年和 1900 年，在上海执业的英国土木工程师 G. J. 玛礼孙（Gabriel James Morrison，1840—1905）就曾和工部局工务处助理工程师 C. H. 戈弗雷（C. H. Godfrey）多次讨论在上海成立一个工程学会的可能性。直到 1901 年 1 月 5 日，玛礼孙、戈弗雷才联合另外 4 位在上海有官方身份的人共同在报纸上发表了一份声明，邀请对在上海本地成立一个职业学会感兴趣的人于 1 月 15 日到议事厅（Town Hall）参加预备会。这一号召得到了上海外籍工程师和建筑师的积极回应，预备会如期召开。会议由工部局测绘师 C. 梅恩（C. Mayne）主持，出席会议的有 50 位在上海的外籍工程师和建筑师。会上玛礼孙提议以英国民用工程师学会（Institute of Civil Engineers，下文简称 ICE）为榜样，在上海成立一个以推动工程学和建筑学下所有分支的科学和实践为宗旨的学会。该学会应尽可能遵循 ICE 的准则——纯以推动一般科学为目的而不为个人的发展。他同时建议学会通过召开会议进行讨论来展开工作，且在成立之初会员越多越好。该决议得到一致通过。此外还确定学会是国际性的，会议语言为英语，学会名称为上海工程师和建筑师学会（Shanghai Society of Engineers and Architects，简称 SSEA）。学会面向上海及中国其他地域从事工程、建筑或测绘及其所有分支的所有人，以及访问上海的蒸汽船上或参战人士中从事上述职业的人。只要他们给临时委员会写下姓名，就有可能被选为会员。此外还接收学徒和学生为学生会员。会议还成立临时理事会来负责散发登记表以招募会员，并择日选举第一届理事会、制定学会细则。

1901 年 2 月 12 日临时理事会召开成立大会，此时已招纳会员 85 名。会议选举玛礼孙为首任会长，B. 阿特金斯（B. Atkinson）、T. 邦特（T. Bunt）和哈而定（J. R. Harding）为副会长，G. 戴维斯（G. Davies）、W. 斯科特（W. Scott）、T. 威尔（T. Weir）、梅恩、J. R. 特文提曼（J. R. Twentyman）和 A. P. 伍德（A. P. Wood）为理事会成员；任命戈弗雷为名誉秘书；投票通过章程和规定，并宣告学会正式成立。

1901 年 3 月 5 日，玛礼孙开启了第一届会期；4 月 2 日哈而定宣读了第一篇论文。此后学会在运行过程中曾更名两次，首先是在 1912 年 11 月举行的 1911—1912 届年会上更名为上海工程学会（The Engineering Society of Shanghai，简称 ESS）；之后又在 1913—1914 届会期更名为中华国际工程学会（The Engineering Society of China，简称 ESC）。第一次更名的原因是理事会认为学会的组成以工程为主，会员中属于工程职业各分支的占绝大多数，而且过去几年发表的论文无一例外都属于工程类论文而非建筑类。理事会认为上海的建筑师并未像工程师一样支持学会，而且上海的建筑师已经成立了一个自己的学会，因此决定将学会名字中的建筑师去掉，让其回归工程学会的根本。而第二次更名则是为了扩大学会的范围与提高其地位，使其影响不仅仅限于上海一地，而是拓展到全中国。

经过 40 年的发展，到 1940 年时，学会已发展成为一个代表着规模更大、资历更高、经验更丰富的国际工程师群体的组织，在上海当地起着举足轻重的作用。此后其活动到 1941 年 10 月仍见于记载，至同年 12 月

T

日军占领租界戛然而止。至 1945 年日本投降后活动恢复，延续至 1951 年后无闻。

主要活动：

集会以促交流，出版以输学术，参观以广见闻，藏书以备参考，专研以解疑难，联合以谋发展，奖励以劝研学。

参考文献及相关材料：

——小林実智子，泉田英雄．近代中国の技术者协会の机关志について——近代中国の技术者协会に关する研究その 1[C]// 日本建筑学会．日本建筑学会计画系论文集 2011，76（669）：2247–2253.

——小林実智子．「中国工学会」会员の登録地及び所属に关する分析——近代中国の技术者协会に关する研究その 2[C]// 日本建筑学会．日本建筑学会计画系论文集，2015，80（718）：2935–2944.

——郑红彬．近代在华英国建筑师研究（1840—1949）[D]. 北京：清华大学，2014：219–227.

——郑红彬，刘寅辉．"中华国际工程协会"的活动及影响（1901—1941）[J]. 工程研究，2017，9（3）：270–281.

——郑红彬，毛琳箐．近代中华国际工程协会述略（1901—1941）[J]. 工程研究——跨学科视野中的工程，2021，13（3）：275–286.

——张鹏，贾兴舟．中国建筑技术现代转型的关键推手——《中华国际工程学会会刊》研究（1901—1941 年）[J]. 建筑师，2022（1）：99–109.

——Wu L. C.（吴翎君）. Foreign Engineers' Activities in China and the Process of China's Internationalization：The Case of the Engineering Society of China，1901—1941[C]// María Dolores Elizalde，Wang Jianlang. China's Development from a Global Perspective，Newcastle upon Tyne：Cambridge Scholars Publishing，2015：375–403.

附录一
近代在华其他西洋（欧美）建筑师列表[①]

① 含个别未曾在中国营业或设立分支机构但是曾承担中国设计委托的事务所。

No.	姓名	国籍	生卒	专业背景 / 资历	在华区域	经历	作品 / 论著
1.	Abdoolrahim, Abdoolhoosen	英国（印裔）	?—1935	不详	香港、广州	1893 年在香港汉阁洋行（Hancock，W. St. John，H.）任职；1898—1908 年在丹备洋行（Danby，Wm.）任绘图员等职；1909 年自办何道谦则师（Abdoolrahim，A），在香港和广州沙面两地经营至 1927 年，后无闻	参见第二编何道谦则师
2.	Adams，Josiah Logan	英国	不详	AMICE，1915；AAHK，1923—1941	香港	1914—1922 年在英国皇家工兵团服役；1922 年到香港太古洋行任土木工程师；1925 年任香港太古洋行助理建筑师，其在太古洋行的任职持续到 1941 年后；1965 年在加拿大	不详
3.	Adler，A. H.	德国	不详	不详	汉口、天津、上海	1915 年任汉口韩贝工程师（Hempel，G.L.）助理；1923 年 1 月在天津自办事务所（Adler，A. H.，Architect & Engineer），经营至 1929 年 1 月；1930 年 7 月—1935 年 1 月在上海赉安洋行（Leonard & Veysseyre）任职，后无闻	不详
4.	Alexandroff, V. I.	俄罗斯	不详	不详	哈尔滨	1899 年 7 月 1 日—1908 年 6 月 1 日任中东铁路第八段总工程师及松花江、嫩江、浑河各江桥副工程师	不详
5.	Alford，Robert Gervase	英国	1848—1920	FRGS，1878；MICE，1884；FRSE，1894	香港	1867 年随父到华，加入港英政府，任助理工程师；1874 年自办鸦佛洋行（Alford，R. G.，AMICE，Surveyor，& C.），经营至 1882 年；1883 年在香港量地官署任建筑监察（Inspector of Buildings）；1884 年左右离开香港、回到英国	不详
6.	Amps，Leon Willianson	英国	1892—1989	AMICE，1921；MICE，1929；AAHK，1933—1940	香港	1913 年在苏格兰诺贝尔炸药有限公司（Nobel's Explosives Co Ltd）任职；1914—1918 年为皇家工兵；1919 年 11 月任印度军事工程处文职工程师（Civilian Engineer Military Works Service，India）；1933 年前到香港；1934—1937 年在香港和洛根（M. H. Logan）合办公和水陆建筑兼测绘工程师行（Logan & Amp，Chartered Civil Engineers）；1939 年任辅助军事先锋团总指挥官（The Auxiliary Military Pioneer Corps）；1945 年以中校军衔退休	不详
7.	Anderson，Charles Peake	英国	?—1930	ATPI，1921；AAHK，1922—1929	香港	1915—1919 年加入英国皇家野战炮兵并参加一战；1921 年在伯肯黑德（Birkenhead）通过英国规划师学会副会员考试；1922—1929 年在香港巴马丹拿洋行任职；1930 年去世	不详
8.	Andrade, Carlos Rebelo de	葡萄牙	1887—1971	不详	澳门	自 1918 年 8 月起到澳门公共工程署任职，到 1920 年底离开	澳门市政市场，1920

续表

No.	姓名	国籍	生卒	专业背景 / 资历	在华区域	经历	作品 / 论著
9.	Andronicos, D. J.	希腊（？）	不详	不详	上海	1905 年在上海经营恒和洋行（Andronicos，D. J.，Engineer-Architect），后无闻	不详
10.	Arnold，V. V.	不详	不详	不详	上海	1929 年 1 月—1930 年 1 月在上海协隆洋行任工程师	不详
11.	Arnould	法国	不详	不详	上海	1909 年任上海法租界公董局总工程师	不详
12.	Atkinson，John	英国	?—1884	不详	上海	1871 年受雇于怡和洋行，到上海为清政府建设火药厂；1874 年在江南机器制造局龙华火药局任海事建造师及监造（Marine Constructor & Superintendent）；1882 年任龙华黑火药厂和弹壳厂厂长；1884 年在上海死于坠马	江南机器制造局龙华火药局（Lunghua Power Factory），监造，1874
13.	Atkinson，William Lowe	英国	1872—1958	AMICE	汉口、上海、南京	J. Atkinson 的儿子，1911 年 1 月任汉口通和洋行代理人；1917 年 1 月升任上海通和洋行总行合伙人；至 1933 年 1 月已经离职	河南路靠近广东路十栋二层住宅，上海，1931；另参见第二编通和洋行
14.	Bach，K.	德国	不详	不详	青岛、济南	1903—1914 年任山东铁路公司技术部工程师	泰安火车站，F. Hackbarth 监造，1908—1912
15.	Baedeker，Carl	德国	不详	不详	上海、汉口	1905 年到上海加入倍高洋行（Becker，H.，Architect）；1907 年成为洋行合伙人，公司更名为倍克洋行（Becker & Baedeker）；1911 年倍高回到德国后，倍克独立经营倍克洋行（Baedeker，Co.，Architect）至 1914 年	参见第二编倍高洋行
16.	Bakinov，Johannes Sheldakovic	俄罗斯	1864—1931	不详	海参崴	1897 年辞去达吉斯坦城市建筑师的职务，到阿穆尔河沿岸总督管辖下的建设筑路部队工程局任职，最初担任高级建筑师，后来任高级工程师；1898 年底调往海参崴任城市建筑师一职；1900 年 4 月 15 日—1906 年 1 月 1 日，受雇任海参崴港口高级施工员；1910—1911 年期间离开海参崴	不详
17.	Baldwin，R. H.	英国	不详	不详	香港、上海	1848 年在香港；1864—1866 年在上海与 J. H. Wignall 合伙经营 Wignall & Baldowin	不详
18.	Barrera，A. L.	葡萄牙（？）	不详	不详	上海	1932 年 7 月—1941 年 7 月后在上海德和洋行任职；1950 年仍在上海	不详
19.	Barrera，P. J.	葡萄牙（？）	不详	不详	上海	1916 年 1 月—1931 年 7 月在上海德和洋行任职；1932 年 1 月—1941 年 7 月后在开宜洋行（Calatroni，Hsieh & Co.）任职	不详

续表

No.	姓名	国籍	生卒	专业背景 / 资历	在华区域	经历	作品 / 论著
20.	Barrow，John William	英国	1885—1952.	不详	上海	1929 年 1 月—1930 年 1 月在协隆洋行任工程师	不详
21.	Bartels，W. R.	不详	不详	CE	上海	1931 年 7 月—1932 年 1 月在协隆洋行任助理工程师	不详
22.	Basto，Carlos Henrique S. F.	葡萄牙	不详	AAHK，1918—1941	香港	1920—1936 年在李杜露洋行（Little，Adams & Wood）任职；1932 年当选香港卫生委员会委员；1936 年合伙组建事务所，外文名为 Blackmore，Basto & Shank，Ltd.	不详
23.	Bateman，Robert Wallace	英国	不详	1911—1914 年在曼彻斯特大学建筑学院就读 / ARIBA，1922；MSA	广州	1914—1919 年加入曼彻斯特军团（The Manchester Regiment）并参加一战；1919—1920 年回到曼彻斯特大学完成学业；1922 年在曼彻斯特成为英国皇家建筑师学会准会员；1925—1928 年在香港、广州李杜露洋行（Little Adams & Wood Architects and Civil Engineers）任职	不详
24.	Bauer，Fritz Peter	英国（？）	不详	不详	上海	1940 年 1 月—1941 年 7 月在上海与 A. Fischer 合办 Arts & Decoration，主营室内设计	不详
25.	Beaurepaire de Louvagny，Robert de	法国	1859—1916	不详	上海	1883 年到巴拿马，任巴拿马运河公司（Panama Canal Company）土木工程师，参与巴拿马运河工程；1884 年因健康原因回到法国；1885 年进入耶稣会，1895 年成为神父；1897 年访问各地天文台；1898 年在巴黎天文台停留了几个月，并于 1899 年秋季前往中国；1899 年到上海监造佘山天文台；1901—1909 年在印度蒂鲁吉拉伯利（Tiruchirapalli）任数学教授；1909 年因病回到巴黎	佘山天文台，监造，1899—1901
26.	Bedford，O. H.	英国	不详	LRIBA	上海	1933 年在伦敦；1936—1937 年在上海	不详
27.	Behrend，Carl	德国	1877—1908	不详	上海	1908 年在上海去世	不详
28.	Bennett，B. Frank	美国	不详	不详	北京	1909—1913 年在 Noel Construction Co. 任助理监造，负责多项大型建筑工程；1913—1917 年在巴尔的摩自办贝内特建筑公司（B. F. Bennett Building Co.），任总监造；1917—1921 年任美国中华医学基金会（China Medical Board，CMB）北京协和医学院工程总工程师，负责建造；1920 年曾在沙河公司（Shattuck & Hussey）任职；1921 年离开中国、回到美国	北京协和医学院，负责建造

续表

No.	姓名	国籍	生卒	专业背景 / 资历	在华区域	经历	作品 / 论著
29.	Berents，H. P.	挪威	不详	CE（London）	上海	1939 年 1 月—1940 年 1 月在柏韵士洋任职	不详
30.	Bergschild，N.	瑞典	不详	CE	上海	1922 年 7 月—1923 年 7 月在上海康益洋行任职	不详
31.	Biau，Pierre Lucien Louis	法国	不详	AAHK，1937—1940	香港	1938 年在 C. H. Basto 事务所任职；1940 年创办香港自由法兰西委员会（Le Comité de la France Libre de Hong-Kong），并任主席；1947 年和 Constantine Kluge 合办 Biau & Kluge 事务所；1948 年仍在香港执业	香港中峡道 563 号住宅，1941；甘道 2 栋公寓，1941；甘道 524 号住宅，1949
32.	Biber，Friedrich Wilhelm	德国	1875—1969	不详	青岛	1900 年前往青岛加入德国帝国海军办公室（Imperial Navy Office），在建设局任职至 1914 年；1901—1907 年任建造技术员；1908—1913 年任技术助理；1914—1920 年被囚禁于日本；1920 年 1 月回到德国；1969 年在德国朗道（Landau）去世	不详
33.	Bird，Godfrey Vernon	英国	1907—1979	不详	香港	1934 年毕业后到香港，加入巴马丹拿洋行（Palmer & Turner），先在上海分部任职，后回到香港总部并任合伙人至 1941 年；二战时在香港从军；二战后加入英国考妥尔（Courtaulds）公司，并于 1967 年退休	参见第二编巴马丹拿洋行
34.	Bird，John	英国	不详	不详	香港	1834—1840 年任职于南非好望角殖民政府；1847—1850 年任巴西纳塔尔殖民政府测绘师；1851—1853 年任纳塔尔量地官；1853 年任命为殖民秘书处办公室主任；1856 年加入皇家工兵；1859 年任南非彼得马里茨堡的常驻治安法官（Resident Magistrate of Pietermaritzburg）；1860—1861 年间临时任香港量地官；1862 年辞去皇家工兵职务；1864 年任命为代理助理量地官	不详
35.	Birkenstadt，N.	德国	不详	不详	上海	1864 年 7 月 23 日起在上海福州路创办顺祥洋行（Birkenstadt，N. & Co. Architects & Civil Engineers），洋行在《北华捷报》的广告持续至 1865 年 4 月底	不详
36.	Blom，Frank Johan	荷兰	1884—?	代尔夫特技术大学土木工程学位	上海	1912 年 9 月来华，至 1915 年 3 月，受聘于荷兰港口公司，负责黄浦江清淤工程；自 1925 年起任上海公共租界工务处结构工程师	不详
37.	Blondin，C	法国	不详	不详	上海	1888—1893 年任法租界公董局工程师；1893 年 4 月因离开上海，辞去公共租界第三区工程师职务	不详

续表

No.	姓名	国籍	生卒	专业背景 / 资历	在华区域	经历	作品 / 论著
38.	Boehnert，Theodore	法国	不详	不详	青岛	1920—1930 年代在青岛执业；1927 年和密歇根大学土木工程系毕业生王金职（Jick G. Wong）合伙创办事务所，公司外文名为 Wong & Boehnert；1928 年王金职到国民政府新成立的铁道部任职，二人散伙	青岛周四余荣成路住宅，1931
39.	Bogel，F. Nering	荷兰	不详	不详	旅顺	1872—1876 年在日本大阪（Osaka）地区，是日本最早的外国居留者之一；1889 年在日本筑地（Tsukiji）任造船技师、测量员（Naval Architect，Surveyor）；1902 年在日本浦贺（Uraga）任相模（Sagami）船厂监造工程师；1902—1904 年在旅顺自办事务所 Bogel，F. Nering，Architect & Civil Engineer	不详
40.	Boixo，Je	意大利	不详	不详	汉口	1910—1912 年在汉口经营利通洋行（Boixo Fils & Ramello- Architects，Engineers and Contractors）	不详
41.	Bond，Gerald Hollingsworth	英国	1902—?	RIBA；AAHK，1928—1941	香港	1928—1934 年在香港甸尼臣事务所（Denison & Ram，后改名为 Denison，Ram & Gibbs）任建筑师；1935—1941 年在香港夜校（Hong Kong Evening Institute）教授建筑学课程；1954 年在澳大利亚工务部任建筑师	不详
42.	Bottomley，John Hubert	英国	1899—1964	AMISE；AAHK，1929—1941	香港	1924 年离开伦敦、到香港，在香港工务署任建筑师至 1941 年后；1956 年退休	参见第三编香港工务署
43.	Bourne，Walter Hargreavess	英国	1874—?	ARIBA，1899；FRIBA，1920；AAHK，1925—1938	香港	1900—1912 年在达灵顿执业；1912 年 10 月到加拿大梅迪辛哈特（Medicine Hat），并于 1913 年与莫里森（Alexander I. Morrison）合伙开办事务所；一战爆发后，莫里森参军，而布尔继续执业并以教育建筑设计为专长；1925 年前到香港，执业至 1938 年；1930—1937 年在香港开办事务所，公司外文名为 Bouene，W. H.，FRIBA，Architect and Surveyor	香港雷生春（Lui Seng Chun），1934
44.	Brandt，Arnulf John（雅诺·白兰）	英国	1915—2004	1941 年毕业于英国建筑联盟学院 / RIBA；HKIA	上海、香港	1945 年抗日战争胜利后，到圣约翰大学教授建筑构造；1949 年上海解放前夕，继任其叔叔威廉·白兰（William Brandt）创办的泰利洋行（Brandt & Rodgers Co. Ltd.）之董事长；1953 年 1 月，公司经营困难，申请歇业；1956 年在香港克明事务所（Cumine Architect & Associates）任职	参见第二编泰利洋行
45.	Brasseur，Hyacinthe	比利时	不详	不详	不详	曾任比利时国家铁路部门段长（Chef of Section at the Belgian State Railway）10 年，之后转到建筑部并任主建筑师 14 年，负责设计建造了大量的火车站、工厂等建筑，擅长钢筋混凝土设计和结构计算；后到华任陇海铁路总建筑师（Principal Architect at Lunghai Railway）；1923 年 12 月曾申请加入义品洋行	不详

续表

No.	姓名	国籍	生卒	专业背景 / 资历	在华区域	经历	作品 / 论著
46.	Bremner, Alexander	英国	1818—1862	CE	上海	1862 年到上海短暂停留，在同年 10 月份准备返回英国时去世	不详
47.	Brown, Robert Champion	英国	不详	不详	上海	1865 年任 C. W. Gribble 助理；1904—1905 年在通和洋行任职	上海美南长老会差会住宅，1871
48.	Brown, Samuel	英国	1836—1891	AMICE, 1864; MICE, 1869	香港	1856—1868 年一直在阿伯内西手下工作，参与港口与铁路建造工程；1870—1878 年任亚历山大港口工程第二负责人；1878 年秋任塞浦路斯（Cyprus）政府工程师；1889 年 7 月接替 J. M. Price 任香港量地官，至 1891 年去世	不详
49.	Bruce, Murdoch	英国	不详	不详	香港、上海	1845—1847 年任职于英国战争部（War Office）、香港量地官署，司职道路监督员（Overseer of Roads）和建筑监督员等职位；1848 年在上海维多利亚宾馆短暂停留后即离开	香港旧三军司令官邸，亦称旗杆屋（Flagstaff House），1846
50.	Burton, J. J.	不详	不详	不详	上海	1919 年 7 月—1924 年 7 月在茂旦洋行任职	不详
51.	Caissial, Fernand Henri Aphrodise	法国	1871—1953	FICE	上海、北京	1904 年在上海自办正泰洋行（Caissial, F. H., Civil Engineer, Surveyor & Architect）；1908 年同时在上海与沙海昂（A. J. Charignon）合伙成立华法公司（Syndicat Sino-Francais d' Ingenieurs / Sino-French Engineering Syndicate）；1911 年移居北京经营华法公司（新外文名为 Sino-French Engineering Syndicate），并在上海、天津和汉口设分行；1913 年 7 月后上海分行停办，天津分行经营到 1917 年 1 月；至 1919 年 1 月后，华法公司停办	参与京沪铁路建造
52.	Caitassace, Epiphanus（江德成）	意大利	不详	不详	汉口	意大利天主教方济各会驻汉口教会建筑师	武昌鄂东代牧区主教公署，1862；武昌鄂东代牧区育婴堂；武昌主教座堂（花园山圣家堂），1889
53.	Cameron, S.	英国	不详	不详	上海	1906 年到大英工部总署远东分部任工程监督	不详
54.	Camp, Paul E. Van	美国	不详	不详	北京	1923 年任监理会华北分会（North China Conference for the Methodist Episcopal Church）建筑师和建造工程师（construction engineer）	不详

续表

No.	姓名	国籍	生卒	专业背景 / 资历	在华区域	经历	作品 / 论著
55.	Campbell, Arthur	美国	不详	不详	长沙	1916 在长沙任雅礼学会（Yale Mission）监造建筑师办公室（Supervising Architect's Office）负责人；1917 年在美孚石油公司（Standard Oil Co.）任职；1920 年负责慎昌洋行（Andersen，Meyer & Co.）长沙分行	新雅礼医院（New Yale Hospital），长沙，1916
56.	Canright，Harry Lee	美国	1864—1959	不详	成都	1891 年受美国基督教美以美会派遣，来到成都陕西街福音堂传教；成都医学传教士先驱，是华西联合大学的创办者之一，成都医院外科医生，兼做建筑师和建造师；1910 年后担任大学医科的首任科长，1928 年回国	成都存仁医院及钟楼
57.	Carver，John	英国	不详	不详	汉口	英国内地会传教士，1907 年到华，在江西赣州传教，同时承担教会的建造事业；1938—1945 年在汉口从事教会的建造工程	汉口自宅；汉口教会医院
58.	Charter，John Coleman	英国	1912—?	ARIBA，1936	香港	1936 年前到香港工务署任职；自 1939 年 8 月 2 日起任香港工务署任建筑师；1962 年时任香港工务署总建筑师（Chief Architect）	不详
59.	Cheale，C. J.	不详	不详	不详	上海	1927 年 1 月—1928 年 1 月在思九生洋行任职	不详
60.	Chistyakov. Y. N（Чистяков. Ю. Н）	俄罗斯	1919—2000	哈尔滨工业大学建筑工程系	上海	在上海某建筑事务所做绘图员，从事钢混结构设计、预算	不详
61.	Chollot，Jean Marie Xavier	法国	1895—1956	不详	上海、广州	邵禄之子，一战期间回国参军；1920 年 7 月加入邵禄工程行，公司更中文名为邵禄父子工程行，更外文名为 Chollot，J.J.，et Fils，1928 年 J. M. X. 邵禄离开邵禄父子工程行，到上海万国储蓄会（International Savings Society）任职；1930 年被派往万国储蓄会广州分会，任经理工作至 1937 年	不详
62.	Churchill，Alec Fleming	英国	1876—1961	AAHK，1910—1917	香港	1897 年追随其父亲到斯里兰卡（Ceylon）工务处任职；1899—1903 年作为区域工程师驻奇洛；1903 年调到 Karunegala 任区域工程师，同年任 Colombo 排水工程驻地工程师，稍后被任命为副总工程师；1909 年被任命为锡兰轻步兵少尉；1910 年 10 月到香港，任香港工务署第一副署长，并曾多次任代理署长；1917 年因眼疾被迫从香港工务署退休	薄扶林水塘大坝（Dam to Make the Pokfullum Reservoir），香港
63.	Clark，William Henry	英国	1842—1896	布里斯托建筑师、测绘师 C. Underwood 学徒 / FRIBA，1879	上海	不详	不详

续表

No.	姓名	国籍	生卒	专业背景 / 资历	在华区域	经历	作品 / 论著
64.	Clement, S	不详	不详	CE	上海	1922—1925 年在康益洋行任职	不详
65.	Collard, F.	英国	不详	伦敦大学	上海	1925—1926 年在毕士来（Beesley, P. M.）洋行任职	不详
66.	Collins, Archibald Stewart	美国	1878—1917	1909 年毕业于宾夕法尼亚大学建筑系	广州	1910—1912 年任广州岭南学堂驻场建筑师及讲师	广州岭南学堂部分建筑（麻金墨屋二号，屈林宾屋）
67.	Colman, Hugh F. Charles	英国	不详	AAHK, 1932—1940	香港	1925—1946 年在香港太古洋行任建筑师	不详
68.	Concannon, Thomas Arthur Lawrence	英国	1906—1971	ARIBA, 1947; FRIBA; ARTPI, 1946; FRTPI, 1952	香港	1928—1930 年代末在巴勒斯坦（Palestine）执业；1941 年 9 月—1945 年任香港工务署建筑师，期间曾被日军囚禁在集中营；1946—1948 年回到巴勒斯坦；1952 年任马来西亚联邦城市规划委员（Commissioner of Town and Country Planning, Federation of Malaya）；1959 年任马来西亚建筑师学会主席	香港八打灵再也（Petaling Jaya）规划设计，1952
69.	Coolidge, Charles Allerton（古力治）	美国	1858—1936	FAIA	北京、南京	1903—1904 年古力治与沙特克（George Shattuck）合伙组建事务所，公司外文名为 Coolidge and Shattuck；1916 年到北京指导洛克菲勒基金会中华医学基金会医院建筑建造；1936 年在美国长岛去世，公司继续以其名义执业至 1952 年	不详
70.	Cooper, Francis Alfred	英国	1860—?	MICE, 1894; FSanI; MAMCE	香港	1882—1887 年在詹姆斯・曼塞尔的事务所任助理；1887 年被派遣到香港，先后担任卫生监督员（Sanitary Surveyor）、建筑检查员（Inspector of Buildings）、助理量地官、代理量地官等职位；1891 年被任命为工务署署长，1895 年任卫生委员会主席；1897 年被任命为斯里兰卡工务署署长	油麻地泵站（Yau Ma Tei Pump Station），香港；九龙道路蓝图，香港
71.	Corback, Thomas Bartells van	荷兰	不详	不详	上海	1909—1920 年在上海 A. E. Algar. Ld. 任职；1925 年与 W. H. Hofstee Deelman 在上海合办柯伯第公司（Van Corback & Deelman）	不详
72.	Corbaley, C	不详	不详	不详	上海、北京	1920 年 7 月前开始在茂旦洋行任职；自 1921 年 7 月前派驻北京工作，至 1923 年 7 月	不详
73.	Cornell, William Arthur	英国	1888—?	PASI; FRIBA; AAHK, 1912—1941	香港	1912—1934 年在香港巴马丹拿洋行（Palmer & Turner）任职；1935—1941 年自办事务所，外文名为 Cornell, W. A., Chartered Architect and Surveyor, Civil Engineer and Valuer, Propritor to Denison, Ram and Gibbs；1939—1940 年同时兼任香港工务署临时建筑师；1940 年 9 月任香港授权建筑师咨询委员会委员	不详

续表

No.	姓名	国籍	生卒	专业背景 / 资历	在华区域	经历	作品 / 论著
74.	Corte，Renato	不详	不详	BSc	上海	1925—1927 年在开得利洋行（Calatroni，Edison BSc.）任职	不详
75.	Cruickshank，W. S.	英国	不详	colonial fellow FSI，LRIBA	上海	1926 年在大英工部总署远东分部（HBM Office of Works）任助理测绘师	不详
76.	Danos（Deutsch），Eugune（Jeno）	匈牙利	1906—?	不详	上海	1933 年 7 月—1934 年 7 月在上海法商营造公司任建筑师	不详
77.	Davidson，Alfred	英国	不详	不详	重庆	英国公谊会传教士陶维新（Robert John Davidson）的五弟，受陶维新邀请，到重庆负责重庆广益学堂的设计建造工作	监造文峰塔华人学校（Wen—Fung Ta Chinese School），重庆，1905；广益中学（Friends' High School），重庆，1898—1904
78.	Deelman，Wessel Handrikus Hofstee	荷兰	1891—1949	不详	上海	1911 年 11 月到阿姆斯特丹 Lindeteves-Stokvis 任职；1914 年 7 月—1916 年 7 月被该公司派遣到荷属东印度工作；1916 年被该公司派遣到中国，工作至 1922 年后；1925 年与 T. B. Van Corback 合办柯伯第公司（Van Corback & Deelman）；1927 年回到阿姆斯特丹	不详
79.	De Molling，Jacques	比利时	1922—?	AAHK，1949	香港	1949 年 4 月 25 日被聘为义品洋行香港分行助理建筑师，任职到 1950 年 3 月 23 日；1950 年 4 月—8 月在义品洋行新加坡分行任助理建筑师	参见第二编义品洋行
80.	De Ronge，Pierre	法国	1893—?	DPLG	上海、汉口	1924 年 5 月 29 日加入上海义品洋行；在上海分行任建筑师助理至 1926 年 6 月 25 日；1926 年 6 月 29 日—1927 年 4 月 16 日任汉口分行建筑师助理；1927 年 4 月 16 日—1927 年 4 月 23 日在上海迪马伊（M. Dumail）手下任职（Disposition of M. Dumail Shanghai）	参见第二编义品洋行
81.	De Silva，Jose Francisco	葡萄牙	1893—?	不详	澳门	1920 年在义品洋行澳门分行任设计师、工程测量师和土木建造师	参见第二编义品洋行
82.	Dew，G. C.	不详	不详	不详	上海	1904—1906 年在上海通和洋行任职	不详
83.	Diack，John	英国	1827—1900	不详	香港	1864 年任驻港英军陆军工兵队书记，后到日本执业	不详

续表

No.	姓名	国籍	生卒	专业背景 / 资历	在华区域	经历	作品 / 论著
84.	Dickinson，J.	英国	不详	不详	武汉	1889 年来华；1891 年设计监造湖北织布局（Wuchang Cotton Mill），并担任经理	湖北织布局，1891
85.	Dietmayr，L.	德国	不详	不详	汉口	1907 年自海参崴到上海；1908—1912 年任汉口保利洋行建筑师	参见第二编保利洋行
86.	Disterlo，B. V.	俄罗斯	不详	CE	上海	1932 年 7 月—1935 年 1 月在协隆洋行任助理工程师	不详
87.	Donaldson，C. P. M.	英国	不详	不详	上海	1869 年任上海大英工部总署职员（clerk）；1885 年任主管；1887 年因挪用公款入狱	不详
88.	Douglas，J.A.	英国	不详	不详	上海	1941 年在大英工部总署远东分部任职	不详
89.	Dowdall，L P de C	英国	不详	在华建筑师学会准会员，1909	上海	为 Dowdall，W. M. 之子；1907 年在上海公共租界工部局消防处维多利亚灭火队任秘书；1909—1910 年在道达洋行任助理	不详
90.	Dowglass，A. P.	英国	不详	不详	泰安	1913 年，因监造由利物浦建筑师弗朗西斯·道尔（Francis Doyle）设计的泰安中华圣公会山东主教区大教堂（St. Michael and All Angels' Church）而来到中国工作两年	山东泰安教堂，监造，1913；设计、监造烟台圣彼得教堂，1914；泰安圣安妮中学
91.	Drewett，F. G.	英国	不详	不详	上海	1901—1909 年在通和洋行任职；1922 年任英国康沃尔（Cornwall）教育委员会建筑师	不详
92.	Dronnikoff，V. N.	俄罗斯	不详	不详	上海	1932 年 1 月—1941 年 1 月上海公和洋行建筑部任职员	不详
93.	Druzhin，Andre Sergeyevich	俄罗斯	不详	不详	哈尔滨	曾参与哈尔滨布拉戈维申斯卡娅教堂的建设	不详
94.	Dufour，Henri S.	法国	不详	不详	上海、北京、天津	1909 年在上海法租界经营富来洋行（Dufour，H. S. Land & Estate Agent）；1910 年到天津；1917—1918 任万国储蓄会北京分部经理；1919 年在北京开办富来洋行；1920—1922 年任中法储蓄行（L'epargne Franco-Chinoise）主代理	不详
95.	Dumail，Gabriel Louis Eugene	比利时	1887—?	DPLG	天津	1917 年 4 月 1 日加入义品洋行，任建筑师；1919—1928 年在义品洋行天津分行任职	参见第二编义品洋行

续表

No.	姓名	国籍	生卒	专业背景 / 资历	在华区域	经历	作品 / 论著
96.	Dumfries，F.	不详	不详	ESC	上海	1900—1904 年在上海通和洋行（Atkinson & Dallas）任职	不详
97.	Duncan，John	英国	不详	AAHK，1920—1928	香港	自 1920 年 1 月 1 日起受聘为香港工务署职员；至 1928 年离开香港	香港山顶住宅（John Duncan's house at the Peak），1920
98.	Dupre，A（l'amiral Dupré?）	法国	不详	不详	上海	1864—1868 年任上海法租界公董局工程师；期间于 1867 年在上海和 Hemery 合办事务所 Dupre A. et Hemery	不详
99.	Easterbrook，Frederick James	英国	不详	MCI；MISTE；FIAA；AAHK，1922—1936	香港	到香港前曾在英国军队服役；1923 年到香港，加入 HK Engineering and Construction Co.；1926 年自营咨询工程师业务，之后先后加入香港不动产信托公司（HK Realty and Trust Co.）、中华照明和电力有限公司（The China Light and Power Co.）和九龙码头及货仓公司（The Kowloon Wharf and Godown Co.）；1936 年 2 月退休离开	不详
100.	Eckardt，Theo	不详	不详	不详	上海	1914 年在美播景观设计行（Shanghai Nurseries Landscape Architect）任设计师	不详
101.	Edmunds，Hywel Carey	英国	不详	不详	上海	1913 年被聘为在华英国浸信会（Baptist Missionary Society）建筑师；1915 年辞职，后曾任大英工部总署远东分部工程监督（Clerk of Works）；1933 年调往日本东京	不详
102.	Eichberg，Herr Walter	奥地利	不详	不详	上海	1949 年在上海时代公司（Modern Homes）任设计主管	不详
103.	Eilts，John	德国	不详	不详	青岛、济南	1905 年在青岛广包公司任技术员；1907—1910 年在青岛李兮德洋行（Richter，Paul Friedrich，Architect）济南中国分行任工程师；1912—1913 年在青岛自营事务所爱礼公司，公司外文名为 John Eilts Civil Engineer and Architect	不详
104.	Enfield，H. J.	不详	不详	不详	上海	1941 年在上海经营 H. J. Enfield & Co.，Architects and D é cor	莫尚宅（Residence for R B. Mauchan，今上海话剧艺术中心），安福路 201 号，1941，改建
105.	Evans，A. P.	不详	不详	不详	上海	1921 年 7 月—1922 年 1 月在茂旦洋行任职	不详

续表

No.	姓名	国籍	生卒	专业背景 / 资历	在华区域	经历	作品 / 论著
106.	Evers，Albert John	美国	1888—1977	FAIA，1934	北京	曾在北京洛克菲勒基金会任建筑师；1921 年和北京洛克菲勒基金会同事 G. F. Ashley 合伙在美国旧金山成立事务所，公司外文名为 Ashley and Evers，Architects，专做医院建筑设计	北京协和医学院，参与
107.	Evers，Hans	德国	不详	不详	青岛	1914 年在青岛西米特公司 / 广包公司（SCHMIDT，F. H.，Architect-Engineer）任建筑师；1924 年在青岛独立执业，事务所外文名为 Evers，H.，Architect；1937 年仍见于记载	不详
108.	Exter，Bertus. van	荷兰	1885—1972	KIVI；VvDI	烟台、上海	1913 年 10 月到华，任荷兰港口公司（Netherlands Harbour Works Co.）驻华技术经理，负责烟台港的修建，直到 1923 年；1917 年 3 月 14 日起任驻山东、河南两省的荷兰名誉领事；1923—1924 年在上海协泰洋行（Muller，E. J.）任职	烟台港口，1918
109.	Ezra，Cecilla	巴格达	不详	不详	上海	1934—1937 年在 Minutti & Co. 任绘图员，是上海第一位（外籍）女性建筑师	不详
110.	Felshow，William Charles	英国	1886—1938	AAHK，1930—1938	香港	1930—1938 年任职于香港李杜露事务所（Little，Adams & Wood）；1938 年 10 月在香港去世	不详
111.	Fenwick，Arthur Hearle	英国	不详	AMICE，1914；AAHK，1923—1927	汉口、香港	1914 年 2 月 3 日当选为英国土木工程师学会准会员时，在汉口任粤汉铁路工程师；1928—1940 年任教于香港大学	不详
112.	Fergusson，John C.	英国	不详	AMICE	上海、烟台	1884 年已经在上海活动；1888 年左右先后在上海和烟台经营土木工程和建筑师业务	不详
113.	Fischer，A.	不详	不详	不详	上海	1940 年 1 月—1941 年 7 月在上海与 P. F. Bauer 合伙经营 Arts & Decoration Interior Decoration and All Architecture Works	不详
114.	Fon-Gauguin, A.（А.Фонъ-Гогенъ）	俄罗斯	不详	不详	旅顺	不详	旅顺俄军士兵俱乐部（今旅顺博物馆），1901，未建成；旅顺日俄监狱
115.	Forestier，Eric Theodor	英国	不详	注册土木工程师	上海	先后在中华民国国有铁路（Chinese Government Railway）和亚细亚火油公司（Aisatic Petroleum Co.）任职	不详

续表

No.	姓名	国籍	生卒	专业背景 / 资历	在华区域	经历	作品 / 论著
116.	Frohlich. Chr.	德国	不详	不详	青岛	1903—1909 年在贝泥各建造公司（H. Bernlck & Potter）任技术员；1910—1914 年在青岛开办洋行，经营建造和家具业务（Fröhlich. Chr. Baugeschäft. Bat: – u. Möbeltischlerei）；1927 年在青岛经营建筑师和承建商业务（Chr. Fröhlich Architect and Contractor）	不详
117.	Fuller，W. R.	英国	不详	不详	烟台	1876—1894 年在烟台经营傅利洋行，公司外文名为 Fuller，W. R.，Architect and Builder，经营建筑师和建造商业务	不详
118.	Fyodorowski，Peter Petrovich	俄罗斯	不详	不详	哈尔滨、上海	一直在哈尔滨斯维里多夫的建筑事务所工作；1930 年来到上海，在 Yaron & Gran 建筑事务所工作；事务所后更名为协隆洋行（Yaron, A. J.），他任职至 1933 年 1 月	不详
119.	Gaedertz，Alfred	德国	1853—1907	不详	青岛	1898 年被派遣到山东参与青岛、济南间铁路选线工作；1899 年山东铁路公司成立后被选为技术委员会成员，负责制定建造标准、监督建筑材料及桥梁建造；1903 年后到非洲工作	青岛火车站，与 Heinrich Hildebrand 和 Alfred Gaedertz 合作，1905
120.	Gailer，R.	不详	不详	不详	上海	1934 年在鸿达洋行任助理建筑师	不详
121.	Garwood，W. H.	不详	不详	不详	上海	1909 年 1 月—1922 年 7 月在上海通和洋行任职；1911 年在通和洋行汉口分行任职	不详
122.	Gawler，John Stevens	英国 / 澳大利亚	1885—1978	不详	广州	1907 年曾获皇家维多利亚建筑师学会铜奖；1907 年离开墨尔本、到广州治平洋行任职，负责监造一栋建筑；2 年合同期满后继续环游世界并工作，至 1912 年回到墨尔本；后在墨尔本执业，并曾任墨尔本大学建筑学院首任院长	不详
123.	George，A. W.	英国	不详	不详	上海、香港	1903—1905 年在爱尔德洋行（Algar & Beesley）任助理；1905 年和格林（C. H. Green）合伙创办永林洋行（George，Green & Co.）；1907 年和格林散伙，独自经营事务所（George，A. W.，Architect）；1910 年到香港太古船厂任助理；1915 年 7 月在上海新瑞和洋行任职	不详
124.	Gernow，Aage Gissemann	丹麦	1884—1940	不详	北京	1921 年到北京，受聘于中国商会，从事修路工程；1922 年与伦德（J. A. P. Lund）合伙在北京成立伦葛工程公司（Lund，Gernow & Co. Consulting Engineer），经营咨询工程师业务并兼营建筑设计；1927—1929 年公司由伦德独立经营，后无闻；1928 年离开北京、回到丹麦	曾负责燕京大学相关工程，并提供技术建议

续表

No.	姓名	国籍	生卒	专业背景 / 资历	在华区域	经历	作品 / 论著
125.	Gershof，A. A.	俄罗斯	不详	不详	哈尔滨	曾任中东铁路齐齐哈尔段总工程师	不详
126.	Gilon，Adolphe	法国	不详	不详	上海	1900 年左右参与建设佘山天文台金属穹顶	佘山天文台金属穹顶
127.	Gibb，John MacGregor	美国	1882—1939	卫斯理大学（Wesleyan University）化学专业	背景	1904 年到中国，在燕京大学教授化学，曾参与墨菲设计的燕京大学多处中式建筑的监造与施工	
128.	Gimson，A. F.	英国	不详	BSc（London）/ AMICE	上海	1919 年在上海公共租界工部局工务处任区域工程师；1925—1930 年任助理工程师；1934 年任总（土木）工程师；1936 年 6 月—1942 年任处长	不详
129.	Gindper，A. L.	俄罗斯	不详	不详	上海	1929—1930 年在哈沙得洋行任职	不详
130.	Gleboff，J. P.	俄罗斯	不详	不详	汉口	1924 年在汉口开办格烈甫夫建筑师事务所（J. P. Gleboff）	汉口英文楚报馆，1924
131.	Goodfellow，William Douglas Bamford	英国	1883—1958	AAHK，1923—1925	上海、香港	1904 年加入上海通和洋行；1906 年移居加拿大，并在温哥华执业至 1914 年；1914 年入伍，到欧洲服役；1919 年 3 月退役，回到上海通和洋行；1923 年到香港加入 Hong Kong Reality and Trust Co.，工作至 1926 年回到英国	香港半岛酒店（Peninsula Hotel），1926
132.	Gordon，Alexander Thomas	英国	1811—1871	不详	香港	1843 年 6 月 30 日被任命为港英政府量地官（Land Officer），任至 1845 年	香港（City of Victoria）第一个规划蓝图，1843
133.	Gorikalovic，A. K.	俄罗斯	不详	不详	哈尔滨	1921 年 9 月 16 日—1938 年 12 月后，在哈尔滨工业大学担任建筑、桥梁等课程教学工作；1946 年 4 月 2 日领导成立了哈尔滨工业大学教学委员会	不详
134.	Grawell，Maurice	比利时	1888—?	不详	天津	曾在陇海铁路任职；1922—1925 年在义品洋行天津分行任职	参见第二编义品洋行
135.	Grene，G.	法国	不详	不详	上海、连云港	1913 年陇海当局委托公司代请其为海港测量队队长；1918 年任上海法租界公董局总工程师	不详
136.	Grey，George Willis	英国	1880—1954	FRIBA；FSI；AAHK，1924—1929	香港	1930—1936 年自办事务所，公司外文名为 Grey，Geo. W.，Architect and Surveyor；1936—1941 年任香港置地及代理有限公司（Hong Kong Land Investment and Agency Company，Ltd.）建筑师；曾于 1950 年出任皇家特许测量师学会香港及中国分会主席	香港璇宫戏院，1951

续表

No.	姓名	国籍	生卒	专业背景 / 资历	在华区域	经历	作品 / 论著
137.	Gribble, Charles William	英国	?—1862	CE	上海	1861 年 2 月前抵达上海；其事务所于 1861 年 8 月 2 号开业，并于次日开始在《北华捷报》做广告，称为有恒土木工程师、建筑师、测绘师和建筑总代理，即有恒（Yeu-Han）洋行；1862 年 3 月 31 日起与怀特菲尔德（George Whitfield，?—1910）合伙，公司更外文名为 Gribble & Whitfield；1862 年 10 月在上海去世	上海沙逊洋行（D. Sassoon，Sons & Co.）三层建筑方案，未实施，1861
138.	Grieg，A. E.	不详	不详	不详	上海	1933 年 10 月—1940 年 11 月在海关总署工程师处（Maritime Customs，Engineers' Department）任职	不详
139.	Gromsch，George	德国	1855—1910	不详	青岛	1898 年 5 月到青岛，任总督府建设局负责人至 1902 年 11 月，负责港口建造、土木工程和建筑工程等	青岛港规划设计，与 Magens 合作，1898
140.	Guerin，Louis	法国	不详	不详	汉口	1910—1918 年在汉口法租界自营陆爱兰事务所（Guerin，Louis，Civil Engineer and Architect）	不详
141.	Hall，William	英国	1891—1934	AAHK，1920—1933	香港	1916—1928 年在何道谦洋行（Abdoolrahim & Co.）任职；1928—1933 年与冼文炳（George Albert Victor Hall）组建事务所，公司外文名为 Hall & Hall	参见第二编何道谦则师
142.	Hamilton-Smythe，A. J.（何弥敦）	英国	不详	MICE	上海	1902—1904 年在上海开办 Hamilton-Smythe，A. J. Civil Engineer，并服务于 The London and China Syndicate，Ltd.	不详
143.	Hancock，W. St. John H.	英国	不详	FRIBA，1868；FSI	香港	1883 年到香港量地署，任土地测绘师，至 1885 年后；1889 年创办汉阁画则师行（Hancock，W. St. John，H.，Architect and Surveyor），经营至 1899 年，后无闻	不详
144.	Harker，Bernard Brotherton	英国	1862—1913	AMICE，1903；AAHK，1903—1913	香港	1881—1893 年在巴西和阿根廷参与铁路与水利工程；1894 年到香港先加入丹备洋行，稍后独立开办克架画则师行（Harker，B. Brotherton）；罗瑟（Frederick Endell Rosser）于 1913 年前加入，成为合伙人，公司改外文名为 Harker & Rosser；1913 年克架在香港去世，由其妻子（Theckla Brotherton Harker）暂时顶替其职位，至 1916 年由罗瑟独立经营	香港共济会会堂，1910
145.	Harmen，W. J.	英国	不详	不详	上海	曾任职于大英工部总署远东分部	不详

续表

No.	姓名	国籍	生卒	专业背景 / 资历	在华区域	经历	作品 / 论著
146.	Hart，John William	英国	1837—1900	1851—1854 年在土木工程师 William Ackerley 门下任学徒 / MICE，1881	上海	1862—1867 年在上海浦东造船厂（Pootung Foundry and Shipwrighting Yard）负责船坞工程并任支配人；1868 年到日本神户，后曾与 John Smedley 组建 Hart & Smedley Architects；1881—1883 年在上海杨树浦水厂（Shanghai Waterworks' Co.）任总工程师；1886 年退休回国	上海自来水厂，1881—1883 / J. W. Hart. Shanghai Water-Works [C]. Proceedings of the Institute of Civil Engineers，1890，100：217-245.
147.	Hay，George Morrison	英国	1875—?	LRIBA	香港	1899—1901 年在伦敦工作 3 年；1901—1902 年在波士顿工作 1 年；1902 年到南非约翰内斯堡 Stucke & Bannister 事务所工作 4 年，在 Allen Wilson 事务所工作 1 年；1907 年到香港理及柯伦治（Leigh & Orange），任职至 1912 年移居加拿大	不详
148.	Hazeland，Andrew John Manning	英国	1908—2014	RAIC（Royal Architectural Institute of Canada）	香港	1935 年任希士伦干弥那洋行（Hazeland & Gonella）建筑师；1946 年 1 月已经在温哥华中央按揭及住房公司（Central Mortgage and Housing Corporation）任职；1947 年到香港任希士伦干弥那洋行（Hazeland & Gonella）总建筑师；后又回到温哥华，曾任中央按揭及住房公司住宅设计顾问（CMHC's Advisor on House Design）	参见第二编希士伦画则师行
149.	Hees，Tresch de	法国	不详	不详	天津	1922—1925 年任天津法租界工部局工程师	不详
150.	Helsby，Frederick George	英国	不详	CE	上海	1907 年到中国，在上海公共租界工部局工务处任职	不详
151.	Hemery	法国	不详	不详	上海	1867 年在上海与 A. Dupre 合办 Dupre A. et Hemery	不详
152.	Herbst，G.	德国	不详	不详	上海、天津	1907 年任倍高洋行（Becker & Baedeker）天津支行负责人，至 1908 年止	不详
153.	Herper，Valentin	德国	1880—?	不详	上海	1939 年 6 月 4 日自欧洲到上海，1940 年在上海开办建筑事务所，专注钢混；1942 年在上海经营 Asia Land. Co.，主营房产中介业务，自称毕业于 Baugewerkschule（普鲁士皇家建筑工程师学校？），但没有学位	不详
154.	Hetherington，John	英国	1801—1848	不详	上海	1846 年到已经到上海，任职于上海森和洋行（Wolcott, Bate & Co.）；后于 1848 年在上海去世，终年 47 岁；被称为“上海第一位英国建筑师”①，也是上海第一位外籍建筑师	曾经设计过上海英国领事馆方案，后经 George Strachan 修改后于 1852 年开建

① “The first British Architect in Shanghai”，参见：Shantung Road Cemetery 1846—1868[M]: 34.

续表

No.	姓名	国籍	生卒	专业背景 / 资历	在华区域	经历	作品 / 论著
155.	Hewitt，Clifford	美国	不详	机械工程 / 著名铸币厂建造专家	上海	费城美国造币厂技术专家，曾到上海负责上海造币厂工程	上海造币厂，1921
156.	Hewitt，Alfred Herbert	英国	1878—?	AMICE，1895；AAHK，1903—1916	香港	1893—1903 年在香港青洲英泥有限公司（Green Island Cement Works，Macao）任总工程师；1903 年开始在香港自办事务所（Hewitt，A. H. Architect），至 1916 年	不详
157.	Hill，Stanley Oliver	英国	1893—?	萨里大学和利物浦大学城市规划学位（Surrey and Liverpool Univ. Dip. Town Planning）/ LRIBA；AMTPI，1920；FRSA，1948	香港	1920 年在绍斯波特（Southport）；1924 年到香港工务署任助理工程师，后任建筑师等职位；1948 年 12 月仍在香港	参见第三编香港工务署
158.	Hirschmann，T. O.	俄罗斯	不详	不详	哈尔滨	曾任中东铁路南支线工程师	不详
159.	Hobbs，Charles Christie Arthur	英国	?—1941	FRIBA；AMISE	香港	1920 年在驻印英军服役；1934—1941 年在香港工务署任建筑师；1941 年 8 月 21 日自杀身亡	不详
160.	Hodges，Alfred Walter	英国	1893—1974	ARIBA，1924	香港	1924 年在香港；1925—1941 年任香港工务署建筑师	不详
161.	Hoffman，Victor	不详	不详	不详	上海	1921 年 7 月—1922 年 7 月在克利洋行任职	不详
162.	Hoffmann，E.	德国	不详	不详	北京	1917—1918 年任北京罗克格工程司任职	不详
163.	Holesch，Oszkar	匈牙利	不详	不详	上海	曾在邬达克洋行任职	不详
164.	Hollingsworth，Arnold Hackney	英国	1871—?	AAHK，1903—1927；AMICE，1897	香港	1896 年 12 月被任命为香港工部局助理工程师，1897 年抵达香港；1900 年 1 月 1 日任工务署执行工程师；1921 年 1 月任工务署副署长；1926 年 4 月退休回国	不详
165.	Huestis，Robert Alexander	美国	不详	康奈尔大学土木工程学士 / AMAmSCE	上海	曾任 Pinter & Co. W. L. Consulting Engineers 职员	不详
166.	Hutchinson，C. V.	不详	不详	不详	上海	1934 年曾在上海自办事务所	不详

续表

No.	姓名	国籍	生卒	专业背景 / 资历	在华区域	经历	作品 / 论著
167.	Ignatius，S. V.	俄罗斯	不详	不详	哈尔滨	曾任中东铁路副总监工	不详
168.	Ilyin，S. S.	俄罗斯	?—1934	1905 年毕业于基辅工业学院；建筑工程师	哈尔滨	1905 年毕业后，被派往中东铁路工作至 1913 年；1913 年回到俄国，在阿钦斯克、奥伦堡和鄂木斯克等地工作；1919 年再次回到哈尔滨，在哈尔滨工业大学任教，期间编写有《建造工艺》课程讲义；1923 年 9 月 23 日起在哈尔滨中俄工业学校任教，曾教授建筑技艺和数学建筑艺术基本原理、建筑材料工艺、基础学、建筑学、采暖通风、预算编制、会计手续等科目；至 1934 年 11 月 5 日去世之前，一直工作在教学岗位上	不详
169.	Isakoff，A. I.（Isakov）	俄罗斯	1865—1940.09.30	Nicolaiev Engineering Academy	上海	1906—1922 年间曾任符拉迪沃斯托克（海参崴）军港总工程师；后曾在上海的东正教教会学校教授数学，1940 年在上海去世	不详
170.	Ivanenkoff，V. S.	俄罗斯	不详	不详	哈尔滨	曾任中东铁路铁岭分段监工	不详
171.	Ixer，Sydney Henry Howard	英国	1884—1918	ARIBA，1909；RICS，1911	香港	1906 年获英国皇家建筑师学会学生资格；1911 年在伦敦执业；1912 年 11 月加入香港工务处建筑条例办公室（Building Ordinance Office）；1915 年任教于香港皇仁书院工程学部和香港大学；1916 年 3 月离开香港，加入英国军队、参与一战；1918 年去世	不详
172.	Jaffe，Daniel Joseph	英国	1876—1921	AMICE，1902；AAHK，1914—1919	香港	1896 年开始在水利咨询工程师 Sir James Mansergh 门下任土木工程师；1903 年到香港工务署任助理工程师；1904 年任代理执行工程师；1906 年 1 月升任执行工程师；1918 年回英国探亲时染病，后于 1921 年去世	大潭笃水塘（Tai Tam Tuk Reservoir）大坝，1917—1918
173.	Jandl，Rudolf	德国	不详	不详	济南、青岛	1903—1914 年任山东铁路公司技术部工程师	兖州火车站，1911
174.	Jarvis，T. C.	英国	不详	ARIBA	上海	1935 年在上海	不详
175.	Jehangir，D.	英国	不详	AMISE，伦敦大学	上海	1926 年在上海经营中华建筑公司（China Architectural & Engineering Bureau）	不详
176.	Jensen，Manly C.	不详	不详	不详	上海	1934—1938 年任上海公共租界工部局工务处建筑助理	不详
177.	Johnson，E. P.	英国	不详	不详	大冶、汉阳	1891 年来中国，任大冶矿山制图师；1896 年任汉阳铁厂首席绘图师（Head Draughtsman），并主持设计建造汉阳铁厂	汉阳铁厂，1896

续表

No.	姓名	国籍	生卒	专业背景 / 资历	在华区域	经历	作品 / 论著
178.	Johnson，F. G.	英国	1882—1908	不详	上海	1906 年到上海，加入 Scott & Carter；1908 年在上海去世	不详
179.	Jorgensen，N. Chr.	丹麦	不详	不详	天津	1927—1934 年在天津乐利工程司任职，自 1927 年开始任天津丹麦领事馆秘书	天津成都道 14 号陶湘旧宅，1933
180.	Kamlinski	俄罗斯	不详	毕业于巴黎美术学校，曾获多项建筑设计奖和绘画奖	哈尔滨	来中国前，曾在华沙开办建筑师事务所；1920 年开始在哈尔滨工业大学任教，教授绘画和画法几何等	不详
181.	Kappler，Karl Robert	德国	1890—1945	不详	青岛、汉口	1898—1899 年到青岛，参与建造了两座砖厂（R. Kappler and Sohn. Brick Works）；1901 年在汉口开办了砖瓦工厂德源公司（Kappler & Co.，Limited，Brick and Tile Factory），后富希纳（Ed. C. Fechner）入伙，两人同时经营泰和盘公司（Fechner & Kappler Architects and General Building Contractors）和德源公司。其中，泰和盘公司由富希纳管理，主营建筑设计和包工业务；德源公司由开普勒管理，主要生产砖瓦等建筑材料。1905 年他离开青岛后，砖厂交由其子经营，期间曾到汉口；1907 年左右，开普勒退出，由富希纳接手德源公司，将其外文名改为 The Hankow Brick and Tile Works；一战期间仍在青岛，后于 1916 年被日军俘虏；1920 年春回到青岛，后在济南贸易公司（Tsinan Trading Co.）任职；1924 年回到德国	不详
182.	Kazy Girey，N. A.	俄罗斯	不详	不详	哈尔滨	1899 年 1 月 15 日—1903 年 7 月 1 日任中东铁路工务段长、工务处副处长	不详
183.	Kearne，Leslie Hamilton	英国	不详	ARIBA，1921	香港	1925 年在香港巴马丹拿洋行（Palmer & Turner）任建筑助理；1930—1939 年在港英政府任助理建筑师	不详
184.	Keck，W.	不详	不详	不详	上海	1864—1867 年曾在顺祥洋行（Birkenstadt，N. & Co.）任职	不详
185.	Keigwin，Archer Dave	英国	1874—?	1896 年在伦敦国王学院工程学院学习 / AMICE，1899；MICE，1920；MCI，AAHK，1916—1927	香港	1916—1927 年任职于香港蓝烟通轮船码头（Alfred Holt & Co.）	不详

续表

No.	姓名	国籍	生卒	专业背景 / 资历	在华区域	经历	作品 / 论著
186.	Kell，Arno	德国	不详	不详	青岛	1898—1902 年在青岛大丰洋行（J. Beermann）任建筑师	凯尔（Arno Kell）住宅，青岛湖南路 35 号，1899
187.	Keller，Vasili Palecek alias Dietrich	保加利亚	约 1891—?	不详	上海	1931 年 8 月在上海因盗窃罪被捕，被判监禁 3 个月，刑满释放后被驱逐出境	不详
188.	Keys，H. H.	不详	不详	不详	上海	1921 年 7 月—1924 年 7 月在茂旦洋行任职	不详
189.	Khilkoff，S. N.	俄罗斯	不详	不详	哈尔滨	曾任中东铁路分段总工程师	不详
190.	Kiashkin，N. V.	俄罗斯	不详	不详	上海	自 1926 年 7 月在柏韵士工程司行（Berents，Hans）任职，至 1929 年 1 月	不详
191.	Kind，A.	德国	不详	不详	青岛、天津	1899—1903 年任柏林建造公司塞尔贝格 - 施吕特洋行（Selberg & Schlüter）青岛分公司负责人	青岛水师饭店，参与建造
192.	Kinder，C. W.	不详	不详	CE	上海	1878 年在上海自营事务所	不详
193.	Kingsley，O. S.	不详	不详	不详	上海	1921 年 7 月—1922 年 7 月在上海茂旦洋行任职	不详
194.	Kinton，C. R.	英国	不详	AMICE，AMISE	上海	1930 年 7 月—1935 年 1 月在公和洋行工程部任职	不详
195.	Kiriloff，S. E.	俄罗斯	不详	不详	上海	1934 年在上海杜施德洋行任助理建筑师；1935 年在鸿达洋行任助理建筑师	不详
196.	Kjaer，T.	丹麦	不详	BSc，CE，MICE	上海	1932 年 1 月—1933 年 7 月在康益洋行任职	不详
197.	Koestritsky，E. F.	俄罗斯	不详	普林斯顿大学（?），B Arch	上海	1922 年 1 月—1923 年 7 月在克利洋行任职；1926 年为旧金山工程师协会会员；1926—1928 年在新瑞和洋行任职	不详
198.	Koorechkin，V. V.	俄罗斯	不详	CE	上海	1931 年 1 月在协隆洋行任职	不详
199.	Kotelnikoff，V. C.	俄罗斯	不详	不详	上海	1926—1927 年任鸿达洋行助理建筑师	不详
200.	Kousemine	俄罗斯	不详	不详	上海	1926 年在上海	不详

续表

No.	姓名	国籍	生卒	专业背景 / 资历	在华区域	经历	作品 / 论著
201.	Kovalew (Kovaleff), Sergey Alexandrovich	俄罗斯	不详	不详	上海	1929—1932 年在哈沙得洋行任职；1932 年曾在《申报》登广告求职，后自办葛礼文建筑工程师；1935 年在时代公司（Modern Home Furniture Store）任职，同年自杀未遂	不详
202.	Koziersky，M. J.	俄罗斯	不详	不详	天津	曾在法商永和营造公司任工程师	北疆博物馆西段的三层陈列厅
203.	Kozlowski	俄罗斯	不详	道路交通工程师、建筑师	哈尔滨	来中国前曾参与建设图阿普谢港口，以及加里察和罗马尼亚境内的铁路修复工作，并曾在基辅铁路技术学校任教；1920 年 9 月 1 日—1930 年 9 月 1 日在中俄工业学院（哈尔滨工业大学）任职，教授铁路勘察及建设，并任首任铁路建筑科主任、交通工程师	不详
204.	Kreier，Kurt	德国	不详	1913 年在天津德国学校学习	上海	曾在上海自办葛莱雅建筑工程师事务所	不详
205.	Krenov (Khrenov), Alexander	俄罗斯	不详	不详	上海	1923 年因病由上海前往日本休养，关东大地震后，前往加拿大温哥华	帕特尔住宅（A. C. Patel's House），上海
206.	Kronidoff，A	俄罗斯	不详	不详	上海	1923 年 1 月—1925 年在泰利洋行（Brandt & Rodgers，Ltd.）任建筑师和工程师	不详
207.	Lagerholm，Carl Victor Konstantin	瑞典	1867—?	斯德哥尔摩皇家技术大学（Royal Technical University）/ 瑞典技术学会会员（Swed. Tech. Society，Stockholm）	天津	1895 年 9 月到达中国；1895—1896 年在湖北、河南和山西等地测绘；1896—1899 年在大清铁路任职；1900 年在内蒙古从事不同工程；1901 年，在蒙古国进行从 Verkuondiusk（对应中文不详）到中国北京的首次初步铁路勘测；1905—1920 年在天津不同租界从事各种工程和评估工作	不详
208.	Lalande，George de	德国	1872—1914	1894 年在柏林工业大学（Technischen Hochschule Charlottenburg，Royal Institute of Technology Charlottenburg）完成建筑学专业学习	上海、天津	毕业后曾在布雷斯劳和格沃古夫（Breslau & Glogau，今波兰 Wrocław & Głogów）的规划部门工作，后在维也纳和柏林的建筑师事务所工作；1901—1903 年与德国建筑师希尔（Richard Seel）居住、生活在上海和天津；1903 年移居横滨，在希尔离开后，接手其横滨事务所；1913 年被任命为普鲁士皇家建筑总监（Royal Prussian Building Officer）；1914 年在前往韩国首尔出差时，因患肺炎去世	参见第一编 Seel，Ludwig Richard 条目

续表

No.	姓名	国籍	生卒	专业背景 / 资历	在华区域	经历	作品 / 论著
209.	Lambert, Wilberforce Page	英国	1874—?	学徒于牛津 Herbert Quinton 门下 / AAHK, 1903—1906; ARIBA, 1911	香港	曾在伊德尔和迈尔斯（Eedle & Myers）事务所任助理 4 年；在罗兰·普朗贝（Rowland Plumbe）事务所任助理 1 年；1901—1906 年在香港丹备洋行（Danby, Wm）任职；后到加拿大埃德蒙顿（Edmonton）工务处任职	不详
210.	Langer, F.	英国	不详	不详	香港	香港第一位以建筑师称呼出现的人	不详
211.	Laszlo, Ernst	匈牙利	1910—?	不详	上海	1946 年前后在上海自办事务所	马克饭店、酒吧和夜总会装修（Marco's Restaurant, Bar & Night Club decoration), 1946
212.	Lavrov, V. F.	不详	不详	CE	上海	1929 年 7 月—1935 年 7 月在康益洋行任技术工程师	不详
213.	Lawrence, S. H.	不详	不详	不详	上海	1910 年在美孚洋行任建造工程师（Construction Engineer）	不详
214.	Lebedeff. A. A.（Лебедев. A. A）	俄罗斯	1905—1975	哈尔滨工业大学建筑工程系, BSc	哈尔滨、上海	曾在上海参与设计了两栋钢筋混凝土建筑，1937 年仍在上海	不详
215.	Lee, John Ernest	英国	不详	AAHK, 1903—1906	香港、天津	1900—1902 年在香港英国建筑师事务所丹备及理（Danby & Leigh）任职；1902 年到天津，合伙组成乐利工程司（Oswald, Loup & Lee）；1908 年退伙	参见第二编乐利工程司
216.	Lentovski, A. N.	俄罗斯	不详	不详	哈尔滨	曾任中东铁路第一、二松花江桥以及嫩江桥等的桥梁工程师	中东铁路第一、二松花江桥，嫩江桥
217.	Lesueur, Jacques Henri	法国	不详	CE	上海	1920 年到中国，在 Oliver & Co. 任土木工程师和进口部经理	不详
218.	Lewis, Hugh Francis	英国	不详	FSI	上海	曾在上海公共租界工部局工务处任职	不详
219.	Lissovsky, Zigmound	俄罗斯	不详	不详	上海	1934 年在上海	不详
220.	Louison, B. H.	不详	不详	不详	上海	曾在公和洋行任职，1947 年在上海自办事务所	不详

续表

No.	姓名	国籍	生卒	专业背景 / 资历	在华区域	经历	作品 / 论著
221.	Luedicke，H. A.	德国	不详	不详	上海	1943—1949 年在 Paulick & Paulick 任合伙人，占股 25%	不详
222.	Luke，M. S.	不详	不详	ARIBA	上海	1935 年 1 月在上海永安地产有限公司（Credit Asiatique Land and Estale Dealers and Managers，Architects and Civil Engineers）任咨询建筑师，后无闻	不详
223.	Lund，J. A. P.	丹麦	不详	不详	北京	1922 年前在北京和丹麦工程师葛（A. Gernow）合伙创办伦葛工程公司（Lund，Gernow & Co. Consulting Engineer）；1924 年时职员有莫律兰（V. Leh-Moller）、尼霍姆（E. Nyholm）和阿萨罗（V. Assarow）；1927—1929 年单独经营伦葛工程公司	曾负责燕京大学相关工程，并提供技术建议
224.	MacKichan，Alexander Somerled	英国	1883—1960	MICE，AAHK，1913—1941	香港	1915 年前在麦克唐纳公司（Macdonald & Co.）任职；1916—1941 年在香港理及柯伦治事务所（Leigh & Orange）任职；1939 年任香港卫生局委员、建筑委员会委员、城规会会员	不详
225.	Magee，Guy	英国	不详	CE	上海	1907 年从日本横滨到上海；1907—1911 年在新瑞和洋行任职；1912 年前任浦东下游钢混码头和堆栈（Reinforced-Concrete Wharves and Warehouses at Lower Pootung）驻场工程师	不详
226.	Maillé，Georges	比利时	1897—?	Moyenne（Ecole）-Architecture，Geometry	天津	1923 年 3 月加入义品洋行天津分行，任建筑师，至 1928 年	不详
227.	Maisonneuve，J. G. S.	法国（生于波兰，犹太难民）	不详	ECP	上海	1908 年在东京 Oriental Compressol Co. 任职；1909 年从东京到上海，加入正泰洋行（Sino-French Engineering Syndicate，F. Caissial & Co.），同时自营事务所，后于 1911 年离开中国	不详
228.	Majer，Ferenc J.	匈牙利	1893—?	BSc	上海、天津	1933 年在上海邬达克洋行任职；1935 年 1 月前后在邬达克洋行任助理建筑师；1935 年 7 月在上海经营事务所（Majer，F. J.，B. SC.）；1941 年在天津经营楳杰工程师事务所（Majer，F. J.，Architect and Consulting Engineer）	不详
229.	Malcom，D. A.	英国	不详	不详	汉口、香港	1903 年在格里诺克（Greenock）通过考试，获得一等轮机工程师（Marine Engineer）资格；1917 年前曾在香港太古船厂工作；1917 年到汉口加入三义洋行并成为合伙人，公司外文名改为 Nielsen & Malcolm，承办机械工程咨询、验船验货、工程检验公证、建筑设计、火损估算等业务	参见第二编三义洋行

续表

No.	姓名	国籍	生卒	专业背景 / 资历	在华区域	经历	作品 / 论著
230.	Mandelker，Jakob	德国（奥地利）	1900—?	不详	上海	1941 年时在上海无固定工作，曾为 Associated Architects 和 C. H. Gonda 做建筑工程相关工作	不详
231.	Marieff，Alexander Grigorievich	俄罗斯	约 1912—?	Shanghai Supervisor and Drawing School	上海	自 1932 年 4 月在邬达克洋行任绘图员，去上海前曾在尼德兰群岛（Nethlands Indies）生活多年	不详
232.	Marsh，W. J.（麦司）	不详	不详	不详	上海	1881 年在虹口 30 号开办洋行 Marsh，W. J.，& Co. Engineers，Iron Founders and Boiler Maker，Carpenters，Caulkers，and Contractors，经手房屋地基买卖、租赁及代收房租等业务，并绘制各式中西房屋图样，另设图样所，专教中西学徒图绘、打样等技艺	不详
233.	Marshall，Frank. L.	英国	不详	不详	上海	1881—1886 年在大英工部总署任职的同时，亦在同和洋行任职（Marshall，Frank. L.）	不详
234.	Martyn，Laurence Dunmore	英国	1890—?	ARIBA，1913；AAHK，1922—1927；1906—1910 年在伦敦英国建筑联盟学校学习，期间曾于 1908—1910 年在荣杜易（Fred Rowntree）门下学徒	香港	1910 年任乔治・利斯特・萨特克利夫（George Lister Sutcliffe）的助理；1912 年在韦德布里奇（Wadebridge）开始独立执业；1922 年到香港加入工务署，至 1927 年离开	不详
235.	Marzoli，Egidio	意大利	1881—?	不详	天津	1901 年其哥哥 L. 马佐利（Leonardo Marzoli）在天津开办公司，经营无烟煤和石灰贸易，至 1904 年在黄屯（Huangtsun）开办钙质砖厂，后扩展到水泥制品厂、花岗岩采石场和卡拉拉大理石（carrara marble）及威尼斯锦砖（venetian mosaic tile）进口等，其砖厂年产 500 万块，开采的花岗岩在北京和天津的很多主要建筑上广泛应用;E. 马佐利于 1902 年来华，1907 年 L. 马佐利在北京去世后全权接手其业务；1920 年任职于意大利东方集团（Compagina Italiana d'extremo Oriente）	承建天津意大利工部局（Daniele Ruffinoni 于 1915 年设计）

续表

No.	姓名	国籍	生卒	专业背景 / 资历	在华区域	经历	作品 / 论著
236.	Massa，A.	意大利	不详	不详	天津	1928 年之前将意瑞建筑公司（Garibaldi & Co.）大理石厂改组，开办义国云石公司（Italian Marble Works，又称 Italian Artistic Marble & Bronze Works），自任经理及建筑师，进口、加工意大利大理石及花岗岩，承制各种纪念碑、纪念像，代理佛罗伦萨一家美术大理石及青铜制品厂商；1938 年经营意国商贸公司（Italian Trading，Co.），至 1939 年尚见于记载	不详
237.	Medlen，G. A.	英国	不详	不详	香港	1867 年加入罗玲画则师行，稍后入伙，公司改外文名为 Rawling，Medlen & Co.；1872 年时已不在香港	不详
238.	Mendelker，J.	俄罗斯	不详	CE	上海	1940—1941 年在建兴洋行（原新瑞和洋行）任职	不详
239.	Meyer，J. C.	不详	不详	不详	汉口	1898 年前在汉口开办事务所，公司外文名为 Meyer，J. C. Architect and Civil Engineer，经营至 1908 年后无闻	不详
240.	Minkevitch，S. J.	俄罗斯	不详	不详	上海	1940 年前后在上海	上海东正教圣母大教堂加建大门，1940
241.	Moller，H.	不详	不详	不详	上海	1910—1918 年在上海飞泰洋行（Shanghai Flora Florists，Nurserymen and Landscape Architects）任景观建筑师	不详
242.	Moolyoukin，Serge	俄罗斯	不详	注册建筑师	青岛	1937—1941 年在青岛自办事务所（S. Moolyoukin，C. E.，B. Sc. Registered Architect，Civl & Structural Engineer），另有绘图员一名（N. Moolyoukin）	韶关路 28 号两层别墅，青岛，1938
243.	Moorsom，Lewis Henry	英国	1835—1914	MICE，1867；在其父亲 Captain W. S. Moorsom（MICE）门下学徒	香港	曾在法国、英国和巴西从事铁路工程；1862—1867 年负责曼彻斯特伦敦路车站的重建；曾任特立尼达量地官署；1868—1873 年任香港量地官署；1873 年任职于曼彻斯特工程师处，曾设计并建造曼彻斯特中央车站和铁路	不详
244.	Moraes，John S.	不详	不详	BSc.	上海	1931 年 7 月—1932 年 7 月在柏韵士工程司行（Berents，Hans）任职	不详
245.	Morean，Herman	不详	不详	不详	上海	1918 年 1 月在上海义品洋行任助理建筑师，工作至 1919 年 1 月；曾在义品济南和开封分行任职	不详
246.	Moser，J. H.	德国	不详	不详	汉口	1904—1908 年在汉口 J. C. 迈耶事务所（Meyer，J. C.）任职；自 1908 年自办马石洋行，公司外文名为 Moser，H.，Architect and Civil Engineer，1922 年仍见于记载，后无闻；曾于 1916 年和 1921 年测绘汉口外国租界地图，并在 1916—1922 年间与英商怡和洋行有业务往来	不详

续表

No.	姓名	国籍	生卒	专业背景 / 资历	在华区域	经历	作品 / 论著
247.	Mostaert, Edouard Paul	比利时	1878—?	1903 年毕业于鲁汶大学土木工程专业	天津、香港	来华前曾于 1903—1913 年任蒂尔特（Tielt）和布鲁日政府工程师；1914 年 1 月—1926 年 10 月在陇海铁路技术部门任职；1927 年 5 月—1936 年 9 月在义品洋行天津分行建筑和不动产部门任秘书和会计职位（Secretary-accountant）；1936 年 9 月—1937 年 7 月在义品洋行香港分行任职；1937 年 8 月—1948 年 6 月在义品洋行天津分行任职	第二编义品洋行
248.	Mousnitzky, F. F.	俄罗斯	不详	不详	上海	1938—1944 年在时代公司（Modern Homes）任建筑师（设计师）	不详
249.	Muller	德国	不详	工兵上尉	青岛	曾是德国驻青岛的工兵，负责军事工事	青岛狄特立克斯石，1898；青岛伊尔蒂斯兵营，1898—1901
250.	Multone, M.	不详	不详	Dipl Arch	上海	1927 年 7 月—1929 年 1 月、1931 年 1 月—1935 年 7 月在上海赉安工程师任助理建筑师	不详
251.	Musso, F. P.	不详	不详	不详	上海	1928 年在沪江地产公司（Shanghai Realty Co. Architects Land and Estate Agents）任建筑师	不详
252.	Nebushka, C., D. J. O.	俄罗斯	不详	不详	上海	1921 年 7 月—1924 年 1 月在公和洋行任建筑师；1924—1925 年在鸿达洋行（Gonda, C. H.）任助理建筑师	不详
253.	Needham, J. E.	英国	不详	MICE	上海	1904 年进入公共租界工部局工务处任工程师，后曾任公共租界工部局工务处助理总工程师等	不详
254.	Nemes, Emerico	不详	不详	不详	上海	1947 年在上海自办事务所	不详
255.	Neubourg, D.	不详	不详	不详	上海	1937 年 7 月—1939 年 1 月在上海公和洋行建筑部任职	不详
256.	Newton, P. M.	英国	不详	ARIBA	上海	自 1922 年 8 月在公共租界工部局工务处任助理建筑师，1923 年 4 月 6 日辞职	不详
257.	Neyer, W. S.	不详	不详	BSc	上海	1933—1935 年在邬达克洋行任职	不详
258.	Nielsen, N. G.	丹麦	不详	不详	上海	1923 年 5 月—1924 年 7 月在上海公共租界工部局工务处任工程监督（Clerk of Works）	不详

续表

No.	姓名	国籍	生卒	专业背景 / 资历	在华区域	经历	作品 / 论著
259.	Nolasco，João Canavarro	葡萄牙	不详	不详	澳门	1936—1950 年在澳门执业	澳门国际酒店（Grande Hotel），与 Chan Kwan Pui 合作，1941
260.	Nyien，K. D.	不详	不详	不详	上海	1921 年在克明洋行（Cumine，Henry M. Architect，Surveyor，Estate and Commission Agent，and Merchant）任建筑师	不详
261.	Offer, J. A.	英国	不详	不详	香港	1908—1929 年在太古洋行任建筑师	不详
262.	Ogilvie，Arthur George Wright	英国	1893—1967	1912 年开始学徒于邓迪的 Leslie Ower & Allan of Dundee，后曾到 Dundee School of Art 进修 / FRIBA，1932/1933；AAHK，1921—1929	香港	1917 年离开莱斯利·奥弗和艾伦事务所（1916 年更名为 Thoms & Wilkie）去参军；1919 年 1 月回到邓迪，加入 Frank Drummond Thomson，任高级助理；1919 年 7 月移居香港，加入巴马丹拿洋行（Palmer and Turner）；1925 年 8 月开始独立执业；1929 年移居肯尼亚，在蒙巴萨岛（Mombasa）执业；1967 年死于南非约翰内斯堡	不详
263.	Oksus，E	不详	不详	CE	上海	1926 年在上海南京路与 M. M. Udine 合办鳌修庭建筑公司（Oksus & Udine Architects & Engineers）；1941 年与 Kremleff，V. P. 在上海合办大众贸易公司（General Commodity Brokers）	不详
264.	Ormsby，Robert Daly	英国	1846—1927	AMICE，1869；MICE，1876	香港	1876 年之前到斯里兰卡科伦坡（Colombo）工务司任职，1887 年和 1896—1897 年任工务司长；1897—1901 年任香港工务司司长	不详
265.	Oskirkkov，Boris Mikhailovich	俄罗斯	1903—?	1927 年德国达姆施塔特高等技术学校建筑系毕业	哈尔滨	1929年到哈尔滨，在交通部航海局工作；1940年，作为建筑和水利专家，受邀去德国建设布雷斯劳—多瑙河运河	不详
266.	Oswald，J.	英国	不详	不详	上海	1907—1936 年在中国海关工程部（Maritime Customs，Engineers' Department）任职	不详
267.	Otte，John Abraham（郁约翰）	美国	1861—1910	在美国密歇根大学学习期间，利用暑假学习过木工与建筑	鼓浪屿	1888 年奉美国归正教会指派来厦门鼓浪屿；1910 年出诊时染鼠疫肺炎，不幸去世；在华期间曾参与设计建造多栋教会相关建筑	小溪尼尔保赤医院（Neerbosch Hospital），1888；鼓浪屿救世医院，1898；厦门同文书院，1898；鼓浪屿林鹤寿别墅（八卦楼），存疑

续表

No.	姓名	国籍	生卒	专业背景 / 资历	在华区域	经历	作品 / 论著
268.	Ough，Arthur Henry	英国	1863—1947	AMICE，1901；ARIBA，1891；FRIBA，1907；AAHK，1903—1912	香港	1881 年在大都会铁路（Metropolitan District Railway）任助理；1884 年在大北铁路（Great North Railway）任职；1888 年到达香港，加入丹备及理（Danby & Leigh）；1891 年回到英国，成为其父亲开办的事务所的合伙人；1901 年回到香港，加入理及柯伦治（Leigh & Orange），后于 1905 年成为合伙人，至 1919 年退休；曾任皇家卫生学会香港分会主席	不详
269.	Owen，Wilfred Herbert	英国	1896—?	曼彻斯特大学建筑工程专业学士、城市规划专业硕士 / ARIBA	香港	毕业后曾在布里斯托（Bristol）工作；1930 年前—1941 年任香港工务署建筑师；1930 年代任香港房屋委员会委员	参见第三编香港工务署
270.	Ozorio，A. S.	不详	不详	不详	上海	1923 年 7 月—1935 年 7 月在德和洋行任职	不详
271.	Paget，Allen Maxwell	美国	1884—1928	里海大学（Lehigh University）/ CE	广州、上海	为治平洋行合伙人伯捷（C. S. Paget）的弟弟，1909 年到华；1909—1917 年在广州治平洋行（Purnell & Paget）任职，期间曾于 1914 年回国；1917—1919 年在茂生洋行（American Trading Co.）日本东京分行任职；1921—1927 年在上海茂生洋行任职；1928 年 5 月在新泽西州波哥大（Bogota，New Jersey）去世	参见第二编治平洋行 / A. M. Paget. Changing the Skylines of Chinese Cities[J]. The Trans-Pacific，1920，12：55-60.
272.	Pakidoff，I. S.	俄罗斯	不详	不详	上海	1938 年 1 月到通和洋行任建筑师，到 1941 年 7 月后	不详
273.	Parker，R. H.	美国	不详	不详	上海	1903 年在上海四马路十五号自办胜业洋行（China Land Company Land & Estate Agetns and Practical Valuers），经理买卖土地房产、包造华洋房屋、绘图打样、代理经收房租、华商转换道契挂号等事，兼做抵押贷款估价等；1904 年时洋行已由 John Ford 继承，后经几次变更一直经营至 1923 年	不详
274.	Parker，Water H.	美国	不详	不详	大连	曾在美国东方富乐公司（George A. Fuller Company of The Orient Ltd.）任职，派往大连负责“满铁”医院项目	“大连满铁医院”本馆，1922—1926
275.	Paterson，Ralph Stanley Watson	英国	1894—1962	珀斯学院（Perth Acad.）和邓迪技术学院（Dundee Technology College）/ MC；AAHK，1925—1941	香港	1915—1918 年参加一战；1919 年在泽特兰（Zetland）任郡测绘师（County Surveyor）；1924 年 5 月到香港工务署任建筑师；1932 年在香港工务署任技术秘书	不详

续表

No.	姓名	国籍	生卒	专业背景 / 资历	在华区域	经历	作品 / 论著
276.	Peebles，J. M.	英国	不详	不详	上海	1904—1905 年在上海业广地产公司（Shanghai Land Investment Co.）任建筑师	不详
277.	Perkins，E. A.	英国	不详	不详	上海	1915 年在上海通和洋行任职，同年任上海中国营业公司（China Realty Company）助理建筑师	不详
278.	Perkins，Fellows & Hamilton，Architects	美国	不详	不详	南京	曾负责南京金陵大学的规划和建筑设计	金陵大学规划及建筑设计 / Perkins，Fellows & Hamilton，Architects. The University of Nanking，China[J]. The American Architect，1925-01-28：55-64.
279.	Perkins，Thomas Luff	英国	1867—1940	MICE；RIBA；AAHK，1904—1923	香港	1892—1899 年任布里斯托市政厅部门工程师；1899—1904 年任密德萨斯郡部门工程师；1904 年到香港工务署任执行工程师；1921—1923 年任香港工务司司长；1923 年因健康问题退休，后返回英国	不详
280.	Petigura，J.	法国	不详	DPLG	上海	1939 年 7 月—1941 年 7 月在赉安工程师任职	不详
281.	Petroff，Boris Ivanovich（Борис Иванович ПЕТРОВ）	俄罗斯	1885—1971	1912 年毕业于莫斯科绘画、雕塑和建筑学院（Moscow School of Painting，Sculpture and Architecture）	哈尔滨、上海、青岛	1920 年代在哈尔滨执业；1931 年秋到上海；1932 年方案获得东正教圣母大教堂（新乐路东正教堂）竞赛第二名，并在 L. N. Pashkoff 的第一名方案被放弃后，其方案被选中实施，但 1933 年决定按照 J. L. Lehonos 提交的新设计方案实施，Petroff 成为咨询建筑师；1936—1939 年在青岛尤力甫（Wladimir Yourieff）建筑事务所任职；1950 年移居澳大利亚	上海东正教圣母大教堂，参与
282.	Pile，Arthur George	英国	不详	AAHK，1923—1936	香港	1930—1936 年在香港自营事务所，公司外文名为 Pile，A. G.，Architect and Surveyor	不详
283.	Plaut，Ulrich	德国	不详	不详	上海	曾在 Graham & Painter 任职，后移居日本神户，1937 年申请移民南非	不详
284.	Poetter，Carl（波特尔，又写作 Potter）	德国	?—1919	不详	青岛	1900 年已经在青岛和 Hermann Bernick 合办建筑公司 H. Bernick & Poetter；1909 年两人散伙，公司由波特尔继续经营；1916 年被日军逮捕，关押在似岛集中营；1919 年在集中营中去世	可能的作品：青岛霍恩洛厄路波特尔（Kaul Poetter）公寓，德县路 7 号，1906；伯恩厄克（Hermann Bernick）住宅，青岛福山路，1906；波特尔楼，1910

续表

No.	姓名	国籍	生卒	专业背景 / 资历	在华区域	经历	作品 / 论著
285.	Pope，John	英国	1820—1847	不详	香港	1845 年 3 月 17 日被任命为香港量地官署工程监督和土木工程师（Clerk of the Works and Civil Engineer）；1847 年去世	曾参与香港圣约翰教堂（St John's Cathedral Hong Kong）设计
286.	Poskitt，E. G.	俄罗斯	不详	不详	上海	1935 年 1 月—1937 年 7 月在公和洋行建筑部任职	不详
287.	Power，W.	英国	不详	不详	香港、上海	1872 年在香港量地官署任工程监督；1874—1877 年在大英工部总署远东分部任工程监督	不详
288.	Prisadsky，V. A.	俄罗斯	不详	BA	上海	1934 年 1 月—1935 年 1 月在协隆洋行任助理建筑师	不详
289.	Purves，Alexander Bruce	不详	1912—1981	AAHK，1940—1941	香港	曾任香港工务署工程师；1936—1941 年自办事务所，公司外文名为 Purves，D. A.，Consulting Engineer	不详
290.	Radbil，Simon M.	俄罗斯	约 1890—?	不详	上海	1932 年加入上海旅华俄国邮票会；1935 年依旧在列	不详
291.	Raider，Harry Adams	不详	1880—?	MAmSCE；中美工程师协会会员	天津	1909 年 5 月到广州，曾任中国政府铁路驻场工程师，负责粤汉铁路（Canton-Hankow Railway）建造；1911 年离开中国到菲律宾，作为土木工程师为美国政府工作；1913 年回到中国，后任湖广铁路分部工程师兼总工程师首席助理至 1918 年；曾对长江峡谷进行首次测绘，并到达成都；后曾测绘北海到汉口路线，并穿越直隶，也曾在河南、湖北和东北地区调查；后在祥泰木行（China Import & Export Lumber Co.）任行政职位至 1921 年；自 1921 年起任大昌洋行（Chinese Engineering & Development Co.）总经理，该洋行总部位于天津，分部在北京、南京、沈阳、青岛、上海和汉口	不详
292.	Rainals，J. Edm	丹麦	不详	BSc；CE；MDICE	上海	1930—1941 年任慎昌洋行建造部主任	不详
293.	Ranchner，C.	俄罗斯	不详	不详	上海	1935 年在上海	不详
294.	Randolph，R. W.	英国	不详	AMICE	上海、南京	1914—1915 在上海活动；1916—1917 在南京活动；1919 年前任川汉铁路总工程师	不详
295.	Rankin，Garnet	加拿大	不详	1915 年获多伦多大学科学学士学位 / AMEIC，1921；AAHK，1927—1930	香港	曾在加拿大多伦多城市建筑师处（City Architects' Department）图纸审查股任职多年；1924 年 9 月 25 日自温哥华到香港，加入 Little，Adams & Wood，任钢混合结构工程师；1930 年离开香港回到加拿大	不详

续表

No.	姓名	国籍	生卒	专业背景 / 资历	在华区域	经历	作品 / 论著
296.	Raven，Oscar Boultbee	英国	不详	AAHK，1919—1938	香港	1916—1921 年在香港厘份事务所（Raven，A.R.F.）任职；1921—1922 年升为合伙人，公司外文名更为 Raven & Raven；1922 年散伙，自营事务所至 1938 年	参见第二编厘份画则师行
297.	Raymond，Antonin	捷克	1888—1976	1905—1910 年在布拉格学习建筑	日本	1916 年跟随赖特到东京设计帝国饭店，1921 年在东京自办建筑公司，公司有中国业务	上海的一座城市住宅，1936
298.	Rees，Rowland	英国	1816—1902	不详	香港	曾以皇家工兵办事员（Clerk to the Royal Engineer）身份在直布罗陀（Gibraltar）服役；1843 年到香港服役；1846 年时已经退役并自办建筑师事务所；后回到英国多佛继续从事建筑师和测绘师业务	不详
299.	Reinhard，Joseph	德国	不详	不详	青岛	1903 年在青岛建造公司 Selberg & Schlüter 任技术员；1905 年在青岛开设蒸汽锯木厂（Tsingtauer Dampfsägewerk）；1914 年在青岛开办建筑师事务所（Reinhard，J. Architect）	水师饭店，青岛，1899—1902
300.	Remedios，J. C. dos	葡萄牙（?）	不详	不详	上海	1909 年 1 月—1925 年 1 月在通和洋行任职	不详
301.	Remedios，R. dos	葡萄牙	不详	不详	上海	1916 年开办事务所；1918—1919 年在裕龢洋行（Powell，Sidney J.）；1919 年 7 月在美昌洋行任职	不详
302.	Rennie，J.	英国	不详	不详	上海	1863 年在上海经营机械绘图师和土木工程师业务	不详
303.	Rew，Charles Hamilton	英国	?—1906	AAHK，1904—1906	上海	1904—1906 年在太古洋行上海分行任职；1906 年在威斯敏斯特去世	不详
304.	Reynolds，Frank Stephen	英国	不详	F S ARC；FRIBA；MCL；MISE	汉口	1913 年 7 月 25 日自伦敦到汉口，加入景明洋行（Hemmings & Berkley），任职至 1925 年	参见第二编景明洋行
305.	Ripley，Cedric Gurney	英国	不详	1909—1911 年就读于伦敦建筑联盟学院；1911—1913 年学徒于 Edward John May / ARIBA	上海、汉口	1921 年 1 月前到上海公和洋行任职；1923 年，上海公和洋行在汉口开设分行，由里普利（Ripley）负责汉口事务；1925 年 2 月回英国探亲结束后回到上海；1927 年 7 月后离开公和洋行	参见第二编巴马丹拿洋行
306.	Robbers，J. G.	荷兰	不详	不详	北京	1909 年在北京任大荷兰国府工程师、建筑师	不详

续表

No.	姓名	国籍	生卒	专业背景 / 资历	在华区域	经历	作品 / 论著
307.	Robertson，A.	不详	不详	ARIBA	上海	1907 年在毕士来洋行（Beesley & Bray）任职	不详
308.	Rodewald	不详	不详	不详	上海	1901 年在上海经营养和洋行（Rodewald & Co. Architect，Civil Engineer and Surveyor）	不详
309.	Rose，Alex	英国	不详	不详	汉口	于 1904 年创办怡昌洋行（又称怡昌隆洋行，Rose，Alex.，Architect，Civil Engineer and Surveyor），经营至 1910 年，后无闻；1908 年同时在 Tien Shun Syndicate 任职，该公司与汉口工部局签订合约，负责租界内的填土工程	不详
310.	Rose，Louis Augustus	英国	1871—1927	不详	香港	1893—1899 年任职于巴马丹拿画则师行；1897 年左右自办罗士画则师行，公司外文名为 L. A. Rose Architect and Surveyor；1903 年左右加入希士伦洋行（Hazelan，E. M.）；1914 年再次独立开业，经营至 1927 年去世	不详
311.	Rosenberg，E. A.	德国	不详	不详	上海	1900 年受雇于 Cairnie 洋行；后曾在 Kluzer，G.，Building Contractor 任建造专家；1912 年移居曼谷	不详
312.	Rosenberg，H.	不详	不详	Arch Dipl.	上海	1939 年 7 月前到通和洋行任建筑师，1940 年已经离开	不详
313.	Rosenthal，Erich	不详	不详	不详	上海	1941 年 1—7 月前自营事务所 Rosenthal，Erich，Architect and Owner，他还曾经营墓碑生意，并宣称其公司是上海第一家犹太人企业	不详
314.	Rosold，S.	不详	不详	不详	上海	1947 年在上海开办 Rosold，S. Architect	不详
315.	Rosser，Frederick Endell（罗瑟）	英国	1875—1920	MSA；RIBA；AAHK，1914—1920	香港	1913 年前到香港，加入克架画则师行（Harker，B. Brotherton），成为合伙人，洋行外文名改为 Harker & Rosser；1913 年克架（Harker）去世后，由其妻子顶替他继续经营；1916 年由罗瑟独立经营；1920 年在香港去世	不详
316.	Rozenzvein，D.	俄罗斯	不详	CE	上海	1934 年 7 月—1941 年 1 月在建兴洋行任土木工程师	不详
317.	Ryssin，Leopold	罗马尼亚	不详	不详	上海	约于 1919 年到上海，1935 年仍在上海	不详
318.	Samy，Arthur Poonoo	英国	1874—1936	MRSI；FRS，1906；AAHK，1906—1936	香港	1893 年前—1916 年任职于津林画则师行（Lemm，John.，Architect）；1916 年开办三美画则师行（Samy，A. P.，MRSI Architect）；1925 年后其事务所已无闻；1936 年他在香港去世	不详

续表

No.	姓名	国籍	生卒	专业背景 / 资历	在华区域	经历	作品 / 论著
319.	Savege，Oliver Frederick	英国	1889/1890—1968	1906 年 在 James H. Langlands 门下学徒，后先后转至 Dundee School Board Architect 和 Thomas Martin Cappon 事务所 /ARIBA，1920；AAHK，1923—1925	香港	1909 年迁至伦敦，先任 Gibson Skipwith & Gordon 事务所绘图员，后任 Edward Guy Dawber 事务所总绘图员，期间曾在皇家艺术学院（R. A. Schools）学习并于 1913 年获得游学奖学金；1914 年一战爆发后参军，并在法国服役至 1918 年；1919 年移居香港，加入李杜露则师行（Little, Adams & Wood）；1926 年移居吉隆坡，负责斯旺和麦克拉伦（Swan & Maclaren）事务所	参见第二编李杜露则师行
320.	Savigne，C. A.	俄罗斯	不详	不详	哈尔滨	1921 年 9 月 16 日—1938 年 12 月后，在哈尔滨工业大学担任解析几何、结构静力学、框架结构计算课程的教学工作；1952 年仍在哈尔滨工业大学	不详
321.	Sayer，George John Budds	英国	1856—1915	AAHK，1906—1915	香港	1890 年左右到香港，在英国海军造船厂（H M Naval Yard）任职，负责香港金钟（Admiralty）海军总部工程；自 1906 年开始独立执业，事务所外文名为 Sayer，G. J. B.；经营至 1915 年在香港去世	香港金钟海军总部工程
322.	Scammell，Rodney Quinton	英国	1904—1966	ARIBA，1929；FRIBA，1947	汉口	1934—1936 年在汉口景明洋行（Hemmings & Berkley）任职；1947 年时已经在内罗毕合伙成立 Cobb，Archer & Scammell 事务所	参见第二编景明洋行
323.	Schaffrath，Hans	德国	不详	不详	汉口、青岛	1907—1908 年在汉口保利洋行任土木工程师和建筑师；1912—1913 年任青岛西米特洋行（F. H. Schmidt）经理；1914 年参加青岛战役，被俘后关在福冈集中营；1919 年被释放	德租界工部局，汉口，保利洋行施工，1907—1909；参见第二编宝利（保利）洋行
324.	Schinz，Hans Leopold	德国	1869—1937	接受过土木工程师训练	济南、上海	曾在中国工作 18 年；1902—1906 年在上海四川路 13 号自办善士洋行（Schinz，Leopold），经营土木工程师和机器进口业务；1908 年在济南	不详
325.	Schmidt，Edward Francois	法国	不详	不详	上海	自 1855 年 1 月 1 日 1 起成为 D. Remi 合伙人，合办利名洋行（Remi，Schmidt & Cie）	负责上海法国领事馆建造，1894—1896
326.	Schneider	德国	不详	不详	青岛	不详	青岛美国领事馆，1911 / 1912 年前后
327.	Schwarz，F.	不详	不详	不详	上海	1939 年 7 月前后在鸿达洋行任助理建筑师	不详

续表

No.	姓名	国籍	生卒	专业背景 / 资历	在华区域	经历	作品 / 论著
328.	Schwemmle, Eugen	德国	不详	不详	广州	受德国合步楼公司派遣，以建筑工程师的身份来到广州开展设计实践活动；1933 年，与中国籍建筑师郭秉琦建立合作关系；后在太平南路（今人民南路）34 号开办了施永利画则师及土木工程师事务所（Eugen Schwemmle Architect, Canton）	湛江炮厂厂房，1933；高奇峰墓，1933；广州中德中学校新校舍，1933
329.	Scott，Mackay Hugh Baillie	英国	1865—1945	1883—1885 年在 Royal Agricultural College 学习科学和绘图；1886—1889 年在巴斯 Charles E. Davis 门下学徒 / RIBA；AAHK，1924—1925	香港	在马恩岛（Isle of Man）Frederick Saunderson 事务所工作，任测绘师；自 1892 年开始独立执业；自 1895 年开始，其实践获得《工作室》（*The Studio*，宣传工艺美术运动的言论阵地）的广泛报道，使其名声大振，并获得来自英国全国各地和欧洲大陆的许多委托；1901 年在贝德福德（Bedford）Fenlake Manor 处任职，并于同年获得“艺术爱好者之家”（Haus eines Kunstfreundes / ‘House for an Art Lover’）设计竞赛二等奖，以其极其精美的工艺美术住宅而在欧洲赢得广泛声誉；1905 年任 Arthur Edgar Beresford 的助理；1919 在伦敦重新和 Beresford 合伙创办事务所，期间曾于 1924—1925 年到香港执业；1941 年他在伦敦的事务所毁于空袭；1945 年在布莱顿去世	不详
330.	Scrill，Trofim Nikolaevich	俄罗斯	1882—1934	不详	上海	1934 年在上海因受到被辞退工人的袭击而去世	不详
331.	Sdarjenetski-Rabo，Bavel Josephovich	俄罗斯（波兰）	1870—?	不详	哈尔滨	大学毕业后曾从事机车装配和桥梁建造工作；曾负责监造中东铁路工程中的几座桥梁，如旅顺港与奉天之间的城市大桥等；1902—1918 年主持建造了多座桥梁；1927 年又主持了老少沟松花江大桥的更换钢架工程；1934 年拉波加入了波兰国籍，并到美国生活两年，后又回到哈尔滨待业；1938 年，他在近 70 岁时加入了哈尔滨俄国工程师协会，后无闻	不详
332.	Senichenko, J. T.	俄罗斯	不详	不详	上海	1912—1936 年在公共租界工部局工务处任职，曾任建筑绘图员等职位，1936 年 2 月辞职	不详
333.	Sequeira，A. M.	不详	不详	CE	上海	1923 年 7 月—1926 年 7 月在康益洋行任职	不详
334.	Seridin，Sabatin Afanasii Ivanovich	俄罗斯	1860—1921	毕业于航海学校，拥有航海文凭	上海、北戴河	1883 年曾在上海执业；1883 年秋受朝鲜外交官邀请经由仁川济物浦港到朝鲜，委托其设计仁川海关相关建筑；后一直在韩国工作至 1904 年	首尔俄国领事馆；韩国仁川济物浦俱乐部（Chemulpo Gurakbu），1901

续表

No.	姓名	国籍	生卒	专业背景 / 资历	在华区域	经历	作品 / 论著
335.	Shank，Edward Dean	美国	1886—1946	FRSI；AMISE；AIAA；AAHK，1922—1941	上海、香港	来华前在芝加哥执业；1919 年为底特律华人商会设计一座四层钢混旅馆建筑；1920 年 8 月曾任华人商会（Chinese Merchants' Association）代表，与美国劳务部（Department of Labor）商讨派遣一批中国年轻学生到美国工业学校学徒事宜；1924 年在上海自办事务所（E. D. Shank）；1925 年在香港挖掘打桩施工有限公司（HK. Excavation，Pile Driving & Construction Co.，Ltd.）任建筑师；1932 年任香港新成立的招商局置地有限公司（Chinese Merchant's Land Investment and Construction Co.，Ltd.）金融顾问	九龙塘花园城（The Kowloon Tong Garden City Estate），香港九龙
336.	Sharp，Granville（夏普）	英国	1852—1899	不详	香港	夏普最初是一名银行家，后成为一名会计，拓展业务到房地产；1874 年与丹备（William Danby）组建 Sharp & Danby；1881 年丹备离开，公司更外文名为 Sharp & Co.	不详
337.	Shattuck，Walter Francis	美国	1871—1948	1891 年毕业于 University of Illinois 建筑系；1908 年获建筑学硕士；1916 年获 Armour Institute of Technology（伊利诺伊理工学院前身）博士学位 / AIA	上海、北京	1893—1915 年任教于阿芒技术学院，是芝加哥建筑学派（Chicago School of Architecture）的成员之一；后与学生何士在芝加哥合伙创办沙何事务所（Shattuck & Hussey）；沙何事务所在连续 3 次赢得基督教青年会建筑设计竞赛后，开始专门致力于为青年会设计建筑；1915 年 1 月受美国基督教青年会邀请来中国，在上海设立分支，由何士负责，稍后公司主体转移到北京，中文名为何士工程司，主要为洛克菲勒基金会设计北京协和医学院；1920 年 12 月 31 日公司散伙；后曾任芝加哥建筑学院教授	参见第二编沙何公司
338.	Shaw，Robert Philip	英国	1888—?	学徒爱丁堡 John Watson，并在 Edinburgh College of Art 和 Heior Watt College 学习 / ARIBA，1920；AAHK，1933—1941	香港	1920—1940 年在香港工务司建筑股（Public Works Department Architectural Office）任助理工程师、建筑师等职位	参见第三编香港工务署

续表

No.	姓名	国籍	生卒	专业背景 / 资历	在华区域	经历	作品 / 论著
339.	Shewan, William Wyllie Clark	不详	1905—1984	1923 年起在阿伯丁 Kelly & Nicol 学徒 3 年，在阿伯丁大学建筑学院（School of Architecture，Robert Gordon's College）学习，后获阿伯丁大学建筑学学士 / ARIBA，1930；FRIBA，1951	香港	1933—1938 年任香港工务署建筑师，曾负责香港政府大楼的维修、增建和改建；1939 年任工务署技术秘书；1941—1945 年被关押在集中营；1945 年被解救后，继续在香港工务署任职；1984 年在澳大利亚新南威尔士去世	不详
340.	Shidlovski，A. I.	俄罗斯	不详	不详	哈尔滨	曾任中东铁路勘验线路团工程师、辽阳分段总工程师	不详
341.	Shtiefelman，V. N.	俄罗斯	不详	Arch. Dipl.	上海	1939 年 7 月到通和洋行任建筑师，直至 1941 年 7 月	不详
342.	Shutterle，F. W.	不详	不详	不详	上海	曾在中国营业公司任职；1928 年自办事务所 Shutterle，F. W. Jr	不详
343.	Sirtori，ING. L.	意大利	1887—?	不详	天津	1930 年开始在天津自办希尔克工程师行（Sirtori，ING. L. Civil Engineer and Architect，Consulting Engineer to Italian Municipal Council），并任意大利租界工部局咨询工程师；1943 年底被日军关入潍县集中营	不详
344.	Skowronski，S. L.	俄罗斯	不详	不详	上海	1920 年 1 月—1921 年 1 月在克利洋行（Curry，R. A.）任职	不详
345.	Skvorzov，Alexander Vasulievich	俄罗斯	1901—1948	AMISE；AAHK，1941	上海、香港	1931—1938 年在上海新瑞和洋行（Davies，Brooke & Gran）任土木工程师；1938—1940 年在香港建兴洋行（Davies，Brooke & Gran）任职；自 1940 年起加入香港建设工程有限公司（Hong Kong Engineering and Construction Co.）	不详
346.	Slie，A. E.	英国	不详	不详	上海	1865 年在 F. H. Knevit 公司任职	不详

续表

No.	姓名	国籍	生卒	专业背景 / 资历	在华区域	经历	作品 / 论著
347.	Small, Alexander Glover（司马）	美国	1882—?	理海大学（Lehigh University）机械工程学位；1920—1921 年在哈佛大学学习建筑（School of Landscape Architecture）	南京	曾在理海大学教授物理学，在来中国前有 3 年工程师实践经验；1911 年到南京任金陵大学监造（Superintendent of Construction），负责 Perkins, Fellows and Hamilton Architects 事务所的金陵大学设计项目的落地实施，1925 年仍任金陵大学项目的驻场建筑师和工程师，当时同事有司职监造的齐兆昌（Gee，Charles T.）	金陵大学北大楼，1917—1919，监造；金陵大学礼拜堂，1921；南昌 St. Matthew's Church，1925/Alex G. Small. Construction Problems of a Superintendent in China[J]. The American Architect，1928-09-20：397-403.
348.	Smart，George Douglas	英国	1904—1971	伦敦建筑联盟学院 / ARIBA，1928	上海、香港	1928 年到上海加入公和洋行；1937 年 1 月负责其仰光分行	印度储备银行（Reserve Bank of India），仰光；渣打银行（The Chartered Bank），仰光；另参见第二编巴马丹拿洋行
349.	Smigalski	俄罗斯	不详	不详	哈尔滨	1904 年担任哈尔滨城市建筑师；1908 年哈尔滨城市管理委员会（哈尔滨城市自治会）开始行使功能后，成为这一市政管理机构的成员之一	哈尔滨育普中学，B . K. 维利斯设计，负责工程实施，1927
350.	Smith，Edward Burt	英国	?—1934	不详	上海	1904 到上海，曾在德和洋行（Lester，Johnson & Morriss）任职，1934 在上海去世	不详
351.	Smith，T. S.	不详	不详	不详	上海	1865—1867 年在上海自办事务所 Smith，T. S. & Co. Architect	不详
352.	Smith-Mitchell，K.	不详	不详	不详	上海	1937 年 7 月—1941 年 1 月在上海与中国工程师黄章斌合办黄章斌施刚建筑工程师行（Smith-Mitchell & Huang）；1957 年在新加坡公和洋行任职	不详
353.	Sokoloff，J. A.	俄罗斯	不详	不详	上海	1926—1942 年在工部局工务处先后任绘图员、建筑助理和助理建筑师等职位	不详
354.	Sommer，F.	德国	不详	不详	天津	1896—1918 年任德商泰来洋行（Telge，R.，& Co.，Telge & Schroeter Import，Export & Government Contractors）天津负责人；1913—1915 年在天津开办泰成工程公司（North China Building Co.，Architects and Building Contractors）	中国国会大厦，罗克格设计，泰来洋行承建，未建成，1910—1911 年清华大学图书馆，泰来洋行承建，1919

续表

No.	姓名	国籍	生卒	专业背景 / 资历	在华区域	经历	作品 / 论著
355.	Soorochnikoff, Vassily Vassilievich	俄罗斯	1908—?	不详	上海	1921 年 1 月到达上海；1929 年自震旦大学毕业后，加入法租界公董局工务处，任助理建筑师；1938 年仍在上海	不详
356.	Speth，Dr. Hans	不详	不详	不详	上海	1924 年 7 月在上海开办利群洋行（Speth，Dr. Hans，Consulting Engineer，Civil Engineering）	不详
357.	Starkowski	俄罗斯	不详	不详	上海	1925 年 1 月—1926 年 1 月在法商营造公司任工程师、建筑师	不详
358.	Stickforth，John	德国	不详	不详	青岛	1899 年被汉堡维林公司（C. Vering）派遣到青岛，考察青岛港口项目；1901 年开始负责青岛港口建设项目；1909—1910 年离开青岛	青岛港码头一期，与 Friedrich Schnock 合作，1904；青岛港码头二期，与 F. Schnock 合作，1906
359.	Stoddart，Robert William	英国	1890—1953	ARIBA，1920；AAHK，1926—1930	香港	1917—1919 年在英国军火部房屋署（Ministry of Munitions Housing Department）任职；1919 年在卫生部房屋署任职；1926 年前到香港太古洋行任助理建筑师，至 1930 年	不详
360.	Stone，Capt F H	英国	不详	AMICE，MIME	上海	1899 年在上海自办事务所，名为 Stone，Capt F. H. Civil，Mechanical and Marine Engineer，Architect and Surveyor	不详
361.	Stoughton & Stoughton，Architects	美国	不详	不详	广州	美国建筑事务所，1894 年由 Charles William Stoughton 和 Arthur Alexander Stoughton 兄弟合伙创办，曾受邀负责广州岭南大学规划及多栋建筑设计	广州岭南大学规划及建筑设计，1905—1918；马丁堂（Martin Hall），1905—1906；卡彭特楼（Carpentier Hall），1910—1911；格兰堂（Grant Hall），1915—1916；怀士堂（Swasey Hall），1913—1917
362.	Sviagin，N. S.	俄罗斯	不详	不详	哈尔滨	曾任中东铁路东段工程师	不详
363.	Symons，A.	不详	不详	BSc，B A（Arch）	上海	1931 年 1 月—1940 年 7 月在泰利洋行任建筑师	不详

续表

No.	姓名	国籍	生卒	专业背景 / 资历	在华区域	经历	作品 / 论著
364.	Thom，William	英国	不详	AAHK，1919—1938	香港	自 1907 年开始在香港甸尼臣洋行（Denison & Ram）任职；1921 年开始在香港巴马丹拿任职；1925 年前—1938 年自营事务所威林汤画则师行（Thom，Wm.，Architect and Surveyor）	不详
365.	Thomson，James Cunninghame	英国	约 1860—1936	AMIME	天津、上海	1894 年任天津大沽驳船公司（Taku Tug & Lighter Co.）工程师，负责码头引擎工作；1902 年在天津自办事务所（Thomson，J. C.，Architect & Consulting Engineer），经营建筑师及咨询工程师业务；1904 年为天津福公司咨询工程师和建筑师；1905—1906 年在天津自办事务所；1906 年到上海英国汇广公司（Building and Investment Co.）任职；1915 年前在上海汇泰洋行（New Building & Construction Co. Ltd）任经理及秘书，任职至 1917 年，后无闻	天津诸圣堂（All Saints' Church），监造（A. C. Moule 设计），1903
366.	Thys，Renauld	比利时	1922—?	在布鲁塞尔获得建筑学学位并于 1946—1948 年在伦敦大学学院攻读城市规划硕士	香港	1948 年 7 月硕士毕业后，到义品洋行香港分行任职，后不详	参见第二编义品洋行
367.	Tikhomiroff，T. M.	俄罗斯	不详	不详	哈尔滨	曾任中东铁路一面坡分段总工程师	不详
368.	Tirfoin，E.	法国	不详	不详	上海	1924 年 7 月在四川路 6 号开办法国狄而芳建筑工程师（Tirfoin，E. Architect，Building Contractor and Surveyor，Reinforced Concrete Specialist）	不详
369.	Tirfoin，A.	法国	不详	不详	上海	1923 年在法商营造实业公司任建筑师	不详
370.	Tooker，Hugh Pollock	英国	不详	AMICE，1892；FRS，1901	香港	自 1890 年 3 月起在香港工务署任工程师；自 1911 年 4 月起任香港工务署第二助理署长	参见第三编香港工务署
371.	Tornovsky，V.	俄罗斯	不详	CE	上海	1936 年 7 月—1941 年 7 月后在康益洋行任职	不详
372.	Trimble，Robert Maurice	美国	1871—1943	西宾夕法尼亚大学（Western University of Pennsylva，今匹兹堡大学）	上海	1929 年受美国政府委托到上海设计上海美国领事馆	上海美国领事馆，1929，未实施

续表

No.	姓名	国籍	生卒	专业背景 / 资历	在华区域	经历	作品 / 论著
373.	Tuckey, Thomas William Townsend	英国	1865—1952	MICE; MAmSCE	天津	1880 年代初来华，代表英商怡和洋行修建中国第一条铁路；后在中国铁路部门任职长达 36 年，曾任津浦铁路、山海关内外铁路工程师等职位；后移民加拿大温哥华	不详
374.	Turner, Frederick Wentworth Foster	英国	1893—1989	AAHK，1926—1929；FRIBA，1933	香港	1921—1922 年在印度西姆拉（Simla Imperial Circle）任助理建筑师；1923 年在香港工务署任助理建筑师；1928 年在 HK. Excavation, Pile Driving & Construction Co., Ld. 任建筑师；从 1929 年开始，先后在巴勒斯坦任助理建筑师、代理建筑师和建筑师等职位	不详
375.	Turner, Horace George	英国	1885—1961	1900—1903 年在布莱顿市镇建筑师 Francis J. C. May 门下学徒 / FRIBA，1932	汉口	1904 年任 Francis J. C. May 助理；1905 年任切森特市区工部局（Cheshunt Urban District Council）助理；1907 年任瑟比顿市区工部局（Surbiton Urban District Council）助理；1910 年开始任吉迪亚公园有限公司（Gidea Park Ltd.）建筑师和测绘师；1918 年在海沃兹希思（Haywards Heath）独立执业；1922—1925 年在汉口景明洋行（Hemmings & Berkley）任职	参见第二编景明洋行
376.	Turner, P.	不详	不详	不详	北京、秦皇岛	1904—1905 年在北京经营建筑师和建造商业务（Turner, P., Architect and Builder）；1906—1907 年在秦皇岛执业，经营建筑师和建造商业务	不详
377.	Ubink, G. Th.	荷兰	不详	不详	上海	1930 年左右曾在印度尼西亚苏腊巴亚（Soerabaja）地区活动；1934 年左右在上海与俄国建筑师 Wm. A. Kirk 组建 Wm. A. Kirk and G. Th. Ubink	参见第二编高尔克洋行
378.	Udine, M. M.	不详	不详	不详	上海	1926 年在上海南京路与 E. Oksus 合办鳌修庭建筑公司（Oksus & Udine Architects & Engineers）	不详
379.	Upham, Frank Sherman	美国	1884—1921	1906—1910 年就读于密歇根大学建筑学专业，获建筑学学士	北京、上海	毕业后在克利夫兰哈贝尔和贝尼斯（Hubbell & Benes）事务所任绘图员；1912 年在北京京师大学堂（Imperial University）任土木工程教授；1918 年由北京到上海，加入克利洋行（R. A. Curry）；1919 年加入上海公共租界工务处；1921 年在上海去世	不详
380.	Vargassoff, N. G.	俄罗斯	不详	不详	哈尔滨	1898 年 4 月任中东铁路分段段长；1908 年 10 月—1914 年 4 月任中东铁路工务处西路总段长	不详
381.	Vassilieff, I. P.	俄罗斯	不详	CE	上海	1933 年 1 月—1935 年 1 月在康益洋行任职	不详
382.	Vesselouhin, V. M.	俄罗斯	不详	不详	上海	1938—1941 年在上海开办工程学校（School of Engineering），教授设计和绘图	不详

续表

No.	姓名	国籍	生卒	专业背景 / 资历	在华区域	经历	作品 / 论著
383.	Walker，Reginald David	英国	1892—1952	1907—1912 年在 H.M. Dockyard，Chatham 当学徒，1912—1915 年继续在南肯辛顿 Royal College of Science 和 City and Guilds Engineering College 学习工程，获 Imperial College 铁路工程硕士 / MICE；AAHK，1934—1941；特许土木工程师	香港	1913 年获得惠特沃思奖学金（Whitworth Exhibitioner）；1914—1919 年加入皇家工兵团并参加一战；1920 年 12 月加入马来西亚联邦政府铁路，任助理工程师；1923 年 12 月被任命为区域工程师（District Engineer），后在马来西亚联邦政府铁路不同工程职位任职，直到 1934 年移居香港；1934 年 3 月被任命为九广铁路（Kowloon-Canton Railway）代理经理兼总工程师（Acting Manager and Chief Engineer）；同年 8 月任经理兼总工程师直至 1941 年后	不详
384.	Wallace-Bateman，R.	英国	不详	MC，BA（Arch），ARIBA	上海	1926 年 7 月在上海道达洋行（Read，W. S.）任职	不详
385.	Walter，Robert Albert	英国	不详	1903—1906 年在 Herbert Stanley Barrett 门下学徒，期间曾在伦敦建筑联盟学校和伦敦大学学院就读 / ARIBA，1914；AAHK，1921—1922	香港	1906—1910 年间曾先后在伦敦几家事务所任助理，并曾在城市收容救济委员会建筑师处（Metropolitan Asylums Board Architects' Department）任职；1913 年通过英国皇家建筑师学会资格考试并于次年获英国皇家建筑师学会准会员；1921 年 3 月 11 日获得香港政府许可建筑师资格；1922 年后无闻	不详
386.	Warren，Charles Edward	英国	1872—1923	AAHK，1903—1923	香港	1899 年加入香港工务署任卫生监督；1900 年自办事务所，外文名为 Warren & Co.，C.E，经营建筑师、土木工程师、测绘师以及卫生用品和建造必需品进口业务；1904 年前同时开办另一家公司华伦洋行（Warren& Co，C E Building Contractors，Sanitary Engineers Tile Manufacturers），经营土木工程、建筑承包和建材业务；1923 年 6 月在香港去世；事务所由其后代 L. 华伦（Leslie Warren）经营至 1928 年，建材进口等业务经营到 1941 年后	不详
387.	Weisz，Ernst	匈牙利	不详	不详	上海	1939 年在上海	不详

续表

No.	姓名	国籍	生卒	专业背景 / 资历	在华区域	经历	作品 / 论著
388.	Wentrup	德国	不详	不详	青岛	曾任青岛德租界政府建筑师	青岛胶澳警察署（Police Headquarters and District Town Hall），1905；青岛屠宰场（The Abattoir Building），1906；青岛江苏路基督教堂竞赛二等奖，青岛，1907
389.	White，James William	英国	1879—1923	AAHK，1918—1923；FRSI，1905	香港	1905 年在香港皇家工兵办公室（Royal Engineers' Offices）任职；1910 年任香港工务署助理工程师；1923 年在香港去世	不详
390.	Whittle，J.	英国	不详	不详	上海	1910 年在太古洋行（Butterfield & Swire）任助理建筑师	不详
391.	Wielmaecker，Raoul Ferdinand	比利时	1887—?	布鲁塞尔皇家美术学院建筑学学位	天津	1913 年 12 月加入义品洋行天津分行	参见第二编义品洋行
392.	Wignall，John H.	英国	1835—1885	不详	上海	1862 年 8 月—1863 年在上海经营 J. H. Wignall，General Engineer's Work & C.；1863—1864 年在上海创办 J. H. Wignall，Civil Engineer（J. H. Wignall & Co.），1864 年 4 月—1865 年更行名为 J. H. Wignall，Architect，期间 R. H. Baldwin 加入并成为合伙人；1865—1866 年在 Nicolson & Boyd，Engineers 任勤务；1866 年 3 月移居日本长崎	不详
393.	Wilson，Andrew Gordon	澳大利亚	1885—1965	不详	广州	曾在墨尔本附近的一所矿业学校（School of Mines in Castlemaine）担任助理美术教师；1907 年，前往中国广州，在治平洋行担任制图员；代表治平洋行前往博罗，对伦敦会医生住宅进行场地勘测；1908—1913 年，在广州博济医院（Canton Hospital）担任业务经理（Business Manager）；1914 年后期，加入新西兰长老会（Prebyterian Church of New Zealand）的广州乡村传教团（Canton Villages Mission）；1919—1925 年，在江村的教会医院和学校内担任建筑监理，与此同时被选为新西兰长老会的司库；1925 年 12 月 31 日，辞去广州的所有职务，与妻儿一同回到澳大利亚	江村普惠医院（Kong Chuen Hospital）及住宅，1914；江村女子学校（Girls School in Jiangcun），1914
394.	Wilson，Gerald Lorimer	英国	不详	利物浦大学土木工程专业 / AMICE	香港	1939—1941 年任香港船坞防卫队（The Hong Kong Dockyard Defence Corps）上尉；1941 年 6 月接替辞职的 James Herbert Siddons 任香港授权建筑师咨询委员会委员（Authorized Architects Consulting Committee）	不详

续表

No.	姓名	国籍	生卒	专业背景 / 资历	在华区域	经历	作品 / 论著
395.	Wilson，H. F.	不详	不详	不详	上海	1926 年 1 月—1927 年 7 月在思九生洋行任职	不详
396.	Wilson，Stanley	美国	1879—1954	不详	长沙	1913 年春受聘于茂旦洋行（Murphy & Dana）；1913 年 5 月到中国长沙为雅礼中学项目收集材料、工费等建造所需数据，8 月回纽约汇报，12 月再度回到长沙；1914 年到长沙任雅礼学校和雅礼医院监造建筑师（Supervising Architect for the New Yale Hospital）；1917 年 5 月合约到期返回美国	长沙雅礼学校和雅礼医院，监造；湖南常德威斯敏斯特主日学校医院（Westminster Sunday School Hospital）外廊设计
397.	Winther，A.	丹麦	不详	BSc，CE	上海	1921—1927 年在康益洋行任职	不详
398.	Wood，Ernest Marshall	英国	1884—?	学徒于 Walsg & Nickolas，并在 Bradford Sch. Art 进修 / FRIBA，1920，AAHK，1913—1927	香港、广州	1913 年和土木工程师 F. R. J. 亚当斯（F. R. J. Adams）一起成为汤玛士洋行（Thomas，C. B.，Architect and Engineer）合伙人，公司外文名改为 Thomas，Adams & Wood；1916 年和 F. R. J. 亚当斯加入李杜露则师行（Little Colbourne，Architect and Civil Engineer）并成为合伙人，公司改外文名为 Little，Adams & Wood，经营至 1927 年	不详
399.	Wright，Alec Michael John	英国	1912—2018	PASI；ARICS，1934；ARIBA，1937	香港	自 1939 年 1 月 1 起任香港工务署建筑师；战后任香港工务署总建筑师；1958 年任香港建筑师学会发起人和首任会长；1963—1969 年任香港工务署署长；1969 年被任命为香港驻伦敦专员（Hong Kong Commissioner in London），至 1973 年退休	上李屋公租房，香港，1952
400.	Wutzler，Willy	德国	不详	不详	青岛、天津、汉口	1902 年前后在德资建造公司（Selberg & Schluter）任建造技术员	青岛水师饭店，参与建造，1901—1912；青岛德国邮政，承建（Selberg & Schluter），1902—1905；汉口德国领事馆，1904—1905
401.	Wynne，A. J.	英国	不详	CE	上海	1911—1912 年曾任 Guy Magee 助手，负责浦东蓝烟码头和堆栈施工	不详
402.	Yaron，John A.	俄罗斯	不详	不详	上海	A. I. Yaron 之子，1927—1928 年在 Lafuente & Yaron 任总绘图员	不详
403.	Youhototsky，M. T.	俄罗斯	不详	MSc. CE Dipl. Engr.	上海	1933 年 1 月在新瑞和洋行任建筑助理，稍后在康益洋行任职；1935 年 1 月在赉安工程师任职	不详
404.	Young，Frederic Newall	英国	不详	1912—1915 年在 WilliamWillett 门下学徒，同时参加伦敦建筑联盟学校课程 /ARIBA，1921；AAHK，1924—1928	香港	1919—1920 年任 Messrs Bullock & Jeeves 助理；自 1921 年开始到香港太古洋行任助理建筑师；1925 年在香港自办法德利建筑工程行（F. N. Young & Co.）	不详

续表

No.	姓名	国籍	生卒	专业背景 / 资历	在华区域	经历	作品 / 论著
405.	Young，J. M.	不详	不详	不详	上海	1901 年曾在养和洋行（Rodewald & Co. Architect，Civil Engineer and Surveyor）任职	不详
406.	Youreiff，G. A.	俄罗斯	不详	不详	上海	1930—1935 年在上海哈沙得洋行任职	不详
407.	Youtz，Philip Newell（姚腓力）	美国	1895—1972	1918 年获阿默斯特学院（Amherst College）文学学士（BA），1919 年获欧柏林学院（Oberlin College）文学硕士（MA），1922—1924 年在哥伦比亚大学建筑学院就读	广州	1920 年开始在广州美华中学（American-Chinese School）任校长；1921 年在岭南大学教授英语；1920—1922 年任广州岭南大学内政秘书（Home Secretary of Canton Christian College），期间曾参与建造事宜，并在哥伦比亚大学进修建筑学	岭南大学荣光堂（Wing Kwong Hall），与 Jas. R. Edmunds Jr. 合作设计，1921—1924 / Philip N. Youtz. The American College at Canton，China[J]. The Current History Magazine，1925，7：604.
408.	Yugovich，A. J.	俄罗斯	不详	不详	哈尔滨	曾任中东铁路建筑总监工	不详
409.	Zdanowitch，M.	俄罗斯	不详	不详	上海	1925 年之前和 W. L. Goldenstaedt 合办士达打样建筑公司（M. Zdanowitch & W. Goldenstaedt Architectural and Engineering Co.），1926 年 1 月公司申请破产	曾参加孙中山陵墓设计竞赛，获得荣誉奖
410.	Zelikovsky，B. Abe	俄罗斯	不详	不详	上海	1938—1947 年自办吉利建筑工程行（Zelikovsky & Co.，B.）	不详
411.	Zerle	不详	不详	不详	上海	1921 年负责设计建筑闸北制革厂（Chapei Tannery），后由 H. Fittkau 接手	闸北制革厂（Chapei Tannery）
412.	Zobel，Alfred	德国	不详	不详	上海、汉口	1906 年自上海到汉口；1907—1912 年在汉口保利洋行（Lothar，Marcks & Busch）任建筑师	参见第二编保利洋行
413.	Zurkinden，Paul Ludwig	瑞士	不详	不详	天津	1912—1914 年任义品洋行天津分行建筑师	参见第二编义品洋行

附录二
近代在华其他日本建筑师列表①

① 本表按照日本建筑师人名拼音字母顺序进行排列；大部分信息源自：堀勇良．日本近代建築人名总览（增补版）[M]. 东京：中央公论新社，2022；感谢堀勇良先生同意在此引用。

续表

No.	姓名	生卒	专业背景	在华区域	经历	作品 / 著述
1.	阿部次郎	1885—?	1909 年毕业于岩仓铁道学校造家科	大连、鞍山等	1909—1937 年在“满铁”任职；1941 年任鞍山昭和制钢所工务部建筑课勤务	不详
2.	阿部良雄	1910—?	1933 年毕业于早稻田大学建筑科毕业	长春、牡丹江、吉林	1933—1939 年在伪满国务院需用处营缮科任勤务、技士；1939—1941 年在伪满牡丹江省民生厅任勤务兼营缮需品局技佐、建筑局技佐；1941—1944 年在伪满建筑局任技佐；1944—1945 年在伪满吉林省任勤务（省技正）	不详
3.	阿部善助	不详	1929 年毕业于岩手县立工业学校建筑科	长春	1938—1940 年在伪满营缮需品局任技士、建筑局第一工务处勤务；1942 年任伪满建筑局总务处企画科勤务	不详
4.	阿部盛吉	不详	1925 年毕业于“南满工专”建筑科；1929 年毕业于“南满工专”建设工学建筑分科	大连、沈阳、齐齐哈尔、长春	1929—1930 年在大连高岗久留工务所任勤务；1931—1932 年在大连富松工务所任勤务；1932—1933 年在大连志岐组任勤务；1933—1934 年在“满铁铁道建设局”任勤务；1934—1943 年在福昌公司任勤务，先后任职于奉天出张所、齐齐哈尔出张所、“新京”出张所	不详
5.	阿久津俊雄	1902—?	1920 年毕业于冰库县立工业学校建筑科	吉林、长春	1940—1943 年在伪满吉林市任技佐；1943—1945 年在伪满“新京特别市”任技佐	不详
6.	安保敏郎	1902—?	1919 年毕业于青森县立工业学校建筑科	长春、沈阳等	1919—1945 年在“满铁”任职	不详
7.	安部正弘	不详	1928 年毕业于福井高等工业学校建筑科	台南	1928—1945 年在台南州内务部（总务部）土木课任勤务（台湾总督府地方技师）	不详
8.	安成一雄	1873—?	1900 年毕业于东京工业学校附属工业教员培养所木工科；后到东京高等工业学校附设工业教员养成所木工科研究进修	天津	1907—1909 年受清政府聘用任天津北洋师范学堂教员	不详
9.	安河内利吉	不详	1899 年修业于工手学校造家学科	大连	1907—1912 年任关东都督府技手	不详
10.	安井镇平	1888—1959	1910 年毕业于东京高等工业学校建筑科	沈阳、长春	1940—1944 年任奉天分店（“新京”支店）建筑部主任；1940—1945 年任伪满洲间组取缔役建筑部长	不详
11.	安乐五朗	1897—?	1916 年毕业于东京美术学校图案科	旅顺、大连	1916—1919 年任关东都督府民政部土木课勤务；1919—1920 年任关东厅民政部土木课勤务；1920—1922 年任大连小林（小林多吉）工务所勤务；1923—1943 年在大连自办安乐建筑事务所	不详

续表

No.	姓名	生卒	专业背景	在华区域	经历	作品 / 著述
12.	安松仁吉	不详	1901 年毕业于工手学校造家学科	澎湖、台北、高雄	1908—1909 年任澎湖厅技术员（总务科）；1911—1915 年任台北厅技手（庶务科）；1916—1920 年任阿猴厅技手（庶务科）；1920—1922 年任高雄州技手（内务部土木科）；1925—1928 年任职于台北营缮科；1929 年任职于台北土木水道科；1930—1931 年任职于台湾总督府总督官房会计科	不详
13.	安藤善太郎	?—1915	不详	台北	1900—1906 年任台湾总督府技手（1900—1901 年任民政部土木课勤务，1901—1906 年任民政部土木局营缮课勤务，1904 年任台湾总督府海军幕僚土木建筑工事监督事务嘱托）	台北监狱，1901—1903
14.	安藤藤三郎	不详	1917 年毕业于工手学校建筑学	北京	1939—1943 年在北京开办安藤建筑事务所	不详
15.	安藤武彦	1908—?	1932 年毕业于早稻田大学建筑学	北京	1940—1943 年任北京华北交通（株）勤务	不详
16.	安藤一雄	不详	1923 年毕业于工手学校建筑学	基隆、台北	1932—1935 年任基隆市土木课雇员；1936—1943 年任大仓土木（株）台北出张所勤务	不详
17.	安藤仪平	不详	1900 年毕业于工手学校	不详	1907—1912 年在“满铁”任职	不详
18.	安田赳夫	不详	1918 年毕业于早稻田工手学校建筑科	台湾	1930—1931 年在台湾总督府任职（总督官房营缮科）	不详
19.	安田松太郎	?—1980	1926 年毕业于中央工学院建筑系；1927 年毕业于中央工学院建筑高等科	沈阳	1939—1943 年在奉天细川组工作	不详
20.	安田通贞	不详	不详	台湾	1896 年任台湾总督府民政局临时土木部技师（营缮科勤务）	不详
21.	安田仪之助	不详	不详	台北	1903—1922 年任台湾银行职员（1903—1904 年在台北总店建筑场，1904—1906 年在南分店建筑场工作，1906—1908 年在宜兰办事处建筑场，1908—1909 年在台北总店工作，1910—1916 年任建筑技师，1921—1922 年任职于建筑系）；1930—1942 年在台北自营建筑业	不详
22.	安田勇吉	1904—1982	1927 年毕业于京都帝国大学工学部建筑学	台北	1927—1932 年任台湾总督府技手；1932—1945 年任台湾总督府技师	不详
23.	岸高武	1890—1954	1914 年毕业于东京高等工业学校建筑科	伪满洲	1940 年任伪满洲清水组取缔役	不详
24.	岸浩三	1889—?	1915 年毕业于早稻田大学大学部建筑学	上海	1941—1943 年任上海公共租界工部局收税课勤务	不详
25.	岸理一	1889—?	1918 年毕业于岛根县立工业学校修道馆建筑科，1926 年毕业于工手学校高等科建筑学	长春	1921 年在中国驻屯军服役；1935—1943 年先后任伪满国务院总务厅技士、营缮需品局技士、三江省技士、省技佐、省技正	不详

续表

No.	姓名	生卒	专业背景	在华区域	经历	作品 / 著述
26.	岸田日出刀	1899—1966	1922 年毕业于东京帝国大学工学部建筑学，1929 年获东京帝国大学工学博士学位	伪满洲	1940 年任伪满嘱托	不详
27.	岸重光	1909—1943	1932 年毕业于东京帝国大学工学部建筑学	沈阳、长春	1936—1939 年任伪满奉天技士（工务处建筑科勤务）；1939—1940 年任伪满市技佐（奉天公署工务处建筑科勤务）；1940—1942 年任伪满交通部技佐（大臣官房勤务）；1942—1943 年任伪满“新京特别市”技正（工务处建筑科长）	不详
28.	奥保忠次	不详	1931 年毕业于关西高等工学校建筑学	大连	1933 年任奉天吉川组组员；1934—1935 年任大连市宗像建筑事务所勤务；1935—1937 年在大连市自营奥保建筑事务所；1944 年任大连市英工社建筑事务所主宰	不详
29.	奥本一市	1898—?	1917 年毕业于工手学校建筑学	长春、承德	1935—1937 年任伪满文教部嘱托（热河重修工务所）；1937—1939 年任伪满营缮需品局技士（营缮处宫廷造营科）；1940—1945 年任伪满建筑局技士（第一工务处）	不详
30.	奥村义雄	?—1978	1920 年毕业于东京高等工业学校建筑科	上海	1924 年在上海自营；1926 年任上海明华糖厂勤务	不详
31.	奥户大藏	1901—1967	1925 年毕业于东京帝国大学工学部建筑学	哈尔滨、北京	1936—1945 年在“满铁”任职	不详
32.	奥日谷政市	不详	不详	大连	1931 年获大连市主任技术者第二级检定合格；1937 年任三田组哈尔滨出张所勤务	不详
33.	奥山鬼九郎	不详	1899 年毕业于工手学校造家学科	台北、嘉义	1907—1917 年任台北厅技手；1917—1920 年任嘉义厅技手	不详
34.	奥山恒五郎	不详	1896—1902 年在东北帝国大学工科大学任助手	北京	1901 年到北京参与紫禁城实测	不详
35.	奥寺格	1885—1940	1908 年毕业于福冈县立福冈工业学校建筑科，1910 年毕业于东京高等工业学校建筑科选修科	伪满洲	1940 年任伪满洲鹿岛组取缔役	不详
36.	八板志贺助	1882—?	1903 年毕业于工手学校造家学科	台北	1899—1900 年任台湾总督府民政部土木科勤务；之后先后被文部省大臣官房建筑课和满洲军仓库雇用；1906—1907 年在大连冈田（时太郎）工务所工作；1910 年在台湾总督府土木部工作；1911—1921 年任台湾总督府土木部技术员（营缮科）；1911—1922 年任台湾总督府技师；1927—1945 年任台湾总督府技师	不详

续表

No.	姓名	生卒	专业背景	在华区域	经历	作品 / 著述
37.	八岛震	?—1937	1889年毕业于工手学校造家学科	台北	1896年任台湾总督府雇员（台北县兼勤）；1896—1897年任台湾总督府民政局临时土木部技手；1897—1899年任台湾总督府技师	不详
38.	八户高峰	不详	1928年毕业于早稻田大学建筑学	大连	1938—1945年在“满铁”任职	不详
39.	八木富平	不详	1910年毕业于东京工科学校建筑科；1919年自名古屋高等工业学校建筑科选科结业	长春	1937年在关东军经理部任职	不详
40.	八木久	不详	1913年毕业于工手学校建筑学	台湾	1917—1919年在台湾总督府陆军部经理部任职；1919—1922年在驻台日军经理部任职	不详
41.	八木宪一	1893—1952	1918年毕业于东京帝国大学工科大学建筑学	北京、伪满洲	1940—1945年在清水组北京分行监察役任职；1940—1945年在伪满洲清水组任职	不详
42.	八寻丹三	不详	1914年毕业于早稻田大学本科建筑学	大连、沈阳、长春	任大连莺井组职员；1933—1936年任碇山组职员（大连出张所在地勤）；1936—1938年任大同组职员（哈尔滨办事处，1937年在“新京”办事处）；1938年任鞍山“南满”控制公司职员；后任奉天伪满洲不动产（株）工务部勤务；1943年在大洼工务店奉天分店工作	不详
43.	白滨政道	不详	不详	沈阳、锦州等	1927—1938年在“满铁”任职	不详
44.	白川清	?—1994	不详	大连、沈阳	1939—1940年在大连市；1941—1943年在沈阳	不详
45.	白川巌（岩）	1902—?	1925年毕业于早稻田工手学校建筑科	不详	1940年任伪满洲煤矿建筑课勤务	不详
46.	白井定次	1888—?	不详	南投、台中	1913—1918年任台湾总督府南投厅庶务课土木系勤务；1921—1926年任台中州郡技手（南投郡勤务）；1921—1926年任台中州土木技手；1926—1941年任台湾总督府交通局技手（铁道部工务课勤务）；1941年任台湾总督府交通局技师（建筑相关的台湾总督府交通局技师、铁道部自动车课勤务）	不详
47.	白石丰之助	?—1918	不详	塩水、嘉义	1907—1909年在台湾塩水港；1910—1913年任台湾总督府嘉义厅勤务；1914—1918年任嘉义厅技手	不详

续表

No.	姓名	生卒	专业背景	在华区域	经历	作品 / 著述
48.	白石喜平	1893—?	1912 年毕业于福冈县立福冈工业学校建筑科；后到陆军炮工学校就读	大连、长春、青岛	1919—1920 年在“满铁”任职；1920—1923 年任青岛守备军民政部铁道部勤务；1923 年任安东日本领事馆现场监督；1932—1933 年任伪满“国都建设局”技士；1933—1935 年任伪满“国务院”总务厅属官、技士（需用处勤务）；1935—1937 年任伪满营缮需品局技士、技佐	不详
49.	白水基	不详	1919 年毕业于福冈县立福冈工业学校建筑科	长春	1938—1939 年任伪满营缮需品局技士（营缮處勤务）；1939—1940 年任伪满总务厅技士（总务厅官房勤务）	不详
50.	百百稔	不详	1939 年毕业于京都大学建筑科	不详	1939—1942 年在“满铁”任职	不详
51.	柏分熊吉	不详	不详	台北、澎湖、台北、基隆	1906—1907 年任台湾总督府台南陆军经理部勤务；1907—1908 年任塩水港制糖（株）第二工场新筑场勤务；1910—1914 年任澎湖厅技手（庶务课）；1921 年任台北州土木技手（内务部土木课）；1922—1928 年任台北州技手（1924 年在内务部土木课、1925—1928 年在基隆郡）；1930—1932 年任台湾总督府台北州基隆警察署嘱托；1942 年在台湾基隆市自营	不详
52.	柏木好文	1903—?	1924 年毕业于大阪市立工业学校专修科建筑科	大连、长春、吉林	1934—1943 年任福昌公司职员（大连本社工事主任、“新京”支店工事课长副长、建筑部次长兼吉林出张所所长）	不详
53.	柏清藏	不详	1927 年毕业于日本大学高等工学校建筑科	抚顺	1939—1943 年任“满铁”抚顺煤矿工事事务所勤务	不详
54.	柏原义一	不详	1918 年毕业于“南满工专”建筑科	长春、大连等	1920—1936 年在“满铁”任职	不详
55.	阪东一郎	?—1964	1931 年毕业于横滨高等工业学校建筑学	台湾	1934—1936 年任台湾总督府总督官房营缮课嘱托；1937—1944 年任台湾总督府技手	不详
56.	坂本道弘	1901—?	1919 年毕业于鹿儿岛郡立工业徒弟学校指物科	大连	1919—1943 年在大连三田（三田芳之助）组任职，曾任齐齐哈尔支店长	不详
57.	坂本登	1905—?	1928 年毕业于“南满工专”建设工学建筑分科	鞍山	1939—1943 年任伪满洲鞍山昭和制钢所社员	不详
58.	坂本丁次	1898—?	1920—1923 年就读于东京帝国大学文学部选科；1926 年修业于柏林大学建筑学	吉林	1941—1943 年任西松组吉林营业所勤务	不详

续表

No.	姓名	生卒	专业背景	在华区域	经历	作品 / 著述
59.	坂本舍二郎	不详	1920 年毕业于东京工科学校建筑科	台湾	1921—1945 年任陆军技手、技师（驻台日军经理部附）	不详
60.	坂本泰通	1877—?	1896 年毕业于大分县立大分中学校	辽宁	1908 年任伪满洲任营原工务所勤务；1928—1930 年任鞍山合资会社坂本组无限责任社员；1936—1941 年任鞍山合资会社坂本组无限责任社员（代表社员）	不详
61.	坂本义信	不详	1916 年毕业于青森县立工业学校建筑科	抚顺、大连、安东、哈尔滨	1920—1921 年任“满铁”抚顺煤矿勤务；1922 年任大连横井（横井谦介）建筑事务所勤务；1923 年任安东领事馆新建筑驻场监造；1925—1945 年在“满铁”任职	不详
62.	坂部重武	1888—?	1911 年毕业于东京工科学校建筑科	不详	1924—1925 年任关东厅技手（内务局土木课勤务）	不详
63.	坂东为次郎	1894—?	1917 年毕业于德岛县立工业学校建筑科	北京	1941 年任“日满土木（株）”北京支店长	不详
64.	坂口芳三郎	1891—1953	1914 年毕业于东京高等工业学校建筑科；1916—1917 年就读于东京高等工业学校建筑科研究科	上海	1919 年任上海取引所勤务	不详
65.	坂野彦市	1894—1979	1919 年毕业于东京高等工业学校建筑科	沈阳	1939—1941 年任奉天本溪湖煤铁公司建设部勤务	不详
66.	坂元基记	不详	1913 年毕业于鹿儿岛郡立工业徒弟学校建筑科	大连、沈阳等	1919—1942 年在“满铁”任职；1943 年任奉天福高组大连支店长	不详
67.	板仓珪	1903—1976	1926 年毕业于东京高等工业学校建筑科	台湾	1939—1943 年任清水组台湾支店勤务	不详
68.	板桥良四郎	不详	1917 年毕业于东京工科学校建筑科；1933 年毕业于日本大学工学部建筑工学科	牡丹江	1935—1943 年在“满铁”任职	不详
69.	半田平治郎	1890—?	不详	台北	1926—1937 年任台湾总督府技师；1942 年在台北州新庄郡新庄街	不详
70.	半田忠一	不详	1907 年毕业于秋田县立秋田工业学校建筑学专业	鞍山、大连	1914—1920 年任关东都督府民政部土木课勤务；1920—1931 年任关东厅技手（大连警察署勤务）；1934—1935 年任“南满洲兴业（株）”社员；1938—1943 年任职于鞍山昭和制钢所	不详
71.	半泽宪二	1913—1943	1935 年毕业于东京帝国大学工学部建筑学专业	北京	1941—1943 年任北京华北电信电话（株）参事（经理部财产科副科长）	不详
72.	伴宰司	不详	1916 年毕业于工手学校建筑学专业	大连	1937 年任大连大仓土木（株）诘所勤务	不详

续表

No.	姓名	生卒	专业背景	在华区域	经历	作品 / 著述
73.	薄井道亮	1887—?	1909 年毕业于秋田县立工业学校建筑科	大连、辽阳、鞍山、长春、沈阳、哈尔滨	1910—1932 年在“满铁”任职；1932—1934 年任大连今井组技术主任；1934—1941 年为阿川组职员，曾任大连出张所主任、大连支店长、奉天本店勤务；1942—1943 年任阿川组哈尔滨出张所所长	不详
74.	薄羽喜一郎	1902—?	1919 年毕业于工手学校建筑学专业	华北	1938—1945 年任华北电信电话副参事（经理部营缮系长兼技术部局舍系长）	不详
75.	宝力与市	?—1944	1920 年毕业于东京工科学校建筑科	长春、牡丹江	1932—1942 年任职于关东军经理部；1942—1944 年在牡丹江部队	不详
76.	保科正路	1905—?	1926 年毕业于神户高等工业学校建筑科	沈阳	1943 年在沈阳协力事务所任勤务	不详
77.	保木本信次	不详	1926 年毕业于早稻田工手学校建筑科；1929 年毕业于日本大学高等工学校建筑科	长春	1939—1942 年任伪满产业部技士（水力电气建设局境泊湖工务处勤务）	不详
78.	保田光威	不详	1926 年毕业于日本大学高等学校工学院建筑系	大连、沈阳	1934—1938 年在关东局关东州厅土木课大连办事处工作；1939—1941 年任伪满吉林省日本学校组合技手；1943 年任伪满奉天省日本学校组合技手	不详
79.	保田虎太郎	1888—1969	1917 年毕业于东京高等工业学校附属工业教员养成所建筑科	大连、抚顺	1924—1926 年在大连市合会社长谷川组工作；1926—1928 年任大连市联名公司长谷川组员工（1928 年在抚顺出张所）；1929—1930 年在抚顺自营保田工务所；1930—1943 年任大仓土木（株）社员；1934—1935 年在大连办事处出勤	不详
80.	北岛好太郎	不详	不详	台湾	曾任台湾总督府专卖局庶务课技手	不详
81.	北川芳洲	?—1932	不详	大连	1919 年任关东州貔子商西街狍子窝电灯（株）取缔役社长；1928 年任大连市北川建筑事务所主宰；1931—1932 年在大连市自办北川电气工务所	不详
82.	北川官一	不详	1918 年毕业于京都高等工艺学校图案科第一部	沙河口	1919—1921 年在“满铁”任职	不详
83.	北川义雄	1892—1938	1912 年毕业于京都高等工艺学校图案科第一部	台中、福州	1917—1918 年任台中设计事务所主宰；1918—1920 年任油头永和街永和洋行社员；1920—1924 年任福州居留民团会嘱托技师；1928—1929 年任台湾总督府营缮事务嘱托（总督官房会计课勤务）；1929—1932 年任台湾总督府技手；1934 年任台湾总督府警务局卫生课嘱托	台中厅卫生教育展览会设计施工，1917

续表

No.	姓名	生卒	专业背景	在华区域	经历	作品 / 著述
84.	北村兼太郎	?—1986	1924 年毕业于神奈川县立工业学校建筑科；1929 年毕业于东京高等工业学校建筑科	长春	1935 年任大阪长谷川铁公所“新京”在勤	不详
85.	北冈俊次	不详	1921 年毕业于早稻田工手学校建筑科	牡丹江	1940 年任伪满洲拓殖公社牡丹江地方事务所勤务	不详
86.	北山三郎	不详	1929 年毕业于名古屋高等工业学校建筑科	台湾	1930—1942 年任台湾总督府技手（官房营缮课勤务）；1942 年任台湾电力（株）勤务	台北公会堂，1937
87.	北垣熊之介	不详	1903 年毕业于工手学校造家学科	沈阳	1937 年在“新京”；1938—1939 年任“新京”东京海上 bldg（Building）建筑事务所勤务	不详
88.	北原松太郎	不详	1893 年毕业于工手学校造家学科	台湾	1901 年任台湾总督府技手（民政部土木课勤务）	不详
89.	北泽金一郎	1905—?	1928 年毕业于京城高等工业学校建筑学专业	大连、牡丹江	曾任大连横井（横井谦介）建筑事务所勤务；1935—1945 年在“满铁”任职	不详
90.	贝通丸秀雄	1900—1979	1919 年毕业于“南满工专”建筑科	大连、长春等	1919—1944 年在“满铁”任职	“新京妇人病院”；“新京命令病栋”增筑，1934
91.	本村清	不详	1907 年毕业于山形县立工业学校建筑科	台南	1910—1912 年任台南台湾制糖（株）工务部勤务	不详
92.	本多都	?—1899	1892 年毕业于工手学校造家学科	台北	1895—1897 年先后任临时台湾灯標建设部技手、台湾总督府灯台建筑事务嘱托、台湾总督府民政局技手；1897—1899 年任台湾总督府技手	不详
93.	本多修	1912—?	1934 年毕业于武藏高等工科学校建筑学专业	新竹	1935—1939 年先后任台湾总督府新竹州内务部土木课建筑系临时雇员、州技手（1939）	不详
94.	本间弘三	不详	不详	台湾	曾任台湾总督府专卖局庶务课技手	不详
95.	本桥武士	1905—?	1922 年毕业于工手学校建筑学专业	大连、沈阳、天津	1933—1935 年任“满铁铁路总局”工务处工务课工务员；1935—1936 年任“满铁”技术员；1936—1940 年任满铁奉天营缮公所工务员、奉天工事事务所技术员；1940—1945 年任华北交通（株）工务局建筑课勤务	不详
96.	本田登	1888—1966	1911 年毕业于东京高等工业学校建筑科	伪满洲	1940—1945 年任伪满洲大林组（株）取缔役	不详

续表

No.	姓名	生卒	专业背景	在华区域	经历	作品 / 著述
97.	本田明三二	1899—1957	1920 年毕业于关西商工学校建筑科	不详	1939—1941 年任华北房产（株）勤务	不详
98.	本田兴吉	不详	1920 年毕业于工手学校建筑学专业	高雄	1921—1924 年任台湾总督府铁道部雇员；1924—1927 年任台湾总督府交通局铁道部雇员；1928—1939 年任台湾总督府交通局技手；1942 年在台湾高雄市	不详
99.	本田佐久马	不详	1924 年毕业于早稻田分析建筑学专业	海南	1941—1942 年任台湾拓殖（株）社员（海南岛出张所在勤）	不详
100.	边见顺市	不详	先就读于政法大学工业学校建筑科；1932 年毕业于东京工业专修学校高等工业部建筑科	沈阳、长春	1939—1943 年任“南满洲铁道（株）”职员（奉天铁道局“新京”工务区技术员）	不详
101.	别府利三郎	1901—?	1917 年毕业于福冈县浮羽工业徒弟学校大工科	不详	1939—1943 年任侵华日军司令部雇员	不详
102.	滨口幹三郎	1903—1988	1929 年毕业于早稻田大学建筑学专业	大连、沈阳	1934—1936 年任大林组大连出张所勤务；1937 年任大林组奉天出张所勤务；1939—1943 年任大林组奉天支店勤务、牡丹江出张所长	不详
103.	滨口勇吉	1870—1932	不详	台北	1896—1900 年任台北县嘱托（台北监狱署建筑场勤务）；1900—1917 年在台北自营土木建筑（滨口商行）；1913—1917 年任台湾建物（株）取缔役、土地建物监查役	不详
104.	滨名源吉	不详	1898 年毕业于工手学校造家学科	大连	1906 年任关东州民政署庶务部土木系勤务；1906—1912 年任关东都督府技手	不详
105.	滨田近七	不详	1923 年毕业于德岛县立工业学校建筑科	宜兰	1941—1944 年任宜兰市技手（台北州宜兰市土木课勤务）	不详
106.	滨田休哉	1897—?	1916 年毕业于工手学校建筑学专业	长春	1940—1943 年任日产土木“新京”出张所长	不详
107.	滨田阳之助	不详	1915 年毕业于工手学校建筑学专业	大连、抚顺	1917—1920 年在“满铁”任职；1921 年任大连饭塚工程局勤务；1924 年任大连间濑工务所技术员；1925—1926 年任大连吉川组组员；1937 年任大连榊谷组勤务	不详
108.	滨田义男	1902—?	1924 年毕业于东京高等工业学校建筑科	长春	1934—1943 年任“南满洲”中央银行职员（总行建筑事务所建筑监督主任）；1943—1945 年任伪满洲中央土木（株）勤务	不详
109.	滨田正男	不详	1930 年毕业于神户高等工业学校建筑科	北京	1941—1943 年任北京华北产业科学研究所勤务	不详
110.	波田传次郎	1888—?	1909 年毕业于熊本县立工业学校建筑学专业	抚顺、辽阳	1911—1917 年任“满铁”抚顺煤矿土木课勤务等；1918—1943 年任抚顺天理教教会所教士	不详

续表

No.	姓名	生卒	专业背景	在华区域	经历	作品 / 著述
111.	卜藏淳良	不详	1926 年毕业于岛根县立工业学校修道馆建筑科	鞍山、沈阳、大连、长春	1929—1930 年任鞍山制铁所工务课勤务；1930—1938 年任“南满洲铁道（株）”雇员	“新京锦丘女子高中”，1936
112.	不免宇之吉	不详	1923 年毕业于广岛县立广岛工业学校建筑科	台北	1927—1932 年任驻台日军经理部勤务；1932—1937 年任职于驻台日军经理部	不详
113.	不破清俊	不详	1912 年毕业于工手学校建筑学专业	长春	1935—1943 年任伪满洲中央银行技术员	不详
114.	布施和造	1902—1988	1925 年毕业于东京高等工业学校建筑科	伪满洲	1937—1938 年任大林组伪满洲支店勤务	不详
115.	布施忠司	1901—1961	1925 年毕业于京都帝国大学工学部建筑学专业；1925—1928 就读于京都帝国大学工学部大学院	大连	1928—1945 年任职于“南满洲铁道（株）”职员（中央试验所，铁道技术研究所）	不详
116.	仓辻吉次郎	1896—?	1915 年毕业于市立大阪工业学校本科建筑科	长春	1915 年在长春	不详
117.	仓塚良夫	不详	1904 年毕业于东京帝国大学土木科	旅顺	1905 年任大连军政署嘱托；1905—1906 年任关东州民政署技师	不详
118.	草木成一	?—1978	1931 年毕业于福井高等工业学校建筑科选科	锦州	1940—1943 年任“南满洲铁道（株）”职员（锦州铁道局工务课勤务）	不详
119.	草野美男	1903—1971	1929 年毕业于东京帝国大学工学部建筑学专业	大连、鞍山	1929—1931 年任大连小野木（木孝治）横井（谦介）共同建筑事务所勤务；1931—1937 年任大连横井建筑事务所勤务；1935 年任“南满工专”讲师；1937—1945 年任鞍山昭和制钢所任建筑系主任等；1941 年任伪满科学审议委员会委员；1946—1950 年在鞍山	在《满洲建筑协会杂志》发表多篇文章
120.	草刈市太郎	不详	1907 年毕业于广岛县立职工学校建筑科	台北、厦门	1913—1914 年任台湾台北滨口商行勤务；1915 年任台湾银行厦门支店建筑场勤务	不详

续表

No.	姓名	生卒	专业背景	在华区域	经历	作品 / 著述
121.	曾村福夫	1897—?	1919 年毕业于工手学校建筑学专业；192 年毕业于早稻田大学建筑学专业	大连、沈阳、长春	1934—1945 年在“满铁”任职	长春西广场小学增建（马场正造），1932；“新京敷岛高女教室”增建，与马场正造、志摩安一合作；“新京敷岛高女体操场”，1935；“新京樱木寮”，1933；“新京和泉寮”，1934
122.	曾根长三郎	1876—1938	1899 年毕业于东京美术学校本科图按科；1899—1903 在东京美术学校图按科研究科修业（建筑装饰术）	天津	1904—1910 年在天津工艺学堂任教；1910—1914 年仍在华；1915 年回到日本	不详
123.	柴谷邦（子）	1899—1979	1921 年毕业于日本女子大学校师范家政学部第一部	北京	1941—1943 年任北京师范大学教授	不详
124.	柴崎京三郎	不详	1914 年毕业于东京工科学校建筑科	沈阳	1926—1930 年在“满铁”任职	不详
125.	柴田一夫	不详	1930 年毕业于名古屋高等工业学校建筑科	台湾	1934 年任关东军经理部勤务；1936—1941 年任陆军技手（关东军经理部附）；1941—1942 年任陆军技师（驻台日军经理部附）；1942—1944 年任职于驻台日军经理部	不详
126.	柴田正	1889—1974	1913 年毕业于工手学校建筑学专业	济南、长春	1916—1918 年任外务省济南日本领事馆建筑事务嘱托；1918—1920 年在“满铁”任职；1920 年任职于奉天伪满洲土地建物；1921—1922 年任职于长春建物；1922—1943 年任“新京”柴田建筑事务所主宰	不详
127.	长岛博正	1903—1978	1928 年毕业于东京工业专修学校高等工业部建筑科	伪满洲	1937 年任清水组伪满洲支店勤务；1941—1943 年任伪满洲清水组勤务	不详
128.	长岛角二	不详	1920 年毕业于早稻田工手学校建筑科；1924 年在早稻田大学建筑学专业听讲	锦州	1943 年任伪满洲锦州阀门（株）勤务	不详

续表

No.	姓名	生卒	专业背景	在华区域	经历	作品 / 著述
129.	长岛延卫	不详	毕业于工手学校造家学科	大连、沈阳、辽阳	1907—1917 年在“满铁”任职；1916—1917 年任伪满洲兴业（株）勤务；1919—1920 年在大连市自营土木建筑业；1920—1923 年任大连土木建筑（株）奉天出张所主任；1922 年任奉天不动产（株）监查役；1923 年任大连市长岛组组主	不详
130.	长冈平三	1873—?	1897 年毕业于工手学校造家学科	青岛	1915 年任青岛地所建物会社技师；1917—1941 年任青岛长冈工务所（长冈建筑设计事务所）主宰；1924 年任青岛合资会社渡边（渡边武）工务所社员	不详
131.	长古川辰次郎	1868—1928	不详	大连	1918 年任大连建材合资会社无限责任社员；1919 年任大连建材（株）取缔役；1919 年任沙河口起业合资会社无限责任社员；1919—1921 年任大连市满蒙土地建物（株）取缔役；1920 年在大连长谷川组；1922—1928 年任大连合名会社长谷川组代表社员	“满铁埠头事务所”、安东公会堂、抚顺医院和安东中学校施工
132.	长谷川常次	1906—?	1929 年毕业于早稻田大学建筑学专业	不详	1939—1945 年任华北房产（株）营缮课长兼任工务课长	不详
133.	长谷川基	1868—?	1892 年毕业于工手学校造家学科	台北	1898—1899 年任台湾总督府台北县内务部土木课雇员	不详
134.	长谷川五一	1879—1925	1901 年毕业于工手学校造家学科	上海	1909—1910 年任上海平野勇造建筑事务所勤务	不详
135.	长谷川幸数	不详	1920 年毕业于工手学校建筑学专业	台北	1940 年任台湾总督府台北州基隆警察署勤务；1944 年任台北州技手	不详
136.	长谷川熊吉	1869—?	不详	台北	1901—1908 年任台湾总督府民政部土木局技术员；1908—1913 年任台北土木建筑北越商行店主	不详
137.	长谷川彦次	不详	1910 年毕业于工业学校建筑学专业	沈阳、大连	1913—1920 年在“满铁”任职；1920 年在奉天自营建筑业	不详
138.	长谷川政吉	1907—?	1930 年毕业于“南满工专”建设工学建筑分科	长春	1934 年任伪满洲中央银行建筑事务所勤务；1937—1940 年任伪满营缮需品局技士，1940 年任伪满建筑局技士；1940—1945 年任伪满建筑局技佐；1945 年任伪满建筑局技正	不详
139.	长谷川治助	不详	1914 年毕业于工手学校造家学科；1921 年毕业于中央工学校建筑高等科	长春	1934 年任关东军经理部工务科勤务	不详
140.	长谷川惣助	?—1923	1916 年毕业于山行县立工业学校建筑科	抚顺、大连、沈阳	曾任“南满洲铁道（株）”工手；1919—1920 年任“南满洲铁道（株）”雇员；1922 年任大连东洋道路（株）勤务；后曾任奉天伪满洲土地建物（株）勤务	不详

续表

No.	姓名	生卒	专业背景	在华区域	经历	作品 / 著述
141.	长谷米次	1896—1978	1914 年毕业于中央工学校建筑科	北京、齐齐哈尔、张家口	1934—1945 年在“满铁”任职	不详
142.	长广勤一	1892—?	1916 年毕业于东京高等工业学校建筑科	大连、鞍山等	1919—1940 年在“满铁”任职	不详
143.	长久千里寅	不详	不详	台湾	曾任台湾总督府专卖局庶务课技手	不详
144.	长濑文二郎	不详	1921 年毕业于中央工学校建筑科；1922 年毕业于中央工学校建筑高等科	不详	1942—1943 年任职于侵华日军经理部	不详
145.	长砂松三郎	不详	1925 年毕业于东京工科学校建筑科	大连、牡丹江	1938—1945 年在“满铁”任职	不详
146.	长畑义亮	不详	1919 年毕业于工手学校建筑学专业	大连	1925—1938 年任大连市长畑建筑事务所主宰	不详
147.	长泽荣一郎	1898—?	1916 年毕业于工手学校建筑学专业；1923 年毕业于早稻田大学建筑学选科	伪满洲	1939 年任伪满洲户田组（株）取缔役	不详
148.	朝比奈良平	1881—?	1908 年毕业于东京帝国大学工科大学土木科	抚顺	1940—1943 年先后任伪满洲土木建筑业协会职员、工务部次长（1940）、抚顺支部长（1943）	不详
149.	朝香茂	1902—?	1921 年毕业于毕业于“南满工专”建筑科	大连	毕业后赴东京高等工业学校建筑科进修，后在日本工作	不详
150.	潮田税	1906—?	1931 年毕业于早稻田大学建筑学专业	沈阳	1939—1943 年任奉天伪满洲不动产工事部勤务	不详
151.	辰巳银二	1886—?	1910 年毕业于东京美术学校图案科	大连	1916—1918 年任藤原商店大连支店长；1918—1922 年任内外兴业（株）社员（大连支店支配人）；1922—1938 年在大连市自营建筑材料直输入商及室内装饰设计施工辰巳银二商店（合资会社三柏商会代理店）	不详
152.	成清卯三	1891—?	1909 年毕业于佐贺市立商船工业学校分校建筑科；1917 年毕业于早稻田大学建筑学专业	长春	1941 年任“新京”建筑兴业（株）监查役；1943 年任久间部组“新京”支店代表；1943 年兼任久组（株）取缔役支配人、“新京”支店长	不详
153.	成田胜贞	不详	1919 年毕业于青森市立工业学校建筑科	台北	1922—1926 年任台北州土木技手；1927—1939 年任台北州技手；1942 年任台湾拓殖（株）勤务	不详

续表

No.	姓名	生卒	专业背景	在华区域	经历	作品 / 著述
154.	成田幸一郎	1888—?	1912 年毕业于东京高等工业学校建筑科	大连	1939—1940 年任大连协和铁山（株）勤务	不详
155.	成相清一	不详	1930 年毕业于日本大学高等工学校建筑科	长春	1940—1943 年任“新京”建筑兴业（株）社员	不详
156.	城始	不详	1901 年毕业于熊本县工业学校木工科	大连	1908 年任伪满洲饭塚工程局勤务；1909—1910 年任关东都督府民政部土木课勤务；1911—1919 年任关东都督府技手；1919—1920 年任关东厅技手（民政部土木课勤务）；1921 年任大连合资会社矢野商会有限责任社员；1924 年任大连郊外土地（株）勤务	不详
157.	澄川国吉	不详	1925 年毕业于东京工科学校建筑科	长春	1939—1940 年任伪满营缮需品局技士（营缮处勤务）；1940 年任伪满建筑局技士（第一工务处勤务）	不详
158.	澄川银次郎	不详	不详	台北	1901—1902 年任台湾总督府民政部土木课雇员；1907—1909 年任台湾总督府技手（民政部土木局营缮课勤务）	不详
159.	池端清一	?—1969	1924 年毕业于东京高等工业学校建筑科	安东、长春	1924—1927 年在“满铁”任职；1941—1943 年任“新京”涩谷组专务取缔役	不详
160.	池内新八郎	1877—?	不详	大连	1905—1907 年在大连有马组任职；1907—1909 年任大连冈田（冈田时太郎）工务所现场监督员；1910—1928 年在大连自营池内建筑部；1916 年任大连窑业（株）监查役；1918—1919 年任大连建材合资会社有限责任社员；1919 年任大连建材（株）取缔役；1919—1921 年任大连土木建筑（株）监查役；1919 年任沙河口起业合资会社有限责任社员；1919—1922 年任大连市关东木材（株）监查役；1922 年任大连土木建筑（株）取缔役；1928—1931 年任大连合资会社池内组代表社员；1929—1938 年任大连合资会社池内（新八郎）市川（金太郎）工务所社员	大连新闻社施工，1924
161.	池崎正富	不详	1909 年毕业于工手学校建筑学专业	大连、哈尔滨	1913—1943 年在“满铁”任职	不详
162.	池藤八郎兵卫	1885—?	1908 年毕业于关西商工学校建筑科	不详	1939 年任伪满洲农产化学工业（株）取缔役	不详

续表

No.	姓名	生卒	专业背景	在华区域	经历	作品 / 著述
163.	池田八平	1896—?	1921 年毕业于东京商工学校建筑科；1923 年毕业于东京商工学校建筑高等科；1933 年毕业于帝国高等工业学院建筑科	长春	1939 年任伪满营缮需品局技士（营缮处勤务）；1939—1940 年任伪满总务厅技士（总务处勤务）；1940—1943 年任伪满省技士（安东省省长官房勤务，1943 年任安东省建设厅建设科建筑股长）	不详
164.	池田传作	1902—?	1926 年毕业于早稻田工手学校建筑科；1929 年毕业于藏前工业专修学校高等工业部建筑科	青岛	1939—1941 年在清水组青岛出张所任职；1943 年任伪满洲清水组社员	不详
165.	池田谷久吉	1897—1956	1917 年毕业于大阪市立大阪工业学校建筑科	哈尔滨	在大阪自办池田谷建筑事务所，并于 1939 年在哈尔滨设分所	不详
166.	池田官治	1911—?	1931 年在东京高等工学校建筑科修业	哈尔滨、武汉	1934—1935 年任伪满哈尔滨特别市公署工务处建筑科勤务；1935—1939 年任伪满洲阿川组职员（滨江省镇八道街出张所）；1939—1943 年任伪武汉特别市政府嘱托（建设局）	不详
167.	池田好治	不详	不详	台北	1920—1929 年任台北工业（株）役员；1929—1942 年在台北自营土木建筑业；1935—1937 年任台北国际映画（株）监查役	不详
168.	池田恒太郎	?—1993	1930 年毕业于东京工业大学附属工学专门部建筑科	台北	1934—1943 年在台北自营池田组	不详
169.	池田良恭	?—1942	1915 年毕业于名古屋高等工业学校建筑科	青岛、长春	1921 年任青岛守备军陆军经理部；1928 年任山东派遣部队；1937—1939 年在关东军经理部	不详
170.	池田清实	1890—?	曾于大分县别府町立工业徒弟学校建筑科修业	旅顺、沈阳	1923—1926 年在旅顺从事建筑业；1926—1943 年在奉天自营池田工务所	不详
171.	池田让次	1883—1970	1907 年毕业于东京帝国大学工科大学建筑学专业	不详	1939—1941 年任北中国住宅（株）副社长；1941—1945 年任华北房产股份有限公司社长	不详
172.	池田稔	1876—?	1902 年毕业于东京帝国大学工科大学建筑科	广东、上海	曾在东京自办池田稔建筑事务所，并于 1922 年在广东和上海开办分所	不详
173.	池田魏	1896—?	1925 年毕业于日本大学高等工学校建筑科	哈尔滨	1932 年任伪满哈尔滨市政审事备处技士；1934 年任伪满哈尔滨特别市属官（工务处）；1935—1937 年任伪满哈尔滨特别市技士（工务处）；1937—1938 年任伪满省技士（滨江省哈尔滨市工务处）；1938—1945 年任伪满省技佐（滨江省哈尔滨市工务处）	不详

续表

No.	姓名	生卒	专业背景	在华区域	经历	作品 / 著述
174.	池田文武	不详	不详	台湾	曾任台湾总督府专卖局庶务课技手	不详
175.	池田贤太郎	1867—1949	1896 年毕业于帝国大学工科大学造家学科	旅顺	1906—1909 年在关东都督府陆军经理部；1909—1913 年在台湾总督府陆军经理部附；1913—1915 年在关东都督府陆军经理部	不详
176.	池田小三郎	?—1975	1916 年毕业于山形县立工业学校建筑科	上海	1941—1943 年任上海东亚海运（株）勤务	不详
177.	池田英夫	1907—1965	1931 年毕业于横滨高等工业学校建筑学专业	上海	1937 年任池田稔建筑事务所上海事务所勤务；1939 年任上海冈野（冈野重久）建筑事务所所员	不详
178.	池田正己	1895—?	1913 年毕业于岩手县立工业学校建筑科	长春	1934—1936 年任关东军经理部工务科嘱托；1936—1939 年任伪满营缮需品局营缮处嘱托；1940—1943 年任井上工业（株）伪满洲出张所工事部长	不详
179.	池田忠治	1892—1958	1920 年毕业于东京帝国大学工学部建筑学专业	长春	在东京自办建筑事务所	东洋拓殖长春支店，1939
180.	赤川祥之亮	1887—1968	1910 年毕业于东京高等工业学校建筑科	旅顺	1916—1919 年任关东都督府路军经理部；1919—1923 年任关东军经理部；1940 年任华北房产（株）职员；1920 年任伪满洲建筑协会干事；为华北建筑协会创立委员	不详
181.	赤平彦藏	?—1936	1921 年毕业于青森县立工业学校建筑科	长春	1927—1936 年任陆军技手，期间先后任关东军经理部、长春临时工事事务所勤务（1929—1930）、长春派出所勤务（1931—1935）、大连派出所勤务（1936）	不详
182.	赤石真	1881—1963	1897 年毕业于东京工手学校附属职工徒弟学校土木科	旅顺	1907 年 6 月任旅顺表忠塔设计制图嘱托	不详
183.	冲森政一	不详	1929 年毕业于福井高等工业学校建筑科	台北、新竹	1929 年任台湾总督府官房营缮课勤务；1930—1933 年任台湾总督府营缮课勤务；1933—1944 年任台湾总督府技手兼新竹州技手（1944）；1944—1946 年任台湾总督府地方技手	不详
184.	出利叶喜一郎	不详	1914 年毕业于福冈工业学校建筑科	抚顺、大连、沈阳等	1918—1937 年在“满铁”任职；1937 年任沈阳井上组勤务	不详
185.	出崎四郎	不详	1932 年毕业于日本大学专门部工科建筑科	天津、张家口	1939—1941 年任华北交通（株）天津铁路局、张家口铁路局（1941）勤务	不详

续表

No.	姓名	生卒	专业背景	在华区域	经历	作品 / 著述
186.	川村清吉	不详	1907 年毕业于岩手县立工业学校别科木工科，1912 年毕业于岩手县立工业学校本科建筑科	大连、天津	1934 年任大连榊谷组勤务；1935 年任天津贞森公司勤务；1936—1937 年在福昌公司天津出张所	不详
187.	川岛多喜治	不详	不详	台北、基隆、南投	1905—1907 年在台北；1907—1911 年任台湾总督府雇基隆厅总务课勤务，1910—1911 年任南投厅庶务课勤务	不详
188.	川岛久一郎	1912—1981	1933 年毕业于仙台高等工业学校建筑学专业	长春	1937 年任伪满水力电气建设局技士（工务处勤务）；1938—1939 年任伪满产业部技士（1938 年任水力电气建设局工务处勤务，1939 年任水力电气建设局吉林出张所勤务）；1940—1942 年任伪满交通部属官、技佐（都邑计画司勤务）	不详
189.	川岛宽	不详	1915 年毕业于福冈县立福冈工业学校建筑科	大连、沈阳	1918—1927 年在“满铁”任职；1937 年任奉天光扬建物合资会社代表社员；1941 年任奉天川岛组代表；1943 年任奉天亲和组代表	不详
190.	川端与喜藏	不详	1920 年在关西商工学校建筑科修业	本溪	1941 年任伪满本溪湖市公署勤务；1941—1943 年任本溪湖煤铁公司勤务	不详
191.	川合贞夫	1910—1990	1933 年毕业于东京帝国大学工学部建筑学专业	长春	1934—1937 年任“新京”柴田正建筑事务所勤务；1937—1945 年任“新京”川合建筑事务所主宰；1939—1940 年任“新京”石本（喜久治）川合建筑事务所协同主宰	不详
192.	川见繁松	不详	1922 年毕业于中央工学校建筑科；1925 年在早稻田大学建筑学专业进修	大连、沈阳	1923 年在大连合资会社川见建筑事务所任职；1927—1929 年在大连合资会社川见组设计部任职；1930—1934 年在大仓土木抚顺诘所任职；1935—1936 年在奉天四先公司任职；1936—1937 年在奉天关组任职；1937—1941 年在奉天公署工务处建筑科任职；1943 年在奉天伪满洲土木建筑协会任职	不详
193.	川见久松	1878—?	不详	大连	1899 年到台湾；1905 年到大连自营川见组；1920—1923 年任合资会社川见建筑事务所无限责任社员、大连市大连土木建筑取缔役；1923—1940 年任大连市合资会社川见组无限责任社员；1932 年任华胜公司社员	不详
194.	川井忠定	1896—?	1914 年毕业于秋田县立秋田工业学校建筑科	大连	1919—1943 年在“满铁”任职	长春西广场小学校，1925；“新京保养院”计划

续表

No.	姓名	生卒	专业背景	在华区域	经历	作品 / 著述
195.	川口正男	?—1991	1934 年毕业于日本大学专门部工科建筑科	伪满洲	1936—1943 年任伪满洲电信电话附营缮课勤务	不详
196.	川内光男	不详	1926 年毕业于日本大学高等工学校建筑科	伪满洲	1942 年任伪满安东省安东市勤务	不详
197.	川内权太郎	?—1935	1922 年毕业于中央工学校建筑科	台湾	1926—1932 年任驻台日军经理部	不详
198.	川平则义	不详	不详	台湾	曾任台湾总督府专卖局庶务课技手、技师	不详
199.	川崎时晴	不详	1918 年毕业于鹿儿岛郡立工业徒弟学校建筑科	大连、吉林等	1919—1940 年在“满铁”任职	不详
200.	川崎铁三	1890—1932	1910 年毕业于日本工艺学校建筑科	台北、厦门、广东	1913—1914 年任台湾总督府民政部土木局营缮课勤务；1915—1917 年任台北厅技手（庶务课勤务）；1918—1919 年任厦门日本领事馆勤务；1919 年任广东日本领事馆勤务、广东博爱会建筑工事嘱托	不详
201.	川上行敏	?—1945	1934 年毕业于京都帝国大学工学部建筑学专业	上海	任陆军技师，并曾被派遣到上海和伪满洲	不详
202.	川守田清次郎	?—1988	1925 年毕业于工手学校建筑学专业；1926 年毕业于工手学校高等科建筑学专业；1928 年毕业于日本大学高等工学校建筑科	北京	1939—1943 年任北京华北电信电话勤务	不详
203.	川松安正	?—1936	1925 年毕业于名古屋高等工业学校建筑科	长春	1934—1936 年任伪满洲中央银行建筑事务所勤务	不详
204.	川又亮雄	1886—?	1910 年毕业于东京高等工业学校建筑科	长春	1939—1945 年任伪满洲户田组取缔役	不详
205.	船边史郎	不限	1909 年毕业于广岛县立职工学校建筑科	台北	1921—1931 年任台湾总督府技手	不详
206.	船津富美男	不详	1932 年毕业于“南满工专”建筑科	不详	1940—1942 年在“满铁”任职	不详
207.	船津富弥	1906—?	1923 年毕业于熊本县立工业学校建筑科	沈阳、阜新	1924 年任奉天田代组组员；1934—1937 年任奉天合资会社细川组有限责任社员；1943 年任伪满洲阜新市协进兴行（株）社长	不详
208.	船桥文太郎	1901—1993	1927 年毕业于东京工业专修学校高等工业部建筑科	哈尔滨	1938—1945 年任“南满洲铁道（株）”职员（哈尔滨工事事务所）	不详

续表

No.	姓名	生卒	专业背景	在华区域	经历	作品 / 著述
209.	船越安太郎	不详	曾在工手学校学习	铁岭	1910—1911 年任伪满洲铁岭清和公司勤务	不详
210.	船张英武	不限	1909 年毕业于岩仓铁道学校本科造家学科	扎兰屯	1943 年任伪满洲拓殖公社扎兰屯地方事务所工务课勤务	不详
211.	春山福二	不详	1918 年毕业于熊本县立工业学校建筑科	台湾、长春	1925—1926 年在驻台日军经理部任职；1928 年在关东军经理部任职；1931 年获大连市主任技术者第二级检定合格	不详
212.	椿宣胜	1904—?	1931 年毕业于东京美术学校建筑科	长春	1934—1942 年在关东军经理部任职	不详
213.	凑信一	不详	1921 年毕业于“南满工专”	大连	1921—1926 年在“满铁”任职	不详
214.	村本利治	1901—?	1925 年毕业于东京工科学校建筑科	长春	约 1933—1939 年间在关东局任勤务，后任伪满洲房产股份有限公司社员；1939—1942 年任蒙疆不动产股份有限公司社员（工事课长兼资材课长）	不详
215.	村本仁三郎	不详	1913 年毕业于东京工科学校建筑科	不详	1919 年在驻华日军部队任职	不详
216.	村冈勇夫	不详	1932 年毕业于早稻田大学建筑学专业	长春、沈阳	1936—1943 年任伪满洲辰村组组员（“新京”出张所勤务、奉天出张所勤务）	不详
217.	村濑达	1909—?	1932 年毕业于日本大学专门部工科建筑科	长春	1936—1939 年在关东军经理部任职	不详
218.	村濑孝夫	不详	1930 年毕业于“南满工专”建设工学建筑分科	大连	1931 年任大连神社造营事务所勤务；1933 年任伪满洲大博览会事务局嘱托；1935—1936 年任大连市技手	不详
219.	村木门吉	不详	1934 年毕业于仙台高等工业学校建筑学专业	沈阳	1938 年任伪满奉天省辽中县公署勤务	不详
220.	村木卓郎	?—1970	1916 年毕业于东京高等工业学校建筑科	大连	1918—1919 年在“满铁”任职	不详
221.	村山和吉	1905—?	1929 年毕业于横滨高等工业学校建筑科	不详	1943 年任伪满洲伸铜金属工业（株）建设课长	不详
222.	村杉竹太郎	不详	1921—1923 年毕业于早稻田工手学校电工科、建筑科	哈尔滨	1940—1943 年任伪满洲拓殖公社建设部建筑课哈尔滨地方事务所勤务	不详
223.	村上次也	1898—1963	1923 年毕业于东京高等工业学校建筑科	吉林、哈尔滨	1933—1943 年在“满铁”任技术员、副参事、参事；1943—1945 年任伪满洲开发（株）勤务	不详

续表

No.	姓名	生卒	专业背景	在华区域	经历	作品 / 著述
224.	村上敏信	1906—?	1930 年毕业于“南满工专”建设工学建筑分科	长春	1932—1937 年任关东厅递信技手、关东局递信技手；1937—1939 年任伪满邮政总局技士；1939 年任伪满交通部技佐；1939—1943 年兼任邮政总局技佐、兼交通部技佐；1943—1944 年任伪满邮政总局技正；1944—1945 年任建筑局技正	不详
225.	村上清一	不详	不详	唐山	1943 年任唐山制钢（株）勤务	不详
226.	村上上	1893—?	1917 年毕业于大阪府立西野田职工学校本科建筑科	长春	1935 年任“新京”村上组事务所主宰	不详
227.	村上衍	1895—?	1914 年毕业于早稻田工手学校建筑科；1917 年毕业于中央工学校建筑高等科	青岛	1918—1919 年任陆军技手（青岛守备军司令部陆军部经理部附）	不详
228.	村上彦四郎	不详	1914 年毕业于早稻田工手学校建筑科	上海	1940 年任上海华中水电股份有限公司建筑系长	不详
229.	村上彰	?—1960	1923 年毕业于广岛县立广岛工业学校建筑学专业	长春	1941 年任“新京”伪满洲中央银行营缮课勤务	不详
230.	村田邦之	不详	1898 年毕业于工手学校造家学科	沈阳	1925—1928 年在奉天富士町居住	不详
231.	村田虎三郎	不详	不详	长春、沈阳	“新京”阿川组勤务；1933—1941 年在奉天自营村田工务所；1943 年任“新京”太平土建（株）奉天支社长	不详
232.	村田健	1907—1966	1932 年毕业于东京工业大学建筑学专业	台湾、长春	1937—1941 年任清水组社员（台湾花莲港出张所在勤、“新京”出张所在勤）；1942—1944 年任伪满建筑局技佐、技正；1944—1945 年任伪满“新京特别市”技正	不详
233.	村田义弘	不详	1920 年毕业于关西商工学校建筑科	长春	1937 年任大林组社员（“新京”出张所勤务）	不详
234.	村田政真	1906—1987	1929 年毕业于东京美术学校建筑科本科	海南、长春	1940—1942 年任职于土浦龟城建筑事务所“新京”出张所；1942—1943 年海南岛在勤，任海南岛开发协议会建筑部次长	不详
235.	村田专雄	不详	1909 年毕业于关西商工学校建筑科	抚顺	1918—1919 年任抚顺工场建筑事务所勤务	不详
236.	村越三太	不详	不详	大连、沈阳	1920—1927 年在“满铁”任职	不详
237.	村越市太郎	不详	1924 年毕业于早稻田工手学校建筑科	沈阳、长春	1924—1932 年任外务省雇员（伪满洲出张、奉天出张）；1932—1937 年任伪满国都建设局技士；1938—1940 年任伪满首都警察厅技士；1941 年在“新京”自营村越建筑事务所	长春东顺治路 304 号住宅（原口氏邸），1935

续表

No.	姓名	生卒	专业背景	在华区域	经历	作品 / 著述
238.	大本贞男	1908—?	1934 年毕业于早稻田大学建筑科	大连	1934—1937 年任西村好时建筑事务所勤务；1937—1938 年任大连西村（西村好时）大冢（大冢刚三）联合建筑事务所勤务；1938—1943 年在大连自办大本建筑事务所	不详
239.	大仓三郎	1900—1983	1923 年毕业于京都帝国大学工学部建筑学专业	台北	1940—1944 年任台湾总督府技师；1946 年留用台湾大学教授	不详
240.	大仓喜三郎	1868—1923	1893 年毕业于帝国大学工科大学造家学科	台湾	1919—1923 年任台湾土地开拓代表取缔役	不详
241.	大村宽藏	不详	1918 年毕业于工手学校建筑学专业	伪满洲、大连、沈阳	1921—1922 年任大连成恒社勤务；1924 年任大连市中村（中村与资平）宗像（宗像主一）建筑事务所所员（奉天事务所）；1927—1933 年在安东自营土木建筑；1931—1936 年任安东市合资会社大村组无限责任社员	不详
242.	大村胜平	不详	1907 年毕业于福冈县立福冈工业学校建筑科	安东	1941—1943 年任伪满洲安东市大村（大村宽藏）组专务取缔役	不详
243.	大导寺良次	不详	1920 年毕业于工手学校建筑学专业	花莲、台北	1924—1928 年任台湾总督府官房会计课勤务；1928—1931 年任台湾总督府厅技手（花莲港厅勤务）；1931—1942 年任台湾总督府技手	不详
244.	大导寺良次	不详	1920 年毕业于工手学校建筑学专业	台北、花莲	1924—1928 年任台湾总督府总督官房会计课勤务；1928—1931 年任台湾总督府机构技手（花莲港机构勤务）兼台湾总督府技手；1928—1929 年任职于总督官房会计课；1929—1931 年任职于总督官房营缮课；1931—1942 年任台湾总督府技手（总督官房营缮课）	不详
245.	大渡最藏	不详	1931 年毕业于早稻田大学建筑学专业	伪满洲	1934—1938 年任伪满洲中央银行营缮课勤务；1939—1943 年任奉天同和自动车工业社员	不详
246.	大富克己	不详	1907 年毕业于山形县立工业学校建筑科；1915 年毕业于名古屋高等工业学校建筑科	青岛	1920—1922 年任青岛守备军民政部铁道技手	不详
247.	大谷弘	1904—1973	1922 年毕业于“南满工专”建筑科；1925 年毕业于神户高等工业学校建筑科	大连、太原、天津	1933—1945 年在“满铁”任职	不详
248.	大谷荣助	1896—?	1918 年毕业于名古屋高等工业学校建筑科	伪满洲	1938—1945 年任伪满洲松本组役员	不详

续表

No.	姓名	生卒	专业背景	在华区域	经历	作品 / 著述
249.	大谷周造	1910—?	1927 年毕业于兵库县立工业学校建筑科；1929 年在神户工业高等专修学校建筑科修业	哈尔滨	1935—1945 年任伪满哈尔滨市公署勤务、省技士（浜江省哈尔滨市工务处勤务）	不详
250.	大槻贞夫	不详	1920 年毕业于工手学校建筑学专业	大连、沈阳	1935—1936 年任大林组大连支店勤务；1937 年任奉天出张所勤务；1939—1941 年任陆军技手（关东军司令部附）	不详
251.	大和田忠四郎	1907—?	1924 年毕业于山形县立米泽工业学校建筑科	牡丹江	1938—1939 年在“满铁”任职	不详
252.	大角英夫	?—1934	1918 年毕业于名古屋高等工业学校建筑科	上海	1919—1923 年任上海丰田纺织厂新筑工事设计监督	不详
253.	大津利雄	?—1945	1932 年毕业于早稻田大学建筑学专业	沈阳	1941—1943 年任伪满洲大林组奉天本店建筑部勤务	不详
254.	大井达也	1913—?	1935 年毕业于京城高等工业学校建筑学专业	齐齐哈尔等	1936—1945 年在“满铁”任职	不详
255.	大楠又男	不详	1923 年毕业于福冈县浮羽工业学校大工科	伪满洲	1937—1940 年任伪满营缮需品局技士、建筑局技士（营缮处勤务）	不详
256.	大内一雄	不详	不详	鞍山	1922—1923 年任伪满洲鞍山或恒社出张勤务	不详
257.	大内章正	不详	1922 年于名古屋高等工业学校建筑科选科修业	安东、沈阳、长春	1937—1938 年任奉天公署工务处勤务；1938—1940 年任伪满安东市公署工务料勤务；1940 年任安东土浦龟城建筑事务所勤务；1940—1942 年任关东局关东州厅营缮课勤务；1942—1943 年任“新京”大东工业商会勤务	不详
258.	大鸟居正	1875—?	不详	旅顺	1907 年任关东都督府技手（土木课大连出张所勤务）	不详
259.	大平武夫	1898—?	1924 年毕业于日本大学高等工学校建筑科	长春、吉林	1933—1945 年在“满铁”任职	不详
260.	大平一马	1890—?	1914 年毕业于名古屋高等工业学校建筑科	上海	1915—1916 年任职于清水满之助上海出张所；1924—1929 年任职于清水组上海支店；1938—1942 年任清水组上海出张所主事	不详
261.	大迫静雄	不详	1919 年毕业于熊本工业学校	不详	1918—1922 年在“满铁”任职	不详
262.	大旗正二	不详	1934 年毕业于横滨高等工业学校建筑科	不详	1934—1945 年在“满铁”任职	不详
263.	大前岩八	1889—?	1918 年毕业于东京工科学校建筑科	长春	1939—1945 年在关东军经理部任职	不详

续表

No.	姓名	生卒	专业背景	在华区域	经历	作品 / 著述
264.	大桥三郎	不详	1911 年毕业于东京高等工业学校建筑科	台北	1919—1921 年任台湾总督府台北工业学校教师	不详
265.	大日方节	?—1930	不详	嘉义、高雄、澎湖	1917—1919 年任职于台湾总督府嘉义厅土木系；1919—1920 年任澎湖厅技手；1921—1926 年任高雄州技手（内务部土木课）；1926—1930 年任台湾总督府厅技手（彰湖厅勤务土木课）	不详
266.	大山勇传	不详	1927 年毕业于东京工业专修学校高等工业部建筑科	台北、台南、高雄	1924 年任台湾总督府雇员；1935 年任台北州嘱托；1936—1939 年任台北州技手（内务部土木课勤务）；1940—1943 年任台南市勤务；1943—1945 年任高雄海军建筑部勤务	不详
267.	大山由之	1911—1982	1932 年毕业于日本大学专门部工科建筑科；1932 年进入日本大学工学部建筑学专业学习	伪满洲	1935 年到伪满洲	不详
268.	大石多闻	1908—?	1930 年毕业于京都高等工艺学校图案科	抚顺	1935—1936 年任抚顺西津组员；1936—1941 年任抚顺市合资会社西津组无限责任社员	不详
269.	大矢亮太郎	不详	1931 年毕业于名古屋高等工业学校建筑科	长春	1933—1941 年任职于关东军经理部	不详
270.	大矢信雄	1898—1982	1923 年毕业于早稻田大学建筑学专业	长春	1939—1945 年任伪满洲拓殖公社职员、建筑课长、部长等	不详
271.	大田清一郎	1902—?	1925 年修业于攻玉社工学校建筑科	台北	1942 年任钱高组台北中国店长代理	不详
272.	大畑竹造	不详	1924 年毕业于早稻田工手学校建筑	哈尔滨	1939—1940 年在伪满哈尔滨工业大学任助手	不详
273.	大庭政雄	不详	1935 年毕业于“南满工专”建筑科	不详	1935—1941 年在“满铁”任职	不详
274.	大悟法等	1888—1926	1910 年毕业于福冈工业学校建筑科	安东	1917—1919 年在安东；1920 年参与安东伪满洲矿山（株）新建筑设计；1921—1926 年在安东自办大悟法工务所	安东高等女学校施工
275.	大西勉	1891—?	1916 年毕业于名古屋高等工业学校建筑科	关东	1916—1919 年任关东都督府都督官房土木课勤务；1919—1920 年任关东厅技手；1938 年任池田组伪满洲支店长、北京支店长；1940—1943 年任伪满洲池田组取缔役	不详
276.	大西男鹰	不详	1920 年修业于大阪府立今宫职工学校建筑科	哈尔滨	1939—1943 年任伪满滨江省在满日本学校组合技手	不详
277.	大熊忠治	1911—1989	1931 年毕业于帝国高等工业学院建筑科	沈阳	1931—1941 年任奉天合名会社近藤组勤务；1941—1945 年任奉天邦满土建常务取缔役	不详

续表

No.	姓名	生卒	专业背景	在华区域	经历	作品 / 著述
278.	大须贺毅	不详	1927 年毕业于中央工学校建筑科，后到浅草工业专修学校修业	齐齐哈尔	1934 年任关东军经理部工务科勤务；1935 年任关东军经理部齐齐哈尔派出所勤务；1936—1937 年任齐齐哈尔河村部队本部勤务；1938—1943 年任职于关东军司令部	不详
279.	大野传藏	不详	不详	台湾	1909—1920 年任台湾制糖（株）职员	不详
280.	大野定秋	不详	曾在爱媛县松山工业学校修业；1926 年毕业于日本大学高等工学校建筑科	天津	1932 年任天津日本租界局建筑系勤务；1934—1943 年任天津公益会勤务	不详
281.	大野库二	1908—1954	1934 年毕业于京都帝国大学工学部建筑学专业	台湾	1934—1937 年任台湾总督府总督官房营缮课嘱托；1937—1940 年任台湾总督府技手（总督官房营缮课勤务）；1940—1946 年任台湾总督府技师总督官房营缮课勤务	不详
282.	大野信重	不详	不详	大连、长春	1930—1931 年任大连合名会社大连彩色玻璃制作所代表社员；1931 年任大连东亚彩色玻璃（株）代表取缔役；1941 年任“新京”大信土木组代表	不详
283.	大友隆	1908—?	1926 年毕业于工手学校建筑学专业	伪满洲	1940—1943 年任伪满洲池田组常务取缔役	不详
284.	大垣惣逸	1894—?	1917 年毕业于东京工科学校建筑科	台南	1920—1930 年任台南州书记、技手；1930—1943 年任台湾总督府交通局技手、技师（铁道部工务课勤务）	不详
285.	大原忠隆	1870—1942	1893 年毕业于工手学校造家学科	本溪湖	1913—1914 年任职于大仓组伪满洲本溪湖出张所	不详
286.	大泽庚子男	1900—1991	1924 年毕业于早稻田大学建筑学专业	沈阳、长春	1934—1936 年任伪满洲中央银行建筑事务所勤务；1937—1945 年先后任伪满营缮需品局技佐、省技佐、奉天省长官方勤务、建筑局技佐、省技正等	不详
287.	大泽熊吉	1900—?	1919 年毕业于“南满工专”建筑科；1926 年毕业于“南满工专”建设工学建筑分科	大连、沈阳、吉林	1919—1921 年在“满铁”任职；1921—1923 年任大连横井（横井谦介）建筑事务所勤务；1926—1945 年在“满铁”任职	“新京商业学校”，1932；“新京理事馆”，1933；“新京常盘町乙种集合社宅”
288.	大泽一郎	1891—1972	1914 年毕业于早稻田大学建筑学专业	天津	1938—1944 年任天津居留民团嘱托	天津公立病院监督

续表

No.	姓名	生卒	专业背景	在华区域	经历	作品 / 著述
289.	大冢刚三	1892—1981	1916 年毕业于东京帝国大学工科大学建筑学专业	大连	1923—1927 年任 Mosler Safe 社上海勤务；1933—1935 年任大连榊谷组"新京"出张所勤务、奉天支店勤务；1935—1936 年在大连自办建筑事务所	不详
290.	大冢喜一	1882—?	1897—1901 年任建筑学徒	大连	1931—1932 年任大连神社本主御营事务所监督主任	不详
291.	大冢长次郎	1909—?	1926 年毕业于早稻田工手学校建筑科	大连	1933—1936 年任大连市嘱托；1936 年任关东局大连出张所勤务	不详
292.	大冢正雄	不详	1929 年毕业于东京高等工商学校建筑科	吉林	1939—1940 年任伪满省技士（吉林省长官房勤务）；1941—1943 年在吉林市自办事务所	不详
293.	大冢正雄	不详	1935 年毕业于日本大学高等工学校建筑科	哈尔滨、长春	1937 年任伪满哈尔滨市市公署工务处勤务；1939—1940 年任伪满省技士（吉林省省长官房勤务）；1943 年在"新京"	不详
294.	丹下敏行	1895—?	1912 年毕业于松山市立工业徒弟学校造家科	伪满洲	1939—1945 年任伪满洲清水组（株）社员（工事长）	不详
295.	丹羽英二	1897—1980	1919 年毕业于名古屋高等工业学校建筑科	上海	1940—1945 年其所办的丹羽建筑事务所在上海设出张所	不详
296.	淡之轮志智老	1902—1980	1921 年毕业于大阪府立西野田职工学校建筑科	本溪	1934—1943 年先后任伪满洲中央银行建筑课勤务、伪满洲制（株）本溪湖支社勤务	不详
297.	岛（嶋）浩	1891—?	1910 年毕业于工手学校建筑学专业；1913 年毕业于中央工学校建筑高等科	鞍山	1939—1943 年任伪满洲鞍山昭和制钢所建筑课勤务	不详
298.	岛川精	1908—?	1924 年毕业于东京工科学校建筑科	不详	1932—1934 年任关东军司令部经理部临时雇员；1934 年任伪满国务院总务厅需用处临时雇员	不详
299.	岛村武夫	1905—1965	1927 年毕业于名古屋高等工业学校建筑科	长春	1938—1942 年任伪满洲房产（株）建设课勤务；1942—1943 年任伪满建筑局技佐（住政处勤务）；1943—1944 年任伪满建筑局技正	不详
300.	岛昇次郎	不详	1913 年毕业于工手学校建筑学专业	安东	1920—1921 年任伪满洲安东岛建筑事务所主宰	不详
301.	岛田税	1904—?	1923 年毕业于岛根县立工业学校修道馆建筑科	锦州	1938—1941 年在"满铁"任锦州铁道局工务部建筑系长	不详
302.	岛田藤	1887—1957	1918 年毕业于东京帝国大学工科大学建筑学专业	不详	1940 年任伪满洲岛藤组代表取缔役社长；1943 年任关东土木建筑统制组合理事长	不详

续表

No.	姓名	生卒	专业背景	在华区域	经历	作品 / 著述
303.	岛田庄治郎	1874—?	1896 年毕业于工手学校造家学科	台湾	1907—1909 年任台湾总督府技手（土木局营缮课）；1909—1911 年任台湾总督府土木部技手（营缮课）；1911—1912 年任台湾总督府技手（民政部土木局营缮课）	不详
304.	岛武赖三	1894—1947	1916 年毕业于名古屋高等工业学校建筑科	北京	1939 年任北京日华工业（株）取缔役	不详
305.	岛延雄	1904—?	1928 年毕业于早稻田大学建筑学专业	北京	1937 年任清水组伪满洲支店勤务；1938—1941 年任北京出张所勤务	不详
306.	岛野七郎	1900—1992	1925 年毕业于京都高等工艺学校图案科	长春	1940—1941 年任伪满洲房产（株）建设课勤务	不详
307.	稻村胜雄	?—1940	1927 年毕业于福井高等工业学校建筑科	海南	1939—1940 年服役于日本海军海南岛设营队	不详
308.	稻井常夫	不详	1928 年毕业于神户高等工业学校建筑科	北京	1941—1943 年任大林组北京支店勤务	不详
309.	稻田芳郎	1910—1993	1935 年毕业于东京工业大学建筑专业	本溪湖	1942 年任职于大仓土木伪满洲本溪湖办事处	不详
310.	稻叶重郎	1901—1975	1924 年毕业于东京高等工业学校建筑科	哈尔滨	1934—1937 年任职于伪满洲中央银行建筑事务所；1937—1939 年任伪满营缮供需品局技佐；1939—1942 年任伪满市技正（哈尔滨市公署工务处建筑科科长）兼省技正（滨江省土木厅）；1942 年任伪满建筑局技正（第一工务处）；1943 年任伪满洲重机（株）建筑部部长	不详
311.	稻垣进	不详	1928 年毕业于名古屋高等工业学校建筑科	台中	1928—1929 年任台湾总督府总督官房会计课勤务；1929—1937 年任台湾总督府技手；1937—1942 年任台湾总督府交通局技手（递信部庶务课勤务）；1942—1943 年任台湾建筑技师（台中州建筑技师务部土木课勤务；1942 年任台中州警务部保安课兼务）；1943—1945 年任台湾总督府地方技师（台中州勤务）	不详
312.	德山寿人	1884—1940	1901 年毕业于工手学校造家学科	大连、鞍山	1908—1910 年任大连宫崎工务所勤务；1911—1916 年任关东都督府技手；1920—1940 年任大连德山建筑工务所（德山建筑事务所）主宰；1925—1926 年任伪满洲不动产信讬会社勤务、“南满洲兴业（株）”勤务；1934—1935 年任鞍山钢材（株）技师长	不详
313.	德永义道	不详	1925 年毕业于早稻田工手学校建筑科	长春	1938—1940 年任伪满营缮需品局技士；1940 年任伪满建筑局技士；1940—1942 年任（伪满）总务厅技士（总务厅官房勤务）兼伪满建筑局技士；1942—1943 年任伪满建筑局技士；1943—1945 年任伪满建筑局技佐；1945 年任伪满交通部技佐	不详

续表

No.	姓名	生卒	专业背景	在华区域	经历	作品 / 著述
314.	堤多计士	?—1945	1925 年毕业于京都帝国大学工学部建筑学专业	沈阳	1939—1940 年任大林组奉天支店勤务	不详
315.	堤昇三郎	1909—?	1929 年毕业于早稻田工手学校建筑科	伪满洲	1940 年任伪满洲煤矿（株）勤务	不详
316.	堤又七	不详	1909 年毕业于佐贺市立商船工业学校分校建筑科	花莲	1925—1936 年任台湾总督府交通局技手（1927—1936 年任花莲港铁道出张所勤务）	不详
317.	荻野常藏	不详	1927 年毕业于“南满工专”建设工学建筑分科	大连、牡丹江	1927—1928 年在大连长谷川组本店任勤务；1939—1940 年任“满铁”牡丹江铁道建设事务所勤务；1940—1941 年任“满铁”哈尔滨工事事务所技术员	不详
318.	笛田政好	不详	不详	长春、大连，营口	1925—1929 年任“南满洲铁道（株）”职员（长春地方事务所、大连工务事务所、营口、熊岳城、瓦房店）；1935 年任大连市星野组组员	不详
319.	町田满男	1909—?	1933 年毕业于横滨高等工业学校建筑学专业；1940 年在巴黎美术学院进修	齐齐哈尔、哈尔滨	1933—1941 年在“满铁”任职	不详
320.	碇山邦夫	1907—?	1933 年毕业于京都高等工艺学校图案科	旅顺、抚顺	1933—1940 年任旅顺碇山组组员（1940 年在抚顺支店任职）；1943 年任抚顺碇山组取缔役社长	不详
321.	碇山久	1880—?	1898 年毕业于攻玉社工学校	沈阳、抚顺	曾任奉天清和公司土木部长、奉天吉川组支配人；1932—1940 年任抚顺市碇山组组主	不详
322.	东海林大象	不详	不详	大连	1908—1926 年在“满铁”任职	不详
323.	东条林平	?—1927	1907 年毕业于德岛市立工业学校建筑科	青岛	1916—1918 年任青岛军政署建筑课勤务；1920—1921 年任青岛守备军民政部技手	不详
324.	东野权左卫门	1888—?	1913 年毕业于早稻田工手学校建筑科	台北	1918 年任台湾总督府铁道部工务课雇员；1920—1924 年任台湾总督府铁道部技手；1942—1943 年任台湾总督府交通局技手；1943 年任台湾总督府交通局技师；1943—1944 年任台湾总督府交通局铁道部施设课嘱托；1944 年任职于台湾重要物营团施设部工事系	不详
325.	豆谷正雄	1906—1973	1928 年毕业于“南满工专”建设工学建筑分科	长春	1938 年加入“新京”伊贺原组（株）	不详
326.	渡边彻夫	不详	1933 年毕业于东京帝国大学工学部建筑学专业	长春、沈阳、哈尔滨、大连	1934—1943 年任“新京”大同组职员（1934 年在大连分店工作；1936—1938 年在哈尔滨办事处工作；1939 年在大连分公司工作；1940—1943 年任奉天支店长）	不详

续表

No.	姓名	生卒	专业背景	在华区域	经历	作品 / 著述
327.	渡边纲太郎	不详	1914 年毕业于秋田县立秋田工业学校建筑科	大连、长春	1919—1937 年在“满铁”任职；1937—1938 年任奉天辻组支店勤务；1938 年任奉天共和组勤务	“大连满铁社宅”监造，1921；“寺儿沟满铁住宅”监造，1921
328.	渡边吉次郎	1888—1955	1908 年毕业于工手学校建筑专业	青岛	1918—1921 年任职于青岛守备军陆军经理部；1926 年任青岛办事处主任	不详
329.	渡边俊藏	1890—1965	1905 年毕业于秋田县大馆中学	大连	1929 年在清水组大连出张所工作；1920 年任长春窑业方面监事；1937—1941 年任清水组伪满洲支店长、北中国店长；1940 年任伪满洲清水组监察员	不详
330.	渡边能一	不详	1913 年毕业于东京工科学校土木科	鞍山	1939 年在清水组伪满洲支店鞍山办事处工作	不详
331.	渡边荣七	不详	1915 年毕业于工手学校建筑学专业	青岛	1915 年在青岛守备军经理部营补科工作	不详
332.	渡边万寿也	1873—?	1891 年毕业于工手学校造家学科	台湾	1905—1909 年任台湾总督府技手（民政部土木局营补科勤务）；1908 年兼任台湾总督府铁道部技手（工务科工作）；1909—1911 年任台湾总督府土木部技师（在营缮科工作）；1911—1914 年任台湾总督府技手（在民政部土木局营缮科工作）	不详
333.	渡边纹左卫门	1906—1993	1931 年毕业于名古屋高等工业学校附设高等夜学部建筑科	哈尔滨	1935—1938 年在伪满哈尔滨特别市城市建设局工作；1939—1940 年任伪满警察厅技士（哈尔滨警察厅勤务）兼哈尔滨市技师（工务处）；1940—1942 年任伪满警察局技佐；1942—1943 年任伪满建筑局技佐（第一工务处）兼大陆科学院副研究官	不详
334.	渡边喜一郎	1905—1969	1927 年毕业于早稻田工手学校建筑专业；1930 年毕业于早稻田高等工学院建筑专业	牡丹江	1936—1937 年在伪满在牡丹江公署都邑规划局工作；1938 年任伪满牡丹江市公署营缮股长	不详
335.	渡边音治郎	不详	1892 年毕业于工手学校土木学科	大连、台湾	1906—1907 年在关东都督府陆军会计部任职；1916—1921 年在台湾总督府陆军经理部任职	不详
336.	渡边政雄	1891—?	1915 年毕业于工手学校建筑学专业	花莲	1915—1919 年任塩水港制糖（株）雇员（花莲港支店勤务）	不详
337.	渡边重治	不详	1908 年毕业于工程学校建筑专业	台湾	1910—1912 年在台湾总督府陆军部经理部工作，1912—1913 年在会计部工作	不详

续表

No.	姓名	生卒	专业背景	在华区域	经历	作品 / 著述
338.	渡边惣一郎	不详	1920 年毕业于工手学校建筑学专业	大连	1925—1945 年在“满铁”任职	大连中谷氏邸，1937
339.	渡边惣治郎	不详	不详	北京、大连、天津、青岛	1908—1909 年在伪满洲铁岭臼井忠三方任职；1909—1910 年在大连臼井事务所工作；1910—1912 年在北京华胜建筑公司工作；1923 年任天津合资公司华胜有限公司员工（居住青岛）；1926 年移居天津	不详
340.	渡莉雄	1903—1979	1920 年毕业于早稻田工手学校建筑科	长春	1934—1938 年任“新京”大德不动产股份有限公司勤务；1938—1943 年任伪满洲房产（株）勤务	不详
341.	多贺悌三	不详	1914 年毕业于兵库县工业学校建筑科	长春	1939—1945 年任伪满营缮需品局技士等	不详
342.	多贺悌三	不详	1914 年毕业于兵库县立工业学校建筑科	伪满洲	1939 年任伪满营缮需品局技士；1939—1940 年任伪满总务机构技士；1940—1942 年任伪满建筑局技士；1942—1945 年任伪满建筑局技佐；1942—1944 年任住政地方勤务；1944—1945 年任第二工务地方勤务	不详
343.	多田清美	不详	1932 年在东京工业专修学校修业	沈阳、辽阳	1935 年任奉天冈崎企业社勤务；1936—1937 年任伪满奉天省辽阳市公署内务局工务科勤务；1938 年任伪满营缮需品局营缮处勤务；1939—1940 年任伪满营缮需品局技士（营缮处勤务）；1940 年任伪满建筑局技士	不详
344.	恩田秀	?—1937	1913 年毕业于东京高等工业学校附设工业教员养成所建筑科	青岛	1916—1917 年任青岛守备队经理部勤务；1917—1920 年任青岛守备军民政部铁道技手兼青岛守备军民政部技手（土木课勤务）	不详
345.	儿岛俊二	不详	1915 年修业于名古屋高等工业学校建筑科选科	台南、花莲	1916—1919 年任台湾总督府台南厅庶务课勤务；1919—1920 年任台南厅技手（庶务课勤务）；1920—1923 年任台南州技手（内务部土木课勤务）；1923—1933 年任台湾总督府专卖局技手（庶务课勤务）；1942 年在台湾花莲港	不详
346.	儿玉馨一郎	不详	1911 年毕业于熊本县立工业学校建筑科	台湾	1912 年任台湾总督府陆军经理部勤务	不详
347.	二宫太平	1908—1988	1934 年毕业于京都帝国大学工学部建筑学专业	大连	1937—1938 年任大连市技手（总务课营缮系）；1939—1943 年任东边道开发（株）工务部建筑课勤务、计画系主任；1943 年通化市在勤；1943 年任伪满洲钢铁（株）勤务	不详
348.	二之文静雄	不详	1922 年毕业于熊本市立工业学校建筑科	天津	1939—1945 年任华北交通（株）社员（1941—1943 年任天津铁路局天津营缮所勤务）	不详

续表

No.	姓名	生卒	专业背景	在华区域	经历	作品 / 著述
349.	仮屋园盛一	不详	毕业于鹿儿岛工业学校	沈阳	1918—1945 年 8 月在“满铁”任职，曾任职于奉天铁道局工务部建筑课	“满铁新京车站”改扩建，1925
350.	饭村丈夫	不详	1934 年毕业于东京帝国大学工学部建筑学专业	佳木斯	1943 年任伪满洲大仓土木（株）佳木斯营业所勤务	不详
351.	饭岛贞之助	不详	1928 年毕业于东京工业专修学校高等工业部建筑科	北京	1938—1943 年任北京华北电信电话（株）勤务	不详
352.	饭吉俊二	不详	1931 年毕业于武藏高等工科学校建筑学专业	沈阳、上海	1938—1940 年任长谷部锐吉竹腰健造建筑事务所奉天出张所职员；1941 年在奉天；1943 年在上海	不详
353.	饭山政一	1884—?	1906 年毕业于东京商工学校商业部；后在东京高等工业学校附属工业补习学校修业	不详	1940—1943 年任伪满洲清水组（株）监查役	不详
354.	饭田德三郎	不详	1910 年毕业于东京美术学校图案科本科	大连	1910—1914 年在“满铁”任职	不详
355.	饭田三郎	1903—?	1924 年毕业于日本大学高等工学校建筑科	不详	1942 年在“满铁”任职	不详
356.	饭田竹二郎	?—1913	不详	台中、苗栗	1900—1901 年任台中县技手；1901—1904 年任苗栗厅技手（总务课勤务）	不详
357.	饭沼正一	不详	1925 年毕业于日本大学高等工学校建筑科	大连、北京	1934—1943 年在“满铁”任职（1939—1943 年任华北交通社员）	不详
358.	饭塚松太郎	1868—1923	1893 年毕业于日清贸易研究所	台北、天津、营口、大连	1896 年任台湾总督府台北县基隆支厅通讯生；1900—1905 年在天津；1905—1918 年任伪满洲营口（大连）饭塚工程局主宰；1918—1923 年任大连市合资会社饭塚工程局有限责任社员；1913—1915 年任大连伪满洲殖产（株）取缔役；1917—1922 年任大连银行监查役；1917 年任大连兴安产业合资会社有限责任社员；1920—1921 年任大连郊外土地（株）取缔役	不详
359.	范源远	不详	毕业于神奈川县立横滨第三中学	台北	1937—1938 年任台湾总督府总督官房营缮课勤务；1960—1968 年任台北政府工务局营缮课长；1972—1974 年任台北源远建筑师事务所所长	不详
360.	芳贺仁	1910—1988	1930 年毕业于仙台高等工业学校建筑科	长春	1933—1940 年历任伪满国务院总务厅需用处营缮科勤务、营缮需品局技士、建筑局技士；1940—1944 年任建筑局技佐；1944—1945 年任伪满省技佐（三江省勤务）	不详

续表

No.	姓名	生卒	专业背景	在华区域	经历	作品 / 著述
361.	丰岛义政	1896—?	1919 年毕业于名古屋高等工业学校建筑科	大连、牡丹江	1934 年任大林组大连支店勤务；1940—1941 年任大林组牡丹江出张所主任	不详
362.	丰木喜三次	不详	1920 年毕业于中央工学校建筑科；1924 年毕业于中央工学校建筑高等科	台湾	1925—1927 年任驻台日军经理部工务科勤务；1929—1934 年任职于驻台日军经理部	不详
363.	丰田明一	不详	不详	长春、锦州	1939 年任伪满营缮需品局技士；1939—1940 年任伪满总务厅技士；1940 年兼任伪满建筑局技士；1940 年任伪满建筑局技佐；1940—1941 年任伪满省技佐（锦州省长官房勤务）；1940—1941 年兼任伪满建筑局技佐；1941—1942 年任伪满建筑局技佐	不详
364.	丰丸胜卫	?—1993	1929 年毕业于早稻田大学建筑学专业	沈阳	1938—1940 年在“满铁”奉天铁道局工务课勤务	不详
365.	丰增秀雄	不详	1921 年毕业于“南满工专”	不详	1921—1922 年在“满铁”任职	不详
366.	丰中丰	不详	1915 年毕业于岛根县立工业学校修道馆建筑科	长春	1937 年任关东军经理部工务科勤务；1939—1944 年任伪满军队技佐	不详
367.	逢坂定雄	1904—?	1929 年毕业于早稻田大学建筑学专业	牡丹江等	1933—1945 年在“满铁”任职	不详
368.	服部邦宏	不详	1934 年毕业于名古屋高工建筑科	不详	1934—1943 年在“满铁”任职	不详
369.	服部金藏	1905—?	1925 年毕业于日本大学高等工学校建筑学专业	牡丹江、济南	1940 年任“满铁”牡丹江铁道建设事务所勤务；1943 年任间组（株）济南出张所勤务	不详
370.	服部炼一	不详	1919 年毕业于早稻田大学建筑学专业	本溪	1941—1943 年任伪满洲本溪湖煤铁公司社员	不详
371.	服部小虎	?—1994	1929 年毕业于名古屋高等工业学校建筑科	哈尔滨、长春、沈阳等	1933—1945 年任职于“满铁”建设局；1945—1946 年被中国政府留用（任长春铁路公司沈阳分局工务事务所勤务）	不详
372.	服部盐一郎	?—1936	1906 年毕业于京都高等工艺学校图案第一部	台北	1910—1912 年任台湾总督府铁道部技手；1912—1919 年任台湾总督府技手（民政部土木局营缮课勤务）	不详
373.	服部逸治	不详	1935 年毕业于日本大学高等工学校建筑学专业	锦州	1940—1942 年任“满铁”锦州铁路局工务课勤务	不详
374.	福本德一	?—1913	不详	大连、铁岭	1906 年任关东州民政署勤务；1906—1913 年任职于关东都督府陆军部经理部铁岭派出所	不详

续表

No.	姓名	生卒	专业背景	在华区域	经历	作品 / 著述
375.	福岛丑藏	不详	不详	抚顺、烟台	1908—1915 年在“满铁”抚顺煤矿任职（1909—1910 年任抚顺煤矿营缮课勤务，1910—1911 年任抚顺煤矿土木课勤务，1911 年任抚顺煤矿烟台支坑勤务，1911—1915 年任抚顺煤矿土木课勤务）；1915—1927 年在“满铁”任职	不详
376.	福岛福二	1900—?	1919 年毕业于“南满工专”建筑科	抚顺、锦州	1919 年任“满铁”抚顺煤矿土木课勤务；1924—1937 年在“满铁”任职；1938—1943 年任“新京”伪满洲电业（株）工务部建筑事务所所长；1940 年任伪满企画委员会特别干事	不详
377.	福岛克巳	1870—1926	1895—1899 在帝国大学工科大学造家学科就读	台北、青岛	1905—1907 年任台湾总督府技师（民政部土木局营缮课勤务）；1907—1910 年任台湾总督府铁道部技师；1915 年任临时青岛要港部勤务	不详
378.	福岛禄寿	不详	1912 年毕业于大阪市立大阪工业学校本科建筑科	长春	伪满洲长春丸山组业务担当者；1921 年任长春福岛建筑事务所所主；1934 年任“新京”福岛建筑事务所所主	不详
379.	福岛平助	不详	不详	大连	1913—1938 年在“满铁”任职；1938—1939 年任“满铁”消费组合建筑系勤务；1939—1942 年任伪满洲生活必需品（株）营缮需品主任；1942—1945 年任伪满洲纤维联合会勤务	“长春满铁新京社员俱乐部”，1935
380.	福岛省三	不详	1932 年毕业于日本大学专门部工科建筑科；后就读于日本大学工学部建筑学专业	长春	1935—1937 年任中央土木（株）勤务；1938—1943 年任伪满洲矿山（株）勤务	不详
381.	福岛增三	1907—?	1932 年毕业于早稻田大学建筑学专业	济南、北京、青岛	1940—1941 年在竹中工务店青岛出张所任职；1941—1943 年任济南出张所主任；1943 年任北京支店勤务	不详
382.	福地宪弘	1907—1966	1931 年毕业于早稻田大学建筑学专业	长春	1934—1935 年任“新京”关东军经理部工务科勤务；1935 年任伪满国务院总务厅技士；1935—1940 年任伪满营缮需品局技士；1940—1943 年任伪满建筑局技佐、中华民国海关总税务司公署建筑所职员；1944—1945 年任伪满洲飞行机制造（株）参事	不详
383.	福冈五一	1889—1971	1914 年毕业于东京帝国大学工科大学建筑学专业	台北	1914—1917 年任台湾总督府技手（民政部土木局营缮课勤务）；1917—1922 年任台湾总督府技师（1917—1919 年任民政部土木局营缮课勤务，1918 年在福州、广东出差，1919—1920 年任土木局营缮课勤务）	不详

续表

No.	姓名	生卒	专业背景	在华区域	经历	作品 / 著述
384.	福冈庄一郎	1897—1974	1916 年毕业于“南满工专”建筑科	大连	1916 年任大连饭塚工程局勤务；1916—1918 年任山东铁道淄山煤矿建筑系勤务；1918—1934 年任“南满洲铁道（株）”雇员；1936—1938 年任“南满工专”附设工业实务学校指导员；1934—1940 年任大连福井高梨组勤务；1940—1942 年任福高组（株）取缔役；1941—1943 年任伪满洲土木建筑业协会工务部工务课长	不详
385.	福家藤吉	不详	不详	北京、天津	1903—1904 年任清政府帝国公使馆建筑监督助手嘱托（北京日本公使馆建筑所在勤）；1904—1906 年在天津真水英夫方任职；1906—1908 年任清政府帝国公使馆建筑监督助手嘱托（北京日本公使馆建筑所在勤）；1911—1912 年在北京真水英夫方任职	不详
386.	福井房一	1869—1937	1890 年毕业于工手学校造家学科；1898 年毕业于库伯联盟建筑系	上海、汉口	1907 年任上海平野福井建筑事务所协同主宰；1908—1911 年任汉口福井工务所所主	不详
387.	福井俊男	不详	不详	台湾	曾任台湾总督府专卖局庶务课技手	不详
388.	福井隆	不详	1933 年毕业于“南满工专”建筑科	长春	1933—1945 年在“满铁”任职	长春樱木小学校，1936；“新京命令病栋”增筑，1934；“新京保健所”
389.	福井猪和太	1888—?	1906 年毕业于冈山县立工业学校	大连	1906—1918 年任营口（大连）饭塚工程局土木技师；1918 年任大连饭塚工程局有限责任社员；1923—1940 年任大连福井高梨组代表；1940—1943 年任福高组代表取缔役	不详
390.	福留繁	1911—1997	1935 年毕业于京都帝国大学工学部建筑学专业	牡丹江	1937—1945 年在“满铁”任职	不详
391.	福田东吾（吴）	1855—1917	1877 年毕业于东京大学理学部工学科	厦门、台北	1898—1902 年任台湾总督府技师；1902—1910 年任陆军技师；1902—1906 年兼任台湾总督府技师（民政部土木局营缮课勤务）	不详
392.	福田慎一郎	不详	1918 年毕业于工手学校建筑学专业	长春	1938 年任“新京”伪满洲煤矿（株）勤务	不详
393.	福田欣二	1906—1983	1929 年毕业于京都帝国大学工学部建筑学专业	青岛	1943—1944 年任青岛方面特别根据地队附兼教官	不详

续表

No.	姓名	生卒	专业背景	在华区域	经历	作品 / 著述
394.	福田与五郎	不详	1904 年毕业于工手学校建筑学专业	旅顺、大连、长春、沈阳	1911—1913 年任旅顺镇守府主计部勤务；1914—1927 年任“南满洲铁道（株）”勤务	不详
395.	福永满八	1907—1988	1935 年毕业于早稻田大学建筑学专业	长春	1938—1940 年任职于“新京”城户武男建筑事务所；1940—1943 年任职于伪满“新京特别市”公署工务处	不详
396.	福永薰	1910—1994	1929 年毕业于大阪市立都岛工业学校本科建筑科	长春、本溪	1938—1939 年任伪满洲工矿技术者养成所助手；1939 年任伪满国立大学“新京”工矿技术院助手；1939—1940 年任伪满洲中央银行营缮课勤务；1941—1942 年任“新京”福永建筑事务所主宰；1942—1945 年任本溪湖煤铁公司土木部建筑系勤务	不详
397.	福永要	不详	1924 年毕业于名古屋高等工业学校建筑科	台北	1924—1925 年任“南满洲铁道（株）”职员；1936 年任职于驻台日军经理部	不详
398.	福永一马	1890—1970	1922 年毕业于名古屋高等工业学校建筑科	长春	1939—1943 年任“新京”伪满洲拓殖公社建设课勤务（牡丹江地方事务所工务课长）	不详
399.	福永佐和吉	1884—?	1908 年毕业于东京帝国大学工科大学建筑学专业	伪满洲	1940—1945 年任伪满洲鸿池组（株）监查役	不详
400.	福泽谨吾	不详	1927 年毕业于日本大学高等工业建筑科	沈阳、锦州	1935—1943 年在“满铁”任职	不详
401.	府马俊一	?—1941	1914 年毕业于东京工科学校建筑科	台北	1916 年任台湾总督府铁道部工务课雇员；1920—1924 年任台湾总督府铁道部技手；1929—1931 年任台北加藤组台北中国店勤务	不详
402.	府马茂国	?—1909	不限	台湾	1896—1897 年任台湾总督府民政局临时土木部技手；1897—1899 年任台湾总督府技手；1899—1909 年任职于台湾总督府驻台日军经理部	不详
403.	釜濑广志	?—1977	1923 年毕业于“南满工专”建筑科	大连	毕业后回日本发展	不详
404.	附田武夫	不详	1914 年毕业于青森市立工业学校建筑科	长春	1936—1945 年任职于关东军经理部	不详
405.	富川政吉	1884—?	1908 年毕业于工手学校建筑学专业	北京	1913—1918 年任职于中国驻屯军	不详
406.	富泽英夫	不详	1924 年毕业于“南满工专”建筑科；1927 年毕业于“南满工专”建设工学建筑分科	大连	1927—1938 年在“满铁”任职	不详

续表

No.	姓名	生卒	专业背景	在华区域	经历	作品 / 著述
407.	甘利哲郎	不详	1917 年毕业于名古屋高等工业学校建筑科	旅顺、高雄、台南	1917—1919 年任关东都督府民政部土木课勤务；1919—1920 年任关东厅民政部土木课勤务；1920—1927 年任关东厅技手；1927—1928 年任台湾总督府官方会计课勤务；1928—1937 年任台湾总督府地方技师（高雄州勤务内务部土木课勤务）；1937—1942 年任台南州塩水港制糖（株）勤务	不详
408.	绀田隆太郎	不详	不详	台北	1929—1942 年在台北自营土木建筑业	不详
409.	冈本畅	1893—1979	1913 年毕业于工手学校建筑学专业	大连	1917—1929 年任大连市冈本建筑事务所主宰；1926—1927 年任大连市小林（小林多吉）冈本建筑事务所协同主宰	不详
410.	冈本田取	1906—1981	1928 年毕业于福井高等工业学校建筑科	长春	1939—1943 年任伪满洲东边道开发勤务	不详
411.	冈本源藏	?—1934	不详	宜兰、台北	1906—1909 年任宜兰厅技手；1909—1914 年任台湾总督府（土木部）技手	不详
412.	冈部正二	1900—?	1922 年毕业于名古屋高等工业学校建筑科	沈阳、天津	1934—1937 年任职于大林组奉天出张所；1938—1941 年任大林组天津出张所所长	不详
413.	冈村源藏	不详	不详	台北	1907 年任台湾总督府建筑事务所嘱托；1924—1925 年任台北州土木技手（内务部土木课勤务）；1929 年在台湾台北州宜兰郡宜兰街自营土木建筑	不详
414.	冈登五郎	1905—?	1930 年毕业于早稻田大学建筑学专业	长春	1941 年任职于伪满洲房产；1942—1944 年任伪满建筑局技正、兴安统省技佐（1944—1945）	不详
415.	冈崎半兵卫	1888—?	1910 年毕业于东京高等工业学校建筑科	大连	1929 年任大连长谷川组本店勤务	不详
416.	冈崎泰光	1894—1977	1922 年毕业于东京帝国大学工学部建筑学专业	不详	1939—1941 年任职于侵华日军司令部；1942—1945 年任华中铁道技术部建筑课长	不详
417.	冈崎幸太郎	1865—?	不详	澎湖、基隆等	1903 年任职于澎湖岛派出所；1909—1912 年任基隆厅、南投厅技手	不详
418.	冈田安久次郎	1866—1931	1891 年毕业于工手学校造家学科	台湾	1911—1912 年任临时台湾总督府工事部雇员（工务课勤务）；1921—1931 年任台湾狮子头水利组合书记兼技手、组合理事、组合长	不详
419.	冈田亨	1906—?	1932 年毕业于早稻田大学建筑学专业	大连、沈阳等	1932—1935 年任大连市间濑组职员（1934 年在奉天出张所）；1935—1943 年在“满铁”任职	不详

续表

No.	姓名	生卒	专业背景	在华区域	经历	作品 / 著述
420.	冈田金次郎	1908—1973	1930 年毕业于神户高等工业学校建筑科	北京	1938—1945 年在“满铁”任职	不详
421.	冈田泰	1908—?	1934 年毕业于早稻田大学建筑学专业	长春	1935—1940 年任伪满营缮需品局营缮处勤务、技士；1941—1945 年任伪满省技佐	不详
422.	冈田信一郎	1883—1932	1906 年毕业于东京帝国大学工科大学建筑学科	台湾	1910 年任台湾总督府土木部建筑取调事务嘱托	不详
423.	冈田彦四郎	1901—1974	1926 年毕业于哥伦比亚大学建筑学专业	沈阳、哈尔滨、大连等	冈田时太郎之子；1930—1945 年在“满铁”任职	长春传染病院，1933
424.	冈田正一	?—1945	1920 年毕业于东京工科学校建筑科	不详	日本外务省事务嘱托，曾多次到中国出差并于 1935—1936 年驻扎伪满洲	不详
425.	冈野金作	1905—1990	1926 年毕业于东京高等工业学校建筑科	海南	1941—1942 年任清水组海南岛在勤	不详
426.	冈野六郎	不详	1928 年毕业于横滨高等工业学校建筑学专业	青岛、上海	冈野重久的弟弟；1934—1935 年在青岛；1937—1943 年任上海冈野建筑事务所所长	不详
427.	冈银次郎	1839—?	不详	台湾	1895—1896 年任临时台湾电信建设部雇员	不详
428.	纲谷利太郎	1907—?	毕业于早稻田高等工业学校建筑科	大连	1931—1937 年在大连开办纲谷建筑事务所	大连金子儿科医院；大连不老街长寿阁；大连羽根九三郎氏邸
429.	高仓守太	不详	毕业于攻玉社工学校	长春	1938 年任伪满中央土木（株）“新京”出张所在勤；1939 年任“新京”支店在勤；1940—1943 年任日产土木（株）社员（“新京”支店在勤）	不详
430.	高仓新一	1898—1971	1924 年毕业于“南满工专”建筑科	旅顺、沈阳、长春等	1924—1937 年在“满铁”任职；1937 年任职于奉天营缮所；1939—1940 年任吉林金谷工务所勤务；1940 年任奉天上村（上村龙造）建筑事务所勤务	不详
431.	高桕鹭真	1850—?	不详	台湾	1996 年任职于临时台湾铁道队台湾建筑部	不详
432.	高村胜	1905—1976	1929 年毕业于京都帝国大学工学部建筑学专业	不详	1943 年任北中国开发（株）华北轻金属建设事务局勤务	不详

续表

No.	姓名	生卒	专业背景	在华区域	经历	作品 / 著述
433.	高冈又一郎	1874—1942	1894 年毕业于陆军教导团工兵科	天津、大连、沈阳	1906—1907 年任关东都督府陆军经理部嘱托技手；1907—1909 年任陆军技手（关东都督府陆军经理部附，大连出张所主任）；1909 年任柳生组大连出张所主任；1911—1919 年任天津加藤洋行工事部勤务；1919—1922 年任大连市高冈久留（久留弘文）工务所协同主宰；1933—1937 年任大连市高冈组组长；1937—1942 年任高冈组（株）取缔役社长；1917—1920 年任奉天溶阳建物（株）监查役；1919—1923 年任奉天大陆窑业（株）监查役；1919—1922 年任大连蒸汽洗濯（株）取缔役；1919 年任大连市辽东木材（株）取缔役；1919—1921 年任“南满”建物（株）取缔役；1921 年任大连市日本珪藻水泥工业（株）取缔役；1921 年任满蒙土地建物（株）监查役；1923 年任大连珪白水泥合资会社无限责任社员；1939 年任伪满洲高冈组（株）取缔役；1939 年任高冈不动产（株）取缔役	不详
434.	高纲吉次郎	1877—1925	不详	大连、抚顺	1905—1923 年在“满铁”任职	不详
435.	高纲政之丞	不详	不详	大连	1919—1923 年在“满铁”任职	不详
436.	高宫清吉	1892—?	1917 年毕业于东京高等工业学校附属工业补习学校	天津	1921—1922 年任天津日本总领事馆官舍修缮工事及官员富合新筑工事现场监督事务嘱托；1931—1940 年任外务省事务嘱托期间，曾多次到中国出差	不详
437.	高谷隆太郎	1904—1995	1928 年毕业于早稻田大学建筑学专业	哈尔滨、长春	1935—1939 年在“满铁”任职；1939—1943 年任“新京”土浦龟城建筑事务所“新京”支所主任	不详
438.	高见谦次	不详	1898 年毕业于工手学校造家学科别科	台北	1904—1909 年任台湾总督府陆军经理部雇员；1909—1914 年任台北厅技手（庶务课勤务）；1914—1920 年在台北	不详
439.	高井石藏	1864—1911	不详	台北	1899 年任台湾总督府雇员（民政部土木课勤务）；1899—1909 年任台湾总督府技手；1899—1901 年任民政部土木课勤务；1901—1909 年任民政部土木局营缮课勤务；1903—1904 年任台北监狱从事新营工事；1909 年任临时台湾工事部技手	台北监狱
440.	高井勗	不详	1913 年毕业于德岛县立工业学校建筑科	不详	1925—1928 年任驻华军队司令部	不详
441.	高久荣一	1887—?	1912 年毕业于东京高等工业学校工业图案科	大连	1912—1915 年任“南满工专”教师；1915—1922 年任“南满洲铁道（株）”职员（“南满工专”教师，1921—1922 年到欧美出差）	不详

续表

No.	姓名	生卒	专业背景	在华区域	经历	作品 / 著述
442.	高丽建城	1894—?	1921 年毕业于东京美术学校建筑科本科	长春	1938—1940 年任职于伪满营缮需品局营缮处；1940—1941 年任伪满建筑局技佐（第一工务处）、省技佐（兴安南省长官房勤务）；1941—1945 年任伪满洲航空（株）勤务	不详
443.	高木弘	?—1928	1916 年毕业于早稻田大学大学部建筑学专业	青岛	1916—1920 年任青岛军政署建筑课勤务	不详
444.	高木义幸	不详	1906 年毕业于京都高等工艺学校图案科第一部	台北	1913—1924 年任台湾总督府技手	不详
445.	高妻广利	1890—?	1909 年毕业于熊本市立工业学校建筑科	台北	1912—1913 年任台湾总督府陆军经理部现场监督员；1913—1914 年任台湾总督府陆军经理部雇员；1916—1917 年任台湾总督府陆军经理部雇员；1917—1919 年任陆军技手（台湾总督府陆军经理部附）；1919—1920 年任台湾电力（株）雇员（建设部勤务）；1920—1922 年任台湾电力（株）技手	不详
446.	高崎力造	不详	1906 年毕业于工手学校建筑学科	大连	1907—1919 年任职于关东都督府陆军经理部；1919—1921 年任职于关东军经理部	不详
447.	高崎茂太郎	不详	不详	大连	1927—1934 年任关东厅技手；1934—1940 年任关东局技手、土木课勤务；1940 年任大连水产会勤务	不详
448.	高崎齐藏	不详	1990 年毕业于工手学校造家学科	台北	1900—1904 年任台湾总督府雇员；1904—1909 年任台湾总督府技手；1909—1911 年任台湾总督府土木部技手	不详
449.	高桥爱辅	不详	不详	大连	1909 年任关东都督府通信技手（通信监理局计理课勤务）	不详
450.	高桥芳雄	1907—?	1929 年毕业于横滨高等工业学校建筑学专业	长春	1933—1940 年任职于关东军经理部；1940—1945 年任职于关东军经理部	不详
451.	高桥丰太郎	?—1900	1889 年毕业于东京高等商业学校附属徒弟讲习所木工科	台湾	1896 年任台湾电信建设部雇员、临时台湾电信建设部技手	不详
452.	高桥角治郎	不详	1891 年毕业于工手学校造家学科	厦门	1895—1897 年任临时台湾灯标建设部雇员；1897 年任临时台湾灯标建设部技手 1899—1907 年任清政府厦门志信洋行勤务	不详
453.	高桥康夫	不详	1935 年毕业于东京大学建筑科	不详	1937—1945 年在“满铁”任职	不详

续表

No.	姓名	生卒	专业背景	在华区域	经历	作品 / 著述
454.	高桥平吉	1906—1942	1931 年毕业于东京帝国大学工学部建筑学专业	安东、长春	1939—1940 年任伪满营缮需品局技佐（营缮处）；1940—1941 年任伪满建筑局技佐（第一工务处）；1941—1942 年任伪满省技正（东安省开拓建设科长），兼伪满交通部技正（安东土木工务处）；1942 年任伪满建筑局技正（第一工务处第一工务科科长）	不详
455.	高桥荣治	1894—1942	1917 年毕业于东京市国大学工科大学建筑学专业	伪满洲	1940—1942 年任伪满洲鸿池组取缔役	不详
456.	高桥胜郎	1908—1994	1926 年毕业于岛根市立工业学校修道馆建筑科；1935 年毕业于日本大学工学部建筑学专业	不详	1949—1952 年任伪中国电气通信局建筑部长	不详
457.	高桥寿男	1907—1961	1929—1931 年就读于京都帝国大学工学部建筑学专业；1935 年毕业于日本大学工学部建筑学专业	高雄	1939—1940 年任台湾不动产（株）勤务（1940 年任高雄市在勤）	不详
458.	高桥喜平太	?—1957	1922 年毕业于藏前工业专修学校高等工业部建筑科	大连	1935—1936 年任清水组伪满洲支店勤务；1935 年任大连东拓钢锭作业所在勤	不详
459.	高桥幸吉	?—1952	毕业于明治工学校	安东	1939—1940 年任职于中央土木（株）安东出张所；1940—1943 年任职于日产土木（株）安东出张所	不详
460.	高桥幸男	不详	1902 年毕业于熊本市立工业学校建筑科	安东、沈阳	1910—1915 年任职于台湾总督府陆军经理部；1919—1924 年在“满铁”任职	不详
461.	高桥熊彦	不详	不详	打狗	1915—1916 年任浅野水泥（株）勤务（门司工场在勤，台湾打狗工厂在勤）	不详
462.	高桥宣	不详	1903 年毕业于工手学校造家学科	大连	1909—1911 年任关东都督府技手	不详
463.	高桥岩太郎	1863—1938	不详	大连、台北	1907—1908 年在“满铁”任职；1908—1909 年任台湾总督府嘱托；1909 年任临时台湾工事部技手（经理课勤务）；1909—1911 年任台湾总督府土木部技手（营缮课勤务）；1911—1912 年任台湾总督府技手（民政部土木局营缮课勤务）	不详
464.	高桥彝男	不详	1929 年毕业于日本大学高等工学校建筑科	台北、花莲	1932—1925 年任台湾总督府雇员（总督官房营缮课勤务）；1937—1942 年任花莲港厅建筑技手（庶务课勤务）；1942—1944 年任台湾总督府技手（财务局营缮课勤务）	不详

续表

No.	姓名	生卒	专业背景	在华区域	经历	作品 / 著述
465.	高桥中禄	1898—?	1918 年毕业于早稻田工手学校建筑科；1924 年在早稻田大学建筑学做听讲生	鞍山、沈阳	1936 年任奉天高桥建筑事务所主宰；1926—1943 年任伪满洲鞍山铁骨桥梁制作所主宰；1943 年任伪满洲铁骨桥梁制作所取缔役社长	不详
466.	高山常哉	1890—?	1910 年毕业于工手学校土木学科	长春	1934 年任“新京”合资会社高山店无限责任社员（代表社员）；1934—1942 年任“新京”合资会社高山组无限责任社员（代表社员）；1942 年任“新京”（株）高山组取缔役	不详
467.	高山英华	1910—99	1934 年毕业于东京帝国大学工学部建筑学专业；1949 年获东京大学工学博士	大同、长春	1938 年任伪晋北自治政府大同特别市建设都市计画用务嘱托；1938—1941 年多次到中国出差	不详
468.	高石清彦	?—1932	1899 年毕业于工手学校土木学科	长春、大连	1912—1928 年任伪满洲长春志岐组组员；1912 年任奉天出张所主任；1928 年任大连支店勤务；1919 年任大连市沙河口起业合资会社有限责任社员；1919 年任济南青岛工材（株）监查役；1930—1932 年任大连市合资会社志岐土木组代表社员	不详
469.	高石喜久夫	?—1981	1928 年毕业于东京高等工业学校建筑科	高雄	1939 年任台湾支店高雄出张所勤务；1943 年任台湾支店高雄出张所主任	不详
470.	高石忠惜	1849—1922	不详	台北	1895 年任大仓组台湾出张所主任；1900 年任台北高石组组长；1910—1917 年任台北合资会社高石组无限责任社员（代表社员）；1913—1917 年任台湾炼瓦纲取缔役；1913—1917 年任台湾瓦斯（株）监查役；1915—1921 年任台北日本芳醸（株）取缔役；1919 年任台北高砂麦酒（株）监查役；1919 年任台北台湾自动车（株）取缔役；1921 年任台北高石组取缔役（代表取缔役）；1922 年任台北成德学院清算人	不详
471.	高松好	1886—?	1904 年毕业于福冈市立福冈工业学校建筑专业	台北	1913—1914 年任台湾总督府技手（民政部土木局营缮课勤务）	不详
472.	高松吉三郎	不详	1907 年毕业于福冈市立福冈工业学校建筑专业	哈尔滨、牡丹江	1907—1908 年任关东都督府民政部土木课勤务；1939—1940 年任关东军经理部哈尔滨派出所勤务；1940—1945 年任关东军经理部牡丹江派出所勤务	不详
473.	高松求巳	1900—1966	1924 年毕业于东京高等工业学校建筑专业	长春	1937—1939 年任伪满洲房产股份有限公司勤务；1939—1940 年任大同组“新京”出张所主任；1940—1942 年任“新京”建筑兴业（株）第一工事系长、新田建设取缔役工事部长	不详

续表

No.	姓名	生卒	专业背景	在华区域	经历	作品 / 著述
474.	高松丈夫	1894—?	1917 年毕业于东京高等工业学校建筑专业	沈阳	1919—1936 年在“满铁”任职	不详
475.	高藤繁吉	不详	1920 年毕业于工手学校建筑学专业	大连	1936—1943 年在大连市自营建筑事务所	不详
476.	高田久喜	?—1956	1917 年毕业于熊本市立工业学校建筑科；1925 年毕业于中央工学校建筑高等科	台湾	1936—1938 年任职于驻台日军经理部	不详
477.	高田一二	?—1961	1928 年毕业于福井高等工业学校建筑科	哈尔滨	1935—1936 年任职于关东军经理部哈尔滨派出所；1937 年任职于关东军经理部牡丹江派出所	不详
478.	高畑护	不详	1916 年毕业于广岛市立工业学校建筑科	鞍山	1935 年任鞍山钢材（株）建筑部勤务；1938—1943 年任东亚土木企业（株）勤务	不详
479.	高岩静	1881—1929	1900 年毕业于工手学校造家学科	大连	1907—1908 年任大连山叶洋行工事部勤务；1908—1927 年在“满铁”任职；1928—1929 年任大连高岩事务所主宰	不详
480.	高野内太平治	不详	1920 年毕业于“南满工专”建筑科毕业	大连、沈阳	1920—1923 年在“满铁”任职	不详
481.	高野启一	1910—2004	1935 年毕业于日本大学工学部建筑学专业	大连、长春	1935—1936 年任大连市勤务；1936—1938 年任伪满营缮需品局勤务；1938—1940 年任伪满营缮需品局技士（营缮处勤务）；1940—1941 年任伪满建筑局技士（第一工务处勤务）；1941—1943 年任伪满“新京特别市”技佐（行政处勤务）；1943—1945 年任伪满建筑局技佐（总务处勤务），兼伪满总务政府技佐；1945 年任伪满交通部技佐（土建统制司勤务）、伪满总务政府调查官（企画局勤务）	不详
482.	高野勇二	不详	1923 年毕业于“南满工专”建筑科	沈阳、开原等	1923—1934 年在“满铁”任职	不详
483.	藁科浅吉	不详	不详	不详	1929 年任职于“满铁”地方部建筑课	不详
484.	葛冈正男	1906—1995	1930 年毕业于东京帝国大学工学部建筑学专业	长春	1935—1936 年任伪满国务院实业部伪满洲大博览会事务局嘱托；1936—1940 年任伪满营缮需品局技佐（营缮处宫廷造营料勤务）；1938—1940 年兼任总务厅技佐（企画处勤务）；1940—1945 年任建筑局技正	成吉思汗庙，1940—1944

续表

No.	姓名	生卒	专业背景	在华区域	经历	作品 / 著述
485.	根之木正男	不详	毕业于大分市立大分工业学校；1930年毕业于“南满工专”建设工学建筑学专业	大连、营口、南京	1932年任大连市建筑系勤务；1934年任伪满洲营口柿崎组勤务；1938年在大连市自营根之木工务所；1939年任南京（株）中支义合祥取缔役	不详
486.	亘理七郎	1891—?	1917年毕业于早稻田工手学校建筑科	长春	1940年任伪满洲户田组（株）监察员	不详
487.	工东千秋	1908—?	1930年毕业于名古屋高等工业学校建筑科	不详	1940—1943年任伪满洲大仓土木（株）社员	不详
488.	工藤安城	?—1959	1913年毕业于青森县立工业学校建筑科	哈尔滨	1938—1945年在“满铁”任职	不详
489.	工藤完治郎	不详	1924年毕业于青森县立工业学校建筑科；1925年毕业于中央工学校建筑高等科	不详	1937—1942年在关东军经理部任职	不详
490.	工藤重正	不详	曾于大分县立工业学校建筑科修业；1925年毕业于日本大学高等工学校建筑科	牡丹江、横道河子、图们	1938—1945年在“满铁”任职	不详
491.	弓津重明	不详	1923年修业于京城工业学校	不详	1926—1940年在“满铁”任职	“长春满铁新京社员俱乐部”，1935
492.	弓削鹿治郎	1870—1957	1890年毕业于工手学校造家科	抚顺	1896—1898年在中国铁路工作；1908—1923年在“满铁”任职	不详
493.	宫坂钦一郎	不详	1899年毕业于工手学校造家学科	台北	1909—1916年任台北厅雇员；1919—1920年任台湾总督府技手	不详
494.	宫本吉太郎	1862—1932	不详	台湾、旅顺、大连	1899—1902年任台湾总督府雇员、技手；1906年任关东州民政署技手；1906—1913年任关东都督府技手；1913—1914年任旅顺饭塚工程局勤务	不详
495.	宫本幸吉	1898—?	1920年毕业于“南满工专”建筑科	长春、大连	1920年任“南满洲铁道（株）”职员；1928—1935年任长春阿川洋行工事部勤务；1935—1936年任大连福井高梨组勤务	不详
496.	宫本长治	1884—?	1909年毕业于东京帝国大学工科大学建筑学专业	青岛	1915—1916年任青岛军政署建筑事务所嘱托；1917—1920年任青岛守备军民政部技师	不详
497.	宫川久吉	不详	1911年毕业于东京工科学校建筑科	大连	1919—1920年任“南满洲铁道（株）”勤务	不详

续表

No.	姓名	生卒	专业背景	在华区域	经历	作品 / 著述
498.	宫川久三	?—1996	1927 年毕业于第三高等学校；1929—1933 年就读于京都帝国大学工学部建筑学专业	大连、沈阳、长春	1934—1938 年任大连莺井组勤务；1938—1943 年任奉天福昌公司社员；1940—1941 年任伪满洲安东勤务；1943 年任伪满洲钢铁工务（株）勤务	不详
499.	宫川启太郎	不详	不详	台湾	1923—1924 年任职于驻台日军经理部	不详
500.	宫村弘	不详	1925 年毕业于日本大学高等工学校建筑科	台湾	1928—1944 年任台湾总督府交通局技手、技师	不详
501.	宫地二郎	1904—?	1929 年毕业于早稻田大学建筑学专业	长春	1938—1939 年任伪满体育保健协会技师；1941 年任伪满洲帝国武道会技师；1942—1945 年任伪满洲竹中工务店（株）社员	不详
502.	宫地京一	1904—?	1929 年毕业于早稻田大学建筑学专业	大连	1929—1946 年任大仓土木（株）社员（1934 年在伪满洲间岛诘所，1935 年在大连出张所）	不详
503.	宫谷佐吉	1839—?	不详	台湾	1895—1897 年任陆军省雇员（临时台湾灯標建设部）	不详
504.	宫馆统	?—1946	1932 年毕业于早稻田大学建筑学专业	沈阳	1935—1936 年任伪满国务院总务厅需用处营缮科勤务；1936—1938 年任伪满营缮需品局技士兼间岛省技士；1938—1939 年兼任伪满营缮需品局技士；1939 年任伪满奉天省技士、营缮需品局技士；1939—1943 年任伪满洲矿业开发（株）建筑系主任	不详
505.	宫内直信	1883—?	毕业于关西商工学校建筑科	鞍山	1919—1943 年在伪满洲自营鞍山宫内工务所；1930—1943 年任合资会社池内市川工务所鞍山出张所主任兼务	不详
506.	宫崎迪	不详	毕业于美国芝加哥建筑专门学校	哈尔滨	1935—1940 年任伪满税关技士；1935—1936 年任哈尔滨税关勤务；1941—1945 年任伪满建筑局技士；1945 年任伪满兴安总省技佐	不详
507.	宫崎吉太郎	?—1930	不详	大连	1914 年任大连市宫崎组组主	不详
508.	宫崎贞一	不详	1932 年毕业于早稻田大学建筑学专业	台湾	1936—1945 年任台湾总督府技手	不详
509.	宫崎直吉	?—1927	不详	大连、台湾	1901 年任驻台日军经营部勤务；1912—1916 年任大连加藤洋行工事部勤务	不详
510.	宫崎重一	1874—?	1899 年毕业于工手学校造家学科	大连、沈阳	1907—1908 年任大连长谷川组勤务；1908 年在大连创办宫崎制瓦所；1908—1923 年自营宫崎事务所；1919 年任大连市渡边商事（株）监查役；1919 年任奉天大陆窑业（株）取缔役；1919 年任大连市宫崎商事合名会社社员；1919 年任大连淀粉（株）监查役；1919—1921 年任伪满洲产业（株）监查役；1919—1923 年任安东县（大连市）东亚木材兴业（株）监查役；1919—1920 年任大连市东洋石材工业（株）取缔役	不详

续表

No.	姓名	生卒	专业背景	在华区域	经历	作品 / 著述
511.	宫所富太郎	?—1931	1904—1912 年就读于东京帝国大学工科大学造家学科	上海	1919—1922 年任上海纺织有限公司建筑系主任	不详
512.	宫田静人	不详	1903 年毕业于工手学校建筑学专业	大连、青岛、鞍山	1912—1916 年任关东都督府技手；1919—1920 年任“南满洲铁道（株）”职员；1921—1924 年任日本土木（株）社员大连出张所在勤、青岛出张所在勤	不详
513.	宫田荘七郎	不详	1918—1920 年就读于东京高等工业学校附属工业补习学校普通工业科建筑科；1922 年毕业于藏前工业专修学校高等工业部建筑科	长春	1940—1943 年任“新京”伪满洲兴业银行本部营缮主任	不详
514.	宫尾麟	1864—?	不详	台中、嘉义	1899—1901 年任台湾总督府事务嘱托；1901 年任台中县事务嘱托；1901—1902 年任台湾总督府建筑事务嘱托；1910—1915 年任台湾嘉义北港制糖（株）取缔役	不详
515.	宫胁久吉	不详	1917 年毕业于工手学校建筑学专业	沈阳	1938—1945 年任“南满洲铁道（株）”职员	不详
516.	宫原景利	不详	1925 年毕业于鹿儿岛县立工业学校建筑科	沈阳	1939—1945 年先后任伪满营缮需品局技士、建筑局技士、市技佐	不详
517.	宫原景美	1910—1998	1927 年毕业于鹿儿岛县立工业学校建筑科；1930 年毕业于日本大学高等工业学校建筑科	长春	1938—1945 年先后任伪满营缮需品局技士、建筑局技士、建筑局技佐；1945 年兼任伪满建筑技术职员养成所教官	不详
518.	沟口宪范	1896—?	1914 年毕业于广岛县立职工学校建筑科	青岛、抚顺、沈阳	1915—1920 年任青岛陆军经理部建筑科勤务；1923—1934 年任伪满洲抚顺细川组组员；1934—1943 年任奉天合资会社细川组代表社员；1943 年任伪满洲建筑（株）代表取缔役	不详
519.	沟口政夫	不详	1932 年毕业于武藏高等工科学校建筑学专业	伪满洲	1943 年任伪满洲大林组社员	不详
520.	沟渊信次	不详	1907 年毕业于德岛县立工业学校建筑科	台中	1913—1920 年任南投厅技手；1921—1922 年任台中州技手；1924 年任湘南木工场勤务	不详
521.	古川长市	1887—?	1906 年毕业于佐贺县立佐贺工业学校木工科；1909 年选修东京高等工业学校建筑科	台北、长春	1909—1912 年在“满铁”任职；1913—1918 年任台湾总督府技手；1919 年任台北厅技手；1920—1942 年任台湾土地建物（株）勤务；1936—1943 年任职于台北古川建筑事务所	不详

续表

No.	姓名	生卒	专业背景	在华区域	经历	作品 / 著述
522.	古贺光久	不详	1935 年毕业于京城高等工业学校建筑学专业	北京	1937—1938 年任伪满营缮需品局勤务；1939—1940 年任伪满营缮需品局技士（营缮处勤务）；1940—1941 年任伪满水力电气建设局技士（镜泊湖土木工程处勤务）；1941—1943 年任北京加藤建筑事务所勤务	不详
523.	古贺弘人	1893—1949	1907—1909 年就读于熊本市镇西中学校；1917—1919 就读于大阪府立西野田职工学校建筑科	沈阳、东安	1909—1913 年在中国；1933—1935 年在沈阳自营加限工业所；1935—1937 年任沈阳伪满奉天军第一军管区靖安军司令部勤务；1937—1938 年任关东军司令部勤务；1938—1939 年任伪满洲拓殖工务课建筑主任；1939—1943 年任茨城县东茨城郡满蒙开拓青少义勇军训练所嘱托；1943—1944 年任东安市伪满洲第六三一部队嘱托；1944—1945 年在东安市自营移动式建筑制作所；1946 年回到日本	不详
524.	古贺勘次郎	不详	1913 年毕业于早稻田工手学校建筑科	台中、花莲	1934 年任台湾台中州台湾电力建设所勤务；1940 年任花莲港东台湾电力兴业勤务	不详
525.	古贺乡宾	不详	1917 年毕业于京都高等工艺学校图案科第一部	不详	1938—1939 年任伪满营缮需品局技士（营缮处宫廷造营科勤务）；1939—1940 年任伪满总务厅技士；1940—1945 年任伪满建筑局技士（第一工务处勤务）；1945 年任伪满建筑局技佐（第一工务处勤务）	不详
526.	古家崎米治	不详	曾于关西商工学校建筑科修业	花莲	1913—1919 年任台湾总督府铁道部雇员（花莲港出张所勤务）；1920—1922 年任台湾总督府铁道部技手（工务课勤务）	不详
527.	古桥柳太郎	1882—1961	1907 年毕业于东京帝国大学工科大学建筑学专业	北京	1910—1912 年任北京华胜建筑公司顾问技师（清政府度支部建筑顾问）	不详
528.	古田荣	1895—?	1914 年毕业于秋田县立秋田工业学校建筑科	北京	1939—1945 年任"满铁"华北交通（株）职员（北京建筑事务所建筑系主任）	不详
529.	古屋光雄	不详	1929 年毕业于日本大学高等工学校建筑科	安东	1942 年在伪满洲东安省自营古屋组	不详
530.	古屋三之助	1899—?	1928 年毕业于加利福利亚大学建筑系；1931 年毕业于哈佛大学建筑学专业	长春	1933 年任关东军经理部工务课勤务；1934 年任伪满国务院总务厅需用处勤务；1934—1935 年任伪满国务院总务厅技士；1935—1939 年任伪满营缮需品局技士；1939 年任伪满间岛省技士；1939—1940 年任伪满营缮需品局技佐兼间岛省技佐；1940—1944 年任伪满建筑局技佐兼省技佐；1944—1945 年任伪满兴安总省技正	不详

续表

No.	姓名	生卒	专业背景	在华区域	经历	作品 / 著述
531.	古屋要	1902—1948	1927 年毕业于早稻田大学建筑学专业	长春	1934—1937 年任“新京”出张所勤务；1937—1943 年任清水组（株）社员；1937—1938 年任“新京”出张所勤务，1943 年任伪满洲支店勤务；1940—1943 年任伪满洲清水组（株）牡丹江出张所主任；1943 年任“新京”土建兴业（株）专务取缔役	不详
532.	古泽矶二	1901—?	1924 年毕业于中央工学校建筑科；1925 年毕业于中央工学校建筑高等科	哈尔滨	1940—1943 年在自营哈尔滨古泽组	不详
533.	古泽喜次郎	1879—?	1897 年毕业于工手学校造家学科	大连	1911—1919 年任关东都督府技手	不详
534.	谷本多喜治	1891—1971	1915 年毕业于早稻田大学建筑学专业	上海	1920—1936 年任上海日华纺织（株）建筑技师	不详
535.	谷合信行	不详	1898 年毕业于工手学校造家学科；1899 年毕业于工手学校土木学科	上海	1908—1909 年任上海平野勇造建筑事务所勤务；1912—1914 年任上海建筑工事监督	不详
536.	谷口贞吉	不详	不详	台北、新竹	1908—1909 年任台湾总督府建筑事务嘱托（民政部土木局勤务）；1909—1911 年任台湾总督府土木部手（营缮课勤务）；1911 年任台湾总督府工事部技手兼台湾总督府技手；1911—1917 年任台湾总督府技手（民政部土木局营缮课勤务）；1918—1921 年任新竹厅、新竹州技手	不详
537.	谷内义正	1898—?	不详	长春、佳木斯	1939 年任伪满营缮需品局技士；1939—1941 年任伪满总务厅技士（总务厅官房勤务）；1940—1941 年兼任伪满建筑局技士、伪满三江省技士；1941—1943 年任伪满佳木斯市技士；1943 年任伪满兴安西省技士；1943—1945 年任伪满建筑局技士；1945 年任伪满建筑局技佐	不详
538.	谷田孝造	1909—?	1927 年毕业于兵库市立工业学校建筑科	哈尔滨	1935—1937 年任伪满哈尔滨特别市公署技士；1938—1943 年任伪满市技士（滨江省哈尔滨市工务处勤务）	不详
539.	谷原米吉	不详	不详	台北	1903—1907 年任台湾总督府专卖局技手（经理课勤务）；1907 年兼任台湾总督府技手（民政部土木局营缮课勤务）	不详
540.	谷中捷三	1904—?	1929 年毕业于早稻田大学建筑学专业	大连	1933 年任大连市伪满洲大博览会工营部技术员；1934—1936 年任大连市财务科勤务；1937—1938 年任大连市技手（会计科）；1938—1940 年任职于伪满洲重工业开发；1940—1942 年任职于伪满洲轻金属安东建设部；1942—1943 年在大连船渠铁工（株）建在设工务所工作	大连市主办的伪满洲大博览会本馆、别馆及其他建筑物，1933

续表

No.	姓名	生卒	专业背景	在华区域	经历	作品 / 著述
541.	瓜生康一	?—1964	1912 年毕业于东京帝国大学工科大学土木科	大连	1912—1913 年任台湾总督府临时台湾总督府工事部勤务；1913—1914 年在“满铁”任职	不详
542.	关根秀治	不详	1911 年毕业于东京工科学校建筑科	不详	1934—1936 年任伪满陆军技正（第五军司令部附）	不详
543.	关根要太郎	1889—1959	1909 年毕业于明治工学校建筑本科；1914 年毕业于东京高等工业学校建筑科选科	沈阳、牛庄	1910—1912 年在三桥四郎建筑事务所任职期间，被派遣到奉天及牛庄日本领事馆建筑场	不详
544.	关合几太郎	1887—?	1907 年毕业于工手学校建筑学专业	长春、吉林	1911 年任长春日本领事馆新筑工事监督技手、外务省嘱托技手（吉林日本总领事馆建筑监督从事）；1930 年前后曾任关东军经理部勤务；1933—1934 年任伪满总务厅需用处勤务；1934—1935 年任伪满国务院总务厅技士（需用处）；1935—1939 年任伪满营缮需品局技士（营缮处）；1939 年兼任伪满内务局技士（长官官房）；1939—1940 年任伪满营缮需品局技佐（营缮处）；1940—1942 年任伪满建筑局技佐（第一工务处）	不详
545.	关俊男	不详	1933 年毕业于早稻田大学建筑学专业	大连	1938—1945 年在“满铁”任职	不详
546.	关口藤吉	1884—?	1901 年毕业于岩手县实业学校木工科	图们、牡丹江	1917—1940 年在“满铁”任职，其中绝大部分时间在朝鲜工作，仅 1938 年在临时图们工事区任职、1938—1940 年在牡丹江工事事务所任建筑系主任	不详
547.	关甚太郎	1907—?	1926 年毕业于香川县立工艺学校建筑科；1929 年毕业于“南满工专”建设工学建筑分科	大连、图们、承德等	1929—1946 年先后任大仓土木大连、图们、热河、新义、本溪湖等出张所勤务	不详
548.	关盛治	?—1993	1926 年毕业于关西工学专修学校昼间部建筑科	哈尔滨、青岛	1936 年任福昌公司哈尔滨出张所勤务；1937—1939 年任哈尔滨支店勤务；1940 年任青岛出张所勤务；1943 年任哈尔滨支店工事课长	不详
549.	关四郎	不详	1916 年毕业于“南满工专”建筑科；1928 年毕业于早稻田工手学校建筑科；1930 年毕业于早稻田高等工学校建筑学专业	鞍山	1917—1928 年、1938—1945 年在“满铁”任职	不详
550.	关五郎	?—1961	1932 年毕业于早稻田大学建筑学专业	沈阳、锦州	1934—1945 年在“满铁”任职	不详

续表

No.	姓名	生卒	专业背景	在华区域	经历	作品 / 著述
551.	关野贞	1867—1935	1895 年毕业于帝国大学工科大学造家学科；1908 年获工学博士	不详	曾多次到中国考察古代建筑	《中国文化史迹》，与常盘大定合著
552.	关原尹守	不详	1904 年毕业于工手学校建筑学专业	旅顺、抚顺、长春	1917—1919 年任职于关东都督府陆军部经理部；1919—1924 年任职于关东军经理部；1925 年任大连矢野组勤务；1928—1929 年任大仓土木社员（1928—1929 年在抚顺诘所任职，1929 年在长春诘所任职）	不详
553.	关字策	?—1966	1923 年毕业于中央工学校建筑科	吉林	1943 年任伪满洲拓殖公社吉林地方事务所工务课建筑主任	不详
554.	馆上旨一郎	1894—1972	1917 年毕业于东京高等工业学校附设工业教员养成所建筑科	台南	1930 年任明治制糖（株）台南勤务	不详
555.	广部虎二	1897—1936	1925 年毕业于“南满工专”建设工学建筑分科	大连、长春等	1921—1936 年在“满铁”任职	不详
556.	广川卯一	不详	1910 年毕业于山形县立工业学校建筑科	大连	1933 年任大连市“南满洲兴业（株）”社员；1937 年任伪满洲开发（株）社员	不详
557.	广川忠正	不详	不详	大连	1915—1927 年在“满铁”任职	不详
558.	广谷良藏	不详	毕业于兵库县立工业学校	哈尔滨	1939—1945 年任“满铁”哈尔滨铁道局勤务	不详
559.	广濑恭	1888—?	1914 年毕业于早稻田大学建筑学专业	天津	1938 年任兴中公司天津支社业务课勤务；1941 年任兴中公司龙烟铁矿矿业筹备处勤务；1943 年任伪满洲龙烟铁矿（株）副参事	不详
560.	广松二郎	不详	不详	台北	1897 年任职于陆军台湾建筑部	不详
561.	广田美穗	1907—?	1927 年毕业于东京高等工业学校建筑科	长春	1939—1944 年任职于关东军经理部；1944 年任职于侵华日军经理部	不详
562.	广田早苗	不详	1900 年毕业于工手学校造家学科	大连	1925—1928 年任大连大仓土木（株）勤务；1939 年任大连大仓土木（株）勤务	不详
563.	广畑虎市	不详	不详	台北	1929—1942 年在台北自营土木建筑业	不详
564.	龟井进	?—1916	1914 年毕业于东京高等工业学校建筑科	台湾	1915—1916 年任台湾总督府技手（民政部土木局营缮课勤务）	不详
565.	龟井腾次郎	1901—1981	1934 年毕业于早稻田大学建筑学专业	鞍山	1937—1941 年任伪满洲鞍山昭和制钢所勤务	不详
566.	鬼头正太郎	不详	不详	大连	1907 年任关东都督府技手（大连民政审勤务）；1909—1919 年任关东都督府技手	不详

续表

No.	姓名	生卒	专业背景	在华区域	经历	作品 / 著述
567.	桂川弘	1905—1944	1925 年毕业于大阪市立工业学校本科建筑科	台湾	1942 年任北京华北电业股份有限公司勤务	不详
568.	桂光风	1858—?	不详	台北	1899—1913 年任堀内商会台湾支店主任；1913—1916 年在台北自营桂商会；1913—1915 年任台湾炼瓦取缔役；1930 年任台北合资会社桂商会有限责任社员	不详
569.	桧山宪太郎	1873—1923	1898 年毕业于工手学校造家学科	大连	1907—1918 年在“满铁”任职	不详
570.	锅岛金治	不详	1904 年毕业于熊本市立工业学校建筑科专修科	大连、沈阳等	1918—1927 年在“满铁”任职；1937 年任奉天锅岛组组主	不详
571.	国藤武	不详	1912 年毕业于工手学校建筑学专业	长春	1939—1943 年在长春自办国藤建筑事务所（国藤工务所）	不详
572.	海津良造	1888—1937	1910 年毕业于工手学校建筑学专业	台北	1911—1918 年任台湾总督府技手（民政部土木局营缮课总督府厅舍建筑事务所）	不详
573.	海老孜	1904—?	1925 年毕业于名古屋高等工业学校建筑科	大连、长春、牡丹江、安东	1929—1934 年任大仓土木大连出张所勤务；1934—1936 年任“新京”出张所勤务；1936—1940 年任牡丹江出张员诘所在勤；1940—1945 年任伪满洲大仓土木安东营业所主任	不详
574.	海上静一	1904—1980	1930 年毕业于关西高等工学校建筑学专业	天津	1939 年任岸和田纺织（株）天津事务所勤务；1940—1946 年任天津海上建筑事务所所主	不详
575.	好地武	1907—?	1928 年毕业于东京高等工艺学校工艺图案科	长春等	1933—1935 年任伪满国务院总务厅勤务、技士；1935—1939 年任伪满营缮需品局技士（营缮处）；1939—1940 年任伪满总务厅技士；1940 年兼任建筑局技士（第二工务处勤务）；1940—1943 年任伪满省技佐（热河省长官房勤务）兼建筑局技（第一工务处）；1943—1944 年任伪满兴安总省技佐；1944—1945 年任伪满司法矫正总局技正	不详
576.	合木要	1876—?	不详	旅顺	1907 年在旅顺任掘内组工事主任	不详
577.	何汝澎	不详	不详	台湾	1927—1936 年任陆军技手（驻台日军经理部附）	不详
578.	和泉国太郎	1877—?	毕业于工手学校建筑学专业	大连	1919 年任大连市砂浆合资会社有限责任社员；1921—1928 年任大连和泉组代表社员	不详
579.	和田德三郎	不详	1934 年毕业于日本大学专业部工科建筑科	长春	1938—1939 年任伪满首都警察技师（1941—1943 年任伪满洲土地开发建筑系主任）	不详

续表

No.	姓名	生卒	专业背景	在华区域	经历	作品 / 著述
580.	和田茂雄	1900—1979	1925 年毕业于神户高等工业学校建筑科	不详	1917—1921 年任“南满洲铁道（株）”雇佣人员（技术部机械科）	不详
581.	和田顺显	1889—1977	1912 年毕业于东京美术学校图案科二部本科	台北	1940 年开设和田顺显台北事务所	不详
582.	和田喜藏	1881—1961	1906 年毕业于工手学校建筑学专业	长春、沈阳	1907—1932 年在“满铁”任职；1932—1940 年任奉天吉川组社员（1935 年任大连分店长、总店建筑部长；1939—1940 年任审查部长）；1940—1943 年任伪满洲土木（株）监察员	不详
583.	和田真	1875—1943	不详	大连、高雄	1908—1911 年在“满铁”任职；1913—1920 年任台湾总督府技手；1921—1926 年任高雄州技手；1926—1928 年任台湾土木技师高雄州土木技师内务部土木课勤务	不详
584.	河村惠吉	1894—?	1915 年毕业于东京工科学校建筑科	青岛、大连、长春	1918—1921 年任青岛守备军民政部土木课；1923—1925 年任关东厅内务局土木课大连出张所；1926—1930 年任职于关东军经理部；1937 年在“新京”自营河村组	不详
585.	河村一太郎	1893—1970	1917 年毕业于东京帝国大学工科大学建筑学专业	不详	曾任日本外务技师，并多次到中国出差	不详
586.	河合几次	1864—1942	1892 年毕业于帝国大学工科大学造家学科	台湾	1896 年任临时台湾电信建设部技师	不详
587.	河合茂树	不详	1922 年毕业于京城工业专门学校建筑科	天津、沈阳等	1936—1943 年在“满铁”任职	不详
588.	河津隆	不详	毕业于日本大学专门部工科	大连	1937—1944 年在“满铁”任职	不详
589.	河井秀雄	不详	1906 年毕业于岩手县立工业学校建筑科	大连	1915—1919 年任关东都督府民政部土木课勤务（1916 年任大连出张所勤务）；1919—1930 年任关东厅技手；1930—1941 年自营大连河井建筑事务所	不详
590.	河野范平	?—1941	1912 年毕业于德岛县立工业学校建筑科	南投、彰化、台中	1919 年任南投厅雇员（庶务课勤务）；1922—1924 年任台中市彰化银行工务课勤务；1924 年任台中州土木技手（内务部土木课勤务）；1925 年任彰化郡技手；1926—1931 年任台中州土木技手（内务部土木课勤务）；1932—1941 年任台中市技手（土木课勤务）；1941 年任台湾总督府技师（总督官房营缮课勤务）	不详

续表

No.	姓名	生卒	专业背景	在华区域	经历	作品 / 著述
591.	河野健六	?—1966	1914 年在大阪制图学校修业	上海	1936 年在上海	上海东河剧场，1936
592.	河野三男	1905—1995	1930 年毕业于早稻田大学建筑学专业	长春、沈阳	1932—1933 年任伪满总务厅需用处营缮科雇员；1933—1935 年任伪满国务院总务厅属宫、技士；1935—1940 年任伪满营缮需品局技士、技佐；1940 年任伪满建筑局技佐（第一工务处勤务）；1940—1945 年任伪满省技正兼建筑局技正等	不详
593.	贺屋好男	1910—?	1935 年毕业于京都帝国大学工学部建筑学专业	沈阳等	1935—1945 年在“满铁”任职	不详
594.	鹤见义雄	1899—1945	1924 年毕业于东京帝国大学工学部建筑学专业	长春	1939 年任伪满洲电气化学工业（株）第一部次长；1943 年任伪满洲电气化学工业（株）参事（工务部建筑课长）	不详
595.	鹤见音治	不详	1907 年在东京高等工业学校附设工业教员养成所附属工业补习学校科目修业	辽阳、长春、四平、大连、佳木斯等	1915—1927 年在“满铁”任职；1928 年任东亚土木（株）社员（四平街出张所勤务，1928 年任本社勤务）；1935—1938 年任大同组组员（1935—1936 年任大连本店勤务，1936—1937 年任佳木斯出张所勤务，1937—1938 年任大连本店勤务）；1939 年任奉天田原商会职员	不详
596.	黑河申三	不详	1932 年毕业于名古屋高等工业学校建筑科	不详	1939 年任职于侵华日军	不详
597.	黑泷祐雄	不详	1933 年毕业于横滨高等工业学校	不详	1933—1945 年在“满铁”任职	不详
598.	黑木繁	?—1957	1922 年毕业于东京高等工业学校建筑科	大连	1928—1929 年任大连长谷川组勤务	不详
599.	黑木源次郎	1888—?	1905 年毕业于福冈县立福冈工业学校建筑科	大连	1908 年任职于关东都督府陆军部经理部；1908—1909 年任大连冈田（时太郎）工务所勤务	不详
600.	黑田冬藏	不详	1932 年毕业于日本大学专门部工科建筑科	长春	1932 年任关东军经理部勤务；1934—1938 年任“新京”大德不动产股份有限公司勤务；1938—1943 年任伪满洲房产（株）勤务	不详
601.	黑田好造	1893—?	1921 年毕业于东京帝国大学工学部建筑学专业	大连、沈阳、济南	1938—1941 年任大连福井高梨组组员；1938 年任奉天支店勤务；1939 年任大连本店勤务；1941—1942 年任济南西村组勤务	不详
602.	黑田喜陆	不详	不详	台湾	1895—1897 年任临时台湾灯标建设部雇员；1897 年任临时台湾灯标建设部技手	不详
603.	黑田仪六	1888—?	1906 年毕业于佐贺县立佐贺工业学校木工部木型科	山东	1907—1918 年任“满铁”雇员；1915—1917 年任陆军省雇员（山东铁道管理部附）；1917—1922 年任青岛守备军民政部铁道技手	不详

续表

No.	姓名	生卒	专业背景	在华区域	经历	作品 / 著述
604.	黑岩贤次	不详	1919 年毕业于福冈县工业学校大工科	大连	1936 年在大连自办水明庄设计事务所	不详
605.	黑岩正夫	1897—?	1918 年毕业于名古屋高等工业学校建筑科	大连 长春	1918 年任清水组大连出张所在勤；1923—1924 年任长春诘所在勤；1924—1925 年任大连支店勤务；1939 年任伪满洲支店长；1940—1945 年任伪满洲清水组役员	不详
606.	黑泽研	1882—1942	1901 年毕业于工手学校造家学科	北京	1942 年任北京北中国棉花协会勤务；1942 年任北京华北绵业振兴会勤务	不详
607.	横沟丰吉	1865—?	不详	台湾	1918—1919 年任台湾总督府技手（在民政部土木局营缮科工作）	不详
608.	横光武夫	不详	1921 年毕业于京都高等工艺学校图案科第一部	台北、高雄	1922—1924 年任台湾总督府铁道部技手；1924—1926 年任台湾总督府交通局技手（铁道部工作）；1926—1940 年任台湾总督府技手（1926—1929 年在总督官房会计科；1929—1940 年在总督官房营缮科）；1940—1943 年任台湾建筑工程师（高雄州建筑工程师内务部土木科勤务）；1943—1946 年任台湾总督府地方技师（高雄州总务部土木科兼警察部保安科勤务）；1944 年兼任台湾总管府响务部兵事防空课	不详
609.	横河民辅	1864—1945	1890 年毕业于帝国本科工科本科造家学科	不详	1937 年设立伪满洲横河桥梁事务所	不详
610.	横井可治	?—1970	1911 年毕业于工手学校建筑学专业；1919 年在东京高等工业学校建筑科选科结业	长春	1940 年任中央土木“新京”出张所所长；1941 年任日产土木“新京”出差所所长	不详
611.	横井一郎	1875—?	1903 年在陆军会计学校做第二届严督讲习生；后做陆军经现学校第三期学生	台北	1900 年任职于台湾守备工兵第二连；1902 年任职于台北第十三宪兵队	不详
612.	横木尚二	1908—?	1926 年毕业于广岛县立广岛工业学校建筑科	不详	1942 年任藤田组伪满洲支店勤务	不详
613.	横山八十七郎	1878—?	1899 年毕业于工手学校造家学科；1909 年毕业于哥伦比亚大学建筑学专业	台北	1913 年任美国贸易会社建筑部勤务台北在勤	不详
614.	横山芳夫	1905—1976	1924 年毕业于仙台市立仙台工业学校木工科；后从陆军士官学校毕业	哈尔滨	1937 年驻扎哈尔滨	不详
615.	横田八郎	不详	1921 年于多度津工业学校修业	台湾	1925—1929 年任职于驻台日军经理部	不详

续表

No.	姓名	生卒	专业背景	在华区域	经历	作品 / 著述
616.	横田道夫	1908—2010	1929 年毕业于东京高等工业学校建筑科；1932 年毕业于东京工业大学建筑学专业	长春	1938—1939 年任伪满洲工矿技术员培训所教官；1939—1940 年任伪满国立大学“新京”工矿技术院教授；1940—1942 年任伪满“新京”工业大学教授；1942—1945 年任伪满国立工业大学教授（“新京”工业大学教授）	不详
617.	横田通	不详	1931 年毕业于“南满工专”建设工程专业建筑分科	长春、锦州、西安	1934—1937 年在“新京”、伪满洲中央银行建筑科工作（1935—1936 年在锦县分行建筑场工作）；1937—1943 年任伪满洲煤矿杂员工（1941—1943 年任西安矿业所建筑系主任）	不详
618.	后藤德藏	不详	不详	台北	1899 年任台湾总督府民政部土木课勤务	不详
619.	后藤工	不详	曾于大分县立工业学校建筑科修业	沈阳	1938—1940 年任职于“满铁”	不详
620.	后藤和太郎	1908—?	1931 年毕业于武藏高等工科学校建筑学专业	哈尔滨、黑河	1939—1944 年任伪满洲拓殖公社职员（工务课长）；1944—1946 年参军，在齐齐哈尔伪满洲九三飞行大队	不详
621.	后藤勘次郎	不详	1916 年毕业于早稻田工手学校建筑科	大连、沈阳	1917 年任加藤洋行大连在勤；1934 年任沈阳碇山组勤务	不详
622.	后藤矿一	不详	不详	台湾	曾任台湾总督府专卖局庶务课技手	不详
623.	后藤麟三郎	?—1926	1896 年毕业于工手学校造家学科	台湾	1902—1915 年任台湾总督府技手	不详
624.	后藤柳作	不详	不详	大连	1911—1912 年在大连自营后藤工务所	不详
625.	后藤隆义	?—1958	1926 年毕业于鹿儿岛县立工业学校建筑科	台湾	1928—1936 年任驻台日军经理部勤务	不详
626.	后藤尚一郎	1908—?	1932 年毕业于东京美术学校建筑科	承德	曾任“满铁”勤务；1935—1938 年任伪满文教部热河重修工务所勤务	承德民宅，1936
627.	后藤一男	?—1988	1919 年于爱知县立工学校修业	台南、台北	1929 年任台南建筑信用购买利用组合勤务；1930 年任台北蹈江信用组合建筑场勤务；1931—1932 年任台湾总督府交通局铁道部改良课勤务	不详
628.	后藤粂吉	不详	不详	辽阳	1907 年任“满铁”辽阳建设事务所勤务	不详
629.	后藤正雄	?—1916	1910 年毕业于东京高等工业学校附设工业教员养成所建筑科	大连	1913—1916 年任“南满工专”教师（1914 年任“南满工专”附设补习夜学部讲师嘱托）	不详
630.	后醍院重正	不详	1928 年毕业于东京工业专修学校高等工业部建筑科	不详	1940—1942 年任伪满洲房产（株）勤务；1942 年任伪满建筑局住政处勤务	不详
631.	后泽信吾	1898—?	1923 年于名古屋高等工业学校建筑科选科修业	不详	1939—1943 年任伪满洲拓殖公社副参事（工务部技术课副课长）	不详

续表

No.	姓名	生卒	专业背景	在华区域	经历	作品 / 著述
632.	呼子正	不详	1900 年毕业于工手学校造家学科	台北	1933 年任鸿池组台北出张所在勤	不详
633.	户松茂	1901—?	1925 年毕业于神户高等工业学校建筑科	大连、沈阳等	1938—1943 年任大连井上组“新京”出张所所长；1943 年任奉天井上大垣组“新京”支店勤务	不详
634.	户田精一	不详	1928 年毕业于早稻田大学建筑学	长春、沈阳	1933—1934 年任“新京”阿川组勤务；1936—1938 年任奉天合资会社茑井组奉天出张所勤务；1941—1943 年任奉天（株）松村组奉天出张所勤务	不详
635.	户田宽	1899—?	1920 年毕业于福冈市立福冈工业学校建筑科	抚顺	1920—1945 年在“满铁”抚顺煤矿任职	不详
636.	户田权四郎	不详	1928 年毕业于东京工业专修学校高等工业部建筑科	长春	1937—1938 年任伪满营缮需品局技士；1938 年兼任伪满兴安东省技士；1938—1939 年任伪满兴安东省技士；1939—1940 年任伪满营缮需品局技士；1940 年任伪满建筑局技士	不详
637.	花咲重次	?—1919	不详	青岛	1917—1918 年任横滨正金银行青岛支店建筑场在勤	不详
638.	滑川幸次郎	?—1968	1930 年毕业于东京工业专修学校高等工业部建筑科	上海	1938—1945 年任上海冈野（冈野重久）建筑事务所所员	不详
639.	荒井初太郎	1868—?	不详	大连	1918 年任大连市满鲜矿业（株）取缔役	不详
640.	荒井定吉	不详	1933 年毕业于早稻田高等工学校建筑学专业	大连	1934—1939 年任大连市横井（横井谦介）建筑事务所勤务；1939—1945 年任大连市土木课营缮系勤务；1945 年任大连市土木课营缮系长	不详
641.	荒井龙三	1907—?	1929 年毕业于横滨高等工业学校建筑科	哈尔滨	1934—1945 年在“满铁”任职	不详
642.	荒井敏郎	1887—?	1907 年毕业于德岛县立工业学校木工科	大连	1917—1918 年任职于清水组大连出张所；1918—1921 年任大连市加藤洋行工事部勤务；1921—1922 年任大连市高冈（高冈又一郎〕工事部勤务；1922—1923 年任大连市高冈久留（久留弘文）工务所勤务；1923—1930 年任大连市合资会社仙波组（仙波虎五郎）代表社员；1924—1930 年在大连市自营荒井工务店	不详
643.	荒井善治	1902—?	1920 年毕业于“南满工专”建筑科；1925 年毕业于“南满工专”建设工学建筑分科	长春、大连等	1920—1922 年在“满铁南满工专”任职；1926—1945 年在“满铁”任职	不详

续表

No.	姓名	生卒	专业背景	在华区域	经历	作品 / 著述
644.	荒井善作	1877—?	1901 年毕业于工手学校造家学科	台北、基隆	1902—1907 年任职于台湾总督府驻台日军经理部；1907—1909 年任台湾总督府技手（民政部土木局营缮课勤务）；1909—1911 年任台湾总督府土木部技手（营缮课勤务）；1911—1922 年任台湾总督府技手（1911—1919 年任民政部土木局营缮课勤务；1919—1920 年任土木局营缮课勤务；1921—1922 年任土木局基隆出张所兼营缮系勤务）；1922—1924 年任台湾总督府州技师（台北州内务部土木课勤务）；1922—1931 年任台湾土木技师、台湾总督府地方技师（台北州内务部土木课勤务）；1931—1941 年任在台北自营荒井建筑工务所；1942 年任田中建物工业（株）台北中国店勤务	不详
645.	荒井盛太郎	不详	1923 年毕业于中央工学校建筑科；1925 年毕业于中央工学校建筑高等科	长春	1934—1935 年任伪满国务院总务厅技士；1935—1937 年任伪满营缮需品局技士	不详
646.	荒井孝善	?—1990	1926 年毕业于早稻田工手学校建筑科；1931 年毕业于早稻田高等工学校建筑学专业	北京	1941—1943 年任华北交通（株）北京铁路局勤务	不详
647.	荒木清三	1884—1933	1902 年毕业于工手学校造家学科	北京、长春	1906—1908 年任职于北京大仓洋行工程局；1909 年任职于北京泽山工程局；1910—1912 年任清国政府雇员（清国分科大学工务处技手，清度支部工程师）；1912—1913 年任中华民国政府雇员（学部技手）；1913—1920 年任北京泽山工车总局勤务；1923—1925 在“满铁”地方部建筑课事务嘱托；1930 年任中国营造学社校理；1932—1933 年任伪满奉山铁路局参议	北京日本领事馆
648.	荒木荣一	1887—?	不详	大连、台北	1903 年在台湾小野木孝治建筑事务所任职；1907—1910 年在“满铁”任职；1912—1922 年任台湾总督府技手、技师（土木局营缮课勤务）	不详
649.	荒木正利	1904—1982	1928 年毕业于京都帝国大学工学部建筑学专业	沈阳、哈尔滨、长春	1938—1945 年在“满铁”任职	不详
650.	荒田义男	不详	1917 年毕业于福冈县立福冈工业学校建筑科	长春、沈阳、大连	1919—1943 年在“满铁”任职	大连田中节宅邸，1937
651.	惠美彦一郎	1896—?	1917 年在兵库县立工业学校修学	不详	曾任“南满洲”铁道勤务	不详

续表

No.	姓名	生卒	专业背景	在华区域	经历	作品 / 著述
652.	矶部政雄	1901—?	1925 年毕业于早稻田大学建筑学专业	台北	1930—1932 年任台湾总督府交通局铁道部勤务；1932—1941 年任台湾总督府交通局技手（铁道部勤务）；1941—1945 年任台湾总督府交通局技师	不详
653.	矶道秀夫	?—1983	1926 年于爱媛县松山工业学校修业	长春	1941—1943 年任“新京”伪满洲电业（株）社员	不详
654.	矶兼权造	不详	1913 年毕业于工手学校建筑学专业	台湾	1925—1928 年任职于驻台日军经理部	不详
655.	姬野隆一	?—1915	1902 年毕业于工手学校造家学科	大连	1907 年在“满铁”任职	不详
656.	吉本长太郎	不详	不详	大连、青岛	1907—1918 年在“满铁”任职，1917—1922 年任青岛守备军民政部铁路技术员	不详
657.	吉本喜代松	不详	1921 年毕业于伪满洲工专建筑科	安东	1929 年任职于“满铁”地方部安东地方事务所建筑系	不详
658.	吉川光重	1908—?	1930 年毕业于名古屋高等工业学校建筑科	哈尔滨	1934—1945 年在“满铁”任职	不详
659.	吉川腾	1900—1957	1922 年毕业于名古屋高等工业学校建筑科	牡丹江、沈阳	1935 年任职于大林组牡丹江出张所；1939 年任大林组奉天出张所在勤	不详
660.	吉川元章	不详	1912 年毕业于东京高等工业学校附属工业教员养成所建筑专业	长春	1939 年任职于鸿池组奉天营业所	不详
661.	吉村常助	1906—1982	1931 年毕业于东京帝国大学工学部建筑学专业	长沙	1944 年在中国长沙从事铁道建设	不详
662.	吉村孝义	1908—1983	1935 年毕业于京都帝国大学工学部建筑学专业	长春	1940 年任伪满国立大学“新京”工矿技术院教授；1940—1942 年任“新京”工业大学教授；1942—1945 年任伪满国立工业大学教授	不详
663.	吉村信	1907—1980	1929 年毕业于福井高等工业学校建筑科	台湾	1938 年在“满铁”任职；1938—1941 年在驻台日军经理部附任职	不详
664.	吉村志一	不详	1929 年毕业于“南满工专”建设工科建筑分科	长春	1934—1946 年在大仓土木“新京”出张所任职	不详
665.	吉嶋保	1895—?	1911 年毕业于工手学校建筑学专业	牡丹江	1938—1945 年任陆军技手（伪满洲关东军经理部附牡丹江派出所在勤）	不详
666.	吉峰嘉吉	不详	1903 年于工程学校造家学科别科修业	大连	1907—1919 年在“满铁”任职	不详
667.	吉富直贤	不详	不详	大连	1920—1924 年在大连自营吉富建筑事务所；1925—1926 年任大连伪满洲涂工组主持	不详

续表

No.	姓名	生卒	专业背景	在华区域	经历	作品 / 著述
668.	吉冈三助	不详	不详	大连	1929 年任职于“满铁”地方部大连工务事务所	不详
669.	吉冈永吉	1907—1970	1924 年毕业于鸟根县立工业学校修道馆建筑科	长春	1937—1940 年任伪满营缮需品局技士（营缮处）、建筑局技士（第一工务处）	不详
670.	吉弘铁男	不详	1923 年毕业于福冈县浮羽工业大学工科	长春	1936 年在“新京”道山任职	不详
671.	吉井勇次	1908—1955	1926 年毕业于早稻田工手学校建筑科；1932 年毕业于早稻田高等工学院建筑学专业	长春	1933—1943 年在伪满洲中央银行工作	不详
672.	吉良宗一	不详	1890 年毕业于工手学校造家学科	天津、大连、台北	1903—1906 年任大仓土木组天津出张所在勤；1908—1909 年任大连出张所在勤；1909—1910 年任台湾出张所在勤；1912 年任关东都督府勤务；1912—1919 年任台湾总督府民政部土木局营缮课勤务；1919—1932 年任台湾总督府技师	不详
673.	吉留清	?—1940	1920 年毕业于工程学校建筑专业	长春、大连	1924—1934 年任关东厅技手（内务局土木课勤务）；1934—1937 年任关东局技手（司政部工作）；1937—1940 年任“南满洲铁路（株）”职员（1937 年在地方部工程科工作；1937—1940 年任大连工事务所技术员）	不详
674.	吉山长吾	不详	1893 年毕业于工手学校造家学科；1894 年毕业于工手学校土木学科	台北	1900—1902 年在台北大仓组任职	不详
675.	吉田八太郎	不详	不详	台北	1902—1907 年任职于驻台日军经理部；1910—1921 年任台北高石组勤务	不详
676.	吉田伴壮	不详	1911 年毕业于福冈县立福冈工业学校建筑科	鞍山、哈尔滨、长春	1911—1935 年在“满铁”任职；1935—1936 年任哈尔滨市合资公司久保组有限责任员工	不详
677.	吉田库藏	?—1977	1922 年毕业于岩手县立工业学校本科建筑专业	张家口	1941 年在伪满洲张家口东洋烟汽车公司工作	不详
678.	吉田六松	不详	不详	大连、长春	1907—1908 年任关东都督府民政部土木课勤务；1909—1910 年任长春横滨正金银行长春出张所建筑场勤务	不详
679.	吉田卯一郎	1879—?	不详	上海、天津	1903 年在上海、天津从事水道工事	不详
680.	吉田敏雄	不详	1933 年毕业于日本大学工学部建筑学专业	大连	1940 年在“满铁”铁路总局工务局建筑科工作	不详

续表

No.	姓名	生卒	专业背景	在华区域	经历	作品 / 著述
681.	吉田三郎	1906—?	1922 年修业于东京商工学校建筑科	牡丹江	1938 年在“满铁”牡丹江铁路局工务科工作	不详
682.	吉田松次郎	1863—1921	不详	台湾	1896—1897 年任台湾总督府民政局临时土木部技手；1897—1898 年任台湾总督府技术人员（财务局土木科工作）；1898 年任职于台湾总督府财务局土木课	不详
683.	吉田务	不详	1921 年毕业于广岛县立工业学校建筑科	长春、哈尔滨	1934—1935 年任伪满国务院总务厅技士；1935—1940 年任伪满营缮需品局技士；1940—1941 年任伪满建筑局技士；1941—1945 年任伪满市技佐（哈尔滨工务处）	不详
684.	吉田喜太郎	不详	1891 年于工手学校造家学科别科修业	台南	1896—1898 年任临时台湾电信建设部员；1899—1900 年任台南县技手（土木课动务）；1901—1902 年任台湾总督府监狱技手（在台南监狱工作）	不详
685.	吉田宪介	不详	1923 年毕业于中央工学院建筑系；1925 年毕业于中央工学院建筑高等科	沈阳	1935 年在奉天伪满洲麦酒工厂工作	不详
686.	吉田信忠	不详	1929 年毕业于早稻田大学建筑学专业	北京、张家口	1939 年在清水组北京分公司工作；1941 年在清水组张家口办事处工作	不详
687.	吉田修	1910—?	1931 年毕业于“南满工专”建设工程专业建筑分科	大连、长春、沈阳	1931 年在大连岸田事在事务所工作；1932—1945 年在“满铁”任职	不详
688.	吉田元助	1899—?	1924 年毕业于早稻田大学建筑学专业	天津、北京	1939 年任竹中工务店天津分行经理；1940 年任北京分行经理店长；1939—1945 年任伪满洲竹中工务店（株）取缔役	不详
689.	吉田章惠	1908—1988	1932 年毕业于东京工业大学建筑学专业	长春	1935 年在伪满国务院总务厅技士工作；1935—1938 年任伪满营缮需品局技师（营缮处工作）；1938—1940 年任伪满营缮需品局技佐（营缮处）；1939—1940 年兼任伪满大陆科学院副研究官；1940 年任伪满建筑局技佐（第一工务处）兼大陆科学院副研究官；1940—1943 年任伪满省技佐（滨江省长官房营缮科）；1943—1945 年任伪满省技正（滨江省长官房营缮科长）；1945 年任伪满建筑局技正（第二工务处勤务）	不详
690.	吉田佐一郎	1906—?	1922 年毕业于东京商工学校建筑科	牡丹江	1938—1943 年在“满铁”牡丹江铁道局工务课任职	不详
691.	吉野秀雄	不详	1915 年毕业于神奈川县立工业学校建筑科	长春、沈阳	1919—1920 年在“满铁”任职；1921—1930 年自营事务所	不详

续表

No.	姓名	生卒	专业背景	在华区域	经历	作品 / 著述
692.	吉原美作	1894—?	1921 年毕业于东京帝国大学工学部建筑学专业	上海	1940 年任上海大同组建筑工程师长	不详
693.	吉原慎一郎	1908—2009	1929 年毕业于横滨高等工业学校建筑学专业；1929—1930 年在横滨高等工业学校就读研究生	北京	1939—1943 年在华北交通方在北京铁路局工务处建筑科工作；1943—1945 年任北京创亚建筑设计事务所主持	不详
694.	儿原武雄	1897—?	1915 年毕业于德岛县立工业学校建筑科	不详	1939—1943 年任侵华日军司令部雇员	不详
695.	加村腾一	1903—?	1925 年毕业于神户高等工业学校建筑科	大连、哈尔滨、旅顺等	1934—1941 年任大连福昌公司职员	不详
696.	加护谷祐太郎	1876—1936	1904 年毕业于东京帝国大学工科大学建筑学专业	青岛	1918 年 6 月—1921 年 2 月任青岛守备军民政部青岛神社建筑业务嘱托	青岛神社，1918
697.	加加美忠太郎	不详	1907 年毕业于山形县立工业学校建筑科	大连	1919—1920 年任“满铁”抚顺煤矿土木课勤务；1921—1924 年任大连土木建筑关勤务；1925—1926 年在大连自营建筑设计监督工事；1927 年任大连和泉组勤务；1929—1937 年任大连加加美建筑事务所主宰；1934—1936 年任营口合资会社柿崎组有限责任社员	不详
698.	加来数义	不详	1921 年毕业于福冈县浮羽工业学校大工科	哈尔滨	1936 年任大同组哈尔滨出张所勤务	不详
699.	加藤诚次	1905—?	1927 年毕业于名古屋高等工业学校建筑科	中国	1943 年任职于侵华日军经理部；1945 年任职于侵华日军总司令部第六方面军经理部	不详
700.	加藤诚二	1891—?	1911 年于日本工艺学校建筑科修业	伪满洲	1940—1943 年任伪满洲清水组役员	不详
701.	加藤谦吉	不详	1922 年毕业于东京工科学校建筑科	长春	1937—1942 年任“新京”伪满洲中央银行课勤务	不详
702.	加藤荣助	1894—1973	曾在日本大学高等工学校学习，1922 年毕业于中央工学校土木科	长春、北京	1933—1937 年先后任伪满国务院总务厅属官、技士，营缮需品局技士；后在北京自营加藤建筑事务所	不详
703.	加藤善吉	不详	1910 年毕业于东京工科学校建筑科	青岛	1918—1919 年任青岛守备军民政部兼青岛守备军民政部铁道技手；1920—1921 年任青岛守备军民政部铁道技手兼青岛守备军民政部技手	青岛病院分院，1923；青岛市场，1923
704.	加藤省三	不详	不详	台湾	1900—1901 年任职于驻台日军经营部	不详

续表

No.	姓名	生卒	专业背景	在华区域	经历	作品 / 著述
705.	加藤市太郎	不详	不详	台北、新竹	1896 年任台湾事务局雇员、总督府雇员（民政局临时土木部技手）；1901 年任台北县（厅）技手；1901—1911 年任新竹厅技手；1911—1912 年任台北合资会社高石组勤务	不详
706.	加藤完	1909—?	1930 年毕业于横滨高等工业学校建筑学专业	长春	1931—1932 年任关东厅内务局勤务；1932—1934 年任关东军经理部勤务；1934—1935 年任伪满国务院总务厅需用处勤务；1935—1937 年任伪满营缮需品局营缮处勤务；1937—1940 年任伪满营缮需品局技士（营缮处勤务）；1940—1945 年任伪满建筑局技佐	不详
707.	加藤秀明	不详	1930 年毕业于早稻田大学建筑学专业	台北、高雄	1930—1936 年任台湾总督府总督官房营缮课勤务；1936—1943 年任台湾总督府技手；1943—1945 年任海军技师（高雄海军施设部附）	不详
708.	加藤真利	1883—1943	1904 年毕业于工手学校建筑学专业	沈阳	1934—1935 年任奉天共立土地建物取缔役	不详
709.	加藤正雄	1898—?	1923 年毕业于早稻田大学建筑学专业	长春	1934—1936 年任职于关东军经理部	不详
710.	甲山敏夫	不详	1933 年毕业于福冈工业学校；1936 年毕业于横滨高等工业学校	大连	1936—1941 年在“满铁”任职	不详
711.	甲野繁夫	1899—1964	1924 年毕业于东京帝国大学工学部建筑学专业	长春、沈阳等	1938—1942 年在“满铁”任职；1941—1942 年任伪满科学审议委员会专门委员	不详
712.	假屋薗盛一	1900—1983	1917 年毕业于鹿儿岛县始良郡立工业徒弟学校建筑科	沈阳、大连、长春等	1918—1945 年在“满铁”任职	“满铁新京车站”改扩建，1925
713.	榎本淳一	1896—?	1917 年毕业于大阪市立大阪工业学校本科建筑科	大连、鞍山	1937 年在大连市；1938 年在鞍山市	不详
714.	间濑义一	不详	1924 年毕业于“南满工专”建筑科；1929 年毕业于福井高等工业学校建筑科	大连、长春	1932 年任大连间濑组组员；1935—1943 年任“新京”日登工务所协同主宰	不详
715.	间濑增吉	1874—?	不详	大连、沈阳	1906 年任大连英组、林组、松本组组员；1913—1922 年任大连间濑组组员；1916—1917 年任大连窑业（株）取缔役；1919—1922 年任大连土木建筑（株）取缔役；1919—1920 年任伪满洲药品（株）取缔役；1919 年任大连关东木材（株）取缔役；1919 年任大连伪满洲制陶（株）取缔役；1920—1923 年任大连合资会社花乃屋无限责任社员；1922—1925 年任大连间濑工务所所主；1928—1938 年任大连市合资会社间濑组代表社员	不详

续表

No.	姓名	生卒	专业背景	在华区域	经历	作品 / 著述
716.	间濑真平	1910—1985	1934 年毕业于东京工业学校建筑学专业	沈阳、大连	1934—1945 年在"满铁"先后任技术员、职员、副参事等	不详
717.	间濑祯三（间濑昇吉）	1894—?	1913 年毕业于工手学校建筑学专业	长春、大连、沈阳	1913—1916 年在"满铁"任职；1916—1925 年任大连间濑组组员；1928 年任大连合资会社间濑组社员；1933—1934 年任"新京南满洲兴业（株）"勤务	不详
718.	菅井久助	不详	毕业于山形县立米泽工业学校	不详	1919—1931 年在"满铁"任职	不详
719.	菅野隆	不详	1930 年毕业于东京高等工业学校	不详	1939—1945 年在"满铁"任职	不详
720.	菅原吉郎	?—1922	1910 年毕业于岩手县立工业学校本科建筑科	天津	1919 年任天津华胜公司勤务	不详
721.	菅哲夫	1907—?	1932 年毕业于东京工业大学建筑学专业	长春	1939—1945 年任职于关东军总司令部	不详
722.	江部缮八	不详	1906 年修业于东京府立职工学校附属工业补习夜学校建筑科	哈尔滨	1936—1941 年任伪满洲哈尔滨合资会社哈尔滨建筑公司无限责任社员（代表社员）	不详
723.	江川伊太郎	1911—1944	1928 年毕业于早稻田工手学校建筑科；1930 年毕业于早稻田高等工学校建筑学专业	伪满洲	1939—1941 年任伪满洲拓殖公社职员（1940 年任牡丹江地方事务所勤务）	不详
724.	江岛贞一	不详	1915 年毕业于工手学校建筑学专业	长春	1926—1931 年任职于驻台日军经理部；1939—1943 年任伪满军队技佐、技正	不详
725.	江口哲次	不详	1918 年毕业于工手学校建筑学专业	台北	1921 年任台湾总督府雇员（土木局营缮课勤务）；1924—1943 年任台湾总督府专卖局技手（庶务课勤务）；1943 年任台湾督府地方技师（台北州勤务）	不详
726.	江崎八郎	1893—?	1915 年毕业于福冈县立福冈工业学校建筑科	鞍山、长春等	1919—1940 年在"满铁"任职；1943 年任长谷川组大连支店长	不详
727.	江崎岩雄	不详	不详	台湾	曾任台湾总督府专卖局庶务课技手	不详
728.	江原耿	不详	不详	鞍山、沈阳、长春、大连	1919—1935 年在"满铁"任职；1937 年任三田组社员；1937—1940 年任板井组勤务；1940 年任大连协和建物勤务	不详
729.	江原作造	?—1942	1920 年毕业于早稻田工手学校建筑科	长春	1938—1939 年任伪满营缮需品局技士（营缮处勤务）；1941—1942 年先后任伪满建筑局技士、技佐	不详

续表

No.	姓名	生卒	专业背景	在华区域	经历	作品 / 著述
730.	角地健次	1905—?	1929 年毕业于早稻田大学建筑学专业	台湾	1929—1930 年任台湾总督府总督官房营缮课嘱托；1930—1934 年任台湾总督府交通局技手（基隆筑港出张所勤务）；1934—1939 年任台湾总督府技手（总督官房营缮课勤务）；1939—1946 年任台湾总督府技师（1939—1942 年任总督官房营缮课勤务，1942—1946 年任财务局营缮课勤务）	不详
731.	角田吉章	?—1972	1922 年毕业于东京高等工业学校建筑科	沈阳	1939—1943 年任奉天日满钢材工业（株）社员	不详
732.	角田喜熊	1888—?	不详	台北	1911—1921 年任台湾总督府铁道部雇员；1922—1924 年任台湾总督府铁道部技手；1924—1941 年任台湾总督府交通局技手；1941 年任台湾总督府交通局技师	不详
733.	皆川成司	1883—?	1901 年毕业于福冈县立福冈工业学校木工科	大连、沈阳	1913—1923 年在大连自营土木建筑业成恒社，先后任大连窑业（株）取缔役和大陆土木建筑（株）取缔役；1919 年任关东木材（株）取缔役；1919 年任伪满洲制陶（株）监查役；1919—1921 年任大连大正混泥土（株）取缔役；1923—1927 年任大连合资会社恒社代表社员；1937—1940 年任大林组奉天支店次长；1940 年任伪满洲大林组（株）监查役	不详
734.	皆川由之	?—1987	1919 年毕业于中央工学校建筑科	天津	1938 年任清水组（株）天津出张所勤务	不详
735.	桝谷健治郎	1915—1972	1931 年毕业于关西工学校昼间部建筑科；1935 年毕业于关西高等工学校建筑科	长春	1935 年任"新京"井上高田组设计部勤务；1935 年任伪满国务院总务厅需用处勤务；1935—1937 年任伪满营缮需品局营缮处勤务；1937—1938 年任伪满龙江省勤务；1939—1940 年任伪满委任官试补；1940—1941 年任伪满兴安西省技士、建筑局技士；1945 年任伪满建筑局技佐；1946—1947 年任马渊组（株）东京支店资材主任	不详
736.	今川仙之助	不详	不详	大连	1908—1918 年在"满铁"任职	不详
737.	今川镇夫	1888—1964	1914 年毕业于早稻田大学大学部建筑学专业	伪满洲	1941—1945 年任伪满洲藤田组支配人	不详
738.	今村敬辅	不详	1910 年毕业于秋田县立工业学校建筑科	长春	1941 年任鹿岛组"新京"出张所勤务；1943 年任伪满洲鹿岛组勤务	不详
739.	今村已之助	1869—?	不详	台湾	1895—1897 年任台湾总督府雇员；1897—1898 年任台湾总督府技手	不详
740.	今村盛造	不详	毕业于鹿儿岛县立工业学校	不详	1921—1941 年在"满铁"任职	不详

续表

No.	姓名	生卒	专业背景	在华区域	经历	作品 / 著述
741.	今吉喜代藏	1891—1968	曾于关西商工学校建筑科修业	长春	1932—1935 年任松村组伪满洲营业所勤务；1935—1945 年任职于松村组“新京”营业所	不详
742.	今津忠幸	1910—1982	1935 年毕业于京都帝国大学工学部建筑学科	长春、鞍山、哈尔滨	1940—1941 年任伪满建筑局技佐；1941—1943 年任伪满市技佐（鞍山市公署行政处住宅科长）；1943—1945 年任伪满省技佐（热河省实业厅建设科勤务、建筑股长）；1945 年任伪满省技正（哈尔滨市公署勤务）	不详
743.	今井光雄	1908—?	1930 年毕业于东京工业大学附属工学专门部建筑科	哈尔滨	1939—1942 年任伪满哈尔滨工业大学助教授、教授；1941—1945 年兼任伪满开拓研究所副研究官；1942—1945 年任伪满国立工业大学（哈尔滨工业大学）教授	不详
744.	今井健治	不详	1927 年毕业于关西工学专修学校建筑科	安东	1943 年任伪满洲安东市共荣组常务取缔役	不详
745.	今井三郎	1910—?	1934 年毕业于早稻田大学建筑学专业	长春	1935—1937 年任伪满营缮需品局营缮处雇员；1937—1940 年任伪满营缮需品局技士、技佐；1940—1944 年任伪满省技佐（三江省公署开拓厅建设科勤务等）；1944—1945 年任伪满国民勤劳奉仕队总司令部技正	不详
746.	今井善八郎	1867—?	不详	安东	1913 年任安东县大仓制材所监察役	不详
747.	今井秀雄	1898—1948	1921 年毕业于东京高等工业学校建筑科	哈尔滨	1933 年任本溪湖洋灰公司勤务；1937—1942 年任伪满哈尔滨工业学校讲师、教授（1938—1942）；1942—1945 年任伪满国立工业大学（哈尔滨工业大学）教授	不详
748.	今井义男	1898—?	1922 年毕业于中央工学校建筑科	伪满洲	1934 年任“满铁”铁路总局勤务；1934—1938 年任“日满”麻纺织（株）勤务	不详
749.	今林（村）恒太郎	1901—1943	1928 年毕业于东京帝国大学工学部建筑学专业	大连、天津	1933—1943 年在“满铁”任职（大连工事事务所、北中国事务局、华北交通）	不详
750.	金冈丰次	不详	不详	长春	1931—1945 年任职于关东军经理部	不详
751.	金田三郎	1905—?	1931 年毕业于东京帝国大学工学部建筑学专业	鞍山、安东	1939—1944 年任昭和制钢所土木部建筑课第二系主任；1944—1945 年任伪满洲制铁安东支社建筑课长	不详
752.	金田胜之进	不详	1926 年毕业于日本大学高等工学校建筑科	沈阳、抚顺	1934—1942 年在“满铁”任职	不详
753.	金窪定次	1889—1970	1910 年毕业于东京高等工业学校建筑科	长春	1912—1918 年、1938—1943 年任职于关东军经理部	不详

续表

No.	姓名	生卒	专业背景	在华区域	经历	作品 / 著述
754.	金子富三	不详	1922年毕业于工手学校建筑学；1929年毕业于日本大学高等工学校建筑科；1930年毕业于日本大学高等工学校专攻部建筑科	沈阳	1934—1935年任奉天石井组勤务	不详
755.	金子键二郎	1897—1975	1917年毕业于东京高等工业学校建筑科	关东	1920—1923年任关东军经理部雇员；1939年任职于关东军经理部附	不详
756.	金子政太郎	1878—?	不详	台湾、上海等	1899年任台湾澎湖列岛企水雷布设工事监督；1942年任天理教上海传道厅役员（南京出张所建筑委员兼主任监管）	不详
757.	金子左久	1872—1941	不详	台北	1900—1909年任台湾总督府雇、台湾总督府技手；1909—1911年任台湾总督府土木部技手（营缮课勤务）；1913—1920年任台北厅技手（庶务课勤务）；1920—1921年任台北州技手（内务部土木课勤务）	不详
758.	津村重一	?—1985	1931年毕业于东京工业大学附属工学专门部建筑科	长春	1934—1935年任伪满国务院总务厅技士；1935—1938年任伪满营缮需品局技士；1939年任东辽道开发（株）勤务；1942年任伪满洲生活必需品（株）营缮课勤务	不详
759.	津久井政吉	?—1930	1913年毕业于东京工科学校建筑科；1926年毕业于中央工学校建筑高等科	台北	1917—1921年任职于驻台日军经理部	不详
760.	津曲彦二	不详	1924年毕业于日本大学高等工学校建筑科选科	长春	1940年任伪满交通部技士（航空司飞行场科勤务）	不详
761.	津田敏雄	1881—1948	1909年毕业于东京帝国大学工科大学建筑学专业	台湾	1914—1917年任职于台湾总督府陆军经理部	不详
762.	津田秀夫	1901—?	毕业于熊本市立商工学校建筑科	长春	1933—1934年任大仓土木（株）社员（“新京”支店勤务）	不详
763.	津田宗记	不详	1929年毕业于东京工业专修学校高等工业部电气科	长春	1938—1940年任伪满营缮需品局技士；1940年任伪满建筑局技士；1940—1945年任伪满建筑局技佐；1945年兼任伪满建筑技术职员养成所教官	不详
764.	津泽薫	不详	1913年毕业于东京高等工业学校建筑科	大连	1918—1920年任大连三田（三田芳之助）工务所勤务；1919年任大连市合名会社巴组建筑事务所社员；1922—1923年任伪满洲土木建筑总取缔役	不详

续表

No.	姓名	生卒	专业背景	在华区域	经历	作品 / 著述
765.	筋田和英	不详	1928 年毕业于早稻田大学建筑学专业	牡丹江	1936—1938 年任池田组伪满洲出张所勤务；1939—1940 年任陆军技手（关东军经理部附）；1940—1942 年任陆军技师（关东军经理部附牡丹江派出所勤务）	不详
766.	锦织喜代次	不详	1910 年毕业于岛根市立工业学校修道馆建筑科	长春	1938—1940 年任“新京”南信建筑事务所勤务；1940—1942 年任“新京”锦织建筑事务所主宰	不详
767.	近石正义	不详	1924 年毕业于东京高等工业学校建筑科	长春	1939 年任大林组“新京”出张所勤务；1942 年任伪满洲大林组（株）社员	不详
768.	近藤兵太	1889—1963	1911 年毕业于名古屋高等工业学校建筑科	哈尔滨、大连	1933—1945 年在“满铁”任职	不详
769.	近藤惠二	1907—1989	1931 年毕业于早稻田大学建筑学专业	长春、沈阳	1938—1940 年任“新京”（奉天）西村大冢建筑事务所勤务；1939 年任奉天同和建筑事务所勤务；1941—1943 年任奉天泷本近藤建筑事务所协同主宰	不详
770.	近藤三之助	?—1926	毕业于早稻田工手学校建筑科	营口等	1915—1921 年任伪满洲营口平冈组组员	不详
771.	近藤寿	不详	1928 年毕业于东京高等工业学校建筑科	长春	1939 年任“新京”伪满洲房产勤务；1942—1943 年任伪满建筑局技佐（建筑局住政处）	不详
772.	近藤外登	不详	1906 年毕业于工手学校	不详	1912—1918 年在“满铁”任职	不详
773.	近藤贤次郎	1877—?	不详	台北、大连、阿里山、嘉义	1901—1905 年任台湾总统府铁道部技手；1907—1908 年任“南满洲”铁道技手；1911—1914 年任台湾总督府阿里山作业所技手	不详
774.	近藤伊三郎	1889—1968	1915 年毕业于东京帝国大学工科大学建筑学专业	沈阳、长春	1916—1919 年任关东都督府技师（民政部土木课勤务）；1919—1923 年任关东厅技师（内务局土木课勤务）；1939—1940 年任鹿岛组奉天和“新京”支店勤务；1940—1945 年任伪满洲鹿岛组取缔役建筑部长	不详
775.	近藤正造	1902—?	1928 年毕业于东京帝国大学工业部建筑学专业	台湾	1940—1941 年任台湾拓殖（株）社员	不详
776.	井出松藏	不详	1908 年毕业于德岛县立工业学校建筑科	台北	1937 年任大阪商船（株）台北出张所建筑场出张所在勤	不详
777.	井川建次郎	1878—?	1902 年于工手学校造家学科别科修业	台北	1895—1897 年任临时台湾灯标建设部雇员、临时台湾电信建设部雇员；1910—1919 年任陆军技手（1910—1915 年任职于驻台日军经理部）	不详

续表

No.	姓名	生卒	专业背景	在华区域	经历	作品 / 著述
778.	井村真平	1893—?	1916 年毕业于筑地工手学校建筑学专业	长春、大连等	1916—1936 年在“满铁”任职；1936—1943 年在大连任东亚土木企业（株）建筑课长	不详
779.	井口繁一	1906—?	1928 年毕业于福井高等工业学校建筑科	长春、哈尔滨	1938—1940 年任职于关东军经理部；1940—1945 年任陆军技师（哈尔滨伪满洲部队）	不详
780.	井口经彦	1871—?	1893 年毕业于工手学校造家学科	台湾	1895—1896 年任临时台湾灯标建设部技手；1896—1906 年任航路标识管理所技手；1896—1897 年兼任临时台湾灯标建设部技手	不详
781.	井上富三	1904—?	1925 年毕业于名古屋高等工业学校建筑科	伪满洲	1940—1943 年任伪满洲清水组职员（建筑主任）	不详
782.	井上荒太郎	1894—?	1915 年毕业于“南满工专”建筑科	大连	1915—1918 年在“满铁”任职；1922 年在大连市自营建筑业	不详
783.	井上觉太郎	1897—?	1916 年毕业于工手学校建筑专业；1921 年毕业于中央工学院建筑高等科	济南	1918 年任济南居留民团嘱托；1918—1920 年任东亚蛋粉公司嘱托；1919—1920 年任济南实业公司技师	不详
784.	井上六郎	不详	1930 年毕业于早稻田大学建筑学专业	大连	1933—1943 年在大连自办井上建筑事务所	不详
785.	井上隆介	不详	1899 年毕业于福冈县福冈工业学校土木科	旅顺	1907—1908 年任关东都督府技手；1907 年任金州民政署勤务、民政部土木课兼务；1908 年任民政部土木课勤务	不详
786.	井上太市	1887—?	1907 年于京都工学校修业	大连	1917—1919 年任大连市建筑主任技术者；1919—1940 年在大连自营井上建筑工务所	不详
787.	井上一夫	1911—1978	1935 年毕业于早稻田大学建筑学专业	长春	1935 年在伪满国务院总务厅供需处工作；1935—1937 年在伪满修缮供需品局修缮处工作；1937—1940 年任伪满修缮供需品局技师（修缮处工作）；1940—1941 年任伪满建筑局技士（第一工务处规划科工作）；1941—1943 年任伪满省技佐（东安省开拓厅建设科工作）	不详
788.	井上住太郎	不详	不详	台湾	曾任台湾总督府专卖局庶务课技手	不详
789.	井深清见	1903—1984	1924 年毕业于东京高等工业学校建筑科	大连、长春	1930—1931 年任大连朝比奈（辰雄）建筑事务所勤务；1931—1934 年任大连市岸田事务所勤务；1934—1943 年任大同组取缔役“新京”出张所主任、建筑部长	大连大厦，1933
790.	井手市吉郎	1886—?	1905 年毕业于福冈县立福冈工业学校建筑科	抚顺、青岛、大连等	1908—1926 年在“满铁”任职；1926—1929 年任大连市技手（财务课应缮系勤务）；1930—1931 年任大连市合资会社矢野组代表社员；1943 年任上木（仁三郎）组抚顺出张所长	大连市社会馆建造，1927

续表

No.	姓名	生卒	专业背景	在华区域	经历	作品 / 著述
791.	井田纯郎	不详	1925 年毕业于“南满工专”建设工学建筑分科	大连	毕业后回到日本工作	不详
792.	井田茂三郎	1879—1914	1904 年毕业于工手学校建筑学专业	营口、长春	1906 年任职于营口军政署；1906—1908 年任职于营口道台工程总局；1908—1914 年在“满铁”任职，其中 1902—1914 年任“南满洲铁道（株）”长春实业补习学校建筑科讲师嘱托	不详
793.	井筒美雄	不详	1919 年毕业于工手学校建筑学专业	沈阳	1937—1939 年在奉天自营事务所；1940 年任伪满牡丹江省梅林桥本店出张所勤务	不详
794.	井之口喜一	不详	1913 年毕业于工手学校建筑学专业	长春	1934—1935 年任伪满国务院总务厅技士	不详
795.	境田健治	不详	1913 年毕业于工手学校建筑学专业	台湾	1915—1916 年任台湾总督府工业讲习所雇员	不详
796.	久保庋	?—1971	1930 年毕业于京都帝国大学工学部建筑学专业	沈阳、抚顺	1940 年任职于清水组奉天出张所；1942 年在抚顺自营久保工务所；1943 年任抚顺久保工业（株）取缔役社长	不详
797.	久保田孙一	1897—1943	1920 年毕业于东京高等工业学校建筑科	大连	1920—1922 年在“满铁”任职；1922—1923 年在大连自办建筑研究所；1923—1926 年任大连大庭商会技术员	不详
798.	久保田五郎	不详	不详	不详	曾任台湾总督府专卖局庶务课技手、技师	不详
799.	久保田秀稔	?—1963	1934 年毕业于仙台高等工业学校建筑学专业	不详	1939 年在侵华日军中服役	不详
800.	久保田伊平	1885—?	1906 年毕业于熊本县立工业学校建筑科	沈阳、大连	1912—1918 年任关东都督府民政部土木课勤务；1918—1920 年任东省实业（株）建筑课长；1920—1943 年在沈阳自营久保田工务所	不详
801.	久保田英雄	1901—?	1923 年毕业于东京高等工业学校建筑科	不详	1940—1943 年任伪满洲清水组社员	不详
802.	久保雄吉	不详	不详	台湾	1901—1902 年任职于驻台日军经营部附	不详
803.	久池井达也	不详	不详	大连、长春等	1922—1941 年在“满铁”任职	不详
804.	久慈谦司	?—1952	1905 年毕业于岩手县立工业学校本科建筑科	台北	1913 年任台湾总督府民政部土木局营缮课勤务；1914—1919 年任台湾总督府技手（台湾总督府民政部土木局营缮课勤务）	不详
805.	久林英一	?—1915	1910 年毕业于名古屋高等工业学校建筑科	台湾	1913 年任台湾总督府技手（民政部土木局营缮课勤务）	不详

续表

No.	姓名	生卒	专业背景	在华区域	经历	作品 / 著述
806.	久米权九郎	1895—1965	1924—1928 在斯图加特州立理工大学学习建筑；1928—1929 在英国伦敦建筑联盟学校学习	上海	1938 年其开办的久米建筑事务所在上海开设分行；1940 年任中华民国海关税务司公署主席建筑师；1945 年回到日本	不详
807.	酒见佐市	1900—1988	1924 年毕业于东京帝国大学工学部建筑学专业	上海	1939—1941 年任华中铁道技术部建筑课长	不详
808.	酒井武彦	不详	不详	不详	1929 年任“满铁”地方部建筑课	不详
809.	酒井喜一	1910—1969	1927 年毕业于东京工科学校建筑科；1929 年毕业于日本大学高等工学校建筑科；1930 年毕业于日本大学高等工学校专攻部建筑科	鞍山	1939—1942 年任伪满洲鞍山市昭和制钢所建设局建筑课勤务；1942—1945 年任伪满洲铁钢工务副参事建筑课主任；1945 年任伪满洲制铁骨粉参事；1945 年在鞍山设立荣昌兴公司	不详
810.	酒井忠一	不详	1911 年毕业于工手学校建筑学专业	上海	1922—1924 年任上海公大沙厂勤务；1925—1928 年在上海；1926—1927 年任台湾银行上海支店勤务	不详
811.	臼井次郎	不详	1909 年毕业于名古屋高等工业学校建筑科	大连、抚顺、长春	1923—1929 年任职于关东军经理部；1935—1936 年任伪满洲抚顺田中组勤务；1936—1937 年任长谷川组“新京”支店长	不详
812.	臼井弥枝	1885—1958	1913 年毕业于东京高等工业学校建筑科	上海	1915—1917 年任合资会社清水组上海出张所在勤	不详
813.	鹫尾健三	1907—1985	1930 年毕业于京都帝国大学工学部建筑学专业；后进入京都帝国大学工学部大学院	大连	1933—1945 年在“满铁”任职	不详
814.	鹫塚诚一	1901—?	1926 年毕业于密歇根州立大学建筑学专业	不详	在东京自办事务所	大连白兰庄公寓，1937；大连下村氏邸，1938
815.	居村正臣	不详	1918 年毕业于“南满工专”建筑科	大连	1918—1923 年在“满铁”任职	不详
816.	菊池武之介	1905—?	1927 年毕业于东京帝国大学工学部建筑学专业	大连	1936—1937 年任关东局嘱托（关东州厅内务部土木课勤务，1936—1937 年任大连出张所勤务）；1937—1944 年任大连市技师（财务课建筑系勤务）	不详
817.	菊池秀夫	1904—?	1926 年毕业于“南满工专”建设工学建筑分科	大连	毕业后回日本	不详

续表

No.	姓名	生卒	专业背景	在华区域	经历	作品 / 著述
818.	菊山秀雄	1909—?	曾于三重县津市立工艺学校修业；1928年从东京高等工商学校建筑科退学	伪满洲	1935—1941 年任伪满洲本溪湖煤铁公司建筑课勤务；1941—1943 年任吉林人造石油（株）建筑课勤务	不详
819.	菊田光次	不详	1901 年毕业于仙台市工业学校木工科	旅顺	1907—1908 年任关东都督府陆军经理部铁岭出张所勤务；1910—1914年任旅顺海军经理部建筑科勤务；1914 年任旅顺显要港部勤务	沈阳纳骨堂改建，1910
820.	郡山彦熊	不详	不详	台南等	1897 年任职于台南陆军经营部；1898—1902 年任职于驻台日军经营部；1902—1906 年任职于驻台日军经理部	不详
821.	堀本义雄	不详	1914 年毕业于德岛县立工业学校建筑科	上海	1922—1923 年任东洋纺织（株）勤务上海在勤	不详
822.	堀池好之助	不详	1896 年毕业于东京帝国大学建筑科	台北	1896 年任台湾总督府民政局临时土木部建筑技师	不详
823.	堀谷平作	1886—?	1903 年毕业于工手学校造家学科	大连、沈阳	1920—1938 年在“满铁”任职	不详
824.	堀井寅吉	1890—?	不详	台南	1911—1912 年任台南厅雇员（庶务课勤务）	不详
825.	堀内善一郎	1887—1923	1911 年毕业于名古屋高等工业学校建筑科	台湾	1911 年任台湾总督府土木部技手；1911—1922 年任台湾总督府技手；1922 年任台湾土木技师（新竹州土木技师）	不详
826.	堀藤雄	不详	1921 年毕业于“南满工专”机械科；1925 年毕业于“南满工专”建筑工学科建筑分科	沈阳、旅顺	1921—1922 年任“南满洲铁道（株）”雇员；1927 年任伪满洲旅顺关东军经理部工务科勤务；1929—1945 年任陆军技手（关东军经理部附）	不详
827.	堀一正	1911—?	1934 年毕业于仙台高等工业学校建筑科	大连	1934—1943 年历任关东厅内务局土木课、关东局关东州厅内务部土木课、土木部营缮课勤务、关东局技手；1943—1945 年任伪满洲制铁（株）第一建筑课勤务	不详
828.	堀寅一	不详	毕业于山形县立鹤冈工业学校建筑科	伪满洲	1941—1943 年任伪满洲煤矿（株）工作课勤务	不详
829.	堀勇	不详	1932 年毕业于日本大学高等工学校建筑科；1935 年毕业于日本大学专门部工科建筑科	长春	1939—1943 年历任伪满国立大学工矿技术员助教授、“新京”工业大学助教授、伪满国立工业大学助教授	不详
830.	堀泽忠一	不详	1912 年毕业于岛根县立工业学校修道馆建筑科	台北	1921—1939 年任台湾总督府技手；1942 年任台湾拓殖（株）技师	不详
831.	来岛藤吉	不详	不详	旅顺	1905—1912 年任关东州民政署（关东都督府）技手；1912 年在旅顺从事信托业	不详

续表

No.	姓名	生卒	专业背景	在华区域	经历	作品 / 著述
832.	濑户村治	不详	不详	台湾	曾任台湾总督府专卖局庶务课技手	不详
833.	蓝原兵二郎	?—1927	不详	台北	1895—1897 年任临时台湾灯标建筑部雇员；1897 年任台湾总督府临时土木部雇员、台北县技手；1898 年回到日本	不详
834.	蓝原隆信	1909—1978	1930 年毕业于神户高等工业学校建筑科	通化、鞍山	1939—1944 年任伪满通化省东边道开发（株）社员；1944—1945 年任鞍山伪满洲制铁（株）社员；后曾任本溪湖煤铁工程公司勤务；1953 年回日本	不详
835.	里见义胜	不详	1922 年毕业于早稻田工手学校建筑科	台湾	1925—1927 年任驻台日军经理部勤务；1927—1943 年任职于驻台日军经理部	不详
836.	里田诚	1909—1972	1935 年毕业于早稻田大学建筑学专业	大连、哈尔滨	1935—1936 年任大连市营缮系勤务；1937—1938 年任大连市技手（营缮系勤务）；1938—1942 年在“满铁”任职	不详
837.	立岩茂树	1891—?	1911 年毕业于岩仓铁道学校本科业务科；1914 年毕业于东京工科学校建筑科；1924 年毕业于藏前工业专修学校高等工业部建筑科	厦门、台中	1935—1936 年任厦门病院建筑场勤务；1937—1939 年任台湾台中市彰化银行建筑系勤务	彰化银行本店，工程监督，1939
838.	栗山辰次郎	1905—?	1924 年毕业于工手学校建筑学专业	长春	1934—1938 年任“新京”大德不动产公司勤务；1938—1941 年任“新京”伪满洲房产（株）勤务；1942—1945 年任伪满建筑局技佐（总务处勤务）；1945 年任伪满建筑局事务官	不详
839.	栗生泽军治	?—1918	1903 年毕业于岩手县立工业学校别科木工科	台北	1913—1918 年历任台湾总督府工业伝习所雇员、技手（1917—1918）	不详
840.	栗原荣次	1894—1977	1916 年毕业于东京高等工业学校建筑科	台北	1939 年任清水组台北出张所勤务	不详
841.	栗原荣助	不详	1913 年毕业于工手学校建筑学专业	台湾	1919 年任职于台湾总督府陆军部经理部；1919—1921 年任职于驻台日军经理部	不详
842.	栗原善太郎	不详	不详	花莲、南投、嘉义	1911—1914 年在花莲港厅任职；1916—1917 年在南投厅任职；1917—1918 年在嘉义厅任职	不详
843.	笠间良平	不详	1902 年毕业于熊本县立工业学校建筑科	台北	1919 年任台北厅技手；1925—1932 年任台湾总督府交通局技手（铁道部勤务）；1932 年任台湾总管府交通局技师	不详

续表

No.	姓名	生卒	专业背景	在华区域	经历	作品 / 著述
844.	笠原弘	1879—?	不详	沈阳	1923—1943 年任鞍山笠原组组主；1925 年任奉天合资会社弘泰建筑公司无限责任社员	不详
845.	笠原敏郎	1882—1969	1907 年毕业于东京帝国大学工科大学建筑学专业	长春	1936—1940 年任伪满营缮需品局长；1940—1942 年任伪满建筑局长	不详
846.	镰田亮一	不详	1934 年毕业于仙台高等工业学校建筑学专业	不详	1938—1945 年在“满铁”任职	不详
847.	镰田清二	1907—?	1930 年毕业于神户高等工业学校建筑科	长春、沈阳	1934—1937 年任伪满洲中央银行建筑事务所勤务；1937—1939 年任伪满营缮需品局技士（营缮处）；1939—1940 年任伪满兴安各省技佐（兴安南省民政厅）；1940 年任伪满建筑局技佐（第一工务处、建筑行政处）；1944—1945 年任伪满市技正（奉天勤务）	不详
848.	林春吉	1879—?	不详	大连	1914—1926 年任大连市林组组主；1922—1942 年任大连土木建筑（株）监查役；1923 年任大连市合资会社久保田组有限责任社员	不详
849.	林幹太郎	不详	1926 年毕业于“南满工专”建设工学建筑分科	大连	毕业后回日本发展	不详
850.	林吉松	不详	1909 年毕业于关西商工学校建筑科	沈阳	1938 年住在奉天	不详
851.	林健雄	不详	1920 年毕业于熊本县立工业学校建筑科	台北、花莲港	1928 年任台湾总督府总督官房会计课勤务（高等法院官舍建筑事务所在勤）；1929—1930 年任花莲港厅土木技手；1932—1938 年任台北州技手	不详
852.	林清	1900—?	1918 年毕业于福冈县工业徒弟学校大工科	上海	1939—1942 年任上海华中铁道股份有限公司社员（工务部建筑第一课计画系长）	不详
853.	林讓	不详	不详	台北	1901—1902 年任台北贺田组勤务	不详
854.	林三郎	不详	1917 年毕业于工手学校建筑学专业	长春	1939—1941 年任“新京”东边道开发（株）勤务	不详
855.	林三郎	?—1974	1929 年毕业于福井高等工业学校建筑科	长春、台湾	1938—1940 年任职于关东军司令部、经理部；1942—1943 年任职于驻台日军经理部	不详
856.	林宇三郎	1909—2002	1933 年毕业于福井高等工业学校建筑科	锦州	1938—1945 年先后任职于“满铁”锦州铁道局工务课勤务、锦州和西阜工务区建筑助役	不详
857.	林卓郎	不详	1917 年毕业于东京高等工业学校建筑科	不详	1921—1924 年任职于“满铁”	不详

续表

No.	姓名	生卒	专业背景	在华区域	经历	作品 / 著述
858.	铃木保	1911—?	1934年毕业于“南满工专”建设工学建筑分科	营口、沈阳	1934—1945年在“满铁”任职	不详
859.	铃木道太郎	1902—?	1924年于东京市立第四实业学校修业	安东	1934年任伪满洲开发（株）勤务；1938—1939年任伪满安东市公署勤务	不详
860.	铃木丰藏	1872—?	不详	基隆	1904—1922年任台湾总督技手（民政部土木局营缮课勤务）；1907—1908年任临时台湾基隆筑港局技手（工务课勤务）；1908—1909年任临时台湾工事部技手（基隆支部勤务）；1908—1909年兼任台湾总督府技手（民政部土木局营缮课勤务）	不详
861.	铃木甫	1887—1966	1911年毕业于东京帝国大学工科大学建筑学专业	不详	1940年任伪满洲大林组取缔役	不详
862.	铃木兼作	1882—?	1904年于工手学校修业	旅顺	1905—1906年任海军旅顺口主计部勤务；1906—1907年任旅顺海军经理部勤务	不详
863.	铃木金吉	1894—?	1912年毕业于仙台市立仙台工业学校木工科	台中、台北	1920—1939年任台中州技手（内务部土木课勤务）；1939—1940年任彰化市技手；1940年任台湾总督府技师（土木台湾总府技师、内务局土木科勤务）	不详
864.	铃木久吉	1905—1993	1929年毕业于东京帝国大学工学部建筑学专业	高雄	1937年任中央研究所台湾高雄在勤；1938—1943年任东边道开发总社员（工务部建筑课工场建筑系主任，1941年任参事工务部建筑课长），伪满洲制铁（株）勤务	不详
865.	铃木末尾	1895—1980	1913年于关西商工学校建筑科修业	不详	1940年任伪满洲鸿池组取缔役	不详
866.	铃木平吉	不详	不详	大连、长春、开原、铁岭	1919—1926年在“满铁”任职	不详
867.	铃木荣作	不详	不详	台湾	1919年任职于台湾总督府陆军部经理部；1919年任职于驻台日军经理部	不详
868.	铃木顺三	?—1935	1919年毕业于东京帝国大学工学部建筑学专业	大连	1919—1930年任“南满洲”铁道职员（1920—1921年任大连建筑事务所兼务，1922—1923年任社长室建筑课勤务兼“南满工专”讲师，1923年任“南满工专”勤务，1923—1930年任“南满工专”教授）	“满铁社宅”，现场监督，1921；“寺儿沟满铁住宅”，现场监督，1921

续表

No.	姓名	生卒	专业背景	在华区域	经历	作品 / 著述
869.	铃木通	1881—1927	1908 年毕业于名古屋高等工业学校建筑科	大连	1918—1920 年任大连长谷川组勤务；1921 年任大连伪满洲兴业勤务；1922 年任大连市合名会社长谷川组社员；1922—1923 年任大连营原工务所勤务	不详
870.	铃木文治郎	不详	1912 年毕业于岩手县立工业学校本科建筑科	上海、沈阳、吉林	1924—1925 年任东洋纺织（株）上海支店勤务；1939—1940 年任奉天东洋轮胎工业（株）勤务；1940—1941 年任伪满洲吉林东洋精麻加工（株）勤务	不详
871.	铃木秀一	1908—?	1926 年毕业于神奈川县立工业学校建筑科；1929 年毕业于横滨高等工业学校建筑学专业	哈尔滨	1939—1943 年任伪满哈尔滨工业大学助教授、教授	不详
872.	铃木玄吉	不详	不详	大连、沈阳	1916 年任大连窑业监查役；1918—1921 年任大连土木建筑取缔役；1919—1922 年任大连市关东木材监查役；1919—1921 年任大连石灰监查役；1919 年任大连市大正混凝土取缔役；1923 年任大连市合资会社成恒社有限责任社员；1923 年任大连市合资会社久田组无限责任社员（代表社员）；1928—1937 年任大连市（1937 年在奉天）合资会社铃木组无限责任社员（代表社员）	不详
873.	铃木英一	1887—1975	1911 年毕业于东京高等工业学校建筑科	长春	1934—1938 年任“新京”大德不动产股份有限公司社员（1936 年任专务室事，1938 年任伪满洲房产株式会社设立委员）；1938—1941 年任伪满洲房产理事（1938 年任伪满企画委员会特别委员，1939 年任伪满科学审议委员会专门委员）	不详
874.	铃木昭之助	不详	1914 年毕业于工手学校建筑学专业；1925 年毕业于日本大学高等工学校建筑科选科	鞍山	1938—1942 年任伪满洲鞍山昭和制钢所工务部工事课勤务	不详
875.	铃木只重	不详	1910 年毕业于东京高等工业学校附设工业教员养成所建筑科	高雄、台南	1940—1941 年任台湾都市计画高雄（台南）地方委员会委员嘱托	不详
876.	留奥美义	不详	1932 年毕业于福井高等工业学校建筑科	台湾	1942 年任职于驻台日军经理部	不详
877.	柳本弥三郎	不详	不详	沈阳、天津	1934—1943 年在“满铁”任职	不详
878.	柳井平八	1888—1945	1910 年毕业于东京高等工业学校建筑科	台湾	1917—1919 年任职于台湾总督府陆军经理部；1919—1920 年任职于驻台日军经理部	不详

续表

No.	姓名	生卒	专业背景	在华区域	经历	作品 / 著述
879.	柳濑齐	不详	曾于大分县立工业学校修业	台湾	1921—1927 年任台湾总督府雇员（1921—1924 年任土木局营补课勤务，1924—1927 年在总督官房会计科工作）；1927—1943 年任台湾总督府技手	不详
880.	柳生龟吉	1867—?	不详	旅顺、大连	1905 年到中国；1905—1911 年任旅顺柳生组组长；1911—1921 年任大连柳生组组长；1921—1940 年任大连合资公司柳生组无限责任员工（1921—1922 年任代表员工）；1918 年任大连建材合资公司有限责任员工；1919—1940 年任大连建材方面监事；1919 年任大连沙河口创业合资公司有限责任员工；1920 年任大连合资公司大正商会有限责任员工；1922—1942 年任大连市东更商事董事；1923—1936 年任大连市东亚土木企业董事（1931—1936 年任代表董事）	不详
881.	柳生义雄	不详	1933 年毕业于早稻田大学建筑学专业	牡丹江	1934—1945 年在“满铁”任职	不详
882.	柳田次郎	1908—?	1931 年毕业于武藏高等工科学校建筑学专业	长春	1938—1940 年任职于阿川组“新京”办事处；1941 年在“新京”松井组任职；1943 年任“新京”阿川组勤务	不详
883.	柳田信吉	1908—?	1934 年毕业于东京帝国大学工学部建筑学专业	大连、长春等	1934—1945 年在“满铁”任职	不详
884.	柳下武雄	1908—?	1925 年毕业于工手学校建筑学专业；1928 年毕业于日本大学高等工学院建筑系	伪满洲	1941 年任职于陆军伪满洲部队	不详
885.	柳相之祐	不详	不详	大连、台北	1908—1910 年在深井组大连分公司工作；1914—1922 年在深井组台北分店工作；1924—1929 年住在台北；1929—1942 年任台北神户组成员	不详
886.	柳泽金次郎	不详	1907 年毕业于工手学校建筑学专业	大连、营口、长春、沈阳	1917—1927 年在“满铁”任职；1936—1937 年任“新京”协和建筑船工程师；1937—1940 年任“南满洲”铁道方面职员；1941—1943 年任奉天协和建物（株）勤务	不详
887.	泷邦一	1893—1975	1910 年毕业于德岛县立工业学校建筑科	伪满洲	1943 年任伪满洲竹中工务店取缔役	不详
888.	泷村盛利	1896—1978	1914 年毕业于广岛市立职工学校建筑科	鞍山、大连等	1915—1944 年在“满铁”任职	“新京室町小学寄宿舍”，1920
889.	泷川五一郎	1906—?	1930 年毕业于东京大学建筑科	长春	1939—1941 年任伪满建筑局建筑科技佐；1944 年 2—8 月任技正	不详
890.	泷几太郎	1867—?	不详	台湾	1900—1919 年先后任台湾总督府雇员、技手、技士；1920—1922 年任台湾电力（株）技师	不详

续表

No.	姓名	生卒	专业背景	在华区域	经历	作品 / 著述
891.	泷野庸二	不详	1934 年毕业于日本大学工业学校	长春	1937 年任伪满营缮需品局勤务；1938 年任关东军司令部勤务；1939 年任伪满营缮需品局技士（营缮处勤务）；1940—1943 年任伪满建筑局勤务	不详
892.	芦泽不二男	1907—1970	1932 年毕业于东京帝国大学建筑科	大连、长春等	1932—1945 年在“满铁”任职	长春三笠小学校，1936；“新京中学校”，1933；“新京消费组合支部”，1933
893.	栌本刚	?—1944	1930 年毕业于早稻田大学建筑学专业	长春	1932—1936 年任陆军技师（关东军经理部）；1943 年任职于伪满洲部队	不详
894.	露木利行	不详	1931 年毕业于早稻田大学建筑学专业	鞍山、牡丹江	1935—1937 年任伪满洲开发勤务；1937 年任鞍山伪满洲兴拓勤务；1937—1943 年在“满铁”任职	不详
895.	落合三男次	不详	不详	台北	1903—1904 年任台湾总督府雇员（民政部土木局营缮课）；1904—1909 年任台湾总督府技手（民政部土木局营缮课）；1909—1911 年任台湾总督府土木部技手（营缮课勤，1906 年任台湾神社营缮事务嘱托）；1911—1912 年任台湾总督府技手（民政部土木局营缮课）	不详
896.	麻薤保藏	不详	1917 年毕业于工手学校建筑学专业；1923 年毕业于日本大学高等工学校建筑科	高雄	1929—1944 年先后任高雄技手、技师	不详
897.	马场幸治	不详	1923 年毕业于藏前工业专修学校高等工业部建筑科	长春	1932 年任职于伪满洲派遣第八师团经理部；1943—1945 年任职于关东军总司令部	不详
898.	马场友作	不详	1916 年毕业于工手学校建筑学专业	长春、大连	1916—1945 年在“满铁”任职	不详
899.	马渊信治	不详	毕业于京都工学校	天津	1939—1943 年任天津贞森公司勤务	不详
900.	马越繁造	1897—?	1914 年毕业于香川县仲多度郡本岛村外四箇村学校组合立塩饱工业学校建筑科	长春	1937—1944 年任东京市池田组社员（“新京”支店工事长）	不详
901.	毛马内次雄	1907—?	1933 年毕业于日本大学工学部建筑工学科	长春、哈尔滨	1937—1938 年任伪满营缮需品局勤务；1938—1939 年任伪满营缮需品局技士（营缮处勤务）；1939—1940 年任伪满兴安东省技士（总务厅勤务）兼营缮需品局技士（营缮处勤务）；1940—1942 年任伪满省技佐（北安省长官房勤务）兼建筑局技佐（第一工务处勤务）；1942—1944 年任伪满市技佐（哈尔滨市行政处勤务）；1944—1945 年任伪满省技佐（滨江省勤务）；1946 年被中国政府留用	不详

续表

No.	姓名	生卒	专业背景	在华区域	经历	作品 / 著述
902.	茂木保	不详	不详	长春	曾任“南满洲”兴业开勤务；1934 年任鞍山钢材（株）勤务；1936 年任伪满营缮需品局宫廷造营科勤务；1936—1940 年在“满铁”任职	不详
903.	茂手木秀夫	1896—1978	1920 年毕业于东京高等工业学校建筑科	长春（？）	1940 年任伪满洲岛藤组检查役	不详
904.	梅本郁郎	1908—?	1931 年毕业于东京帝国大学工学部建筑学专业	长春、天津	1934—1935 年任大林组“新京”出张所勤务；1940—1943 年任大林组天津出张所勤务	不详
905.	梅津舍次郎	1890—?	1911 年毕业于工手学校建筑学专业	台北、台南	1911—1917 年任台湾总督府民政部土木部雇员；1917—1930 年任台湾总督府技手；1930—1934 年任台湾总督府地方技师（台南州勤务内务部土木课勤务）；1934—1942 年任台湾总督府专卖局技师（庶务课勤务）；1942—1945 年任台湾住宅营团勤务	台南市末广町店铺，1932；台湾博览会专卖馆，1935
906.	梅崎纯一	?—1974	1932 年毕业于名古屋高等工业学校建筑科	不详	1944—1945 年任侵华日军陆军建技少佐（侵华日军总司令部经理部）	不详
907.	梅田九郎	不详	1924 年修业于名古屋高等工业学校附设高等夜学部建筑工学科	齐齐哈尔	1940—1941 年任“满铁”齐齐哈尔铁道局博古关、满洲里工务区建筑助役	不详
908.	梅垣庄吉	不详	不详	沈阳	1938—1943 年任“满铁”奉天工事事务所技术员	不详
909.	美浓轮三郎	?—1983	1927 年毕业于东京高等工业学校建筑科	北京	1938—1941 年任大林组（株）社员、北京支店勤务	不详
910.	妹尾一夫	1889—1970	1907 年修业于奈良县立郡山中学校	北京	1938—1945 年任大林组取缔役北京支店长	不详
911.	门间祐太郎	1906—?	1934 年毕业于东京帝国大学工学部建筑学专业	大连、沈阳等	1934—1943 年任大连福井（福井猪和太）高梨（高梨勉）组职员	不详
912.	门山仪兵次	1900—1951	1925 年毕业于早稻田大学建筑学专业	图们、宁北、牡丹江、沈阳	1933—1945 年在“满铁”任职	不详
913.	门政吉	1879—?	1902 年毕业于工手学校造家学科	台湾	1913—1915 年任阿里山作业所技手（台湾总督府何里山作业所贩卖课勤务东京在勤）；1916—1924 年任台湾总督府技手	不详
914.	米本佐一郎	不详	曾于大阪府立今宫职工学校建筑科修业	济南	1939—1943 年任华北交通济南铁路局工作（1943 年任奉安工务股建筑副股长）	不详
915.	米谷荣一	1902—?	1920 年毕业于兵库县立工业学校建筑科	不详	1939—1941 年任侵华日军司令部雇员	不详

续表

No.	姓名	生卒	专业背景	在华区域	经历	作品 / 著述
916.	米津龙雄	?—1992	1929 年毕业于早稻田大学建筑学专业	天津、北京	1939—1941 年在清水组天津营业所工作；1943 年在北京营业所工作	不详
917.	米内定良	不详	不详	沈阳	1906—1907 年任奉天、安奉线路勤务	不详
918.	米原广吉	不详	1906 年毕业于广岛县立工学校木工部；1908 年毕业于工手学校建筑学专业	台北、沈阳、长春、北京	1910—1911 年任台湾总督府土木部勤务；1912—1921 年任台湾总督府技手；1936—1939 年任鹿岛组奉天出张所勤务；1939—1941 年任鹿岛组“新京”出张所勤务；1941—1943 年任鹿岛组北京出张所勤务	不详
919.	米泽大槌	1882—?	1900 年毕业于广岛县工科学校木工部	九江、上海	1917 年在九江大仓洋行工作；1917—1919 年在九江自营建筑承包业；1924 年在上海自营建筑承包业	不详
920.	米重和三郎	1879—?	不详	台北	1900 年到台湾；1913 年任台北石坂新太郎方主任；1929—1942 年在台北自营土木建筑承包业；1931 年任台北合资公司桂商会有限责任员工	不详
921.	糸川喜三郎	不详	1912 年毕业于工手学校建筑学专业	大连	1920—1922 年在大连	不详
922.	糸柳清	1910—?	1934 年毕业于日本大学工学部建筑工学科	济南	1938 年任伪济南市公署技术官；1943 年任（伪）山东省公署勤务	不详
923.	糸崎周一	1892—?	1917 年毕业于东京帝国大学工科大学建筑学专业	长春	1940—1943 年任伪满洲生活必需品（株）社员（1940 年任营缮需品课长；1941 年任参事经理部营缮课长）	不详
924.	妙田喜八	不详	1925 年毕业于工手学校建筑学专业	沈阳、长春	1925—1928 年任职于奉天佐伯长太郎方；1929—1941 年任伪满洲合资会社茑井组职员；1943 年任伪满洲茑井组（株）社员（“新京”支店勤务）	不详
925.	名仓与三郎	1893—?	1915 年毕业于东京高等工业学校建筑科	伪满洲	1943 年任伪满洲林业（株）庶务课建筑系勤务	不详
926.	名须川渡	1904—1956	1923 年毕业于东京帝国大学工学部建筑学专业	不详	1939 年任职于侵华日军	不详
927.	名越寿太郎	不详	1903 年毕业于工手学校造家学科	大连、抚顺、长春	1908 年任广岛芦品郡河佐村中国矿山勤务；1908—1919 年任职于“满铁”抚顺煤矿；1919—1921 年任大连土木建筑（株）勤务；1921—1926 年任大连冈田（冈田时太郎）工务所勤务；1927—1939 年在大连自营名越工务所；1933 年任职于“新京”合资会社敦化木材公司无限责任社	不详
928.	明神茂一	1902—?	不详	伪满洲	1937 年任伪满洲开拓团建设部部长	不详

续表

No.	姓名	生卒	专业背景	在华区域	经历	作品 / 著述
929.	明石一夫	1894—?	不详	大连、沈阳、长春	1909 年来中国；1919—1922 年任大连高岗又一郎工事部店员；1922—1933 年任高岗久留（弘文）工务所所员（奉天支所）；1933—1937 年任职于大连高岗组长春支所；1937—1940 年先后任高岗组奉天支店长、高岗不动产、高岗取缔役所支配人等职	不详
930.	明田藤吉	?—1920	不详	台北、大连	1896—1897 年任台湾总督府灯塔所建筑事务嘱托；1897 年任台湾总督府邮便电信局其他建筑事务嘱托、民政局通信部勤务；1897—1900 年任台湾总督府民政局土木课勤务通信课兼务；1900—1901 年任台南县技手；1901—1904 年任台南厅技手；1904—1907 年在大阪；1907—1908 年任三井洋行大连支行勤务；1908—1920 年在大连自营明田组	台南县知事官邸
931.	木本贞次郎	1881—1936	1902 年毕业于工手学校造家学科	大连	1906—1907 年在日本邮船（株）大连出张所任职；1907—1917 年任大连冈田（时太郎）工务所勤务；1917—1936 年在大连自营木本工务所（木本建筑事务所）	不详
932.	木村冨三郎	不详	1912 年毕业于名古屋高等工业学校建筑科	长春	1934 年任“新京”松本组出张所勤务	不详
933.	木村高治	不详	1934 年毕业于名古屋高工建筑科	不详	1934—1943 年在“满铁”任职	不详
934.	木村晋一郎	1909—?	1933 年毕业于早稻田大学建筑学专业	天津	1936 年任职于天津中国驻屯军	不详
935.	木村美雄	不详	1931 年毕业于广岛县立广岛工业学校建筑科	不详	1939—1941 年在陆军伪满洲部队服役	不详
936.	木村仙之助	不详	不详	大连	1919—1923 年在“满铁”任职	不详
937.	木村秀雄	不详	1914 年毕业于青森县立工业学校建筑科	不详	1941 年在伪满洲部队服役	不详
938.	木村询	不详	不详	沈阳	1939 年任奉天榊谷组勤务；1940—1943 年在奉天自营木村询建筑工务所	不详
939.	木村义雄	?—1942	1926 年毕业于“南满工专”建筑科	大连	毕业后回日本任海军技手	不详
940.	木村贞次郎	1897—1969	1921 年毕业于东京高等工业学校建筑科	四平、大连、长春等	1921—1940 年在“满铁”任职；1940—1942 年任伪满洲轻金属制造（株）技术部勤务；1942—1944 年任“新京”阿川组勤务	不详
941.	木村正一	不详	1926 年毕业于大阪市立工业学校建筑科	上海	1939—1943 年任竹中工务店上海支店勤务	不详
942.	木谷芳雄	?—1985	1930 年毕业于福井高等工业学校建筑科	台湾	1940—1943 年任职于驻台日军经理部	不详

续表

No.	姓名	生卒	专业背景	在华区域	经历	作品 / 著述
943.	木口吉弘	不详	1930 年毕业于早稻田大学建筑学专业	台南	1930—1931 年任台南高桥组高雄厅舍工事现场勤务；1931—1933 年任台湾总督府铁道部改良课勤务；1934—1944 年先后任台湾总督府交通局技手、技师（1944）	不详
944.	木口嘉腾	不详	1927 年毕业于神户高等工业学校建筑科	北京	1938—1943 年任大林组北京支店勤务	不详
945.	木口铁之助	1876—?	不详	大连、台北	1908—1920 年在“满铁”任职；1938—1941 年任大连市木口建筑工务所主宰；1941—1942 年任台北木口建筑工务所主宰	不详
946.	木田德太郎	?—1964	1926 年毕业于神户高等工业学校建筑科	台北	1941—1943 年任鹿岛组台北出张所勤务	不详
947.	木下龙次	不详	1902 年修业于熊本县立工业学校木工别科	抚顺	1908—1910 年任“满铁”抚顺煤矿营缮课勤务	不详
948.	木下弥继	不详	1924 年毕业于福冈县立浮羽工业学校建筑科	台中	1929—1931 年任台湾总督府台中州彰化郡勤务；1934 年任台中州土木技手（内务部土木课勤务）；1935—1938 年任台中州建筑技手（内务部土木课勤务）；1939—1944 年任台中州技手（总务部土木课勤务）	不详
949.	木下千干	1886—1942	1908 年毕业于工手学校建筑学专业	大连	1908—1912 年、1913—1916 年任大连冈田时太郎工务所勤务	不详
950.	木下义三	1911—?	1932 年毕业于神户高等工业学校土木科	吉林、哈尔滨	1936—1943 年在“满铁”任职	不详
951.	木野村政次	1910—?	1935 年毕业于早稻田大学建筑学专业	鞍山	1938—1945 年任伪满洲鞍山昭和制钢所建筑课勤务	不详
952.	目黑万吉	?—1924	1891 年毕业于工手学校造家学科	台湾	1895—1897 年任临时台湾灯标建设部技手	不详
953.	牧岛新四郎	1892—?	1913 年毕业于早稻田工手学校建筑科	东北	1943—1949 年任伪满洲竹中工务店取缔役（1947—1948 年任东北中国店长）	不详
954.	牧野寿幸	1911—?	1930 年毕业于关西工学专修学校建筑科	北京	1931—1960 年任钱高组（株）社员（1941 年任北京支店工事课长）	不详
955.	牧野松太郎	不详	1915 年毕业于工手学校建筑学专业		1939—1945 年在“满铁”任职	不详
956.	牧之濑昌	不详	1929 年毕业于县立鹿儿岛工业学校建筑科；1932 年毕业于“南满工专”建设工学建筑分科	鞍山	1935 年任伪满国务院总务厅技士；1935—1938 年任伪满营缮需品局技士；1939—1943 年任伪满洲鞍山昭和制钢所社员	不详
957.	男泽英二	不详	1928 年毕业于早稻田大学建筑学专业	沈阳	1938—1942 年任职于陆军奉天造兵厂“南满”工厂；1942—1943 年任职于“南满”陆军造兵厂	不详

续表

No.	姓名	生卒	专业背景	在华区域	经历	作品 / 著述
958.	南薩男	不详	鹿儿岛县立薩南工业学校建筑科	大连、沈阳	1925—1927 年任大连小野木横井共同建筑事务所勤务；1934—1943 年在“满铁”先后任雇员、技术员、职员	不详
959.	南喜巧	1907—?	1931 年毕业于神户高等工业学校建筑科	青岛	1939 年在山东省；1940—1943 年任青岛兴发股份有限公司社员	不详
960.	南信	1892—1951	1917 年毕业于东京帝国大学工科大学建筑学专业	长春	1934—1936 年任“新京”建筑助成（株）勤务；1936—1943 年任职于“新京”南信建筑事务所	不详
961.	难波经利	不详	1925 年毕业于关西工学专修学校建筑科；后就读于关西工学专修学校建筑科研究科	鞍山	1941—1943 年任伪满洲鞍山昭和制钢所建筑课勤务	不详
962.	难波停吉	1890—1975	1908 年毕业于工手学校建筑学专业	鞍山	1938—1943 年任伪满洲昭和制钢所建筑课勤务	不详
963.	难波信一	不详	1918 年毕业于广岛市立工业学校建筑科；1922 年毕业于京城工业专门学校建筑科	不详	1942—1943 年任职于侵华日军经理部	不详
964.	难波政彦	不详	1931 年毕业于神户高等工业学校建筑科；1935 年毕业于东京工业大学建筑学专业	济南、天津	1935—1942 年任“南满洲铁道（株）”职员；1939—1942 年任华北交通（株）职员（1939 年任济南铁路局工务处勤务；1940—1942 年任天津铁路局工务处勤务）	不详
965.	楠富士太郎	?—1984	1926 年毕业于东京帝国大学工学部建筑学专业	台中	1937—1939 年任台中市台湾电力（株）勤务	不详
966.	内村喜八	1899—?	1925 年毕业于早稻田大学建筑学专业	济南、开封	1939—1945 年任华北交通（株）社员	不详
967.	内藤弘	不详	1931 年毕业于“南满工专”建设工学建筑分科	哈尔滨	1933 年任关东军经理部附哈尔滨派出所勤务	不详
968.	内藤太郎	1883—1937	1910 年毕业于东京帝国大学工科大学建筑学专业	长春	1936—1937 年任伪满营缮需品局营缮处长	不详
969.	内藤资忠	1903—1985	1927 年毕业于京都帝国大学工学部建筑部学科	长春	1938—1940 年任伪满洲房产（株）勤务；1940—1942 年任“新京”建筑兴业（株）常务取缔役；1942—1945 年任“新京”内藤建筑事务所主宰	不详
970.	内田丰	?—1937	1925 年毕业于早稻田工手学校建筑科	伪满洲	1933—1937 年任伪满国务院总务厅属官、营缮需品局技士	不详

续表

No.	姓名	生卒	专业背景	在华区域	经历	作品 / 著述
971.	内田四郎	1873—1939	1901 年毕业于东京帝国大学工科大学建筑学专业	上海	1914 年任职于日本通信局上海出张所；1936 年后到伪满洲	不详
972.	内田祥文	1913—1946	1938 年毕业于日本大学工学部建筑学专业	不详	他是内田祥三长子	大同城市规划，与高山英华和内田祥三等合作，1938
973.	内田信雄	1884—?	1902 年修业于工手学校造家学科别科	大连	1925—1928 年在大连；1933—1935 年任职于伪满洲三田组；1938 年任大连宗像建筑事务所勤务	不详
974.	鸟居喜藏	不详	不详	旅顺	1909—1913 年任旅顺海军经理部技生；1913—1914 年任旅顺镇守府主计长事务所勤务	不详
975.	鸟屋光五郎	1869—?	不详	台湾	1900—1904 年任临时台湾土地调查局技手（临时台湾土地调查局测量课勤务）	不详
976.	茑井新助	1878—?	1893 年为大阪土木（株）见习生	天津、大连、鞍山、沈阳	1893 年任天津驻屯军属员；1908 年任千叶组大连出张员；1910 年在大连创办茑井组；1916—1918 年任大连窑业（株）监查役；1918 年任大连窑业（株）取缔役；1919—1942 年任大连土木建筑（株）取缔役；1919 年任鞍山建物合资会社代表社员；1919—1922 年任大连市辽东木材纲监查役；1919 年任大连市正混凝土（株）监查役；1920—1923 年任大连市东洋防水材制造（株）取缔役；1928 年任大连市会议员；1928—1930 年任大连市中原工务合资会社社员；1928—1942 年任大连市合资会社茑井组代表社员；1939 年任奉天资会社伪满洲茑井组代表社员；1943 年任伪满洲茑井组（株）代表取缔	“满铁理事公会”施工，1934；大连伪满洲技术协会会馆施工，1934；大连消防署沙河口出张所施工，1937
977.	牛岛菊之助	1896—?	1917 年毕业于工手学校建筑学专业	台北、花莲	1922—1940 年任台湾总督府专卖局技手（庶务课）；1940 年任花莲港市营缮事务嘱托	不详
978.	牛谷富美夫	1990—?	1926 年毕业于神户高等工业学校建筑科	台北	1926—1944 年任台湾总督府技手、技师	不详
979.	牛尾美佐雄	1897—1973	1919 年毕业于名古屋高等工业学校建筑科	鞍山	1939—1945 年任伪满洲鞍山昭和制钢所副参事	不详
980.	判治竹次郎	1890—?	1913 年毕业于东京高等工业学校附设工业教员养成所建筑科	长春	1939—1943 年任伪满“新京特别市”第一国民高等学校教师	不详

续表

No.	姓名	生卒	专业背景	在华区域	经历	作品 / 著述
981.	彭东野	不详	不详	长春	1932—1933 年任伪满国都建设局技士；1933—1935 年任伪满国务院总务厅属官；1935—1940 年任伪满营缮需品局技佐；1940—1945 年任伪满建筑局技佐；1945 年任伪满宫内府技正	不详
982.	棚桥犹治	1871—?	不详	台北、花莲	1903—1904 年任台湾总督府建筑事务嘱托；1912 年任台北合名会社楼井（樱井贞次郎）组花莲港出张所主任	不详
983.	匹田忠四郎	?—1925	1911 年毕业于秋田县立工业学校建筑科	大连、长春	1918—1925 年在“满铁”任职	不详
984.	片冈安	1876—1946	1897 年毕业于东京帝国大学工科大学造家学科；1901 年毕业于东京帝国大学工科大学大学院；1920 年获东京帝国大学工学博士	哈尔滨	1934—1935 年任哈尔滨市大伪满洲忽布麦酒（株）取缔役	不详
985.	片冈亮二	1898—?	1917 年毕业于“南满工专”建筑科	吉林、长春、大连、沈阳	1917—1943 年在“满铁”任职	不详
986.	片冈真	1873—1944	不详	台湾	1909 年任台湾总督府厅舍新筑设计审查委员会嘱托	不详
987.	片山东熊	1853—1917	1879 年毕业于工部大学校造家科	北京	在日本外务省任职，曾于 1884—1886 年参与北京日本领事馆工程	北京日本领事馆，1887
988.	片山岩男	1905—1970	1928 年毕业于“南满工专”建设工学建筑分科	大连	毕业后回日本发展	不详
989.	平峰元忠	不详	不详	北京	1907 年任职于清政府驻屯军	不详
990.	平贺忠雄	不详	1939 年毕业于日本大学建筑科	不详	1939—1943 年在“满铁”任职	不详
991.	平井勇马	1888—1943	1910 年毕业于工手学校建筑学专业；1911—1912 年就读于东京高等工业学校建筑科	长春、上海、沈阳	1934 年任大林组“新京”出张所所长；1938 年任大林组奉天支店次长；1939 年任大林组上海出张所主任	长春成后路 102 号住宅（直木氏邸），1934
992.	平井长七	1893—?	不详	大连	1925—1943 年任大连市平井建筑事务所所主；1929 年获大连市建筑规则主任技术者第一级检定合格	不详
993.	平郡幸一	1885—1969	1915 年毕业于东京高等工业学校附设工业教员养成所建筑科	台北	1916—1918 年任台湾总督府工业讲习所技手	不详

续表

No.	姓名	生卒	专业背景	在华区域	经历	作品 / 著述
994.	平松太郎	1904—?	1929 年毕业于京都帝国大学工学部建筑学专业	上海	1933—1934 年任上海赉安洋行（Leonard & Voisseyre）勤务	不详
995.	平田德次郎	不详	1902 年毕业于福冈县立福冈工业学校建筑科	抚顺、台北	1907—1908 年任“满铁”抚顺煤矿营缮课勤务；1909—1919 年任台湾东洋制糖（株）勤务	不详
996.	平田富次郎	1894—?	1920 年毕业于工手学校建筑学专业；1927 年毕业于工手学校高等科建筑学专业	白城子	1934 年在伪满洲白城子经营富士屋；1939—1943 年任白城子平田组组长	不详
997.	平野清兵卫	不详	1922 年毕业于东京高等工业学校建筑科	大连、沈阳	1922—1924 年在“满铁”任职	不详
998.	平野熙	1898—1995	1922—1923 年就读于早稻田大学建筑学专业	长春	1935—1945 年任户田组“新京”出张所所长；1939—1945 年任伪满洲户田组取缔役“新京”支店长	不详
999.	平野喜八郎	1893—?	1911 年毕业于工手学校建筑学专业；1918 年于东京高等工业学校选修建筑科	台北	1911—1917 年任台湾总督府雇员（民政部土木局营缮课勤务）	不详
1000.	平野忠一	1892—?	不详	大连、鞍山	1910 年任大连安波组建筑部勤务；1916 年任大连油脂工业（株）勤务；1919—1933 年任“南满洲铁道（株）”职员	不详
1001.	平泽清次郎	不详	1905 年毕业于岩手县立工业学校本科建筑科	新竹	1911 年任台湾总督府土木部营缮课嘱托；1913—1920 年任台湾总督府技手；1921—1922 年任新竹州技手	不详
1002.	平泽仪平	1878—?	1900 年毕业于工手学校土木学科；1900 年毕业于工手学校造家学科；1931—1932 年“南满”商科学院本科在学	大连、长春	1906—1931 年在“满铁”任职；1933—1934 年在“新京”建筑助成（株）任职；1934—1938 年任协和建物（株）技师、“新京”事务所长；1939—1940 年任大连国际运输（株）嘱托；1941 年任大连昭和建筑（株）技师长	长春大和旅馆，与青木菊治郎合作，1909；“满铁长春火车站”，与青木菊治郎合作；“满铁长春地方事务所”，与横井谦介、市田菊治郎合作；“新京医院”，1911

续表

No.	姓名	生卒	专业背景	在华区域	经历	作品 / 著述
1003.	平塚音松	不详	1924年毕业于日本大学高等工学校建筑科	长春	1940—1942年任伪满建筑局技士；1942—1945年任伪满建筑局技佐（第一工务处勤务）	不详
1004.	坪沼长次郎	1882—?	1910年毕业于工手学校建筑学专业	大连	1910—1913年任关东都督府陆军经理部技手代用雇员	不详
1005.	浦上春季	?—1921	1910年毕业于工手学校建筑学专业	鞍山	1917—1920年在“满铁”任职	不详
1006.	浦（蒲）塘国义	不详	1928年毕业于“南满工专”建设工学建筑分科	大连、长春、哈尔滨等	1924—1945年在“满铁”任职；1945—1953年被中国政府留用	“新京用度仓库”，1934
1007.	妻木赖黄	1859—1916	毕业于康奈尔大学建筑学专业	不详	曾受横滨正金银行委托设计中国部分银行的支行建筑	横滨正金银行北京、牛庄、沈阳、大连支店
1008.	齐藤辰次郎	1881—?	1904年在东京高等工业学校附设工业教员养成所附属工业补习学校六科目修业	铁岭、旅顺、澎湖、台中	1908年在铁岭；1911年任关东都督府都督官房营缮课勤务；1915—1919年任澎湖厅技手；1920年任台湾总督府技手（土木局营缮课勤务）；1932年任台湾总督府技师；1933—1942年在台中自营建筑业	澎湖普济院贷家及妈宫学校，1916；台中市娱乐馆，1932；台中州产业组合青道场，1939；台中神社，1941
1009.	齐藤惇	1899—1987	1923年毕业于东京高等工业学校建筑科	不详	1935年、1937—1938年任清水组伪满洲支店勤务；1938—1941年任北中国支店勤务	不详
1010.	齐藤繁一	不详	1934年毕业于东京帝国大学工学部建筑学专业	不详	1938—1943年任奉天日满钢材工业社员	不详
1011.	齐藤利彦	1871—1921	不详	北京	1907—1909年任日本海军北京在勤	不详
1012.	齐藤良之助	1909—?	1933年毕业于东京帝国大学工学部建筑学专业	大连等	1933—1945年在“满铁”任职	不详
1013.	齐藤弥七	不详	不详	台湾	1903—1906年任职于驻台日军经理部	不详
1014.	齐藤敏夫	不详	1933年毕业于早稻田高等工学校建筑学专业	台湾	1941年任驻台日军经理部勤务	不详

续表

No.	姓名	生卒	专业背景	在华区域	经历	作品 / 著述
1015.	齐藤启吉	不详	1925 年毕业于早稻田工手学校建筑科	不详	1934 年任关东军经理部勤务；1940 年任伪满洲航空（株）勤务	不详
1016.	齐藤谦次	1912—1970	1935 年毕业于日本大学工学部建筑学专业；1937 年毕业于日本大学大学院；1937—1939 年在东京帝国大学攻读博士学位	不详	1940—1942 年任伪满大陆科学院建筑研究室嘱托；1942—1945 年任伪满大陆科学院副研究官，兼任警务总局技佐、建筑局技佐	不详
1017.	齐藤省三	不详	1934 年毕业于仙台高等工业学校建筑学专业	不详	1934—1939 年任关东军经理部勤务；1939—1942 年任陆军技手（关东军经理部附）；1942—1943 年任陆军技师（关东军经理部附）	不详
1018.	齐藤元喜	1863—?	1891 年毕业于工手学校造家学科	台北、台南	1898—1900 年任台北县技手兼台北县监狱书记（建筑主任）；1900—1902 年任台南县技手（土木课勤务）	不详
1019.	齐藤忠之丞	1881—?	不详	大连、沈阳、南京	1905 年到中国东北经营土木业；1917 年任奉天合资会社“南满”公司无限责任社员；1918 年任伪满洲立山合资会社兴隆公司有限责任社员；1933—1940 年任大连（奉天）合名会社义合祥代表社员；1939—1942 年任南京义和祥取缔役	不详
1020.	碕部贞雄	1899—?	1925 年毕业于早稻田大学建筑学专业	长春、吉林、哈尔滨、沈阳	1930—1936 年任职于关东军经理部；1936—1939 年任伪满陆军技正（1936 年任职于吉林第二军管区司令部；1938 年任职于哈尔滨第四军管区司令部；1938—1939 年任职于奉天第一军管区司令部附兼被服本厂附）；1939—1943 年任伪满军队技佐（第一军管区司令部附）兼军需厂技佐（军需本厂勤务）；1943—1945 年任伪满军队技正（第一军管区司令部附）兼军需厂技正	不详
1021.	碕谷喜久一	1903—?	1919 年在关东厅建筑技术员养成所修业	大连、旅顺	1918 年任关东厅内务局勤务；1927—1945 年在旅顺市自营碕谷建筑事务所	不详
1022.	峠又三	1896—?	1914 年毕业于东京高等工业学校附属职工徒弟学校木工科；1918 年毕业于东京工科学校建筑科	南京	1928—1942 年任外务技手，曾多次到中国出差；1943—1946 年任驻华日本大使馆勤务	不详
1023.	千本隆一	?—1946	1915 年毕业于早稻田大学大学部建筑学专业	大连、长春	1928—1938 年在“满铁”任职	不详

续表

No.	姓名	生卒	专业背景	在华区域	经历	作品 / 著述
1024.	千千岩助太郎	1897—1991	1922 年毕业于名古屋高等工业学校建筑科	台北、台南	1925—1941 年任台湾公立实业学校教师（台北工业学校教师，1940 年任台北工业学校校长）；1941—1942 年任财团法人台湾南方协会调查事务嘱托；1941—1943 年任台湾总督府营缮课嘱托；1942—1943 年任台北高等学校讲师嘱托；1943—1944 年任台南高等工业学校教授；1944—1947 年任台南工业专门学校教授；1946—1947 年被我国政府征用（1946 年任台湾省立台南工业专科学校教授建筑科代理主任，1946—1947 年任台湾省立工学院教授建筑工程学系代理主任）	不详
1025.	千田富治	1893—?	1911 年毕业于岩手市立工业学校建筑科	哈尔滨	1935—1943 年任哈尔滨市千田组组主；1943—1945 年任哈尔滨千田工业取缔役社长	不详
1026.	千原隆三	1901—1990	1926 年毕业于京都帝国大学工学部建筑学专业	长春	1939—1945 年任伪满洲飞行机制造（株）社员（建筑课长）；1945 年任关东军嘱托	不详
1027.	前川勋	1899—1978	1917 年毕业于广岛县立工业学校建筑科；1924 年毕业于早稻田大学建筑学专业	哈尔滨、抚顺	1938—1945 年任“南满洲铁道（株）”职员（哈尔滨铁道局、抚顺煤矿）	不详
1028.	前内文二郎	1893—?	1913 年毕业于大阪市立大阪工业学校本科建筑科	青岛、天津、上海、北京	1934 年任福昌公司青岛出张所勤务；1936 年任福昌公司青岛、天津、上海出张所建筑长；1938 年任福昌公司天津出张所建筑长；1940—1943 年任福昌公司北京支店勤务	不详
1029.	前田伴次	1865—?	1901 年毕业于陆军经理学校	营口	1903—1904 年任职于清政府驻屯军司令附；1904 年任满洲驻军军营口支库长	不详
1030.	前田立一	1898—?	1918 年毕业于大阪市立大阪工业学校建筑科	沈阳、长春	1935—1945 年在“满铁”任职	不详
1031.	前田利八	不详	1926 年毕业于“南满工专”建设学科建筑分科	大连	毕业后回日本就业	不详
1032.	前田敏男	1908—1991	1927 年毕业于高知师范学校；1931 年毕业于京都帝国大学工学部建筑科	长春	1936—1937 年任关东局事务嘱托（伪满洲医科大学卫生学教室在勤）；1937—1939 年任伪满民生部事务嘱托（伪满洲医科大学卫生学教室在勤）；1939—1945 年任伪满大陆科学院副研究官兼伪满民生部技佐；1940—1945 年任“新京”工业大学讲师嘱托；1943—1944 年兼任警务总局技佐；1945 年兼任厚生部技佐	不详

续表

No.	姓名	生卒	专业背景	在华区域	经历	作品 / 著述
1033.	前田清一郎	1891—?	1910 年毕业于兵库县立工业学校建筑科	长春	1940 年任"新京特别市"建筑兴业（株）会计系长；1941 年任伪满建筑兴业（株）取缔役；1943 年任伪满洲建筑（株）代表取缔役	不详
1034.	前田直太郎	1893—?	1918 年毕业于熊本县立工业学校建筑科专修科	鞍山、沈阳、大连、抚顺	1919—1935 年在"满铁"任职；1936—1939 年任抚顺前田组组长；1939—1940 年任合资会社前田组代表社员	不详
1035.	前泽吉右卫门	1890—?	1910 年毕业于工手学校建筑学专业	沈阳、长春	1917—1918 年任奉天上木组勤务；1918 年在奉天自营事务所；1922 年任奉天天光商会无线责任社员；1932 年任长春阿川组职员；1937—1942 年任"新京"阿川组取缔役支配人	不详
1036.	乾馨	1908—1974	1929 年毕业于福井高等工业学校建筑科	台北	1929—1930 年在台湾总督府总督官房修缮科工作；1930—1943 年任台湾总督府技手（1930—1942 年任总督官房修缮科勤务；1942—1943 年任财务局修缮科勤务；1943—1947 年任台湾总督府技师（财务局修缮科勤务）	不详
1037.	浅川正中	不详	不详	北京	1900—1901 年任职于清政府驻屯军	不详
1038.	浅贺升	?—1945	1934 年毕业于仙台高等工业学校建筑科	不详	1936—1942 年任陆军技手，曾在驻华屯军司令部	不详
1039.	浅井丰	1898—?	1922 年毕业于京都帝国大学机械工学科	长春	1936—1938 年任伪满中央银行建筑事务所勤务；1938—1940 年任伪满营缮需品局技佐；1940 年任建筑局技佐；1940—1942 年任建筑局技正（第二工务处设备科长）	不详
1040.	浅井九平	不详	1912 毕业于工手学校建筑学专业	高雄	1943—1946 年任职于高雄日本海军建筑部、设施部	不详
1041.	浅井喜八	不详	1919 毕业于早稻田工手学校建筑科；1926 年在早稻田大学建筑科进修	台北	1935—1943 年在台北台湾银行庶务课营缮系任勤务	不详
1042.	浅田繁男	1898—1969	1919 年毕业于"南满工专"建筑科；1923 年毕业于名古屋高等工业学校建筑科	大连、长春、哈尔滨	1919—1920 年任"满铁"雇员、"南满工专"勤务；1923—1926 年任职于"满铁"；1926 年回到日本；1932—1945 年再次在"满铁"任职	不详
1043.	浅羽静治	1907—1996	1933 年毕业于早稻田大学建筑科	大连、牡丹江	1935—1937 年在大连谷口素绿建筑事务所任勤务；1937—1938 年在大连自营浅羽建筑事务所；1938—1945 年在"满铁"任职	不详
1044.	桥本捷二郎	1905—?	1930 年毕业于早稻田大学建筑科	沈阳	1935—1938 年任伪满洲日满钢材工业社员奉天勤务；1938—1943 年任鞍山工厂主任	不详

续表

No.	姓名	生卒	专业背景	在华区域	经历	作品 / 著述
1045.	桥本武彦	1900—?	1919 年毕业于熊本县立工业学校建筑科	北京	1939—1943 年任北京铁路局勤务	不详
1046.	桥本真平	1911—?	1933 年毕业于东京帝国大学工学部建筑学专业	鞍山	1939—1944 年任伪满洲鞍山昭和制铁所建设局建筑科勤务；1945 年任伪满洲制铁土建部建筑课长	不详
1047.	桥场新介	1905—?	1927 年毕业于神户高等工业学校建筑科	长春	1935 年任伪满国务院总务厅技师；1935—1938 年任伪满营缮需品局技师；1938—1945 年任伪满省技佐兼营缮需品局技佐兼建筑局技佐	不详
1048.	桥目铁	不详	1929 年毕业于关西工业学校建筑科	沈阳	1940—1941 年任职于沈阳东亚建筑事务所	不详
1049.	芹泽通德	1909—1980	1931 年毕业于福井高等工业学校建筑科	长春	1934—1935 年任“新京”芹泽建筑设计事务所主宰；1935 年任伪满国务院总务厅技士（需用处勤务）；1935—1938 年任伪满营缮需品局技士（营缮处勤务）；1938—1940 年任伪满产业部技士（镜白湖水力电气建设处勤务、水力电气建设局镜泊湖工务处勤务）；1940—1944 年任伪满经济部技佐；1944 年任伪满洲电业勤务；1946—1947 年被我国政府留用	不详
1050.	芹泽英二	1896—?	1915 年毕业于早稻田工手学校建筑科	长春	1918—1919 年任职于关东都督府陆军部经理部；1919—1926 年任职于关东军经理部；1934 年任关东军经理部嘱托；1935—1936 年任伪满第四军管区司令部技正（第四军管区司令部附、第一军管区司令部附兼被服本厂附）；1939—1941 年任伪满治安部技佐、技正（军政司勤务）	不详
1051.	琴屋义角	1904—?	1922 年在大分县鹤崎工业学校建筑科修业	不详	1938—1942 年任伪满洲房产（株）社员（技术部资材课一般系主任）；1942—1945 年任伪满建筑局技佐；1945 年任伪满交通部技佐（土建统制司勤务）	不详
1052.	青津繁次	1907—?	1932 年毕业于早稻田大学建筑科	台北	1936—1945 年任职于驻台日军经理部	不详
1053.	青柳贞之	不详	不详	台湾	曾任台湾总督府专卖局庶务课技手	不详
1054.	青木保	不详	不详	大连	1928 年在大连自办青木建筑事务所	不详
1055.	青木芳太郎	不详	1910 年毕业于工手学校建筑学专业；1924 年毕业于工手学校高等科建筑学专业	台北	1917—1919 年任职于台湾总督府陆军部经理部；1919—1922 年任职于驻台日军经理部；1936—1943 年任职于侵华日军部队	不详
1056.	青木泷夫	1911—?	1930 年毕业于德岛县立工业学校建筑科	汉口	1939 年任竹中工务店汉口分行主任	不详

续表

No.	姓名	生卒	专业背景	在华区域	经历	作品 / 著述
1057.	青木茂	?—1966	1916 年毕业于名古屋高等工业学校建筑科	大连	1930—1933 年在关东军经理部任职；后于 1941—1943 年在伪满洲部队	不详
1058.	青木宇三	1907—?	1923 年毕业于三重县津市立工艺学校建筑科	长春	1933—1936 年任关东军经理部工务科临时雇员；1936—1937 年在“满铁”地方部学务课任勤务；1938—1940 年在伪满大使馆任技手；1940—1947 年在关东局伪满教务部任勤务	不详
1059.	青山忠雄	不详	1919 年毕业于青森县立工业学校建筑科	长春	1934—1941 年历任伪满中央银行建筑课勤务、总务部营缮课勤务、管财课勤务	长春桑原英治住宅、协和住宅
1060.	青山重远	不详	不详	台北、基隆	1901 年任民政部土木课技师；1902 年任临时台湾基隆筑港局技师兼民政部土木课技师；1903 年 10 月为拟定灯塔建设位置，到彭佳屿出差；1905 年离职	不详
1061.	青田敏巳	1896—?	1919 年毕业于岩手县立工业学校建筑科	长春	1938—1945 年任职于关东军经理部	不详
1062.	清家正就	?—1919	1910 年毕业于东京高等工业学校建筑科	沈阳	1910—1919 年在“满铁”任职	不详
1063.	清起盛一	不详	1912 年毕业于广岛县立职工学校建筑科	长春、沈阳、北京	1930—1932 年任职于关东军经理部；1935—1937 年任“新京”合资会社阿川组勤务；1937—1938 年任奉天支店勤务；1938 年任北京支店勤务	不详
1064.	清山正义	1902—1961	1922 年毕业于工手学校建筑学专业	大连	1936—1943 年任井上组大连出张所建筑主任；1941 年任伪满洲曹达（株）建筑课长	不详
1065.	清水半次郎	1885—?	1902 年毕业于工手学校造家学科	台湾	1905—1907 年任台湾总督府雇员	不详
1066.	清水吉一	不详	1935 年毕业于京都帝国大学工学部建筑学专业	大连	1940—1945 年在“满铁”任职	不详
1067.	清水甚三郎	1903—?	1929 年毕业于早稻田大学建筑学专业	不详	1939—1943 年任伪满洲西松组社员（建筑课长）	不详
1068.	清水史	不详	1920 年毕业于广岛县立工业学校建筑科	台湾	1924 年任台湾总督府通信书记补（通信局庶务课勤务）；1925—1939 年任台湾总督府交通局书记（通信部庶务课）；1933—1939 年兼任台湾总督府交通局技手（通信部庶务课）；1943—1944 年任台湾总督府交通局属兼技手（通信部总务课）	高雄邮便局电话交换室厅舍，1930
1069.	清水元次郎	不详	不详	不详	1910—1919 年任职于关东都督府陆军部经理部；1919 年任职于关东军经理部	不详

续表

No.	姓名	生卒	专业背景	在华区域	经历	作品 / 著述
1070.	清藤德太郎	1902—?	1918 年毕业于青森县立工业学校建筑科	不详	1938—1943 年任侵华日军陆军技师（侵华日军经理部）	不详
1071.	清永伴三	不详	不详	大连、长春	1911—1931 年先后在关东都督府陆军经理部、关东军经理部等任职；1934 年任“新京”菊地工务所勤务；1935—1937 年在“新京”；1938 年任关东军经理部勤务	不详
1072.	清原春彦	?—1983	1921 年毕业于山形县立米泽工业学校建筑科	台湾	1929—1930 年任台湾总督府内务局土木课；1930—1944 年任台湾总督府交通局技手	不详
1073.	秋本时太郎	?—1918	不详	大连、沈阳	1907—1918 年在“满铁”任职	不详
1074.	秋本研造	不详	1920 年毕业于东京工科学校建筑科	长春、吉林	1941—1943 年任长春竹中工务店社员；1943 年任竹中工务店吉林出张所勤务	不详
1075.	秋吉金德	不详	1896 年毕业于东京帝国大学建筑科	台北	1896 年任台湾总督府民政局临时土木部建筑技师	不详
1076.	秋吉昇	1904—?	1923 年毕业于“南满工专”建筑科	大连	1923—1924 年任“满铁”雇员（曾任本溪湖地方区兼务）；1929—1932 年在大连任高岗久留工务所勤务；1943 年任高岗组阜新出张所所长	不详
1077.	秋鹿松三郎	不详	1927 年毕业于日本大学高等公学校建筑科	长春	1937—1939 年任伪满营缮需品局技士（营缮处勤务）；1939 年任伪满牡丹江省技士；1939—1940 年任伪满热河省技士；1940—1940 年任伪满建筑局技士（第一工务处勤务）	不详
1078.	秋山久治郎	不详	1918 年毕业于名古屋高等工业学校建筑课	旅顺	1918—1919 年任关东都督府民政部土木课勤务；1919—1920 年任关东厅内务部土木课勤务；1920—1921 年任伪满洲兴业（株）勤务；1921 年回到日本	不详
1079.	秋山米吉	不详	1891 年毕业于工手学校造家学科	台北	1910—1919 年任职于台湾总督府陆军经理部；1919—1921 年任职于驻台日军经理部	不详
1080.	秋山显三郎	不详	1909 年毕业于攻玉社工学校	长春	1932—1937 年任伪满国都建设局技士（技术处勤务）；1937—1939 年任伪满营缮需品局技士；1939—1940 年任伪满总务厅技士；1940—1941 年任伪满建筑局技士（第二工务处勤务）；1941—1942 年任伪满建筑局技佐（第二工务处勤务）	不详

续表

No.	姓名	生卒	专业背景	在华区域	经历	作品 / 著述
1081.	萩原松市	不详	1902 年毕业于佐贺县工业学校土木科	台北、大连、铁岭、昌图、青岛、济南	1902—1905 年任职于临时台湾土地调查局测量课；1905—1907 年任台湾总督府民政部土木局营缮课勤务；1907—1908 年任关东都督府大连民政署勤务；1908—1915 年在“满铁”任职；1915—1917 年任职于陆军省山东铁道管理部；1917—1922 年任青岛守备军民政部铁道技手（1919—1921 年任济南保线事务所勤务）	不详
1082.	权藤博	1894—1975	1920 年毕业于东京帝国大学工学部建筑学专业	上海	1941 年任上海第一海军建筑部长	不详
1083.	权藤洗二	?—1934	1901 年毕业于工手学校造家学科	大连、佳木斯	1908—1918 年任关东都督府技手；1922 年任大连市合资会社福工司代表社员；1924—1925 年任大连市伊贺原（伊贺原岩吉）组；1933—1934 年任日满商会佳木斯出张所主任	不详
1084.	泉谷千秋	不详	曾于奈良县立吉野工业学校修业	高雄	1928 年在台湾高雄	不详
1085.	犬冢安次郎	不详	不详	伪满洲	1933 年任伪满洲阿川组勤务	不详
1086.	塙勇	不详	1923 年毕业于早稻田大学建筑学专业	淡水	1941—1943 年任台湾淡水油槽所在勤	不详
1087.	染谷亘	1903—?	1919 年毕业于工手学校建筑学专业；1923 年毕业于工手学校高等科建筑学专业	台北	在日本劝业银行任职期间，曾设计该行台北分行	日本劝业银行台北分行，合作设计，1936
1088.	人见卓朗	1896—?	1917 年毕业于东京高等工业学校建筑科	大连	1917 年任关东都督府民政部土木课雇员；1918—1925 年任“南满洲铁道（株）”雇员	不详
1089.	仁林寰	1905—?	1928 年毕业于“南满工专”建设工学建筑分科	大连、哈尔滨	1929—1934 年任清水组大连支店勤务；1931 年获大连市主任技术者第一级检定合格；1934—1935 年任“南满洲铁道（株）”技术员；1935—1944 年任“南满洲铁道（株）”职员（1939 年任哈尔滨建设事务所勤务）；1944—1945 年任“南满洲铁道（株）”副参事	不详
1090.	仁平毅	不详	1926 年毕业于工手学校建筑学专业；1930 年毕业于日本大学高等工学校建筑学专业	伪满洲	1939 年任伪满洲房产（株）社员；1941—1943 年任蒙疆不动产公司职员	不详
1091.	日高徹治	1884—?	1905 年毕业于工手学校建筑学专业	大连	1907—1909 年在“满铁”任职	不详
1092.	日高尚忠	1848—?	不详	台湾	1895—1897 年任临时台湾灯标建设部技手	不详

续表

No.	姓名	生卒	专业背景	在华区域	经历	作品 / 著述
1093.	日名命雄	不详	1935 年毕业于名古屋高工建筑科	不详	1936—1943 年在“满铁”任职	不详
1094.	日置银次郎	不详	1918 年毕业于工手学校建筑学专业	哈尔滨、鞍山	1935—1936 年任伪满哈尔滨特别市公署嘱托；1937—1943 年任鞍山昭和制铁所社员	不详
1095.	宍道七郎	1898—1955	1923 年毕业于东京帝国大学工学部建筑学专业	不详	1930—1945 年在“满铁”任职，曾任“南满工专”教授	在《满洲建筑协会杂志》上发表多篇文章
1096.	入山福太郎	?—1931	1914 年毕业于东京高等工业学校建筑科	上海	1915—1921 年任三井物产上海支店勤务；1921—1924 年任上海中国工商（株）建筑技师长；1924—1931 年任上海入山工务所（入山建筑事务所）所长	不详
1097.	入田鹿一	不详	1911 年毕业于福冈县福冈工业学校建筑科	安东	1919—1922 年在伪满洲安东任职	不详
1098.	若菜长助	不详	不详	大连	1911—1923 年在“满铁”任职	不详
1099.	若林若次	不详	1904 年毕业于工手学校建筑专业	大连	1907—1919 年在“满铁”任职	不详
1100.	若林徐	不详	1894 年毕业于工手学校造家学科	台南	1901 年任台南县内务部土木科勤务；1906—1909 年任台湾总督府番薯寮厅嘱托	不详
1101.	若林又藏	不详	不详	台湾	任台南厅技手	不详
1102.	若林重三郎	1891—?	1923 年毕业于中央工学院建筑系	伪满洲	1940 年任伪满洲池田组（株）监查员	不详
1103.	若山喜	不详	1924 年毕业于名古屋高等工业学校建筑科	台北	1926—1936 年任台北州立台北工业学校教师；1936 年任台湾公立实业学校教师	不详
1104.	若山竹次郎	?—1911	不详	嘉义	1907—1909 年在台湾总督府阿猴厅总务科工作；1909—1911 年任台湾总督府嘉义厅嘱托（1909 年在总务科；1910—1911 年在庶务科）	不详
1105.	若松茂太郎	不详	1913 年毕业于早稻田大学建筑系	吉林	1929 年任浅野水泥台北中国社勤务；1941 年任大同洋灰吉林工场；1942—1943 年任伪满洲间岛省东满水泥（株）庙岭工厂工作	不详
1106.	若松佐	不详	1920 年毕业于早稻田工程学校建筑科	新竹、台北、台南	1921—1922 年任台北米重组勤务、台湾总督府花莲港厅庶务课土木系勤务；1927—1932 年任新竹州技手（内务部土木科）；1934—1936 年任台北米重工务所勤务；1937—1940 年任台湾总督府台南州内务部土木科嘱托；1941—1944 年任台南州技手（总务部土木科）	不详

续表

No.	姓名	生卒	专业背景	在华区域	经历	作品 / 著述
1107.	三部耕三郎	?—1929	1911 年毕业于山形县立工业学校建筑科；1926 年毕业于日本大学高等工学校建筑科	大连	1915—1918 年在“满铁”任职	不详
1108.	三岛刚	1910—?	1935 年毕业于京都帝国大学工学部建筑学专业	长春	1938—1945 年任伪满营缮需品局技士、技佐、兼省技佐；1940—1945 年任伪满建筑局技佐；1945—1957 年被中国政府留用	不详
1109.	三岛致和	不详	不详	大连	1908—1915 年在“满铁”任职	不详
1110.	三谷嘉次郎	1868—?	不详	台湾	1902—1907 年任职于驻台日军经理部	不详
1111.	三户芳夫	?—1975	1927 年毕业于青森县立工业学校建筑科	台湾	1927—1928 年任台湾总督官房会计课勤务；1939—1943 年任伪满洲拓殖建筑课勤务	不详
1112.	三角硕次郎	不详	1904 年毕业于佐贺县立佐贺工业学校木工科	大连	1908—1912 年在“满铁”任职	不详
1113.	三木来三	不详	1909 年毕业于兵库县立工业学校建筑科；1912 年毕业于东京高等工业学校建筑科	台南	1937 年任台湾总督府铁道部改良课勤务；1938 年任台南市海山神社造营事务所在勤；1941—1942 年任台南市住吉组勤务	不详
1114.	三木茂太	不详	1934 年毕业于东京帝国大学工学部建筑学专业	锦州、长春	1938—1945 年在“满铁”任职	不详
1115.	三浦道雄	1908—1996	1932 年毕业于东京帝国大学工学部建筑学专业	伪满洲	1944 年任职于关东军半载河守备队	不详
1116.	三桥国太郎	1890—1945	1916 年毕业于东京帝国大学工科大学建筑学专业	伪满洲	1942 年任伪满洲鸿池组（株）取缔役	不详
1117.	三桥四郎	1867—1915	1893 年毕业于帝国大学造家学科	不详	1908 年在东京创办三桥建筑事务所，后受日本外务省委托设计中国东北日本领事馆建筑	沈阳、长春、丹东、吉林、牛庄日本领事馆新馆
1118.	三上章	1903—1971	1927 年毕业于东京帝国大学工学部建筑学专业	台湾	1927—1929 年任台湾总督府技手（总督官房会计课勤务）	不详

续表

No.	姓名	生卒	专业背景	在华区域	经历	作品 / 著述
1119.	三上贞	1886—?	1911 年毕业于东京高等工业学校建筑科	长春、青岛、大连	1918—1922 年任青岛守备军民政部雇员；1922 年任青岛守备军民政部技师；1924—1926 年任青岛和贺三上建筑工务所协同主宰；1932—1933 年任伪满洲东亚土木企业（株）勤务；1936 年任“新京”今井组“新京”出张所勤务；1939 年任大连市（株）户田组勤务	青岛守备军医院门诊大楼，1921；青岛日本中学，1920—1921
1120.	三田芳之助	1883—1943	不详	台北、大连、鞍山、天津	1904 年任贺田组台北中国店建筑部专属田村组勤务；1906 年任掘内商会台北中国店勤务；1907—1915 年任掘内商会大连支店工事部主任；1915—1928 年自营大连三田工务所；1928—1943 年任大连市合资会社三田组无限责任社员；1918—1919 年任大连建材合资会社有限责任社员；1919 年任大连建材（株）监查役；1918—1919 年任大连制铁（株）监查役；1919—1921 年任沙河口起业合资会社有限责任、无限责任社员；1919—1920 年任大连市（株）商会取缔役；1919 年任伪满洲制陶（株）监查役；1919 年任伪满洲机械工业（株）取缔役；1920—1921 年任大连郊外土地（株）监查役；1920—1925 年任大连工材（株）取缔役；1920 年任大连信托（株）取缔役；1920 年任伪满洲信托（株）取缔役；1921 年任天津国际起业（株）监查役；1921 年任满蒙土地建物（株）取缔役	不详
1121.	三田镰次郎	1892—?	1916 年毕业于名古屋高等工业学校建筑科	旅顺、台中、台南	1916 年任关东都督府民政部土木课勤务；1917—1919 年任关东都督府民政部土木课勤务；1919—1926 年任关东厅技手；1927—1936 年任台湾总督府地方技师（台中州勤务内务部土木课勤务）；1935—1936 年任台湾建筑技师（台中州建筑技师内务部土木课勤务）；1936—1943 年任台南大日本制糖技师	不详
1122.	三田昇（升）一郎	1907—?	1928 年毕业于“南满工专”建设工学建筑分科	大连、沈阳、长春	1928—1945 年在“满铁”任职	不详
1123.	三田昇之助	1877—?	1905 年毕业于东京高等工业学校附设工业教员养成所建筑科	沈阳、大连	1907—1920 年在“满铁”任技手、职员；1920—1932 年任关东厅技手、技师；1932—1943 年在大连市	不详
1124.	三须宪度	1888—?	1909 年毕业于工手学校建筑学	大连、沈阳	1917 年在大连自营建筑设计监督业；1921 年任大连市合名会社小川组社员；1925—1940 年任大连合资会社大同组职员	不详

续表

No.	姓名	生卒	专业背景	在华区域	经历	作品 / 著述
1125.	三宅恒三郎	?—1919	1905 年毕业于广岛县职工学校木工部	沈阳	1911—1919 年在“满铁”任职	不详
1126.	三宅秀吉	1893—1937	1910 年毕业于广岛县立职工学校建筑科	青岛、大连、长春	1910—1917 年在“满铁”任职；1917—1919 年任青岛守备军铁道部雇员；1919—1922 年任大连中村建筑事务所所员；1922 年任伪满洲开原日华银行建筑现场监督嘱托；1922—1923 年任合资会社清水组大连出张所勤务；1924—1934 年任“南满洲电气（株）”社员；1934 年获关东厅主任技术者第一级检定合格；1934—1937 年任“新京”伪满洲电业（株）社员	不详
1127.	三枝丰作	1880—?	1908 年毕业于攻玉社工学校；1909 年毕业于东京工科学校建筑科	台湾	1925—1931 年任职于驻台日军澎湖岛要塞司命部	不详
1128.	桑名丰治郎	?—1926	1918 年毕业于“南满工专”建筑科	大连、大石桥	1918—1926 年在“满铁”任职	不详
1129.	桑山平助	?—1937	1915 年毕业于早稻田工手学校建筑科	台北	1921—1931 年任台湾总督府技手；1934 年任台湾电力（株）送电线建筑课勤务；1935—1937 年在台北自营土木建筑公司	不详
1130.	桑畑清香	不详	1926 年毕业于东京工科学校建筑科；1930 年毕业于日本大学高等工学校建筑科	长春	1937—1940 年任伪满营缮需品局技士（营缮处勤务）；1940—1943 年任伪满建筑局技士（第二工务处勤务）、技佐	不详
1131.	桑野藤三郎	1891—1977	1911 年毕业于工手学校建筑学专业	上海	1920—1924 年任上海东亚兴业（株）勤务；1926—1943 年任职于大仓土木组上海出张所	不详
1132.	桑原贯一	1875—?	1901 年毕业于东京高等工业学校附设工业教员养成所木工科	台湾	1907—1909 年任台湾制糖（株）建筑事务嘱托；1909—1918 年任台湾制糖技手、技师等；1919 年任台湾总督府工业讲习所教务嘱托；1919—1920 年任台湾总督府公立台北工业学校教务嘱托；1920—1921 年任台湾总督府公立台北工业学校教务嘱托；1920 年任公立台北工业学校土木建筑科长；1921—1924 年任台湾公立实业学校教师	不详
1133.	桑原健司	1909—?	1930 年毕业于东京工业专修学校高等工业部建筑科	上海	1940—1944 年任茂木清太郎建筑事务所上海支所长	不详
1134.	森本常治	1873—?	1898 年毕业于东京工业学校附属工业教员培养成所木工业速成科	抚顺	1908—1920 年在“满铁”抚顺煤矿土木课勤务	不详

续表

No.	姓名	生卒	专业背景	在华区域	经历	作品 / 著述
1135.	森本俊治	不详	1929 年毕业于神户高等工业学校建筑科	上海	1941—1943 年在上海	不详
1136.	森常太郎	不详	1916 年毕业于工手学校建筑专业	鞍山、长春等	1916—1945 年在"满铁"任职	不详
1137.	森川范一	1852—1915	1883 年毕业于工部大学校造家科	北京	1906—1907 年任营口有马组技师；1907—1910 年任北京井上公司技师	横滨正金银行牛庄支店、北京支店
1138.	森川善雄	不详	不详	不详	1929 年任职于"满铁"地方部建筑课	不详
1139.	森岛丰人	1886—?	1911 年毕业于工手学校建筑专业；1912 年毕业于中央工学院建筑高等科	本溪	1935 年任大仓土木本溪湖出张所建筑主任、所长；1939—1942 年任大仓产业宫原出张所长	不详
1140.	森冈定一	不详	1909 年毕业于工手学校建筑专业	伪满洲	1943 年任伪满洲盐业委托	不详
1141.	森谷竹二郎	1877—1933	不详	大连	1904 年任大连市森谷组组长；1919—1933 大年任连砂浆（株）监事；1920 年任大连信托董事	不详
1142.	森好文	不详	1933 年毕业于早稻田大学建筑学专业	锦州、天津	1937—1938 年任"南满洲"铁道部职员（1937 年在锦县铁路局工务处建筑科工作；1937—1938 年在锦州铁路局工程助理锦州工务区工作；1938 年在锦州铁路局建筑助理锦州工务区工作）；1941—1943 年任华北交通融合天津铁路局建筑科勤务	不详
1143.	森久太郎	不详	不详	上海	1906 年任上海三井洋行勤务；1907—1911 年在上海	不详
1144.	森口清	1911—1992	1933 年毕业于日本大学专业部工科建筑科；1936 年毕业于日本大学工学部建筑工学系	上海	1938—1939 年在侵华日军上海派遣军服役	不详
1145.	森锣太郎	1871—?	1900 年毕业于工手学校造家学科	新竹	1900—1901 年任台湾总督府铁道部雇员（工务科勤务）；1901—1905 年任台湾总督府铁道部技手（1901—1903 年任工务科勤务；1903—1905 年任新竹建设事务所勤务）；1906—1907 年受铁路作业局雇用，在递信省铁路作业局野战铁路附、伪满洲野战铁路提理部公主岭保线事务所任职	不详
1146.	森丘四郎	不详	1909 年毕业于工手学校建筑专业	天津	1939—1940 年任清水组天津出张所设计系勤务	不详
1147.	森山富治郎	不详	不详	抚顺	1907—1920 年任"满铁"抚顺煤矿土木课勤务	不详

续表

No.	姓名	生卒	专业背景	在华区域	经历	作品 / 著述
1148.	森山觉市	1889—?	不详	高雄	1913 年到台湾；1919—1920 年任阿缑厅庶务科勤务；1920—1942 年任高雄州技手	不详
1149.	森上浩行	1872—1950	1894 年毕业于工手学校造家学科	台湾	1895 年任临时台湾灯标建设部雇员；1899—1901 年在台湾总督府民政部土木课任职	不详
1150.	森田市五郎	?—1926	不详	台湾	1896 年任台湾总督府雇员	不详
1151.	森田文二	不详	1908 年毕业于关西商工学校建筑科	张家口	1939 年任伪满洲张家口（株）森组取缔役	不详
1152.	森胁圭三	1901—?	1924 年毕业于东京高等工业学校建筑科	伪满洲	1942—1945 年任伪满洲大林组社员	不详
1153.	森修	不详	不详	大连	1917—1921 年在“满铁”任职	不详
1154.	森野英雄	不详	1930 年毕业于东京工业专修高中工业部建筑科	长春	1932—1934 年任伪满国务院总务厅需用处雇员（营缮科）；1934—1935 年任伪满国务院总务厅技师；1935—1938 年任伪满营缮需品局技士（营缮处勤务）；1938—1940 年任伪满安东省技士（省长官房勤务）；1938—1940 年兼任伪满营缮需品局技士（营缮处）；1940 年兼任伪满建筑局技师；1940—1943 年任伪满建筑局技师（第一工务处勤务）；1943 年任伪满建筑局技佐（第一工务处）；1943—1945 年任伪满通化省技佐	不详
1155.	森钲太郎	1871—?	1900 年毕业于工手学校造家学科	台北	1900—1901 年任台湾总督府铁道部雇员（工务课勤务）；1901—1905 年任台湾总督府铁道部技手（1901—1903 年任工科勤务；1903—1905 年任新竹建设事务所勤务）；1906—1907 年被铁道作业局雇用，在递信省铁道作业局野战铁路附、伪满洲野战铁道提理部公主岭保线事务所任职；1912 年调往台湾总督府；1912—1914 年任台湾总督府技术手（民政部土木局营缮课勤务）	不详
1156.	森正春	不详	1929 年毕业于早稻田大学建筑学专业	济南、开封等	1934—1943 年在“满铁”任职	不详
1157.	砂得住	不详	不详	台北	1932—1935 年任台湾总督府台北土木课嘱托；1937—1944 年先后任台湾总督府交通局铁道部改良课勤务、台北铁道工事事务所工事课勤务（1943—1944）	不详
1158.	砂田敏郎	不详	1914 年毕业于广岛县立职工学校建筑科	大连等	1930—1931 年在大连；1936 年任陆军技手（齐齐哈尔第十六师团司令部附）	不详

续表

No.	姓名	生卒	专业背景	在华区域	经历	作品 / 著述
1159.	山本多一	不详	1931 年毕业于“南满工专”建筑科	长春	1933 年任伪满国都建设局建筑科职员	不详
1160.	山本良一	1912—1990	1930 年毕业于大阪市立都岛工业学校建筑科；1934 年于日本大学专业部工科建筑科，在新建筑工艺研究所修业	长春	1935—1938 年任职于伪满国务院总务厅营缮处并在伪满司法部营缮股兼职；1938—1940 年任伪满营缮需品局技师（营缮处）；1940—1943 年任伪满建筑局技士（第二工务处）；1944—1945 年任伪满兴农部技师（拓展训练总部建设科工作）；1945 年被我国政府留用；1948 年返回日本	不详
1161.	山本亮治郎	1879—?	1902 年毕业于工手学校造家学科	大连	1905—1906 年任伪满洲军仓库委托，后在“满铁”任职；1908—1912 年任大连冈田（时太郎）工务所所员	不详
1162.	山本明治	1887—?	不详	台湾	1908—1910 年任台湾总督府民政部土木局（土木部）营缮课勤务；1910—1911 年任台湾总督府土木部技手；1911—1917 年任台湾总督府技手	不详
1163.	山本万治郎	不详	1916 年毕业于工手学校建筑专业	上海	1922 年住在上海；1925—1926 年在上海东亚兴业公司工作	不详
1164.	山本孝一	不详	1925 年毕业于“南满工专”建设工科建筑分科	大连	1925—1939 年在大连市长谷川组任职	不详
1165.	山本新五郎	?—1940	1909 年毕业于关西商工学校建筑科	大连、沈阳	1916—1931 年在“满铁”任职；1934—1937 年任大连合资公司共进组职员（1937 年任奉天出差所勤务）；1939—1940 年任奉天伪满洲共进组人员	不详
1166.	山本秀造	不详	不详	安东	1907—1912 年在安东自营建筑承包业	不详
1167.	山本一夫	1903—1969	1926 年毕业于东京帝国大学工学部建筑学专业	长春	1934 年在大林组“新京”办事处工作	不详
1168.	山本又吉	?—1973	1929 年毕业于福井高等工业学校建筑科	长春	1934—1943 年任“新京”日登工务所协同主持	不详
1169.	山本拙郎	1890—1944	1914 年毕业于第三高等学校学校；1917 年毕业于早稻田大学大学院理工科建筑专业	大连	1935—1936 年任伪满洲电业（株）社宅单身宿舍大连分公司设计从事；1939—1944 年任上海华中振兴（株）社员	不详

续表

No.	姓名	生卒	专业背景	在华区域	经历	作品 / 著述
1170.	山边钢	1889—?	1904 年毕业于东京高等工业学校附属职工徒弟学校木工专业	抚顺、大连、沈阳	1919—1921 年任职于大仓土木组大连出张所；1920—1922 年任职于日本土木大连出张所；1922—1924 年任职于安东诘所；1925—1928 年任职于抚顺诘所；1928—1935 年任职于大连办事处；1935—1941 年任参事；1935—1938 年任大连出张所在勤；1938—1941 年奉天支店在职；1934—1942 年任奉天共立土地建物取缔役；1939 年任伪满洲大学仓土木取缔役	抚顺高等女学堂施工，1926
1171.	山城竹次	1894—1972	1920 年毕业于京都高等工艺学校图案科第一部	大连	1920—1945 年在"满铁"任职	不详
1172.	山村光次	不详	1926 年毕业于早稻田大学建筑学专业	牡丹江	1933—1945 年在"满铁"任职	不详
1173.	山村正伦	不详	1928 年毕业于神户高等工业学校建筑科	天津	1937—1942 年任职于天津驻军经理部	不详
1174.	山冈博	1899—?	1919 年毕业于"南满工专"建筑科；1925 年毕业于"南满工专"建设工程专业建筑分科	大连	1924—1945 年在"满铁"任职	不详
1175.	山根诚	1909—?	1933 年毕业于早稻田大学建筑学专业	不详	1938 年加入侵华日军；1945 年被我国政府留用；1953 年返回日本	不详
1176.	山根长儿	不详	1929 年毕业于神户高等工业学校建筑科	沈阳	1935—1940 年在"满铁"任职	不详
1177.	山合喜三郎	1884—?	1909 年毕业于东京工科学校建筑科；1917 年于东京高等工业学校附属工业补习学校科目修业	天津	1918—1924 年任职于中国驻屯军；1928—1936 年任职于东京建物建筑技师天津支店；1938 年任池田组北京支店长；1938—1943 年任池田组天津支店长；1939 年在天津自营大喜工司	不详
1178.	山家泰	1902—?	1928 年毕业于早稻田大学建筑学专业	沈阳、锦州等	1934—1945 年在"满铁"任职	不详
1179.	山家一郎	1910—?	1933 年毕业于日本大学专业部工科建筑科	长春	1934—1935 年任伪满国务院总务厅需处工作；1935—1938 年任伪满营缮需品局营缮处勤务；1938—1939 年任伪满营缮需品局技士（营修理处）；1939—1940 年任伪满黑河省技士，兼任伪满营缮需品局技师；1940 年兼任伪满建筑局技师；1940—1941 年任伪满建筑局技师（第一工务处）；1941—1943 年任伪满省技佐（兴安北省开拓厅工作）；1943—1945 年任伪满吉林市技佐；1945 年任伪满建筑局技佐（第一工务处）	不详
1180.	山角清之助	不详	1912 年毕业于工手学校建筑学专业	大连	1912—1923 年在"满铁"任职	不详

续表

No.	姓名	生卒	专业背景	在华区域	经历	作品 / 著述
1181.	山口鸿次郎	1899—?	1925 年毕业于东京市立第一实业学校高等专修科建筑科	青岛	1921 年在青岛守备军民政部铁道部做业务见习；1921—1923 年任青岛守备军民政部员工（铁道部工作）	不详
1182.	山口精一	1899—?	1919 年毕业于大阪府立今宫职工学校建筑科；1927 年于关西工学专修学校进修	大连、齐齐哈尔	1934—1936 年任大仓土木大连出张所勤务；1937—1941 年任职于大仓土木齐齐哈尔诘所；1943 年任齐齐哈尔出张所主任	不详
1183.	山口九州男	不详	1896 年毕业于工手学校造家学科；1899 年毕业于工手学校土木学科	上海	1921 年任上海同兴纺织（株）勤务；1930—1935 年任上海华成建筑事务所所员（1931 年任上海华成营造厂勤务）；1936 年任青岛天成建筑事务所所长	不详
1184.	山口良宗	不详	不详	台中	台中厅技手	不详
1185.	山口茂树	1867—1933	1890 年毕业于工手学校造家学科	台中	1897—1898 年被台中陆军经营部雇用；1898—1901 年任台中县技手（土木课勤务）；1901 年兼任台中市区改正系技手；1901—1903 年任台中厅技手（总务科勤务）；1903—1909 年任台湾总督府技手（民政部土木局营补科勤务；临时台湾户口调查委员；台湾纵贯铁路全通式辅助委员）；1909—1911 年任台湾总督土木部技师（在营缮课工作）；1911—1913 年任台湾总督府技师（在民政部土木局营缮课工作）；1913 年任台湾总督府技师（在民政部土木局营缮课工作）；1913 年任台湾总督府民政部通信局兼土木局嘱托；1913 年任台湾总督府民政部土木局嘱托	不详
1186.	山口小七	不详	1910 年毕业于日本工艺学校建筑科	长春、辽阳	1910—1911 年在“南满洲铁道（株）”工务科工作；1911—1912 年在“南满洲铁道”总长春保线系工作；1912 年任“南满洲铁道（株）”辽阳保线系勤务	不详
1187.	山口源次郎	不详	1895 年毕业于工程学校造家学科	台北、阿里山	1910—1911 年任台湾总督府土木部技手（在营缮科工作）；1911—1913 年任台湾总督府阿里山作业所技手（1911—1912 年在林业科工作；1912—1913 年在业务科工作）；1913—1915 年任台湾总督府技手（在民政部土木局营缮科工作）	不详
1188.	山口长六	1911—?	1932 年毕业于日本大学专门工科建筑科	哈尔滨	1937—1943 年在“满铁”任职	不详
1189.	山口贞雄	1888—?	1908 年毕业于工手学校建筑学专业	沈阳	1933—1943 年在“满铁”任职；1943 年任伪满洲共立土建（株）董事长	不详
1190.	山口正	不详	1934 年毕业于名古屋高等工业学校建筑科	长春	1937—1938 年任伪满国务院营缮需品局营缮技师（营缮处）；1940—1945 年在伪满工作；1939—1940 年任伪满营缮需品局、建筑局技师（第二工务处，宫廷营造科）	不详

续表

No.	姓名	生卒	专业背景	在华区域	经历	作品 / 著述
1191.	山口直昭	1856—?	1882 年毕业于工部美术学校彫刻术专业	台北	1896 年任台湾总督府雇员、台湾总督府民政局技手；1896—1897 年任台湾总督府民政局临时土木部技手（1897 年任巡警看守教习所新建工事监督主任）；1897—1898 年任台湾总督府技手（1897—1898 年在财务局工作）	不详
1192.	山梨知	?—1895	不详	北京	1893—1895 年在清政府军队服役	不详
1193.	山路魁太郎	不详	1898 年毕业于东京帝国大学土木科	台北、旅顺	台湾总督府土木课兼任技师；1905—1906 年任关东州民政署技师	不详
1194.	山名平之进	不详	不详	台北	1900—1901 年任台北县技手（土木课勤务）；1901—1907 年任台湾总督府技手（在民政部土木局营缮科工作）	不详
1195.	山崎德太郎	?—1914	1902 年毕业于工手学校造家学科	辽阳、大连	1907—1908 年在"满铁"任职；1908—1914 年任关东都督府技手（1908 年在民政部土木课工作；1910—1913 年在都督官房营缮科工作；1913—1914 年在民政部土木课工作）	不详
1196.	山崎定信	1866—1900	1891 年于帝国大学工科大学造家学科选修	上海	1896 年在上海出差（上海纺织公司从事工厂建设）	上海纺织公司，1896
1197.	山崎节治	不详	1921 年毕业于兵库县立工业学校建筑科；1925 年毕业于神户高等工业学校建筑科	沈阳	1938 年在大林组奉天办事处工作；1938—1939 年在牡丹江办事处工作；1940 年任伪满洲土木（株）职员	不详
1198.	山崎隆义	不详	1922 年毕业于工程学校建筑学；1923 年毕业于工手学校高等科建筑专业	北京	1938—1942 年在北京军司令部工作	不详
1199.	山崎清次郎	不详	1919 年毕业于中央工学院建筑系；1921 年毕业于中央工学院建筑高等专业	大连	1935—1941 年任大连东亚土木企业（株）社员（1941 年任哈尔滨出差所所长）	不详
1200.	山崎五郎	?—1930	1904 年毕业于工学校建筑学专业	台中	1929 年任台湾总督府台中州土木课勤	不详
1201.	山崎武男	不详	1913 年毕业于东京工科学校建筑科	不详	在日本外务省任职，曾多次到中国出差	不详
1202.	山崎雅雄	1892—?	1912 年毕业于朝鲜总督府铁道局教习所造家学科	台北	1918—1920 年任台湾总督府台北医院新建工程设计事务嘱托；1920—1922 年任职于台湾阿猴制糖（株）工程系	不详
1203.	山崎一男	不详	1928 年毕业于早稻田大学建筑学专业	沈阳	1934—1943 年在奉天合在资公司细川组工作	不详

续表

No.	姓名	生卒	专业背景	在华区域	经历	作品 / 著述
1204.	山崎于菟四郎	不详	不详	台湾	1896 年任台湾总督府民政局土木部雇员；1896—1897 年在台湾总督府邮电局舍灯塔所并测所建筑事务部门任职；1897 年任台湾总督府通信部嘱托；1897 年受台湾总督府雇用（通信部工作）；1897—1899 年任台湾总督府嘱托	台北邮电局等工程监督，1897
1205.	山崎源逸	不详	1901 年毕业于工手学校造家学科	大连、长春等	1907—1919 年在"满铁"任职	不详
1206.	山崎忠夫	1908—1966	1929 年毕业于"南满工专"建设工程专业建筑分科	大连、长春	毕业后先在大连市工作；1931—1932 年在大连朝比奈（朝比奈辰雄）在建筑事务所工作；1932—1945 年在"新京"伪满洲中央银行职员财务工作	不详
1207.	山崎重次	不详	1926 年毕业于日本大学高等工学院建筑科	哈尔滨	1937 年居住在哈尔滨市；1940 年在"满铁"哈尔滨铁道局哈尔滨工程事务所工作	不详
1208.	山上富	不详	1923 年毕业于名古屋高等工业学校建筑科	上海	1937—1938 年在上海大康纱厂工作	不详
1209.	山手研吾	1901—1998	1923 年毕业于东京高等工业学校建筑科	上海	1944 年任清水组上海支店长	不详
1210.	山田信	?—1935	1912 年毕业于工手学校建筑专业	济南、大连、长春、青岛	1918—1919 年任大仓土木济南诘所在勤；1919—1921 年任大连诘所在勤；1921—1922 年任长春诘所在勤；1922—1924 年任青岛诘所在勤；1924—1925 年在青岛办事处工作	不详
1211.	山田静	1881—1921	1911 年毕业于东京帝国大学工科大学建筑学专业	鞍山	1917 年任"南满洲兴业（株）"工程师长（在伪满洲鞍山工作）	不详
1212.	山田俊男（山田俊夫）	1910—?	1931 年毕业于"南满工专"建设工程专业建筑分科	沈阳	1931—1945 年在"满铁"任职	不详
1213.	山田隆一郎	不详	1920 年毕业于"南满工专"建筑科；1924 年毕业于京都高等工艺学校图案科	大连、长春、白城子	1920—1940 年在"满铁"任职	不详
1214.	山田善太郎	1874—?	不详	旅顺	1901—1910 年在海军省经理部任技生；1906 年任职于旅顺口主计部；1906—1907 年任职于旅顺海军经理部	不详
1215.	山田省曹	不详	1929 年毕业于名古屋高等工业学校建筑科	台湾	1929—1930 年任台湾总督府总督官房营缮科嘱托；1930—1942 年任台湾总督府技手；1942 年任台湾总督府工程师（总督官房营缮科）；1942 年任职于台湾住宅经营团	不详

续表

No.	姓名	生卒	专业背景	在华区域	经历	作品 / 著述
1216.	山田胜太郎	不详	1913 年毕业于秋田县立秋田工业学校建筑科	大连、长春	1934 年在铁道工业大连办事处工作；1936 年任"新京"办事处主任；1937 年在关东军会计部工务科工作；1938 年任铁路工业（株）员工（大连办事处工作）	不详
1217.	山田秀夫	不详	1921 年毕业于"南满工专"建筑科	大连	1921—1925 年在"满铁"任职	不详
1218.	山田义行	1909—?	1931 年毕业于早稻田工手学校建筑科；1933 年毕业于早稻田高等工学院建筑学专业	长春	1939 年在竹中工务店伪满洲安东出张所工作；1941 年在"新京"出差所工作；1943 年为伪满洲竹中工务店员工	不详
1219.	山田正	1901—?	1927 年毕业于早稻田大学建筑学专业	太原	1939—1945 年任华北交通（株）社员太原营缮所主任等职	不详
1220.	山尾竹松	1903—?	1921 年毕业于早稻田工手学校建筑科	齐齐哈尔	1934—1940 年在"满铁"任职	不详
1221.	山西说	1888—?	1911 年毕业于秋田县立秋田工业学校建筑科	抚顺	1911—1938 年在"满铁"抚顺煤矿土木课任职；1938—1943 年任东边道开发（株）社员	不详
1222.	山下健之助	1907—?	1929 年毕业于早稻田大学建筑学专业	牡丹江	1941 年在西松组牡丹江办事处工作；1943 年任伪满洲西松组社员	不详
1223.	山下进	1902—?	1926 年毕业于东京美术学校建筑科	长春	1938—1939 年任伪满营缮需品局技士（营缮处）；1939—1940 年任伪满总务厅技士（厅长官房勤务）；1940 年兼任伪满建筑局技师（第二工务处）；1940—1942 年任伪满建筑局技师（第二工务处勤务）；1942 年任伪满建筑局技佐（第二工务处工作）	不详
1224.	山下能一	1902—?	1920 年毕业于德岛县立工业学校建筑科；1925 年毕业于名古屋高等工业学校建筑科	沈阳	1937—1940 年在清水组奉天办事处工作；1941—1943 年为伪满洲清水组（株）员工（奉天办事处主任；1943 年任奉天营业所长）	不详
1225.	山下磐夫	?—1937	1916 年毕业于东京工科学校建设筑科	大连、哈尔滨	1920—1922 年在大连从事土木建筑工作；1922—1925 年在大连市矢野商会工作；1925—1928 年任大连市矢野商会组员；1928—1931 年在福昌公司工程部工作；1931—1937 年为大林组（株）员工（1931 年在大连办事处工作；1936—1937 年在哈尔滨办事处工作）	"大连满铁寺儿沟住宅"，监造，1921
1226.	山下种秋	不详	1904 年毕业于工程学校建筑学专业	台南	1904—1905 年在台湾银行台南中国店铺建筑场工作；1905 年在台湾总督府民政部土木局修理科工作	不详
1227.	山县嘉一	1888—?	1919 年毕业于工手学校建筑学专业	大连	1913—1940 年在"满铁"任职；1940—1945 年任伪满洲不动产工务部工程课长	"满铁新京车站"改扩建，1925

续表

No.	姓名	生卒	专业背景	在华区域	经历	作品 / 著述
1228.	山胁友三郎	1883—1948	1904 年毕业于工学校建筑学专业	伪满洲	1939 年任伪满洲竹中工务店（株）取缔役	不详
1229.	山野直	?—1967	1931 年毕业于东京帝国大学工学部建筑学专业	大连	1937—1942 年任大连市技手；1938—1943 年任“南满工专”讲师	不详
1230.	山越邦彦	1900—1980	1925 年毕业于东京帝国大学工学部建筑学专业	北京	1941—1945 年任北京大学工学院建筑系教授（兴亚院派遣）；1946—1948 年被我国世界科学社留用	不详
1231.	山中通成	1882—?	不详	安东	1917 年任职于大仓土木组，在安东工作；1917—1920 年在伪满洲立山诰所在职	不详
1232.	山中信造	1889—?	1906 年毕业于广岛县立工学校建筑科；1908 年毕业于工手学校建筑学专业	长春、北京	1932—1938 年任伪满陆军技正（在军政部工作）；1939 年任伪满治安部技正（军政司工务科长）；1939—1943 年任北京中华航空（株）参事（财务部营缮课长）	不详
1233.	杉本次一	1903—?	1925 年毕业于早稻田工手学校建筑科；1930 年毕业于早稻田高等工学校建筑学专业	青岛、北京	1936—1943 年任青岛胶澳电气（株）社员；1943—1945 年任华北电业（株）社员（1943 年任青岛支店营缮班长，1945 年任北京支店勤务）；1945 年被我国政府留用	不详
1234.	杉本光秋	不详	1922 年毕业于早稻田工手学校建筑科；1928 年毕业于名古屋高等工业学校附设高等夜学部建筑科	牡丹江、图们	1933—1937 年在“满铁”任职	不详
1235.	杉本宽治	1901—1981	1927 年毕业于早稻田大学建筑学专业	不详	1939 年在关东军经理部；1941 年在伪满洲第 932 部队	不详
1236.	杉本十郎	1897—?	1922 年毕业于名古屋高等工业学校建筑科	不详	1938—1939 年在陆军侵华日军司令部任职	不详
1237.	杉村荣次郎	?—1990	1929 年于神户工业高等专修学校建筑科修业	不详	1943 年在日本陆军南中国派遣部队	不详
1238.	杉江逸	不详	1900 年毕业于工手学校造家学科	台南	1913 年任台南明治制糖（株）勤务	不详
1239.	杉江贞吉	不详	1923 年毕业于“南满工专”建筑科	大连	1923—1926 年在“满铁”任职	不详
1240.	杉浦仙太郎	1870—?	1895 年毕业于名古屋市久谷建筑职业学校	台北、嘉义、台南、深坑	1896—1897 年任台湾总督府民政局雇员；1897 年任台湾总督府民政局临时土木部雇员；1897 年任台湾总督府嘉义县雇员；1897—1898 年任嘉义县技手；1898—1901 年任台南县技手（土木课勤务）；1901—1902 年任台湾总督府深坑厅雇（总务课勤务）	不详

续表

No.	姓名	生卒	专业背景	在华区域	经历	作品 / 著述
1241.	杉山浅之助	不详	不详	台北、大连	1899—1901 年任台湾总督府雇员（民政部土木课勤务）；1901—1902 年任台湾总督府技手；1922 年任大连杉山建筑事务所主宰	不详
1242.	杉山勇一郎	不详	1906 年毕业于工手学校建筑学专业	大连	1907—1912 年在“满铁”任职	不详
1243.	杉野谦三	?—1953	1911 年毕业于秋田县立秋田工业学校建筑科	抚顺、大连	1911—1934 年在“满铁”任职；1935—1937 年任职于大连高冈组；1939—1941 年任“满铁”大连本社勤务	不详
1244.	上村龙造	1904—?	1924 年毕业于“南满工专”建筑科	大连、沈阳等	1924—1936 年在“满铁”任职；1936—1943 年在沈阳自办上村建筑事务所	不详
1245.	上东辰澄	不详	1918 年于东京高等工业学校建筑科选科修业	天津	1938 年任大日本赛璐珞株式会社天津工场建设事务所勤务	不详
1246.	上木仁三郎	1868—?	不详	沈阳	1905—1908 年任伪满洲大仓土木组勤务；1908—1925 年任奉天上木组组长；1922 年任奉天不动产取缔役；1937 年任奉天合名会社昭和阁代表社员	不详
1247.	上木政一	1894—?	1918 年毕业于早稻田工手学校建筑科	沈阳	1925 年任奉天上木组技术员；1930—1940 年在奉天自营上木组	不详
1248.	上山善司	不详	1912 年毕业于仙台高等工业学校土木工学科	台湾	1924—1935 年任大仓土木技师（台湾日月潭水电工事作业所在勤）	不详
1249.	上杉榦雄	?—1964	1912 年毕业于岛根县立工业学校修道馆建筑科	伪满洲	1942 年任伪满洲电气化学工业工务部系长	不详
1250.	上田保太郎	1891—1945	1909 年毕业于工手学校建筑学专业	旅顺	1909—1912 年任旅顺海军经理部技生	不详
1251.	上田次郎	不详	1916 年毕业于工手学校建筑学专业	安东	1937—1938 年任安东建设事务所勤务	不详
1252.	上田国雄	1904—?	1929 年毕业于横滨高等工业学校建筑学专业	大连、沈阳、安东	1934 年任户田组奉天出张所勤务；1937—1938 年任户田组大连出张所勤务；1941—1943 年任抚顺市伪满洲轻金属制造（株）安东建设部勤务	不详
1253.	上田弥八	1885—?	1904 年毕业于熊本县立工业学校木工科	台湾	1904—1905 年任台湾总督府安平税关经理课员	不详
1254.	上田贞三	?—1980	1929 年毕业于福井高等工业学校建筑科	上海、青岛、大连金州	1929 年任内外棉（株）青岛支店勤务；1932 年任内外棉（株）上海支店勤务；1935—1939 年任关东州金州支店勤务；1941—1943 年任上海支店勤务	不详

续表

No.	姓名	生卒	专业背景	在华区域	经历	作品 / 著述
1255.	上田贞之助	不详	明治工学校修业	南京	1921 年开始任日本外务省事务嘱托，曾多次到中国出差，并于 1942 年驻南京	不详
1256.	上野金太郎	不详	1901 年毕业于东京高等工业学校附设工业教员养成所木工速成科	天津	1905—1908 年任东京建物天津支店勤务	不详
1257.	上野啓太郎	1886—?	1909 年毕业于岩手县立工业学校建筑科	天津、北京	1921—1925 年任职于中国驻屯军；1937—1938 年在天津自营瑞隆公司；1938—1943 年在北京自营瑞隆公司	不详
1258.	上野伊三郎	1892—1972	1922 年毕业于早稻田大学建筑学专业	伪满洲	1939—1943 年任陆军嘱托（伪满洲派遣军）	不详
1259.	设乐贞三	1898—1988	1923 年毕业于京都帝国大学工学部建筑学专业	大连、沈阳、青岛	1939—1945 年任大连市福昌公司役员（取缔役建筑部长）；1937 年任奉天福昌公司建筑部长；1939 年任青岛福昌公司取缔役	不详
1260.	设乐贞雄	1864—1943	1889 年毕业于工手学校造家学科	上海	1922—1924 年任上海设乐原田（原田俊雄）建筑事务所协同主宰	不详
1261.	深川勇雄	?—1918	1911 年毕业于京都高等工艺学校图案科第一部	台北	1911—1913 年任台湾总督府民政部土木局（土木部）营缮课嘱托；1913—1917 年任台湾总督府技手；1916—1917 年任总督府厅舍建筑所在勤	不详
1262.	深海龟次	不详	1911 年毕业于东京工科学校建筑科	长春	1935 年任伪满国务院总务厅需用处营缮课勤务；1935—1939 年任伪满营缮需品局营缮处勤务；1941 年在“新京”自营建筑业；1943 年任“新京”建筑兴业（株）勤务	不详
1263.	神谷犀次郎	1906—1944	1929 年毕业于东京帝国大学工学部建筑学专业	台北	1929—1930 年任台湾总督府总督官房营缮课勤务；1930—1936 年任台湾总督府技手、技师（总督官房营缮课勤务）；1936—1942 年任总督官房营缮课勤务	不详
1264.	神谷新一	1903—1986	1928 年毕业于早稻田大学建筑学专业	伪满洲	1938—1945 年任伪满洲竹中工务店役员（1938—1942 年任取缔役，1942—1945 年任常务取缔役）	不详
1265.	神谷直三	不详	1916 年毕业于东京工料学校建筑科，1924 年毕业于中央工学校建筑高等科	高雄	1927—1928 年任高雄州技手	不详
1266.	神户七藏	不详	1931 年毕业于名古屋高等工业学校建筑科	台湾	1936—1941 年任职于驻台日军经理部	不详
1267.	神户腾雄	?—1997	1927 年毕业于福井高等工业学校建筑科	四平、齐齐哈尔	1933—1940 年在“满铁”任职	不详

续表

No.	姓名	生卒	专业背景	在华区域	经历	作品 / 著述
1268.	神崎光男	不详	1922 年毕业于工手学校建筑学专业	安东	1925—1926 年任安东重松组勤务	不详
1269.	神田勇	不详	1907 年毕业于福冈县立福冈工业学校建筑科	大连、牛庄	1908—1910 年任横滨正金银行大连、牛庄支店建筑场勤务；1910—1927 年在“满铁”任职；1927—1930 年任大连合资会社三田组技术主任；1932—1935 年在大连自营；1936—1943 年任大连协和建物技师	不详
1270.	神田元寿	?—1929	1905 年毕业于福冈县立福冈工业学校建筑科	新竹	1926 年任台湾总督府技手；1926—1929 年任台湾总督府地方技师、台湾土木技师（新竹州勤务内务部土木课勤务）	不详
1271.	神尾恒太郎	不详	1908 年毕业于秋田县立秋田工业学校建筑科	伪满洲	1936 年任伪满陆军技正	不详
1272.	榊谷仙次郎	1882—?	1909 年毕业于工手学校	大连	曾任大连营原工务所现场主任；1921 年开始自营榊谷组，曾在长春、沈阳、北京设置分店，曾任伪满洲土木建筑业协会长	不详
1273.	榊原兴四郎	?—1945	不详	台湾	1926—1927 年任职于台湾经理部	不详
1274.	榊原彦右卫门	?—1920	不详	大连	1918 年任大连窑业（株）取缔役；1919—1920 年任大连土木建筑时刻监查役；1919—1920 年任大连市关东木材（株）取缔役；1919—1920 年任大连市社团法人圣德会理事；1919—1920 年任大连市大正混凝土监查役	不详
1275.	盛本满次郎	不详	不详	台湾	1906—1907 年任台湾总督府建筑事务委托（民政部土木局工作）	不详
1276.	胜吕太郎	不详	1907 年毕业于工手学校	不详	1911—1919 年在“满铁”任职	不详
1277.	辻冈才之丞	1911—1985	1934 年毕业于东京帝国大学工学部建筑学专业	长春	1938—1943 年任满洲重工业开发（株）社员（伪满洲飞行机制造课长、建设课长）	不详
1278.	辻冈通	1886—?	1908 年毕业于名古屋高等工业学校建筑科	台北	1908—1909 年任台湾总督府建筑事务嘱托；1909 年任台湾总督府技手；1909—1911 年任台湾总督府土木部技手；1911—1919 年任台湾总督府技手；1919 年任台湾总督府技师	不详
1279.	辻信吉	不详	1918 年毕业于工手学校建筑学专业	大连、沈阳	1924—1929 年在“满铁”任职	不详
1280.	石川宽三	1888—1977	1911 年于关西商工学校建筑科修业	天津	自 1933 年开始在大阪自办石川宽三建筑事务所，曾承揽天津设计项目	安宅商会天津支店长住宅和独身寮，1942

续表

No.	姓名	生卒	专业背景	在华区域	经历	作品 / 著述
1281.	石川领一	1902—1982	1928 年毕业于京都帝国大学工学部建筑学专业	台湾	1938—1945 年任清水组台湾支店勤务	不详
1282.	石川茂胤	1895—?	毕业于早稻田工手学校建筑科	台北	1921—1926 年任台北州技手（内务部土木课勤务）；1927—1936 年任台北石川建筑设计事务所主宰；1937 年任台湾矿业（株）竹东油业所勤务	不详
1283.	石川荣耀	1893—1955	1918 年毕业于东京帝国大学土木工程科	上海	1920 年任日本内务省都市计划地方委员会技师；1921 年到大连、北京和汉口考察；1923—1924 年访问欧洲并于阿姆斯特丹参加国际会议；1933 年任职于都市计划东京地方委员会；1936 年访问朝鲜和伪满洲，并于同年拒绝担任伪满都邑课长的邀请；1938 年受陆军部邀请前往上海参与城市规划	不详
1284.	石川泰次	1881—?	1902 年毕业于工手学校造家学科	北京	1905—1908 年在天津真水英夫事务所任职；1906—1907 年任外务省嘱托（清政府日本公使馆建筑助手）；1907—1909 年任清政府驻屯军司令部雇员	不详
1285.	石川玉治	不详	不详	台北	1907 年任台湾总督府驻台日军经理部勤务；1907—1908 年任台湾总督府建筑事务嘱托（民政部土木局勤务）；1910—1915 年任台湾建物（株）技师	不详
1286.	石川政助	不详	1923 年于中央工学校建筑科修业	哈尔滨等	1938—1940 年在"满铁"任职	不详
1287.	石村嘉太郎	1872—?	不详	台北	1899—1900 年任台湾总督府雇员（民政部土木课勤务）；1900—1909 年任台湾总督府技手；1909—1911 年任台湾总督府土木部技手（营缮课勤务）；1911—1914 年任台湾总督府技手（民政部土木局营缮课勤务）；1922—1928 年任台湾总督府专卖局技手（庶务课勤务）；1928—1930 年任台湾总督府技师；1929—1942 年任台湾电力（株）勤务	不详
1288.	石渡喜三郎	不详	不详	台湾	1895—1896 年任临时台湾电信建设部雇员	不详
1289.	石河晃太郎	1905—1987	1931 年毕业于早稻田大学建筑学专业	沈阳	1944—1945 年任伪满洲竹中工务店取缔役奉天支店长	不详
1290.	石黑助次郎	1895—?	1913 年于富山县工艺学校修业	抚顺	1918—1945 年在"满铁"任职，主要在抚顺煤矿	不详
1291.	石建嘉一郎	1902—?	1923 年毕业于东京高等工业学校建筑科	大连、沈阳	1923—1925 年在"满铁"任职	不详
1292.	石井大助	不详	1918 年毕业于工手学校土木学科；1923 年毕业于工手学校建筑学专业	青岛	1939—1943 年任青岛居留民团技师（工务课长）	不详

续表

No.	姓名	生卒	专业背景	在华区域	经历	作品 / 著述
1293.	石井久雄	1902—?	1923 年毕业于关西工学专修学校建筑高等科	沈阳	1939—1941 年任奉天“日满钢材工业（株）”社员，三井建设（株）勤务	不详
1294.	石井清	不详	1920 年毕业于神奈川县立工业学校建筑科；1926 年毕业于日本大学高等工学校建筑科	不详	1939—1943 年任伪满洲土木建筑业协会职员；1943 年任伪满洲土建公会企画室相谈役	不详
1295.	石井文吉	?—1975	1922 年毕业于工手学校建筑学专业；1923 年毕业于工手学校高等科建筑学专业	张家口、石家庄	1933 年开始在“满铁”任职，驻朝鲜；1938 年任张家口铁道事务所勤务；1938—1940 年任北京铁道事务所石家庄出张所勤务；1940—1945 年任华北交通（株）工务部勤务	不详
1296.	石井秀雄	1910—1979	1931 年毕业于东京工业大学附属工学专门部建筑科；1934 年毕业于东京工业大学建筑学专业	沈阳、长春、吉林	1934—1945 年在“满铁”任职	不详
1297.	石井要	不详	不详	北京	1903—1912 年任职于清政府驻屯军司令部	不详
1298.	石井勇治郎	不详	不详	苗栗、新竹	1901 年任台中县技手；1901—1909 年任苗栗厅技手；1909—1918 年任新竹厅技手	不详
1299.	石井祝	不详	1928 年毕业于日本大学高等工学校建筑科	齐齐哈尔、长春	1939—1940 年任伪满龙江省技士（齐齐哈尔警察厅勤务）；1941—1943 年任“新京”伪满洲兴业银行庶务课勤务	不详
1300.	石桥隆一郎	1896—?	1915 年毕业于市立大阪工业学校本科建筑科	不详	1941 年任钱高组伪满洲支店建筑主任	不详
1301.	石山勇夫	1892—1977	1916 年毕业于东京高等工业学校建筑科	天津、北京	曾任日本递信局技手，期间曾于 1918 年到天津出差，1919 年到北京出差	天津日本邮便局及官舍，1919
1302.	石松亭三郎	不详	1926 年毕业于福冈县立福冈工业学校建筑科	台湾	1940—1943 年任日本通运（株）台湾支社勤务	不详
1303.	石田辰治	不详	不详	长春、安东	1909 年任长春荒川工程分局勤务；1909—1912 年在安东自营建筑业	不详
1304.	石田清三	?—1992	1927 年毕业于东京工业专修学校工业部建筑科；1932 年毕业于日本大学工学专门部建筑学专业	沈阳	1939—1945 年在“满铁”任职	不详
1305.	石田信夫	1888—1967	1912 年毕业于东京帝国大学工科大学建筑学专业	不详	1940 年任伪满洲大林组（株）取缔役	不详

续表

No.	姓名	生卒	专业背景	在华区域	经历	作品 / 著述
1306.	石田义一	不详	1932 年毕业于早稻田高等工学校建筑学专业	沈阳、长春	1941 年在沈阳；1943 年在长春	不详
1307.	石原岩	1894—1975	1917 年毕业于名古屋高等工业学校建筑科	大连	1917—1918 年任关东都督府民政部土木课勤务；1918—1919 年任关东都督府技手（民政部土木课勤务）；1919—1924 年任关东厅技手（1919—1921 年任民政部土木课勤务；1921—1924 年任内务局土木课勤务）	大连工学堂，1922
1308.	石泽洁	1909—?	1933 年毕业于日本大学工学部建筑学专业	哈尔滨、鞍山	1939 年任清水组哈尔滨出张所勤务；1940—1945 年任伪满洲清水组鞍山出张所主任	不详
1309.	石塚弥雄	1908—1989	1929 年毕业于东京高等工业学校附设工业教员养成所建筑科；1932 年毕业于东京工业大学建筑学专业	长春	1935 年任伪满国务院总务厅技士（需用处营缮科勤务）；1935—1942 年先后任伪满营缮需品局技士（1935—1937，营缮处勤务）、技佐（1937—1940）兼伪满大陆科学院副研究官（1939—1942）；1940—1944 年任伪满建筑局技佐（1940—1944 年任第一工务处勤务；1940—1941 年任防空专门委员会第三分科会干事第九分科会干事；1944 年任建筑行政处勤务）；1944—1945 年任伪满建筑局技正（建筑行政处行政科长）；1945 年任伪满交通部技正（土建统制司统制科长）兼建筑技术职员养成所教官	不详
1310.	时枝满	不详	1911 年毕业于大分市立工业学校建筑科	台北	1927—1942 年先后任台湾总督府技手、技师；1942—1945 年任台湾住宅营团勤务	不详
1311.	矢部虎一	1890—?	1908 年毕业于工手学校建筑学专业	台北、长春	1908—1909 年被台湾总督府雇用；1933—1939 年任职于关东军司令部	不详
1312.	矢部英二	1894—?	1915 年毕业于工手学校建筑专业	大连、沈阳、长春	1918—1928 年为伪满洲细川组成员（1919 年在奉天办事处工作；曾任抚顺支店建筑主任）；1928—1940 年为大连福井高梨组组员（曾任建筑主任、奉天支店长，1937 年任“新京”支店长兼哈尔滨出差所所长）	不详
1313.	矢代贞助	1870—?	1890 年毕业于工手学校造家学科	嘉义	1897 年任台湾总督府民政局临时土木部雇员；1897—1898 年任嘉义县技手	不详

续表

No.	姓名	生卒	专业背景	在华区域	经历	作品 / 著述
1314.	矢崎高仪	1897—1991	1923 年毕业于京都帝国大学工学部建筑学专业	哈尔滨、长春	1935 年任伪满国务院总务厅技佐（需用处工作）；1935—1937 年任伪满营缮需局技（营缮处工作）；1937 年任伪满哈尔滨特别市公署技正（城市建设局建筑科科长）；1937—1939 年任伪满市技正（哈尔滨特别市公筷工务处建筑科长）；1937—1939 年兼任伪满省技正（滨江省土木厅工作）；1939—1940 年任伪满营缮需品局技正（营缮处第一工务科长）；1939—1940 年兼任伪满国立大学工矿技术院教授（"新京"工矿技术院教授）；1940 年任伪满建筑局技正（第二工程处设置科长）；1940 年任伪满国立大学工矿技术院教授（"新京"工矿技术院教授）；1940—1942 年任伪满"新京"工业大学教授；1942—1945 年任伪满国立工业大学教授；1942—1945 年兼伪满大陆科学院研究官	不详
1315.	矢田贝静睦	不详	1900 年毕业于工程学校造家学科	台北、台南	1900—1904 年任台湾总督府雇员（1900 年任民政部土木课勤务；1901—1904 年任民政部土木局营缮科勤务）；1904—1909 年任台湾总督府技手（民政部土木局营缮科勤务）；1909—1914 年任台南厅技手（庶务课工作）	不详
1316.	矢野保	不详	1925 年毕业于香川县立工艺学校建筑科；1930 年毕业于日本大学高等工学校建筑科	长春、沈阳、四平	1932 年在长春阿川洋行工作；1932—1934 年在伪满国务院总务厅需求处营缮科任职；1934—1935 年任伪满国务院总务厅技士；1935—1939 年任伪满营缮需品局技师（营缮处）；1937 年任四平街道现地办公所地勤；1939—1940 年任伪满奉天省技士（省长官房）	不详
1317.	矢泽道雄	不详	1932 年毕业于早稻田大学建筑学专业	长春	1934—1943 年在"新京"伪满洲中央银行工作	不详
1318.	矢追又三郎	1908—1944	1930 年毕业于名古屋高等工业学校建筑科	大连、长春	1930—1932 年任大连矢追建筑事务所主宰；1930 年获关东厅主任技术人员第二级检定合格；1932—1933 年任伪满国都建设局技师（技术处）；1933—1934 年任伪满国务院总务厅属官；1934—1935 年任伪满国务院总务厅技师（需用处）；1935—1937 年任伪满营缮需品局技师（营缮处）；1937—1940 年任伪满营缮需品局技佐（营缮处宫廷营造科第二工程系）；1940—1943 年任伪满建筑局技佐（第二工务处）；1943—1944 年任伪满省技正（奉天省建设厅建筑科科长）	大连加茂川町集合住宅，1931
1319.	世良金吾	?—1941	1923 年毕业于"南满工专"建筑科；1926 年毕业于"南满工专"建设工学建筑分科	沈阳、大连	1926 年在奉天自营坂本工务所；1926—1928 年、1934—1937 年在"满铁"任职	不详

续表

No.	姓名	生卒	专业背景	在华区域	经历	作品 / 著述
1320.	市川公平	1892—?	1915 年毕业于京都高等工艺学校图案科	大连、长春	1916—1919 年任关东都督府民政部土木课勤务；1919—1934 年任关东厅技手；1935—1937 年任关东局司政部行政课勤务；1937—1938 年任伪满总务厅技佐兼司法部技佐；1938—1945 年任伪满司法部技佐	不详
1321.	市川金太郎	1885—?	不详	大连	1919 年任大连窑业总监查役；1919 年在大连市自营川工务所工作；1929—1938 年任大连合资会社池内（池内新八郎）市川（市川金太郎）工务所代表社员；1938—1943 年任大连合资会社市川组代表社员	不详
1322.	市川雅彦	1888—1952	1911 年毕业于名古屋高等工业学校建筑科	长春	1939—1945 年任职于关东军经理部	不详
1323.	市毛健	不详	1910 年毕业于日本工艺学校建筑科	台北	1910—1911 年任台湾总督府土木部营缮课勤务	不详
1324.	市原照夫	不祥	1919 年毕业于德岛县立工业学校建筑科	长春、辽阳等	1930—1931 年任职于关东军经理部；1932—1945 年在“满铁”任职	不详
1325.	柿田得治	不详	1920 年毕业于名古屋高等工业学校建筑科	台湾、长春	1925—1927 年任职于驻台日军经理部；1933—1935 年任职于关东军经理部	不详
1326.	是永雄	不详	1919 年毕业于名古屋高等工业学校建筑科	鞍山	1919—1920 年任伪满洲铁道职员（鞍山制铁所工务课设计科勤务）	不详
1327.	是枝高丽夫	不详	1929 年毕业于鹿儿岛工业学校建筑科	北京	1943 年任伪满洲煤矿（株）北京矿业所勤务	不详
1328.	室井修	1910—?	1935 年毕业于东京帝国大学工学部建筑学专业	长春	1938—1939 年任伪满会计科营缮股勤务；1939—1942 年任伪满洲煤炭（株）工事课（局）勤务；1942—1945 年任伪满洲户田组建筑科长、工事课长、工务课长	不详
1329.	室田勗	不详	1919 年毕业于神奈川县立工业学校建筑科；1921 年毕业于中央工学校建筑高等科	基隆	1930—1932 年任台湾总督府台北州基隆市土木课勤务；1933 年任台湾总督府税关属兼技手；1934—1935 年任基隆税关勤务；1935—1943 年任基隆云泉商会勤务；1936—1943 年任基隆台阳矿业（株）社员	不详
1330.	笹仓洁	不详	不详	长春	1942 年任伪满“建国”十周纪念大东亚建设博览会事务局工营部勤务	长春大东亚建设博览会建筑
1331.	笹仓梅太郎	?—1979	1916 年毕业于工手学校建筑学专业；1919 年毕业于中央工学校建筑高等科	大连、沈阳、齐齐哈尔	1938—1945 年在“满铁”任职	不详

续表

No.	姓名	生卒	专业背景	在华区域	经历	作品 / 著述
1332.	笹川新太郎	?—1940	不详	大连	1912—1920 年在“满铁”任职	不详
1333.	笹山次郎	1895—1978	1912 年毕业于秋田县立秋田工业学校建筑科	大连、青岛、长春等	1912—1945 年在“满铁”任职	不详
1334.	手岛诚吾	1899—?	1915 年毕业于工手学校建筑学专业	台北	1918—1935 年任台湾总督府技手（总督官房营缮课等）；1935—1943 年任台湾建筑技师总务部 / 内务部土木课勤务（新竹州建筑技师）；1943—1944 年任台湾总督府地方技师（新竹州勤务总务部土木课）；1944—1946 年任台湾总督府财务局用品课勤务	不详
1335.	手岛英辅	1879—?	1899 年毕业于工手学校造家学科	台湾	约 1903—1906 年任台湾制糖（株）勤务	不详
1336.	水谷清	?—1970	1925 年毕业于东京高等工业学校建筑科	大连、长春	1932 年任合资会社清水组职员、大连支店勤务；1934 年任合资会社清水组职员、伪满洲支店勤务；1936—1939 年在“满铁”任职；1940—1943 年任伪满洲高冈组（株）组员	不详
1337.	水间德藏	不详	不详	长春、吉林	1933—1935 年任“新京”合资会社水间建筑事务所无限责任社员；1935—1937 年任“新京”水间工务所无限责任社员；1941 年任吉林市合资会社水间组无限责任社员	不详
1338.	水口谦三	不详	1931 年毕业于名古屋高等工业学校建筑科	锦州	1934—1943 年在“满铁”任职	不详
1339.	水上清	1901—?	1920 年毕业于早稻田工手学校建筑科	长春	1934—1936 年任伪满交通部属官；1936—1937 年任伪满交通部技士；1937—1943 年任伪满邮政总局技士、技佐	不详
1340.	水上清四郎	1896—?	1919 年毕业于名古屋高等工业学校建筑科	长春	1934—1938 年任关东军经理部工务课勤务；1938—1941 年任职于关东军经理部	不详
1341.	水野多门	不详	不详	台北	1896—1897 年任台湾总督府民政局临时土木部技手；1897—1909 年任台湾总督府技手	不详
1342.	水野林平	不详	1899 年毕业于工手学校造家学科	北京	1902 年任北京兵营建筑事务所勤务；1907—1910 年任职于关东都督府陆军经理部	不详
1343.	水野钲一	不详	1930 年毕业于名古屋高等工业学校建筑科	长春	1936—1939 年任伪满洲航空（株）勤务；1941—1943 年任中华航空（株）勤务	不详
1344.	水沼象	不详	1938 年毕业于日本大学建筑科	不详	1939—1945 年在“满铁”任职	不详

续表

No.	姓名	生卒	专业背景	在华区域	经历	作品 / 著述
1345.	说田保	不详	不详	台湾	1900—1901 年任职于驻台日军经理部	不详
1346.	四宫安太郎	1895—1977	1913 年毕业于德岛县立工业学校建筑科	北京	1941—1942 年在北京	不详
1347.	四井真助	1875—?	不详	台湾	1897 年受台湾总督府临时土木部雇用	不详
1348.	寺本元信	1910—?	1936 年毕业于早稻田大学建筑学专业	长春	1937—1938 年任“新京”（株）户田组“新京”出张所勤务；1938—1939 年在“新京”自营建筑业；1941—1944 年任“新京”早苗建筑设计事务所主宰	不详
1349.	寺内重清	不详	不详	台北	1899 年 2—4 月任台湾总督府事务嘱托；1899 年 4—11 月任台湾总管府技手（民政部土木课勤务）	不详
1350.	寺崎贤吉	不详	1896 年毕业于工手学校土木学科	抚顺	1907—1918 年在“满铁”抚顺煤矿土木课任勤务等	不详
1351.	寺田勇一	1889—?	1912 年毕业于东京帝国大学工科大学建筑学专业	台北	1930 年任台湾总督府台北铁道工场建筑事务嘱托	不详
1352.	寺西礼一	不详	不详	不详	曾任台湾总督府专卖局庶务课技手	不详
1353.	寺玄一	1903—1981	1927 年毕业于早稻田大学建筑学专业	北京	1938—1939 年任清水组满洲支店勤务；1940—1941 年任北京支店勤务	不详
1354.	松坂英夫	1899—?	1926 年毕业于早稻田大学建筑学专业	哈尔滨、长春	1936—1937 年任伪满滨江省公署民政厅土木科临时嘱托；1938—1939 年 5 月任伪满滨江省属官、技士；1939 年 5—7 月先后任伪满哈尔滨警察厅技士、伪满滨江省技士；1939 年 7 月—1940 年 4 月任伪满首都警察厅技佐兼哈尔滨警务厅勤务；1940 年 4—10 月任伪满警察厅技佐兼滨江省技佐；1940 年 10 月—1941 年 3 月任伪满市技佐（哈尔滨警察厅勤务）；1941 年 3 月—1942 年 3 月任伪满建筑局技佐（总务处勤务）；1942—1943 年任“新京”伪满洲航空（株）财务部营缮课长	不详
1355.	松本嘉一郎	1889—1951	1904 年毕业于工手学校建筑学专业	青岛	1918 年任职于青岛守备军陆军部经理部	不详
1356.	松本寿一	不详	1909 年毕业于岩仓铁道学校造家科	台湾	1912 年为台湾总督府雇员（阿里山作业所林业课勤务）	不详
1357.	松本泰明	1901—1986	1924 年毕业于东京工科学校建筑科；1926 年毕业于日本大学高等工学校建筑科	牡丹江	1938—1945 年在“满铁”任职	不详
1358.	松本源次郎	不详	不详	基隆	1900—1902 年任台湾总督府驻台日军经营部基隆出张所勤务、民政部土木课勤务	不详

续表

No.	姓名	生卒	专业背景	在华区域	经历	作品 / 著述
1359.	松本贞人	不详	1934 年毕业于早稻田大学建筑学专业	沈阳、天津、南京、北京	1934—1936 年任奉天（株）义合祥社员；1937—1938 年任天津和昌公司社员；1939 年任南京义合祥社员；1939—1943 年任义合祥社员（北京支店勤务）	不详
1360.	松本政雄	1903—?	1922 年毕业于中央工学校建筑高等科；1928 年于东京高等工艺学校图案科选修	天津	1942—1945 年在天津自营建筑事务所	不详
1361.	松成信夫	1907—?	1928 年毕业于神户高等工业学校建筑科；1934 年毕业于东京工业大学建筑学专业	长春	1937 年任高冈组锦县出张所勤务；1938—1943 年任伪满洲煤矿社员；1938 年任鹤冈煤矿工事课长；1939 年任“新京”工事课勤务；1943 年任伪满洲佳木斯矿业所建筑系主任	不详
1362.	松村恭三	1892—?	1918 年毕业于早稻田大学大学部建筑学专业	辽阳、北京	1936—1938 年任职于辽阳自营樱井组；1941—1943 年任北京西松组北中国支店在勤	不详
1363.	松村角太郎	1873—?	不详	台湾	1897 年任台湾总督府邮便电信局舍并灯台所测候所建筑事务嘱托；1897 年任台湾总督府民政局雇员；1897—1899 年任台湾总督府技手	不详
1364.	松村夘一郎	1867—1933	不详	台湾、青岛	1899—1901 年任台湾总督府驻台日军经营部勤务；1901—1915 年任职于台湾总督府驻台日军经营部；1915 年任职于青岛守备军经理部	不详
1365.	松村敏郎	1890—?	1916 年毕业于工手学校建筑学专业	台湾	1924—1940 年任台湾总督府专卖局技手；1940 年任台湾总督府专卖局技师	不详
1366.	松村长太郎	不详	1927 年毕业于早稻田工手学校建筑科	大楼	1934 年任关东军经理部勤务	不详
1367.	松村正恒	1913—1993	1935 年毕业于武藏高等工科学校建筑学专业	长春	1939—1941 年任土浦龟城事务所“新京”事务所在勤	不详
1368.	松村作男	1877—?	不详	大连	1915—1937 年任合资会社清水组职员（大连支店长）	不详
1369.	松岛贤次郎	?—1927	1920 年毕业于东京工科学校建筑科	吉林	任日本外务省嘱托，曾多次到中国出差	不详
1370.	松冈谦受	不详	1902 年毕业于熊本县立工业学校木工科	台南、花莲港	1909—1910 年任台湾总督府台南厅庶务课土木系勤务；1910—1911 年任花莲港厅技手	不详
1371.	松冈武	1902—?	1927 年毕业于早稻田大学建筑学专业	台北	1943 年任职于大仓土木台北出张所	不详
1372.	松江昇	1889—1937	1911 年毕业于京都高等工艺学校图案科第一部	抚顺	1918—1937 年在“满铁”任职	不详

续表

No.	姓名	生卒	专业背景	在华区域	经历	作品 / 著述
1373.	松江仲吉	1891—?	1908 年毕业于山形县立工业学校建筑科；1917 年毕业于名古屋高等工业学校建筑科	长春	1943 年任职于清水组"新京"支店；1942—1943 年任伪满洲清水组（株）技术部长	不详
1374.	松井金藏	1908—1970	1930 年毕业于关西工学校建筑科；1933 年毕业于关西高等工学校建筑学专业	大连、长春、沈阳	1934—1935 年在"满铁"任职；1936—1940 年任大连福井高梨组奉天支店勤务；1940—1943 年任"新京"（株）福高组社员	不详
1375.	松井清卫	不详	1926 年毕业于京城高等工业学校建筑学专业	沈阳、大连等	1934—1945 年在"满铁"任职	不详
1376.	松井喜一	1903—?	1927 年毕业于早稻田工手学校建筑科	青岛、济南、天津、北京	1937—1942 年为广岛藤田组社员（曾任青岛营业所勤务、济南营业所勤务、天津营业所勤务、北京营业所勤务）	不详
1377.	松井由松	不详	不详	大连	1914—1919 年任关东都督府民政部土木课勤务；1919—1931 年任关东厅技手	不详
1378.	松井哲夫	?—1943	1924 年毕业于东京工业学校建筑科；1925 年毕业于中央工学校建筑高等科；1927—1928 年就读于日本大学高等工学校建筑科	长春	1939 年任伪满营缮需品局技士（营缮处勤务）	不详
1379.	松木繁	?—1944	1929—1932 年就读于京都帝国大学工学部建筑学专业	伪满洲	1937 年任陆军工兵伪满洲在勤	不详
1380.	松木源次郎	不详	1933 年毕业于东京工业专修学校高等工业部建筑科	鞍山	1938—1939 年任伪满洲鞍山昭和制钢所建设局勤务	不详
1381.	松浦栋夫	不详	不详	台湾	曾任台湾总督府专卖局庶务课技手	不详
1382.	松浦健吉	不详	不详	沈阳	1934—1935 年任伪满国务院总务厅技士（需用处勤务）；1935—1937 年任伪满营缮需品局技士；1937—1939 年任奉天省技士、技佐；1941 年任职于奉天东亚建筑事务所	不详
1383.	松浦正太	不详	1930 年毕业于名古屋高等工业学校建筑科	台湾	1930—1935 年任台湾总督府交通局雇员（铁道部改良课勤务）；1936—1939 年任台湾总督府交通局技手	不详

续表

No.	姓名	生卒	专业背景	在华区域	经历	作品 / 著述
1384.	松浦助	?—1943	1923 年毕业于兵库县立工业学校建筑科；1927 年毕业于神户高等工业学校建筑科	长春、鞍山、大连	1935 年任大林组伪满洲公主岭出张所在勤；1937 年任“新京”出张所在勤；1939 年任鞍山出张所在勤；1941—1943 年任大连出张所在勤、伪满洲大林组（株）社员	不详
1385.	松崎甫	?—1956	1914 年毕业于鹿儿岛郡立工业徒弟学校建筑科	台湾	1922—1927 年任职于驻台日军经理部；1933—1935 年任职于关东军经理部	不详
1386.	松崎金五郎	不详	不详	台湾、瓦房店	1904—1907 年任台湾总督府铁道部技手；1908—1915 年在“满铁”任职	不详
1387.	松山三丸	?—1944	1910—1914 年就读于东京帝国大学工科大学建筑学专业	新竹、台湾、台北	1919—1920 年任新竹厅技手；1921—1931 年任台湾总督府技手；1934—1935 年任台北嘱托；1942 年在台北自营事务所	台北公会堂，1938
1388.	松山悦次郎	1887—?	1913 年毕业于早稻田工手学校建筑科	沈阳	1918—1926 年为奉天土木组组员；1924 年获关东厅主任技术者第一级检定合格；1927—1943 年在奉天自营松山组	不详
1389.	松田昌平	1889—1976	1911 年毕业于名古屋高等工业学校建筑科	沈阳	1911—1912 年在“满铁”任职；1939 年他自办的松田建筑事务所设置了奉天出张所	不详
1390.	松田禄次	1907—?	1923 年毕业于东京高等工业学校附属职工徒弟学校木工科	哈尔滨、长春	1936—1937 年任伪满哈尔滨特别市公署勤务；1938 年任“新京”伪满洲体育保健协会建筑事务所勤务；1939 年任伪满洲房产（株）勤务；1940—1941 年任伪满建筑局技士；1941—1943 年任伪满交通部技士	不详
1391.	松田晟三	1906—1972	1927—1931 年就读于京都帝国大学工学部建筑学专业	吉林	1934—1940 年任伪满洲电信电话（株）职员；1940—1944 年任伪满建筑局技佐、省技正、建筑局技正；1945 年兼任伪满建筑技术职员养成所教官	不详
1392.	松丸盛一郎	1884—?	1909 年毕业于工手学校土木学科；曾就读于东京高等工业学校附属工业补习学校	伪满洲	1943 年任伪满洲安藤组取缔役社长	不详
1393.	松尾芳松	不详	1922 年毕业于东京工科学校建筑科	高雄	1926—1927 年任驻台日军经理部工务科勤务；1929—1938 年任高雄州技手（内务部土木课勤务）；1939—1940 年任高雄州建筑技手；1943 年任职于陆军南中国军司令部	不详
1394.	松尾义秀	不详	不详	台湾	曾任台湾总督府专卖局庶务课技手、技师	不详
1395.	松野谦三	不详	秋田县立工业学校	不详	1911—1939 年在“满铁”任职	不详

续表

No.	姓名	生卒	专业背景	在华区域	经历	作品 / 著述
1396.	松野文治	1909—?	1920 年毕业于“南满工专”建筑科；1925 年毕业于“南满工专”建设工学校建筑分科	沈阳、哈尔滨、长春等	1920—1945 年在“满铁”任职	白菊寻常小学校，1934
1397.	松叶兴兵卫	不详	不详	热河	1937—1939 年任伪满营缮需品局技士；1938 年兼任伪满热河省技士	不详
1398.	松叶一子	1900—?	1928 年毕业于关西商工学校建筑科	长春	1934—1938 年任“新京”大德不动产股份有限公司勤务；1938—1941 年任伪满洲房产（株）勤务；1942—1944 年任伪满建筑局技佐、技正	不详
1399.	松永阳一	不详	1933 年毕业于名古屋高等工业学校建筑科	本溪湖	1933—1935 年任伪满国务院总务厅勤务、技士；1935—1938 年任伪满营缮需品局技士；1939—1941 年任伪满洲拓殖公社勤务；1943 年任伪满洲本溪湖市渓城煤矿会社勤务	不详
1400.	松原久夫	不详	1924 年毕业于岛根县立工业学校修道馆建筑科；1926 年毕业于日本大学高等工业学校建筑科	不详	1942 年任侵华日军勤务	不详
1401.	松泽万三人	1889—?	不详	大连	1913 年任合名会社岛久商店大连出张所所长；1929—1934 年任大连市合资会社岛松商店无限责任社员；1938 年在大连市自办松泽建筑事务所；1934—1936 年为大连市药品建筑材料亚煖房卫生工事请负业松泽商店主	不详
1402.	松泽直	不详	1902 年毕业于工手学校造家学科	台湾	1910—1915 年任职于驻台日军经理部；1912—1922 年任陆军技师（驻台日军经理部）	不详
1403.	穗积礼市	不详	1907 年毕业于广岛县立职工学校建筑科，1915 年毕业于名古屋高等工业学校建筑科	沈阳	1939 年任职于奉天陆军造兵厂	不详
1404.	太田浩然	1889—?	1912 年毕业于工手学校建筑学	大连	1918—1921 年任大仓土木组大连出张所勤务、伪满洲立山诘所勤务	不详
1405.	太田儿太郎	不详	1915 年毕业于工手学校建筑学	间岛	1921—1925 年在伪满洲间岛；1925—1926 年在伪满洲间岛自营太田建筑事务所	不详
1406.	太田连	不详	1911 年毕业于东京高等工业学校附设工业教员养成所建筑科	台北	1915 年任台湾总督府工业讲习所勤务	不详

续表

No.	姓名	生卒	专业背景	在华区域	经历	作品 / 著述
1407.	太田良三	不详	1916年毕业于岩手县立工业学校本科建筑科	台北、高雄	1920—1937年任台湾总督府技手；1937—1940年任台湾建筑技师高雄州建筑技师内务部土木课勤务；1941—1942年任鹿岛组台北、高雄出张所勤务	不详
1408.	太田熊治	?—1935	1910年毕业于岩仓铁道学校造家科	长春	1930—1932年任职于关东军经理部；1934年任“新京”阿川组建筑请负部勤务	不详
1409.	太田一郎	不详	1919年毕业于早稻田工手学校建筑科	关东	1925—1928年、1941年任职于驻台日军经理部；1934年任职于关东军经理部	不详
1410.	太田又四郎	1857—?	不详	大连	1907—1915年任职于关东都督府军部经理部	不详
1411.	太田资爱	1890—1940	1924年毕业于早稻田大学建筑学专业	长春	1932—1934年任伪满国都建设局技正（技术处勤务）；1934—1938年任伪满国都建设局技佐（技术处勤务）；1939年任伪满警察厅技佐（奉天警察厅保安科勤务）	不详
1412.	太宰二郎	1909—1978	1932年毕业于京都帝国大学工学部建筑学专业；1932—1936年在京都帝国大学工学部大学院就读	哈尔滨	1938—1939年任伪满营缮需品局技佐（营缮处勤务）；1939—1940年任伪满省技佐（滨江省长官官房营缮科）；1940—1942年任伪满建筑局技佐（第一工务处）；1942—1944年任伪满省技正（东安省开拓厅建筑科长）兼交通部技正（东安土木工程处）；1944—1945年任伪满市技正（哈尔滨市）；1945年任伪满省技正（龙江省）	不详
1413.	壇上右卫门	?—1914	不详	台北	1901—1903年任台湾总督府雇员（民政部土木课勤务台北监狱署建筑）；1905—1908年任台湾总督府税关技手；1908—1909年任台湾总督府技手；1909—1911年任台湾总督府土木部技手；1911年任台湾总督府工事部技手兼府技手；1911—1912年任台湾总督府技手	不详
1414.	炭田守夫	1902—?	1926年毕业于“南满工专”建设工学建筑分科	抚顺	1920—1945年在“满铁”任职，其中1940年前主要在抚顺煤矿，1940—1945年在大同煤矿	不详
1415.	汤本三郎	?—1943	1919年毕业于京都帝国大学工学部土木工学系；1925—1927年就读于京都帝国大学工学部大学院建筑学专业	大连	1919—1934年在“满铁”任职	“大连满铁用度事务所仓库”，1930
1416.	汤川昇	1897—?	1915年毕业于广岛县立工科学校建筑科	长春	1938年任伪满“新京”藤田组取缔役	不详
1417.	唐木道治	?—1995	1930年毕业于藏前工业专修学校高等工业部建筑科	台湾	1936年任台湾兴业技术部建筑课勤务	不详

续表

No.	姓名	生卒	专业背景	在华区域	经历	作品 / 著述
1418.	塘一郎	1911—1978	1934 年毕业于东京帝国大学工学部建筑学专业	沈阳、牡丹江	1934—1945 年在“满铁”任职	不详
1419.	腾本泰三	1900—?	1923 年毕业于“南满工专”建筑科	大连、沈阳等	1927—1934 年、1936—1943 年在“满铁”任职；1935—1936 年任奉天碇山组勤务	不详
1420.	腾本永次郎	1881—1933	1908 年毕业于东京帝国大学工科大学机械工学科	大连	1908—1917 年任高田商会大连出张所主任；1922—1930 年任大连市胜本机械事务所主宰；1928 年任大连市胜本建筑事务所主宰	不详
1421.	腾野正之	1896—1988	1928 年毕业于京都帝国大学工学部建筑学专业	不详	1941 年任职于关东军筑城部；1945 年任侵华日军筑城部长	不详
1422.	藤阪舍治郎	1902—1984	1920 年毕业于大阪市立大阪工业学校本科建筑科	长春	1939 年任钱高组“新京”出张所勤务	不详
1423.	藤本初夫	1910—1990	1932 年毕业于神户高等工业学校建筑科	长春	1935 年任伪满国务院总务厅需用处勤务；1935—1936 年任伪满营缮需品局营缮处勤务；1938 年任伪满司法部勤务；1939—1943 年任伪满洲煤矿（株）勤务	不详
1424.	藤本泰三	不详	1928 年毕业于“南满工专”建筑分科	不详	1928—1942 年在“满铁”任职	不详
1425.	藤本勋	不详	1931 年毕业于早稻田高等工业学校建筑学	高雄、哈尔滨	1933 年任台湾总督府高雄州内务部土木课勤务；1941—1943 年任伪满洲哈尔滨精炭工业（株）建设课建筑系主任	不详
1426.	藤仓洁	1889—?	1910 年毕业于岩手县立工业学校本科建筑科	伪满洲	1940 年任伪满洲西松组（株）取缔役	不详
1427.	藤川晴美	1910—?	1933 年毕业于日本大学专门部工科建筑科	长春、沈阳	1934—1935 年任伪满财政部大连税关总务科勤务；1935—1939 年任伪满税关技士；1939—1940 年任伪满经济部技士；1941—1942 年任伪满建筑局技士，1942—1944 年任技佐；1944—1945 年任伪满市技佐（奉天勤务）	不详
1428.	藤村规三郎	不详	不详	台北	1898—1899 年任台湾总督府台北县土木课嘱托；1901 年任台湾总督府台北地方法院建筑事务所勤务	不详
1429.	藤岛信太郎	1884—?	毕业于明治工学校建筑科	大连、长春	1918—1921 年任关东都督府雇员、关东厅雇员；1928—1932 年任关东厅土木技手；1932—1941 年任关东厅技手（大连民政署勤务）	不详

续表

No.	姓名	生卒	专业背景	在华区域	经历	作品 / 著述
1430.	藤岛哲三郎	1899—1979	1923 年毕业于京都帝国大学工学部建筑学专业	哈尔滨	1934—1937 年任职于伪满哈尔滨特别市公署；1937—1940 年任伪满营缮需品局技正；1940—1943 年任伪满建筑局第二工务处长；1943—1944 年任伪满洲土木建筑公会理事；1943—1944 年任伪满建筑局嘱托	不详
1431.	藤冈茂	不详	1921 年毕业于“南满工专”建筑科；1925 年毕业于“南满工专”建筑工学科建筑分科	沈阳	1921—1924 年任“南满洲铁道（株）”雇员；1924—1927 年任“南满洲铁道（株）”职员	不详
1432.	藤井春三	?—1941	1912 年毕业于工手学校建筑学专业	青岛	1915—1918 年任青岛守备军经理部营缮科勤务	不详
1433.	藤井定	?—1993	1930 年毕业于名古屋高等工业学校建筑科	长春	1935—1938 年任职于“新京”大德不动产股份有限公司；1938—1943 年任伪满洲房产（株）技师	不详
1434.	藤井兼治	1908—?	1933 年毕业于东京帝国大学工学部建筑学专业	北京	1938—1945 年在“满铁”（华北交通）任职	不详
1435.	藤井平治郎	?—1911	不详	北京、大连	1907—1908 年任横滨正金银行大连支店建筑场在勤；1908—1909 年任横滨正金银行北京支店建筑场在勤	不详
1436.	藤井五郎	1908—1993	1930 年毕业于东京高等工业学校附设工业教员养成所建筑科	锦州、长春	1935 年任伪满国务院总务厅技士；1935—1938 年任伪满营缮需品局技士；1937—1938 年兼任伪满锦州省技士；1938—1939 年任伪满洲工矿技术者养成所教官，伪满国立大学工矿技术院教授；1942 年任吉林人造石油（株）建设课长	不详
1437.	藤井武夫	1905—?	1929 年毕业于东京帝国大学工学部建筑学专业	鞍山、长春等	1929—1937 年在“满铁”任职；1937—1941 年任伪满洲煤矿（株）技师	不详
1438.	藤井渫	?—1941	1899 年毕业于工手学校造家学科	台南、厦门、福州、台北	1899—1901 年任台湾总督府雇员（内务部土木课勤务）；1901 年任台南县雇员（内务部土木课勤务）；1902—1907 年任台湾银行总务部庶务课雇员；1907—1909 年任台南塩水港明治制糖（株）嘱托；1909—1911 年任台湾总督府事务嘱托；1912—1915 年任台湾总督府技手；1929 年任台湾总督府文教局内学租财团嘱托；1931 年任厦门博爱医院建筑场勤务；1932 年任福州博爱医院建筑场在勤	不详
1439.	藤井信武	1900—1995	1924 年毕业于名古屋高等工业学校建筑科	长春	1938—1940 年任伪满营缮需品局技佐；1940—1945 年任伪满建筑局技佐	不详

续表

No.	姓名	生卒	专业背景	在华区域	经历	作品 / 著述
1440.	藤井幸次	1903—1976	1927 年毕业于早稻田大学建筑学专业	台湾	1941 年任台湾高雄工厂在勤	不详
1441.	藤井义直	不详	1925 年毕业于神户高等工业学校建筑科	南京	1942 年任清水组南京出张所勤务	不详
1442.	藤井右文	1892—?	1910 年毕业于德岛县立工业学校建筑科	台北、大连、青岛、天津等	1920—1922 年任青岛守备军民政部铁道部工务课勤务；1925—1926 年任台湾总督府台北州立台北工业学校勤务、台北州技手；1926—1944 年在“满铁”任职	不详
1443.	藤井真二	1877—?	1904 年毕业于工手学校建筑学专业	大连	1911—1928 年任职于关东都督府陆军经理部	不详
1444.	藤卷知造	1890—?	1909 年毕业于东京高等工业学校附设工业教员养成所附属工业补习学校	上海、山东、济南	1914—1918 年任山东铁道队副官部附木工部监督主任；1917—1918 年任上海东亚制麻（株）现场主任；1918—1920 年任济南建筑公司勤务，并自营上海腾卷工程局	不详
1445.	藤平茂三郎	1888—?	1916 年毕业于中央工学校建筑科	长春	1934—1935 年任伪满国务院总务厅技士；1935—1940 年任伪满营缮需品局技士，1938 年兼任伪满龙江省技士；1939 年任伪满内务局技佐，兼任总务厅技佐；1940 年任伪满建筑局技佐兼任总务厅技佐、“新京”阿川组勤务	不详
1446.	藤山龟治郎	不详	不详	大连、台湾	1906—1907 年任关东都督府关东州民政署勤务；1907—1909 年任关东都督府技手；1900 年任台湾总督府雇员、技手（民政部土木课）	不详
1447.	藤山一雄	1889—1975	1916 年毕业于东京帝国大学法科大学经济学科	长春	1929 年任“满铁”嘱托；1932 年任伪满国务院实业部理事官；1932—1935 年任伪满监察院秘书官；1935—1937 年任伪满恩赏局长；1939—1945 年任伪满国立中央博物馆副馆长	不详
1448.	藤生满	1904—1977	1924 年毕业于东京帝国大学工学部建筑学专业	长春	1939—1940 年任伪满营缮需品局技佐；1939—1940 年兼任伪满大陆科学研究院副研究官；1940—1942 年任伪满建筑局技正，兼任伪满大陆科学研究院副研究官；1943—1945 年任伪满建筑局第一工务处长；1945 年任伪满交通部建筑局第一工务处长	不详
1449.	藤绳义一	?—1977	1932 年毕业于帝国高等工业学校	长春	1936 年任伪满留日学生会馆建筑事务所勤务	不详
1450.	藤田菊太郎	?—1914	不详	台北	1899—1901 年任台北县技手（土木课勤务）；1901 年任台湾总督府淡水税关勤务	不详

续表

No.	姓名	生卒	专业背景	在华区域	经历	作品 / 著述
1451.	藤田实	1912—?	1932 年毕业于日本大学专门部工科建筑科；1935 年毕业于日本大学工学部建筑学专业	长春、通化	1935 年任伪满国务院总务厅技士；1935—1938 年任伪满营缮需品局技士；1938—1940 年任伪满营缮需品局高等官试补；1940—1941 年任伪满省技佐（通化省长官房会计课勤务）兼建筑局技佐；1941—1943 年任伪满省技佐（吉林省勤务）	不详
1452.	藤田为次郎	不详	1908 年毕业于福冈县立福冈工业学校建筑科	台北	1912—1915 年任台湾总督府民政部土木局营缮课勤务；1915—1921 年任台湾总督府技手；1926—1929 年任台湾总督府交通局技手；1929—1936 年任台湾总督府地方技师；1929—1936 年任台北州土木技手；1940—1942 年在台北	不详
1453.	藤田武雄	1891—1964	1914 年毕业于东京高等工业学校建筑科	大仓	1940—1945 年任伪满洲大仓土木取缔役建筑部长	不详
1454.	藤田庄藏	不详	1917 年毕业于工手学校建筑学专业	上海、青岛	1918 年在青岛；1928—1943 年任上海冈野建筑事务所所员	不详
1455.	藤原坚三郎	不详	1901 年毕业于工手学校造家学科	台北	1905—1908 年任台湾总督府技手（民政部土木局营缮课勤务）	不详
1456.	藤原伊辅	1909—?	1933 年毕业于日本大学工学部建筑学专业	长春、沈阳	1933 年任伪满总务厅需用处营缮课奉天赛马现场事务所勤务；1936—1938 年任伪满营缮需品局技士；1938—1939 年任伪满牡丹江省技士，兼任伪满营缮需品局技士，1939—1940 年任伪满营缮需品局技士；1940—1941 年任伪满建筑局技士；1941—1943 年任伪满省技佐	不详
1457.	藤原一雄	不详	1926 年毕业于“南满工专”建筑科	不详	1931—1935 年在“满铁”任职	不详
1458.	藤泽安太郎	不详	1901 年毕业于攻玉社工学校	台北	1908—1909 年任台湾总督府技手（民政局土木局营缮课勤务）；1909—1911 年任台湾总督府土木部技手（营缮课勤务）；1911—1913 年任台湾总督府技手（民政部土木局营缮课勤务）	不详
1459.	藤泽包太郎	1901—?	1917 年毕业于工手学校建筑学专业	长春	1934—1945 年在“满铁”任职	不详
1460.	藤泽英雄	1907—?	1925 年毕业于大分县立鹤崎工业学校建筑科；1929 年毕业于京城高等工业学校建筑学专业	长春	1936—1945 年任“新京”藤泽建筑事务所所主；1936—1941 年任“新京”合资会社二丰组无限责任社员；1943 年任“新京”（株）二丰组取缔役社长	不详
1461.	藤塚义一	不详	1918 年毕业于工手学校建筑学专业	台湾	1939 年任清水组台湾支店勤务	不详
1462.	藤重土希雄	1897—?	1916 年毕业于大阪市立大阪工业学校本科建筑科	辽阳	1940 年任职于伪满洲黑河后宫部队经理部；1941 年任职于伪满洲第七一八部队；1941 年任职于伪满洲第三七四部队；1943 年任职于伪满洲辽阳第六九三部队	不详

续表

No.	姓名	生卒	专业背景	在华区域	经历	作品 / 著述
1463.	藤竹万藏	1894—?	1915年毕业于福冈县立福冈工业学校建筑科；1919年毕业于名古屋高等工业学校建筑科	伪满洲	1938—1945年任（株）伪满洲飞岛组技师长	不详
1464.	梯千代松	1904—?	1928年毕业于东京工业专修学校高等工业部建筑科	大连	1931—1937年在大连市自营建筑设计监督；1934—1942年任大连市兴成社主宰	不详
1465.	天野茂市	不详	不详	台北	1898—1900年任职于驻台日军经营部；1900—1904年任台北贺田组勤务	不详
1466.	天野耐二	不详	1902年毕业于工手学校造家学科	台北	1904—1908年任台湾总督府阿缑厅嘱托、技手；1908—1912年任台湾总督府技手（民政部土木局营缮课勤务）	不详
1467.	天野正一	不详	1917年毕业于广岛县立工业学校建筑科；1921年毕业于中央工学校建筑高等科	长春	1936—1939年任伪满陆军技正；1939—1943年任伪满军队技佐	不详
1468.	天羽馨	1890—1970	1914年毕业于东京高等工业学校建筑科	九江	1917—1918年任日本外务省派驻中国九江日本领事馆新建工程监督	九江日本领事馆
1469.	田北千里寅	不详	不详	台湾	台湾总督府专卖局庶务课技手	不详
1470.	田边三郎	不详	1932年毕业于日本大学专门部工科建筑科	哈尔滨	1939—1943年任“满铁”哈尔滨铁道建设事务所勤务	不详
1471.	田川忠之助	?—1953	1932年毕业于东京帝国大学工学部建筑学专业	本溪	1938—1939年任伪满洲本溪湖煤铁公司建设部勤务	不详
1472.	田村丰	不详	1915年毕业于早稻田大学大学部建筑学专业	上海	1924—1927年任上海冈野（冈野重久）建筑事务所勤务；1928年任上海田村建筑事务所主宰；1928—1929年任上海冈野田村建筑事务所协同主宰	不详
1473.	田村佐一郎	不详	不详	台湾	曾任台湾总督府专卖局庶务课技手	不详
1474.	田代刀市	1890—1957	1911年毕业于德岛市立工业学校建筑科	上海	1940—1942年任竹中工务店上海出张所长	不详
1475.	田代七造	1892—?	1911年毕业于熊本市立工业学校建筑科	大连、长春、沈阳	1919年任关东厅内务局土木课勤务；1920—1924年在奉天自营田代组，后任伪满洲大林组工事主任和奉天久保田工务所技师长；1942—1943年任“新京”伪满洲大公组社长	不详

续表

No.	姓名	生卒	专业背景	在华区域	经历	作品 / 著述
1476.	田代宗三郎	?—1927	1908 年毕业于东京高等工业学校附设工业教员养成所建筑科	上海	1923—1925 年任上海纺织（株）勤务	不详
1477.	田岛积造	不详	1892 年毕业于东京帝国大学造家学科	台北	1900 年任台湾总督府民政部土木课技师；1902 年 4 月任台湾总督府民政部土木局营缮课长；1904 年 1 月到欧洲、北美考察；1906 年 5 月自台湾总督府离职	不详
1478.	田岛胜雄	1910—1979	静冈市立浜松工业学校建筑科；1929 年毕业于东京工业专修学校高等工业部建筑科	沈阳	1934—1936 年在“满铁”任职；1945—1946 年被中国政府留用（长春铁路公司勤务）	“满铁社员会馆”；“新京命令病栋”增筑，1934；“满铁新京支社”；“满铁新京总裁公馆”；“满铁新京保养院”
1479.	田岛贞夫	1903—?	1929 年毕业于名古屋高等工业学校建筑科	长春	1935—1939 年任“新京”伪满洲中央银行技术员	不详
1480.	田家忠雄	不详	1921 年毕业于早稻田工手学校建筑科	长春	1938—1940 年任伪满营缮需品局技士（营缮处勤务）；1940—1941 年任伪满建筑局技士（第一工务处勤务）	不详
1481.	田间齐次郎	1888—?	1914 年毕业于东京工科学校建筑科	台湾	1918—1921 年、1925—1929 年任职于驻台日军经理部	不详
1482.	田口敏四郎	不详	不详	台北、大连	1897 年任台湾总督府民政局技手（通信部勤务）；1897—1902 年任台湾总督府技手；1906—1907 年任大连有马组出张所勤务	不详
1483.	田口正一	不详	1922 年毕业于早稻田工手学校建筑科	北京	1939—1943 年任北京日本电信电话工事（株）勤务	不详
1484.	田上耕之助	?—1935	1915 年毕业于早稻田大学大学部理工科建筑学专业	台南	1916 年任台湾总督府民政部土木局营缮课勤务；1917—1923 年任台湾总督府技手；1923—1924 年任台湾总督府州技师、台湾土木技师（台南州勤务内务部土木课勤务）；1924—1926 年任台湾总督府地方技师、台湾土木技师（台南州勤务内务部土木课勤务）	不详
1485.	田畑实	1902—1988	1929 年毕业于早稻田大学理工部建筑学专业	长春	1936 年任伪满辰村组“新京”出张所勤务；1937—1938 年任伪满户田组“新京”出张所勤务	不详

续表

No.	姓名	生卒	专业背景	在华区域	经历	作品 / 著述
1486.	田原峻	不详	1920 年毕业于名古屋高工	不详	1918—1922 年在“满铁”任职	不详
1487.	田原政义（田园正义？）	不详	1913 年毕业于岛根市立工业学校修道馆建筑科	长春	1933—1934 年在“新京”自营田原工务所	青岛日本小学，1917（？）
1488.	田泽宏明	1906—?	1930 年毕业于东京帝国大学工学部建筑学专业	长春	1934—1936 年任伪满洲中央银行建筑事务所勤务；1938—1940 年任伪满首都警察厅技佐，兼任伪满“新京”特别市技佐（市长官房勤务）；1940—1941 年任伪满首都警察厅技正，兼任伪满建筑局技正（第一工务处勤务）；1941—1943 年任伪满建筑局技正	不详
1489.	田泽一郎	不详	1930 年毕业于东京大学建筑科	长春	1941—1944 年任伪满建筑局建筑科技正	不详
1490.	田制林之助	不详	1907 年毕业于山形市立工业学校建筑科	北京	1939—1943 年任北京华北房产股份公司勤务	不详
1491.	田中八郎	不详	1922 年毕业于名古屋高工建筑科	不详	1922—1924 年在“满铁”任职	不详
1492.	田中诚	1909—1992	1932 年毕业于东京帝国大学工学部建筑学专业	上海	1939—1943 年任前川国男建筑事务所上海分室在勤	不详
1493.	田中大作	1889—1973	1915 年毕业于东京帝国大学工科大学建筑学专业	台北	1931 年到台湾，任台北嘱托；1942—1944 年任台北工业学校教师	不详
1494.	田中丰太郎	1870—1947	1890 年毕业于工手学校造家学科	台北	1909 年任台湾总督府厅舍新筑设计审查委员嘱托	不详
1495.	田中光治	不详	1922 年毕业于“南满工专”建筑科；1925 年毕业于“南满工专”建设工学建筑分科	大连	毕业后回日本工作	不详
1496.	田中国益	1900—1977	1920 年毕业于“南满工专”土木科；1926 年毕业于“南满工专”建设工学建筑分科	大连、四平、开封、沈阳	1926—1927 年任关东厅内务局土木课勤务；1927—1934 年任关东厅技手（1927—1930 年任内务局土木课大连出张所勤务，1932—1934 年任大连警察署勤务）；1931 年获大连市主任技术者第一级检定合格；1934—1943 年在“满铁”任职	不详
1497.	田中禾	1908—?	1929 年毕业于“南满工专”建设工学建筑分科	大连、北京	1930—1945 年在“满铁”任职	长春顺天小学校，1937；长春室町小学增建

续表

No.	姓名	生卒	专业背景	在华区域	经历	作品 / 著述
1498.	田中矶次	不详	1916 年毕业于福冈市工业徒弟学校大工科	台北、高雄	1927—1932 年任台北州立台北工业学校嘱托；1928—1932 年任台北州技手（内务部土木课勤务）；1933—1937 年任台北州立台北工业学校教师；1938—1944 年任高雄州立商工专修学校教师；1944 年兼任高雄市商工青学校校长	不详
1499.	田中吉太郎	?—1981	1926 年毕业于京都帝国大学工学部建筑学专业	北京、台北	1938—1940 年任大仓土木（株）北京出张所在勤；1943 年任台北出张所在勤	不详
1500.	田中进	?—1938	毕业于关西商工学校建筑科	大连	1934—1938 年任“南满洲铁道（株）”雇员（“南满工专”技术助手）	不详
1501.	田中久雄	不详	1931 年毕业于横滨高等工业学校建筑学专业	北京	1938 年任大林组北京支店勤务	不详
1502.	田中良太郎	1906—1996	1931 年毕业于京都帝国大学工学部建筑学专业	大连	1933—1934 年任伪满洲医科大学嘱托；1934—1935 年任“南满洲铁道（株）”地方部卫生课事务嘱托；1935—1945 年任“南满工专”教授（1938—1939 年任“南满工专”附设临时技术员养成所讲师兼务，1940 年任铁道技术研究所兼务，1944 年任伪满指定研究员）	不详
1503.	田中清藏	1882—?	1906 年毕业于明治工学校	伪满洲	1939—1943 年任（株）伪满洲竹中工务店取缔役	不详
1504.	田中荣太郎	不详	1916 年毕业于“南满工专”建筑科	抚顺	1916—1920 年任“南满洲铁道（株）”雇员（抚顺煤矿土木课建筑系勤务）	不详
1505.	田中甚五郎	1896—1966	1916 年毕业于早稻田工手学校建筑科	沈阳	1934 年任大林组奉天出张所勤务；1938—1945 年在“满铁”任职	不详
1506.	田中数雄	不详	1920 年毕业于中央工学校建筑高等科	长春	1938 年任职于关东军司令部	不详
1507.	田中四郎	不详	1920 年毕业于广岛市立工业学校建筑科	长春	1936—1939 年任关东军经理部勤务；1940—1943 年任职于伪满洲部队	不详
1508.	田中泰吉	不详	不详	台北	1904 年任台湾总督府民政部土木局营缮课勤务、日本赤十字社台湾支部嘱托；1905 年任台湾总督府民政部土木局嘱托；1905—1909 年任台湾总督府技手（民政部土木局营缮课勤务）；1912 年任台湾总督府技手（通信局兼土木局营缮课勤务）	不详
1509.	田中勇吉	1896—1978	1913 年毕业于关西商工学校建筑科	伪满洲	1940—1945 年任（株）伪满洲鸿池组役员（代表取缔役）	不详
1510.	田中元一	?—1932	1901 年毕业于佐贺市工业学校木工科	长春、鞍山、大连、沈阳	1907—1917 年在“满铁”任职；后曾任鞍山兴业（株）技术员；1922—1927 年任吉川组组员（大连在勤，1922 年任奉天在勤）	不详

续表

No.	姓名	生卒	专业背景	在华区域	经历	作品 / 著述
1511.	田中庄造	不详	1890年毕业于工手学校	不详	1916—1924年在“满铁”任职	不详
1512.	田中周二	不详	1918年毕业于早稻田大学大学部建筑学专业	高雄	1938年任台湾总督府高雄市勤务	不详
1513.	田中庄太郎	不详	不详	台北	1900—1901年任台湾总督台北勤务；1901年任台湾总督府铁道部勤务；1901—1902年任台湾总督府台北监狱建筑事务所勤务	不详
1514.	畑纯一	不详	1927年毕业于广岛县立广岛工业学校建筑学专业；1930年毕业于“南满工专”建设工学建筑分科	鞍山、抚顺	1936—1939年任大仓土木抚顺诘所在勤；1939年鞍山在勤；1942年任伪满洲大仓土木（株）社员	不详
1515.	畑来太郎	不详	毕业于日本大学高等工学校建筑学专业；1932年毕业于日本大学高等工业学校建筑科	鞍山、抚顺、大连	1934年任“南满洲兴业（株）”勤务；1935年任鞍山伪满洲兴拓会社勤务；1936年任“南满洲铁道（株）”抚顺煤矿工事事务所勤务；1937—1938年任伪满营缮需品局营缮处营口现地事务所在勤，伪满营缮需品局技士；1940—1941年任伪满建筑局技士；1941—1943年任大连东拓土地建物（株）勤务	不详
1516.	畑中梅吉	1898—?	1918年毕业于兵库县立工业学校建筑学专业；1923年毕业于早稻田大学建筑学专业	沈阳、大连	1933—1945年在“满铁”任职	不详
1517.	畠山喜三郎	1897—?	1916年毕业于岩手县立工业学校建筑学专业	台北、南投	1919—1936年任台湾总督府技手；1936—1942年任台湾建筑技师（台中州建筑技师内务部土木课营缮系长、警务部保安课兼务、知事官房税务课兼务、知事官房税务课南投税务出张所兼务）；1942—1945年任台湾总督府专卖局技师	不详
1518.	畠山喜市	不详	1911年毕业于秋田县立秋田工业学校建筑学专业	鞍山	1911—1920年在“满铁”任职；1937年任伪满洲中央银行建筑事务所勤务	不详
1519.	樋口久松	不详	1926年毕业于名古屋高等工业学校建筑科	伪满洲	1938—1943年任大林组伪满洲出张所勤务	不详
1520.	樋口彦弌	1896—1986	1918年毕业于工手学校建筑学专业；1924年于早稻田大学建筑学做听讲生	大连、沈阳、吉林	1918—1945年在“满铁”任职	不详

续表

No.	姓名	生卒	专业背景	在华区域	经历	作品 / 著述
1521.	筒监信雄	1906—?	1925年毕业于“南满工专”土木科；1928年毕业于“南满工专”建设工学建筑分科	沈阳、锦州、承德	1932—1934年任伪满奉天后藤组勤务；1934年任伪满国务院总务厅属官；1934—1935年任伪满国务院总务庁技士；1935—1938年任伪满营缮需品局技士；1938年兼任伪满吉林省技士；1938年任伪满营缮需品局技佐；1938—1940年任伪满省技佐；1938—1940年兼任伪满营缮需品局技佐；1940年兼任伪满建筑局技佐；1940—1942年任伪满市技佐（锦州市公署工务科勤务）；1942—1945年任伪满市技佐（承德市勤务）；1945年任伪满省技佐	不详
1522.	筒井新作	?—1948	1909年毕业于福冈市立福冈工业学校建筑科；1914年毕业于京都高等工艺学校图案科第二部	长春	1935—1940年任伪满国务院营缮需品局营缮处嘱托；1940—1943年任伪满国务院建筑局嘱托	不详
1523.	筒塩达雄	不详	1932年毕业于“南满工专”建筑科	不详	1932—1942年在“满铁”任职	不详
1524.	筒塩信男	不详	1928年毕业于“南满工专”建筑科	不详	1928—1933年在东北民间从事建筑业；1933—1945年在“满铁”任职	不详
1525.	土方义正	1889—?	1907年毕业于山形县立工业学校建筑科	抚顺、哈尔滨、大连等	1920—1937年任“南满洲铁道（株）”职员（抚顺煤矿土木课勤务）、副参事；1937—1939年任大连市福井高梨组建筑部长；1939—1940年任“新京”（株）西松株社员	不详
1526.	土肥秀二	1899—1959	1921年毕业于东京高等工业学校建筑科	北京、沈阳	1936—1945年在“满铁”任职	不详
1527.	土井丰吉	?—1938	1900年毕业于东京工业学校附属职工徒弟学校木工科	台北	1933—1936年任清水组台湾出张所长；1936—1937年任台湾支店长；1937—1938年任（株）清水组社员（1937年任台湾支店长）	不详
1528.	土井季正	1902—1971	1921年毕业于“南满工专”建筑科；1928年毕业于早稻田大学建筑学专业	大连	毕业后回日本工作	不详
1529.	土居和夫	1905—?	1921年毕业于台湾商工学校建筑科；1927年毕业于日本大学高等工学校建筑科	台北	1921—1924年任台湾总督府台北州内务部土木课雇员	不详
1530.	土浦稻城	1902—1974	毕业于日本大学高等工学校建筑科	长春、北京	土浦龟城的弟弟；1939—1941年任土浦龟城建筑事务所“新京”事务所在勤；1943年任北京事务所在勤	不详
1531.	土浦龟城	1897—1996	1922年毕业于东京帝国大学工学部建筑学专业	长春、北京	1939年土浦龟城建筑事务所“新京”出张所开设；1943年土浦龟城建筑事务所北京出张所开设	吉林人造石油宿舍，1941

续表

No.	姓名	生卒	专业背景	在华区域	经历	作品 / 著述
1532.	土岐贱夫	1878—?	1901 年毕业于工手学校校造家学科别科	旅顺、阿里山、高雄、嘉义	1905—1906 年任旅顺口海军主计部勤务；1906—1907 年任旅顺海军经理部勤务；1907—1908 年任旅顺海军经理部附；1908—1910 年任关东都督府技手；1910—1912 年任关东都督府通信技手；1912—1913 年任台湾总督府阿里山作业所技手；1921 年任高雄州高雄郡高雄街阿线土地建物（株）监查役	不详
1533.	土桥长俊	1901—1959	1927 年毕业于早稻田大学建筑学专业	不详	1939 年在北华北从事铁道事务，并任“南满洲铁道（株）”北中国事务局嘱托；1939—1940 年任华北交通（株）职员；1940—1945 年任华北交通（株）副参事；1945 年任华北交通（株）参事	不详
1534.	土山观一	1885—?	1907 年毕业于京都高等工艺学校图案科第二部	大连、大石桥	1922—1937 年在“满铁”任职；1940 年任伪满公立大石桥图书馆长	不详
1535.	土生瑾作	1867—1930	不详	旅顺、台北	1905—1906 年任职于旅顺口海军主计部；1908—1918 年任台湾总督府技师；1909—1911 年兼任土木部技师	不详
1536.	土屋纯一	1885—?	1900 年毕业于东京帝国大学工科大学建筑学专业	北京	1901 年在北京紫禁城进行建筑调查	不详
1537.	土屋信	1913—?	1933 年毕业于神户高等工业学校建筑科	长春、沈阳等	1933—1945 年在“满铁”任职	不详
1538.	土屋正	1890—?	1910 年毕业于工手学校建筑学；1915—1916 年在早稻田大学大学部建筑学专业听讲	青岛	1917 年任青岛军政署雇员；1917—1919 年任青岛守备军民政部雇员；1919—1922 年任青岛守备军民政部技手	不详
1539.	讬米吉	不详	1908 年毕业于熊本市立工业学校建筑科	大连、鞍山	1911—1914 年任关东都督府民政部土木课大连出张所勤务；1925 年任高冈久留工务所鞍山出张所主任	不详
1540.	詑伊吉	不详	1922 年毕业于熊本市立工业学校建筑科	不详	1941—1943 年任职于侵华日军司令部	不详
1541.	柘植修三	不详	1930 年毕业于名古屋高工建筑科	不详	1933—1945 年在“满铁”任职	不详
1542.	洼川作郎	?—1932	1905 年毕业于工手学校建筑学专业	大连、本溪	1906—1908 年任大仓土木组大连出张所勤务；1909—1910 年任伪满洲本溪湖出张所勤务；1910—1911 年任汉口大仓工程局勤务；1912 年任本溪湖出张所在勤；1913—1917 年任职于奉天诘所；1917—1921 年任大仓土木组社员（大连出张所勤务）；1921—1924 年任日本土木（株）大连出张所勤务；1924—1925 年任大仓土木大连出张所勤务	参与汉口日本领事馆建造

续表

No.	姓名	生卒	专业背景	在华区域	经历	作品 / 著述
1543.	洼堀千尺	?—1918	1916 年毕业于“南满工专”建筑科	大连、安东等	1916—1918 年在“满铁”任职	不详
1544.	洼田信夫	?—1944	1928 年毕业于福井高等工业学校建筑科	大连	1934—1935 年任职于关东军经理部	不详
1545.	丸山常弥	?—1936	1890 年毕业于工手学校造家学科	天津	1901—1904 年在天津居住	不详
1546.	丸山谦吾	?—1927	不详	公主岭	1907 年到中国；1907—1909 年任伪满有马组店员；1909—1927 年在公主岭自营丸山组	不详
1547.	丸山信	1904—1981	1923 年毕业于东京工科学校建筑科	吉林、青岛	1934—1938 年任吉林丸山建筑事务所所主；1938—1943 年任青岛丸山建筑工务所所主	不详
1548.	望月初太郎	不详	1924 年毕业于东京工科学校建筑科	长春	1939 年任关东局关东州厅土木部计画课勤务	不详
1549.	苇津耕次郎	1878—1940	不详	大连	1923 年任职于神社建筑工务所，曾参与大连神社设计监造	大连神社
1550.	尾崎新三郎	不详	不详	台湾	1895—1896 年任临时台湾电信建设部雇员	不详
1551.	尾崎樟雄	1892—?	1915 年毕业于大阪市立大阪工业学校建筑科	大连	曾先后任青岛守备军铁道部勤务、山东起业勤务、东亚土木勤务；1927—1934 年任大连草场（草场又一）工务所勤务；1934—1941 年任大连车场组代表社员	不详
1552.	尾山贯一	1882—?	1904 年毕业于东京高等工业学校附设工业教员养成所建筑科	大连	1912—1925 年在“南满工专”任教师、教授兼务；1939—1943 年任伪满洲土建协会常务理事	不详
1553.	梶元成	?—1983	1930 年毕业于早稻田大学建筑学专业	安东	1941—1943 年任伪满洲自动车制造安东建设部建设课设计系设计主任、建筑课长	不详
1554.	卫藤右三郎	不详	1922 年毕业于“南满工专”建筑科	大连、长春	1922—1940 年任大连市宗像建事务所所员；1940—1943 年任伪满“新京”生活必需品配给社员（经理部营缮课长）	不详
1555.	五百旗头俊次	不详	1918 年毕业于兵库县立工业学校建筑科	长春	1938—1940 年任伪满营缮需品局技士（营缮处勤务）；1940—1945 年任伪满建筑局技士（第一工务处勤务）；1945 年任伪满建筑局技佐（总务处勤务）	不详
1556.	五十岚健	不详	1930 年毕业于东京工业大学附属工学专门部建筑科	吉林	1942 年任伪满鹿岛组吉林营业所勤务	不详
1557.	五十岚松太郎	1876—?	毕业于工手学校	天津、长春	1908 年任东京建物天津支店；1908 年任“南满洲铁道（株）”长春保线系勤务	不详

续表

No.	姓名	生卒	专业背景	在华区域	经历	作品 / 著述
1558.	五十岚重吉	1895—?	毕业于东京工科学校；毕业于“南满工专”	抚顺、大连、天津	1914 年在“满铁”抚顺煤矿任勤务；后任大连合名会社长谷川组勤务；1926 年任天津平冈组勤务；1927—1942 年在天津自营五十岚建筑事务所	不详
1559.	五味照平	不详	1915 年毕业于名古屋高等工业学校建筑科	台北	1916—1918 年任台北厅技手（庶务课营缮系勤务）	不详
1560.	武安笑吾	1895—1932	1918 年毕业于京都高等工艺学校图案科第一部	大连	1918—1919 年任关东都督府民政部土木课雇员；1919—1920 年任关东厅民政部土木课雇；1920—1922 年任关东厅技手	不详
1561.	武本良治	不详	1931 年毕业于名古屋高等工业学校建筑科	长春	1939—1940 年任伪满缮需品局技士（营缮处第二工务科勤务）；1940—1941 年任伪满建筑局技士（第二工务处勤务）	不详
1562.	武方织太	不详	1928 年毕业于“南满工专”建设工学建筑分科	大连、长春、沈阳	1928—1934 年任大连市宗像（宗像主一）建筑事务所所员；1930 年获大连市主任技术者第一级检定合格；1934—1945 年任大连市福昌公司社员	不详
1563.	武井勇助	1895—1933	1917 年毕业于工手学校建筑学专业	青岛	1917—1918 年任职于青岛守备军军政署建筑系、民政部土木部建筑系	不详
1564.	武井重泰	?—1920	1917 年毕业于东京高等工业学校建筑科	大连、青岛	1917 年任（株）大仓组土木部大连出张所勤务；1917—1919 年任日本土木（株）大连出张所勤务；1919—1920 年任日本土木（株）青岛出张所勤务	不详
1565.	武居正通	1895—?	1919 年毕业于京城工业专门学校建筑科	高雄	1921 年任台湾总督府技手（土木局高雄出张所勤务、土木局营缮课兼务）	不详
1566.	武笠小一郎	1898—?	1924 年毕业于早稻田大学建筑学专业	台湾	1936 年任台湾纸业（株）嘱托	不详
1567.	武内泷次郎	不详	不详	长春、四平等	1922—1927 年在“满铁”任职	不详
1568.	武田雅男	1910—?	1931 年毕业于名古屋高等工业学校建筑科；后在名古屋高等工业学校读研究生	不详	1949 年任日本发送电（株）中国支店勤务	不详
1569.	武知幸文	1903—1969	1929 年毕业于东京帝国大学工学部建筑学科	台北、高雄	1935—1936 年任台北东本愿寺出张所在勤；1937—1943 年任台湾总督府技师（1937 年任总督官房营缮课勤务，1937—1940 年任文教局台湾神社临时造营事务局勤务，1937—1941 年兼任台湾总督府专卖局技师（庶务课勤务）；1943—1945 年任海军技师（高雄海军施设部附）；1945 年任海军技术少佐（高雄海军施设部部员），海军技术中佐（高雄海军施设部部员）	不详

续表

No.	姓名	生卒	专业背景	在华区域	经历	作品 / 著述
1570.	物部保任	不详	1922 年毕业于福冈县浮羽工业学校大工科	哈尔滨等	1936 年任伪满洲哈尔滨市物部工务所主持；1940—1943 年在“满铁”任职	不详
1571.	西部彦太郎	?—1906	1900 年毕业于工手学校造家学科	嘉义	1904—1906 年任嘉义厅技手	不详
1572.	西村安彦	1902—1946	1925 年毕业于京都帝国大学工学部建筑学专业	台北	1940—1943 年任大仓土木（株）台北出张所勤务	不详
1573.	西村铤太郎	不详	不详	台湾	1901 年任驻台日军经营部勤务；1902—1905 年任驻台日军经理部台中派出所勤务；1906—1908 年任陆军技手（驻台日军经理部附）	不详
1574.	西村清马	1911—?	1927 年毕业于东京工科学校建筑科；1930 年毕业于法政大学工学校建筑科	长春	1933 年任“新京”同和建筑事务所勤务；1936—1943 年任“新京”西村建筑事务所主宰	不详
1575.	西村清士	1909—1984	1928 年毕业于福井高等工业学校建筑科	不详	1944 年任职于侵华日军经理部	不详
1576.	西村熊吉	不详	不详	上海	1905—1906 年任三井洋行上海支店建筑场勤务	不详
1577.	西村英雄	?—1929	不详	台北	1905—1909 年任台湾总督府技手；1909—1911 年任台湾总督府土木部技手；1911—1924 年任台湾总督府技手；1929 年任台湾总督府技手	不详
1578.	西村宇太郎	不详	1915 年毕业于工手学校建筑学专业	长春	1936—1939 年任关东局土木技手（1936—1937 年任关东州厅内务部土木课勤务，1937—1939 年任关东州厅土木部营缮课勤务）	不详
1579.	西村源与茂	1904—1961	1928 年毕业于东京帝国大学工学部建筑学专业	沈阳、大连	1934—1939 年在“满铁”任职；1939 年任大连伪满洲镁工业（株）勤务；1941 年任伪满科学审议委员会委员；1941—1946 年任伪满洲飞行机制造（株）理事	不详
1580.	西方寅太郎	1895—?	不详	哈尔滨	1929 年任伪满东三省特别区行政长官公署嘱托、哈尔滨工业大学讲师	不详
1581.	西郡保男	?—1921	1913 年毕业于东京高等工业学校建筑科	长春、大连	1913—1917 年在“满铁”任职；1919—1921 年任大连饭塚工程局有限责任社员	不详
1582.	西奈甚太郎	1886—?	1905 年毕业于广岛市工业补习学校建筑科；1910 年毕业于东京工科学校建筑科；1911 年毕业于东京工科学校建筑研究科	齐齐哈尔、北京、长春	1920—1942 年任外务省事务嘱托、技手等职位并多次到中国出差；1944—1945 年任大使馆技师（中华民国在勤）	不详

续表

No.	姓名	生卒	专业背景	在华区域	经历	作品 / 著述
1583.	西内初贵	1905—1960	1933 年毕业于东京帝国大学工学部建筑学专业	哈尔滨、长春	1938—1939 年任伪满营缮需品局技佐兼总务厅技佐、民政部技佐；1939—1942 年任伪满“新京特别市”技佐；1940—1941 年兼任伪满临时国都建设局技佐；1942—1944 年任伪满市技正（哈尔滨市工务处建筑科长）；1944—1945 年任伪满“新京特别市”技正；1945 年任伪满交通部技正；1945 年兼任伪满总务厅参事官	不详
1584.	西内源助	?—1938	1907 年于东京高等工业学校附设工业教员养成所附属工业补习学校科目修业	长春	1934—1937 年任关东军司令部事务嘱托；1937—1938 年任职于关东军经理部	不详
1585.	西山一郎	不详	1922 年毕业于早稻田工手学校建筑科；1926 年毕业于藏前工业专修学校高等工业部建筑科	长春	1938—1940 年任伪满营缮需品局技士；1940—1941 年任伪满官需局技士	不详
1586.	西山银吉	1891—1979	1907 年毕业于工手学校建筑学专业；1914 年毕业于东京高等工业学校建筑科	伪满洲	1943—1945 年任伪满洲日产土木（株）取缔役	不详
1587.	西胜袈裟	不详	不详	台中	曾任台中厅技手	不详
1588.	西田政夫	1904—?	1922 年毕业于工手学校建筑学专业	牡丹江	1934—1945 年在“满铁”任职	不详
1589.	西尾东	不详	1916 年毕业于青森市立工业学校建筑科	大连、沈阳	1918—1933 年在“满铁”任职	不详
1590.	西尾元郎	不详	1933 年毕业于名古屋高等工业学校建筑科	长春、哈尔滨	1938—1940 年任伪满缮需品局技士；1940—1942 年任伪满建筑局技士；1942—1944 年任伪满警察局技佐（哈尔滨警察局勤务）兼伪满省技佐（浜江省勤务），1943—1944 年兼任伪满市技佐（哈尔滨市公署勤务）；1944—1945 年任伪满市技佐（哈尔滨公署勤务）；1945 年任伪满省技佐（黑河省勤务）	不详
1591.	西野孝造	?—1919	不详	长春、四平	1915—1919 年在“满铁”任职	不详
1592.	西野作助	不详	1913 年毕业于秋田工业学校	不详	1913—1916 年在“满铁”任职	不详
1593.	西泽忠三郎	不详	不详	大连	1906 年任关东州民政署庶务部勤务；1906—1913 年任关东都督府技手（1908 年任大连民政署庶务课勤务）	不详
1594.	喜多川金吾	1868—?	1887 年于帝国大学附属东京职工学校机械科学习，1898 年修读建筑科	台湾	1903—1908 年任台湾总督府建筑事务嘱托（民政部土木局勤务）	不详

续表

No.	姓名	生卒	专业背景	在华区域	经历	作品 / 著述
1595.	细川兵一	1906—1996	1929 年毕业于东京帝国大学工学部建筑科	沈阳	1938—1941 年任大林组奉天支店在勤；1943 年任伪满洲大林组社员	不详
1596.	细井辰雄	?—1940	1917 年毕业于早稻田大学建筑科	天津	1938 年任兴中公司天津支社工务课勤务	不详
1597.	下村淳	1906—?	1927 年毕业于京城高等工业学校建筑学专业	不详	1942—1943 年任职于侵华日军经理部	不详
1598.	下司胜太郎	1869—?	不详	苗栗、新竹等	1905—1909 年任苗栗厅技手；1909—1917 年任新竹厅技手；1917—1921 年任台湾总督府技手	不详
1599.	下条祯一郎	1867—1934	1889 年毕业于工手学校造家学科	台北	1911—1914 年任台湾总督府民政部土木局营缮课嘱托	不详
1600.	夏秋克己	不详	1929 年毕业于台北工业学校	台北	1930—1938 年任台湾总督府总督官房营缮课勤务；1938—1942 年任台湾总督府技手；1942—1945 年任台湾住宅营团勤务	不详
1601.	仙波虎五郎	1878—1957	毕业于爱媛县立松山中学校	旅顺、大连	1905 年在旅顺自营土木建筑业；1919 年任大连远东木材监查役；1920 年任大连辽东制水取缔役；1922 年任大连仙波组组主；1923 年任大连惠比须町仙波组无限责任社员	不详
1602.	仙波政信	1902—1991	1920 年毕业于“南满工专”建筑科；1925 年毕业于“南满工专”建设工学建筑分科	旅顺	1922 年在旅顺任合资会社大正农园有限责任社员	不详
1603.	相德定雄	不详	不详	台北	1926—1940 年任台湾总督府技手；1940 年任台湾总督府技师；1943—1944 年任台湾总督府财务局营缮课嘱托	不详
1604.	相泽房太郎	不详	不详	大连	1909 年任职于“满铁”工务课建筑系	不详
1605.	香取礼三	不详	1939 年毕业于京都大学建筑科	不详	1939—1945 年在“满铁”任职	不详
1606.	香取彦一	1901—1954	1925 年毕业于京都帝国大学建筑学专业	北京	1940—1942 年任清水组北京支店次长	不详
1607.	乡思琢磨	不详	不详	台湾	曾任台湾总督府专卖局庶务课技手	不详
1608.	小坂常治郎	1878—?	不详	基隆	1898—1899 年在台湾基隆商船组从事建筑工事	不详
1609.	小仓强	1893—1980	1916 年毕业于东京帝国大学工科大学建筑学专业	东北	1919 年在九江日本领事馆建筑工程任设计助手	九江日本领事馆，1919

续表

No.	姓名	生卒	专业背景	在华区域	经历	作品 / 著述
1610.	小仓尚	1892—1943	1920 年毕业于东京帝国大学工学部建筑学专业	台北	1939 年任台湾都市计画委员会临时委员；1940 年任防空讲习会讲师；1940 年任台湾都市计画高雄地方委员会委员；1940—1942 年任华北方面军兵器部长	不详
1611.	小仓由太郎	1895—?	1918 年毕业于早稻田工手学校建筑科	大连、吉林	1922 年任鹿岛组大连出张所勤务；1941 年任伪满洲鹿岛组吉林营业所长	不详
1612.	小城修三	1909—?	1935 年毕业于早稻田大学建筑学专业；1938 年毕业于京都帝国大学法学部	上海	1941—1943 年任上海华中水电（株）社员	不详
1613.	小池悌二	1906—?	1930 年毕业于早稻田大学建筑学专业	哈尔滨	1935—1945 年在“满铁”任职；1946 年被中长铁路总局留用，后任我国铁道部西北干线工程局勤务；1953 年回到日本	不详
1614.	小池忠藏	不详	1912 年毕业于工手学校建筑学专业	台北	1912—1913 年任台北高石合资会社建筑部勤务	不详
1615.	小出卓平	1905—1983	1933 年毕业于东京工业大学建筑学专业	抚顺	1933—1945 年在“满铁”任职，曾任抚顺煤矿工事事务所建筑系主任等职位	不详
1616.	小川久太郎	不详	1909 年毕业于关西商工学校建筑科	上海	1921 年任大日本纺织（株）上海在勤	不详
1617.	小川锐彦	1873—?	1893 年毕业于工手学校造家学科	安东、辽阳	1905—1907 年任临时军用铁道监部安奉铁道安东县在勤；1907—1909 年任职于“满铁”（安东县事务所、辽阳建设事务所）	不详
1618.	小川一郎	不详	不详	台湾	曾任台湾总督府专卖局庶务课技手	不详
1619.	小川永一	1897—?	1927 年毕业于日本大学高等工学校建筑科；1928 年毕业于日本大学高等工学校专攻部建筑科	台北	1937—1943 年任台湾总督府技手（文教局台湾神社临时造营事务局勤务）；1943—1946 年任台湾总督府技师（文教局台湾神社临时造营事务局勤务）	不详
1620.	小川政德	?—1945	1920 年毕业于名古屋高等工业学校建筑科	上海、台北	1921—1922 年任上海东华纺织（株）嘱托；1922—1924 年任上海设乐（设乐贞雄）原田（原田俊雄）建筑事务所勤务；1939—1941 年任钱高组上海分行代表；1941 年任钱高组台北分行代表	不详
1621.	小船伊助	1907—?	1931 年毕业于早稻田大学建筑学	北京	1941—1943 年任小船商会北京出张所勤务	不详
1622.	小串久男	不详	1920 年毕业于“南满工专”	不详	1920—1940 年在“满铁”任职	不详
1623.	小岛齐	?—1934	不详	大连、本溪湖、沈阳	1912—1925 年在“满铁”任职	大连市社会馆建造，1927

续表

No.	姓名	生卒	专业背景	在华区域	经历	作品 / 著述
1624.	小岛赞平	?—1916	1908 年毕业于福冈工业学校建筑科	台北	1912—1915 年任台湾总督府技手（民政部土木局宫缮课勤务）	不详
1625.	小宫房彦	1881—?	1896 年毕业于工手学校土木学科；1900 年毕业于工手学校造家学科	长春、四平、鞍山、大连	1907—1924 年在“满铁”任职	不详
1626.	小河要七	1898—?	1917 年毕业于“南满工专”建筑科	大连、沈阳	1917—1920 年任大连清水组勤务；1921—1924 年任大连清水组奉天诘所在勤；1924—1940 年任大连吉川组；1940 年任吉川组“新京”支店长代理；1941 年任伪满洲土木（株）勤务	不详
1627.	小河庸弥	1893—?	1915 年毕业于福冈县立福冈工业学校建筑科	沈阳、长春	1933 年任奉天造兵所技术课勤务；1933—1934 年任伪满国务院总务厅属官（需用处勤务）；1934—1939 年任伪满国务院总务厅技士、营缮需品局技士、营缮需品局技佐；1940—1942 年任“新京”合资会社福冈辻组社员	不详
1628.	小荒井庸	?—1988	1932 年毕业于名古屋高等工业学校建筑科	新竹、上海	1932—1933 年任台湾新竹市勤务；1941—1943 年任上海华中铁道（株）技术部勤务	不详
1629.	小菅百寿	?—1982	1927 年毕业于“南满工专”建设工学建筑分科；1934 年毕业于东京工业大学建筑学专业	长春	1937—1942 年任职于关东军经理部；1942—1944 年任职于关东军司令部	不详
1630.	小津利一	1898—?	1916 年毕业于大阪市立大阪工业学校建筑科	北京、大连	1934 年任大林组大连支店勤务；1938—1945 年任大林组北京出张所勤务、支店长	不详
1631.	小久保金三郎	?—1964	不详	高雄	1943 年任台湾高雄台湾铁工所勤务	不详
1632.	小栗幸太郎	1895—?	1913 年毕业于工手学校建筑学专业	济南	1928—1943 年在济南自营土木建筑业	不详
1633.	小笠原昨	1906—1971	1931 年毕业于京都帝国大学工学部建筑学专业	长春	1936—1938 年任职于关东军经理部	不详
1634.	小林朝遥	1883—?	1909 年毕业于东京工科学校建筑科	不详	1909—1914 年在伪满洲安东县山口文次郎方任建筑技术员；1917 年在铁岭自办土木建筑业；1920 年任铁岭伪满洲畜产专务取缔役；1922—1927 年任东亚劝业（株）铁岭牧场嘱托；1927 年经营铁岭小林牧场	不详
1635.	小林广次	不详	1913 年毕业于东京高等工业学校建筑科	长春、沈阳	1913—1937 年在“满铁”任职；1939 年返回日本	不详

续表

No.	姓名	生卒	专业背景	在华区域	经历	作品 / 著述
1636.	小林近幸	1864—?	不详	台北	1895 年任职于台湾宪兵队；1899—1907 年任台湾总督府雇员，1908—1912 年任技手；1913—1919 年任台北厅庶务课；1919 年任职于台湾纺织会社；1920—1923 年任台北厅（市）技手	不详
1637.	小林康夫	1904—?	1930 年毕业于工学院建筑学第二部	上海、青岛	1923—1936 年任上海冈野重久建筑事务所勤务；1933—1935 年任青岛出张所在勤；1936—1941 年在上海自办小林建筑事务所；1938 年任上海居留民团嘱托技师	上海本派本院寺别院本堂及会馆，监督，1931
1638.	小林良治	1901—?	1922 年毕业于东京高等工业学校建筑科	大连、沈阳	1922—1926 年任职于“满铁”；1939—1941 年任职于大仓土木组沈阳支店；1943 年任伪满洲大仓土木（株）参事建筑部设计课长	不详
1639.	小林仙次	1891—1978	1914 年毕业于名古屋高等工业学校建筑科	台北、沈阳	1914—1918 年任台湾总督府民政部土木局营缮课勤务；1921—1924 年在沈阳自营小林建筑事务所	不详
1640.	小林正二郎	不详	1934 年毕业于仙台高等工业学校建筑学专业	台湾	1939 年任清水组台湾支店勤务	不详
1641.	小柳兵治	?—1998	1932 年毕业于日本大学专门部工科建筑科	旅顺、抚顺、长春	1934 年在旅顺池尻川发电所从事建设工事；1935—1938 年任关东局关东州厅土木课勤务；1939—1941 年任抚顺轻金属工务课勤务；1943 年任“新京”阿川组勤务	不详
1642.	小平卓平	不详	1933 年毕业于东京工业大学建筑科	不详	1933—1945 年在“满铁”任职	不详
1643.	小崎信邦	1902—?	1917 年毕业于工手学校土木学科	台南	曾任台南制糖（株）技手	不详
1644.	小泉甚一郎	?—1974	1917 年毕业于东京高等工业学校建筑科	张家口	1939 年任清水组张家口出张所在勤	不详
1645.	小山久太郎	1877—?	1902 年毕业于工手学校造家学科	台北	1911—1912 年任台湾总督府技手（民政部土木局营缮课勤务）；1914—1924 年在台北自营小山工务所；1919—1925 年任台湾石材取缔役；1924—1931 年在东京自营小山组，并在台北开设支店	不详
1646.	小山廉一	1874—?	1897 年于工手学校造家学科别科修业	台北、嘉义	1900—1903 年任台湾总督府技手	不详
1647.	小山良树	1897—?	1916 年毕业于“南满工专”建筑科	青岛、沈阳等	1916—1917 年任青岛山东铁道管理局工务课勤务；1920—1927 年任青岛公和兴工程局勤务；1921 年任济南合资会社村井商会有限责任社员；1929—1921 年在青岛自营小山工程局；1933—1943 年任奉天福昌公司社员	青岛日本小学，1917

续表

No.	姓名	生卒	专业背景	在华区域	经历	作品 / 著述
1648.	小山鹿太郎	不详	不详	旅顺、大连、沈阳、营口	1907—1911 年任关东都督府技手；1907—1908 年任民政部土木课大连出张所勤务；1908 年任奉天邮便所新筑场在勤；1909—1910 年任民政部土木课勤务；1910—1911 年任都督官房营缮科勤务；1910 年任营口电信局新筑场勤务	参与建造奉天邮便所、营口电信局和大连民政署
1649.	小山长三郎	不详	1921 年毕业于山形县立米泽工业学校建筑科；1926 年毕业于日本大学高等工学校建筑科	吉林、沈阳、牡丹江	1934—1945 年在“满铁”任职	不详
1650.	小山照雄	不详	1915 年毕业于早稻田大学大学部建筑学专业	不详	1934—1936 年任职于关东军经理部；1941—1944 年任职于侵华日军华北方面军经理部	不详
1651.	小室奥之助	1880—?	不详	大连	1915—1917 年任朝鲜银行嘱托（奉天支店及大连支店建筑工事从事）；1918—1926 年在大连自营小室工务所	不详
1652.	小笹德藏	1890—1971	1913 年毕业于名古屋高等工业学校建筑科	伪满洲	1940 年任伪满洲清水组取缔役	不详
1653.	小松松太郎	不详	毕业于明治工学校修业	长春	1939—1943 年任“新京”伪满洲拓殖（株）勤务	不详
1654.	小田正保	1906—1995	1928 年毕业于神户高等工业学校建筑科	安东、哈尔滨、牡丹江、沈阳	1933—1935 年任伪满国道局技士；1937 年任伪满民政部技士（土木局牡丹江建设处勤务）；1938—1939 年任伪满交通部技士（牡丹江土木建设处勤务）；1940—1943 年任伪满省技佐（奉天省公署土木厅工务科勤务）	不详
1655.	小西新一郎	1899—?	1911 年毕业于福冈县立福冈工业学校建筑科	大连、沈阳等	1911—1942 年在“满铁”任职；1942—1945 年在沈阳高岗又一郎事务所任勤务	不详
1656.	小野邦雄	1905—?	1925 年毕业于藏前工业专修学校高等工业部建筑科	上海	1929—1938 年任外务技手，期间曾多次在上海及中国其他城市出差；1938—1944 年在日本驻华大使馆任勤务	不详
1657.	小野芳雄	不详	1919 年毕业于“南满工专”建筑科	鞍山、沈阳等	1919—1941 年在“满铁”任职	不详
1658.	小野旷	1899—1978	1919 年毕业于中央工学校建筑科	沈阳	1934 年任伪满洲采金（株）勤务；1940—1945 年在“满铁”奉天铁道局等处任职	不详
1659.	小野茂雄	不详	1913 年毕业于青森县立工业学校建筑科	上海	1939 年任上海协和建兴（株）取缔役	不详

续表

No.	姓名	生卒	专业背景	在华区域	经历	作品 / 著述
1660.	小野司一	不详	1926 年毕业于神户高等工业学校建筑科	沈阳	1938—1941 年任伪满洲房产勤务；1941 年任奉天大康公司勤务	不详
1661.	小野田广吉	1862—?	不详	台湾	1896 年任台湾总督府雇员	不详
1662.	小野武	1909—1976	1933 年毕业于日本大学工学部建筑工学科	抚顺	1939—1943 年任抚顺伪满洲轻金属制造勤务	不详
1663.	小野武雄	1883—1967	1902 年毕业于工手学校造家学科	大连	1917—1923 年在“满铁”任职	“大连满铁”南山寮”及关东馆；长春纪念馆，1919；“新京常盘町乙种集合社宅”
1664.	小野小弥太	不详	1904 年毕业于工手学校建筑学专业	大连、辽阳等	1908—1920 年在“满铁”任职	不详
1665.	小野薰	1903—1957	1926 年毕业于东京帝国大学工学部建筑学专业；1942 年获东京帝国大学工学博士	长春	1939—1942 年任伪满大陆科学院研究官（建筑研究室主任，1939—1940 年兼任伪满国立大学工矿技术院教授、“新京”工业技术院勤务）；1940—1942 年兼任伪满建筑局技正（第二工务处勤务兼伪满“新京”工业大学教授，关东军司令部嘱托）	不详
1666.	小野由藏	不详	1921 年毕业于东京高等工业学校附属工业补习学校中等工业科建筑科；1924 年毕业于藏前工业专修学校高等工业部建筑科	长春	1935—1940 年先后任伪满国务院总务厅技士、营缮需品局技士、内务局技士、营缮需品局技佐等	不详
1667.	小野作治	不详	不详	长春	1940 年兼任竹中工务店“新京”支店勤务	不详
1668.	小一原钢藏	不详	不详	不详	1920—1922 年任伪满洲安东石崎商店勤务	不详
1669.	小园贞助	1904—?	1928 年毕业于东京帝国大工学部学建筑学专业	大连	1928—1931 年任关东厅技手；1931—1934 年任关东厅技师；1934—1945 年任关东局技师	大连关东厅地方法院，1933
1670.	小原益知	1854—1929	1887 年毕业于工部大学校造家科	台北	1897 年任台北区计画委员会委员；1897—1898 年任台湾总督府技师（财务局土木课）	不详

续表

No.	姓名	生卒	专业背景	在华区域	经历	作品 / 著述
1671.	小泽安理	不详	不详	台湾	1907—1921 年任台湾总督府雇员；1922—1931 年任台湾总督府专卖局技手（庶务课勤务）；1942—1944 年任台北帝国大学医学部附属病院嘱托	不详
1672.	小泽常次郎	1906—?	1931 年毕业于早稻田大学建筑学专业	沈阳	1943 年任奉天伪满洲叶烟草勤务	不详
1673.	小泽太郎	1881—?	1907 年毕业于工手学校建筑学专业	大连、青岛等	1907—1910 年任关东都督府雇（民政部土木课勤务）；1910—1921 年在“满铁”任职	不详
1674.	小竹圣卿	?—1912	1900 年毕业于东京工业学校附设工业教员养成所木工科	不详	1912 年在“满铁”任职	不详
1675.	篠崎善一	不详	不详	台湾	1942 年任台湾护国神社奉赞会嘱托	不详
1676.	篠田武延	不详	1932 年毕业于“南满工专”建设工学建筑分科	大连	1936 年在大连	不详
1677.	篠原良	1892—1988	1919 年毕业于东京帝国大学工学部建筑学专业	台湾	1935—1941 年任台北嘱托	不详
1678.	篠原三雄	不详	1930 年毕业于早稻田大学建筑学专业	高雄	1941 年任台湾高雄南日本化学工业（株）勤务	不详
1679.	篠原史郎	1890—1962	1911 年毕业于东京高等工业学校机械科	大连	1937 年任大连市合资会社第一工业公司无限责任社员；1938 年任大连市伪满洲动力工机（株）取缔役	不详
1680.	篠原武男	1897—1989	1922 年毕业于东京高等工业学校附设工业教员养成所建筑科	台北	1909 年任台湾建物（株）勤务；1910—1924 年在台湾总督府任职；1924—1945 年任台北州（建筑）技手、建筑系长、营缮系长等	台北第一高等女学校校舍，1934
1681.	篠原馨	不详	1927 年毕业于日本大学高等工学校建筑科	不详	1937—1940 年任伪满营缮需品局技士；1940 年任伪满建筑局技士	不详
1682.	篠原要五郎	不详	不详	台湾	1898—1899 年任驻台日军经营部；1904—1905 年任台湾总督府铁道部技手（打狗出张所勤务）	不详
1683.	新宫忠义	不详	1926 年毕业于日本大学高等工学校建筑科	台湾	1942 年任驻台日军经理部勤务	不详
1684.	新海正钢	?—1928	1890 年毕业于工手学校造家学科	北京	1903—1904 年在清政府帝国公使馆新筑设计事务所任助手嘱托	不详
1685.	新井今四郎	不详	不详	大连等	1911—1932 年在“满铁”任职	不详

续表

No.	姓名	生卒	专业背景	在华区域	经历	作品 / 著述
1686.	新井隆四郎	?—1976	1925 年毕业于东京美术学校建筑科本科	大连、沈阳	1935—1945 年在“满铁”任职	“新京保养院”
1687.	新井英次郎	1875—?	1911 年毕业于东京工业学校附设工业教员养成所木工科	台北	1924—1930 年任台湾公立实业学校教师（台北工业学校教师）；1939 年任台北私立台湾商工学校教员；1939—1942 年任台北私立开南工业学校教员	不详
1688.	新井猪一郎	1904—?	1926 年毕业于东京高等工业学校建筑科	大连、长春、四平等	1930—1931 年任大连朝比奈建筑事务所勤务；1931—1932 年任大连岸田建筑事务所勤务；1932—1945 年任职于“满铁”	不详
1689.	幸义人	不详	1927 年于福井高等工业学校建筑科选科结业	山海关	1941—1943 年在山海关南门外自营幸义建筑公司	不详
1690.	熊井专介	?—1981	1927 年毕业于东京高等工业学校建筑科	鞍山	1934—1935 年任清水组鞍山出张所勤务	不详
1691.	熊丸忠佑	不详	不详	宜兰	1900—1901 年任宜兰厅技手	不详
1692.	熊野真一郎	不详	不详	台中、嘉义	1900—1901 年任台中县技手（内务部土木课勤务）；1902—1909 年任斗六厅技手；1910—1912 年任嘉义厅技手	不详
1693.	朽名春吉	不详	1919 年毕业于工手学校建筑学专业	长春	1941—1943 年任“新京”伪满洲计器（株）勤务	不详
1694.	秀岛乾	1911—1973	1936 年毕业于早稻田大学建筑学专业	长春	1936—1940 年任伪满营缮需品局营缮处勤务；1940—1945 年先后任伪满建筑局技士、建筑局技佐，兼伪满临时国都建设局技佐、交通部技佐、交通职员训练所教练	不详
1695.	须合幸雄	不详	不详	台湾	曾任台湾总督府专卖局庶务课技手	不详
1696.	须加二珑	不详	1922 年毕业于早稻田工手学校建筑科	沈阳	1934 年任清水组伪满洲支店勤务；1940 年在奉天自营辰巳工程局；1941—1943 年任奉天伪满洲清水组勤务	不详
1697.	须磨冈薰	1905—?	1927 年毕业于“南满工专”建设工学建筑分科	大连	1928—1930 年任大连市小野木（小野木孝治）横井（横井谦介）共同建筑事务所勤务；1931—1932 年任大连市横井（横井谦介）建筑事务所勤务；1931 年获大连市主任技术者第一级检定合格；1932 年任大连市福生馆建筑事务所勤务；1932—1937 年任伪满洲中央银行建筑课勤务；1937—1940 年任伪满营缮需品局技佐；1940—1941 年任伪满建筑局技佐（第一工务处勤务）；1941—1943 年任伪满省技正（奉天省建设厅建筑科长）；1943—1944 年任伪满建筑局技正	不详

续表

No.	姓名	生卒	专业背景	在华区域	经历	作品 / 著述
1698.	须田速人	1888—1966	1912 年毕业于东京美术学校彫刻科	台北	1912—1913 年任台湾总督府民政部土木局营缮课勤务；1913—1922 年任台湾总督府技手	不详
1699.	绪方惟吉	不详	1915 年毕业于神奈川县立工业学校建筑科	伪满洲	1919—1920 年在“满铁”任职；1920—1922 年在大连市自营	不详
1700.	绪方惟义	1886—?	1903 年毕业于福冈县立福冈工业学校建筑科	伪满洲	1933—1939 年任伪满洲抚顺“南满”火工品（株）取缔役	不详
1701.	绪田原英次郎	不详	不详	嘉义	1902—1905 年任驻台日军经理部勤务；1908—1912 年任嘉义厅技手	不详
1702.	巽透	1908—?	1930 年毕业于横滨高等工业学校建筑学专业	长春、沈阳	1934—1937 年任“新京”出张所勤务；1937—1938 年任伪满奉天技士；1938—1940 年任伪满营缮需品局技士（营缮处勤务）；1940 年任伪满建筑局技士（第一工务处勤务）；1940—1943 年任伪满建筑局技佐（第一工务处勤务）；1941—1943 年兼任伪满治安部技正（警务司勤务）；1943—1945 年任伪满建筑局技正；1943 年兼任伪满治安部技正（治安部警务司勤务）；1945 年兼任伪满省技正（通化省勤务）	不详
1703.	押田玉一郎	1885—?	1904 年毕业于工手学校建筑学专业	大连	1910—1924 年任职于关东军经理部	不详
1704.	岩本教太郎	1880—?	1902 年毕业于工手学校造家学科	台湾	1911—1919 年任职于台湾总督府陆军部经理部，1919—1923 年任职于驻台日军经理部	不详
1705.	岩村安次	1891—1922	1912 年毕业于中央工学校建筑科	大连	1919—1922 年在“满铁”任职（大连筑港事务所）	不详
1706.	岩谷信逸	不详	1935 年毕业于东京工业大学建筑学专业	抚顺、青岛等	曾任高岗组抚顺出张所勤务；1938—1943 年在“满铁”任职	不详
1707.	岩谷惣一	不详	不详	天津	1925 年在天津中国驻屯军司令部；1926—1928 年任天津居留民团技手；1929—1931 年任天津租界局技手；1934 年任鞍山“南满洲兴业”勤务；1935—1936 年在今井组大连、天津出张所	不详
1708.	岩见季彦	不详	1902 年毕业于熊本县立工业学校木工科	大连	1907—1908 年任关东都督府民政部土木课勤务；1908—1916 年任大连山叶洋行勤务；1917—1932 年任大连大庭商会勤务；1933—1936 年任大连市三田组勤务	不详
1709.	岩井金三郎	1908—?	1928 年毕业于早稻田工手学校建筑科	天津	1939 年任竹中工务店天津支店勤务；1944 年任竹中工务店天津支店长	不详

续表

No.	姓名	生卒	专业背景	在华区域	经历	作品 / 著述
1710.	岩井信一	1898—1945	1923 年毕业于早稻田大学建筑学专业	上海	1938—1941 年任西本组上海支店长	不详
1711.	岩科辽一	不详	1923 年毕业于奈川县立工业学校建筑科	大连	1940—1943 年任大连伪满洲石油社员（1943 年任大连制油所建筑系勤务）	不详
1712.	岩崎德松	1889—1924	1908 年福冈县立福冈工业学校建筑科	大连	1917—1918 年任中村与资平建筑事务所大连出张所主任	不详
1713.	岩崎吉太郎	不详	曾于兵库县立工业学校建筑科修业；1936 年毕业于“南满工专”建设工学建筑分科	大连	1932 年任“南满洲”铁道工务课勤务；1936—1945 年在“满铁”任职	不详
1714.	岩崎弥太郎	不详	不详	台湾	1895—1896 年任临时台湾电信建设部雇员	不详
1715.	岩崎善次	1893—?	1918 年毕业于东京工科学校建筑科	鞍山、沈阳等	1919—1941 年在“满铁”任职	不详
1716.	岩崎十太郎	不详	不详	沈阳、大连等	1919—1923 年在“满铁”任职	不详
1717.	岩崎泰太	不详	不详	台湾	曾任台湾总督府专卖局庶务课技手	不详
1718.	岩室谌吉	1858—?	1873 年于名古屋镇台奉职	上海	1896 年任上海纺织（株）兵库工场勤务	不详
1719.	岩田久三郎	不详	不详	台湾	曾任台湾总督府专卖局庶务课技手	不详
1720.	岩田六郎	1896—?	1916 年毕业于福冈县立福冈工业学校建筑科	上海	1916—1941 年任上海纺织勤务（1941 年任工务部建筑课长）	不详
1721.	岩田藤雄	1902—1972	1925 年毕业于名古屋高等工业学校建筑科	台湾	1942—1944 年任陆军建技少佐（驻台日军经理部附）	不详
1722.	岩泽平一	不详	曾于三重县津市立工艺学校修业	长春	1934—1941 年任伪满军政部技士（第五军管区司令部附）；1941—1943 年任伪满军队技士（第十军管区司令部附）	不详
1723.	岩爪兼清	不详	毕业于鹿儿岛县始良郡立工业徒弟学校建筑科	新竹	1922—1932 年任新竹州技手；1942—1944 年任新竹州建筑技手、台湾总督府地方技师	不详
1724.	岩竹库一	?—1927	不详	沈阳、安东等	1915—1925 年在“满铁”任职	不详

续表

No.	姓名	生卒	专业背景	在华区域	经历	作品／著述
1725.	岩佐直则	1906—?	1925 年于台湾商工学校修业	台北、高雄	1929 年任台湾总督府交通局递信部勤务；1930—1931 年任台湾督府交通局铁道部勤务；1934—1935 年任台湾总督府雇员（交通局铁道部改良课）；1942 年在高雄市自营	不详
1726.	塩津铁哉	1905—1966	1931 年毕业于早稻田大学建筑学专业	台北	1935 年任大仓土木台北出张所在勤	不详
1727.	塩田信彦	不详	1921 年毕业于工手学校	不详	1921—1923 年在“满铁”任职	不详
1728.	塩田一	不详	不详	阿里山、台北、抚顺	1912—1913 年任台湾总督府阿里山作业所勤务；1914 年任台北医院建筑事务所勤务；1919—1921 年任大仓组抚顺出张所勤务	不详
1729.	塩田正雄	不详	1928 年毕业于福井高等工业学校建筑科	锦州、大连等	1934—1943 年在“满铁”任职	不详
1730.	塩田忠藏	不详	1904 年毕业于工手学校建筑学专业	鞍山	1926—1928 年任“南满洲”铁道职员（鞍山制铁所工务课勤务）；1937 年任大仓土木鞍山诘所勤务	不详
1731.	杨好	不详	1924 年毕业于东京高等工业学校建筑科特别本科	长春	1938—1940 年任伪满营缮需品局技佐（营缮处工作）；1940—1941 年任伪满建筑局技佐（第一工务处工作）；1941—1943 年任伪满省技佐（滨江省建设厅建筑科科长）	不详
1732.	杨河正幸	不详	1928 年毕业于“南满工专”建设工科建筑分科	哈尔滨	1928—1945 年在“满铁”任职	不详
1733.	仰木藤七	不详	1922 年毕业于工手学校建筑学专业	上海、汉口	1933 年后任清水组上海出张所勤务；1939 年任汉口出张所勤务；1941—1943 年任上海出张所勤务	不详
1734.	药师神贤一	?—1959	1934 年毕业于早稻田大学建筑学专业	大连	1938—1943 年任大连市技手（总务科营缮系工作）；1943 年任“南满工专”讲师	不详
1735.	野村孙市	1887—?	毕业于东京工科学校建筑科	大连、旅顺	曾任“满铁”勤务、关东厅勤务；1919—1932 年任在大连自办野村建筑事务所；1921 年曾任旅顺合资会社比婆商会无限责任社员、旅顺土木组有限公司社员	长春中央饭店
1736.	野村一夫	不详	1935 年毕业于“南满工专”建设工学建筑分科	长春	1935—1944 年历任伪满国务院总务厅需用处勤务、建筑局技士、总务厅技士、建筑局造营科勤务	不详
1737.	野村一郎	1868—1942	1892—1895 年就读于帝国大学工科大学造家学科	台北	1897—1899 年任临时陆军建筑部技师；1899—1909 年任台湾总督府技师；1909—1911 年任台湾总督府土木部技师；1911—1914 年任临时台湾总督府工事部技师；1911—1914 年兼任台湾总督府技师	不详

续表

No.	姓名	生卒	专业背景	在华区域	经历	作品 / 著述
1738.	野间亮平	1899—?	1907 年毕业于兵库县立工业学校建筑科；1912 年毕业于东京高等工业学校建筑科	不详	1939—1945 年任伪满洲竹中工务店役员	不详
1739.	野间信广	1910—1971	1935 年毕业于东京工业大学建筑学专业	不详	1939—1942 年在侵华日军服役	不详
1740.	野间正	不详	1935 年毕业于“南满工专”建筑科	不详	1941—1945 年在“满铁”任职	不详
1741.	野尻荣	1905—?	1926 年毕业于“南满工专”建设工学建筑分科	长春、哈尔滨、北京	1926—1945 年在“满铁”任职；1946—1952 年被中国政府留用（1951 年任北京中央人民政府铁道部设计局建筑工程师）	“新京大和旅馆”增建，1932
1742.	野口佐太郎	1888—?	1913 年毕业于工手学校建筑学专业	高雄、基隆	1930—1931 年任高雄州技手；1931—1934 年任台湾总督府交通局工手（基隆筑港出张所勤务）	不详
1743.	野上吉十郎	不详	不详	桃园	曾任台湾桃园厅技手	不详
1744.	野上一郎	1895—1948	1920 年毕业于东京高等工业学校附设工业教员养成所建筑科	大连、沈阳	1927—1935 年任合资会社清水组勤务（1933—1934 年任大连支店勤务，1934—1935 年任大连支店安东出张所在勤）；1935 年任伪满国务院总务厅需用处营缮科勤务；1935 年任伪满国务院总务厅技佐；1935—1938 年任伪满营缮需品局技佐；1937—1938 年兼任伪满省技佐（奉天省长官房勤务）；1938—1939 年任伪满洲工矿技术员养成所教官；1938—1939 年兼任伪满民生部事务官（教育司勤务）；1939 年任伪满国立大学工矿技术院教授（“新京”工矿技术院勤务）；1941—1942 年任伪满洲吉林市吉林人造石油（株）建设部建筑课长；1943—1945 年在“满铁”任职	不详
1745.	野田进	不详	1930 年毕业于神户高等工业学校建筑科	上海	1937—1943 年任（株）竹中工务店社员（1939—1941 年任上海支店勤务）	不详
1746.	野田往来	1881—?	1899 年毕业于福冈市福冈工业学校木工科	山东省金岭镇	1918 年在山东省金岭镇做铁矿调查	不详
1747.	野田幸藏	不详	1916 年毕业于工手学校建筑学专业	不详	1938—1945 年任职于侵华日军	不详
1748.	野原皆一	1893—?	1916 年毕业于东京工科学校建筑科	大连	1943 年任东省实业（株）大连支店勤务	不详
1749.	野中晴云	?—2015	1935 年毕业于京都帝国大学工学部建筑学专业	不详	1938 年任职于侵华日军	不详

续表

No.	姓名	生卒	专业背景	在华区域	经历	作品 / 著述
1750.	野中义一	1897—1977	1918 年毕业于东京高等工业学校建筑科	长春	1929—1931 年任职于关东军经理部；1939 年任职于侵华日军	不详
1751.	叶信吾	不详	1910 年毕业于熊本县立工业学校建筑科；1925 年毕业于中央工学校建筑高等科	长春、台湾	1934—1935 年任职于关东军经理部；1939 年任职于驻台日军经理部	不详
1752.	一户二郎	1904—1984	1929 年毕业于早稻田大学建筑学专业	长春	1938—1943 年任“新京”东边道开发（株）工务部建筑课勤务	不详
1753.	伊达三郎	不详	毕业于广岛县立职工学校	不详	1920—1921 年在“满铁”任职	不详
1754.	伊丹正庸	不详	不详	台湾	1895—1896 年任台湾建筑部技术官	不详
1755.	伊东久弥	?—1942	1933 年毕业于“南满工专”建设工学建筑分科	沈阳	1933—1942 年在“满铁”任职	不详
1756.	伊东録三郎	不详	1901 年毕业于工手学校造家学科	四平、大连	1911—1923 年在“满铁”任职；1925—1926 年任大连共同建筑事务所所员	“满铁住宅”监造，1921；寺儿沟住宅监造，1921
1757.	伊东真美	1890—?	1915 年毕业于东京高等工业学校建筑科	天津、沈阳、本溪湖、长春	1918—1926 年在天津自办事务所；1926—1934 年在“满铁”任职；1934—1937 年任奉天细川组勤务；1937 年任奉天吉川组勤务	不详
1758.	伊势宪三	不详	1912 年毕业于广岛县立职工学校建筑科	台南、新竹	1920—1922 年任台南州属（新化郡庶务课勤务）；1924—1925 年任新竹州技手	不详
1759.	伊藤甫	1908—1976	1934 年毕业于东京工业大学建筑学专业	大连	1939—1944 年任关东局技师；1942 年曾任“南满工专”讲师	不详
1760.	伊藤钾太郎	1910—1988	1933 年毕业于东京帝国大学工学部建筑学专业	长春	1939—1941 年任关东局土木技师；1941—1944 年任都市计画地方委员会技师兼地方技师；1944—1945 年任职于关东军军需监理部	不详
1761.	伊藤克三	1911—?	1933 年毕业于名古屋高等工业学校建筑科	上海	1939—1943 年任上海华中铁道股份有限公司工务课勤务	不详
1762.	伊藤镰太郎	不详	不详	台湾	1903—1906 年任职于台湾总督府陆军经理部	不详
1763.	伊藤六之助	不详	不详	大连	曾任大连福昌华工营缮系勤务；1930 年获大连市主任技术者第二级检定合格；1931 年在大连市开设伊藤建筑事务所	不详

续表

No.	姓名	生卒	专业背景	在华区域	经历	作品 / 著述
1764.	伊藤録三郎	不详	1901 年毕业于工手学校	不详	1907—1933 年在“满铁”任职	不详
1765.	伊藤清造	1895—1933	1918 年毕业于京都高等工艺学校图案科第一部	大连	1923—1927 年在“南满工专”任勤务、助教授、教师兼务等	有多本关于东北建筑历史专著出版
1766.	伊藤日多知	不详	1926 年毕业于熊本县立工业学校建筑科	台湾	1927—1937 年任驻台日军经理部勤务；1939—1940 年任职于北中国派遣多田部队	不详
1767.	伊藤胜	不详	1939 年毕业于东京工业大学建筑科	不详	1939—1945 年在“满铁”任职	不详
1768.	伊藤铁卫	1895—1951	曾就读于早稻田大学大学部理工科建筑科，中途退学；1917 年毕业于东京工科学校建筑科	苏州、上海	1939—1943 年任苏州远东实业公司总经理；1941 年任上海中国兴业（株）勤务	不详
1769.	伊藤文四郎	1882—1966	1900 年毕业于工手学校造家学科	伪满洲	1935—1936 年任伪满洲协和建物（株）勤务	不详
1770.	伊藤政贞	1851—?	不详	台湾	1895—1896 年任临时台湾电信建筑部雇员	不详
1771.	伊藤尊	1910—?	1931 年毕业于东京工业大学附属工学专门部建筑科	沈阳	1941—1943 年任伪满省技佐（四平省实业厅勤务）；1943—1944 年任伪满建筑局技佐（1943—1944 年任住政处勤务，1944 年任建筑行政处勤务）；1944—1945 年任伪满省技佐（奉天省勤务）	不详
1772.	衣笠孝一	不详	1932 年毕业于日本大学专门部工科建筑科	北京	1939—1941 年任北京建设总署北京新市街建设弁事处勤务；1943 年任北京华北房产股纷公司勤务	不详
1773.	益田千代治	不详	1916 年毕业于工手学校建筑学专业	鞍山、长春	1916—1935 年在“满铁”任职；1936—1943 年任伪满“新京”益田工务所所长	不详
1774.	益田秀人	不详	1921 年毕业于“南满工专”建筑科	大连	1921—1937 年在“南满工专”任职	不详
1775.	益邑义夫	1905—1985	1931 年毕业于京都帝国大学工学部建筑学专业	沈阳、长春	1934 年任伪满国务院总务厅需用处营缮科勤务；1935 年任伪满国务院总务厅技士；1935—1937 年任伪满营缮需品局技士；1937—1939 年任伪满“新京特别市”公署技佐；1939—1941 年任伪满首都警察厅技佐，兼任“新京特别市”公署技佐；1941—1943 年任伪满警察局技佐；1943—1945 年任伪满警察局技正、市技正、建筑局技正；1945 年任伪满总务厅参事官	不详

续表

No.	姓名	生卒	专业背景	在华区域	经历	作品 / 著述
1776.	益子高之介	1905—?	1924 年毕业于工手学校建筑学专业	长春、沈阳	1933—1945 年在"满铁"任职	长春八岛小学校，1935；"新京公学校"，1935
1777.	荫山万藏	1874—?	不详	台湾	1902—1909 年任台湾总督府技手；1909—1911 年任台湾总督府土木部技手（营缮课勤务）；1911—1922 年任台湾总督府技手；1926—1942 年任台北高进商会取缔役	不详
1778.	樱冈兼助	不详	1915 年毕业于东京工科学校建筑科	大连	1928—1934 年任关东厅技手（内务局土木课勤务）；1934—1938 年任关东局技手（1934—1937 年任关东州厅大连民政署勤务，1938 年任关东州厅财务部兼土木部勤务）；1939 年任关东局土木技手（关东州厅土木部勤务）	不详
1779.	鹰野一雄	1908—1977	1933 年毕业于东京工业大学建筑学专业	本溪	1933—1935 年任伪满国务院总务政府需用处勤务；1935—1939 年任伪满营缮需品局技士（营缮处勤务）；1939—1943 年任本溪湖煤铁公司临时建设部勤务；1943—1945 年任伪满洲铁钢工务（株）副参事（本溪湖支社建筑课长）	不详
1780.	永岛文太郎	1883—?	1907 年毕业于福冈市立福冈工业学校建筑科	台北	1913—1927 年任台湾总督府技手；1927 年任台湾总督府技师；1927—1945 年任台北技师	不详
1781.	永福宇太郎	不详	1932 年毕业于名古屋高等工业学校建筑科	哈尔滨	1934—1937 年任伪满洲电信电话（株）勤务，1938—1943 年在"满铁"任职	不详
1782.	永户新五（吾）	1873—?	1894—1895 年毕业于东京工业学校附设工业教员养成所木工科	天津	1903—1914 年任东京建物（株）天津支店勤务；1916—1941 年在天津自办永户工务所	天津日本总领事馆
1783.	永吉喜十郎	1884—1939	1903 年毕业于福冈市立福冈工业学校建筑科	大连、沈阳、长春、辽阳	1907—1908 年任关东都督府民政部土木课勤务；1908 年任大连山菜洋行建筑部勤务；1908—1927 年在"满铁"任职；1930—1933 年任大连合资会社长谷川组职员；1933—1936 年任大连合资会社长谷川坂本组有限责任社员（建筑部长）；1936 年任大连合资会社长谷川组有限责任社员	不详
1784.	永井博治	1912—?	1935 年毕业于东京工业大学建筑学专业	不详	1940—1942 年任职于侵华日军经理部	不详

续表

No.	姓名	生卒	专业背景	在华区域	经历	作品 / 著述
1785.	永田茂	不详	1934 年毕业于东京帝国大学工学部建筑学专业	北京、张家口	1939—1940 年任华北交通（株）社员（1939 年任北京铁路局勤务，1940 年任张家口铁路局勤务）；1941—1943 年任伪满不动产（株）张家口出张所勤务	不详
1786.	永田荣作	不详	1912 年毕业于工手学校建筑学专业	鞍山、北京	1939—1941 年任鞍山市公署工务处土木科营缮课长；1943 年任北京居留民团营缮课长	不详
1787.	永田喜右卫门	不详	不详	台南	1934 年任台南市土木技手；1939 年任台南州建筑技手；1943—1944 年任台南州技手	不详
1788.	永田信重	1899—?	1918 年毕业于鹿儿岛市鹿儿岛郡立工业徒弟学校建筑科	大连	1921—1923 年任伪满大连合资会社饭塚工程局勤务；1923—1940 年任大连福井高梨组勤务；1940—1943 年任奉天（株）福高组役员	不详
1789.	永田庄右卫门	不详	1928 年毕业于工手学校建筑学；1930 年毕业于日本大学高等工学校建筑科	天津	1934—1943 年在“满铁”任职	不详
1790.	永友幸寿	1904—?	1922 年于宫崎市立工业讲习所修业	长春	1943 年任伪满交通部会计科用度股营缮系长	不详
1791.	永元乙吉	1891—1939	1909 年于工业学会建筑科修业；1910 年于大阪市立大阪工业学校夜间部建筑学修业；1913 年毕业于关西商工学校建筑科	青岛	1919—1920 年任青岛守备军民政部土木课营缮系勤务；1920—1921 年任临时青岛防备队技生；1921 年任临时青岛防备队残务调理	不详
1792.	勇利政夫	不详	1932 年毕业于京都市立第一工业学校建筑科	北京	1939—1943 年任大仓土木北京出张所勤务	不详
1793.	楢原菅尔	1894—?	不详	不详	1939—1941 年任侵华日军司令部嘱托	不详
1794.	有村清	不详	不详	不详	曾任台湾总督府专卖局庶务课技手	不详
1795.	有吉大藏	1889—1928	1907 年毕业于福冈县立福冈工业学校建筑科；1910 年毕业于熊本高等工业学校土木科	大连、长春	1910—1926 年在“满铁”任职	不详
1796.	有马成三	?—1996	1931 年毕业于东京工业大学附属工学专门部建筑科；1934 年毕业于东京工业大学建筑学专业	大连	1940 年任大连都市交通（株）企画部建筑系勤务	不详

续表

No.	姓名	生卒	专业背景	在华区域	经历	作品 / 著述
1797.	有马芳治	不详	1930 年毕业于“南满工专”建设工学建筑分科	沈阳、大连等	1932—1933 年任奉天吉川组组员（1933 年任大连支店勤务）；1933—1945 年在“满铁”任职	不详
1798.	有马义明	不详	曾于大阪府立今宫职工学校建筑科修业	不详	1939—1943 年任伪满洲东边道开发（株）勤务	不详
1799.	有松正道	1900—?	1933 年毕业于早稻田高等工学校建筑学专业	大连、鞍山、沈阳	1933—1938 年任大连市横井建筑事务所勤务；1938—1939 年任鞍山市昭和制钢所建设局勤务；1940—1943 年任奉天伪满洲不动产（株）勤务	不详
1800.	有田桂太	1895—?	1915 年毕业于福冈县立福冈工业学校建筑科	大连、上海	1918—1921 年任大连古贺（古贺精敏）建筑事务所勤务；1938—1945 年任石本喜久治建筑事务所上海出张所勤务；1944 年任上海华中矿业股份有限公司勤务	不详
1801.	鱼住仪一	1892—1975	1910 年毕业于兵库县立工业学校建筑科	长春、沈阳	1936—1937 年任伪满营缮需品局嘱托（营缮处勤务）；1939—1940 年任中央土木（株）奉天出张所勤务；1940—1943 年任日产土木（株）奉天出张所勤务	不详
1802.	与谷宽	1894—?	1914 年毕业于工手学校建筑学专业	鞍山、齐齐哈尔	1939—1940 年任伪满洲鞍山昭和制钢所建筑课勤务；1941—1943 年先后任伪满洲大同组勤务、“新京”在勤（1941）、齐齐哈尔在勤（1943）	不详
1803.	宇都宫藤次郎	1892—?	1915 年毕业于东京高等工业学校建筑科	沈阳、大连	1927—1929 年任清水组奉天出张所勤务；1929 年任大连出张所勤务；1929 年获大连市主任技术者第一级检定合格	不详
1804.	宇敷纠夫	1891—?	1916 年毕业于名古屋高等工业学校建筑科	台北、新竹、台南	1916—1922 年任台湾总督府技手；1922—1929 年任台湾新竹州技手等职；1929—1941 年任台湾总督府交通局技师；1942 年任台北池田组勤务	不详
1805.	宇井旭	1906—1985	1922 年于东京商工学校修业	长春	1934—1938 年任职于关东军经理部	不详
1806.	宇梶菊司	不详	1916 年毕业于工手学校建筑学专业	伪满洲	1936 年任伪满陆军技正	不详
1807.	宇野俊一	?—1976	1914 年毕业于兵库县立工业学校建筑科	大连	1920—1922 年任大连中村（中村与资平）建筑事务所所员；1922—1923 年任大连宗像建筑事务所所员	不详
1808.	宇野武文	不详	1934 年毕业于东京工业大学建筑学专业	哈尔滨	1940—1943 年任伪满哈尔滨工业大学助教授	不详
1809.	宇佐川知彦	不详	1934 年毕业于日本大学专门部工科建筑科	长春	1941—1943 年任“新京”伪满洲空务协会勤务，1944—1945 年任（伪满）总务厅技佐（防空部勤务）、建筑局技佐	不详

续表

No.	姓名	生卒	专业背景	在华区域	经历	作品 / 著述
1810.	羽牟秀康	1886—?	不详	台南、台北	曾任台湾建物（株）技手；1911—1920 年任新竹厅技手（庶务课勤务）；1921—1928 年任台南州技手（内务部土木课勤务）；1928 年任台湾总督府技师；1929—1936 年任台北嘱托（土木课勤务）；1942 年任台湾电力（株）勤务	不详
1811.	羽鸟利助	1894—?	1923 年毕业于日本大学高等工学校建筑科	大连	1937—1943 年任（株）清水组社员大连出张所主任	不详
1812.	雨木安雄	1904—1945	1922 年毕业于工手学校建筑学专业	长春	1933—1937 年先后任伪满国务院总务厅需用处勤务、技士、营缮需品局技士	不详
1813.	玉井和夫	1905—?	1927 年毕业于名古屋高等工业学校建筑科	台湾	1927—1928 年任台湾总督府交通局铁道部改良课勤务；1928—1942 年任台湾总督府交通局技手（铁道部勤务）；1942—1945 年任台湾总督府交通局技师（通信部勤务）	不详
1814.	玉置玉彦	不详	1919 年毕业于工手学校建筑学专业	基隆	1925—1928 年任台湾基隆建物会社勤务；1929—1931 年任台湾土地建物倒基隆支店勤务；1942 年在台湾基隆市自营事务所	不详
1815.	御牧义满	不详	1922 年毕业于工手学校建筑学专业	哈尔滨	1939—1943 年任“南满洲铁道（株）”职员（哈尔滨铁道局工务课勤务）	不详
1816.	元贺昂	不详	不详	台湾	曾任台湾总督府专卖局庶务课技手	不详
1817.	元田稔	1901—1987	1925 年毕业于东京帝国大学工学部建筑学专业	大连	1934 年任大连中学校校舍新建筑设计嘱托	大连中学校新校舍，1934
1818.	园部文雄	1890—1932	1913 年毕业于东京帝国大学工科大学建筑学专业	青岛	1915—1916 年任青岛守备军经理部勤务；1919—1920 年任职于青岛守备军经理部	不详
1819.	园田政治郎	不详	1915 年毕业于“南满工专”建筑科	大连、沈阳	1915—1925 年在“满铁”任职	不详
1820.	圆兼信	不详	不详	台湾	曾任台湾总督府专卖局庶务课技手	不详
1821.	垣内金一	不详	曾于台湾商工学校修业	台湾	1926—1934 年任台湾总督府专卖局庶务课营缮系勤务、技手	不详
1822.	垣屋楠橘	1860—?	不详	大连	1907—1908 年任职于关东都督府陆军部	不详
1823.	原定	不详	1908 年毕业于熊本县立工业学校建筑学专业	大连、沈阳	1914 年任关东都督府民政部勤务；1935—1936 年任奉天碇山组勤务；1937 年在大连市；1942 年任伪满洲工艺品商会会主	不详

续表

No.	姓名	生卒	专业背景	在华区域	经历	作品 / 著述
1824.	原科準平	1881—?	1898 年毕业于工手学校土木学科；1906 年毕业于工手学校建筑学专业	台湾	1902—1903 年任临时台湾土地调查局技手	不详
1825.	原口吉二	不详	1900 年毕业于工手学校造家学科	北京、上海	1906—1907 年任三井物产上海支店建筑场在勤；1907—1910 年任横滨正金银行北京支店建筑场在勤；1910—1912 年任北京清农工商部雇员（工业学堂建筑科教授）	不详
1826.	原善四郎	不详	不详	台湾、大连	1897 年任台湾总督府民政局临时土木部雇员；1901—1904 年任台湾总督府凤山厅雇员；1905—1906 年任关东州民政署勤务；1906—1907 年任关东都督府民政部土木课营缮系	不详
1827.	原田俊雄	1889—1966	1916 年毕业于东京帝国大学工科大学建筑学专业	上海	1920 年任上海东华纺织（株）建筑场在勤；1922—1925 年在上海合办设乐（贞雄）原田建筑事务所	不详
1828.	原田米藏	1890—1979	1912 年毕业于名古屋高等工业学校建筑科	不详	1918—1919 年任职于中国驻屯军；1941—1943 年任职于侵华日军	不详
1829.	原田七五郎	1847—?	不详	北京	1884—1886 年从事清政府北京日本公使馆建筑工程	不详
1830.	原田熊次郎	1871—1945	1893 年毕业于陆军教导团工兵科	北京	1908—1910 年任横滨正金银行临时雇员（1908 年在北京支店工事出张所、1909 年在牛庄支店工事出张所）	不详
1831.	原田忠一	不详	1909 年毕业于工手学校建筑学专业	大连	1920—1943 年在大连自营原田建筑设计事务所	不详
1832.	原义胤	不详	1916 年毕业于东京高等工业学校建筑科	长春	1932—1934 年任职于关东军经理部；1936—1939 年任职于关东军经理部	不详
1833.	原庸	不详	1925 年毕业于岛根县立工业学校修道馆建筑科；1930 年毕业于关西高等工学校建筑学专业	北京	1942 年任北京华北电业（株）勤务	不详
1834.	原肇	不详	1926 年毕业于日本大学高等工学校建筑科	台北	1929—1937 年任台北雇土木水道课勤务；1938—1939 年任台北州建筑技手（内务部土木课勤务）	不详
1835.	原正五郎	1892—1962	1916 年毕业于东京高等工业学校建筑科	抚顺、大连	1918—1937 年先后任“满铁”职员、技术员、技师、参事；1937—1941 年任伪满洲煤矿（株）工事课长；1940 年任伪满企画委员会特别干事；1942 年任（株）伪满洲西本组勤务	不详

续表

No.	姓名	生卒	专业背景	在华区域	经历	作品 / 著述
1836.	远山久	1904—?	1923 年毕业于兵库市立工业学校建筑科	鞍山、沈阳	1935 年任竹腰（健造）建筑事务所鞍山在勤；1938 年在奉天；1940 年任伪满洲建筑事务所所长	不详
1837.	远藤久美	不详	毕业于冈山县立工业学校	台北	1928—1941 年任台湾总督府技手、交通局技手等；1941—1942 年任台湾殖产（株）勤务	不详
1838.	远藤省一	?—1997	1933 年毕业于京都帝国大学工学部建筑学专业	牡丹江	1938—1939 年任职于关东军经理部附；1940 年任职于牡丹江部队工务科	不详
1839.	远藤五十七郎	不详	不详	大连	1909 年任职于“满铁”工务课建筑系	不详
1840.	远藤文也	不详	1919 年毕业于名古屋高等工业学校建筑科	台湾	1934—1936 年任职于关东军经理部；1936—1940 年任职于驻台日军经理部	不详
1841.	远藤丈次	1901—1992	1924 年毕业于早稻田大学建筑学专业	济南、太原等	1933—1943 年在“满铁”任职	不详
1842.	瓒井安亲	不详	1923 年毕业于日本大学高等工学校建筑科	长春	1938—1939 年任伪满营缮需品局技士；1939—1941 年任伪满总务厅技士（总务厅官房勤务）；1940—1941 年兼任伪满建筑局技士（第二工务处勤务）；1941—1943 年任伪满市技佐（安东市行政处勤务）；1943 年任伪满省技佐（奉天省勤务）	不详
1843.	糟谷勇雄	不详	1928 年毕业于“南满工专”建设工学建筑分科	大连	1930 年获大连市主任技术者第一级检定合格；1934—1937 年任大连市梶原（糟谷）建筑事务所主宰	不详
1844.	早川勋	?—1985	1932 年毕业于东京工业大学建筑学专业	长春	1935 年任伪满国务院总务厅技士（需用处）；1935—1937 年任伪满营缮需品局技士	不详
1845.	早濑喜三	1863—?	不详	台北	1902—1903 年任陆军技手（驻台日军经理部）	不详
1846.	早田逸作	不详	1925 年毕业于日本大学高等工学校建筑科	台北、台南	1927—1929 年任台北市技手（土木水道课勤务）；1934 年任台南市技手（土木水道课勤务）；1935 年任台南市属兼任技手（土木水道课勤务）	不详
1847.	早野员男	1883—?	1906 年毕业于工手学校建筑学专业	汉口	1912—1913 年任汉口大仓工程局在勤	不详
1848.	泽半治	不详	不详	旅顺	1920 年任关东厅民政部土木课勤务；1921—1926 年任关东厅技手（内务局土木课）	不详

续表

No.	姓名	生卒	专业背景	在华区域	经历	作品 / 著述
1849.	泽岛英太郎	1904—1945	1931 年毕业于京都帝国大学工学部建筑学专业；1931 年毕业于京都帝国大学大学院	长春	1941—1943 年任伪满建筑局技佐（第二工务处勤务）；1943—1945 年任伪满建筑局技正	不详
1850.	泽山富吉	不详	不详	北京	1903—1904 年任清政府日本公使馆新筑设计及工事监督助手嘱托	不详
1851.	泽田繁松	?—1917	不详	台湾	1902—1904 年任职于驻台日军经理部	不详
1852.	泽田良吉	1891—1936	1913 年毕业于东京高等工业学校建筑科	大连	1913—1915 年在“满铁”任职	不详
1853.	泽田孝治	1897—?	1915 年毕业于秋田县立秋田工业学校建筑科；1920 年毕业于东京商工学校建筑科；1924 年于早稻田大学建筑学听讲生修业	不详	1939 年任职于侵华日军	不详
1854.	泽寅吉	1902—1995	1924 年毕业于中央工学校建筑科；1925 年毕业于中央工学校建筑高等科	哈尔滨	1934—1941 年任伪满邮政管理局技士（交通部哈尔滨邮政管理局勤务）；1941—1943 年任伪满邮政管理局技佐（交通部哈尔滨邮政管理局经理科营缮股长）	不详
1855.	增本作市	1885—?	不详	台南、台北	1909—1924 年任台南厅技手；1926—1941 年任台湾总督府交通局技手；1942 年任台北池田组	不详
1856.	增田惠藏	不详	1915 年毕业于大阪市立大阪工业学校本科建筑科	大连	1922—1933 年任关东厅技手（内务局土木课勤务）；1934—1937 年任大连石井组大连出张所勤务	不详
1857.	增田卯多次	?—1919	1914 年毕业于工手学校建筑学专业	旅顺	1916—1918 年任职于关东都督府旅顺要塞司令部	不详
1858.	增田新次郎	不详	1922 年毕业于早稻田工手学校建筑科	沈阳、大连	1935—1943 年在“满铁”任职	不详
1859.	增田源太郎	不详	不详	台湾	1898—1901 年任职于驻台日军经营部	不详
1860.	增田种治	不详	1919 年毕业于工手学校建筑学专业	沈阳、大连	1925—1926 年任奉天满蒙毛绒（株）勤务；1928 年任大连市东亚土木企业（株）勤务；1939—1941 在奉天自营增田工务所	不详
1861.	斋藤泉之助	不详	1933 年毕业于东京大学建筑科	不详	1936—1942 年在“满铁”任职	不详
1862.	沼尻政太郎	1854—?	不详	台北	1909 年任台湾总督府厅舍新筑设计审查委员会事务嘱托	不详
1863.	沼井铁太郎	不详	不详	台湾	曾任台湾总督府专卖局庶务课技手、技师	不详
1864.	真边芳之	不详	1912 年毕业于福冈县立福冈工业学校建筑科	青岛	1916 年任青岛山东铁道管理局勤务；1918 年任青岛守备军司令部民政部铁道部勤务；1919 年任青岛守备军民政部铁道技手	不详

续表

No.	姓名	生卒	专业背景	在华区域	经历	作品 / 著述
1865.	真锅简好	1906—?	1924年毕业于攻玉社工学校土木科	哈尔滨、大连、长春	伪满洲榊谷组组员（哈尔滨出张所所长）；1935—1937年任大连长谷川坂本组组员；1937—1938年任榊谷组“新京”支店长；1938—1943年任“新京”（株）榊谷组社员	不详
1866.	真砂治太郎	1886—1981	1911年毕业于名古屋高等工业学校建筑科	台湾	1911年任台湾总督府土木部营缮课勤务；1911—1919年任台湾总督府技手	不详
1867.	真藤义胜	?—1943	1930年毕业于早稻田大学建筑学专业	台北	1931—1936年任台湾总督府总督官房营缮课嘱托；1937年任台湾总督府技手（总督官房营缮课勤务）	不详
1868.	正冈竹男	不详	1929年毕业于日本大学高等工学校建筑科	牡丹江	1939—1945年任“满铁”牡丹江铁道局工务课勤务	不详
1869.	正司惠一	1882—?	1908年毕业于东京帝国大学工科大学建筑学专业	上海	1916—1917年任上海纺织有限公司勤务	不详
1870.	芝田守三	不详	1930年毕业于早稻田大学建筑学专业	嘉义、台北、台南	1931年任嘉义市嘱托；1932—1933年任台北州内务部土木课嘱托；1934—1935年在台北居住；1936—1937年任台湾总督府总督官房营缮课勤务；1938年任台南市技手（土木课）	不详
1871.	织田久胜	不详	1926年毕业于香川县立工艺学校建筑科	台南	1932—1933年任台南州书记（北门郡役所庶务课）；1934年任台南州土木吏员（内务部土木课）；1934—1939年任台南州建筑技手（内务部土木课勤务）；1943—1944年任台湾总督府市技手（台南市土木课勤务）；1944年任台南高等工业学校建筑学专业讲师	不详
1872.	埴谷俊雄	1908—?	1931年毕业于早稻田大学建筑学专业	沈阳、大连等	1934—1945年在“满铁”任职	不详
1873.	植村克己	1876—1947	1900年毕业于工手学校造家学科	伪满洲	1940年任伪满洲大林组监查役	不详
1874.	植谷俊雄	不详	1931年毕业于早稻田大学建筑科	不详	1934—1943年在“满铁”任职	不详
1875.	植口彦弌	不详	1924年曾在早稻田大学建筑科听课	不详	1916—1922年在“满铁”任技师；1924—1945年任“满铁”技师	不详
1876.	植木茂	1888—1970	1914年毕业于东京帝国大学工科大学建筑学专业	青岛、大连、沈阳	1915—1918年任青岛守备军经理部雇员（山东铁道管理部工务课勤务）；1918—1937年在“满铁”任职；1938—1945年任奉天东亚土木企业（株）顾问	四平街火车站，与冈大路、高梨勉一合作，1921

续表

No.	姓名	生卒	专业背景	在华区域	经历	作品 / 著述
1877.	植前香	1894—?	1913 年毕业于中央工学校建筑科	天津	1918 年任递信省大臣官房经理课天津邮便局改筑场出张所勤务；1928 年任天津居留民团一级议员，1932—1937 年任参事会员；1934 年任天津制水（株）监查役	不详
1878.	植田和夫	1910—?	1935 年毕业于东京帝国大学工学部建筑学专业	长春、沈阳	1938—1940 年任伪满营缮需品局技士、技佐；1940—1945 年任伪满建筑局技佐、市技佐（奉天公署工务处建筑科勤务）、交通部技佐、省技佐（黑河省勤务）、市技正（奉天公署勤务）	不详
1879.	植田宗利	不详	1931 年毕业于东京工业大学附属工业教员养成所建筑科	大连	1931—1934 年任关东厅内务局土木课勤务、土木技手；1934—1937 年任关东局技手（1934—1935 年兼任司政部勤务）；1936—1937 年任关东州厅大连警察署勤务；1939—1942 年任伪满洲煤矿（株）滴道煤矿工作课勤务	不详
1880.	植原隆一	?—1938	1913 年毕业于工手学校建筑学专业	沈阳、哈尔滨、长春	1934 年任奉天油井工务所勤务；1935 年在哈尔滨自营建筑事务所；1936—1938 年任伪满营缮需品局营缮处勤务	不详
1881.	植竹昇	不详	1927 年毕业于“南满工专”建设工学建筑分科	大连	毕业后回到日本工作	不详
1882.	纸荣德市	1900—?	1924 年毕业于名古屋高等工业学校建筑科	伪满洲	1938—1943 年任伪满洲自动车制造（株）建设部	不详
1883.	志多熊吉	1902—1973	1927 年毕业于“南满工专”建设工学建筑分科	大连	毕业后回到日本工作	不详
1884.	栉部宇一	不详	不详	台北、台南	1897 年在台湾总督府临时土木部任职；1898—1900 年任台湾总督府民政部土木课；1900—1901 年任台南县内务部土木课勤务；1901 年任台南台湾制糖（株）事务所勤务；1906 年任台中厅嘱托	不详
1885.	秩父顺治	1868—1942	1889 年毕业于工手学校造家学科	旅顺	1905 年被派遣到吴海军经理部附建筑科附旅顺口	不详
1886.	蛭田福太郎	1876—?	不详	大连、沈阳	1906 年到大连从事建筑业；1907 年任“南满洲铁道（株）”木工；1907—1920 年任在“满铁”任职；1920—1925 年任大连蛭田组组主	不详
1887.	子森才吉	不详	不详	不详	不详	“新京火车站”，1913

续表

No.	姓名	生卒	专业背景	在华区域	经历	作品 / 著述
1888.	中北数次郎	不详	不详	大连、长春、营口	1910—1918 年在"满铁"任职	不详
1889.	中本虎象	?—1925	不详	台北、营口、青岛	1896 年任台湾总督府临时土木部雇员；1896—1897 年任台湾总督府临时土木部技手；1897—1899 年任台湾总督府技手；1910—1913 年任职于伪满洲大石桥宫崎工程局；1914 年任伪满洲营口石光洋行支部勤务；1920—1921 年任职于青岛中吉公司；1922—1924 在青岛自营建筑业	不详
1890.	中柴徹郎	1871—1926	1897 年毕业于东京帝国大学工科大学造家学科	台北	1907—1909 年任台湾总督府技师；1907—1909 年兼任陆军技师（台湾总督府陆军部经理部附）；1909—1911 年任台湾总督府土木部技师；1911—1919 年任台湾总督府技师	不详
1891.	中出丑三	1901—1965	1925 年毕业于京都帝国大学工学部建筑学专业	不详	1937—1939 年在侵华日军服役	不详
1892.	中出定夫	1905—?	1925 年毕业于歌山市立工业学校建筑科	沈阳	1939—1943 年任竹中工务店奉天在勤	不详
1893.	中川富藏	1911—?	1933 年毕业于名古屋高等工业学校建筑科	上海、沈阳	1935—1936 年任上海大康纱厂勤务；1938 年任大林组勤务（奉天出张所在勤）	不详
1894.	中川敬一	1909—1970	1931 年毕业于神户高等工业学校建筑科	鞍山	1939—1945 年任伪满洲鞍山（株）昭和制钢所（伪满洲制铁）社员	不详
1895.	中川了文	1907—1957	1925 年毕业于京都工学校建筑科	伪满洲	1938 年到伪满洲	不详
1896.	中川弥八	1890—?	1909 年毕业于工手学校建筑学专业	沈阳	1940—1943 年任奉天合资会社伪满洲有马组代表社员；1941 年任东京市神田区小川町合名会社有马组奉天支店主任	不详
1897.	中川义长	1883—?	1906 年毕业于东京高等工业学校工业图案科；1907 年毕业于东京高等工业学校工业图案科研究科	大连	1908—1910 年在"满铁"任职	不详
1898.	中村朝太郎	1884—1958	1907 年毕业于东京高等工业学校附设工业教员养成所附属工业补习学校	伪满洲	1937—1947 年任伪满洲清水组（株）监查役	不详
1899.	中村春好	不详	1923 年毕业于早稻田工手学校建筑科	大连	1934—1940 年任大连市高冈组勤务	不详
1900.	中村东一郎	不详	不详	台湾	1926—1928 年任职于驻台日军经理部	不详
1901.	中村房次郎	1901—?	1924 年毕业于早稻田大学建筑学专业	沈阳	1938—1943 年任奉天中村组奉天事务所所主；1943 年任奉天中央土建常务取缔役	不详

续表

No.	姓名	生卒	专业背景	在华区域	经历	作品 / 著述
1902.	中村耕六	不详	1900 年毕业于福冈市福冈工业学校木工科	旅顺、大连	1906 年任关东州民政署勤务；1906—1918 年任关东都督府技手（1913—1918 年任民政部土木课大连出张所勤务）	不详
1903.	中村广太	1880—?	不详	营口、台北	1906—1907 年任伪满洲营口军政署雇员；1907—1909 年任台湾总督府技手；1909—1911 年任台湾总督府土木部技手；1911—1912 年任台湾总督府技手	不详
1904.	中村进	1905—1979	1928 年毕业于东京帝国大学工学部建筑学专业	台北、高雄	1928 年任台北技手（土木课营缮系勤务）；1929—1941 年任台北技手（土木课营缮系勤务，1935 年任营缮系长，1937—1940 年参军）；1944—1945 年任高雄海军施设部部员；1945 年兼任高雄海军施设部工员养成所干事，同时兼任于高雄设营队	不详
1905.	中村康之助	1876—1930	1897 年毕业于福井市师范学校；1901 年毕业于东京高等工业学校附设工业教员养成所木工科	济南	1918—1926 年任山东省济南府日华窑业（株）取缔役；1920 年任济南山东农事（株）取缔役（代表取缔役）	不详
1906.	中村速一	1872—1956	1896 年毕业于东京工业学校附设工业教员养成所木工科	长春	1907—1910 年任吉林省农工商局附属实业学堂工科主任	不详
1907.	中村五一	不详	不详	台中	1902—1905 年任台湾总督府陆军部附台中陆军经营部勤务；1907—1909 年任台湾总督府雇员（台湾总管府民政部土木局勤务）；1909 年任台湾总督府技手（民政部土木局勤务）；1909—1911 年任台湾总督府土木部技手；1911—1924 年任台湾总督府技手	不详
1908.	中村孝爱	1888—?	1916 年毕业于早稻田大学建筑学专业	大连、沈阳等	1919—1940 年在“满铁”任职	不详
1909.	中村孝三	不详	不详	台北	1929—1944 年在台北自营土木建筑业	不详
1910.	中村孝之	不详	1910 年毕业于熊本市立工业学校建筑科；1924 年毕业于中央工学校建筑高等科	长春	1933—1935 年任职于关东军经理部；1941—1943 年任关东军经理部勤务	不详
1911.	中村秀一	1905—?	1926 年毕业于东京高等工业学校建筑科	天津、佳木斯	1937 年任大仓土木（株）天津诘所在勤；1939 年任大仓土木（株）伪满洲佳木斯作业所在勤；1941—1942 年任伪满洲大仓土木（株）社员（佳木斯营业所主任）	不详

续表

No.	姓名	生卒	专业背景	在华区域	经历	作品 / 著述
1912.	中村乙吉	1886—?	1911 年毕业于工手学校建筑学专业	台北	1911—1914 年任台湾总督府民政部土木局营缮课勤务	不详
1913.	中村英夫	不详	1920 年毕业于中央工学校建筑科；1926 年毕业于藏前工业专修学校高等工业部建筑科	沈阳、吉林	1937—1940 年在“满铁”任职	不详
1914.	中村英太郎	1894—?	1916 年毕业于东京高等工业学校建筑科	大连	1934—1936 年任大仓土木（株）大连出张所在勤	不详
1915.	中村与四郎	1891—1970	1914 年毕业于东京高等工业学校建筑科	台湾	1915—1918 年任台湾总督府技手	不详
1916.	中村与松	不详	不详	台湾	1899 年任台湾总督府技手；1913—1923 年任台湾总督府铁道部技手	不详
1917.	中村宇太郎	1851—?	不详	台湾	1895—1897 年任临时台湾灯标建筑部技手	不详
1918.	中村贞治	不详	1913 年毕业于早稻田工手学校建筑科	不详	1941—1944 年任职于侵华日军经理部	不详
1919.	中村镇	1880—1933	1914 年毕业于早稻田大学大学部建筑学专业	台湾	1908—1909 年任台湾总督府雇员	不详
1920.	中村琢治郎	1884—1942	1919 年毕业于东京帝国大学工科大学建筑学专业	青岛、长春	1916 年任职于青岛守备军经理部；1936—1940 年任伪满洲中央银行建筑事务所所长（营缮课长）；1940—1942 年任“新京”建筑兴业（株）专务取缔役	青岛“忠魂碑”，1916
1921.	中岛保太郎	1883—1971	1902 年毕业于工手学校造家学科	沈阳、青岛	1913—1916 年任大仓组奉天诘所在勤；1916—1917 年任大仓组山东省坊子诘所在勤；1917—1921 年任大仓土木组青岛出张所在勤；1921—1924 年任日本土木（株）青岛出张所在勤；1924—1927 年任大仓土木（株）青岛出张所在勤	不详
1922.	中岛久造	不详	1917 年毕业于早稻田工手学校建筑科	大连	1920—1922 年任大连市福新工务所主宰；1932—1940 年任大连中岛建筑事务所主宰	不详
1923.	中岛藤太郎	不详	1918 年毕业于“南满工专”建筑科	大连、鞍山、沈阳、辽阳	1918—1927 年在“满铁”任职；1928—1929 年任大连市久保田组勤务；1929—1930 年任大连市间濑组勤务；1930—1937 年任大连市辻组勤务；1943 年任合资会社伪满洲辻组大连支店勤务	不详
1924.	中岛五郎	1909—?	1931 年毕业于东京工业大学附属工学专门部建筑科	长春	1934—1935 年任伪满国务院总务厅需用处勤务；1935 年任伪满国务院总务厅技士；1935—1939 年任伪满营缮需品局技士；1938—1939 年兼任伪满滨江省技士；1939—1940 年任伪满滨江省技士；1940—1941 年任伪满建筑局技士；1941—1943 年任伪满省技佐；1943—1944 年任伪满兴安总省技佐；1944—1945 年任伪满建筑局技佐	不详

续表

No.	姓名	生卒	专业背景	在华区域	经历	作品 / 著述
1925.	中岛伊吉	不详	1916 年毕业于熊本工业学校	大连	1919—1938 年在“满铁”任职	不详
1926.	中岛一郎	1897—?	1919 年毕业于东京高等工业学校建筑科	不详	1939 年任职于陆军省侵华日军司令部	不详
1927.	中岛义贞	不详	不详	长春	1932 年任伪满总务厅需用处营缮科长	不详
1928.	中岛专重	?—1929	不详	沈阳	1921 年在奉天自营建筑业	不详
1929.	中根文雄	1900—?	1917 年毕业于东京工科学校建筑科	哈尔滨、沈阳	1935 年任大仓土木（株）哈尔滨在勤；1939—1945 年任大仓土木（株）奉天营业所主任	不详
1930.	中根郁造	1905—?	1930 年毕业于早稻田大学建筑学专业	鞍山	1941 年任伪满洲鞍山（株）昭和制钢所工务部建筑课勤务	不详
1931.	中根真吉	1871—?	不详	台北	1896 年任临时台湾灯标建设部雇员；1897 年任航路标识管理所技手；1897—1909 年任台湾总督府技手；1909—1911 年任台湾总督府土木部技手；1910 年任临时台湾总督府工事部技手兼总督府技手；1911—1919 年任台湾总督府技手；1919 年任台湾总督府技师	不详
1932.	中津久次郎	?—1928	不详	旅顺、大连	1905—1906 年任关东州民政署技手；1906—1921 年任陆军技手（1906—1919 年任关东都督府陆军部经理部，1919—1921 年任关东军经理部）；1923—1929 年在“满铁”任职	不详
1933.	中居常治	?—1977	1914 年毕业于工手学校建筑学专业	汉口	1921—1922 年任汉口安昌洋行勤务	不详
1934.	中居四郎	1908—?	1935 年毕业于日本大学工学部建筑学专业	台湾	1935—1945 年任驻台日军经理部工务科勤务等	不详
1935.	中里德三郎	不详	不详	台北	1897—1898 年任大仓土木组台北出张所勤务；1899—1903 年在台北	不详
1936.	中林真荣	不详	1927 年毕业于香川市立工艺学校建筑科；1930 年毕业于“南满工专”建设工学建筑分科	长春	1943—1945 年任职于关东军总司令部	不详
1937.	中牟田三治郎	1892—1930	1911 年毕业于福冈市立福冈工业学校建筑科	大连	1911—1915 年在“满铁”任职	不详

续表

No.	姓名	生卒	专业背景	在华区域	经历	作品 / 著述
1938.	中泉荣	不详	1925 年毕业于东京工科学校建筑科	长春、沈阳	1936—1937 年任伪满营缮需品局技士；1936—1937 年兼任伪满司法部技士；1936—1937 年兼任伪满作业技士（司法部抚顺监狱勤务）；1937—1939 年任伪满作业技士（司法部奉天监狱勤务，1937—1938 年任司法部奉天第二监狱勤务，1938—1939 年任司法都“新京”监狱勤务）；1938—1942 年任伪满司法部技士（1938—1939 年为兼任）；1942—1944 年任伪满司法矫正总局技士；1944 年任伪满司法矫正总局技佐；1944—1945 年任伪满作业技佐（“新京”刑务署勤务）兼伪满司法矫正总局技佐	不详
1939.	中山克	不详	1934 年毕业于早稻田大学建筑学专业	沈阳	1939—1943 年任“南满洲”铁道职员（1940 年任奉天铁道局工务课勤务）	不详
1940.	中山铁三郎	不详	不详	台北、基隆	1901 年任台北勤务；1902 年任基隆厅勤务；1903—1904 年任台湾总督府技手	不详
1941.	中山源治	1897—?	1919 年毕业于东京高等工业学校建筑科	上海、天津	1941 年任清水组上海出张所所长；1942 年任清水组天津出张所次长	不详
1942.	中田虎象	?—1917	不详	天津	1906—1907 年任大仓土木组天津在勤	不详
1943.	中田武	1900—1970	1920 年毕业于名古屋高等工业学校建筑科	长春	1932—1933 年任关东军经理部工务科勤务；1933—1934 年任伪满国务院总务厅技正；1934—1935 年任伪满国务院总务厅技佐；1935—1937 年任伪满营缮需品局技佐；1937—1940 年任伪满洲拓殖公社建设部建筑课长；1940—1943 年任伪满洲拓殖公社参事	不详
1944.	中条幸作	不详	1925 年毕业于东京工科学校建筑科；1926 年毕业于中央工学校建筑高等科；1929 年毕业于东京高等工商学校建筑科	延吉	1932—1935 年任伪满洲吉林省延吉市龙井村高冈（高冈又一郎）久留（久留弘文）工务所勤务	不详
1945.	中西次郎	?—1989	1928 年毕业于香川县立工艺学校建筑科	海拉尔	1940—1945 年任职于海拉尔伪满洲部队	不详
1946.	中西小一	1901—1978	1920 年毕业于大阪府立今宫职工学校	伪满洲	1939 年任鸿池组伪满洲出张所所长；1940—1945 年任伪满洲鸿池组（株）役员	不详
1947.	中西一郎	?—1986	1930 年毕业于福井高等工业学校建筑科	长春	1940—1941 年任日产土木（株）“新京”出张所勤务	不详
1948.	中西祐助	1884—1959	不详	上海、天津	1904—1919 年任上海平野（平野勇造）建筑事务所所员；1919—1923 年任天津华胜公司勤务；1923 年任天津合资会社华胜公司（代表社员臼井忠三）有限责任社员；1929—1945 年在天津自营北中公司	不详

续表

No.	姓名	生卒	专业背景	在华区域	经历	作品 / 著述
1949.	中野春吉	1880—?	1900 年毕业于广岛市职工学校木工部	嘉义	1913—1914 年任台湾嘉义北港制糖（株）营缮处勤务	不详
1950.	中野吉弥	不详	毕业于关西高等工学校	不详	1941 年任职于侵华日军伪满洲第七千百四部队	不详
1951.	中野清次	1857—?	1890 年毕业于工手学校造家学科	旅顺	1894—1895 年任旅顺口海军根据地主计部技生；1911—1913 年任旅顺原海军经理部部员；1913—1914 年任旅顺镇守府	不详
1952.	中野三都二	不详	1917 年毕业于“南满工专”建筑科	大连、沈阳	1917—1919 年在“满铁”任职	不详
1953.	中野外登	不详	1906 年毕业于工手学校建筑学专业	大连	1914—1919 年在“满铁”任职；1920—1923 年任大连市横井（横井谦介）建筑事务所所员；1923—1924 年任大连市小野木（小野木孝治）横井（横井谦介）市田（市田治郎）共同建筑事务所所员；1924—1926 年任大连市小野木横井青木（青木菊治郎）共同建筑事务所所员；1926—1930 年任大连市小野木横井共同建筑事务所所员；1931—1937 年任大连市伊贺原组组员	不详
1954.	中野知二	不详	1934 年毕业于早稻田大学建筑学专业	伪满洲	1938—1942 年任职于伪满洲第百四部队	不详
1955.	中野重二郎	?—1931	不详	大连、沈阳、鞍山	1907—1930 年在“满铁”任职	不详
1956.	中原利德	不详	1916 年毕业于“南满工专”选科建筑科	公主岭	1917 年任“南满洲铁道（株）”公主岭保线课勤务	不详
1957.	中泽利一良	1907—?	1930 年毕业于早稻田大学建筑学专业	沈阳	1930—1945 年在“满铁”任职	不详
1958.	塚本东吾	不详	1926 年毕业于名古屋高等工业学校土木科	长春	1934—1942 年任职于关东军经理部	不详
1959.	塚本胜	不详	不详	台湾	曾任台湾总督府专卖局庶务课技手	不详
1960.	塚口秀雄	不详	1934 年毕业于横滨高等工业学校附设教员养成所建筑学专业	沈阳、洮南、齐齐哈尔	1934—1945 年在“满铁”任职	不详
1961.	塚田金市郎	1876—?	1900 年毕业于工手学校造家学科别科	台北	1900—1901 年任台湾总督府铁道部雇员；1901—1903 年任台湾总督府雇员；1903—1906 年任台湾总督府陆军经理部雇员；1906 年任台湾总督府民政部土木局雇员；1908 年任职于台湾总督府铁道部；1908—1909 年任台湾总督府铁道部技手；1909—1910 年任台湾总督府工事部技手（经理课勤务）；1909 年兼任台湾总督府技手	不详

续表

No.	姓名	生卒	专业背景	在华区域	经历	作品 / 著述
1962.	仲冈利三郎	1907—1967	1930 年毕业于“南满工专”建设学科建筑分科	大连、鞍山、沈阳	1926—1927 年任“南满洲铁道（株）”勤务；1930 年获大连市主任技术者第二级检定合格；1930—1940 年任大连吉川组组员（鞍山出张所主任、建筑部长）；1940—1945 年任奉天伪满洲土木（株）取缔役建筑部长	不详
1963.	仲田良道	不详	1935 年毕业于名古屋高等工业学校附设工业教员养成所建筑科；后就读于伪满大同学院	长春	1935 年任伪满国务院总务厅技士；1935—1936 年任伪满营缮需品局技士；1936—1937 年任伪满宫内府技士；1938 年任伪满洲工矿技术者养成所教官；1938—1939 年任伪满民政部高等官试兼伪满洲工矿技术者养成所教官；1939 年任伪满民政部高等官试补	不详
1964.	重村定	不详	不详	不详	1940—1943 年任伪满洲间岛省东方造纸（株）营缮部长	不详
1965.	重田武	1909—1984	1929 年毕业于日本大学高等工学校建筑科毕业	不详	1939—1945 年任伪满福昌公司工事部勤务	不详
1966.	重信敏雄	不详	1913 年毕业于福冈县立福冈工业学校建筑科	青岛、大连	1919 年任青岛相川工务所勤务；1922—1923 年任大连横井（横井谦介）建筑事务所所员；1923—1924 年任大连小野木（小野木孝治）横井（横井谦介）市田（市田菊治郎）共同建筑事务所所员；1931 年任大连横井建筑事务所所员	不详
1967.	诸隈利三郎	不详	不详	台北、南投	1899—1903 年任台北厅雇员（庶务科勤务）；1904—1907 年任台北厅技手（庶务勤务）；1908—1909 年任南投厅技手（庶务科勤务）	不详
1968.	猪俣末松	1899—?	1918 年毕业于山形县立工业学校建筑科，1920 年毕业于东京高等工业学校附属工业补习学校高等工业科建筑科	长春	1933—1945 年先后任伪满国务院总务厅需用处勤务（技士）、营缮需品局技士、兴安北省技士、建筑局技士（技佐）等职位	不详
1969.	竹本清太郎	1903—?	1927 年毕业于早稻田大学建筑学	台湾	1933—1934 年任职于驻台日军经理部；1943 年任职于侵华日军经理部、中部军经理部；1945 年任职于陆军建技中佐（侵华日军总司令部第六方面军司令部）	不详
1970.	竹鼻理藏	?—1976	1910 年毕业于岩手市立工业学校本科建筑科	长春	1925—1926 年任职于驻台日军经理部；1937—1939 年任职于关东军经理部	不详

续表

No.	姓名	生卒	专业背景	在华区域	经历	作品 / 著述
1971.	竹川加三郎	不详	1915 年毕业于神奈川市立工业学校建筑科	长春、沈阳	1933—1934 年任关东厅技手（内务局土木课勤务）；1934—1939 年任关东局技手（1934—1937 年任关东州厅内务部土木课勤务，1937—1939 年任关东州厅土木部营缮课勤务）；1940—1941 年住在奉天；1940—1942 年任“在满学校组合”技手；1942—1946 年任“新京在满学校组合联合会”技师	不详
1972.	竹村武五郎	不详	不详	大连	1918—1920 年在“满铁”任职；1924—1927 年住在大连市	不详
1973.	竹内常雄	1901—?	1930 年毕业于早稻田工手学校建筑科；1932 年毕业于早稻田高等工学校建筑学	大连、牡丹江、沈阳	1932—1933 年任大连福昌公司工事部勤务；1933—1945 年在“满铁”任职	不详
1974.	竹内芳太郎	1897—1987	1923 年毕业于早稻田大学建筑学	长春	1943—1945 年任财团法人伪满洲移住协会建筑顾问	不详
1975.	竹内六藏	1880—1959	1909 年毕业于东京帝国大学工科大学建筑学专业	伪满洲	1940—1945 年任（株）伪满洲鹿岛组取缔役	不详
1976.	竹内只雄	1903—?	1926 年毕业于京城高等工业学校建筑学专业	牡丹江、长春	1926 年任间组“新京”出张所勤务；1939 年任间组牡丹江出张所主任；1941 年任间组“新京”支店勤务	不详
1977.	竹桥敏太郎	不详	1923 年毕业于工手学校建筑学专业	大连、鞍山	1935—1936 年任大连市建筑课勤务；1936—1937 年任大连市技手（建筑课勤务）；1937—1943 年任鞍山（株）昭和制钢所建筑课勤务	不详
1978.	竹下二郎	1902—?	1952 年毕业于名古屋高等工业学校建筑科	沈阳	1941—1942 年任伪满建筑局勤务；1942—1943 年任伪满建筑局技佐（住政处勤务）；1943—1945 年任伪满公立国民高等学校教师（伪满奉天省立奉天第二国民高等学校勤务）	不详
1979.	竹渊桢次郎	不详	1920 年毕业于大阪市立大阪工业学校本科建筑科；1924 年毕业于名古屋高等工业学校建筑科	锦州	1934—1935 年、1937 年任大林组“新京”出张所在勤；1938 年任大林组锦州出张所在勤	不详
1980.	竹泽贤德	1911—?	1933 年毕业于福井高等工业学校建筑科	不详	1938—1939 年任职于侵华日军舰队司令部	不详
1981.	竹之下千代吉	不详	不详	旅顺	1902—1904 年任职于驻台日军经理部；1907—1910 年任职于关东都督府陆军部	不详
1982.	竹中嘉市	不详	1928 年毕业于神户高等工业学校建筑科	北京	1939—1943 年任大仓土木（株）北京出张所勤务	不详
1983.	竹中久雄	不详	1926 年毕业于神户高等工业学校建筑科	台北	1926—1939 年任台湾总督府技手；1939—1944 年任台湾总督府技师	不详

续表

No.	姓名	生卒	专业背景	在华区域	经历	作品 / 著述
1984.	竹中鍊一	1911—1996	1933 年毕业于早稻田大学建筑学专业	伪满洲	1939 年任伪满洲竹中工务店（株）取缔役社长	不详
1985.	竹中平一郎	不详	1915 年毕业于工手学校建筑学专业	台湾	1924—1935 年任台湾总督府技手；1935—1939 年任台湾土地建物（株）勤务；1942 年任台湾畜产兴业（株）勤务	不详
1986.	竹中信吉	不详	1915 年毕业于岛根市立工业学校修道馆建筑科	沈阳	1927—1930 年任大连高冈（高冈又一郎）久留（久留弘文）工务所勤务；1931 年在大连市自营竹中工务所，并任伪满洲阿川组勤务；1933—1940 年任大连福井（福井猪和太）高梨（高梨勉一）组勤务；1941—1943 年在奉天自营竹中建筑事务所	不详
1987.	住谷茂夫	1893—?	1913 年毕业于工手学校建筑学专业	台北、台南、嘉义	1918—1930 年任台湾总督府技手；1930—1942 年任台湾总督府地方技师；1934—1942 年任职于台南州勤务内务部土木课；1938—1942 年任台南州勤务内务部地方课兼务；1935—1942 年任台湾建筑技师（台南州建筑技师内务部土木课）；1943 年任台湾总督府嘉义市嘱托	不详
1988.	筑紫庄作	不详	不详	青岛	曾在青岛执业	青岛黄台路 49 号住宅
1989.	庄司宪太郎	1909—?	1931 年毕业于神户高等工业学校建筑科	沈阳	1940 年任 William Merrell Vories 建筑事务所奉天事务所在勤	不详
1990.	庄原信一	1899—?	1923 年毕业于东京帝国大学工学部建筑学专业	长春	1938—1942 年任伪满洲房产（株）参事；1942—1943 年任伪满建筑局技正；1943—1945 年任伪满建筑局第二工务处长；1945 年任伪满洲土木建筑公会理事	不详
1991.	椎名俊男	1897—1971	1921 年毕业于名古屋高等工业学校建筑科	台北	1935 年任大仓土木台北出张所在勤	不详
1992.	椎原芳彦	?—1933	1907 年毕业于工手学校建筑学专业	台北、台东、台南	1911 年任台湾总督府土木部技手（营缮课勤务）；1911—1912 年任台湾总督府技手（民政部土木局营缮课勤务）；1913—1916 年任台东制糖（株）勤务；1920—1932 年任台南州技手（内务部土木课勤务）	不详
1993.	自井俊雄	不详	1931 年毕业于神户高等工业学校建筑科	沈阳等	1936 年在奉天；1938—1943 年在“满铁”任职	不详
1994.	宗甲雄	不详	不详	台湾	1926—1931 年任台湾总督府技手	不详
1995.	足立弥一郎	不详	关西商工学校建筑科	花莲	1941—1943 年任台湾公立实业学校教师（花莲港厅立花莲港工业学校教师）	不详

续表

No.	姓名	生卒	专业背景	在华区域	经历	作品 / 著述
1996.	鳟泽忠	1893—?	1912 年毕业于岩手县立工业学校本科建筑科	锦州、牡丹江	1933—1945 年在“满铁”任职	不详
1997.	左座森	不详	1932 年毕业于“南满工专”建设工学建筑分科	不详	1932 年任关东军经理部工务科勤务	不详
1998.	佐伯贯一	1885—?	1909 年毕业于名古屋高等工业学校建筑科	鞍山、大连	1919—1920 年任伪满洲兴业（株）鞍山出张所勤务；1920 年获关东厅主任技术者第一级检定合格；1920—1922 年在大连自办佐伯建筑事务所；1922 年任大连市合名会社长谷川组社员；1932—1936 年在大连自营	不详
1999.	佐仓福之助	不详	不详	台湾	1899—1916 年任职于驻台日军经营部（经理部）	不详
2000.	佐多直顺	1905—?	1929 年毕业于日本大学高等工学校建筑科	长春	1937 年任“新京”大德不动产公司勤务；1940—1943 年任“新京”建筑兴业（株）第二工事系长	不详
2001.	佐古宇吉	1903—?	1921 年毕业于“南满工专”探矿科；1928 年毕业于京城高等工业学校建筑学专业	鞍山、吉林、锦州、通化	1928—1945 年在“满铁”任职	不详
2002.	佐山兼吉郎	1871—?	1903 年为陆军经理学校第二回监督讲习生	台南	1900—1903 年任职于台湾守备军	不详
2003.	佐藤朝光	?—1926	不详	大连、安东	1918—1926 年在“满铁”任职	不详
2004.	佐藤东太郎	不详	不详	台北	1911—1912 年任台北社樱井组勤务；1913—1916 年任台北组元商店勤务	不详
2005.	佐藤辉哉	不详	1930 年毕业于日本大学高等工学校建筑科	密山	1940 年任职于伪满东安省密山煤矿建设事务所；1941 年任职于伪满洲煤矿；1943 年任职于伪满洲户田组勤务	不详
2006.	佐藤吉兵卫	1908—1970	1933 年毕业于早稻田大学建筑学专业	大连、沈阳	1934—1935 年任大连长谷川坂本组勤务；1936—1945 年任职于“满铁”	不详
2007.	佐藤功	不详	1920 年毕业于伪满洲工专	不详	1920—1922 年在“满铁”任职	不详
2008.	佐藤龙藏	1903—1994	1919 年于东京府立实科工业学校建筑科修业	不详	1938—1945 年任职于侵华日军司令部	不详
2009.	佐藤茂治	?—1983	1925 年毕业于东京高等工业学校建筑科	长春、济南	1935 年任“新京”高山组勤务；1939—1943 年任华北交通济南铁路局工务处建筑科勤务	不详

续表

No.	姓名	生卒	专业背景	在华区域	经历	作品 / 著述
2010.	佐藤茂助	1884—1942	1911 年毕业于东京帝国大学工科大学建筑学专业	青岛	1915—1919 年任职于青岛守备军经理部	不详
2011.	佐藤英一	不详	1929 年于台湾开南工业学校修业	台北	1930—1942 年任台北土木课勤务；1943 年任台湾住宅营团勤务	不详
2012.	佐藤作造	?—1930	1920 年毕业于京都高等工艺学校图案科第一部	大连	1920—1923 年在“满铁”任职	不详
2013.	佐野利器	1880—1956	毕业于东京帝国大学建筑科	长春	1932 年 12 月任伪满洲国国都建设局顾问，对“新京”的都市规划提出意见	不详
2014.	佐野松太郎	不详	1923 年毕业于工手学校建筑学专业；1926 年毕业于中央工学校建筑科	锦州、长春	1937—1939 年任伪满锦州市技士；1939 年任伪满内务局技士（局长官房勤务）；1939—1940 年任伪满交通部技士（都市计画司勤务）	不详
2015.	佐野源次郎	?—1952	1907 年毕业于工手学校建筑学专业	台南、台北	1910—1912 年任台南明治制糖（株）勤务；1912—1916 年任台湾总督府技手（民政部土木局营缮课勤务）	不详
2016.	佐野源四郎	不详	1926 年毕业于早稻田工手学校建筑科；1929 年毕业于日本大学高等工学校建筑科选科	台北	1938—1944 年任台湾总督府技手；1944—1945 年任台湾总督府技师（都市计划台湾总督府技师、铁工局土木课勤务）	不详
2017.	佐野长之助	1894—?	1913 年毕业于秋田县立秋田工业学校建筑科	不详	1939—1943 年任华中铁道（株）社员	不详
2018.	佐竹保治郎	1883—1955	1914 年毕业于东京帝国大学工科大学建筑学专业	澎湖、长春	1935—1936 年任澎湖岛要塞司令官；1941—1943 年任伪满洲空务协会副会长；1940 年任伪满防空专门委员会副委员长；1941 年任伪满科学审议委员会委员	不详
2019.	佐佐木仓之助	?—1943	1919 年毕业于东京工科学校建筑科	牡丹江、沈阳	1938—1940 年在“满铁”任职；1940—1943 年任日产土木（株）奉天出张所勤务	不详
2020.	佐佐木诚雄	不详	1920 年毕业于早稻田工手学校建筑科	台北、高雄	1927—1933 年任台湾总督府税关技手；1934—1939 年任台湾总督府税关属（高雄税关庶务课勤务）；1942—1944 年任台湾总督府技手（财务局营缮课勤务）	不详
2021.	佐佐木高行	1888—?	1917 年毕业于早稻田大学大学部建筑学专业	大连	1917—1919 年任关东都督府勤务；1919—1922 年任志岐组大连支店设计部勤务；1922—1924 年任大连佐佐木设计部主宰	不详

续表

No.	姓名	生卒	专业背景	在华区域	经历	作品 / 著述
2022.	佐佐木宽	1900—1972	1922年毕业于名古屋高等工业学校建筑科	台中	1939—1946年任台中工业学校教师；1940—1946年任台湾公立实业学校教师	不详
2023.	佐佐木茂一	不详	1923年毕业于东京工科学校建筑科	沈阳、吉林等	1939—1943年在“满铁”任职	不详
2024.	佐佐木尚德	1882—?	1908年毕业于名古屋高等工业学校建筑科	台北、新竹	1908—1909年任台湾总督府建筑事务嘱托（民政部土木局）；1909年任台湾总督府技手（民政部土木局营缮课）；1909—1911年任台湾总督府土木部技手（营缮课）；1911—1916年任台湾总督府技手（民政部土木局营缮课）；1917年任新竹厅技手	不详
2025.	佐佐木四郎	1903—1937	1925年毕业于“南满工专”建设工学建筑分科	不详	1921—1937年在“满铁”任职（其中1922—1925年在读书）	不详
2026.	佐佐木田平	1894—?	1913年毕业于岩手县立工业学校本科建筑科	长春	1920—1921年任关东厅民政部土木课勤务；1921年任关东厅内务局土木课勤务；1922—1933年任关东厅技手（内务局土木课）；1934—1937年任伪满财政部技士（总务司）；1937—1938年兼任伪满专卖总署技士；1938—1939年任伪满经济部技士（大臣官房）；1940—1941年任伪满专卖总局技佐；1940年兼任伪满经济部技佐（大臣官房）	不详
2027.	佐佐木伊势藏	不详	1906年毕业于岩手县立工业学校本科建筑科	旅顺	1907—1910年任关东都督府民政部土木课勤务；1911—1919年任关东都督府技手；1919—1920年任关东厅技手（内务部土木课勤务）	不详
2028.	佐佐木长太郎	1885—1940	不详	长春、大连、吉林	1919—1932年在“满铁”任职；1932—1934年任伪满洲中央银行建筑课勤务；1934—1939年在长谷川工务所“新京”和大连两地任职；1939—1940年在大连自营佐佐木工务所	不详

附录三
香港授权建筑师名录（1903—1941）

公布日期	建筑师姓名	许可年限	备注
1903.03.06 共 20 人	James Fettes Boulton	1903—1911	授权建筑师审查委员会委员（1903.04.30）
	William Chatham	1903—1920	
	William Danby	1903—1908	审查委员会委员（1903.04.30）
	Albert Denison	1903—1927	审查委员会委员（1906.06.29），代替 Danby
	Henry George Currall Fisher	1903—1914	
	Lawrence Gibbs	1903—1928	1928.11.21 取消
	Bernard Brotherton Harker	1903—1913	
	Ernest Mannning Hazeland	1903—1941	
	Augustus Shelton Hooper	1903—1919	
	Robert Kennaway Leigh	1903—1904	审查委员会委员（1903.04.30）
	John Lemm	1903—1917	
	James Orange	1903—1908	审查委员会委员（1904.02.27），代替 Leigh
	Clement Palmer	1903	
	Edward Albert Ram	1903—1928	1928.11.21 取消
	Eugunio Francisco Xavier Dos Santos Remedios	1903	
	Hugh Pollock Tooker	1903—1912	
	Arthur Turner	1903—1912，1916（1916.03.03 回归）	1906.03.20 成为委员，代替辞职的 Jas Orange
	Charles Warren	1903—1923	
	Wong Kat Son	1903—1908	
	Wong A Cheong	1903—1909	
1903.03.18 增加 8 人	Herebert William Bird	1903—1928	1911.05.08 入委员会，代替 A. Turner；1928.11.21 取消
	Guy Blood	1903—1908	
	Alfred Bryer	1903—1928	1928.11.21 取消
	Charles Henry Gale	1903—1918	
	Alfred Herbert Hewitt	1903—1916	
	Arnold Hackney Hollingsworth	1903—1928	1928.11.21 取消
	John Ernest Lee	1903—1906	
	Arthur Henry Ough	1903—1912	
1903.06.02 增加 3 人	Patrick Nicholas Hil Jones	1903—1910	1910.1.30 取消
	Christopher Boswood Thomas	1903—1914	
	Thomas Tyrwhitt	1903—1905	1905.01.13 取消
1903.09.11	Wilberforth（Wilberforce）Page Lambert	1903—1906	
1903.12.24	Alfred Wright	1903—1905	
1904.02.05 增加 2 人	Albert Edwin Griffin	1904—1927	
	Donald Macdonald	1904—1907，1909—1913	1909.11.04 回归

续表

公布日期	建筑师姓名	许可年限	备注
1904.07.06	Thomas Luff Perkins	1904—1923	
1904.09.07	Charles Hamilton Rew	1904—1906	
1904.12.30	Sidney John Powell	1904—1907	
1905.04.14	Louis Augustus Rose	1905—1928	1928.11.21 取消
1905.05.05	William Lionel Wreford Weaser	1905—1924	
	Abdoolhoosen Abdoolrahim	1905—1928	1928.11.21 取消
1905.05.19	Arthur Robert Fenton Raven	1905—1941	
1905.06.26	John McGubbin	1905—1923	
1906.01.06	James Callaway Lowe	1906—1908	
	Arthur Poonoo Samy	1906—1936	
	George John Budds Sayer	1906—1915	
1906.03.16	Thomas William Clarke	1906—1907	
1906.07.27	Lennox Godfrey Bird	1906—1935	1923.04.19 代替 H. W. Bird，任委员
	Anthony Roy Austin	1906—1922	
1909.04.26 增加 1 人	George Leopold Wilson	1909—1940	
1909.07.23 增加 1 人	Wary Wilkins Wheston	1909—1913	
1909.08.19 增加 1 人	Arthur Edgar Wright	1909—1930	1930.02.14 取消
1909.11.04	Alexander Colbourne Little	1909—1936	1920.03.26 代替 Herbert William Bird，任委员
1910.01.21 共 40 人，增加 3 人	Robert Baker	1910—1933	
	Edward Sergint Lindsey	1910—1911	
	Malcolm Hunter Logan	1910—1936	
1910.05.31	John Ashby Offor	1910—1915	
1910.21.30	Alec Fleming Churchill	1910—1917	
1911.04.04	William Laughton Leask	1911—1927	1924.05.23 代替离开的 A. Denison，任委员
1911.10.08	Francis Robert John Adams	1911—1927	1923.08.03 入委员会
1912.03.08	Danby Minor Mickle	1912—1920	
1912.05.28	Arthur George Hewlitt	1912—1936	
1912.09.06	William Arthur Cornell	1912—1936	1930.05.08 代替离开的 L. G. Bird，任委员
1912.12.27	John Caer Clark	1912—1941	
1913.01.31	Joseph Robinson Maughan	1913—1915	
1913.05.22	Alexander Somerled MacKichan	1913—1941	1925.05.14 代替 A. Denison，任委员
1913.07.24	Ernest Marshall Wood	1913—1927	
1914.02.05	Frederick Endell Rosser	1914—1920	

续表

公布日期	建筑师姓名	许可年限	备注
1914.02.26 增加 4 人	Henry Thomas Jackman	1914—1928	1928.11.21 取消
	Deniel Jaffe	1914—1919	
	Edgar William Carpenter	1914—1932	1932.11.25 取消
	Isidore Michael Xavier	1914—1941	
1915.01.28	Gerald George Wood	1915—1941	1923.06.25 代替 A. Denison，任委员
1916.05.18	Archer Dave Keigwin	1916—1928	1928.11.21 取消
1916.06.22	Leslie Owen Ross	1916—1919， 1929—1936， 1939—1941	1929.09.12 回归；1939.05.08 回归
1917.03.23	John Archibald Shaw	1917—1940	
1917.09.06	Somers Howe Ellis	1917—1933	
1917.11.22	Cyril Roe Muston Young	1917—1940	
1918.04.111 增加 3 人	Ugo Gonelia	1918—1940	
	Clarence A Coburn	1918—1922	
	Carlos Henrique de Senna Fernandes Basto	1918—1941	
1918.04.25	Rene Gaujoin	1918—1924	
1918.08.23	James William White	1918—1923	
1919.01.03	William Thom	1919—1938	
1919.04.03	William Arrthur Butterfield	1919—1938	
1919.07.31	Oscar Boultbee Raven	1919—1936	
1920.02.26	William Ewart Douglas	1920—1929	1929.12.24 取消
1920.03.19 增加 4 人	John Duncan	1920—1928	1928.11.21 取消
	Henry Edward Goldsmith	1920—1934	
	Richard McNell Henderson	1920—1939	
	Alfred George Warnham Tickle	1920—1939	
1920.08.05 增加 2 人	William Hall	1920—1933	
	John Sousa Moraes	1920—1929， 1933—1941	1933.07.13 回归
1920.09.02	Louis Gain	1920—1928	1928.11.21 取消
1921.11.04	Arthur George Wright Ogilvie	1921—1930	1930.02.14 取消
1922.01.27	Robert Albert Walter	1922	
1922.02.16	Henry Joseph Pearce	1922—1941	
1922.03.15 增加 3 人	Laurence Dunmore Martyn	1922—1928	1928.11.21 取消
	Henry Capell Lowick	1922—1936	
	Ernest Wilfred Blackmore	1922—1941	
1922.04.13 增加 1 人	Henry Charles Durrschmidt	1922—1941	
1922.05.25	Edward Dean Shank	1922—1941	
1922.07.13	Charles Peake Anderson	1922—1929	
1922.07.27	Ambrose Noel Lucey	1922—1929	1929.12.24 取消

续表

公布日期	建筑师姓名	许可年限	备注
1922.10.26	Gerald Davidson	1922—1932	1932.11.25 取消
1922.11.16	Antonio Henrique Basto	1922—1941	
1922.12.14	Edmund Fredrick Ronald Sample	1922—1933	
1922.12.29	Edward Newhouse	1922—1935	
1923.02.13 增加 2 人	Thomas Brameld	1923—1936	
	Frederick James Easterbrook	1923—1936	
1923.04.12 增加 2 人	William Owen Pearce	1923—1924	
	Richard Scott Carrick	1923—1924	
1923.05.17	Henry Walter Cowling	1923—1925	
1923.06.01	Michael Anthony Xavier	1923—1941	
1923.06.15	Julius Ring	1923—1941	
1923.06.27	William Douglas Bamford Goodfellow	1923—1925	
1923.07.09	Archibald Orr Lang	1923	
1923.08.16	Alfred James Lane	1923—1941	
1923.08.29 增加 2 人	Robert Wallace Bateman	1923—1927	
	Oliver Fredrick Savege	1923—1925	1928.11.21 取消
1923.09.20	Arthur George Pile	1923—1936	
1923.12.28	Arthur Hearle Fenwick	1923—1928	1928.11.21 取消
1924.01.31 增加 2 人	Frank Clemes	1924—1928	
	Sik Lam-Wong 黄锡霖	1924—1928 1928—1940	1928.11.21 重新加入
1924.02.28	Sydney Charles Clayton	1924	
1924.04.10	Andrew Soutar Mill	1924—1928	
1924.04.11 共 80 人，增加 3 人	Iu Tak Chung	1924—1933	
	Harold Thomas Creasy	1924—1932	1932.11.25 取消
	Josiah Logan Adams	1924—1941	
1924.05.14	Siu Ho-Ming	1924—1941	
1924.05.23	Mackay Hugh Baillie Scott	1924—1925	1928.11.21 取消
1924.05.29	Wan Seung-Lun	1924—1933	
1924.06.05	Colin Brown Robertson	1924—1941	
1924.06.26	Robert Edward Hemmings	1924—1925	
1924.09.05 增加 2 人	Alexander Wood Graham Brown	1924—1928	1928.11.02 取消；1928.11.21 重新加入；ARIBA
	Frederic Newall Young	1924—1928	ARIBA
1924.10.23 增加 2 人	Sik Chung-Yeung	1924—1928	
	Harry Way	1924—1941	
1924.10.31	George Willis Grey	1924—1929， 1932—1941	1932.10.18 回归
1924.12.24	Arthur John May	1924—1930	（有条件的）

续表

公布日期	建筑师姓名	许可年限	备注
1925.03.05	Philip Weston Greene	1925—1929	
1925.04.30	Ralph Stanley Watson Paterson	1925—1941	
1925.06.25 增加 2 人	Sydney John Squire	1925	1928.11.21 取消
	Henry Pooley	1925—1933	
1925.07.02	Walter Hargreaves Bourne	1925—1938	
1926.03.25	Jean Victor Guerineau	1926—1940	
1926.04.30	Robert William Stoddart	1926—1930	
1926.07.14	Frederick Wentworth Foster-Turner	1926—1930	1930.02.14 取消
1927.02.10	Garnet Rankin	1927—1930	
1927.03.13	Frederick Munford	1927—1932	1932.11.25 取消
1927.11.09	George Albert Victor Hall	1927—1941	
1927.11.25	Gabriel Van Wylick	1927—1941	
1927.12.07	Arthur Mylo	1927—1938	1938.04.01 取消
1928.01.19	James Smith Gibson	1928—1941	
1928.03.01	Tai Cho Wong	1928—1941	
1928.07.12	Gerald Hollingsworth Bond	1928—1941	
1928.10.05	Harold Stuart Rouse	1928—1939	
1928.12.17	Valentine John Atkins	1928—1934	
1929.05.17	Sidney Dixon Igglesden	1929—1934	
1929.07.15	John Hubert Bottomley	1929—1941	
1929.09.28	James Bentley Hawker	1929	
1929.11.12	Chales Simpson Atwell	1929—1933	
1929.12.13	Lucien Emile Camille David	1929—1934	
1930.01.09 增加 2 人	Colonel Robert Bruce Skinner	1930	1930.10.31 名单中未见
	Edward Mercer Moon	1930	MICE，1930.10.31 名单中未见
1930.02.25	William Charles Felshow	1930—1938	
1930.05.15	Iu-Nin Chau	1930—1941	
1930.11.12	Henry Jemson Tebbutt	1930—1941	
1930.12.22	Pun In Tat	1930—1941	
1931.04.24 增加 2 人	Richard Edmund Lee	1931—1941	
	Ip Hin Fong	1931—1941	
1931.08.08	Lee Lemm Ping	1931—1935	
1931.08.13	Leslie Blair	1931—1933，1939—1940	1939.07.31 回归
1932.04.05	Hugh Frederick Charles Colman	1932—1940	
1932.05.14	Him Sau Luke	1932—1933	
1932.06.02	Wong Cheuk Tong	1932—1941	
1932.09.10	Chiu Kwan Chee	1932—1941	
1932.09.14	Vivian Arthur Garton	1932—1941	

续表

公布日期	建筑师姓名	许可年限	备注
1932.09.22	Ivor McInnes	1932—1935	
1933.01.22	John Tallents Wynyard Brooke	1933—1941	
1933.05.02 增加 2 人	Ernest Harry Hamilton Higham	1933—1935	
	Tom Sparshott	1933—1934	
1933.05.17	Leon Williamson Amps OBE	1933—1940	
1933.07.19	Charles Leonard Tatham	1933—1934	
1933.08.11	Robert Philip Shaw	1933—1941	
1933.08.14	Edward Charles Stocker	1933—1934，1937—1941	1937.10.04 回归
1933.12.20	Ronald Bannatyne Lewis	1933—1938	
1934.03.06	Iu Tak Lam	1934—1941	
1934.04.11	Emile Jean Julien Missu	1934—1940	
1934.05.05	Captain Reginald David Walker M. C.	1934—1941	
1934.05.12	William Sue Ing	1934—1941	
1934.08.30	Hugh Braga	1934—1941	
1934.12.07	Mok York Chan	1934—1941	
1935.01.26	John Archibald Ritchie	1935—1941	
1935.04.30	Frank Grose	1935—1941	
1935.05.30	Nicolas Savelievich Volkoff	1935—1941	
1935.05.29	John Edward Potter	1935—1941	
1935.11.14	Fung Tsun	1935—1941	
1936.03.18	Hipolit Grzymala Siedlecki	1936	
1936.06.26	Victor Thomas Low	1936—1941	
1936.08.01	Godfrey Vernon Bird	1936—1941	
1936.09.09	Sven Erik Faber	1936—1941	
1937.04.28	Richard Alfred Gerrard	1937—1938	
1937.06.03	Kenneth Struan Robertson	1937—1941	
1937.11.24	Louis Biau	1937—1940	
1937.12.15	George McKechnie Park	1937—1941	
1938.01.03	Alfred Victor Jorge Alvares	1938—1941	
1938.01.12	Donald MacAlister	1938—1941	
1938.02.16	Li Hin-Lung	1938—1941	
1938.03.02	Charles Edward Moore	1938—1941	
1938.06.30	Robert Fan Lent（范文照）	1938—1940	
1938.07.20	Tam Heung Shing	1938—1941	
1938.09.22	Young-on Lee	1938—1941	
1938.10.06	Mak Chun Poy	1938—1940	
1938.11.10	Yuen Tat Cho	1938—1941	
1938.12.01	Kwan Wing Hong（关闳声）	1938—1940	

续表

公布日期	建筑师姓名	许可年限	备注
1938.12.09	Wing G. Chan	1938—1941	
1939.03.30	Yue Shui-Chiu	1939—1941	
1939.05.03	Lau Kui-Cho	1939—1940	
1939.05.13	Wong Fait-Fone	1939—1941	
1939.05.27	Richard Charles Lee	1939—1941	
1939.07.05	Lau Shing-Ki	1939—1940	
1939.07.21	Kuo Yuan-Hsi	1939—1941	
1939.07.28	Richard John Vernall	1939—1941	
1939.09.21	Juncan Chang	1939—1940	
1940.02.01	Wong Ah Wee（Wong Seck Wee）	1940—1941	
1940.04.19	Alexander Bruce Purves	1940—1941	
1940.08.01	Iu Hau Kwong	1940—1941	
1941.06.18	Alexander Vasilievich Skovrzov	1941	
1941.08.08	Nai Jen-Chien	1941	

注：相关信息来自《港英政府公报》（The Hong Kong Government Gazette，1903—1941）。从 1903 年到 1941 年，共公布授权建筑师 231 人。

主要参考文献

[1] The North China Desk Hong List: A General and Business Directory for Shanghai and the Northern and River Ports &c.[Z]. Shanghai: North China Daily News & Herald, 1872.1—1941.7.

[2] Chronicle and directory for China, Japan, & the Philippines[Z]. Hong Kong: Hong Kong Daily Press, 1872/1873/1874/1877/1879/1884/1889/1894/1895/1899/1901.

[3] Directory and chronicle for China, Japan, Corea, Indo-China, Straits Settlements, Malay States, Siam, Netherlands India, Borneo, the Philippines, etc.[Z]. Hong Kong: Hong Kong Daily Press Office. 1902/1904/1905/1906/1908/1910/1915/1917/1918/1919/1920/1922/1925/1930/1931/1932/1934/1936/1937/1939/1940.

[4] The China Directory[Z]. Hong Kong: A Shortrede & Co. 1861/1862/1867.

[5] The Hongkong Almanack and Directory[Z]. 1846/1848/1850.

[6] Shanghai Telephone Directory and Buyer's Guide, 1947[Z]. Shanghai: Shanghai Telephone Company, 1947.

[7] J. Dos Anjos Xavier. Anglo-Chinese Calendar[Z]. Canton: Printed at the Office of the Chinese Repository, 1845/1847/1848/1856.

[8] Rosenstock's Gazetteer and Commercial Directory of China[M]. Manila: Bulletin Publishing Company, 1917, 1920.

[9] The Hongkong directory: with list of foreign residents in China[Z]. Hong Kong: Fraser-Smith, 1859.

[10] Chinese Materials Center, Incorporated. Who's Who in the Far East, 1906—1907[Z]. Hong Kong: China Mail, 1907.

[11] Chinese Materials Center, Incorporated. Who's Who in the Far East, 1907—1908[Z]. Hong Kong: China Mail, 1908.

[12] Rudolf Fitzner. Deutsches Kolonial-Handbuch: nach amtlichen Quellen bearbeitet[Z]. Berlin: Paetel, [1.1896]; [2.1901]; Ergänzungsbände 1902—1906; 7. Ausgabe (1907) -Dreizehnte Ausgabe (1913), 1896—1913.

[13] Adressbuch des Deutschen Kiatschou-Gebiets（行名书）[Z].1901—1914.

[14] Lunt, Carroll, ed., China Who's Who: A Biographical Dictionary[M]. Shanghai: Kelly & Walsh, 1922.

[15] The China Who's Who (foreign): A Biographical Dictionary[M]. Shanghai: Kelley & Walsh, 1922/1924/1925/1927.

[16] S. Ezekiel. Leaders of Commerce Industry and Thought in China[M]. Shanghai: George T. Lloyd, 1924.

[17] John Benjamin Powell. Who's Who in China[Z]. Shanghai: The China Weekly Review, 1918—1950.

[18] Who's Who in architecture[M].Westminster: Technical Journal, Ltd., 1914, 1923, 1926.

[19] John W. Leonard, Who's Who in Engineering: a biographical dictionary of contemporaries[M]. 1922—1923. New York: J. W. Leonard Co., 1922.

[20] George Ferguson Mitchell Nellist. Men of Shanghai and North China[M]. Shanghai: The University Press, 1933/1935.

[21] The Chinese Repository[N]. Canton: Printed for the proprietors, 1832—1851.

[22] The North-China Herald（北华捷报）[N]. 1850.08—1867.04.

[23] The North-China Herald and Market Report[N]. 1867.04—1870.01.

[24] The North-China Herald and Supreme Court and Consular Gazette[N]. 1870.01—1941.12.

[25] The China Press（大陆报）[N].1925—1938.
[26] The China Weekly Review[N].1923—1950.
[27] Millard's China National Review[N].1919—1919.
[28] Millard's Review of the Far East[N].1917—1921.
[29] The Shanghai Times[N].1914—1921.
[30] The Weekly Review of the Far East[N].1921—1923.
[31] The Straits Times[N]. Singapore，1845—1942.
[32] The China Mail（德臣西报）[N]. Hong Kong，1845—1948.
[33] The China Builder（中西营造杂志）[N].1930.
[34] The Far Eastern Review（远东评论）[J].1910.04—1917.05.
[35] China Journal of Science and Arts[J]. Shanghai，1923—1941，Vols. 1-32.
[36] The Engineering Society of Shanghai，Proceedings of the Society and Report of the Council[J]. Shanghai：North-China Daily News and Herald Ltd.，1901—1939，Vol.1-39.
[37] J. T. W. Brooke，R. W. Davis. The China Architects and Builders Compendium[J]. Shanghai：North-China Daily News & Herald Limited，1925—1937.
[38] The Chinese Recorder and Missionary Journal[J]. Shanghai：American Presbyterian Mission Press，1868—1893.
[39] The Chinese Recorder[J]. Shanghai：American Presbyterian Mission Press，1868—1938.
[40] Lieut. J. V. Davidson-Houston，R. E.. Improvisation in North China[J]. The Royal Engineers Journal，1929，Vol. XLIII：279-286.
[41] List of the lighthouses，light vessels，buoys and beacons[Z]. Shanghai：Statistical Dept. of the Inspectorate General of Customs，1872—1929.
[42] T. Roger Bannister. The Coastwise Lights of China：an illustrated account of the Chinese Maritime Customs Lights Service[M]. Shanghai：Inspectorate General of Customs，Statistical Department，1933.
[43] Chinese Martime Customs. Staff Organisation and Contral[Z]. Shanghai：Statistical Department of the Inspectorate General of Custom，1936.
[44] Customs Service：Officers in Charge，1859—1921，Fourth Issue[Z]. Shanghai：Statistical Department of the Inspectorate General of Custom，1926.
[45] List of the Lighthouses，Light-vessels，Buoys and Beacons，Etc.，on the Coasts and Rivers of China[Z]. Shanghai：Statistical Dept. of the Inspectorate General of Customs，1928.
[46] Kirill Chashchin. Russians in China. Genealogical index（1926—1946）[M]. Washington：South Eastern Publishers，2014.
[47] Anne Witchard. British Modernism and Chinoiserie[M]. Edinburgh：Edinburgh University Press，2015.
[48] Frederick Gibberd. Modern Architecture in China[J]. Building. The Journal for Architects，Builders，and Specialists，1938（1）：22-25.
[49] Fred Rowntree. West China Uion University，Chengtu Szechwan[J].The Builder，1924-06-27.
[50] J. Beech. University Beginnings A Story of the West China Union University[J].The Journal of the West China Border Research Society，1934，6.
[51] Cole Roskam. Improvised City，Architecture and Governance in Shanghai，1843—1937[M]. Seattle：University of Washington，2019.
[52] W. H. Morton Cameron，W. Feldwick. Present Day Impressions of the Far East and Prominent and Progressive Chinese at Home and Abroad[M]. London：The Globe Encyclopedia Co.，1917.
[53] J. E. Hoare. Embassies in the East：The Story of the British and Their Embassies in China，Japan and Korea from 1859 to the Present [M]. London：Taylor & Francis，2013.

[54] Tony Lam Chung Wai（林中伟）. From British Colonization to Japanese Invasion: The 100 Years Architects in Hong Kong 1841—1941[J]. HKIA Journal，2006，45（1）: 44-55.
[55] Special Supplement No. 4 to the Hong Kong Government Gazette[Z]. Hong Kong: Published by Authority，1969: D568-D578.
[56] Great Britain. Office of Commonwealth Relations，The Dominions Office and Colonial Office List[Z]. London: Waterlow & Sons Ltd.，1927—1940.
[57] Hongkong Blue Book[Z].1871—1940.
[58] Hong Kong Government Gazette[Z]. 1842—1941.
[59] Hong Kong Government Administrative Reports[R]. 1879—1883，1908—1939.
[60] 村松伸 . 上海一都市と建筑 1842—1949 年 [M]. 东京：PARCO，1991.
[61] 建筑月刊 [J].1932—1937.
[62] 中国建筑 [J].1933—1937.
[63] 满洲建筑协会杂志（满洲建筑杂志）[J]. 1924—1945.
[64] 台湾建筑会志 [J]. 1929—1944.
[65] 陈炎林 . 上海地产大全 [M]. 上海：上海地产研究所，1933.
[66] 上海文献汇编编委会 . 上海文献汇编 建筑卷（9）[M]. 天津：天津古籍出版社，2014.
[67] 圣约翰大学大学生出版委员会 . 圣约翰大学五十年史略 1879—1929[M]. 上海：圣约翰大学，1929.
[68] 班思德 . 中国沿海灯塔志 [M]. 李廷元，译 . 上海：海关总税务司公署统计科，1933.
[69] 黄光域 . 外国在华工商企业辞典 [M]. 成都：四川人民出版社，1995.
[70] 马长林 . 老上海行名辞典 1880—1941[M]. 上海：上海古籍出版社，2005.
[71] 王荣华 . 上海大辞典 下 [M]. 上海：上海辞书出版社，2007: 2290-2292.
[72] 薛理勇 . 街道背后 海上地名寻踪 [M]. 上海：同济大学出版社，2008.
[73] 薛理勇 . 街道背后 海上地名寻踪（续篇）[M]. 上海：同济大学出版社，2016.

[74] 中国社会科学院近代史研究所翻译室 . 近代来华外国人名辞典 [M]. 北京：中国社会科学出版社，1981.
[75] 黄光域 . 近代中国专名翻译词典 [M]. 成都：四川人民出版社，2001.
[76] 孙修福 . 近代中国华洋机构译名大全 [M]. 北京：中国海关出版社，2003.
[77] 张海声 . 中国近百年经济史辞典 [M]. 兰州：兰州大学出版社，1992.
[78] 林庆元 . 洋务运动中来华洋匠名录 [J]. 近代史资料，95. 北京：中国社会科学院出版社，1998: 271-272.
[79] 郑祖安 . 开埠初期上海英美租界外侨的一些情况 [J]. 史林，1996（3）: 166-173.
[80] 汪坦，藤森照信 . 中国近代建筑总览・天津篇 [M]. 东京：中国近代建筑史研究会，日本亚细亚近代建筑史研究会，1989.
[81] 汪坦，藤森照信 . 中国近代建筑总览・武汉篇等 15 篇 [M]. 北京：中国建筑工业出版社，1992—1996.
[82] 陈从周，章明 . 上海近代建筑史稿 [M]. 上海：上海三联书店出版社，1988.
[83] 郑时龄 . 上海近代建筑风格 [M]. 上海：上海教育出版社，1991.
[84] 郑时龄 . 上海近代建筑风格 [M]. 上海：同济大学出版社，2020.
[85] 陈祖恩 . 上海日侨社会生活史 1868—1945[M]. 上海：上海辞书出版社，2009.
[86] 陈祖恩 . 寻访东洋人 近代上海的日本居留民 [M]. 上海：上海社会科学院出版社，2007.
[87] [挪威] 菲尔塞特 . 挪威人在上海 150 年 [M]. 朱荣法，译 . 上海：上海译文出版社，2001.
[88] [法] 居伊・布罗索莱 . 上海的法国人 [M]. 上海：上海辞书出版社，2014.
[89] 曹伯义 . 从光辉灿烂的昨天到生机盎然的今天 大上海地区的丹麦人和丹麦公司 1846—2006[M]. 上海：上海书店出版社，2008.
[90] [比] 高曼士（Thomas Coomans）. 畲山教堂寻踪：朝圣建筑和历史图景 [M]. 田炜帅，任轶，译 . 上海：同济大学出版社，2023.

[91] 中国近代建筑史料汇编编委会．中国近代建筑史料汇编 第1辑（共13册）[M]. 上海：同济大学出版社，2014.

[92] 中国近代建筑史料汇编编委会．中国近代建筑史料汇编 第2辑（共11册）[M]. 上海：同济大学出版社，2016.

[93] 上海建筑施工志编委会编写办公室．东方“巴黎”——近代上海建筑史话 [M]. 上海：上海文化出版社，1991.

[94] 伍江．上海百年建筑史 [M]. 上海：同济大学出版社，2008.

[95] 罗小未．上海建筑风格与上海文化 [J] 建筑学报，1989（10）：7-13.

[96] 伍江．包豪斯及现代建筑思想在上海的影响 [J]. 德国研究，2000（3）：33-37.

[97] 钱宗灏．上海开埠初期的城市化（1843—1862年）[J]. 同济大学学报（社会科学版），2013，4（1）：48-54.

[98] 陈颖，刘德明．哈尔滨工业大学早期建筑教育 [M]. 北京：中国建筑工业出版社，2010.

[99] 赖世贤．中国近代工业建筑营建过程关键性技术问题研究 1840—1949[M]. 厦门：厦门大学出版社，2021.

[100] 张复合．北京近代建筑史 [M]. 北京：清华大学出版社，2004.

[101] 周琦．南京近代建筑史（三卷）[M]. 南京：东南大学出版社，2022.

[102] 刘亦师．近现代时期外籍建筑师在华活动述略 [J]. 城市环境设计，2015，Z2：320-329.

[103] 李百浩．湖北近代建筑 [M]. 北京：中国建筑工业出版社，2005.

[104] 高仲林．天津近代建筑 [M]. 天津：天津科学技术出版社，1990.

[105] 赵津．租界与天津城市近代化 [J]. 天津社会科学，1987（5）：54-59.

[106] 王苗．中西文化碰撞下的天津近代建筑 [M]. 天津：天津大学出版社，2020.

[107] 袁宾久．青岛德式建筑 [M]．北京：中国建筑工业出版社，2009.

[108] [德] 克里斯托夫·林德．青岛开埠初期的建筑 [M]. 夏树忱，译．上海：同济大学出版社，2024.

[109] 杨秉德．中国近代城市与建筑 [M]. 北京：中国建筑工业出版社，1993.

[110] 彭长歆．岭南建筑的近代化历程研究 [D]. 广州：华南理工大学，2004.

[111] 李治镇．晚清武汉洋务建筑活动 [J]. 华中建筑，1996（3）：1.

[112] 李江．开埠初期的汉口租界（1861—1895）[C]// 中国近代建筑研究与保护（一）．北京：清华大学出版社，1998：118-123.

[113] 李江．兴盛期汉口租界的都市与建筑（1896—1938）[J]. 环境与艺术学刊（嘉义），2011，9：1-20.

[114] [日] 堀勇良．横滨——上海土木建筑设计师考 [M]// 上海和横滨：近代亚洲两个开放城市．上海：华东师范大学出版社，1997：215-239.

[115] 堀勇良．日本近代建筑人名总览（增补版）[M]. 东京：中央公论新社，2022.

[116] “满铁建筑会”．满铁の建筑と技术人 [M]. 东京：“满铁建筑会”，1976.

[117] 杨家安，莫畏．伪满时期长春城市规划与建筑研究 [M]. 长春：东北师范大学出版社，2008.

[118] 田中重光．大日本帝国の领事馆建筑：中国·满洲 24 の领事馆と建筑家 [M] 东京：相模书房，2007.

[119] [俄] 克拉金．哈尔滨——俄罗斯人心中的理想城市 [M]. 张琦，路立新，译．哈尔滨：哈尔滨出版社，2007.

[120] 雷家玥．南满铁路附属地历史建筑研究 [D]. 哈尔滨：哈尔滨工业大学，2012.

[121] 陈雳．楔入与涵化：德租时期青岛城市建筑 [M]. 南京：东南大学出版社，2010.

[122] 李乾朗．台湾古建筑图解事典 [M]. 台北：远流出版公司，2003.

[123] 傅朝卿．日治时期台湾建筑，1895—1945[M]. 台北：秋雨文化事业股份有限公司，1997.

[124] 王昕．江苏近代建筑文化研究 [D]. 南京：东南大学，2006.

[125] 钱宗灏．百年回望：上海外滩建筑与景观的历史变迁 [M]. 上海：上海科学技术出版社，2005.

[126] 常青 . 大都会从这里开始：上海南京路外滩段研究 [M]. 上海：同济大学出版社，2005.
[127] 魏枢 .“大上海计划”启示录 近代上海市中心区域的规划变迁与空间演进 [M]. 南京：东南大学出版社，2011.
[128] 常青 . 都市遗产的保护与再生 聚焦外滩 [M]. 上海：同济大学出版社，2009.
[129] 上海章明建筑设计事务所 . 上海外滩源历史建筑（一期）[M]. 上海：上海远东出版社，2007.
[130] 王方 . 外滩原英领馆街区及其建筑的时空变迁研究（1843—1937）[D]. 上海：同济大学，2007.
[131] 徐萌 . 天津原英租界区形态演变与空间解析 [D]. 天津：天津大学，2010.
[132] 蒋耀辉 . 城市寻端——大连开埠建市 [M]. 大连：大连出版社，2020.
[133] 张晟作 . 土木工学背景下的京津冀地区近代建筑教育 [M]. 武汉：华中科技大学出版社，2021.
[134] 谢至恺 . 图说香港殖民建筑：从开埠到战前帝国殖民地一百年间的建筑 [M]. 香港：共和媒体有限公司，2007.
[135] 何佩然 . 筑景思城：香港建造业发展史 1840—2010[M]. 香港：商务印书馆，2011.
[136] 李百浩，邹涵 . 香港城市化初期的城市规划历史研究（1841—1904 年）[J]. 城市规划学刊，2011（3）：111-118.
[137] 建文 . 香港建筑业历史回顾 [J]. 建筑，1997（5）：20-22.
[138] 陈天权 . 香港二十世纪天主教堂的设计演变 [J]. 天主教研究学报，2016（7）：220-234.
[139] 李乾朗 . 台湾近代建筑：起源与早期之发展 1860—1945[M]. 台北：雄狮图书股份有限公司，1985.
[140] 汤国华 . 广州沙面近代建筑群：艺术 · 技术 · 保护 [M]. 广州：华南理工大学出版社，2004.
[141] 单秀敏 . 1894—1937 年天津英租界的扩张与规划建设 [D]. 天津：南开大学，2007.

[142] Chen Yu. The Making of a Bund in China：The British Concession in Xiamen（1852—1930）[J]. Journal of Asian Architecture and Building Engineering，2008，7（1）：31-38.
[143] Maurizio Marinelli. Making concessions in Tianjin：heterotopia and Italian colonialism in mainland China[J]. Urban History，2009，36（3）：399-425.
[144] Tony Lam Chung Wai（林中伟）. From British Colonization to Japanese Invasion：The 100 Years Architects in Hong Kong 1841—1941[J]. HKIA Journal，2006，45（1）：44-55.
[145] Agnes Kneitz. German Water Infrastructure in China：Colonial Qingdao 1898—1914[J]. NTM International Journal of History & Ethics of Natural Sciences Technology & Medicine，2016，24：421-450.
[146] 伍江 . 旧上海外籍建筑师 [J]. 时代建筑，1995（4）：44-49.
[147] 娄承浩 . 近代上海的建筑业和建筑师 [J]. 上海档案工作，1992（2）：49-52.
[148] 伍江 . 近代中国私营建筑设计事务所历史回顾 [J]. 时代建筑，2001（1）：12-15.
[149] 姚蕾蓉 . 公和洋行及其近代作品研究 [D]. 上海：同济大学，2007.
[150] 娄承浩，薛顺生 . 老上海营造业及建筑师 [M]. 上海：同济大学出版社，2004.
[151] 彭长歆 . 岭南近代著名建筑师 [M]. 广州：广东人民出版社，2004.
[152] 彭长歆 . 现代性 • 地方性——岭南城市与建筑的近代转型 [M]. 上海：同济大学出版社，2012.
[153] 王浩娱，许掉权 . 从工匠到建筑师：中国建筑创作主体的现代化转变 [C]// 张复合 . 中国近代建筑研究与保护（四）. 北京：清华大学出版社，2004：589-606.
[154] 黄遐 . 晚清寓华西洋建筑师述录 [C]// 汪坦，张复合 . 第五次中国近代建筑史研究讨论会论文集 . 北京：中国建筑工业出版社，1998：164-179.
[155] 李治镇 . 武汉近代建筑与建筑设计行业 [J]. 华中建筑，1988（3）：36-39.
[156] 张复合 .20 世纪初在京活动的外国建筑师及其作品 [J]. 建筑史论文集，2000，12：91-109.

[157] 周琦，庄凯强，季秋 . 中国近代建筑师及建筑思想研究刍议 [J]. 建筑师，2008（4）：102–107.

[158] 赖德霖 . 近代中国建筑师开办事务所始于何时 [J]. 华中建筑，1992（3）：61–62.

[159] 马长林 . 一幢见证历史的建筑——原上海公共租界工部局大楼略影 [J]. 世纪，2002（2）：37–39.

[160] 余泽阳 . 外籍建筑师在近代武汉的实践及其对城市建筑近代化的影响研究（1861—1949 年）[D]. 武汉：华中科技大学，2021.

[161] 张林 . 近代外籍建筑师在北京的执业成果研究 [D]. 北京：北京建筑大学，2017.

[162] 郑红彬 . 近代天津外籍建筑师述录（1860—1940）[J]. 建筑史，2016（1）：175–194.

[163] 郑红彬 . 近代武汉外籍建筑师述录（1861—1940 年）[J]. 建筑史，2015（1）：174–189.

[164] 郑红彬 . 国际建筑社区——近代上海外籍建筑师群体初探（1843—1941）[J]. 建筑师，2017（5）：111–120.

[165] 郑红彬 . 近代在华外籍建筑师群体初探 [J]. 世界建筑，2020（11）：52–58，132.

[166] 李天，周晶 . 工兵、道路测量师与传教士——天津租界早期设计者研究 [J]. 建筑师，2018（2）：57–62.

[167] 彭长歆 . 20 世纪初澳大利亚建筑师帕内在广州 [J]. 新建筑，2009（6）：68–72.

[168] 王浩娱，许焯权 . 从工匠到建筑师：中国建筑创作主体的现代化转变 [C]// 张复合 . 中国近代建筑研究与保护（四）. 北京：清华大学出版社，2004：589–606.

[169] 邹勋 . 文化竞夺的空间象征——外滩中国银行大楼历史解读 [D]. 上海：同济大学，2007.

[170] 聂波 . 上海近代混凝土工业建筑的保护与再生研究（1880—1940）——以工部局宰牲场（1933 老场坊）的再生为例 [D]. 上海：同济大学，2008.

[171] 何巍，朱晓明 . 上海工部局宰牲场建筑档案研究 [J]. 时代建筑，2012（3）：108–113.

[172] 常青 . 摩登上海的象征 沙逊大厦建筑实录与研究 [M]. 上海：上海锦绣文章出版社，2010.

[173] 陈颖祯 . 加拿大宣教师吴威廉在北台湾的建筑生产体系及作品研究 [D]. 台北：台北艺术大学，2008.

[174] 谌彤 . 武汉近代银行建筑设计研究 [D]. 武汉：武汉理工大学，2007.

[175] 胡庆 . 汉口租界近代建筑研究 [D]. 武汉：华中科技大学，2007.

[176] 武艳红 . 武汉近代教育建筑设计研究 [D]. 武汉：武汉理工大学，2008.

[177] 江涌 . 武汉近代银行建筑述略 [C]// 张复合 . 中国近代建筑研究与保护（一）. 北京：清华大学出版社，1999：140–144.

[178] 周祖奭 . 天津近代银行建筑 [C]// 汪坦 . 第三次中国近代建筑史研究讨论会论文集 . 北京：中国建筑工业出版社，1991：38.

[179] 杨晓龙，胥琳，于莉 . 浙江象山石浦北渔山灯塔研究 [J]. 建筑学报，2012（S1）：89–91.

[180] 戴志恭 . 原镇江英国领事馆建筑群 [J]. 华中建筑，1987（2）：74–77.

[181] 赵彬，谌彤 . 武汉近代领事馆建筑 [J]. 华中建筑，2007（8）：215–217.

[182] 童乔慧，刘娅妮 . 武汉近代领事馆建筑 [J]. 华中建筑，2011（9）：171–175.

[183] 闫茂辉，朱永春 . 福州仓山近代领事馆遗存考述 [J]. 华中建筑，2011（4）：150–154.

[184] 孙媛，青木信夫，张天洁 . 天津维多利亚公园历史进程与造园风格探析 [J]. 建筑学报，2012（S1）：35–39.

[185] 徐卉 . 史嘉乐与北京圣公会救主堂建筑研究 [D]. 北京：中央美术学院，2011.

[186] 董黎 . 中国近代教会大学建筑史研究 [M]. 北京：科学出版社，2010.

[187] 刘亦师 . 中国近代“外廊式建筑”的类型及其分布 [J]. 南方建筑，2011（2）：36–42.

[188] 唐方 . 都市建筑控制一近代上海公共租界建筑法规研究（1845—1943）[D]. 上海：同济大学，2006.

[189] 沙永杰 .“西化”的历程——中日建筑近代化过程比较研究 [M]. 上海：上海科学技术出版社，2001.

[190] 赖德霖 . 中国近代建筑史研究 [M]. 北京：清华大学出版社，2007.

[191] 李海清 . 中国建筑现代转型 [M]. 南京：东南大学出版社，2004.
[192] 李南 . 中国近代避暑地的形成与发展及其建筑活动研究 [D]. 杭州：浙江大学，2011.
[193] 傅朝卿 . 中国古典式样新建筑：二十世纪中国新建筑官制化的历史研究 [M]. 台北：南天出版社，1993.
[194] 王颖 . 探求一种“中国式样”——近代中国建筑中民族风格的思维定势与设计实践（1900—1937）[D]. 上海：同济大学，2009.
[195] 钱海平 . 以《中国建筑》与《建筑月刊》为资料源的中国建筑现代化进程研究 [D]. 杭州：浙江大学，2011.
[196] 钱锋 . 现代建筑教育在中国（1920s—1980s）[D]. 上海：同济大学，2006.
[197] 孙倩 . 上海近代城市建设管理制度及其对公共空间的影响 [D]. 上海：同济大学，2006.
[198] 黄琪 . 上海近代工业建筑保护和再利用 [D]. 上海：同济大学，2007.
[199] 李蕻楠 . 二十世纪八十年代以来的中国近代建筑史研究 [D]. 北京：清华大学，2012.
[200] 赖德霖 . 从宏观的叙述到个案的追问：近 15 年中国近代建筑史研究评述——献给我的导师汪坦先生 [J]. 建筑学报，2002（6）：67-69.
[201] 汪坦 . 中国近代建筑史研究问题 [J]. 建筑学报，1993（5）：19-26.
[202] 郭伟杰 . 谱写一首和谐的乐章——外国传教士和“中国风格”的建筑，1911—1949 年 [J]. 中国学术，2003（1）：68-118.
[203] 罗小未，李德华 . 原圣约翰大学的建筑工程系，1942—1952[J]. 时代建筑，2004（6）：24-26.
[204] 佳宏伟 . 近 20 年来近代中国海关史研究述评 [J]. 近代史研究，2005（6）：213-242.
[205] 朱荣基 . 近代中国海关及其档案 [J]. 历史档案，1988（1）：112-119.
[206] 彭长歆 . 广州近代建筑结构技术的发展概况 [J]. 建筑科学，2008（3）：144-149.
[207] 马长林，黎霞，石磊 . 上海公共租界城市管理研究 [M]. 上海：中西书局，2011.
[208] 张鹏 . 都市形态的历史根基——上海公共租界市政发展与都市变迁研究 [M]. 上海：同济大学出版社，2008.

[209] 许焯权 . 香港大学建筑系历史简介 [J]. 世界建筑，1997（3）：91-93.
[210] 杨秉德 . 中国近代中西建筑文化交融史 [M]. 武汉：湖北教育出版社，2003.
[211] 杨秉德，蔡萌 . 中国近代建筑史话 [M]. 北京：机械工业出版社，2004.
[212] 吴飞鹏 . 来自上海的法国人：建筑大师赉安传奇 [M]. 上海：上海大学出版社，2021.
[213] 吴飞鹏 . 寻找赉安：一位法国建筑师留给上海的城市印记 [M]. 上海：三联书店，2021.
[214] 郑时龄 . 法国建筑在上海 [M]. 上海：同济大学出版社，2021.
[215] 宣旻君 . 19 世纪末 20 世纪初西方建筑师在广州的设计实践研究 [D]. 广州：华南理工大学，2022.
[216] 格伦 . 百年协和老建筑 1921—2021（上、下）[M]. 北京：中国建筑工业出版社，2023.
[217] [葡] 科斯达（Maria de Lourdes Rodrigues Costa）. 澳门建筑史 [J]. 范维信，译 . 文化杂志（澳门），1998，35：3-44.
[218] 华霞虹，宿新宝，罗超君 . 虹桥源 1 号 [M]. 上海：同济大学出版社，2022.
[219] [匈] 辛薇莉（Szentmartnoni Livia）. 我们，上海的匈牙利人 [M]. 上海：匈牙利驻上海总领事馆，2022.
[220] Michiko Kobayashi，Hideo Izumida.Bulletins of Architects and Engineers Association in Modern China[J]. Journal of Architecture and Planning（Transactions of AIJ），2011，76（669）：2247-2253.
[221] Hideo Izumida. RIBA Architects Having Worked in Asia 1870—1930：A Study of Activities of British Architects in Asia[J]. 东海支部研究报告集（40），2002-02-16：853-856.
[222] Hideo Izumida. A Study on British Architects in East and Southeast Asia：1830—1940[J]. Journal of Asian Architecture and Building Engineering，2003，2（2）：131-136.
[223] Hideo Izumida. Scottish Architects in the far East：1840—1870[J]. Architectural Heritage，1991，2：93-98.

[224] Katya Knyazeva. Building Russian Shanghai：the Architectural Legacy of the Diaspora[J].The Journal of the Royal Asiatic Society China，2020，80（1）：165-196.
[225] 堀勇良 . 日本近代建筑人名总览（增补版）[M]. 东京：中央公论新社，2022.
[226] [日] 村松伸 .19 世纪末 20 世纪初在上海的西洋建筑师及其特征 [C]// 汪坦 . 中国近代建筑史研究讨论会论文集（四）. 北京：中国建筑工业出版社，1993：179-182.
[227] 水田丞 . T. J. Waters 考——从英国资本的关联看他在大阪造币寮的地位 [J]. 建筑史学（东京），2007，48：24-45.
[228] 水田丞 . 香港造币寮与大阪造币寮的铸造车间——两者建筑史角度的比较与考察 [J]. 建筑史学（东京），2008，51：45-67.
[229] [日] 藤森照信 . "特聘建筑师"之谜 [M]// 建筑学的教科书 . 包慕萍，译 . 北京：中国建筑工业出版社，2009：159-175.
[230] 罗文婧，徐鲁强，朱晓明 . 日本建筑师在大连的建设活动及业务转型（1908—1937）[J]. 建筑史学刊，2022，3（4）：50-62.
[231] 满史会 . 满洲开发四十年史 [M]. 北京：新华出版社，1988.
[232] 西泽泰彦 . 海を渡った日本人建筑家：20 世纪前半の中国东北地方における建筑活动 [M]. 东京：彰国社，1996.
[233] 徐苏斌 . 中国の都市・建筑と日本："主体的受容"の近代史 [M]. 东京：东京大学出版会，2009.
[234] 包慕萍 . 现代主义集合住宅在中国东北的实践 20 世纪 10—30 年代日本建筑师在大连、鞍山、抚顺的设计 [J]. 时代建筑，2020（6）：27-33
[235] 刘思铎 . 沈阳近代建筑师与建筑设计机构 [D]. 沈阳：沈阳建筑大学，2007.
[236] 刘伦希 . 十九世纪末至二十世纪中叶哈尔滨俄籍建筑师研究 [D]. 哈尔滨：哈尔滨工业大学，2010.
[237] 中西利八 . 满洲绅士录 [M]. 3 版 . 东京：满蒙资料协会，1940.
[238] 钱毅，闫峥 . 工匠、技师、建筑师：鼓浪屿近代的建筑设计师群体 [J]. 鼓浪屿研究，2018（01）：1-16.
[239] 西泽泰彦 . 20 世纪前半の中国东北地方における日本人の建筑活动に关する研究 [D]. 东京：东京大学，1993.
[240] 贾文亮 . 伪满时期日本建筑师在中国的建筑活动研究 [D]. 长春：吉林建筑大学，2013.
[241] 高笑赢 . 近代沈阳日本建筑师作品的设计倾向研究 [D]. 沈阳：沈阳建筑大学，2016.
[242] [日] 矢羽田朋子 . 中国东北地域における戦前の都市计画及び戦后の都市在建の研究—长春市を中心に [D]. 福冈：西南学院大学，2017.
[243] 蔡龙保 . 日治时期台湾总督府土木局营缮课建筑人才的来源及其建树 [J]. 台湾史研究（台北），2015，22（3）：51-96.
[244] Julie Willis. Architectural Movements Journeys of an Intercolonial Profession[J]. The Journal of the Society of Architectural Historians，Australia and New Zealand，2016，26（2）：158-179.
[245] 吴昱莹 . 日治时期台湾建筑会之研究（1929—1945）[D]. 台北：台北艺术大学，2005.
[246] 陈建仲 . 日本帝国主义时期满洲建筑协会的形成、发展与影响 [D]. 台南：成功大学，2017.
[247] 蔡侑桦，徐明福 . 再论日治时期台湾官方营缮组织 [J]. 建筑学报（台北），2009，69（09）：169-190.
[248] 黄士娟 . 建筑技术官僚与殖民地经营 1895—1922[M]. 台北：远流出版社，2012.
[249] 徐新尧 . 日治时期台湾官方请负制度之研究：以总督府专卖局营缮单位为主 [D]. 台北：台北艺术大学，2006.
[250] Jayson Hsin-Yin Huang. Going Native：British diplomatic，judicial and consular architecture in China（1867—1949）[D]. Sheffield：The University of Sheffield，2010.
[251] 赖德霖，伍江，徐苏斌 . 中国近代建筑史（五卷）[M]. 北京：中国建筑工业出版社，

2016.
[252] 刘亦师．中国近现代建筑史史料类型及其运用概说 [J]. 建筑学报，2018（11）：58–65.
[253] 卢永毅．实践与想象西方现代建筑在近代上海的早期引介与影响 [J]. 时代建筑，2016（3）：16–23.
[254] 肖洪．近代哈尔滨俄侨建筑师群体初探 [J]. 黑龙江史志，2019，5：46–51.
[255] 蒋耀辉．大连历史街区与建筑 [M]. 大连：大连出版社，2021.
[256] Arnold Wright. Twentieth Century Impressions of Hongkong，Shanghai，and Other Treaty Ports of China：Their History，People，Commerce，Industries，and Resources[M]. London：Lloyds Greater Britain Publishing Company，1908.
[257] A. Macmillan. Seaports of the Far East[M]. London：W. H. & L. Collingridge，1923.
[258] Whitworth Porter，Sir Charles Moore Watson. History of the Crops of Royal Engineers Vol. 1–2[M]. Longmans，Green，1889.
[259] Leung–kwok Prudence Lau，Thomas Coomans. Modern Architectural Influences of Western Construction Companies in China. The Crédit Foncier d'Extrême–Orient，1907—1959[C]// Austin Williams，Theodoros Dounas. Masterplanning the Future–Modernism：East，West & Across the World. Suzhou：Transport Research Publications，2012：69–77.
[260] P. Kevin MacKeown. The Hong Kong Mint，1864—1868：The History of An Early Engineering Experiment[J]. Journal of the Hong Kong Branch of the Royal Asiatic Society，2007，47：41–79.
[261] Derham Groves. Geelong，Guangzhou and Melbourne：In the Footsteps of Arthur Purnell[C]// 李穗梅．帕内建筑艺术与近代岭南社会．广州：广东人民出版社，广东省出版集团，2008.
[262] Jonathan Mane. New Zealand's First European Architects[J]. Historic Places，1990：37–41.
[263] Farris，Johnathan. Thirteen Factories of Canton An Architecture of Sino–Western Collaboration and Confrontation[J]. Buildings & Landscapes：Journal of the Vernacular Architecture Forum，2007，14：66–83.
[264] Taylor，J. E. The Bund：Littoral space of empire in the Treaty Ports of East Asia[J]. Social History，2002，27（2）：125–142.
[265] The RIBA Kalendar[J]. London：Royal Institute of British Architects，1885—1937.
[266] Jayson Hsin–Yin Huang. Going Native：British Diplomatic，Judicial and Consular Architecture in China（1867—1949）[D]. Sheffield：The University of Sheffield，2010.
[267] Yuan Fang. Influence of British Architecture in China：Shanghai and Tientsin 1843—1943[D]. Edinburgh：University of Edinburgh，1995.
[268] Malcolm Purvis. Tall Storeys：Palmer & Turner，Architects and Engineers，the First 100 Years[M]. Hong Kong：Palmer and Turner，1985.
[269] Weiler. J. M. Army Architects[D]. York：York University，1987.
[270] Tess Johnston，Deke Erh. A Last Look–Western Architecture in Old Shanghai[M]. Hong Kong：Old China Hand Press，1993.
[271] Tess Johnston，Deke Erh. Near to Heaven–Western Architecture in China's Old Summer Resorts[M]. Hong Kong：Old China Hand Press，1998.
[272] Tess Johnston，Deke Erh. God and Country–Western Religious Architecture in Old China. Hong Kong[M]. Hong Kong：Old China Hand Press，1996.
[273] Tess Johnston，Deke Erh. Far From Home–Western Architecture in China's Northern Treaty Ports[M]. Hong Kong：Old China Hand Press，1998.
[274] Tess Johnston，Deke Erh. The Last Colonies–Western Architecture in China's Southern Treaty Ports[M]. Hong Kong：Old China Hand Press，1997.
[275] Edward Denison，Guang Yu Ren. Building Shanghai：The Story of China's Gateway[M]. London：John Wiley & Sons，2006.

[276] [法]Natalie Delande. 工程师站在建筑队伍的前列 [C]// 汪坦 . 第五次中国近代建筑师研究讨论会论文集 . 北京：中国建筑工业出版社，1998.

[277] Leung-kwok Prudence Lau. Adaptive Modern and Speculative Urbanism: The Architecture of the Credit Foncierd' Extreme-Orient（C.F.E.O.）in Hong Kong and China's Treaty Ports, 1907—1959[Z]. Hong Kong: The Chinese University of Hong Kong, 2013.

[278] Ellen Johnston Laing. Architecture, Site, and Visual Message in Republican Shanghai[J]. 艺术史研究 第九辑 . 广州：中山大学出版社，2007: 419-450.

[279] Ellen Johnston Laing. Elliott Hazzard（哈沙德）: An American Architect in Republican Shanghai[J]. 艺术史研究 第十二辑 . 广州：中山大学出版社，2010: 273-324.

[280] 赖德霖，王浩娱，袁雪平，司春娟 . 近代哲匠录：中国近代重要建筑师、建筑事务所名录 [M]. 北京：中国水利水电出版社，2006.

[281] 罗永明. 德国与广东湿江炮厂的建立 [J]. 中国科技史杂志，2012，33（02）: 176-189.

[282] FELSTEAD A, FRANKLIN J. Directory of British Architects, 1834—1914, Vol.1, 2（A-K; L-Z）[M]. London: Continuum International Publishing Group, 2001.

[283] 香港政府公报（The Hong Kong Government Gazette）1842—1941[N].

[284] Jarman R L. Hong Kong Annual Administration Reports, 1841—1941 [M]. vol 1-6. Archive Editions, 1996.

[285] 上海档案馆，公共租界工部局董事会会议录（1854—1943）第 1~28 册 [M]. 上海：上海古籍出版社，2001.

[286] 上海工部局年报，1863—1943[M].

[287] Shangdong Road Cemetery 1846—1868[Z].

[288] 天津档案馆 . 天津英租界工部局史料选编（上、中、下册）[Z]. 天津：天津出版传媒集团，天津古籍出版社，2013.

[289] Robert Hart, Letters to Sir Francis Arthur Aglen, 1888—1911, Peking, 1902-7-17. Mr. R. H. Boyce, C. B., Report of Her Majesty's Legation and Counsular Buildings in China, Korea, Japan, and Siam. London: Printed for Her Majesty's Sttionery Office, by Darling & Son, Ltd., 1899.

[290] A Compendium of Instructions to H. M. Consular Officers in China[A]. Vol. II, 1935. 伦敦大学亚非学院档案馆，参考号: MS 380396 v2.

[291] Documents illustrative of the Origin, Development, and Activities of the Chinese Customs Service: Vol. 3 - Inspector General's Circulars 1911 to 1923[A]. 伦敦大学亚非学院档案馆，参考号: CC336.26-139311 vol 3.

[292] Documents illustrative of the Origin, Development, and Activities of the Chinese Customs Service: Vol. 4 - Inspector General's Circulars 1924 to 1931[A]. 伦敦大学亚非学院档案馆，参考号: CC336.26-139311 vol 3.

[293] RIBA Nomination Paper[N].

[294] North China and Shantung Mission Quarterly Paper[N].

[295] North China Mission Quarterly Paper[N].

[296] 中国近代租界外国建筑师事务所（洋行）及其作品选录 [EB/OL].2007. 中国记忆论坛，http: //bbs.memoryofchina.org/forum.php?mod=viewthread&tid=4705.（整理者不详，最早由网友“通宵”发表在网上，据称整理者为其朋友，未能联系到原整理者）

[297] ProQuest Historical Newspapers: Chinese Newspapers Collection（1832—1953）[DB].

[298] 全国报刊索引 [DB].

[299] 中国近代报刊库大报编 • 申报 [DB].

[300] 中国近代报纸全文数据库 [DB].

[301] 近现代人物资讯整合系统（台湾地区）[DB/OL]. https: //mhdb.mh.sinica.edu.tw/mhpeople/.

[302] 澳大利亚报纸数据库 [DB/OL].http: //trove.nla.gov.au/newspaper/.

[303] 上海档案信息网 [DB/OL].http: //www.archives.sh.cn/.

[304] 上海地方志办公室 [DB/OL].http：//www.shtong.gov.cn/.
[305] 苏格兰建筑师网 [DB/OL].www.scottisharchitects.org.uk/.
[306] 天津档案馆官网 [DB/OL].www.tjdag.gov.cn/.
[307] Dictionary of Irish Architects 1720—1940[DB/OL]. https：//www.dia.ie/.
[308] Biographical Dictionary of Architects in Canada[DB/OL]. http：//www.dictionaryofarchitectsincanada.org/.
[309] 中国海关近代史研究项目 [DB/OL].www.bris.ac.uk/history/customs/.
[310] 老香港网 [DB/OL].http：//gwulo.com/.
[311] 英国皇家建筑师学会网站 [DB/OL].http：//www.ribapix.com/.
[312] 英国土木工程师学会网站 [DB/OL].www.ice.org.uk/.
[313] 香港记忆网 [DB/OL].www.hkmemory.hk/.
[314] 阿蒂基金会数字图书馆 [DB/OL].http：//www.hathitrust.org/.
[315] 香港大学数据库 [DB/OL].http：//lib.hku.hk/database/.
[316] 澳门游屋记（Open House Macau）官网 https：//www.openhousemacau.com/.
[317] 视觉上海网站 [DB/OL].www.virtualshanghai.net/.
[318] 网络档案馆 [DB/OL].https：//archive.org/.
[319] 家谱网 [DB/OL].https：//www.ancestry.com/.
[320] 家族网站 [DB/OL].https：//www.myheritage.cn/.
[321] 谷歌图书搜索引擎 [DB/OL].

后记及致谢

笔者近十余年来一直致力于近代在华外籍建筑师的调查与研究，本名录即为这一调查的阶段性成果。编写人名录之类的工具书的矛盾之处在于：编写的前提和基础是编者“知之甚多”；但在编写过程中编者往往会发现自己“知之甚少”；且书籍一旦出版，编者反倒成为“知之最少”的人。由于原始资料的欠缺，以及编者阅历及学识局限，肯定还有很多近代外籍建筑师并未收入书中，且书中很多建筑师介绍中存在的缺项还很多、错误也肯定不少。衷心希望本书的出版能够起到“抛砖引玉”之效，学界同仁可以按图索骥对这些建筑师和他们的作品进行进一步调查和研究，也希望这些建筑师后人以及了解他们的人们能够提供线索和提出批评指正，共同完善这份历史记录。

本名录的编写是在许多前辈、老师和同行学者们已有研究成果的基础上完成的，其中赖德霖老师主编的《近代哲匠录》在体例、框架和内容编排上给予编者诸多启发、参考和借鉴，郑时龄院士的《上海近代建筑风格》（新版）附录二“上海近代外国建筑师及其作品”的研究成果在一定程度上弥补了编者因上海市城市建设档案馆查档限制而造成的关于建筑师作品调查方面第一手资料（设计图纸等）的缺失，克拉金（Н. П. Крадин）、张霞（Katya Knyazeva）、陈颖和刘伦希等关于近代在华俄国建筑师的调查研究成果填补了名录中许多俄国建筑师信息的空白，堀勇良和西泽泰彦等老师关于近代在华日本建筑师的调查与研究填补了名录中许多日本建筑师信息的空白，林中伟（Tony Lam Chung Wai）关于香港百年建筑师的调查为本名录香港外籍建筑师的调查奠定了基础，刘亮国（Leung-kwok Prudence Lau）关于义品洋行的调查和研究成果也弥补了编者未能亲赴布鲁塞尔比利时国家档案馆调查相关档案的缺憾，A. Felstead 和 J. Franklin 编写的 Directory of British Architects，1834—1914 为编者提供了部分在华英国建筑师的基础信息，黄光域和黄遐父女二人关于近代在华工商企业和外籍建筑师的调查以及网络资料“中国近代租界外国建筑师事务所（洋行）及其作品选录”（编写者不详）为本名录的编写奠定了基础，Torsten Warner 和 Eduard Kögel 关于近代在华德国建筑师的研究为编者提供了部分在华德国建筑师的信息。还其他很多前辈学者相关的研究成果也为本名录的编写奠定了基础，请恕不能一一罗列致谢。此外，以下网站、数据库和搜索引擎也本名录编写过程中重要的资料来源，特向开发、运营和维护者致谢：www.tsingtau.info//，https: //www.dia.ie/，www.ancestry.com//，www.myheritage.cn/，http: //dictionaryofarchitectsincanada.org/，www.scottisharchitects.org.uk/，https: //wikipedia.org/，www.gracesguide.co.uk/，https: //google.com/，www.findagrave.com/，http: //mhdb.mh.sinica.edu.tw/mhpeople/，https: //newspaperarchive.com/，www.geni.com/，全国报刊索引数据库，申报数据库，ProQuest Historical Newspapers: Chinese Newspapers Collection，中国台湾“中央”研究院近代史研究所近现代人物资讯整合系统等。

本名录的调查和整理持续十余年间，先后得到了教育部人文社科基金青年项目（项目号：15YJCZH238）、河北省人文社科重点研究基地石家庄铁道大学人居环境可持续发展研究中心、国家自然科学基金青年项目（项目号：51708367）、汕头大学科研启动基金项目（项目号：STF21014）和广东省哲学社会科学规划 2021 年度一般项目（项目号：GD21CYS12）的资助，特此致谢。本名录的调查和整理过程中得到了许多前辈、老师、同行学者们以及建筑师后人的热情鼓励、帮助和支持，其中有张复合老师、单霁翔老师、赖德霖老师、彭长歆老师、谭刚毅老师、张天洁老师、李海清老师、汪晓茜老师、冷天老师、潘一婷老师、刘文祥老师、武志华老师、邓可博士、蔡文明博士、张书铭博士、唐莉博士、陈牧博士、李芳星博士、宋雨霏博士、维卡同学（Viktoriia Lozynska）、建筑师后人 Simon Kidner 和 Marion Suhr-Maeurich 等，在此谨对他们致以深深地感谢。此外还要感谢中国建筑工业出版社本书的责任编辑李鸽老师和陈海娇老师，没有她们的辛劳，此书不可能顺利出版。

我因兴趣而“半路出家”入建筑史学之门，至今已十六载。感谢我的硕士导师武汉大学王炎松老师接纳我入建筑史之门；感谢武汉大学童乔慧老师在课堂中引导我进入中国近代建筑史领域；感谢我的博士导师清华大学张复合老师接纳并指引我在中国近代建筑史领域前行。三位老师“学高为师，身正为范”，是我为人与治学之楷模。张复合老师还慷慨应允，为本书撰写了序言，对我的工作给予极大肯定，激励我继续砥砺前行。

编写本书的时间大多都是从家人那里“偷”来的，感谢他们对我的关爱、理解和包容。

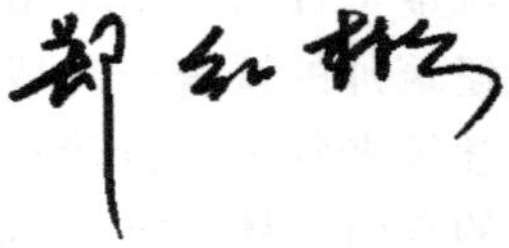

2023 年 8 月 31 日于汕头 · 桑浦山下

图书在版编目（CIP）数据

近代洋匠录：近代在华外国建筑师、建筑事务所、建筑工程组织机构名录 =Directory of Foreign Architects in Modern Chinese Architecture / 郑红彬编著 . -- 北京：中国建筑工业出版社，2023.5
ISBN 978-7-112-29482-4

Ⅰ . ①近… Ⅱ . ①郑… Ⅲ . ①建筑师－生平事迹－世界②建筑设计－组织机构－概况－世界 Ⅳ . ① K816.16 ② TU-241

中国国家版本馆 CIP 数据核字（2023）第 249066 号

责任编辑：陈海娇　李　鸽　冯晓霞
责任校对：张　颖

近代洋匠录
——近代在华外国建筑师、建筑事务所、建筑工程组织机构名录
DIRECTORY OF FOREIGN ARCHITECTS IN MODERN CHINESE ARCHITECTURE
郑红彬　编著
*
中国建筑工业出版社出版、发行（北京海淀三里河路 9 号）
各地新华书店、建筑书店经销
北京雅盈中佳图文设计公司制版
建工社（河北）印刷有限公司印刷
*
开本：787 毫米 × 1092 毫米　1/16　印张：54½　字数：2037 千字
2024 年 12 月第一版　2024 年 12 月第一次印刷
定价：**270.00** 元
ISBN 978-7-112-29482-4
（42226）
版权所有　翻印必究
如有内容及印装质量问题，请与本社读者服务中心联系
电话：（010）58337283　QQ：2885381756
（地址：北京海淀三里河路 9 号中国建筑工业出版社 604 室　邮政编码：100037）